海口市区图
审图号：琼S（2019）101号
琼州海峡
海口湾
新埠岛
海甸岛
美兰区
琼山区
龙华区
秀英区
港澳工业开发区
海口保税区
狮子岭开发区
海口市行政中心
图例
海南测绘资料信息中心 编制

# 海口年鉴

HAIKOU YEARBOOK

2019

海口市人民政府 主管
海口市地方史志办公室 编

南海出版公司

2019年·海口

**图书在版编目（CIP）数据**

海口年鉴. 2019 / 海口市地方史志办公室编. --海口：南海出版公司，2019.11

ISBN 978-7-5442-9707-3

Ⅰ. ①海… Ⅱ. ①海… Ⅲ. ①海口—2019—年鉴
Ⅳ. ①Z526.61

中国版本图书馆 CIP 数据核字（2019）第 270167 号

HAIKOU YEARBOOK（2019）

**海口年鉴（2019）**

| | |
|---|---|
| **编　　者** | 海口市地方史志办公室 |
| **地　　址** | 海口市长滨路海口行政中心 5 号楼一楼 |
| **电　　话** | 0898-68721208 |
| **编者信箱** | hksszb@haikou.gov.cn |
| **地图编制** | 海南测绘资料信息中心 |
| **责任编辑** | 孙翠萍 |
| **出版发行** | 南海出版公司　电话：（0898）66722926（出版）　65350227（发行） |
| **社　　址** | 海南省海口市海秀中路 51 号星华大厦五楼　邮编：570206 |
| **电子信箱** | nhpublishing@163.com |
| **印　　刷** | 海南嘉豪椰城彩印包装有限公司 |
| **开　　本** | 889mm×1194mm　1/16 |
| **印　　张** | 33.25 |
| **字　　数** | 1300 千 |
| **版　　次** | 2019 年 11 月第 1 版　2019 年 11 月第 1 次印刷 |
| **书　　号** | ISBN 978-7-5442-9707-3 |
| **审 图 号** | 琼 S（2019）101 号 |
| **定　　价** | 280.00 元 |

# 编辑说明

一、《海口年鉴》是海口市人民政府主管、海口市地方史志办公室主编的年度资料性文献。1995年创刊，每年出版1部，本年鉴是第25部。其宗旨是全面、系统地记述海口市自然、政治、经济、文化、社会等方面的基本情况，为各级党政机关、研究部门、社会各界人士及中外投资者了解、认识和研究海口提供准确、翔实的信息资料，并为海口市的未来发展积累经验。

二、《海口年鉴》以马克思列宁主义、毛泽东思想、邓小平理论、“三个代表”重要思想、科学发展观、习近平新时代中国特色社会主义思想为指导，坚持辩证唯物主义和历史唯物主义的立场、观点和方法，客观记载海口市的发展全貌及特点。

三、《海口年鉴》按分类法编辑，主体内容分为类目、分目、条目3个结构层次，以条目作为记述的基本形式。以不同字体、字号及版式设计区别不同层次。条目的标题统一用黑体字加“【 】”号表示。

四、《海口年鉴（2019）》着重反映2018年海口市的基本情况。全书设31个类目：(1) 要闻·大事，(2) 特辑，(3) 总述，(4) 创新发展，(5) 中国共产党海口市委员会，(6) 海口市人民代表大会，(7) 海口市人民政府，(8) 中国人民政治协商会议海口市委员会，(9) 纪检监察，(10) 民主党派和工商联，(11) 群众团体，(12) 法治，(13) 军事，(14) 城乡建设与管理，(15) 工业，(16) 农业，(17) 交通运输业，(18) 邮电·信息，(19) 商贸服务业，(20) 旅游业，(21) 金融，(22) 财政税务，(23) 经济监督管理，(24) 教育·科技，(25) 文化传媒，(26) 卫生·体育，(27) 社会民生，(28) 保税区·开发区·农场，(29) 市辖区，(30) 人物，(31) 附录。

五、本年鉴配备目录和索引双重检索系统。索引采用主题分类法，款目按汉语拼音字母顺序（同音字按声调）排列。

六、本年鉴稿件主要由市直各部门、各区，以及部分驻海口中央、省直属单位和部分企（事）业单位编撰人员提供，并经单位领导审核。统计资料由市统计局提供。因统计口径等原因，有关部门所用个别数据与统计资料中的不尽一致，凡涉及海口地区国民经济和社会发展的全局性数据概以市统计局提供的资料为准。

七、本年鉴的编纂出版工作得到海口市党政领导和有关部门及社会各界的大力支持，谨此致谢。书中如有疏漏、差错之处，恳请批评指正。

海口市地方史志办公室

2019年9月

## 《海口年鉴》编纂委员会



## 《海口年鉴》编辑部

# 2019 年《海口年鉴》撰稿人名单

（按姓氏笔画排序）

马国新　　文钰莹　　牛　薇　　王　华　　王　质　　王　健　　王乙嵋　　王艺霖
王华东　　王芳雪　　王思纯　　王润鹏　　王晨晓　　王跃聪　　王雪梅　　王路明
王儒壮　　韦海晶　　付　良　　兰　浩　　包俊斌　　台德超　　叶　超　　司楠楠
邝红梅　　任毅衡　　刘　勇　　刘文明　　刘学祝　　刘林海　　吉晓宇　　孙　皓
巩　翔　　朱珮珮　　齐素琳　　严宇霞　　何定培　　何荣真　　劳家丰　　吴　川
吴川醌　　吴云竹　　吴玉转　　吴佩婷　　吴英珍　　吴健宇　　岑明多　　张　帅
张　奕　　张有权　　张林杰　　张雅婷　　张德利　　李　艳　　李之乔　　李启燕
李信文　　李晓霞　　杜翠华　　杨明汪　　杨彦芝　　杨凌钦　　杨晓菲　　沈音钊
沈韵雯　　苏岐勇　　苏鋈淦　　邱秀娟　　邱雪莹　　邵　渺　　邵国海　　陆勇荣
陆振中　　陈　创　　陈　帆　　陈　娜　　陈　通　　陈　晨　　陈　斌　　陈　敬
陈小锋　　陈文婷　　陈巧雅　　陈永够　　陈金芳　　陈珊珊　　陈珍娥　　陈慧芳
陈慧琳　　麦春鸣　　周　伟　　周　吉　　周　琦　　周发华　　周玉菊　　周运芳
周国民　　周爱平　　周琪雄　　巫煌星　　易建雄　　林　涛　　林　珺　　林　慧
林书东　　林凤姊　　林师武　　林怀宇　　林芳和　　林晓君　　林晓婵　　林道文
罗昌华　　郑大成　　郑尼亚　　金　田　　侯永康　　俞书丽　　娄朝祥　　洪章海
洪靖凯　　胡　琼　　胡杰龙　　赵华锋　　赵志尊　　钟文婷　　钟生兵　　唐甸广
唐顺德　　夏　凡　　夏蓓丽　　徐明倩　　翁敦伟　　莫祥壮　　顾少兴　　高晨韵
梁　翩　　梁丽芳　　梁定军　　梁昌鹏　　符业婉　　符英诗　　符倩碧　　符骏斌
符惠媛　　黄　蕾　　黄丹丹　　黄壮锋　　黄丽颖　　黄茜茜　　黄靖淇　　龚晓明
曾　勇　　温志钧　　程世伦　　董笑然　　覃丽君　　谢荣文　　韩艾芩　　韩逊元
詹琼琳　　廖文霏　　熊　文　　蔡丽萍　　蔡树虹　　蔡璐祎　　谭　斌　　谭传照
潘冬春　　潘孝悦　　潘朝洪　　颜灵峰　　黎莹莹

# 目 录

## 图片专辑



## 要闻·大事



## 特 辑



## 总 述



## 创新 发展

## 中国共产党海口市委员会

## 海口市人民代表大会



## 海口市人民政府

## 中国人民政治协商会议海口市委员会



## 纪检监察



## 民主党派和工商联

## 群众团体

## 法 治

## 军　事



## 城乡建设与管理

## 工　业

## 农 业

## 交通运输业

## 旅游业



## 金　融

## 财政税务



## 经济监督管理

## 教育·科技

## 文化传媒

## 卫生·体育

## 社会民生

## 保税区·开发区·农场



## 市辖区

## 人　物



## 附　录



## 索　引

2018
SHUSHUO
HAIKOU

# 数说海口·2018

- 总面积：3119 平方公里
- 建成区面积：151.6 平方公里
- 常住人口：230.23 万人
- 户籍人口：177.61 万人
- 地区生产总值：1510.51 亿元
- 第一产业增加值：63.96 亿元
- 第二产业增加值：276 亿元
- 工业增加值：153 亿元
- 第三产业增加值：1170.56 亿元
- 第一、第二、第三产业构成：4.2∶18.3∶77.5
- 人均地区生产总值：66042 元
- 工业总产值：605.5 亿元
- 农业总产值：104.5 亿元
- 地方一般公共预算收入：169.9 亿元
- 地方一般公共预算支出：238.25 亿元
- 全社会固定资产投资：1313 亿元
- 社会消费品零售总额：757.55 亿元
- 房地产开发投资总额：609.42 亿元
- 外贸进出口总额：341.17 亿元
- 实际利用外资及港澳台资金：2.54 亿美元
- 旅客运输量：10114 万人次
- 货物运输量：11938 万吨
- 港口货物吞吐量：1.08 亿吨
- 机场旅客吞吐量：2412.36万人次
- 邮电计费业务总量：224.44 亿元
- 接待游客：2670.85 万人次
- 旅游业总收入：298.11 亿元
- 本外币年末存款余额：4899.31 亿元
- 本外币年末贷款余额：5700.68 亿元
- 证券交易总额：6930.45 亿元
- 原保险保费收入：120.95 亿元
- 保险赔款及给付：38.77 亿元
- 城镇常住居民人均可支配收入：36173 元
- 农村常住居民人均可支配收入：14886 元
- 城镇居民人均生活消费支出：24432 元
- 农村居民人均生活消费支出：11343 元
- 居民消费价格指数：102.44
- 城镇登记失业率：1.34%
- 城镇常住居民人均住房面积：30.67 平方米
- 农村常住居民人均住房面积：33.2 平方米
- 专任教师：2.61 万人
- 在校学生数：34.18 万人
- 卫生机构总数：1011 个
- 卫生机构床位数：1.69 万张
- 卫生技术人员：2.61 万人
- 森林覆盖率：38.39%
- 建成区绿化覆盖率：41%
- 人均公共绿地面积：12.5 平方米
- 用电总量：77.62 亿千瓦时
- 供水总量：2.36 亿吨
- 天然气供气总量：1.36 亿立方米

（杜惠珍）

2018年11月26日，北部湾经济合作组织第十次成员大会暨北部湾城市合作组织第二次大会在海口举行

（张俊其　摄）

2018 年 1 月 17—19 日，第四届“国际组展人之声”在海南国际会展中心举行　　（市会展局　供）

第四届“国际组展人之声”活动现场

海口市会展业智库专家授聘仪式

2018 年 6 月 29 日至 7 月 1 日，2018 第二届海南国际高新技术产业及创新创业博览会在海南国际会展中心举行

（市会展局　供）

图为第二届海南国际高新技术产业及创新创业博览会展区现场

图为医疗器械供应链峰会

2018 年 12 月 21—23 日，2018 海南国际房车（汽车）露营休闲旅游博览会在海口世纪公园举办

（市会展局　供）

2018 年 7 月 18—19 日，第四届医疗器械供应链峰会在海口举行　（市会展局 供）

2018 年，海口市以习近平总书记视察石山镇施茶村的重要讲话精神为指引，以产业振兴带动乡村振兴，使农民群众走上一条新富路。图为施茶村坚持原生态环境种植石斛，大力发展特色产业带动村民增收

（张俊其　摄）

2018 年 4 月 27 日，海口市政府与阿里巴巴集团、蚂蚁金服集团签订战略合作协议

（市科工信局 供）

2018 年 12 月 22 日，海口复兴城国际离岸创新大厦揭牌 （市科工信局 供）

2018 年 11 月 28 日，海南自由贸易试验区建设项目（第一批）集中开工和签约仪式海口主会场活动，在海南会展中心二期项目建设工地举行（张俊其　摄）

2018 年 12 月 28 日，文明东越江通道项目正式开工（市城投公司　供）

2018年12月28日，海南自由贸易试验区建设项目（第二批）集中开工和签约活动在哈罗公学施工现场举行

（张俊其　摄）

2018年12月28日，白驹大道改造及东延长线项目正式开工

（市城投公司　供）

①

③

①2018 年 12 月 16 日，海口市国家帆船基地公共码头开港。图为海口市国家帆船基地公共码头全景图

（海旅集团　供）

②③④2018 年 12 月 16–19 日，中国帆船联赛总决赛在海口市国家帆船基地公共码头举行。图为参赛选手正在展开激烈角逐

（石中华　摄）

2018年11月24日，2018年（第十九届）海南国际旅游岛欢乐节在海南国际会展中心开幕。图为欢乐节开

（本版图片均由石中华摄）

世界小姐助阵欢乐节开幕式

欢乐节上展出的特色美食

欢乐节上趣味横生的互动游戏手夹槟榔

2018 年 3 月 13—18 日，世界电子竞技运动会（WESG）2017 全球总决赛在海南国际会展中心举行，共有 46 个国家和地区的近 600 名选手参赛

（市会展局　供）

2018 年 10 月 25 日，第十三届环海南岛国际公路自行车赛海口段比赛 （秀英区政府办 供）

2018 年中秋国庆期间，海口火山口公园围绕“农旅结合，以农促旅，以旅强农”主题，推出中国农民丰收节活动 （秀英区委宣传部 供）

2018 年 11 月 3 日，张学友演唱会在海口五源河文体中心体育场举行　　（张俊其　摄）

2018 年 11 月 24—25 日，海南草莓音乐节在长影环球 100 文化旅游度假区举办。图为演出现场

（石中华　摄）

2018 年 4 月，海口市五源河文体中心建成投入使用　　（市城建集团　供）

北京大学附属小学海口学校、北京大学附属中学海口学校。摄于 2018 年　　（秀英区政府办　供）

2018年10月28日，在阿联酋迪拜国际湿地公约第十三次缔约方大会上，海口市荣获全球首批“国际湿地城市”称号。图为颁奖现场

（市林业局　供）

2018 年 5 月 16 日，素有“中华神盾”美誉的海军海口舰抵达海口秀英港码头，开始对海口市进行为期 3 天的访问，开展“舰艇开放日”等系列双拥共建活动　　（张俊其　摄）

2018 年 5 月 16 日，海口各界欢迎海口舰回家　　（市民政局　供）

2018 年 11 月 17 日，海口市首批长者饭堂揭牌　　（市民政局　供）

2018 年 5 月 26 日，中国残疾人福利基金会孤独症儿童（南方）康复基地暨国家孤独症康复机构联盟启动仪式在海口举行　　（市残联　供）

2018年8月10日，受第16号台风“贝碧嘉”影响，海口市出现连续性强降雨天气，道路积水严重。图为市交警支队协警站在没胸的积水中检查车辆，确保车内无被困人员

（市公安局　供）

2018年12月28日，海口市民游客中心启用。图为海口市民游客中心全景　（市城建集团　供）

①

①2018年春节期间，受大雾天气影响，海口港口轮渡被迫多次间歇性停航，大量车辆和旅客不能及时出岛，滞留海口。图为过海车辆在秀英港等待过海　（张俊其　摄）

②海口市妇幼保健医院医生志愿者为过海滞留小朋友看病　（石中华　摄）

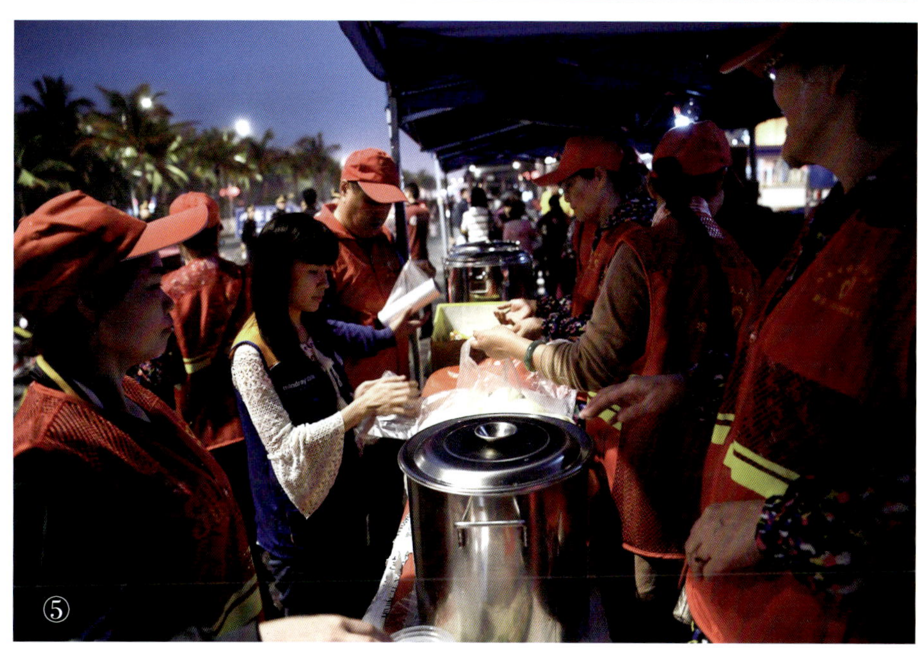

③2018年春节雾锁椰城，海口市志愿者在港口为离岛旅客提供志愿服务　　（市城投公司　供）

④⑤2018年春节雾锁椰城，海口市志愿者热心服务离岛旅客　　（石中华　摄）

2018 年 12 月 28 日，海口江东新区江东大道二期实现功能性通车。江东大道二期西连琼山大道延长线，向东

2018 年 6 月设立的海口江东新区，将努力建设成为中国（海南）自由贸易试验区的集中展示区

（张俊其　摄）

▌大桥，总长 15096 米　　（石中华　摄）

海口江东新区规划展示馆。摄于 2018 年　　（石中华　摄）

1988 年 4 月 13 日，海南建省办经济特区，海口市成为全国最大省级经济特区海南省省会。30 年来，海口市基础设施和城市功能不断完善，生态文明建设成效显著，城乡面貌日焕然一新，城市文明日益彰显，生态宜居的城市品质、市民生态获得感显著提升。

2018 年的海口东西湖公园及其周边全景　　　　（石中华　摄）

1988 年建省初期的海口东西湖及其周边全景
（李汉仁　摄）

2018年的海口西海岸
（石中华　摄）

1990年初的海口西海岸　（市城建档案馆　供）

在“多规合一”理念规划下，海口万绿园、世纪公园、滨海公园三园合一，提升了城市品质，增强人民的幸福

2018 年的南渡江入海口处

2016 年　　（李幸璜　摄）

1988 年建省前的滨海大道、万绿园一带　　（市城建档案馆　供）

（石中华　摄）

2003 年的南渡江入海口处　　（潘正汉　摄）

2018 年的海口市长堤路　　（石中华　摄）

1989 年的海口市长堤路　　（市城建档案　供）

2018年的海口市龙昆北路至海甸溪入海口段　　（石中华　摄）

1990年的龙昆北路至海甸溪入海口段　　（龙华区政府办供　李汉仁　摄）

1993 年的海口龙昆南路　（姜恩宇　摄）

2018 年的海口龙昆南路　（石中华　摄）

改造后海口玉沙村。摄于 2018 年
（石中华　摄）

1999 年 5 月，海口城中村玉沙村一带　（姜恩宇　摄）

旧城改造前的海口海甸溪北岸

改造后海口海甸溪北岸。摄于 2018 年

旧城改造前的海口海甸溪北岸。摄于 2008 年 7 月 24 日　　（美兰区政府办　供）

（石中华　摄）

海口大英山机场。摄于1999年5月（姜恩宇　摄）

1999年，随着海口美兰国际机场的投入运营，海口大英山机场结束历史使命，图为在大英山机场原址上建起的国兴大道、日月广场。摄于2017年6月（李幸璜　摄）

海口美兰国际机场。摄于 2018 年 5 月 （美兰机场　供）

2012 年的海口美兰国际机场全景图
（蔡晶　摄）

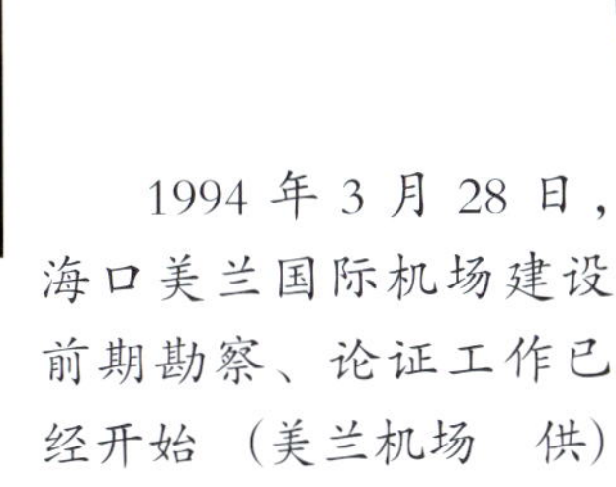

1994 年 3 月 28 日，海口美兰国际机场建设前期勘察、论证工作已经开始（美兰机场　供）

建设中的粤海铁路南港码头。摄于1999年9月
（姜恩宇　摄）

投入运营的粤海铁路南港码头。摄于2018年
（海南铁路公司　供）

海口火车站全景图。摄于2018年4月5日
（市园林局　供）

繁忙的秀英港。摄于 2016 年　　(李咸良　摄)

1988 年海南建省前的海口秀英港　　(佚名)

2007 年建成通车的海府立交桥经过改扩建，使来往国兴大道与海府路更加便捷通畅。摄于 2018 年 4 月 20 日 （市园林局　供）

经过生态修复打造的海口滨江带状公园全长 12.57 千米，沿江椰树成片，宛如漫游“椰梦长廊”。摄于 2018

2016年建成通车的海秀快速路（一期），成为贯通东西的快速通道，从国兴大道至长滨路仅15分钟

（李幸璜　摄）

日

（市园林局　供）

云蒸雾绕椰城美

（吴健华　摄）

2013年起，海口市启动美丽乡村建设，抓好新农村建设，推动乡村农业与旅游、文化融合。图为大坡镇塔昌村，周围古树成林，红色的农家别墅掩映于苍翠的林木间。（张俊其　摄）

2017年，海口市加快推进乡村振兴战略，乡村产业不断融合发展。图为旧州镇美丽的墩插村吸引众多游客前去游玩（张俊其　摄）

墩插村农庄世外桃源
（市旅发委　供）

2016年，海口市美兰区为改造乡村环境，造福当地百姓，建成三江镇“鹤舞九湖”慢行休闲游文明生态村片区，区域涵盖13个自然村。图为“鹤舞九湖”片区旅游景点入口的第一个村庄东坡湖村

（美兰区政府办　供）

东坡湖文明生态村

整洁秀美的演丰镇瑶城文明生态村

（美兰区政府办　供）

琼山区三门坡镇龙鳞村。

(琼山区委宣传部　供)

琼山区红旗镇泮边村　　(市旅游委　供)

琼山区三门坡镇加乐湖村　　(琼山区委宣传部　供)

一星级美丽乡村——冯塘村　　（秀英区政府办　供）

乡村之晨　　（杜家严　摄）

## 海口十大新闻

**1. 习近平考察施茶村。**

2018年4月13日，习近平总书记来到海口市秀英区石山镇施茶村考察乡村振兴战略实施情况，对该村以党建为统领，带动农民发展农业产业、增加农民收入、保护生态环境，因地制宜探索出“企业+合作社+农户”致富路的做法表示肯定。习近平强调，乡村振兴，关键是产业要振兴。农村基层党组织要成为带领农民群众共同致富的主心骨和坚强战斗堡垒。

**2. 勇当先锋做表率，千堂党课进基层，党建引擎推动江东新区大展宏图。**

在习近平总书记“4·13”重要讲话和中央12号文件精神的指引下，2018年6月3日，海口江东新区设立，掀起海南自由贸易试验区建设的新高潮。7月16日，海口市召开“在建设海南自由贸易试验区和中国特色自由贸易港实践中勇当先锋、做好表率”专题活动动员大会，海口把专题活动作为提振全市党员干部精气神、凝聚发展合力的重要抓手，推动党员干部思想大解放、作风大转变、海口大发展。各级党员干部带头走进基层讲党课，市委全面加强江东新区党建，三级书记总动员，支部建在第一线，提速机场二期、江东大道建设，启动绕城二期、跨江隧道、哈罗公学项目，中国大唐等49家企业选址落户，坚持“世界眼光、国际标准、海南特色、高点定位”打造“示范区中的示范区，新标杆中的新标杆”，坚决扛起省会责任担当。

**3. 全城动员，海口温度暖全国，抗雾保运海口文明创新高。**

2018年春节，雾锁琼州海峡。海口在省委、省政府和国家有关部委的支持指导下，与广东湛江携手发挥琼州海峡港航一体化作用，实施148小时紧急一级应急响应，职能部门联勤联动，攻坚克难，广大志愿者奉献爱心，将73.4万名旅客送上平安回家路，夺取抗雾保运战决定性胜利，得到习近平总书记批示肯定，中央主流媒体和社会各界高度点赞海口干部作风、市民素质和城市文明。身处舆论漩涡中的海口，用真诚和善意，暖化人心的坚冰，用温暖的相待，展现海口作为全国文明城市和知名旅游城市的担当、好客与热情。

**4. 入选全球首批国际湿地城市，海口生态治水享誉国内外。**

2018年10月25日，从阿联酋迪拜召开的《国际湿地公约》第十三届缔约方大会传来捷报，海口荣获全球首批“国际湿地城市”称号，至此海口又多了一张“国际名片”。海口积极践行“绿水青山就是金山银山”的生态理念，湿地入城，水清岸绿，国务院办公厅通报表扬海口治水典型经验，美舍河、五源河荣登全国城市水体治理光荣榜，《人民日报》、新华社等中央媒体多次报道，央视“焦点访谈”特别聚焦海口湿地。建立生态治水长效机制，四级河长覆盖373个水体，21个水体告别黑臭，海口为海南建设国家生态文明试验区作出积极贡献。

**5. 大招商大引才大项目，经济高质量发展奏响凯歌。**

2018年5月20日，海南百日大招商（项目）活动在海口正式启动。海口积极探索“12345+营商服务”，上线国际贸易“单一窗口”，成立民营经济办公室，以一流营商环境助力大招商大引才，中旅集团总部落户，四大会计所全部进驻，外企注册增长88%，1.5万名“新闯海人”纷至沓来。11月28日和12月28日，海口38个项目开工建设，总投资418亿元。全年实施省市重点项目55个，完成投资270亿元，占年度计划109%。入选中国最具投资潜力城市50强。以旅游业、现代服务业、高新技术产业为主导的现代化经济体系在转换动能中做大做强，海口经济继续领跑全省，担当龙头。

**6. 市民游客中心闪亮登场，智慧新地标运筹精细管理。**

海口市民游客中心于2018年12月28日正式启用，智慧城市“大脑”更新换代，城市管理迈出精细化、智慧化新步伐。8家单位首批入驻，12345整合83条热线“一号对外”，“指挥棒”“连心桥”“绣花针”作用更加凸显，服务质量位列全国城市（除直辖市外）第一，“金数奖”“先锋奖”诠释为民服务更加高效。

**7. 文旅融合炫耀椰城，国际旅**

游消费中心大步迈进。

海口"文体+旅游"迈开大步。新落成的五源河体育场承载张学友演唱会等文体盛宴，长影环球展现瑰丽奇观，国家帆船基地公共码头扬帆向海，中国帆船总决赛乘风破浪，火山音乐节激情跨年，电影《旋风女队》获得华表奖，《黎族家园》进京展演，国际航班、邮轮航线连接一带一路，海口在扩大对外开放中打开全域旅游新局面。高质量的赛事及文体演出，持续掀起文体消费新热潮，为助力国际旅游消费中心建设提供了新的有力支撑。

**8. 夜景夜市闪耀新名片，"五化"先行提升城市品质。**

海口坚持高标准高质量推进净化、绿化、彩化、亮化、美化，绚丽夜景亮相央视，15家夜市提档升级，多彩之夜成为新的城市名片。城市更新广泛参与，代表、委员建言献策。三角池片区焕然一新，明昌塔复建延续城市记忆。16个示范项目全面竣工，环卫一体化延伸农村，交通组织继续优化，海绵城市加快建设，海口颜值和品质双双提升。

**9. 新时代文明实践中心试点全力推进，获得感、幸福感、安全感直抵家门。**

海口坚持以人民为中心，推进全国新时代文明实践中心建设试点工作，打造百姓家门口的服务中心、慈善中心、信仰中心，得到中宣部副部长、国新办主任徐麟充分肯定。长者饭堂温暖社区，推向全市。就业、医疗、住房、菜篮子保障力度加大。脱贫攻坚尽锐出战，荣获全省"大比武"第一名及特别奖。乡村振兴产业先行，贫困村全部出列。禁毒示范城市创建深入基层，扫黑除恶重拳出击。人民群众获得感、幸福感、安全感满满。

**10. "海口舰"荣归故里，"八连冠"再创辉煌。**

2018年5月16日，海军"海口舰"回家探亲。"舰艇开放日"等双拥共建活动点燃椰城各界爱国爱军热情，推动军民融合深度发展。中宣部授予海口舰时代楷模称号，挺进深蓝铸利剑，官兵先进事迹全国巡讲，鼓舞家乡军民立足本职，为实现中国梦强军梦不懈奋斗。2018年，海口成功实现全国双拥模范城八连冠，书写双拥工作的新辉煌。

# 大事记

## 1月

1日

△《海口市美舍河保护管理规定》施行，为海口市出台的首部内河保护管理专项地方性法规。

6日

△由海口市人民政府办公厅与北京大学城市治理研究院共同发起并设立的中国社会治理创新（海口）研究基地启动，并召开城市管理与社会治理创新工作座谈会。

12日

△2018未来创造者大会上，揭晓第七届零点有数金铃奖公共服务、商业创新、媒体传播三类大奖获奖名单。智慧海口综合联动指挥平台获公共服务类——服务优化奖。

14日

△2018海口马拉松在美舍河凤翔湿地公园鸣枪开跑。共有14个国家和地区的17761名选手参赛。经过角逐，肯尼亚选手伊齐基尔以02：26：59的成绩夺得男子马拉松冠军，切普楚巴以02：47：33获得女子马拉松冠军；中国选手杨淋强以01：11：20的成绩夺得男子半程马拉松冠军，肯尼亚选手詹妮以01：21：50的成绩获得女子半程马拉松冠军。

15日

△海口市卫生和计划生育委员会（以下简称"市卫计委"）揭牌，标志着海口市卫生局、市人口计划生育委员会合并成一个部门。市卫计委同时挂牌海口市卫生应急办、市突发公共卫生应急事件指挥中心牌子。

18日

△环保部发布2017年12月和1—12月全国和京津冀、长三角、珠三角区域及直辖市、省会城市、计划单列市空气质量状况，海口在74个城市中位列第一。这是自环保部2013年实行新标准以来，海口市连续5年蝉联第一。

26日

△在上海举办的2017中国马拉松年度盛典上，海口国际沙滩马拉松赛荣获中国田径协会2017年"中国马拉松自然生态特色赛事奖"和"中国马拉松银牌赛事"两项大奖。

30日

△由海南航空控股股份有限公司执行的海口至悉尼直飞航线开通，是海南首条直飞大洋洲洲际航线。

1月

△民政部公布首批全国农村治理实验区，海口市秀英区以"创新农村社区服务机制，推动农村公共服务平台建设，发展农村社区公共服务"这一实验主题，成为全国首批实验单位。全国农村社区治理实验时间从2018年1月至2021年1月，为期3年。

△在北京举行的2018首届中国智慧社会发展大会暨第二届新型智慧城市发展高峰论坛上，《新型智慧城市惠民服务评价指数报告2017》发布，海口获评2017"惠民服务优秀城市"省会城市十强。

△海口市城乡居民基本养老保险基础养老金标准由每人每月145元提高至每人每月160元。

## 2月

3日

△海口举行五源河和美舍河国家湿地公园揭牌暨海口湿地网上线仪式。海口自此有"国家级"湿地公园。

4日

△"椰城创新云"发布上线。

6日

△央视《中国经济生活大调查2017—2018》发布"获得感""安全

感”“幸福感”等民生调查结果，海口再次上榜“十大幸福城市”。

9日

△海口召开市级领导干部大会，宣布省委关于海口市政府主要领导及市委部分领导班子成员职务调整决定。省委决定：丁晖任中共海口市委委员、常委、副书记，免去其海南省文化广电出版体育厅党组书记职务；鲍剑任中共海口市委委员、常委、副书记；免去倪强中共海口市委副书记、常委、委员职务，另有任用。省委批准：易鹏任中共海口市委委员、常委；免去李向明中共海口市委常委、委员职务，另有任用。省委组织部副部长张耕宣读省委关于海口市政府主要领导及市委部分领导班子成员职务调整决定。

9—11日

△政协海口市第十四届委员会第三次会议在海南国际会展中心召开。会议应出席委员276名，实际到会268名，符合规定人数。会议补选张会发、陈安妮、曾友意、蔡铁为政协海口市第十四届委员会常务委员；审议通过政协海口市第十四届委员会第三次会议关于常务委员会工作报告的决议、政协海口市第十四届委员会第三次会议关于市政协十四届一次会议以来提案工作情况报告的决议、政协海口市第十四届委员会提案法制委员会关于市政协十四届三次会议提案审查情况的报告、政协海口市第十四届委员会第三次会议政治决议。

10—12日

△海口市第十六届人民代表大会第四次会议在海南国际会展中心召开。大会听取海口市第十六届人民代表大会第四次会议议案审查委员会关于代表提出的议案和建议处理意见报告及关于各项正式候选人人选的说明；表决通过大会总监票人、监票人名单草案；表决通过《关于政府工作报告的决议》《关于海口市2017年国民经济和社会发展计划执行情况与2018年国民经济和社会发展计划的决议》《关于2017年海口市和市本级预算执行情况及2018年海口市和市本级预算的决议》《关于海口市人民代表大会常务委员会工作报告的决议》《关于海口市中级人民法院工作报告的决议》《关于海口市人民检察院工作报告的决议》；补选海口市人民政府市长，选举海口市监察委员会主任。丁晖当选为海口市人民政府市长，冯汉芬当选为海口市监察委员会主任。

13日

△海口市监察委员会挂牌成立。市监察委员会作为专门的反腐败工作机构，与市纪委合署办公，代表党和国家行使监督权，实现对全市所有行使公权力的公职人员监察全覆盖。

18—26日

△自18日始，受罕见的持续性大雾天气影响，琼州海峡间歇性停航，大量旅客、车辆滞留海口，引发全国关注。每天滞留上万车辆，高峰期一度超过2万辆、排队长达20千米、滞留旅客近10万人。海口先后启动客货滚装运输突发事件三级、二级应急响应，并于19日（大年初四）20时启动一级应急响应。8天以来，海口全城动员、众志成城，24小时不间断做好交通疏导和服务保障工作，让数万名滞留旅客的生活有妥善安排，共输送138902辆车和713820名旅客安全过海。随着海口过海旅客、车辆通行速度恢复至以往春运水平，3个港口运转情况进入正常状态，海口自2月26日零时终止客货滚装运输突发事件一级应急响应。

## 3月

14日

△环球邮轮维京邮轮“太阳号”首次访问海口，869名来自欧美的游客登岸到海口火山口、骑楼老街等景区景点以及博物馆参观游览。

18日

△首汽集团旗下共享汽车品牌GoFun出行进入海口，为当地居民与游客提供即取即用的共享出行服务。GoFun出行首批投放奇瑞eQ、奇瑞eQ1两款车型，共200辆，集中在龙华区及琼山区的大型商圈、住宅区、大学城等用车需求旺盛区域。

3月

△农业部发布公告，公布2018年第一批农产品地理标志登记产品，海口石山雍羊榜上有名，获农业部颁发中华人民共和国农产品地理标志登记证书。

## 4月

1日

△海口市召开全市生态文明建设和生态环境六大专项整治暨社会文明大行动工作会议。

10日

△由中国海航集团与奥地利奥美德集团共同出资建设的海南首家中外合资综合医院——海南慈航国际医院在海口揭牌。

11—13日

△中共中央总书记、国家主席、中央军委主席习近平在海南考察。13日上午，习近平到位于海口市国兴大道的海南省博物馆，参观海南建省办经济特区30周年成就展。随后，习近平乘车前往海南省政务数据中心。接近正午时分，习近平到海口市秀英区石山镇施茶村，看望农民群众，考察乡村振兴战略实施情况。丁薛祥、刘鹤、何立峰以及中央有关部门负责同志陪同考察。

13日

△庆祝海南建省办经济特区30周年大会在海南省人大会堂举行。中共中央总书记、国家主席、中央军委主席习近平出席大会并发表重要讲话。在讲话中，习近平郑重宣布：党中央决定支持海南全岛建设自由贸易试验区，支持海南逐步探索、稳步推进中国特色自由贸易港建设，分步骤、分阶段建立自由贸易港政策和制度体系。

△上海交通大学医学院附属新华医院与海南医学院第二附属医院组建“上海交通大学附属新华医院联盟”

并揭牌，标志海南医学院第二附属医院成为新华医院第23个成员单位。

27日

△海南省政府与阿里巴巴集团、蚂蚁金服集团在海口签署全面深化战略合作框架协议，在数字经济、智慧服务业、信息智能岛、电子商务等方面开展重点合作。签约仪式上，海口市政府与阿里巴巴集团、蚂蚁金服集团分别签署相关具体合作协议。根据协议，阿里巴巴集团、蚂蚁金服集团将率先在海口设立自由贸易港总部，同时推动支付宝移动支付在全省覆盖，支持海口打造无现金示范城市。

28日

△海口五源河文体中心体育场交付使用。

△庆祝海南建省办经济特区30周年万人竹竿舞表演在刚落成的海口五源河文体中心体育场举行。同时，庆祝海南建省办经济特区30周年万人竹竿舞表演活动组委会挑战“最大规模的竹竿舞”的吉尼斯世界纪录认可，成功参与人数11914人，刷新此前10736人的纪录成绩，成为新的吉尼斯世界纪录保持者。

4月

△海口成功被国家发改委推荐为中欧区域政策合作机制下国际城镇合作项目案例城市。

**链接：**2006年，国家发改委和欧盟委员会签署中欧区域政策合作谅解备忘录，建立了中欧区域政策对话合作机制。2013年，双方启动案例地区合作项目，目的是通过地区间结对子的方式推动开展全方位务实合作。2018年前，中国已有9个案例地区与欧盟13个案例地区开展结对合作。

△海口市发改委（市绿色金融管理委员会）与瑞士再保险股份有限公司北京分公司签署合作协议，双方在建立信息共享机制、绿色金融保险产品创新与推广等领域达成共识。

△民政部、财政部联合下发《关于确定第二批中央财政支持开展居家和社区养老服务改革试点地区的通知》，海口市被列为民政部、财政部中央财政支持开展居家和社区养老服务第二批改革试点地区。

## 5月

1日

△《海口市公共租赁房、经济适用住房及限价商品住房保障标准》施行。

△59国人员入境旅游免签政策实施。

2日

△凌晨1时20分，海口迎来59国人员入境旅游免签政策实施以来的首批99名来自印度尼西亚的游客。

5日

△在第十四届中国中学生沙滩排球锦标赛中，海口琼山中学获高中女子组冠军、男子组季军，初中男子组亚军、女子组季军，并获得“体育道德风尚奖”。此外，梁其禄、庄海波两位教练荣获“优秀教练员”称号。

5—6日

△首届海口妈祖文化旅游节在海口骑楼老街区中山路步行街天后宫举办。海口妈祖文化旅游节的活动内容主要有妈祖巡游、古礼祭祀祈福、民俗表演（琼剧演出和古舞助兴）、民俗知识展示、妈祖送福、分食长寿面等，通过丰富多彩的活动向人们展示传统的民俗风情，提升骑楼老街的旅游文化内涵。

9日

△海口水上飞机空中游览航线开通运营。

10日

△海口市中医医院增挂“上海中医药大学附属岳阳中西医结合医院海口分院”。

14日

△海口在三角池公园举行“百万人才进海南——海口在行动”活动，67家人力资源、金融、互联网等领域的企业组团招人。市住建、公安、人社、组织等部门，在现场提供一站式服务。

16日

△零时起，在全省实行小客车总量调控管理。至7月31日24时止，全省公安机关交通管理部门暂停办理小客车的注册登记、转移登记和迁入变更登记申请。8月1日零时起，对本省小客车实行增量配额指标管理。

△应海口市委、市政府邀请，素有“中华神盾”美誉的海军“海口舰”抵达海口秀英港码头，开始对海口市进行为期3天的访问，开展“舰艇开放日”等系列双拥共建活动。

18日

△海口市政府与普华永道会计师事务所签署合作协议，双方将在招商引资、打造国际资源对接平台等方面开展合作。普华永道成为首家落户海南的国际专业服务机构。

20日

△海南出台《海南省人民政府办公厅关于促进总部经济发展的工作意见》和《海南省总部企业认定管理办法》，将总部经济重点发展区域集中布局在海口市和三亚市。

△海南省第一家合作制试点公证处——海口市南海公证处成立，打造“中午不打烊，七天工作制”“简单公证当天出，让办证群众最多跑一次”等多个亮点。

## 6月

1日

△中国共产党海口市第十三届委员会第七次全体会议召开。全会由市委常委会主持，会议应到市委委员45人，实到33人，应到市委候补委员9人，实到8人，符合规定人数。会议深入学习贯彻习近平总书记“4·13”重要讲话和中央12号文件精神，传达省委七届四次全会精神，审议通过《中共海口市委关于深入学习贯彻〈中共海南省委关于深入学习贯彻习近平总书记在庆祝海南建省办经济特区30周年大会上的重要讲话精神和《中共中央国务院关于支持海南全面深化改革开放的指导意见》的决定〉

的实施意见》和《中共海口市委关于贯彻落实〈百万人才进海南行动计划(2018—2025年)〉的实施意见》。

2日

△全国首家省级业主委员会协会——海南省业主委员会协会在海口成立。该协会成立党支部、专家委员会、律师工作室，海口市4个区巡回法庭在协会设置工作点。

3日

△海南省委、省政府决定设立海口江东新区。设立江东新区是建设中国(海南)自由贸易试验区，逐步探索、稳步推进中国特色自由贸易港建设的重大举措。

6日

△海口市召开新闻发布会，出台《海口市支持总部经济发展若干政策》。根据该政策，海口市将从引进跨国企业、国内大型企业集团等总部企业落户、集聚和发展等三个方向发展总部经济，从六个方面实行奖励补贴。

15日

△运营20年的金牛岭动物园停业，成为一代人的回忆。134只动物陆续转移安家海南热带野生动植物园。

20日

△海口枭龙AR·VR军民融合产业园在海口国家高新区美安生态科技新城奠基开工，这是海南建设自由贸易试验区后引进的首个虚拟现实项目。项目总投资2.5亿元，预计两年后正式投产。

22日

△海南省首个湿地保护协会——海口市湿地保护协会挂牌成立。

28日

△海峡两岸（海南）农业合作服务示范中心、阿里巴巴农村淘宝兴农扶贫琼山区服务站、琼山区农村合作社联盟、琼山区电子商务公共服务中心、琼山区电商扶贫中心揭牌成立，以这5个平台为载体，海南首家专门以销售台湾和海南特色农产品为主的扶贫商超“哦椰农栈”同步面市。

6月

△海南省发布《关于公布第一批省级重要湿地名录的通知》，共有7处湿地被收录在第一批省级重要湿地名录中，其中海口共有3处湿地被收录，分别是东寨港湿地、五源河国家湿地公园、美舍河国家湿地公园。

## 7月

1日

△海口市人民政府印发的《关于调整高污染燃料禁燃区的通告》开始施行，有效期5年。海口市人民政府2003年12月3日发布的《关于划定禁止使用高污染燃料区域的通告》同时废止。

5日

△国家税务总局海口市税务局挂牌成立，继续行使原海口市国家税务局、原海口市地方税务局税费征管职责和相关工作职能。

11日

△海口国兴大道日月广场路段的上空，无人机“交警”首次起飞开展执法演练，海口交警通过无人机喊话，处置一起现场违停事件。引入无人机参与交通管理，在海口尚属首次。

16日

△第11次中欧区域政策合作高层对话会在海口召开，海口市与法国尼斯市就开展中欧区域及城镇政策合作达成合作意向。

19日

△由欧盟国际城镇合作项目主任帕布罗·甘达哈带队的欧洲城市代表团一行抵达海口，进行为期3天的考察，谋求双方项目合作。

20日

△国家税务总局海口市秀英区税务局、龙华区税务局、美兰区税务局、琼山区税务局及国家税务总局海口保税区税务局区级新税务机构挂牌成立。

25日

△海口江东新区动迁工作指挥部临时党支部揭牌成立。

△海南东寨港国家级自然保护区里新安装的两套系统——在线水质监测系统与大气负氧离子监测系统陆续投入使用，对大气质量及水文质量进行全天候24小时监测。

27日

△海口市首个新时代琼崖传习所在秀英区石山镇施茶村揭牌设立。

△海口市夜市发展联合会成立，是海口首个夜市行业专业自治管理机构。

31日

△海南医学院第二附属医院器官移植科开科，这是海南省首个器官移植科。

△海口市三角池东湖一家水吧前投放一台“爱心冰柜”，旁边一块醒目的告示牌上写着：爱心冰柜，环卫工人、交警同志、快递小哥免费领取冰水。“爱心冰柜”一事经微信朋友圈发酵，受到市民一片点赞。

## 8月

2日

△海口首条白天海上旅游航线开通，来自社会各界50余人首度登船尝鲜。该航线由“海口王子1号”执行，总设有88个客位，每周六、周日下午3点发班，自海甸岛华彩杰鹏游艇会所出发，经海口湾、秀英港、西秀海滩再折返，全程约90分钟。

5日

△国内首家反向预订酒店平台——旅宿网总部落户海口。反向预订酒店平台打破固有的传统订房模式，让客人掌握主动权，由客人自己出价，由酒店根据自己的房态、房价来抢单应价，俗称“滴滴打酒店”。

20日

△海口市人民政府与中国人民大学（以下简称“人大”）附中联合总校、人大附中、人大附中实验小学在人大签署协议，共同组建人大附中海口实验学校（小学部），在合作办学、办学体制机制改革、人才培养等方面开展一系列深入合作。

26日

△15时，海南省首期小客车保有量调控增量指标配置仪式在海口举行。首期配置共产生33000个个人普通小客车中签编码，850个单位普通小客车中签编码；552个个人新能源小客车中签编码，63个单位新能源小客车中签编码。

28日

△海口市公安局交警支队、中国邮政集团公司海口市分公司、海南省肿瘤医院联合推出“警医邮”合作平台，即日起，市民可在全市20家邮政银行网点就近办理4大类20项公安交管业务。

8月

△为服务海南自由贸易试验区和中国特色自由贸易港建设，海口市首个英文微信公众号Haikou Guide开通运行。这是海口市首个面向外国人的英文微信公众号。

△国务院印发《关于同意在北京等22个城市设立跨境电子商务综合试验区的批复》，海口市在22个城市之列。该批复要求，以跨境电子商务为突破口，大力支持综合试验区配套政策，推进包容审慎有效的监管创新，推动国际贸易自由化、便利化和业态创新。

△经国家卫健委批准，海口市妇幼保健院被评定为国家先天性结构畸形救助项目定点医疗机构并正式挂牌成立。贫困患儿在该院接受医疗救助，最高可获补助3万元。

## 9月

1日

△《海口市城市建筑垃圾暂行管理办法》施行，有效期2年。该办法明确对建筑垃圾处置实行特许经营管理，积极推行建筑垃圾收集运输和处置市场化运作模式。

29日

△中国共产党海口市第十三届委员会第八次全体会议召开。全会由市委常委会主持。会议应到市委委员44人，实到35人，符合规定人数。全会传达学习省委七届五次全会精神，审议通过《海口市打赢脱贫攻坚战三年行动计划实施方案》和《中共海口市委　海口市人民政府关于支持实施乡村振兴战略若干政策措施》。

△海南自由贸易试验区和中国特色自由贸易港建设的重要先导性项目——海口新海港滚装码头客运综合枢纽站工程开工建设。

30日

△海口市人民政府与凤凰金融集团在海口签署战略合作备忘录，未来双方将在金融科技、推进对外贸易等方面展开深度合作。

## 10月

1日

△即日始，海口市两个主要港口新海港、秀英港采取网上预约购票方式过海出岛。

17日

△海口市社区长者饭堂助餐服务试点启动，首批长者饭堂助餐服务试点的5个社区均选择在美兰区，分别为海府路街道龙舌坡社区、蓝天街道龙岐社区、海甸街道新安社区、博爱街道南联社区、新埠街道新东社区。

25日

△在《国际湿地公约》第十三届缔约方大会上，海口荣获全球首批“国际湿地城市”称号，这是海口在生态环境保护方面获得的又一块重要金字招牌。

28日

△海口绕城高速公路美兰机场至演丰段项目在海口开工。项目主线起于海口市灵山镇，顺接海口绕城高速南渡江大桥东侧机场互通，以匝道形式向南转向，中间跨越县道云美线、省道灵文嘉线和东环高铁，终于演丰镇，接海文高速公路。

29日

△中国生物多样性保护与绿色发展基金会（简称中国绿发会）第97个中华保护地“中华湿地保护地·东寨港”在海南东寨港国家级自然保护区管理局办公大楼前挂牌，推动“政府+民间”合作模式，发动社会力量，共同保护好红树林湿地。

## 11月

1日

△《海口市生活垃圾分类管理办法》施行。海口市已确定4个试点街道，分别是秀英区海秀街道、龙华区滨海街道、琼山区凤翔街道、美兰区和平南街道。

5日

△海口市首个地埋式垃圾转运站在桂林洋经济开发区建成投入使用。

7日

△由中国会展会奖产业交易会组委会，《会展财富》杂志和《中国节庆》杂志联袂中国会展大数据中心，中国主办者联盟和“一带一路”会奖目的地联盟共同举办的“2018年度中国会展（会奖）产业年度评选金手指颁奖盛典”，在上海举行。海口市在此次活动中荣获“最具影响力会展目的地”奖项。

10日

△大熊猫“贡贡”和“舜舜”入住海南热带野生动植物园——海野熊猫世界。其中，“贡贡”，2013年8月18日出生于中国大熊猫保护研究中心雅安碧峰峡基地，雄性，喜欢和游客互动；“舜舜”，2013年8月27日出生于中国大熊猫保护研究中心雅安碧峰峡基地，雄性，对异响和水声比较敏感。

20日

△中国国家男子足球队在海口五源河体育场迎战巴勒斯坦队，最终两队1：1打平。本场比赛是海南建省办经济特区30周年以来首次举办的国家队赛事，也是国足出征亚洲杯前的最后一场正式热身赛。

△海口市人民政府、市城市建设投资有限公司与哈罗国际管理服务有限公司举行海口哈罗外籍人员子女学

校、哈罗国际(中国)礼德学校项目合作协议签约仪式。哈罗公学是英国最负盛名的私立学校之一,在高端人才培养领域有独到的经验和优势。海口哈罗学校由海口哈罗外籍人员子女学校、哈罗国际(中国)礼德学校组成,计划于2020年9月开学。

23日

△2018(第十九届)海南国际旅游岛欢乐节在海口开幕。

## 12月

1日

△海南离岛旅客免税购物政策迎来实施以来的第五次调整。即日起,将离岛旅客(包括岛内居民旅客)每人每年累计免税购物限额增加到3万元,不限次数。增加部分家用医疗器械商品,在离岛免税商品清单中增加视力训练仪、助听器、矫形固定器械、家用呼吸支持设备(非生命支持),每人每次限购2件。

8日

△在杭州举行的2018年中国湿地学校网络年会上,海口市长流中学、海口市英才小学、海口市五源河学校、海口市琼山区第十二小学、海口市第七中学和海口市秀英区长德学校被湿地国际中国办事处授予"湿地学校"称号。

12日

△中央广播电视总台发布《中国城市营商环境报告2018》,公布排名前十位城市榜单。同时,还公布7个评价维度排名前十位的城市榜单,在基础设施这一维度上,海口以良好的自然生态环境和不断改善的医疗卫生条件位列第二。

12—16日

△2018年中国(海南)国际热带农产品冬季交易会在海南国际会展中心举行。共有34个国家和地区及国内28个省市的2000多家企业、6000多名客商参加展会。超过50万人次走进展馆参与盛会,签约订单总额772.37亿元,创历年新高。

15日

△由中国扶贫开发协会、国家信息中心、求是《小康》杂志社联合主办的2018第十三届中国全面小康论坛在北京召开。在当天颁奖晚会上,海口市荣获"2018年度中国全面小康特别贡献城市"奖项。

16日

△在广西南宁举办的中国生态文明论坛年会上,海口荣获"2018美丽山水城市"称号。

22日

△复兴城·国际离岸创新大厦揭牌,将打造成为总部企业集聚区和国际离岸创新创业服务平台。

28日

△海口市民游客中心启动运行。中心集展示和公共服务功能于一体。

△海口市国家帆船基地公共码头开业。

△海口首条越江隧道——文明东越江通道项目开工。

29日

△海口市消防救援支队举行迎旗授衔暨换装仪式。海口市消防救援支队前身为1990年组建的海口市公安消防支队。

△中华遗嘱库海口滨海公益预约服务中心成立。即日起,海口市民可在中心免费办理遗嘱咨询和预约服务,这是中华遗嘱库在海口开办的首家公益预约服务中心。

31日

△长影环球100奇幻乐园试营业。

12月

△海口美舍河、五源河因其治理效果良好,上榜全国黑臭河流生态治理十大案例,被住建部主管的中国给水排水网站转发。

△秀英区东方洋社区工作法因特色鲜明、成效显著,入选全国"优秀社区工作法"百强榜单,是全省唯一获此殊荣的社区。

(杜惠珍)

## “勇当先锋、做好表率”专题活动

**【“勇当先锋、做好表率”专题活动概况】** 2018年，海口市委贯彻落实省委关于开展“在建设海南自由贸易试验区和中国特色自由贸易港实践中勇当先锋、做好表率”专题活动的决策部署，把开展专题活动作为推动海南自由贸易试验区和中国特色自由贸易港建设的重要抓手，先后出台《关于在全市开展“在建设海南自由贸易试验区和中国特色自由贸易港实践中勇当先锋、做好表率”专题活动实施方案》《在“勇当先锋、做好表率”专题活动中全面加强江东新区党建工作实施方案》《全市党员干部学习教育全覆盖“千堂党课进基层”工作》《关于在“勇当先锋、做好表率”专题活动中组织开展岗位大练兵活动的通知》等系列文件，召开“勇当先锋、做好表率”专题活动动员大会、2次专题推进会以及在“勇当先锋、做好表率”专题活动中全面加强江东新区党建工作三级书记动员大会、三级干部动员大会等，以任务清单的方式细化划分出17大项、37小项具体任务，督促各级党组织对标抓落实，全面部署、推进全市“勇当先锋、做好表率”专题活动。

**【创新“勇当先锋、做好表率”专题活动载体】** 2018年，海口市通过开展“万名党员进万村讲万场”“千堂党课进基层”活动，市级党员领导干部、各级党委（党组）、党支部书记分别深入分管部门、分管领域、联系点、所在支部讲党课，示范推动全市党员干部学习贯彻习近平总书记“4·13”重要讲话和中央12号文件精神全覆盖，讲授党课2056场次、发放“口袋书”等学习读本10万余册，确保专题活动覆盖到每个支部、每名党员。开展“主题党日”+“警示教育”“扶贫攻坚”“党群议事”“调查研究”“志愿服务”“创先争优”等形式多样的主题党日活动6998场次。设立中共琼崖一大会址、解放海南岛战役烈士陵园等5个首批新时代党性教育示范基地和施茶村党支部、凤翔湿地公园等10个新时代党员教育实践基地，打造党性教育“实境课堂”。

**【营造“勇当先锋、做好表率”专题活动氛围】** 2018年，海口市开展专题培训、征文研讨、演讲宣讲，先后举办城市更新与城市治理党性教育专题培训班、第一书记专题培训班等各类培训班753场次，培训40507人次。面向全市各级党、团组织开展主题研讨征文活动，收到论文成果517篇，评选出优秀论文62篇。开展基层微演讲宣讲活动6000余场次。面向全市继续办好《我是共产党员》党建栏目，以“身边人、身边事”教育激励党员干部勇当先锋、做好表率。在《海口日报》、海口广播电视台、海口网等主流媒体开设专栏，宣传好经验好做法、访谈先进典型和部分党组织书记，示范带动各级党组织书记积极履行第一责任人职责，刊发专题活动通报30期。组织动员党员干部在引领经济发展新常态、推动改革落地、脱贫攻坚等工作中苦干实干，推动各级党组织和党员干部自觉站在党和国家大局上想问题、办事情，在践行“四个意识”和“四个自信”上勇当先锋，在讲政治、顾大局、守纪律上做好表率。把支部建在一线，充分发挥党员先锋队、党员突击队、党员志愿队三支队伍在推进经济社会建设中的作用。形成一批思想成果、制度成果、实践成果，涌现出一批先进基层党组织、优秀共产党员。年内表彰先进基层党组织30个，优秀共产党员100名，优秀党务工作者50名。针对不同领域、不同行业特点，区分层次、区分对象广泛开展岗位大练兵活动。通过设置党员先锋岗、党员责任区、开展业务竞赛等活动，动员和组织党员干部立足本职岗位作贡献，比学赶超，争创一流业绩。全市形成创先争优、比学赶超的良好氛围。“我是共产党员”栏目70期入选中组部党员远程教育网，专题片《一个人的守望》获得第十四届全国党员教育电视片观摩交流活动一等奖、十佳摄影和第二十八届海南新闻奖一等奖。

**【在“勇当先锋、做好表率”专题活动中加强江东新区党建工作】** 2018年，海口市委研究出台《在“勇当先锋、做好表率”专题活动中全面加强江东新区党建工作实施方案》，召开江东新区三级党委书记动员大会，动员全市各级党组织和广大党员干部担当实干、攻坚克难，为加快江东新区规划建设提供坚强的组织保证。加强组织体系建设，结合江东新区城市功能特点，在重点项目、征拆一线等建立临时党支部；加强“三支队伍”建设，在每个村（社区）成立党员先锋队，在每个项目一线成立党员突击队，在每个驻区单位成立党员志愿队；建立党员领导干部联系点制度，江东新区内143个党支部都有1名党员领导干部负责联系；建立基层党建协调推进工作会议制度，由市委组织部定期召集美兰区、桂林洋经济开发区、三江农场及灵山镇、演丰镇、三江镇等单位集中研究，协调推进基层党建工作；举办江东新区村（社区）党组织书记培训班，对江东新区内农村（社区）党组织书记进行全员轮训；从市区单位抽调161名优秀干部分成40个工作组，进村入户开展思想动员、文明劝导；从部分双管单位、银行及国有企业选派20名优秀年轻干部到江东新区挂职锻炼，为江东新区建设提供强劲的引擎。

（台德超）

2018年春运期间，罕见大雾天气给琼州海峡客滚运输造成严重影响，大量车辆和旅客滞留海口。摄于2018年2月21日　（海口海事局 供）

## “抗雾保运”工作纪事

2018年春节期间，受自1951年有气象记录以来琼州海峡持续时间最长的大雾天气影响，港口轮渡被迫多次间歇性停航，大量车辆和旅客不能及时出岛，滞留海口，引发全国关注。大年初三（2月18日）以后，每天滞留上万车辆，高峰期一度超过2万辆、排队长达20千米、滞留旅客近10万人。海口陆续启动港口滞港应急三级、二级处置预案，2月19日启动港口滞港应急一级预案。

海南省委、省政府高度重视大雾影响渡海旅客和车辆滞留情况。省委书记刘赐贵第一时间作出重要指示，两次亲赴现场实地调研、解决问题，同时与省长沈晓明一道听取旅客意见，看望和慰问放弃春节假期参与疏导工作的干部、民警、志愿者及社会各界人士，并要求海事、交通部门加强琼州海峡东西向通航的研判和管控，在确保安全的前提下，千方百计保南北通航畅通，切实做好交通疏导和服务保障，最大限度减少对市民旅客出行影响。沈晓明专门作出批示，要求务必高度重视、迅速响应，海口市和省交通、交警等主要领导要靠前一线指挥，加强与广东方面轮渡的协调互动，科学调度运力；省委常委、常务副省长毛超峰，副省长范华平实地走访、现场指导，要求在确保安全的情况下，千方百计增加港口运力；省委常委、政法委书记肖杰到市交警指挥中心现场调研指导。海口市委、市政府坚决贯彻落实省委、省政府决策部署，全力以赴抓好“抗雾保运”工作。市领导深入一线，靠前指挥，具体研究部署，要求借鉴服务保障马拉松赛事的成功经验，每200米一名保洁员、每500米一个志愿服务工作站、每1000米一个救助站，确保安全、畅通、有序。

应急响应期间，海口三港立即分别设立现场指挥部，海口市交通、港航、公安交警、海事、气象、团委、民政、商务、安监、旅游、城管、宣传以及秀英区政府等单位共同参与，现场组织协调、一线解决问题。建立港口应急微信群，启动港口周边24小时值守疏导勤务机制进行应急处置。同时，及时调休，除参与应急保障和服务的部门外，海口其他单位2月22日（大年初七）放假，2月25日（周日）补班，以更好地保障旅客顺利出岛和市民出行。

为了让滞留车辆和旅客尽快出岛，海口应急处置指挥中心紧抓运力提升，积极协调港口相关单位，缩短装卸时间，大雾封航时船舶装载不停，船舶靠岸前车辆整队以待，以船等天气、车等船的常态化争分夺秒提升效率，仅2月20日高峰运输间歇就有38艘打空运输船返港。广东省、湛江市尤其是徐闻县的大力支持是打赢这场“抗雾保运”战的重要基础，双方建立了海峡两岸应急危机处理机制，从根本上解决好春运保障问题。至24日23时，在广东省方面大力支持和帮助下，完成进港空载航次300次。海南省交通厅、卫计委、旅发委、商务厅、民政厅、司法厅等省直部门及驻琼单位、驻琼部队主动驰援，有求必应。尤其是省公安厅部署高速沿线万宁、陵水、琼海、文昌、澄迈、定安等市县公安局在当地高速入口等处发布错峰出港提示，帮助疏导车流。旅客主要出发地三亚市多措并举，利用媒体、网络、户外屏、12301旅游服务热线等所有线上线下发布渠道，发布温馨提示，有效缓解海口交通压力。

同时，为尽可能减轻城市路面压力，海口对三个港区内部逐一梳理，最大限度挖掘停车空间，其中秀英港腾空11号和16号码头之间生产空地作为临时停车场，可容纳1000辆小车；新海港突击建设2个临时应急停车场，可容纳1800辆小车，方便过海车辆进场安心候船。自2月23日14时起，市交通部门临时开通南港至汽车西站公交保障专线，恢复秀英港的9条公交线路，临时调整市区至新海港的2条公交线路，并打破进站停站上客惯例，做到招手即停、按需上车。

2018年2月23日，海口市民政局为因大雾滞留的旅客提供后勤保障服务

（市民政局 供）

此外，海口从旅客的冷暖需求出发，从服务的细节做起，在点滴上改进，缓解旅途的焦虑，得到更多人的理解和支持，让旅途变得温暖和谐。2月18—24日，共出动交通、交警、环卫、港航、志愿者、救援义工、驻琼官兵5.8万余人次，24小时轮班进行应急救助，最大限度疏导、组织车辆上船。设置分流卡口12个，便民服务站8个，出动救助车辆421台次，协调滞留道路区域周边60家酒店参与救助活动。共分发矿泉水7.6万箱，方便面、饼干等9.1万箱，牛奶480箱，快餐、热粥11万份，面包糕点1.5万个，饮料4810箱，帐篷112顶、雨具3420件，安排救援车辆3374台次，运送油料1.8万升，组织49家酒店参与救助活动。增设垃圾桶1050个，垃圾袋7.8万个，移动公厕149座，80盏应急灯，500捆卷纸等予以保障。卫生部门增设医疗保障点23个，同时安排120急救车沿途往返巡诊，共调派医护人员380人次，急救志愿者227名，医疗急救车辆55辆次，接诊944人次。海口三个港区做到志愿服务、卫生保洁、医疗救助、应急保障、秩序维护全覆盖。

至2月25日夜晚，秀英港、新海港、南港外已无车辆滞留，待渡时间大幅下降。2月26日上午10时，海口市春运办发布信息，三个港口运转状态正常，待渡车辆809辆，无旅客滞留，通行速度恢复至以往春运水平。根据《海口市客货滚装运输突发事件应急预案》，决定自2月26日10时30分起终止海口市客货滚装运输突发事件应急响应。8天以来，在省委、省政府的坚强领导和社会各界的大力支持下，海口全城动员、众志成城，24小时不间断做好交通疏导和服务保障工作，让数万名滞留旅客的生活有妥善安排，共输送138902辆车和713820名旅客安全过海。

此次“抗雾保运”，报纸、广播、电视与新兴媒体同步发声，海口市属新闻媒体更新信息推送和播报信息共4.3万篇（条）次，中央驻琼媒体和省级媒体积极参与，每小时更新播报通航信息和交通信息；《人民日报》、新华社、中央电视台、凤凰网、澎湃新闻等对海南“抗雾保运”工作均给予高度评价。人民日报《雾锁海峡路难行，悉心保障缓焦心——海口：应急第五天》，新华社《全城总动员，温暖回家路——海口全城抗“雾”疏堵纪实》，央视多频道多频次地报道海口在疏导保障等方面的努力，中央驻琼和省市各大媒体都纷纷报道“抗雾保运”中涌现的许许多多感人事迹。

海口在这次“抗雾保运”中经受住了大考，车堵心不堵，充分展示海口干部的良好作风、市民的文明素质和城市的文明程度，全国文明城市的金字招牌愈加闪亮。

（杜惠珍编辑）

## 海口概况

【建置沿革】西汉时期，海口分属珠崖郡的瞫都、玳瑁、珠崖三县（其治所均在今海口市境内），后珠崖郡被汉王朝废弃。唐高祖时期分属于崖州的舍城、颜卢、琼山三县，后分属于崖州的舍城县、颜城县和琼州的琼山县（其治所均在今海口市境内）。明洪武三年（1370年）称海口都，十七年（1384年）设海口千户所，二十八年（1395年）年筑海口城池，称海口所城，至清末不变。民国初年，时称海口港。宋元明清至民国初期，海口基本属琼山县管辖。1926年12月9日，广东省批复设立海口市政厅，“习惯上始称海口市”，辖有第一、第二、第三警察区。1929年8月，改市政厅为市政局。1931年2月，复隶琼山县，设立警察区署进行管理。1949年8月7日，海南特别行政区行政长官公署代国民政府行政院内政部决定，从琼山县划出6个乡镇和部分村庄设立海口市政筹备处，筹备处隶属行政长官公署。1950年4月23日海口解放，市政筹备处自行消亡。1950年6月1日，海口市人民政府成立。1958年12月，琼山县并入海口市。1959年10月，琼山县恢复。1974年，中共广东省委通知将海口市恢复为省辖市，实行省、地双重领导。1988年4月13日，海南建省办经济特区，海口市为海南省省会。1990年11月，经国务院批准，设立振东、新华、秀英3个市辖区（县级）。2002年10月16日，经国务院批准，撤销琼山市和海口市振东区、新华区、秀英区，以原琼山市和海口市原秀英区、新华区、振东区的行政区域组成新海口市，设立秀英、龙华、琼山、美兰4个区。

【位置与面积】海口市位于东经110°08′～110°43′，北纬19°32′～20°06′。地处海南岛北部，东邻文昌市，南接定安县，西连澄迈县，北临琼州海峡与广东省隔海相望。东起大致坡镇老村，西至西秀镇拔南村，两端相距60.6千米；南起大坡镇五车上村，北至大海，两端相距62.5千米。总面积3119平方千米。其中陆地面积2289平方千米，占73.39%；海域面积830平方千米，占26.61%。

【行政区划】海口市分设秀英、龙华、琼山、美兰4个区，共22个镇、21个街道办事处、196个社区、248个行政村。其中，秀英区辖秀英、海秀2个街道办事处，长流、西秀、海秀、石山、永兴、东山6个镇，共24个社区、70个建制村；龙华区辖中山、滨海、大同、金贸、金宇、海垦6个街道办事处，城西、龙桥、龙泉、新坡、遵谭5个镇，共78个社区、51个建制村；琼山区辖国兴、府城、滨江和凤翔4个街道办事处，龙塘、云龙、红旗、旧州、三门坡、甲子、大坡7个镇，岭脚、中税2个热作场和新民林场，共37个社区、74个建制村，2个居（红明居、东昌居）；美兰区辖白龙、白沙、博爱、海甸、蓝天、海府路、人民路、新埠、和平南9个街道办事处，灵山、美兰、三江、大致坡4个镇，共57个社区、53个建制村和三江居，海口市三江农场位于辖区内。

【自然环境】海口市地形略呈长心形，地势平缓，海南岛最长的河流——南渡江从中部穿过。西北部和东南部较高，中部南渡江沿岸低平，北部多为沿海小平原。全市除石山镇境内的马鞍岭（海拔222.8米）、旧州镇境内的旧州岭（199.9米）、甲子镇境内的日晒岭（171米）、永兴镇境内的雷虎岭（168.3米）等38个山丘较高外，绝大部分为海拔100米以下的台地和平原。马鞍岭为全市最高点。

地 质 海口市地质构造属于雷琼裂谷南部拗陷区。中新世及上新世海南岛王五—文教大断裂以北至琼州海峡发生断陷，形成陆海面积约3135平方千米的琼北断陷盆地，堆积巨厚的新生代（第三纪）地层，至全新世（第四纪），并有多次地震和海底火山活动，有多期火山岩相间分布于第三纪和第四纪沉积层之中，出露于地表组成琼北基性（为主）火山熔岩台地，分布面积广。上新世晚期，海岛北部地壳上升，其中也有几次火山喷发；中全新世以后，北部和东北部地壳缓慢下降，接受沉积。海口市位于琼北新生代断陷盆地中，由新生代琼北断陷盆地（为主）与琼东北隆起（东南部）构成，位于区域性近东西向、近南北向、北东向和北西向断裂的交接复合部位。地层主要属新生代古近纪（为主）至第四纪的滨海相、海陆交互相地层。岩浆岩有零星出露的侵入岩和大面积广布的基性（为主）、超基性火山岩。

地 貌　类型大致分为滨海平原、河流阶地、丘陵及熔岩台地三部分。北部为滨海平原带，地势低平，面积广大，占总面积的52%；中部为南渡江沿江阶地带，占总面积的43%；东南部为丘陵台地带，西部为熔岩台地带，仅占总面积的5%。西北部和东南部较高，中部南渡江沿岸低平，北部多为沿海小平原。地表主要为第四纪基性火山岩和松散沉积物大面积分布，滨海以滨海台阶式地貌为主，西部以典型的火山地貌为主。

土 壤　分为水稻土、砖红壤、菜园土、潮沙泥土、滨海盐渍沼泽土、滨海盐土、滨海沙土、石质土8个土类，12个亚类，43个土属，110个土种。

气 候　海口地处低纬度热带北缘，属热带季风海洋性气候，气候温暖宜人，长夏无冬。海口北濒南海，海洋性气候特征也特别显著，具有温暖多雨、光热充足、温差较小、无霜期长等气候特征。同时受季风影响明显，降水时期集中，雨季分明，主要集中在5—10月，占年降雨量的81.9%，多为热带气旋雨和对流雨（热雷雨），水热同期，11月至翌年4月是少雨季节，常有冬春旱发生。灾害性天气主要有台风、暴雨、雷电、大雾、大风、干旱。年平均气温24.4℃，年平均最高气温28.2℃左右，年平均最低气温18℃左右。月平均最高气温28.8℃，出现在7月；月平均最低气温18.0℃，出现在1月。年平均降雨量1816毫米，降雨日数（日雨量≥0.1毫米）102天。年平均日照时数1954.7小时。年平均蒸发量1834毫米，平均相对湿度85%。常年以东北风和东南风为主，年平均风速3.4米/秒。

水 文　海口自产水资源总量19.07亿立方米，水资源总量折合地表径流深为830毫米。海南岛最长的河流南渡江穿过海口市中部入海。南渡江主流在市区长75千米，流域面积1300平方千米，年径流量60.99亿立方米。海口市主要河流有43条。其中，南渡江水系7条，南渡江干流从海口市西南部东山镇流入境内，穿过中部，于北部入海，入海口段从西向东主要分流有海甸溪、横沟河、潭览河、迈雅河和道孟溪。支流有铁炉溪、三十六曲溪、鸭尾溪、昌旺溪（南面溪）、美舍河和响水河；独流入海的有18条。境内有凤潭、铁炉、东湖、风圮、云龙、丁荣、岭北、玉凤、沙坡等水库，总库容量1.5亿立方米。海口市地处南渡江下游河口河网地带和休眠火山口地带，潜水、承压水分布广泛。地下水位于琼北自流盆地面积4605平方千米范围内，980米深度内共分布自上往下具有生活饮用水、生活饮用水+饮用天然矿泉水、医疗热矿水三元结构的10个含水层：即潜水2层，半承压水1层，承压水7层。潜水含水层以南渡江三角洲潜水和玄武岩孔隙裂隙潜水为主，分布范围813.7平方千米，单位涌水量为20~5084.6立方米/日·米，允许开采量21.2万立方米/日。地下承压水处于雷琼盆地，含水总厚度达200~350米，老海口、秀英两段可采量共27万立方米/昼夜。地下热矿泉水处于琼北自流水盆地东北部新生代厚层，分布面积约200平方千米。

海 域　海口市北面临海，海域面积830平方千米，海岸线长136.23千米。海水平均水温25℃，最高34℃，最低17.2℃。透明度1米，最大达2米。浅海盐度29.6%~31.8%。大部分海底平缓，以软泥为主，泥沙次之；靠近沙滩海岸一带海底以细沙为主。近海水质富含有机物质和无机盐。60~100米等深线以内的海域面积约200平方千米，10米等深线以内的浅海、滩涂面积上百平方千米。大部分海岸坡度平缓，岸线开阔连绵，沙岸带沙细洁白，有假日海滩、西秀海滩、粤海铁路通道南站码头海滩、白沙门海滩、东寨港海滨海滩、桂林洋海滩等海滨风景区和游乐区。港湾与近海还有少许岛礁和潮滩。近海海水清澈，常年风轻浪平，有多处为适宜游泳的傍岸泳区。

【自然资源】动植物　海口处在橡胶、胡椒等热带经济作物产区，拥有林地9.58万公顷，约占土地面积的42%。地上有野生植物1356种，其中海南特有的40多种，被列为国家一级保护的有苏铁、坡垒、海南黄花梨3种，国家二级保护的有黄檀、粗榧、土沉香、见血封喉等10多种。乔、灌木180多种，其中80多种属经济价值较高的树种，诸如橡胶、椰子、棕榈、龙眼、荔枝、菠罗密、咖啡、黄皮、莲雾、胡椒、槟榔等。药用植物1200多种，其中较著名的有巴戟、益智、砂仁等。境内有野生动物140种，其中红胸角雉、山鹧鸪、海南虎斑鳽（jiān）等5种为海南特有种；列入国家一、二类重点保护名录的有蟒蛇、唐鱼、海南山鹧鸪等13种。

海洋资源　海口有830平方千米的海域、上百平方千米的海湾滩涂，有利于发展海洋捕捞及海水养殖。管辖海域内共有海岛13个，其中有居民海岛1个，即北港岛。自西向东分布着诸多天然港湾，如金沙湾、新海港、西海岸、秀英港、海口湾、东海岸、东寨港等。其中，海口港为海南交通枢纽和客货集散中心，是中国大陆沿海港口到东南亚各地通航贸易船舶的必经之港，素有“琼州门户”之称。港口岸线资源丰富，从西到东可分为马村岸段、盈滨—天尾岸段、海口湾岸段等多个岸段。马村岸段10米等深线离岸1500~1700米；盈滨—天尾岸段港湾开阔，对巨型船舶稳泊条件较好，适宜建深水港；海口湾的稳泊条件好，可建设大型港口。海洋渔业资源主要有鱼类、虾类、蟹类、贝类等。其中鱼类有100多种，常见且质优的鱼类有马鲛鱼、黄花鱼、鲻、金线鱼、石斑鱼、海鲤鱼等；虾类有斑节对虾、沙虾、青虾等；蟹类有锯缘青蟹、小蟹、花蟹、膏蟹、梭子蟹等；头足类与贝类有乌贼、墨鱼、鲍鱼、泥蚶、牡蛎等；大型藻类主要为长茎蕨藻、麒麟菜、马尾藻等；传统药用海洋生物有海蛇、海马、海龙、海参、海胆、海星、海兔等。

*矿 产* 境内已探明矿产资源 20 种，其中能源矿产有石油、天然气、褐煤、低热值油页岩（油炭质页岩）、泥炭 5 种；金属矿产有铝土矿、钴土矿、褐铁矿 3 种；非金属矿产有高岭土、耐火黏土、砖瓦黏土、硅藻土、膨润土、沸石、浮石、建筑用玄武岩、建筑用砂 9 种；水气矿产有饮用天然矿泉水、热矿水、地下水 3 种。具备明显优势和开发潜力的矿产资源主要有饮用天然矿泉水、地热水、地下水，以及建筑大宗用的河砂、玄武岩石材、砖瓦黏土等；比较重要的矿产资源有钴土矿、铝土矿、褐煤、低热值油炭质页岩、高岭土、耐火黏土等。地热资源丰富，地热田控制面积约 4 平方千米，分布在 350 ~ 700 米深度内，水温 39.5℃ ~ 49℃，矿化度 1 ~ 2.3 克 / 升。

【旅游资源】海口市傍江临海，环境优美，拥有集自然风光、热带生物、文化古迹和民族风情于一体的热带海岛资源、自然旅游资源、人文旅游资源和社会旅游资源，是一座休闲城市、港湾城市、生态宜居城市、温泉海岸城市、历史文化名城。全长 136.23 千米的海岸线上，沙滩宽阔且坡度小，沙细洁白，多数沙滩岸边绿树成荫，临沙岸海面风平浪静，海水清澈，是海滨浴场和海上运动的理想之地。在东寨港红树林风景区，有明万历三十三年（1605 年）琼州大地震时陷下海底的 72 个村庄遗址，称为“海底村庄”；港区内生长成片的红树林，被列为国家级自然保护区，划小船游弋其中，观树、观鱼、观鸟，趣味盎然。海口市拥有被联合国评为世界自然遗产的火山群世界地质公园，是中国为数不多的休眠火山，也是世界上保存完好的火山之一。老城区内有 5 条骑楼建筑老街，形成独特的骑楼文化，2009 年被评为中国历史文化名街。

海口较为知名的历史古迹景点：有始建于洪武年间（1368—1398 年）的古代军事遗址——明代海南卫所在地城门楼的府城鼓楼，为纪念明代琼籍名贤王佐而建于 1567 年的西天庙，为纪念为维护祖国统一、促进民族团结的历史名人冼英而始建于 1602 年的新坡冼太夫人庙，为纪念明代琼籍清官海瑞而始建于 1589 年的海瑞墓园，为传播文化、培养海南子弟而始建于 1710 年的琼台书院，为纪念被贬谪来海南岛、传播文化推动海南文化发展和交流的唐代名臣李德裕和宋代名臣李纲、李光、胡铨、赵鼎而始建于 1889 年的五公祠，为抵御外侮而于 1891 年建成、与天津大沽口、上海吴淞口、广州虎门炮台并称中国清末四大炮台的秀英炮台等历史古迹；有始建于 1919 年的中共琼崖党、政、军主要领导人冯白驹出生地的冯白驹故居，有 1926 年 6 月召开的中共琼崖第一次代表大会旧址，为纪念中国民主革命先行者孙中山而始建于 1926 年的中山纪念堂，为纪念长期坚持琼岛革命斗争和英勇渡海作战解放海南牺牲的 2 万名多烈士而建于 1951 年的海南革命烈士纪念碑，为纪念第二次国共合作时期琼崖红军改编为抗日独立队而始建于 1952 年的云龙改编旧址，为纪念解放海南渡海作战英雄烈士而建于 1957 年的金牛岭烈士陵园，为纪念土地革命战争时期赴琼指导武装斗争而英勇就义的中共广东省军委书记李硕勋而建于 1986 年的李硕勋烈士纪念亭等革命纪念地。此外，还有琼州大地震遗址（海底村庄）、雷琼世界地质公园海口园区、东山热带动植物园、东寨港红树林国家自然保护区、西海岸带状公园、万绿园等。2007 年 3 月，国务院批复同意将海口市列为国家历史文化名城。

【人口】2018 年底，海口市常住人口 230.23 万人，比上年增加 3.02 万人，增长 1.33%。其中，秀英区 39.56 万人，龙华区 67.76 万人，琼山区 51.79 万人，美兰区 71.12 万人。年末户籍人口 177.61 万人，其中城镇人口 104.52 万人，占 58.85%；乡村人口 73.09 万人，占 41.15%。

【语言】海口市使用语言包括海南话、普通话、白话、军话、客家话、闽南话与四川、河南、湖南及其他地方话和各少数民族话等语种。主要方言为海南话，其中长流地区讲长流村话，东南部的龙塘、龙桥、石山、永兴、遵谭、云龙等镇及镇辖的部分村庄讲临高羊山土语。

【民族】2018 年，海口市常住人口中，有汉族、黎族、苗族、回族、满族、瑶族、蒙古族、朝鲜族、土家族、布依族、傣族、侗族、壮族等 51 个民族，其中汉族人口占 97.7%，少数民族人口占 2.3%。

【宗教】海口市的主要宗教有佛教、道教、伊斯兰教、天主教、基督教。各宗教分别成立爱国宗教团体，设有宗教活动场所，宗教活动正常开展。2018 年，全市有信教群众约 5 万人，经批准登记的宗教活动场所 32 处。

【民俗】海口市经历近千年的发展，在不同历史时期文化熏陶和特定社会环境的共同催化下，逐渐形成自身的一些民风习俗。1988 年海南建省后，海口市迅速发展，移民日益增多，海口传统文化风俗与外来文化相互渗透与融合。琼剧为海口市主要地方剧种，椰雕、贝雕是海口市的主要地方传统手工艺品。海口原居民民风淳朴，保留了较多的民间习俗。除夕吃围炉，年初一吃斋。农历正月初九是“老爸”生日，生日过后海口各村（坊）便陆续开始抬神公游村“行符”，驱走村中鬼邪。“行符”在振东街、水巷口、大兴东街、振龙坊、人和坊、永兴街、盐灶村等地日期是固定的，但个别村如白沙坊则由村中父老烧香点烛拜神，请求神灵择定日期举行。“行符”活动为2天，第一天晚上为“放灯”，第二天为正式“行符”日。农历正月十五日元宵节，海口人俗称小年，市民集聚府城、万绿园等地，相互送花、换花，传递友情，互祝好运，逐渐成为元宵换花节。农历二月初九至十二日，有“闹军坡”、赶庙会的传统，祭祀南北朝时期南方女英雄冼太夫人冼英，传统的祭祀也逐步演变成为每年在龙华区新坡镇主会场举办的海南冼夫人文化节。海口地区“公期”“婆期”较为繁多，一年四季几乎月月有。公婆期是公祖、婆祖神灵或历史人物的出生纪念日，由于各乡村供奉的神主不同，故其公婆期也不同，每到公期、婆期，以一乡或一村为单位庆祝，家家设宴，款待亲友；晚上还有戏班来演戏，谓“公祖婆祖戏”。海口人有喝“老爸茶”（又称大众茶）的习俗，这种花费10元左右，冲上一壶茶，配上一些小点心，边饮茶边叙情谊、谈家常、交流信息商情的大众茶在海口市随处可见。

**【土特产品】**海口市有丰富的海产、果类、禽类等地方特产，比较著名的有永兴荔枝、永兴黄皮、演丰咸水鸭、曲口海鲜、石山壅羊等。

*永兴荔枝* 永兴镇种植荔枝已有近2000年的历史，种植面积居全省之冠，被誉为“荔枝之乡”。其品种颗大肉美。清代以前曾有一些优良品种当作“贡品”，有“晋举”之称。

*演丰咸水鸭* 以当地麻鸭、红鸭、白鸭为主要品种，放养于淡水和海水交界处的滩涂地，以玉米、稻谷及滩涂上的小贝壳、小鱼虾为主食，饲养期120天以上，体重约2.5千克，肉质介于养殖鸭与野鸭之间，皮下脂肪层薄而肉质坚实，肉色由鲜红变黝黑，口味香浓，滑而不腻。

*曲口海鲜* 因产地在东寨港曲口湾而得名。曲口湾出产的海鲜久负盛名，其中青蟹、血蚶、蚝、对虾为最好，味道鲜美，营养丰富，药用价值高，食法特别。

*石山壅羊* 又称黑山羊。饲养壅羊在海口羊山地区历史悠久。《琼州府志》载：“壅羊是以小羊为栏栅畜之，足不履地，采草木以饲之，肥而多脂，味极美。”壅羊肉质细嫩，皮薄肉厚，骨质酥软，多脂少膻味，肉汁乳白，味美独特。

**【市树】**1987年7月，海口市第九届人民代表大会第一次会议根据市民呼吁和代表建议，做出以椰子树为市树的决议。椰子树象征着海口市人民坚毅、自信、奋进、求实、奉献的高尚品质，认同椰风海韵、阳光沙滩是热带海岛滨海城市——海口的地方特色。

（杜惠珍）

# 国民经济与社会发展

**【国民经济与社会发展概况】**2018年，海口市深入学习贯彻习近平总书记“4·13”重要讲话和中央12号文件精神，以习近平新时代中国特色社会主义思想为指导，稳步推进海南自由贸易区（港）建设，坚持稳中求进工作总基调，坚持新发展理念，落实高质量发展要求，深入推进改革开放，以供给侧结构性改革为主线，加快经济转型升级步伐，着力优化提升营商环境，经济社会实现持续健康发展。全市实现地区生产总值1510.51亿元，比上年增长7.6%。其中，第一产业增加值63.21亿元，增长4.5%；第二产业增加值276亿元，增长6%；第三产业增加值1171.31亿元，增长8.1%。三次产业结构调整为4.2∶18.3∶77.5。地方一般公共预算收入169.9亿元，同口径增长13.9%；地方一般公共预算支出238.25亿元，增长19.6%。社会消费品零售总额757.6亿元，增长5.9%；城镇常住居民人均可支配收入36137元，增长8.5%；农村常住居民人均可支配收入14886元，增长8.2%。

**【产业发展迈出重要步伐】**2018年，海口市以高质量发展为导向，不断培育实体经济和新产业、新业态、新动能。农业稳步推进。加快农业供给侧结构性改革，调减调优甘蔗、老龄橡胶等低效作物533.33公顷，新增荔枝、莲雾等特色农产品533.33公顷，举办“火山荔枝月”活动，打响火山荔枝品牌，销量和收入分别增长39.5%、64.8%，实现丰产丰收。工业加快转型。医药制造业高速增长，累计完成规模以上工业总产值229.1亿元，增长20.5%。服务企业力度加大，全年工业扶持资金2.3亿元，支持鼓励企业在研发、人才、出口等方面加大投入；通过“一企一策”政策支持，促进龙头企业加快发展。旅游发展质量进一步提升。桂林洋国家热带农业公园、观澜湖狂野水世界、长影环球100等项目开业运营，水上飞机、游艇观光航线开通，15个夜市街区完成升级改造，成为海口旅游观光新名片。全年接待游客2670.85万人次，旅游总收入298.11亿元，分别增长10.02%、12.08%。文化体育产业发展壮大。五源河文体中心体育场、中国足球（南方）训练基地建成投入使用，亚洲最大的国家帆船基地公共码头建成开港，中国帆船帆板运动协会南方总部基地挂牌，中国—巴勒斯坦足球友谊赛、中国帆船联赛总决赛、“万人竹竿舞”“火山音乐节”等文旅结合的赛事活动成功举办。会展业保持较快增长，全年举办上规模会议和展览活动共315场，会展业综合收入122亿元，分别增长17%和18%。现代物流业持续发展，海口成功获批国家物流枢纽布局承载城市，加快临空产业园、云龙产业园的规划布局。金融业创新发展，浦发银行海南离岸金融创新中心挂牌成立，国投融资等4家融资租赁公司开业运营，国铁融资完成首单动车组租赁业务。互联网产业发展提速，引进阿里巴巴集团、蚂蚁金服集团等行业巨头，实现相关营业收入235亿元，增长14.5%，复兴城互联网创新创业园税收增长20倍。电子商务实现交易额1356亿元，增长22.3%，占全省70%；线下移动支付覆盖率从年初的40%提升至90%以上，位居全国前列，盒马鲜生等新零售业态加快布局。海洋经济创新发展，新增公共服务平台7个。打造创业创新聚集地30家，高新区获评国家小微企业创业创新示范基地。入围国家知识产权运营服务体系建设重点城市，全年新增高新技术企业71家，总数达274家、占全省72%。

【改革开放取得重要进展】2018年，海口市稳步推进中国（海南）自由贸易试验区和中国特色自由贸易港建设。统筹推进江东新区规划建设，面向全球开展江东新区概念规划方案征集，启动绕城高速（二期）、文明东越江隧道、白驹大道延长线等9个首批基础性、先导性、示范性重大工程，海口首家国际学校哈罗公学开工建设，江东大道实现功能性通车。推动“百万人才进海南”，进一步放宽人才落户准入，实施人才安居政策。开展百日大招商活动，出台文件促进总部经济发展，渐显成效。成功引入阿里巴巴集团、蚂蚁金服集团，分别注册成立阿里巴巴（海南）、海南盒马网络科技、蚂蚁金服（海南）等公司；华亚能源、支付宝、中免集团、中海油、京东、普华永道等多家企业入驻海口。重点改革纵深推进。“极简审批”模式获国务院通报表扬，作为典型做法向全国推广，在全国36个大中城市营商环境基础设施专项评比中排名第二。“不见面审批”事项实施比例达89.5%；国际贸易“单一窗口”上线运行，整体通关时效压缩一半；工商注册同城通办，“二十证合一”升级为“三十一证合一”。对外开放迈出新步伐。加强与“一带一路”沿线国家和地区在医疗健康、旅游、服务贸易、文化教育等领域的交流与合作，“一带一路”沿线结好城市19个。实施59国人员入境海南旅游免签证政策，新开通海口至悉尼、莫斯科等国际航线15条，海口至越南、菲律宾邮轮旅游航线开通，邮轮运营航次全省第一。外贸进出口总值341.2亿元，增长62.3%；实际利用外资2.54亿美元，增长778%。新增外资企业93家，增长102%。琼州海峡经济带建设加快推进，成功举办北部湾经济合作组织暨城市合作组织会议，与湛江全方位、多层次交流互动，交通港航、环境保护、菜篮子等领域合作不断深化。“海澄文”一体化发展提速，铺前大桥合龙贯通。

【生态治理成效显著】2018年，海口市严格落实河长制、湖长制、湾长制，推广美舍河治理的成功经验，东西湖、大同沟治理成效明显，纳入国家考核的21处水体全部消除黑臭，美舍河、五源河荣登全国城市水体治理光荣榜，海口统筹推进市域水污染治理得到国务院第五次大督查通报表扬。大力实施湿地入城，出台《湿地保护若干规定》，成立首个湿地保护协会，抓好美舍河、五源河国家湿地公园和潭丰洋省级湿地公园建设，五源河学校、长流中学等6所学校被湿地国际中国办事处授予“湿地学校”称号；海口市获评全球首批“国际湿地城市”。实行最严格的生态环境保护制度，坚决落实中央环保督察和国家海洋督察问题整改。深化生态环境六大专项整治，严厉打击非法采砂，严格水源地保护，启动117个自然村生活污水治理设施建设。全市建成区内新增绿地面积108.94公顷，建成区绿化覆盖率41%，绿地率36.5%。环境空气质量继续保持一流，空气质量位列全国169个重点城市排名之首，优良天数比例为98.6%。

【城乡融合发展不断加快】2018年，海口市贯彻落实乡村振兴战略，稳步推进10个特色产业小镇和41个星级美丽乡村建设。建设特色产业小镇10个、全省星级美丽乡村41个，光纤和4G网络覆盖全部行政村，全省推进百镇千村建设现场会在秀英施茶村召开。城市更新扎实推进。成立由院士、建筑大师组成的城市设计和建筑风貌专家委员会。城市更新首批示范项目全部竣工，仅用120天完成三角池片区综合整治，延续了“闯海人”的城市记忆。琼台福地和鼓楼保护修缮、万绿园景观功能提升工程加快推进；“琼州第一塔”明昌塔启动复建，红城湖公园全面动工。完成棚户区改造5863户，超额30%完成省下达任务。重要门户和主干道路实施“五化”提升，立体绿化人行天桥11座，完成311栋楼体、33.8千米市政道路绿化带亮化，全国文明城市和国家卫生城市成果巩固提升。

【民生事业进一步发展】2018年，海口市加快补齐民生短板，不断满足人民日益增长的美好生活需要。市级财政全年投入民生资金171.9亿元，占全市一般公共预算支出72.4%。精准脱贫深入推进。建立从市到自然村的四级战斗体系，完成农村人口拉网式大排查，实现贫困家庭应纳尽纳“零漏评”、应退尽退“零错评”；投入4539万元实施精准帮扶，实现产业组织化全覆盖、零就业贫困家庭全清零、“三保障”政策全落实，圆满完成年度减贫任务，获得全省打赢脱贫攻坚战大比武第一名。持续稳就业，全市城镇新增就业人数33629人，城镇登记失业率1.34%。退休人员基本养老金、城乡居民基础养老金以及居民基本医保财政补助标准稳步提高。强化民生兜底，23923名低保、优抚和特困人员基本生活得到保障。新增公共租赁住房717套，实施租赁货币保障3600户，改造农村危房1180户。严格执行房地产调控系列措施，有效遏制房价过快上涨。全面落实地方粮食储备，做好“菜篮子”保供稳价，试点推行蔬菜直销模式，新增“菜篮子”公益性摊位56个，覆盖全市所有农贸市场，有效平抑市场菜价。全年教育投入36.5亿元，实施公办中小学校（幼儿园）三年建设计划，侨中美丽沙分校、人大附中、北大附小及8所幼儿园建成使用，新增学前教育和义务教育学位9970个。大力引进国内外优质医疗资源，启动272家基层医疗机构标准化建设，全市医疗卫生服务能力快速提升，公立医院全面取消药品加成、先诊疗后付费、以及公共卫生服务逐步均等化、优生优育和便民利民“智慧医疗”服务深入实施，百姓就医获得感不断增强。创新居家养老服务模式，在6个社区启动“长者饭堂”助餐服务试点。举办全民健身和文化惠民活动503场，海口创作出品电影《旋风女队》荣获中国电影华表奖，《黎族家园》入选国家舞台艺术精品剧目，《海口年鉴（2017）》荣获全国地市级综合年鉴一等奖。“城市大脑”框架基本成型，“12345+网格化”智慧平台构建城市综合治理新格局，荣获全国“先锋奖”“金数奖”和“金铃奖”；“椰城警民通”上线，在全国率先实现警务服务“移动办”。深入开展扫黑除恶，打掉涉黑涉恶犯罪团伙28个。安全生产形势持续向好，事故起数和死亡人数分别下降6.8%、23.8%，全年没有发生导致人员伤亡的火灾事故。扎实推进国家食品安全示范城市创建，全市75%的餐饮店完成“明厨亮灶”工作。

（杜惠珍）

## 重点项目建设

【重点项目建设概况】2018年，海口市实施省市重点项目55个，年度计划投资270.3亿元，至年底完成投资270亿元。其中，省重点项目17个，年度计划投资151.28亿元，全年完成投资173.13亿元，占全年投资计划的114.44%，提前1个月完成全年投资目标。这批重点项目主要集中在旅游产业、热带特色高效农业、互联网产业、医疗健康产业、现代物流业、医药产业、低碳制造业、科教文体产业和基础设施、城镇化建设、社会民生11大方面。

【重点项目投资计划编制】2018年9月11日，海口市重点委开始向各区政府、开发区管委会及市直机关有关部门征集2019年省重点项目投资计划。经初步研究、筛选及汇总，10月22日完成《海口市2019年省重点项目投资计划（初稿）》并上报市政府。11月9日，市政府专题会议研究《海口市2019年省重点项目投资计划（送审稿）》。11月27日，十六届市政府第45次常务会议原则同意《海口市2019年省重点项目投资计划（送审稿）》。12月3日，再次根据各区及各职能部门的反馈意见形成《海口市2019年省重点项目投资计划》，拟申报省重点项目41个，年度计划投资230.45亿元，预备重点项目14个。12月6日上报至省发改委待批。

【重点项目分类完成投资情况】（1）在建项目推进情况。2018年，海口市实施的17个省重点项目中，竣工项目1个，海口五源河文体中心（一期）项目4月20日竣工投入使用；续建项目16个，其中14个续建项目按序时推进，分别是海口观澜湖度假区项目、海口桂林洋国家热带农业公园项目、海口高新区医药制造项目、海口美安综合物流园项目、海口康宁光纤预制棒车间技术改造项目、长影环球100、海口市旧城改造项目、海口南渡江引水工程、海口美兰国际机场二期扩建项目、海口市2018年高标准农田建设项目、海口中民筑友绿色建筑科技项目、海口复兴城西海岸互联网总部基地项目、海口演丰市民农庄项目、省中医院新院区项目。2个续建项目投资较为滞后，海口疏港货运快速干道工程尚未完成地质公园控规调整工作，影响该项目的环评审批，且因项目合作PPP模式涉及整改，项目停工待移交省交通厅；海南师范大学二期项目仍有10公顷土地正在进行征收工作，影响项目投资进度。38个市重点项目中，海口市民游客中心、省儿童医院（一期）、江东二期工程3个项目竣工投入使用；续建项目26个，海口恒大美丽沙项目、海口恒大文化旅游城项目、海口华润中心、金鹿工业园标准化工业厂房项目、南国威尼斯城、海南仙民农产品交易市场及海口地区020农产品项目、海口置地广场项目、海口秀英时代广场（二期）项目、海口市菜篮子公益性大型农副产品批发市场、海南石斛健康产业园、海口林安智慧物流商城、海南京华民保健品化妆品产业基地项目、天街华府、海南京兴林木种苗示范园区、鸿洲江山、北京大学附属中学海口分校项目、海口普利制药欧美标准注射剂生产线项目、海南现代美居生活物流二期项目、南渡江越江通道工程、白驹大道改造及东延长线项目、海南贝尔呼叫与大数据服务中心、和风家园、海口丹娜国际游艇都会项目（二期）、海口万物国际汽车文化城项目、海南金盛达建材商城、海口优联国际医院项目正常推进。（2）新开工项目推进情况。省重点5个新开工项目中，海口演丰市民农庄项目、海口中民筑友绿色建筑科技项目、海口市2018年高标准农田建设工程、海口复兴城西海岸互联网总部基地项目4个项目年内开工建设；省中医院新院区完成征地拆迁工作，正在进行初步设计。市重点9个新开工项目中，海口南莱北调物流市场、海口西城汇物流中心、华侨城·曦海岸、雅居乐金沙湾健康教育新城项目、海口万物国际汽车文化城项目、天汇老码头风情商业街、碧桂园集团SSGF工业化建造体系示范7个项目开工，占新开工项目的77.8%；红城湖公园、江东新区规划展示馆2个项目处于前期阶段未开工。

【重点项目推进保障】2018年，海口市继续落实“六个一”责任模式，按照“一线工作法”要求加快推进重点项目建设。各责任单位按照“六个一”责任模式，“一线工作法”推进重点项目建设工作。各辖区政府和开发区管委会委派专人下沉到项目一线研究制定工作措施，采取一站式服务，点对点跟踪落实市政府决策事项。同时，加大对重点项目可能存在的维稳风险进行排查和评估，做出预案和预警，及时化解项目选址、征地拆迁及历史遗留等焦点问题。通过重点项目“服务月”“督查月”及“百日大行动”等活动，现场办公和召开专题协调会等方式主动解决难点问题。至12月底，各责任市领导、各区、各管委会累计现场调研374次，召开专题会195次，累计处理问题148件次。加强项目督查通报制度，对重点项目推进情况进行每月通报一次，对4个区、开发区开委会、各责任单位负责的重点项目年度完成投资率及新开工项目开工率进行汇总排名；对项目投资滞后的单位进行通报，至12月底，共对投资滞后的责任单位下发督查建议书和督办函17件次。

（兰 浩）

## 固定资产投资

【固定资产投资概况】2018年，海口市固定资产投资完成1313亿元，比上年下降6.2%，占全省比重37.1%，提高3.2个百分点。基础设施建设完成投资389.17亿元，下降13.6%；生产性项目完成投资，占固定资产投资比重59%，提高8个百分点。按辖区划分，秀英区完成投资增长14.4%；龙华区完成投资下降20.4%；琼山区完成投资增长8.7%；美兰区完成投资下降20.6%；海口综合保税区完成投资下降11.7%；海口桂林洋经济开发区完成投资下降20.6%；海口高新区完成投资增长5.5%。

【投资结构】2018年，海口市三次产业投资结构比为0.5：7.5：92。第一产业完成投资，下降56%，占比0.5%。第二产业完成投资，增长72.2%，占比7.5%，其中，中国海洋石油集团有限公司国内自营油气田产能建设、光纤预制棒车间技术改造扩建等项目进展顺利，海南海药生物医药产业园建设项目、膜分离设备研发制造及应用产业化基地有序推进。第三产业完成投资，下降9%，占比92%。其中，居民服务和其他服务领域增长较快，全市居民服务和其他服务投资，增长140.4%，高于全市固定资产投资增速146.6个百分点。

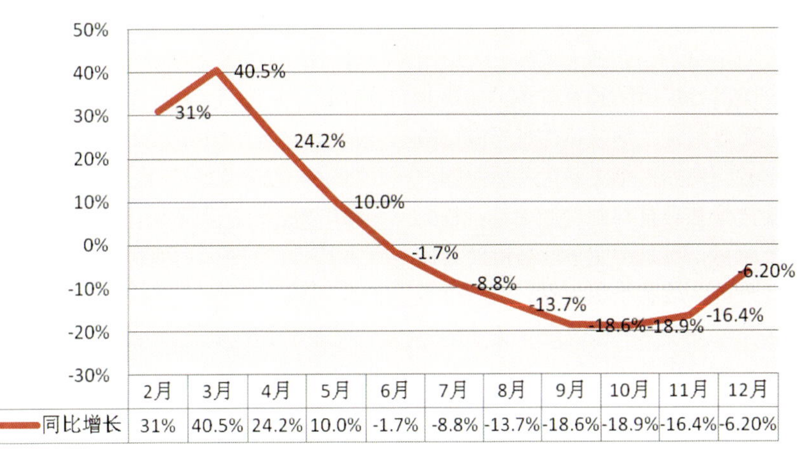


2018年海口市固定资产投资增长情况图

【基础设施投资】2018年，海口市基础设施完成投资389.17亿元，减少13.6%，占全部投资比重的29.6%。年内，江东大道二期、省道S320海口三仙公路建成通车；绕城高速二期、海秀快速路二期、文明东越江通道、白驹大道改造及东延长线工程、灵桂路工程等项目开工；美兰机场二期、三永公路、海榆东线改扩建工程（晋文互通至云龙镇段）等项目正在加快推进，地下综合管廊试点建设完成43.81千米，其中新建长度9.59千米。

【社会事业投资】2018年，纳入海口市政府投资计划代建制的城市公共服务配套类基础设施项目共101个，涉及项目总投资77.98亿元。（1）教

2018年海口市分产业（行业）固定资产投资完成情况表

| 产业（行业）名称 | 比上年增长（%） |
|---|---|
| 固定资产投资 | -6.2 |
| 第一产业 | -56 |
| 第二产业 | 72.2 |
| 制造业 | -5.1 |
| 电力、燃气及水的生产和供应业 | 36.5 |
| 建筑业 | 24.9 |
| 第三产业 | -9 |
| 交通运输、仓储和邮政业 | -13.1 |
| 信息传输计算机输服务和软件业 | -11.2 |
| 批发和零售业 | -11.4 |
| 住宿和餐饮业 | -3.9 |
| 金融业 | -49.2 |
| 房地产业 | 0.9 |
| 租赁和商务服务业 | -37.1 |
| 科学研究技术服务和地质勘查业 | -7.4 |
| 水利环境和公共设施管理业 | -14.9 |
| 教育 | -11 |
| 卫生、社会保障和社会福利业 | -29.4 |
| 文化、体育和娱乐业 | -32.9 |
| 公共管理和社会组织 | -85 |

育基础设施建设。引进如哈罗公学、北大附中附小、北师大附校、人大附中等国内外优质的教育资源，加快北师大海口附校二期项目建设，海口哈罗学校（民办）年底动工；加快棚户区改造配套教育基础设施项目：长彤学校项目、海口市龙华区坡博坡巷棚户区改造－坡巷小学项目、海口市美兰区龙岐片区棚户区改造－龙岐小学项目、海口市龙华区面前坡棚户区改造面前坡学校项目、坡博实验学校建设；推动教育优质均衡发展，海口市港湾幼儿园（扩建）项目、海口市三江农场职工培训学校等继续建设，长滨小学等项目做好前期准备；提升职业教育办学能力，确保海南省海口技师学院高技能人才公共实训基地、海口市高级技工学校化工制药实训楼项目等在2019年全面交付使用。（2）医疗健康产业能力建设。加快上海六院海口骨科与糖尿病医院新建综合楼项目建设；确保海口市妇幼保健院购置1.5T& 磁共振系统项目、海口市数字化、标准化免疫规划门诊项目、5家医疗机构双回路电源建设项目、海口市疾病预防控制中心公共卫生服务能力提升项目次年交付使用。（3）公益性文化体育基础设施建设。推进大型公益性文化体育场馆设施建设，海口市档案新馆项目、海南国际会展中心二期扩建项目等年内动工，加快“未来江东”等项目前期工作；加强历史文物古迹保护，启动五公祠古迹保护工作，海瑞墓陈列布展项目已批复初步设计及概算。（4）社会基础设施建设。海口市信访服务中心（信访大厅）项目、海口市社会福利院老年人福利院项目、海口市社会福利院精神病人福利机构项目、市社会福利院孤儿生活楼建设工程项目、中国残疾人福利基金会孤独症儿童（南方）康复基地康复设备购置及配套设施装修项目等均开工建设，涉及中央投资部分完成率100%。（5）公共安全（禁毒）基础设施建设。加快海口市强制隔离戒毒所扩建（二期）、海口市美仁坡戒毒康复管理所维修改造项目建设。

【固定资产投资资金来源】2018年，海口市固定资产投资本年资金801.77亿元，下降3.3%。其中，国内贷款94.91亿元，下降34%；自筹资金258.68亿元，增长28.8%；其他资金421.18亿元，下降9.1%。

（唐甸广）

## 精神文明建设

【精神文明建设概况】2018年，海口市精神文明建设工作以培育和践行社会主义核心价值观为主线，大力加强公民思想道德建设，深入开展“海口社会文明大行动”，稳步推进文明生态村建设转型升级，扎实开展新时代文明实践中心试点工作，取得一定的成效。

【社会主义核心价值观宣传】2018年，海口市开展社会主义核心价值观12个主题词和“讲文明树新风”公益广告宣传。组织新闻媒体在重要时段、重要版面开设专题专栏，多层次多角度广泛深入宣传。开展“海口好人”评选表彰学习宣传活动，评选表彰卢黄铮、卢章谋等32名“海口好人”。推选李蔓荣登2018年“中国好人榜”，推荐王小虎同学荣获全国第一批“十大新时代好少年”荣誉称号。海口文明网和“文明海口”微信公众平台推出“海口好人”专栏。加强乡贤文化建设，8月29日印发《海口市第三届“新乡贤”评选方案的通知》，12月17日在海口石山镇施茶村召开第三届“新乡贤”表彰大会，王义、郑在保等10人获评海口第三届“新乡贤”。

【新时代文明实践中心试点工作】2018年9月，海口市琼山区、美兰区被中央确定为首批新时代文明实践中心试点单位。11月17日，举行新时代文明实践中心揭牌仪式。琼山区、美兰区2个新时代文明实践中心、11个新时代文明实践所、131个新时代文明实践站陆续挂牌。海口市逐步建立起纵向涵盖区、镇、村的新时代文明实践中心（所、站）三级组织体系，同时全面整合现有资源，把党员电教中心、党员活动室、宣传文化室、农家书屋、农村健身活动广场、农村文化广场、闲弃学校和教学楼等资源统筹起来，统一调配使用。在新时代文明实践中心试点建设工作中，海口市还不断创新，推动建立群众“点单”、政府“派单”的志愿服务新模式，探索建立起覆盖区、镇、村三级的新时代文明实践传播网络。同时，充分发挥媒体资源，依托椰城市民云、12345政府服务热线及各媒体“两微一端”等做好传播推广。努力打造百姓家门口的“服务中心、慈善中心、信仰中心”。

2018年11月17日，海口新时代文明实践中心揭牌　（张俊其 摄）

【市民思想道德建设】2018年，海口市深入贯彻党的十九大精神，广泛动员市民群众参与道德建设，表彰第六届海口市道德模范，充分发挥先进典型的示范引领作用。加大对困难道德模范和身边好人的帮扶力度，帮扶3名困难道德模范4万多元，树立“好人有好报”的社会价值导向。春节、中秋和重阳等传统节日，开展走访慰问道德模范活动90余人次。

【未成年人思想道德建设】2018年，海口市印发《2018年未成年人思想道德建设工作实施方案》的通知，部署2018年未成年人思想道德建设工作。组织开展“六一”儿童节关爱孤残儿童、留守儿童等慰问活动，开展“小手拉大手”“红领巾小交警”文明交通劝导志愿服务。开展优秀童谣征集和传唱、“七一”童心向党歌咏活动。开展“未成年人道德讲坛”活动，在海南华侨中学（初中部）等中小学校举办“未成年人道德讲坛”48场，围绕实现中华民族伟大复兴的中国梦主题，引导未成年人树立中国特色社会主义道路自信、理论自信、制度自信、文化自信，争做践行社会主义核心价值观的一代新人。加强乡村学校少年宫建设，在23所乡村学校少年宫开展才艺大赛活动。根据省文明办等五部门《关于开展“新时代好少年”学习宣传活动的通知》，开展海口市“新时代好少年”学习宣传活动，推荐王小虎同学荣获全国第一批“十大新时代好少年”荣誉称号。为发挥好身边榜样的引领示范作用，6月1日联合市教育局印发《关于组织学习宣传全国“新时代好少年”王小虎先进事迹活动的通知》，激励和引导广大未成年人见贤思齐、向上向善、自强自立、忠于祖国，努力成长为担当民族复兴大任的时代新人。加强未成年人心理健康辅导站建设，开通未成年人心理公益热线4009950809，为青少年及家长提供心理咨询服务；举办24场心理知识公益讲座，接待200多名个体咨询。

【群众性精神文明创建活动】2018年，海口市印发《关于开展海口市第二个全民公益日活动的通知》，联合共青团海口市委、海口市志愿服务联合会等单位主办“3·5学雷锋纪念日”和海口市第二个“全民公益日”活动，充分弘扬“奉献、互助、友爱、进步”的志愿服务精神，传播“学习雷锋、奉献他人、提升自己”的志愿服务理念，形成“人人可为、处处可为、时时可为”的志愿服务新风尚。评选出第三届市级文明家庭20个。至年底，海口市有全国文明单位19个，省级文明单位35个，市级文明单位111个；全国文明村镇9个，省级文明村镇32个，市级文明村镇104个，各级文明村镇总数145个；全国文明校园1所，省级文明校园13所，市级文明校园74所；全国文明家庭1个，省级文明家庭15个，市级文明家庭100个。

【文明城市创建工作长效机制】2018年，海口市融合开展“海口文明大行动”，按中央文明办全国文明城市测评体系要求组织2018年度全国文明城市考核工作。开展社会文明大行动测评3次，海口市第一季度、第三季度在全省各市县中获得第一名，第二季度获得第二名，全年综合得分，居全省首位。开展“全民公益日”宣传活动4场次。开展“文明交通劝导”志愿服务活动24场次。举办专项志愿服务培训2次。依托万绿园志愿者之家举办急救微课堂12期。建立健全文明城市长效机制，推动《海口市志愿服务条例》列入2018年立法计划，完善相关配套规章制度。

【“我们的节日”主题活动】2018年，海口市委宣传部印发《海口市2018年“我们的节日”主题活动方案》的通知，协调中央、省、市新闻媒体对节日期间的活动安排和节庆文化活动进行宣传报道。春节期间，《海口日报》共发32篇活动报道，海口广播电视台、海口文明网开辟“我们的节日·春节元宵”活动专栏，共报道文化活动230多条。中央、省驻海口市各新闻媒体积极报道海口春节期间的“抗雾保运”活动和“万春会”“府城换花节”等大型民俗文化活动。清明节期间，突出纪念先人、缅怀先烈、饮水思源主题，全市共开展祭扫活动130多次，参与网上祭英烈活动的中小学生90万多人次。端午节期间，突出“讲卫生、健身体、热爱祖国、人与自然和谐”主题，组织开展龙舟赛、拔河赛、包粽子赛、登山赛、中小学生爱国歌曲传唱和中华经典诵读等活动120多场次。中秋节期间，开展中秋文艺晚会20场次，深入老龄公寓、福利院、社区开展孤寡、空巢老人志愿服务活动70余次。重阳节期间，举办传统文化讲座、老龄书法展、文艺演出、重阳登高、老龄健身操展演、家政服务、心理抚慰志愿服务等活动，参与老人8000多人次。

【文明生态村创建】2018年，海口市稳步推进文明生态村创建，新建文明生态村115个，巩固提高美定村、大叠村等文明生态村旧点5个，全市累计建成文明生态村2178个，占自然村总数（2361个）的92.2%。市财政投入专项资金400万元，指导各区配套资金1100多万元，发动村民开展村庄整治，改善生态环境。发展乡贤文化，评选表彰海口市第三届“新乡贤”。主办“扶贫扶智 文化惠民”进文明生态村活动，FM1018海口综合广播分别走进琼山区红旗镇、秀英区永兴镇、美兰区演丰镇等文明生态村和贫困村，通过海口广播电视台“直12345”“海口新闻”“新闻早七点”“直播城市管家”等栏目宣传报道扶贫知识进基层系列公益活动30篇次，宣传面覆盖海口市多个镇村的近5000名群众。整合资金资源，争取省文明办文明生态村专项补助资金135万元支持9个村庄的宣传文化室和文化设施建设。

（王 华 王跃聪）

# 创新 发展

## 体制改革

【科技领域创新改革】2018年，海口市修订出台科技创新鼓励政策。在总结原有《海口市扶持高新技术产业发展若干规定》《海口市应用技术研究与开发经费管理办法》等办法实施经验的基础上，修订形成《海口市人民政府关于鼓励科技创新的若干政策（审议稿）》。充分发挥科技创新平台载体作用。通过自建、院地共建、校企合作等模式，推动各类科技创新平台建设，科技交流合作日趋频繁，科技创新能力显著提升，重点科研机构建设实现新突破。海外科学家（欧美）工作站、欧亚国际科学院（海南）院士专家服务中心等一批科技创新交流平台落户海口，海南大学申报省部共建“南海海洋资源利用国家重点实验室”获批，实现海南高校国家级重点实验室零的突破。至年底，全市拥有市级及以上重点实验室70家（其中国家级1家、省级34家、市级35家）、市级及以上技术研发中心67家（其中国家级4家、省级39家、市级24家）、18家省级院士工作站。“椰城创新云”服务平台建设进展顺利。平台汇聚103个国家1亿条中英文知识产权数据、科技文献、20万名国内外高层次专家人才、科研机构、50万套仪器共享设备、试验基地、创新空间等各类科技载体与信息库，为海口市用户提供科技成果转化服务、知识产权、中试孵化、检测测试等一站式科技创新服务。自1月上线以来，成功调解南国食品与小南国的品牌纠纷；化解“椰城市民云”“火山荔枝”等域名抢注危机。

【探索市属国有企业混合所有制改革新模式】2018年，海口市制定国企改革的顶层设计文件，全力推进改革工作。加快混合所有制改革步伐，批准市公交集团下属公司维修工作开展混合所有制试点立项，批准市金融控股有限公司启动综合改革试点工作，聘请中介机构协助开展混改和员工持股改革工作调研，编制《海口市市属国有企业混合所有制改革实施方案》《海口市市属国有企业员工持股试点实施方案》。市政府常务会审议通过《关于市属企业功能界定与分类的实施方案》《海口市属国有企业负责人经营业绩考核评价及薪酬审核实施办法》；市公务用车改革领导小组和市委常委会审议通过《海口市国有企业公务用车制度改革实施方案》和《关于落实海口市国有企业公务用车制度改革实施方案的通知》，并下发实施；审议通过《关于建立健全海口市市属重点企业监事会实施意见》；启动海南港航控股董事会职权试点工作，进一步修改完善《海口市国有企业负责人薪酬制度改革方案》。

【龙华区“十三五”服务业综合改革试点进展顺利】2018年，海口市龙华区三次产业的构成由上年的1.1∶17.9∶81调整为1.1∶17.3∶81.6。年内，编制完成《龙华区重点楼宇和在建楼宇分布图》，实现龙华区楼宇经济基础信息全覆盖，有效满足该区楼宇经济发展的统计分析、科学管理等需求；编制完成《龙华区“四上企业”经济发展情况报告》《龙华区经济现状分布图》。开展2018年龙华区现代服务业统计调查。开展《海口市龙华区产业发展规划（2017—2025年）》编制工作，进一步明确龙华区产业发展的功能定位和发展方向，合理规划龙华区2017—2025年期间产业发展的战略重点和空间布局，并提出相应的产业支撑体系。开展政策对接工作，将一批现代服务业企业纳入服务业载体重点培育项目，帮助企业争取扶持资金。

【探索实施综合行政审批】2018年，海口市开展相对集中行政许可权试点，组织29家相关单位召开拟划转事项确认会。编制完成《关于开展相对集中行政许可权试点工作确认划转权项》和《海口市成立行政审批局筹建工作实施方案》。加快筹建行政审批局，启动机构设置、职能配置、事项划转、人员摸底、流程再造、信息平台开发、建章立制、场地改造等系列前期工作，并初步拟定市行政审批局机构设置方案。

【综合行政执法体制改革进一步深化】2018年，海口市推进相关机构改革，市市政市容管理委员会（市城市管理行政执法局）更名为市城市管理委员会（市综合行政执法局）、市海洋和渔业局加挂“市海洋综合行政执法局”牌子，并由市政府办公厅印发市城管委（综合行政执法局）“三定”方案，明确职责，奠定综合行政执法改革基础。研究制定综合执法规范，编制完成《海口市跨领域综合行政执法基本目录》《海洋综合行政执法基本目录》《综合行政执法协作配合工作机制》《海洋综合行政执法协作配合实施方案》《执法责任追究实施办法》，并经省编办和省法制办批准。

【工商注册便利化各项改革】2018年，海口市探索实施企业登记全程电子化网上自助登记改革。6月29日，企业登记全程电子化系统开通试行，实现企业无纸全程“不见面”电子化登记，申请人足不出户即可办理工商登记，进一步减少群众办事成本，提升工商登记便利化。实施“多证合一”改革。在上年实施20证合一的基础上，新增11个整合的备案事项，实现31证合一。

（唐甸广）

## 行政审批改革

【行政审批改革概况】2018年，海口市继续围绕“改革、服务”主线，突出“放管服”重点，制定下发《海口市2018年行政审批制度改革工作计划》《海口市关于深入推进审批服务便民化实施方案》，明确责任，细化分工，全面推进建设项目审批“一窗受理，集成服务”工作，推动海口市简政放权工作向纵深发展。至2018年，全市各级服务体系建设不断完善，4个区、3个开发区先后成立政府服务中心，43个镇街成立便民服务中心，437个村居成立便民代办点。依托覆盖市、区、镇（街）、村（居）四级共享的海口市党政办公光纤网络平台，全部实现与市党政办公内网联接，全部使用市行政审批系统进行网上审批和服务。

【综合行政审批改革工作】2018年，海口市政府服务中心从相对集中行政许可权工作顶层制度设计、社会口事项“一窗”办理、企业设立证照联办主题化服务、政务审批服务系统构建四个方面重点着手，大力推进综合行政审批改革工作。分3批次组织29家相关单位召开拟划转事项确认会，就拟划转事项当场确认并签字盖章。起草《海口市行政审批局筹建工作实施方案》《关于开展相对集中行政许可权试点工作确认划转权项的请示》，代为起草《关于在海口市开展相对集中行政许可权工作实行“一枚印章管审批”的请示》。10月9日，海口市人民政府印发《关于划转市发展和改革委员会等部门审批服务事项的通知》。10月12日，对全市28个部门实施的154大项、247小项行政审批服务事项进行划转。

【“不见面审批”改革全面完成】2018年，海口市政府服务中心根据“外网受理、专网审批、全程公开、快递送达”全流程互联网不见面审批改革要求，全面梳理事项，严格予以法核，推进系统对接。全市梳理出审批服务事项共1706项，确定有法律法规依据必须在现场受理的事项180项。除需见面事项外，将可实施不见面审批的1526个事项全部上线运行，实施比例89.45%。为实现缴费不见面、送达不见面，与邮政EMS、省财政非税缴款平台开展对接工作。至12月31日，“不见面审批”在全市“一张网”上总申报量共10304件，其中预审通过6666件，占比64.69%。

【推进“一窗受理，集成服务”工作】2018年3月16日，海口市政府服务中心在顺利实施建设项目“一窗”受理的基础上，试运行不动产“一窗”受理，将市国土局、住建局、地税局3个部门涉及二手房房屋交易业务纳入“一窗”窗口集中受理，统一发件，实行“一窗进出”工作模式，让“部门跑”代替“群众跑”，解决群众多次跑的难题。此外，优化审批流程，审批提速，将承诺办结时限由19个工作日提速为8个工作日，提速率58%。同时，进一步精简申报材料，将申报材料降至5份，精简率82.14%，减轻申办人的办事成本。不动产“一窗”从试运行至12月底基本顺利，共受理办件量4876件。

【“五网”建设项目极简审批】2018年，海口市政府服务中心按照《海口市“五网”建设项目行政审批改革方案（试行）》的要求，持续深入推进“五网”（路网、光网、电网、气网、水网）建设项目极简审批改革。实行“五个一”工作机制。将建设项目81个审批事项纳入“一窗”受理，实行“一张清单、一口受理、一次性告知、一网通办、一窗出证”的“五个一”工作机制。简化审批事项，缩短审批时限。建设项目“一窗”受理事项11420件，实行“五网”建设项目审批改革后，取消简化事项14个，所有审批事项3个工作日内完成审批，审批提效80%以上。建设口“一窗”改革。原有9个部门22个受理窗口减少为12个，受理人员由22人整合为12人，核减率超过45.5%，节约近一半的行政服务成本，同时实现申办人在任何一个窗口都可以办任何事情的目标。至年底，共有324个“五网”建设项目进入“绿色通道”，审批工作进展顺利，加快了海口市基础设施建设速度。

【“全城通办”改革工作】2018年11月15日，海口市为贯彻落实《中共中央办公厅国务院办公厅关于深入推进审批服务便民化的指导意见》的具体要求，在充分借鉴各地先进经验的基础上，印发实施《海口市推行政务服务“全城（一网）通办”实施方案》。该项改革旨在充分利用市、区、开发区、镇街等便民服务平台及各部门专业大厅的功能，打破行政区划限制，建立起跨部门、跨区域、跨层级的政务服务新体系，实现“就近能办、多点可办、少跑快办”的目标，最大限度方便市民企业办事，进一步优化海口市投资环境。

【"减证便民"行动】2018年，海口市政府服务中心继续推进"减证便民"行动，砍掉自2017年以来无法律法规依据的各种证明材料447项，精简率14.71%。此外，全面清理烦扰企业和群众的"奇葩"证明、循环证明、重复证明等各类无谓证明，大力减少盖章、审核、备案、确认、告知等各种繁琐环节和手续。

【区级行政审批服务事项梳理】2018年6月，根据海南省《关于统一全省政务服务事项名称以及〈办事指南〉的实施方案》的相关标准，海口市初步完成对区、镇（街）、村（居）事项梳理和办事指南编制工作。7—11月，多次召开海口市政府服务体系建设工作协调会，对事项目录、办事指南等分别征求市相关职能局和各区相关职能局的意见和建议。经过多次梳理和反复征求意见，初步梳理区级行政审批服务事项191项，统一了各区和各区相关职能局对办事指南的各要素意见。

【推行"政务服务+12345"模式】2018年，海口市全面实行"一号通用"受理涉及政务服务的咨询和监督诉求，市民只需拨打12345即可了解行政审批相关信息；在微信公众号开通"政务网上办事大厅"功能，登陆即可上传材料进行网上申报，全年上线办理事项402项；研发了自主填报、进度查询、排队预约等便利功能，市民通过微信即可查询自己反映的所有办件的实时进度；构建"12345+营商服务"工作模式，实行"四个一"（一个专席受理、一个值班长协调、一个联席会议研究处置、一套督查督办制度跟进处置）快速工作机制，立足为企业解决困难。

（谭　斌）

# 人才工作

【人才工作概况】2018年，海口坚决贯彻习近平总书记"4·13"重要讲话和中央12号文件精神，坚持党管人才原则，创新人才引进机制，完善人才培养体系，打造人才创新创业平台，提升人才服务水平。通过施行海内外"高精尖缺"人才集聚、项目招商引才、党政事业单位人才招录延揽、柔性引才引智、用人单位自主引才荐才计划，推行党政人才专业素养提升、技能名师和专技英才培养、教文卫骨干队伍培养、企业经营管理精英培养、乡村振兴实用人才培养工程，建设海外人才工作联络站、人才综合工作站、"候鸟"人才服务站、项目产业孵化站和农村实用人才培育站，有力推动百万人才进海南行动计划在海口落实落地，为海南自由贸易试验区和中国特色自由贸易港建设提供强有力的人才保障和智力支撑。

【健全完善人才政策体系】2018年，海口市先后出台《海口市促进人才发展若干措施》《海口市引进和培育科技创新创业团队暂行办法》《海口市"候鸟型"人才工作暂行办法》《海口市拔尖人才选拔管理暂行办法》《海口市支持总部经济发展若干政策》《海口市引进人才住房保障实施细则》等人才政策制度，重新修订《海口市扶持工业发展若干规定》《海口市人民政府关于鼓励科技创新的若干政策》等政策文件，完善《海口市人才住房配售管理办法》编制，推动人才政策体系不断健全完善，为扎实推进海口人才强市战略提供了坚实的制度机制保障。

【搭建人才引进平台载体】2018年，海口市围绕填补发展短板、壮大优势产业、完善产业链条、打造产业集群的目标，引进1家世界500强企业，在谈7个新签约总部主体，其中阿里巴巴、蚂蚁金服、苏宁集团等7家企业注册落户海口。推行极简审批，做大做强园区，全年签约项目28个，实现项目落地和高端人才引进双收获。鼓励市属院校与境外教育机构联合办学，鼓励海南华侨中学与美国、英国教育机构合作办学，支持海口旅游职业学校与新西兰北方理工学院联合举办"2+2"大专班。与安永、普华永道、毕马威等国际知名会计师事务所签署正式合作协议，在招商引资、打造国际资源对接平台等方面开展务实合作；与香港金融管理学院、美中硅谷协会、新加坡专业教育机构签订人才交流与合作协议，鼓励和吸引更多海内外高层次人才来海口创新创业发展。

【人才队伍培育】2018年，海口市实施党政人才专业素质提升工程，举办2018年"城市更新与城市治理"赴新加坡专题培训班，与湛江市、上海临港集团、华东建筑集团互派干部挂职锻炼，开设领导干部英语学习培训"周末课堂"，围绕自贸区（港）建设中涉外商务、旅游等业务工作，开展省情市情、实用商务英语、公务互动等英语专题学习。实施教师骨干队伍培养工程，海口市教育局组织开展省内外培训、送教下乡等活动，培训教师累计3.6万人次；3月，海南华侨中学教师李红庆入选第三批国家"万人计划"教学名师。5月，组织开展2018年度市拔尖人才和科技创新创业团队评选工作，评选出市拔尖人才29名，科技创新创业团队2个。10月，制定出台《海口市"万名农村实用型人才培育计划"（2018-2025年）实施方案》，培育石山镇施茶村洪义乾、三江镇茄苪村王琼、电商"网红"贫困户黄忠海等一批农民致富、乡村振兴带头人。建立海口市企业经营管理人才库，启动千人入库计划，遴选和储备一批企业经营管理后备人才。

【优化人才发展环境】2018年，海口市设立人才服务"一站式"平台，探索实行"一站式受理、一次性告知、一条龙服务”，为各类人才提供便捷、高效服务。坚持“不求所有、但求所用，不求所在、但求所为”的理念，打造市级“候鸟”人才工作站1个、区级5个，为“候鸟”人才发挥作用做好服务保障工作。落实专业技术人才奖励政策，全年补贴992名企业专业技术人员共173.25万元；奖励155名企业高管共3666.44万元。主动走访慰问专家人才，春节、中秋期间组织开展市管专家、优秀人才走访慰问活动，全年慰问专家193人、累计发放慰问金13.66万元，充分营造党委政府“关心人才、爱护人才、服务人才”的社会氛围。

2018年11月9—11日，海口代表团赴北京参加海南省“聚四方之才”招聘会。图为市教育局招聘会现场　　（市教育局　供）



【人才工作阵地建设】2018年，海口市持续加强人才工作阵地建设。推进海外人才工作联络站、人才项目对接工作站、“候鸟”人才服务站、项目产业孵化站和农村实用人才培育站全面建设，强化统筹点面结合，推动人才管理工作从有形覆盖向有效覆盖转变。全市有创新创业载体近40余家，总面积逾25万平方米，入驻企业2230多家，毕业孵化企业500多家，带动就业4万余人。成立“候鸟”人才工作站5个，实现社区与“候鸟”人才的常态化合作，最大限度发挥“候鸟”人才的作用。在永兴电商扶贫中心设立农村实用人才培训基地，打造培育农村电商实用人才的“摇篮”，充分发挥人才引领带动作用，服务脱贫攻坚中心工作和乡村振兴战略。　　（台德超）

【引聚国内高层次人才】2018年，海口市面向全国公开引进（选调、招聘）市林业局总工程师、市海洋和渔业局总工程师、市旅游发展委员会总规划师、市金融工作办公室主任、市人民医院副院长等5名高层次专业技术管理人才。注重产业引才、项目引才，推动人才发展与产业发展深度融合，如扶持引导齐鲁制药百万年薪引进美国医药研发专家3名、引进国内博士3名，引进专业技术人才80名。

2018年10月24—26日，建设海南自由贸易试验区（港）海口海外智囊研讨会在海口市召开。图为参会部分代表合影照　　（陆平　摄）

【海外高层次人才引进与交流】2018年，海口市外事侨务办公室拓宽招才引智渠道，增设美国、新加坡和香港3个海外人才联络站（引智工作站），发挥海口市南非引智工作的作用，组织策划开展美国乔纳森·特伦特院士、“南非文创人才海口行”等国际人才与项目的合作交流活动，推进海口市引进海外高层次人才工作。9月13日，与香港金融管理学院签署《人才交流合作的意向书》，启动海口与香港在人才交流方面合作。10月24—26日，组织召开“建设海南自由贸易试验区（港）海口海外智囊研讨会”，来自美国、加拿大、澳大利亚、新西兰、爱尔兰、荷兰、新加坡、马来西亚、泰国、日本等12个国家（地区）的海外智囊团成员和海外侨领侨商，国内专家学者、企业代表以及相关市直部门近60人参会。10月30日至11月2日，邀请美国加州科学院院士、美国阿贡国家生物技术实验室主任、美国国家宇航局高级研究员乔纳森·特伦特院士及其助手、美国国家宇航局（NASA）国际空间站实验室项目运营负责人、高级研究工程师吕喆博士一行访问海口，在复兴城举办“美国乔纳森·特伦特院士绿色生态系统项目海口交流分享会”。12月29日，吕喆博士再次到访海口，与海口国家高新区孵化器负责人就落地海口相关事宜进行交流座谈。12月27—29日，邀请南部非洲华人华侨专家学者工程师联合会常务副会长、南非金雅迪国际服务中心、海口市南非引智工作站负责人祁安全先生一行两人到访海口开展合作交流活动。在12月28日的交流座谈会上，南非金雅迪国际服务中心和海南慧明众合科技有限公司签署战略合作协议。启动2018年度柔性引进海外高层次人才实施项目申报工作，对2018年度海口市柔性引进的海外高层次人才、外国专家，经核实后可享受由市人才资源开发专项资金提供的高层次人才国际旅费、专家住宿费、专家生活费等经费资助，最高资助标准不超过每人次4.5万元。

（侯永康）

【健全完善科技人才相关保障工作】2018年，海口市进一步健全完善科技创新创业团队的引进、培育、管理及服务保障工作，印发《海口市引进和培育科技创新创业团队暂行办法》，改变以往一次性政策优惠和一次性政府投入方式，以需求和效果为导向，分前期、中期、延续期三个阶段进行奖励扶持。前期主要在经费、住房保障、子女入托入学、家属就业、办公场所等方面提供扶持；中期根据项目投资规模和进度，给予50万～500万元资助；延续期实行奖励标准与项目税收贡献挂钩，按市级税收留成部分予以奖励。年内组织开展海口市拔尖人才和科技创新创业团队评选活动，共评选市拔尖人才29名，科技创新创业团队2个。（莫祥壮）

【百万人才进海南——海口在行动】2018年5月14日，海口市组织举办“三角池记忆·百万人才进海南——海口在行动”活动，宣传“百万人才进海南”人才政策，并现场提供人才招聘和人才落户服务。活动当天共收取简历515份，初步达成就业意向35人；现场受理人才落户120人次，签发《准予迁入证明》81张，发放户口簿5本。5月16日，海口市公安局为人才落户推出全面推行“简化办、马上办”、承诺做到“一次办、当天办”、积极推行“上门办、集中办”、特殊情况“预约办、随时办”一系列举措，为人才开辟“绿色通道”，提供落户服务保障。6月1日，中国共产党海口市第十三届委员会第七次全体会议通过《中共海口市委关于贯彻落实〈百万人才进海南行动计划（2018—2025年）〉的实施意见》，围绕重点领域、重点产业、重大项目、重点学科发展和建设，加快实施“高精尖缺”人才集聚、项目招商引才、党政事业单位人才招录延揽、柔性引才、自主引才等“五个引才计划”，加快吸纳集聚优秀人才。11月9—11日，海口代表团赴北京参加海南省“聚四方之才”招聘会，开展人才引进推介工作。经初步统计，海口市赴京参加招聘会的77家企事业单位现场共收到简历4312份，意向签约1411人，已签约305人，其中博士3人，硕士77人，本科191人，大专34人；100万元年薪以上5人，50万～100万元年薪7人，30万～50万元年薪21人，15万～30万元年薪272人。全年市公安局共办理人才落户15630名。

【人才工作宣传】2018年，海口市在海口广播电视台的“海口新闻联播”“热带播报”“直播12345”等栏目围绕海口人才工作新举措、新动态、新成效，通过广播、电视等渠道播发动态新闻、系列专题及综述等新闻稿件151篇，栏目微信、微博新媒体推送40余篇。延伸宣传触角，定期在海口广播电视台播出《外国人在海口》系列纪录片，讲述海南国际旅游岛发展背景下外国人在海口生活、寻梦的故事。

（台德超）

# 服务海南自贸区（港）建设

【服务海南自贸区（港）建设工作概况】2018年4月13日，习近平总书记亲临海口视察指导，出席庆祝海南建省办经济特区30周年大会并发表重要讲话（简称“4·13”重要讲话），中央出台支持海南全面深化改革开放的指导意见（简称中央12号文件），支持海南全岛建设自由贸易试验区，逐步探索、稳步推进中国特色自由贸易港建设，赋予海南全面深化改革开放新的重大责任和历史使命，为海口高质量发展指明了方向。海口以江东新区为先导推动自贸区建设开局起步，加快江东新区规划建设；白驹大道延长线、哈罗公学、国际社区等先导性项目开工建设；以更大的力度扩大对外开放，加强与“一带一路”沿线国家和地区的交流与合作，加快建设琼州海峡经济带，用好59国免签政策，加密海南直达全球主要客源地的国际航线；以制度创新为核心优化营商环境，园区“极简审批”六项改革措施被国务院办公厅列为优化营商环境的典型做法；深入开展百日大招商活动，出台支持总部企业发展若干政策等优惠政策；扎实推进百万人才进海南行动计划，制定拔尖人才选拔办法、引进人才住房保障实施细则等配套制度；强化干部服务自贸区（港）建设能力教育培训，教育引导干部勇当先锋、做好表率，为海南自由贸易试验区和中国特色自由贸易港建设注入新动能。

【江东新区设立】2018年6月3日，中国（海南）自贸区海口江东新区新闻发布会召开，会上宣布，海南省委、省政府决定设立海口江东新区，努力建设成为中国（海南）自由贸易试验区的集中展示区。同时，新闻发布会宣布正式启动海口江东新区概念性规划方案国际化招标工作。海口江

2018 年 7 月 20 日，欧洲城市代表团视察海口江东新区规划展示馆项目

（市城投公司 供）

东新区位于海口市东海岸区域，东起东寨港（海口行政边界），西至南渡江，北临东海岸线，南至绕城高速二期和 212 省道，总面积约 298 平方千米，分为东部生态功能区和西部产城融合区。设立江东新区是建设中国（海南）自由贸易试验区，逐步探索、稳步推进中国特色自由贸易港建设的重大举措。江东新区的战略定位紧紧围绕全面深化改革开放试验区、国家生态文明试验区、国际旅游消费中心、国家重大战略服务保障区（“三区一中心”）的战略定位，在加快质量变革、效率变革、动力变革，提高全要素生产率，建立开放型生态型服务型产业体系等方面做表率，努力建设成为中国（海南）自由贸易试验区的集中展示区。根据战略定位，江东新区将建设全面深化改革开放试验区的创新区、建设国家生态文明试验区的展示区、建设国际旅游消费中心的体验区以及建设国家重大战略服务保障区的示范区。江东新区成立后，海口市对江东新区范围内的规划、土地、不动产交易和项目建设依法严格管理，区分不同情况，暂停和冻结区内建设项目，对户籍实行严格管控，暂停户口迁入。

**【海南自贸区建设项目集中开工和签约活动】**2018 年 11 月 28 日和 12 月 28 日，分别举行第一批、第二批海南自由贸易试验区建设项目集中开工和签约活动，活动在海南 17 个市县同时举行。第一批活动全省共集中开工项目 100 个、总投资 298 亿元，集中签约项目 41 个、总投资 342 亿元。其中，海口第一批开工项目 16 个，总投资 103 亿元，年内计划投资 13 亿元，涉及交通基础设施、会展、教育、医药、物流等多个领域；集中签约 12 个项目，涉及渤海银行股份有限公司、贝法易信息科技有限公司、江苏国变电气股份有限公司、顺丰控股股份有限公司、研祥高科技控股集团有限公司、科大讯飞股份有限公司、九州通医药集团股份有限公司、海南未来产业园投资营运控股有限公司、菜鸟网络科技有限公司、圆通速递有限公司、唯品会（中国）有限公司等企业，总投资 81.5 亿元，主要涉及高新技术、互联网产业、现代物流、总部经济、现代金融等方面。第二批活动全省集中开工项目 147 个、总投资 1083 亿元，集中签约项目 104 个、总投资 1582 亿元。其中，海口第二批开工项目 22 个，总投资额超 315 亿元，其中政府投资项目 14 个、投资额 88.31 亿元，社会投资项目 8 个、投资额 227 亿元，涉及交通基础设施、医疗教育、生态文明建设、商务等领域；签约项目 42 个，总投资 465 亿元，涵盖总部经济、飞机维修、医疗健康、高新技术、生物科技、互联网等产业。

**【营造宽松便利营商环境】**2018 年，海口市从生态建设、审批改革、政务服务等方面，采取一系列行之有效措施，营造法治化、国际化、便利化的营商环境和公平开放统一高效的市场环境。进一步深化“放管服”改革。通过实施综合行政审批，实行“一站式”服务、“一窗口”办事、“一枚公章管审批”；国际贸易“单一窗口”上线运行，整体通关时间压缩近半；加快商事制度改革，深化完善“证照分离”制度，工商注册同城通办，“二十证合一”升级为“三十一证合一”，不断释放改革红利，激发市场活力，推动大众创业万众创新；按照“多规合一”总体规划，深化“极简审批”改革，努力降低企业成本，缩短优质项目落地时间等举措，确保民营企业享受平等待遇，“极简审批”模式获国务院通报表扬并向全国推广；严格落实结构性减税政策，设立市级中小企业发展专项资金，成立服务民营经济工作专班。进一步优化服务水平。构建“12345+ 营商服务”模式，重点服务落户的总部企业；加快把市民游客中心打造成“服务企业中心”，加快推进“互联网 + 政务服务”工作，进一步整合数据资源，推进信息共享，深化大数据挖掘利用，为包括民营企业在内的各类企业提供贴心服务。进一步打造优良法治环境。帮助解决各类问题，切实保护民营企业合法权益特别是产权，对任何侵犯民营企业产权的行为坚决打击，让企业家安心放心创业干事，让“有恒产者有恒心”。年内，海口入选中国最具投资潜力城市 50 强，营商环境基础设施在全国 36 个大中城市中位列第二。全年新增市场主体6.18万户，注册资金3848亿元，分别增长20%、63.4%。

【支持总部经济发展】自2018年4月13日以来，海口抢抓海南建设自由贸易试验区和中国特色自由贸易港的历史机遇，在抓生态环境建设的同时，持续做好顶层设计、出台扶持政策、加强招商推介、优化营商环境等，营造良好的发展“软环境”，吸引国内外一批知名企业、总部经济相继在海口落地。（1）进一步优化营商环境，提高服务效能。做好总部企业认定、政策匹配、政策落实及监督审批服务，搞好对外宣传、项目洽谈、横向交流、政府公共关系协调等“一站式”兑现服务工作。根据海口大力发展总部经济的实际，瞄准企业服务痛点，创新探索建立“12345+营商服务”新模式，建立总部经济专席，创建总部经济“一站式”绿色服务。12345设立人工专席点对点对总部企业服务。问题复杂或涉及部门多，值班长难以协调的，由联动平台召集多部门会商解决，同时建立完善一套务实高效的督查督办制度，为总部经济发展清障提速。成立总部经济服务管理办公室，健全总部经济工作机制，建立市促进总部经济发展联席会议制度，协调解决总部经济发展工作中的重大问题。（2）出台政策鼓励扶持。6月，出台《海口市支持总部经济发展若干政策》，明确从三个方向发展总部经济：引进跨国企业、国内大型企业集团等总部企业在海口落户、集聚和发展；鼓励海口市现有总部企业做大做强做优；培育海口市现有企业发展升级为总部企业。同时，将引进境内外知名的会计、法律、管理咨询、培训等专业服务机构，为总部企业提供支援服务。《若干政策》奖励补贴主要包括落户奖励、办公用房补贴、经营贡献奖励、人才激励、集聚区奖励、培育奖励6个方面，对经认定的总部企业首次被评为世界企业500强的，最高给予2000万元奖励；总部企业购买自用办公用房的，最高补贴1000万元。自4月13日以来，海口市招商引资共落实（注册或签约）招商项目119个，签约项目101个，注册87家公司（含已注册未签约企业），注册资金327.51亿元（含3200万美元注册金）。其中，阿里巴巴、大唐、太平洋建设、普华永道、安永、哈罗公学等28个项目开业或开工，营业收入约103.4亿元。全市48家企业申报总部企业认定，经审核，22家被认定为首批海南省总部企业，其中综合型（区域型）总部企业17家、高成长型总部企业5家。

【海南首家国际专业服务机构成功落户】2018年5月18日，海口市政府与普华永道会计师事务所签署合作协议，双方将在招商引资、打造国际资源对接平台等方面开展合作。普华永道成为首家落户海南的国际专业服务机构。根据协议，普华永道在海口注册辐射海南自贸区的外商独资公司，将在海口市中心区域联合国际知名物业开发商共同合作建设国际高端办公中心、国际创新研发总部、国际教育服务平台等，形成全球城市综合发展的示范区和样板区。

【阿里巴巴集团及蚂蚁金服集团率先在海口设立自由贸易港总部】2018年4月27日，海口市政府与阿里巴巴集团、蚂蚁金服集团分别签署相关具体合作协议。根据协议，阿里巴巴集团、蚂蚁金服集团将率先在海口设立自由贸易港总部，同时推动支付宝移动支付在全省覆盖，支持海口打造无现金示范城市。

【强化干部服务自贸区（港）建设能力教育培训】2018年，海口市委组织部坚持“走出去”“请进来”“周末学”“沉下去”，围绕深入学习贯彻习近平总书记“4·13”重要讲话和中央12号文件精神，多措并举开展干部教育培训工作，教育引导干部勇当先锋、做好表率，为海南自由贸易试验区和中国特色自由贸易港建设注入新动能。全市举办各类培训442期次，其中专题培训班56期次，各类专题报告、讲座、学习会386场次；先后有32755人次参加各级各类培训。培训处级干部5561人次，机关干部11901人次，镇（街道）干部3052人次，村（社区）党支部书记577人次，村（社区）两委干部2045人次，国有企业经营管理人员2011人次，专业技术人员3899人次，非公企业党组书记704人次，其他人员3005人次；党外干部257人次，妇女干部5051人次，少数民族干部221人次。（杜惠珍）

【海口市民游客中心启用】2018年12月28日正式启用。位于海口滨海公

2018年12月28日，海口市民游客中心正式启用　（市城建集团 供）

园内，占地面积 3.92 公顷，总建筑面积 2.98 万平方米，地上建筑 4 层，地下 1 层。其中的纯木结构层面约 9000 平方米，是当前亚洲建成的最大纯木结构层面。中心聚集 12345 政府服务热线、市综治办、数字城管、城市警察、旅游工商、旅游质监等 14 个单位和部门。集“城市形象展示中心、便民利民服务中心、城市综合管理中心”三大功能为一体，为市民游客提供城市规划展示、旅游服务咨询、城市综合管理等“最海口”的公共产品。中心设有智慧城市数字展厅、规划展厅、市民互动的内容，2018 年先后开展 4 期 12345 智慧论坛、新闻发布会、动漫会展、艺术展、市民开放日等活动。（谭 斌）

## 区域合作

**【推进琼州海峡一体化发展】** 2018 年，琼州海峡经济带建设迈入深化合作新阶段。两岸协调协作机制进一步健全。基本构建市级和区（县）、部门对接机制，形成多级联动局面。海口市与湛江市建立推进琼州海峡港航一体化发展联席会议机制，并就共建琼州海峡两岸应急危机处理机制达成共识。重大规划研究取得新进展，《琼州海峡综合交通发展规划》编制稳步推进，形成规划成果并经专家评审；海口市编制完成《琼州海峡经济带发展规划研究》。琼州海峡港航一体化有序推进。海口新海港客运综合枢纽站项目加快推进，港口道路集疏运体系加快建设，G15 北延线前期工作和 G15 项目同步启动，新海中路、长椰路建设累计完成投资的 68%，天翔路建成投入使用，海口至湛江高铁项目立项积极推进。琼州海峡“半小时立体交通圈”进程加快，直升机“琼州海峡航线”正式开通；高速客滚船建造工作启动，完成船型设计并通过招标确定建造单位，并向交通运输部提出运力申请。港航资源整合进一步深入，内部港航一体化整合取得阶段性进展。信息基础设施不断完善，初步完成琼州海峡专网覆盖。产业合作持续深化。农业合作进一步拓展，引进湛江康星蔬果有限公司在海口市菜篮子大荒洋常年蔬菜种植基地开展蔬菜种植。旅游合作进一步深化，成立琼北、湛江区域旅游合作联盟。新型工业合作取得实质性进展。（唐甸广）

**【琼州海峡港航一体化】** （1）港区客货运输信息化建设。2018 年，海口市持续推动滚装运输信息一体化建设，建成客票电子通关系统、人脸识别验票系统、小车客车票电子通关系统。10 月 1 日，秀英港、新海港正式实行琼州海峡网络预约过海模式。同时，由海南港航牵头，南北岸三港共同筹建琼州海峡信息化服务合资公司，建设和运营琼州海峡统一信息服务平台，琼州海峡南岸与海岸港、海岸新港实现微信购票平台互通。（2）水上飞机项目。年内，海口水上飞机秀英港起降场及相关配套基础设施建设完成，取得秀英港新增水上飞机经营的许可和通过民航专家组验收并获得相关资质批文。5 月 9 日，由幸福运通航公司执飞的观光旅游航线正式运营。（3）琼州海峡南岸航运资源整合工作。至 2018 年，琼州海峡南岸完成大部分港航资源整合，初步实现港航资源统一管理、统一运营、统一调度。上市公司海峡股份为整合平台，对剩余的航运资源进行整合，与能运、祥隆等相关航运企业进行多轮的深入洽谈。（4）琼州海峡两岸安全应急联动工作。9 月，海口、湛江两市签署《琼州海峡客货滚装运输突发事件应急联动框架协议》，并就不断完善琼州海峡两岸通航应急联动机制，切实保障在恶劣天气、重要节日等特殊情况下的两岸航运运营安全。同时，海口市委托武汉理工大学对《海口港章程》进行修订，修改完善海口港雾航标准。市交通、海洋、海事和港口公安部门加强对航道的安全管控，防止渔船和三无船舶进入航道和港池，确保琼州海峡通航安全。（黄壮锋）

**【推进“海澄文”一体化发展】** 2018 年，海口市发挥省会城市的责任担当，加快带动辐射周边城市发展，与澄迈和文昌坚持“大发展、大开放、大合作、大生态”发展思路，围绕基础设施、产业布局、城镇空间规划、公共服务、生态环保、创新体系“六个一体化”，主动融入海澄文一体化综合经济圈建设中，取得阶段性成果，海澄文区域发展总体快于全省平均水平。2018 年，“海澄文”地区生产总值 2041.2 亿元，比上年增长 7%，占全省经济总量的 42.2%（2014 年占全省 40.6%，提高 1.6 个百分点），增幅高于全省 1.2 个百分点；地方一般公共预算收入 208.3 亿元，增长 14.3%，占全省总量的 27.7%，增幅高于全省 2.6 个百分点。海口为“海澄文”地区发展贡献突出。海口地区生产总值占“海澄文”地区总量 74%（2014 年占三市县 70.7%，提高 3.3 个百分点）；地方一般公共预算收入占“海澄文”地区总量 81.6%（2014 年占三市县 74.9%，提高 6.7 个百分点）。海口作为省会城市和海澄文中心城市的首位度进一步凸显。（唐甸广）

**【北部湾经济合作组织第十次成员大会暨北部湾城市合作组织第二次大会】** 2018 年 11 月 26 日在海口举行。大会以“打造北部湾开放新高地 共享自贸港发展新机遇”为主题。此次大会是会议举办以来参加人数最多，级别最高的一次。大会邀请 17 个成员城市及相关企业代表，还特别邀请省发改委、省外事办公室、中改院及东盟国家驻广州总领事馆代表团等嘉宾近 300 人参会，媒体记者近 80 人。会议听取北部湾经济合作组织、城市合作组织 2016—2018 年工作报告，讨论并通过崇左市加入北部湾经济合作组织暨北部湾城市合作组织的申请。湛江、北海、钦州、防城港、茂

2018 年 11 月 26 日，北部湾经济合作组织第十次成员大会暨北部湾城市合作组织第二次大会在海口召开。会上，海口等 10 个城市及相关企业分别签署合作（协作）框架协议　　（张俊其　摄）

名、阳江、儋州、玉林、崇左、南宁（特邀城市）、海口 11 个地级城市的市长围绕大会主题发言。海口、湛江、北海、钦州、防城港、茂名、阳江、儋州、玉林、崇左 10 个城市及相关企业分别签署合作（协作）框架协议。其中，城市间政府签署战略合作框架协议 1 个，主要是海口、湛江、钦州、北海及宗申产业集团有限公司将携手合作，共同打造环北部湾水上飞机通航旅游网络，构建环北部湾立体交通体系；城市间各职能部门签署战略合作框架协议 5 个，分别涉及警务合作、菜篮子合作、环境保护、交通港航、海洋合作等 5 个方面；投资合作项目 4 个，主要是进一步深化水上飞机、旅游航线、园区合作、蔬菜供应购销、应急调控等方面的交流合作。

**【海口湛江两市首批 20 名挂职干部到位履职】** 2018 年 11 月 9 日，海口市与湛江市首批挂职干部报到会暨签约仪式在海口市举行，开启两市互派干部交流培养新模式。湛江市选派的 10 名挂职干部到海口市市政管理、政务中心、房屋征收、农业，以及 4 个区等有关部门挂职锻炼；海口市选派的 10 名挂职干部到湛江市政法、公安、交通运输、环境保护等部门，以及街道、乡镇、企业挂职锻炼，挂职时间均为半年。会上，海口市委组织部和湛江市委组织部签订《互派干部挂职锻炼合作框架协定》。按照协定，2018—2022 年，双方围绕海南自由贸易试验区建设、湛江市省域副中心城市建设，以及两市经济社会发展需求安排挂职岗位，不定批次互派干部挂职。　　（杜惠珍）

2018 年 11 月 9 日，海口市、湛江市首批挂职干部报到会暨签约仪式在海口举行　　（市委组织部　供）

## 推进城市更新

**【城市更新工作概况】** 2018 年，海口市成立由院士、建筑大师组成的城市设计和建筑风貌专家委员会，服务于海口市有关城市设计、规划编制、风貌管控、建筑设计的评审、咨询、指导等工作。至年底，57 个首批示范项目中，三角池片区（一期）综合整治、五源河文体中心体育场、城市景观亮化工程（一期）等 15 个项目完工，琼台福地和鼓楼保护修缮、万绿园景观功能提升工程加快推进；“琼州第一塔”明昌塔启动复建，红城湖公园全面动工。立体绿化人行天桥 11 座，完成 311 栋楼体、33.8 千米市政道路绿化带亮化，全国文明城市和国家卫生城市成果巩固提升，城市品质不断提升。

**【市城市设计和建筑风貌专家委员会成立】** 2018 年 11 月 5 日，海口市城市设计和建筑风貌专家委员会成立并召开第一次会议。中国工程院院士何镜堂、孟建民等 13 名国内知名规划设计专家被聘为专家委员会首批委员。根据《海口市城市设计和建筑风貌专家委员会管理办法》，专家委员实行聘任制，每届聘期 3 年，本届聘任专家共 13 名，汇集在城市规划、

改造后的三角池片区一角。摄于2018年4月22日 （市园林局 供）

城市设计、城市建设等领域被广泛认可、有突出贡献的院士、设计大师、教授等高层次人才，主要服务于海口市有关城市设计、规划编制、风貌管控、建筑设计的评审、咨询、指导等工作，从整体平面和立体空间上统筹建筑空间布局、协调城市景观风貌，更好地体现海口市地域特征、人文特色和时代风貌。

**【城市更新工作规划编制】** 2018年，海口市规划委开展城市更新行动纲要、建筑风貌管控、交通优化、市域乡村建设规划等9个专项规划的编制工作，其中《海口市城市更新建筑风貌管控指引》于2月12日通过专家评审；《美舍河两岸城市更新管控示范规划》和《海口城市更新市域乡村建设规划》于5月23日通过专家评审；《海口城市更新交通优化专项规划》于5月24日通过专家评审；《海口城市更新行动纲要》和《海甸溪两岸城市更新管控示范规划》于7月16日提交专家咨询会审议；《海口市城市更新公共服务设施专项》于10月12日通过专家评审；《海口城市更新城市增绿专项》和《海口城市更新文化传承与复兴专项》分别于8月31日和9月13日通过专家评审。

（陈　晨）

**【三角池片区改造完成】** 2017年8月20日，三角池片区（一期）综合环境整治项目启动，11月15日进场实施，2018年3月31日全面向市民开放。三角池片区（一期）综合环境整治项目完成事项有：建筑风貌修复方面，拆除违建、危房及广告牌，完成三角池片区范围内57栋建筑53834平方米及可视范围内17栋建筑38560平方米外立面改造、美化工程，完成湖心岛3栋建筑外立面修缮，完成店招设计安装；交通组织优化方面，完成海府路和博爱南路丁字路口2500平方米、博爱南路239.75米及东湖路367.5米道路改造，完善地下排水系统，完成机动车道、非机动车道及人行道改造铺装；园林景观提升方面，新栽种乔木569棵，新建亲水栈道1729平方米，新建玉兰广场、三角池广场、人民公园北门广场16584平方米，新建强弱电综合管沟593.98米，完成公园路300米景观改造，完成宾园天桥、东湖天桥两座天桥彩化建设；水体治理方面，完成钢坝闸、一体化净水设备、风机泵房及浅滩湿地、浮岛建设；照明亮化方面，完成海府路、博爱南路、东湖路及公园路周边建筑天际线亮化53834平方米，新建机动车道路灯54杆、人行道庭院灯150杆、空间亮化光源150盏及照树灯350盏等。

（朱佩佩）

**【东西湖水体治理】** 东西湖处于海口城市中心，20世纪50年代与美舍河相连，60年代因居民盖房和道路建设被阻断，成为死水湖。大同沟是东西湖的排泄明沟，也是附近工业和生活污水纳污沟，东接西湖，西连龙昆沟。东西湖水面积7.5万平方米，水深0.8～2米，容积约7.5万立方米，污水汇流面积138.14万平方米，地表径流汇水面积324.64万平方米。是海口市重要的景观水体。1988—2011年，经历三次治理，但效果不显，随着污水排放加剧，水质已恶化为劣Ⅴ类。2017年11月开展新一轮的治理，按照“截污纳管、内源治理、生态修复、景观提升”的水体治理整体思路和步骤要求，以截污控源为核心，以提升水体自净能力为目标，从污染控源和水生态修复两方面

创新 发展

东西湖水体治理后风景如画。摄于2018年3月26日 （张俊其 摄）

2018年，海口市“五化”工程立面改造（一期）项目施工完成。图为龙昆北路段立面改造后的效果图 （海旅集团 供）

着手，融入海绵城市建设理念，结合水动力改善和长效运营机制建立，打造良性生态健康水体，改善人居环境，系统提升东西湖水质量、水安全、水文化、水景观。至2018年3月，东西湖完成控源截污工程、水生态建设工程、强化水质净化机水动力工程等。经水质检测，水体已消除黑臭。为巩固东西湖治理成果，龙华区在全市率先提出百姓河长制度，3月24日，海口市龙华区百姓河长护河（湖）行动启动仪式在人民公园东西湖举行，首批约有20多人自愿成为“百姓河长”。

**【“五化”工程立面改造（一期）项目实施】**2018年，海口以“五化”工程立面改造项目提升海口城市品质和形象，改造范围包括龙昆路（椰海大道至滨海大道）和凤翔西路、海秀路（五指山路至长天路）、滨海大道东北段（泰华路口至龙华路口）两侧街景约368栋建筑物立面改造与修补，总长约20.12千米，改造总面积176.05万平方米，总投资2.4亿元。至年底，南大立交桥周边示范段及世纪公园路段共138栋楼宇立面改造全部施工完成。

（杜惠珍）

## 湿地保护修复

**【湿地保护修复概况】**2018年，海口市湿地面积29093.09公顷，自然湿地资源丰富，有着众多星罗棋布、大小特色各异的湿地、山水、林田、湖海，一应俱全，形成“一轴（南渡江流域）、一带（近海与海岸带）、两区（东寨港红树林、羊山地区湿地资源价值核心区）、多点（凤潭水库、铁炉水库等散点分布的重要湿地板块）”的市域湿地资源空间结构分布格局，湿地与城市更加融合。海口市把加强湿地保护作为生态文明建设的重中之重来抓，以城市更新为契机，践行“绿水青山就是金山银山”“像对待生命一样对待生态环境，统筹山水林田湖草系统治理”“望得见山，看得见水，记得住乡愁”的生态理念，出台一系列湿地保护的方案和措施，并形成规划先行、分类保护、全民参与的保护氛围。湿地保护工作取得显著成绩，湿地生态系统的整体水平得到大幅改善，海口湿地保护和修复工作办法曾获得国家相关部门肯定并在全国推广，不仅如此，海口市湿地生态名片效应也逐渐显现。10月25日，海口荣获全球首批“国际湿地城市”称号。

**【海口荣获全球首批“国际湿地城市”称号】**2018年8月，海口市国际湿地城市称号经国际湿地公约常务委员会第54次会议审议通过。10月25日，国际湿地公约组织第13届大会上授予海口市国际湿地城市称号，这是海口在生态环境保护方面获得的又一块重要金字招牌。国际湿地城市称号代表一座城市的生态成就，是当前国际上在湿地保护方面规格高、分量重、含金量足的一个奖项，是一块国际生态招牌，具有国际影响力。该“国际湿地城市”认证证书有效期6年。此次，全球共有7个国家18座城市获得“国际湿地城市”认证，其中6座来自中国。

**【五源河和美舍河国家湿地公园揭牌暨海口湿地网上线】**2018年2月3日，海口五源河国家湿地公园和美舍河国家湿地公园揭牌暨海口湿地网上线仪式在海口举行，这标志着海口湿地生态保护工作迈上新的台阶。该网站有湿地管理、湿地资讯、保护地、合理利用及科普宣教5个栏目分区，栏目之下又有详细内容介绍，是全面展示海口湿地保护和修复的窗口，也是进行湿地科普教育的平台。

**【湿地宣教】**2018年，海口开启湿地宣教新模式，推进湿地保护宣传教育进乡镇、进学校、进社区、进海岸线等“七进”活动，并通过举办丰富多彩的主题活动，引导社会公众树立保护湿地的生态理念，营造全民保护湿地的氛围。利用新闻宣传部门和媒体以电视广播、报纸和新媒体手段多角度全方位进行轮番宣传报道，在海口电视台的海口大讲堂开设系列湿地讲堂，不断扩大湿地保护宣传氛围。利用世界湿地日、世界海洋日、爱鸟周、保护野生动物宣传月等时间节点，举办系列宣教活动，联合市教育局、团市委等组织志愿者开展形式多样的志愿服务活动，让广大公众深入了解湿地、认识湿地、保护湿地，不断扩大湿地保护的社会影响。在全省率先创建6所“湿地学校”，定期开

海口湿地网及美舍河、五源河国家湿地公园及图标

2018年9月3日，海口市五源河学校在五源河国家湿地公园，开展“开学第一课”湿地宣教活动 （市林业局 供）

展湿地讲座进校园活动，邀请湿地专家为在校师生讲授湿地知识，组织开展暑期湿地实践活动和“开学第一课”等，从小培养青少年湿地保护意识，以“小手拉大手”“一个孩子带动一大片”的方式，营造全民参与湿地保护的氛围。组织湿地保护协会、社会公益组织参与进机关、进学校、进农村、进社区、进企业、进公共场所、进家庭等“七进”活动，在12辆公交车体上投放湿地宣传广告和制作固定宣传墙、宣传沙画等，充分利用公共场所开展多形式、全方位宣传，不断提高市民群众保护湿地的意识。组织社会公益组织和9000多名志愿者开展湿地保护宣教工作，通过自有平台、自媒体发布宣传海口湿地大美、保护生态重要性等内容，特别是中韩联合举办第20届Happy Move全球青年志愿团组织在那央湿地保护小区开展系列活动得到国际湿地公约秘书处乌瑞格秘书长的充分肯定。

【湿地建设规划】至2018年底，海口市组织专家完成海南海口五源河国家湿地公园、海南海口美舍河国家湿地公园、海南海口潭丰洋省级湿地公园、海南海口铁炉溪省级湿地公园、海南海口三十六曲溪省级湿地公园、海南海口响水河省级湿地公园、海南海口三江红树林省级湿地公园和羊山湿地多用途管理区总体规划的编制以及海南海口五源河国家湿地公园、海南海口潭丰洋省级湿地公园、海南海口铁炉溪省级湿地公园、海南海口三十六曲溪省级湿地公园、海南海口响水河省级湿地公园和新旧沟湿地乡村公园修建性详细规划。建设完成海南海口五源河国家湿地公园一期和海南海口美舍河国家湿地公园出海口至沙坡水库段的规划建设内容。

【五源河国家湿地公园（一期）工程】被列为市政府2018年为民办实事工程之一，2018年底海南海口五源河国家湿地公园（试点）一期建设内容基本完工。完成河道生态修复，园区道路、栈道及亲水平台建设、种植红树林，营造火山石步道、枯木生境、沙丘生境、昆虫旅馆等宣教设施；安装休息坐凳，修建观景凉亭，营造多处小微湿地；建设海边观景盒。7月10日，海南省水务厅专门发文将五源河“生态水利工程+湿地公园”做法向全省推广。

修复后的五源河国家湿地公园出海口段。摄于2018年7月25日 （市林业局 供）

2018年12月8日在杭州召开的中国湿地学校网络大会上，海口市6所学校被湿地国际中国办事处授予“湿地学校”称号（市林业局 供）

【美舍河国家湿地公园沙坡水库段工程】位于海口市美舍河上游，环绕沙坡水库，占地总面积362公顷，其中一期占地178.67公顷，二期占地183.33公顷。计划总投资7亿元，其中一期计划投资3.4亿元，二期计划投资3.6亿元，是美舍河国家湿地修复项目的重要基础配套项目。一期工程围绕沙坡水库进行，其中陆地面积94.67公顷，水域面积84公顷。一期项目于2018年底建成环线道路，包括6千米7米宽的机动车道，7.1千米2.5米宽自行车道（3.1千米黄土路自行车道，4千米透水混凝土自行车道），以及完善沿线构筑物设施建设。一期沿线构筑物以休闲、娱乐、赏景、观鸟、换乘等功能为主，包括避雨廊2个、观鸟廊4个、驿站2个、卫生间1个、游客服务中心1个、观景天桥1个、亲水木栈道850米。2个驿站的主体结构及外饰面、亲水木栈道、卫生间主体框架结构及景观天桥钢结构立柱、施工完成，其余构筑物陆续完善中。完成建设资金2.1亿元。

【海口6所学校获湿地学校称号】2018年11月29—30日，湿地国际中国办事处检查验收组来海口检查验收湿地学校。海口市湿地学校各有特色，获专家点赞，6所湿地学校全部通过检查验收。12月8日，在杭州举行的2018年中国湿地学校网络年会上，海口市长流中学、海口市英才小学、海口市五源河学校、海口市琼山区第十二小学、海口市第七中学和海口市秀英区长德学校被湿地国际中国办事处授予“湿地学校”称号，并颁发牌匾和证书。荣获“湿地学校”称号后，这6所学校将加入由湿地学校、湿地保护区以及其他单位组成的中国湿地学校网络，并依托这个国际性平台，借鉴国际湿地环境教育经验，提升海口湿地环境教育能力，增强青少年的湿地保护与合理利用意识。

（胡杰龙）

【凤翔湿地公园生态及鸟类观测科普馆建成开放】2018年3月3日，凤翔湿地公园生态科普馆以及鸟类观测科普馆项目动工，8月12日生态科普馆建成对外开放；12月鸟类观测科普馆项目基本完成施工。科普馆位于海口市美舍河凤翔湿地公园，建设用地面积17867平方米，其中生态科普馆用地面积9207.05平方米，建筑面积3030平方米，主要功能包括生态科普展览、阅读阅览、学术交流及会议等；湿地鸟类观测科普馆用地面积8660.74平方米，建筑面积1310平方米，主要功能为湿地鸟类观测观赏基地。生态科普馆和湿地鸟类观测科普馆主体均为单层建筑，结构均为框架结构，采用独立基础。建筑形态顺应地势，宛如一叶芭蕉，造型植入自然地形，与环境交融。科普馆以保护、修复为两大主题，将在今后的湿地科普宣教方面发挥重要作用。

【国际湿地城市间交流座谈会在海口召开】2018年11月27日，海口市与韩国济州市国际湿地城市间交流座谈会在海口召开。双方分别介绍湿地保护修复经济和做法，与会人员就湿地生态补偿、湿地学校建设、国际湿地城市对居民的实惠、人口增加对湿地的挑战和影响、黑臭水体治理经验以及湿地保护过程中市民参与度等问题展开深入探讨。28日，济州市考察团一行到美舍河凤翔湿地公园参观考察。

（黎莹莹　周运芳）

【海口市湿地保护协会成立】2018年6月22日，海南省首家湿地类协会—海口市湿地保护协会揭牌成立。海口市湿地保护协会是一个从事湿地保护相关工作的社会公益组织，是社会力量参与湿地保护的重要平台。协会的成立体现了民间和社会团体的力量开始介入海口湿地保护工作中。

【“青春共卫湿地”中学生暑期实践活动开展】2018年8月31日，由共青团海口市委、市林业局、市教育局联合主办，海口市湿地保护管理中心承办的2018年“青春共卫湿地”暑期实践教育成果交流会在海口中学举行。近百名中学生和指导老师共同分享实践心得。交流会上，来自全市9所中学的11支实践队伍围绕湿地动植物分类、湿地水质调查、湿地文化作品等与湿地保护相关的主题方向，集中展示了暑期实践体验活动的成果。通过交流展示，现场的老师和实践队友们共同回顾自7月启动以来的

2018 年 10 月 27 日，创建国际湿地成果展暨劲草同行生物多样性嘉年华在海口宜欣城举办　　（市林业局 供）

暑期实践经历。各实践队伍在湿地专业老师的带领下，分赴海口市美舍河国家级湿地公园、海口市五源河国家级湿地公园、海南东寨港国家级自然保护区等地实地考察，并在各个学校开展 50 余场湿地知识讲座。

**【创建国际湿地城市成果展暨劲草生物多样性嘉年华】** 2018 年 10 月 27 日，天涯海角——创建国际湿地城市成果展暨劲草生物多样性嘉年华海口站开幕式和大咖分享会在海口宜欣城举办。开幕式主题是“天涯海角”，6 位来自一线生态保护届的大咖与现场观众交流互动。10 月 26—30 日，200 张拍摄于全国各地的精美的生物多样性生态摄影作品继续在海口宜欣城展出。活动由海南省林业局、海口市人民政府、阿拉善 SEE 公益机构主办，海南省野生动植物保护管理局、海口市林业局、UNDP-GEF 海南湿地保护体系项目、海口市湿地保护管理中心、中国红树林保育联盟、劲草同行、宜欣城共同承办，海口市湿地保护协会、松鼠学堂、海南观鸟会、智渔等协办。

（胡杰龙）

## 12345 热线服务

**【海口 12345 热线服务概况】** 2018 年，12345 海口市民服务智慧联动平台坚持“以人民为中心”的发展思想，加强和创新海口市城市管理和社会治理体制，切实解决好市民游客诉求，不断强化 12345 热线“指挥棒”“绣花针”“连心桥”作用。平台功能进一步拓展，稳步推进“12345+ 网格化”工作模式，拓宽“12345+ 不见面审批”等便民渠道，探索大数据分析与运用，发挥主渠道作用服务海南建设自由贸易试验区和中国特色自由贸易港。全年通过多渠道受理办件总量 191.36 万件，办结率 99.6%，办件满意率 90.81%，日均接话量 5243 个；前台接通率 96.47%，前台直接办结率 63.88%。12345 海口市民服务智慧平台得到中央媒体报道点赞，先后荣获“金铃奖”“金数奖”“先锋奖”等荣誉，被评为“工人先锋号”“三八红旗集体”“巾帼文明岗”“先进基层党组织”“机关党建示范试点”“青年文明号”等，在 D3 方评估平台发布的全国 335 条 12345 热线监测结果中服务质量位列第 1 名（不含直辖市），服务水平排行第 12 名（含直辖市）。

**【构建“12345+ 营商服务”模式】** 2018 年 11 月，12345 海口市民服务智慧联动平台全面推进落实“四个一”（即“一个专席受理”“一个值班长协调、“一个联席会议研究处

2018 年，海口市进一步优化服务水平，构建“12345+ 营商服务”模式，重点服务落户的总部企业。图为“12345+ 营商服务”专席　　（市政务中心 供）

创新 发展

置”“一套督察督办制度跟进处置”）工作机制，构建“12345+营商服务”模式，设立“12345+营商服务”专席，为总部经济企业提供“一站式”绿色服务，并主动走访服务入驻海口市的总部经济企业，对企业的困难和建议及时会商、协调，快速解决企业困难。全年累计联系企业92家，上门走访25家，其中世界500强企业5家，共受理企业问题及建议99项，办结90项，办结率91%，回访满意度100%。

2018年4月16日，海口市金贸街道龙华南社区网格员上门帮助办理高龄老人申请手续（市政务中心 供）

**【“12345+网格化”服务能力增强】** 至2018年，海口市共建成网格4489个（其中主城区网格2428个，农村网格2061个），有网格员6468名，其中综合网格员1835名（主城区网格员1576人，农村兼职网格员259人），专业网格员4633名，拓展网格员2770名。主城区网格力量由上年的7655名增至8979名，平均每个网格力量由3.1名提高到3.7名。（1）加强网格联动，使问题化解在基层。发挥网格员熟悉管辖区域、靠前工作的优势，主动收集社区民情，及时发现上报问题，快速响应12345派发办件，核实群众问题处理结果。全年，全市网格员主动上报办件总数38.65万件，办结38.42万件，办结率99.41%；志愿者团队上报办件454件，办结392件，办结率86.34%。（2）升级完善微联动APP。社区网格员、专业网格员普遍安装使用微联动APP，安装用户2898人。通过使用微联动APP，进一步增强热线前台与基层网格员的联勤联动，达到与热线前台业务协同、视频联动指挥、采集上报底数、办件处置全流程跟踪目标。（3）拓展网格化功能。围绕“六大专项整治”、河长制等工作，增强网格员对生态环境、内河水体巡查上报的职责。（4）推行网格化门边服务。网格员主动上门为老年人、残疾人等特殊群体办理行政审批、退休年审、老年优待证、医疗救助、临时救助、生育服务等诸多便民事项。全市网格员共为社区居民提供门边服务5.19万件。

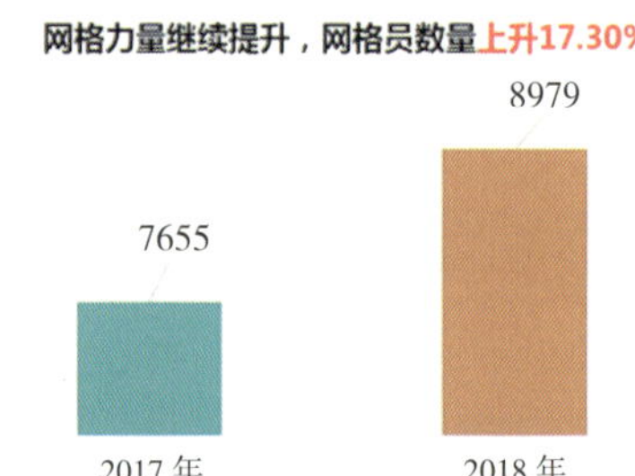


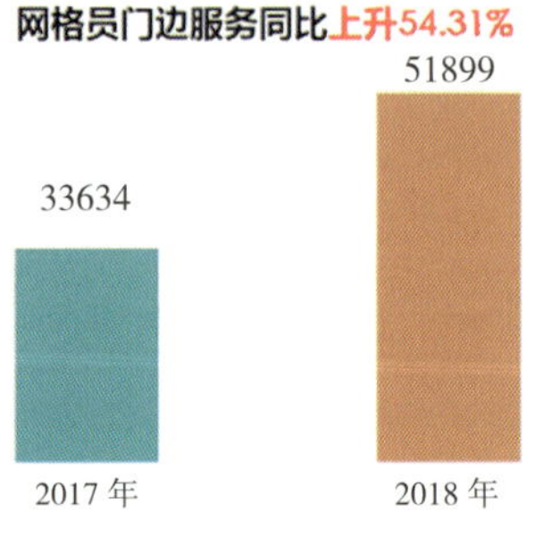

2017年、2018年海口市网格服务能力对比图

**【完善“网格化工作”平台建设】** 2018年，海口市秀英区、龙华区分别建立区级“12345+网格化”工作平台，并实施统一和规范化管理。龙华区制定《龙华区联动中心试运行方案》《“12345+网格化”工作镇街考核细则》《海口市龙华区网格员管理办法》等制度，建成全市首个区、镇（街）、社区三级城市运行综合管理联动中心，实现“四位一体”（城市管理、社会治理、安全运行、应急管理）管理服务模式。琼山区在府城、高登、博桂、文坛、攀丹5个试点社区建立12345信息指挥平台，实现与区联动指挥中心的视频联动系统对接。美兰区制定《深化12345+网格化推进城市运行综合管理示范点工作方案》等规章制度，以在海甸街道试

点成立海口市首个街道“12345+ 网格化”联动中心，即时掌握整个街道城市管理的动态及 12345 热线办件处理的最新进度，形成以网格化管理为基础、“六个平台”为手段，纵向全联动、横向全覆盖的基层社会治理体系。

**【完善热线办件处置机制】**2018 年，12345 海口市民服务智慧联动平台建立三级研判预警机制，对噪音、停水、停电、讨薪、安全生产、交通堵塞、重大群体事件等热点问题，依次上报热线办、分管副市长、市长和书记。在办件处置管理中抓难点补短板，规范不满意办件、催办件、督办件、多次流转办件的处置流程，完善热线系统不满意办件的查询、申诉、归档功能。全年，市热线办召开现场协调会 12 次，组织办件相关职能单位到现场，协调解决海港大厦积水、海汽小区用电等久办未决办件。

**【应用大数据聚焦民生热点问题】**2018 年，12345 海口市民服务智慧联动平台对百姓关注的物业类、预付消费卡、共享电动车、拆除广告牌、候鸟老人、殡葬费改革等热点问题，完成专题分析报告 20 余份。同时，实行定期数据分析制度，以日、周、月为时间段整理分析平台总体运行情况，累计形成 382 份分析报告，为市委、市政府提供信息和决策支撑。先后召开 2 次大数据运用新闻发布会，向媒体及市民通报了职能部门运用大数据加强城市管理社会治理、优化营商环境的成效。12345 平台、各区政府、市交通局等部门利用大数据精准发现和精心解决老百姓办事的难点堵点，找准政府服务薄弱的环节加以施策，助推服务能力的提升。

**【拓宽市民服务智慧联动平台功能】**2018 年，12345 海口市民服务智慧联动平台以“12345+N”模式，围绕省、市重点工作，创新“12345+ 政务服务”模式，助力优化营商环境，实行“一号通用”受理涉及政务服务的咨询和监督诉求。市民只需拨打 12345 即可了解行政审批相关政策、制度、流程、所需材料及职能单位基本信息。此外，在微信公众号开通“政务网上办事大厅”，研发自主填报、进度查询、排队预约等便利功能，市民登陆即可上传材料进行网上申报，即时查询自己反映的所有办件的实时进度。全年，上线办理事项 402 项。同期，推出“12345+ 河长共治监控平台”，在已设立的市、区、镇、街四级河长制基础上，实现河长办巡查人员与 12345 平台的信息互通，发动巡查员自主、全面对全市 32 个城市内河水体进行常态化巡查监督，巡查员使用 12345 微联动 APP 即可上报巡查信息，并实时展示在系统大屏。

**【社区智慧化管理】**2018 年，海口市在秀英区东方洋和海口港社区进行智慧社区试点建设，累计完成智慧井盖、树木倾矫、电动车棚烟感、地磁监测、居家养老手机、燃气检测、智慧果皮箱检测、噪音检测仪共 12 大类 220 个物联网设备的安装。美兰区海甸街道集成利用物联网、云计算等信息技术，在辖区安装 559 个物联网设备，建成“海甸智慧街区”。通过发挥物联网在精细化管理中的主动发现、主动预警作用，弥补网格员人数和精力的限制，提升对“重点关注对象、重点点位、重点人群”的监管效率。

**【拓展市民诉求新渠道】**2018 年，12345 海口市民服务智慧联动平台在网站、短信等原有诉求渠道的基础上，研发海口 12345 微信小程序，满足市民个性化需求，其中海口 12345 微信公众号受理办件 17.24 万件，占 9.01%，吸引关注用户近 18 万人，实名认证 37045 人。此外，利用公众号搭建政民互动平台，先后开设“2018 年市民想要政府做哪些事”“25 条公交线路优化调整”、营商环境办事“堵点”“百万人才引进海南”“城市大脑”智慧政务建议等话题讨论板块给市民留言讨论，为相关职能单位广泛收集民情民智。开展全民参与城市管理活动，鼓励市民通过海口 12345 微信公众号反映城市管理类问题，并给予一定奖励，全年累计发出红包 9982 个。

**【强化应急服务保障】**2018 年，12345 海口市民服务智慧联动平台在春节、“五一”“国庆”等节假日和台风、中高考重大时间节点，提前研判分析制定应急方案，把往年投诉的热点问题进行预警，细化各项应急处置措施，确保责任分工到个人。稳妥有序地应对春节“抗雾保运”“台风 + 高考”“山竹”强台风、张学友演唱会、火山音乐节等特殊时期的应急服务保障。针对春节期间过港旅客滞留导致话务量激增，前台与港口强化信息互通准确回应港口咨询问题，联动

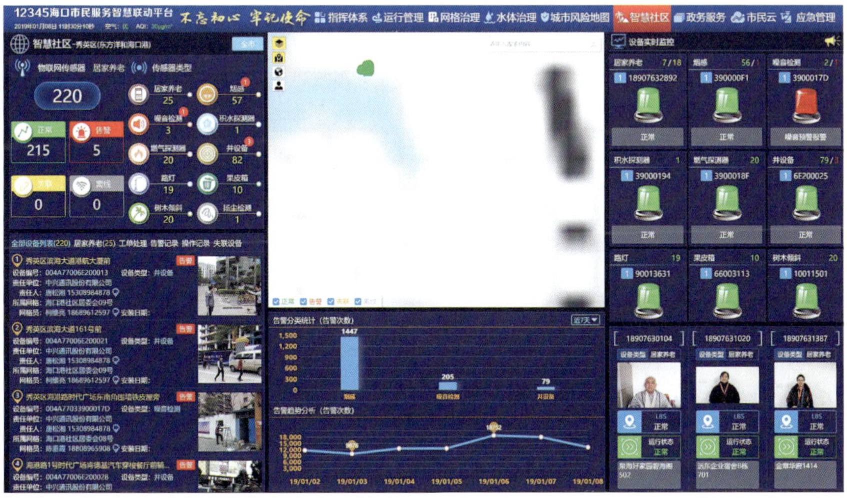

2018 年，海口市应用物联网技术建设的智慧社区

区政府、网格员、志愿者快速解决旅客求助食物、水、燃油的问题，联动交通、卫生部门高效解决因病救援问题，联动市公交集团快速找回旅客遗失物品；共受理过港旅客办件量39496件，办结率96.77%，市民满意率93.86%。“高考＋台风”期间，全力为考生迎考排忧解难，把涉及高考的噪音、道路交通、水电、积水、爱心接送等投诉办件统一列为紧急类办件，并安排交通、交警、食药监、城管等部门到前台轮值，与前台快速联动，提高处置效率。

（谭　斌）

## “菜篮子”工程建设

【“菜篮子”工程建设概况】2018年，海口市出台《海口市农贸市场明码标价专项整治工作方案》《海口市市场蔬菜价格监管与调控工作方案》等实施方案，通过抓好蔬菜生产、畅通调运渠道、拓展销售网点、加强市场监管等有效措施，合力推动全市“菜篮子”工作。全年共召开36次海口市“菜篮子”工程建设联席会议，研究部署落实省政府“菜十条”有关要求。持续抓好“一元菜”惠民措施，加快末端网点建设步伐，优化“三个全覆盖”。实施夏秋季叶菜价格指数保险，进一步调动菜农在夏秋季的生产积极性。据国家发改委公布数据显示，2018年海口市农贸市场和超市15种蔬菜平均零售价格为7.5元/公斤，在全国36个大中城市排名第8位。据省价格局监测显示，2018年海口市10种基本蔬菜平均零售价格为6.3元/公斤，低于全省上涨幅度，在全省18个市县排名第7位。特殊时期的菜价平稳，2018年春节期间，海口10种基本蔬菜市场均价为6.54元/公斤，同比下降10.66%，在全省18个市县排名第13名，比2017年排名后移9位，实现均价及排名“双下降”。

（林晓婵　吉晓宇）

【市场菜价】2018年，海口市农贸市场蔬菜价格小幅上涨。监测的15个蔬菜品种14升1降，平均零售价格每公斤（下同）7.3元，较上年同期6.68元上涨9.28%。其中涨幅较大的有尖椒、茄子、黄瓜和青椒，分别上涨21.80%、16.23%、15.19%和14.92%。从月情况看，1—4月海口市蔬菜价格呈波动下降走势，平均零售价格分别为6.72元、7元、6.54元和6.02元，环比分别下降3.45%、上涨4.17%、下降6.57%、下降7.95%。虽然1月底海口市受寒潮天气影响，菜价出现上涨，但涨幅不大。主要原因：寒潮前两周海口市天气良好，本地蔬菜不断上市，市场供应充足，价格小幅回落；岛外进岛蔬菜量多，批发价较为稳定；寒潮期间，海口市菜篮子集团调运储备1100吨平价菜，同时加大“一元菜”“基本菜”的调运和投放。2月初，海口市持续受寒潮天气影响，导致海口市蔬菜受到较严重的寒害，造成本地蔬菜价格普遍上涨，特别是叶菜类和豆类价格上涨幅度较大。但岛外进岛蔬菜批发价格较为稳定，且进岛蔬菜数量多，每天约600吨，岛外进岛蔬菜价格的稳定抑制菜价整体上涨的幅度。春节前，海口市迅速抢种蔬菜，市菜篮子集团加大对节日特殊蔬菜品种的种植面积。春节期间，海口菜价实现连续3年下降，且价格波动幅度较小，低于全省平均水平。甜菜、水芹等节日特殊菜品价格未出现异常波动。从2月整体来看，虽然受月初寒潮和月中春节影响，但蔬菜价格上涨幅度不大。3—4月，由于春节后海口市蔬菜上市不断增加，需求也有所减弱，本地蔬菜收购价不断下降，部分蔬菜跌破成本价，导致市场蔬菜价格出现持续回落。5—6月，海口市蔬菜价格持续小幅上涨，平均零售价格分别为6.36元、6.9元，环比分别上涨5.65%、上涨8.49%。主要原因：5月海口市进入传统蔬菜生产淡季，高温天气、强降雨频繁，不利本地蔬菜生产、种植，菜农种植积极性也不高，本地蔬菜上市量减少；6月初受台风“艾云尼”影响，本地蔬菜上市量进一步减少。但由于海口市岛外进岛蔬菜数量保持稳定，批发价波动不大，且市菜篮子集团加强外地蔬菜的调运，市场蔬菜供应较充足，价格没有出现大幅上涨。7月，海口市蔬菜价格持续上涨，平均零售价格为7.5元，环比上涨8.7%。主要原因：7月中下旬受台风“山神”、热带低压影响，省内各市县蔬菜价格出现不同程度的上涨，虽然海口市菜篮子集团调运储备量约400吨，保障平价菜的供应，但由于海口市本地蔬菜受灾较重，本地蔬菜供应不足，导致7月菜价持续上涨。8—9月，海口市蔬菜价格高位上涨，平均零售价格分别为8.06元、8.36元，环比分别上涨7.47%、3.72%。主要原因：8月10日受台风“贝碧嘉”影响，海口市有长达一周的强降雨天气，受此影响，蔬菜基地受灾严重，尤其是露天蔬菜基地在此期间全部被淹，即便抢收待上市蔬菜，本地蔬菜量也较少，没有多少能供应到市场；琼州海峡间歇性长时间停航，岛外蔬菜无法进岛，未能及时缓解岛内蔬菜供应紧缺；台风极端天气造成海口市蔬菜供给量减少、运输成本提高和人力成本上升，加上存在个别摊位在此经营期间哄抬菜价等；虽然9月台风“山竹”对海口市影响不大，但岛外蔬菜主产地受台风影响较大，进岛蔬菜批发价格上涨，造成9月海口市蔬菜价格高位上涨。10—12月，海口市蔬菜价格持续下降，平均零售价格分别为8.3元、8.04元和7.72元，环比分别下降0.72%、3.13%和3.98%。主要原因：为做好保供稳价工作，市政府主要领导召开菜篮子调度会议，研究部署“菜篮子”工作，要求各部门相互协调，抢种本地蔬菜，加大蔬菜调运、储备，同时联合执法，加强市场蔬菜价格监测、监管。随着保供稳价工作的持续开展，以及天气好转，本地蔬菜上市量增多，海口市蔬菜价格逐渐稳定，并出现回落。加上11月海口市进入传统的蔬菜生产旺季，蔬菜增产带动市场蔬菜价格持续回落。

（唐旬广）

【叶菜价格指数保险工作】2018年，海口市继续开展叶菜价格指数保险工作，财政补贴菜农投保保费90%，菜农自缴10%。全年累计投保面积4800公顷，保费1400万元，涉及农业企业与农户超过5000次，理赔金额共1100万元。通过保险，进一步降低叶菜价格波动风险，提升菜农种植叶菜积极性，提高市场供给。

（林晓婵 吉晓宇）

【"菜篮子"末端销售网点建设】2018年，为解决市民"买菜难、买菜贵、买菜远"等问题，海口市菜篮子产业集团对"菜篮子"网点运营进行优化，持续采取建设社区平价菜店、在农贸市场中设立蔬菜直销摊位等措施推进末端网点建设，增加直营、加盟网点数量，增强担负着平价投放"一元菜""基本菜"等保供稳价职责的"菜篮子"末端网点作为市场蔬菜价格调控的主要抓手的作用。春节期间，在全市设置60个"菜篮子"临时直销点。市菜篮子产业集团旗下在营末端网点数137个，其中菜篮子直营门店42家，加盟网点12家，平价菜供货合作网点35个，在48家农贸市场布设103个"菜篮子"平价菜直营摊位。按照"15分钟便民生活圈"的要求，基本覆盖海口建成区内主要街道、社区。

（陈 敬）

【"一元菜"等惠民利民政策措施实施】2018年，海口市继续建立常年"一元菜"供给机制，搭起市委、市政府与困难群众之间的"菜篮子"桥梁，日常供应至少3个品种"一元菜"，在特殊天气及节假日适时增加"一元菜"品种，保障困难群体吃上新鲜、优质、放心、实惠蔬菜，让市民"菜篮子"拎得更轻。"一元菜"主要品种有外地大白菜、莲花白、南瓜、白萝卜等，同时注重提升质量，满足市民对多样化、高品质的需求。全年"一元菜"投放量4500吨，"基本菜"投放量5000吨。（蔡璐祎）

【菜篮子蔬菜种植基地建设】2018年，海口市菜篮子产业集团自有蔬菜保供基地总面积440.8公顷，其中菜篮子大荒洋蔬菜种植基地181公顷、菜篮子七水洋蔬菜种植基地242.3公顷、菜篮子林昌蔬菜种植基地17.5公顷。受菜篮子大荒洋、七水洋蔬菜种植基地部分地块进行高标准农田建设不能使用影响，两块基地在年底整地并安排种植277.5公顷，产量275万公斤。

（洪靖凯）

2018年1月20日，为保障春节期间海口市民购菜需求，海口市菜篮子产业集团60个菜篮子平价菜临时直销点全部开业运营　（市菜篮子集团 供）

【菜篮子蔬菜种植基地合作】2018年，海口市广泛加强与国内蔬菜种植取得优秀成绩省市、岛内外优秀企业的深度合作。1月19日，海口市菜篮子产业集团与湖南省茶陵县政府签订战略合作框架协议补充协议。11月7日，山东寿光集团董事长杨明一行到访海口市菜篮子产业集团座谈，并达成初步共识。市菜篮子产业集团全年引入合作种植企业8家，年产蔬菜250万公斤。在琼州海峡经济带建设及一体化发展合作中，与湛江蔬菜种植公司开展叶菜合作种植，种植叶菜600余公顷，产出各类叶菜45.15万公斤。

（陆振中）

【发展"互联网+菜篮子"】2018年1月1日，"菜篮子"供应链管理系统上线使用，在2家供应商试点验证系统的实用性及可行性，系统从门店、采购部、供应商、配送中心等节点全面贯通，实现"产供销一体化"。同时，供应链系统还完成比价询价流程线上应用，做到竞价工作的公正及保密。6月1日，供应链管理系统实现与"椰城市民云"数据对接，为市民提供每日菜价数据，引导市民通过椰城市民云、小菜侠APP等方式查询平价菜售卖网点，实现就近购买，掌握平价菜网点营业情况，知晓近期菜篮子蔬菜价格和平价菜种类。为便于市民直观了解每日平价菜信息和菜篮子末端网点分布情况及农残检测数据，海口市民游客中心与市菜篮子产业集团共同搭建信息实时输入平台，自12月28日海口市民游客中心揭牌启用起，市民便可在现场通过点触系统了解实时信息。

（符惠媛）

【蔬菜应急调运储备机制建立】在重大节假日及异常天气前夕，海口市协调企业对接岛内外大型蔬菜基地，加大蔬菜调运储备力度，保障新鲜蔬菜供应，满足市民对蔬菜的需求。2018年，市级3000吨常年蔬菜储备到位，承储企业蔬菜储备品种任何时候不得少于7种，全力保障特殊时期应急蔬菜供应。市菜篮子产业集团与省内外60个基地签订供销协议，常态储备量约500吨，重大节假日及恶劣天气影响等特殊时期确保调运储1000吨以上，保障市场稳定供应。年内，为抵御“艾云尼”“山神”“百里嘉”“贝碧嘉”“山竹”等台风影响，开展蔬菜应急调运投放工作，采取措施稳定市场。为保证每天各末端网点蔬菜供应量充足，创新采用“总仓＋分仓”的配送模式，市场补货分拣配送工作由本区的临时分仓负责，由流动补货车配送，有效缩短配送时间，保证补货配送的时效性。着重加大末端网点的“基本菜”“一元菜”等平价惠民蔬菜品种的供应，调运投放蔬菜品种16个以上，确保海口市基本蔬菜品种价格合理稳定。（吴英珍）

**【“菜篮子”产品检测】**2018年，海口市食药监局5个食品快检组共快检2.55万批次样品，合格率99.45%。对凤翔蔬菜批发市场抽检瓜菜16248批次，合格率99.86%；水果4936批次，合格率99.74%。市菜篮子产业集团检测中心，共检测果蔬2.31万批次，合格率99.4%；检测猪肉52批次，合格率100%。

（林晓婵　吉晓宇）

**【海口市菜篮子公益性大型农副产品批发市场建设】**由海口市菜篮子集团建设，项目规划分为三期。一期为公益性项目，由政府回购，已完成4.7万平方米建设，建成2号大棚和3、4、5、7号交易厅。至2018年，1号大棚完成基础施工，6号交易厅完成主体。项目二期为公益性项目，由政府投资，市城投公司作代建。已完成冷库、制冷设备房及仓储桩基础施工，正在进行主体施工，累计完成投资约1.79亿元。项目三期为经营性项目，由企业融资建设。由市城投公司作为代建单位具体负责，已完成可行性研究报告、设计方案和概念性设计方案上报市政府审议。

（林晓君）

**【农产品拍卖市场建设推动工作】**2018年，海口市菜篮子产业集团与合作方海南长江拍卖公司经多次研究，海口市农产品拍卖市场可行性研究报告稿基本完成。7月，农产品拍卖考察调研方案编写完成期间，先后和河北新发地集团、山东寿光蔬菜控股集团、中国通用咨询投资有限公司等企业就合作建设海南农产品拍卖市场事宜进行洽谈。9月，参加省农业厅组织的赴台湾考察调研活动，通过考察学习台湾农产品批发拍卖和运作经营模式，提出建议设定合理股权比例，并引进技术雄厚经验丰富的台企参与海南农产品批发拍卖市场建设与运营，为农产品拍卖项目提供技术保障。（邱雪莹）

**【海口市菜篮子产业集团】**2018年，海口市菜篮子产业集团全力以赴抓好“菜篮子”工程，落实省政府稳定菜价十项措施和市政府稳定菜价十六条措施的各项工作要求，从生产、检测、加工、流通、配送等环节发力，发展生产种植和加工基地，依托基地建设丝路海口·田园综合体试点项目，成立果蔬检测配送中心，布局“菜篮子”末端网点，抓好菜篮子公益性大型农批市场建设运营，推动农产品拍卖市场建设有关工作，强化“菜篮子”信息化建设，逐步建立海口菜篮子蔬菜生产、流通、销售等环节的有效调控机制。集团旗下有海口市菜篮子市场运营管理有限公司、海口市菜篮子农业科技开发有限公司、海口市菜篮子投资发展有限公司、海口市菜篮子信息科技有限公司及海口蔬菜产业股份有限公司等12家参股控股子公司，在职员工644人。

（林晓婵　蔡璐祎）

**【蔬菜保供稳价市场监管】**2018年，海口市工商局在全市范围内确定具有代表性的6个农贸市场和超市作为蔬菜价格采集对象，每周二专人采集菜价信息上报。全年共出动执法人员5196人次，检查农贸市场2339个次，受理农贸市场有关蔬菜投诉举报6件。向省市场监督管理局报送菜价监测表及信息简报46次，报送落实菜十条工作进展情况9期、今冬明春蔬菜保价供稳周报10期，为菜篮子保供稳价工作提供数据支持。8月11日，联动市发改（物价）、商务等部门对农贸市场经营秩序进行整治。指导凤翔批发市场制作75张温馨提示牌；指导蔬菜协会向各农贸市场推送蔬菜协会采集的一级批发价格，进一步规范市场经营行为；配合物价部门对多家农贸市场主体与摊主的排查，共排查出65家涉嫌摊位转租行为线索，核实63家。代拟《海口市规范农贸市场经营秩序整治方案》，完成前期征求意见。8月11日起，对蔬菜保供稳价工作进行每日一报，至12月31日共编制工作简况152篇。

（刘　勇）

## 互联网产业发展

**【互联网产业发展概况】**2018年，海口市互联网产业相关营业收入235亿元，比上年增长14.5%。全市有互联网企业3200家，其中规模以上互联网企业32家，新三板挂牌8家。打造近30家创业创新聚集地，园区企业融资总额23亿元。在2018年中国“互联网＋”指数报告中，海口“互联网＋”总指数位列全国第45名，数字经济分指数位列全国第50名，数字生活分指数位列全国第23名。

**【互联网产业发展扶持】**2018年，根据《海南省互联网产业发展专项资金管理暂行办法》《海口市促进互联网产业发展若干规定及实施细则》，海口市从园区发展、人才落户、创新创业项目等多维度支持互联网企业创新发展。2015—2018年，累计兑现省、市互联网产业发展专项资金7475.6万元，扶持企业198家。其中，156家企业获得社保补贴2155.27万元，5家企业获得互联网众创空间创业辅导奖励36.9万元，3家企业获得办公空间租金补贴1750.86万元，3家企业获得免费高带宽互联网接入服务补贴12.87万元，1家企业获得全国性互联网创新创业大赛奖励补贴87.37万元，1家企业获得园区信息基础设施建设完善项目扶持703.2万元，11家企业获得互联网创新创业活动费用扶持340.28万元，10家企业获得产业主体培育补贴1599.13万元，2家企业获得人才引进培育补贴4.72万元，5家企业获得初期开办费补贴780万元，1家企业获得住房补贴5万元。

2018年12月28日，海口复兴城西海岸互联网总部基地举行奠基仪式

（秀英区政府办 供）

【复兴城互联网创新创业园】2018年，复兴城被工信部认定为国家中小企业公共服务示范平台。12月22日，复兴城国际离岸创新创业大厦揭牌启用，阿里巴巴、蚂蚁金服、支付宝、今日头条、普华永道、凤凰金融等企业相继入驻。12月28日，复兴城西海岸互联网总部基地启动建设。至年底，复兴城累计注册企业670家，增长60%；就业3100人，增长20%；园区产业规模150亿元，增长60%；年度税收4.24亿，增长近20倍；累计举办活动600余场，项目路演近100场。有34家企业获省互联网天使投资基金，88家企业获社会资本投资超21.58亿元。

【海口复兴城西海岸互联网总部基地开工建设】2018年12月28日开工建设。由海南复兴城产业园投资管理有限公司负责投资运营，项目位于市政府南岸片区，占地面积17.12公顷，规划总建筑面积约90万平方米，地上60.2万平方米，地下24万平方米，计划总投资100亿元。海口复兴城西海岸互联网总部基地作为海口市西海岸新区创新发展的核心区和示范区，面向海南自贸区和未来自由港的建设发展规划和需求，重点打造国际离岸基地及一带一路沿线国家企业产业集聚地，以大力打造互联网+、跨境电商、物联网信息、智能制造、海洋科技、金融科技等六大产业集群为主攻方向，以环境优势为基础、政策指引为契机、科技创新为重点，产、人、文融合发展，致力打造国际化、智慧型互联网科技园区典范。

【石山镇互联网农业小镇建设】2018年4月13日，习近平总书记到石山镇施茶村视察，对石山发展特色产业，推动乡村振兴所取得的成绩给予肯定。11月，石山镇代表海南省参加全国新农民新技术创业创新博览会，并作为全国唯一乡镇代表参加博览会数字乡村论坛对话。年内，石山镇被认定为全省首批海南省旅游小镇，并获得“全省文明村镇”荣誉称号。按照习近平总书记提出的“乡村振兴要靠产业，产业发展要有特色”要求，石山镇以发展特色产业为核心，提升打造火山石斛园，新建火山药谷、火山牛大力南药产业园、崇华休闲农业观光基地等一批现代特色农业物联网产业园；推广海岛生活、淘宝、京东等电商平台，拓宽农产品销售渠道；大力实施品牌农业战略，举办“海口火山荔枝嘉年华”“山海相约、夜宴石山”美食品鉴会等系列活动，推广宣传石山“土特产”，擦亮石山黑豆、石山雍羊等国家地理标志特色农产品金字招牌，打响火山石斛、火山荔枝、火山土鸡、火山口咖啡等农产品品牌。打造雅秀学堂二期、黑豆书院等一批特色民宿，“美社有个房”民宿获2018海宿会“海南十佳民宿”；开发集景点、路线、餐饮、住宿于一体的“掌上游石山”导航系统；投资7000多万元启动建设石山旅游资源路12条共14.49千米。依托石山互联网青年创业中心、孙汉董和姚建铨院士工作站，培养农村专业实用人才200人，吸引返乡大学生200余名，特别是海南胜嵘生物科技石斛产业园成功落地，一举引入一支50余人的科研队伍，加快形成“产学研”创新创业基地。年内举办石斛种植、民宿经营、农村电子商务等培训班28期，培训人员1080人，率先在全省乡镇举办首届农民丰收节，表彰打通供港火山荔枝渠道的销售冠军王显仁、利用电商平台卖鸡的吴多让等9个杰出的新农民代表。通过秀英互联网农业协会投票评选出王杰、吴多存、黄妹、郭文旭等一批懂技术、会经营的新型农民。全省推进百镇千村建设现场会在石山镇召开，全年石山镇接待观光游客、党员团队、交流单位302万人次。2018年，石山镇农村常住居民可支配收入16201元，增长29%。

【海南数据谷建设】2018年4月18日，海南首家泛娱乐垂直众创孵化空间——数娱港湾成立并落户海南数据谷。8月23日，海南省英国、欧洲、日本3家海外高层次人才联络站落户海南数据谷。至年底，海南数据谷累计投入约1.2亿元，建设创新创业服务空间1.35万平方米，累计服务企业超过170家。引入科大讯飞、滴滴出行、360企业安全、蔚来汽车、国科量子等一批知名企业入驻。孵化163个项目，入驻率长期保持在99.5%以上，孵化项目融资额超3亿元，贡献园区产值超10亿元。孵化小二租车、飞行者科技、捞月狗、海兰寰宇等一批知名创业企业。园区产业规模约14亿元，由海南数据谷发起设立的海南省大数据产业联盟已发展会员企业208家。举办“海南生态科技高峰论坛”“海南首届海外离岸创新项目招商引资路演活动”“首届中国（海南）大数据创新应用大赛”“中国人工智能与大数据海南高峰论坛”等活动超过100场，逐步形成海创陪跑营、海创大讲堂、菁英计划等活动品牌。自主开发海南省大数据开放平台、创业云平台和服务外包公共服务平台，与线下平台联动构建完善的服务体系。

【海南首届海外离岸创新项目招商引资路演活动在海口举办】2018年8月23日在海口举办，这是海南首次面向海外优质创新项目举办的路演活动。22个来自日本、美国、欧洲等国家和地区的创业团队携项目参加，最终6个项目脱颖而出，与省互联网产业天使投资基金现场达成投资意向，每个项目将获得100万元投资。参加本次路演的项目均是“互联网+”创新项目，涉及人工智能、云计算、物联网等前沿科技。AR智能眼镜、智能互动陪伴教育APP、智能化多系统室内室外定位芯片在现场亮相。此次活动从3月起面向全球征集项目，获得137个来自欧、美、日等发达国家和地区的优秀创业团队的支持。经专家评委初选，筛选出22个技术含量高、创新能力强、商业模式新的项目参与路演。

（杨彦芝　潘孝悦）

## 激活夜市经济

【海口夜市】从2017年起，海口参考台湾等地经验，全力推进特色夜市建设工作。2017年，海口市规划局编制《海口市2017年特色夜市建设工作方案》，确定启动建设秀英区美俗路特色夜市、秀英小街特色夜市、龙华区金盘特色夜市、龙华区滨濂特色夜市、龙华区电影公社特色夜市、海垦花园夜市、琼山区文坛路特色夜市、东湖嘉丰特色夜市、琼台福地美食街特色夜市、美兰区海大南门特色夜市共10处。海口市对照借鉴外地先进经验，迎合市民游客需求，加快推进“五化”先行，从规范布局、规范经营、提升服务等方面，对夜市街区进行规划建设及升级改造。至2018年，15个夜市街区陆续改造升级后投入使用，总建筑面积81822平方米，其中固定铺面1007个，摊车647辆，业态有小吃、餐厅和特色百货、游乐设施等。各式特色美食不仅让海口市民记忆中的熟悉味道回归，也为外地游客感受海口风情、体验海口文化提供另一种选择。7月20日，来自英国、法国、意大利、德国、西班牙、丹麦6国的欧洲城市代表团，来到海垦花园夜市亲身体验夜市文化。7月21日晚，海垦花园夜市迎来来自河南郑州的27人团队，这是海口夜市接待的首个旅游团。11月，海垦花园夜市正式纳入海南省旅游电子行程管理。为进一步拉动旅游消费，海口旅行社量身订制以美食为主题的海口夜市行程，推出海口夜市旅游线路，挖掘文化内涵，使夜市成为旅游新业态的旅游景点。开业以来，夜市解决就业安置困难群众和下岗工人7000余人。海口夜市建设进入政府引导、布局合理、发展有序的良性轨道，取得城市更新与民生发展的双赢局面，让老夜市焕发出新的生机与活力，海口夜市成为激活夜经济、丰富市民游客夜生活的靓丽“名片”。

【海口市夜市发展联合会成立】2018年7月27日成立，标志着海口首个夜市行业专业自治管理机构诞生。海口市夜市发展联合会由12家副会长单位和50家成员单位组成。旨在更好地发挥桥梁纽带作用，进一步提升海口夜市的服务功能，同时加强食品卫生等行业管理，推动海口特色夜市更加健康有序的发展。

【“舌尖上的夜海口”系列评选活动】2018年7月27日，“舌尖上的夜海口”系列评选活动启动仪式暨海口市夜市发展联合会揭牌仪式在海垦花园夜市举行。本次“舌尖上的夜海口”特色夜市系列评选活动共分为8期，每期试吃团人数为30人。评选内容分为“2018吃货喜爱夜市”“人气档口”“一夜市一名品”三项。试吃团分别走入海口金盘夜市、海垦花园夜市、泰龙城琼台小吃街、骑楼小吃街、欢乐海岸、海大南门夜市、潮立方美食街、福地美食街8家参选夜市进行考察评分，每期的最终打分综合网友投票结果，评选出一家2018年海口“吃货”最喜爱的夜市及每个夜市的爆款网红美食。最终得分权重为网络投票占40%，评审团占60%。2018海口夜市人气档口则100%由网友投票选出。9月30日晚，海垦花园夜市线下试吃活动成功举办，至此为期两个多月的2018“舌尖上的夜海口”系列评选活动收官。海口八大夜市中最受欢迎的美食、最具人气的档口、最受吃货喜爱的夜市均决出名

海口金盘夜市灯火辉煌。摄于 2018 年　　（石中华 摄）

海垦花园夜市。摄于 2018 年 8 月 22 日　　（石中华 摄）

海大南门夜市人头攒动。摄于 2018 年　　（石中华 摄）

琼台福地美食街。摄于 2018 年　　（石中华 摄）

次。“最受吃货喜爱的夜市”评选中，金盘夜市获 2018“舌尖上的夜海口”吃货喜爱的夜市第一名，邝家清补凉等档口成为所在夜市最具人气档口，大肠包小肠等特色小吃成为所在夜市最受欢迎的美食。

【金盘夜市】位于海口市龙华区金盘路，2017 年 7 月 15 日试营业，总面积 12350 平方米，铺面摊位 300 多个。其借鉴台湾夜市的成功经验，对档口进行统一设计，升级亮化工程，每个摊位和商铺都有统一的装潢风格，改造后夜市主要分为小百货区、服装区、儿童游乐区和餐饮区 4 个区域，主要经营全国各地特色小吃、晚餐、夜宵、儿童娱乐等，另外还新建配套停车场，极大地缓解周边停车难的问题，方便周边群众的生活需求。

【海垦花园夜市】位于海口市南海大道和海垦路交叉口处，2018 年 6 月 4 日开业。占地 17952 平方米，提供大小摊位 200 余个，可容纳 3000 人同时就餐。以民族特色菜肴为主体，集全国各民族饮食特色于一体。

【海大南门夜市】位于海口市美兰区海甸三西路，系原海大南门夜市整体升级改造项目，是海口首个试行限时封闭市政道路用于夜市经营的项目。2018 年 1 月 31 日试运营，共设置特产百货摊点 97 个、特色小吃摊点 125 个，解决 632 个低收入人员就业问题。

【琼台福地美食街】位于海口市琼山区忠介路 86 号（原培龙后街），2017 年 4 月 29 日开业。全长 252 米，占地面积 3561 平方米，是一条以琼山古建筑传统文化特色为主的特色美食街。分为 A、B、C 区域，其中 A 区分布 36 辆摊车，主要以琼山区本地特色美食为主；B 区为店铺，经营岛外知名小吃；C 区为文艺表演区，不定期举办琼剧等民俗演出。

（杜惠珍）

（编辑：杜惠珍）

# 中国共产党海口市委员会

## 市委综述

【市委工作概况】2018年，中共海口市委坚持以习近平新时代中国特色社会主义思想为指导，深入学习贯彻习近平总书记“4·13”重要讲话和中央12号文件精神，团结带领全市各级党组织和广大党员干部群众，锐意进取、埋头苦干，扎实抓好稳增长、促改革、调结构、惠民生、防风险工作，夺取“抗雾保运”的决定性胜利，推动海南自由贸易试验区以江东新区为先导开局起步建设。海口市成功摘取“国际湿地城市”金字招牌，营商环境基础设施在中央广播电视总台发布的《中国城市营商环境报告2018》中位列全国第二，新时代文明实践中心试点得到中宣部高度肯定，“12345”市政服务热线在全国城市（除直辖市外）服务质量排行榜中位列第一。全面从严治党向纵深推进，风清气正的政治生态不断巩固。

【民主政治建设】2018年，中共海口市委支持人大及其常委会依法履行职责，出台《海口市生活垃圾分类管理办法》《海口市电梯安全管理若干规定》等法规3件，修改《海口市城市环境卫生管理办法》《海口市历史文化名城保护条例》等法规4件，废止《海口市海域使用管理规定》《海口市机动车排气污染防治办法》等法规3件。支持政协履行政治协商、民主监督、参政议政职能，市政协开展的邮轮轮渡一体化发展、国际购物旅游消费中心建设、优化营商环境等课题调研和水体治理、湿地保护、秸秆禁烧及综合利用、菜篮子、夜市改造、职业教育等专题视察，为市委决策提供有益参考。巩固和发展爱国统一战线，出台《2018—2021年培养选拔党外干部工作规划》，推动海口欧美同学会、海口党外知识分子联谊会筹备工作，帮助港资台资企业解决一批实际难题。严格依法管理宗教事务，加强和改进工会、共青团、妇联等群团工作。支持国防和军队现代化建设，开展“海口舰回家”等双拥共建活动，推进完成消防、边防、警卫等部队改制任务，军民融合深度发展，为建设国家重大战略服务保障区打牢基础。

【从严治党】市委常委会自身建设　2018年，中共海口市委严肃党内政治生活，召开巡视整改、贯彻落实中央八项规定精神等民主生活会3次，深入开展批评和自我批评。认真贯彻民主集中制，召开57次市委常委会（扩大）会议，讨论、研究、审议事关海口发展全局的重大问题。坚持党委（党组）书记抓党建工作述职评议制度。

基层党建工作　贯彻党支部工作条例，持续推进基层党支部标准化规范化建设，推动城市基层党建创新发展，完成25个农村软弱涣散基层党组织整顿转化。深入贯彻激励干部干事创业担当有为的实施意见，设立党内关怀帮扶专项资金，从农村（社区）“两委”干部中定向招录26名事业编工作人员，面向全国公开招录43名镇街党建指导员。抓好党员教育阵地建设，打造新时代党性教育示范基地5个、新时代党员教育实践基地10个。打造“我是共产党员”专题栏目，《一个人的守望》获得第十四届全国党员教育电视片观摩交流活动一等奖和十佳摄影作品奖。

干部队伍建设　坚持新时期好干部标准，科学规范选人用人，共选拔任用市管干部201人次，其中提拔重用80人次。加强干部日常监督管理，开展提醒谈话664人次、函询11人次、诫勉60人次。坚持引进和培育并重抓好人才建设，办好第三批赴新加坡培训班，选派21名优秀干部、百名科级干部到上海、广东等地及区镇一线挂职锻炼，面向全国公开引进（选调、招聘）5名党政机关及市属事业单位高层次人才。

从严推进正风反腐　坚决扛起巡视整改主体责任，不折不扣地抓好中央和省委巡视反馈问题的整改。严格执行中央八项规定及其实施细则，用好监督执纪“四种形态”，全年共查处违反中央八项规定精神问题131件224人，比上年增长89.9%、36.6%；

通报曝光各类作风问题典型案例40批158起321人次。保持惩治腐败高压态势，全年立案数、结案数、移送司法机关人数分别上升15.6%、5.3%、471.4%；追回5名在逃人员。持续深化国家监察体制改革，启动3轮巡察，对38个党组织实行延伸巡察。坚决整治群众身边的腐败和作风问题，全年共立案查处扶贫领域腐败和作风问题44件49人、党员和公职人员涉黑涉恶腐败和"保护伞"问题11件11人、中央环保督察问题5件30人。

【市委十三届六次至八次全会】2018年，海口市委常委会在海口市第二行政办公区综合楼召开中共海口市第十三届委员会第六次至第八次全体会议。

第六次全会　1月8日召开。会议应到231人，实到213人，其中市委委员应到44人，实到36人。全会期间套开市委经济工作会议。会议听取市委常委会工作报告，充分肯定一年来市委常委会的工作，强调新时代蕴含新机遇和面临的突出问题及薄弱环节，进一步明确2018年市委工作的总体要求和重点工作，要求全市各级党组织和党员干部要牢记习近平总书记新年贺词中"幸福都是奋斗出来的"鞭策，深入贯彻党的十九大精神，不忘初心、牢记使命，发扬敢闯敢试、敢为人先、埋头苦干的特区精神，一步一个脚印，踏踏实实干好工作，加快建设国际化滨江滨海花园城市，坚决扛起建设美好新海南的省会城市责任担当，以优异成绩迎接中国改革开放40周年和海南建省办经济特区30周年。

第七次全会　6月1日召开。会议应到239人，实到214人，其中市委委员应到45人，实到33人。全会书面传达中共海南省委七届四次全会精神，审议通过中共海口市委关于深入学习贯彻《中共海南省委关于深入学习贯彻习近平总书记在庆祝海南建省办经济特区30周年大会上的重要讲话精神和〈中共中央国务院关于支持海南全面深化改革开放的指导意见〉的决定》的实施意见和《中共海口市委关于贯彻落实〈百万人才进海南行动计划（2018—2025年）〉的实施意见》。

第八次全会　9月29日召开。会议应到239人，实到217人，其中市委委员应到44人，实到35人。全会审议通过《海口市打赢脱贫攻坚战三年行动计划实施方案》和《中共海口市委、海口市人民政府关于支持实施乡村振兴战略若干政策措施》。

【实施乡村振兴战略】2018年9月29日，中共海口市第十三届委员会第八次全体会议审议通过《中共海口市委、海口市人民政府关于支持实施乡村振兴战略若干政策措施》，通过实实在在的举措，贯彻落实党的十九大关于实施乡村振兴战略的重大决策部署，推动海口农业全面升级、农村全面进步、农民全面发展。主要举措有：转变财政扶持方式、统筹利用农村用地、支持村级集体经济发展、支持农村产权要素流转、支持现代农业发展、支持休闲农业和乡村旅游、支持农村电商、发挥国企引领作用、完善基础设施建设、创新金融支持模式、落实税费减免政策等。

【支持民营经济发展】2018年，中共海口市委贯彻落实好中央和省委、省政府的决策部署，为民营企业营造一流的营商环境，支持民营经济发展。召开海口市民营企业座谈会，市四套班子领导、各职能部门主要负责人与来自海口市十二大重点产业的126家民营企业代表出席会议。会议要求，要进一步打造优良法制环境，切实保护民营企业的合法权益，坚决打击任何侵犯民营企业产权的行为，要让民营企业家像享受新鲜空气一样享受良好营商环境，让企业家安心、放心创业办事，令有恒产者有恒心。会议强调，要结合实际，以民营企业的需求为导向精准出台政策措施，完善激励机制，助力民营经济转型升级，并鼓励民营企业大胆创新，帮助民营企业打好品牌战略。市发改委成立服务民营经济办公室，对接服务民营企业发展的工作，具体负责受理民营企业合法诉求，协调全市各涉企职能部门，建立服务民营经济联席会议制度。

【综合协调服务】2018年，海口市委办公厅撰写出台《市委常委会2018年工作要点》、中共海口市委关于深入学习贯彻《中共海南省委关于深入学习贯彻习近平总书记在庆祝海南建省办经济特区30周年大会上的重要讲话精神和〈中共中央国务院关于支持海南全面深化改革开放的指导意见〉的决定》的实施意见等政策文件；起草各类重要讲话稿、主要活动致辞、全市工作汇报、市委常委会专题会议纪要等重要文稿近300篇，在《海南日报》发表署名文章2篇；全年共向中办报送信息177条、被采用16条，向省办报送信息444条、被采用200条，信息采用量稳居全省各市（县）之首，省市领导在报送的重要信息刊出刊物上批示10件次，刊出《海口要情》59期。完成市委十三届六次、七次、八次全会的文件核校、印制、分发、签到等工作，全年核发正式文件665件。办理流转文件2897件，其中中央文件182件，省级文件564件，市级文件1178件，市委领导批示件973件。严格管理涉密文件，共安全复印资料18万余张、速印13万余张，收发信件1486件、杂志880本、报纸6.4万份。对2017年度的文件进行归档立册，完成1007件文件的立卷归档工作。向省办报备党内规范性文件65件，各区委、各部门党内规范性文件报备4件。统筹组织的市委常委会54次、书记办公会及书记专题会67次，主办全市大型会议9次、协办12次，安排会见活动48次，协助其他单位召开各种会议、活动70余次。

【督查工作】2018年，海口市委办公厅对学习贯彻十九大、省第七次党代会及历次全会精神、习近平总书记“4·13”重要讲话和中央12号文件任务、巡视整改任务细化清单、省市2018年工作要点、重点改革工作要点进行责任分解，开展专项督查，专题反馈。共编发《海口督查专报》28期，办理省、市领导批示件226件，其中省领导批示件37件，办结32件，市领导批示件189件，办结165件。组织对百日大招商、服务民企情况、自贸区（港）建设重点项目、信访突出问题和中央、省委巡视交办信访件、水体治理、城市更新、严肃打击非法采砂等市委关注和群众关心的问题开展督查调研和回访督查，并形成相关问题调研报告，为市委部署提供重要参考。针对博鳌年会期间安全生产、节庆活动安保、永秀花园信访涉稳、金盘实验学校新生家长上访、新时代文明实践中心试点、市民游客中心建设等问题开展联合督查，提升督查成效。

【保密机要】2018年，海口市委办公厅贯彻省委加强保密工作意见，推进海口市保密工作机构改革，升格保密局为正处级机构，下设专业处室和服务机构。出台《2018年保密工作要点》，大力推进涉密领域国产化替代工作、非涉密计算机监管平台建设，不断提升保密技术监管和装备水平。开展保密自查自评自纠“回头看”、抽查检查、现场督查等工作，覆盖全市机关单位计算机6120余台、移动存储介质165个、互联网邮箱158个，保密规范化管理更上一台阶。加强保密知识宣传，组织征订保密刊物读本，在学校、车流量与人流量比较大的公路路口利用横幅、电子设备显示屏进行宣传。加大保密教育培训，依托外省大学师资资源，组织保密干部3期约240余人次前往国家保密学院进行业务培训；派员对15家市直机关单位进行专业指导授课，近千人次参加。加大对涉密重要场所的巡查监管、重点设施的清理整治、重大项目的密级确认审核工作，以保密工作促稳定发展。依法开展失泄密案件查处，强化保密资质管理，进一步加强保密安全工作防范。严格落实机要密码规范化建设和责任书签订工作，不断提升应急密码通信和随行密码通信服务保障能力，高效完成党和国家秘密任务传递，实现机要通信服务“零压误、零差错、零事故”。

（林道文）

（编辑：杜惠珍）

## 组织工作

【组织工作概况】2018年，海口市各级组织部门围绕全市改革发展大局，落实全面从严治党政治责任，开展干部工作、党建工作、人才工作，加强组织部门自身建设，为切实扛起建设海南自由贸易试验区和中国特色自由贸易港省会城市担当提供坚强的组织保证和人才支撑。全市共有基层党组织3745个，其中党委160个，党总支189个，党支部3396个。全年共有党员79519名，其中新发展党员1319名。

【农村基层党建】2018年，海口市强化村党组织领导核心地位，落实习近平总书记关于“加强基层组织建设是铲除黑恶势力滋生土壤的治本之策、关键之举”指示精神，聚焦建强党的基层组织，把抓党建促脱贫攻坚作为组织路线服务政治路线的具体行动，把扫黑除恶与抓软弱涣散基层党组织整顿结合起来，与优化提升村党组织带头人队伍结合起来，与发展党员工作结合起来，与整治“村霸”结合起来，着力解决一些基层政权被干扰侵蚀问题，净化修复农村基层政治生态。选派90名第一书记充实到脱贫攻坚一线，建立19所电视夜校分校、165个村教学点，配备398名夜校教学点管理员，对530名各级战斗队员进行有效监督管理，培训扶贫干部15790人次。把政治标准放在首位，特别是把加强农村党员队伍建设和脱贫攻坚、乡村振兴工作有机结合起来，“一村一策”发展农村党员405名。成立4个巡查考核工作小组，对全市村“两委”班子及成员、驻村第一书记、驻村工作队员，市打赢脱贫攻坚作战体系的大队长、副大队长、中队长和帮扶责任人开展巡查考核，加强结果运用，优化调整和新选派25名第一书记，调整优化村党组织书记8名，调整优化村“两委”干部18名，调整新选派驻村工作队员44名。全年提拔、重用在脱贫攻坚中实绩突出的干部138人。

【城市基层党建】2018年，海口市委组织部强化党组织统筹协调功能，突出城市基层党建系统建设和整体建设，积极探索调整优化街道机构设置，逐步构建区域统筹、共建共享、互联互通的城市基层治理格局。在市民游客中心成立市级党建服务中心和联合党委，在复兴城成立园区党委，在府城、凤翔、国兴街道试行辖区驻点单位领导干部兼任街道大工委委员，推动传统社区党建与驻区单位、新兴领域党建融合互通。联合海口广播电视台、海口日报社推出专题栏目“海口市党群活动中心巡礼”，充分展示和发挥党群活动中心作用，打造龙华区国贸大院党群活动中心、海口国家高新区红色基因教育馆等一批党建阵地品牌。在市级层面调整成立党员教育中心，在4个区设立党建服务中心，在全市22个镇、21个街道分别设立党建工作站，在社区、物业小区、开发园区设立462个党群活动中心；加强社区工作者队伍建设，下沉43个事业编制到22个镇、21个街道，公开招聘43名党建工作指导员，选聘22名社区“两委”干部作为事业编制干部，探索畅通社区工作者成长进步的渠道。全面推进江东新区党的建设，把党建工作与江东新区建设同步谋划、同步部署、同步推进，召开三级书记大会、三级干部动员大会，在重点项目一线、征地拆迁一线成立11个临时党支部。加强党员先锋队、党员突击队、党员志愿队建设。建立基层党建协调推进工作会议制度，建立党员领导干部联系点制度，覆盖江东新区内143个党支部。

【“两新”组织党建】2018年，海口市委组织部强化市委“两新”组织工委统筹协调作用，先后出台《关于加强全市非公有制经济组织和社会组织党组织管理体制机制建设的意见（试行）》《海口市2018年两新组织党建工作重点任务清单》等制度，以制度规范两新组织党建工作健康有序推进。优化基层党组织设置，按行业按领域，成立市社会组织党委、小个专党委、总商会联合党委、市律师行业党委4个综合（行业）党委；成立市商务系统、市人社系统、市旅游系统等19个行业联合党支部；集中推进“两个覆盖”工作，非公企业党的组织覆盖率80.1%、社会组织党的组织覆盖率90.2%。市区财政安排拨付“两新”组织党建经费816.2万元，“两新”组织党费返还215.49万元。排查出具备开展党建工作的企业4317家，社会组织1246家。选派1933名优秀党员干部定期到非公企业和社会组织开展党建工作指导。先后开展“两新”组织党组织书记、党务工作人员、普通党员培训班62期，培训党员1576人次、党建工作指导员628人次。大力选树先进典型，海口市李栓元等4名优秀共产党员、陈有为等4名党务工作者和海口冯塘绿园党支部等5个先进基层党组织分别荣获海南省“两新”组织优秀共产党员、优秀党务工作者和先进基层党组织称号；“我是共产党员”栏目先后报道优秀党员李栓元、“海口雷锋”刘育峰、制药“工匠”刘文民、党员先锋李静等一批“两新”组织优秀党员的先进事迹。举办26期“两新”组织入党积极分子培训班，培训入党积极分子464人，发动“两新”组织448名入党积极分子递交入党申请书，共有130名入党积极分子被确定为入党发展对象。

【企业党建】2018年，海口市委组织部强化企业党组织的领导核心和政治核心作用，开展专题学习讨论28次。组织开展民主生活会和组织生活会590多场，专题培训党务干部4期220人，开展“千堂党课进基层”93次，整治软弱涣散组织1个，收缴党费127万元，新发展党员86名。树先进典型19个，选送反映张黑弟同志先进事迹的专题片《一个人的守望》荣获第十四届全国党员教育电视片观摩交流活动一等奖。举办首届人力资本高峰论坛和首届国企专场招聘会，公开招聘近百个岗位；“聚四方之才”赴京招聘会意向签约80人。聚焦国企党建弱化、淡化、虚化、边缘化问题，成立海口市国资系统巡视整改工作领导小组，主动对标巡视反馈问题35个，制定整改清单，先后召开相关会议39次，扎实推进问题整改，整改销号率100%。聚焦党建工作重点任务，分解落实任务清单62项，建立规范运行制度160项。贯彻落实《关于在深化国有企业改革中坚持党的领导加强党的建设的实施意见》，明确要求市属企业把党组织研究讨论作为董事会、经理层决策重大问题的前置程序，规范党委参与重大问题决策的主要内容、具体程序、运行规则。15家市属国有企业（不含正在推进企业化的三江农场）均按要求将党建工作总体要求纳入国有企业章程，全部实现“双向进入、交叉任职”的企业领导体制；16家设立董事会企业的111名班子成员中，配有党委委员68名，占61.3%，党委参与决策形成制度化，有效保障党组织在企业改革发展中发挥领导核心和政治核心作用。市统发公司党组织创新“党建+产业基地”扶贫模式，在荒山乱石中建成13.33公顷市场前景良好的石斛种植基地。

【党建工作巡视整改】2018年，海口市委组织部把全市各级党组织学习贯彻党的十九大精神情况，特别是省委巡视反馈问题整改情况列为各级党建巡查和2018年全市各级党组织书记抓党建述职评议的主要内容。对市教育局、市市政市容委、市水务局、市统筹城乡发展有限公司、市燃气集团、市政工程维修公司、市公交集团等单位负责人集中约谈，层层传导压力，层层压实责任。派出6个党建巡回检查组，对4个区委、7个市直党工委组织学习贯彻等落实党建重点任务情况进行巡查，进一步推动整改工作落实。7—8月，要求各级党委（党组）、党支部以“贯彻落实中央八项规定精神，加大省委巡视反馈问题的整改工作”为主题分别召开专题民主生活会、组织生活会。全市各级党委（党组）共组织专题学习201次，参加学习1970人次；召开座谈会145场次，征求意见2474条，开展谈心谈话2082人次，制定整改措施1180条；因接受组织约谈函询，受到诫勉谈话等问责处理在专题民主生活会上作详细说明的28人，因违反中央八项规定精神问题被纪检监察机关给予党纪处分、政纪处分在专题民主生活会上作自我检讨、检查的12人。

【干部教育培训】（1）统筹全局开展教育培训。2018年，海口市委组织部坚持围绕深入学习贯彻习近平总书记“4·13”重要讲话和中央12号文件精神，教育引导干部勇当先锋、做好表率，为海南自由贸易试验区和中国特色自由贸易港建设注入新动能。全年举办各类培训442期次，其中专题培训班56期次，各类专题报告、讲座、学习会386场次；先后有32755人次参加各级各类培训。(2) 加强党性教育培训。举办6期市管干部学习贯彻党的十九大精神专题轮训班，对全市960名市管干部开展专题轮训，举办海口市新任党委（党组）书记专题培训班，选调2016年以来各单位新任的58名党委（党组）书记参加培训。联合市直机关工委举办“勇当先锋、做好表率”党性教育示范班，组织各区委、市直各党（工）委以及部分市直单位机关党委书记或者专职副书记共50人赴延安梁家河干部培训学院参加培训。(3) “走出去，请进来”提升干部培训质量。持续做好出国（境）培训工作，举办2018年“城市更新与城市治理”赴新加坡专题培训班，选派24名干部赴新加坡开展城市更新、城市治理、自贸区自贸港建设专题培训；选派50名干部赴上海交通大学开展自贸区建设暨现代服务业发展专题培训；组织15名与社区建设和治理密切相关岗位的干部赴台湾学习。先后邀请国内知名专家学者为全市市管干部作3场专题讲座，系统解读习近平总书记“4·13”重要讲话和中央12号文件精神以及国内外自贸区建设的先进经验做法。(4) 组织业余学习提升能力。举办“海口市干部周末实用英语培训班”，选调各区、市直各单位50名干部利用周末时间，围绕自贸区（港）建设中涉外商务、旅游等业务工作，开展省情市情、实用商务英语、公务互动等英语专题学习。运用省政府电视电话会议系统，组织市四套班子成员、各区、市直各单位主要负责人参加省委组织部举办的“深入学习中央12号文件配套方案政策”专题周末学习系列讲座（海口分会场）学习，提高领导干部懂政策、用政策的能力和水平。

【干部日常管理监督】2018年，海口市委组织部综合运用干部考察考核、巡察、选人用人检查、“一报告两评议”、离任检查、“带病提拔”倒查、个人有关事项报告抽查核实、经济责任审计、12345热线督办、信访举报等各项监督成果，严格落实提醒、函询和诫勉规定，全年全市党委（党组）组织人事部门开展提醒谈话664人次，函询11人次，诫勉60人次。组织深入学习《领导干部报告个人有关事项规定》《领导干部个人有关事项报告查核结果处理办法》，通过开展专题培训班等多种方式，指导全市领导干部完整准确填报；及时将65名省管干部相关报告材料转交省委组织部，组织人员对全市921名处级干部报告的信息录入领导干部报告个人有关事项信息管理系统，严格按照10%的比例确定95名对象开展随机抽查，根据工作需要对186名对象进行重点查核，根据结果对16名不如实报告的领导干部从严处理。畅通“12380”举报渠道，全年收到来信来电来访和网络举报29件，办结率100%；加大公示期间举报查核力度，全年收到公示期间信访举报6件，经查核，不影响任职5人，暂缓提拔任职1人。结合省委第一巡视组、审计署、领导干部个人有关事项报告查核等反馈情况，在全市范围内深入开展领导干部在企业或社会团体兼职（任职）自查工作，重点对全市领导干部（含退休、辞职干部）未经审批在企业、社会团体兼职（任职）行为进行清理规范，向41家单位发函要求对存在领导干部在企业兼职（任职）不规范问题或未进行备案的142名处（科）级干部进行清理整改或补齐备案手续。

【干部选拔任用】2018年，海口市委组织部健全干部工作制度，推动出台《中国共产党海口市委员会全体会议任用重要干部投票表决办法》和《中国共产党海口市委员会常务委员会任免干部投票表决办法》。全年共提请市委常委审议干部议题27次，选拔任用市管干部201人次（含女干部26人、党外干部8人、少数民族干部3人），其中提拔重用80人次、平级调整113人次、正团职军转干部安置8人次。严把程序关口，对选拔重用人选全部听取纪检监察机关意见并在媒体或单位系统内进行任前公示，有效防止“带病提拔，带病上岗”。落实军转干部安置工作，协调市委政法委等6家单位11个职位，安置团职军转干部。注重在基层一线培养锻炼年轻干部，从银行、双管单位、国有企业选派20名大专以上学历、40岁以下的优秀年轻干部到江东片区进行挂职锻炼，为江东片区开发做好服务保障工作。开展与经济发达地区互派干部挂职锻炼，选派2名干部到华东建筑集团挂职锻炼、9名干部到上海临港集团挂职锻炼。与湛江市委组织部签订《互派干部挂职锻炼合作框架协定》，2018—2022年，双方不定批次互派干部挂职锻炼，每批干部挂职时间为半年至一年，11月双方互派10名干部进行挂职锻炼。继续抓好百名市直机关科级干部挂职锻炼管理工作，将服务群众、攻坚克难、推动发展的一线实践作为识别干部、锻炼干部、检验干部的人才库、大考场、主阵地。充分发挥干部考核“指挥棒”的作用，成立2017年度考核工作组，针对干部在生态环境保护、重点项目建设、精准扶贫、“河长制”、12345热线、安全生产等市委、市政府重点工作以及应对重大突发事件中的表现情况进行考核，将考核评价结果作为干部选拔任用、交流调整的重要依据。全年在基层一线提拔（重用）干部27名，因扶贫工作表现优秀获得提拔的市管干部39名，4个区获得提拔（重用）干部16名。

【干部选拔任用工作监督】2018年，海口市委组织部重新编印《海口市科级干部选拔任用工作指南》，在全市58名新任党委（党组）书记培训班上开展干部选拔任用工作业务培训，通过运行完善科级干部选拔任用工作纪实监督系统，对3家单位的科级竞岗工作方案进行审核批复，对52批次的科级干部个别提拔任用工作进行审核指导，通过系统进行任职审核303人，通过“平职交流”模块将各区、市直各单位现有科级干部人员信息录入系统。进一步巩固超职数配备干部问题等专项整治成果，结合2017年度考核在各区、市直各单位组织实施年度“一报告两评议”工作，批复同意科级干部选拔任用工作和事前备案等事项16批24人，切实开展党委（党组）书记离任检查，对12名离任的党委（党组、工委）书记任职期间履行干部选拔任用工作职责的情况进行检查，对5家市直属企业中层管理人员选拔任用工作开展专项检查。十三届市委第五轮巡察期间，同步对11家巡察单位领导干部担当作为情况，以及2014年1月中央颁布新修订的《党政领导干部选拔任用工作条例》以来的选人用人工作情况开展选人用人工作专项检查。检查后责成其中8家单位党委（党组）作出书面检查，提醒约谈单位组织人事工作分管领导及业务处室相关负责人；提醒约谈2家单位组织人事工作业务处室相关负责人；由市国资委加大对1家国有企业选人用人工作指导和监督力度。12月，结合十三届市委第六轮巡察，派出专项检查组对9家有选人用人权的巡察单位开展选人用人工作专项检查。按照省委组织部《关于对2017年度“带病提拔”干部选拔任用过程进行集中倒查的通知》要求，确定科级干部倒查对象4名，在所在单位作出自查基础上进行复查和审理，针对存在问题责成市民政局党组作出书面检查，集体约谈4家单位负责组织人事工作相关领导，要求单位党委（党组）加大干部选拔任用工作政策法规的学习培训力度，不断规范选人用人行为。

【市管干部档案管理】2018年，海口市委组织部向中央巡视组报送市管干部档案53卷；向省委组织部考察组报送市管干部档案18卷；向省委组织部信息办移交省管干部档案6卷；转出市管干部人事档案12卷，接收市管干部档案69卷（其中2017年正团职军转干部人事档案9卷），并对转递档案进行整理、改版、审核。收集归档《干部任免审批表》《公务员登记表》《工资审批表》等相关档案材料850份，办理市管干部档案查借阅899人次。通过市保密局专家测评，取得海口市委组织部大组工网“涉及国家秘密的信息系统使用许可证”。在全省率先出台《海口市干部人事档案管理人员若干工作规则（试行）》，为进一步提高干部人事档案管理工作科学化、规范化水平提供制度保障。为加强海口市干部档案工作队伍建设，提高专业化水平，编印《海口市干部人事档案文件资料选编》。举办两场干部人事档案工作培训班和公务员信息库更新录入暨干部统计培训班，共培训350人次。准确把握公务员来源与去向，完成2017年度公务员统计数据汇总与校核工作。

【党员队伍建设】2018年，海口市委组织部严格执行《中国共产党发展党员工作细则》，突出政治标准，制定《发展党员政治上不合格清单》，对照政治上四种不合格情形，进一步细化发展党员标准中政治上不合格的具体表现。召开全市发展党员工作座谈会、海口市“勇当先锋、做好表率”基层党务工作者培训班，印发《海口市发展党员工作座谈会材料汇编》《海口市“勇当先锋、做好表率”基层党务工作者培训班材料汇编》，对全市2018年发展党员工作进行部署安排，对基层党务工作者进行发展党员业务培训。印发《2018年发展党员指导性计划》《关于调整2018年度发展党员指标的通知》，加强对发展党员工作的指导。给每个支部发放《中国共产党发展党员工作流程图》，指导基层党组织按程序发展党员。大

坚守海口三江湾大坝40年的共产党员张黑弟。摄于2018年5月（市三江农场 供）

力优化党员队伍结构，加大从产业工人、青年农民、高知识群体等重点群体和非公有制经济组织、社会组织等薄弱领域发展党员力度。全年共发展党员1319名，其中女党员511名，占38.74%；35岁以下党员702名，占53.22%；大专以上学历党员884名，占67.02%。出台《海口市党内关怀帮扶专项资金管理办法》，建立党内关怀帮扶激励机制，向248名困难党员发放党内关怀帮扶资金74.6万元，拨付党费442.4万元慰问生活困难党员、老党员、脱贫攻坚一线党员干部4424人次，“七一”表彰先进基层党组织50个、优秀共产党员100名、优秀党务工作者50名。

【《我是共产党员》专栏】至2018年底，《我是共产党员》累计制作播出143期，累计推出143位基层一线党员代表，以“身边人、身边事”教育激励广大党员干部学先进、树形象、聚合力。栏目荣获第十一届“纪录中国”创优评析专栏三等奖，共有70期专题片入选中组部党员远程教育网。专题片《一个人的守望》获得第十四届全国党员教育电视片观摩交流活动一等奖、十佳摄影及第二十八届海南新闻奖一等奖。

【组织工作调研】2018年8月25—31日，海口市委组织部派员深入美兰区演丰镇、灵山镇的6个基层党组织、3个重点项目、1个打违控违现场，详细了解江东新区党的建设基本情况、党的基层组织发挥作用情况和党员示范带动情况，参与起草《关于在开展“勇当先锋、做好表率”专题活动中全面加强江东新区党建工作的课题调研报告》。向上级组织部门报送高质量的课题调研报告，其中《新形势下加强和改进干部挂职锻炼工作问题研究》《关于建立健全干部正向激励机制的研究与思考》分获2017年度全省组织工作调研成果一等奖和二等奖。向《海南党建》、南海先锋（网站、微信）、市委办公厅报送文稿、信息近180篇，其中南海先锋（网站、微信）采用110篇。《选派有规管理有效上下有据——关于干部挂职锻炼“选管用”的思考和建议》《撸起袖子抓党建 凝聚合力拔穷根——海口市驻村第一书记助力脱贫攻坚》分别被2018年《海南党建》杂志第1期和第4期收录刊登。

【组织工作宣传】2018年，海口市委组织部创办季刊《组工参考》。以文本的形式向市四套班子报送组织工作重点热点及海口市组织工作最新动态，为领导决策提供参考。进一步扩大海口党建网站和海口党建微信公众号的宣传阵地。及时对网站进行信息更新，对重点工作进行集中报道，强化舆论引导，通过海口党建网站发布各类信息近700条；通过海口党建微信公众号发布各类信息534条。累计关注海口党建微信公众号用户29941个。配合部党员教育中心对《我是共产党员》《党群活动中心巡礼》栏目进行宣传。在海口党建网上设立《我是共产党员》《党群活动中心巡礼》专栏，将相关视频和信息对外发布。

（台德超）

（编辑：王美芳）

# 宣传工作

【宣传工作概况】2018年，海口市委宣传部坚持以习近平新时代中国特色社会主义思想为指导，深入推进理论武装工作，严格落实意识形态工作责任制，印发《海口市意识形态工作联席会议制度》，推动意识形态责任制落实落地；守正创新，坚持正确舆论导向，为推进海口经济社会全面发展营造良好氛围；加大对外宣传力度，传递海口声音，展现海口形象；以建设新时代文明实践中心和社会文明大行动为抓手，全力推进文明创建工作；深化文化体制改革，促进海口文化产业融合发展和繁荣；开展群众性文化和重大活动，丰富市民文化生活；大力建设海口公共文化服务设施，推进海口文化惠民工程。推荐的市委讲师团成员洪义乾的宣讲报告《传递新时代思想 打造乡村振兴“样板村”》，被中宣部及省委宣传部表彰为“优秀理论宣讲报告”；党的十九大代表、海口市公安局琼山分局便衣警察大队（飞鹰大队）大队长冯晖，被省委宣传部表彰为“基层理论宣讲先进个人”。年内，海口市在全省社会文明大行动评比中，综合得分排名第一名；卢黄铮等32名同志获得“海口好人”称号，李蔓荣登“中国好人榜”，灵山中学王小虎同学获得第一批“十大全国新时代好少年”称号；报送网络春晚《久久不见久久见》《彩环舞》《斗牛调》3个节目均获得2018全国社区网络春晚“入围节目奖”，海口市文明办获得2018全国社区网络春晚“最佳组织奖”；海口琼山区和美兰区入选中央首批新时代文明实践中心试点单位；推荐的海口2家单位和1名人物入选海南省第四批“学雷锋活动示范点”和“岗位学雷锋标兵”列行；由市委宣传部牵头的调研成果《海口湿地保护的探索与实践》成为海南省唯一入选中宣部“百城百县百企”调研活动课题，并收录在《改革开放与中国城市发展（下卷）》，在新闻联播等中央主流媒体上宣传报道。

【理论宣传】2018年，海口市委理论学习中心组围绕11个专题开展集中学习，召开市委理论学习中心组（扩大）学习报告会6次。在市委理论学习中心组的示范带动下，全市各级党委（党组）理论学习中心组累计开展学习活动超过1000场次。严格落实意识形态工作责任制，印发《海口市意识形态工作联席会议制度》，开展专项督查，督促意识形态责任制落实落地。邀请中国城市规划设计研究院院长杨保军，全国政协常委、民建中央副主席、上海市政协副主席周汉民等国内知名专家学者为市委理论学习中心组作5场专题辅导报告；编发18.5万册《贯彻落实习近平总书记“4·13”重要讲话和中央12号文件精神学习读本》（口袋书）；编制《海口市党委（党组）理论学习中心组“两学一做”学习教育参考资料》（学习光盘）13期、3250套，实现学习资料基层党组织全覆盖、全体党员全覆盖。按照中央、省委和市委要求开展宣讲活动6067场次，受众人数70万人次；组织撰写的调研报告《海口湿地保护的探索与实践》，成为海南省唯一入选中宣部“百城百县百企”调研活动的课题，宣讲报告《传递新时代思想 打造乡村振兴“样板村”》被中宣部及省委宣传部评为优秀理论宣讲报告。

【新闻宣传】2018年，海口市委宣传部围绕海南建省办经济特区30周年、生态文明建设、国际湿地城市、夜市经济、江东新区规划建设、城市更新“五化”先行、“12345+网格化”“勇当先锋、做好表率”专题活动、脱贫攻坚、海口舰回家等重要节点和重点工作，精心策划选题，发挥“举旗帜聚民心”作用。推出100多期专题专栏，全面报道脱贫攻坚情况，广泛宣传先进典型，将塑品牌与促脱贫相结合，利用省内外全媒体平台加大对海口火山荔枝的宣传推广力度，打响海口火山荔枝品牌。在推进城市更新工作中，开设专版专栏集中展示海口湿地入城、海口夜市建设、滨海大道透绿见蓝、市民游客中心投入使用、城市亮化夜景迷人等工作成果，让市民游客切实感受到海口的点滴变化和城市品位的提升。在宣传海口获评“国际湿地城市”方面，组建前后方联动报道团队，协调各级媒体广泛关注和大力宣传报道，大大提高海口的城市知名度和美誉度。

【典型人物宣传】2018年，海口市委宣传部组织中央、省市媒体以及网络媒体，报道《海口少年王小虎常年背送残疾同窗 入选全国新时代好少年》《海口灵山中学学生王小虎获评全国“新时代好少年”》《海口王小虎获评全国“新时代好少年”》等稿件。8月10日暴雨中，在坡巷路和南海大道交界路口，一位穿白色T恤的小伙为救落水老人，不幸掉入窨井，在大家的帮助下最后两人顺利得救。该条消息在微信朋友圈疯狂转发，市委宣传部及时核实消息的真实性，组织市属媒体进行深入报道，进一步还原事情的始终，报道《微信朋友圈疯传一男子为救人掉入窨井，真相是……》《救人的白衣小伙你在哪？海口小哥救人瞬间掉水井咋样了？记者找到其他救援人员 还原事发经过》等稿件。“十一”黄金周期间，一名环卫女工捡到10万元现金后及时上交派出所，受到央视《新闻直播间》等中央主流媒体栏目的点赞。与此同时，组织媒体，报道公交车司机刘筱杰、陈海东，市中级人民法院法官杨静等一批先进典型、好人好事。建立健全海口市好人好事宣传报道素材库，方便媒体宣传报道相关的典型事迹。

【社会宣传】2018年，海口市委宣传部坚持围绕中心、服务大局，加强社会宣传，营造浓厚氛围。圆满完成省“两会”、博鳌亚洲论坛2018年年会、建省办经济特区30周年、学习贯彻习近平总书记“4·13”重要讲话精神、2018年海口火山荔枝月、消费扶贫、2018“一带一路”媒体合作论坛、海南岛国际电影节公益广告宣传工作，累计发布灯杆道旗安装6238杆，全市大型LED宣传1000余面；天桥广告及建筑围挡12350多平方米；公交车站亭807块；出租车后置显示屏14733车次，公交车后置显示屏2992车次。在建省办经济特区30周年及海南岛欢乐节宣传期间，全市办公场所、沿街商铺、宾馆酒店、农贸市场、银行网点LED屏全部滚动播放相关宣传标语。组织拍摄社会核心价值观微电影《粉墨人生》《爱的感恩》《有故事的人》等6部；出版为海南建省办经济特区30周年献礼系列丛书《遇见海口最好时光：岛屿人生——海口30年，30人》《遇见海口最好时光：岛屿生活——10位行家的100种海口生活》；制作海口城市形象歌曲《我的海口》；举办“庆祝海南建省办经济特区30周年——三角梅下的美丽椰城摄影作品展”。元旦、春节期间，组织“我们的中国梦——文化进万家”活动122场。加强文化交流，成功举办“同一片海”琼州海峡经济带文艺晚会、中国金鸡百花电影节第三届国际微电影展映盛典、海南广电观众节、国际剧协70周年庆典暨海口首届国际戏剧周等活动。推动文化惠民，开展2018年海口市文化科技卫生“三下乡”活动。深入开展做新时代红色文艺轻骑兵——2018年海口市“我们的节日·端午”暨海南社会文明大行动文艺宣传活动，惠及群众7500人。指导市文体局深入开展“书香海口·全民阅读”系列活动，直接参与人群3万人次。推荐的海口新海港志愿服务站、海口旅游职业学校被命名为海南省第四批“学雷锋活动示范点”，海口市文联办公室沈音钊被命名为海南省第四批“岗位学雷锋标兵”。

【对外宣传】2018年，中央媒体对海口关注度大大增加，采访频次及发稿量显著提升，《人民日报》、新华社、中央电视台等中央驻琼主要媒体有关海口的重要宣传报道共500余篇（次），其中《人民日报》报道65篇；新华社报道117条（次）；中央电视台报道258条，其中“新闻联播”播出海口单条新闻19条，央视“焦点访谈”栏目还专题报道海口治水和湿地建设的经验。此外，《光明日报》《经济日报》、央广、《中国日报》《科技日报》、中新社和《海南日报》、海南广播电视总台对海口的中心工作，也进行大量正面的报道。开展对外传播，协调《俄罗斯报》刊文《海口推进夜市改造　唤醒城市“夜生活”》，被《参考消息》转载，协调海外310家主流媒体，以英语、俄语等八种外语在美洲地区和欧洲地区近20个国家，对欧洲城市代表团在海口实地考察活动进行大力推介，极大地提升海口国际影响力。设计制作画册《海口故事》、邮册《美好新海口》，开展“来为海口写一首歌”歌曲征集活动；举办“抖出海口最美时光”抖音挑战赛，受到市民和游客广泛关注，年内参赛视频播放量突破1.9亿次，今日头条APP同名话题阅读量突破2.5万，近万人参与讨论。坚持24小时监测网络舆情，及时将舆情化解在苗头阶段，在“抗雾保运”工作中，协调在《人民日报》、新华社、央视等主流媒体刊播正能量报道，协调各大主流媒体平台推出系列评论，其中《海口大堵车，滞留的不只是包容》一文在微信公号上线一小时阅读量即突破10万+，总阅读量超过3000万，迅速将海口史上最严重的堵车，疏导为舆论场上最暖心的服务。

【网络宣传】2018年，海口市委宣传部加大网络宣传报道力度。围绕海口市社会经济快速发展、生态文明建设、城市更新、精准扶贫、人才引进、社会文明大行动等市委、市政府中心工作及党和国家重大政治题材、重大节庆活动，通过网站专题报道、深度报道和发布帖子等形式，大力开展宣传报道。借力海口地区网络媒体，拓宽网络宣传阵地。利用人民网海南视窗、新华网海南频道、南海网、今日头条海南、新浪网海南、凤凰海南、天涯社区、凯迪网络等网络媒体都在海口的优势，进行深度合作，开展“‘中国网事·感动2017’年度网络感动人物颁奖典礼”“‘新时代·美好新海南’网络主题采访”“绿水青山就是金山银山——建省30周年海口‘国际湿地城市’融媒体行”等活动，宣传海口风土人情，讲好海口故事，提高海口知名度、美誉度和影响力。

【国防教育】2018年，海口市委宣传部印发《2018年海口市全民国防教育工作安排》，部署全年全市国防教育工作。组织开展征兵宣传工作，利用公交车站亭、户外大型LED广告屏发布征兵宣传广告，发放征兵宣传页8万份。在“九一八”事变纪念日、全民国防教育日等时期，发放国防知识手册6万余份，在车站、商场、建筑围挡等公共场所刊发国防教育公益广告、“时代楷模”海口舰公益广告，增强市民国防意识。樊继功、徐鸣江等知名专家学者到市直机关作《建设世界一流海军，助力民族伟大复兴》和《深入学习贯彻总体国家安全观　开拓新时代国家安全工作新局面》的专题辅导报告。利用民兵整组时机组织教员对民兵进行国防教育授课3次。通过海口舰“回家”双拥共建活动加强国防教育，海口舰停靠码头布满宣传旗帜、横幅、背景墙设置国防知识展板，共3万余人到秀英港登舰参观。

【舆论监督】2018年，海口市委宣传部指导海口日报社、海口广播电视台，通过开设专题专栏，设置曝光台等，开展舆论监督报道。海口广播电视台《椰城纠风热线》《热带播报》《直播12345》等舆论监督平台在力度、广度、深度上均比上年有较大提升。结合海口正在开展的社会文明大行动，《海口日报》、海口广播电视台、海口网及其所属新媒体平台推出《养殖生蚝破坏生态·12345联动多部门解决》《海口曝光一批记满12分驾驶人，你被“点名”了吗?》等稿件。此外，对台风期间个别农贸市场存在哄抬物价的行为进行曝光监督。

【网络和新闻管理】2018年，海口市委宣传部牢牢把握网络舆论引导权和话语权，明确网络舆情“谁主管，谁负责”和“实快办”处置原则。利用多种舆情收集渠道，全方位、不间断搜集传统媒体、网络媒体及社会反映的各类舆情，特别是负面舆情。对于汇集的各类舆情，进行研判、归类后，按照舆情的性质，分类报送。全年，共编制《舆情简报》1095期、《海口舆情监测报告》346期。坚持“实快办”处置原则，有效处置“海口春运车辆滞留”“元宵夜烟花燃放活动取消”“13岁失联女孩已遇害”“幼儿园老师灌小孩吃辣椒酱”“假日酒店4人相约跳楼自杀”“海口发现登革热病人”等多起重大舆情事件，缓解公众情绪，引导社会舆论，避免事态的扩大和炒作。特别是“海口春运车辆滞留”事件中，有网友在网上发布文章，指出海口秀英港滞留车辆疏导和车辆过海存在的管理漏洞。对此，及时联系该网友，了解详细情况，听取网友建议并进行整改提升，加班加点开发“秀英港预约排队系统”。2月28日零点，该系统在秀英港试运行，不仅方便旅客及时了解港口以及道路交通情况，合理安排行程，还有效解决交通堵塞问题，缓解交通压力，赢得媒体和网友的点赞。

（王　华　王跃聪）

## 统战工作

【统战工作概况】2018年，海口市委统战部聚焦“两个维护”抓好政治引领，采取进民主党派、进政协委员、进宗教场所、进非公企业、进“双巩”（巩固全国文明城市、巩固国家卫生城市成果）工作挂点社区、进农村帮扶贫困户、进民族学校、进门户网站、进全市统一战线微信群、进“椰城同心”公众号“十进”措施，深入学习宣传习近平总书记“4·13”重要讲话精神和省委、市委重要决策部署，进一步筑牢统一战线共同思想政治基础，积极为海南自由贸易试验区和中国特色自由贸易港建设凝聚更多人心力量。聚焦全市中心工作，充分发挥统战优势，动员2000多名统战志愿者为春运期间受大雾影响滞留旅客提供服务，发动50多家（次）非公有制经济企业、台资企业捐款捐物累计价值20余万元，助力全市“抗雾保运”。动员2000多名全市统一战线成员、统战志愿者深入街道社区、大街小巷、商家住户开展“双巩”工作。助力全市脱贫攻坚、乡村振兴战略，全市统一战线成员单位、民主党派成员、非公企业深入扶贫一线帮扶慰问5000多人次，累计投入资金物资共200多万元，开展免费医疗、法律咨询、政策宣讲、农技援助、环境整治等活动100多次。召开全市统一战线理论研讨会，13家成员单位代表分别从热带特色现代农业、总部经济、港口建设等多个方面，提出针对性的意见建议，理论研讨成果分送有关领导和职能部门，受到有关方面的好评和肯定。将《全省统一战线助力中国（海南）自由贸易试验区和中国特色自由贸易港建设的实施意见》9个方面42项内容，细化分解为全市统一战线65项具体任务，明确推进时间表和项目负责人，将全市统战工作的重心精准聚焦，着力发挥统一战线人才荟萃、智力密集的优势，为助力海南自由贸易试验区和中国特色自由贸易港建设贡献统战力量。

【多党合作及无党派人士工作】2018年，海口市委统战部结合纪念改革开放40周年、建省办经济特区30周年和“五一”口号发布70周年，先后举办“不忘合作初心，携手继续前进”民主党派干部培训班、“深入学习贯彻习近平总书记‘4·13’重要讲话精神，主动投入海南自由贸易试验区和中国特色自由贸易港建设”党外干部培训班，全市各民主党派市委会干部骨干和成员、无党派人士等1000余人次参加培训，有效提升全市统一战线骨干成员的综合素质和履职能力。聚焦政党协商，鼓励和支持民主党派参政议政，全市各民主党派在市人大、政协“两会”期间，提交提案、议案共347件，有14件被定为督办案，其中2件被列为市长督办案，1件被列为市人大主任督办案，2件被列为市政协主席督办案。市委出台《关于市委常委联系党外代表人士的办法》，加强与党外代表人士的联谊交友工作，凝聚广泛共识。组织召开各民主党派市委会年轻干部座谈会、各民主党派正科以上干部座谈会、全市统一战线廉政工作会议，签订廉政建设责任书、对新提拔的党外干部进行任职前集体谈话等，帮助全市各民主党派提高市委会参政议政、民主监督和解决自身问题的能力。加强党外干部培养使用力度，7月，与市委组织部联合印发《海口市2018—2021年培养选拔党外干部工作规划》，进一步明确党外后备干部队伍建设目标任务。全年共选拔使用8名民主党派市委会机关干部，选拔1名党外干部到正处级岗位，选拔2名党外干部到副处级领导岗位。

【非公经济领域统战工作】2018年，海口市委统战部聚焦“两个健康”（非公有制经济健康发展、非公有制经济人士健康成长）深化服务引导，组织全市非公有制经济企业家学习习近平总书记“4·13”重要讲话精神和中央、省委、市委重要决策部署，引导全市非公有制经济人士坚定理想信念，促进全市非公有制经济健康发展。组织46名民营企业家、商会代表赴上海交通大学开展“工商联精英企业家建设海南自贸区（港）”专题培训，传达学习全国、海南省、海口市民营企业家座谈会精神。构建“亲”“清”新型政商关系，深入全市80余家非公有制经济企业和10余家异地商会调研，贴近非公企业做好服务，为非公企业协调解决困难20余项。组织市总商会会员企业参加云南华宁重点产业（海口）招商推介会、琼澳两地经贸交流活动、中国建设银行“建行惠懂你”智能APP上线发布会等活动，帮助非公企业推广产品、拓宽视野，进一步促进非公企业转型升级、做大做强。做好综合评价，全年对各级换届中涉及非公经济代表人士综合评价100多人次，为非公经济代表人士的政治安排提供准确依据。

【民族宗教事务工作】2018年，海口市委统战部聚焦宗教领域重难点工作，全面贯彻落实全国宗教工作会议精神，加大宗教政策宣传力度，深入全市宗教场所进行走访调研，详细了解掌握全市宗教场所自身建设情况、存在问题和困难，摸清底数，掌握实情。多次召开宗教工作联席会议，牵头组织开展各项专项工作，帮助化解矛盾、解决问题，妥善处理天后宫等久拖不决的问题。学习贯彻新修订《宗教事务条例》，5月举办全市宗教工作干部和宗教界代表人士培训班，进一步提升全市宗教工作干部政策理论水平和依法行政能力，促进宗教与社会主义社会相适应。指导市级爱国宗教团体加强自身建设，推动成立市佛教协会。

【港澳台及海外联谊工作】2018年，海口市委统战部采取“请进来，走出去”的方式，加强与港澳台及海外有关社团、海南乡亲的交友联谊，不断推动与港澳台及海外经济文化交流联谊工作。先后成功举办香港百名大中学生“共筑梦、同前行”学习交流、“琼港青年音乐会”，组织中国香港海口联谊会青年骨干赴井冈山红色教育基地开展国情培训等系列活动，进一步加强联谊会骨干队伍建设，促进琼港两地青年学子交友联谊，不断壮大和凝聚爱国爱港力量。配合市有关部门，动员国内外知名企业和港籍企业家、香港知名人士参加海口在香港举办的招商引资推介会。协调政府相关部门，多次召开专题会议，研究部署解决港籍企业有关诉求12项。深入开展“台企大走访”活动，帮助台商台胞解决各类诉求16项。

（邵国海）

# 机关党建

【机关党建教育培训】2018年1月10—12日、17—19日，海口市直机关工委分2期举办“市直机关科级领导干部及党支部书记学习贯彻党的十九大精神培训班”，全市800余名党员干部参加培训。举办2期市直机关科级领导干部及党支部书记学习贯彻党的十九大精神培训。3月，组织市委组织部、市委党校等机关党组织，就贯彻落实十九大和《中国共产党章程》，切实履行从严治党职责召开座谈会议。5月，在福建省上杭县古田红色教育培训中心举办2期党务干部培训班。6月，分2期举办市直属机关“学习贯彻习近平总书记‘4·13’重要讲话和中央12号文件精神暨市直属机关科级党员干部理论培训班”，共2000余人次参加培训。“七一”期间，市直机关各级党组织书记开展以纪念建党97周年为主题的党课讲授活动409次，10325名党员参加，主要学习习总书记“4·13”重要讲话和中央12号文件精神。9月，与市委组织部共同举办“勇当先锋、做好表率”党性教育示范班，近百名党组织书记和领导干部参加。结合“不忘初心、牢记使命”主题教育，推进“两学一做”学习教育常态化制度化。

【机关党建专题活动】2018年，海口市直机关工委组织开展“勇当先锋、做好表率”专题活动，推动市直机关融入属地中心任务和党建工作。结合市直机关实际，将党组织标准化建设和推动城市基层党建两项任务融入活动内容，形成14个方面内容、15个具体步骤和9项具体要求，推动基层党组织全面进步、全面过硬和城市基层党建工作共建共治共享。8月下旬召开“勇当先锋、做好表率”专题活动工作研讨会，围绕“如何在市直机关开展好专题活动”进行探讨交流。9月，与市委组织部在梁家河干部学院共同举办“勇当先锋、做好表率”党性教育示范班，近200名党务干部参加。全年，市直机关各级党组织利用“三会一课”等方式，组织党员学习680场次，开展各类专题活动培训25场次，2000余人次参加。组织开展基层党组织专题活动学习内容知识测试89次。所辖党员累计撰写学习心得体会9600余篇。创建机关党建示范点，印发《关于2018年海口市直机关党建示范点创建工作的方案》，在各基层党支部的申报、上级党组织审核把关的基础上，经工委会议研究确定10个机关党建示范点试点单位，10月挂牌。把握发展大局，确保专题活动服务中心任务。10月31日，在海口市社会福利院召开“市直机关党建示范点创建学习交流暨‘勇当先锋、做好表率’专题活动第四次联络指导员会议”，邀请人民路街道党工委、捕捞社区党支部负责人围绕“双创”中与市直机关互联互动共建中的做法和基层社会治理中需要市直机关帮助解决的问题进行交流。

【机关党建规范化建设】2018年，海口市直机关工委制定《海口市直属机关党建工作标准》，按照新时代机关党建新要求，印发市直机关基层党组织执行。全面细化各项工作，以“易落地、可操作、好考核”为原则，制定《机关党组织标准化建设清单》，共列出考核管理、班子建设、组织生活等8大类26个事项，明确提出55条达标要求，使党建工作由“软任务”转作“硬指标”；制定《海口市直属机关党建标准化建设考评细则》，规定与各类工作相匹配的49条“军规”，实时监管各项工作的完成情况。学习宣传党建工作标准。5月在古田举办的2期党务干部培训班，安排专门时间围绕《海口市直属机关党建工作标准》进行讨论交流。6月编印下发2800余册《海口市直属机关党建工作标准》至基层党支部，并举办“党建工作标准”专题党务干部培训班暨古田培训班学习成果汇报会，分5个专题对发展党员、党员教育管理、换届选举、“三会一课”、从严治党等进行分类培训、研讨，并对党务干部应知应会问题进行测试。

【机关作风纪律检查】2018年，海口市直机关工委开展机关作风纪律检查督查14次，发现5个单位12名工作人员不在岗、11个单位未开展作风纪律教育、考勤登记、作风纪律督查等情况，责成问题单位作出书面说明和整改，并进行8次通报。督促市直单位针对作风纪律问题运用监督执纪“四种形态”，共谈话提醒238人。全年自收问题线索2件，立案2件，党纪处理2名，其中给予留党察看两年处分1人，开除党籍1人，办结率100%。

【机关党员志愿服务】2018年，海口市直属机关工委分4批次组织420名市直机关干部职工参加“海口舰回家”开放日活动。组织市直属机关

200 名先进党员代表参加“海口舰事迹报告会”；组织市直属机关干部职工 240 名参观城市更新示范项目（三角池片区）改造成果展示等活动；组织市直属机关干部职工 1000 多人参加无偿献血活动，共献血约 30 万毫升。

（翁敦伟）

## 机构编制

【机构编制工作概况】2018 年，海口市机构编制委员会办公室做好各项改革前期准备工作及相关机构设置工作，制定市机构改革工作任务清单、工作流程图。有序推进群团改革工作，并就机构编制改革方面提出严控机关内设机构数，精简编制下沉基层的意见；开展财政事权和支出责任划分改革工作，拟定《海口市人民政府关于推进市与区财政事权和支出责任划分改革的实施意见》；继续推进行政审批制度改革工作，陆续完成各部门划转集中的行政审批事项目录编制、市行政审批服务机构设置方案制定、行政审批人员整合等工作；不断深化事业单位分类改革，稳步推进机关事业单位登记管理工作，履行机构编制监督职责，严肃机构编制纪律。较好地完成既定的各项工作任务并超额完成多项急、重的临时性任务，为海口市加快推进海南自贸区（港）建设提供体制机制保障，发挥市委、市政府参谋助手作用。

【为保障自贸区（港）建设提供体制机制保障】2018 年，海口市机构编制委员会办公室在市委、市政府的统一部署下，为加快建设海南自由贸易（试验）区和中国特色自由贸易港提供体制机制保障。为加快江东片区开发建设，6 月，经省编委批准，组建市江东开发办公室，为市政府办公厅管理的正处级机构。进一步加强海口市总部经济发展统筹和日常管理服务职能，在市商务局增设总部经济服务管理办公室。

【优化机构设置】2018 年，海口市机构编制委员会办公室保障“多规合一”，重新组建市规划委员会。完成市级保密机构设置工作，并指导各区调整区级保密机构。继续深化纪检监察体制改革，加强市委巡察工作力量，完成市委巡察机构调整设置工作，巡察办增设正处级巡察专员，增设市委巡察四组。根据省安全生产检查工作要求，进一步完善海口市各开发区安全生产监管机构设置工作。加强海口市金融方面工作力量和市委督查工作力量，并在市委办公厅督查室增设 2 个处室。

【综合行政执法改革工作完成】2018 年 4 月 25 日，海南省政府批复同意《海口市综合行政执法体制改革工作实施方案》，5 月 11 日，海口市政府印发该方案。6 月 15 日，省编办和省法制办审批批复同意实施《海口市建立综合行政执法协作配合工作机制的实施方案》《海口市海洋综合行政执法协作配合实施方案》《海口市跨领域综合行政执法基本目录》《海口市海洋综合行政执法基本目录》《海口市综合行政执法责任追究实施办法》5 个改革配套文件。市政府办公厅印发市城管委“三定”规定，先期完成市城管委（综合行政执法局）机构设置，发文各区将区市政市容委更名为区城管委，使市区机构保持一致，为全面实施综合行政执法改革打下基础。对涉及跨领域综合执法事项的单位开展跨领域综合执法“人随事走”问题的调研，划转 16 名编制充实各区执法队伍，每区各 4 名。8 月 24 日，市政府召开全市综合行政执法改革动员部署会议。协调各区公安 + 城管体制，公安人员不再兼任城管队伍领导职数。海口市的综合行政执法改革工作全面完成。

【文化市场综合行政执法改革】2018 年 2 月，海口市机构编制委员会办公室将市文化市场综合执法支队更名为市文化市场综合行政执法支队，各区编委对区文化执法机构进行调整；3 月 30 日印发《海口市文化市场综合行政执法支队机构编制方案》，重新核定市文化市场综合行政执法支队财政预算管理事业编制 33 名，设置综合科和 4 个执法大队，大队分别负责 4 个区的文化市场执法工作，实现“同城一支队伍”的改革要求。

【市属中小学和公办幼儿园机构编制调整】2018 年，海口市机构编制委员会办公室印发设立海南侨中美丽沙分校、市滨海九小美丽沙分校、美丽沙幼儿园、市五源河幼儿园分园、中国人民大学附属中学海口实验学校 5 所学校机构编制方案，以及批复北师大海口附属学校、五源河学校、海景学校、海港学校等 4 所学校增加教职工编制，上述 9 所学校（幼儿园）共下达教职工编制 206 名，缓解新学年城区学位紧张的问题，促进教育事业均衡发展。

【部分市级事业单位调整】2018 年，海口市机构编制委员会办公室完成部分市级事业单位的调整工作。海口桂林洋经济开发区在不增加人员编制的条件下设立安全生产监督管理处。将市委政策研究室内设的新闻宣传处更名为党建研究处。完成市民政局下属 2 家事业单位调整，将“海口市最低生活保障中心”更名为“海口市社会救助服务中心”，“海口市民间组织管理局”更名为“海口市社会组织管理局”。将市委组织部下属的市党员电化和现代远程教育中心更名为市党员教育中心。加强基层党建机构的工作，在 4 个区委组织部设立党建服务中心，为副科级事业单位，在 43 个镇（街道）设立党建工作站，为镇（街道）下属事业单位（不定级别）。设立市纪委监委综合服务中心，为副处级事业单位，内设3个正科级职能机构。将市房屋交易与产权管理中心、市林业服务中心、市规划信息资料服务中心3家事业单位经费渠道调整为财政预算管理。下达2018年农村订单定向免费委培医学生编制，分配给乡镇卫生院财政预算管理事业编制14名。

【编外人员问题整改】2018年，海口市落实七届省委第二轮巡视反馈有关编外人员问题的整改。市机构编制委员会办公室印发《关于加强编制使用管理的通知》，会同市人社局拟定《关于开展我市机关事业单位聘用人员管理有关问题整改的工作方案》，与市人社局、市财政局联合印发《关于临时聘用人员有关事项的通知》，并组织实施。对4个区用编情况开展检查调研，对基层政府、教育系统、卫生系统的空编问题逐项分析原因，拟定对策和措施，督促各区编办进行整改，多举措落实省委巡视反馈问题的整改。

【事业单位承担行政职能清理审核】2018年，海口市机构编制委员会办公室对市级204家（除学校医院、市委、市政府派出机构）事业单位承担行政职能情况进行清理，认定90家事业单位具有行政职能和行政职权共1347项，并提出行政职能剥离划转和机构调整意见。

【机构编制监督】2018年，海口市机构编制委员会办公室分两批对编委下文进行机构改革的机关、事业单位开展“回头看”式跟踪检查，收集整理2017年下半年至2018年上半年编委文件，调查了解相关单位改革进度。划定江东开发办公室等19个部门为检查对象，针对性开展监督检查，全部检查对象按要求完成自查；对相关单位提出整改建议，加速卫生和计生部门合并，推进江东开发办公室和法制教育基地设立，严肃机构编制纪律。做好信访和机构编制违规预防工作。受理市园林局绿化管理所职工代表信访件，将《信访事项答复意见书》当面送达信访人手中，及时化解矛盾；做好原琼山县计生员身份认定和信访答复工作。向省编办报送海口市“12310”热线查处案件情况。

【事业单位法人登记管理】2018年，海口市机构编制委员会办公室发布《关于做好2017年度市直事业单位法人年度报告公示工作的通知》，审核完成海口城建档案馆等235家年度报告，网上通过235家，完成率100%。办理市美丽沙幼儿园、市法制教育基地等5家法人登记设立，办理海口市考试中心等53家开办资金变更、3家事业法人地址变更、21家事业法人变更和2家法人单位宗旨和业务范围变更，完成海口国际海员俱乐部、海口市科技情报研究所2家事业法人注销登记，并在单位门户网站进行公示。

【机关群团法人赋码】2018年，海口市机构编制委员会办公室完成市法制局、共青团海口市委员会、市江东办机关法人登记，办理完成海口市规划局、市城管委、市卫计委等7家机关名称变更；完成市水务局、市生态环境保护局等9家机关法人变更。做好86家机关单位、235家事业单位、10家群团单位的年度档案整理、保管工作。

【政务与公益域名管理】2018年，海口市机构编制委员会办公室做好政务与公益域名管理工作，至年底，全市注册域名单位309个，域名322个，完成率100%。中文域名注销3个，域名续费200个。网站挂标2个，网站挂标信息变更21个。

（谭传照）

# 对台工作

【对台工作概况】2018年，海口市有定居台胞866人、常住台胞426人；1993—2018年，涉台婚姻4706对，其中外嫁女4643人，外嫁男63人。年内，海口市台协正常经营的台资企业有143家，其中企业会员129家，个人会员14家。143家台资企业中，从事第一产业的有50家，第二产业17家，第三产业63家，个体行业13家，产业类型涵盖省内台商投资的所有产业类型。市台办坚持对全市范围内的台企进行大走访，全年共走访台企40多家。开展联谊活动，加强椰城台商交流联系；继续开展两岸交流活动，加强两岸沟通往来，学习借鉴台湾经验，并将学习考察成果及时转化为实际举措和具体行动，推动海口市夜市管理、民宿旅游、垃圾处理等工作迈上新的台阶。

【对台交流】2018年，海口市组团赴台考察交流9团95人次，主要对台湾地区精致农业、民宿产业、社区环境保护、服务贸易产业规划建设、综合管理方面等开展考察交流。组织高新区、商务、发改等部门赴台开展上门招商活动，在台北、南投、高雄、新北等市举办招商活动16场，精准对接台企22家，签订框架协议1宗，达成合作意向8宗。台湾地区专家学者、工商企业界人士共23批次393人到海口考察交流。

【台商投资增加明显】2018年，海口市台办利用赴台交流契机及台资企业协会、在台友好社团等平台，不断加大对中央“惠台31条”和省“惠台30条”措施的宣传力度，政策效应凸显，台商在琼投资明显提速。年内，海南美之盟医疗健康管理有限公司——俪贵人、阿凡达人力资源服务股份有限公司相继投入运营；注册资金20亿元的海南耀辉祥龙国际贸易有限公司及注册资金1亿元的海南湾岛荟投资有限公司落户海口市高新区；杰明新能源科技股份有限公司等6家台企签约落户复兴城；海南坤捷农业开发有限公司投资1.5亿元的“海峡两岸生态养生共享农庄”项目于6月建成营业。

【台湾专业人才引进】至2018年，海口共引进147名台湾各类专业人才到海口就业。其中，农业专家4人，医疗专家7人，文创专家1人，特色小吃创业者33人，空乘76名，飞行员17名，地勤9名。其中，泰龙城有限公司获省台办批准成立“海峡两岸青年创业就业基地”后，累计吸引33名台湾青年入驻创业；海南航空控股股份有限公司累计引进台湾地区乘务员、飞行员、地面行政人员102名，于5月被国台办授予“海峡两岸青年就业创业示范点”称号。

【服务“三台”】2018年，海口市台办重视台商、台企来信来访工作，成立专项工作领导小组，协调处理各种信访问题。全年收到各类来信来访16宗，办结率100%。继续开展第一代老台胞、台胞遗孀及特困台胞慰问活动，慰问台胞台属16人次，发放慰问金1.6万元。首次开展台企春节慰问活动，慰问各产业代表性台企10家。同时，根据中央对台工作精神及省台办工作部署，与海口市公安局户籍处做好对接工作，在各区公安分局办证中心，设立港澳台居住证申办窗口，协助台商、台胞申领台湾居民居住证188张，协助台胞台属办理手续3宗。

【对台宣传】2018年，海口市台办加强宣传工作力度，收集和摘录海口新闻，更新对台宣传阵地“南海明珠——海口”。全年累计更新网站信息600余条，向省台办网站投稿10篇。协助开展两岸媒体海南行活动，扩大海口影响力。利用赴台交流契机，发放各类宣传资料近千份；协助开展第四届两岸网络媒体海南采风活动、海峡两岸媒体特区行联合采访活动。通过采访活动，宣传改革开放40周年和海南建省办经济特区30周年以来特区经济发展成就、海南产业特色和生态环境措施、海南作为国际旅游岛的政策优势和开放措施及琼台两地经贸合作和民间交流成就。

（梁昌鹏）

## 群众信访

【信访工作概况】2018年，海口市信访总量、进京到非接待场所上访、群众到省到市集体访、重信重访和网上信访总量呈“四下降一上升”态势，全国“两会”、博鳌亚洲论坛年会等重点时期服务保障有力，均实现“零”到非接待场所上访工作目标。网上信访工作、信访重点领域问题攻坚等工作分别在全国网上信访工作深化推进会上和全省攻坚战推进会上作交流。市信访局被省委、省政府评为“2015—2017年度全省信访系统先进集体”，被人民网评为“2018年人民网网民留言办理工作先进单位”。

【来信来访】2018年，海口市各级各部门领导干部共接待上访群众2844批次9705人次，受理问题2031件，解决1792件，办结率88.2%；集中开展矛盾纠纷排查化解活动9次，排查梳理出各类矛盾纠纷4800余宗，重点抓好可能引发非正常上访的67件信访事项、38个重点群体、34名重点人员的化解和教育稳控工作。全市共发放民情台账卡62.76万张，收集民情诉求1.84万件，办结1.75万件，办结率95%。

【网络问政】2018年，海口市从“椰城民声·网络问政”“海口网·问政海口”“南海网·市县领导留言板”等渠道受理群众投诉、咨询、建言献策共2989件，其中“有话对市长说”1895件、“对话部门”1094件，全部办结。网民反映的问题主要集中在城乡建设类的咨询棚改问题，政法类的居民落户问题，交通运输类公交车路线设置、车辆投放、交通安全等问题，国土资源类办理产权证、土地权属等方面。

【信访督查督办】2018年6月，海口市委办公厅、市政府办公厅印发《海口市解决信访突出问题工作制度》，市信访联席办配套出台《2018年信访突出问题月督查考核工作方案》，成立由市委督查室、市政府督查议案室等单位组成的督查考核组，对各级各部门解决信访突出问题的情况进行月督查考核，提级督查考核力度。先后对相关责任主体单位进行专项督查督办80余次，对20余个责任单位进行5次实地督查考核，有力地推进26件复杂疑难信访问题的实体性解决及一大批信访积案的有效化解。

【中央巡视组转交办件办理】2018年，海口市信访局针对中央巡视组转交办件办理工作任务，通过采取“一把手负责”“一案三审核”、联合督查督办等机制，按时完成中央第十二巡视组转交的1004件信访事项的办理任务，办结率100%。

（潘朝洪）

## 党校教育

【党校工作概况】2018年，海口市委党校举办各类培训班30期，培训各类干部5811人次；教师深入机关、

2018年海口市委党校培训教育情况统计表

| 日期 | 对象 | 内容 | 地点 | 期数 | 人数 | 天数 |
|---|---|---|---|---|---|---|
| 4月26—27日 | 2016年以来新任党委（党组）书记，市委部门负责常务工作的同志 | 海口市新任党委（党组）书记专题培训班 | 市委党校 | 1 | 58 | 2 |
| 5月15—16日 | 美兰区各党（工）委书记、分管领导，区机关单位党组书记，区机关单位党（总）支部书记 | 美兰区2018年党委（党组）书记学习贯彻党的十九大精神专题培训班 | 市委党校 | 1 | 72 | 2 |
| 5月21—23日<br>5月28—30日 | 海口市人力资源和社会保障局系统全体干部职工 | 海口市人力资源和社会保障局系统干部职工学习贯彻党的十九大精神培训班 | 市委党校 | 2 | 360 | 6 |
| 5月30日—6月8日 | 各区分管领导，与美丽乡村和特色小镇建设工作密切相关的部门领导 | 美丽乡村与特色小镇建设暨精准脱贫攻坚" 专题培训班 | 市委党校<br>浙江大学 | 1 | 42 | 10 |
| 8月9日<br>8月30日 | 市管干部、各区挂职干部 | 海口市领导干部“全面深化改革开放”专题培训班 | 第二行政办公区 | 2 | 808 | 1 |
| 9月7日 | “千堂党课进基层”党课主讲人 | 海口市“千堂党课进基层”党课主讲人培训班 | 市委党校 | 1 | 50 | 0.5 |
| 9月10日 | 美兰区各镇组织委员、部分驻村第一书记、村党（总）支部书记、村委会主任 | 美兰区江东新区农村党组织书记培训班 | 市委党校 | 1 | 49 | 0.5 |
| 9月20日<br>9月21日 | 12345海口市民服务智慧联动平台工作人员 | 进驻市民游客中心工作人员能力提升培训班 | 市委党校 | 2 | 186 | 1 |
| 10月8日<br>10月9日 | 龙华区党课主讲人 | 龙华区“千堂党课进基层”党课主讲人培训班 | 市委党校 | 1 | 74 | 1 |
| 10月17日 | 甲子镇帮扶责任人 | 琼山区甲子镇坚决打赢脱贫攻坚战专题培训班 | 市委党校 | 1 | 140 | 0.5 |
| 10月18日 | 各区、市直机关、市属国企组织人事干部 | 海口市基层党务工作者“勇当先锋做好表率”专题培训班 | 市委党校 | 1 | 178 | 1 |
| 2018年11月24日—2019年1月26日 | 各区、市直各单位推荐的业务骨干和自主选学干部 | 海口市干部周末实用英语培训班 | 市委党校 | 1 | 70 | 5 |
| 12月12日 | 2018年以来新任处级领导干部 | 海口市新任处级领导干部专题培训班 | 市委党校 | 1 | 31 | 1 |
| 合计 | | | | 16 | 2118 | 31.5 |

镇街开展专题培训和理论宣讲活动79场，培训9051人次。主办哲学社会科学综合性理论刊物《海口学刊》（季刊），出刊4期，刊登领导讲话、理论研究文章、调查报告等57篇，约30万字，发行数量6000册；出版《领导参阅》7期，约4万字；编印研讨论文集1册，发行数量200册；开展课题研究共19个，其中省委党校立项课题4个，省委党校咨政课题立项1个，校级课题14个。在省内外各类刊物上公开发表理论文章32篇，完成高质量的调研报告15篇。

【干部培训】2018年，海口市委党校以习近平新时代中国特色社会主义思想和党的十九大精神为指导，执行海口市干部教育培训计划安排，在培训中解读习近平新时代中国特色社会主义思想、党的十九大精神、《中国共产党章程》、习近平总书记在庆祝海南建省办经济特区30周年大会上的重要讲话精神、《中共中央国务院关于支持海南全面深化改革开放的指导意见》、海口经济发展、生态文明建设、乡村振兴战略和精准脱贫攻坚等内容，并结合理想信念、道德品行、党性教育和海口工作实际，开设《学习贯彻党的十九大精神 努力增强八种领导工作本领》《服务于国家重大战略的责任和使命——学习习近平总书记“4·13”重要讲话的几点体会》《自贸试验区制度创新与实践》《自贸试验区背景下的放管服改革背景路线图》等课程。为提高干部队伍服务中国（海南）自由贸易试验区（港）建设各项工作的水平，与市委组织部联合举办海口市干部周末实用英语培训班，逐步提升海口市干部队伍整体英语交流能力和处理国际事务能力。全年共举办海口市领导干部“全面深化改革开放”专题培训班等各类培训班30期，培训各类干部5811人次。

【党校教学格局】2018年，海口市委党校准确把握时代特征和新形势下党校办学规律与要求，不断增强干部教育培训工作的针对性与实效性，努力构建党性教育、理论教育、服务中心工作新平台。坚持党校姓党，在培训中突出党的理论教育和党性教育主业主课。党校主体班严格按照《中共海南省委关于贯彻落实〈中共中央关于加强和改进新形势下党校工作的意见〉的实施意见》等文件规定，确保马克思主义理论教育和党性教育不低于70%，党性教育课不低于20%；采用多形式、多层次轮训和培训干部，确保党员干部经常接受理论教育和思想熏陶，实现党性教育全覆盖。在干部培训中突出学习习近平新时代中国特色社会主义思想、党的十九大精神、《中国共产党章程》等内容，丰富和创新其他党性教育教学内容；结合扶贫等中心工作，深入解读生态文明建设、乡村振兴战略、精准脱贫攻坚等内容，使学员牢固树立“四个意识”，进一步用理论武装头脑，指导实践，以强烈的责任感和使命担当，推动各项工作。坚持质量立校，在教学中丰富党校特色的培训模式。开展需求调研，紧扣学员工作实际设置培训专题；举办学员座谈会，就培训需求和提升培训质量等问题进行专题研讨；在培训中把本地教育与异地办学相结合，把课堂教学与实地考察相结合，把革命传统教育与反腐倡廉、警示教育相结合，把集中培训与网络培训、远程教育相结合，专门设置知识测试、分组讨论、学员论坛等教学环节，进一步增强学员参与度，巩固教学成果，提高学习实效。通过组织学员到浙江大学等地学习培训和实地考察，增强培训方式的多样性和灵活性；通过承办青海柴达木循环经济试验区异地联合办学等，深入探索多种模式办学新路子。坚持开展教学满意度测评，促进教学水平不断提高。充分利用中共琼崖一大旧址等9个干部教育培训体验基地开展党性教育，使教学更加直观生动。在办好培训班的同时，以海南自由贸易试验区（港）建设和海口市精准扶贫工作为契机，深入到海口市直机关、企事业和基层单位进行理论宣讲，把党校教育从校内拓展到校外。坚持服务大局，培养提升领导干部“看家本领”。在培训中注重提高干部运用所学理论和知识指导实践、解决问题、推动工作的能力，紧扣海南自由贸易试验区建设、海口中心工作与发展大局，开设处级干部、科级干部、农村基层干部等培训班，并将与各机关单位联合办班工作转为常态，在培训中深入解读习近平总书记在庆祝海南建省办经济特区30周年大会上的重要讲话、《中共中央国务院关于支持海南全面深化改革开放的指导意见》和国内外自由贸易区建设案例与成功经验等内容，讲授生态文明及乡村建设专业知识，开设海口市干部周末实用英语班等特色课程，努力使海口市领导干部适应新的机遇和挑战，增强新本领及责任担当，成为海南自由贸易试验区建设和其他各项事业的领导者和有力推动者。

【党校课题科研工作】2018年，海口市委党校推进教学科研一体化，坚持以教学带科研、以科研促教学。组织科研力量，充分发挥自身理论优势，加强对社会思潮的辨析和舆论引导，针对社会上出现的新情况新问题保持敏感性，及时跟进研究，在关键时刻和重大问题上主动发声，在国内各类杂志报纸上公开发表的理论文章32篇。紧扣党的建设、学习贯彻习近平总书记“4·13”讲话精神、海南自贸试验区（港）建设、精准扶贫、建省30周年、城市“五化”和“双修”等中心工作大力开展课题调研，共开展课题研究19个，其中省委党校立项课题4个、省委党校咨政课题立项1个、校级课题14个；撰写《从〈中国共产党章程（修正案）〉看〈共产党宣言〉的现实意义》《中国特色自由贸易港（试验区）与海口服务国家重大战略支撑保障能力建设》《学好用好习近平新时代中国特色社会主义经济思想 推动实现海南经济高质量发展》《中国特色自由贸易港（试验区）与海口创新促进国际旅游消费中心的体制机制》等15篇调研报告。组织开展“海南自由贸易区（港）建设理论与实践”理论研讨会，征集论文11篇，其中校外专家学者6篇、校内教师5篇。编印《海南自由贸易区（港）建设理论与实践”理论研讨会研讨论文集》1册，发行数量200册。年内出版《领导参阅》7期，约4万字；出版《海口学刊》5期，刊登各类文章60余篇，计35万字，发行数量6500册。

（韩艾苓）

# 老干部工作

**【老干部工作概况】**2018年，海口市委老干部局组织离退休干部以“增添正能量·共筑中国梦”主题活动为主线，紧扣海口市“五化”建设、精准扶贫等中心工作，全面落实老干部的政治、生活待遇，进一步推动全市老干部工作的和谐发展。至年底，海口市有离休干部238人，平均年龄89.3岁。

**【老干部思想建设】**2018年，海口市委老干部局坚持和完善老干部政治理论学习，做好离退休干部经常性的思想政治工作。先后组织开展学习十九大精神和习近平总书记在庆祝建省办经济特区30周年大会上的重要讲话精神理论辅导报告会5次；举办全市离退休干部党支部书记培训班2期，举办处级退休干部理论时政班3期，购买和编印各种学习资料6000余册。各级关工委把“五老”的学习摆在突出位置，不断加深“五老”对“两个一百年”奋斗目标、“四个全面”战略决策部署和海南自由贸易试验区、中国特色自由贸易港的精神实质和科学内涵的理解。通过各种形式的深入学习，切实把全市老干部的思想行动统一到十九大部署上来，统一到习近平新时代中国特色社会主义思想上来。

**【老干部组织建设】**2018年，海口市改选离退休党支部45个。市委老干部局先后2次组织250人次离退休干部党支部书记培训，选派5名退休干部党支部书记参加省委老干部局培训；在全市218个离退休干部党支部中开展专题民主生活会。向市财政局申请37.8万元市直机关、事业单位离退休干部党组织书记工作补贴，落实支部书记每人每月300元工作补贴，并把工作补贴作为各单位财政预算的长效机制。以离退休干部党支部为单位，组织850名老党员参观爱国主义教育基地，聆听琼崖革命故事，重走琼崖“红军路”。

**【老干部政治待遇】**2018年，海口市委老干部局先后组织32人次厅级老干部开展阅文制度，免费为182名离休干部及党支部订阅《中国老年报》《快乐老人报》，为全市960多名处级以上老干部半价优惠订阅《海南日报》《海口日报》等。坚持参加重要会议和重大活动制度。组织67人次厅级老干部参加市团拜会、省委第一巡视组巡视海口市情况反馈会议、征求《政府工作报告》意见座谈会；组织9名厅级参加市委领导班子民主生活会进行征求意见，组织12名老干部参加党员领导干部征求意见会以及15名老干部开展“畅谈十八大以来变化、展望十九大胜利召开”座谈会等。坚持参观考察制度。组织31人次厅级离退休干部到湛江市和三沙市参观考察，30人次厅级老干部参观考察“海口舰”，530名老干部参观海口夜市、如意岛、铺前大桥建设情况以及参观东湖三角池片区城市更新“五化”建设项目、五源河国家湿地公园、海口市民游客中心、长影海南“环球100”等地。全年接待老干部来访120人次，来电470多次。

**【老干部生活待遇】**2018年，海口市委老干部局坚持开展好走访慰问工作制度。年内陪同省市领导春节慰问厅级老干部17名以及局领导在重阳节、元宵节等慰问厅级老干部85人次；“七一”前夕，组织慰问4名百岁老干部；先后慰问住院厅级老干部38人次；按照分组走访联系慰问制度分组安排走访生活困难老干部170多人次；分赴广州、江门、梅州等地慰问11名省外易地安置和8名省内各市县易地安置离休干部。落实各项生活待遇。春节期间，给312名离休干部、34名厅级离休干部遗孀发放慰问金、慰问品折合41万元；组织医疗专家分组赴云龙镇、演丰镇、三江镇等地，为居住农村就医不便的离休干部入户上门送医巡诊；调查全市企业离休干部应领取住房补贴情况，并向住建局和财政局函询征求意见。

**【困难离休干部帮扶】**2018年，海口市委老干部局召开困难离退休干部专题帮扶工作座谈会，扩大帮扶覆盖面，完善帮扶机制建设，进一步加大帮扶力度。全年分7次审批专项困难帮扶资金100万元，分批次足额发放给离休干部，解决113位离休干部生活、医疗及住房等实际困难。进一步简化离退休干部生活不能自理护理费审批程序，缩短审批时间，共审批发放35名离休干部的生活不能自理护理费。

**【老干部文化养老】**2018年，海口市委老干部局借助市老干部活动中心和市老年大学平台，组织开展“见证海南特区30周年辉煌”书画摄影作品展、“庆祝海南建省30周年专场文艺演出”“不忘初心、砥砺前行”迎新春文艺晚会和“我看改革开放新成就”演讲征文比赛等大型文艺体育活动74场，累计3200多名老干部参加。市老年大学全年开办11个专业、21个教学班和3期时事政治短期培训班，招收学员977人，共授课271课时。

【老干部增添正能量活动】2018年，海口市委老干部局组织2800多名老干部参加全市举办的各类理论辅导报告会、专题讲座共26场次。召开座谈会58次，参与老干部680多人。组织老干部开展“我看海口新变化”参观考察活动120余次，参观人数4300多人次。组织开展“我看改革开放新成就”专题调研活动9次，整理调研活动中反映的意见和建议26条，调研活动征文35篇。

【关工委工作】2018年，海口市关工委在全市各中小学广泛开展唱红歌、读红书、讲红色故事、放红色电影、参观红色革命教育基地等“五红”活动，引导青少年从红色基因、红色文化中汲取精神力量，争做新时代有理想、有本领、有担当的好少年。“五红”经验做法在《中国火炬》发表。组织青少年学生到中共琼崖“一大”旧址、琼崖红军云龙改编旧址、冯白驹故居、李硕勋烈士纪念园等爱国主义教育基地进行参观，重温红色历史。举办全市中小学“传承红色基因·唱响红色歌曲”大合唱比赛。在全市各中小学举办读书、社会实践和征文、演讲、朗诵比赛，共有20多万名学生参与。主动参与禁毒三年大会战，助力海口市“全国禁毒示范城市”创建工作。帮扶资助60名考上省市重点中学的品学兼优的贫困高一新生，每人资助4000元，共发放助学金24万元。

（劳家丰　张　帅）

# 政策研究

【政策研究工作概况】2018年，海口市委政策研究室共参与市委十三届六次、七次、八次全会和57次市委常委会、41次书记专题会等重要会议、活动文稿服务，起草各类文字材料300余篇、70多万字。

【决策研究】2018年，海口市委政策研究室共编辑《领导参阅》28期，《深圳三年内全面实现校内午餐午托》等领导参阅得到市委主要领导批示肯定。针对“海澄文”一体化发展，提出的“基础设施一体化、产业发展差异化、生态保护协同化、公共服务同城化”建议得到市委主要领导高度认可。起草的《中共海口市委关于深入学习贯彻〈中共海南省委关于深入学习贯彻习近平总书记在庆祝海南建省办经济特区30周年大会上的重要讲话精神和《中共中央国务院关于支持海南全面深化改革开放的指导意见》的决定〉的实施意见》转化为市委决策。

【重大课题研究】2018年，海口市委政策研究室围绕市委中心工作，起草《关于新坡村社会治理的情况报告》《关于光伏扶贫项目的情况报告》《关于我市11个贫困村电商服务站及区镇电商扶贫中心的情况报告》等书记专报，得到市委主要领导的批示肯定。撰写的《“椰城”海口：三十而立正风华》在《今日海南》《海口学刊》上发表。

【市委各类文件及材料起草】2018年，海口市委政策研究室先后完成《市委常委会2018年工作要点》《海口市2018年重点改革工作方案》等重要政策文件起草；起草报告和总结讲话等一系列重要讲话稿以及各类重要汇报材料20余篇；起草各类讲话参考、纪要270余篇。

（文钰莹）

（编辑：杜惠珍）

# 海口市人民代表大会

## 市人大综述

【市人大工作概况】2018年，海口市人大常委会聚焦改革发展出智出力，关注民生改善重实重行，促进民主法治担当担责，圆满完成市十六届人大四次会议确定的各项任务。全年共召开代表大会1次、常委会会议12次、主任会议13次，制定、修改、废止地方性法规11件，听取和审议专项工作报告12项，开展执法检查、代表视察和专题调研34次，作出决议、决定10项，办理代表提出的议案1件、建议208件，任免国家机关工作人员76人次，受理群众来信来访107件599人次。

【人大执法检查】2018年，海口市人大常委会组织开展2项执法检查。5月，检查《中华人民共和国预算法》(以下简称《预算法》)实施情况，深入了解全口径预算编制情况，提出“进一步深入抓好《预算法》的学习宣传，强化认识；深入贯彻落实《预算法》；进一步提高预算编制的质量；逐步建成规范完善的乡镇财政体制；进一步强化预算约束；完善举债工作规划、流程和资金使用监督”等工作建议。11月，检查《海口市人民代表大会常务委员会关于加强湿地保护管理的决定》的实施情况，组织市人大代表和工委委员到昌旺溪、谭丰洋、新旧沟等湿地进行实地检查，全面了解海口市湿地保护管理情况，提出“强化各级政府和部门保护湿地的意识、加强湿地保护能力建设、建立和完善湿地补偿机制”等工作建议。

【人大审议报告】2018年，海口市人大常委会听取和审议12项专项工作报告。7月6日，听取和审议《海口市人民政府关于2017年度法治政府建设暨依法行政工作报告》《海口市人民政府关于2017年度海口市环境质量状况和环境保护目标完成情况的报告》，表决通过市人大常委会关于上述报告的审议意见。8月24日，听取和审议市政府《关于我市2018年上半年国民经济和社会发展计划执行情况的报告》《关于我市2017年市本级财政决算及2018年上半年财政预算执行情况的报告》《2017年度市本级预算执行情况和其他财政收支的审计工作报告》，表决通过《市人大常委会关于批准2017年海口市市本级财政决算的决议》《关于批准2018年海口市和市本级政府性基金预算调整方案的决议》；听取和审议市中级人民法院《关于“基本解决执行难”工作情况的报告》，表决通过市人大常委会《关于进一步加强人民法院执行工作的决议》。10月29日，听取和审议市中级人民法院《关于环境资源审判工作情况的报告》、市人民检察院《关于开展公益诉讼工作情况的报告》，并表决通过市人大常委会关于上述两个报告的审议意见。12月28日，听取和审议市政府《关于海口市国民经济和社会发展第十三个五年规划纲要实施情况的中期评估报告》《关于2017年度国有资产管理情况的综合报告》《关于2017年度金融企业国有资产管理情况的专项报告》，表决通过市人大常委会关于上述报告的审议意见；听取和审议市政府《关于提请审议2018年海口市和市本级政府性基金预算调整方案的报告》，表决通过《关于批准2018年海口市和市本级政府性基金预算调整方案的决议》。

【人大人事任免】2018年，海口市人大常委会坚持党管干部和人大依法任免有机统一，严格执行拟任人员任前法律考试、供职发言、宪法宣誓、颁发任命书等制度，依照法定程序做好人事任免工作。根据实际需要，修改《海口市人民代表大会及其常务委员会选举任命的国家工作人员宪法宣誓办法》，维护宪法权威和法制统一。按照国家监察体制改革需要，首次任命市监察委员会副主任、委员，为市监察体制改革工作有序推进奠定基础。全年共任免国家机关工作人员76人次，其中任命50人次、免职26人次。

## 2018 年海口市人大及其常委会人事任免一览表

| 任免时间 | 届次 | 任或免 | 姓名 | 职务 |
|---|---|---|---|---|
| 1月11日 | 十六届十次 | 接受辞去 | 林鸿善 | 海口市第十六届人民代表大会常务委员会农村工作委员会委员职务 |
| | | 免去 | 陈　铭 | 海口市人民检察院检委会委员、检察员职务 |
| | | 免去 | 冯永忠 | 海口市人民检察院检察员职务 |
| | | 免去 | 王春辉 | 海口市人民检察院检察员职务 |
| 2月7日 | 十六届十二次 | 任命 | 欧阳卉然 | 海口市人大常委会副秘书长（正处级） |
| | | 决定任命 | 曾昭长 | 海口市卫生和计划生育委员会主任 |
| | | 决定任命 | 蔡能浩 | 海口市水务局局长 |
| 2月9日 | 十六届十三次 | 决定任命 | 丁　晖 | 海口市人民政府副市长 |
| | | 决定 | 丁　晖 | 海口市人民政府代理市长 |
| | | 接受辞去 | 倪　强 | 海口市人民政府市长职务 |
| 2月12日 | 十六届十四次 | 选举 | 丁　晖 | 海口市人民政府市长 |
| | | 选举 | 冯汉芬 | 海口市监察委员会主任 |
| | | 任命 | 杨卫国 | 海口市监察委员会副主任 |
| | | 任命 | 曾照宇 | 海口市监察委员会副主任 |
| | | 任命 | 林耀平 | 海口市监察委员会副主任 |
| | | 任命 | 林道诗 | 海口市监察委员会委员 |
| | | 任命 | 柯　伟 | 海口市监察委员会委员 |
| | | 任命 | 杨　柏 | 海口市监察委员会委员 |
| | | 任命 | 冯　军 | 海口市监察委员会委员 |
| | | 任命 | 张此明 | 海口市监察委员会委员 |
| 4月11日 | 十六届十五次 | 决定任命 | 易　鹏 | 海口市公安局局长 |
| | | 决定任命 | 佟吉强 | 海口市生态环境保护局局长 |
| | | 决定任命 | 刘　东 | 海口市交通运输和港航管理局局长 |
| | | 决定任命 | 刘名松 | 海口市城市管理委员会主任 |
| | | 决定任命 | 董孟清 | 海口市商务局局长 |
| | | 决定任命 | 王晓龙 | 海口市安全生产监督管理局局长 |
| | | 决定任命 | 陈　力 | 海口市信访局局长 |
| | | 决定免去 | 李向明 | 海口市公安局局长职务 |
| | | 决定免去 | 冯鸿浩 | 海口市城市管理委员会主任职务 |
| | | 决定免去 | 佟吉强 | 海口市安全生产监督管理局局长职务 |
| | | 决定免去 | 刘　东 | 海口市生态环境保护局局长职务 |
| | | 决定免去 | 林道坚 | 海口市商务局局长职务 |
| | | 决定免去 | 王和娇 | 海口市信访局局长职务 |
| | | 任命 | 曲　洁 | 海口市中级人民法院立案庭庭长 |
| | | 任命 | 黄　勇 | 海口市中级人民法院审判委员会委员 |
| | | 任命 | 王　滢 | 海口市中级人民法院未成年人案件审判庭庭长 |

续表

| 任免时间 | 届次 | 任或免 | 姓名 | 职务 |
|---|---|---|---|---|
| 4月11日 | 十六届十五次 | 任命 | 林志勇 | 海口市中级人民法院环境资源审判庭庭长 |
| | | 任命 | 潘　娜 | 海口市中级人民法院民事审判第一庭副庭长 |
| | | 任命 | 温　方 | 海口市中级人民法院行政审判庭副庭长 |
| | | 免去 | 曲　洁 | 海口市中级人民法院环境资源审判庭庭长职务 |
| | | 免去 | 王　滢 | 海口市中级人民法院未成年人案件审判庭副庭长职务 |
| | | 免去 | 林志勇 | 海口市中级人民法院刑事审判第一庭副庭长职务 |
| | | 免去 | 潘　娜 | 海口市中级人民法院行政审判庭副庭长职务 |
| | | 免去 | 陈文红 | 海口市中级人民法院民事审判第一庭副庭长、审判员职务 |
| | | 批准任命 | 王　刚 | 海口市龙华区人民检察院检察长 |
| | | 任命 | 童伟华 | 海口市人民检察院副检察长、检察委员会委员、检察员 |
| | | 免去 | 许声铿 | 海口市人民检察院检察员职务 |
| | | 免去 | 杜莉雅 | 海口市人民检察院检察员职务 |
| | | 任命 | 徐亚辉 | 海口海事法院院长、审判委员会委员、审判员 |
| | | 免去 | 张甲天 | 海口海事法院院长、审判委员会委员、审判员职务 |
| 7月6日 | 十六届十六次 | 任命 | 王　滢 | 海口市中级人民法院审判委员会委员 |
| | | 任命 | 林志勇 | 海口市中级人民法院审判委员会委员 |
| | | 任命 | 罗宗煌 | 海口市人民检察院检察委员会委员、检察员 |
| | | 任命 | 王文芳 | 海口市人民检察院检察委员会委员 |
| | | 免去 | 曾德星 | 海口市人民检察院检察委员会委员职务 |
| 8月24日 | 十六届十七次 | 任命 | 韩　彦 | 海口市人大常委会教科文卫工委副主任 |
| | | 免去 | 王佛胜 | 海口市人大常委会教科文卫工委副主任职务 |
| | | 决定任命 | 林　明 | 海口市司法局局长 |
| | | 补选 | 丁　晖 | 海南省第六届人民代表大会代表 |
| | | 接受辞去 | 倪　强 | 海南省第六届人民代表大会代表职务 |
| 10月29日 | 十六届十八次 | 接受辞去 | 许焕中 | 海口市人民代表大会常务委员会副主任 |
| | | 决定任命 | 冯鸿浩 | 海口市人民政府副市长 |
| | | 决定免去 | 顾　刚 | 海口市人民政府副市长职务 |
| | | 决定免去 | 孙世文 | 海口市人民政府副市长职务 |
| | | 免去 | 吴济汉 | 海口市中级人民法院审判员职务 |
| | | 任命 | 王　娜 | 海口市人民检察院检察员 |
| | | 任命 | 王　赟 | 海口市人民检察院检察员 |
| | | 任命 | 冯春华 | 海口市人民检察院检察员 |
| | | 任命 | 刘广同 | 海口市人民检察院检察员 |
| | | 任命 | 杜冠亚 | 海口市人民检察院检察员 |
| | | 任命 | 何海林 | 海口市人民检察院检察员 |
| | | 任命 | 陈　彬 | 海口市人民检察院检察员 |
| | | 任命 | 周琪晖 | 海口市人民检察院检察员 |
| | | 任命 | 郝恩悟 | 海口市人民检察院检察员 |
| | | 任命 | 班婷婷 | 海口市人民检察院检察员 |
| | | 任命 | 符林珏 | 海口市人民检察院检察员 |
| 12月21日 | 十六届二十次 | 补选 | 史东斌 | 海南省第六届人民代表大会代表 |

【代表议案建议督办】2018年，海口市十六届人大四次会议期间及会后，代表共提出1件议案和208件建议。截至12月，《关于修改〈海口市龙塘饮用水源环境保护管理规定〉的议案》办理完毕；《海口市龙塘饮用水水源保护规定》经市十六届人大常委会第十八次会议通过，省六届人大常委会第七次会议审查批准，自2019年1月1日起施行。208件代表建议全部办结并答复代表，办复率100%，代表所提建议已经解决或基本解决的60件，占28.25%；正在解决或列入计划解决的（B类）120件，占57.69%。对办理工作态度满意的202件，占97.12%，基本满意的6件，占2.88%；对办理结果满意的191件，占91.83%，基本满意的16件，占7.69%，不满意的1件，占0.48%。市人大常委会主任会议成员领衔督办的《关于营造尊商、爱商、扶商环境，不断优化民营经济营商环境的建议》《关于海口市推动“总部经济”发展的建议》等11件重点建议，已经解决或基本解决，代表对办理结果表示满意。

## 市人大及其常委会会议

【市十六届人大四次会议】2018年2月10—12日，在海南国际会议展览中心举行。出席会议代表275名。会议补选丁晖为海口市人民政府市长，选举冯汉芬为海口市监察委员会主任。会议听取和审议《政府工作报告》《关于海口市2017年国民经济和社会发展计划执行情况与2018年国民经济和社会发展计划草案的报告》《关于2017年海口市和市本级预算执行情况及2018年海口市和市本级预算草案的报告》《海口市人民代表大会常务委员会工作报告》《海口市中级人民法院工作报告》《海口市人民检察院工作报告》，表决通过以上6项工作报告的决议草案。

【市人大常委会会议】2018年，海口市第十六届人大常委会在海口市第二办公区11号楼常委会会议厅共召开12次常委会，会议由市人大常委会主任杜立文主持。

第十次会议　1月11日召开。表决通过《关于召开海口市第十六届人民代表大会第四次会议的决定》《海口市电梯安全管理若干规定》《市人民政府关于海口市第十六届人民代表大会第二次会议代表建议批评意见办理情况的报告》《海口市人大常委会关于海口市第十六届人民代表大会第二次会议以来代表议案以及建议、批评和意见办理情况的报告》《海口市人民代表大会常务委员会任免海口市监察委员会副主任、委员暂行办法》《海口市中级人民法院关于深化司法公开促进司法公正的专项报告》以及有关人事任免事项等。

第十一次会议　1月19日召开。听取和审议《海口海事法院工作报告》《海口市人民代表大会法制委员会工作报告》《海口市人民代表大会财政经济委员会工作报告》等报告，表决通过《海口市人民代表大会常务委员会关于〈海口海事法院工作报告〉的决议》，表决将《海口市人民代表大会常务委员会工作报告》《关于海口市十六届人大三次会议以来代表变动情况的报告》等一系列文件材料提请市十六届人大四次会议审议。

第十二次会议　2月7日召开。表决通过市人大常委会《关于更改海口市第十六届人民代表大会第四次会议召开时间的决定》和有关人事任免事项。根据决定，海口市第十六届人民代表大会第四次会议的召开时间更改为2018年2月10日，其他事项不变。

第十三次会议　2月9日召开。审议并表决通过将《关于市十六届人大三次会议以来代表出缺及代表资格审查情况的报告》《海口市第十六届人民代表大会第四次会议主席团和秘书长名单（草案）》提请市十六届人大四次会议审议；表决通过《关于接受倪强辞去海口市人民政府市长职务请求的决定》《关于决定任命丁晖为市人民政府副市长职务的议案》《关于决定丁晖为市人民政府代理市长的决定》。

第十四次会议　2月12日召开。听取冯汉芬所作的《关于杨卫国等同志任职的议案》及说明，表决通过市监察委员会副主任、委员任职的议案，决定任命杨卫国、曾照宇、林耀平为市监察委员会副主任，林道诗、柯伟、杨柏、冯军、张此明为市监察委员会委员。

第十五次会议　4月11日召开。审议并表决通过《关于废止〈海口市政府投资工程项目招标投标管理条例〉的决定》，表决通过《海口市人民代表大会及其常务委员会选举任命的国家工作人员宪法宣誓办法》以及有关人事任免事项等，举行海口市第十六届人民代表大会第四次会议代表提出的议案以及建议、批评和意见交办仪式，将市十六届人大四次会议期间收到的1件议案和199件建议分别移交给市人大常委会办公厅、市人民政府办理。

第十六次会议　7月6日召开。审议并表决通过《海口市生活垃圾分类管理办法》，待报请海南省人大常委会审查批准后颁布实施；初次审议《海口市湿地保护若干规定（草案）》和《海口市志愿服务条例（草案）》；听取和审议《海口市人民政府关于2017年度法治政府建设暨依法行政工作报告》《海口市人民政府关于2017年度海口市环境质量状况和环境保护目标完成情况的报告》，并表决通过关于以上报告的审议意见；听取和审议《海口市学前教育发展情况视察报告》；还表决通过有关人事事项。

第十七次会议　8月24日召开。审议并表决通过《海口市湿地保护若干规定》，报省人大常委会审查批准后施行；听取和审议市政府《关于我市2018年上半年国民经济和社会发展计划执行情况的报告》《关于我市2017年市本级财政决算及2018年上半年财政预算执行情况的报告》《2017年度市本级预算执行情况和其他财政收支的审计工作报告》，表决通过上述报告的审议意见，表决通过市人大常委会《关于批准2017年海口市市本级财政决算的决议》《关于批准2018年海口市和市本级政府性基金预算调整方案的决议》；听取和审议市中级人民法院《关于"基本解决执行难"工作情况的报告》，表决通过市人大常委会《关于进一步加强人民法院执行工作的决议》；听取和审议市人大法制委《关于〈海口市龙塘饮用水水源保护规定（修订草案）〉的议案》和市人大常委会关于传统村落保护发展情况的调研报告；表决通过有关人事事项。

第十八次会议　10月29日召开。表决通过《海口市龙塘饮用水水源保护规定（草案）》和市人大常委会关于修改《海口市城市环境卫生管理办法》《海口市城市供水排水节约用水管理条例》《海口市历史文化名城保护条例》3件法规的决定，待报请省人大常委会审查批准后施行；表决通过关于废止《海口市海域使用管理规定》和《海口市机动车排气污染防治办法》2件法规的决定；听取和审议市中级人民法院关于环境资源审判工作情况的报告、市人民检察院关于开展公益诉讼工作情况的报告，并表决通过市人大常委会关于上述两个报告的审议意见；表决通过市十六届人大常委会代表资格审查委员会关于个别代表的代表资格的报告和有关人事事项。

第十九次会议　12月5日召开。审议并表决通过《关于召开海口市第十六届人民代表大会第五次会议的决定》。

第二十次会议　12月21日召开。会议补选史东斌为海南省第六届人民代表大会代表，选举结果报省人大常委会代表资格审查委员会审查，由省人大常委会确认并公告。

第二十一次会议　12月28日召开。听取和审议市政府《关于海口市国民经济和社会发展第十三个五年规划纲要实施情况的中期评估报告》、市人大财经委《关于海口市国民经济和社会发展第十三个五年规划纲要实施情况的中期评估报告的审查结果报告》、市政府《关于2017年度国有资产管理情况的综合报告（草案）》、市政府《关于2017年度金融企业国有资产管理情况的专项报告（草案）》和市人大财经委《关于我市2017年度金融企业国有资产管理情况和国有资产管理情况的审查结果报告》，表决通过市人大常委会关于上述报告的审议意见；听取和审议市政府《关于提请审议2018年海口市和市本级政府性基金预算调整方案（草案）的报告》、市人大财经委《关于2018年海口市和市本级政府性基金预算调整方案（草案）的审查结果报告》，表决通过《关于批准2018年海口市和市本级政府性基金预算调整方案的决议》。

## 专门委员会工作

**【法制委员会】**2018年，海口市人民代表大会法制委员会共召开9次全体会议，审议《海口市人大常委会2018年立法计划》，安排审议5件法规项目和调研起草、条件成熟时适时安排审议12件法规项目；对11件法规草案进行统一审议，其中《海口市电梯安全管理若干规定》《海口市生活垃圾分类管理办法》《海口市湿地保护若干规定》《海口市龙塘饮用水水源保护规定》4件法规和《海口市人大常委会关于修改〈海口市城市环境卫生管理办法〉等三件法规的决定》经省人大常委会审查批准后公布施行，《海口市志愿服务条例》提请市人大常委会进行初次审议，《海口市政府投资工程项目招标投标管理条例》《海口市海域使用管理规定》《海口市机动车排气污染防治办法》3件法规公布废止。围绕服务海南自由贸易试验区和中国特色自由贸易港建设，完成《加强地方立法，助力海南自由贸易试验区和中国特色自由贸易港建设》的课题研究，开展《海口市智慧城市促进条例》等相关重点项目的立法调研。

**【财政经济委员会】**2018年，海口市人民代表大会财政经济委员会审查《关于海口市2017年国民经济和社会发展计划执行情况与2018年国民经济和社会发展计划草案的报告》《关于2017年海口市和市本级预算执行情况及2018年海口市和市本级预算草案的报告》《关于海口市2018年上半年国民经济和社会发展计划执行情况的报告》《关于2017年海口市市本级财政决算及2018年上半年财政预算执行情况的报告》；审查《关于2017年度金融企业国有资产管理情况的专项报告》《关于2017年度国有资产管理情况的综合报告》；加强对政府公共财政预算、政府性基金预算、国有资本经营预算和社会保险基金预算四本预算的审查工作；开展新预算法实施情况调研，推动新预算法在海口市的贯彻落实；开展市"十三五"规划纲要确定的指标完成情况、重点工作和重大项目实施情况以及各项政策措施落实情况调研，全力助推经济高质量发展；配合在海口市开展互联网产业发展情况、海洋经济发展情况和自贸区建设情况调研。

## 视察与调研

【人大代表视察】2018年，海口市人大常委会围绕市委中心工作，发挥人大代表的主体作用。1月4日，组织市选举的部分省六届人大代表，分两个视察组集中视察海口城市绿化、亮化工作，为省六届一次会议期间提出代表意见建议做准备。5月18日，组织25名市人大代表对龙华区潭丰洋湿地公园建设保护情况开展视察活动，推动出台湿地保护地方性法规。7月13日，组织部分市人大代表视察夜市建设项目，广泛征求意见建议，助推“双创”工作开展。12月27日，组织省、市人大代表分为4组，对市开展脱贫攻坚工作情况，特别是危房改造、医疗保障、产业扶贫等主要内容集中视察。代表们通过实地察看、听取汇报和座谈等方式，了解掌握海口市精准扶贫成效基本情况并提出建议。

【专题调研】2018年，海口市人大常委会围绕全市经济社会发展的重点工作，开展8项调研。4—5月，开展关于进一步优化海口市营商环境的调研，提出“深化简政放权改革，提升服务效能；加快推进‘互联网+政务服务’，切实提高管理水平；打破部门利益化格局，稳步推进中介机构健康发展；大力推进综合执法改革，加强和规范市场监管；放宽市场准入和减轻企业负担，提升稳增长内生动力；破解要素瓶颈，助推市场主体活力释放；理顺管理体制机制，加快开发区转型升级步伐；优化公共服务和效能监督，凝聚投资置业吸引力”等建议。4—5月，开展关于开展“湾长制”工作情况专题调研，提出“完善制度、压实责任，深入推进‘湾长制’工作；突出特色、打造亮点，促进渔业转型升级；加强合作、探索创新，探索生态补偿等普惠机制；科技兴海、培养人才，提升海洋保护科技水平；陆海统筹、严格执法，打造流域保护新格局；强化监督、严格考核，健全‘湾长制’长效机制”等建议。5月，开展市学前教育发展情况调研，提出“提高认识，服务自贸区（港）建设需求；科学规划，合理布局全市幼儿园；加大投入，大力建设公办幼儿园；多措并举，扶持发展普惠性幼儿园；加强培训，全面提升教师队伍素质”等建议。6—8月，开展关于传统村落保护发展情况的调研，提出“加强抢救保护，完善规划管理；建立法规体系，强化宣传教育；合理开发利用，促进融合发展；培育相关人才，传承文化基因”等建议。7月，开展关于市法院“基本解决执行难”工作情况的专题调研，提出“进一步完善综合治理执行难工作新格局；进一步落实法院执行工作主体责任；进一步健全执行联动工作机制；进一步营造全社会攻坚执行难的良好氛围”等建议。8月，开展关于加快推进乡村振兴战略促进产业兴旺调研，提出“统筹规划，优化农业特色产业生产条件；发展壮大主导产农业，创新‘一产接二连三’互动融合发展模式；实施集体经济壮大工程，完善社会化服务体系；以‘三支队伍’为重点，积极推进人才振兴；培育壮大农业龙头企业，发展农业适度规模经营”等建议。9月，开展维护台资企业合法权益专题调研，提出“从推动两岸关系和平发展的高度，充分认识台湾同胞投资保护工作的重要意义；进一步健全维护台资企业合法权益工作机制，优化台商投资环境；加大涉台纠纷调解处理力度，依法妥善处理涉台案件”等建议。9月，开展关于市法院环境资源审判工作情况的专题调研，提出“要进一步提高认识，不断增强做好环境资源审判工作的重要性和紧迫性；以提升保护实效为核心，充分发挥环境资源审判职能作用；要不断完善环境资源审判工作机制；要加大环境资源保护宣传力度”等建议。9月，开展关于市检察机关开展公益诉讼工作情况的专题调研，提出“提高认识，切实增强做好公益诉讼工作的政治意识和责任意识；突出重点，不断加大办案力度；协调配合，形成公益保护整体合力；强化保障，不断推动队伍和信息化建设”等建议。

（陈　娜）

（编辑：陈清海）

# 海口市人民政府

## 市政府综述

【政府重大施政事项】（1）推动海口市三江农场公司化改革。2018年，十六届市政府第29次会议、市委常委会（2018）第41次（扩大）暨市委全面深化改革领导小组（2018）第4次会议先后审议原则通过《海口市三江农场发展控股有限公司组建方案》；海口市委办公厅联合海口市人民政府办公厅制定印发《海口市三江农场发展控股有限公司组建方案》，确立海口市三江农场发展控股有限公司组织架构。10月8日，海口市三江农场发展控股有限公司前期启动资金5000万元拨付到位。年初，海口市三江农场发展控股有限公司资产划转工作正式启动，截至10月31日，海口市三江农场场部办公区138.62公顷综合用地划转入海口市三江农场发展控股有限公司。（2）推进海洋经济创新发展示范工作实施。2018年，海口市人民政府办公厅制定印发《海口市海洋经济创新发展示范市项目和专项资金管理办法》《海口市促进海洋经济创新发展若干规定》。从方案实施、项目立项、资金分配、引进第三方监管、跟踪问效和验收方面创新体制机制，探索创新支持方式，加强与金融政策的协调配合，引导社会资本投入方面有成效。建立示范项目备用库，征集备用项目29个；完成24个示范项目立项，并与各牵头单位签订任务合同书；至年底，海口市海洋经济创新发展示范工作完成投资2.53亿元，占计划投资的15%，新取得24项新成果和专利，创新技术成果转化15项，海口市海洋科技新增研发投入0.7亿元以上，新增市级以上企业技术研发中心3家，市级以上认定工程技术中心或中试基地2家，培育高新技术企业2家，新增就业人数286人，新增税收0.07亿元，新增出口额0.24亿元。推进成立海南海洋产业联盟，在海口承办中国（海南）国际海洋产业博览会，深海能源大会，海南海洋展，海南海洋产业发展大会暨海洋高新科技与工程装备博览会等一系列重大峰会。做好海洋战略新兴产业招商引资，引进6家涉海企业注册落地，总注册资本金5.9亿元；湾长制、蓝色海湾整治等重要海洋生态环保项目落户海口，海口在全国海洋经济领域地位逐渐提升。（3）系统解决海口市城乡供水问题。2018年，海口市人民政府办公厅印发《海口市国有企业职工家属区“三供一业”分离移交维修改造标准指导意见》《海口市“十三五”整体提升供水保障能力实施方案》《海口市城镇供水设施建设“十三五”规划》，对海口市城市供水设施建设起到指导作用。至10月底，完成海口美兰机场二期扩建工程场外供水管网设施建设，保障美兰机场二期供水。年底，完成海口市永庄水厂改扩建工程（三期）项目前期工作，进场施工；启动江东净水厂工程（一期）、海口市镇域供水厂及配套管网工程、海口市秀英区东山镇供水改造工程前期工作；完成农村安全饮水巩固提升工程容积930吨水塔、14口地下机井及配套管网建设。

【为民办实事事项】2018年，海口市为民办实事事项在向各区各部门以及全社会公开征集的基础上，按照民生实事更加符合广大人民群众愿望和要求的原则，经过多次会议研究，最终筛选出11项事项作为2018年为民办实事事项内容。至年底，各项为民办实事完成情况如下：

（1）实施农村危房改造项目。全市农村危房改造1180户，竣工1180户，竣工率100%，市级配套资金4720万元。

（2）推进农村改厕项目。完成改厕7591户，完成海口市任务的107.8%，超额完成任务。

（3）完成社会保障体系，提升基本医疗与公共卫生服务能力项目。完成搭建海口市全民健康信息平台、提升海口市疾病预防控制中心公共卫生服务能力和建设5家医疗机构双回路电源等3个方面的工作内容。

（4）建设学校项目。完成美丽沙学校与美丽沙幼儿园建设；改扩建东山镇第二中心幼儿园、西秀镇第二中心幼儿园、永兴镇实验幼儿园等3个项目，教学楼完工并于9月顺利开园招生。

（5）践行生态修复，推进五源河公园（一期）项目。年度完成投资17786.06万元。完成河道生态修复面积35.6公顷，修建入口广场、园区道路及停车场等面积4.2公顷，栈道及亲水平台面积约0.33公顷，绿化面积39.93公顷（其中红树林1.73公顷），路基建设至9.8千米处，营造火山石步道、枯木生境、沙丘生境、昆虫旅馆等宣教设施，安装休息坐凳24套，修建观景凉亭4个，营造小微湿地6处，修造海边观景亭一个。五源河国家湿地公园挂牌并对市民开放。

（6）海甸溪渔船避风锚地及防风设施建设项目。年内，在海甸溪碧海大道一侧水域布置两个避风锚地，总面积6.8公顷，最大能满足600吨渔船停泊。沿碧海大道河堤布置防风栈桥，在长堤路钟楼至424医院段完善防风设施，建设防风系揽桩，全长403米，整体项目将于2019年4月完工。

（7）整治“三无”小区消防设施项目。开展574个“三无”小区消防设施整治，主要包括：维修或者增设火灾自动喷火灭火系统、火灾自动报警系统、室内消火栓系统、应急照明、疏散指示标识、灭火器等。消除海口市老旧“三无”小区的安全隐患，改善城市人居环境，提升城市形象和文明程度。

（8）实施“文化惠民 幸福海口”慰问农民工公益电影放映活动与文体活动室配套设施采购项目。完成放映专场电影600场，电影票发放6万张，放映公益电影200场。年内，计划191个行政村均建有文体活动室，每个文体活动室需配备文体设施，由海南单行道文化传媒有限公司以509.005万元中标并组织实施，于11月16日完成全部配送安装工作。

（9）优化交通组织，规范对红绿灯控制和配时优化项目。对市区50个路口的交通组织进行优化提升，搭建和研发管理台账系统，对全市信号灯控路口进行精细化管理，定期排查、优化、跟踪、评估路口信号灯配时，并借助交通信号绿波协调控制软件和配时优化计算软件实现区域宏观信号联动控制。增强海口市交通的总体供给能力，交通需求得到合理调控，有力缓解海口市部分区域交通拥挤的状况，实现改善交通秩序，减少交通事故的预定目标。

（10）推进公交线网优化项目。海口市2018年计划新开通10条公交路线及优化调整19条公交线路，至12月30日，开通26条公交路线及调整39条公交线路，超额完成目标任务。

（11）实施公共交通系统推广应用新能源汽车项目。年内，购置300辆新能源或清洁能源公交车，其中新增194辆、更新106辆。全市公交车辆规模达到2171辆，其中LNG车型351辆、柴油车型356辆、油电混合车型429辆、气电混合车型90辆、插电式油电混合车型280辆，插电式气电混合车型20辆、纯电动车型645辆，新能源与清洁能源占比83.6%。

**【市政府十六届第二次全体会议】** 2018年2月1日下午，海口市委副书记、市长倪强在市第二行政办公区7号楼二楼第三会议室主持召开十六届市政府第二次全体（扩大）会议。出席会议代表44人，列席46人。会议审议并表决通过《政府工作报告（送审稿）》《海口市2017年国民经济和社会发展计划执行情况与2018年国民经济和社会发展计划草案的报告（送审稿）》《2017年海口市和市本级预算执行情况及2018年海口市和市本级预算草案的报告（送审稿）》，按程序提请海口市第十六届人民代表大会第四次会议审议。

**【市政府十六届第三次全体会议】** 2018年7月12日上午，海口市委副书记、市长丁晖在市第二行政办公区7号楼二楼第三会议室主持召开十六届市政府第三次全体（扩大）会议。出席会议代表43人，列席27人。会议传达学习省政府七届二次全会精神，部署下阶段工作；通报全市上半年经济社会发展情况，各副市长就提升政府执行力、抓好下半年分管领域工作进行安排部署。

**【市政府十六届常务会议】** 2018年，海口市政府在市第二行政办公区7号楼三楼会议室召开第十六届20~51次常务会议。其中，20~22次会议由市委副书记、市长倪强主持，23~51次会议由市委副书记、市长丁晖主持。

第20次常务会　1月5日上午召开。出席会议代表8人，列席50人。会议传达学习全国住房城乡建设工作会议、住建部和国家统计局调研房地产市场会议、全国食品安全示范城市创建工作现场会等会议精神。会议审议并原则通过《倪强同志在全市经济工作会议上的讲话》《海口市2018年省重点项目投资计划》《海口市人民政府关于废止一批市政府文件的决定》和《海口市人民政府办公厅关于建议提请修订市政府文件的通知》等事项。

第21次常务会　1月14日下午召开。出席会议代表9人，列席65人。会议原则同意废止《海口市政府投资工程项目招标投标管理条例》，审议并原则通过《海口市城镇园林绿化条例实施细则（试行）》《海口市中小学校外托管机构管理试行办法（暂用名）》《海口市引进和培育科技创新创业团队实施方案》《海口市“候鸟型”人才工作实施办法》《海口市拔尖人才选拔管理办法》《海口市人民政府与阿里体育有限公司战略合作框架协议》《海口市创业担保贷款实施办法》等事项。

第22次常务会　1月22日下午召开。出席会议代表7人，列席69人。会议充分讨论并原则通过《2018年政府工作报告》《关于海口市2017年国民经济和社会发展计划执行情况与2018年国民经济和社会发展计划草案的报告》《关于2017年海口市和市本级预算执行情况及2018年海口市和市本级预算草案的报告》《2018年为民办实事事项》等事项，并要求各相关职能单位修改完善后按程序提请市委常委会审议。

第 23 次常务会　2 月 13 日上午召开。出席会议代表 9 人，列席 83 人。会议通报国务院安委会 2017 年度安全生产现场考核及问题整改落实情况及全国全省安全生产电视电话会议暨 2018 年第一次市安委会会议情况，研究政府工作报告 2018 年重点工作任务分解等事项。

第 24 次常务会　3 月 13 日晚上召开。出席会议代表 9 人，列席 91人。会议传达学习省委第一巡视组巡视海口市情况反馈会精神并部署海口市整改工作。会议审议并原则同意《关于推进安全生产领域改革发展的实施意见》《关于强化建设工程安全生产管理的若干意见》《海口市 2018 年度公共租赁住房经济适用房及限价商品住房保障标准》《关于海口市公共租赁住房租金标准的通知》《海口市政府投资项目前期工作专项资金管理暂行办法》《海口市城市建筑垃圾管理（暂行）办法》《海口市农村公路管理办法》《海口市轨道交通集团有限公司组建方案》《海口市滨江开发投资（集团）有限公司组建方案》《海口市人民政府 国家海洋环境检测中心战略合作框架协议》等事项。

第 25 次常务会　3 月 23 日召开。出席会议代表 9 人，列席 84 人。会议传达学习全国人大代表刘赐贵题为《真抓实干 建设美好新海南》的文章、全国人大代表沈晓明关于海南发展的论述《扛改革大旗 谋人民幸福》以及省委学习全国“两会”精神电视电话会议、省扶贫开发领导小组会议、刘赐贵调研全省政务信息整合共享工作、沈晓明省长主持召开省政府班子成员会议、省政府党组（扩大）会议、省政府常务会议及近期召开的市委常委（扩大）会议精神等，研究部署省委巡视组巡视反馈问题涉及政府有关事项。

第 26 次常务会　4 月 3 日召开。出席会议代表 9 人，列席 83 人。会议重温习近平总书记 2013 年视察海南时的重要讲话精神，传达学习中央、省、市有关会议精神，审议并原则同意《海口市人民政府关于调整高污染燃料禁燃区的通告》《中国足球（南方）训练基地合作协议书》《海口市人民政府办公厅关于成立推进西海岸南片区项目建设工作领导小组的通知》《海口市本级财政支出管理暂行办法》《海口市人民政府办公厅关于调整市政府领导兼任市政府议事协调机构职务和撤销一批市政府议事协调机构的通知》等事项，原则同意废止《海口市人民政府关于加强政府法律事务管理工作的通知》。

第 27 次常务会　5 月 3 日上午召开。出席会议代表 9 人，列席 85 人。会议传达学习中央、省、市有关会议精神，审议并原则同意《海口市人民政府办公厅关于成立海口市推进与阿里巴巴、蚂蚁金服集团战略合作领导小组的通知》《海口市“盘活挖潜提质增效”三年行动计划（2018—2010 年）》《海口市生活垃圾分类和减量工作方案》《海口市人民政府 2018 年度制度建设（立法）计划》《海口市人民政府关于划定海口市畜禽养殖区域范围的通告》《海口市扶持残疾人自主创业就业暂行办法》《关于加强东海岸片区范围内项目建设管控的通知》等事项。

第 28 次常务会　5 月 22 日召开。出席会议代表 8 人，列席 93 人。会议审议并原则同意《海口市法治政府建设工作方案》《海口市危险房屋治理工作五年行动计划》《海口市城市更新工作领导小组办公室组建工作方案》《海口市 2018—2020 年随军家属就业安置三年计划》《海口市鼓励邮轮产业发展财政补贴实施办法》《海口市支持总部企业发展若干政策》《海口市人民政府和普华永道投资合作框架协议》等事项。

第 29 次常务会　6 月 15 日召开。出席会议代表 9 人，列席 88 人。会议传达学习中共中央政治局会议、省委理论学习中心组（扩大）学习会、省委常委会议、省扶贫开发领导小组会议、全省网络安全和信息化工作会议、全省定点扶贫暨驻村扶贫工作推进会、七届省政府第 6 次常务会等会议精神。会议审议并原则同意《海口市 2018 年投资项目计划》《海口市贯彻落实中央第四环境保护督察组督察反馈意见整改方案》《海口市海洋经济创新发展示范工作领导小组方案》《海口市三江农场发展控股有限公司组建方案》《海口市桂林洋农场改制方案》《2018 年政府投资项目信息化专项预算计划（第一批）》等事项。

第 30 次常务会　6 月 27 日下午召开。出席会议代表 9 人，列席 89 人。会议传达学习《习近平总书记在深入推动长江经济带发展座谈会上的讲话》《中共中央 国务院关于全面加强生态环境保护坚决打好污染防治攻坚战的意见》、省委常委会议、全省生态环境保护大会、七届省政府第 8 次常务会议、省政府专题会议、省打赢脱贫攻坚战指挥部第 15 次会议、国家脱贫攻坚方针政策专题讲座、全省国税地税征管体制改革座谈会议、中央环保督察和国家海洋督察反馈问题整改调度暨江东动迁领导小组会议、市委常委会（扩大）会议、市委专题会议等精神。会议原则通过中国（海南）自由贸易区海口江东新区概念规划方案国际招标投标申请人资格预审结果，审议并原则同意《海口市湿地保护若干规定》，要求按程序报市人大常委会；审议并原则通过《海口市公立医院管理委员会成立名单及工作规程》等事项。

第 31 次常务会　6 月 29 日上午召开。出席会议代表 6 人，列席 18 人。会议审议《海口市海秀快速路骨干路网工程快速路（一期）融资建设、移交及回购合同补充协议（五）》。

第 32 次常务会　7 月 12 日上午召开。出席会议代表 9 人，列席 63 人。会议研究部署 2018 年国务院大督查有关工作，审议并原则同意《海口市海洋督察整改工作领导小组成立方案》《海口市市本级财政专项资金管理办法》《琼州海峡客滚运输突发事件应急联动框架协议》《海口市行政审批局筹建工作实施方案》《关于开展相对集中行政许可权试点工作确认划转的权项》《海口市农村电子商务发展项目合作协议》等事项。

第 33 次常务会　7 月 21 日上午召开。出席会议代表 10 人，列席 94 人。会议传达学习中央、省、市近期重要文件和重要会议精神。会议审议并原则同意《中共海口市委 海口市人民政府关于乡村振兴战略的实施意见》，要求修改完善后报市委；审议并原则同意《全国绿化模范单位和全国绿化奖章候选人建议名单》《海口市养殖水域滩涂规划（2016—2030 年）》《海口市“十三五”整体提升供水保障能力实施方案》《海口市深化国有企业负责人薪酬制度改革方案》《完美世界第二总部项目战略合作协议》《海口市人民政府 上海临港经济发展（集团）有限公司战略合作框架协议》《海口市中小企业发展专项资金管理办法》《海口市人民政府关于废止〈海口市扶持高新技术产业发展若干规定〉的决定》等事项。

第 34 次常务会　8 月 21 日晚上召开。出席会议代表 9 人，列席 84 人。会议传达学习中央、省、市近期重要文件和重要会议精神，研究部署海南省 2017 年度畜禽养殖废弃物资源化利用考核工作。会议审议并原则通过《海口市农村人居环境整治三年行动方案（2018—2020 年）》《海口市美丽乡村建设三年行动计划》（2017—2019 年）《海口市美丽乡村建设 2018 年重点工作计划》《2018 年海口市和市本级政府性基金预算调整方案（草案）的报告》《海口市人民政府与毕马威投资合作协议》等事项。

第 35 次常务会　9 月 2 日下午召开。出席会议代表 6 人，列席 80 人。会议传达学习中央、省、市近期重要文件和有关会议精神，审议并原则通过《海口市人民政府与中国大唐集团有限公司总部经济建设合作协议》《海口市人民政府与凤凰金融集团合作备忘录》《海口市人民政府 海南省科学技术厅 研祥高科技控股集团有限公司 全国工商联科技装备业商会战略合作框架协议》《海口市人民政府与安永（中国）企业咨询有限公司投资合作协议》《海口市人民政府和德勤咨询（香港）有限公司投资合作协议》《海口哈罗外籍人员子女学校、哈罗国际（中国）礼德学校及哈罗小狮幼儿园项目战略合作协议》《海口市“十三五”深化医药卫生体制改革规划暨实施方案》《海口市畜禽规模养殖场及养殖专业户关停补偿若干措施》等事项。

第 36 次常务会　9 月 10 日晚上召开。出席会议代表 8 人，列席 27 人。会议审议并原则同意《海口新海滚装码头客运综合枢纽站工程项目、新海港综合交通枢纽（GTC）及配套设施建设工程项目概念性设计方案深化成果》《海口市国际湿地城市建设合作框架协议书》等事项，并要求修改完善后报市委。

第 37 次常务会　9 月 25 日晚上召开。出席会议代表 6 人，列席 51 人。会议审议并原则同意《关于加强镇政府服务能力建设的实施方案》《“健康海口 2030”行动计划》《海口市打赢脱贫攻坚战三年行动计划实施方案》《海南省海口市人民政府 中国铁路投资有限公司合作协议》等事项，并要求修改完善后报市委。

第 38 次常务会　10 月 2 日上午召开。出席会议代表 8 人，列席 32 人。会议传达中央、省、市重要会议精神，审议并原则同意《关于将江东新区纳入我市禁止销售、燃放烟花爆竹范围》《海南省海口市人民政府 中国铁路投资有限公司合作协议》《2018 年下半年境外航线开发财政补贴计划》等事项。

第 39 次常务会　10 月 7 日下午召开。出席会议代表 9 人，列席 78 人。会议传达中央、省、市重要会议精神，审议并原则同意《海口市城市设计和建筑风貌专家委员会管理办法》《海口市加强城市设计和建筑风貌的实施意见》《海口市人民政府关于海航集团开展飞机租赁业务奖励政策有关问题的意见》等事项。

第 40 次常务会　10 月 10 日晚上召开。出席会议代表 8 人，列席 26 人。会议审议并原则同意《海口市人民政府 科大讯飞股份有限公司合作协议》《海口市人民政府 阿里巴巴（中国）有限公司 浙江蚂蚁小微金融服务集团股份有限公司战略合作补充协议》《海口市人民政府 安邦保险集团股份有限公司投资合作协议》《海南国际会展中心二期投资建设模式》等事项。

第 41 次常务会　10 月 18 日晚上召开。出席会议代表 9 人，列席 22 人。会议传达学习省委书记刘赐贵、省长沈晓明在海南省领导干部深入学习习近平总书记“4·13”重要讲话精神专题培训班上的讲话精神。会议审议并原则同意《海口市人民政府 太平洋建设集团有限公司落户框架协议书》《海口市人民政府 安邦保险集团股份有限公司投资合作协议》等事项。

第 42 次常务会　10 月 16 日晚上召开。出席会议代表 7 人，列席 78 人。会议传达学习习近平总书记关于自由贸易试验区建设的重要指示精神，中共海南省委关于巡视整改进展情况的通报，省委常委会、省政府专题会及省委审计委员会第一次会议等会议精神。会议审议并原则同意《海口市牌匾标识设置导则》《海口市预拌混凝土管理办法》《海口市关于进一步加强区域医疗联合体建设的指导意见》《海口市区域医联体建设实施方案》《关于深化海口市院前急救体系改革与发展的指导意见》《关于进一步加强海口市院前急救体系建设的实施方案》《海口市公立医院薪酬制度及院长年薪制改革试点实施方案》《海口市人民政府中国铁路投资有限公司合作协议》等事项。

第 43 次常务会　11 月 8 日晚上召开。出席会议代表 8 人，列席 48

人。会议审议并原则通过《海口市促进电子商务发展若干规定》《海口市城镇供水设施建设“十三五”规划》《海口市教育局关于2018年市直属公办中小学校新增临聘教师购买服务计划的请示》《海口市教育局关于2018年市直属公办幼儿园新增临聘教师人员的请示》等事项。

第44次常务会　11月19日上午召开。出席会议代表9人，列席31人。会议审议并原则同意《海口市公共租赁住房保障管理办法（修订稿）》《关于加强专职人民调解员队伍建设工作实施方案》《海口哈罗外籍人员子女学校、哈罗国际（中国）礼德学校项目合作协议》等事项。

第45次常务会　11月27日下午召开。出席会议代表7人，列席46人。会议审议并原则同意《海口市2019省重点项目投资计划》《海口市贯彻落实国家海洋督查反馈意见整改方案》《海口市人民政府 顺丰速运有限公司战略合作框架协议》《圆通区域总部及航空枢纽基地项目投资协议》《顺丰速运物流园区项目投资协议》《菜鸟网络科技有限公司中国智能物流骨干网项目投资协议》《海口市人民政府 海南未来产业园投资运营控股有限公司合作框架协议》《海口市人民政府 江苏国变电气股份有限公司合作协议》《海口市人民政府与贝法易信息技术有限公司合作协议》《海口市人民政府 上海瑞戈医院投资管理有限公司 上海欣方智能系统有限公司合作协议》《海口市人民政府与渤海银行合作协议》《九州通医药集团股份有限公司华南区域总部落户海口合作协议》等事项。

第46次常务会　11月29日上午召开。出席会议代表9人，列席45人。会议审议并原则同意《海口市全面治理拖欠农民工工资问题实施意见（修订草案稿）》《海口市畜禽规模养殖场及养殖专业户关停补偿若干措施》等事项。

第47次常务会　12月2日下午召开。出席会议代表9人，列席9人。会议审议并原则同意《海口市2017年度国有资产管理情况综合报告（草案）》《海口市2017年度金融企业国有资产管理情况专项报告（草案）》，并要求修改后报市人大常委会。

第48次常务会　12月13日下午召开。出席会议代表8人，列席46人。会议传达学习习近平总书记在中共中央政治局第十次集体学习时的重要讲话精神和国务院安委办危险化学品安全生产专题视频会议、全国扫黑除恶专项斗争推进会、全省扫黑除恶专项斗争推进会、省扫黑除恶专项斗争领导小组（扩大）会议、全省推进百镇千村建设现场会、省委全面深化改革委员会会议暨自贸区工委会议等会议精神。会议审议并原则同意《海口市“十三五”规划纲要中期评估报告（送审稿）》，并要求修改完善后提请市人大常委会审议；审议并原则同意《海口市职工住房补贴办法》《关于深化海口市院前急救体系改革与发展的指导意见》《关于进一步加强海口市院前急救体系建设的实施方案》等事项。

第49次常务会　12月19日晚上召开。出席会议代表9人，列席35人。会议审议并原则同意《海口市国有土地上房屋征收补偿安置暂行办法》《海口市人民政府关于进一步落实〈中共海南省委办公厅海南省人民政府办公厅关于进一步稳定房地产市场的通知〉的通知》《海口市鼓励民航业发展财政补贴实施办法》等事项。

第50次常务会　12月23日下午召开。出席会议代表5人，列席11人。会议审议并原则同意《海口市人民政府—北京海兰信数据科技股份有限公司战略合作协议》；审议并原则同意《海口市和市本级2018年政府性基金预算调整方案（草案）》，并要求修改完善后提请市人大常委会审议。

第51次常务会　12月27日下午召开。出席会议代表7人，列席28人。会议审议并原则同意《海口市人民政府 中国铁路投资有限公司合作协议》，并要求修改完善后提请市委“三重一大”审定；审议并原则同意《海口市发展和改革委员会与海航航空旅游集团有限公司飞机附件维修基地及航材保税仓库项目（一期）投资协议》《海口市人民政府海南汉地石油化工集团战略合作协议》《海口市人民政府 中国华能集团有限公司海南分公司 兖矿煤业股份有限公司 山东泰中电子商务集团有限公司合作协议》《关于入驻中国·海南未来产业园战略合作框架协议》等事项。

**【综合协调服务】**2018年，海口市人民政府办公厅与有关部门联系沟通，做好市政府领导率团赴上海、广州、厦门、北京、南京等地的大型招商签约活动，协调组织迎接交通运输部调研组、欧洲代表团来海口市调研考察，协调组织迎接国家自然资源督察广州局联合调研组赴江东新区考察，组织协调做好“百项堵点问题疏解行动”实地督导工作；海口市海洋和渔业局对接中国能源建设集团南方建设投资有限公司、北京海兰信数据科技股份有限公司、中国电子科技集团、同为股份有限公司等世界500强和国内知名企业，主动做好海洋战略新兴产业的招商引资工作；与有关部门协调做好迎接韩国济州湿地考察团的访问工作。

**【政务公开】**2018年，海口市政府办公厅制定印发《海口市2018年政务公开工作要点》，从着力加强公开解读回应工作、着力提升政务服务工作实效、着力推进政务公开平台建设、着力推进政务公开制度化规范化4个方面，重点围绕建设法治政府全面推进政务公开、围绕重点领域加大主动公开力度、围绕稳定市场预期加强政策解读、围绕社会重大关切加强舆情回应、推进网上办事服务公开、提升实体政务大厅服务能力、优化审批办事服务、强化政府网站建设管理、用好"两微一端"新平台、整合各类政务热线电话、规范有序开展政府公报工作、贯彻落实政府信息公开条例、加强政府信息公开审查工作、全面推行主动公开基本目录制度、建立健全公共企事业单位信息公开制度15项主要工作，有序推进各项政务公开工作。同时，要求各区政府、各部门要认真对照《海口市2018年政务公开工作要点》部署的各项任务，结合实际提出具体措施，制定工作方案或实施意见，防止简单地以文件落实文件，6月6日前在市政府门户网站和部门政府网站公开。市政府办公厅下发政府网站专项检查通报3期，做到政务公开常抓不懈，监督检查常态化，通过不断查找存在问题，限期强化整改。完善优化，进一步提升全市政务公开工作的服务水平，2018年度全市的评估考核成绩继续保持全省前列。海口市将政务公开工作纳入政府绩效考核体系，占总分值的5%。市政府办公厅按照实施方案要求不定期组织进行日常跟踪督查，重点检查各时间节点任务落实情况，不断提升政务公开工作水平；年终根据年度政务公开工作主要任务量化考核内容，制定年度政府信息与政务公开考核评分表，对全市政务公开协调小组成员单位进行考核，确保全年政务公开工作主要任务真正落到实处。

【新闻报道】2018年，海口市政府办公厅根据习近平新时代中国特色社会主义思想和党的十九大精神、习近平总书记在庆祝海南建省办经济特区30周年上的重要讲话精神，围绕市委、市政府中心工作，组织协调媒体对国际湿地城市、抗雾保运、"城市更新五化"、脱贫攻坚、菜篮子保供稳价、"勇当先锋、做好表率"专题活动、海口夜市、"聚四方之才"、扫黑除恶、禁毒、非法采砂等工作开展系列专题宣传。比如，以国际湿地大会为契机，分节奏组织协调各级媒体加大宣传力度，省、市媒体持续、高密度报道海口湿地。《海南日报》以"头版报眼+评论+跨版纵深"的形式，大篇幅报道海口获评"国际湿地城市"消息和海口湿地保护工作的成就；推出《主播和你一起学：学习近平总书记重要讲话》《"连线自贸区"》等专题专栏。年内，中央主要媒体对海口关注度大大增强，采访频次及发稿量显著提升，推出《海口湿地 绿沁于心》《海口：用自然的力量 打造湿地名片》《海口推进夜市改造 唤醒城市"夜生活"》等有分量、有影响力的新闻稿件500余篇，其中《人民日报》65篇，新华社（含新华社通稿、视频及图片）报道117条，中央电视台报道258条（次），比上年增加268%（"新闻联播"栏目18条，增加38%）。大规模的宣传报道全面展示海口国际化滨江滨海花园城市的崭新形象，提升海口的知名度、美誉度和影响力。

【能源安全协调管理】2018年，海口市贯彻实施提升电网供电保障和抗灾能力三年行动计划，建设电缆管沟110.19千米，清理电力线路走廊树障48853棵。对全市2058个住宅小区全面开展用电安全检查与整治工作，有效降低住宅小区用电安全隐患。有力推进电网项目建设，江东220千伏输变电工程、东山至永发35千伏线路建成投运。在省政府组织的提升电网供电保障和抗灾能力三年行动计划考核中，海口市获得优秀。

【政务督查】2018年，海口市人民政府办公厅对省政府重点工作责任事项、省政府主要领导批示、省政府常务会议和省政府重要专题会议议定事项、省政府2018年重点工作的落实情况进行专项跟踪督办。先后督办涉及海口市的60项省政府主要领导批示近150次，督办省政府重要会议工作思想90件次。对市政府常务会议议定事项、市政府专题会议议定事项及市政府主要领导的批示进行跟踪督查，定期将进展情况及存在问题和建议报市领导。全年督办市政府主要领导批示件近500件次；完成督查督办市领导交办工作任务，撰写督查通报近100篇。

（张林杰）

# 人事工作

【人事工作概况】2018年，海口市人社部门不断抓实规范管理，提升人事管理工作科学化水平。严格执行公务员考试录用和公开选调制度，依法、公开、公平、公正、科学考录，切实加强公务员队伍建设。扎实开展事业单位岗位设置、公开招聘、人事综合管理工作，不断规范事业单位人事管理。全面提升军转干部服务工作，安置军转干部124名、随调家属1名，完成省里下达的军转安置任务。

【公务员招录与选调】2018年，海口市人社部门完成省招全市12个单位51个职位224名公务员招录工作；完成海南省党政机关急需紧缺人才全市31名公务员招录工作；开展海南省"聚四方之才"招聘会海口市考试录用公务员工作；指导监督市国土资源局选调参公管理事业单位工作人员7名。办理56名公务员调入、19名公务员调出手续、120名公务员转正定级和40家单位223名公务员登记手续，办理22批次168人的人大政府任免手续。

【公务员培训】2018年，海口市人社部门开展公务员教育培训工作，组织全市87家单位8766人参加公务员在线学习，参训率99%；组织206名新录用公务员参加初任培训班，245名科级干部参加任职培训，131名领导干部到厦门大学、中国人民大学开展能力提升培训。

【公务员考核与奖惩】2018年，海口市完成322家机关事业单位2017年绩效考核工作，市人社部门完成101家单位年度考核备案；审核办理235

人年度考核奖励备案（其中嘉奖99人，三等功136人）。

【公务员统计】2018年，海口市直政府口公务员（含参公人员）人数有5411人，其中：公务员4328人，参公人员1083人；研究生以上学历（含研究生学历）267人；35岁以下公务员（含参公人员）1327人。

【军转干部安置】2018年，海口市接收自主择业军转干部257人，切实做好自主择业军转干部管理服务工作。安置军转干部124人、随调家属1名，顺利完成省下达的军转安置任务。将2018年安置的行政正营职军转干部及历年安置未曾提升职务的行政正营职军转干部，调整为副科级非领导职务，解决了正营职干部降两级安置的历史遗留问题。

【工资福利】2018年，海口市继续推进深化国有企业负责人薪酬制度改革工作，并取得阶段性成果。完成调整375家机关事业单位20203名工作人员的基本工资标准和增加离休人员离休费的工作。完成2018年度公务员工资试调查工作。完成遗属生活困难补助标准的调整。

【专业技术人员管理】2018年，海口市人社部门做好年度职称工作的部署和评审工作。完成中小学教师系列、建设工程系列、工业工程系列、制药工程系列、海洋工程系列、林业工程系列、水利水电工程系列、档案系列的职称评审工作，共评审通过中级专业技术人员2354人，初级专业技术人员974人。

【事业单位人员管理】2018年，海口市共有295家（次）事业单位动态调整各类岗位1682个，人员聘用备案9869人（次）。市人社部门贯彻落实《事业单位人事管理条例》，对市卫生和计划生育委员会等市本级政府部门所属事业单位的招聘工作方案进行审核，全年共批复16批次共43家事业单位公开招聘方案。全年共完成北京师范大学海口附属学校等40家事业单位的公开招聘核准工作，共核准录用人员505名。公开招聘实施过程中没有出现违规违纪行为，公开招聘工作平稳顺利。

（莫祥壮）

# 外事工作

【外事工作概况】2018年，海口市外事侨务办公室服务中央总体外交，不断扩大海口对外交往，做好对外交流与合作，全年共参与接待53个团组约380人。完成出席博鳌亚洲论坛2018年年会的联合国秘书长安东尼奥·古特雷斯代表团和泰国文化部部长威拉·洛普乍纳拉代表团来访参会接待任务。海口市先后与美国圣贝纳蒂诺郡、菲律宾公主港市和尼泊尔博卡拉市签订结好意向书，国际友城增至38个。

2018年11月9日，海口市人大常委会副主任方中里与菲律宾公主港市长贝伦签署建立友好城市关系意向书

（市外侨办 供）

2018 年到访海口的重要外国客人一览表

| 序号 | 日期 | 接待团组 | 主要客人 | 人数（人） | 国家 | 访问目的 |
|---|---|---|---|---|---|---|
| 1 | 1 月 4 日 | 耶鲁大学积世德研究所 | 宋雅杰博士 | 1 | 美国 | 教育领域生态可持续发展 |
| 2 | 1 月 9 日 | 北大青鸟集团 | 徐柱良 | 9 | 中国 | 与柬埔寨的旅游、港口合作 |
| 3 | 1 月 24 日 | 马来西亚邮轮产业协会 | 林志重 | 6 | 马来西亚 | 邮轮旅游产业合作 |
| 4 | 1 月 29 日 | 大卫·歌诗坦 | 大卫·歌诗坦 | 2 | 以色列 | 实地调研海口雕塑项目 |
| 5 | 1 月 31 日 | 国际湿地公约组织 | 玛莎·乌瑞格 | 6 | 国际组织 | 调研海口湿地保护与建设 |
| 6 | 2 月 26 日 | 仁恒集团 | 钟声坚 | 8 | 新加坡 | 海口国际社区、国际医院项目 |
| 7 | 4 月 7 日 | 泰国文化部 | 威拉·洛普乍纳拉 | 11 | 泰国 | 应省邀请来访，海口市配合接待参观 |
| 8 | 4 月 25 日 | 兵库县 | 杉山尚武 | 2 | 日本 | 参观友好庭院 |
| 9 | 4 月 27 日 | 世界小姐机构 | 史蒂夫·茉莉 | 6 | 美国 | 世界小姐活动 |
| 10 | 5 月 9 日 | 盛裕集团 | 张力昌 | 15 | 新加坡 | 考察自贸区港建设 |
| 11 | 5 月 16 日 | 安永华明 | 吴港平 | 10 | 跨国企业 | 探讨安永进驻海南 |
| 12 | 5 月 18 日 | 普华永道 | 赵柏基 | 8 | 跨国企业 | 探讨普华与海南合作 |
| 13 | 5 月 22 日 | 意中友协、帕多瓦省 | 法比奥·布伊 | 5 | 意大利 | 友好访问 |
| 14 | 5 月 23 日 | 越南驻华大使 | 邓明魁 | 5 | 越南 | 礼节性拜会 |
| 15 | 5 月 25 日 | 瑞安集团 | 肖志宏 | 4 | 中国香港 | 骑楼片区规划建设 |
| 16 | 5 月 30 日 | 华盛顿大学护理学院 | 阿齐塔·艾玛米 | 9 | 美国 | 医疗护理专业合作与发展 |
| 17 | 6 月 1 日 | 德　勤 | 蒋　颖 | 6 | 跨国企业 | 德勤与海南合作 |
| 18 | 6 月 12 日 | 协和国际学校 | 布兰达·皮特森 | 3 | 跨国企业 | 国际学校项目 |
| 19 | 6 月 15 日 | 国际电影协会 | 史蒂芬·尼亚 | 11 | 美国 | 国际电影艺术周活动 |
| 20 | 6 月 16 日 | 拉脱维亚交通部 | 乌尔迪斯·奥古利斯 | 4 | 拉脱维亚 | 与海南、海口航线旅游合作 |
| 21 | 6 月 25 日 | 郑永年教授 | 郑永年 | 1 | 新加坡 | 礼节性拜会 |
| 22 | 6 月 26 日 | 世界地质公园网络 GGN | 卡洛斯努斯 | 4 | 欧盟 | 2018 中国火山地质公园论坛 |
| 23 | 6 月 28 日 | 欧博迈亚公司 | 克里斯托弗 | 5 | 德国 | 海口江东新区交通规划建设 |
| 24 | 7 月 4 日 | 国际姐妹城协会 | 蒂姆·奎格利 | 5 | 美国 | 友好访问 |
| 25 | 7 月 9 日 | 塔斯社 | 马拉特·阿布尔哈金 | 7 | 俄罗斯 | 礼节性拜会 |
| 26 | 7 月 10 日 | 普华永道 | 赵柏基 | 6 | 跨国企业 | 落实普华永道海口分所 |
| 27 | 7 月 19 日 | 欧洲城镇合作代表团 | 帕布罗·甘达哈 | 24 | 欧盟 | 友好访问、中欧城镇合作计划 |
| 28 | 7 月 23 日 | 大卫·歌诗坦 | 大卫·歌诗坦 | 1 | 以色列 | 实地调研海口雕塑项目 |
| 29 | 8 月 5 日 | 美国西部城市代表团 | 冯振发 | 16 | 美国 | 友好访问 |
| 30 | 8 月 8 日 | 瑞穗银行 | 池田稔幸 | 2 | 日本 | 探讨友好合作 |

**续表**

| 序号 | 日期 | 接待团组 | 主要客人 | 人数（人） | 国家 | 访问目的 |
|---|---|---|---|---|---|---|
| 31 | 8月18日 | 塔贡市市长团 | 阿伦·艾伦 | 8 | 菲律宾 | 友城回访 |
| 32 | 9月5日 | 隈研吾都市建筑设计所 | 隈研吾 | 3 | 日本 | 城市规划合作 |
| 33 | 9月12日 | 星光传媒集团 | 清龙静男 | 6 | 日本 | 自动化和智慧城市建设 |
| 34 | 9月20日 | 威利雅集团 | 迈卡斯 | 5 | 法国 | 环境保护项目 |
| 35 | 9月29日 | 圆核集团 | 陈泽盛 | 6 | 跨国企业 | 文化旅游产业合作 |
| 36 | 10月10日 | 新加坡贸工部 | 许宝琨 | 20 | 新加坡 | 友好访问及产业合作 |
| 37 | 10月14日 | 圣洁德儿童医院 | 裴正康 | 5 | 美国 | 参观海口骑楼 |
| 38 | 10月18日 | 泰尔茂株式会社 | 吉柴维博 | 5 | 日本 | 医疗产业合作 |
| 39 | 10月22日 | ALBA欧绿宝集团 | 史伟浩 | 5 | 德国 | 环保产业合作 |
| 40 | 10月25日 | 欧中一带一路文化旅游发展委员会 | 乌伊海伊·伊什特万 | 6 | 欧盟 | 友好访问 |
| 41 | 10月31日 | 斯里兰卡主流记者团 | 查明达·加玛格 | 30 | 斯里兰卡 | 参观海口骑楼 |
| 42 | 11月2日 | 世界自由贸易组织 | 萨米尔 | 4 | 国际组织 | 江东新区规划 |
| 43 | 11月15日 | 捷克驻华大使馆 | 尤乐娜 | 3 | 捷克 | 礼节性拜会 |
| 44 | 11月16日 | 日本驻广州总领馆 | 石塚英树 | 2 | 日本 | 礼节性拜会 |
| 45 | 11月19日 | 哈罗国际管理服务集团 | 邱达强 | 4 | 跨国企业 | 海口哈罗国际学校 |
| 46 | 11月24日 | 东盟国家驻广州总领馆 | 谷丹多 | 11 | 东盟各国 | 参加第11届海口东盟对话会 |
| 47 | 11月27日 | 韩国济州市代表团 | 康明祚 | 21 | 韩国 | 湿地城市建设 |
| 48 | 11月28日 | 香港贸易发展局 | 关家明 | 5 | 中国香港 | 友好回访及经贸会展合作 |
| 49 | 11月29日 | 芝加哥大学附属学校 | 查尔斯·阿贝尔曼 | 5 | 美国 | 教育合作 |
| 50 | 12月4日 | 达尔文市长团 | 孔·瓦茨卡利斯 | 9 | 澳大利亚 | 友城回访及教育、航线、旅游合作等 |
| 51 | 12月9日 | 维多利亚市长团 | 大卫·安德里 | 3 | 塞舌尔 | 友城回访及教育、旅游合作等 |
| 52 | 12月10日 | 布隆迪外交部 | 贝尔纳·恩塔希拉贾 | 6 | 布隆迪 | 参观海口骑楼 |
| 53 | 12月19日 | 陶朗集团 | 雅克博 | 2 | 挪威 | 环保产业合作 |

2018年5月17日，在福州市举办的“21世纪海上合作委员会”第一次全体会员大会上，海口市获颁创始会员标志和委员会主席任命书　　（市外侨办 供）

【外交官来访接待】2018年11月24—26日，海口市举办第11届“海口—东盟国家驻广州总领馆对话会”，印度尼西亚、新加坡、泰国、菲律宾、老挝、越南、柬埔寨7个国家驻广州总领馆代表参加。活动期间，代表团参加中国—东盟大学生艺术周开幕式、北部湾经济合作组织第十次成员大会暨北部湾城市合作组织第二次大会以及实地参观、调研海口夜市、江东新区等活动。全年接待礼节性来访的越南、菲律宾、捷克、日本和布隆迪驻华使领馆代表5批次共20人。

【友好城市工作】2018年，海口市先后与“一带一路”沿线重要城市菲律宾公主港市和尼泊尔博卡拉市结好，与美国圣贝纳蒂诺郡结好，海口国际友城（含友好交流城市）增至38个，遍布五大洲30个国家。5月22—24日，应全国友协邀请，意大利帕多瓦省副省长法比奥·布依先生、意中友好协会主席玛莉亚·莫莱尼女士和全国友协代表一行访问海口。6月22—25日，海口市体育运动学校组队赴波兰访问并参加在友城格丁尼亚市举办的第19届国际青少年足球联赛“阿卡格丁尼亚夏季杯”。2月和8月，海口经济学院共派送10名学生到新西兰旺阿雷市北方理工学院进行一学期交流。8月7日，派员参加在德国罗斯托克市举办的大帆船节。8月18—21日，菲律宾塔贡市市长艾伦·瑞伦一行8人访问海口。海口市政府在中国驻印尼登巴萨总领馆的帮助下，向8月5日发生里氏7.0级强烈地震的友城印尼北龙目市，捐赠人道主义善款8万元。12月3—5日，澳大利亚友城达尔文市市长孔·瓦茨卡利斯一行9人到访，双方就推动两地在航线、旅游、经贸、人文等领域的合作以及参与海南自由贸易试验区建设进行探讨。12月9—14日，塞舌尔友城维多利亚市市长大卫·安德里一行3人到访，访问期间，代表团参加与琼台师范学院合作举办的塞舌尔椰雕艺术展和非遗保护发展论坛等活动，代表塞舌尔艺术设计学院与琼台签署合作备忘录，并共同为两校艺术交流中心揭牌。

2018年8月5日，美国西部市长代表团访问海口市美兰区大致坡镇美贴村　　（市外侨办 供）

【加入城地组织亚太区“21世纪海上合作委员会”】2018年5月17—19日，由全国友协与福州市政府在世界城地组织（UCLG）亚太区框架内共同发起成立的“21世纪海上合作委员会”第一次全体会员大会在福州市举办。会上表决通过《21世纪海上合作委员会章程》并公布委员会主席、联合主席和秘书长人选。海口市获颁创始会员标志和委员会联合主席任命书，作为创始会员加入城地组织亚太区“21世纪海上合作委员会”，丁晖市长担任委员会联合主席。

【参与国际非政府组织活动】2018年，海口市参与国际非政府组织活动，大力宣传海南自由贸易区（港）定位及优惠措施、海口市经贸、旅游资源和营商环境。8月25—30日，参加在南非约翰内斯堡举办的世界大都市协会年会。9月12—15日，参加在印度尼西亚泗水市举行的世界城市和地方政府联合组织（UCLG）亚太区第七次全体会议。在UCLG亚太区第七次全体会议（换届会议）上，全国友协副会长宋敬武当选UCLG亚太区联合主席，海口市第三次连任UCLG亚太区理事会成员。11月29日至12月3日，参加在土耳其加济安泰普市召开的第五次亚洲市长论坛全体会议。

【出国（境）培训】2018年，海口市办理出国（境）培训人数60人次。其中，9月16—27日，组织24人参加海口市城市更新和城市治理赴新加坡培训班。选派12名领导干部和村官参加省“双百工程”出国（境）培训班，组织申报4个2019年出国（境）培训项目计划：海口市加快推进海南自贸区和中国特色自贸港建设赴新加坡专题培训班、海口市花园宜居城市建设与治理赴新加坡专题培训班、海口市舆情监测与媒体应对赴香港专题培训班、海口市公共服务管理赴日本专题培训班等。

【公务出访管理】2018年，海口市外事侨务办公室共受理出访团组80个186人次（不含港澳团组20个44人次），其中培训团组19个54人次。按团组性质划分，党政团组63个162人次，其他团组17个24人次；按组团方式划分，双跨团组42个61人次，自组团组38个125人次。拒批、劝退及未成行团组10个19人次。

【外国人来华签证邀请函办理】2018年，海口市外事侨务办公室共签发18份《被授权单位邀请函》，被邀请人19人次，被邀请人国家包括哈萨克斯坦、俄罗斯、土库曼斯坦、土耳其、英国、西班牙、法国、日本、韩国等，支持海口市文化、体育、教育等产业的交流和发展。

【外国人来华工作许可】2018年，海口市外事侨务办公室提高外国人来华工作许可服务质量和效率，对高端A类人才采取“1小时审批制”，对引进外国人才分“轻重缓急”，采取“急事急办”“材料容缺后补”措施，方便办证单位及申办件的外国人。全年新申请注册的单位132家，累计259家；受理签批外国人工作许可440人，累计666人，其中新办外国高端人才（A类）3人、外国专业人才（B类）266人，其他人员（C类）45人，涉及俄罗斯、美国、加拿大、荷兰、日本、肯尼亚、南非、新加坡等30多个国家和地区，工作领域主要有文教、医药、制造业、体育产业、餐饮酒店服务业、艺术类等。

【外国人在海口】2018年3月23日，海口市外事侨务办公室联合海口广播电视台举行“外国人在海口”开播仪式。全年共拍摄10期节目，每期节目时长10分钟。旨在记录外国人在海口的生活状态以及感受其海南情怀，以外国友人的独特视角展现真实、立体、全面的海口。5月20日，组织海口地区20多名外国友人体验海口第二届荔行琼山徒步大会活动。有来自英国、美国、爱尔兰、德国、俄罗斯、印度、喀麦隆等国家的20多名外国友人参加活动。与热带海南英文网合作，开展外国友人体验海口系列——“开着房车看海口”系列短视频，通过国际化的拍摄及呈现、西方人的视角深度体验海口本土文化风情，体现东西方多元性文化，展示吸引海外游客前来海南海口体验热带岛屿的独特魅力。

## 侨务　港澳事务

【侨务及港澳事务概况】2018年，海口市外事侨务办公室共接待来访海外华侨华人、港澳同胞40批500多人次。“走出去”开展海外联谊，协助美国海南商会举办“赴琼考察项目发布会”，协助加拿大海南总商会举办“世纪创新项目交流会”，组团参加“庆祝澳门海南同乡总会成立二十四周年暨理监事就职庆典大会”“马来西亚海南联会85周年纪念”等活动；举办“建设海南自由贸易试验区（港）海口海外智囊研讨会”。累计为1200多名归侨退休职工和无固定收入困难归侨发放每人每月100元生活补贴。

【涉侨服务】2018年春节期间，海口市共筹集资金10多万元，慰问全市知名侨界人士和困难归侨侨眷近800名。端午节期间，对全市294名无固定收入的困难归侨给予特困救济，在现有每人每月发放100元生活补贴的基础上，每人再补贴生活补助300元，共发放慰问救济款近9万元。为马来西亚困难归侨王月霞发放特困救助款2000元；帮助困难归侨侨眷子女解决上学困难问题，共为89名侨界学子发放“潘先钾、黄玉珍教育基金”奖学金约36万元。全年累计为850多名符合条件的归侨退休职工发放每人每月100元生活补贴，总计约99.6万元；为370多名无固定收入的

2018年6月15日端午节，海口市外事侨务办在滨海新村社区举办“粽叶飘香情暖侨心”暨侨法宣传活动

（市外侨办 供）

困难归侨发放每人每月 100 元生活补贴，总计约 42 万元；为大致坡镇归侨邢福山危房改造支持资金 5000 元；为华侨张萍、林之军办理回国定居手续；为 13 名报考全国普通高等院校和 8 名报考高中阶段的考生出具“三侨生”身份证明；为 30 名归侨侨眷、海外侨胞出具涉侨身份证明。

【归侨侨眷联谊活动】2018 年，海口市外事侨务办公室与友善社工中心合作在滨海新村社区开展走访老归侨活动，全年累计走访老归侨 118 人次；在滨海新村社区“侨之家”举办“粽叶飘香 情暖侨心”端午节活动、“情暖侨心 共庆佳节”中秋节活动、“情暖冬至 心系归侨”冬至活动、“南侨机工回国抗战 79 周年纪念”座谈活动等；在红明居“印尼侨队”举行篮球比赛、拔河比赛、游园等系列文体活动及“聚侨心、促和谐”文艺汇演；并利用每次活动举办，开展宣传侨法、送医送药。创新开展“海口市 2018 归侨侨眷喜看海口新变化”活动，组织三江居、红明居、东昌居近 100 名归侨侨眷参观省博物馆、省规划馆、体育中心、五源河湿地公园等项目，体验海口新变化，增进对海口的了解，增强对家乡海口的热爱。

【服务侨资企业】2018 年，海口市外事侨务办公室扎实服务侨资企业，加强与世界各地华商的交流。5 月 23—25 日，组织海归青年企业家、侨资企业负责人一行 8 人赴江苏南通市参加“海外知名侨商南通行”活动，与来自 27 个国家和地区的杰出华商、侨领共叙友谊、共谋发展。8 月 9 日，马来西亚海南总商会总会长林秋雅率商务考察团一行 10 人访问海口，了解海口有关投资政策，考察软件园、高校和医疗机构等。开展招商引资，协调加拿大怡创企业董事长王健新考察并对接复兴城；为加拿大安省海南同乡会理事陈美杞回海口创办海南分时新能源汽车租赁公司提供服务；为新加坡黎记海南鸡饭创始人黎才忠先生希望把经营 65 年的“黎记海南鸡饭”带回家乡海南而对海口市场开展的考察提供服务。

2018 年 5 月 15 日，泰国海南会馆理事长冯尔真（右八）率团访问海口

（谢江波 摄）

【港澳同胞及海外侨界联谊】2018 年，海口市外事侨务办共接待来访的海外华侨华人、港澳同胞 40 批 500 多人次。代表团主要有香港大学生“百人青年交流团”、泰国海南会馆代表团、马来西亚海南总商会访问团、日本海南同乡会代表团等；海外侨领主要有瑞士瑞中友好交流协会会长杨善中、日本海南总商会会长符明潮、新加坡海南协会理事长陈学汉、缅甸中华总商会荣誉会长杨钏玉、泰国海南会馆理事长冯尔真、旅美著名歌唱家冯梦雪、法国华人进出口商会永远名誉会长蒋景深等。11 月 24—26 日，组织 5 人代表团出席“马来西亚海南联会 85 周年纪念活动”，加强与海外侨领、政商人士和专家学者的互动交流，考察马来西亚骑楼建筑以及天后宫的经营管理，海南华侨中学与马来西亚芙蓉中华中学签署合作办学意向书。12 月 1—3 日，首届世界海商高端论坛在博鳌举办，市外事侨务办邀请与会的美国海南商会、新加坡海南商会、日本海南同乡会代表团近 30 人访问海口，向客人介绍海口的经济社会发展以及海口推进建设自由贸易区（港）情况，宣传推介海口，鼓励和引导海外侨胞参与海口发展建设。

（侯永康）

# 行政服务

【行政服务工作概况】2018 年，海口市政府服务突出“放管服”工作重点，着力在创新机制、规范管理、强化服务、提高效能等方面创新工作，充分发挥 12345 政府服务热线“指挥棒”“绣花针”“连心桥”的作用，不断规范公共资源交易活动，提高政府行政效能。市政府服务中心获“全省文明单位”称号。海口 12345 政府服务热线获得全国政务热线发展研究论坛“金数奖”和“先锋奖”以及第七届金铃奖暨中国大数据应用新典范大奖“公共服务类—服务优化奖”，并被确定为创建海南省“擦亮青年文明号，助力海南自贸区”主题活动首批青年文明号创建示范点。

【大厅服务运行与管理】2018 年，海口市政府服务中心有 34 家职能单位进驻，派驻工作人员 200 人，其中窗口工作人员 106 人。28 个部门审批办进驻，审批人员 94 人。

【网上办事大厅建设】2018 年，海口市政府服务中心在抓好实体大厅管理的同时，全力推进覆盖市、区、镇街三级的网上办事大厅建设。该网厅覆盖面广，涵盖审批服务事项3305项（含各镇街部分重复事项）；信息发布全面，所有事项全部按标准格式公开办事指南；服务功能齐全，网上查询、网上预约、表格下载、网上申报功能一应俱全。将网厅信息发布列入年度审改考核指标。对市民较为关注的国土局不动产登记相关事项申请表格信息发布开展持续跟踪检查，解决表格格式不规范、不规则跨页等问题，方便市民网上下载使用。年内，网上办事大厅系统架构确立，网上办事通道通畅，事项进驻基本齐整，网厅规范化建设成效显著，基本实现实体大厅与虚拟大厅服务的同步推进。全年，网上预约量16397人次，网上申报办件8274件，大厅日均受理量约600件，审批结果邮政速递业务2215件，办理便民上门服务16宗。

【窗口办件服务】2018年，海口市政府服务中心窗口受理办件136445件，办结150098件（含上年受理件），提前办结率78.85%，办结率下降7.52个百分点；群众满意度99.53%，提升0.41个百分点。

【12345政府服务热线】2018年，12345海口智慧平台平稳运行，12345市政府热线通过多种渠道受理办件总量191.36万件，办结率99.60%，办件满意率90.81%，日均接话量5243个；前台接通率96.47%（语音渠道），前台直接办结率63.88%。

（谭　斌）

## 调查研究

【政府研究工作概况】2018年，海口市政府研究室承担起草、审改各类讲话和其他综合性文稿342篇。组织全市经济社会发展等方面的重点、热点、难点问题的调查研究工作，撰写10篇调研报告，以及开展全市政务信息和经济社会发展信息的搜集、筛选、整理、传递、交流和报送工作。

【重点课题调研】2018年，海口市政府研究室重点围绕建设海南自贸区（港）开展课题研究，先后完成《赴天津、辽宁自贸区及雄安新区考察报告》《加快探索建设中国特色自由贸易港的措施建议》《江东新区规划建设工作建议》《赴陕西、湖北自贸区及湘江新区考察学习报告》《海口市菜篮子调研报告》《各地人才政策研究》《我市公交运营情况的调研报告》《赴郑州学习考察的情况报告》《海口学前教育存在的问题及建议》《海口义务教育存在的问题及建议》10篇调研报告，近5万多字。这些调研报告为海口学习先进地区的经验做法，推动海口加快转型发展，提升建设自由贸易试验区水平，起到积极的促进作用。同时，委托研究机构开展《精准施策——把农丰村打造成海口乡村振兴战略示范点》课题研究。

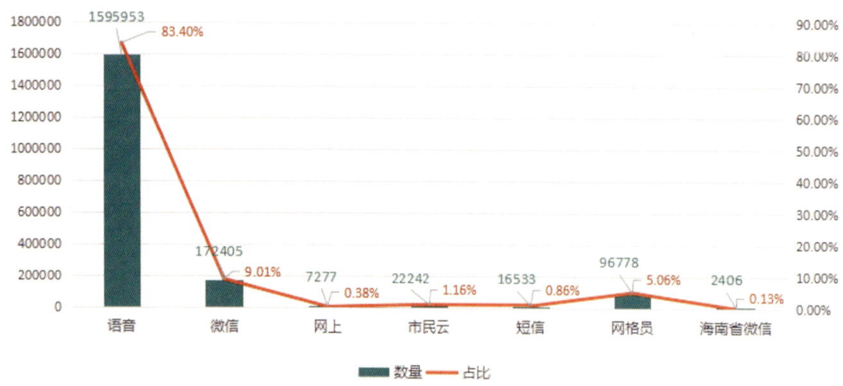


2018年海口12345政府服务热线各渠道办件受理量

【文稿起草】2018年，海口市政府研究室共撰写342篇近80万字的综合文稿。其中，汇报材料150余篇，近50万字；会议文稿140余篇，近24万字；完成各种大型论坛、招商推介会、投资说明会、招待会上致辞50余篇，近6万字。

【信息编报】2018年，海口市政府研究室共编发《政务信息》210期908条，其中专刊34期38条。全年共完成国办约稿11条，上报国办信息6条；完成省办约稿23条，上报省办信息832条，省办《政府要情》采用19条、《海南信息》采用5条，政务信息工作继续位居全省前列，获得全省政务信息工作先进单位。

【海口经济蓝皮书】即《2018年海口发展形势与预测》。全书约28万字，通过对2018年海口经济社会发展全面、深入、翔实的回顾与评价，对海口经济运行的主要因素进行分析、研究和预测，提出发展对策和建议，是社会各界对海口经济形势进行分析的重要平台，也是外地了解海口的重要资料之一。

（牛　薇）

（编辑：李　敏）

# 中国人民政治协商会议海口市委员会

## 市政协综述

【市政协工作概况】2018年，海口市政协团结带领各参加单位和广大政协委员履行政治协商、民主监督、参政议政职能，充分发挥思想引领、协调关系、汇聚力量、建言献策、服务大局作用，调查研究扎实深入，协商议政广泛开展，民主监督力度增强，团结联谊不断拓展。全年共召开全体会议1次、常委会议6次、主席会议14次，开展课题调研7项、专题视察16次，立案提案410件，编报《社情民意专报》15期。海口市政协被选为全国政协系统党的建设工作座谈会和学习贯彻习近平总书记关于加强和改进人民政协工作重要思想座谈会的地方政协代表，出席会议并作工作经验介绍。

【政治协商】（1）围绕全市性重大问题资政建言。2018年，海口市政协在政协海口市十四届三次会议期间，组织委员们讨论政府工作报告及其他报告，围绕政府效能提升、“放管服”改革、人才引进机制创新、加快园区建设、“十二个重点产业”发展、做大做优实体经济、加快琼州海峡经济带和港航一体化建设、主动融入粤港澳大湾区和北部湾城市群、推动“海澄文”一体化发展、统筹推进城乡发展、打赢脱贫攻坚战、加强生态环境治理、建设美丽乡村、加快城市更新、巩固“创文创卫”成果等问题坦诚建言、踊跃献策，提交大会发言68份。（2）围绕优化营商环境协商献策。组织常委会成员走访委员企业，召开企业界委员座谈会，对自贸区建设背景下优化市营商环境进行深入研究，就如何以制度创新为核心，深化“放管服”改革，打造法治化、国际化、便利化的营商环境和公平统一高效的市场环境等问题，与市发改、商务、国土、规划、政务中心等部门深入探讨。在优化市营商环境专题议政性常委会议上，市政府主要领导率市发改委等13个政府部门的负责人与政协常委面对面互动交流。常委们提出的改善中小企业融资环境、支持中小企业转型升级、为中小企业提供信息、技术、培训和市场开拓服务等具体建议，被《海口市中小企业发展专项资金管理办法》所吸纳。（3）围绕乡村振兴战略出谋献计。在组织委员开展“实施乡村振兴战略，推进农村产业融合发展”课题调研的基础上，市政协主席会议针对市农村产业发展现状及存在问题，就如何深化农业供给侧结构性改革，推动农村一二三产业融合发展，实现农村繁荣和农民增收等问题进行专题协商，形成专题报告报送市委、市政府，助推海口市科学实施乡村振兴战略、扎实做好农业农村工作。

【民主监督】2018年，海口市政协深入学习中央、省委关于加强和改进人民政协民主监督工作的意见，总结梳理市政协民主监督工作的实践经验与成果，配合市委研究制定《关于加强和改进人民政协民主监督工作的实施意见》，进一步推动市政协民主监督工作制度化、规范化、程序化发展。助力打赢脱贫攻坚战。市政协委员深入各挂点包点区、镇、村调研视察，指导督促产业、就业、教育、医疗、社保等帮扶措施落地见效；持续深入扶贫夜校，与贫困户一起收看扶贫电视节目，坚持扶贫扶智扶志相结合；发动企业界委员帮助谋划产业扶贫，指导建立农业合作社，支持贫困户发展生产、增加收入。助推民生事业发展。组织委员视察市政务中心，推动12345市政府服务热线“指挥棒”“绣花针”“连心桥”作用的更好发挥；视察蔬菜生产基地、农贸市场、“菜篮子”直营门店、大型农副产品批发市场，推动“菜篮子”保供稳价。促进生态文明建设。组织委员对万绿园“生态修复、功能修补”、潭丰洋湿地公园建设、城市“五化”建设项目、东西湖和龙珠湾水体治理、桂林洋热带农业公园建设、防治大气污染“六个严禁两个推进”工作，以及金沙湾和五源河国家湿地公园蜂虎繁殖地保护等进行视察，针对问题提出建议。抓好民生提案办理。从410件委员提案中，挑选出57件涉及就业、教育、医疗、物价、社保、住房、交通和食品安全等民生重点问题的提案，确定为重点督办案和主席会议成员督办案，加大提案督办力度，及时将提案办理落实情况在《海口日报》上公示，接受群众和委员的监督评议。

**【“海口邮轮、轮渡一体化发展”专题调研】**2018年6—12月，海口市政协委员和有关专家，先后赴广东省湛江市、广西壮族自治区北海市、广东省广州市及深圳市、上海市，通过前期文献调研、市内调研、省外考察、座谈研讨等方式，就“海口邮轮、轮渡一体化发展”课题进行调研，形成《海口邮轮轮渡一体化发展研究报告》。报告就推进邮轮产业发展和母港建设、提升琼州海峡轮渡硬件设施和服务水平、丰富近海游船路线和旅游体验、加快水上飞机省外起降点选址工作等方面提出意见建议。

**【“自贸港建设背景下海口市营商环境优化研究”专题调研】**2018年6—10月，海口市政协成立专门课题组，先后赴重庆、成都、珠海、厦门等地，采取召开座谈会、实地调研与省外学习考察相结合的方式，同时通过比较研究、文献研究、调查研究等方法，形成《自贸港建设背景下海口市营商环境优化研究》调查报告。报告在充分调研海口市营商环境现状的基础上，提出“做好自由贸易试验区经验复制推广工作”“营造优良营商环境的法制保障”“规划先行，引领产业发展和自贸港建设”“加快硬件环境”“建设创新人才服务”“转变思想观念”“加强组织领导”“保障宣传工作”等方面的建议。

**【“加快构建海口国际购物消费中心”课题调研】**2018年8—11月，海口市政协成立专门课题组，先后赴天津、上海、杭州及省内三亚、琼海等地，通过省外考察、省内调研、座谈研讨等方式，就“加快构建海口国际购物消费中心”课题进行调研，形成《以发展国际购物为突破口，推进海口国际旅游消费中心建设》的专题报告。报告分析海口建设国际购物消费中心的优势、建设海口国际购物消费中心面临的主要问题，从放大离岛免税购物政策效应、加快建设高效便捷的电子商务示范区、推动会展国际化和商品交易中心建设、加快发展聚集人气、促进国际购物的旅游项目、着力提升海口市旅游消费公共服务体系等方面提出加快发展海口国际购物消费的建议。

**【“加快推动我市基础教育国际化办学”课题调研】**2018年6—10月，海口市政协成立专门课题组，通过市内调研、省外考察、座谈研讨等方式，就“加快推动我市基础教育国际化办学”课题进行调研，形成《以自贸区（港）建设为导向，加快推进基础教育国际化发展》专题报告。报告深入分析市教育面临的形势任务及存在问题，就如何适应自贸区（港）建设需要，加快推进全市基础教育国际化发展的有效途径进行深入研究，从根据中央和省政府要求确立基础教育国际化目标、市基础教育国际化的重点任务、加强基础教育国际化的制度供给、培养适应基础教育国际化的本地教师、整合海外资源、健全管理队伍、探索创新管理模式等方面向市委、市政府提出具体对策建议。

**【“乡村振兴战略与海口农村产业融合发展对策研究”课题调研】**2018年6—9月，海口市政协成立专门课题组，先后赴陕西省西安、延安等地学习考察，就市乡村振兴战略与农村产业融合发展的现状、问题及对策研究问题进行调研，形成《乡村振兴战略与海口农村产业融合发展对策研究》调研报告。报告阐述全市农村产业融合发展现状和发展模式，分析存在的主要问题及原因，就如何通过一二三产业融合发展来实现海口农村繁荣和农民增收等问题提出“明确目标和战略，谋划产业融合发展新思路”“做优做大做强优势产业，推动产业融合发展全面升级”“加快培育新型农业经营主体，为产业融合发展注入新活力”“创新农业经营性服务方式，保障农民分享产业融合发展‘红利’”“盘活农村土地资源，破解产业融合发展难题”“推进农村集体产权制度改革，为产业融合发展打下坚实基础”“加快财政金融支持力度，形成产业融合发展合力”“推进科技创新，为产业融合发展提供智力支撑”“积极培育新型农民，打赢产业融合发展攻坚战”“加大脱贫攻坚力度，实施产业扶贫提质增效行动”“建立激励机制，提供产业融合发展组织保障”等方面提出具体对策建议。

**【“探索新型农村综合体，建设生态文明美丽乡村”课题调研】**2018年6—10月，海口市政协成立专门课题组，深入市乡镇农村进行调研访谈，召开调研座谈会，赴云南大理市、广南县，四川蒲江县、新津县以及省三亚市、陵水县、白沙县学习考察。通过调研考察、访谈、分析、归纳和总结，找出海口市新型农村综合体、生态文明美丽乡村建设中存在的问题，分析其深层次原因，并从科学合理地制定新农村综合体发展规划、充分调动农民在农村建设中的积极性、鼓励多重市场主体参与海口乡村建设、注重农村产业发展、大力加强农村基层党组织建设、加强政府对新型农村综合体的扶持力度等方面提出了具体对策建议。

**【“海口市创新国际友好城市发展模式助力海南自贸区（港）建设”课题调研】**2018年上半年，海口市政协成立专门课题组，配合海南省政协课题调研组开展子课题调研，通过走访、座谈等方式，深入了解海口市开展友城工作、参与“一带一路”建设的基本情况，分析海口开展友城工作及参与“一带一路”建设过程中存在的主要问题，从“统筹规划，围绕‘一带一路’构建友城关系网”“科学布局，创新友城合作方式”“整合资源构建友城多边交往模式”“实现友城成果惠及于民”“拓展与‘一带一路’沿线国际友好城市交往新路径新方式，助推海南自贸区（港）建设”

等方面提出海口创新友城关系合作模式，更好融入“一带一路”建设的对策措施。

【政协委员专题视察】2018年，海口市政协共组织政协委员开展专题视察16次。1月17日，市政协主席王云霞带领30余名省市政协委员，到智慧海口综合联动指挥中心视察了解市社会治理及城市管理的智能化建设情况。政协委员一行走访滨海大道、国兴大道、美舍河国兴桥段、白龙南路、长堤路等处，实地查看大叶油草、椰子树种植及行车栏杆更换情况。1月23日，市政协委员一行30余人到海口市万绿园视察“生态修复、功能修补”工作，实地查看相关工程进展情况，并提出意见建议。3月13日，王云霞率领部分政协委员和市政协机关干部职工，到桂林洋国家热带农业公园开展视察，听取项目主要负责人介绍项目规模及规划等基本情况，并依次参观农业嘉年华、热带雨林区、玲珑花园、美丽乡村高山村、西入口、共享农庄等项目现场。4月3日，市政协委员及政协机关干部一行45人视察城市“五化”建设项目——三角池片区改造工程，实地了解片区综合环境整治情况，并就三角池公园完善设施、提升品位、未来发展等建言献策。5月11日，王云霞率近百名委员视察龙华区潭丰洋湿地生态修复、珍稀物种保护、公园规划等情况并召开座谈会。委员们实地查看潭丰洋湿地核心区、八仙泉、古石桥等处，听取潭丰洋湿地保护现状和规划设计汇报，对市委、市政府及时叫停土地回填改造，精心保护湿地生态的做法高度赞赏，围绕平衡开发与保护、重视农业面源污染、完善基础设施等内容提出具有实践价值的意见和建议。5月16日和18日，市政协副主席李顺华带领市政协委员先后到秀英区石山镇和琼山区开展市乡村振兴与产业融合专题视察活动。6月17日，王云霞带领市政协委员到东西湖视察，与巡逻的百姓河长、中山街道干部、城管队员等交谈，详细了解东西湖改造后的情况。6月19日，王云霞带领市政协委员到海口五源河国家湿地公园，视察栗喉蜂虎、蓝喉蜂虎的筑巢情况。6月28日，王云霞带领市政协委员走访视察海口市多个菜市场和“菜篮子”门店，同群众、摊贩、店主、市场管理方深入交流，了解菜价波动等情况，分析问题并提出意见和建议。7月12日下午，王云霞带领市政协委员到东寨港红树林视察并召开座谈会，视察组一行先视察东寨港红树林乡村旅游区，听取江西三清山旅游集团有限公司经理祝顺保的工作汇报，并了解旅游区生态保护和旅游管理的情况，听取东寨港红树林的科普馆选址、船舶改造、栈道修建等工作汇报。7月13日，海口政协委员组队先后来到海垦花园夜市、琼台福地美食街和海大南门夜市，走访参观海口夜市的建设、管理及运营情况，并就如何进一步发展夜市经济提出意见和建议。7月19日，市政协副主席王传荣带领经济委员会主任李永胜、部分政协委员、市发展和改革委员会、市科学技术工业信息化局、市财政局、市国土资源局、市规划委、市商务局、市政府服务中心、海口国家高新技术产业开发区、市工商行政管理局分管领导和海大专家前往海口国家高新技术产业开发区和市政府服务中心，对海口投资环境建设情况开展专题视察。8月27日，王云霞带领近20名市政协委员来到海口市菜篮子公益性大型农副产品批发市场，视察项目推进及运营情况，就海口市蔬菜保供稳价同相关部门座谈交流，提出意见和建议。9月12日上午，王云霞带领市政协委员视察组来到美兰区演丰镇演东村委会和大致坡镇永群村委会，就控制秸秆露天焚烧、促进秸秆综合利用进行专题视察，同镇、村干部及村民座谈交流，提出意见和建议。11月2日，市政协副主席冯玉英带领部分政协委员视察海口市贯彻落实《关于促进两岸经济文化交流合作的若干措施》（简称惠台31条）情况。12月5日，李顺华带领市政协视察组一行11人前往琼山区法治文化主题公园和玉沙实验学校实地视察、听取汇报并召开座谈会，对市法治文化建设、青少年普法教育情况等进行指导。

【政协提案工作】2018年海口市政协十四届三次会议后，政协委员、政协各参加单位和各专委会共提交410件提案，经市政协提案法制委员会审查，决定立案410件。立案提案中，各民主党派、人民团体和政协各专委会提案104件，委员个人或联名提案296件。按类别分，经济建设类181件，政治建设类33件，文化建设类44件，社会建设类110件，生态文明建设类42件。按照“归口管理、分级负责”原则，立案提案集中交市党群口、市人大口、市政府口、市中级人民法院等57个单位负责承办。截至12月31日，提案已全部办理并答复。提案者对办理工作满意率90%、基本满意率10%。

【反映社情民意信息】2018年，海口市政协共编送《社情民意专报》15期，报市党政领导参阅。其中，市政府领导14人次作出批示，市有关部门采取措施积极办理，切实解决群众有关诉求，并对处理情况作出书面答复及反馈。委员们反映的加大平价菜供应、打通断头路、增设过街人行通道、羊山地区古井保护、大型犬类管理等问题都得到有效解决。

## 政协海口市委员会第十四届三次会议重点提案

| 序号 | 类别 | 案号 | 案由 | 提案人 | 承办单位 | 督办领导 |
|---|---|---|---|---|---|---|
| 1 | | 1 | 关于加大扶持提升品牌，大力推进海口市品牌农业发展的建议 | 李　明 | 市农业局 | |
| 2 | | 13 | 关于四管齐下合力打赢脱贫攻坚战的建议 | 赵彦双 | 市委农办<br>市发改委、市教育局、市民政局、市财政局、市人社局、市农业局、市住建局、市工商联、龙华区政府、秀英区政府、美兰区政府、琼山区政府 | |
| 3 | | 18 | 关于用大数据加快推进我市智慧城市建设步伐的建议 | 刘杭丽 | 市科工信局<br>市信息中心、市发改委、市政务中心、龙华区政府、秀英区政府、美兰区政府、琼山区政府、 市交警支队 | 副市长鞠磊 |
| 4 | | 20 | 关于深化"一带一路"合作，促进海口市与尼泊尔博卡拉市共建友好城市建议 | 吴肖淮<br>王安兴<br>唐山荣 | 市外事侨务办<br>市发改委、市教育局、市农业局、市旅游委 | |
| 5 | | 28 | 关于实施乡村振兴战略，加快海口特色小镇建设的建议 | 市政协提案法制委 | 市发改委<br>市商务局、市财政局、市人社局、市国土局、市规划委、市旅游委、市文体局、龙华区政府、秀英区政府、美兰区政府、琼山区政府 | 副主席李顺华督办案 |
| 6 | 经济建设 | 42 | 关于重点推进农村产业融合，加快我市农业供给侧结构性调整的建议 | 市台盟 | 市农业局<br>市委农办、市商务局、市科工信局、市财政局、市林业局、市旅游委、市食药监局 | |
| 7 | | 44 | 关于推进海口全域旅游，着力创建国家级中医药健康旅游示范区的建议 | 市农工党 | 市卫计委<br>市科工信局、市农业局、市政府研究室 | |
| 8 | | 62 | 关于发展特色民宿产业推动海口全域旅游的建议 | 林　青 | 市旅游委<br>龙华区政府、秀英区政府、美兰区政府、琼山区政府 | 主席王云霞 |
| 9 | | 64 | 关于培育和发展健康的住房租赁市场的建议 | 曹耀德 | 市住建局<br>市发改委、市政务中心、市环保局、市公安局 | |
| 10 | | 82 | 关于海口市公交导向型城市发展及交通拥堵治理的建议 | 市政协经济委员会 | 市交通局<br>市财政局、市规划委、市城管委、市公安局 | |
| 11 | | 92 | 关于做好我市田园综合体试点工作积极落实乡村振兴战略的建议 | 徐建荣 | 市农业局 | 副主席冯玉英督办案 |
| 12 | | 99 | 关于加快海口健康产业发展的建议 | 夏　锋 | 市卫计委<br>龙华区政府、秀英区政府、美兰区政府、琼山区政府 | |

续表

| 序号 | 类别 | 案号 | 案由 | 提案人 | 承办单位 | 督办领导 |
|---|---|---|---|---|---|---|
| 13 | 经济建设 | 100 | 关于积聚创新要素，助推"海口模式"人才驱动的建议 | 孙荣芸 | 市委组织部<br>市发改委、市商务局、市科工信局、市人社局 | |
| 14 | | 103 | 关于解决海口交通拥堵难题的建议 | 王丽霞 | 市公安局<br>市规划委、市住建局、市城管委、市交通局 | |
| 15 | | 105 | 关于开展城乡居民慢性病管理，助力精准扶贫的建议 | 郑肇良 | 市卫计委<br>市委农办、市科工信局 | |
| 16 | | 107 | 关于推动电商创业，筑造青年梦想的建议 | 王丹靖 | 市商务局 | |
| 17 | | 108 | 关于加强基础设施建设，提高农民文明素养的建议 | 陈安妮<br>张仙峰<br>詹汉钦<br>林小玉<br>吴肖淮 | 市发改委<br>市委宣传部 | |
| 18 | | 110 | 关于共享单车乱停放整治的建议 | 张发亮 | 市城管委 | 副市长孙芬 |
| 19 | | 115 | 关于加快琼州海峡经济带建设,推动海峡两岸一体化发展的建议 | 李世杰 | 市发改委<br>市委组织部、市商务局、市科工信局、市海洋和渔业局、局,市民防局、海口综合保税区、海口高新区、市环保局、海口桂林洋经济开发区、海口国税局、市地税局 | 主席王云霞督办案 |
| 20 | | 118 | 关于加大力度建设良好的营商环境的建议 | 林玉娇 | 市商务局<br>市纪委、市科工信局 | |
| 21 | | 122 | 关于全面提升我市旅游国际化水平的建议 | 文德林 | 市旅游委 | 副主席刘辉平 |
| 22 | | 123 | 关于尽快制定并实施美丽乡村经营管理人才吸引、挖掘、引进、培训计划的建议 | 韩云秋 | 龙华区政府、秀英区政府、美兰区政府、琼山区政府<br>市人社局、市规划委 | 政协秘书长韩云秋督办案 |
| 23 | | 130 | 关于加快调整农业区域发展布局,做大做强海口热带特色现代农业的建议 | 市民盟 | 市农业局<br>市发改委、市商务局、市科工信局、市旅游委、市环保局、秀英区政府 | |
| 24 | | 148 | 关于推动海口"共享农庄"模式发展的若干建议 | 市民革 | 市农业局<br>市财政局、市国土局、市旅游委、市环保局、市工商局、龙华区政府、秀英区政府、美兰区政府、琼山区政府 | |
| 25 | | 150 | 关于大力弘扬企业家精神，加快推动个体私营经济转变发展的建议 | 市民建 | 市工商联<br>市发改委、市科工信局、市政务中心 | |
| 26 | | 157 | 关于海口进一步完善环保基础设施、建设静脉产业园区的建议 | 宋延巍 | 市环卫局<br>市发改委、市科工信局、市规划委、市环保局 | |
| 27 | | 179 | 关于加快推进海口诚信体系建设的建议 | 市政协港澳台侨委员会 | 市发改委<br>市委宣传部、市科工信局、市工商局 | 副主席符军督办案 |
| 28 | 政治建设 | 182 | 关于引入司法社工介入未成年人刑事案件工作，促进"司法和社会一条龙"一体化并行机制的建议 | 陈　丹 | 市检察院<br>市教育局、市财政局 | |
| 29 | | 185 | 关于加快构建海口农村公共法律服务体系的建议 | 王　琳 | 市司法局<br>市财政局 | |
| 30 | | 192 | 关于出台优化改善非公经济发展环境政策的建议 | 市工商联 | 市发改委 | 副市长顾刚 |

**续表**

| 序号 | 类别 | 案号 | 案由 | 提案人 | 承办单位 | 督办领导 |
|---|---|---|---|---|---|---|
| 31 | 文化建设 | 204 | 关于建设琼州乡贤文化广场，促进海口人文景观繁荣发展的建议 | 林育漳 | 市文体局<br>市林业局、市住建局 | 副市长任清华 |
| 32 | | 214 | 关于加快推进中国足球（南方）训练基地建设的建议 | 陈文说<br>李　明 | 市文体局<br>市国土局、市城管委、市旅游委 | |
| 33 | | 221 | 关于保护乡村民俗资产,实现乡村振兴的建议 | 肖　强 | 龙华区政府、秀英区政府、美兰区政府、琼山区政府<br>市科工信局、市农业局、市国土局、市规划委、市文体局 | |
| 34 | | 224 | 关于建设和完善海口历史文化标识的建议 | 王天意 | 市文体局<br>市委组织部、市教育局、市人社局 | |
| 35 | | 243 | 关于精心打造冼夫人文化，丰富海口市城市精神内涵的建议 | 市社科联 | 市文体局 | |
| 36 | | 246 | 关于加强海口市基层公共文化服务体系建设的建议 | 蔡　铁 | 市文体局<br>市财政局、龙华区政府、秀英区政府、美兰区政府、琼山区政府 | |
| 37 | 社会建设 | 260 | 关于提高农村学校教育质量的建议 | 市致公党 | 市教育局 | 副市长龙卫东 |
| 38 | | 262 | 关于完善志愿者嘉许与激励回馈制度，推动志愿服务制度化建设的建议 | 团市委 | 市精神文明办 | |
| 39 | | 271 | 关于推进发展我市智慧养老的建议 | 九三学社海口市委 | 市民政局<br>市科工信局、市卫计委 | |
| 40 | | 275 | 关于切实推进我市新建住宅小区配套教育设施的建议 | 市政协教文卫委员会 | 市教育局<br>市规划委、市住建局 | |
| 41 | | 278 | 关于深入推进我市“医联体”建设的建议 | 陈敬华 | 市卫计委 | |
| 42 | | 289 | 关于抑制校园暴力行为的建议 | 市民进 | 市教育局<br>市司法局、市公安局 | 副主席厉春督办案 |
| 43 | | 309 | 关于努力突破三大“瓶颈”，促进教育均衡发展的建议 | 吴允秀 | 市教育局 | |
| 44 | 社会建设 | 315 | 关于如何推动我省新药、好药加快上市的建议 | 董万程<br>王成栋 | 市科工信局<br>市政管理局、市环保局、市食药监局 | 副市长邓海华 |
| 45 | | 319 | 关于推进我市智慧医疗建设的建议 | 周　干 | 市卫计委<br>市科工信局 | |
| 46 | | 320 | 关于提升全市文明素质，努力建设美好新海口的建议 | 王　振<br>王安兴<br>倪庆种<br>高　松 | 市委宣传部<br>市教育局 | |

续表

| 序号 | 类别 | 案号 | 案由 | 提案人 | 承办单位 | 督办领导 |
|---|---|---|---|---|---|---|
| 47 | 生态文明建设 | 371 | 关于强化“限塑令”的执行，减少塑料制品对我市环境危害的建议 | 黄光周 | 市环保局<br>市委宣传部、市商务局 | 副主席冯鸿浩督办案 |
| 48 | | 373 | 关于建立北部湾区域大气污染源,联防联控机制的建议 | 张会发 | 市环保局 | |
| 49 | | 374 | 关于万绿园改造的建议 | 万　年<br>陈积流<br>张树广<br>黄高山<br>王　琳 | 市园林局 | |
| 50 | | 377 | 关于加快海口南渡江两岸有序开发，助推建设国际化滨江滨海花园城市的建议 | 詹汉钦 | 市规划委<br>市发改委、市国土局、市交通局、市环保局 | |
| 51 | | 378 | 关于建立海洋旅游生态补偿制度的建议 | 邓世明 | 市海洋和渔业局<br>市财政局 | |
| 52 | | 379 | 关于加强农村生态环境建设，推进海口乡村振兴的建议 | 蔡爱丹 | 市环保局<br>市农业局、市水务局、市环卫局 | |
| 53 | | 390 | 关于推进我市湿地公园建设的建议 | 林小玉 | 市林业局<br>市发改委、市财政局、市园林局、市环保局 | |
| 54 | | 391 | 关于“五化”先行，全面提升城市形象和“品质”的建议 | 董光海 | 市城管委<br>市科工信局、市财政局、市人社局、市公安局 | |
| 55 | 社会建设 | 393 | 关于尽快帮助我市既有住宅加装电梯的建议 | 市总工会 | 市住建局<br>海口质监局、市财政局、市规划委、龙华区、秀英区、琼山区、美兰区政府 | |
| 56 | 经济建设 | 394 | 关于加强海口总部经济发展的建议 | 匡贤明 | 市发改委<br>市商务局、市科工信局、市财政局 | 副主席王传荣督办案 |
| 57 | 生态文明建设 | 395 | 关于加强海口市水环境生态治理的建议 | 曾友意<br>宋延巍<br>李新国<br>吴　涵<br>阮　欣 | 市水务局<br>市财政局、龙华区政府、秀英区政府、美兰区政府、琼山区政府 | |

# 市政协重要会议

【市政协十四届三次会议】2018年2月9日下午，政协海口市第十四届委员会第三次会议在海南国际会展中心召开。刘辉平主持会议。会议应出席委员276名，实际到会268名，符合规定人数。王云霞代表政协海口市第十四届委员会常务委员会作工作报告，李顺华向大会报告市政协十四届二次会议以来的提案工作情况。2月11日下午，政协海口市第十四届委员会第三次会议举行闭幕大会，王云霞主持。会议补选张会发、陈安妮、曾友意、蔡铁4位同志为政协海口市第十四届委员会常务委员。会议审议通过政协海口市第十四届委员会第三次会议关于常务委员会工作报告的决议、关于提案工作情况报告的决议、关于提案审查情况的报告、政治决议。

【市政协常务委员会会议】2018年，海口市政协在海口市第二办公区共召开市政协十四届七至十二次常务委员会会议，会议由市政协主席王云霞主持。

七次常委会议　1月19日上午召开。会议审议通过《召开政协海口市第十四届委员会第三次会议的决定》和有关事项等，审议通过市政协十四届三次会议议程（草案）、日程，各次全体会议执行主席、主持人，大会秘书长、副秘书长，委员讨论编组及第一召集人，选举办法（草案）、总监票人、监票人（草案），工作报告（草案）及报告人等有关事项。

八次常委会议　2月9日下午召开。会议审议通过《政协海口市第十四届委员会常务委员会关于接受刘屹等同志辞去市政协常务委员职务请求的决定》《政协海口市第十四届委员会常务委员会关于接受刘屹等同志辞去市政协委员资格请求的决定》、政协海口市第十四届委员会第三次会议常务委员候选人建议名单（草案）。

九次常委会议　2月11日上午召开。会议听取各小组召集人汇报小组讨论各项决议（草案）和酝酿候选人名单（草案）等情况，审议通过市政协十四届三次会议选举办法，总监票人、监票人名单，常务委员候选人名单；审议通过市政协十四届三次会议关于常务委员会工作报告的决议（草案）、关于市政协十四届一次会议以来提案工作情况报告的决议（草案）、市政协十四届三次会议提案审查情况的报告（草案）、市政协十四届三次会议政治决议（草案）。

十次常委会议　4月19日召开。传达学习习近平总书记在庆祝海南建省办经济特区30周年大会上的重要讲话和《中共中央国务院关于支持海南全面深化改革开放的指导意见》，传达省委书记刘赐贵，省政协主席毛万春的指示要求，并进行分组讨论，交流学习心得体会。市政协各专委会主任、副主任及委员、机关干部近百人参加学习讨论。

十一次常委（扩大）会议暨优化营商环境专题协商座谈会　7月20日下午召开。会议就优化市营商环境进行民主协商。市委副书记、市长丁晖出席会议并通报市2018年上半年经济运行情况。市委常委、常务副市长顾刚，市政协副主席王传荣、刘辉平、冯鸿浩、厉春、李顺华、冯玉英，秘书长韩云秋出席。会上，市政协委员邢明、王成栋、田中景、叶茂、黄高山、吴肖淮、李诗源等先后结合海口本地企业发展实际围绕优化营商环境进行协商发言。会议还传达学习全国政协主席汪洋在全国政协系统党的建设工作座谈会和政协第十三届全国委员会常务委员会第二次会议上的重要讲话精神，对市政协开展“在建设海南自由贸易试验区和中国特色自由贸易港实践中勇当先锋、做好表率”专题活动作动员部署，并举行市政协海南自由贸易试验区、中国特色自由贸易港专题培训结业仪式。

十二次常委会议　11月20日上午召开。传达学习近期中央及省、市重要会议和文件精神，通报2018年前三季度全市经济运行情况。

【市政协主席会议】2018年，海口市政协主席王云霞在第二办公区共主持召开市政协十四届常务委员会十六至二十九次主席会议。

十六次主席会议　1月3日下午召开。会议审议十四届一次会议以来优秀提案、提案组织工作和提案办理工作先进单位的表彰办法和表彰会议方案，征求《中共海口市委2017工作总结（征求意见稿）》和《中共海口市委常委会2018年工作要点（征求意见稿）》意见和建议，研究市政协十四届三次会议筹备工作会务经费预算，研究调整市政协十四届委员会常委、委员等。

十七次主席会议　1月18日上午召开。会议审议通过关于召开政协海口市第十四届委员会第三次会议的决定（草案）及市政协十四届三次会议议程（草案）、日程（草案），各次全体会议执行主席、主持人（草案），大会秘书长（草案）、副秘书长（草案），委员讨论编组及第一召集人（草案），选举办法（草案）、总监票人（草案）、监票人（草案），工作报告（草案）及报告人（草案）等有关事项。

十八次主席会议　2月1日下午召开。会议研究委员辞职、补选等人事事项。

十九次主席会议　2月2日下午召开。会议研究市政协十四届三次会议有关事项，研究春节慰问活动安排。

二十次主席会议　2月3日召

开。会议审议更改市政协十四届三次会议召开时间、委员会驻会安排和增加会议预算等事项。

二十一次主席会议　2月10日下午召开。会议通过市政协十四届三次会议选举办法（草案），总监票人、监票人名单（草案），常务委员候选人名单（草案），关于常务委员会工作报告的决议（草案），关于市政协十四届一次会议以来提案工作情况报告的决议（草案），关于市政协十四届三次会议提案审查情况的报告（草案），市政协十四届三次会议政治决议（草案）。

二十二次主席会议　4月16日下午召开。会议协商关于召开市政协十四届十次常委会议有关事宜。

二十三次主席会议　4月24日召开。会议研究海南省政协候鸟群体服务管理补充调研、问卷调查、省政协党建工作调研汇报材料、确定市政协十四届三次会议重点提案和召开市政协十四届三次会议提案交办会等事宜。

二十四次主席会议　5月3日上午召开。会议传达学习海南省委书记刘赐贵、省长沈晓明在5月1日省委常委（扩大）会议上的重要讲话精神和市委常委会精神，研究部署市政协工作，研究成立市政协自贸区（港）建设专家库，讨论通过专家库组成人员。

二十五次主席会议　7月10日召开。会议总结市政协自由贸易试验区专题培训工作，研究市政协机关有关制度，审议市政协十四届十一次常委会议方案等。

二十六次主席（扩大）会议　7月18日下午召开。会议研究市政协十四届十一次常委（扩大）会议相关事宜。

二十七次主席会议　10月24日下午召开。会议传达学习全国政协召开的习近平总书记关于加强和改进人民政协工作的重要思想理论研讨会精神，传达学习中共中央办公厅印发的《关于加强新时代人民政协党的建设工作的若干意见》，传达学习中国（海南）自由贸易试验区建设总体方案精神，研究市政协贯彻落实意见。会议听取市政协全年工作目标完成情况汇报，审议有关文件、方案和人事事项。会议协商决定：政协海口市第十四届委员会常务委员会第十二次会议于11月中旬召开，会议对政协海口市第十四届委员会第四次会议筹备工作作出部署。

二十八次主席会议　11月20日召开。会议对市政协十四届四次会议筹备领导小组进行调整，王云霞主席、郭燕红书记担任领导小组组长，成员为市政协主席会议成员。

二十九次主席（扩大）会议　12月5日上午召开。会议传达学习近期习近平总书记关于加强和改进人民政协工作的重要指示精神，听取市政协十四届四次会议各工作小组筹备工作情况汇报，审议通过政协海口市委员会关于召开市政协十四届四次会议的决定。

（刘林海）

（编辑：陈清海）

# 纪检监察综述

【纪检监察工作概况】2018年，海口市纪委监委履行党章、宪法和监察法赋予职责，坚持稳中求进的基本方针，推进纪检监察工作，党风廉政建设和反腐败工作取得新成效。全年全市立案534件，结案476件，为国家和集体挽回经济损失1782.88万元。共给予党纪政务处分457人，立案件数和处分人数分别比上年增长15.58%和2%，其中立案处级干部51人。运用"四种形态"处理1117人次，增长25.2%，监督执纪实现由"惩治极少数"向"管住大多数"逐步拓展，严管厚爱、宽严相济愈发凸显。

【深化纪检监察体制改革】2018年2月13日，海口市监察委员会挂牌成立，与市纪委合署办公，市监察局自然撤销。至2月12日，市、区两级监察委员会组建全部完成，海口市监察体制改革试点工作进入深度融合阶段，工作重心放到人员教育培训、案件线索移交处置、纪法衔接流程再造、工作制度建设上。市纪委监委实行一套人马，履行双重职责，执纪执法两项职责不断相互贯通，纪检监察体制改革取得新成效。（1）加强党的统一领导。市委统筹推进国家监察体制改革试点工作，市委书记当好"施工队长"，市纪委牵头抓总，各职能部门密切配合，完成市、区两级监委组建挂牌和人员转隶，与纪委合署办公，推动职能、人员、工作深度融合。严格落实"两个为主"（即重大事项在向同级党委报告的同时向上级纪委报告），市纪委向省纪委报告立案12次，受理各区纪委报告立案48次；会同市委组织部提名考察下一级纪委书记、副书记6人次。市委批准对市管干部初核、立案、留置、处分事项254人次，各区委批准203人次，党对反腐败工作的领导更加坚强有力。（2）推进派驻监督全覆盖。把所有行使公权力的公职人员纳入监督范围，逐一认定监察对象，改革后全市监察对象5.05万人，比改革前增加415%。深化派驻机构全覆盖改革，完善派驻机构管理体制机制，赋予派驻机构监察职能，明确监督任务，细化监督清单，做实监督责任。年内，市纪委派驻机构立案件数和处分人数，分别占市纪委总数的45.1%和47.1%，"派"的权威和"驻"的优势逐步发挥。推动各区纪委探索设立派驻机构，将派驻全覆盖改革向区一级延伸。4个区纪委设立派驻机构16个，监督区直单位171个，实现区一级派驻监督全覆盖。（3）构建权威高效的监察体系。出台53项内部工作制度和2项外部衔接制度，形成以业务工作流程细则为主体的"1+N"制度体系。全要素运用12项调查措施，其中采取留置措施13人，比上年"两规"人数增加7人。发挥反腐败协调小组职能作用，加强与公安、检察、审判等机关的沟通协作，推进纪法贯通、法法衔接。监察机关移送司法机关的案件，全部予以起诉和作出有罪判决。职务犯罪案件从立案到判决平均用时209.2天，比改革前减少110.5天，缩短34.6%，办案质量和效率明显提升。对市桥梁管理有限公司原副总经理吴某受贿案，未经留置仅用13天就办结移送检察机关，办案模式由"中途换车"变为"直通车"。（4）完成检察院职能、人员划转。市检察院反贪污贿赂局、反渎职侵权局、职务犯罪预防处整体职能划转至市纪委监委，转隶人员36名。

【海口市监察委员会首任班子产生】2018年2月12日，在海口市第十六届人民代表大会第四次会议第三次全体会议上，市委常委、市纪委书记冯汉芬全票当选为首任市监察委员会主任。2月12日下午，根据市监察委员会主任提名，海口市十六届人大常委会第十四次会议经过表决，任命杨卫国、曾照宇、林耀平为海口市监察委员会副主任，林道诗、柯伟、杨柏、冯军、张此明为海口市监察委员会委员。市人大常委会主任杜立文为杨卫国等市监察委员会副主任、委员颁发任命书。2月13日上午，海口市监察委员会挂牌成立。同月，市、区两级监察委员会组建完成。

【海口市纪委十三届三次全会】2018年3月8日在海口行政中心综合楼三楼召开。市委常委、市纪委书记、市监察委员会主任冯汉芬主持会议并作工作报告。会议的主要任务是：深入学习贯彻习近平新时代中国特色社会主义思想，落实党的十九大、十九届中央纪委二次全会和省第七次党代会、省纪委七届二次全会、市委十三届历次全会精神，总结2017年纪律检查工作，部署2018年工作任务。会议审议并通过《中国共产党海口市第十三届纪律检查委员会第三次全体会议工作报告》和《中国共产党海口市第十三届纪律检查委员会第三次全体会议决议》。

【市委巡察工作领导小组集体约谈8个被巡察党组织】2018年4月24日，海口市委常委、市纪委书记、市监委主任、市委巡察工作领导小组常务副组长冯汉芬主持召开十三届市委第三轮巡察集体约谈会，约谈市委农办、市文化广电出版体育局、市交通港航局、市房屋征收局、市住建局、市城投公司、海旅集团、市统发公司8个被巡察单位的党组（党委）主要负责同志，压紧压实被巡察党组织整改责任，确保巡察发现问题条条有整改，件件有着落。在市委第三轮巡察中，8个单位发现的问题主要有：在党的领导弱化方面，党组（党委）议事规则不明、执行虚化；凝聚力不强，民主集中制执行不到位；统筹全局能力不强，贯彻重大决策部署不到位等问题仍不同程度存在。在党的建设方面，部分党员意识淡薄、基层党建工作薄弱、违规选人用人问题仍有发生。在全面从严治党方面，各单位主体责任落实不到位，廉政风险防控缺失，干部违纪时有发生，公车管理混乱、公款吃喝、滥发补贴等违反中央八项规定精神问题屡禁不止。市委常委、市委组织部部长、市委巡察工作领导小组副组长王艳萍和冯汉芬先后进行约谈讲话，8个单位党组（党委）主要负责同志分别作表态发言。

【十三届市委第六轮巡察】2018年10月18日开始，十三届海口市委第六轮巡察4个巡察组陆续进驻市财政局、市财政国库支付局、市科工信局、市总工会、市妇联、市科协、市社科联、市残联、市人社局、市人力资源开发局（就业局）、市社保局、市技师学院，市公安局及其特警支队、交通警察支队、刑事警察支队、监所管理支队、城市警察支队、秀英分局、龙华分局、琼山分局、美兰分局、美兰国际机场分局、开发区分局等24家单位党组织，开展为期2个月的常规巡察。本轮巡察首次开展市区两级巡察工作联动。其中，对市公安局秀英分局、龙华分局、琼山分局、美兰分局进行交叉巡察；对4个区人社系统进行提级交叉巡察。巡察组进驻后，分别召开进驻沟通会和工作动员会，传达学习市委“五人小组”会议精神，明确本轮巡察的主要任务、工作安排和纪律要求。

【纪检监察队伍建设】（1）机关党建。2018年，海口市纪委监委推进机关党建标准化建设，完成29个党支部设置调整，把临时党支部建到巡察组、审查调查组、保障中心等工作一线，发挥基层党组织战斗堡垒作用。各支部严格执行“三会一课”等制度，积极开展主题党日活动，全年共开展党日活动250次，班子成员参加支部组织生活230人次，支部书记讲党课100场次。（2）规范化建设。成立深化规范化建设工作领导小组，明确91项建设任务，已完成90项。推进领导决策规范化，制定5项民主决策制度，健全领导班子分工管理机制。推进业务运行规范化，实现监督检查和审查调查部门分设，建立线索处置、审查调查、案件审理相互协调、相互制约的工作机制。推进执纪执法行为规范化，以保障留置和谈话安全为重点，建立健全和严格执行审查调查安全管理制度，筑牢安全防线。推进机关管理规范化，改进绩效考评工作，规范档案和涉案款物管理，发挥服务保障作用。市纪委监委连续7年在全省纪检监察系统绩效考核中被评为“优秀”等次。（3）自身建设。市纪委监委班子带队开展专题调研指导，认真开好班子民主生活会。自觉接受监督，主动向市人大常委会报告专项工作，向党外人士通报党风廉政建设和反腐败工作情况。建立干部家访、谈心谈话等制度，开展干部家访80多人次，谈心谈话160多人次，“咬耳扯袖”成为常态。开展大调研活动，形成调研文章56篇；加大干部轮岗交流、挂职锻炼和教育培训力度，共培训干部600人次。坚持刀刃向内，对执纪违纪、执法违法者“零容忍”，全年全市受理纪检监察干部问题线索39件，查处违纪违法干部2人。

## 纪委监委主要工作

【从严治党主体责任和监督责任落实】2018年，海口市纪委监委严明政治纪律和政治规矩，查处违反政治纪律党员干部3人。强化政治监督，开展全覆盖、清单化的专项监督检查，督促整改问题。严查涉及砂场非法采砂背后的腐败和“保护伞”问题10人，确保党中央政令畅通、令行禁止。抓好巡视整改。海口市委履行主体责任，把落实巡视整改作为重大政治任务抓紧抓实抓好。市纪委监委担负监督责任，协助市委推动做好巡视“后半篇文章”。坚持带头整改、监督检查和调查处置相结合，制定中央、省委巡视反馈问题整改方案和监督检查清单，把巡视整改情况纳入市纪委监委监督部门日常监督内容，加强整改督查督办，加大对中央巡视和省委巡视移交的信访件和问题线索的办理力度，移交的391件信访件，办结342件，办结率87.5%；移交的94件问题线索，立案查处49人；推进省委巡视反馈违反中央八项规定精神“四个方面”问题的整改，全市共退缴违规资金1.27亿元，立案查处30人。紧盯“关键少数”，严肃问责落实全面从严治党主体责任、监督责任不到位的11个党组织和81名党员领导干部；加大对中央环保督察移交问题线索处置力度，问责包括5名市管干部在内的39名党员领导干部。协助市委加强政治生态建设，组织指导区纪委、派驻机构协助党委（党组）进行政治生态分析研判，形成全市政治生态自我分析报告并提交省纪委和市委。严肃党内政治生活，层层召开贯彻落实中央八项规定精神等专题民主生活会、组织生活会。落实“三个区分开来”（即把干部在推进改革中因缺乏经验、先行先试出现的失误和错误，同明知故犯的违纪违法行为区分开来；把上级尚无明确限制的探索性试验中的失误和错误，同上级明令禁止后依旧我行我素的违纪违法行为区分开来；把为推动发展的无意过失，同为谋取私利的违纪违法行为区分开来），制定《关于为受到不实举报的干部澄清正名的实施办法》，营造良好的干事创业环境，激励干部担当作为。严把选人用人关，动态更新市管干部廉政档案，回复党风廉政意见779人次，提出暂缓或不宜使用建议12人次。

【正风肃纪】2018年，海口市纪委监委坚持把监督检查中央八项规定精神执行情况作为重点任务和长期工作，制定纠正“四风”监督检查清单，每季度通报“四风”问题查处情况。紧盯重要节点正风肃纪，开展明察暗访1598人次，查处“四风”问题259起422人，通报曝光158起321人。其中，违反中央八项规定精神问题131起224人，通报曝光64起143人，持续释放越往后执纪越严的强烈信号。贯彻中央纪委集中整治形式主义、官僚主义的工作意见，紧盯贯彻落实习近平总书记“4·13”重要讲话精神、打赢“三大攻坚战”、服务经济社会发展等重大事项，查处不担当、不作为、不负责等问题104起157人。以12345热线办件督办问责作为整治形式主义、官僚主义的着力点，对民生领域热点问题背后的推诿拖延、办件不力等问题严查快处，全年督办相关问题245起，印发12345热线办件督办问责情况通报6期，曝光典型问题28起68人，处理168人次。

【监督效能全面提升】2018年，海口市纪委监委设立专司监督的纪检监察室，制定监督检查清单，综合运用信访受理、线索处置、约谈提醒、谈话函询、检查抽查等方式强化日常监督，全年全市共受理检举控告1321件，处置问题线索1282件，谈话函询286件，分别增长29.9%、41.2%、71.3%。以常态化监督推动主体责任落实，全市党员领导干部开展谈话提醒2422人次，其中“咬耳扯袖”2161人次，“红脸出汗”261人次。创新监督方式方法，推动全市各级各部门开展履职行权监督检查，发现问题线索287件，督促各级党组织处理355人。从规范财务管理入手，探索以财务公开监督为抓手的日常监督方式，在13个市直单位试点财务公开的基础上在全市推行，督促主体责任落实。

【运用监督执纪“四种形态”】2018年，海口市纪委监委坚持抓早抓小，通过批评教育、诫勉谈话、组织处理、纪律处分等方式，层层构建纪律屏障。全年全市纪检监察机关运用“四种形态”处理1117人次，增长25.2%，其中第一、二、三、四种形态处理人数占比分别为56.8%、30.2%、7.2%和5.8%，监督执纪从“惩治极少数”向“管住大多数”转变。坚持严管厚爱，通过登门恳谈、集中座谈、书面访谈、约谈等方式，对全市受处理人员进行教育回访215人次，帮助干部放下包袱、轻装上阵、干事创业。

【反腐惩恶】2018年，海口市纪委监委坚持无禁区、全覆盖、零容忍，坚持重遏制、强高压、长震慑，坚持受贿行贿一起查。全年全市纪检监察机关初核案件983件，立案534件，结案476件，给予党纪政务处分457人，移送司法机关40人，挽回经济损失1782.88万元。立案件数、移送司法机关人数分别比上年增长15.6%、471.4%。聚焦“关键少数”，立案查处海南港航控股有限公司原副书记、总经理麦某某，市城建集团有限公司原总经理胡某某等市管干部47人。紧盯征地拆迁等重点领域，严肃查处美兰区龙岐村棚改项目腐败案，有20名涉案人员被移送司法机关追究刑事责任，为国家挽回直接经济损失1110.18万元。行贿受贿一起查，对17名行贿人给予党纪政务处分。在高压震慑和政策感召下，全市有38名党员干部主动交代违纪违法问题，2名党员干部主动投案。

【群众身边腐败和作风问题整治】2018年，海口市深入基层开展纪检监察机关大下访活动，开通扶贫领域信访举报“绿色通道”，落实直查快办、提级办理、交叉复核等工作机制，严肃查处贯彻党中央决策部署不坚决不到位，主体责任、监督责任和监管责任缺失，以及贪污挪用、截留私分、虚报冒领等腐败和作风问题123起153人，通报曝光典型问题37起70人。推动“四议三公开”监督检查常态化制度化，探索建立扶贫领域和村务公开“互联网＋监督”模式，为打赢脱贫攻坚战提供坚强保障。坚决整治群众反映强烈的突出问题。强化扫黑除恶专项斗争监督执纪，惩治涉黑涉恶腐败和“保护伞”问题18起18人，其中严惩13名为甘某某黑恶势力团伙充当“保护伞”公职人员。严肃查处“菜霸”“砂霸”“运霸”背后的腐败案件15起19人。督促基层党组织落实管党治党主体责任，严查发生在农村“三资”管理、征地拆迁、教育医疗等民生领域的腐败和作风问题，处分乡科级以下党员干部144人，其中村干部94人；把16场警示教育会开到田间地头，让受处分村干部当众以案说纪。

【党风廉政宣传教育】2018年，海口市纪委监委通过举办廉政讲座、旁听庭审、制作播放警示教育片、编印警示教育读本、宣布处分决定等多种形式，使党员干部受警醒、知敬畏、存戒惧、守底线。落实违纪违法案件“一书、两会、三报告”制度，督促案发单位召开专题民主（组织）生活会17场，召开警示教育会18场，发挥查处一案、警示一片、规范一方的治本效果。总结巡视巡察、监督检查、审查调查中发现的普遍性、倾向性和根本性问题，发出纪律检查或监察建议书50份，督促相关单位堵塞漏洞，不断扎紧制度的笼子。

【追逃追赃工作】2018年，海口市纪委监委加强组织领导和统筹协调，明确专门负责追逃追赃工作的职能部门和责任人员，建立一日一专报、一周一例会、一事一协调等工作机制，倒排工期，扎实推进。紧盯重点个案，通过教育引导和高压震慑，潜逃13年的犯罪嫌疑人李某某主动向市纪委投案并退还10万元赃款。全年追回在逃人员5人，累计追回11人，完成中央纪委挂号任务的80%。

【巡察工作】2018年，海口市委始终坚持把巡察工作聚焦点、着力点统一到“两个维护”上，坚决贯彻执行中央、省委巡视工作五年规划精神，把贯彻党的十九大和习近平总书记“4·13”重要讲话精神以及脱贫攻坚、生态文明建设、扫黑除恶等重大决策部署纳入巡察监督重要内容。修订海口市委巡察工作2017—2021年五年规划，明确巡察全覆盖实施路径，将巡察对象延伸到1222个基层党组织，年内完成全覆盖任务量的48%。修订出台市委巡察工作办法等12个配套工作制度，建立健全“纪巡一体化”“巡审结合”“巡驻结合”等巡察机制。运用第三方审计手段强化巡察监督，在全省率先开展“常规＋提级交叉”巡察，有效破解“熟人社会”监督难题，并在全省市县巡察工作推进会上作经验交流发言。完成3轮对38个单位党组织的巡察，共发现问题668个，问题线索173件393人，纪检监察机关据此立案50件50人，移送司法机关23人，充分发挥巡察利剑作用。加强巡察成果运用，对12个被巡察单位党组织开展巡察整改督查，对整改不到位的10个问题追责问责。实行“五方联审”〔即被巡察单位整改报告需经被巡察单位党委（党组）书记、市委巡察办、市委巡察组、市纪委监委联系纪检监察室（或派驻纪检监察组）以及分管市领导“五方”审核把关、确认属实后，方可进行党内公开和社会公开〕，对25个被巡察党组织的巡察整改报告提出修改意见137条，向社会公开整改情况12份。十三届市委巡察反馈的902个问题，年内整改完成821个，整改完成率91%。

（邱秀娟）

（编辑：赵华锋）

# 民主党派和工商联

## 民革海口市委

【民革市委概况】2018年，民革海口市委会做好参政议政、组织发展和社会服务、祖国统一等工作。海口市“两会”期间，民革海口市委会及党员积极撰写提案和社情民意，共提交集体提案9件，个人提案33件，社情民意5件。9月，海口首个民革党员之家挂牌成立，为民革参政履职、宣传多党合作制度提供更广阔的平台。与民革北京海淀区工委会、民革新疆阿克苏市委会缔结友好市委会，民革海口美兰一支部与民革山西省临汾直属支部、民革海口琼山三支部与民革北京市海淀十支部缔结友好支部，更好地推动与内地民革组织间的交流。坚持民革特色，做好祖国统一工作，党员通过探亲、会友、文化往来等形式，持续开展对台民间交往，与新党、中国统一联盟、台湾海南同乡会、中华工商业联合会等多个台湾政党组织、社团和各界民众交流，推动祖国统一工作深入进行。全年共出民革简讯12期，发展24名新党员。至年底，共有党员394人。获民革海南省委会授予的“组织建设先进集体”“社会服务先进集体”“参政议政先进集体”“宣传工作先进集体”“祖统工作先进集体”等称号。

【民革市委参政议政】2018年，民革海口市委会在海口市“两会”期间，共提交集体提案9件，个人提案33件，社情民意5件。民革海口市委会集体提案《关于推动海南“共享农庄”模式发展的若干建议》、林青委员《关于发展特色民宿产业推动海口全域旅游的建议》和陈安妮委员《加强基础设施建设、提升农民文明素养》被列为重点提案。议政大会上，民革党员陈安妮做《加强基础设施建设、提升农民文明素养》大会发言。林青委员《关于发展特色民宿产业推动海口全域旅游的建议》被列为主席督办案，由市政协主席王云霞挂牌督办。开展海南自贸区（港）建设课题调研，共收到40多篇提案素材和调研报告。

【民革海口市委组织建设】2018年，民革海口市委会发展24名新党员。至年底，共有党员394名。多次组织部分骨干党员参加民革中央和省市统战部、市政协组织的高层次培训班的学习，民革秀英总支组织多名骨干党员参加区委统战部在中改院（海南）举办的在建设自贸区（港）中“勇当先锋、做好表率”培训班的学习。通过学习，党员们的政治意识、大局意识、核心意识和看齐意识得到明显增强，用新眼光看待新事物，用新办法解决新问题，用新思路谋求新发展，用创新精神解决发展中遇到的新问题的能力得到明显提升。

【民革市委社会服务】2018年，民革海口市委会组织开展各类社会服务活动100余次，参与党员500多人次。组建海口统一战线人数最多的一支志愿者服务队，参与海口的各项志愿服务活动。参与社会公益，各级民革组织和党员共投入社会公益事业善款500多万元。提高精准扶贫工作实效，对新安排的4户20人挂点帮扶贫困户，根据“一户一册”的帮扶方案，通过资金扶贫、产业扶贫和转型引导、就业扶贫等方式，对贫困户进行全方位的巩固扶持。

（李信文）

## 民盟海口市委

【民盟市委概况】2018年，民盟海口市委做好参政议政、自身建设和社会服务等工作，被民盟中央授予“民盟思想宣传工作先进集体”称号、民盟海南省委授予“2017—2018年工作先进集体”称号。“两会”期间，提交省提案6件，市人大建议3件，政协个人提案48件、集体提案7件、社情民意4件，1份集体提案和3份个人提案列为市政协重点提案，1个调研课题入选省民盟重点调研课题。全年发展新盟员25人，盟员总数865人。

【民盟市委组织建设】2018年，民盟海口市委发展新盟员25人，年龄平均33岁，大学学历占80%。充分利用微信新媒体，创建盟员快速便捷的交流平台，层层队伍组建微信群；组建各区总支信息员队伍，上下沟通渠道快速畅通。采用“盟市委引导，区总支主导”的分级管理模式开展盟务活动激发活力，如“三八节”“重阳节”两大常规盟务活动开展，市委会不再大包大揽全盘操心，而是推动各总支委员会班子行动起来，结合本总支特色全程策划活动方案，开展活动做到早计划、早安排、早联络来提升盟员参会度。通过广泛开展系列社会服务活动来提升盟员政治使命感和责任感，增强组织凝聚力和向心力。

【民盟市委参政议政】2018年，民盟海口市委充分发挥盟内智力资源优势，紧紧围绕市委、市政府的中心工作和战略部署，采取“请进来和走出去相结合”的模式来不断提升参政议政队伍的政治意识和参政水平；选派骨干盟员50人次参加省市级各部门组织的各类培训，拓展盟员视野，不断增强盟员的思想政治素质。组织3次大型课题，前往浙江、广东、天津、苏州等外省和省内各市县进行深入调研，撰写3份调研报告。开展监督协商。参加市政府召开的《海口市政府工作报告》征求意见座谈会、党风廉政建设和反腐工作情况通报会、《海口市2018—2021年培养选拔党外干部工作规划（征求意见稿）》征求意见座谈会、《海口市关于在政府工作中进一步加强同民主党派、工商联及无党派人士联系的办法（征求意见稿）》征求意见座谈会，履行政党协商和民主监督职能。

【民盟市委社会服务】2018年，民盟海口市委深入精准扶贫点琼山区甲子镇昌西村和群星村开展帮扶工作，与帮扶户一同收看脱贫致富电视夜校33次94人次，进村入户指导帮助村委会完善扶贫台账资料、对贫困户开展扶贫政策宣传、走访节日慰问、做好精准扶贫的省级考核和市级交叉考核等工作65次。赠送12套广场舞舞蹈服支持甲子镇昌西村开展业余文化生活；进行节日慰问、探望生病贫困户2次，慰问品及慰问金折合1万元。结对帮扶的昌西村10户在2016年底全脱贫，至2018年没有出现返贫现象，2018年重新帮扶结对的群星村3户巩固脱贫情况良好。动员全市盟员注册爱心扶贫网，发动盟员参加线下各区组织的爱心扶贫日集市活动，组织盟内企业家爱心结对帮扶贫困户活动，发动盟员购买群星村贫困户农产品6000元，组织盟员爱心购买贫困户农产品9600元。组织盟内律师团队开展“送法下乡”，为群星村送上法律讲座。坚持开展“农村教育烛光行动”，深入农村学校举办讲学讲座和支教活动。组织法律服务专门委员会开展“送法进校园”活动为美兰区各中心小学开展法律讲座活动，为贫困乡镇的孩子们宣传法律常识8场。

（李　艳）

## 民建海口市委

【民建市委概况】2018年，民建海口市委会在海口“两会”期间，共提交建议2件、提案25件、社情民意3件。全年共发展会员15名，至年底在册会员总数387人。被评为民建海南省委2017年度参政议政先进集体，2名会员荣获参政议政先进个人。2名会员被民建海南省委会评为思想宣传工作先进个人。

【民建市委参政议政】2018年，民建海口市委会共有市人大代表6名，市政协委员13名。海口召开“两会”期间，民建海口市委会的人大代表、政协委员共提交建议2件、提案25件、社情民意3件，其中《关于大力弘扬企业家精神，加快推动个体私营经济转变发展的建议》《关于解决海口交通拥堵难题的建议》《关于加强基础设施建设，提高农民文明素养的建议》和《关于加快海口南渡江两岸有序开发，助推建设国际化滨江滨海花园城市的建议》4件提案被列为重点提案。

【民建市委组织建设】2018年，民建海口市委会全年共发展新会员15名，平均年龄35.8岁。截至年底，共有387名会员。10月21日，民建海口市委会召开成立六十周年纪念大会，大会上对2014—2018年度民建海口市5个先进基层组织、24名会龄30年以上的荣誉会员、50名优秀会员、18名参政议政先进个人、18名社会服务先进个人进行奖励表彰。在民建海南省委会举办的“纪念中共中央发布‘五一口号’70周年、改革开放40周年、海南建省办特区30周年、黄炎培140周年诞辰”征文活动中，发动会员提交征文稿件19篇，民建海口市委会获组织奖，3名会员受到表彰。市委会以“一站一刊一栏”为载体，全年出版2期《海口民建》和1期《民建海口市委会成立六十周年纪念专辑》，编印新一期《会员通讯录》。 市委会积极为企业家搭建交流平台，选派骨干会员参加2018年中国风险投资论坛、民建中央企业家培训、2018中国（四川）非公有制经济发展论坛等。举办并组织骨干会员和新会员参加全国范围内举办的培训班，共60多名会员参加培训。

【民建市委社会活动】2018年，民建海口市委会深入精准扶贫点琼山区甲子镇昌西村委会和大同村委会开展帮扶工作。向大同村委会2户帮扶户送去牛、羊、鸡等价值2万元的物资，每月固定在扶贫爱心网购买农特产品，并在线下扶贫爱心集市献爱心。春节期间，民建志愿者250余人次参与“抗雾保运”志愿服务工作，捐款捐物1万余元。全年民建海口市委多名会员在扶贫开发、捐资助学、帮扶贫困户、孤寡老人、残疾人等弱势群体的社会服务中共投入50余万元。

（梁丽芳）

## 民进海口市委

【民进市委概况】2018年，民进海口市委不断加强自身建设，履行参政议政、民主监督、政治协商的职责。1月，提交政协海口市第十四届委员会第三次会议集体提案6篇，个人提案9篇，其中1篇集体提案《关于抑制校园暴力行为的建议》获评为海口市政协优秀提案。12月，民进海口市委被评为2017—2018年民进海南省参政议政工作先进集体。年内发展会员12名，至年底共有会员659名。

【民进市委自身建设】2018年，民进海口市委召开全体委员扩大会议7次，传达全国“两会”精神、中共十九大、十九届二中、三中全会精神，传达海南省委、海口市委的会议精神以及民进中央和民进海南省委的工作会议精神。9月，组织全体机关人员参加海南自由贸易实验区相关知识讲座。11月，举办参政议政培训班，共70名骨干会员参加培训。全年共向民进海南省委和海口市委统战部报送信息10篇。

【民进市委参政议政】2018年1月，民进海口市委上交政协海口市第十四届委员会第三次会议6篇集体提案，9篇个人提案。民进市委会被评选为政协提案组织先进单位。为贯彻践行习近平总书记“4·13”讲话精神，围绕自贸区（港）建设建言献策，开展一系列调研活动。4—12月，分别牵头完成《党外代表人士实践锻炼研究》《关于在海南自由贸易区实验建设背景下海口东营渔港转型升级的建议》《关于完善休闲港法规体系建设的建议》《关于理顺现代渔港项目建设管理机制的建议》《关注家庭暴力保护妇女权益》《海口港建设与自贸区发展》的调研。

【民进市委社会服务】2018年元旦和春节前，民进海口市委组织会员开展新年送温暖活动，为贫困户购买棉被、食品。组织企业界会员到帮扶贫困村调研，和村民一起研究制定脱贫方案；在帮扶点甲子镇大同村开展入户走访、核查信息、帮扶平台线上线下一致、开展政策宣传等各种帮扶工作；帮助贫困户孩子治疗眼睛问题；到儋州华南热带作物农业科学研究院品质资源研究所果树中心调研，为扶贫户寻找适合种植的高附加值的农作物。

（吴玉转）

# 农工党海口市委

【农工党市委概况】2018年，农工党海口市委履行参政议政、民主监督职责，在市政协会议提交集体提案4件，个人提案18件。组织中、高级医务人员到街道、托老院、乡镇、农村开展3次大型义诊、送医送药活动，派出党员100多人次，1000多人次受益，免费发放药品总价值5万元。发展新党员26名，共有党员410名。

【农工党市委思想建设】2018年，农工党海口市委、各级基层组织有计划地开展政治理论学习，先后组织学习习近平总书记在改革开放40周年、海南建省办经济特区30周年纪念大会上的重要讲话精神以及《关于支持海南全面深化改革开放的指导意见》《中国（海南）自由贸易试验区总体方案》相关内容。深入贯彻落实中共十八届五中、六中全会和中共省委七次全会精神，贯彻落实中共中央统战部会议精神和农工中央省委相关会议精神，做好市委会工作。充分发挥党刊和新闻媒体的宣传作用，征订和发放农工中央刊物《前进论坛》《中国统一战线》和省内部刊物《农工》。

【农工党市委组织建设】2018年5月5—6日，农工党海口市委会组织5个总支和15个支部的党员骨干参加学习中共十九大精神及参政议政培训班，100多人次参加。发展有代表性、层次高、参政议政能力强的人员入党，新发展26名新党员。至年底，共有党员410名。

【农工党市委参政议政】2018年，农工党海口市委履行参政议政、民主监督职责。完成市政协会议集体提案4件、个人提案18件。其中农工党集体提案《关于推进海口全域旅游，着力创建国家级中医药健康旅游示范区的建议》、党员陈敬华《关于深入推进我市“医联体”建设的建议》、党员邓世明《关于建立海洋旅游生态补偿制度的建议》被列为重点提案。

【农工党市委社会服务】2018年6月，农工党海口市委组织农工党医疗专家到甲子镇甲新社区开展“精准扶贫、扶医送药义诊”活动，共服务患者300多人次，赠送药品价值1万元。联合农工党澄迈小组在桥头镇开展2018年（第十一届）中国环境与健康宣传周医疗义诊进农村活动，共服务患者300多人次，赠送药品价值1万多元。11月，联合海口同和医院进行大型义诊活动，为800多名当地群众提供免费诊疗服务，向同和医院和群众赠送1万多元的药品。指导社区利用社区农村特点，加快调整优化扶贫部署，强化政策措施落实，着力推进产业扶贫开发效益升级、贫困群众自我发展能力升级等，使得扶贫质量和水平明显提升。农工党海口市委会帮扶4户贫困户，因地制宜帮助贫困户发展生产，与贫困户商量制定养殖蛋鸡计划，购买270只小母鸡赠送贫困户饲养。利用春节、中秋、重阳节对广大老党员老领导进行慰问70人次，并送上慰问金和慰问品。

（林　珺）

# 致公党海口市委

【致公党市委概况】2018年，致公党海口市委履行参政议政、民主监督职能，以集体名义和个人名义提交提案和社情民意信息20余件，年内发展新党员10名，共有党员300名。

【致公党市委组织建设】2018年，致公党海口市委发展新党员10名，共有党员300名。5月31日，民主党派机关召开5月学习例会，传达建省办经济特区30周年大会讲话精神，充分利用微信新媒体及时向基层党员转发各类会议精神学习文件和材料。9月23日，组织4名骨干党员及新党员参加海口市党外干部培训班，组织2名副主委及专职副主委参加统一战线干部培训班。

【致公党市委参政议政】2018年，致公党海口市委以集体名义和个人名义的提案和社情民意信息20余件，其中《关于提高农村学校教育质量的建议》《关于推荐我市智慧医疗建设的建议》和《关于坚持“多规合一”理念科学制定海口“乡村振兴”规划的建议》被市政协列为重点提案。致公党海口市委会被致公党海南省委会评为“参政议政工作先进集体”，陈东和覃丽君获得“先进个人”称号。覃丽君提交的《关于发展特色产业，扎实推进精准扶贫成效的建议》得到海南省委副书记李军的批示；《关于椰城云平台规范我省家政服务业管理的建议》得到海南省副省长、省公安厅厅长范华平的批示；《关于把共享农庄打造成实施乡村振兴战略的海南品牌的建议》得到海南省政协主席毛万春和海南省委副书记李军的批示。围绕海南建设自由贸易区和自由贸易港开展课题调研，形成调研报告《关于营商环境和招商引资策略的建议》和《关于提高我市医疗健康产业的建议》。

【致公党市委社会服务】2018年2月12日，致公党海口市琼山区总支部联合琼山区妇联开展“送温暖送爱心”活动，发动爱心企业家捐资，为10户贫困家庭送去慰问金4000元。5月25日，联合白沙街道妇联在海口市美兰实验小学开展“爱心牵手圆梦未来”关爱贫困、低保、留守儿童六一慰问活动。帮扶琼山区旧州镇岭南村委会包道村3户贫困户的脱贫巩固工作。12月15日，组织致公党员医疗专家组和融创地产公司到旧州镇包道村开展“送生产物资、送医送药下乡”活动，市人民医院部分党员医生护士入户给贫困户每个家庭成员做检查，针对他们的具体情况给出治疗建议和生活指导，免费发放药品，并送上价值6000元的化肥及3000元慰问金和慰问用品。

【2018海峡科技论坛在海口开幕】2018年9月20日开幕。论坛以“科技互联两岸，创新共享未来”为主题，旨在持续推动琼台在教育、医疗、现代农业、海洋资源保护与开发等领域的交流合作，促进两岸同胞心灵契合和经济社会融合发展。全国政协副主席、致公党中央主席、中国科协主席万钢，台湾新党主席郁慕明，海南省省长沈晓明出席论坛开幕式并分别致辞，两岸政要、专家、学者、企业家、新闻媒体等300余人参加论坛开幕式。论坛为期4天，其间举办两岸人工智能、现代农业、医疗健康、海洋开发、教育5个领域的分论坛和投资项目洽谈会。在开幕式现场举行的2018海峡科技论坛台资合作项目签约仪式上，先后签订台湾成大经济管理学院首批创业项目入驻海南生态软件园合作协议、海南生态软件园与台湾17创联盟开展两岸科技创新青年创业合作协议、海南大学与佛光大学签订学术交流备忘录、海口市卫计委与保吉生化学股份合作框架协议、海峡两岸（海南）经济融合发展服务中心三方战略合作协议。

**链接：**海峡科技论坛是致公党中央推动海峡两岸科技交流合作、增进海峡两岸民众福祉和同胞感情所创办的高层次论坛，是全国对台重点交流项目。从2010年开始，先后在福建、广东、江苏、山东、上海、浙江等省（市）成功举办六届。

（覃丽君）

## 九三学社海口市委

【九三学社市委概况】2018年，九三学社海口市委员会的人大代表和政协委员在海口市“两会”期间，共提交人大建议案9件，政协提案30件（集体提案13件、个人提案17件），社情民意7件。其中，1件提案被市政协列为重点提案，1件提案被市政协列为主席督办案，1件人大建议案被市人大列为副市长、市人大副主任督办案，2件提案被市政协评为优秀提案。年内发展和接收社员12名，共有社员256名。社员覃碧霞、林银燕、张珂瑜、陈天新、李世杰、吴伟被九三学社海南省委员会评为2017年参政议政、社情民意和信息工作先进个人。全年累计向社中央、社省委会、中共海南省委统战部、中共海口市委统战部的刊物、网站报送宣传信息稿件79篇，其中4篇被九三学社中央网站采用，1篇被团结网采用，3篇被九三学社海南省委网站采用，3篇被中共海南省委统战部网站采用。

【九三学社市委自身建设】2018年，九三学社海口市委员会共发展和接收社员12名，其中高中级职称8名。至年底，共有社员256名。4月20—22日与九三学社海南省委员会联合在保亭县举办纪念“不忘合作初心，继续携手前进”——“五一口号”发布70周年活动培训班。5月18—19日，联合台盟海口市委会、市台联在海南新燕泰大酒店举办2018年骨干及新成员专题培训班。10月20日，开展重阳节活动，组织退休社员参观海航集团展览馆，共忆海南建省办经济特区30周年的发展历程。11月4日，联合民革海口市委会、台盟海口市委会在海南新燕泰大酒店举办在建设海南自由贸易试验区和中国特色自贸港背景下，民主党派“勇当先锋、做好表率”共建美好新海南生态环保知识讲座。

【九三学社市委参政议政】2018年，九三学社海口市委员会共有省政协委员1名，市人大代表5名，市政协委员9名。海口市“两会”期间，九三学社海口市委员会的人大代表和政协委员共提交人大建议案9件，政协提案30件（集体提案13件、个人提案17件），社情民意7件。其中，李世杰委员《关于加快琼州海峡经济带建设，推动海峡两岸一体化发展的建议》作为政协海口市十四届三次会议议政大会现场发言材料；李世杰委员《关于促进"海澄文一体化"发展升级的若干建议》、林银燕委员《关于加强对网络游戏经营行业监管迫在眉睫的建议》、顾建中委员《关于以旅游环境整治入手，抓好海口软环境建设的建议》被列为议政大会发言材料。集体提案《关于推进发展我市智慧养老的建议》被市政协列为重点提案；李世杰委员《关于加快琼州海峡经济带建设，推动海峡两岸一体化发展的建议》被市政协列为主席王云霞督办案；人大代表陈天新提交的《关于建立医疗废弃物品回收监督机制的建议》被市人大列为副市长、市人大副主任重点督办案。1月，集体提案《关于推动供给侧改革，将海口市西海岸新区打造成新生活、新经济、新发展经济区的建议》、王俊刚主委《关于加快海口市城市快速路网建设的建议》被市政协评为2017年优秀提案。开展考察调研活动，完成《大力弘扬"要幸福就要奋斗"精神，激发群众积极参与建设海南自由贸易试验区和中国特色自由贸易港的热情》《发挥民主党派科技人才优势，服务海口市社会经济发展》《借鉴青岛成功经验，完善海口市垃圾分类制度》《农村小水利基础设施现状调查》和《完善贫困户退出机制》5项课题调研；参与中共海口市委统战部理论研讨会，提交研讨材料《强化农村环境综合整治，推动海口美丽乡村建设和乡村振兴》。

【九三学社市委社会服务】2018年，九三学社海口市委员会关心农村教育，向帮扶点岭南村教育基金会捐赠5500元。4月27日，联合白龙街道办事处在街道办会议室举办"文明海南、礼仪琼州"文明礼仪培训班。5月25日，与美兰区白龙街道振兴社区居委会联合在社区内的海口雨润特殊儿童教育培训中心开展"星星闪耀欢度六一"活动，为孩子们送去节日慰问。6月23日，组织社内医疗专家前往服务基地——琼山区甲子镇卫生院开展送医送药义诊暨入户巡诊活动，来自海口市第三人民医院、海口市中山医院的内科、外科、骨科、妇产科、儿科、眼科等医疗专家为100余名群众进行免费义诊，并对新昌村等精准扶贫户进行入户巡诊，活动累计赠送药品价值3000余元。

（邝红梅）

## 台盟海口市委

【台盟市委参政议政】2018年，台盟海口市委在海口"两会"期间提交提案10件，其中集体提案5件，个人提案5件，内容涉及经济建设、文化建设等市民关注方面的内容，如"关于推进海口市城乡一体化发展的建议""关于借鉴台湾休闲农业与民宿业发展的成功经验，推动我市休闲农业与民宿业健康发展的建议""关于加大力度保护美舍河流域历史文化资源的建议"。集体提案《关于创新发展模式、健全保障体系，推动我市服贸创新发展的建议》被政协海口市委员会评为优秀提案。完成与民建海口市委会联合的调研课题《挖掘美舍河文化资源，彰显人文优势，助推海口市国际化滨江滨海花园城市建设——美舍河历史文化遗存调研》，获得台盟海南省委员会2018年优秀调研报告一等奖。台盟海口市委会获得台盟海南省委会"参政议政先进集体"获得称号。

【台盟市委自身建设】2018年，台盟海口市委采取不同的形式组织盟员和部分台胞学习贯彻习近平总书记"4·13"重要讲话和《中共中央国务院关于支持海南全面深化改革开放的指导意见》精神，并组织"海南自由贸易（试验）区和探索中国特色自由贸易港"专题学习，以正面教育为主，传播主流价值理念。注重后备干部培养锻炼，选派骨干盟员参加省政协、省委统战部、台盟省委、市委统战部举办的各类培训班近60人次。青年工作委员会组织青年盟员、台胞开展联谊、体育等活动。

【台盟市委社会服务】2018年，台盟海口市委联合台盟海南省委、中共美兰区委统战部，在六一节和中秋节前，两次到美兰金色儿童智障（自闭症）康复训练中心调研并看望慰问智障儿童，为智障儿童赠送价值7000多元的文体用具及生活用品。6月上旬，联合九三学社市委到甲子镇开展医疗下乡，送去价值2000多元的常用药品。深入琼山区甲子镇琼新村委会和旧州镇岭南村委会，采取座谈、入户走访等多种形式，进一步摸清、核准困难户的基本情况和存在问题，建档立卡，针对问题向甲子镇、旧州镇镇府和有关部门提出切实可行的帮扶建议，发动骨干盟员捐资助学，为岭南村委会4户帮扶户捐赠化肥和槟榔树苗。春节、中秋节期间分别慰问琼山区旧州镇岭南村委会3户贫困户和琼山区甲子镇琼新村委会10户困难户。

【台盟市委对台联络】2018年，台盟海口市委利用台资企业协会平台，对海口的台商进行走访，配合统战部做好联谊、招商、引资工作。加强与在琼台胞、台商的交流沟通，增进共识，共叙乡亲情谊，走访慰问台商20人次。通过举行座谈交流，参观访问等形式，促进来琼台胞对海南基本情况和相关政策的了解，同时宣传"和平统一、一国两制"的基本方针、政策，增进对台湾岛内实际情况和台湾人民思想状况的了解，尽最大努力发挥桥梁和纽带的作用。以春节为契机，加强与在琼台胞、台商的交流沟通，增进共识，共叙乡亲情谊。

（吴云竹）

# 海口市工商联（总商会）

**【市工商联工作概况】** 2018年，海口市工商联（总商会）认真做好对全市非公有制经济人士的教育、培训、引导、融资、维权、联谊及宣传等各项服务工作，引导全市非公经济人士积极参政议政、精准扶贫及其他社会事务工作，促进全市非公经济按照“两个健康”（非公有制经济健康发展，非公经济人士健康成长）发展目标发展。全年共组织会员企业中工商界政协委员提交政协提案53件。先后走访会员单位90家，发展新会员42家，先后指导成立6家海口异地商会，协调解决23家企业反映的问题，为4家企业维权，组织举办企业经营者培训5场，受训人员1100多人次。

**【市工商联参政议政】** 2018年，海口市政协委员中工商界非公企业委员67名共提交政协个人提案53件，市工商联提交团体提案4件，其中《关于用大数据加快推进我市智慧城市建设步伐的建议》《关于做好我市田园综合体试点工作积极落实乡村振兴战略的建议》《关于出台优化改善非公经济发展环境政策的建议》《关于如何推动我省新药、好药加快上市的建议》《关于提升全市文明素质，努力建设美好新海口的建议》《关于万绿园改造的建议》《关于加快海口南渡江两岸有序开发，助推建设国际化滨江滨海花园城市的建议》《关于加强海口市水环境生态治理的建议》等8件提案被列为市政协十四届三次会议重点提案。刘杭丽委员的《关于用大数据加快推进我市智慧城市建设步伐的建议》，徐建荣委员的《关于做好我市田园综合体试点工作积极落实乡村振兴战略的建议》，邓宇泽委员的《关于建设公共码头和扶持帆船上下游产业，打造帆船之城的建议》，黄鹏程委员的《关于共筑微信平台，传播正能量的建议》，王成栋和董成程委员的《关于如何推动我省新药、好药加快上市的建议》，王振、王安兴、倪庆种、高松委员的《关于提升全市文明素质，努力建设美好新海口的建议》，张会发委员的《关于建立北部湾区域大气污染源，联防联控机制的建议》，万年、陈积流、张树广、黄高山、王林委员的《关于万绿园改造的建议》，詹汉钦委员的《关于加快海口南渡江两岸有序开发，助推建设国际化滨江滨海花园城市的建议》，曾友意、宋延巍、李新国、吴函、阮欣委员的《关于加强海口市水环境生态治理的建议》和市工商联（总商会）撰写的《关于出台优化改善非公经济发展环境政策的建议》提案被市政协评为优秀提案。《关于出台优化改善非公经济发展环境政策的建议》的提案被列为时任海口市委常委、副市长顾刚的督办案，《关于用大数据加快推进我市智慧城市建设步伐的建议》的提案被列为副市长鞠磊的督办案，《关于做好我市田园综合体试点工作积极落实乡村振兴战略的建议》的提案被列为市政协副主席冯玉英督办案。市工商联（总商会）全年办理答复4件提案。在2018年市政协委员会十四届三次全会上被评为提案组织工作先进单位。

**【市工商联课题调研】** 2018年，海口市工商联（总商会）积极联系并走访企业，开展非公经济调查工作，完成全国工商联《开展2017年度全国工商联上规模民营企业调研》调查问卷，完成全国工商联《2018年第十三次中国私营企业调查》调查问卷。与商会企业负责人开展座谈，了解全市非公企业发展与经营情况，撰写《2017年度海口市非公经济运行情况分析》调研报告。

**【市工商联会员队伍建设】** 2018年，海口市工商联（总商会）积极做好非公经济人士和会员企业教育引导和表彰工作，不断夯实和发展壮大会员队伍建设。4月17日，在海口龙泉花园酒店召开海口市工商联第十四届七次执委会，会上传达学习习近平总书记出席庆祝海南建省办经济特区30周年大会上的重要讲话和《中共中央国务院关于支持海南全面深化改革开放的指导意见》。6月19—24日，在上海交通大学举办一期海口市工商联精英企业家“建设海南自贸试验区（港）”专题培训班，组织近50名来自海口市各行业的非公企业家代表参加学习培训。12月4日，与市妇联共同组织召开海口市女企业家与民营经济发展座谈会，在会上向参会的女企业家们传达学习贯彻习近平总书记在民营企业座谈会上的重要讲话精神、海南省民营企业座谈会精神及省委书记刘赐贵的讲话精神。12月6日，在海南龙泉花园酒店组织召开民营企业座谈会，共62人参加会议。全年走访会员企业或商会单位90多家，吸收43家新的企业入会。共指导完成海口江西吉安商会、海口陕西安康商会、海口重庆开州商会、海口浙江临海商会、海口市辽宁沈阳商会、海口江西新建商会等6家异地商会的筹备成立。动员和推荐会员企业参与政府相关部门组织的各项评选表彰与申报工作，1月12日，在以“爱让海南更美好”为主题的纪念海南希望工程实施25周年颁奖晚会上，市工商联主席、海南金鹿投资集团有限公司董事长叶茂、海南中安置业集团有限公司董事长王禄安、海南美亚电缆厂有限公司董事谢玟琪等3人被评为海南希望工程25年“十大感动人物”。1月16日，在由海南省委宣传部、海南省文明办、海南日报报业集团主办的“感动海南”2018十大年度人物颁奖典礼上，市工商联执委企业海南李记海鲜城董事长李鸿策被评为“感动海南”十大年度人物。椰树集团有限公司董事长王光兴、海南双成药业股份有限公司董事长总经理王成栋、海南现代科技集团有限公司董事长邢诒川、海南金鹿集团有限公司董事长叶茂、海南龙泉集团有限公司总裁邢益师、海南立昇净水科技实业有限公司董事长陈良刚、海南远通国际旅行社有限公司副董事长张亚安、海南奇力制药股份有限公司董事长韩宇东、海南威特电气集团有限公司执行总裁潘永强被评为“海南省第三届非公有制经济人士优秀中国特色社会主义事业建设者”。

【企业维权服务】2018年，海口市工商联（总商会）更加重视维权工作，先后2次派员参加海南省工商联牵头组织的维权工作培训和座谈会班，3次参加市人社局组织的协调劳动关系“三方、五家”工作会议。开展为会员企业维护正当权益的工作，先后为海南宏利隆实业有限公司、海口八景纸箱包装公司、海南热带野生动植物园有限公司、海南润园国际家私广场4家企业解决矛盾纠纷，维护其正当权益。

【非公党建】2018年，海口市工商联（总商会）积极走访企业，全面摸清底数，建立非公企业党建工作台账。对700家会员企业的非公党建工作情况进行摸查了解，完成200多名党员信息和50多个党支部基本情况采集和录入工作。开展非党建设培训工作，不断提高非公企业党建工作队伍的能力。10月22—27日，组织50名会员企业党支部书记参加市工商联在成都非公企业学院举办的非公企业党支部书记专题培训班。11月26—27日，组织会员企业各党支部40多名入党积极分子在海南澄迈盈滨半岛亚泰温泉酒店进行为期2天的集中培训。推进党支部标准化规范化建设，全年投入7万余元，对海南正能安装工程有限公司、海南国康医药开发有限公司、中南城建第一工程有限公司、海南正泰电气成套设备有限公司、海南浙元建筑工程有限公司5家党支部进行标准化、规范化建设。大力发展党员，强化党组织覆盖率。市总商会联合党委先后指导并批准成立金鹿工业园党委1家非公企业党委，以及海南联合航空旅游集团有限公司党支部、海口中腾老子文化交流中心党支部、海口市龙化湘南印象餐饮店党支部、鑫源温泉大酒店党支部4家非公企业党支部，海口市文艺系统社会组织党总支1家社会组织党组织，并在企业中发展80多名入党积极分子，接纳吸收8名预备党员。

【商会联谊与交流服务】2018年1月29日，海口市工商联（总商会）在海口星海湾豪生大酒店会议中心举行2018年海口市工商界迎春联谊会，来自省、市多家职能部门领导、新闻媒体及海口市的非公企业代表近500人参加联谊会。3月26日，应百色市工商联的邀请，海口市工商联企业会员、海口异地商会会长、秘书长等30多名相关人员，出席百色市人民政府在海口天佑大酒店举行的海口—百色—桂林航班首航新闻发布会并致辞。4月25日，组织来自各商协会和金融机构以及会员企业代表、机关人员将近80人前往澄迈老城海南生态软件园观摩与考察学习。5月27日，组织20多家企业参加在海口举办的第二届海南名特优产品采购大会。8月18日，组织近30家会员企业参加海南省工商联、海南省商务厅和澳大利亚海南总商会在海口西海岸香格里拉大酒店联合举办的海南自由贸易验区（澳大利亚专场）招商推介会。9月26日，市工商联15家会员企业及有关商会负责人到云南参加云南省华宁县重点产业（海口）招商推介会和投资环境实地考察。5月9日，接待琼海市工商联组织的38名企业家学习考察团来海口学习考察。9月16日，参加在海口金莲花荷泰酒店举行的海口重庆开州商会成立揭牌仪式，并与重庆开州工商联缔结为友好商会。11月27日，在海口接待辽宁省朝阳市工商联，围绕建设海南自由贸易试验区和中国特色自由贸易港及非公经济发展进行座谈交流，并缔结为友好会。

【光彩事业】2018年，海口市工商联（总商会）引导非公有制企业和非公有制经济人士积极响应政府号召，参与海口市的扶贫工作、捐资助学及社会光彩事业等方面工作，切实履行企业家的社会担当。发动会员企业助力海南乡村教育和精准扶贫工作。由市工商联主席叶茂发起、于2015年6月27日成立的非营利慈善型公益社会组织——海南省乡村教育发展促进会，在2018年1—10月，共筹措189万元支持乡村教育事业，委派近100名支队志愿者分别到万宁市盐墩小学、立岭小学、六连小学、西坡小学、清坤小学支教；有102家企业及个人为海南乡村教育事业进行捐款。在春节“抗雾保运”工作中，海南金鹿投资集团有限公司、海南龙泉集团、海南长驰控股集团、海口昆岳汽车有限公司、百家汇国际家居中心、海南天佑酒店、赛伦吉地酒店、凯威酒店、十八碗浏阳蒸菜馆等20家会员企业和50多位爱心非公人士主动献爱心，以出人、出钱、捐物等形式将1.2万份爱心餐和价值20万元的饮料、饼干等临时救急物资送到滞留旅客手中。

【商会招商与融资服务】2018年，海口市工商联（总商会）主动与建行、农行、招行、平安银行等金融机构对接与合作，努力帮助企业加大融资服务力度。9月4日，组织10位企业家代表参加建行总行“建行惠懂你”智能APP上线新闻发布会及金融政策讲解。10月19日，组织35家企业参加建设银行海口大英山支行举办的银企座谈交流活动，为企业与银行之间在贷款上牵线搭桥。引导非公企业利用政府的扶持和政策资金。根据《海口市中小企业发展专项资金管理办法》和《2018年海口市中小企业发展专项资金申报指南》要求，与海口市科学技术工业信息化局、海口市财政局三方共同组织符合条件的企业做好2018年1081.94万元中小企业发展专项资金申报工作，扶持全市中小企业发展。

（龚晓明）

（编辑：蒋　伊）

## 市总工会

【市总工会概况】2018年，海口市有工会会员506676人，基层工会组织8872个。工会组织覆盖法人单位15169家，建会率92.75%。向劳模发放全国劳模、省部级劳模“三金”和市级劳模援助金202.8万元，共援助慰问劳动模范461人次，其中市总工会发放劳模援助金38.5万元，援助部级、市级劳模40人次。慰问困难职工、农民工1144人次，发放慰问金408.3万元。广泛开展工资集体协商，全市共签订集体合同1039份，覆盖企业14407家、职工35.31万人。签订工资专项集体合同1043份，覆盖企业14604家、职工37.41万人。按期完成20家基层工会审查审计工作任务。在省总工会2018年度《经审工作规范化建设》考评中获得一等奖。

【职工帮扶解困】2018年元旦、春节期间，海口市总工会慰问困难企业15家，慰问临时困难职工1500人次，慰问在档困难职工497人次，共发放慰问资金约220万元。夏天发放防暑降温用品，慰问职工700余人。开展“金秋助学”活动资助困难职工子女上大学199人，发放助学资金92.1万元。组织1000名职工（农民工）参加免费体检。做好职工医疗互助活动，共受理申报报销人次1800人次，上报总工会审批报销金额415.5万元。协助市内参保单位4名患病女职工向省总申请救助，获得救助金额6万元，对41名在档单亲困难女职工发放救助金2.46万元。至年底，进入全国工会困难职工帮扶管理系统的有395户，涉及人口1536人。全年共帮扶救助困难职工1144人次，发放帮扶资金273.2万元。其中，帮扶生活救助906人次，发放帮扶资金273.2万元；医疗救助39人次，发放医疗救助金43万元。

【职工权益维护】2018年，海口市总工会共解答职工各种咨询314余人次，接受职工来信来访近96人次。6月，与2家律师事务所签订工作合同，常年每周二、周四上午免费为职工提供咨询，推进法律服务常态化。重视安全生产宣传工作，协助市安委会在企业职工队伍中开展安全生产工作，会同安监局等23次深入企业进行安全生产督导检查。协助市劳动关系“三方五家”，通过协调解决市塔吊工人工资待遇增长问题。对行业工资进行分类指导，促进行业规范、和谐、稳定发展。

【劳模管理】2018年，海口市总工会关心关爱劳动模范，发放劳模援助金20余万元，共援助慰问劳动模范464人次；组织160名劳模参加免费体检活动、25名劳模参加疗养休闲活动。推荐评选全国五一劳动奖状、奖章、全国工人先锋号和海南省五一劳动奖状、奖章、工人先锋号。经评选，海南安骅汽车销售有限公司油漆技工周宏祖被授予全国五一劳动奖章，海南民生管道燃气有限公司海口市110联动燃气抢险队被授予全国工人先锋号，海南金盘智能科技股份有限公司、海口玉和田环境服务有限公司被授予海南省五一劳动奖状，琼山区大坡镇镇委书记杜梅英被授予省五一劳动奖章，市政府服务中心12345海口服务热线智慧平台、市公安局琼山分局便衣大队（飞鹰大队）被授予省工人先锋号。

【职工文化建设】2018年，海口市总工会先后举办第四届“工会杯”职工乒乓球赛、第二届“工会杯”职工羽毛球比赛、“工会杯”海口市职工书法、美术大赛。组织全市各行业1000名职工参加“一日游”活动。启动“送电影·惠职工”主题活动，惠及3500多名职工。组队参加市委、市政府举办的“唱响新时代”全民大合唱活动。组队参加海南省“校长杯”乒乓球锦标赛，获得3个冠军、1个亚军。组队参加海南省第八届教职工排球锦标赛，获男子、女子团体冠军。

【劳动竞赛】2018年，海口市总工会联合市安监局组织市城建集团、民生燃气、新月等多家企业参加全国“安康杯”竞赛。由市财贸工会和市供销社主办的海口市供销社第三届“工会杯”农民（工）技能比赛，分别于11月19日和28日开展，市供销社领办的农民专业合作社及周边6个村的161名农民（工）参加辣椒栽培技术和圣女果移植技能比赛。8月10日至11月17日期间，美兰区总工会和市京兰城市环境服务有限公司联合举办第一届安全生产技能培训和竞赛，公司全体职工参加培训和竞赛活动。

【职工（农民工）培训】2018年，海口市总工会开展"精准培训，助力扶贫"育婴员职业资格培训班，200名职工免费参加培训。开展三期职工家务操持培训班，培训人员200名。下发海口市总工会《关于开展2018年度职工技能培训工作的通知》，指导秀英、龙华、琼山、美兰区和保税区、高新区等区总工会及市财贸工会开展职工技能培训，680名职工参加职工技能培训。12月13—14日，培育和推荐的海口市菜篮子集团大荒洋、海口石斛种植合作社农民工就业创业培训基地，被评为省级就业创业培训基地。组织海南康大投资有限公司工会、海口旅游文化投资控股集团工会联合会、海口酒店协会工会等3家基层工会单位参加2018年度经审、财务干部培训班，以提高海口市基层工作经审、财务工作人员理论水平和业务能力。

（齐素琳）

## 共青团海口市委

【共青团海口市委概况】2018年，共青团海口市委员会共有团组织2125个，其中机关事业单位团组织45个、学校团组织1588个、国有企业团组织36个、非公企业团组织8个、城市社区团组织166个、农村团组织282个。打造的"美舍河变形计"志愿服务项目获第四届中国青年志愿服务项目大赛金奖，为中国青年志愿服务的最高奖项；"美舍河变形计""共享农庄"项目入围2018年海南省志愿服务精品项目大赛30个提名项目。

【团组织建设】2018年，共青团海口市委员会新建市直属团组织7个，指导14个市直属团组织召开换届大会。对全市学校团组织2017年以来发展团员情况进行核查，为落实从严治团各项举措和开展"智慧团建"工作夯实基础。以示范点创建为抓手，创建服务型团组织示范点4个，党建带团建示范点4个。根据市委办公厅印发的《共青团海口市委员会改革实施方案》，顺利完成青联、学联换届工作，稳步推进青联、学联、少先队各项工作。

【团员发展】2018年，共青团海口市委员会加强团员发展调控，做好团学比例统筹工作，统一入团程序和入团手续，开展团员教育和入团仪式教育，对流动团员做好分类管理和团组织关系转接，对全市团员发展计划进行研究和调整，全年新发展团员4358名（含机动指标20名），至年底，全市共有团员42072名。

【青少年思想政治引领】2018年，共青团海口市委员会把深入学习宣传贯彻党的十九大、习近平总书记"4·13"重要讲话、中央12号文件精神以及团十八大精神作为海口共青团工作的首要政治任务，党组成员带头作表率，深入企业、农村、机关、校园、社区等基层团组织进行主题宣讲。举办海口各界青年学习习近平总书记"4·13"重要讲话精神座谈会，组建青年宣讲团，依托海口共青团新媒体发展中心，利用官方微博、"椰青汇"微信公众号等，线上线下齐发动，开展学习交流。全市各级团组织开展各类宣讲活动88场次，引导广大团员青年学深学透、学行结合，切实增强广大团员青年听党话、跟党走的思想自觉、行动自觉。在全市中学、中职、小学深入开展"清明祭英烈 共铸中华魂"主题宣传教育、18岁成人礼、14岁集体生日、优秀中职毕业生报告会、"与人生对话——我的中国梦"成人主题教育、"奋斗的青春最美丽"分享会等活动100余场次，参与人数8万余人次，有效引导广大青少年树立正确的价值取向。

【少先队组织建设】2018年，海口市有139所学校成立少先队，建有3422个中队，全市大队辅导员共227名，中队辅导员3417名。2月28日，共青团海口市委员会联合市教育局印发《关于印发〈2018年海口市学校少先队活动课程建议表〉的通知》，对学校少先队活动课的课时要求、课程内容进行详细部署。3月7日，联合市教育局印发《关于印发〈关于进一步规范海口市学校少先队辅导员队伍建设的方案〉的通知》，对全市少先队辅导员情况进行摸排，对不符合要求的大队辅导员，要求其所在学校党组织及时进行调整。8月27日，联合市教育局印发《关于印发〈海口市少先队改革实施方案〉的通知》，指导推动全市中小学校推进少先队改革工作。全年举办2期培训班，有效提高全市少先队辅导员的思想政治理念与工作能力水平。

【青年就业创业服务】2018年，共青团海口市委员会加强与市创业小额贷款担保中心合作，发放青年创业小额贷款453笔、4472万元。举办"青年创业扶贫直通车""青年创业沙龙""乡村振兴 青春行动"交流会等培训系列活动52场次，有效覆盖青年逾2.5万人。举办青年创业沙龙4期，共450人次参与。推进电商培育工程，开展"互联网＋三农"、创业直通车系列活动19场，选树和培养农村青年电商创业带头人21人。联合市科工信局、市商务局举办2018年海口市青年电子商务创业大赛，118位农村青年电商49组项目参加大赛选拔赛，选拔报送10组优秀选手代表海口市参加全省电商大赛总决赛。共获10项奖，其中一等奖1项，二等奖1项，三等奖3项，优秀奖5项，共青团海口市委和海口市青创会荣获优秀组织奖。推进就业见习工作，保有见习基地29家，组织见习人员上岗400人；有效促进青年就业，开展一系列见习相关主题活动16场次。召开2018年政府部门与农村青年致富带头人“倾听心声 共促发展”面对面座谈会6场，人社、农业、工商和税务等7家市区职能部门相关负责人及农村青年近600余人参加。以创业扶贫直通车、“乡村振兴青春行动”交流会为活动抓手，深入全市乡镇（农场）开展创业培训、项目扶持、金融服务、结对帮扶、学习交流等活动12场次，参与青年600余人，有效覆盖青年逾万人。将农村青年致富带头人130名录入海南青年“领头雁”智能管理服务平台，打造15家青年创业就业示范基地，并充分发挥示范基地作用，有效促进农村青年创业就业。

2018年5月4日，海口青年志愿者湿地保护讲解团在美舍河湿地公园为海口市新发展团员代表进行湿地讲解志愿服务　　（团市委 供）

【青少年志愿者行动】2018年，共青团海口市委员会围绕“专业化、规范化、项目化”的发展目标，坚持服务大局、服务社会、服务青年，务实推进青年志愿服务工作。推动全市团员100%注册成为志愿者。举办以应急救援等为主要内容的志愿服务技能培训164场次。在旅游、社区、交通、支教、环保、助残、应急、扶贫等领域，组织青年志愿者开展各类志愿服务活动800场次，打造“湿地保护宣传服务项目”“暖冬行动”“全民公益·爱心助考”“禁毒宣传”“公益假期”“文明交通劝导”等常态化志愿服务项目。开展“创业扶贫直通车”“希望工程圆梦行动”“志愿扶贫”等扶贫攻坚志愿服务活动，募集资金377.67万元，资助贫困学子541名，为贫困青年提供创业、助学、志愿服务等全方位、多层次的扶贫帮扶。

【青少年成长关爱】2018年，共青团海口市委员会在寒暑假期间开展“领巾飞扬 欢乐假期”公益冬夏令营，策划推出“椰城童趣汇”品牌公益活动，面向全市青少年提供丰富多彩的“公益套餐”。在全市446个社区（村）建立重点青少年帮教小组，打造秀英区阳光服务基地等5个重点青少年帮教服务示范基地，安排专职社工驻点开展社区帮教服务。制定菜单化帮教服务项目，通过“社工+志愿者”的工作模式，面向七类重点青少年群体开展“兴趣课堂”“亲情陪伴”“心理疏导”等帮教服务210余场次。做好未成年人心理健康辅导。建立“海口青少年心灵驿站”微信公众平台，组建心理QQ群和微信群，提供线上心理咨询服务；开通未成年人心理公益热线，安排心理咨询师不间断接听热线；组建心理咨询专家队伍，利用假期开展现场授课、公益讲座、个体辅导等活动。全年共开展中小学校公益讲座47场次，心理团辅活动50场次，微课12场次，个案咨询370人次，服务未成年人及家长2.3万人次。

2018年8月17日，海口市青年服务技能大赛启动　　（团市委 供）

【青年服务技能大赛】2018年8月，共青团海口市委员会联合市旅游发展委员会、市人力资源和社会保障局、市交通运输和港航管理局、市农业局共同举办“青春建功新时代 献礼建省三十年”2018年海口市青年服务技能大赛，全市涉旅企业、非公企业等40余家单位200余名各行业、各领域青年技能选手参赛，并选拔推荐24名优秀选手代表海口市参加全省4个赛项的总决赛，取得全部4个冠军、3个亚军和1个季军的好成绩，共青团海口市委员会获得优秀组织奖。

【青年文明号创建】2018年，共青团海口市委员会发动省、市青年文明号集体参与精准扶贫工作，开展“青年文明号”结对帮扶活动34场次。动员全市各行各业青年文明号集体、争创集体成立“河小青”（参与保护母亲河行动、助力河长制的广大青少年的总称，是河长的助手和落实河长制工作的参与者、支持者）志愿服务队34个，动员青年文明号和争创单位以及青年志愿者1000余名，深入美舍河、凤翔国家湿地公园、市人民公园、东湖等地累计开展36场“河小青”巡河护河活动，志愿服务和政策宣传覆盖群众1.5万名。发动市各级青年文明号单位、各争创单位开展“建功新时代·展现新作为——青年文明号开放周”活动50余场。贯彻落实《海南省“擦亮青年文明号 助力海南自贸区”主题活动实施方案》，在活动启动仪式上进行典型经验交流，市政府12345热线服务处、龙华区公安局刑警大队、市税务局海甸办税大厅被评为首批省级青年文明号示范点。

【“抗雾保运”志愿服务活动】在2018年春节返程高峰期间，共青团海口市委员会发动各级机关单位、企事业单位、学校、社团组织、爱心企业志愿投身“抗雾保运”战，在秀英港等3个港口周边设点为待渡旅客提供志愿服务，8天里（2月18—25日），单日最高设点109个，累计设立志愿服务点404个次，实现三港每日全部滞留线路志愿服务全覆盖，参与志愿服务的各界志愿者1.53万人次。在由团中央主办的2018年中国青年志愿者服务春运“暖冬行动”现场会上，团市委代表海口做经验交流发言；海口市3名志愿者获得“2018年中国青年志愿服务春运‘暖冬行动’优秀志愿者”称号，海口市志愿服务联合会、秀英区志愿服务联合会获得“2018年中国青年志愿服务春运‘暖冬行动’优秀志愿服务团队”称号。

【“勇当先锋、做好表率”主题研讨征文系列活动】2018年，共青团海口市委员会牵头推进开展“勇当先锋、做好表率”主题研讨征文系列活动，联合市委组织部印发《海口市开展“勇当先锋、做好表率”主题研讨征文活动实施方案》，并依托《海口日报》、“海口党建”“椰青汇”等传统媒体和新媒体，面向全市各级党团组织进行宣传发动。共收到各领域报送论文成果517篇，超出计划征集论文的130%，评出62篇优秀获奖作品，召开全市总结交流会，形成两册理论成果印发全市各单位学习，有效激励全市各级党（团）组织以实际行动助力海南自由贸易试验区和中国特色自由贸易港建设。

（周　吉）

## 市妇联

【妇联组织概况】2018年，海口市新增加妇女组织12个。全市妇女组织共5669个，其中区妇联4个，镇妇联22个，街道妇联21个，社区居委会妇联196个，村妇联会248个，机关、事业单位妇委会92个，妇女小组16个，女职工委员会5031个，市属高校妇女组织3个，其他领域妇女组织36个。

【基层妇女组织建设】2018年，海口市区、镇（街道）、村（社区）三级妇女组织健全率100%，共创建“妇女之家”444所，形成无断层的妇联组织网络。市妇联加强和机关、企事业单位及高校的联系，在80家机关企事业单位、5家医院、3所高校和28家“两新”组织成立妇女组织，同时在“两新”组织中建立9家新的妇女组织“丽人之家”。

【妇女发展服务】2018年，海口市妇联推选表彰一批先进个人和集体，授予海口市政府服务中心热线处12345海口市民服务智慧联动平台等10个单位海口市三八红旗集体、冯燕等10人海口市三八红旗手、张秀红等20人海口市优秀妇女工作者荣誉称号，市政府服务中心12345海口智慧平台等20个单位被评为“海口市巾帼文明岗”。市政府服务中心12345海口智慧平台和市政府投资项目管理中心监督科获评“海南省巾帼文明岗”。举办两期海口市基层妇联主席培训班，全市基层妇联组织的区、镇（街）、村妇联主席及市妇联机关干部500多名人员参加培训；举办海口市女干部“创新与管理”能力提升培训班，海口市机关、企事业单位及基层妇联约60名妇女干部参加培训；举办2018年实施妇女儿童发展纲要规划业务知识培训班，市政府妇儿工委成员单位部分委员、联络员，以及4个区妇儿工委办负责人、专职人员近100人参加培训；举办两期椰城时代新女性大讲堂活动，全市妇女干部近150人参加。开展海口市庆“三八”2018城市健康舞蹈大赛，2000多名妇女群众近百支舞蹈队参加比赛。

【推动家庭教育工作】2018年，海南“最美家庭”宣传展示会暨“恒爱行动”启动仪式在海口召开，一批全国“五好家庭”“最美家庭”、海南省“最美家庭”名单揭晓，海口市一批家庭获得荣誉称号。市妇联推荐的田国斌家庭获得全国“五好家庭”称号，周经美家庭获得全国“最美家庭”称号，沈秋英家庭等15户家庭获得海南“最美家庭”称号。同时，海口市妇联获得2018海南“最美家庭”活动优秀组织奖。开展家庭教育进社区、进农村巡讲活动。指导、联合4个区妇联在全市举办“百万家庭共成长”家庭教育社区乡村行活动和传播好家风好家训主题讲座等活动70余场，惠及3500余名家长。开展海口市家庭教育五年规划中期评估工作，对海口市家庭教育五年规划的各

2018年5月27日，海口市妇联在海南工商职业学院大礼堂举办海口市庆六一"在同一片蓝天下"幼儿文艺汇演。图为全体演出人员大合影
（市妇联 供）

项量化指标进展情况进行督导评估、分析，形成评估报告，为推动《海口市指导推进家庭教育五年规划(2016—2020年)》的实施提出对策建议。

【助推巾帼创业就业】2018年，海口市妇联利用"三八"宣传周、"科技月""基层妇联主席培训班"等平台，通过媒体、宣传栏、现场答疑、入户宣传等途径，大力宣传小额担保贷款财政贴息政策。加强与财政、农信联社、邮政储蓄银行等部门沟通协调，帮助妇女解决贷款难、担保难问题，鼓励女农民工自主创业。全年共为1314名妇女贷款8414.36万元，贴息123.77万元。在"妇女科技月"活动期间，在秀英区东山镇、龙华区遵谭镇分别举办兰花、养猪种养殖培训班3期，培训妇女群众300多人。举办"春风行动"女性专场招聘会3场次，提供就业岗位3405个，有322人签订初步就业双边意向书，实际实现就业40人，实现市内就地就近转移就业人数69人。在海口市现代家政职业培训学校举办2018年妇女家务技能（烘焙、家居保洁）培训班，培训妇女80多人。深入海口市家庭服务业行业协会等4家企业开展创业创新工作调研活动；召开椰城女企业家落实省委七届四次全会精神座谈会、女企业家与民营经济发展座谈会探讨交流女性创业创新工作；举办2018新智慧女性论坛，聚焦女性力量，促进文化交流。

【妇儿权益保障】2018年，海口市妇联注重发挥12338妇女维权热线、律师志愿者服务中心的作用，促使来访妇女接受到更多专业法律工作者的法律服务和帮助。全年市、区妇联共接待来信来访来电283例，处理多个难点案例。以"三八"节、"三下乡""妇女科技月"种养殖培训班等活动为契机，开展"三八"维权周、"法制文明·巾帼行动"——"11·25"国际反家暴日宣传咨询活动等，为妇女群众送政策、送法律知识、送维权服务，并为广大妇女群众提供家庭暴力、婚姻家庭等方面的法律咨询，共发放禁毒、防艾、反家庭暴力、性侵、反拐等维护妇女儿童合法权益方面的法律法规相关宣传资料2万余份，进一步提升广大妇女的公民意识和民主法治素养。

【关爱妇女儿童民生】2018年，海口市妇联举行"贫困母亲两癌救助"中央专项彩票公益金发放仪式、海口"(2018)情系粉红丝带——关爱伟大母亲"公益活动。共筹集救助资金11万元，救助34名患癌贫困母亲。开展2018年"雅居乐关爱特困单亲母亲"资助项目，共资助全市200名特困单亲母亲，每人受助2500元。通过慰问、关爱帮扶、心理关护、志愿服务等形式，开展"椰童圆梦""温暖星儿 童心飞扬""守护花蕾远离毒品""恒爱行动"等各类活动、专题讲座18场，关爱贫困、留守、流动儿童3000余名。联合天翼特教培训中心组织100余名来自该中心和其他单位的自闭症儿童与其家长们一起和爱心志愿者进行联欢，为天翼特殊教育学校送去1万元慰问金和价值3000元礼品。投入近10万元，慰问海口市三十四小学等8所学校的孩子们。举办海口市2018庆六一"在同一片蓝天下"幼儿文艺汇演，全市近百家公办、民办幼儿园参加，展示儿童积极向上的精神风貌。组织开展家庭健康跑、童画大赛、"书香共成长"亲子阅读等形式丰富、内容精彩的亲子活动，评选表彰20所"最美书香幼儿园"、100户"最美书香家庭"。

【妇联禁毒工作】2018年，海口市妇联依靠联系全市广大妇女的优势，在"三八"维权周、"妇女科技月""6·26"禁毒日、"11·25"反家暴日、"12·1"防艾日、"12·4"宪法宣传日、"三下乡"和妇女培训班等活动中开展禁毒宣传，发放禁毒宣传资料1.2万份。加强禁毒队伍的培训，举办海口市"妈妈训教团"禁毒帮教志愿服务培训班暨海口市妇联组织创建全国禁毒示范城市再动员部署会，来自各区、乡镇（街道）200余

2018 年 9 月 10 日，海口市妇联在皇马假日酒店举办 2018 年海口市“妈妈训教团”禁毒帮教志愿服务培训班。图为讲师授课　（市妇联　供）

名“妈妈训教团”志愿者参会培训，通过集中授课，提高志愿者的业务素质和服务水平，更好地发挥“妈妈训教团”在戒毒家庭、社会关系修复方面的作用。举办禁毒知识讲座，全年共组织家庭教育讲座 70 余场，讲授毒品危害后果，解析禁毒法律法规，讲座现场进行有奖知识问答。

【乡村振兴巾帼行动】2018 年，海口市妇联组织开展以“志智双扶巾帼脱贫——创业扶持、基地培育系列行动”“海口榜样巾帼力量——椰城脱贫示范户推选活动”“守望童年养护花蕾——防范性侵、远离毒品系列活动”“绿水青山洁净家园——环境整治、庭院卫生系列活动”“和谐兴旺最美家风——‘最美家庭’评选活动”等五大系列活动为主要内容的“乡村振兴巾帼行动”。举行 2018 海口市“乡村振兴巾帼行动”系列活动总结汇报会，是对“乡村振兴巾帼行动”系列活动的阶段性总结汇报和表彰，也是市妇联积极实施“巾帼脱贫行动”，结合“勇当先锋、做好表率”专题活动，扎实推进“乡村振兴巾帼行动”的成果展示。分别对椰城巾帼脱贫示范户、爱心帮扶企业、2018 海口市“平安家庭”和 2018 海口市“最美家庭”进行表彰。

（苏岐勇）

## 市科协

【海口市全民科学素质工作领导小组第十一次会议】2018 年 4 月 10 日，海口市全民科学素质工作领导小组第十一次会议在市政府第二行政办公区召开。会议由市政府副秘书长朱军主持，市委常委、秘书长林海宁，市人大常委会副主任叶霞，市政府副市长鞠磊，市政协副主席王传荣出席会议。市全民科学素质工作领导小组 38 个成员单位的分管领导和有关同志参加会议。会议总结 2017 年全市全民科学素质工作情况，讨论通过 2018 年全市全民科学素质工作要点。

【科技竞赛】2018 年 2 月 28 日，海口市科协、市教育局在市科协青少年科学工作室联合举办第十四届海口市青少年科技创新大赛。大赛收到作品 1600 件。经大赛组委会组织专家评委评选并选送获奖作品参加海南省和全国比赛。市中小学生获得全国青少年科技创新大赛一等奖 4 项、二等奖 5 项，市科协获得优秀组织奖。5 月 26 日，市科协、市科工信局和市教育局联合举办 2018 年海口市“七巧科技”竞赛活动。大赛分为个人赛和团体赛，全市近 20 所学校，300 名学生参赛。

【基层科普服务能力项目】2018 年，海口市科协、市财政局联合实施“基层科普服务能力”项目，通过“以点带面、榜样示范”的方式，在全市评比、筛选、表彰一批有突出贡献的、有较强区域示范作用的、辐射性强的基层科普先进集体和个人。共评选出新建农村专业技术协会 1 个，农技协能力建设 3 个，新建农技协联合会 1 个，扶贫产业科普示范基地 2 个，科普示范社区 2 个，科普示范学校 5 个，科普示范村 2 个，给予奖补资助 39 万元；省级优秀单位 5 个，奖补资金 70 万元。通过“以奖代补、奖补结合”的方式给予资金支持，带动更多农民提高科学文化素养，掌握生产劳动技能，引导广大农民建立科学、文明、健康的生产和生活方式。

【科普主题活动】2018 年，海口市、区科协组织专家举办槟榔、百香果、石斛、瓜菜、花卉等农业实用技术培训班 8 期，共培训农民 1000 多人。邀请有关常见急救知识方面的老师在龙昆南社区、中山路社区、三亚社区等社区开展科普健康知识讲座 10 多场，受益群众 1000 多人。通过海口市科协“椰城科普”微信公众号举办全市全民科普知识竞赛活动，参与人次 8.21 万人次。9 月，开展以“创新引领时代，智慧点亮生活”为主题的全国科普日活动。共开展十二大主题活动，有科技、教育、卫生、环保、农林、海洋和渔业等单位、8 万多人参加宣传活动，共展出科普挂图、展板 100 余张（块），设科技咨询台 18 个，接受咨询 4000 多人，科技馆体验 5000 多人次。海口市科协获评中国科协 2018 年全国科普日活动优秀组织单位。

【科技工作者数据库建立】2018 年，海口市科协在全市范围内对在自然科学领域掌握相关专业的系统知识，从事科学技术的研究、开发、传播、推广、应用，以及专门从事科技工作管理等方面的人员开展调查和建立科技工作者数据库工作。走访各科研院所、高等院校、社会企业、协会组织等单位，同时发放科技工作者状况调查问卷和采用科学合理的抽样方法抽取调查样本，共调查和采集科技工作者信息 101 人，建立科技工作者数据库汇总表。

【学术交流】2018 年，在海口市科协指导下，各行业协会（协会）单独或联合开展学术交流活动 19 次，主题为各行业科技创新的热点问题，营造浓厚的科技学术交流氛围，推动有关行业的产业升级，促进企业的经济效益提高。其中，椰树集团科协 3 次、力神咖啡协会 2 次、市建筑业协会 3 次、市机械工程学会 2 次、市护理学会 3 次、市营养学会 3 次、市医学会 3 次。市科协主办专题科技学术沙龙共 20 次，比上年增长 5 倍，参加人次 2000 多人，涵盖各行各业。市科协和海口市创新服务中心创业基地协议承办 16 次沙龙，内容包括《海口市安全知识主题学术沙龙》《2018 年企业界人士新春创业沙龙》《海口市水文化科技沙龙》《2018 年双创周青年科技工作者沙龙》等 16 个方面。

【科技帮扶】2018 年，海口市科协指导雅秀村委会成立“冷泉水芹种植科普示范基地”，打造水芹品牌，提高当地水芹影响力，提高农民收入。同时，为实现帮扶产业化，确定“科技引领、发展农业、抱团致富”的指导思想，以“村委会 + 合作社 + 贫困户”的新型产业模式，建成雅秀村冷泉黑山羊绿色养殖基地。

（王润鹏）

## 市文联

【市文联工作概况】2018 年，海口市文联下辖 8 个市属文艺家协会，24 个挂靠文艺社团，会员约 2300 人。年内，完成 8 个文艺家协会换届工作事宜，3 月 30 日成立海口市文艺系统社会组织党总支和 8 大文艺家协会党支部。以文艺惠民、理论辅导、采风交流、举办展赛为依托，开展近百项文艺活动，其中重大文艺活动 3 项，支持文艺创作与研究 2 项，文艺志愿服务 128 场，文艺培训 3 场，采风交流 18 场，展览赛事 8 场，组织会员参加亚洲（新加坡）国际音乐节获 9 个金奖。

【市属文艺家协会换届】海口市文联下辖 8 个文艺家协会换届工作自 2017 年 6 月启动，2018 年 1 月完成。最终选举出以市作家协会主席张品成、市美术家协会主席王锐、市摄影家协会主席姚家康、市音乐家协会主席汤洁、市舞蹈家协会主席吴圣彪、市戏剧家协会主席张建雄、市电影电视艺术家协会主席李晓菊、市书法家协会主席范中为首的新一届文艺家协会领导班子。

【文艺创作与研究】2018 年 5 月，海口市文联支持市戏剧家协会完成经典琼剧《红丝错》和“琼剧古本复活工程”《玉堂春》录制工作，让琼剧唱腔留下永久的记忆影像，为非遗文化保存经典。5 月，市委宣传部、市文联、市作家协会联合出版《纪念海南建省办经济特区 30 周年长篇小说系列》，该系列丛书选编 5 位海口市作家以海南生活为题材创作的 5 部长篇小说，分别为张品成《妇道》、三三《舞蹈课》、韩芍夷《伤祭》、晓剑《与飓风同时登陆》、清秋子《六莲的爱情》。

【文艺志愿服务】2018 年，海口市文联以协会为依托，组建各文艺门类小分队，授旗“新时代文明实践活动海口志愿服务队”，深入海口各大街道、乡镇、社区、农村开展形式多样的文艺志愿服务活动。1—2 月，组织小分队开展迎春惠民演出、义务挥春服务和“我们的中国梦”——摄影文化进万家志愿服务活动。共开展义务挥

2018 年 10 月 29 日，海口市文联在琼山区府城三角公园举行“勇当先锋、做好表率”推进海南自由贸易试验区和中国特色自由贸易港建设专题宣传演出活动

（市文联 供）

春活动17场次，赠送春联、福字1.2万余幅；开展“我们的中国梦”——摄影文化进万家志愿服务活动5场次，赠送全家福400余幅、画框年画500余幅。5月11日，在琼山区旧州镇雅秀村开展“牢记使命，放飞梦想”——海口文艺界精准扶贫惠民演出。10月28日至11月2日，组织戏剧小分队开展“2018年社会福利慰问孤寡老人和智障儿童演出——让琼剧唱响敬老院·阳光扶老系列活动”，到8所村镇敬老院演出琼剧8场。10月29日，在琼山区府城三角公园开展“勇当先锋、做好表率”推进海南自由贸易试验区和中国特色自由贸易港建设专题宣传惠民活动，以舞台表演、现场互动、赠送口袋书、摄影展出、健康服务等多种形式宣传海南自贸区（港）建设。12月26日，在甲子镇青云村开展送琼剧下乡演出活动。全年，戏剧家协会会员到乡镇、敬老院等地参与演出189场次。

**【文艺赛事与采风】** 2018年1月，海口市美协邀请戴士和、李耀林、李昂、陈和西等国内著名画家到海南陵水等地进行采风写生，邀请彭桐、李其文、周凌风、邓振鸿、王文娟、王瑾宇等省内知名诗人为参展画作品配诗。1—2月，海口市文联主办，海口市音乐家协会与海南世界华人音乐家协会联合承办2018亚洲（新加坡）国际音乐节海南赛区选拔赛。赛后，市文联组织海口市音协代表团于2月6日赴新加坡参加亚洲国际音乐节，参赛的原创歌曲共赢得9个金奖、1个银奖和1个铜奖，以及国际艺术导师奖的佳绩；裴英杰分别与孙思源、赵启腾合作的《槐花飘香》《爱恋》，蔡先民和海戈联手创作的《月妮娘》3件音乐原创作品均摘得作词作曲金奖；声乐类，刘奎明、赵启腾分别获得成年职业组金奖，谢小楠获得少年组金奖，李芳荣获国际艺术导师奖。9月10日，由市文学艺术界联合会、海口广播电视台主办，市影视家协会、海广网承办的2018第二届海南省高校微视频大赛启动。以“30年变迁”为主题，全岛征集近百部作品，其中16部进入复评，经展播投票，评选出2部最佳作品奖，1部最佳剪辑奖、1部最佳编剧奖、1部最佳摄影奖、1部最佳导演奖。获奖作品在活动官方网站“海广网”和海南各高校官方网站展播。5月9—11日，海口市文联组织下辖八大文艺家协会开展“牢记使命，放飞梦想”纪念中国改革开放40周年暨庆祝海南建省办经济特区30周年采风演出系列文艺活动，近百名艺术家参加。10月17—21日，举行“特区作家看老区”——海口市作家协会遵义红色之旅采风创作活动。15名老中青作家所组成的采风团走进“红色之城”，沿着红色文化浸染的线路，感受当地浓厚的红色文化。活动中，海口市作协与遵义、湄潭作协确定互访交流机制，将分别借助两地报刊开辟采风创作活动诗文专辑。

**【文艺展览与交流】** 2018年5月19—26日，由海口市文联、市住建局和省图书馆联合主办的海口市城市建设成就图片展在省图书馆举办，本次图片展是海口市纪念改革开放四十周年和庆祝海南建省办经济特区三十周年系列活动之一。共展出56版224张图片，展现海口从边陲小城“变身”为繁华都市的辉煌历程。6月17—26日，由海口市文联、海口市文化艺术传播研究中心、海口市美术家协会联合主办的“画里江南”——海口画家江南行油画作品展在海南省图书馆举办，展览33位海口油画家赴无锡以江南为题材写生、创作的62幅油画作品，油画作品集同步出版。8月15—19日，由市文联和市书法家协会联合举办的“椰风情”海口市青年书法二十人作品展在徽宝轩艺术馆举办。展出的书法作品共107幅，条幅、斗方、扇面、手扎形式各异，真草隶篆诸体具全。由海口市委宣传部、十堰市委宣传部、海口市文联、十堰市文联联合主办，海口市书法家协会、十堰市书法家协会承办的“海口·十堰书法作品交流展”分别于5月19—28日在湖北省十堰市美术馆、10月10—14日在海南省博物馆展出，平均每次展览展出作品120余幅。10月23日，由海口市美协等单位主办的“情定海南——蒙发祥作品展”在北京中国美术馆开幕，共展出蒙发祥绘画生涯不同阶段的代表作共49幅。

**【《椰城》杂志】** 2018年，《椰城》杂志出版12期正刊，累计发表各类作品400多篇，以本岛乡土作品和本地作者文章为主，发行范围遍及全国各地。作者阵容日渐强大，包括一些知名诗人和作家来稿。从第1期开始，《椰城》在栏目和排版上做较大调整，其中知名度较高的金牌栏目是《诗星》和《新星》，《诗星》栏目主发知名诗人作品，《新星》栏目扶持文学新人。不定期用专辑的形式刊登海南本土诗人作品；为加大宣传海南力度，开辟《大特区，新征程》专栏，刊发有关海南建省以来巨大改变的文章；为丰富少年儿童精神文化生活，第6期开辟童谣作品专栏；第8期是“海南·海洋主题”诗歌专号；第9期刊登“勇当先锋，做好表率”征文启事，并且开辟专栏刊登相关作品；第12期杂志设置专栏，刊登“特区作家看老区”遵义采风活动中海口市作家和遵义作家的作品。

（沈音钊）

## 市侨联

**【市侨联概况】** 2018年5月，海口市侨联组织召开海口市归国华侨侨眷第十三届三次常务委员会和海口市归国华侨侨眷第十三届三次全体委员会，增补十三届委员会委员 2 名、常委 3 名。年内，被评为全国侨联系统先进组织、海南省侨联系统先进集体。

【为侨服务】2018 年春节期间，海口市“五侨”单位（人大华侨委员会、侨务办公室、政协港澳台侨委员会、致公党、侨联）联合慰问全市离退休老归侨 80 人，陪同省侨联慰问困难归侨侨眷 5 户，组织辖属侨联慰问归侨侨眷 400 户。4 月，市侨联邀请海南大华园律师事务所律师为归侨侨眷、侨界群众和社区工作人员进行涉侨法律法规知识讲座，近百人参加讲座。9 月，在三门坡镇红明居二十队举办第二场法律知识讲座，并举行“文明和谐侨队”授牌仪式。紧贴侨情参政议政，市侨联提交的《关于进一步平抑我市物价的建议》集体提案被政协列为主席重点督办案件，被政协评为优秀提案。在市政协十四届三次全会上，市政协委员、市侨联副主席林玉娇撰写《优化营商环境 提高地区竞争力》提案并在市政协的议政大会上作专题发言。

【侨谊联络交流】2018 年，马来西亚海南会馆联合会总会长林秋雅、印尼海南同乡会会长刘家衔、文莱海南同乡会会长孔繁慈、美国南加州海南同乡会原会长吕诗登、加拿大魁北克海南同乡会会长陈婧等率团来海口交流访问，为密切中外关系、加速海南自贸区（港）建设牵线搭桥。清明节期间，市侨联接待 3 批次从新加坡、马来西亚、泰国、印度尼西亚等国回乡探亲、访友的海外人士。9 月，市侨联与海口广播电视台组团赴印尼、文莱拜访两国海南同乡会，加强联谊，同时《海南华侨》摄制组采访当地侨领，收集素材。11 月，应马来西亚海南会馆联合会邀请，市侨联代表团一行赴马来西亚参加该会 85 周年纪念庆典活动，推介海口的同时加深侨联与海外侨胞情谊联系。与市政协联合举办传达学习全国侨联十代会及海南省侨联六代会精神暨 2018“迎中秋、庆国庆”茶话会，市政协和侨联委员、港澳台侨代表、侨资企业负责人等近百人参加。与海口市广播电视台继续做好“海南华侨”栏目，拍摄的《新加坡陈学汉：新加坡华裔青少年的“寻根引路人”》《老挝郭美花：为儿子建学校的华裔母亲》、林秋雅、韩劳达、麦英等多个素材被央视栏目“华人世界”采用和播出。

（陈　创）

## 市社科联

【市社科联工作概况】2018 年，海口市社科联完成重点课题研究 1 项，完成规划课题研究 50 项；组织文明礼仪宣讲 55 场；与《海口日报》联合打造“海口观察”专栏，共刊发 8 期，组织社科专家、学者撰写理论文章 9 篇，编辑、出版《新时代点对点》《慧聚新征程》2 本社科类书籍，实现社科成果的转化；参加全国性学术交流及工作会议 2 次，组织社科专家、学者参加社科普及业务能力提升研修班，组织开展社团工作会议 1 次。成立社科社团 2 个，联合海南省社科联、三亚市社科联组织社科专家、学者参加为期 7 天的社科普及业务能力提升研修培训班一期。年内，市社科联被评为全国先进社科组织，吴英松获全国先进工作者称号。

【社科课题研究】2018 年，海口市社科联主动参与琼粤两省“琼州海峡经济带”建设工作，组织省内知名社科专家到海口、湛江多个部门以及秀英港、新海港、粤海铁路南港、海安港、南港和粤海铁路北港进行实地调研，完成《中国特色自由贸易港建设背景下琼州海峡港航一体化的思路与对策》重点课题研究任务，课题从琼州海峡通道运行不畅的主要原因、琼州海峡港航一体化共赢发展的思路、琼州海峡港航一体化共赢发展的举措三个方面进行系统全面的阐述。研究成果《中国特色自由贸易港建设背景下琼州海峡港航一体化的思路与对策》刊发于中共海南省委《政研专报》第 4 期（总第 48 期）；《琼州海峡港行一体化调研与思考》于 7 月 11 日在《海南日报》上刊发；《中国特色自由贸易港建设背景下琼州海峡一体化共赢发展战略与对策研究》于 7 月 19 日在《领导参阅》第 11 期

2018 年 1 月 10 日，海口市社科联与市直机关工委，在市第二办公区联合举办海口市直机关科级领导干部暨基层党支部书记学习贯彻党的十九大精神专题培训班

（吴英松　摄）

上刊发。组织开展社科规划课题研究工作，共收到各类课题申请113项，经省市专家认真初评、复评、公示，完成规划课题研究50项。规划课题研究涉及农村学前教育、医养结合、生态文明建设、红色旅游、乡村旅游开发和民俗文化保护等多个与海口经济社会建设密切相关的内容。开展热点问题研讨，组织省内知名社科专家、学者撰写9篇理论文章，在《海口日报》理论专版整版刊载。

【社科优秀成果转化】2018年，海口市社科联组织编辑出版《慧聚新征程》《新时代点对点》2本社科书籍。《新时代点对点》收集2017年11篇海口市社科规划优秀课题，内容涉及精准扶贫、扫黑除恶、犯罪治理、传统文化保护等当前热点问题；《慧聚新征程》集结2014—2016年以来社科专家学者的智慧和结晶，其中专著6篇，编著8篇，论文和研究报告14项，丰富海口社科读物内容。

【社科知识普及】2018年1月10—19日，海口市社科联组织社科专家开展政策宣讲解读。与市直机关工委联合举办两期“市直机关科级领导干部暨基层党支部书记学习贯彻十九大精神专题培训班”。每期3天，全市的科级领导干部及基层党支部书记共600余人参加培训。开展文明礼仪宣传教育活动。全年举办宣讲55场，参与听众5800余人，涵盖市区政府服务中心、市直单位、企事业单位、医疗卫生系统、中小学校、乡镇（街道）、社会公共场所等多家单位。与《海口日报》联合打造《海口观察》理论专栏。刊登《海口观察》8期，其中《以城市“双修”提升海口品质》被南海网进行全文转载报道，《发挥业委会亲民优势 促进社区治理再创新》《努力做好新形势下慈善拥军工作》被搜狐网全文转载报道。

【社科社团管理】2018年，海口市经过审核登记的社科社团组织共25个。6—7月，市社科联指导海口市诚信文化研究会、海口红树林书院2个社会团体登记成立。11月23日，组织下属各协（学）会主要负责人、秘书长和市属社科研究基地负责人50人召开2018年社团工作会议，并进行“海南自由贸易试验区和中国特色自由贸易港建设”专题讲座，充分发挥社团组织在社科理论研究和社科知识普及中的作用。

（林凤娣）

## 市残联

【市残联工作概况】2018年，海口市残联以加快推进残疾人小康进程为重点任务，加强残疾人社会保障和服务体系建设，全市有持证残疾人25171人，3814名残疾人领取困难残疾人生活补助，13571名残疾人领取重度残疾人护理补贴，3681名残疾人享受居家托养补贴，1000余名残疾人得到康复救助，2464名残疾人学生及残疾人子女学生得到资助和奖励，147名残疾人得到扶持发展生产。全年发放扶残助残资金共3084.64万元。

【残疾人基础服务设施】2018年5月26日，由中国残疾人福利基金会、海南省残联和海口市残联在海口市残疾人综合服务中心联合成立的中国残疾人福利基金会孤独症儿童（南方）康复基地，启动运营。基地采用公建民营模式，以医、教、康、研、辅五位一体的技术框架，引进先进的康复技术，对孤独症儿童提供康复训练。至年底，基地共为80余名残疾儿童提供服务。

【残疾人基础性工作】2018年7—9月，海口市残疾人数据动态更新工作有序开展，24789名持证残疾人动态更新工作的入户调查、录入和数据核查工作完成。按照中残联、省残联有关精神，2018年起海口市残疾人证审批权限下放至各区残联。年内，全市共为2287人办理残疾人证，办证总人数25171人，办证率提高至29.1%。

【重大惠残政策】2018年2月11日，海口市政府办公厅印发《海口市无障碍环境建设“十三五”实施方案》，为进一步完善城乡社会功能，确保残疾人、老年人等社会特殊群体参与社会生活的环境舒适和方便，促进海口市无障碍环境建设与经济社会建设协调发展指明方向。6月14日，市政府办公厅印发《海口市扶持残疾人自主创业就业暂行办法》，进一步鼓励残疾人自主创业就业，提高残疾人家庭收入，推进残疾人同步小康。9月21日，海口市残疾人工作委员会印发《海口市残疾预防行动计划（2018—2020年）》，为全面推进残疾预防工作，有效减少残疾发生，控制残疾的发生和发展提供有力保障。

【残疾人社会保障】2018年，海口市残联继续落实困难残疾人生活补贴和重度残疾人护理补贴制度，共有3814名残疾人领取困难残疾人生活补助，13571名残疾人领取重度残疾人护理补贴；为3681名智力、精神和重度肢体、视力残疾人提供居家托养服务，发放补贴529.98万元。

【残疾人康复】2018年，在第19次全国“爱耳日”期间，海口市残联与省残疾人康复指导中心、187医院等机构合作，开展宣传教育一条街等活动，增强全民爱耳护耳意识。为100余名精神残疾人提供住院救助；为317名孤独症、智力低下、脑瘫残疾儿童提供康复救助；做好残疾人辅助器具需求筛查，为残疾人配发辅助器具437件。

【残疾人教育】2018年，海口市残联将全市符合条件的贫困残疾人子女学生全部纳入“阳光助学”范围，对学前残疾儿童、义务教育阶段和高中教育阶段的残疾学生及残疾人子女学生分别给予3000元、750元和3000元的资助，全市共有2421名残疾学生及残疾人子女学生得到资助，资助金额共316.13万元。为43名2018年考上本科和专科的残疾大学生和贫困残疾人家庭子女大学生发放奖励金10万元。

【残疾人培训及就业】2018年，海口市残联开展就业援助月活动，举办两场残疾人专场招聘会。建立健全就业困难残疾人登记认定制度和“一对一帮扶”援助制度，推荐各类残疾人就业80多人次，实现就业16人。对554名农村贫困残疾人进行农村实用技术培训；制订《海口市2018年残疾青壮年文盲扫盲项目实施方案》，对300名农村贫困残疾青壮年进行扫盲培训。做好全市按比例安排残疾人就业审核工作，共为1509家用人单位办理按比例安排残疾人就业审核，按比例安排残疾人就业3243名。对3338家小微企业进行免征残疾人就业保障金的审核；采取按比例安排残疾人就业用人单位公示、超比例安排残疾人就业用人单位奖励等方式促进残疾人就业，共对2017年和2018年超比例安排残疾人就业的42家用人单位发放奖金52.91万元。组队参加第六届海南省残疾人职业技能竞赛，获得一等奖9个，二等奖7个，三等奖5个，海口市代表队取得团体第一名和最佳组织奖。

【残疾人扶贫】2018年，海口市残联将残疾人扶贫融入政府扶贫工作大局，继续推进实施残疾人危房改造工程。对全市盲人按摩店进行调查摸底工作，摸清54家已扶持和未扶持的盲人按摩店情况，扶持盲人按摩店6家，发放扶持金12万元。扶持147户农村贫困残疾人发展生产，发放资金73.5万元。

【残疾人维权】2018年，海口市残联185件“12345”“12385”服务热线办件全部及时有效处理。完善残疾人法律救助站，解决残疾人法律诉求。为227户残疾人家庭开展无障碍改造。为1277名残疾人发放2017年度及2018年度机动轮椅车燃油补贴，其中2017年度615人，2018年度662人，共33.2万元。

【残疾人宣传与文体活动】2018年全国助残日期间，海口市各机关部门组织助残志愿小组深入到贫困残疾人家中、康复机构、特教学校、托养机构、福利院走访慰问孤残儿童和特困残疾人户，开展为残疾人送温暖活动，同时组织开展志愿助残、残疾人特殊艺术文化下乡、残疾青壮年扫盲暨残疾人实用技术培训、残疾人康复进家庭等系列活动。充分利用“海口市残疾人联合会”微信公众号，每周更新不少于5次，发行《海口残联专刊》44期；利用广播、电视、报纸等媒体，高频率地刊播残疾人事业信息。在第七届海南省残疾人运动会暨第四届特殊奥林匹克运动会中，海口市代表团以36金、22银、10铜的成绩位列奖牌榜首位，获得团体总分第一名的成绩。

【海口市残疾人联合会第七次代表大会】2018年7月26日，海口市残疾人联合会第七次代表大会在海口召开。共150人参加大会。大会选举产生市残疾人联合会第七届主席团委员、主席团主席、副主席及出席省残联第七次代表大会海口代表，推选产生省残联第七届主席团海口委员候选人，推举产生市残联第七届执行理事会理事长、副理事长和理事。市残联第七届主席团聘请市委常委、市委秘书长林海宁为主席团名誉主席。市残联第七届主席团第一次全体会议选举市政府副市长邓海华为主席团主席，推举蔡志森为执行理事会理事长。

（孙　皓）

2018年7月26日，海口市残联第七次代表大会在海口召开　（市残联　供）

## 市台联

【市台联参政议政】2018年，海口市台联理事中有海南省政协委员1名和海口市政协委员2名。动员台胞积极参与政治生活、为社会经济建言献策，向市政协十四届三次会议提交单位集体提案3件，台联界别委员个人

2018年3月4日，海南省、海口市红十字会联合在海口金牛岭公园内的海南遗体器官捐献者纪念园举行遗体器官捐献缅怀纪念活动　　（市红十字会 供）

提案2件。

【台胞服务与联谊】2018年，海口市定居台胞登记人数866人，其中中共党员28人、高山族台胞11户23人。春节、中秋等传统节日期间，市台联走访慰问台胞（遗孀）、病困台胞，全年共慰问台胞台属80余人次。继续配合省台联做好全市60岁以上老台胞和第一代台胞遗孀生活补贴金登记发放工作，共办理10名，并形成动态管理。做好台胞来访接待，为其提供政策解读、户籍更改证明及其他相关服务。开展市台胞职业技能培训的指导与帮扶，指导7名青年台胞根据自身实际情况选择职业技能培训项目，提高就业能力和素质。以“大走访”的形式开展海口地区定居台胞基本情况精准摸底调查，以台胞家族为主线，每户每人地开展核对，做好有关分类结构统计，不断更新台胞基础数据信息。组织70多名海口地区的台联理事和定居台胞青年参与全国台联2018年台胞青年千人夏令营海南分营海口站活动；组织台胞台属参加省台胞青年夏令营、台胞亲子夏令营以及体育项目比赛，在首届“台联杯”羽毛球赛中获得男单和男双冠亚军及女单、女双亚军；组织30多名老台胞在海口市永兴镇冯塘绿园召开老台胞重阳座谈联谊活动。

（金　田）

## 市红十字会

【人道救助】2018年，海口市红十字会发扬“人道、博爱、奉献”的红十字精神，开展一系列的慰问救助活动。全年发放价值10多万元的救助金及慰问品慰问困难群众和福利院的儿童、孤寡老人。

【遗体器官捐献】2018年，海口市遗体、器官捐献工作取得突破性进展，登记10多例，累计登记30多例，并实现捐献2例。

【卫生救护知识培训】2018年4—12月，海口市红十字会先后联合海口市教育局及4个区教育局等多家单位开展各式各样的红十字应急救护知识培训及讲座，培训场次60多场，普及人次近1.3万人。

【无偿献血】2018年，海口市红十字会利用宣传媒体和红十字志愿者深入社区和农村，宣传适量献血有益健康的科学知识；继续推动市民无偿献血活动的健康发展，发动市机关企事业单位开展多场无偿献血活动。截至12月，全市有56048人（次）无偿献血，献血量89601（u），无偿献血比例20‰，远超中央文明办“创文”要求10‰的比例。

【红十字志愿者队伍建设】2018年，海口市红十字会为提高志愿者服务大队的遂行应急救援能力，在人力、物力上加大投入，有专职人员管理志愿者队伍，志愿者队伍有500多人，无偿提供救护培训中心给救援队使用。同时，从中培养一支100多人的专业化救援队伍，在救灾备灾、公益服务和无偿献血、救护培训、各项文体赛事中服务。

（王雪梅）

（编辑：蒋　伊）

# 政法综述

【政法工作概况】2018年，海口市政法机关围绕市委中心工作，坚持一手抓维护政治安全和社会稳定，一手抓推动政法事业长远发展，深入推进平安海口、法治海口和过硬政法队伍建设，政法各项工作落到实处，取得明显的成效。年内，全市政法系统受全国、全省表彰的先进集体37个，先进个人155名，其中受全国表彰的先进集体9个、受省表彰的28个，受全国表彰的先进个人47名、受省表彰的先进个人108名。

【矛盾纠纷排查调处】2018年，海口市政法机关推进矛盾纠纷排查调处工作改革创新，市综治办、市司法局组织开展3次专题调研，创新矛盾纠纷"大调解"16项运行机制。建立完善镇（街道）党（工）委、政府（办事处）每月召开一次矛盾纠纷排查调处工作联席会议等制度机制。先后成立16家行业性、专业性人民调解组织，人民调解影响力进一步增强。大力推进"诉调对接"模式，与市12345、12348热线对接，及时调处批转分流案件。扎实推进社会稳定风险评估工作，共开展130次社会稳定风险评估，对发现的不稳定问题，落实化解稳控措施，确保55个省、市重点建设项目无一出现阻工现象。建立完善市、区、镇（街）、村（居）四级调解网络，组织力量深入社区、乡村、单位，扎实开展矛盾纠纷化解"大走访"，全面排查涉及群众切身利益的资源纠纷、经济纠纷、劳资纠纷、房屋拆迁、土地征用、医患纠纷，全面排查群众身边的家庭婚姻矛盾、邻里纠纷，切实加强研判，做好预测预警，并落实责任，做好调解处置工作，及时化解处置一大批重大矛盾纠纷，确保海口市社会稳定。

【社会治安防控体系建设】2018年，海口市政法机关加强社会治安群防群治队伍建设，全市建立群防群治队伍1000多支，3万多人，专业队伍3000多人。推行政府+企业购买服务的办法解决群防群治经费保障，形成以14.29万名小区安保人员、村（居）护村队员、治保信息员为主力，2555名城乡社区专（兼）职网格员及数以万计的小区居民共同参与的网络体系，建立学校、幼儿园安保人员，重点要害部位和特种行业、公共复杂场所治安人员队伍2800多人，成立铁路护路基层组织51个351名义务联防队员。着力推进"雪亮工程"建设。1月，中央政法委（综治办）确定海口市为2018年公共安全视频监控联网应用（雪亮工程）项目建设全国重点支持城市，划拨支持资金2200万元，市政府配套"平安城市"建设投资1500万元，推进一期项目建设。并按照相关规定程序，完成招投标工作，总投资3297.57万元。市公安局推进"天网"二期项目建设，在海口主城区209平方千米面积内逐步建设监控点，布设摄像机。龙华区、美兰区政法委分别构建"实时龙华""平安美兰"视频监控共享平台较好发挥实战化功能，全市各镇（街）、社区四级监控平台建设160个，城市社区安装巷道视频监控探头，单位内部、物业小区、人员聚集场所等社会自建近7万多个视频探头，基本实现具备条件的大部分城市社区警务室，25个治安重点地段治安岗亭视频监控互通互联。各级公安机关通过监控视频对社会治安案（事）件查找取证，破获抢夺、抢劫和盗窃案件198起，抓获犯罪嫌疑人304人。

【平安创建工作】2018年，海口市落实社会治安综合治理各项措施，着力推进"平安海口"建设。（1）深入开展扫黑除恶专项斗争。按照省委、省政府工作部署，成立市扫黑除恶专项斗争领导小组，领导小组下设综合协调组、摸排打击组、打伞组、组织建设组、舆论宣传组，全市31个单位列为领导小组成员。2月14日，组织召开全市扫黑除恶专项斗争动员部署会，全年共召开9次扫黑除恶专项斗争领导小组及其办公室成员会议，传达全国全省推进会和省扫黑除恶领导小组（扩大）会议精神，研究进一步推进海口市扫黑除恶专项斗争相关工作，规范各项工作制度机制。市委政法委和市扫黑办相继出台专项斗争总体方案、宣传方案、督导方案等，协调市财政局、市公安局出台举报线索奖励办法，建立行政单位移送线索承诺制等系列配套机制体系。同时还协调市纪委、市公安局建立双向移交线索制度，把扫黑除恶与反腐败和基层“拍蝇”结合起来，治理党员干部涉黑涉恶问题，深挖彻查黑恶势力背后的“保护伞”。各区、各成员单位把扫黑除恶专项斗争作为一项重大政治任务，摆在工作突出位置，层层传达中央和省、市会议精神，建立成员机构和会商、督办、应急工作机制，全方位地开展宣传发动，营造良好的社会氛围。市委政法委组织成立督查组，对各区、各单位工作进行督导检查，各区也成立督查组，对各镇（街）进行督导检查，确保扫黑除恶专项斗争稳步推进。开展专项斗争以来，全市共打掉涉黑涉恶犯罪团伙28个，抓获犯罪嫌疑人374名，打掉的涉黑涉恶团伙超过前4年总和。特别是打掉以甘波为首的54人黑社会性质组织，社会效果明显，通过扫黑除恶专项斗争，全市社会治安持续好转，2018年刑事案件立案数比上年下降8.5%。（2）深入开展禁毒三年大会战。扎实推进“八严”工程，建立完善打击收戒、戒毒康复、预防宣传、奖惩追责等方面的工作机制，充分发挥各级综治作用，配备518名基层禁毒专管员，建立社区戒毒和社区康复精准管控平台，全面落实各项管控措施，禁毒三年大会战取得明显成效，共破获毒品案件766起，抓获犯罪嫌疑人1088人。经过持续打击整治，海口市查处的吸毒人数呈逐年下降的良好态势，全市新增吸毒人员下降67%。12月，全国禁毒重点示范创建暨宣传教育现场会在海口市召开，琼山禁毒委、琼山区龙塘镇、市公安监管医院、海甸街道在会上作经验介绍。（3）深入开展突出治安问题排查整治。坚持以问题为导向，在深入排查的基础上，先后组织对校园周边、城中村、铁路沿线等社会治安重点地区的盗窃、赌博、打架斗殴等11个突出治安问题开展重点整治，下发《督办通知》3份，解决一批突出治安问题。（4）深化平安创建活动。建立和完善平安创建达标测评体系，在全市着重开展平安镇街、平安社区（村）、平安小区、平安家庭、平安景区、平安渔船、平安医院、平安校园等系列平安创建活动，推进各类行业性平安创建活动扎实深入，各类平安创建覆盖面100%，达标率95%以上。据第三方抽样问卷调查分析，2018年，扫黑除恶专项斗争人民群众知晓率96.6%，禁毒工作人民群众满意度93.6%。人民群众安全感和对社会治安满意度分别达到97.3%和86.4%，上升1.39个百分点和2.5个百分点。

**【见义勇为工作】**2018年，海口市大力弘扬见义勇为精神，扎实开展见义勇为人员助医工程。通过竞标，争取到“海南省民政向社会组织购买医疗救助项目”50万元，市见义勇为基金会配套资金4.5万元，对患有重大疾病的176名见义勇为人员实行医疗救助，根据疾病等级分别得到5000元至2万元等不同救助金；将20名患有残疾的见义勇为人员报省见义勇为基金会，获得17.45万元的医疗救助，较好地为患重大疾病和伤残见义勇为人员解决燃眉之急。扎实开展见义勇为人员安居工程。对于居住环境条件差的见义勇为人员，市见义勇为基金会通过多方争取，帮扶11人，共获得省见义勇为基金会拨付的慈航总善基金会捐助的房屋专项装修费用54万元。开展见义勇为人员助学工程。争取省基金会助学项目资金10万元，为22名获得省级表彰的贫困见义勇为人员家庭子女解决上学难的问题。做好见义勇为评审推荐工作。推荐3名人员参加省级见义勇为先进模范、全国英雄模范和全国英雄司机的评选，其中推荐的陈健被中华见义勇为基金会评为全国见义勇为英雄司机。举行全市见义勇为人员及牺牲人员家属新春慰问座谈会，为每位见义勇为参会人员发放1000～1500元慰问金，共26万元。

**【铁路护路联防】**2018年，海口市委、市政府高度重视铁路护路联防安全工作，进一步强化“党政主导、综治协调、社会同护”的工作责任体系。市分管领导和相关部门领导，深入海口铁路沿线周边检查环境整治开展情况，对加强铁路护路联防工作作出具体安排。全市逐级签订《海口市铁路护路联防工作目标管理责任书》，层层落实护路工作责任。市护路联防工作领导小组建立铁路护路联防工作联席会议制度、路地联防工作协调工作机制，定期召开护路联防工作会议研究协调推动工作落实。加强重点时段敏感时期维稳安保工作，特别是博鳌亚洲论坛年会期间，组织动员2400多名各级综治干部和治安联防队员、护路队员开展3次实战化演练和参与铁路一级响应安保维稳工作，确保警卫目标的绝对安全。

**【特殊人群服务管理】**2018年，海口市委、市政府高度重视特殊人群服务管理工作。深入推进刑满释放人员、社区矫正对象等重点人群的安置帮教工作，全年接收刑满释放人员安置率95.7%，帮教率、衔接率100%，没有重新犯罪和脱管漏管现象。加强严重精神障碍患者服务管理工作，出台《海口市人民政府办公厅关于进一步加强严重精神障碍患者服务管理工作的实施意见》。落实“以奖代补”经费200.2万元，落实监护人责任保险146.19万元。全市列入“以奖代补”政策覆盖范围的三级（含）以上严重精神障碍患者未发生肇事肇祸案（事）件。强化吸毒人员社戒社康工作，建立起生理脱毒、心理脱瘾、就业扶持、回归社会为一体的“严管”工程新模式。市综治委印发《海口市创建全国禁毒示范城市“严管”工程工作方案》，市政府办公厅出台《加强禁毒专管员队伍管理指导意见》，全市43个镇（街）、458个村（居）全部建立社区戒毒社区康复办公室（工作站），配备禁毒专管员518名，将1800多名网格员纳入禁毒工作体系，实现“全覆盖、全管控”。

**【重点青少年服务管理】** 2018年，海口市综治委制定印发《2018年海口市预防青少年违法犯罪工作要点》，进一步健全完善重点青少年服务管理体系。市司法局依托海口市未成年人法制教育中心，加强对问题未成年人法治教育工作，累计接收学员2030名，结业回归社会1981名，再次法治教育率为4.7%。市中级人民法院依托少年法庭，把“爱心、细心、耐心”贯穿到未成年人案件审理的全过程。市人民检察院积极推进未成年人观护站建设，累计观护帮教209人。市教育局牵头校园帮教体系建设，在全市建立110个重点青少年校园帮教小组。团市委牵头推进社区帮教体系建设，在446个社区（村）重点青少年帮教工作小组，启动“阳光护航 助梦同行”重点青少年帮教项目，先后开展主题帮教活动41场次。开展各类公益性心理健康辅导活动40余场次，服务4000余人次。

**【综治中心建设】** 2018年，海口市政法综治部门按照实体化运作、信息化支撑、网格化管理、组团化服务、实战化运行“五化”模式，着力推进市、区、镇（街）、村（居）四级综治中心规范化建设。市综治委印发《海口市社会治安综合治理综治中心建设与管理暂行规定》，市综治中心进驻市民游客中心，4个区、桂林洋经济开发区综治中心全部挂牌运行。至年底，全市43个镇（街）综治中心全部挂牌运行，458个村（居）综治中心挂牌运行457个（因改造拆迁未挂牌1个），基本实现综治中心全覆盖。

**【综治信息化建设】** 2018年，海口市政法综治部门强化综治中心信息平台建设实战应用，建立市、区、镇（街）、村（居）、网格五级用户终端2100多个，录入各类信息280多万条。市政府将市综治中心信息平台建设列入海口“城市大脑”暨2018年信息化专项投资计划，计划投入资金298万元。

**【涉法涉诉信访接访】** 2018年，海口市政法部门加强涉法涉诉信访工作，印发《关于切实解决涉法涉诉信访工作突出问题的实施意见》，有效解决涉法涉诉信访工作中存在的突出问题，确保全市涉法涉诉信访问题纳入法治轨道依法按程序处理。全年全市政法部门共受理涉法涉诉信访案件1439件，办结率97.9%。继续推进村（居）聘请常年法律顾问提供公共法律服务工作，组织海口市25名律师参与代理和化解涉法涉诉信访案件工作。帮助部分涉法涉诉信访群众解决生活困难问题，发放国家司法救助资金20万元，对4起案件4名被害人实施司法救助。

**【政法队伍建设】** 2018年，海口市委政法委研究制定《关于新形势下加强政法宣传工作的实施意见》《中共海口市委政法委员会政法干警政治轮训工作规定》《中共海口市委政法委员会纪律作风督查巡查工作规定》《中共海口市委政法委员会政治督察工作暂行办法》等加强政法队伍建设的重要指导性文件，全市政法机关按照要求认真抓好教育培训、党建和党风廉政建设，通过开展“大学习、大研讨、大培训”活动，深入准确把握习近平新时代中国特色社会主义思想的深刻内涵和精神实质；扎实抓好党建工作，以党建促队建；落实全面从严治党、从严治警，构建具有政法职业特点的廉政建设和反腐败体系，开展政治和纪律作风督察巡查工作，突出队伍管理，确保政法队伍风清气正。

（付　良）

# 地方立法

**【地方立法概况】** 2018年，海口市人大常委会共审议地方性法规11件，其中制定3件、修改4件、废止3件、初审1件；开展立法调研12项。1月11日，审议通过《海口市电梯安全管理若干规定》，为建立健全电梯安全管理长效机制，预防和减少电梯事故，保障人民群众人身和财产安全提供有力的法制支撑。4月11日，废止《海口市政府投资工程项目招标投标管理条例》。7月6日，审议通过《海口市生活垃圾分类管理办法》，对生活垃圾分类投放、收集、运输、处置全链条作出制度设计，推动形成绿色生产生活方式，为建设国家生态文明试验区提供坚强的法律保障；对《海口市志愿服务条例》进行初次审议。8月24日，审议通过《海口市湿地保护若干规定》，进一步细化湿地保护职责分工，严控湿地规划变更，明确湿地利用的方式和要求，突出特色湿地资源保护，为市创建国际湿地城市奠定坚实的法治基础。10月29日，审议通过对《海口市龙塘饮用水水源保护规定》的修订，进一步完善、细化各级政府以及相关部门对龙塘饮用水水源的保护职责，强化保护措施，严格法律责任，解决龙塘饮用水水源保护力度不够、水源风险防范应急能力较薄弱等突出问题；审议通过《海口市人大常委会关于修改〈海口市城市环境卫生管理办法〉等三件法规的决定》，对《海口市城市环境卫生管理办法》《海口市城市供水排水节约用水管理条例》《海口市历史文化名城保护条例》等3件法规进行打包修改；废止《海口市海域使用管理规定》《海口市机动车排气污染防治办法》。年内，根据市治理管理需求，开展夜市管理、物业管理以及城镇内河（湖）生态环境保护管理办法等立法调研。

**【《海口市电梯安全管理若干规定》】** 2018年1月11日市第十六届人民代表大会常务委员会第十次会议通过，4月3日海南省第六届人民代表大会常务委员会第三次会议批准。共37条，分别从电梯安全管理职责分工、电梯安全使用保障、电梯的使用管理、电梯的乘用要求、电梯的维护保养和电梯修理、改造、更新费用等方面作具体规定。确定了适用范围，明确建立各级政府、相关部门与行业协会齐抓共治、协调配合的电梯安全综合管理体制；根据海口市气候环境，要求按照标准和规范修建电梯机房、井道，并在机房安装空气调节器等通风散热措施；明晰电梯使用管理单位及其职责，确保安全监管的基础环节无纰漏；作出文明乘用电梯的原则性规定和特别规定，进一步保证电梯运行安全；明确电梯日常维护保养的资质要求、工作流程和质量标准；区分情形明确不同的电梯修理、改造、更新费用的承担方式，要求建立多渠道的资金筹措机制；要求建立电梯安全应急处置平台、建立电梯安全投诉和举报制度、电梯安全管理和服务诚信评价体系，确保电梯使用安全。

**【《海口市生活垃圾分类管理办法》】** 2018年7月6日市第十六届人民代表大会常务委员会第十六次会议通过，8月2日海南省第六届人民代表大会常务委员会第五次会议批准。共7章42条，分总则、规划与建设、分类标准和分类投放、分类收集、运输和处置、监督管理、法律责任、附则等部分。《海口市生活垃圾分类管理办法》综合考虑海口市农村和城市在发展水平、生活习惯以及垃圾种类构成、处理方式等方面的差异，规定法规适用于海口市主城区范围；从建立生活垃圾分类管理工作联席会议制度、强化属地管理、发挥基层群众自治组织作用、明确环卫部门的主管职责和生态环保、住建、商务等部门的具体职责等方面对垃圾分类管理的职责分工进行规定；明确生活垃圾分为易腐垃圾、可回收物、有害垃圾和其他垃圾四类，要求制定生活垃圾具体分类目录，编制分类投放指南，规定分类投放实行管理责任人制度并确定其管理职责，鼓励采取措施实现生活垃圾的源头减量；从防止环境污染、维护城市环境卫生的角度，对混合收集、运输和处置垃圾作了禁止规定，并进一步细化垃圾分类收集、运输和处置的要求；要求建立健全生活垃圾分类管理综合考核制度、建立和完善生活垃圾分类监督检查制度、建立生活垃圾分类管理信息系统、建立生活垃圾应急处理机制、建立和畅通生活垃圾分类管理投诉和举报平台等，以加强对生活垃圾分类工作的监督管理。

**【《海口市湿地保护若干规定》】** 2018年8月24日市第十六届人民代表大会常务委员会第十七次会议通过，9月30日海南省第六届人民代表大会常务委员会第六次会议批准。共30条，分别从湿地保护原则、湿地保护管理职责分工、湿地保护规划、一般湿地的保护、特有湿地资源的保护、生态效益补偿等方面作具体规定。要求政府建立湿地保护协调机制，设立湿地保护管理机构，明确属地保护管理职责，细化有关部门在湿地保护工作中的职责分工，以建立有效的湿地保护工作体制机制；设定湿地保护规划变更要求，明确政府及有关部门不得违反规划批准建设项目或者其他开发建设活动，要求湿地利用应当与湿地资源的承载能力和环境容量相适应；明确一般湿地的保护方式，强调对红树林湿地和热带火山熔岩湿地等湿地资源的保护，要求保障湿地基本生态用水，鼓励和引导发展生态农业；明确湿地恢复和建设的程序，要求在恢复或者建设湿地时，种植适宜本地环境生长的湿地植物，营造有利于野生动物繁殖、栖息的环境；明确要求市人民政府增加湿地生态效益补偿资金投入，授权市人民政府另行制定湿地生态效益补偿的具体标准。

（陈 娜）

## 法治政府建设

**【法治政府建设工作概况】** 2018年，海口市法制局按照《法治政府建设实施纲要（2015—2020年）》《海南省法治政府建设实施方案》目标要求，充分发挥政府法制部门参谋助手作用，积极履行政府法制工作职能，各项工作都取得新进展、新成效。海口市在全省市县2017年度依法行政工作考核中再次获得第一名，实现全省依法行政考核“十连冠”。全年共办理政协提案3件，办结率100%。

**【政府立法】** 2018年，海口市法制局突出加强城市建设、生态环境保护、改善民生、历史文化保护等重点领域立法，编制《海口市人民政府2018年度制度建设（立法）计划》，安排《海口市湿地保护管理办法》《海口市商品混凝土管理办法（修改）》《关于划定禁止使用高污染燃料区域的通告（修改）》等地方性法规、政府规章和规范性文件项目（含调研）共58件，比上年增长53%。健全和完善政府立法工作机制，制定出台《海口市政府立法项目委托起草管理暂行办法》，率先在全省启动规范政府立法项目委托起草工作。为深入推进科学立法、民主立法、依法立法，充分发挥基层单位在地方立法中倾听民声、传递民意、汇集民智的积极作用，制定《海口市政府立法基层联系点管理办法》。

**【依法行政】** 2018年，海口市法制局出台《海口市法治政府建设工作方案》，从路线图、时间表、任务书等方面对海口市今后3年法治政府建设进行全面规划。制定《海口市2018年依法行政工作要点》，对全市2018年依法行政工作进行科学部署。修改完善《海口市2018年度法治政府建设暨依法行政考核评分体系》，进一步细化和量化考核标准。组织对3个开发区及全市39家市政府直属部门的依法行政工作进行考核，并将考核结果纳入绩效考评。组织开展迎接省政府依法行政考核，及时印发迎考方案，分解细化考核目标，明确迎考任务，在全省依法行政考核中取得96分，居全省市县榜首。撰写《海口市人民政府2018年法治政府建设暨依法行政工作报告》，及时向省政府和市委、市人大常委会报告。

**【规范性文件管理】** 2018年，海口市法制局率先在全省落实“有件必备、有备必审、有错必纠”工作机制。全年审查各类文件680件次，增长31.5%；办理市政府规范性文件向省政府备案登记27件，报备率100%；受理各区政府、市直各部门规范性文件向市政府备案登记42件。对全市2件市政府规范性文件进行有效期预警，确保各项政策措施顺利衔接、平稳过渡。

**【行政应诉】** 2018年，海口市各级行政机关共收各类一审行政应诉案件785件，经复议后应诉的案件有193件，占案件总数的24.6%；未经复议直接应诉的案件有592件，占案件总数的75.4%。在办理的785件一审行政应诉案件中，结案513件，未结案272件。其中，胜诉344件（确认合法或有效24件，驳回诉讼请求217件，驳回起诉103件），胜诉率67.1%；败诉169件（撤销59件，确认违法或无效48件，变更1件，履行法定职责或给付义务61件），败诉率32.9%。

**【行政复议】** 2018年，海口市各级行政复议机关共办理行政复议申请355件，涉及公安、城乡规划、房屋征收补偿、不动产登记、土地、环保等多个领域。审结行政复议案件316件，其中维持原具体行政行为202件，终止复议63件，驳回复议申请14件，撤销原具体行政行为24件，确认原具体行政行为违法1件，责令履行5件，部分维持、部分撤销原具体行政行为7件，结案率89.01%。办理以市政府为被申请人的省政府行政复议答复75件，办结率100%。在全省率先编印《海口市行政复议法律文书示范文本》，填补海口市编印行政复议法律文书方面的空白。改进行政复议案件审理方式，大幅提高以听证方式审理行政复议案件的比例。对全市2017年行政复议案件情况进行分析，起草《海口市2017年行政复议案件分析报告》，由副市长批转全市阅处。建立行政复议案件执行情况督察机制，在全省率先以制发《履行行政复议决定告知书》的方式推进行政复议决定的执行。对省、市政府作出撤销的行政复议决定的案件，向责任单位制发《履行行政复议决定告知书》，督促涉案的部门及时执行行政复议决定。全年，省政府审结的行政复议案件中具有履行内容的27件，市政府审结的行政复议案件中具有履行内容的15件，共制发《履行行政复议决定告知书》42份，制发率100%。

**【行政执法监督】** 2018年，海口市法制局组织开展全市行政执法检查，办理行政执法投诉案件1件，有效监督和规范行政执法行为。组织336名新任执法人员参加省行政执法资格考试，完成159名新任行政执法人员证件申领和136名人员执法证件补证换证工作。对市政府直属29个相关单位“双随机一公开”落实情况开展检查，发出行政执法监督通知书26份，督促各单位健全“一单、两库”动态管理机制、推进抽查工作进度、规范抽查执法行为、确保抽查工作全程留痕、完善抽查结果公示制度。

**【政府法律事务】** 2018年，海口市法制局对涉及政府合同、市政府重大决策及各部门提请市政府审议的涉法事项进行合法性审核，共出具法律意见475件，增长24%，有效防范行政决策的法律风险。通过列席市政府常务会议、两重一大会议、市长专题会议和参与项目洽谈、商务磋商谈判、个案咨询等形式，较好地为市政府重大涉法事务进行法律把关。共审核市政府招商引资合同协议94件次，为引进普华永道、安永等国际知名企业和中粮集团、中国旅游集团、阿里巴巴集团等国内龙头企业提供有力法制保障，推动海口市重点招商项目法律服务再上新台阶。起草《海口市法治政府建设工作方案》并报市政府，市政府办公厅于6月8日印发执行。针对现有应诉工作规则实施过程中出现的问题和当前行政应诉工作面临的新形势、新要求，组织修订《海口市人民政府应诉工作规则》，将市政府各部门、各区政府的应诉工作纳入规则规范的范围，不断探索提高全市各级行政机关行政应诉工作能力。牵头开展市土储中心与原省物价局行政处罚一案申诉工作，市中院裁定撤销美兰法院行政裁定并不准予执行原省物价局的行政处罚决定书，美兰法院将已执行的9969.23万元财政资金全部退回，为海口市挽回财政资金损失。委托律师事务所对市政府主要负责人决策事项开展第三方合法性评估，并形成报告报送市政府。市政府批转全市各单位参照执行，有力指导规范全市行政机关决策行为。

**【权力清单审核】** 2018年，海口市法制局根据法律法规立改废释情况和机构职能调整情况，对市政府36个直属部门权力清单中拟进行动态调整的913项权项进行严格法律审核，进一步完善各部门的权力清单，明确和规范政府部门职责权限，提高政府行政管理的透明度和行政管理效能，有效促进行政权力公开、透明、高效运行。

（娄朝祥）

# 公 安

**【公安工作概况】** 2018年，海口市公安局深入推行“一个战略、一个理念、一条路径、四大工程、一个目标”总体思路，各项公安工作和队伍建设取得新的成效，较好实现“五个不发生”（不发生危害国家政治安全的重大敏感事件，不发生重大暴恐袭击案件，不发生规模性进京集访事件，不发生影响恶劣的个人极端暴力犯罪案件，不发生重特大公共安全事故）的工作目标。集中开展信访积案攻坚，深入开展矛盾纠纷排查化解，群体性事件比上年下降45.4%，为10年来最低。因成绩突出，被省公安厅记集体二等功一次。

**【打击刑事犯罪】**2018年，海口市公安局深入推进以扫黑除恶斗争为龙头的打击枪爆违法犯罪、电信网络诈骗犯罪、涉众型经济犯罪、“净网2018”等专项行动，共打掉涉黑涉恶团伙28个，超过前6年的总和，抓获犯罪嫌疑人310名，破获各类刑事案件229起，2个黑社会性质组织案件被列入全省10大打黑典型案例，其中甘某案件受到省长沈晓明的批示肯定，赵某灏案件是海南省打掉的首例“套路贷”案件。全年，共立刑事案件1.11万起，下降8.5%，发案数为近10年来最低；破获各类刑事案件5215起，抓获各类犯罪嫌疑人5250名，抓获人数上升5.9%，打击处理数为10年来最多。其中，21起现行命案全部侦破；破获涉枪涉爆案件61起，收缴各类枪支50支、子弹3.5万余发。

**【打击毒品犯罪】**2018年，海口市公安局坚持以打开路，纵深推进禁毒三年大会战各个专项行动，共破获毒品案件938起，抓获犯罪嫌疑人1460名，缴获各类毒品1.58吨，查处吸毒人员1537名，强制隔离戒毒936名，禁毒工作取得“四升四降”的良好成效，即：青少年拒毒防毒意识增强、群众满意度上升；打击力度提升，破案数、破获部省级案件数、抓获人数、摧毁团伙数大幅提升，均排在全省首位；戒治水平提升，吸毒人员出所必戒率、社区戒毒执行率、康复执行率均提升至98%以上；管控力度提升，继续保持易制毒化学品流入制毒渠道“零记录”；新发现吸毒人员下降63%；外省抓获本地贩毒人员下降70%；吸毒人员引发的刑事和治安案件分别下降42.5%、54%；刑事、治安案件总发案数分别下降8.5%、14.3%。毒品治理工作成效在全国36个大城市监测结果中排名第三，国家禁毒委在海口召开全国禁毒工作现场会推广海口市禁毒工作经验做法。

**【打击经济犯罪】**2018年，海口市公安局强化打击主业，始终保持对经济犯罪活动的严打高压态势，全力侦办党委政府重视、人民群众关注、社会影响广泛的大案要案，深入开展专项打击行动，坚决遏制经济犯罪的高发势头。全市公安经侦部门共受理案件173起，立案133起，立案数上升58.5%；刑事拘留122名，逮捕42名，取保候审58名，移送起诉75名，监视居住4名，挽回经济损失1.08亿元。

**【公共治安管理】**2018年，海口市公安局深化创新创优，突破重点难点，扎实落实“打、防、管、控”各项工作措施，不断推动治安管理工作取得新进步。以“一标三实”（即标准地址和实有人口、实有房屋、实有单位）专项工作为基础，全力夯实公安基层基础工作，采集录入“一标三实”数据总量498.24万条。共受理治安案件1.4万起，查处1.39万起，抓获各类违法人员6348名。连续开展集中打击流动性赌博、“私彩”违法犯罪等专项行动，共查处赌博案件882起。其中，破获刑事案件33起、上升65%，刑事拘留110名、上升48%；查处涉赌行政案件849起，行政处罚1452人。110报警平台接报各类赌博警情3466起，下降35%。组织开展打击散发“淫秽色情招嫖卡片”、深入打击整治涉黄违法犯罪等专项行动，共查处涉黄案件418起，其中破获刑事案件19起，刑事拘留55名，上升103%；查处涉黄行政案件399起，上升15%，行政处罚710名。开展治爆缉枪专项整治行动，共破获涉枪涉爆刑事案件25起，刑事拘留38名，查处治安案件36起，治安处罚41人。全面加强金融系统安全检查，对新建、改建19个金融营业网点、21个自助银行进行审核，发放《金融机构营业场所和金库准予施工通知书》40张；对29家金融营业网点、32家自助银行进行验收，核发《安全防范设施合格证》61张。

2018年9月24日中秋节，海口市公安局民警在万绿园巡逻，做好节日安保工作
（市公安局 供）

全力抓好大型活动安保工作，共出动安保力量8.99万人次，圆满完成大型群众性活动安保229起，确保各项安保工作的平稳落地。开展矛盾纠纷排查调处工作，全年共排查出矛盾纠纷129起，成功调处109起，涉及人数1.19万名，成功调处率85%。加强重性精神障碍患者管控工作，新增列管危险性评估三级（含）以上的重性精神障碍患者214名，均稳控到位。

**【道路交通管理】**2018年，海口市机动车保有量82.06万辆，电动自行车保有93.83万辆，驾驶人保有量80.74万名。市公安局围绕全省道路交通安全专项整治三年攻坚战的工作部署，加强道路交通秩序管理，组织开展专项整治行动54次，共查处各类交通违法111.24万起（其中现场查处30.07万起，非现场查处81.17万起），查扣车辆7.56万辆，查处酒后驾驶684起、醉驾369起、无证驾驶233起，拘留123名；查处乱停车26081起、乱变道82787起、乱用灯1356起，闯红灯56125起、闯禁行3056起。事故接处警8.21万起，发生适用普通程序处理交通事故772起，死亡122人，受伤823人，直接财产损失123.45万元。与上年相比，事故发生起数下降7.77%，死亡人数下降17.01%，受伤人数下降13.19%，直接财产损失下降5.96%。依托公路治超联合执法行动，查处货车超载交通违法行为7.47万起，暂扣超载货车1554辆；查处货车改装车厢交通违法行为711起，并强制切割复原；查处不按规定货车放大号牌交通违法行为251起。实行"岗长制""路长制"以来，共查处电动自行车交通违法行为12.53万起，查扣电动自行车8.29万辆，对9.5万名交通违法人员进行法制教育，责令10.3万名交通违法行为人站岗参加体验性交通管理。开展针对非法采砂、运砂车辆违法行为的联合执法行动102次，摸排行动112次，查处超载运输车辆588辆；开展"运霸"专项整治，配合交通运管部门查扣非法营运"黑车"332辆，进一步净化交通枢纽场站秩序。

**【消防安全管理】**2018年，海口市公安消防部门深入开展火灾隐患排查整治，共检查单位1.91万家，发现火灾隐患2.6万处，督促整改2.58万处。全年共接处警1490起，其中火灾501起，火灾没有造成人员伤亡，经济损失8596.6万元；出动消防车2926辆次、警力1.46万人次，抢救被困人员638名，疏散被困人员1900名，抢救财产价值2.4亿元，确保海口市火灾形势总体稳定，火灾事故数下降12.5%。

**【监所管理】**2018年，海口市公安局加强看守所、拘留所监管管理，确保监管安全，实现全年无非正常死亡、无自杀、无脱逃、无集体中毒、无疫情传播的安全工作目标。狱侦大队和各监所充分发挥监管场所阵地优势和资源优势，通过教育感化和深挖犯罪工作，共收集获取犯罪线索149条，其中涉嫌黑恶势力犯罪线索20条，贩毒线索56条，吸毒线索51条，其余线索22条，协助深圳等地警方破获黑恶团伙系列敲诈勒索案、特大团伙贩毒案、省督毒品案等各类刑事案件共49宗，抓获犯罪嫌疑人27名（其中网上在逃人员20名），涉案金额230余万元。在全省公安局局长会议上，海口市公安局监管支队向全省介绍监所管理经验做法。

**【网络安全管理】**2018年，海口市公安局坚持清朗网络空间的工作思路，牵头组织开展"净网2018"专项工作，核查线索6批94条，办理主侦案件33起，刑拘98名，其中"2018·05·08周某某等人开设赌场案""符某某等人帮助信息网络犯罪活动案"被列为公安部督办案件。全面落实有害信息一分钟迅速处置机制，及时发现、清理处置本地"涉枪""涉爆""管制刀具"等违法有害信息32万余条，关闭违法有害网络账号125万余个。

**【户政服务】**2018年，海口市公安局深入推进户籍制度改革，全市办理省外居民积分落户1336人次、2003年后往届高校毕业生就业落户6085人次、居住就业省内迁入1745人次，受理发放居住证10.6万张。全力以赴开展人才引进落户工作，服务海南自贸区（港）建设。参与"百万人才进海南——海口在行动"活动，于5月16日推出"简化办、马上办、一次办、当天办"等一系列举措为人才开辟"绿色通道"，提供落户服务保障，全年共办理人才落户15630名。全面推进"放管服"改革各项措施。全面梳理户政服务事项，规范各类业务。先后修订下发《居住证申领办法》《人才落户工作规范》《户政业务不见面审批办理指南》《户政业务工作指南》等指导性文件，规范92项业务名称，统一10余种表格（告知书、受理业务回执），并精简1/3的审批环节、简少30%的审批材料、缩减40%的办理时间。全面推行"一窗通办"和网上预约待办业务，提高办事效率和服务质量。先后推出53项户政"不见面审批"业务，让群众足不出户就可以办理户口、居住登记和申领居住证等业务。全年共办理出生登记30349人，死亡注销4268人，迁入48542人（含以上各类迁移业务），迁出8894人。

**【出入境管理】**2018年，海口市公安出入境管理部门共受理、审批公民出国（境）证件32.5万份，增加6.8%，占全省出入境办证受理总量一半以上，其中护照8.52万份，内地居民往来港澳证件19.63万份（港澳签注10.21万），赴台证件4.23万份，制作港澳签注11.17万枚。共受理、审批境外人员证件申请7339份，其中美兰机场口岸共办理普通签证1452件，台湾居民证件1221件，中国公民出入境通行证15件，团队签证2件；出入境管理支队前台共办理居留许可

3796件，普通签证241件，停留证件425件，台湾居民证件122份，出入境通行证65件。围绕“底数清、情况明、管得住、不出岛、服务好”的工作目标，夯实外管基层基础工作，持续提升外国人管理服务能力，顺利通过国家检查验收，保障海南59国免签政策于5月1日正式施行。全年共查处外国人违反《中华人民共和国出境入境管理法》案件121起，遣送出境外国人24人，报列不准入境人员16人。全年境外人员住宿登记26.1万人次，增加40.4%，住宿登记准确率99.7%，及时率100%。从美兰机场入境免签团共3696个共8.2万人次，办理旅行社和旅馆业违反免签团管理规定案件5起，倒查美兰机场口岸落地签证人员住宿登记1156人次。

**【110接处警服务】** 2018年，海口市公安局110报警服务台共接报警电话70.8万次，有效警情37.2万起。其中“两抢”类警情474起、盗窃警情3.1万起、诈骗警情5850起、群体性事件324起1.3万人次、交通类警情15.5万起，帮助群众解决纠纷3.6万起、解决群众求助7.6万起。

**【公安科技发展】** 2018年，海口市公安局扎实推进“智慧监所”建设，建成监所视频指挥中心、拘留所“智能一卡通”管理系统，监所安防水平明显提升。继续完善“椰城警民通”功能，优化网上审批流程，提高“不见面审批”网办率，增强群众办事体验感。研发交通路况实时分析研判预警平台，提升道路管理科技化、智能化水平。市公安局合成作战中心暨反电诈中心投入实战，破获电信网络诈骗案件101起，止付金额4234万元。警用数字通信集群系统（PDT）启用，向基层配发对讲机，为重大安保警卫工作提供有力保障。

**【警卫安保】** 2018年春节期间，海口市公安局全警动员“抗雾保运”，经过8天8夜的连续奋战，安全护送73.4万名旅客和13.9万辆车辆顺利渡海，没有发生一起群体性事件、治安事件和因执法不当引发的涉警舆情事件。圆满完成博鳌亚洲论坛年会及建省办经济特区30周年庆典活动警卫安保任务。全年，圆满完成152批次警卫任务和229起大型群众性活动安保任务，做到大事不出、小事也不出。

**【公安队伍建设】** 2018年，海口市公安局坚持把政治建警摆在首位，深入学习贯彻习近平新时代中国特色社会主义思想和党的十九大精神，采取理论中心组学习、专题党课、政治轮训、党支部书记集中培训、演讲比赛等多种方式，实现学习活动全覆盖，始终在思想上政治上行动上与以习近平同志为核心的党中央保持高度一致，打牢全警高举旗帜、听党指挥、忠诚使命的思想根基。以“勇当先锋、做好表率”主题活动为载体，开展“服务自贸区（港）公安怎么办”活动，推出“金点子”工程，严格落实“三会一课”制度，全面加强基层党建工作。大力选树先进典型，全局共有39个集体、202名民警受到公安部、省公安厅和市委、市政府表彰。在海南省公安系统模范集体和模范人民警察表彰大会上，美兰分局、交警支队指挥监控中心、秀英分局禁毒大队3个模范集体和蔡永进、黄明忠、简小彬、任健、翁春雷5名民警被表彰奖励。

（王路明）

## 检　察

**【检察工作概况】** 2018年，海口市检察机关以习近平新时代中国特色社会主义思想为指导，牢固树立“三大理念”，认真履行职责，坚持抓党建、带队伍、推改革、促业务，各项工作取得新进展。全市检察机关共37个（次）集体、174人（次）受到市级以上单位表彰。年内，市检察机关的反贪污贿赂、反渎职侵权、职务犯罪预防3个部门机构、职能、人员转隶到海口市纪律检查委员会。

**【司法办案】** 2018年，海口市检察机关受理审查逮捕案件2322件3535人，批准和决定逮捕1978件2848人；受理审查起诉案件2974件4368人，审结3030件4218人、起诉2790件3837人（均含往年受理案件）。依法惩治各类刑事犯罪，助推平安海口建设，起诉故意杀人、绑架等严重暴力犯罪98人，起诉抢劫、抢夺、盗窃、诈骗等多发性侵财犯罪802人，起诉电信网络诈骗犯罪39人。严厉打击涉医犯罪，促进平安医院建设，秀英区检察院获评全国创建“平安医院”活动先进集体。起诉监察机关移送的职务犯罪案件68人，依法快速办结国家监察体制改革后全省首批职务犯罪案件。审查提请罪犯减刑、假释、暂予监外执行等案件4801件，提出纠正意见244件，采纳224件，采纳率92%。受理民事行政监督案件324件，上升36%，审结268件（含往年受理案件），提出、提请抗诉37件，收到法院再审裁判文书9份，再审改变率100%。受理群众来信来访案件801件，受理刑事申诉案件92件，均及时审查办理并反馈结果。市区两级院检察长带头接待上访群众、办理控告申诉案件124件。化解涉检信访案件31件，化解率增长47.6%。

**【法律监督】** 2018年，海口市检察机关加强刑事立案和侦查活动监督，依法监督侦查机关立案、撤案191件，增长94.9%，监督行政执法机关向公安机关移送案件25件，增长38.9%；纠正侦查违法行为95次，增长33.8%；追加逮捕漏犯35人，增长84.2%，追加起诉漏犯29人、漏罪214人。持续开展危害食品药品安全犯罪专项立案监督，监督立案9件9人。加强刑事审判监督，对认为确有错误的刑事裁判提出抗诉35件，增长66.7%；市检察院支持抗诉3起危险驾驶案并获二审法院改判，促进该类案件办案标准的统一。加强刑事执行检察监督，就办案和监管活动发出纠正违法通知书 15 份、检察建议 43 份；深化社区矫正执行检察，全市连续 3 年无脱管、漏管的经验做法入选最高人民检察院刑事执行检察工作座谈会交流材料。加强民事行政检察监督，加大对法院执行活动和审判人员违法行为的监督力度，向法院发出检察建议 25 份。加强控告申诉检察监督，积极推动律师参与代理和化解涉法涉诉信访案件 156 件，邀请人大代表、人民监督员、律师等第三方力量参与公开答复刑事申诉案件 29 件，促进息诉罢访。加强未成年人检察监督，加大未成年人司法保护力度，督促公安机关对全市 15 家动漫城、147 家网吧进行检查，现场整改 15 家。联合工商部门对校园周边商铺开展专项清查行动，查获“水晶泥”等有毒有害玩具 428 件。开展涉未成年人疫苗安全专项执法监督活动，向相关部门建议对疾控中心及疫苗的引进、保存和使用加强监管。通过“六个一”（设立观护帮教基地、构建“检社”工作沟通网络、培训专业帮教队伍、引入专业心理咨询师、拍摄帮教主题宣传片、树立典型“检察官妈妈”）措施对涉罪未成年人开展专业化的帮教观护，帮助 109 人回归社会。深入开展“监督维护在押人员合法权益”专项活动，办理羁押必要性审查案件 246 件，提出变更强制措施建议 227 件，被采纳 206 件，采纳率 91%。

2018 年 11 月 27 日，由秀英区人民检察院设立的海口市未成年人港湾心理驿站揭牌 （陈裘健 摄）

**【扫黑除恶专项斗争】** 2018 年，海口市检察机关深入开展扫黑除恶专项斗争，受理涉黑涉恶审查逮捕案件 45 件 190 人，批准逮捕 43 件 182 人；受理涉黑涉恶审查起诉案件 29 件 165 人，起诉 21 件 111 人，法院判决 8 件 71 人。强化打击质效，成立以检察长为组长的专案组，依法从严从快办理本市近 5 年来人数最多、规模最大的甘波等 54 人涉黑案件，实现“三个效果”（政治效果、社会效果和法律效果）的统一；提前介入并依法办理全省首例利用“套路贷”实施犯罪的林某某等人涉黑案件；强化“破网打伞”，扎实开展扫黑除恶专项立案监督“蓝深行动”，向纪委监委机关移送问题线索 21 条。

**【司法理念转变】** 2018 年，海口市检察机关贯彻“少捕慎诉少监禁”的理念，落实宽严相济刑事政策，最大限度减少不和谐因素。全市检察机关对情节轻微不需要判处刑罚的 250 名犯罪嫌疑人依法作出不起诉决定，增长 168.8%；对没有逮捕必要的 231 名犯罪嫌疑人依法作出不批准逮捕决定，增长 89.3%；对认为不构成犯罪或证据不足的案件决定不批准逮捕 423 人、不起诉 86 人，分别增长 48.9%、30.3%；对涉罪未成年人不批准逮捕 68 人、不起诉 85 人，分别增长15.25%、107.3%。

**【检察机关服务保障自贸区建设】** 2018 年，海口市检察机关扎实开展“创造一流营商环境、强化产权司法保护”专项活动，突出打击侵犯知识产权和制售假冒伪劣商品犯罪，起诉涉知识产权犯罪 14 件 18 人。深入开展“保障重大项目顺利推进、保障人民群众合法权益，守护国家利益、守护人民利益”派驻重大项目检察工作站专项工作。美兰区检察院在美兰机场二期扩建指挥部挂牌成立全省首家派驻重点项目检察室，为项目提供法律保障；龙华区检察院在复兴城创新创业产业园设立服务营商环境检察工作站，提供法律咨询、企业维权、案件信息查询等“一站式”法律服务；8 月 15 日，秀英区检察院设立五源河湿地公园检察工作站，督促相关单位对公园周边建筑垃圾堆放问题进行整改；琼山区检察院设立派驻红城湖棚户区改造项目检察工作站，排解矛盾纠纷，维护群众合法权益。服务民营经济发展，市区两级院分别挂牌成立派驻市（区）工商联（总商会）检察工作站或设置民营企业服务窗口，为民营企业提供法律咨询、法治宣传、司法救济等司法服务；召开服务民营经济发展座谈会，共听取 50 多家企业代表提出的 70 多条涉检意见建议，并转化为服务措施。扎实开展“守护国土资源、建设美好家园”国有土地出让领域专项监督行动，督促相关部门拆除 22.5 万平方米违法建筑，维护城乡规划和土地管理秩序。

**【公益诉讼】** 2018 年，海口市检察机关贯彻“三多一精”（检察机关在办理行政公益诉讼中要最多地发现问题、最多地发出检察建议、最多地促进问题解决，最精准地提起诉讼）理念，共摸排公益诉讼线索554件，立案122件，发出诉前检察建议109件，向法院提起诉讼2件。全方位拓展公益诉讼线索来源。完善内部协作联动机制，侦监等部门向民事行政检察部门移送线索171件；建立外部衔接配合机制，市区两级院接入“12345+河长制”等大数据平台，接收法院报送的环境资源类案件材料，面向基层聘请87名信息联络员；探索建立“无人机+大数据”公益诉讼线索发现模式，秀英区检察院利用该模式排查公益诉讼线索42件，立案31件。探索公益诉讼工作机制。加强一体化工作机制建设，成立公益诉讼指挥中心；建立事前请示报告制度，行政公益诉讼案件向市级行政执法机关制发诉前检察建议同步报送市委；建立事后备案报告制度，年底将向市级行政执法机关制发的检察建议书编辑成册，报送党委、人大、政府备案。完善沟通协调机制，通过联席会议、圆桌会议、座谈会等方式，与行政执法机关、审判机关形成良性互动积极的工作关系；建立公益诉讼专家委员会，聘请食品药品等领域的6名专家学者担任委员，借助“外脑”帮助提升案件质量。强化公益诉讼办案力度。深入开展“增绿护蓝·公益诉讼”专项行动，督促修复耕地5.05公顷、湿地3.33公顷、林地4.81公顷、补种黄花梨200株；依法办理实验动物尸体流入非法处置点污染环境公益诉讼案，推动省科技厅、省环保厅等职能部门会签印发《关于依法加强实验动物废弃物管理的通知》，弥补海南省实验动物废弃物管理制度空白。扎实开展“保障千家万户舌尖上的安全”专项行动，依法办理全省首例食品领域民事公益诉讼案件。强化英雄烈士名誉保护，督促公安机关责成天涯社区网站删除污蔑雷锋和李向群等英雄烈士的帖子。

【生态检察】2018年，海口市检察机关加大生态检察工作力度，开展“守护海南绿水青山”专项行动，以“检察蓝”守护“生态绿”。参与中央环保督察和海洋督察的整改工作，接收督察案件线索667件，依法监督行政执法机关落实整改。打击破坏生态环境资源犯罪，起诉66人，依法办理全省首例废旧电池污染环境案；坚持打击与修复并重，推行生态修复赔偿机制，督促犯罪嫌疑人补植林木2166株，恢复林地原状1.96公顷。监督4家企业拆除混凝土搅拌站等扬尘和固体废物污染设备，督促清理固体废物500余吨。深入开展“万泉河水清又清”专项整治，加大打击非法采砂专项整治工作力度，批准逮捕非法采砂犯罪案件13件33人，督促相关部门取缔6家非法洗砂场、捣毁122辆采砂车。开展公益诉讼“净空行动”专项整治工作，利用无人机对辖区全域焚烧秸秆及垃圾、烟熏槟榔等突出问题开展排查，发现严重污染空气质量违法线索30件，发出检察建议16份，督促相关职能部门依法处理。

【司法体制改革】2018年，海口市检察机关坚持以改革谋发展，不断提高检察工作质效、提升司法权威和公信力。深化司法责任制改革，全市检察机关进入员额的院领导带头承办各类案件754件，人均办案30件；市区两级院检察长（副检察长）列席同级法院审判委员会18次，依法提出监督意见，法院采纳意见16件。完善检察人员分类管理制度，择优选升1名一级高级检察官、3名二级高级检察官，完成第二批43名员额检察官遴选工作，给予114名检察官助理、15名书记员等级评定，公开招录150名聘任制书记员。全面推行“捕诉一体”办案模式。采用“捕诉一体”办案模式办理审查逮捕案件198件、审查起诉案件192件，办案效率明显提升。市检察院运用“捕诉一体”办案模式快速办结甘波等54人涉黑案件，办案效果良好。推动派驻乡镇检察室转型转轨。推动检察室核心职能从“职务犯罪侦察兵”向“检察监督侦察兵”转变，秀英区检察院增设永兴海洋检察室，对90多千米海岸带开展公益诉讼线索排查45次，对破坏海防林、养殖等违法行为立案3件。持续推进以审判为中心的刑事诉讼制度改革。充分发挥检察机关在审前程序的主导和过滤作用，落实认罪认罚从宽制度，推动轻刑快办、繁简分流，建议适用刑事速裁程序审理案件14件14人。

【智慧检务建设】2018年，海口市检察机关推进智慧服务，建成“检务云”保障和办公平台，运用“检务云”车辆管理APP。推进智慧管理，依托全国检察机关统一业务应用系统，借助案管机器人，推动案件管理“一站式”服务。推进智慧办案，促进执法办案提质增效。建成远程提讯系统，使用该系统提审1884件次，节省单位与看守所的往返时间。建成远程庭审指挥监督观摩中心，开展远程庭审357次。建成减刑假释科技法庭，实现市检察院、市中级法院、海口监狱、美兰监狱异地远程视频开庭。主动接入12345市政府服务热线，运用大数据分析研判公益诉讼和行政检察案件线索。接通全市两级法院电子阅卷管理系统查询入口，查阅法院民事行政案件351件、完成审查案件208件。加快建设跨部门大数据平台，探索搭建执法司法和行政执法衔接平台，探索建设城管执法大数据平台。琼山区检察院自主研发“小案卡系统”（对于毒品、盗窃等犯罪嫌疑人众多的简易案件，利用小案卡系统可一键生成权利义务告知书等填充式文书，通过输入案件关键信息可自动生成审查报告、起诉书等叙述式文书），极大节约文书制作时间。龙华区检察院被最高人民检察院确定为全省唯一的“全国检察机关智慧侦监试点单位”。

（林晓梅）

# 法 院

【法院工作概况】2018 年，海口两级法院受理各类案件 9.07 万件，比上年增长 9.74 %，占全省法院案件总数的 43.1%；结案 8.44 万件，增长 6.59%，结案率 93.04%。其中，市中级法院本级受理各类案件 1.29 万件，增长 22.33%，占全省中级人民法院案件总数的 41.50%；结案 1.22 万件，上升 20.34%，结案率 94.88%。市中级法院先后获得全国审判管理先进法院、全国法院知识产权审判工作先进集体、全国法院司法技术工作先进集体、全国司法警察先进集体 4 项荣誉。

【刑事审判】2018 年，海口两级法院受理刑事案件 3636 件 5290 人，下降 11.14%；审结 3406 件 4718 人，结案率 93.67%，判处 5 年有期徒刑以上刑罚的 413 人。其中，市中级法院本级受理 826 件 1576 人，审结 761 件 1333 人，结案率 92.13%，判处 10 年有期徒刑以上刑罚的 160 人。开展扫黑除恶专项斗争，严厉打击“菜霸”“运霸”“砂霸”“村霸”等黑恶势力及其背后的“保护伞”，快审快结涉黑恶犯罪案件 57 件 206 人，成功审理盘踞江东新区多年的甘某等 54 人特大涉黑犯罪案件。继续深入开展禁毒三年大会战，审结毒品犯罪案件 1279 件 1607 人，组织禁毒公开宣判活动 13 场，公开宣判毒品犯罪案件 375 件 465 人，依据最高法院命令将一批罪大恶极的毒犯执行死刑，市中级法院被评为全省禁毒三年大会战第二阶段先进集体。严厉打击危害社会治安犯罪，审理故意杀人、伤害、“两抢一盗”等案件 938 件 1288 人；打击职务犯罪，审理各类职务犯罪案件 100 件 155 人；打击破坏社会主义市场经济秩序犯罪，审理非法吸收公众存款、集资诈骗等案件 18 件 38 人。

【民商事审判】2018 年，海口两级法院受理民商事案件 6.08 万件，增长

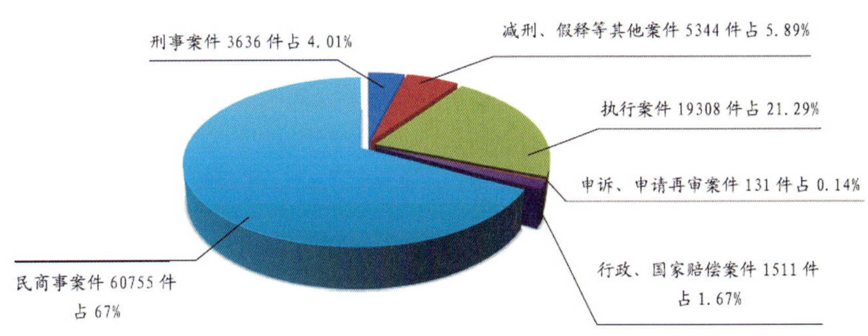


2018 年海口市法院收案类型分布图

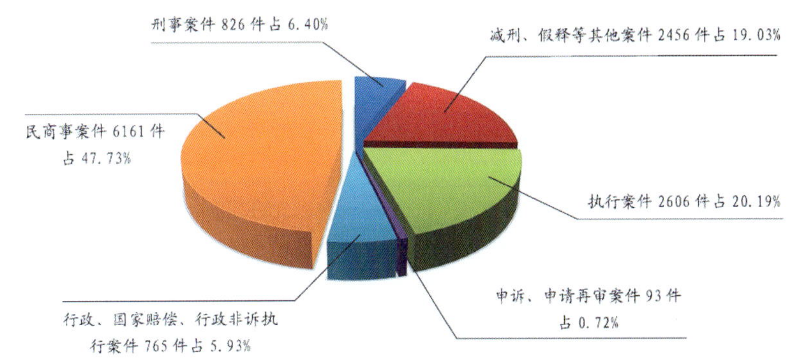


2018 年海口市中级法院收案类型分布图

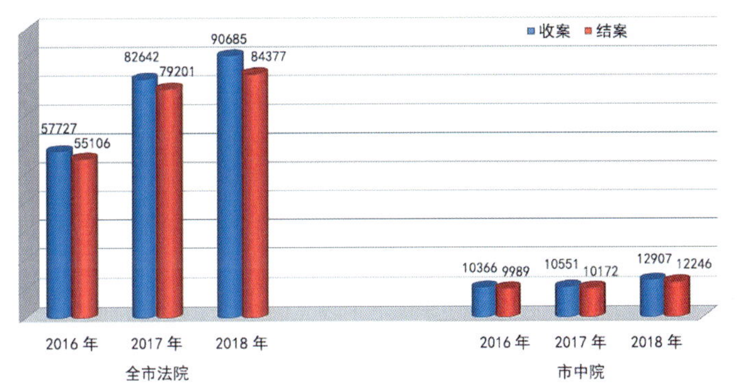


2016—2018 年海口市法院和市中级法院收、结案情况

2018 年 12 月 16 日，海口市中级法院开庭审理甘某等 54 名特大涉黑犯罪案件
（宋 研 摄）

11.18%；审结5.78万件，结案率95.06%。其中，市中级法院本级受理6161件，审结5972件，结案率96.93%。化解金融风险，审理金融商事案件2201件，成功审理并与省高院联合向社会通报标的额26亿元的三亚市政府申请撤销仲裁裁决案；服务和保障供给侧结构性改革，清理长期未结破产清算案件，审结45件，推动执行案件进入破产程序；坚持保障劳动者合法权益与促进企业发展并重，审理劳动争议案件2222件；继续推进特色法庭建设，设立省内首个扶贫巡回法庭，助力打好精准脱贫攻坚战；创新旅游法庭管理模式，进驻海口市民游客中心并安排法官轮值，服务全域旅游示范区建设；健全交通事故巡回法庭诉调对接机制，建设道交一体化平台；发挥医疗纠纷人民调解委员会工作室作用，化解医疗纠纷30件；推进家事审判改革，化解家庭纠纷665件；发挥物业纠纷巡回法庭作用，化解物业纠纷862件；依法保护生态环境，受理环保案件253件，审结245件，分别上升41.34%和62.25%。成功审理检察机关提起的全省首例民事公益诉讼案；依法保护知识产权，受理知识产权案件417件，审结394件，分别上升247.50%和258.18%；依法维护国防利益，有序推进涉军停偿案件审执工作，受理涉军停偿案件100件，审结98件，结案率98%。坚持“调解优先、调判结合”原则，将调解工作贯穿于审判活动的全过程，全市两级法院共调撤案件3.59万件。

**【行政审判】**2018年，海口两级法院受理行政案件1511件，下降46.76%；审结1362件，结案率90.14%。审查行政非诉执行案件837件，裁定准予执行581件，裁定不准予执行46件。其中，市中级法院本级受理765件，审结733件，结案率95.82%。坚持主动司法服务，支持政府“多规合一”“海岸带整治”“清理处置闲置土地”“两违”专项整治等中心工作，对土地征收、房屋拆迁等城市更新过程中的行政纠纷实行诉前指导、诉中协调和判后反馈的“三步工作法”；对涉闲置土地行政案件，指定政治觉悟高、业务能力强、综合素质过硬的法官组成合议庭，做到优先立案、优先审理、优先协调、优先执行，依法保障当事人的合法权益，实质化解行政争议；与政府部门建立四个层级的协调会商机制，服务和保障江东新区开发建设。

**【案件执行】**2018年，海口两级法院按照第三方评估的要求，全面完成“三个90%”和“一个80%”（即第三方评估的四项核心指标，有财产可供执行的案件法定期限内实际执结率90%以上，终本案件合格率90%以上，信访案件办结率90%以上，首次执行案件结案率80%以上）的目标任务，共受理执行案件1.93万件，结案1.65万件，结案率85.32%，执行到位金额32.73亿元。其中，市中级法院本级受理执行案件2606件，结案2282件，结案率87.57%，执行到位金额10.25亿元。多措并举，有效提升执行工作质效。年内，市委办公厅、市政府办公厅联合印发《关于支持人民法院基本解决执行难问题的意见》，市人大常委会作出《关于进一步加强人民法院执行工作的决议》，市委领导先后主持召开3次涉党政机关执行案件专题协调会，市委政法委6次牵头组织全市执行联席会议，两级法院8次召开人大代表、政协委员座谈会。海口市两级法院制定《关于统一管理全市法院执行工作的规定》等22项规章制度，严格执行程序，规范执行行为。全年在法院官网公开执行规范性文件40余份，上网裁判文书7000余篇；网络司法拍卖610宗标的物，网拍率96.38%，成交金额6.9亿元。市人大代表、政协委员和申请执行人代表174人次应邀参与见证、监督重大执行活动。组织专门团队，对2016年、2017年的24901件执行旧案进行全面清理检查。组建管理团队，全面实现执行指挥中心实体化运行，率先实行统一领导、统一管理、统一协调、统一指挥的“四统一”管理体制。开展“夏季风暴”执行活动10次，实行“222”工作模式，执行到位金额2.38亿元。开展涉民生、涉党政机关、涉金融机构等复杂案件专项清理，化解执行积案。联动合作，强力实施联合信用惩戒。全年拘留被执行人96名，限制出境52人，限制消费13102人，纳入失信被

2018年5月23日，海口市中级法院与中国电信、中国移动、中国联通和中国平安保险公司举行《执行联动战略协作协议》《悬赏费用补偿保险协作协议》签约仪式暨新闻发布会
（宋 研 摄）

执行人名单2565人，以拒执罪移送公安机关立案侦查13人，罚款12.52万元。448名失信被执行人慑于压力主动履行还款义务。与市发改委等37家单位联合出台《关于加快推进海口市失信被执行人信用监督、警告和惩戒机制建设的合作备忘录》，提出82项惩戒措施，涉及30多个重点领域；与平安保险公司签订《悬赏费用补偿保险协作协议》，与三大通信运营商签订《执行联动战略协作协议》，发动社会力量，形成惩戒合力；与市公安局、海航基础股份有限公司、海南铁路公司有限公司协作，限制失信被执行人出国、出境，限制乘坐相关交通工具；在"信用海口"网络平台、报纸、电视、户外广告牌曝光失信被执行人信息。在全国法院率先推行"六个同步"工作法，从法院内部有效破解执行体制机制障碍，最高法院和第三方评估组对此工作法给予充分肯定，并要求总结、上报经验材料。

**【审判监督】**2018年，海口两级法院受理申诉复查案件131件，下降31.77%；结案125件，结案率95.42%。受理再审案件77件，结案59件。其中，市中院本级受理申诉复查案件93件，结案89件，结案率95.7%；受理再审案件41件，全部由院庭长办理，审结38件，结案率92.68%，再审改判案件28件，切实保障当事人的合法权益。推动减刑假释案件规范化管理，利用科技法庭和远程视频系统提高办案效率，审结减刑假释、监外执行案件1705件。坚持宽严相济刑事政策，对被告人依法宣告缓刑315件519人，判处管制、单处附加刑383件487人，免予刑事处罚9件10人，宣告被告人无罪9件9人。

**【立案信访】**2018年，海口两级法院继续加强服务窗口建设，延伸司法为民职能。当场立案数74426件，上升1.29百分点。配备机器人"小法"等智能设备，入驻微信公众号，开通自贸区（港）建设诉讼服务窗口，完善网上诉讼服务平台，提高诉讼服务信息化水平。在司法辅助工作"四集中"（即集中排期庭审、集中送达法律文书、集中移送案卷和速录员集中管理）的基础上，出台《关于诉讼费退费集中办理的规定》，全年共退费464件1805万元。为400件案件当事人缓、减、免诉讼费549.97万元，救助困难当事人137人，发放司法救助金576.24万元。

**【司法改革】**2018年，海口两级法院深入推进司法改革，完善审判管理体制。（1）试行行政案件跨区域管辖改革。根据省高院的部署，从7月1日起，在全省率先试行"推磨式"跨区域管辖试点。同时，探索中级人民法院行政案件管辖改革。（2）推行立审执一体化工作机制。在全国法院率先出台《关于建立和完善立案、审判与执行工作协调配合机制的若干意见（试行）》，通过"九个强化"（强化立案阶段的审查、引导和释明工作，强化财产保全工作，强化诉调对接工作，强化审执阶段的审查和引导释明，强化裁判文书主文的可执行性，强化刑事裁判财产性判项的履行，强化立审执衔接，加大拒执罪打击力度，强化审判人员内部交流，强化内部机制运行），形成内部合力。（3）实行减刑假释案件与刑事财产性判项执行案件扁平化管理。自4月开始实施以来，共受理刑事财产性判项案件140件，执行到位金额2362.36万元。（4）探索大合议庭陪审机制。出台《关于一审案件实施大合议庭陪审机制的规定（试行）》，明确适用范围、人员构成及审理规则，从全市250名人民陪审员中挑选41人参与此项改革。（5）落实院庭长办案常态化。海口两级法院院庭长办案5.74万件，占案件总数63.34%，结案5.46万件，结案率95.1%。其中市中院院庭长办案6089件，占案件总数47.18%；结案数5896件，结案率96.83%。（6）加强信息化建设，打造智慧法院。年内，海口两级法院电子卷宗随案同步生成系统顺利上线，远程庭审系统和减刑假释专用法庭顺利建成，提供检察院远程阅卷服务功能顺利开通。在椰城市民云APP上开放庭审直播、失信被执行人信息查询功能，部署、推广最高法院即时通信系统和百度地图智慧法院导航功能。

**【司法公开】**2018年，海口两级法院深入推进司法公开和阳光司法，强化审判流程信息公开、庭审活动公开、裁判文书公开、执行信息公开。在中国庭审公开网平台上现场直播庭审806件，在中国裁判文书网上公开生效裁判文书2.4万篇，组织开展"法院开放日"活动28次，市中院连续7年在中国社科院组织的司法透明度指数测评中名列前茅。拓宽宣传范围，开展法律"六进"活动。充分利用节假日和重要节点，组织法官走向街头、广场，走进乡村、学校和建筑工地开展宪法宣传、扶贫宣传、"家林讲堂"之"农民工普法巡回大讲堂""三八"维权、生态环保主题宣传等一系列普法活动。贯彻"谁执法谁普法"普法责任制，重点开展禁毒宣传，扫黑除恶专项斗争宣传以及对"基本解决执行难"工作的宣传攻势。全市法院共组织普法宣传活动60场，7800余人次受到法治教育；编发信息简报598篇，各类媒体报道法院工作9760篇次。

（胡 琼）

# 司法行政

**【司法行政概况】**2018年，海口市司法局以推进公共法律服务体系建设为抓手，统筹推进全市司法行政各项工作，全年调处各类矛盾纠纷5366宗，成功率97.6%；办理法律援助案件8105件，占全省案件总量的43.6%；"12348"公共法律服务热线共接听群众法律咨询14742人次。获得2017

年度海口市法治政府建设暨依法行政工作先进单位、2018年度全省司法行政工作先进单位、首次国家统一法律职业资格考试工作表现突出单位。

**【人民调解】**2018年，海口市司法局采取政府购买服务的方式招聘497名专职人民调解员，实现海口市专职人民调解员全覆盖。继续推进行业性、专业性人民调解组织建设，成立海南省四川商会等6家人民调解委员会，打通企业纠纷、企业与客户纠纷调处新渠道。构建“人民调解+12345+网格化”联动机制，开展矛盾纠纷大排查、大调处、大治理。印发《海口市人民调解专家库管理办法》，聘任各领域专业人员及社会各界热心公益人士共143名组建人民调解专家咨询库。年内，全市各级人民调解组织开展矛盾纠纷排查3885次，调处各类矛盾纠纷5366宗，成功率97.6%；涉及调解协议金额1.16亿元，防止群体性事件4起，涉及62人。海口调解实践成果于8月7日登上《法制日报》头版头条，并被法制日报社机要内参《情况汇报》刊发。

**【社区矫正】**2018年，海口市司法局深入推进社区矫正改革。6月26日，成立海口市社区矫正管理局（安置帮教办公室）。在全省率先试点使用社区矫正电子手腕管理系统，进一步提升社区矫正工作信息化管理水平。强化教育矫治理念，举办4期“立德迁善·共享阳光”为主题的社区服刑人员中华优秀传统文化集中教育活动，组织心理咨询师对全市社区矫正人员开展心理矫治。至年底，累计接收社区服刑人员5090人，累计解除4322人。

**【强制隔离戒毒】**2018年，海口市司法局持续深入开展禁毒三年大会战，加大收治力度，对戒毒人员做到应收尽收、全员收治。开展场所安全隐患清零、消防紧急疏散演练、“大排查大整治大评估”等专项活动，场所连续16年实现安全管理“六无”目标。开办“金不换”电子商务职教中专班，戒毒人员考核合格后可以获得教育部认可的中专学历文凭；开展“6·26”国际禁毒日系列活动，完成安防视频会议系统、司法部视频点名系统，增容改造800千瓦变压器，建成生活污水处理站、微型消防站和垃圾转运站等基础设施。按照全国统一戒毒模式“四区五中心”建设的标准，有计划、有步骤推进生理脱毒区、教育适应区、康复巩固区、回归指导区等主要区域建设，不断完善戒毒功能。

**【安置帮教】**2018年，海口市司法局细化《海口市司法行政系统2018年刑满释放人员安置帮教工作目标管理责任书》相关内容，落实包帮教安置、包跟踪教育、包思想转化的“三包”责任。组织刑满释放人员和社区服刑人员参加就业援助月专场招聘活动，举办4场安置帮教社区矫正工作“开放日”活动，不断扩大安置帮教和社区矫正工作的群众知晓度和参与度。全市刑满释放人员安置率95.7%，帮教率100%，衔接率100%。

**【未成年法制教育】**2018年，海口市司法局建立健全法治教育、优秀传统文化教育、心理健康教育、文化教育、养成教育以及职业技术教育“六位一体”的教育矫治模式，因人制宜开设职业技术课程，增强学员自立本领，提升教育矫治水平。开设家长学校，强化“中心+家庭”互动互助互帮的教育帮教作用。开展各类主题拓展活动，加强学员和家长之间理解、包容与沟通。市未成年法制教育中心累计接收学员2030人。

**【律师公证管理】**2018年，海口市司法局联合市检察院、市法院等成立海口市律师惩戒委员会，进一步健全律师投诉查处和惩戒制度。市管公证处实行公证事项证明材料清单制度，自9月15日起，出生、死亡、亲属关系、学位学历等60项公证事项在全省范围内全面实现“最多跑一次”。推进全市一村（居）一法律顾问工作全覆盖，将法律服务延伸至基层。落实“双随机一公开”监管制度，对公证处、律师事务所、基层法律服务所开展双随机抽查，强化执业监督职能。市直管41家律师事务所共担任法律顾问1325家，代理案件13385件，代写法律文书1202件，解答法律咨询2614人次。3家公证处共办理公证29337件。

**【中共海口市律师行业委员会成立】**为贯彻落实习近平新时代中国特色社会主义思想和习近平总书记关于加强律师队伍建设的重要指示精神，以及司法部、省司法厅关于律师党建工作部署要求，服务海南自贸区（港）建设、服务“法治海口”建设，进一步健全海口市律师行业党建工作管理体制、引领律师行业健康发展，2018年12月23日，海口市司法局在海口组织召开中共海口市律师行业委员会第一次党员代表大会，成立中共海口市律师行业委员会，选举7名委员，共43名党员代表参加会议。

**【海南首家合作制试点公证处成立】**2018年4月，海口市司法局率先在全省创立首家合作制试点公证处——海口市南海公证处，充分发挥合作制公证处的体制优势，实行“中午不打烊，七天工作制”“简单公证当天出，让办证群众最多跑一次”，更好地满足人民群众不断增长的办证需求。海口市南海公证处体制上是合作制，机构定位上将保持三个不变：公证处作为国家法律授权的证明机构的性质不变；公证员依法行使公证证明权的身份不变；公证文书的法律效力不变。同时，海口市南海公证处的执业行为依然受到司法行政部门和公证协会的监督指导。

**【法律援助】**2018年，海口市司法局降低法律援助门槛，从12月1日起，市法律援助经济困难标准由1430元放宽至1670元，逐步实现法律援助低收入群体全覆盖。开展法律援助案件质量监督管理，监督法律援助案件667件。设置文明引导岗，安装叫号排队系统，开辟困难群体“绿色通道”，设立民营企业法律服务窗口，推行特殊案件当日办结、“预约式”“上门制”等便民服务。建立法律援助值班律师库，实现全市范围内法院和看守所法律援助工作站全覆盖，全市共设立法律援助工作站198个，法律援助联系点404个。全年，共办理法律援助案件8105件，占全省案件总量的43.6%，接待群众来电来访法律咨询3.5万人次，占全省咨询总量的44.5%，为受援人挽回经济损失和取得经济利益共1.89亿元。

**【公共法律服务】**2018年，海口市完成市、区、镇（街）、村（居）四级公共法律服务实体平台建设，建成5个公共法律服务中心、44个镇（街）公共法律服务站、462个村（居）公共法律服务室（法律顾问）。在公共法律服务实体平台全覆盖的基础上，大力推进“互联网+公共法律服务”信息化建设，升级市“12348”公共法律服务热线，实现热线平台省市并轨，14742人次获得“12348”公共法律服务热线法律咨询服务帮助。

**【国家统一法律职业资格考试】**2018年，海口市司法局围绕首次实施国家统一法律职业资格考试制度的新情况、新变化、新要求，做到精心筹划、全体动员、全员上阵，规范有序。首次推行机位防窥膜、身份证识别仪等新防作弊科技技术，构筑严密无缝考试安全防控体系。联合市委政法委、市委宣传部、市公安局、市教育局、市保密局等十多个部门做好联动服务保障，圆满完成海口考区新“法考”机考、笔考两个阶段的考务任务，连续七年考务“零事故”，七年来累计为国家输送优秀法律人才2000多人。

**【司法所建设】**2018年，海口市司法局以创建省、市级现代化文明司法所为抓手，有序推进省、市级现代化文明司法所创建工作。全市有23家司法所被命名为省级现代化文明司法所，约占全省省级现代化文明所总数的35%；24家司法所被命名为市级现代化文明司法所，占全市司法所总数的54.5%，现代化文明司法所创建工作走在全省前列。

**【法治宣传】**2018年，海口市司法局以落实国家机关“谁执法谁普法”普法责任制为抓手，大力实施法治文化润民行动，在全市组织开展宪法学习宣传“十个一”、社会文明大行动、禁毒、扫黑除恶专项斗争、法治扶贫等主题法治宣传活动及“法律超市”“法治讲座”“文明海口 法治相伴”法治文艺巡演、《选村官》《新生》普法琼戏演出等500余场次，发放普法资料50多万份，受众20多万人；建成法治文化公园2个，法治长廊5条，法治教育基地1个，制作《我的名字叫“伍宪”》等11部普法动漫视频，广泛开展全民普法活动，大力营造尊法学法守法用法的社会浓厚氛围。扎实开展“七五”普法中期督导检查、法治县（市区）、民主法治示范村（社区）创建等活动，“七五”普法规划有序推进，普法依法治理工作取得明显成效。龙华区获得“全国法治县（市区）先进单位”称号，龙华区滨海新村社区、琼山区云阁村委会、美兰区新安社区获得“省级民主法治示范村（社区）”称号。

（巫煌星）

（编辑：姚 锐）

# 军事

## 海口警备区

【海口警备区思想政治建设】2018年，海口警备区在省军区统一部署下，结合警备区实际完成党委中心组4个专题理论学习；先后组织开展“十九大”精神专题学习、“两会”精神专题学习、习近平总书记视察海南期间重要讲话精神专题学习。筹划部署开展“传承红色基因、担当强军重担”主题教育活动，制定下发教育意见并认真抓好检查指导，确保教育有效落实。通过邀请专家授课辅导、组织官兵参观秀英区石山镇施茶村、参观海南建省办经济特区30周年成就展、到定安母瑞山接受革命传统教育等活动，有力深化教育效果。聚焦练兵备战主责主业，扎实组织开展“和平积弊大起底大扫除”“聚力深入纠治和平积弊”活动，梳理盘点工作，查找纠治问题，强化各级抓备战、谋打仗的意识和能力。结合阶段性工作特点，定期开展思想调研，准确掌握官兵、职工思想动态，常态化组织谈心交心和排忧解难活动，有针对性地做好经常性思想工作，有效化解官兵、职工思想矛盾和实际困难。

【海口警备区防风救灾工作】2018年，海口警备区根据海口市防风防汛特点，会同市防汛防风防旱指挥部，对三江农场、桂林洋经济开发区等重点地段进行现场勘察，并组织召开防汛救灾联席会议，扎实做好抢险救灾准备。7—11月，先后18次参加省、市三防工作会议，突出做好第4号“艾云尼”、第22号“山竹”和第23号“百里嘉”等台风防范工作。9月，防范第22号“山竹”台风，指导美兰区人武部出动部分民兵前往三江镇、北港岛转移群众1121人、协助收拢渔船120艘。

【兵役工作】2018年，海口警备区按照“一季征兵、全年准备”的思路，围绕征兵“五率”（报名率、体检上站率、合格率、择优率、退兵率）工作要求，注重军地协力、上下联动，严把兵员质量，严实廉洁征兵，持续掀起征兵宣传热潮，其中大学生征集比例71.51%，较上年提高20.38%，超标准完成年度征集任务。

【驻市部队有偿服务关停工作】2018年，海口警备区加大自身停偿项目推进力度，区本级2个项目分别于2月、4月关停，龙华、琼山区人武部2个项目于4月底关停，实现提前2个月关停“终止收回”项目的既定目标。充分发挥桥梁纽带作用和停偿办公室的统筹协调职能，先后3次协调市领导召开停偿领导小组工作会议，2次组织军地联合现地调研，共参与协调沟通28起，政策咨询33次，现场稳控8次，帮助驻市部队解决难点项目矛盾问题53个。

【海口警备区扶贫攻坚工作】2018年，海口警备区持续抓好对扶贫点加美村的帮扶，按照省军区部署要求，重点帮助14户脱贫户抓好巩固提升，以文昌市开展的“美丽乡村”建设为契机，努力把加美村打造成为全省脱贫攻坚的标杆。全年先后8次到村里开展慰问、调研、协调、帮建等工作。11月上旬，迎接军委扶贫工作检查考评，受到考评组高度评价，并被省军区指定为定点扶贫工作观摩示范点。

【海口警备区双拥共建工作】2018年5月16日，海口警备区会同市委、市政府开展海口舰“回家”双拥共建活动。通过3天的“军舰开放日”系列活动，各级领导干部、学校师生和社会各界约3.1万人受到教育，极大增强市民群众的国防和拥军意识。在优抚安置工作上，针对近两年驻市部队随军家属安置难的现状，协调市政府出台《随军家属就业安置三年计划》，协调转改文职人员家属安置，力争最大程度支持国防和军队改革，解决官兵后顾之忧。

（王思纯）

## 武警海南总队海口支队

【武警海口支队概况】根据中国人民武装警察部队体制编制调整改革工作会议精神，原武警海口市支队调整组建为新的海口支队，于2017年12月31日挂牌成立。下辖8个大队，35

个中队，主要担负警卫、留置、守卫、看押、看守、城市武装巡逻及处置突发事件等任务。支队机关驻海口市澄迈县老城开发区。2018年，在新旧转换任务集中、上下衔接工作交汇、要求标准压力叠加的情况下，支队党委团结带领全体官兵以习近平强军思想为统领，以党在新时代的强军目标为引领，以“两个维护”新时代使命任务为牵引，按照总队党委“四稳四进”抓建思路，围绕建设“三个相适应”全面过硬一流目标，始终稳住心神抓思想固忠诚、铆足劲抓备战提能力、扑下身抓基层打基础、绷紧弦抓安全保稳定、用气力抓建设强保障，在上年实现先进的基础上，部队建设有长足进步。全年共选拔35名优秀干部到基层大中队主官岗位任职。6个基层党支部被总队表彰为“先进基层党组织”，52名个人被总队、支队评为“优秀党务工作者”和“优秀共产党员”。

【武警海口支队思想政治建设】2018年，武警海南总队海口支队深入学习贯彻党的十九大和军队党建工作会议精神，始终坚持把习主席系列重要讲话作为首要政治任务抓紧抓实，官兵“四个意识”更加巩固。深入开展“学训词、铸军魂、开新篇”专题教育，不断强化官兵对兵权贵一、军令归一的思想认识。严密组织“传承红色基因，担当强军重任”主题教育活动，组织官兵进行集体授课辅导7次，专题思想辨析6次，教育的感召力和实效性不断增强。抓实部队经常性思想政治教育，采取不定期“推门听课”的方式，对基层教育制度落实情况进行检查，先后邀请5名地方专家为官兵授课辅导，年度评选表彰最受官兵喜爱的政治教员10名和优质政治教案20篇，有效促进部队教育质量的提升，4名官兵被总队表彰为十佳“四会”（会搞思想调查和计划安排教育、会运用现代化教学手段备课讲课、会做思想工作、会进行心理教育疏导）政治教员。

【武警海口支队党委班子建设】2018年，武警海南总队海口支队先后召开党委常委会18次，对涉及部队重大事项进行研究部署，部队选人用人、经费开支、工程建设、物资采购等敏感问题阳光规范运作。全年共研究调整使用干部112人。贯彻武警部队关于团以上领导干部落实党内政治生活《若干准则》，着力巩固深化党的各项学习教育活动成果，坚持领导带头上党课、带头参加双重组织生活，逐一规范“三会一课”制度落实。坚持用好批评与自我批评这一武器，班子成员之间坚持做到常“咬耳扯袖”“红脸出汗”，组织生活党味辣味浓厚。刚性执行党中央八项规定、军委十项规定和武警部队三十二条措施，先后召开3次专题组织生活会，对照“形式主义、官僚主义”及“和平积弊”问题清单，在深入查摆剖析问题的基础上，制定《支队纠治形式主义、官僚主义18条措施》和《海口支队纠治和平积弊23条措施》。扎实开展警示教育，清理涉张涉房资料信息750余份。全面停止对外有偿租赁项目5处，清退违规占用住房4套，抓好总队党委巡察问题整改，对17名相关个人进行追责问责。6月，通过总队对支队风气监察联系点建设检查验收，官兵对基层风气建设满意度超过95%。11月，做好配合武警部队党委巡视工作，以此全面检视部队党风廉政建设情况，不断推动正风肃纪走深走实。

【武警海口支队战勤工作】2018年，武警海南总队海口支队严格落实训词训令和新大纲要求，深入纠治训练积弊，运用“六种组训模式”和“魔鬼周”极限训练平台，分3批次组织1000多名官兵勤训轮换和博鳌年会专勤专训，时间长达38天。先后组织冲锋舟驾驶员集训、应急班集训，树立起大抓实战化训练的鲜明导向。211人参加总队警官考核，成绩优良率48.2%、及格率95.3%。机动四中队赵凯龙被评为武警部队“优秀教练员”；参加总队创（破）记录活动，在12个单项中取得5个第一（破2项纪录）和4个第二名。扎实开展两项执勤安全教育整顿，组织召开固定勤务“三班四哨”（三班：作战勤务值班、编班、领班　四哨：上哨、站哨、换哨、下哨）规范试点观摩会，部队执勤秩序进一步规范。严密组织执勤隐患排查治理，对161处执勤隐患逐一挂账销号，执勤安全系数有效提高。持续推进“智慧磐石”工程建设，先后投入20余万元用于执勤六中队和海口监狱执勤信息化改造。以迎接军委、武警部队战备检验拉动为牵引，强力推进“3+1”战备力量体系建设，加强战备要素值班，规范各类战备库室建设，结合支队实际修订完善4类预案27份，先后组织所属战备分队进行实装拉动训练12次，部队“两个不经，一个保持”（不经临战训练、不经调整补充　常态保持应急战备水平）能力明显提升。全年共动用兵力1万多人次，圆满完成等级警卫、武装押解、押运等临时勤务616起，特别是出色完成博鳌亚洲论坛年会暨海南建省办特区30周年庆典活动安保任务，有效打赢3场维稳战役。

【武警海口支队部队管理】2018年，武警海南总队海口支队扎实开展“条令年”活动，严密组织开展条令主题演讲比赛和知识竞赛，先后派出工作组6次对基层落实情况进行检查督导，推动条令条例在基层末端高效落实，官兵依法依规办事意识明显提高。按照武警部队“八严”纪律规定，对部队在制度落实、对外交往、内部关系建设等8个方面情况进行筛查，紧盯重点人员、内容、部位和时段，每日不定时抽查干部在位和部队工作落实情况，有效实现对部队的全面掌控。先后责成3名执勤履职不认真的机关干部作出深刻检查，严肃处理违规喝酒、网上赌博、涉足不健康场所等3起违规违纪问题，对12人实施党纪政纪问责，有效警示教育了部队。坚决贯彻习近平主席关于“7·19”事件重要批示，围绕7个方面

34个问题，深入抓好枪弹安全管理专项整治，派出工作组3次对部队覆盖清理排查，推进枪弹安全管理制度有效落实。借助安全大检查、“百日安全竞赛”活动和“八个规范”检查评比等载体，严密部署开展4个“警示教育日活动”，采取自下而上、层层摸排等手段查隐患、补漏洞，有效纠治安全工作和管理教育各类问题413处，部队安全发展逐步托底见效，步子迈得更加稳健。被武警部队评为暑期“百日安全竞赛”活动优胜单位。

2018年7月30日，海南海警一支队韦汉忠同志（中）获得“中国武警十大忠诚卫士”称号
（海警一支队 供）

【武警海口支队后勤综合保障】2018年，武警海南总队海口支队突出“一组五队”建设，依托后勤专业兵比武竞赛，组织40名后勤人员集中培训，3批次59名驾驶员复训，组织司务长集体办公4次，后勤专业兵素质明显增强。结合博鳌年会、“魔鬼周”极限训练等任务，重点抓好指挥协同、人装结合、战地野炊、自救互救等课目训练，常态做好最大出动200名官兵的保障准备，应急保障能力全面提升。加大编制预算执行力度，规范大项物资采购和工程招投标管理，推动各项工作科学化、规范化运转。重点抓好后勤领域“清仓归零”整治，按照“边查边改、立查立改、彻查彻改”的要求，对照问题清单，明确责任人，实行挂账销号，先后对违规套取资金、收不入账、违规处理使用油料、拖欠公寓房租等方面问题进行清理，问题得到全面整改。抓好总队巡察指出涉及后勤领域4个方面68个具体问题整改，问题整改率100%。完成对机动一大队及教导队营区新建、机动二大队营房新建及训练场地建设、海口接待站附楼改造、青年路42号营区（原山高学校）营房改造4个项目立项上报工作，待军委和武警部队批复；9个自筹经费的基层单位营房维修项目得到总队批复。全年，开展机关公寓楼水电供应、青年路42号机动二大队营区翻新改造等项目建设。严格落实伙食管理，加强副食品集中配送管控，官兵伙食满意率98%以上。

（任毅衡）

## 海警一支队

【海警一支队概况】2018年，海警一支队党委团结带领广大官兵，主动作为，攻坚克难，圆满完成“神威2018”护航扫海、“两会”海上安保、博鳌亚洲论坛年会安保、冬季海上安全警卫等任务，确保转隶整编期间海上辖区平稳可控和部队内部安全稳定。支队先后有4个集体，257人受到奖励表彰，其中1名同志被武警部队授予“中国武警十大忠诚卫士”称号。

【海警一支队党委班子建设】2018年，海警一支队深入贯彻落实军委、武警部队、海警总队和总队筹备组四级党的建设会议精神，制定全面加强新时代部队党的建设具体措施。部署开展政治干部网上练兵，机关党支部书记、党小组长培训，抽调基层支部委员跟班轮训，常态化调阅支部会议记录，开展基层班子年终考核帮建，基层党组织建设水平有新的提升。严抓转隶整编纪律、党的纪律等专题教育活动，党委书记、纪委副书记带头上专题党课3次，组织领导干部和敏感岗位人员参观反腐倡廉教育基地，警示官兵严守六项纪律。持续纠治超面积占房、超标准用车、基层“微腐败”等违反八项规定及“四风”问题，先后派出95人次对工程建设、物资采购等重大敏感事项进行监督，有效促进工作规范开展，最大限度降低廉政风险。

【海上维权执法】2018年，海警一支队坚持任务牵引，加大北部湾和琼州海峡巡逻监管力度，高质高效完成各项海上维权执法任务。全年，共派遣舰艇出航663艘次，总航时6101.75小时，总航程60439海里，共驱赶、登临外籍船只107艘，全力维护辖区海域稳定。部署开展“禁毒2018两打两控”“扫黑除恶”“打击非法采砂”等专项执法行动，全年查处走私案件6起，立刑事案件8起。侦破“省督2018—21”毒品案件，侦办2起非法采矿案件；成功破获‘1·18’特大成品油走私案”，查扣柴油2275吨，追溯以往27079吨，共29354吨，涉案金额约1.86亿元。该起走私案件的破获，确定海警部队可根据相关法律在专属经济区依法行使追缉走私犯罪分子的权力。

【海警一支队部队安全管理】2018年，海警一支队坚决贯彻落实武警部队安全工作规范和海警转隶整编期间安全稳定工作制度，牢固树立大安全理念，强化安全管理教育，深入学习贯彻“新条令”、中央军委禁酒令，部署开展暑期百日安全竞赛、夏季安全防事故、违规网上交友借贷赌博问题专项清理等活动，先后邀请地方专家学者到支队开展防间保密、法律知识、心理健康等授课，有效提升官兵安全防范意识。加强改革期间安全管理，落实安全检查及安全风险评估等各项制度，围绕人、船、车、网、酒、密等重点领域和小、散、远、直等薄弱环节，对照排查重点，排查整改安全风险和问题44个，坚守安全工作底线。全年开展安全形势分析11次、安全风险评估3次、安全隐患排查2次，消除各类隐患26个，深入在外执勤舰艇及各基层单位6次，指导解决安全问题及隐患苗头。

【海警一支队政治教育】2018年，海警一支队深刻把握政治建军原则，坚持从思想上、政治上建设掌握部队，牢固确立习近平强军思想指导地位。组织开展两期“十九大”精神培训班，在全部队开展“强化理论武装学习月”活动，加强对《习近平论强军兴军》和党的创新理论的学习掌握，紧跟习主席改革强军思想步伐。坚持用红色基因培育塑造官兵，继承和发扬革命优良传统，强化政治担当、责任担任、使命担当。坚持落实“每周一课”教育制度，开设主官讲堂、精品课堂，抓好爱国主义、艰苦奋斗、廉洁自律、职能使命等经常性教育。扎实抓好“一人一事”思想工作，部署开展3次全员大谈心活动，统一官兵思想认识、凝聚改革共识。健全“光荣e家”服务保障体系，推动成立家属委员会、家属服务队，指派专人负责回应家属困难诉求，解决官兵各种急难杂事，确保一线官兵后方无忧。

【海警一支队后勤综合保障】2018年，海警一支队着眼部队保障需求和长远发展，加快后勤力量转型重塑，高标准、严要求推进各项工作开展。加强与地方政府沟通协调，全年争取地方经费420万元。顺利完成临高拟征地块划拨决定书的办理工作；协调推进临高拟征地块国土证办理以及海口江东地块拆迁赔偿工作。进行住干楼装修改造、观海台防水修补、通信机房改造以及洋浦大队部装修、场地平整、临时围墙建设等工程，改善官兵工作生活环境。

（黄靖淇）

## 海口市消防救援支队

【市消防救援支队工作概况】2018年，海口市消防救援支队全体指战员深入学习贯彻习近平总书记授旗训词精神，积极面对改制转隶、消防安保交织叠加的现实考验，围绕建过硬班子、带过硬队伍、创过硬业绩，坚持勇于担当、稳中求进，保持思想不乱、工作不断、队伍不散、干劲不减、火灾不增，圆满完成博鳌亚洲论坛2018年年会重大消防安保任务，成功处置“8·1”海南亚蔬高科技农业开发有限公司二期冷冻仓库火灾等灭火救援任务，全市未发生较大以上火灾，队伍内部未发生责任事故案件，实现火灾形势和队伍管理的“两个稳定”。

【消防队伍改隶转制】2018年10月19日，根据中共中央《深化党和国家机构改革方案》，公安消防部队集体退出现役，脱离公安部管理，成建制划归中华人民共和国应急管理部，组建国家综合性消防救援队伍。11月9日，国家综合性消防救援队伍授旗仪式在人民大会堂举行。12月29日，海口市消防救援支队迎旗授衔暨换装仪式在海口市消防救援支队机关举行。

【消防队伍管理】2018年，海口市消防救援支队紧盯“人车酒、网电密、训战勤”等重点环节，全面强化安全防范事故工作。部署开展条令条例学习月活动和贯彻新修订共同条令活动，推进安全“五无”（无亡人责任事故、无刑事案件、无自杀事件、、无失泄密事件、无违反“五条禁令”）创建工作，对队伍重点时期、重点人员、重点部位进行督察指导。全年实施联合督察42次，发现问题160余处，整改问题100%，队伍全年无违

2018年12月29日，海口市消防救援支队举行迎旗授衔暨换装仪式。图为身着新式制服的消防救援人员 （张俊其 摄）

法违纪事件。

【消防体系与安全环境建设】2018年，海口市消防救援支队依托市政府“12345+网格化”试点工作，推行将火灾隐患举报查处功能列入试点范围，积极落实消防安全举报投诉“30分钟”响应机制。全年通过12345和“96119”热线平台受理、查处举报投诉办件3437件，办件群众满意度95%以上。为强化消防安全风险评估，支队通过政府购买服务模式，投入135万元委托专业消防评估机构对全市消防安全形势、火灾防控工作、公共消防基础设施建设、灭火救援能力等内容进行分析评估，为海口市预防消防安全风险决策提供科学依据。

【社会消防管理】2018年，海口市消防救援支队紧跟省域“多规合一”步伐，探索简政放权机制措施，精简“三类”建设项目申报材料，总结推广海口美安生态科技新城等3个省级重点园区建设项目审批改革，实行建设工程消防设计形式审查，将消防设计审核时限由法定的20天缩短至3天。在全省率先实行建设工程消防设计事中事后监管举措，不断提升审批效率，改善服务质量，实现由单纯执法监督向综合执法服务的完美转型。

【火灾防控】2018年，海口市消防救援支队充分发挥市消防安全委员会的科学专业优势，完善联合检查执法、信息函告等工作制度，深入开展冬春、春夏火灾防控、大型城市综合体、电动自行车、电气火灾综合治理、“三无”（无上级主管部门、无物业管理单位、无业主委员会）老旧小区、文物古建筑、物流仓储等各类消防安全专项行动。协调市公安、规划、住建、安监、房管、城管、质监、工商、电力、燃气等职能部门联合开展高层建筑、电气火灾综合治理，发现并督促整改火灾隐患2.2万处；市质监、工商、公安、消防等部门定期召开联席工作会议，严把电动自行车及配件、消防产品准入的源头关，严厉查处违规生产、销售的企业10家；市发改委将消防工作纳入海口市“十三五”规划，推进公共消防基础设施建设；市公安局将消防工作考评纳入公安派出所等级评定；市民政局投入611万元专项资金用于全市30家敬老院消防设施维修改造；市住建、规划部门在办理建设工程规划许可、施工许可、房产许可时，首先征求消防部门意见，并严格落实建设工程消防设计、施工质量和消防审核验收终身负责制；市教育、文体部门办理学校、幼儿园、娱乐场所行政许可时，把符合消防安全作为前置条件。全年，全市消防队伍共检查单位19068家，督促整改火灾隐患和违法行为25976处，下发责令整改通知书14817份，临时查封170家，责令“三停”（停产、停业、停止施工）131家，罚款747.38万元，拘留21人。

【灭火救援】2018年，海口市消防救援支队共接处警1491起，其中火灾501起，无人员伤亡，直接经济损失1447.59万元，出动消防车2926辆次、警力14630人次，抢救被困人员638人，疏散被困人员1900人，抢救财产价值2.4亿元。

【重大消防安全保卫】2018年，海口市消防救援支队先后圆满完成博鳌亚洲论坛2018年年会暨海南建省办经济特区30周年庆典活动消防安保、“2018年第十九届海南国际旅游岛欢乐节”等重大消防安全保卫任务70次，共调派消防车125辆次，执勤指战员498人次。

【消防装备及基础设施建设】2018年，海口市消防救援支队投入5863.55万元采购高层供水、60米云梯等7辆消防车及器材装备。完成海甸消防站的基本建设、观澜湖特勤消防站的土地产权办理和规划许可办理、海口海上消防船《用户需求书》的编制、搜救犬培训基地和新埠岛特勤消防站项目的项目建议书审批，以及海航日月广场、美兰区千家村社区、龙华区山高村、秀英区书场村和琼山区文庄路等5个小型消防站建设；协同水务部门对全市2873个市政消火栓和11处天然水源取水点进行全面排查，全市新增市政消火栓400个，维修和更换消火栓328个。

【消防执勤训练】2018年，海口市消防救援支队推进执勤训练信息化，采取远程视频督导和各片区交叉实地帮

2018年8月1日，海口市消防支队正在扑救海南亚蔬高科技农业开发有限公司二期冷冻仓库火灾
（市消防救援支队 供）

扶相结合的形式指导队伍夏季训练28次，编印下发《训练工作课目操作规程汇编》，成立9个演示中队，力求探索出最优、最快速的操作方法。聘请专业体育教练对各中队进行体能理论与实践课程培训，量身定制科学的体能训练方案。在全省夏季训练工作考核中，特勤大队取得全省总分的第一；在琼北协作区夏季训练比武竞赛活动中，金融中队和特勤一中队分别取得总分第一、第二的优异成绩。支队立足海口主要灾害事故特点，通过基层推荐及支（大）队考核选拔，先后组建高层建筑、城市大型综合体、石油化工、水域救援、地震救援等5类专业队伍，统一下达训练考核计划，规范建队标准和执勤模式，并通过推进与辖区各微型消防站、小型消防站、专职消防队和协作区成员单位的联勤联训，定期组织检查考评，不断强化队伍战斗力水平。

【“119”服务】2018年，海口市消防救援支队积极拓展“119”指挥中心功能，对现有接处警系统软件进行运行维护和升级，组建2支应急通信保障分队参与战勤值班；完成基层中队营区监控设备（星光级门岗枪机，车库球机、营区高点球枪联动镜头）全部维护和更新，基层中队战斗员对讲机及配件配备率100%。

【消防宣传】2018年，海口市消防救援支队与省、市电视台等栏目合作，策划制作各类专题片16期；与海南报业集团合作先后推出《肖树广：红门消防卫士的激情人生》等多篇专访；与海广网共同策划的《消防员的一天：我们坚守岗位为祖国庆生》直播获得新华社客户端直播转载并被推送至直播频道首页。全年共在中央级媒体发稿11篇，部局级媒体71篇，省级媒体491篇，省以下级媒体1265篇，总队内网稿件约4000篇。通过落实党政系统消防安全培训常态化，分级分期分批对党政领导干部、行业部门负责人、消防安全重点单位负责人、微型消防站站长等7类人员进行消防安全培训，集中开设培训班200余次，受教育人数2万余人。

（吴健宇）

## 海口公安边防支队

【海口公安边防支队转隶】2018年3月，中共中央印发《深化党和国家机构改革方案》，明确公安现役部队不再列入武警部队序列，全部退出现役，现役编制全部转为人民警察编制。12月25日，根据公安部命令，公安边防部队官兵集体退出现役。至此，海口公安边防支队全体官兵改制为人民警察，以人民警察的崭新形象继续肩负维护国家安全和海口沿海岸线辖区社会和谐稳定的职责使命。

【边防支队服务中心工作】2018年，海口公安边防支队紧盯维稳中心工作任务，全力维护边防辖区社会治安稳定，深入推进“盗抢骗”“扫黑除恶”等专项行动，保持对各类违法犯罪活动严打高压态势。年内，共接处警13025起，受理行政案件722起，打击处理各类违法犯罪嫌疑人756人，打掉各类团伙20个，捣毁制枪窝点1个。围绕土地征用、旧城改造、拆迁安置、债务劳资纠纷等问题，主动排查不稳定因素35个，化解矛盾纠纷45起，成功处置群体性事件3起。圆满完成省市“两会”、海南建省办经济特区三十周年系列庆祝活动、博鳌论坛年会等36项安保任务。

【边防支队禁毒工作】2018年，海口公安边防支队全力打好禁毒攻坚战，深入推进禁毒“夏季攻势”“两打两控”“保四争三”“遏增量、减存量”等专项行动。全年共破获毒品刑事案件56起，抓获犯罪嫌疑人122人，收治收戒吸毒人员156人，破获省部级毒品案件4起，毒品堵源截流案件1起，重特大毒品案件2起，打掉涉毒团伙13个63人，缴获各类毒品3.579千克，圆满完成上级下达的各项禁毒阶段任务指标。2名同志被省禁毒委评为“禁毒大会战第二阶段先进个人”，1名同志被省禁毒委评为“严打工程先进个人”。

【边防支队爱民固边工作】2018年，海口公安边防支队全力抓好港船管理和岸线管控，严格落实港船管理和沿海岸线管控措施，主动联合渔政、海事、交通港航运输管理局等职能部门部署开展重点港口水域船舶整治工作。积极推进新海、东营、新埠、水上4个毒品检查站实体化运作，有效发挥毒品堵源截流的屏障作用。年内，共检查各类船舶13769艘次，渔船民16582人次，查处违规船舶案件161起，处罚渔船民186人，抓获走私贩卖违法人员2名，查处涉嫌违规运输活禽、违禁品船只3艘，查获违规运输入岛活体动物3125只，汽油8吨，纯生物柴油400吨，中华鲎70只。

（郑大成）

（编辑：张纯龙）

# 城乡建设与管理

## 城乡规划

【城乡规划工作概况】2018年，海口市规划委以生态优先、绿色发展为导向，以推进“江东新区”规划编制和“多规合一”改革工作为抓手，高标准编制江东新区规划，打造自贸区创新示范区；推出全数字化报建系统，优化营商环境；启动控规修编及整理，优化城市设计；推进专项规划编制，开发利用地下空间；完善村镇规划，推进美丽乡村建设；推进城市更新，提升城市品位；推出全数字化极简报建系统优化营商环境，在“多规合一”信息管理平台基础上打造建设工程规划全数字化报批系统，实行互联网不见面审批，方便企业和市民进行项目规划报建。会同市文物局、市骑楼办开展历史文化名城有关数据填报工作，初步完成对海口331个历史建筑文字图片信息的整理。2月，市规划委获海南省测绘地理学会颁发的“第五届海南省优秀测绘工程奖”三等奖；7月，“多规合一”信息平台获得“2018中国地理信息产业优秀工程奖”银奖。

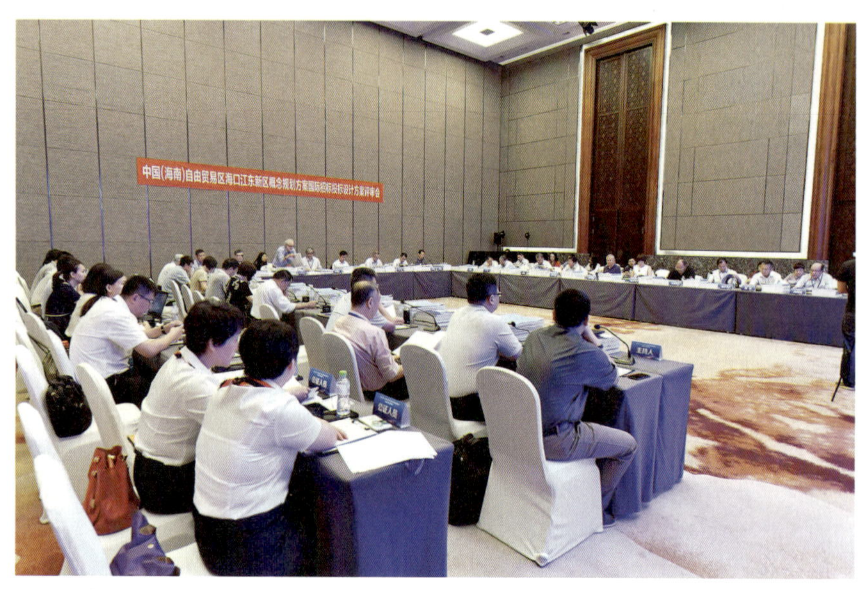

2018年9月28日，中国（海南）自由贸易区海口江东新区概念规划方案国际招标投标设计方案评审会在海口召开 （张俊其 摄）

【海口江东新区规划】为深入贯彻习近平总书记“4·13”重要讲话和中央12号文件精神，2018年6月3日，海南省委、省政府经过深入调研、统筹部署，决定设立海口江东新区，作为中国（海南）自由贸易试验区的集中展示区，这是海南省逐步探索、稳步推进中国特色自由贸易港建设的一项重大举措，海口市规划委员会相应成立江东新区规划建设领导小组。根据省委、省政府“世界眼光、国际标准、海南特色、高点定位”的要求和“两年出形象、三年出功能、七年基本成形”的部署，推进江东新区概念规划方案，5月14日，在海口召开“中国（海南）自贸区（港）海口江东新区”国际专家研讨会，邀请中外知名规划、建筑专家学者到会建言献策；6月3日，向全球发布海口江东新区概念规划国际招标公告；6月26日，在北京中规院会议室召开江东新区概念规划方案国际招标投标申请人资格预审评审会，历经4个小时、三轮八次投票，评选出10家设计机构参加江东新区概念规划设计，选出5家设计机构作为候补设计单位；7月9日，江东新区国际招标项目介绍会正式邀请10家投标机构编制江东新区概念规划方案；8月6日，10家参与海口江东新区概念规划编制的设计机构或联合体先后汇报各自的设计思路和设计进展情况，与会领导和专家进行提问，并对下一步规划设计提出要求。9月28日，由13名专家评委组成的江东新区概念性规划方案评审会，采用“暗标”的形式对10家设计团队的规划方案成果进行逐个审阅，最终评选出一个优秀设计方案、两个优良方案。同时，开展江东新区起步区城市设计方案国际征集工作，经过专业论证、多方比选和慎重考虑，省委、省政府决定将白驹大道延长线与江东大道交叉地带、总面积1.79平方千米的范围作为江东新区建设的起步区。9月3日，海口市面向全球公开征集江东新区起步区城市设计方案，68家国内外知名设计机构报名参与；9月29日，在海口召开江东新区起步区城市设计方案国际招标投标申请人资格预审评审会，6家中外知名设计机构入围；10月12日，在海口召开江东新区起步区城市设计方案国际征集项目介绍会，6家中外知名设计机构参会，会议公布江东新区起步区城市设计规划总体要求，以及设计机构投标时间节点安排；11月1日，江东新区起步区城市设计方案国际征集项目中期汇报会在北京举行，会议旨在让主办单位和与会专家了解各设计机构工作的进展情况和设计思路。此外，海口市规划委积极推进江东新区总体规划编制工作，在海口江东新区概念规划方案国际招标的基础上，邀请院士、专家和国内外优秀规划团队，组织开展江东新区规划编制，由中规划院牵头编制形成《江东新区总体规划（2018—2035）》；10月22日，总体规划纲要通过省委常委扩大会议审议。

【控规编制】2018年，海口市规划委开展开发边界内新一轮控规修编工作，结合各片区发展建设情况及存在问题，年内启动修编的控规有6项，分别为海秀、府城、南渡江西岸、滨江新城、新埠岛、西海岸新区南片等，同时开展上述片区城市设计工作。开展整理长流起步区、金贸、核心滨海区、大同、海甸岛（含美丽沙、海甸溪北岸）、城西等6项控规。其中，第一批新埠岛、海秀、海甸岛（含美丽沙、海甸溪北岸）等4个片区控规修编、整理及城市设计于12月6日通过专家评审，拟上报市政府审议。第二批府城、南渡江西岸、滨江新城、长流起步区、金贸、大同等6个片区控规修编、整理及城市设计形成中期成果，拟组织专家评审。同时，药谷、狮子岭、云龙、美安、观澜湖等省级重点产业园区正启动控规修编工作，年底形成初步方案。

【专项规划】2018年，海口市规划委主要负责的行动纲要、建筑风貌管控、交通优化、市域乡村建设规划等9个专项规划的编制工作，相继通过专家评审。其中2月12日，《海口市城市更新建筑风貌管控指引》通过专家评审；5月23日，《美舍河两岸城市更新管控示范规划》《海口城市更新市域乡村建设规划》通过专家评审；5月24日，《海口城市更新交通优化专项规划》通过专家评审；7月16日，《海口城市更新行动纲要》《海甸溪两岸城市更新管控示范规划》提交专家咨询会审议；10月12日，《海口市城市更新公共服务设施专项》通过专家评审。此外，市园林局、市文体局报送由市规划委进行规划统筹的《海口城市更新城市增绿专项》《海口城市更新文化传承与复兴专项》分别于8月31日和9月13日通过专家评审。

【村镇规划】2018年，海口市规划委继续指导各区做好镇墟总规、控规修编和村庄规划编制工作。《海口市域乡村建设规划》通过专家评审会，并按照专家意见修改完善，正在进行批前公示。在村庄规划编制过程中，按照省住建厅印发的《海南省村庄规划编制技术导则》（试行）要求，规划编制深度至少要达到“五图一书”〔“五图”即村庄位置图、村庄现状分析图、村庄建设规划图、村庄基础设施规划图、公共建筑、住宅建筑方案及村庄景观效果图（鸟瞰图）；“一书”即规划说明书〕的标准。编制全市142个美丽乡村建设规划编制工作，至年底，完成99个美丽乡村建设规划的编制。组织各相关部门修编《海口市农村宅基地建房管理办法》；指导各区农村宅基地建房规划报建工作，至12月30日，全市（主城区内、外）共受理农宅报建受理2176宗，发证2157宗，累计报建面积约44.8万平方米。

【城市设计】2018年，海口市规划委结合城市更新工作加强风貌管控和重点区域城市设计。2月12日，《海口市建筑风貌管控指引》通过专家评审；5月23日《美舍河两岸城市更新管控示范规划》通过专家评审；7月16日《海甸溪两岸城市更新管控示范规划》提交专家咨询会审议。按照中国（海南）自由贸易试验区建设要求，年内启动西海岸新区南片区、海口湾片区、江东新区起步区城市设计工作，委托全球优秀设计机构采用最先进的理念和国际一流的水准对这些重点片区的空间资源进行梳理，全面提升城市空间品质，打造海口特色的城市名片。

【“多规合一”编制】2018年3月，海口市启动《海口市总体规划（空间类2015—2030）》调整完善工作，6月14日上报省规划委审批。同时，为加快推进“多规合一”下行政审批改革，完善“多规合一”配套制度建设，逐步建立完善“多规合一”的政策制度保障体系，固化“多规合一”改革成果，市规划委组织开展《海口市全域空间规划体系梳理》《海口市“多规合一”空间规划管理办法》《海口市建设项目生成管理办法》《海口市年度项目空间实施规划编制规范》的编制工作。

【美丽乡村建设】按照海南省美丽乡村建设计划安排，结合海口市美丽乡村建设3年行动，海口市全面开展美丽乡村建设工作，计划到2019年底完成142个美丽乡村建设。2018年，海口市完成99个美丽乡村建设规划的编制，其中秀英区14个，龙华区11个，琼山区45个，美兰区26个，桂林洋开发区3个。年底，共建成42个美丽乡村，在建24个，经省美丽办考核验收，有41个村庄被评为海南省星级美丽乡村，其中五星级美丽乡村2个（秀英区施茶村、琼山区树德村），三星级美丽乡村17个，一星级美丽乡村22个。

【产业园区规划】2018年，海口市规划委积极推进省级产业园区总规、控规、产业研究等规划编制工作，并将工作方案上报市政府，同步启动基础资料收集及调研等工作。推进临空产业园规划编制，4月委托上海觐翔交通咨询有限公司开展临空产业概念规划咨询方案编制，8月开展《海口市临空经济区控制详细规划》及相关专项工作和产业策划研究工作并形成阶段成果。为推动海口市物流产业发展建设，开展《海口市物流产业发展规划》咨询研究工作，完成相关基础材料收集及前期相关工作，11月12日规划编制工作方案经市政府审定。

【海口临空产业园区控规编制】2018年，海口市规划委推进海口临空产业园区规划编制工作，由中国城市设计研究院上海分院负责编制的《海口临空产业园区控制性详细规划》在对美兰机场内部与周边地区空间布局进行充分研究和论证基础上，形成阶段性成果向市委、市政府汇报，并获得高度认可。海口临空产业园区规划面积共51平方千米。功能布局聚焦“三大两新”，“三大”包括大物流、大航服、大保障，“两新”包括新消费与新商务。在空间上，把握机场周边环境的自身特点，形成“一廊、两区、两片”的空间结构——建设一条活力生长的航空都市走廊，两侧设置高效、便捷的自贸港区，机场西南侧、东侧设置战略留白的未来片区，为50年的发展预留空间。

【新海港临港生态新城规划编制】2018年，海口市规划委坚持港城融合，科学谋划港区的功能定位和产业发展，既要满足港口交通枢纽的需求，又要注重增强港区的旅游服务功能等开展新海港片区规划编制工作。新海港片区规划面积11.44平方千米，陆域规划范围面积6.42平方千米，建设用地面积5.39平方千米。按照“一枢纽、三中心、两地”的发展定位，即一枢纽：海南陆岛综合交通枢纽；三中心：海口市新的港航现代服务中心、购物中心、休闲娱乐中心；两地：全域旅游集散地和精品旅游目的地。发展“枢纽+免税商贸”“枢纽+海空旅游”“枢纽+主题游乐”三类核心产业。在空间组织模式上采用“以港兴城、以城促融、港城融合”三大策略，实现港城深度融合。

【围填海项目控规优化调整】2018年，为推进中央环保督查和国家海洋督查反馈意见的整改落实工作，海口市规划委按照《海口市三个围填海项目“一岛一策”整治方案》开展南海明珠、葫芦岛、如意岛3个围填海项目的控规优化调整工作。年内，如意岛和南海明珠控规形成较为完善的报批成果，分别于11月19日和11月22日上报市政府。葫芦岛规划方案纳入何镜堂院士团队正在开展的海口湾城市设计中统筹研究，年内已提交葫芦岛概念方案。

【全数字化规划极简报建系统】2018年1月9日，“多规合一”信息管理平台通过市科工信局组织的最终验收。按照建设海南自由贸易区（港）的要求，在“多规合一”信息管理平台基础上打造建设工程规划全数字化报批系统，并投入试运行。9月，市规划委委托厦门市规划数字技术研究中心对平台的制度建设、控规入库标准及更新机制、规划实施业务协调等进行全面梳理，并配合完成前期调研工作。建设工程规划全数字化规划报建系统的运行，实行互联网不见面审批，方便企业和市民进行项目规划报建，进一步优化了营商环境。

【规划审批服务】2018年，海口市规划委不断精简压缩建设项目规划审批事项、必备材料、审批流程和审批时限，提高审批效率，优化营商环境，加快规划项目落地建设。全年共核发建筑类《建设项目选址意见书》23宗，总用地面积176.42万平方米；市政类《建设项目选址意见书》3宗；建筑类《建设用地规划许可证》21宗，总用地面积98.05万平方米；市政类《建设用地规划许可证》（含五网类）48宗；《建设工程规划许可证》149宗，地上708.29万平方米、地下221.68万平方米；市政类《建设工程规划许可证》（含五网项目）158宗。

【规划批后管理】2018年，海口市规划委严格执行规划批后管理制度，从放线核验、±0.0验线、主体工程封顶核验、竣工规划核实4个环节对建设项目进行规划监督管理，确保建设项目按批准的规划实施。全年规划核实128宗，验收面积地上438.55万平方米，地下94.08万平方米。

【重点项目规划审批服务】2018年，海口市规划委对重点项目采用即到即办、主动上门跟踪服务、容缺审批、承诺制等方式即时给予办结。对于省市重点项目，根据项目建设要求，结合海口市控规，多次实地调研项目意向选址用地，全年共推进省委党校新址、省音乐厅、省美术馆、哈罗公学、美兰机场二期、明昌塔项目、市委党校新址、省中医院新址、市档案馆、新海港综合交通枢纽等24个省市重点项目规划选址。加快推进江东片区重大项目审批工作，12月6日，未来江东服务中心项目通过室内功能提升改造工程概念性方案，12月3日核发文明东路隧道《建设工程规划许可证》，11月6日核发哈罗公学项目《选址意见书》，11月16日核发省中医院项目《用地规划许可证》。对龙岐片区、白沙坊片区、坡博坡巷片区等5个片区棚改项目的规划修改进行审查，对坡博坡巷片区（8个地块）、面前坡片区（4个地块）等20个回迁商品房安置地块设计方案提出审查意见，对龙岐学校、坡巷小学、新海学校等棚改学校方案进行初步审查，并提出选址意见上报市政府。

（陈　晨）

# 市政建设

【市政建设概况】2018年，海口市着力增强城市建设体系化程度，加快推进市政项目建设。市住建局编制海口市2018—2020年3年滚动开工市政道桥项目计划，同时也将城市更新交通优化专项市政项目纳入计划。推动海口市关键跨江跨海通道的前期规划设计研究论证工作。协调推进大英山片区路网建设，年内，国兴大道交通优化工程、南宝南路延长线等11条道路实现通车目标；五指山南路南段、大英八路、省府北路西段等项目正在施工。在江东片区推进文明东越江通道、白驹大道改造及东延长线工程、琼山大道延长线、东寨港大道、椰海大道延长线、灵桂路改扩建、顺达路、美兰机场周边路网工程。在长流组团加快推进长滨路、五源河体育中心周边骨干路网等路网工程建设，启动海秀快速路二期建设，龙昆南延长线项目、椰海大道改造工程实现年底开工。办理市政基础设施工程竣工总验收项目（共8个）：椰海大道C段1标、粤海片区粤海一路、滨涯村（海瑞墓）片区市政道路配套工程、新东大桥新建工程、山高南路市政道路工程、琼山华侨中学新校区规划路网工程、江东三路A段市政工程、幸福路市政工程，验收合格率100%。提前谋划推进重点项目、储备项目建设，为重点储备项目实施的必要性、可行性及设计方案的合理优化提供技术支撑，为项目前期工作推进和早日落地实施创造条件。同时根据海口市“五化”工程工作部署，牵头协调组织立面改造（一期）项目实施，至3月31日，完成南大立交桥周边示范段85栋楼宇立面改造，超额完成博鳌论坛年会前既定工作目标。同时新增世纪公园路段部分楼宇改造，至12月底，138栋楼宇立面改造全部施工完成。

【城市地下综合管廊建设】2018年，海口市严格按照住建部批准的《海口市地下综合管廊试点实施计划》推进地下综合管廊试点项目建设，批复3年（2015—2018年）试点计划总长度43.24千米，共22个项目。调整后的3年试点实际总长度43.81千米，共25个项目。至2018年底，累计建成综合管廊主体长度41.73千米，其中：2015年项目基本完工；2016年项目廊体完成96%，安装工程完成72%；2017年项目廊体完成91%，安装工程完成17%。结合管线需求，海口市已有入廊管线包括燃气、污水、供水、电力和通信5大类，入廊管线合计76.68千米。出台《海口市地下综合管廊有偿使用收费指导意见》，明确入廊收费标准和收费办法。与六大管线单位及用户单位签订《海口市地下综合管廊有偿使用合同书》，合同金额合计232万元，已收取入廊费及运维费223万元。11月16日，海口市在北京参加由住建部、财政部联合组织的第一批地下综合管廊试点城市绩效评价总结汇报工作，并在现场答辩中取得第二名。海口市地下综合管廊PPP项目因运作规范，项目产出及项目推进效果均较好，进入财政部PPP项目以奖代补资金项目名单，获得2018年度普惠金融发展专项资金第一档次暨800万元奖励。

【海秀快速路二期开工建设】2018年11月28日开工建设。海口海秀快速路二期项目为一期工程的西延伸，位于西海岸南片区长流组团，沿规划长滨十七街线位西起粤海大道东至长滨路。其中，高架快速路工程起点接G15高速T型互通预留口，终点接海秀快速路一期预留衔接段，采用“高架桥+地面辅道”的形式，路线全长4.4千米，高架主桥全长3.77千米，标准桥面宽度25.5米，双向6车道，标准段跨径30米。全线设置4对平行式匝道，匝道桥标准宽度8.5米。采用预应力砼连续箱梁。总投资14亿元。

【文明东越江通道开工建设】2018年12月28日，海南自由贸易试验区建设项目（第二批）集中开工和签约仪式在海口江东新区项目现场隆重举行，江东新区市政基础设施项目——文明东越江通道建设启动。文明东越江通道项目路线设计起点接现状文明东路，设计止点接现状琼山大道，主线全长约3千米，其中隧道段长约2.11千米。与项目相关的立交节点有滨江西路立交、规划滨江东路节点。主要建设内容有道路交通工程、隧道工程（含附属）、给排水工程、电气照明工程、景观工程等。文明东越江通道是海口首条越江隧道，项目建成后，将强化主城区和江东新区的联系，增加南渡江跨江通道，缓解琼州大桥通行压力，打造江东新区对外交通枢纽干道。（王　健）

【市政项目房屋征收】2018年，海口市共完成省机关海府大院周边市政道路—和平南横巷项目、英才小学滨江分校周边路网项目、丘海一横路及东方洋路项目、金秀街贯通工程项目、国丰桥兴丹二横路改造工程项目等38个市政房屋征收项目征收补偿概算的审核工作。市房屋征收局按照相关政策规定，对房屋征收补偿安置概算进行审核，共审定征收补偿安置经费3.71亿元，核减征收补偿安置经费2443万元，项目涉及征收的土地面积2.6公顷，房屋面积约1.95万平方米。（蔡树虹）

# 棚户区改造

【棚户区改造概况】2018年，海口市继续推进坡博坡巷、面前坡、夏瑶二期、红城湖片区、新琼片区、白沙坊二期、下洋瓦灶等棚改项目征收工作。至年底，完成城市棚户区改造5863户，占省政府下达任务目标（4500户）的130.3%。

【回迁商品房建设】2015—2018年，海口市启动的棚改项目基本完成征收工作，进入回迁建设阶段。至2018年底，有20宗回迁用地约44.2公顷挂牌出让，占棚改回迁用地总量的51%。出让的回迁用地总建设面积288.62万平方米，可建设20641套回迁房，占回迁总套数的56.4%。其中，新海、博义盐灶八灶、红城湖（一期）、新琼（一期）、下洋瓦灶（一期）等项目189.87万平方米，15124套回迁房即将竣工。

【棚改项目房屋征收】2018年，海口市棚改项目所在辖区政府开展对6个棚改项目进行房屋征收工作。（1）面前坡村棚改项目。位于龙昆南路西侧、海口市CBD核心区西部延伸线南侧、金牛岭公园与红城湖公园1千米服务半径范围内，东至龙昆南路、南至昌茂花园小区、西至南沙路、北至海秀快速路；规划总面积29.83公顷，涉及征收房屋面积64万平方米。至年底，完成房屋征收比例99.45%，完成土地征收比例99.79%。（2）坡博坡巷村项目。位于海口南站北侧，东至龙昆南路、南至南海大道、西至南沙路及豪苑路、北至现代花园小区；规划范围100.9公顷，涉及征收土地面积271.15公顷，征收房屋面积178万平方米。至年底，完成房屋征收比例94.35%，完成土地征收比例74.19%。（3）红城湖片区棚户区（城中村）改造项目。位于琼山区国兴街道办、府城街道办，东起海府路、西至龙昆南路、北起国兴大道、南至红城湖路；征收土地面积64.17公顷，涉及道客社区、北官社区、米铺社区和塔光农工贸，征收房屋面积约125.28万平方米。至年底，完成房屋征收比例92.95%，完成土地征收比例56.07%。（4）夏瑶二期项目征收。位于琼山区国兴街道办事处辖区下洋新村，东起美舍河西岸、西至海府路、南临海南省林业机械厂、北接夏瑶一期项目南端界线的合围区域（以规划红线为准）；涉及征收土地面积3.34公顷、房屋面积6.66万平方米，居民约276户。至年底，完成房屋征收比例95.14%，完成土地征收比例95.12%。（5）新琼片区棚户区改造项目。位于美兰区灵山镇坡用村，东至琼山大道、南至规划路、西至南渡江防潮堤、北至规划路围合区域（以规划红线范围为准）；规划改造范围共43.29公顷，涉及征收建筑面积41.12万平方米，人数7443人，居民2481户。至年底，完成房屋征收比例85.26%，完成土地征收比例42%。（6）白沙坊二期项目征收。位于美兰区白沙坊，东至海口市白沙街道办事处板桥经济联合社用地、南至规划路、西至白龙路、北至滨江路（以规划红线为准）；规划改造范围共19.99公顷，涉及征收房屋面积33.42万平方米，居民1608户，人数7248人。至年底，完成房屋征收比例91.3%，完成土地征收比例61.61%。

【城市更新棚改专项工作】2018年，海口市房屋征收局根据海口市城市更新总体要求，进一步深化棚户区改造专项规划，着重衔接好公共服务、城市交通、重点产业、历史文化、生态环境等专项内容。其中，衔接交通，梳理火车东站周边区域路网，确保项目落地；衔接历史文化专项，调整夏瑶一、二期规划，腾出被毁损的历史遗迹“明昌塔”重修用地；衔接公用基础设施专项，在仍有基础设施缺失的博义盐灶八灶、坡博坡巷、龙岐、下洋瓦灶等棚改片区，配置派出所、变配电站、开闭所等设施。同时，为加快推进城市更新工作，结合防范政府负债风险要求，适时提出引入社会资本参与旧城改造，以及引导部分老旧住宅小区依照城市规划自筹或引资改造的思路。经多轮意见征求和研究讨论，形成《关于引进社会资本多种形式参与城市旧城改造的指导意见（审议稿）》《海口市鼓励老旧住宅区自主改造实施暂行办法（审议稿）》上报市政府。

【棚改资金管理】2018年，海口市房屋征收局对接棚改项目融资主体、承接主体、金融机构和市区政府相关部门，完成项目资金的统筹拨付、使用管理、遗留问题的解决、审计整改和债务化解等各项工作，确保各项目顺利推进；研究制定《海口市棚户区改造项目资金使用监督管理制度》《关于进一步明确棚改工作经费使用范围的通知》等文件，进一步规范棚改购买服务费、政府配套资本金和项目工作经费等各类资金的使用和拨付流程，确保棚改资金专款专用，解决棚改项目资金拨付过程中存在的问题。全年累计拨付征收补偿款5.45亿元，工作经费1.17亿元，拨付购买服务款20亿元；中央基础设施专项资金1.21亿元；审核监管棚改项目和市政道路补偿协议、过渡费协议共1921份，补偿安置费、过渡费共0.68亿元，有力地推动各棚改项目的建设。

【规范棚改征收工作】2018年，海口市房屋征收局完善和制定棚改政策及相关操作流程，规范棚改征收工作，加快推进棚改项目建设。6月26日，印发实施《海口市房屋征收与补偿档案管理规定》，规范和加强全市的棚户区（城中村）改造房屋征收补偿安置档案管理工作，确保档案的完整、准确、系统和安全；为加强安置房源统筹管理，提高国有资产使用效益，8月27日，市政府办公厅印发《关于剩余安置房源及车位等资产管理有关事项的通知》；为规范有序推进城市棚户区改造，在关于棚户区改造范围和标准方面，市房屋征收局于11月6日印发实施《海口市城市棚户区界定标准（试行）》；为有效指导海口市国有土地上房屋征收项目的补偿安置工作，制定《海口市国有土地上房屋征收补偿安置暂行办法》，待市政府常务会议审定后颁布实施。

（黄　蕾　王华东　李晓霞　韩逊元）

# 市政市容管理

【市政市容管理概况】2018年，海口市城管委深入贯彻落实城市更新“五化”先行的工作部署，实现国际滨江滨海花园城市的建设目标，扎实推进城市管理各项工作，全年完成绿化带亮化建设33.8千米，整治占道经营7.02万宗，查处餐厨废物违法事件248宗，查处渣土车辆189宗、罚款21.88万元，拆除违法建筑3728宗126.3万平方米，防控控违1007宗28.6万平方米，完成拆除和处置29344宗692.06万平方米。先后获得省住建厅全省城乡环境综合整治督查考评第一名，住建部全国“强基础、转作风、树形象”专项行动突出先进单位等多项荣誉。

【市政设施养护】至2018年底，海口市市管市政道路225条，长度404.15千米，总面积1859.13万平方米（其中车行道1202.33万平方米，人行道359.51万平方米，分车带297.29万平方米），涵洞63座，路灯22489杆（38134盏）；排水管道长1585千米（其中雨水管道长度940千米，污水管道长553千米，合流管道长92千米），排水井91471座，明渠长25887.14米，河沟护栏30893.211米，拍门48座，闸门47座，阀门6座。全年，市政局巡查道路39000千米，铣刨沥青路面19124平方米、摊铺沥青路面190613.2平方米、修补路面坑洞38720.4平方米，修复人行道砖29746.3平方米、修复路沿石5943.5米，修复路灯12505盏，清理下水道979千米、进水井45503座、检查井3101座、淤泥16661立方米。

【市政桥梁维修养护】至2018年底，海口市市管桥梁共有142座（其中隧道1座、通道1座，立交桥8座、道路桥梁100座、步行景观桥4座、人行天桥28座），总长度27.87千米，总面积50.72万平方米。年内，市政局完成桥梁安全巡检日间27124座次，夜间1868座次，节假日巡桥725座，安全排查3次，桥梁BCI评定工作完成137座次，共发现和处理桥梁病害及突发情况480余件。

【中心城区积水点改造】2018年，海口市完成琼山大道积水点、滨涯路农垦中学积水点、长滨路永秀花园积水点、海秀路积水点、丘海延长线民生燃气段积水点改造。正在实施勋亭路积水点、丘海大道海瑞桥积水点、南海大道药谷段积水点、永万路（国科园段）积水点改造工作；开展龙华路财盛大厦、和平南路、大英山西四路、海甸岛片区、金龙路与龙华西路口、义龙西路、滨海大道海口港、滨海西路（南港码头段）8个积水点改造工程前期工作。

【景观亮化工程】为推动城市更新“亮化”提升工程，至2018年，海口市范围内完成311栋建筑楼宇的亮化建设。项目一期（一阶段），完成海口湾片区、滨海大道（滨海立交至丘海大道）沿线绿化带、世纪公园海岸线和万绿园海岸线等节点亮化建设，完成工程总进度100%；项目一期（二阶段），完成日月广场、美兰机场国际航站楼、火车站、海口高铁东站、人民桥、和平桥、钟楼及海府立交及海甸溪北岸建筑、国兴大道的建筑亮化建设。年底，项目二期完成滨海西路、国兴大道、龙昆路、白龙路、海府路等路段约33.8千米绿化带亮化建设。

【占道经营整治】2018年，海口市城管委指导各区、镇街按照“堵疏结合，分类管理”总体思路，定期开展区域集中整治，严格落实定人、定岗、定标准，实行分片包干管理责任制，坚决遏制无序占道经营行为，做好校园周边、农贸市场（大型商场）周边的环境整治，落实“门前三包”，拆除乱搭乱建和违章招牌广告，清除占道经营，配合交警搞好停车划线工作。全年全市“门前三包”累计整治11.28万宗，教育劝导9.35万宗，处罚1.93万宗；占道经营累计整治7.02万宗，教育劝导6.46万宗，处罚5649宗。

【餐厨废弃物专项整治】2018年6月28日起，海口市对餐厨废弃物开展专项整治，全市共出动执法人员1.42万人次、车辆2127车次，查处餐厨废弃物违法事件248宗，整改164宗。其中处罚84宗，处罚金额10.77万元。海口市签约餐厨废弃物收运餐饮单位由7月底的5001家增加到12月底的6400家，还有10家大型餐饮单位未签约，正在介入整改中；规范化日收运处置餐厨废弃物量191.48吨，餐厨垃圾日处置率已达95%的要求。

【渣土运输专项整治】2018年，海口市城管委印发《海口市渣土车专项整治方案》，全天候全时段开展渣土车整治活动，对违法违规上路渣土车进行监管和处罚，对各施工工地渣土运输情况进行检查抽查，确保渣土运输环节无污染路面情况。全年累计整改渣土车车辆189宗，车辆运输过程整治288宗，工地整治1591宗，乱倒垃圾整治225宗，混凝土车整治4宗，其中处罚329宗，罚款21.88万元。

【“两违”整治】2018年5月，根据全省生态文明建设和生态环境六大专项整治工作电视电话会议精神和《海南省深化生态环境六大专项整治行动计划（2018—2020年）》的有关要求，海口市成立“两违”整治指挥部办公室，协调推进海口市违法用地、违法建筑专项整治工作。全年共拆除违法建筑3728宗126.3万平方米，防违控违1007宗28.6万平方米，完成拆除和处置29344宗692.06万平方米，占总任务的50.69%（占省要求2018年完成总任务的30%）。其中拆除销号2529宗60.53万平方米，补办手续销号3675宗93.02万平方米，经审核确认后属于“一户一宅”正在农宅报建窗口受理登记补办手续的23140宗538.51万平方米，超额完成省下达的2018年整治任务。年内江东新区拆除违建859宗32.58万平方米，11月28日省02期图斑也在时间节点前完成核查录入工作，共26229宗441.86万平方米。

**【“一户一宅”认定】**2018年，为严格依法依规推进已建成农宅的核查、筛选和分类处置，海口市根据实际情况，由市政府牵头制定《海口市“两违”专项整治工作“一户一宅”认定标准及流程》，经多轮征求相关部门意见并经分管市领导研究审议通过。全年，海口市“一户一宅”共审批23140宗，住建部门受理23140宗。其中：秀英区“一户一宅”审批4478宗，住建部门受理4478宗；龙华区审批5069宗，住建部门受理5069宗；琼山区审批4830宗，住建部门受理4830宗；美兰区审批8134宗，住建部门受理8134宗；桂林洋审批629宗，住建部门受理629宗。全年对能够补办手续的历史违建，在符合土地利用总体规划和城镇总体规划的前提下，在补齐相关资料和费用的基础上，同意其补办相关证书。至12月31日，已补办手续3675宗93.02万平方米。

**【“数字城管”建设】**2018年，海口市数字化城市管理指挥监督中心对市容环境卫生、“门前三包”及“两违”专项整治工作进行常态化考评，同时违法建筑信息监控系统在完成省下发的卫星影像图斑核实任务和对核实的疑似违法建筑进行分类处置任务时，发挥积极的作用。根据省政务信息资源整合相关要求及市“双创”工作指挥部关于共享交通监控视频信息的工作部署，市数字城管指挥监督中心可以实时查看市交警监控视频、市城管委监控视频、琼山区综治视频、美兰区综治视频、秀英区综治视频、龙华区综治视频及天网二期视频共8014路。城市管理应急指挥平台覆盖全市，在“百里嘉”“山竹”台风中发挥重要作用。1月1日至12月31日，应急指挥平台启用督办系统，有16242宗问题形成督办件，其中办结的督办件有3940宗。同时对市容环境卫生和“门前三包”进行考核，至年底，完成全市市容环境卫生和“门前三包”管理考评报告、市容环境卫生管理考评分析报告、“门前三包”考评分析报告各11份，为考评和分析决策提供依据。

**【“城市管家”平台建设】**2018年10月8日，海口市数字化城市管理指挥监督中心（海口城市管家）共41人进驻海口市民游客中心合署办公，24小时值班，受理市民诉求，在海口市民游客中心与12345政府服务热线话务员、各区政务中心及多家进驻单位面对面沟通协调，以便快速响应及联动，大大地缩短工作流程，有效地解决市民问题。“海口城市管家”公众服务平台，力求为更多市民参与城市管理提供平台，通过“海口城市管家”微信公众号推送与市民日常生活息息相关的各类信息，每次在恶劣天气及应急事件中发布各类有关的服务信息，每半个小时推送，让市民及时了解，为市民的安全出行和生活提供全方位的便民服务。全年，“海口城市管家”公众号共受理市民举报投诉960宗；有活跃用户39740人，信息发布量10万条，用户点击次数66万次。

**【广告招牌管理】**2018年，海口市城管委牵头各区相关部门开展重点商圈与重要道路广告牌匾整治。全年共拆除广告牌匾2518块，面积10.54万平方米。其中需拆除整治的高立柱广告牌178座、天桥广告16座，至年底仍有70座高立柱广告牌、10座天桥广告牌未拆除。其中：秀英区拆除393块，1.47万平方米，完成率96.08%；龙华区拆除829块，4.31万平方米，完成率98.1%；琼山区拆除439块，1.48万平方米，完成率93.8%；美兰区拆除857块，3.29万平方米，完成率92.3%。高立柱及天桥广告拆除情况为：秀英区拆除高立柱广告29座、天桥广告2座，完成率86.11%；龙华区拆除高立柱广告29座，完成率43.94%；琼山区拆除高立柱广告20座，天桥广告1座，完成率50%；美兰区拆除高立柱30座、天桥广告3座，完成率89.18%。

**【海口湾沿线市容环境联合整治】**2018年，海口市城管委牵头开展海口湾沿线市容秩序联合整治行动，各责任单位工作人员利用1个月时间采用点面结合、全区域覆盖的方式，对海口湾沿线的市容秩序、环境卫生、园林绿化等方面进行现场检查整改，使海口湾形象发生明显变化，海口湾沿线环境质量进一步改善。7月14日至8月9日，共清除绿化垃圾21.7吨、建筑垃圾0.5平方米，劝导流动摊贩13宗、处罚1宗，清理违规停放共享单车612辆、电动车24辆，清理违规广告牌匾16个，处罚“门前三包”64宗，拆除铁架和指示牌3块，交通劝导车辆166辆、处罚253辆，疏导交通14次，更换灯泡19盏、整流器11个，检修配电箱7台、路灯96杆，拆除危杆2杆，检修检查井11座，滨海大道修补路面坑洞65.2平方米，修复人行道面积46.7平方米，检修路线60米，更换路缘石6米、电容器4个、阻车石4个，没收传单1.15万张，核查夜间健身活动1起。

**【城乡环境综合整治】**2018年，海口市深入开展城乡环境综合整治专项行动，加强道路清扫保洁，严格按照“五定”（定等级、定区域、定标准、定人员、定处罚）标准，全面提升城区环境卫生净化水平；加强水域卫生管理，确保水域干净整洁，全年出动人员5.3万人次，出动机船打捞作业约8106船次，共清理水域垃圾1.61万吨，确保水域卫生干净达标；做好垃圾收集运输工作，确保生活垃圾日产日清，全年全市清运生活垃圾约

112.44 万吨，全部运往垃圾焚烧厂、垃圾填埋场进行无害化处理；多措并举全面推进农村生活垃圾治理工作；对交通沿线卫生进行集中整治，全市共发现问题 44 宗，整改 43 宗；全面净化农贸市场环境，全年共出动 176 车次、847 人次，完成 11 轮考评工作，累计发现问题近 5000 项，及时形成考评报告上报市城乡环境综合整治专项指挥部作为评比依据；综合整治旅游景点环境卫生。整治工作在前三季度海南省城乡环境综合整治督查考评中，均取得总分第一的好成绩。

【博鳌亚洲论坛环境综合整治】2018 年，博鳌亚洲论坛年会及纪念建省办经济特区 30 周年活动期间，海口市累计摆栽时花 449.56 万株，种植三角梅 18.8 万盆，美化各类箱体 1250 个。结合城乡环境综合整治工作，海口市城管委组织各区开展环境卫生、大气污染（焚烧垃圾、露天烧烤）、渣土运输高铁沿线环境综合整治等专项整治。经过各相关单位的共同努力，海口市获 2018 年第一季度全省城乡环境综合整治暨博鳌亚洲论坛 2018 年年会环境卫生综合整治第一名。

（朱珮珮　刘学祝）

## 建筑业

【建筑业监管概况】2018 年，海口市住建局以建筑监督管理为重点，完善工作机制，较好地完成一系列质量安全、文明施工等监督管理工作。全年共监督建筑工程项目 436 项，总建筑面积 3258.1 万平方米，工程总造价 824.74 亿元（其中新报监开工项目 117 项，建筑面积 1034.63 万平方米，工程总造价 271.26 亿元）；监督市政工程项目 88 项，道路桥梁面积 501.59 万平方米，工程总造价 133.19 亿元（其中新报监开工市政项目 42 项，道路桥梁面积 168.31 万平方米，工程总造价 84.58 亿元）。监督建筑工程竣工验收 158 项，建筑面积 968 万平方米，造价 208 亿元；监督市政项目竣工验收共 24 项，道路桥梁面积 46.79 万平方米，造价 5.13 亿元。竣工验收合格率 100%。

【建筑市场管理】2018 年，海口市住建局继续严格落实工程建设参建各方主体责任、项目负责人责任和从业人员责任，从监督登记办理开始到项目竣工验收，督促参建各方严格执行工程质量终身责任书面承诺、永久性标牌、质量信息档案等制度，强化关键岗位人员配备，督促项目落实远程监控和实名制。9 月，在长影环球 100 老艺术家创作中心 A 区工程项目部举办 2018 年海口市建筑施工质量安全标准化现场观摩会，省、市、区等各级单位有关领导、各在建项目参建各方项目主要负责人约 600 人次参加观摩会活动，通过创建标准化观摩工地，实施样板引路，以点带面提升管理水平。鼓励引导企业积极争先创优，全市共有 17 个项目荣获海口市建设工程“椰城杯”奖，11 个项目荣获海南省建设工程“绿岛杯”奖，1 个项目（海航国际广场）入选 2018—2019 年度中国建设工程鲁班奖（国家优质工程）。提高监管执法的标准化、规范化，逐步实施信息化监管，充分运用海南省建筑工程全过程信息监管平台，开展移动监督执法、远程视频监控、扬尘噪音在线监测、检测监督系统管理等专项检查，全年使用移动监督系统开展监督抽查 521 次，关键岗位人员查岗 424 次，扬尘预警处理 10 次；使用检测监督系统开展不合格检测报告查处 210 次。组织监督员和参建各方参加相关培训学习，编撰《关于加强住宅全装修工程质量监督管理的通知》及与建筑全装修监管有关的监督工作计划和工作手册，完善全装修工程的监管工作制度，提升全装修工程质量安全水平；加大查处力度，严厉打击违法违规行为，全年报送违法违规行为共 249 宗，予以不良行为记录 46 宗。

【建筑业安全生产监管】2018 年，海口市住建局加强在建工地责任主体责任意识，提高安全管理人员、施工作业人员安全意识，先后组织参建各方关键岗位人员逾千余人次参加全市安全生产工作会议；召开近千人次参加的 2018 年海口市“安全生产月”建设工程施工安全生产管理培训班；联合消防支队举办建筑施工、消防安全管理培训班等，以及在龙昆悦城项目现场举办火灾现场警示会。通过一系列的培训班、警示会，强化企业建立健全安全生产责任体系意识、企业主体责任落实意识，严格督促企业落实建筑安全生产主体责任。进一步加强对在建项目安全生产的监管力度。深入开展安全生产源头管控和安全准入工作，加强危大工程管控，指导培育一批建筑施工标杆企业，采取差异化管理，对安全生产工作落实不到位，存在问题隐患较多的项目实施重点监管，不断探索创新监管方式手段等。强化各类监督检查，通过随机抽查、巡查、跟踪检查和专项检查，加大对监管“死角”和“盲区”的监督力度，把工作重点向薄弱环节和关键环节倾斜。先后组织建筑工地春节后恢复施工的安全生产检查、今冬明春安全生产检查、博鳌亚洲论坛年会环境综合整治和省党代会期间综合整治检查等专项检查 8 项，全年累计出动 1984 人次，检查工程项目 1034 项次，下发整改通知书 872 份，提出整改问题 2366 条，报送违法违规 173 宗，予以不良行为记录 27 宗。

【招投标管理】2018 年，海口市住建部门完成招投标备案 156 项，备案合同金额 135.06 亿元。其中，公开招标 134 项，备案合同金额 94.66 亿元，邀请招标 22 项，备案合同金额40.4 亿元。简化办事程序，实行一次性告知制度，提高办事效率。做好棚户区、城市地下综合管廊等省市重点项目，咨询及备案工作。提前积极主动对接，开通绿色通道服务，容缺备案，加强事中、事后监管力度。

**【标准定额管理】**2018年，海口市住建局根据《海口市建设工程招标控制价备案管理办法》，开展国有投资项目招标控制价成果文件备案工作，完成成果备案71项，备案金额296.98亿元。开展2018年度全市建设工程施工招标控制价执法检查，共抽查招标控制价成果文件20份，总造价39.09亿元，涉及工程造价咨询企业20家，建设单位20家。组织编制《海口市广告招牌拆除工程综合价格》，5月18日由市城市管理委员会发布实施，作为海口市各类广告招牌拆除工程计价依据。参与省定额站组织的海南省园林绿化综合定额、海南省市政综合管廊定额编制工作，进一步完善海南省各类专业计价依据体系。上、下半年2次组织专业人员开展海口市多层、小高层、高层建筑工程造价指标测算分析，并按要求上报住建部，作为省会城市房建工程造价指标对外公布。与项目委托方及代建单位签订项目代理（代建）合同62份，涉及建设项目48个，切实履行项目业主审核拨付建设资金职责，向市财政部门申拨建设资金20笔，计15.71亿元；市财政部门批复下达建设资金9.59亿元，支付给代理（代建）单位建设资金21笔，计9.15亿元。

**【建设工程档案管理】**2018年，海口市城建档案馆通过海口政务中心施工许可报建窗口发放《建设工程档案报送告知卡》共500份。指导对外档案业务581次，上门为长影环球100、北海岸公馆、海秀路快速路、海口市民游客中心等项目提供服务。全年接收193个工程项目的竣工档案，长度151米，出具档案验收意见书206份。接收市住建局业务管理档案2017—2018年施工许可档案、2017年建筑业年、房地产业资质审批档案长度约954厘米，共653个项目。接待查阅单位（个人）共947人次，提供利用档案7833卷，复印档案57611张。

**【建筑节能】**2018年，海口市住建局草拟《海口市建筑节能与绿色建筑“十三五”专项规划》，经专家评审通过，在征求相关部门意见修改完善后上报市政府审议。根据省住建厅有关文件规定，民用建筑节能由审查制改为备案制。5月18日，国务院办公厅公布《关于开展工程建设项目审批制度改革试点的通知》，精简审批环节，取消建筑节能设计审查备案。根据国务院文件要求，市住建局于10月初开始取消建筑节能设计审查备案事宜。海口市新建民用建筑全面根据有关政策要求采取节能措施，年底，新建397万平方米建筑，有112万平方米建筑配建太阳能热水系统，共安装2.7万平方米太阳能集热器。新建397万平方米建筑中，绿色建筑393万平方米，占比99%，推广效果显著。

**【装配式建筑发展】**2018年7月31日，海口市政府办公厅印发实施《关于印发推进装配式建筑发展实现建筑产业现代化实施方案的通知》。年内，海口市加大装配式建筑产业发展，全市有装配式示范基地2个（即共享钢构海南省钢构生产基地和海口综合管廊预制厂），申报装配式建筑项目6个，总建筑面积41.89平方米，其中被省住建厅评为装配式建筑示范项目4个，分别为海口中心、海建家园、海口市管廊地下综合管廊试点工程——美兰一纵路、北京大学附属中学海口学校项目；安华·领秀城项目和扬江城一期项目实施方案通过省住建厅评审。

**【建设系统“安康杯”现场竞答知识竞赛】**2018年6月26日在海南职业技术学院举行，由市住建局主办、市质监站协办、中建三局三公司承办。安全知识竞赛活动围绕2018年安全生产月“生命至上、安全发展”的主题，竞答内容涵盖新安全生产法、建设工程质量管理条例、建筑施工现场作业规范和职业健康等内容。竞赛由“快问快答、一站到底、图片找错题、抢答题和加时赛”5个环节组成，初赛分为三场，共有24支参赛队伍参加，每场前三名进入决赛。中建三局三公司、海南六建、海南建总、海南万泰、中建四局、海口市建、北京建工、中建一局和海南盛达共9支队伍进入决赛。6月28日下午进行决赛。决赛经过四轮角逐，中建三局三公司取得冠军，中建四局、中建一局分别获第二、第三名，海南六建、海建股份、海南万泰、海口市建、北京建工、海南盛达6支参赛队伍获得优秀奖，中建三局三公司获得优秀组织奖。

2018年度海南省建设工程绿岛杯奖海口市入选项目名单表

(排名不分先后)

| 序号 | 工程名称 | 建设单位 | 施工单位 | 监理单位 | 参建单位 |
|---|---|---|---|---|---|
| 1 | 海南省人民医院秀英门诊楼、内科楼及地下室工程 | 海南省人民医院 | 海南建设工程股份有限公司 | 海南君诚工程监理有限公司 | 中商联合泰盛建筑集团有限公司(装饰装修) |
| 2 | 金盘花园项目 | 海马汽车集团股份有限公司 | 海南第六建设工程有限公司 | 海南肯特工程顾问有限公司 | — |
| 3 | 海南电网公司18号综合住宅楼工程 | 海南电网有限责任公司 | 海南第二建设工程有限公司 | 海南省建设工程顾问监理有限公司 | — |
| 4 | 恒大外滩首期(一标段)6号楼及地下室 | 海口外滩城房地产有限公司 | 江苏省华建建设股份有限公司 | 海南肯特工程顾问有限公司 | — |
| 5 | 蓝城一号(南区)1号、6号、7号楼工程 | 海口市城市建设投资有限公司 | 海南第五建设工程有限公司 | 海南航达工程建设监理有限公司 | — |
| 6 | 南洋国际 | 海口南洋大厦有限公司 | 山河建设集团有限公司 | 深圳市建星项目管理顾问有限公司 | — |
| 7 | 海口市美兰区人民法院审判法庭用房项目 | 海口市美兰区人民法院 | 海南第四建设工程有限公司 | 海南新世纪建设项目咨询管理有限公司 | — |
| 8 | 晨晖·西海岸广场一期晨晖·帝景工程12号楼 | 海南晨晖置业有限公司 | 海南第三建设工程有限公司 | 江西省赣州江南工程监理有限公司 | — |
| 9 | 鑫海华庭A、C栋住宅楼 | 海南省土产棉麻公司 | 海南建设安装工程有限公司 | 海南柏鑫项目管理咨询有限公司 | — |
| 10 | 蓝城商务大厦 | 海口市城市建设投资有限公司 | 海南万泰建筑工程有限公司 | 海南时利和建设项目管理有限公司 | — |
| 11 | 桂林洋校区产学研基地楼(海口国家大学科技园) | 海南师范大学 | 中商联合泰盛建筑集团有限公司 | 海南新世纪建设项目咨询管理有限公司 | — |

## 2018年度海口市“椰城杯”建设施工优质样板工程名单表

（排名不分先后）

| 序号 | 工程名称 | 施工单位 | 建设单位 | 监理单位 | 设计单位 | 参建单位 |
|---|---|---|---|---|---|---|
| 1 | 海南省人民医院秀英门诊楼、内科楼及地下室工程 | 海南建设工程股份有限公司 | 海南省人民医院（代建单位：中国国际工程咨询公司） | 海南君诚工程监理有限公司 | 中南建筑设计院股份有限公司 | 中商联合泰盛建筑集团有限公司 |
| 2 | 南洋国际 | 山河建设集团有限公司 | 海口南洋大厦有限公司 | 深圳市建星项目管理顾问有限公司 | 海南柏森建筑设计有限公司 | 上海智平基础工程有限公司 |
| 3 | 北师大海口附校和海口培训基地（高中部）一标段 | 海南万泰建筑工程有限公司 | 海口市教育局（代建单位：海南德润科教投资有限公司） | 广东鲁班行技术管理有限公司 | 海南省建筑设计院 | |
| 4 | 海南师范大学桂林洋校区产学研基地楼（海口国家大学科技园） | 中商联合泰盛建筑集团有限公司 | 海南师范大学 | 海南新世纪建设项目咨询管理有限公司 | 海南建筑设计院 | 太元建筑工程有限公司、中际城市建设有限公司 |
| 5 | 北师大海口附校和海口培训基地（高中部）二标段 | 湖北隆海建筑工程有限公司 | 海口市教育局（代建单位：海南德润科教投资有限公司 | 广东鲁班行技术管理有限公司 | 海南省建筑设计院 | |
| 6 | 远大购物广场A区 | 中国建筑第五工程局有限公司 | 远大置业（海南）有限公司 | 海南时利和建设项目管理有限公司 | 湖南大学设计研究院有限公司 | 上海市建筑装饰工程集团有限公司 |
| 7 | 恒大外滩首期（一标段）2号、6号楼及地下室 | 江苏省华建建设股份有限公司 | 海口外滩城房地产有限公司 | 海南肯特工程顾问有限公司 | 海南省建筑设计院 | |
| 8 | 蓝城一号（南区）1、6、7号楼 | 海南第五建设工程有限公司 | 海口市城市投资有限公司 | 海南航达工程建设监理有限公司 | 海南华磊建筑设计咨询有限公司 | |
| 9 | 晨晖·西海岸广场一期晨晖·帝景工程11号楼 | 海南第三建设工程有限公司 | 海南晨晖置业有限公司 | 江西省赣州江南工程监理有限公司 | 中元国际（海南）工程设计研究院有限公司 | |
| 10 | 金盘花园项目 | 海南第六建设工程有限公司 | 海马汽车集团股份有限公司 | 海南肯特工程顾问有限公司 | 海南华磊建筑设计咨询有限公司 | |
| 11 | 海长流绿地缤纷城2号楼 | 龙元建设集团股份有限公司 | 海南天泓基业投资有限公司 | 上海宝冶工程管理有限公司 | 海南省建筑设计院 | |
| 12 | 海口五源河片区棚户区(城中村）改造项目C1101-02地块二期4号、5号、7号、8号、12号、13号、14号楼 | 浙江万汇建设集团有限公司 | 海口绿地五源置业有限公司 | 上海华申工程建设监理咨询有限公司 | 上海工程勘察设计有限公司 | |
| 13 | 晨晖·西海岸广场一期晨晖·帝景工程12号楼 | 海南第三建设工程有限公司 | 海南晨晖置业有限公司 | 江西省赣州江南工程监理有限公司 | 中元国际（海南）工程设计研究院有限公司 | |
| 14 | 海南电网公司18号综合住宅楼工程 | 海南第二建设工程有限公司 | 海南电网责任有限公司 | 海南省建设工程顾问监理有限公司 | 海南中电工程设计有限公司 | |
| 15 | 鑫海华庭A、C栋住宅楼 | 海南建设安装工程有限公司 | 海南省土产棉麻公司 | 海南柏鑫项目管理咨询有限公司 | 海南南方建筑设计有限公司 | |
| 16 | 海南白马天鹅湾一期D地块9号、11号、12号楼 | 中国建筑第四工程局有限公司 | 海南白马天鹅湾置业有限公司 | 河南诚信工程管理有限公司 | 海南省建筑设计院 | |
| 17 | 海口市龙华区新坡基础设施等项目之冼夫人大道改造工程 | 海南第五建设工程有限公司 | 海口市辉邦项目管理有限公司 | 武汉华立建设项目管理有限公司 | 海南佳风工程设计有限公司 | |

# 房地产业

【房地产业概况】2018年，海口市进一步深化“两个暂停”政策，科学调控房地产开发布局、规模、结构和总量。为贯彻落实党中央、国务院支持海南全面深化改革开放决策部署，建设自由贸易试验区和中国特色自由贸易港，按照住建部、省委和省政府调控政策的工作部署和要求，海口市以供给侧结构性改革为主线，坚持“房子是用来住的不是用来炒的”定位，促进房地产市场平稳健康发展。全年全市房地产投资756.91亿元，商品房销售610.1万平方米。共办理建筑工程施工许可99项，工程总造价251.85亿元（其中房屋建筑项目施工许可74项，总建筑面积551.5万平方米，工程总造价214.04亿元；市政项目施工许可25项，工程总造价37.81亿元）；办理房地产开发企业三级资质许可12项、四级资质许可14项，暂定资质许可335项；办理建筑企业资质许可362项次。

【房地产开发投资】至2018年底，海口市房地产建安投资完成756.91亿元，下降17.7%。房地产开发投资额609.42亿元，增长1%，占固定投资额的46.4%。房地产税收占比35.4%（地方留存占比36.6%）。商品房规划报建984.49万平方米，增长5.29%；商品房施工报建634.39万平方米，增长11.54%。

【商品房销售】2018年，海口市销售商品房610.1万平方米，增长15.49%；商品房均价15826.74元/平方米，增长52.02%。岛外人员购房面积189.13万平方米，占比40.98%；岛内人员购房面积272.64万平方米，占比59.02%，岛外购房占比呈下降趋势。批准预售商品房489.37万平方米，下降6.62%。二手房交易面积131.07万平方米，下降38.51%；交易均价6692.68元/平方米，增长13.77%。

【房地产市场监管】2018年，海口市按照住建部和省委、省政府加强房地产市场整治活动工作要求，连续开展多批次监督活动，防范炒作和哄抬房价行为。成立海口市贯彻落实打击侵害群众利益违法违规行为治理房地产市场乱象专项整治工作领导小组，针对近期房地产市场乱象，重点打击投机炒房行为、房地产“黑中介”、房地产开发企业违法违规行为、虚假房地产广告行为等。共检查95个房地产项目和65家中介机构，约谈开发企业25家，先后对18家涉嫌违法违规的开发企业、中介机构及其从业人员予以处罚，取消5家中介机构房地产经纪机构备案资格，取消2名从业人员资格并计入不良行为记录。限制3家中介机构不得在海南开展中介服务；对伪造社保资料等虚假证明的郎某某等15名购房人，给予撤销骗购人购房合同网签备案、限制5年内不得在海南省购房的处罚。对查出的典型案例进行公开曝光，对市场形成强大的震慑作用。针对部分房地产企业或项目定价较高和有明显涨幅的现象，8月25日，市住建局、市物价局联合约谈11家房地产开发企业，涉及18个房地产项目，要求相关企业对存在房产备案价格虚高的问题立即进行整改。进一步严控价格备案，坚决遏制房价上涨，8月26日，市发展和改革委员会、市住房和城乡建设局联合发出《关于加强商品房销售价格备案管理的通知》，要求具备预售（现售）条件及有未售房源的商品房项目，房地产开发企业在9月28日前主动核实成本，调整价格，到市发展和改革委员会（市物价局）重新申请价格备案。

【房地产调控】2018年4月22日，海南省委、省政府发布《关于进一步稳定房地产市场的通知》，全省全区域限购，加强对全省房地产市场的调控。海口市严格执行国家及省委、省政府有关房地产调控的政策，为全面贯彻落实国家房地产市场调控决策部署，8月，市住建局会同市发改委按照房地产调控和市场整治工作要求，对海口市房地产价格进行调控和干预，通过严格落实商品房预售审批，严格需求侧管控，遏制市场过热势头，促使商品房销售回归理性。海口市还制定六项措施：压实责任，强化各级各部门的房地产调控职责；不打折扣，强化最严限购政策执行落地；源头管控，强化“一房一价”备案管理；严管重罚，强化市场秩序规范整治；有效供给，强化多渠道住房保障体系建设；加强宣传，强化市场预期合理引导。六项措施的实施，压实地方政府调控主体责任，遏制房价上涨。

【保障房建设管理】（1）垦区棚户区改造。2018年，海南省下达海口市垦区棚户区改造任务115套，下达中央补助资金103.5万元。至12月10日，实际开工建设115套，建设任务完成率100%，中央补助资金均通过“一卡通”拨付到垦区改造户手中，拨付完成率100%。（2）保障性住房项目管理。市住建局研究制定海口市人才房政策并推动重点项目建设，年内完善《海口市经济适用住房管理办法》《海口市公共租赁住房保障管理办法》《海口市引进人才住房保障实施细则》《海口市人才住房配售管理办法》的编制，修订《海口市职工住房补贴办法》。4月8日公布实施《海口市2018年度公共租赁住房、经济适用住房及限价商品住房保障标准》，对海口市城镇居民住房保障标准实行动态管理，确保海口市公共租赁住房、经济适用住房和限价商品住房保障实施工作的可持续性。妥善解决海口市住房制度改革工作的遗留问题。协调完善采购500套公租房源的前期手续，加快实施217套公租房装修，加强协调指导监督，推动五源河三期项目建设。至12月底，全市共受理政府统筹建设保障性住房申请2676户，审核完毕并通过2200户。各区中心实施公租房配租110套、市中心配售经济适用房1071套。全市发放城镇低收入公租房货币补贴家庭3300户，共1900万元。

【农村危房改造】2018年，海口市完成省下达农村建档立卡贫困户、低保户、分散供养特困人员和贫困残疾人家庭4类重点对象危房改造任务1180户，报建率、竣工率、入住率均为100%。发放农村危房改造各级补助资金6490万元（中央885万元、省级885万元、市级4720万元）。

【房屋权属登记】2018年，海口市新建商品房合同备案受理宗数约68380件，面积约606万平方米，总金额约962亿元。市房屋交易与产权管理中心开具无房屋备案证明约73365份；受理审查D级危险房屋鉴定文书164件；协同相关部门推进Q版公寓项目问题处置工作；协同相关部门落实审计提出安置房交付使用未办理房产证问题；解决海口市历史遗留项目的办证难工作，全年共办理历史遗留项目67宗，面积约23万平方米。

【房屋测绘】2018年，海口市住建局不断完善房产测绘审查制度，在房产预售阶段，共对997栋建筑进行审查，备案面积约913.9万平方米；在产权登记阶段，共对1353栋建筑进行审查，备案面积1122.3万平方米。

【房屋白蚁防治管理】2018年，海口市备案的白蚁防治企业有23家。全年市房屋管理部门完成白蚁预防备案117宗，面积约980万平方米，竣工备案151宗，面积约为850万平方米。

【房屋维修资金管理】2018年，海口市应归集商品住宅专项维修资金3.48亿元，涉及66028户、581.45万平方米；实归集资金3.38亿元，涉及64140户、564.83万平方米。全年受理申请使用维修资金78宗，审核同意支付68宗，金额1431.98万元。其中，申请正常使用54宗，金额1299.55万元，涉及54个小区、82栋楼、7310户、77.81万平方米；申请应急使用14宗，金额132.43万元，涉及小区14个，楼房46栋，住户2766户，面积65.93万平方米。市住建局在预算、公示、征求意见和验收等环节严格把关，确保维修资金专款专用，充分发挥维修资金的保障服务作用。

【物业管理】2018年，海口市住建部门共完成前期物业备案60宗，其中协议选聘20宗，招标选聘40宗。深化行政审批改革，对非住宅前期物业备案进行实质性简化，推动非住宅物业更好更快发展。协助市信访部门处理天鹅湖小区、金盘路汇水湾小区、四季华庭小区业主新车损坏引发与物业矛盾纠纷等重大舆情，有效维护群众合法权益和社会和谐稳定。协同市供电部门、区人民政府推进落实住宅小区用电安全3年行动计划，协助市消防委开展住宅小区消防安全整治、市工信部门推广建设电动车充电桩等工作，有效推动住宅小区良好人居环境建设。以民生需求为着力点，推动物业立法工作，起草《海口市住宅小区阳台污水排放整治总体方案》《关于健全市、区、街、社区四级联动物业管理体制机制的实施意见》，协同市12345政府服务平台推动业主委员会电子投票系统建设，助推海口市物业管理信息化、智能化发展。先后组织召开9次市、区、镇（街）、居4个层级相关单位及物业管理人员座谈会，多方面、多层次深入了解海口市物业管理存在的问题，听取相关方面的意见和建议，推动物业立法，不断夯实物业管理法治根基，年底，《海口市物业管理办法（草案）》报市法制部门法核。

（王　健）

# 水务

【水务工作概况】2018年，海口市水务局突出抓好水体治理、水网水系规划、全面推行河湖长制、整治河道非法采砂、持续夯实农田水利基本建设、城市供排水、农村安全饮水、三防等各项工作并取得成效。年内，美舍河荣登全国水体治理光荣榜；统筹推进市域水污染治理工作被国办通报表彰；建立河湖长制信息化平台获评2018中国水利基层治水十大经验；“海口市河湖长制工作机制及经验”获中国水利专刊推广报道；实行最严格水资源管理制度落实工作被海南省政府评为优秀等级。

【水务发展规划】2018年，海口市水务局参与市“多规合一”总体规划中生态红线的划定、一张蓝图的绘制、水网规划的编制等工作，修改完善《海口市城镇供水设施建设“十三五”规划》，组织编制《海口市“十三五”整体提升供水保障能力实施方案》。以“以水定城”为思路，依托江东新区水系发达的优势，组织编制《江东新区水安全保障规划》。完成《海口市农田水利建设规划》《海口市灌区计量设施配套建设规划》《海口市镇域供水规划》的编制工作。

【水环境综合整治】2018年，海口市水务局继续坚持“控源截污、内源治理、生态修复、景观提升”的技术路径，重点治理纳入国家黑臭水体督察考核范围的19条21处河流，以美舍河、东西湖、大同沟、鸭尾溪为示范开展水生态治理，继而全面推动全市城镇内河（湖）水环境综合整治。全市373个水体“四级”河长实现全覆盖，纳入国家考核的21条黑臭水体全部消除黑臭现象。11月19日，海口市水环境治理被国务院列入大督查发现的典型经验做法并给予通报表彰。环保部把美舍河、鸭尾溪、大同沟等作为典型案例向全国推广。同时，实施海口市永庄水库—秀英沟连通工程、海口市松涛黄竹分干渠—羊山水库连通工程、海口市美兰区中小河流治理重点县综合整治工程南洋河、演丰河、罗雅河项目，有效提高河道行洪能力，促进河道水生态环境改善。

【河长制全面推行】2018年，海口市水务局在全面建立河长制工作中，积极探索工作方法，创新工作机制，打造海口特色，全力推进河长制湖长制从有名、有实到有效的深刻转变。建立智慧水利互联网大数据平台，在河湖动态日常管理行为上加强监管，通过2018年国家第一季度的督查及以第一名的优异成绩通过省2018年度总结评估验收；海口河湖长制管理平台获评全国基层治水十大经验。（1）确立“四个到位”，全面实现“河湖长制有名”。市、4个区、2个管委会和43个镇（街）河长制工作方案全部印发，实行373个水体四级河长全覆盖的体系，明确工作目标，六大任务内容；设立省、市、区、镇（街）级河长公示牌530块，明确河流的基本信息、水系图、各级河长姓名和工作职责、管护目标、监督电话和12345投诉公众号二维码，实现全民监督共治。在原先出台的《海口市河长制会议制度》《海口市河长制工作信息共享制度》《海口市河长制工作督察制度》《海口市河长制工作信息报送办法》《海口市河长制工作考核办法》《海口市河长制工作验收办法》《海口市美舍河保护管理规定》等制度基础上，出台《海口市河长巡查制度》等制度，构建起以制度定事、以制度促治的河长制制度体系，做到工作方案到位、组织体系和责任落实到位、相关制度和政策措施到位、监督检查和考核评估四个到位。（2）多措并举，全力推进“河湖长制有实”。省委常委、市委书记亲自挂帅担任第一总河长，市长任总河长，市四套班子领导分别担任23个市管主要水体市级河长，发挥地方党委政府主体作用。并按属地原则启动一湖一策方案的编制工作，收集湖泊水资源、水域岸线、水生态、水环境等数据信息，建立一湖一档。实行环保、水务、农业、林业、海洋、环卫、城管等部门环境监管“一体化”，开展一系列的河湖管理保护专项行动，加强联合执法，持续发力、零容忍，共开展巡查700余次，其中组织联合行动20次，共出动执法人员3000多人次。搭建“河长制信息化管理平台”，利用12345政府服务热线平台强大的信息数据集成功能，规范办理流程，推动纵横联动，30分钟内受理群众热线咨询和投诉，另外还发动网格员和社区志愿者巡河，实现全市水体适时监管“精准高效”的水平。3月底，龙华区启动百姓河湖长护湖行动，动员和鼓励社会团体、企业、企业家、社会热心人士、当地居民等社会各方面力量，通过巡查、督促、宣传、维护等多种形式参与东西湖水体保护工作，努力形成“政府主导、社会参与、成果共享”的水体保护新机制，达到全民共治的目标。全年收到水体管理举报投诉6521件，处理率、办结率100%。通过河长制的实施，海口治水工作取得明显成效，也备受社会和中央媒体关注，6月，海口美舍河列入全国第一批黑臭水体治理十大光荣榜；11月，国家黑臭水体督察组再次对海口市黑臭水体治理给予充分肯定，美舍河、大同沟、鸭尾溪、五源河荣登全国城市水体治理光荣榜；11月19日，统筹推进市域水污染治理工作受到国务院通报表扬；12月27日，央视“新闻联播”点赞海口生态化改造治理“龙须沟”。

【打造“河湖长制信息化管理平台”】2018年7月，海口市河湖长制信息化管理平台试运行，8月1日正式投入河湖长日常工作中。（1）373个水体实行“3+1”模式动态化管理。“河湖长制信息化管理平台”由“3+1”模式将全市373个水体实现动态化管理，其中“3”分别指的是海南河湖长管理信息系统APP、12345+河湖长制、海口市三防水库管理平台三大板块，平台实时显示着全市373个水体状况、问题及相对应水体河湖长工作情况；“1”是指水体微信工作群，各水体对应河长办、各级河湖长、相关职能部门负责人、水体治理公司等人员，集中在工作群中及时处理水体问题。平台建立高规格联动机制，把各区政府、组织部、宣传部、水务、环保、农业、海洋、环卫、公安、市政等32个部门列为河湖长制工作领导小组成员单位，明确任务分工，各司其职、各负其责。实施信息多头收集，问题处理与意见反馈一体化。主要通过12345政府服务热线、市民通过河长公示牌二维码、河长巡河等方式收集黑臭水体（河湖）管理中出现的问题（或市民提出的意见和建议），问题清单（意见和建议）通过12345政府服务热线、微信工作群、督办件等方式，有效地发送到河长或相关管理部门，根据问题的情况，分别由河长或属地政府或职能部门进行及时处理。市、区河长办根据处理情况，组织相关人员到现场核查并把处理的情况反馈到投诉人，把投诉人的满意度作为此次办件好坏的标准。另外，海口市河湖长制管理工作有效依托三防管理平台，及时掌控天气、实时雨情、台风路径、降雨分布、水库情况等数据，提前通知相应河湖长及相关部门做好有可能受影响水体保护措施。（2）实行“掌上治水”，不同流域河长协同办公。海口加强“河湖长智慧平台”建设，在全省率先完成安装使用河湖长巡河APP，实现电子化管理。河湖长管理信息系统APP有河湖长巡河、问题交办、统计分析、河湖名录4个功能模块，不仅能在三维地图上实时记录河湖长的巡河路线、时间，还能更新各河流动态、水站的水文水质以及各级河湖长拍照上传的各项问题。APP将河湖水资源治理成为“一张图”，“利用手机APP显示的情况，河湖信息实时全部掌握，实现不同流域的河湖长协同办公。各级河湖长充分利用河湖长 APP 数字化、精细化等优点，辅助巡河，进一步助推河湖长制工作深化落实。（3）建立“河长群”，及时处理水体问题。海口市各区已经建立区、镇（街）、村（居）三级河湖长微信工作群、区管水体河湖长制微信工作群及各职能部门河湖长制联络员工作群等，把河湖长制工作成员单位的主要领导、各级河湖长、各单位河湖长制工作信息员等加到同一个微信平台里面，实时促进信息共享互通，高效协调处理涉河湖的各种问题。（4）四级大联动，实现平台热线与网格化系统无缝对接。在管理平台的屏幕上，可以看到水体治理、水体巡查、项目概况、工作动态、一河一策、媒体报道六大模块。除了滚动播出的市民投诉信息及动态办理过程，在平台点击任意一条河湖，能立即在屏幕上显示河流的位置、实时视频监控画面、河长信息、一河一策治理方案等。海口市通过管理平台，实现市、区、镇（街）、村（居）四级大联动。年内，信息化平台荣获“大地河源杯”2018全国基层治水十大经验。

【水质监管】2018年，海口市水务局外出采样1095次，采集样品3132个，共取得检测数据36907个，占年计划目标28000个的131.8%。出厂水水质综合合格率100%，管网水综合合格率99.9%，供水水质安全得到保障。其中，永庄水库、南渡江龙塘水源地水质监测项目34项，每月监测一次，共取得监测数据2106个；城镇污水处理厂水质监管监测，对白沙门污水处理厂、白沙门污水处理厂（二期）进出水水质每周监测2次；对桂林洋污水处理厂、长流污水处理厂、龙塘污水处理厂、狮子岭污水处理厂、狮子岭二期污水处理厂、云龙产业园污水处理厂、金牛湖污水处理站、美舍河3个污水处理站进出水水质每周监测一次，共取得监测数据18382个；城市供水水质监督监测，每月对4个水厂及13个管网点进行水质抽查采样检测，共取得监测数据3300个；市政污水处理厂污泥监测，在白沙门污水处理厂、白沙门污水处理厂（二期）、桂林洋污水处理厂、长流污水处理厂、龙塘污水处理厂、狮子岭污水处理厂、狮子岭二期污水处理厂、金牛湖污水处理站、美舍河6000吨污水处理站取得监测数据206个；污水提升泵站水质监测，对海甸泵站、疏港泵站、美舍河泵站、新埠岛泵站、金贸泵站、秀英沟泵站、桂林洋1号和2号泵站及白沙门污水厂路分水点采样监测，监测频率为每月一次，取得监测数据1344个；海口市27条主要河流33个监测点位水质开展检测工作，采集水样132个，取得检测数据2112个；中心区水网动力工程水质监测，20个地表水体29个监测断面共取得监测数据1467个；市水务局管辖中型水库水质检测，共取得监测数据476个；美舍河—沙坡水库考核断面水质监测，取得监测数据2322个；对海口市黑臭水体进行水质监测，采集水样87个，取得检测数据1131个；对河长制水体进行水质监测，共取得监测数据1330个；临时增加的供、排水水质监测工作任务，共取得检测数据2443个。

【城市供水】2018年，海口市原水供应总量24784.21万立方米，增长1.7%；自来水供应总量2.36亿立方米，增长0.9%，较好地完成全年供水任务。

【城市排水】2018年，海口市排水泵站管理所接管运行海甸三西路污水提升泵站。至年底，全市泵站共有21座，其中污水提升泵站13座、排涝泵站6座、补水泵站2座。年内，海甸、疏港、美舍河等污水泵站共提升输送污水30722万立方米，增加1685万立方米，增幅5.8%；滨海、国兴、白水塘、海甸五西路等排涝泵站共排涝1144万立方米，增加381万立方米，增幅49.9%；中心区水网动力工程河口路补水泵站向红城湖、美舍河等市内河湖沟输送清水12364万立方米，增加949万立方米，增幅8%。全部泵站共清理栅渣垃圾1522立方米。全年在泵站设备、设施维修维护方面投入348万元。

【污水处理及处理费征收】2018年，海口市处理污水19850.43万立方米，COD减排量43099.65吨，污水集中处理率95.2%，上升0.2个百分点。全年完成征收污水处理费17764万元，完成年度征收计划9800万元的181.26%。

【供排水工程建设】2018年，海口市供水工程主要有海口美兰机场二期扩建工程场外供水项目、桂林下路DN200供水等管道改造工程、供水管道改造工程（21项）等。全年供水工程共投入资金4014.72万元，完成DN200～DN1200供水管道铺设11.106千米。启动江东净水厂（一期）、永庄水厂（三期）扩建工程，其中永庄水厂（三期）扩建工程完成形象进度20%。年内，实施美兰机场二期扩建场外排水、美兰机场二期扩建场外应急排水项目、长滨路东侧片区长丰一支沟、长丰二支沟、新开河、式金村一沟、美涯连通渠应急排水工程项目，有效解决机场二期扩建区域、西海岸长滨路在汛期的积水问题。

【污水处理设施建设】2018年，海口市开展农村生活污水治理，秀英区、龙华区、琼山区、美兰区农村生活污水治理项目总投资分别为9107.28万元、3938.82万元、8845.19万元和5109.19万元。改造建设污水处理厂。其中，丁村污水处理厂项目，总投资35511.33万元，建设内容包括新建地下污水处理厂一座，设计总规模3万立方米/天，其中近期设计规模1.5万立方米/天；长堤路水质净化设施及湿地公园建设工程，总投资约3.80亿元，设计总规模为3.0万立方米/天。白沙门污水处理厂一期系统除臭工程项目，总投资9092.18万元，对原污水处理规模30.0×104立方米/天的污水处理厂全厂进行系统除臭；白沙门污水处理厂（二期）除臭升级改造工程项目总投资为6659.47万元，对原污水处理规模 20.0×104 立方米/天的污水处理厂进行系统除臭。白沙门污水处理厂一期、二期系统除臭工程建设将改善和提高周边片区空气环境。

【南渡江引水工程】至 2018 年底，累计完成投资 33.25 亿元，占项目总投资的 91.83%。基本完成南渡江引水工程建设，其中东山闸坝、鱼道主体工程建成；中部供水线路渡槽 1#、2#、3# 箱涵、渡槽段 155 跨全部完成；东山泵站、龙塘右泵站、美安黄竹分水泵站主体结构全部完成；东部城市供水线路和美安生态科技新城供水线路全线贯通；五源河生态修复主体工程基本建成。

【农村饮水安全】2018 年，海口市农村饮水提质增效工程（分散式供水工程）建设完成，项目概算总投资1.57 亿元，分布于海口市 4 个区 18 个镇，共建设 330 座分散式供水工程，1 座市政集中式供水工程，完成 155 个水塔、186 口水井和消毒设备等配套设施的安装和建设，铺设供水管网 7.5 万千米。涉及饮水不安全村庄 353 个，受益总人口 17.13 万人（其中饮水不安全人口 14.12 万人，涉及贫困户 532 户，贫困人口 2308 人）。

【水资源管理与水土保持】2018 年，海口市水务局落实最严格水资源管理制度，完成国务院、省政府对海口市 2018 年最严格水资源管理考核。全年新核发取水许可证 1 个，延续取水许可 3 个，封自备井 14 个，征收水资源费 506 万元。完成生产建设水土保持方案审批 162 宗，完成生产建设项目水土保持设施竣工验收 70 宗，征收水土保持补偿费 477 万元。

【水政监察】2018 年，海口市水政监察支队共开展各类执法巡查 335 次，派出车辆 289 台次、巡查人员 936 人次，联合执法 103 次。建立执法联动机制，通过联动执法，共取缔非法采砂船只 6 艘、平台 6 个、装载机 15 台、运砂车辆 61 辆，立案查处各类水事案件 21 宗，罚款 12.9 万元。开展二次供水检查 83 家、协助封闭地下井 13 口、受理 12345 政府服务热线、电话举报、领导交办等各类办件 85 件，立案查处各类案件 20 宗（含移交城管部门处理的案件 10 宗）。

【节水管理】2018 年，海口市水务局开展以“实施国家节水行动，建设节水型社会”为主题的节水宣传活动，通过计划用水超计划加价等措施加强水资源保护节约工作。全年完成节水建设项目规划报建 145 宗，施工备案 120 宗，竣工验收 138 宗，推广节水卫生洁具 24 万余套。

【农田水利基本建设】2018 年，海口市水务局编制海口市 2018 年农田水利基本建设投资计划，总投资 4500 万元，主要建设内容为农田整治、水库山塘加固、农村饮水安全及高效节水灌溉、维修农田水利设施及前期费用等工程事项 55 宗。年内，实施 93 宗小型水库防浪（护）墙工程项目建设，提高水库防洪保安能力，总投资 1760.33 万元，至年底工程完工；实施高效节水灌溉工程建设，分别位于 4 个区的 14 个乡镇，共 18 宗项目，项目总投资 3940 万元，实施高效节水灌溉面积 750 公顷，至年底工程完工；完成海口市岭后水库进行防渗加固处理，总投资 1717 万元，年底完工，为区域的社会经济的发展提供防洪安全保障。

【江海堤防建设与管理】2018 年，南渡江海口市综合治理新坡至东山段防洪工程、南渡江左岸片区农田排涝工程、桂林洋防潮堤加固工程等项目相继建成，防洪排涝工程体系进一步完善。其中，南渡江海口市综合治理新坡至东山段防洪工程总投资 6.62 亿元（其中建安投资 4.4 亿元），至 2018 年累计完成建安投资 4.4 亿元，防洪堤部分竣工验收；南渡江左岸片区农田排涝工程总投资 4.36 亿元（其中建安投资 2.35 亿元），至 2018 年累计完成建安投资 2.33 亿元；桂林洋防潮堤加固工程总投资 6399 万元（其中建安投资 5013.3 万元），至 2018 年累计完成建安投资 5013.3 万元，竣工验收。

【抗旱防风防汛工作】2018 年，海口市水务局召开防风工作会议 18 次，组织市级应急演练 2 次，193 人参加演练；组织水库责任人培训，共 280 人参加。安排 127 万元购买防汛物资；开展全市汛前安全大检查，派出工作组检查 12 次，隐患排查 25 次，下发隐患排查整改通知 8 次。启动《海口市防风防洪应急预案》Ⅳ级应急响应 6 次，Ⅲ级应急响应 4 次，有效地抗击“艾云尼”“山神”“贝碧嘉”“百里嘉”“山竹”“玉兔”“桃芝”“天兔”等 8 个台风、1 个热带低压、2 场强降雨以及 4 月上旬海口市大部分地区出现的轻到中度气象干旱，实现全市无一水库工程出险、无一防汛安全责任事故发生，确保人民群众生命财产的安全。

【河道采砂管理】2018 年，海口市水务局根据市委、市政府关于“河湖非法采砂治理”工作的一系列指示要求，结合生态文明建设工作要求，搭建海口市打击非法采砂专项整治专班，形成市、区、镇（街）、村（居）四级联动及公安、水务、国土、林业、环保、交通、综合执法等多部门合力，在原有《海口市打击非法采砂专项整治工作方案》的基础上，增加“1+3”工作机制，建立健全“1”个机制（打击非法采砂长效机制），采取“3”项措施（常态化巡查、网格化管理、协调联动等）扎实开展打击非法采砂专项整治工作。至 12 月 30 日，共开展重点河段非法采砂巡查或执法出动巡查或执法 7574 次，出动执法人员 2 万多人次，查扣抽砂浮台、挖机、装载机、东风六轮卡、十二轮卡、运输车、小四轮拖拉机、农用三轮车、巡逻放哨车、非法采砂船等各类非法采砂工具共 155 辆；查处超载运输车 1567 辆，公安立刑事案件11起，破案11起，查处涉砂行政案件8起，抓获犯罪嫌疑人95名（其中移送起诉38人，取保候审15人，行政拘留13人，1人终止侦查，审查后移交行政部门查处19人，现场配合行政部门查处9人），训诫教育后放行76人。落实环保督察、砂场曝光等问题的整改，加强行业监管，严格管控好“开采、堆放、运输、销售、使用”5个关键环节，推行各行业源头治理。利用镇、村（居）级河长最前沿的工作便利，加大巡河工作力度，形成全民监督、全面布控的大格局。充分发挥各种监督平台作用，运用“海口市河湖长制信息化管理平台”和“河长+检察+公安+水政+媒体”的检查监督机制，加大日常监督管理，进一步提高情况报送、执法处置、媒体曝光、快速受理及从快查处工作效率，非法采砂违法行为得到有效遏制。

**【松涛灌区海口水利工程管理】**2018年，海口市松涛灌区水利工程管理处完成白莲东干渠至永庄水库段5.5千米、黄竹分干至羊山水库35.5千米的日常巡查、养护、清杂及用水调度等工作，确保春耕生产用水正常。全年松涛灌区完成供补水量9167万立方，其中农业用水2400万立方米，永庄水库生活用水3520万立方米，羊山和沙坡水库生态用水3247万立方米，合理调度灌区补水用水，确保灌区农业生产用水、生活用水、生态用水正常。

**【南渡江引水枢纽工程管理】**2018年，海口市南渡江引水枢纽工程管理处科学制定全年用水计划，保证南渡江灌区灌溉面积3866.67公顷农田全年的灌溉用水。第16号台风“贝碧嘉”期间，南渡江龙塘大坝上游水位高达11.15米，未超出警戒水位，超出坝面3.45米，为做好防风、防汛工作，值班人员每小时观测一次水位，为上级做好受灾地区人民群众的转移提供可靠的数据。

**【永庄水库管理】**2018年，海口市永庄水库管理所有效地组织协调从松涛水库补水3520万立方米，向永庄水厂供水4819万立方米。加强保护区的巡查，共出动1450人次，及时打捞清理库区水面漂浮的垃圾杂物，严格控制原水供水指标，合格率达到100%。有效地抗击“艾云尼”“山神”“贝碧嘉”“百里嘉”“山竹”“玉兔”“桃芝”“天兔”等8个台风、1个热带低压、2场强降雨，确保水库的安全渡汛，做到零损失。

（黎莹莹　周运芳）

## 城乡供电

**【供电概况】**2018年，海口地区电网保持安全稳定运行。海口供电局全年化解电网风险18项、设备风险185项，未发生电网事故、较大及以上设备事故，设备事故和障碍总数比上年下降32.63%，电力设施被盗发案数下降37.76%。全年完成售电量77.62亿千瓦时，增长5.55%。在夏季历史性高温天气，海口电网负荷创新高，最高达159万千瓦。客户平均停电时间9.334小时/户，下降47.4%；中心城区客户平均停电时间0.61小时/户，下降68.25%；综合电压合格率99.67%，增长0.98%；综合线损率4.13%，下降0.19个百分点。海口供电局先后获海南省委、省政府“第五届海南省文明单位”、海南省“五一劳动奖章”等称号。

**【电网建设和改造】**2018年，海口供电局修编完成的《保底电网规划》《海口市“十三五”规划滚动修编》《棚户改造区电力专项规划》通过市规委会审议，实现电网规划和市政各类规划无缝对接。全年完成869个项目的可研编制工作，下达投资计划项目633个，其余127个项目纳入2019年投资计划中。工程建设全过程管控取得成效，开工计划完成率、进度计划完成率和结算计划完成率均为100%。完成基建工程结算12个（批次），金额11.43亿元，创历史最好水平。10千伏公用线路可转供率57.4%，城镇电缆化率完成63.37%，配电自动化覆盖率完成31.3%。海口地区固定资产投资完成20亿元。供电部门与海口市政府紧密沟通协调，有效解决项目青苗赔偿阻工问题，220千伏江东输变电工程及35千伏东山至永发线路工程完成投产送电，永玉II回历史遗留项目在市、区政府大力支持下取得突破性进展。

**【供电安全生产】**2018年，海口供电安全生产态势持续向好。全年共发布

2018年4月6日，海口供电局工作人员在输电线路安装人工鸟巢，一方面保护线路安全运行，另一方面给小鸟安新家
（海口供电局 供）

2018 年海口供电局各供电所售电量情况表

| 供电所 | 售电量（万千瓦时） | 供电所 | 售电量（万千瓦时） |
|---|---|---|---|
| 龙华所 | 196331.11 | 演丰所 | 25260.33 |
| 秀英所 | 163082.11 | 石山所 | 24564.99 |
| 美兰所 | 108847.12 | 灵山所 | 39246.48 |
| 琼山所 | 72341.03 | 东山所 | 5482.07 |
| 长流所 | 88222.85 | 大坡所 | 2335.54 |
| 云龙所 | 5958.80 | 新坡所 | 1938.57 |
| 龙桥所 | 17798.54 | 大致坡所 | 4296.21 |
| 旧州所 | 2623.59 | 三门坡所 | 7573.78 |
| 红旗所 | 2011.93 | 三江所 | 8282.17 |

电网风险预警通知书 144 份，落实风险控制措施 1249 项（其中海南中调 243 项、海口地调 856 项、其他县调 150 项），海口电网风险实现有效地可控在控。全年发生电力安全事件4起，下降 42.9%；外力破坏导致的主、配网线路跳闸分别上升 25.26% 和下降 11.21%。设备管理进步明显，全年变电设备故障停运 4 起，下降 20%；输电线路跳闸 58 次，上升 100%，其中主网输电线路连续两年树障零跳闸；配网线路跳闸 177 条次，增加 56.63%；配网线路跳闸率 4.11 次 / 百千米·年，增加 34.66%，其中因客户设备故障原因引起的跳闸次数同比增加 63.63%。在抗击台风“百里嘉”“山竹”期间主网零跳闸、小区配电房无一因进水导致停电。

【电力供应与保障】2018 年，海口供电局保证电力稳定供应，紧急、重大树障清除率完成 100%，累计开展带电作业 729 次，降低客户平均停电时间。适时安排项目投资计划，为康迪电动汽车、新城吾悦、长影环球 100、北大恩祥、足球基地等省、市重点项目供电。建成投产江东输变电工程、东山至永发线路工程等主、配网项目共 627 个，逐步消除存量低电压、重过载及供电卡脖子等问题，极大提高海口电网供电质量和可靠性，全年未发生因设备重过载问题导致的停电事件。圆满完成“两会”“博鳌论坛”“建省办特区 30 周年”等保电任务 136 项，累计出动发电车 118 辆次、执行保电任务 329 天次，确保供电工作，首次实现全年未发生四级及以上安全生产事件。

【行业用电情况】2018 年，海口辖区完成售电量 77.62 亿千瓦时，增长 5.55%。客户总数 38.83 万户。其中：第一产业，客户数 5046 户，全年用电量 1.11 亿万千瓦时，占全部售电量的 1.43%，增加 8.20%；第二产业，客户数 1.03 万户，全年用电量 15.77 亿千瓦时，占全部售电量的 20.47%，减少 4.02%；第三产业，客户数 3.89 万户，全年用电量 47.08 亿千瓦时，占全部售电量的 60.65%，增长 8.57%。居民生活用电，客户数 33.41 万户，全年用电量 13.66 亿千瓦时，占全部售电量的 17.45%，增长 7.29%。其中，城镇居民 13.97 万户，全年用电量 8.71 亿千瓦时，增长 8.25%；乡村居民 19.49 万户，全年用电量 4.95 亿千瓦时，增长 6.98%。

【电力营销及管理】至 2018 年，海口供电局连续 3 年当年电费回收率 100%，圆满完成陈欠电费回收指标 1 年期 70%、2 ~ 3 年期 50%、3 年期以上 20%。严格执行用电工程投资界面延伸相关规定，开展高压业扩配套项目 8 个、低压业扩配套项目 223 个，新增容量 68575 千伏安。完善两部制电价制度，共清退临时接电费 490 户。高压业扩报装由 6 个环节压缩至 3 个环节，低压业扩报装由 5 个环节压缩至 2 个环节，高压客户申请资料由 26 项精简为 16 项。全年售电量增长 5.55%，增供扩销成效明显。非现金缴费率完成 99.99%，上升 0.36 个百分点。加强线损过程管控，做到指标分解、预控、分析与考核，推进线损竞标，综合线损率完成 4.13%，在省会供电局中处于领先水平。

【供电科技创新】2018 年，海口供电局扎实推进科技创新管理，积极推动科技创新成果实用化，年内有 1 项成果入选《南方电网公司新技术试点应用目录》（2017—2018 年版），3 项科技成果、6 项职创成果入选 2018 年海南电网科技推广应用目录和科技论坛科技职创成果汇编。同时“电缆网运行监控管理系统”实现对 6 条 110 千伏电缆线路的在线监测，“智能配电网运行与控制系统”实现对海口地区 83 条 10 千伏线路的实时监测，其中“电缆网运行监控管理系统”与“可多角度旋转接地棒（接地线）的研制”分别获得海南电网公司科技进步三等奖与职工技术创新三等奖。依托在研项目深入挖掘专利产出潜力，提升发明型专利申请的数量与质量。累计有效专利拥有 18 项，正在申请中专利 10 项，其中发明型专利 6 项，实用新型专利 22 项。结合科技创新深化“技防 + 人防”模式，结合“输电线路避雷器在线监测研究与示范应用”和“可移动式输电线路防外力破坏系统的研究”项目，开展主网外力破坏及雷击等电力灾害下监测与预警技术研究及推广应用，人防技防相结合，提高输配电线路智能运维水平。推进创新人才工作室建设，基于在线监测、智能配网与智能用电 3 支创新小组，筹建成立“系统阳光工作室”等 3 个创新人才工作室，围绕主营业务，持续挖掘科技创新金点子，助力海口供电局科技创新水平稳步提升。

**【供电便民服务与行风建设】** 2018年，海口供电局落实“以客为尊、和谐共赢”理念，以客户满意作为工作的出发点、着力点和落脚点，坚持做到“六个百分百”，即责任落实到位百分百：主要领导和全体干部员工共担“三风”建设责任；服务承诺兑现百分百：抢修到场、业扩方案答复按时开展；低压用户装表百分百免费，居民用户真正得实惠；常见缴费方式百分百健全：已有邮政代缴、银行代扣、支付宝等21种方式供客户选择，打造了十分钟电费缴费圈；客户诉求百分百响应：“95598”热线与政府12345热线联动，确保件件有落实。惠民惠商百分百落实：全面清退临时接电费，业扩延伸百分百执行，全力降低企业成本。

**【“三供一业”小区供电工作】** 2018年，按照国务院有关部委的统一部署，海口市全面推进国有企业职工家属区“三供一业”即供水、供电、供热（供气）和物业管理的分离移交，解决国有企业退休人员社会化管理、厂办大集体改革等历史遗留问题。海口供电局按照文件要求，对市国资委要求改造的“三供一业”小区实施抄表收费到户建设，全年改造50个“三供一业”小区，改造户数7274户，总投资7157.6万元。“三供一业”专项工作的开展，有利于减轻居民用户的用电成本，提升客户满意度，减少投诉事件的发生。

（张有权）

# 民生供气

**【管道燃气管网建设】** 2018年，海南民生管道燃气公司在海口管道天然气管网及配套工程上累计投资10.11亿元，其中管网资产9.7亿元，管网总里程1625千米。燃气管网覆盖海口市主城区的90%，东抵桂林洋高校区、西达粤海大道、南至云龙产业园、北到海甸岛碧海大道。

**【管道燃气供应】** 至2018年底，海南民生管道燃气公司天然气供应能力达到2亿标准立方米/年，管道燃气销售量1.36亿标准立方米；居民用户合同签约户数近54万户，工商用户超过2900户。

**【瓶装液化气供应】** 2018年，海口市瓶装液化气总储气能力2990吨，供气总量4.73万吨，二级液化石油气灌装站21家，三级燃气分销网点共122家，供气人口41.38万人，其中居民家庭11.71万户，年销售气总量12980吨。

**【安全用气管理】** 2018年，海口市城管委定期组织燃气行业联合安全检查，特别是在春节、博鳌论坛、党代会、国庆节等重要活动时期，组织开展专项检查。全年共检查49家二级液化石油气充装站和汽车加气站，发现隐患311宗，均整改完毕。开展燃气黑网点专项整治，查获36家燃气无证经营网点，查扣1320个燃气瓶。制定《电力安全专项整治》，开展对海口市内燃气井盖及户外广告及招牌电力安全的隐患排查工作。开展《海口市燃气应急储备体系和应急预案》以及《海口市燃气管理条例》的重新修编工作，进一步规范应急程序，完善应急设备，强化燃气突发事件的具体应对措施，通过建章立制的方式提高执法水平，强化管理，保障燃气安全运营。

（朱珮珮）

# 国土资源管理

**【国土资源管理工作概况】** 2018年，海口市国土资源管理局不断深化国土资源领域改革，积极参与海南自由贸易区（港）建设，统筹国土资源的保护和发展，提高国土资源供给质量和效率，全年共完成土地征收433公顷，土地收储入库187.07公顷，国有建设用地供应183.9公顷。

**【国土规划】** 2018年，海口市国土资源局配合市规划委在确保永久基本农田红线、生态保护红线和城市开发边界优先落实的基础上，编制完成《海口市总体规划（空间2015—2030）》（“多规合一”）调整完善成果，并上报市政府待批。根据“十三五”期间海口市经济社会发展和城市建设要求，重点保障各类国家、省市重点项目，同时保障落实基础设施、重点民生项目用地，严格控制新增建设用地，严禁破坏生态建设活动。

**【土地储备】** 2018年，海口市国土资源局收储土地35宗187.07公顷，办理土地出库28宗123公顷；对江东片区、西海岸片区及主城区1132宗储备地进行清理，核实储备地基本情况；落实储备土地巡查制度，继续委托市统发地产公司对储备地进行每月2次巡查管护，发现并上报违法占用储备地行为39宗639.18公顷，制止违法占用储备地行为17宗，对8宗储备地修建围挡；严格规范土地置换业务，办理土地置换业务15宗；根据审计署的整改要求，办理229宗1075.4公顷储备地解押业务。

**【地价管理】** 2018年，海口市国土资源局启动《海口地价管理办法》修订工作；完成海口市农用地土地基准地价成果编制，启动集体农用地和集体建设用地土地定级及基准地价成果编制；开展城市地价动态监测工作，按时完成全年地价动态监测数据成果。2018年，海口市综合地价水平为4307元/平方米，比上年增加410元/平方米，增长10.52%。商业用地、居住用地、工业用地的地价水平分别为4656元/平方米、5229元/平方米、716元/平方米，分别增加267元/平方米、528元/平方米和22元/平方米，分别增长6.08%、12.52%、3.17%。

**【新一轮城镇土地定级及基准地价成果颁布实施】** 2018年2月，以2017

年1月1日为基准日的海口市城镇土地定级与基准地价成果经省政府审核批准并公布实施。本轮更新主城区的工作范围由上一轮的562平方千米扩大至约623平方千米。根据控规情况，住宅用地基准地价的平均容积率由2.0调整为2.5，商贸服务业用地保持2.5不变；本轮土地用途修正系数由上一轮的28类增加至45类，覆盖所有国有建设用地土地用途，同时增设公共服务项目用地基准地价及其修正体系。

【土地整理与复垦】2018年，海口市新建省级土地整治项目4个，其中3个完工并竣工验收，1个正在实施，完成形象进度87%。2017年开工建设的3个旱改水项目中，至2018年有2个项目完成初验整改，1个项目因阻工被迫停工。2018年计划实施土地整治项目22个，其中10个正在开展选址立项前期工作，12个项目批准立项（3个项目组织进场开工，平均工程形象进度49%），预计新增耕地（旱地）177.87公顷、改造水田45.33公顷。大力推进南渡江土地整治重大工程项目建设，27个子项目中，完工20个项目，其中终验16个、初验2个、自验2个；正在实施7个项目。

【土地征收】2018年，海口市国土资源局审核上报72份征地补偿方案并发布征地通告，涉及面积639.28公顷，签订征地协议433.33公顷；启动《集体土地上房屋及附属物征收补偿办法》立法工作；梳理历年企业垫付征地拆迁资金情况并报市政府安排退还涉及项目19个、49.47亿元；继续对2009年以来的征地档案进行清理，逐步完善征收系统、建立征收总图，实现数据上图、共享，避免重复征地；聘请海口市房屋拆迁与估价协会作为土地征收工作估价咨询顾问，为棚改、市政及公共服务设施项目所涉及的土地征收项目的评审咨询服务，避免补偿标准过高造成国有资产流失；开展征地统一年产值和征地青苗及地上附着物补偿标准更新调整工作，征地补偿标准同比增长11%～15%；落实37个征地项目的社保工作，涉及被征地农民2.27万人，社保资金2.89亿元；梳理各区政府历年办理集体留用地的情况，未发证的企业留用地136宗，面积497.73公顷。

【土地供应】2018年，海口市国土资源局优化调整供地结构，全年供应国有建设用地34宗183.91公顷，实现土地收益43.7亿元。其中：住宅用地52.7公顷，占供地面积的28.66%；公共管理与公共服务用地87.94公顷，占47.82%；交通运输用地40.27公顷，占21.9%；商业用地3公顷，占1.62%，住宅用地比例大幅下降。落实项目用地节地评价，不符合节约用地原则的项目用地，不予办理相关用地审批手续，至年底共办理31宗土地节地评价。提高集约节约用地水平，海口市2017年度单位地区生产总值建设用地从上年度的48.395公顷/亿元下降至43.43公顷/亿元，下降率10.26%，完成2017年度下降目标，提高集约节约用地水平。

【农用地转用】2018年，海口市国土资源局合理分配新增建设用地指标和耕地占补指标，推进固定资产投资、例行督察整改等项目的农转用报批工作，按照轻重缓急，力保项目用地需求。年内，国务院批准海口市城市建设用地面积161.37公顷，省政府批准海口市固投及例行督察整改项目用地共19宗，批准农转用和土地征收面积187.34公顷。

【重点项目用地服务】2018年，海口市国土资源局围绕项目建设，积极开展服务工作，先后开展用地保障服务月、固定资产服务季活动，全面梳理省市重点项目用地情况及存在问题，分门别类建立责任台账，明确每个项目的责任领导、责任单位和责任人，实行倒排工期。全年完成土地征收433.33公顷，土地收储入库187公顷，国有建设用地供应183.87公顷，保障了省委党校、省中医院项目、美兰国际机场二期扩建搬迁安置区（演丰片区）、复兴城、中海油等省市重点项目用地需求。

【不动产登记】2018年，海口市国土资源局不断提高不动产登记效率，实行刷个人身份证排队取号和业务受理“日清日结”改进服务质量；压缩审批时限，不动产查解封登记、异议登记即时办结，预告登记及抵押登记注销2个工作日办结，抵押登记业务压缩至7个工作日，二手房交易8个工作日办结；在银行设立不动产抵押登记受理点，实现贷款、抵押登记一站式办理。全年办理不动产登记18.9万件，颁发不动产权证书14.5万本，出具不动产登记证明8.7万份，配合各部门核查房产6.8万次。推进不动产信息化和信息共享平台建设，对土地档案扫描入库及无纸化审核，完成不动产登记信息共享平台开发，实现国家、省级、市级平台联网和与住建、税务部门的信息共享；大力化解历史遗留问题，发现1.6万件历史遗留问题，解决1.55万件。

【土地调查】2018年，海口市国土资源局启动第3次国土调查工作，成立第三次国土调查领导小组；组织76名专业技术人员参加国土调查业务培训班，均通过培训考核；制定调查宣传工作方案，采用户外宣传及媒体宣传相结合的方式，在《海口日报》、南海网、海口市国土局网站、国土微信公众号等媒体发布第3次国土调查工作相关信息；高效推进内外业调查核查，招标确定4家专业调查队伍，年内各专业队均在开展内外业核查工作。

【耕地保护】2018年，海口市加强耕地保护考核工作，完成2017年度耕地保护责任目标和2016—2020年耕地保护责任目标期中检查迎检工作。编制《2018年度耕地保护责任目标履行情况考核工作方案》，将耕地保护考核纳入各区年终绩效考核。开展2018年耕地质量等别更新评价与监测工作，完成永久基本农田整备区内外业调查工作并形成初步划定成果。完成2018年度全天候遥感监测占永久基本农田核查工作。

【土地测绘】2018年，海口市被列为海南省城市地理国情监测试点。市国土资源局做好省外测绘单位在海口测绘项目备案、地图市场监管、测绘资质核查、涉密测绘成果使用审查工作等基础管理工作。对接海口市网格地图更新项目、海口市测绘基准升级改造项目和国家第4期航空航天遥感影像获取计划海口市扩大区域航摄项目的承揽单位，完成验收材料的收集。年内完成日常宗地调查、测量与制图工作3.2万件，土地变更调查与遥感监测、卫片执法检查、新增房屋建筑制图1万多件。

【矿产资源管理】2018年，海口市国土资源局完成长昌煤矿Ⅰ号页岩、大坡建筑用玄武岩采矿权出让前期准备工作，指导各区政府开展石料加工点和堆砂点选址工作；同时规范采矿权管理，完成《海南省海口市矿产资源规划（2016—2020年）》报批工作，完成2017年海口市矿产资源开发统计和矿业权人勘查开采信息公示，清理已注销未恢复治理矿山，将32家未开展生态恢复治理工作的企业列入“黑名单”，限制土地矿产相关业务办理；推进矿坑生态治理工作，指导各区政府完成航空俯视区的废弃矿坑生态修复612.93公顷。

【闲置土地清理处置】2018年，海口市国土资源局清理闲置土地66宗197.49公顷，处置38宗，处置率57.58%。开展“已供土地抓开工、已建项目抓竣工”盘活土地3年行动专项工作，对520宗低效利用土地及2015—2017年供应土地进行逐宗梳理并拟定解决措施，制定印发《延长土地开工竣工期限的若干规定》，完善土地利用动态监测管理系统，定期巡查已供土地开发进度，及时督促开发建设，供后监管体系进一步健全。

【地质公园管理】2018年，海口市成功举办2018中国火山地质公园论坛会议，150名国内外专家学者参会，进一步提升地质公园的影响力。推进G15沈海高速公路海口段穿越海口石山火山群国家地质公园工作，市国土资源局委托编制的《海口石山火山群国家地质公园局部规划修编》《海口石山火山群国家地质公园地质遗迹调查与评价报告》年内通过专家评审。做好地质公园108平方千米规划修编工作。

【地质灾害防治】2018年，海口市国土资源局开展安全生产培训，排查矿山安全隐患，对全市矿山实行安全风险分级管控，对积水的废弃矿坑周边设置安全警示牌和护栏。制定《海口市2018年度地质灾害防治方案》，台风期间安排人员24小时值班，做好防台防汛和地质灾害防范工作，及时将相关信息报市“三防”办。

【土地制度改革创新】2018年，海口市国土资源局开展“三块地”改革（农村土地征收、集体经营性建设用地入市、宅基地制度改革）调研工作，先后到文昌市、广东省南海市等地考察学习改革先进经验，委托普华永道公司开展相关研究工作，完成33个城市“三块地”改革政策汇编，正在结合海口市情况开展研究工作。推进农垦土地改革，开展农垦土地纠纷调处和确权登记，调处完毕桂林洋农场争议地5宗，完成农垦土地划转变更登记362宗340.36万公顷。

【土地执法监察】2018年，海口市国土资源局开展2017年度土地矿产卫片执法监察工作，核查土地卫片图斑1566个和矿产卫片图斑16个，发现违法用地2287宗和矿产卫片违法图斑16个，指导督促各区及桂林洋管委会落实整改工作。至年底，土地卫片违法用地立案查处并下达行政处罚决定书73宗，拆除整改129宗，提供“一户一宅”证明并按非立案处理2074宗，补办完善临时用地和设施农用地手续11宗，16个矿产卫片违法图斑全部立案查处且处罚落实到位；开展2016年及2017年土地卫片度违法用地专项整治工作，基本完成摸底排查工作并上报排查初步成果；开展设施农业项目自查清理，对2017年度设施农用地图斑和清单进行全面清理，发现违法违规项目64宗，移交各区及桂林洋管委会查处整改。

（司楠楠）

## 海洋开发与管理

【海洋工作概况】2018年，海口市海洋和渔业局积极适应经济新常态和供给侧结构性改革大势，稳步推进海洋经济创新发展示范工作实施，合理开发利用海洋资源，做好“湾长制”试点工作，强化海洋综合管理，大力抓好国家海洋专项督察反馈问题整改，加大海洋执法力度，提升海洋环境监测能力，有效保护海洋生态环境，为海洋经济发展保驾护航。加强与省市有关部门联合执法，共检查用海项目3个；与海警、海事处、交通港航等部门联合检查砂船10艘次，与海事处、交通港航、美兰和秀英区政府职能部门处理砂堆3次；开展海岸线巡查5次，全年共开展海洋执法检查95次，出动执法船艇巡航25航次，执法车辆120辆次，派出执法人员480人次，立案11宗，收缴罚款1005.83万元；监督跟踪检查各类涉海项目7个，海岛巡查4批次，用海项目检查覆盖率100%。全年全市海洋生产总值582亿元，增长16.94%。

【海洋开发利用】2018年，海口市海洋和渔业局组织海口市如意岛一期14个单个项目竣工海域使用验收和二期6个单项目的环保设施竣工验收工作。做好海口湾国家海洋公园帆船帆板公共游艇码头改建一期工程项目、南海明珠大桥（临时栈桥）项目、海口市海甸溪渔船避风锚地及防风设施建设项目、海口市北港岛保护与开发利用示范项目海域使用报批工作。无偿收回海口港西侧海枯石烂海上驿站项目海域使用权并注销海域使用权证。

【海洋环境保护】2018年，海口市海洋和渔业局按照《海口市2018年海洋工程环境保护执法示范建设工作实施方案》文件要求，加强对海砂开采、海洋倾废等损海行为及新建、改建、扩建海洋工程建设项目动态环境保护执法监管，加大对海洋环境保护力度，共查处非法占用海域立案3宗，查处非法采砂损害海洋环境案5宗，组织落实拆除一个非法码头，防止海上违规倾倒废弃物行为，有效保护海洋环境。

【海洋经济创新发展示范工作】2018年，海口市海洋生物、海洋装备、海水淡化与综合利用等战略性新兴产业发展势头良好。年内，市海洋和渔业局、市财政局联合出台《海口市海洋经济创新发展示范市项目和专项资金管理办法》，建立示范项目备用库，征集备用项目29个。全年完成16个示范项目立项，市海洋和渔业局与各牵头单位签订任务合同书。做好海洋产业招商引资，引进6家涉海企业注册落地，总注册资本金5.9亿元，对接中国能源建设集团南方建设投资有限公司、北京海兰信数据科技股份有限公司、中国电子科技集团、通威股份有限公司等世界500强和国内知名企业，与北京海兰信数据科技股份有限公司签署战略合作协议。自2017年10月示范工作实施后至2018年底，累计完成投资3.62亿元，新增省级及以上高新技术企业8家、中小微企业5家、公共服务平台10个，新增省级及以上产品183个、有效发明专利49项，新立项行业及以上标准23项，新增产值21.91亿元、税收0.64亿元。

【海南海洋产业联盟运营】2018年，海南海洋产业联盟成功举办“智海沙龙”活动8期，就政策、金融、科技创新服务海洋产业以及如何抓住海南建设自由贸易试验区（港）重大机遇等主题展开讨论，承办海南省与湖北省开展海洋领域合作需求座谈会，为琼鄂两省加强海洋领域合作献计献策；收集整理海洋产业动态简报10期，受到省科技厅、省发改委、省海洋与渔业厅、省金融办等政府部门的支持。策划筹建海口海洋产业基地，重点引进海洋新兴产业、海洋现代服务业、大型涉海企业总部、国内外知名涉海科研机构入驻，打造具有国际影响力海洋产业集聚区。

【海洋环境监测】2018年，海口市海洋环境监测中心加强对辖区陆源入海排污口邻近海域、海水养殖区和重点海洋功能区域及重点围填海建设项目的监测力度。全年对海口近岸海域各海洋功能区域、重点入海排污口邻近海域、主要在建围填海工程及重点海水养殖区等功能区域实施3个航次专项监测工作，6月对东寨港红树林陆源入海水质进行一个航次的专项监测工作，编写监测通报71份；结合《2018年海南省海洋环境监视监测与评价工作方案》，对海南省海水增养殖区陵水黎安港、临高后水湾海水、陵水新村海水、万宁小海、文昌冯家湾、东寨港6个重点养殖区实施3个航次监测。开展12期在建重点围填海项目地面监视监测，分别是海口如意岛区域建设用海规划项目1期、海口如意岛跨海大桥项目2期、海南铺前大桥项目海口段1期、文昌新埠海人工岛项目3期、南海妈祖世界和平岛（一期）项目3期、洋浦神头公共配套区填海工程项目1期，琼海博鳌宝莲城游艇俱乐部工程项目1期。开展10期疑点疑区和违法用海监测。其中，联合中国海监海口支队开展4期，分别为海口湾国家海洋公园帆船帆板公共游艇码头改建工程项目2期、海口湾南海明珠人工岛游艇码头项目1期，海口白沙门公园岸滩区域1期；根据国家海洋局南海分局的任务要求，开展6期疑点疑区监测，分别为临高金牌威龙船舶造船厂1期、南海妈祖世界和平岛（一期）项目1期、临高新盈中心渔港项目1期、琼海潭门南海博物馆东侧项目1期、澄迈富力红树湾项目1期、澄迈盈滨半岛梦幻岛项目1期。做好海域使用申请的预审工作和统一配号工作，完成海域使用申请的预审工作和统一配号工作共1个项目1宗证书。对金沙湾路网项目、雅居乐金沙湾项目、港航天翔路项目、邦辉海峡路、天展路等项目开展海岸带向陆200米范围进行核查，保护海岸带。

【“湾长制”试点工作】2018年，海口市按照《海南省海口市“湾长制”试点工作方案》，为搭建运转高效的湾长组织架构，构建任务清晰的责任体系，印发《镇(街道)湾长工作职责及沿海湾网格员巡查任务》《海口市2018年“湾长制”试点工作要点》，明确成员单位工作任务，强化责任落实。结合市级河长具体工作，在原有市、区、镇(街道)三级湾长体系中增设市一级湾长，并印发《海口市各级湾长名录及职责》。组织23个成员单位、11个沿海湾镇（街道）代表及其他工作人员开展“湾长制”试点工作培训交流会3次；组织开展海湾环境保护及“湾长制”宣传活动3次。此外，为使“湾长制”试点工作，有章可循、有法可依、有规可据，扎实推进“湾长制”落地生根，组织编制《海口市湾长制规定》《海口市“湾长制”巡查制度》《海口市“湾长制”试点工作联合执法制度》《海口市“湾长制”试点工作督查考核细则》等规章制度，形成管用长效的制度体系。通过实施海洋生态环境本底调查，建立海洋生态、海洋环境、海洋资源等数据库，为“湾长制”后续工作的顺利开展提供基础数据和技术支撑。启动海口市“湾长制”综合业务管理平台建设，进行公开招投标；启动编制海口市海洋灾害风险区划、污染物入海总量控制、海口市海岸带保护利用与规划3个项目已编制实施方案。

【国家海洋专项督察反馈意见整改】2018年1月16日，国家海洋督察组第六组向海南省通报督察意见，海口存在的问题共10条（全省共性问题4条、海口个性问题6条）。针对存在的共性和个性问题，对照全省的整改方案，海口市海洋督察整改工作领导小组办公室研究制定完善整改措施，在征求各相关单位意见和报省整改办审查后，形成《海口市贯彻落实国家海洋督察反馈意见整改方案》报请市海洋督察整改工作领导小组审议。为保证各项整改工作按时高效落实，按照边整边改的原则，在修改完善整改方案的同时督促各级各部门按照整改方案确定的时间节点有效推进整改落实工作，并严格落实进展调度制度。对围填海项目问题，制定《海口市围填海项目“一岛一策”整改方案》，针对整改的重点、难点问题认真做好研究和协调工作，尽最大努力解决，确保整改工作有序高效推进；贯彻落实海口市落实中央环保督察反馈意见整改工作要求，有效制定中央环保督察指出存在问题的整改措施，并严格执行各项整改工作制度，建立和完善整改工作台账。督促各整改责任单位分别完成灯塔酒店项目施工便道的拆除、如意岛项目违法填海的案件审查并下达处罚决定书、南海明珠项目海洋生态环境影响后评价、灯塔酒店项目环境影响后评价、“一岛一策”中3个围填海项目的控规修订、北港岛保护与利用开发项目问题、千禧酒店项目施工便道的拆除整改等正在整改要求和计划稳步推进。对水产养殖污染问题，制定《海口市关于中央环保督察及国家海洋督察反馈意见涉及水产养殖问题的整改工作方案》，组织开展池塘养殖退出工作，美兰区《演丰镇博度片区退塘还林工作实施方案》经市政府审议，于6月27日印发实施，计划退塘还林约54.47公顷；桂林洋经济开发区制定《海口桂林洋开发区海岸带陆域200米Ⅰ类红线区水产养殖退出补偿工作实施方案》，计划退出养殖池塘10.15公顷；秀英区完成海岸带200米范围内养殖场摸底工作，计划退出水产养殖6.4公顷。同时，集中对养殖片区着手建设尾水处理，美兰区计划建设塔市养殖片区池塘养殖尾水处理站，计划投资322万元；秀英区安排1500万元，计划在博南、荣山等集中养殖片区建设养殖尾水处理设施，博南养殖片区已建成养殖尾水处理沉淀池4个。此外，在东寨港海水增养殖区、灵山高位养虾池养殖区、塔市高位养虾池养殖区等养殖集中区域开展水质监测6次。

【海洋执法】2018年，中国海监海口市支队按照《海域使用执法检查制度》《岸线巡查工作制度》《海岛执法巡查工作制度》和《档案管理制度》等制度，抓好执法工作。加强海洋管控，重点加强海域使用、海洋环境监督执法，全年共开展海洋执法检查95次，出动执法船艇巡航25航次，执法车辆120辆次，派出执法人员480人次，立案11宗，共收缴罚款1005.83万元（含收缴2017年罚款817.43万元）。其中查处非法占用海域立案3宗，罚款47.07万元；查处海上非法采砂船5艘，罚款22万元；没收并拍卖罚没海砂116.34万元；查处倾废案1宗，罚款3万元；监督跟踪检查各类涉海项目7个，海岛巡查4批次，用海项目检查覆盖率达100%。加强与上级海监部门联合执法，全年共检查用海项目3个，与海警、海事处、交通港航等部门联合检查砂船10船次，与海事处、交通港航、美兰和秀英区政府职能部门处理砂堆3次，开展海岸线巡查5次，共出动执法车辆20次，派出执法人员70人次，有效促进规范用海。

（张德利）

# 环境保护

【环境保护工作概况】2018年，海口市以改善生态环境质量为核心，推动污染防治攻坚战取得进展，生态环境质量持续改善。环境空气质量总体良好，1—12月环境空气质量在全国169个重点城市中排名第一。水环境质量总体良好，南渡江龙塘段、永庄水库等城市集中式饮用水源地水质、国家控制的水质监测断面水质和近岸海域海水水质达标率均为100%，主要江河、湖库水质总体良好。土壤环境质量保持稳定。声环境质量符合国家标准，四类噪声功能区昼间等效声级均达到相应指标要求。共有空气自动监测站10个（其中国控站点5个，省控站点2个，市控站点3个），水质自动监测站6个（国家级水质自动监测站4个，地方水质自动监测站2个），为环境管理决策提供数据支撑。年内，海口市生态环境保护局各项考核成绩优异，被人力资源部、环境保护部评为“全国环境保护系统先进集体”；被省生态环境保护厅评为“全省环境执法大练兵先进集体”；通过省级文明单位复核。

【大气环境质量】2018年，海口市环境空气质量继续保持优良水平，有效监测天数365天，其中，环境空气质量指数（AQI）一级优天数280天，二级良天数77天，超二级天数8天，环境空气质量优良率（AQI≤100的天数）97.8%。全市二氧化硫（$SO_2$）、二氧化氮（$NO_2$）、可吸入颗粒物（$PM_{10}$）和细颗粒物（$PM_{2.5}$）平均浓度分别为5μg/m³、13μg/m³、34μg/m³和18μg/m³。一氧化碳（CO）24小时平均第95百分位数是0.8mg/m³；臭氧（$O_3$）日最大8小时平均第90百分位数是110μg/m³。

备注：AQI（空气质量指数），0~50为一级（优），51~100为二级（良），101~150为三级（轻度污染），151~200为四级（中度污染），

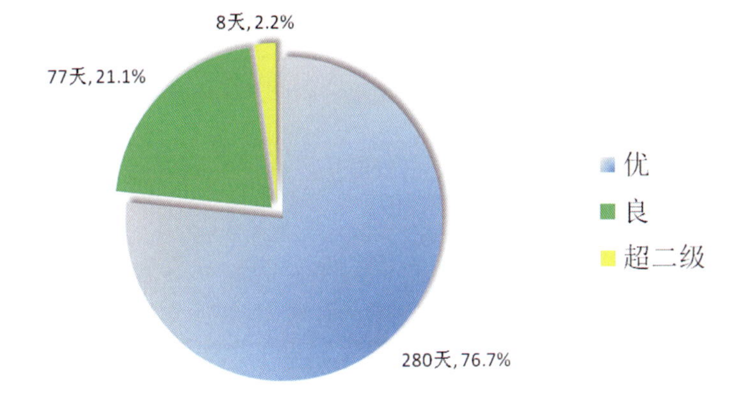


2018 年海口市空气质量级别分布示意图

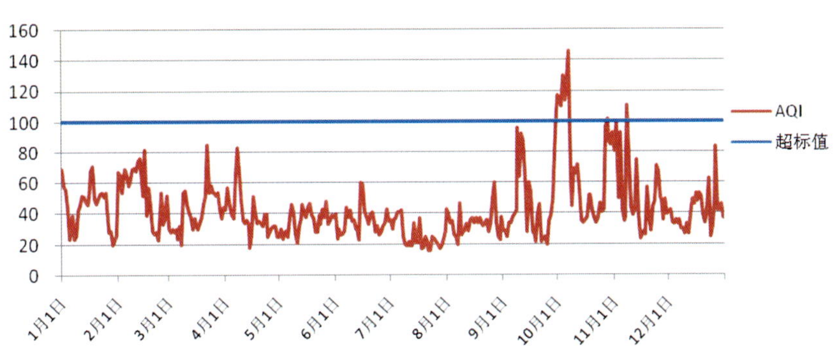


2018 年海口市 AQI 值变化趋势图

201~300 为五级（重度污染），>300 为六级（严重污染）。

**【水环境质量】**2018 年，海口市水环境质量总体良好，南渡江龙塘段、永庄水库等城市集中式饮用水源地水质、国家控制的水质监测断面水质和近岸海域海水水质达标率均为 100%。（1）集中式生活饮用水水源地。城市集中式生活饮用水水源地分为地表水集中式生活饮用水水源地和地下水集中式生活饮用水水源地，监测点位分别为龙塘水厂、永庄水库和秀英水厂。年内，龙塘水厂水质达到《地表水环境质量标准》（GB3838—2002）Ⅲ类标准，永庄水源地水质达到《地表水环境质量标准》（GB3838—2002）Ⅱ类，秀英水厂海榆中线 1 号车间、秀英水厂省医院12 号—2 井、秀英水厂镇海 9 号车间水质均达到《地下水质量标准》（GB/T 14848—2017）Ⅲ类标准，达标率 100%。典型乡镇和农村集中式饮用水水源地监测点位共 19 个，其中地表水型水源地点位 5 个和地下水型水源地点位 14 个。年内，5 个地表水全部达标，14 个地下水中 2 个点位达标、12 个点位水质超标，水质达标率 36.8%，超标因子均为总大肠菌群。（2）地表水。其中，5 个国控断面中，龙塘和演州河监测断面的水质均达到《地表水环境质量标准》（GB3838—2002）Ⅲ类标准；后黎村、儒房渡口和农垦橡胶所一队水质均达到地表水Ⅱ类标准，5 个国控断面水质均达到相应的水质控制目标；3 个省控断面中，群益村和巡崖村水质均达到地表水Ⅲ类标准，达到相应的水质控制目标；福美村水质达到地表水Ⅲ类标准，未达到地表水Ⅱ类标准的控制目标，超标因子为总磷；其他河流，包括演丰东河、演丰西河、罗雅河和荣山河 4 条河流，均达标，其中演丰西河水质达到《地表水环境质量标准》（GB3838—2002）Ⅲ类标准，演丰东河、罗雅河和荣山河水质均达到《地表水环境质量标准》（GB3838—2002）Ⅳ类标准。（3）近岸海域。2018 年，海口市 14 个近岸海域监测点位水质均达到《海水水质标准》（GB3097—1997）规定的相应环境功能区标准或年度水质管理目标。

2018 年海口城市饮用水源地水质达标情况表

| 饮用水源地 | 类型 | 水质目标 | 2018 年水质状况 | 达标情况 |
|---|---|---|---|---|
| 龙塘水厂 | 地表水 | Ⅲ类 | Ⅲ类 | 达标 |
| 永庄水库 | 地表水 | Ⅲ类 | Ⅱ类 | 达标 |
| 秀英水厂（海榆中线 1 号车间） | 地下水 | Ⅲ类 | Ⅲ类 | 达标 |
| 秀英水厂（省医院 12 号—2 井） | 地下水 | Ⅲ类 | Ⅲ类 | 达标 |
| 秀英水厂（镇海 9 号车间） | 地下水 | Ⅲ类 | Ⅲ类 | 达标 |

**2018年海口市农村饮用水源地水质达标情况表**

| 饮用水源地 | 类型 | 水质目标 | 2018年水质状况 | 超标因子 | 达标情况 |
|---|---|---|---|---|---|
| 凤潭水库 | 地表水 | Ⅲ类 | Ⅱ类 | – | 达标 |
| 岭北水库 | 地表水 | Ⅲ类 | Ⅱ类 | – | 达标 |
| 九尾水库 | 地表水 | Ⅲ类 | Ⅲ类 | – | 达标 |
| 新坡镇地表水型水源地 | 地表水 | Ⅲ类 | Ⅱ类 | – | 达标 |
| 东昌农场白石溪河 | 地表水 | Ⅲ类 | Ⅱ类 | – | 达标 |
| 新坡镇光荣村 | 地下水 | Ⅲ类 | Ⅳ类 | 总大肠菌群 | 超标 |
| 永兴镇 | 地下水 | Ⅲ类 | Ⅳ类 | 总大肠菌群 | 超标 |
| 红旗镇 | 地下水 | Ⅲ类 | Ⅳ类 | 总大肠菌群 | 超标 |
| 遵谭镇 | 地下水 | Ⅲ类 | Ⅳ类 | 总大肠菌群 | 超标 |
| 旧州镇 | 地下水 | Ⅲ类 | Ⅳ类 | 总大肠菌群 | 超标 |
| 灵山镇东和村 | 地下水 | Ⅲ类 | Ⅳ类 | 总大肠菌群 | 超标 |
| 云龙镇 | 地下水 | Ⅲ类 | Ⅱ类 | – | 达标 |
| 石山镇 | 地下水 | Ⅲ类 | Ⅳ类 | 总大肠菌群 | 超标 |
| 西秀镇 | 地下水 | Ⅲ类 | Ⅳ类 | 总大肠菌群 | 超标 |
| 龙桥镇 | 地下水 | Ⅲ类 | Ⅳ类 | 总大肠菌群 | 超标 |
| 龙泉镇 | 地下水 | Ⅲ类 | Ⅳ类 | 总大肠菌群 | 超标 |
| 龙塘镇 | 地下水 | Ⅲ类 | Ⅳ类 | 总大肠菌群 | 超标 |
| 三江镇 | 地下水 | Ⅲ类 | Ⅱ类 | – | 达标 |
| 演丰镇 | 地下水 | Ⅲ类 | Ⅳ类 | 总大肠菌群 | 超标 |

**2018年海口市国控、省控地表水考核断面及其他河流水质达标情况表**

| 序号 | 水体名称 | 断面名称 | 断面类别 | 水质目标 | 2018年水质状况 | 超标因子 | 达标情况 |
|---|---|---|---|---|---|---|---|
| 1 | 南渡江 | 后黎村 | 国控、省控 | Ⅲ类 | Ⅱ类 | – | 达标 |
| 2 | | 龙塘 | 国控、省控 | Ⅲ类 | Ⅲ类 | – | 达标 |
| 3 | | 儒房 | 国控、省控 | Ⅱ类 | Ⅱ类 | – | 达标 |
| 4 | | 群益村 | 省控 | Ⅲ类 | Ⅲ类 | – | 达标 |
| 5 | | 福美村 | 省控 | Ⅱ类 | Ⅲ类 | 总磷（0.10） | 超标 |
| 6 | 南渡江 | 演州河河口 | 国控、省控 | Ⅲ类 | Ⅲ类 | – | 达标 |
| 7 | 文昌河 | 农垦橡胶所一队 | 国控、省控 | Ⅲ类 | Ⅱ类 | – | 达标 |
| 8 | 巡崖河 | 巡崖村 | 省控 | Ⅲ类 | Ⅲ类 | – | 达标 |
| 9 | 演丰东河 | 演丰东河入海口 | 其他河流 | Ⅳ类 | Ⅳ类 | – | 达标 |
| 10 | 演丰西河 | 演丰西河入海口 | 其他河流 | Ⅳ类 | Ⅲ类 | – | 达标 |
| 11 | 罗雅河 | 罗雅河入海口 | 其他河流 | Ⅳ类 | Ⅳ类 | – | 达标 |
| 12 | 荣山河 | 荣山乡 | 其他河流 | Ⅳ类 | Ⅳ类 | – | 达标 |

2018 年海口市近岸海域水质达标情况表

| 序号 | 点位名称 | 监测类别 | 水质目标 | 2018 年水质状况 | 达标情况 |
|---|---|---|---|---|---|
| 1 | 天尾角 | 国控 | 二类 | 一类 | 达标 |
| 2 | 三联村 | 国控 | 二类 | 二类 | 达标 |
| 3 | 铺前湾 | 国控 | 二类 | 一类 | 达标 |
| 4 | 海口湾 | 国控 | 二类 | 一类 | 达标 |
| 5 | 桂林洋 | 省控 | 二类 | 一类 | 达标 |
| 6 | 假日海滩 | 省控 | 二类 | 一类 | 达标 |
| 7 | 秀英港 | 省控 | 三类 | 二类 | 达标 |
| 8 | 海口湾旅游度假区 | 省控 | 二类 | 二类 | 达标 |
| 9 | 新海港区 | 省控 | 二类 | 一类 | 达标 |
| 10 | 东寨港红林 | 省控 | 二类 | 一类 | 达标 |
| 11 | 环岛 | 市控 | 三类 | 二类 | 达标 |
| 12 | 荣山寮 | 市控 | 三类 | 一类 | 达标 |
| 13 | 南港 | 市控 | 二类 | 一类 | 达标 |
| 14 | 海口倾废区 | 市控 | 四类 | 二类 | 达标 |

【声环境质量】2018 年，海口市 4 类声环境功能区昼间平均等效声级符合《声环境质量标准》（GB3096—2008）；区域环境噪声昼间平均等效声级为 56.1 分贝，总体水平为三级（一般）；交通噪声昼间平均等效声级为 69.1 分贝，强度等级为二级（较好）。

【环境规划】2018 年，海口市生态环境保护局强化资源环境约束，优化生态环境空间布局，印发实施《海口市环境保护“十三五”规划》《海口市畜禽养殖污染防治规划》，完成《南渡江流域（海口段）生态保护与环境综合整治规划》《海口市城市规划区声环境功能区划分方案（2018—2020）》报告编制并通过专家评审，筑牢生态安全屏障。

2018 年海口市 4 类声环境功能区览表

| 类型 | 功能区 | 昼间平均等效声级 /dB（A） | 标准 |
|---|---|---|---|
| | | | 昼间 /dB（A） |
| 1 类区 | 居住文教区 | 49.8 | 55 |
| 2 类区 | 居住、商业、工业混杂区 | 54.6 | 60 |
| 3 类区 | 工业区 | 59.4 | 65 |
| 4a 类区 | 交通干线两侧区域 | 67.6 | 70 |

【环境影响评价】2018 年，海口市生态环境保护局严把项目环境准入，优化项目选址选线，强化污染防治和生态保护措施，保护各类环境敏感目标，维护公众环境权益。全面推进规划环评，对《海口市南渡江疏浚整治工程专项规划环境影响报告书》进行审查，梳理海口市产业园区规划环评开展情况，有效防范环境风险；严把环保审批关，提高环保准入门槛，项目审批严格落实“三个联动”（规划环评与建设项目环评联动、项目环评审批与现有项目环境管理联动、项目环评审批与区域环境质量联动）、“四个不批”（国家明令淘汰、禁止建设不符合产业政策的一律不批；环境污染重，产品质量低，能耗、物耗高，污染物排放不能达标的项目一律不批；环境质量不能满足环境功能要求的，没有总量指标的一律不批；建设项目拟建在自然保护区核心区、缓冲区的项目一律不批）和“三个严格”（严格限制涉及饮用水源保护区、自然保护区、风景名胜区、重要生态功能区等环境敏感区的项目；严格控制高能耗、高污染、高耗资的项目；严格控制项目总量，把污染物总量指标作为项目建设的前提条件），充分发挥环评审批“控制闸”作用。全年共完成环评审批 29 个、竣工环保验收 55 个，否决不符合环保审批条件的项目 4 个，完成环保设施整改 1 个，核发排污许可证 90 个（含 4 个国家新版排污许可证）。

【生态海口建设】2018 年，海口市实

行最严格的生态环境保护制度，加快推进国际化滨江滨海花园城市建设，全面推进生态文明，不断增强市民游客的获得感、幸福感。完善生态保护机制，召开海口市生态环境保护大会、海口市生态环境保护委员会会议，统筹协调推进重点生态环保工作；调整市生态环境保护委员会组成成员及相应的环保职责，组成成员扩大至47个，环境保护“党政同责，一岗双责”责任体制不断健全。印发施行《海口市环境保护“党政同责、一岗双责”责任制考核办法》。在2018年度海口市绩效考核中，该考核办法作为生态环境保护考核重要依据，并将“环境保护目标责任考核”纳入4个区及各党政机关单位绩效考评共性目标，确保环境保护“党政同责、一岗双责”履职到位。修改完善权责清单，权力事项由原来的100项修改为26项（其中行政许可事项8项、行政处罚事项13项、行政强制事项3项、行政检查事项2项），责任事项102项。探索生态资产和生态系统生产总值（GEP）核算体系。开展2017年GEP（生态系统生产总值）生态核算，系统地评估森林、灌丛、草地、湿地、农田和海洋生态资产的数量与质量。经核算，2017年海口市生态系统生产总值为2760.78亿元，约为当年GDP的1.99倍，剔除价格因素，2015—2017年GEP增速达15.64%。其中，生态系统产品总值约占当年GEP的5.27%，增速为1.30%；生态系统调节服务总值约占当年GEP的63.48%，增速为1.38%，其中气候调节、固碳释氧、洪水调蓄作用显著；生态系统文化服务总值约占当年GEP的31.25%，增速达71.58%。对比2015—2017年3年报告核算结果显示，海口市生态系统生产总值大幅增长，分析表明旅游服务业发展、生态环境治理、农业生产转型是生态系统生产总值提高的主要原因。4月9日，市生态环境保护委员会印发实施《海口市贯彻落实海南省人民政府关于健全生态保护补偿机制的实施意见责任分工方案》，生态保护补偿体制机制不断健全。强化区域协同，11月26日与北部湾10个城市在北部湾经济合作组织第十次成员大会暨北部湾城市合作组织第二次大会上签订《北部湾城市环境保护合作框架协议》，加强大气污染防治区域联防联控工作。12月15日，由生态环境部、广西壮族自治区人民政府指导，中国生态文明研究与促进会主办，南宁市人民政府、广西壮族自治区生态环境厅联合承办的中国生态文明论坛在南宁召开，会上，海口市获评“2018美丽山水城市”称号。

【高污染燃料禁燃区调整】2018年，海口市为提升环境空气质量，建立健全大气污染防治长效机制，市政府印发《关于调整高污染燃料禁燃区的通告》，调整高污染禁燃区范围和燃料种类，将禁燃区范围从原先的建成区扩大到城市主城区（绕城高速公路以北与海口市东、西行政界线围合的区域，包括海口市区21个街道办事处以及长流、西秀、海秀、城西、灵山、演丰6个镇），并将市主城区范围外11个乡镇镇域（永兴、东山、新坡、龙塘、云龙、红旗、旧州、三门坡、三江、大致坡、甲子）、4个省级产业园区（海口观澜湖旅游度假区、狮子岭工业园、云龙产业园、美安科技新城）纳入禁燃区管理。自7月1日起施行，有效期5年。海口市人民政府2003年12月3日发布的《关于划定禁止使用高污染燃料区域的通告》同时废止。海口市禁燃区内禁止燃用的高污染燃料组合为Ⅲ类（严格），涵盖煤炭及其制品（包括原煤、散煤、煤矸石、煤泥、煤粉、水煤浆、型煤、焦炭、兰炭等）、石油焦、油页岩、原油、重油、渣油、煤焦油以及非专用锅炉或未配置高效除尘设施的专用锅炉燃用的生物质成型燃料。

【环境监测】2018年，海口市生态环境保护局共编制各类监测报告410份，获取各类监测有效数据15.62万个，编制《2017海口市环境质量报告书》和《2017年海口市环境质量公报》。在海口市生态环境保护局门户网站和环保官方微博发布各类环境质量信息，满足公众需求。在4个区政府、高新区、东寨港自然保护区设置LED显示屏发布当日环境空气质量信息，在市政府门户网站启动城镇内河（湖）水质监测和信息发布工作，方便市民了解海口市各类环境质量信息。为解决群众投诉热点问题，摸清污染源头，租用VOC（挥发性有机化合物）监测设备进行走航监测，重点对周边工业企业VOC排放情况进行摸底，为海口市污染防治和突出环境问题的有效解决提供有力的技术支撑。全年完成环境空气质量日报、预报341期，水质自动监测周报48期，海滨浴场周报49期，污染源简报12期、环境质量月报12期，水环境质量月报12期，环境质量公告12期。

【污染源普查】污染源普查每10年开展一次，第二次全国污染源普查标准时点为2017年12月31日。为做好第二次全国污染源普查，海口市强化组织领导，于2018年1月19日印发《海口市第二次全国污染源普查实施方案》，对普查目标、时点、对象、范围等作出详细的安排，并按照全市统一领导、部门分工协作原则，明确23个成员单位的工作职责；加强宣传引领，印发《海口市第二次全国污染源普查宣传工作方案》，进一步明确普查宣传的内容、时间和形式，充分利用各种宣传平台，采取多样宣传方式，对普查工作进行全方位的宣传；严格标准，优选普查人员。全市共选聘普查指导员和普查员510人，并建立“两员”管理档案，保证清查工作的顺利开展；强化监督检查，在普查清查阶段和入户调查阶段采取日调度制度，每日调度各区、各开发区清查工作进展情况，及时督办清查工作进展缓慢单位，并进行通报，强力推进普查工作；强化技术指导和质量核查，在清查阶段和入户调查阶段及时进行督导并开展技术指导，严格按照要求开展普查数据审核和现场核查工作，确保普查工作质量。2018年，海口市完成普查建库工作，建立工业源、农业源、生活源、交通源、集中式源等各类污染源应入户调查目录6457条。全面完成清查库中6457条调查目录的入户调查工作，全面摸清全市各类源基本情况、数量、结构、分布状况，为进一步加强海口市污染源监管，改善环境质量、防控环境风险，服务环境与发展综合决策提供依据。

【大气污染防治】2018年，海口市生态环境六大专项整治工作联合指挥部出台《大气污染防治专项行动方案(2018—2020年)》《大气专项强化整治工作方案》等文件，成立海口市大气专项污染防治指挥部，召开海口市生态环境保护大会、海口市环境保护委员会会议、大气污染防治专项会议等，明确年度防治目标、污染防治措施和部门职责分工，加强工作统筹部署。加强建筑工地扬尘、道路扬尘的监控力度，严格落实六个100%制度(施工工地围挡封闭100%，场内堆土覆盖100%，拆除工程洒水100%，进出车辆冲洗100%，裸露土地绿化100%，施工便道硬化100%)。推进道路机械化清扫等低尘作业方式，建成区机扫率达到82.48%；加大黄标车淘汰力度，全年共淘汰黄标车2677辆，发放淘汰补贴2441.55万元，提前完成省下达的淘汰任务；印发《海口市老旧车淘汰和污染治理实施方案》，《海口市推广使用国Ⅵ标准车用汽柴油工作方案》等文件，推进海口市老旧柴油车淘汰和污染治理、建筑和农业非道路移动机械、船舶等移动源污染防治工作；对包装印刷、汽车维修、医药、有机化工等行业开展VOCs排污单位筛查，形成《海口市挥发性有机物名录表》，并对具备完善手续的79家企业开展监督性监测，其余不具备条件的企业将列入“小散乱污”企业进行逐步的查处和关停；印发《海口市治理“小散乱污”企业专项行动方案的通知》，对全市企业开展排查摸底，形成海口市“小散乱污”企业台账，全年关停取缔185家，整改162家，搬迁16家；推动餐饮油烟治理设施安装，全市小型及以上餐饮油烟企业共8077家，其中安装油烟净化设施的共7338家，安装率91.5%；持续开展打击随意焚烧垃圾、秸秆和露天烧烤的违法行为工作，查处焚烧秸秆和焚烧垃圾218宗，露天烧烤31宗。

【水污染防治】2018年，海口市人民政府印发《污染水体治理三年行动方案（2018—2020年）》《2018年度水污染防治工作计划》，明确治水任务，全面推进污染水体治理工作。强化监督指导，分别在巡查督导、挂牌督办、约谈、信息报送及公众参与等水环境管理方面建立相关机制。市生态环境保护局对水环境质量定期开展跟踪监测，每月定期发布水环境质量监测信息，及时、准确地掌握海口市水环境质量现状。持续推进海口市城镇内河（湖）水污染整治工作，2018年纳入国家考核的19条21处水体已消除黑臭，纳入海南省政府考核的18条水体均达到地表水五类水质标准，完成省政府下达的水环境整治任务。启动建设污水处理设施工程7个，分别为白沙门（一期）污水处理厂、白沙门（二期）污水处理厂、长流污水处理厂、云龙污水处理厂及龙塘污水处理厂5座运营污水处理厂“一级A排放标准”的提标改造工程、桂林洋污水处理厂改扩建工程以及海口市镇域污水处理厂及配套管网工程，持续推进中央环保督察反馈问题整改落实到位。海口生物资源利用示范中心项目于1月15日投入试运行，实现污泥减量化、无害化、稳定化、资源化处置目标。加强海口市畜禽养殖污染防治，印发《关于划定海口市畜禽养殖区域范围的通告》，科学划定禁养区、限养区、适养区具体范围，推动畜禽养殖与生态环境全面协调可持续发展；依法划定水产养殖禁区，海口市政府印发实施《海口市养殖水域滩涂规划（2016—2030年）》，合理布局海口市水产养殖生产。提升船舶污染物接收、转运、处置的监管能力，改善和提升海口市通航水域水环境质量，修订完善船舶污染物接收转运处置联单制度，开展船舶非法排污专项检查，查处污染物处置不全违法行为3起、非法排放污染物违法行为3起，对超标排放污染物的航运企业全部进行从重处罚，保障琼州海峡海洋环境清洁。为全面落实最严格水资源管理制度考核工作，3月6日海口市人民政府印发《实行最严格水资源管理制度考核工作实施方案》，推动建立“三条红线”（用水总量、用水强度控制、水功能区限制纳污）控制指标、水资源管理实时监控系统、政府考核评价“三大体系”；开展海口市入海直排口污染源调查，市生态环境保护局印发《海口市入海排污口调查工作实施方案》，年内完成排查企业70家，其中发现设置入海排污口企业4家、入海排污口4个。

【土壤污染防治】2018年，海口市生态环境保护局完成农用地土壤详查点位核实、农产品采样点位调查，共调查农用地土壤污染状况详查农产品点位共531个，调查范围覆盖4个行政区22个乡镇；开展重点行业企业用地基础信息调查，完成74家重点行业企业用地基础信息调查工作，排查涉镉等重金属重点行业企业建设项目85家，督促土壤污染重点监管企业开展土壤环境自行监测。规范建设用地准入管理，防控污染地块环境风险，市生态环境保护局联合市国土、规划、科工信等部门制定《海口市规范污染地块再开发利用准入管理工作方案》，建立权责清晰，联动监管的污染地块再开发再利用管理工作机制，保障建设用地土壤环境安全。强化土壤防治工作培训，12月5日邀请生态环境部土壤司魏彦昌副调研员讲解《土壤污染防治行动计划》和《土壤污染防治法》，培训涉及各职能部门领导干部100人以上。全年共检查海口市危险废物产生和经营单位75家，50家达标，16家基本达标，9

家不达标，检查发现企业存在问题339个，行政处罚30宗，处罚金额196万元。完成“绿盾2018”国家第十巡查组对东寨港自然保护区考核工作。

【医疗及危险废弃物处理】2018年，海口市、区两级环保部门对辖区内126家次危险废物产生、经营单位开展规范化管理现场交叉执法抽查，重点抽查年产生量10吨以上产废单位、危险废物经营单位、医药行业企业等。其中抽查产废单位115家次，危废经营单位11家次。检查结果显示，在抽查的115家次产废单位中，有88家次达标、19家次基本达标、8家次不达标，合格率88.08%；在抽查的11家次危废经营单位中，有9家次达标、1家次基本达标、1家次不达标，合格率88.18%。严厉打击涉危险废物环境违法行为，共立案查处92宗，其中移送公安部门涉废铅酸电池案件1宗，查扣废铅酸电池8.9吨，罚款350.11万元。强化医疗废物规范化处置，海口市123家医院、26家卫生院、90家社区服务站、96家门诊、498家诊所以及70家卫生室等医疗卫生机构均按照法律和技术规范要求，将产生的医疗废物统一交由医疗废物集中处置单位——海南益丰达医疗卫生用品有限公司高温焚烧处置。年内，海口市医疗卫生机构医疗废物产生量和处置量均为2761吨，医疗废物收集实现全覆盖、集中无害化处置率达到100%。

【核与辐射安全监管】2018年，海口市生态环境保护局不断加强对核与辐射安全的监管，组织开展博鳌亚洲论坛和庆祝建省30周年放射源安全检查等专项行动，确保核与辐射环境安全。年内，共有6家核技术利用单位使用Ⅳ、Ⅴ放射源12枚；100家辐射工作单位使用Ⅲ类射线装置359台。涉及核技术利用的国控、省控重点企业和三级医院12家，9家三级医院共有放射源44枚，射线装置189台。结合污染源“双随机”（在监管过程中随机抽取检查对象，随机选派执法检查人员）抽查，对全市65家企业和医院放射源管理情况开展日常的核查，堵塞监管漏洞。2018年，海口市未发生核安全事故和突发事件。

【饮用水源地保护】2018年，海口市生态环境保护局推动打好水源地保护攻坚战向纵深发展，全面整治饮用水水源地保护区内环境问题，切实保障饮用水水源地水质安全。开展饮用水水源环境状况评估，评估结果显示2017年度南渡江龙塘、永庄水库2个城市饮用水水源地的水质指标全部达标。开展水质监测，每月对饮用水水源地水质进行监测，并将监测结果在市生态环保局门户网站进行发布。2018年，海口市城市集中式饮用水水源地水质均达标。开展集中式饮用水水源地环境保护专项行动，提前1个月完成2个城市集中式饮用水水源保护区12个环境问题整治工作。根据国家有关法律法规和新的技术规范《饮用水水源保护区划分技术规范》(HJ 338—2018)，对龙塘饮用水水源保护区区划进行调整。强化应急管理，修订并印发实施《海口市南渡江龙塘饮用水水源保护区突发环境事件应急预案》及《海口市永庄水库饮用水水源保护区突发环境事件应急预案》。6月27日，市生态环境环保局与琼山区政府联合开展龙塘饮用水水源地环境应急演练，规范应急事件的处理程序和方法，提升环境监察、监测队伍快速反应、协调联动的能力。

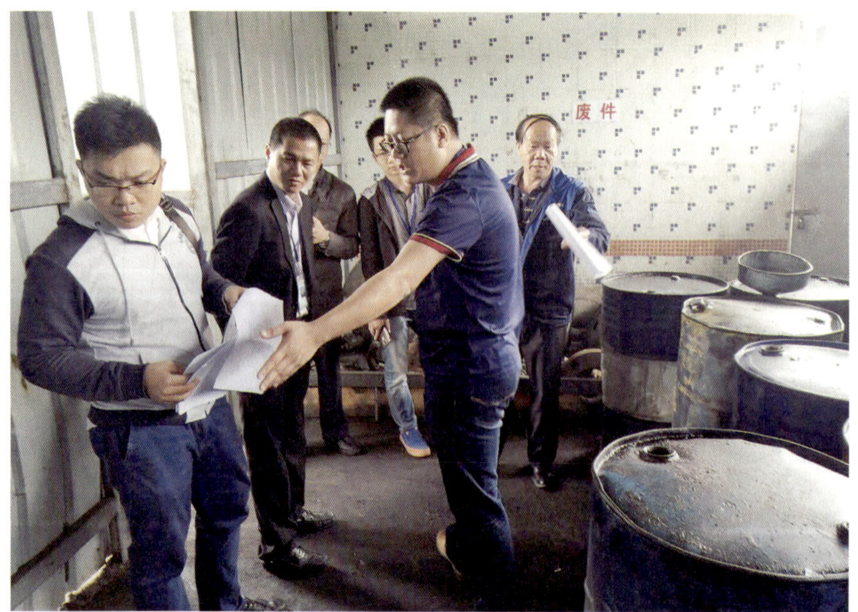

2018年3月13日，海口市生态环保局对危险废弃物产生企业开展抽查工作

（市生态环保局 供）

【农村生活污水治理】2018年，海口市根据《海南省农村人居环境整治3年行动方案（2018—2020年）》工作要求，扎实开展农村生活污水治理，因地制宜大力推进农村生活污水收集处理设施建设，不断改善农村生态环境。海口市农村生活污水治理范围包括秀英区、龙华区、琼山区、美兰区和桂林洋经济开发区。农村生活污水治理项目共涉及17个行政村、117个自然村，年底开工建设。海口市将两批资金共2.61亿元下达各区财政局，拨付给项目代理、代建机构共9427.75万元，占比36.12%。年内完成2个城市集中式饮用水水源地保护区内农村生活污水治理工作，通过采取两种农村生活污水治理模式妥善处理保护区内原住村民的生活污水，投资近600万元，解决6个村庄777人生活污水排放问题。

【环保监察执法】2018年，海口市生态环境保护局强化“严惩重罚”，认真开展海岸带专项巡查、排污许可证专项执法检查、“双随机”、海口市工业污染源全面达标排放工作、“小散乱污”专项行动、大气污染防治执法检查、纳污坑塘整治、环境执法大练兵等8项环境综合整治环保专项行动，严厉查处一切破坏生态环境的行为。共立案处罚413宗，下达《行政处罚决定书》413份，罚款5673.42万元，占全省34%，其中重大案件（4个配套案件）56宗，占全省48%。立案处罚金额比上年增长50.2%，严管重罚成为常态。其中，海口康星洗涤用品有限公司通过渗井、渗坑违法排放水污染物被处罚款100万元并移送公安行政拘留；海口建及土石方工程有限公司因实施未验先投的环境违法行为，被处罚款100万元并强制关停。

【环保宣传教育】2018年，海口市生态环境保护局继续扎实推进环保宣传教育各项工作，为全民参与环保行动营造良好宣传氛围。全年累计开展100场次环境保护宣传活动，发送宣传资料8万余册，宣传物品1万余份。利用海口环保“双微”平台，编辑发布、转发微博1764篇，编辑发布微信信息1308篇，答复反馈网友咨询投诉300余次。突出公众的知情权、监督权和参与权，开展环保设施公众开放活动21场次，参观人数近1000人，接受市民咨询1600余次，各新媒体平台阅读量、转载量共7.7万次。开展环保知识竞赛宣传活动，选出20名优秀奖和100名参与奖给予相应奖励，鼓励群众积极参与环保。拓宽环境保护宣传平台，在海口广播电视台制作播放为期半年的环保法律法规相关内容，循环播放，增强公众环保法律意识。

【中央环保督察反馈问题整改】2018年，海口市加强组织领导，明确责任分工，推进中央环境保护督察反馈问题整改。（1）明确整改任务分工。印发实施《海口市贯彻落实中央第四环境保护督察组督察海南反馈意见整改方案》《海口市贯彻落实中央第四环境保护督察组督察反馈意见整改方案任务分工》《海口市贯彻落实中央第四环境保护督察组督察反馈意见整改措施清单任务分工》，实行整改“清单制”，细化明确整改责任、目标、时限和措施。（2）强化督查督办力度。开展群众信访举报件“回头看”交叉专项督查、自查自纠和对中央环保督察群众环境信访件的整改情况进行抽查，并将环保督察投诉举报件的办理情况与12345政府服务热线的回访进行联动，及时掌握反映事项的处理动态，全面遏制反弹。（3）创新工作方式。实行挂图作战模式，建立海口市环保督察案件管理系统，全市行政区划图上分色标注633件群众信访举报件办理情况、反弹及整改情况，绘制环保督察整改一张图，做到动态更新、一目了然、时时督办。在“海口环保”APP上增加“环保督察”板块，实时更新环保督察有关动态信息。各区、各部门都可实时登录“海口环保”APP查看事项进度情况，对所涉事项进行整改落实。年内，中央第四环境保护督察组进驻海南省督察期间转交海口市办理的群众举报件33批共633件全部办结。中央环保督察海南省情况反馈涉及海口市的21个共性问题各单位均按照整改方案确定的各项措施开展整改并稳步推进；5个个性问题中，“海口市常委会未研究生态环保工作”“鸭尾溪污染”2项完成整改，其他3个问题整改工作均达到整改时序要求。《海南省贯彻落实中央第四环境保护督察组督察反馈意见整改方案任务分工》和《海南省贯彻落实中央第四环境保护督察组督察反馈意见整改措施清单任务分工》中，由海口市牵头、整改期限为2018年底前的整改事项（共20项）完成整改和销号工作，并通过省中央环保督察整改领导小组办公室的形式审查。

（谢荣文）

# 园林绿化

【园林绿化概况】2018年，海口市园林局以创建“国家生态园林城市”和“国际化滨江滨海花园城市”为目标，推行节约型、生态型园林绿化建设，结合“海绵城市”“城市更新”“透绿见蓝、透光见海”等设计理念，全力推进生态自然化、森林化、本土化、花化、彩化和低成本养护化的“六化”城市园林绿化建设，持续实施滨海大道、国兴大道、龙昆南、滨江西路、海府路等主城区重要道路景观提升工程，持续增绿护蓝，大量种植椰子树、大叶油草、三角梅。年内，种植椰子树在内的本地树乔木共14030株，本地草大叶油草约115.16万平方米，三角梅在内的本地花木共19.08万株，着力改善城市生态，丰富城市景观，提升城市品位，取得显著成效。至12月底，全市建城区绿地面积6676公顷，绿地率36.5%；绿化覆盖面积7502公顷，绿化覆盖率41%；有公园19个，公园绿地面积1958公顷，人均公共绿地面积12.5平方米。

【公园建设改造】2018年，海口市园林局按“300米见绿，500米见园”的要求，统筹推进城市公园建设。12月，美舍河湿地凤翔公园核心区完成竣工验收并全部开放使用，完成建设地面积约20万平方米，累计完成种植椰子树、荔枝等乔木3530棵、种植三角梅5370株、大叶油草约17.8万平方米，建成栈桥、栈道5780米，广场5269平方米，园路8650米。凤翔湿地公园开放后平均每天引来市民游客观光游玩约3000人次，全年共接待考察学习团队150余次，举办各类活动110余场次。万绿园改造项目，年内完成氧吧、儿童乐园、琼北居民区、内湖等景观改造项目，累计种植椰子树等乔木704棵、三角梅共4827棵，大叶油草17.37万平方米，建成广场6300平方米、园路4445米。

海口市国兴大道实施道路绿化景观提升工程建设后效果图。摄于2018年4月20日

（市园林局 供）

【道路绿化景观提升】2018年，海口市园林局持续实施道路绿化海绵化改造，采用高大俊朗的椰子树与遮荫、开花的阔叶树同本地大叶油草相结合的方式，推进城市园林绿化项目建设，实现景观大提升。年内，实施龙昆南、国兴大道、椰海大道等5条道路景观提升项目建设，完成浇灌系统铺设19800米，种植椰子树为主的乔木共3821棵、大叶油草约12.7万平方米、浇灌系统铺设1.98万米；实施海秀东路、滨海大道、滨江西路等主城区重要道路景观提升工程建设，完成浇灌系统铺设3600米，累计种植椰子树3823棵、大叶油草约33.35万平方米；实施机场进出通道、琼山大道、龙昆南路、海府路、白龙路、椰海大道、海秀快速路和高铁沿线道路等道路绿化的景观更新工作，营造简约、俭约、大气的道路绿化景观，完成清理灌木并铺设草皮约2.5万平方米，补种植椰子树130棵；实施北师大附中附小海口学校配套路网绿化带绿化项目，完成工程量进度77%，绿化面积5.5万平方米，回填土方11.51万立方米，平整场地土方约7200平方， 累计种植椰子树等乔木约451棵，三角梅30株，大叶油草15000平方米。

【绿化养护管理】2018年，海口市园林局推进园林绿化精细化养护管理，重点对主干道的道路绿地、街边街心绿地进行杂草清除、施肥、树木修枝整形等常态化精细化管理。年内，对市管道路绿地及小游园施肥1500吨，清理杂草约143.6万平方米、绿化带草坪修剪约398.2万平方米，修剪花灌木420万平方米；片栽花灌木打药120万平方米，乔木打药8268株次，棕榈科植物椰心叶甲防治23.2万株次；加强树木修剪，对滨海大道、国贸路、玉沙路、南海大道、滨江西路等220条道路及挺秀公园、省会展中心、新埠岛等40个绿地修枝整形乔木5.89万株，清理棕榈科树木15.78万株，补植草皮4.9万平方米、花灌木2.8万平方米、椰子树136株、乔木456株、三角梅1528株；完成春节、博鳌亚洲论坛、建省30周年、清明节、省第八次党代会、五一、端午节、十一、十九大等重要节日、会议期间的园林服务保障工作，春节7天，各公园共接待游客约57万人次，整治绿地面积2万平方米。

【节日摆花造景】2018年元旦、春节、国庆等节假日及博鳌论坛年会暨建省30周年期间，海口市园林局实施4次摆花，摆花量为往年的4倍以上，共摆放时花649.43万盆、各色三角梅34.59万盆，其中元旦期间摆放时花40万盆、各色三角梅1万盆，春节期间摆放时花41万盆、各色三角梅5.6万盆，迎博鳌暨建省30周年期间摆放时花443.93万盆、各色三角梅25.29万盆，“十一”迎国庆摆时花84.5万盆、各色三角梅2.7万盆，为节日营造浓厚气氛。

【义务植树活动】2018年，海口市组织开展春秋季群众性义务植树月活动。3月12日，各区政府机关干部职工和社会各界志愿者共3000余人在秀英区蓝海街、龙华区建设路、美兰区大林路、琼山区大园路和儒蓬路等城区道路，以及金沙湾、美兰区演丰镇塔市和桂林洋海防林地等8个植树点开展“3·12”植树节群众性义务植树活动，种植椰子和重阳木等乡土树种、宫粉紫荆等开花乔木及木麻黄等海防林树苗共1.5万株，绿化面积约6万平方米。

【第十一届中国（郑州）国际园林博览会海口园获多项奖】2018年5月31日，第十一届中国（郑州）国际园林博览会在郑州航空港经济综合实

海口市园林局在建省30周年期间实施节日摆花造景。图为观海台摆花造景全景。摄于2018年4月5日

（市园林局 供）

第十二届中国（南宁）国际园林博览会海口园一角。摄于2018年（王德广 摄）

验区闭幕。海口市园林局代表海口市人民政府组织实施本届博览会“海口园”建设，海口市人民政府获本届博览会优秀组织奖，海口市园林局获展园建设最佳奖和先进单位，海口园获展园综合银奖和植物配置优秀奖。

【第十二届中国（南宁）国际园林博览会海口园建成开放】2018年12月6日，第十二届中国（南宁）国际园林博览会（以下称园博会）在南宁开幕。本届园博会以“生态宜居 园林圆梦”为主题，突出“生态、文化、共享”三大特色。园区内设中华城市展园44个、东盟园10个、丝路园9个、广西园1个、设计师园5个、企业园11个共80个展园。海口市园林管理局代表海口市人民政府承建并圆满完成博览会“海口园”项目建设。项目于7月11日开工，至11月30日，完成“海口园”入口印象区、文化体验区、滨水游览区、热带景观区等项目建设，占地面积2007平方米，总投资315.35万元。12月7日，海口园正式对公众开放。

【古树名木保护】2018年，海口市园林局加大古树名木保护管理力度，组织开展第二次古树名木资源普查，通过省绿委第二次古树名木资源普查建档工作验收专家组验收，被评为优秀等级。共普查建档古树名木1684株，其中名木94株，古树1590株；种类分属28科46属50种，500年以上一级古树2株；300～499年的二级古树26株；100～299年的三级古树1562株。加强古树名木管理保护巡查，组织完成对全市146株古树名木进行修枝、支撑加固、病虫害防治和重新挂牌等工作，并签订古树名木保护管理责任书。

（梁定军）

# 环境卫生管理

【环境卫生管理概况】2018年，海口市环卫系统共出动环卫工人406.89万人次，机械化作业车辆18.06万台，对建成区3540万平方米道路，2536万平方米内河、湖及61.6万米海岸线和公共厕所进行清扫保洁。创新环卫作业模式，推行道路机械化清扫等低尘作业方式，对重点区域、重点路段实行“潮汐式”保洁作业。加强水域卫生管理，确保水域干净整洁，全年累计出动人员5.3万人次，出动机船打捞作业约8106船次，共清理水域垃圾16126.08吨。做好垃圾收运处理工作，收运和处理生活垃圾约112.44万吨、餐厨垃圾3.47万吨、粪渣7.04万吨，全部实行无害化处理。做好垃圾末端处理管理工作，全年处理垃圾总量117.38万吨，无害化处理率100%；处理垃圾渗滤液41.68万吨，出水水质达到国家排放标准；收集填埋气794万立方米，发电量1443万度，减排1950吨二氧化碳当量，达到资源回收利用，节能减排的目的；累计处理大件垃圾1358.41吨、建筑垃圾4.2万吨。年内，海口市在全省第一季度城乡环境卫生综合整治工作督查考核（城区）中排名第一，第二季度全省城乡环境卫生综合整治暨“厕所革命”专项督查考核中获得城区乡村双料桂冠，第三季度城乡环境卫生综合整治工作督查考核中城区与乡村排名第一。

【环卫基础设施项目建设】2018年，海口市环卫局加快环卫基础设施项目建设。江东生活垃圾转运站升级改造工程竣工，于9月30日正式投入使用；西秀建筑资源再生利用PPP项目生产设备安装率90%，11月底投入运行；菜篮子公益性大型农副产品批发市场垃圾转运站建设工程完工，年底投入使用；大致坡福良村公厕项目建设投入使用，解决村民如厕难的问题；桂林洋地埋式垃圾收集站项目建设进展顺利，11月投入使用；白水塘存量垃圾治理工程项目完成立项、可研、环评、EPC设计等前期工作，施工方进场开展“三通一平”工作；海口市垃圾处理场氧化塘修缮工程项目完成立项、可研、环评、项目设计等前期工作；长流废弃家具处置堆放场场地硬化、围墙建设及大件垃圾破碎机采购等工作完成，即将投入使用，届时将对推进生活垃圾分类工作，提高生活垃圾减量化、资源化、无害化管理水平起到积极作用；颜春岭填埋场应急整治工程项目、颜春岭焚烧炉渣及飞灰填埋库区工程正在编制项目建议书（送审稿），土地“农转用”通过省国土厅批复，澄迈县拟进行土地招拍挂工作；海口市颜春岭垃圾渗滤液处理站二期扩建工程项目可研编制正在加紧推进中。经过基础设施建设，海口市不断提升城乡垃圾处理水平，社会服务功能明显增强。

**【垃圾分类工作】**2018年，海口市环卫局以城市垃圾分类为主线，完善制度体系和基础设施建设，为全面推行垃圾分类工作提供保障。5月，市政府办公厅印发实施《海口市生活垃圾分类和减量工作方案》，通过源头减量、分类投放、分类收运、分类处理的系统治理方式，全面建立城市生活垃圾分类制度。11月1日，《海口市生活垃圾分类管理办法》施行，填补海口市垃圾分类管理的立法空白。餐厨垃圾收运体系稳定运行。餐厨垃圾特许经营企业配置31辆餐厨垃圾专用收运车，总运力87吨，能够满足全市餐厨废弃物的收运需求，12月底，全市餐厨垃圾收运协议签约单位6394家，日均收运餐厨垃圾约172吨。初步建立大件垃圾收运体系，各环卫PPP企业配置大件垃圾收运车辆22辆，总运力83吨，通过指定投放点、预约上门、12345热线办件等方式开展大件垃圾收运作业。建立有害垃圾收运体系，全市131个住宅小区（单位）设置500个有害垃圾垃圾桶，日平均回收有害垃圾5千克。探索建立“互联网+再生资源回收”模式。在131个试点小区投放182个干垃圾箱，委托再生资源回收企业对干垃圾箱的干垃圾从源头收集，运输至回收企业分拣中心进行二次专业分选，干垃圾中分拣出的可回收物直接进入再生资源利用体系。同时，回收企业还建立资源回收微信公众号，小区居民通过注册、完善信息、呼叫回收、垃圾分类奖励等环节，完成垃圾分类后可回收物的分类收运处置，初步形成互联网+再生资源回收模式。据调查统计，在垃圾分类试点小区，约有七成居民知晓海口被列为生活垃圾分类试点城市，近六成居民所在小区实施生活垃圾分类投放，居民对生活垃圾的分类方式在逐步改善。

**【农村环境卫生治理】**2018年，海口市环卫局开展农村垃圾专项治理，多措并举改善人居环境。配套完善设施设备，提高农村垃圾收运能力，建成农村小型生活垃圾收集站47座，配置各类垃圾运输车217辆、清扫车35辆、各类小型保洁车1040辆、垃圾桶13724个，全市农村行政村生活垃圾收集点覆盖率达到100%，生活垃圾无害化处理率95%，基本达到省政府提出的生活垃圾治理工作目标。配齐环卫保洁人员，提高卫生保洁标准，按照每500人配1名保洁员的标准，配备农村保洁员2421名，平均每个行政村拥有保洁员10名以上。积极推进垃圾分类，做好源头分类减量，在全市农村安装2342个垃圾分类收集亭，积极推行农村垃圾分类减量工作。

**【“厕所革命”】**2018年，海口市环卫局稳步推进“厕所革命”，整体管理水平不断提升。全年投入资金254.49万元，完成新建固定公共厕所1座、采购安装移动环保公共厕所11座、改造环卫固定公厕10座，完成“公厕革命百日行动”建设任务。至年底，全市城区有公厕442座，达到国家卫生城市标准要求，数量充足，布局合理，与环境基本协调。每座环卫公厕均配备保洁员专人管理，24小时免费向市民游客开放。将所有公厕全部上图入库，市民、游客可随时在城市公厕云平台、椰城市民云和海口城市管家等手机APP应用查询。

海口市环卫工人在垃圾箱上粘贴垃圾分类标签。摄于2018年12月19日

（市环卫局 供）

**【环卫作业质量考核】**2018年，海口市环卫局第三方考核机构依据《海口市环卫作业质量考核办法（2017年修订稿）》进行检查考核及量化评分，达到管理全覆盖、考评全覆盖的要求，考评结果与运营服务费挂钩，倒逼环卫PPP项目企业不断提高精细化作业水平。推动农村垃圾治理工作健康开展。为进一步巩固农村垃圾治理长效管理，全面提升村镇环境卫生水平，创造整洁、优美、文明、和谐的乡村环境。第三方专业机构对农村环境卫生每月开展督查考评，范围包括全市4个区22个镇、桂林洋开发区及东昌居、红明居、三江居，覆盖全市280个行政村及2492个自然村。对考核对象实行量化打分，检查结果进行排名，每月形成报告，报市政府审批后在全市通报，并将每次的督查

结果纳入年终的考核评比。促进垃圾末端处理运营规范高效。第三方考核机构对海口市垃圾末端处理进行监管考核，范围包括海口市垃圾焚烧发电厂、海口市垃圾填埋场、餐厨垃圾及粪渣处理厂、垃圾渗滤液处理厂。主要考核内容为末端处理设施的规范运行管理、环保达标排放、安全生产指标等，并形成监管考核工作月报。同时委托第三方专业机构调研起草规范性文件《海口市生活垃圾终端处理设施运营监管办法（暂行）》（暂定）、《海口市渗滤液处理厂监管方案》，为监管提供法律依据。

（陈巧雅）

## 海南东寨港国家级自然保护区管理

**【东寨港保护区管理概况】** 至2018年，海南东寨港国家级自然保护区面积3337.6公顷，红树林面积1771公顷；区内动植物资源丰富，有红树植物19科36种，占全国的97%，鸟类208种、软体动物115种、鱼类160种、虾蟹等甲壳类动物70多种。年内，海南东寨港国家级自然保护区管理局加大力度开展保护区资源保护管理和生态修复工作，湿地生态功能持续稳定健康发展，共造红树林10公顷、各类红树苗木1.08万株，开展各类监测人次2429次，送检鸟粪406份，送检水样84份。

**【东寨港保护区生态修复】** 2018年，海南东寨港国家级自然保护区管理局继续加大力度，利用多种方式，采取多种措施，加大对保护区生态脆弱、退化区域及地带修复力度，促进保护区生态系统快速恢复，提高红树林及湿地生态系统服务功能。组织施工队伍在道学辖区调圮村、塔市等地无红树林生长的滩涂上造红树林林10公顷，林带总长度约1500米。全面推进“罗豆、罗浮墩岛护岸修复项目”实施，年底前全部完成该区域的护岸修复任务。在演丰东河两岸生态脆弱、退化地带和区域补植红海榄、秋茄、白骨壤等红树苗木1.08万株。完成海南东寨港国家级自然保护区资源保护与修复项目的《初步设计》《长宁头码头对岸残次林地补植造林作业设计》和《在外来树种种植区促进乡土树种生长更新试验方案（第二阶段）》的编制和评审，以及《海南东寨港保护区科谱栈道设计方案》《海南东寨港国家级自然保护区湿地生态修复工程项目可行性研究报告》编制工作。大力开展红树林育苗工作，培育红海榄和海莲等红树苗5万株。

**【东寨港保护区资源保护管理】** 2018年，海南东寨港国家级自然保护区管理局开展不定时不定点蹲守，及时发现制止破坏保护区生态资源环境行为，全年巡护巡查人次为2832次，其中夜间蹲点巡护276人次。利用数据库和无人机等科学技术和先进手段对保护区红树林、鸟类禽流感、河流水质、土壤、昆虫等生态因子实施动态监测，有效干预和管控保护区生态资源，全年共开展各类监测人次2429次，送检鸟粪406份，送检水样84份。联合森林公安机关等执法部门开展专项行动，打击破坏各类违法行为。至9月底，保护区管理局、4个保护站联合出海执法13次，其中巡查调查群众在保护区滩涂水域生蚝养殖9次，制止新建生蚝桩4次，总共出动执法人员126人次，拔除塔市片区群众用于养殖生蚝竹桩248根。联合相关部门依法处理三江镇梅坡村附近非法猎捕鸟类行为及道学辖区星辉村及沙土园村两起群众砍伐林木事件。

**【东寨港保护区社区宣教】** 2018年，海南东寨港国家级自然保护区管理局多形式广渠道开展保护区社区宣教工作。印刷中文版《中国最美红树林画册》）1000册、《中华人民共和国自然保护区条例》5000本，刻录《神秘东寨港 最美红树林》光盘200个。配合中央电视台、旅游卫视、《海南日报》《海口日报》等有关媒体以及市委宣传部等部门做好东寨港生态文明建设宣传报道和电视节目的拍摄工作，其间中央电视台等媒体播出题为《家园 生态多样性的中国》《行走海南 绿满琼岛》《青春在行动》《直通自贸港》等反映东寨港生物多样性及生态文明建设内容节目多期。做好保护区红树林博物馆对外开放工作，全年共接待来自全国各地游客1.2万人。开展中外志愿者服务活动。与中国教育协会、韩国现代集团联合举办“第20届现代汽车集团HAPPY MOVE中韩青年志愿团海洋生态环保实践活动”。77名韩国大学生志愿者和18名中国大学生志愿者于年初在保护区星辉村开展红树林种植，森林抚育等志愿服务，共种植红树7500株，开展红树林抚育1000多株。组织清华大学、西南大学、海南华侨中学、海口中学、灵山中学等学生到东寨港保护区开展暑假社会实践和举办夏令营活动，开展红树林环保志愿活动，提高学生环保意识。开展“小手拉大手”亲子环保宣教活动。组织演丰镇中心幼儿园的孩子与家长共43人在保护区红树林博物馆三楼青少年自然活动室开展以绘画红树林及生物多样性为主题亲子宣教活动，指导孩子们用画笔描绘美丽的家园，营造家庭亲子环保教育氛围，增强宣教效果。组织开展湿地知识系列讲座及红树林教学活动，走进演丰中心小学为全校师生开展“我与鸟儿有个约会”为主题的湿地知识讲座，提高中小学生爱护湿地，保护鸟类的意识；与松鼠学堂环保志愿者一起到该校赠送《家在红树林》书籍120本，并就该书示范教学、知识竞赛等工作与师生座谈。4月2日，演丰中心小学正式开展《家在红树林》教材教学活动。6月2日，联合UNDP-GEF海南湿地保护体系、松鼠学堂等单位和环保组织共同组织演丰镇中心小学、演海小学、美兰小学等7所学校共80多名师生在演丰镇中心小学举办“以家在红树林”为主题的红树林保护知识公开课。联合保护区派出所在红树林景区码头开展主题为“警民携手共建红树林生态圈”的宣传活动，共发放《中国最美红树林画册》《海南红树林植物图谱》等宣传资料，提高公众生态环保保护意识；走进在保护区山尾、演中、演海等周边村庄开展禁用渔具等生态环境保护宣传活动。开展区校科研环保合作教育活动，与贵州师范大学签订校外实习基地协议，保护区作为贵州师范大学地理与环境科学学院的教学实践与科研基地，每年组织该校大学生到保护区开展志愿服务活动。开展禁毒宣传活动。深入保护区周边社区村庄开展禁毒宣传，通过实例向群众讲解宣传毒品危害；组织海南职业技术学院20多名学生结合保护区红树林博物馆对外开放，向游客发放《2018年海南东寨港国家级自然保护区管理局禁毒宣传资料》。

（苏銮淦）

## 气象事业

【气象事业概况】2018年，海口年平均气温正常，年降水量偏多，日照时数偏多，热带气旋影响个数正常，影响程度偏轻。全年共受4个热带气旋影响，其中1816号强热带风暴“贝碧嘉”影响时间长达7天，主要气象灾害有大雾、雷雨大风、短时强降水、台风、高温等灾害性天气。年内，市气象局加快推进气象现代化建设，气象综合观测、气象服务保障、气象综合管理和党建等工作成绩显著，圆满完成春节大雾、台风“贝碧嘉”“山竹”等重大气象灾害服务保障工作，先后被授予“政务服务先进单位一等奖”“2018年度重大气象服务先进集体”等称号，海口市气象局党支部被海口市直机关工委授予“先进基层党组组织”称号。

【2018年海口气候概况】2018年，海口年平均气温24.4℃，与常年同期平均值持平，高温日数13天，较往年偏少；年总降水量2148.5毫米，较历年同期相比偏多30.6%，属于明显偏多年份；年累积日照时数2053.7小时，较常年偏多约9.3%，属偏多年份。共受4个热带气旋影响，影响个数正常，影响程度中等，有3个台风日雨量超过100毫米，2个台风过程雨量超过350毫米。主要气象灾害有大雾、雷雨大风、短时强降水、台风、高温等灾害性天气，对交通、市民生活、工农业生产造成一定的影响，但没有出现明显灾情。综合评价，2018年属气候较差年景。

【热带气旋】2018年，影响海口市的热带气旋有4个。（1）第4号台风“艾云尼”（热带风暴级）于6月5日8时生成，6日6时25分前后登陆广东湛江徐闻县，登陆时中心附近最大风力有8级（18米/秒），并于6日14时50分前后在海口市长流镇再次登陆，登陆时中心附近最大风力有8级（18米/秒），登陆后西行进入文昌，后从文昌东北角北上，于7日20时30分前后在广东省阳江沿岸再次登陆。受其影响，5日8时至8日8时，海口市平均雨量297.5毫米，市区平均雨量364.1毫米，强降水中心在西部、中部乡镇及市区中部，20个乡镇累积雨量超过200毫米、14个乡镇超过300毫米、2个乡镇超过400毫米，最大雨量418.6毫米（遵谭镇），极大风速23.1米/秒（9级，灵山镇东营）。（2）第9号台风“山神”（热带风暴级）7月17日8时生成，18日凌晨4时50分前后在万宁市万城镇登陆，登陆时中心附近最大风力9级（23米/秒），登陆后继续向偏西方向移动。受其影响，17—18日，海口市普降中到大雨，局部暴雨，全市平均降雨量38.8毫米，最大累积雨量108.3毫米（大坡镇），伴有6~8级阵风，最大17.2米/秒（8级，灵山镇东营）。（3）第16号台风“贝碧嘉”于8月9日8时加强为热带低压，10日9时前后登陆琼海市潭门镇沿海地区，登陆时中心最大风力7级（15米/秒）。11日10时35分在广东省阳江市海陵岛登陆，登陆时中心附近最大风力有7级（15米/秒）。12日14时在广东西部近海加强成为第16号台风（热带风暴级），12日夜间至14日白天在广东西部近海回旋，于15日21时40分前后在广东省雷州市沿海登陆，登陆时由强热带风暴级减弱为热带风暴级，中心附近最大风力9级（23米/秒）。受其影响，8月9日8时至16日8时，海口市平均降雨量482.5毫米，全市累积过程雨量均超过300毫米，其中16个乡镇超过400毫米，9个乡镇超过500毫米，最大累积雨量为934.2毫米（新埠街道），极大风速21.4米/秒（9级，海口基准站）。（4）第22号台风“山竹”9月11日8时加强为超强台风，15日凌晨在菲律宾吕宋岛东北部沿海登陆，登陆时中心附近最大风力17级。16日17时前后在广东省江门市台山沿海登陆，登陆时中心附近最大风力有14级（45米/秒）。17日14时减弱为热带低压，对海口市影响结束。受台风“山竹”影响，16日8时至17日17时，海口市平均雨量78.1毫米，共有33个监测站雨量超过50毫米，其中22个监测站雨量超过100毫米。市区普降大暴雨，最大累积雨量155毫米（人民街道）；石山、永兴、龙桥、龙塘、三江镇出现暴雨；其他乡镇小到中雨，陆地伴有6~8级阵风，极大风速为20.4米/秒（8级，海口基准站）。

【大雾】2018年，海口市有15次大雾天气过程，分别出现在2月、3月、9月、11月、12月。特别是2018年春节期间（2月14—25日），受东南暖湿气流影响，琼州海峡和沿海陆地连日出现大雾天气，最长维持连续8天大雾，对海峡通航、航空运输和公路交通造成严重影响，大量过海车辆滞留。

【强对流天气】2018年5—9月，受冷空气、季风槽、海陆风影响，海口市出现多次雷雨大风、短时强降水、冰雹等强对流天气。5月8日16时，三门坡镇红明农场东山2队出现冰雹天气，持续约5分钟。5月9日16时30分，演丰镇演南村一带出现冰雹，持续约10分钟，并伴有全市范围的雷雨大风和暴雨。

【高温、干旱】2018年，海口市高温日数有13天，较往年偏少。其中7月高温日数最多，共6天，6月30日至7月6日，海口基准站连续7天最高气温大于35.0℃。1月1—8日，出现8天干旱；1月16日至2月28日，出现44天冬春连旱天气。

【气象业务】2018年，海口市气象局稳步推进业务质量，短临预报质量较上年提高1.9%，各台站均完成业务考核指标。海口综合观测站高空业务设备稳定运行率100%，到报率100%，设备稳定运行率、到报率99.99%，数据可用率100%。探空高度、雷达综合测风高度、雷达单独测风高度均完成中国局下达的业务技术指标。地面高空综合业务评分97.03分，酸雨观测、日照数据及辐射观测到报率均为100%，农气观测错情率为0.0‰，土壤湿度观测和水库水情监测运转正常。

【气象防灾减灾】2018年1月2日，海口市政府印发《海口市突发事件预警信息传输和发布流程规定》。针对灾害性天气，市气象局全力做好气象监测、预报、预警和服务工作，先后启动台风Ⅱ级应急响应1次，Ⅲ级应急响应6次，Ⅳ级9次；暴雨Ⅳ级响应1次，及时向市委、市政府及各有关单位报送气象信息材料，其中重要气象信息快报67期，气象专报169期，预警信号304期、气象预报预警信息和决策短信200余万条等。此外，针对出现概率高、灾害影响局地性差异较大的暴雨、雷电、雷雨大风等气象灾害实行分区预警，同时根据灾害特点及其移动路径，将气象灾害预警信号精确发布到乡镇。

【气象服务】2018年，海口市气象局圆满完成春节大雾、台风"艾云尼""贝碧佳""百里嘉""山竹"等气象服务保障工作，被省气象局授予重大气象服务先进集体称号。此外，为海口马拉松、纪念海南建省办经济特区30周年庆祝活动、万人竹竿舞、欢乐节、铺前跨海大桥工程等重大活动和重点工程提供天气趋势预报和逐日滚动预报，保证各项活动和工程顺利进行。加强大气污染防治工作，联合环保部门通过海口气象信息共享服务网、海口天气服务及海口天气微信公众号对外发布6种主要污染物的空气质量预报和空气污染扩散条件预报730期。5月，与市市政管理局签订合作协议，深化信息共享和发布机制，多种渠道实时滚动发布城市内涝预警28期。此外，加强与市公安交警支队的合作，开展短临定量降水预报服务。

【气象服务"抗雾保运"】2018年春节前夕，海口市气象局在2月7日提前7天对14日—21日的大雾天气作出准确预报，此后，逐日跟踪滚动更新预报信息。2月20日，迅速贯彻落实省、市领导批示精神，成立春运港口疏导气象服务保障领导小组，专门负责大雾气象服务工作，领导小组下设预报服务组、加密观测组、应急保障组、志愿服务组，各小组按照职责分工，深入港口、滞留路段等现场开展24小时不间断的气象服务工作，及时与海南省气象局、广东省湛江市气象局和海口市应急、交通、海事、公安交警等部门进行联动，为疏导滞留车辆和旅客工作提供准确的气象信息。2月15—25日，市气象局发布春节天气专报1期、春运天气专报11期、陆地大雾橙色预警信号9次，转发琼州海峡预警信号10次，发布海峡通航条件预报98期，转发航运和交通预告等信息239篇，更新天气信息200余次，新闻通讯稿和大雾科普知识6篇。

【气象服务"三农"】2018年，海口市气象局与市农业局、市菜篮子集团、省农科院、海胶集团等单位建立涉农专家联盟，每周联合制作发布瓜菜、荔枝、水稻等农业气象专报52期，发布橡胶气象服务周报52期、月报12期、专报5期、快报11期，冬春季橡胶树管理气候条件分析报告1份。同时通过微信群，气象微博等开展点对点直通式服务，指导生产，趋利避害，提高农业收益。

【气象现代化建设】2018年，海口市气象局完成综合站DZZ4型备份站和DFC2自动日照仪建设，风廓线雷达和QDQ2-1型电解水制氢设备通过安全巡检，大气成分观测设备通过验收，34个区域自动站通信卡更新完毕，综合站业务值班室采光棚和橡胶台业务值班用房阳台改造工程开工建设等。12月25日20时起，国家级、全国31个省级和全部国家级气象站完成地面、高空、辐射、酸雨标准格式数据的业务切换。

【人工增雨】2018年，海口市气象局根据市委、市政府的工作部署，加强对干旱的监测，4月14日开始开展人工增雨作业。截至5月2日，投入人力60余人次，出动增雨作业车18辆次，开展人工增雨作业4次，发射炮弹10枚，作业地点周边乡镇出现大到暴雨的降水过程，增雨作业效果明显。

【气象社会管理】2018年，海口市气象局深入开展权责清单复核工作，对本单位的权责清单进行梳理和权项统计，共梳理权力清单37项，责任清单25项；对贯彻落实深化"放管服"改革相关工作，开展自查自纠，对本单位3个行政审批事项，近5年来国务院取消、下放或调整的简政放权事项落实情况进行梳理，确保事项设立是依据国家法律法规开展审批，事项申请材料最大限度精减，办事环节最优等便民改革措施落实到位。按照《关于做好迎接国家"双公示"第三方评估工作的函》的要求，开展自查自纠，梳理本单位“双公示”目录，确保本单位执行的目录与信用中国（海南）、信用中国（海口）公示的目录一致，在“海口市信用信息共享平台”公示审批办件550件。实行“一窗”受理和“不见面”审批，营造良好的营商环境。全年，通过“一窗”、网上“不见面”审批等共受理办结179件，按时办结率100%，全部实现零差错、零投诉。

【气象执法】2018年，海口市气象局共出动人员250人次（其中开展防雷安全双随机检查98人次），抽查63个加油加气站、2个客运站、1家宾馆酒店和3个在建工程的防雷安全情况，督促业主单位完善防雷项目许可手续2个，完成防雷安全隐患整改6个；开展施放气球专项巡查14次，取缔违法施放氢气球16个；完成全市192家危险化学品企业的防雷安全档案制作工作等。

【气象法制建设】2018年，海口市政府印发《海口市防雷安全监管工作联席会议制度》和《海口市突发事件预警信息传输和发布流程规定。市气象局围绕法律法规立、废、改、释和简政放权的要求，梳理行政处罚自由裁量基准制度，共梳理6个类别84个子项的气象行政处罚自由裁量标准，形成《行政处罚规范自由裁量权标准表》报市法制局。加强气象科普宣传，深入社区、学校、乡村开展气象科普宣传14次，发放气象科普宣传资料2万余份，举办气象信息员培训班3期。

（钟文婷）

2018年11月15日，海口市气象局工作人员在中国海油加油站开展防雷安全双随机检查（黄基日 摄）

2018年10月13日，海口市气象局工作人员为前来参观的《海口日报》小记者讲解人工增雨作业原理（市气象局 供）

## 防震减灾

【震灾防御体系建设】2018年，海口市民防局积极推进防震减灾工作，以市抗震救灾指挥部的名义将《2018年海口市防震减灾重点工作任务分解表》发至市抗震救灾指挥部成员单位，完成对4个区政府及21个市抗震救灾指挥部成员单位2018年度防震减灾工作考核；加强建设工程抗震设防要求监督管理，根据《海口市2018年建设工程抗震设防执法检查工作方案》，联合省地震局、市住建局、市图审中心、市教育局、市民防局等多个部门开展建设工程抗震设防要求执法检查工作，重点对海口市新建的学校、医院、商场、体育场等人员密集场所抗震设防要求执行情况进行检查，确保建设工程基本能按照国家相关标准落实抗震设防要求；收集整理海口市建设工程勘察资料，完成对500个钻孔的资料扫描和在市抗震设防技术服务平台上的钻孔资料入库和定位工作。协助中国地震灾害防御中心做好长流—仙沟地震断裂的精细探测研究工作。同时，积极推进地震安全示范社区、示范学校的创建工作，海口市美安小学、海口市玉沙实验学校、海口市美苑小学、海口市琼山第三小学被省地震局、省教育厅认定为“海南省2017年度省级防震减灾科普示范学校”，美兰区和平南街道上坡社区、龙华区金宇街道办事处昌茂社区被省地震局认定为“海南省2017年度省级地震安全综合示范社区”，美安小学、琼山第三小学还被认定为国家防震减灾科普示范学校。

【地震监测】2018年，海口市地震监测台网分布在秀英区、龙华区、美兰区，共有4个专业地震台，全部实现视频监控管理。年内，市民防局持续加强流动子台与地震数据接收中心管理，不断提高地震监测能力。同时，不断加强各地震台站的观测环境和监测设施保护工作，把地震监测设施和观测环境依法纳入保护范围，向国土、规划、公安等部门申报，在台站周边建设工程项目须经市民防局许可才可实施，每个台站都纳入辖区的派出所负责安保范围，确保台站的安全运行。积极抓好台站设备的日常运作及维护工作，坚持365天不间断数据的接收和分析处理工作，为地震预测分析提供可靠、准确资料。在全国地震监测预报观测质量评比中，海口市地震局秀英监测站向荣村井地下流体观测资料获得优秀奖，地震监测台网仪器运行率和资料连续率98%以上。积极开展群测群防工作。在48个村庄挂牌成立地震宏观观测站，加强群众性的地震宏观观测工作。根据人员变动及时进行调整，保证群测群防队伍稳定，按时足额发放群测群防联络员补贴。组织各区镇防震减灾助理员、村联络员、街道办事员的地震群测群防、宏观观测知识培训，提高群测群防联络员专业技能。

【地震小区划成果服务】2018年，海口市地震局利用地震小区划成果，分别为《新海港临港生态新城片区综合规划》项目、跨海甸溪的地下通道项目、海口市东西环联络线拆迁安置地项目、海南民生燃气供应站选址项目、海口市关键跨江跨海通道项目规划设计方案专家评审项目、美兰机场轨道交通预留项目、新海物流园项目、拟建的交通港航枢纽楼项目、海口江东新区建设项目、新琼二期回迁商品房项目、海口市美兰区华航片区等提供地震安全技术服务。

【防震防空演练】2018年，海口市组织4个区政府、市教育局、市卫生局、市水务局、公安消防、民生燃气等单位开展针对地震灾难各种演练30多场（次）；派出地震专家到全市15所中小学校开展防震减灾知识讲座及指导开展地震模拟活动，全市近2万名师生参加培训和应急疏散演练。通过演练，锻炼应急队伍、完善应急机制、提高应急处置能力。开展跨区域的海澄文地区人民防空指挥协同暨重要经济目标防护演练。5月31日，由省人防办牵头，市民防局具体协调落实，海口市、澄迈县、文昌市人防指挥部共同组织的“海澄文地区人民防空指挥协同暨重要经济目标防护演练”在海口市举行，三市县8支人防专业队伍250多人参加演练。此次演练经验被省人防办全省转发学习借鉴。组织开展“9·18”防空警报试鸣暨人民防空实案化疏散演练活动，共有40多万人参加。演练摒弃往年“单打独斗”的演练方式，与三亚实现“同频共振”，采取异地同步的形式进行，有效提高各级人防指挥部的组织指挥能力。

【防震防空宣传】举办民防宣传“六进”活动。2018年5月11日，海口市民防局在国兴中学举办“民防知识进学校、防灾减灾保平安”防震减灾知识宣传大型公益活动，2000多名师生参与活动，活动内容有地震应急演练、防震减灾科普知识和应急救援设备展示、防震减灾知识有奖问答、文艺演出等。组织开展“5·12”防震减灾宣传周系列活动。活动期间，组织《海南日报》《海口日报》《南国都市报》、海口网等省市主要媒体，连续多日报道海口市防震减灾工作亮点等内容，营造全社会共同参与防震减灾工作的良好氛围；组织4个区地震部门在海口市设立防震减灾咨询点17处，悬挂条幅300多条，制作宣传栏8期，发放宣传手册、宣传单、宣传帽子；组织全市中小学校开展地震科普知识讲座、主题班会、板报宣传，观看地震科普电教片，举办地震科普知识答题竞赛等防灾减灾知识宣传教育活动；组织海口市中学生参加全省防震减灾知识大赛，在30多所学校开展防震减灾知识大赛初赛，选

2018年5月11日，海口市民防局在国兴中学举办防震减灾知识宣传活动

（市民防局 供）

派市四中（高中组）、玉沙实验（初中组）学校代表海口市参加全省中学生防震减灾知识大赛复赛，玉沙实验学校（初中组）在知识大赛决赛中取得优秀奖的好成绩；组织开展2018年第七届“平安中国”防灾科普文化影视放映活动，共放映5场多媒体防灾科普文化电影，观影人数上千人。组织开展防空防灾宣传。结合海澄文地区人民防空指挥协同暨重要经济目标防护演练、“9·18”“10·29”防空警报试鸣演练活动，利用《海南日报》《海口日报》《南国都市报》、海南广播电视台、旅游卫视、海口广播电视台、12345直播热线等省市主要媒体进行宣传，普及防空知识。演练当天，央视新闻移动网、今日头条网、凤凰网、网易、海南应急网、海南在线、南海网、海口网、海广网等国内、省内各大网站分别进行报道。

**【江东新区防震防灾工作】**2018年，海口市借鉴雄安新区地震地质灾害探测模式，扎实做好海口江东新区地震地质灾害勘探工作，保障海口江东新区前期国土利用及城区规划工作顺利进行。市民防局配合省地震局，会同中国地震局地球物理研究所、地质研究所、工程力学研究所、地壳应力研究所、地震灾害防御中心、地球物理勘探中心等单位联合编制完成《海口市江东新区地震安全性及场地适宜性专题研究工作方案》，并积极推进海口江东新区地震安全性和场地适宜性评价专题实施项目合同签订、项目经费落实等相关工作，9月开始野外探测工作并取得阶段性成果。参照河北雄安新区人防规划编制经验，编制江东新区人防规划项目建议书报市政府获批并开展前期调研工作。12月11—12日，邀请全国工程勘察设计大师、中国人民解放军陆军工程大学陈志龙教授团队前来开展“海口市人民防空创新融合发展暨江东新区人防发展规划、重要经济目标防护、综合管廊落实防护要求和地下空间开发利用”等课题调研工作。

**【人防信息化建设】**2018年，海口市民防局根据人防实战化需要，进一步完善市人防指挥所标准化建设，先后投入31.5万元购置3部军用短波电台，投入32.8万元对基本指挥所信息化系统进行升级改造，总投资435万元的人民防空警报通信系统建设项目完成招标工作。

**【人防专业队伍建设】**2018年，海口市民防局完成信息防护、心理防护等2支新型专业队伍及志愿者队伍的组建工作，完成国防动员实力统计工作针对志愿者队伍人员来源的不固定性及临时紧急性特点，经协调团市委，依托驻海口市各高校团委，在大学生中征集志愿者，组建800人的人民防空志愿者队伍。

**【人防疏散地域试点建设】**2018年，海口市民防局积极开展万绿园防空防灾疏散地域建设，利用万绿园地震应急避难场所加挂防空防灾疏散地域标识牌，已通过验收。完成马鞍岭火山口公园人防疏散地域建设工程（一期）项目建设，年底，项目正在组织竣工验收。

**【人防标牌设置规范】**2018年，海口市民防局对全市2017年5月1日后通过竣工验收的人防工程设置人防工程标牌。年底，涉及834个人防工程标牌制作安装项目完成招标工作。同时，配合省人防办开展人防工程普查，做好人防地下基础设施上图入库工作。

**【民防事项行政审批】**2018年，海口市民防局根据市政府工作部署，进一步修改完善权责清单有关材料，并将人防行政许可审批服务事项和公共服务事项进行划转。全年受理、办结人防工程规划报建（含易地建设行政许可）项目155个；受理、办结人防工程施工报建项目72个；受理、办结人防工程竣工验收备案、核准105个。解决涉及港籍企业建设项目复工2个，办理建设项目变更手续及延期26个。

（叶　超）

（编辑：吴坤涛）

## 工业综述

【工业概况】2018年，海口市工业经济再创新高，工业增加值和工业总产值双双跨过历史高位，全市工业企业累计完成工业增加值153亿元（高于2013年历史高位5.7%），比上年增长7.8%；工业总产值605.53亿元（高于2012年历史高位7.9%），增长2.6%；出口交货值29.3亿元，微跌0.5%；固定资产投资29亿元，小幅下降5.1%。工业环节入库税收61.8亿元，增长5.9%。全市有147家规模以上工业企业，完成规模以上工业总产值566.05亿元，增长2.4%；利润总额34.56亿元，增长9.8%；其中亏损企业31家，比2017年减少4家，亏损总额17.95亿元，增长8.4%。

2018年海口市工业经济主要指标表

单位：万元

| 指标名称 | 1—12月累计□ | 比上年同期增减（%） |
|---|---|---|
| | | 累计 |
| 一、全部工业总产值 | 6055311 | 2.6 |
| 二、规模以上工业总产值 | 5660492 | 2.4 |
| 1. 按轻重工业分 | | |
| 轻工业 | 3621027 | 11.3 |
| 重工业 | 2039465 | -8.2 |
| 2. 按经济类型分 | | |
| 国有企业 | 642451 | 12.8 |
| 集体企业 | | |
| 其他经济类型企业 | 5018041 | 0.0 |
| 港澳台投资企业 | 296343 | 14.6 |
| 外商投资企业 | 224962 | |
| 在总计中：国有控股企业 | 1422010 | 16.5 |
| 大型企业 | 1243744 | 0.4 |
| 中型企业 | 3026603 | 12.8 |
| 三、规模以上工业销售产值 | 5589397 | 4.9 |
| #出口交货值 | 292949 | -0.5 |
| 四、规模以上工业销售率（%） | 99 | 0.7 |
| 五、规模以上工业增加值 | 1350128 | 8.0 |

注：1. 本表绝对数按当年价格计算，增长速度按可比价格计算；2. 规模以上工业为年主营业务收入2000万元及以上工业企业

（本表由市统计局统计报表提供）

2018年海口市工业主要产品产量表

（规模以上工业）

| 指标名称 | 单位 | 2018年累计 | 比上年同期增减（%） | 指标名称 | 单位 | 2018年累计 | 比上年同期增减（%） |
|---|---|---|---|---|---|---|---|
| 售电量 | 亿度 | 77.62 | 5.5 | 化学纤维 | 万吨 | 0.00 | 0.0 |
| 配混合饲料 | 万吨 | 98.24 | 11.1 | 聚酯切片 | 万吨 | 0.00 | 0.0 |
| 罐头 | 万吨 | 17.73 | -21.5 | 塑料制品 | 万吨 | 0.99 | -8.8 |
| 啤酒 | 万吨 | 3.45 | -9.7 | 汽车 | 辆 | 21100 | -46.7 |
| 软饮料 | 万吨 | 48.51 | -11.1 | #轿车 | 辆 | 3859 | -60.9 |
| 卷烟 | 亿支 | 117.50 | -2.1 | 变压器 | 万千伏安 | 1288.98 | 10.5 |

（本表由市统计局统计报表提供）

**【工业主要行业运行监测】**2018年，海口工业主要行业有汽车及运输设备制造业、食品及农副产品加工业、医药制造业、机电电子及金属制品业、水电气供应业、印刷塑料及纸制品业、建材化工业等其他制造业。

从规模以上工业企业的生产经营情况来看，工业企业提质增效明显，表现为：产销平衡、负债减少、资金回笼加快、去库存有效推进、生产效率提高。全年企业累计完成销售产值558.94亿元，增长4.9%；产销率98.8%，增长0.7个百分点；企业总资产795.96亿元，微增0.2%；总负债396.22亿元，下降8.7%；资产负债率45.4%，下降4.4个百分点；企业销售收入551.1亿元，增长6.3%；应收账款125.13亿元，下降12.7%；企业产成品库存26亿元，增长4.9%，低于销售收入增速1.4个百分点；企业用工人数4.89万人，下降3.1%，但工业增加值和工业总产值有较明显提升。

从产业转型升级的情况来看，低碳制造业、医药产业和高新技术产业发展迅速。其中：低碳制造业完成规模以上工业增加值116.8亿元，增长9.7%；完成规模以上工业总产值448.6亿元，增长4.4%。医药产业完成规模以上工业增加值63.8亿元，增长14.8%；完成规模以上工业总产值229.1亿元，增长20.5%。高新技术产业完成规模以上工业总产值303.2亿元，增长7.3%。

从产业结构和新旧动能转换的情况来看，医药制造业在工业经济中的占比进一步扩大，经济拉动作用进一步提高，其他产业比重下降，对经济拉动作用普遍减弱。不考虑价格因素的情况下，在144家重点监测工业企业中：医药制造业规模以上工业总产值229.1亿元，同比增长20.5%，拉动规模以上工业总产值增长7.3个百分点。机电电子及金属制品业规模以上工业总产值67亿元，同比增长2.8%，拉动规模以上工业总产值增长0.3个百分点。食品及农副产品加工业规模以上工业总产值118.5亿元，同比下降0.8%，拉低规模以上工业总产值增速0.2个百分点。汽车及运输设备制造业规模以上工业总产值24.2亿元，同比下降47.2%，拉低规模以上工业总产值增速4.1个百分点。

2018年海口市主要工业行业工业总产值增减表

（重点监测的144家工业企业）

| 主要行业 | 监测重点企业数（家） | 2018年累计总产值（亿元） | 上年同期总产值（亿元） | 累计增速（%） | 占规上企业比重（%） | 对规上增速的影响（%） |
|---|---|---|---|---|---|---|
| 汽车及运输设备制造业 | 18 | 24.2 | 45.9 | -47.2 | 4.5 | -4.1 |
| 食品及农副产品加工业 | 43 | 118.5 | 119.5 | -0.8 | 21.8 | -0.2 |
| 医药制造业 | 45 | 229.1 | 190.1 | 20.5 | 42.1 | 7.3 |
| 机电电子及金属制品业 | 12 | 67.0 | 65.2 | 2.8 | 12.3 | 0.3 |
| 水电气供应业 | 6 | 58.2 | 55.1 | 5.6 | 10.7 | 0.6 |
| 印刷塑料及纸制品业 | 12 | 10.0 | 10.0 | 0.0 | 1.8 | 0.0 |
| 建材化工等其他制造业 | 8 | 9.3 | 7.3 | 27.5 | 1.7 | 0.4 |
| 合计 | 144 | 516.4 | 493.1 | 4.7 | 95.0 | 4.4 |

（本表为市科工信局运行监测数据统计）

【工业发展专项资金】2018年，海口市科工信局根据《海口市加快工业发展若干规定》和《海口市鼓励医药企业积极开展仿制药质量和疗效一致性评价工作的若干规定》等相关规定，兑现工业发展专项资金2.3亿元，惠及工业企业69家，其中医药产业兑现政策资金1.8亿元，占比78%，惠及医药企业38家。

【中小企业发展服务】2018年8月，海口市政府修订出台《海口市中小企业发展专项资金管理办法》，将扶持方式调整为贷款贴息、信用担保体系建设奖励、公共服务平台奖励三类，精准解决中小企业融资难、融资贵问题。市科工信局组织企业申报工业扶持资金。全年，海口市担保机构完成信用担保贷款35.11亿元，其中为海口市403家中小微企业提供信用担保贷款19.79亿元。市科工信局组织海口市30家公共服务平台运营主体、13家小型微型企业创业创新示范基地分别申报海南省中小企业公共服务示范平台、海南省小型微型企业创业创新示范基地，其中18家平台、8家基地获评，全省占比分别为86%、73%，2家单位获国家工信部认定为“国家中小企业公共服务示范平台”；1家单位获国家工信部认定为“国家小型微型企业创业创新示范基地”。完善海口市中小企业公共服务平台建设，开展政策解读会、项目融资座谈、创新创业沙龙等相关服务培训活动35次，服务企业2000余家，培育创业主体4500余人，服务满意度90%以上。启动征集百家服务机构活动，面向海口市征集各类服务机构23家，为全市中小企业提供全面实用、专业科学、价格低廉的服务。

【工业科技创新】2018年，海口市高新技术企业总数为275家，较上年增长34.8%，占全省72%，分布于机械制造、电子信息、农副产品深加工、生物医药等领域。其中规模以上高新技术工业企业57家，实现工业总产值283.45亿元，占全市规模以上工业总产值的52%。共有203家企业通过审核登记入国家科技型中小企业库，其中工业企业25家。全年海口市拨付工业重大科技创新项目资金共375万元。

【重点工业项目投资】2018年，海口市制造业固定资产投资下降5.1%。其中海口市制药厂有限公司等6家企业的省市重点项目（均为续建项目）2018年计划投资7.7亿元，实际完成投资8.8亿元，完成投资计划114.3%。

【节能降耗】2018年，海南省政府下达海口市的“十三五”能耗总量和强度“双控”目标为：能耗强度降低11%，能耗增量137.34万吨标准煤。年内，海口市能耗总量为516.56万吨标煤，增长5.22%（年度目标是增长6%），单位GDP能耗为0.3569万吨标煤/万元，下降2.14%（年度目标是单位GDP能耗下降1.8%，力争下降2.0%），完成“十三五”双控责任目标年度任务；单位工业增加值能耗（当量值）0.1392吨标煤/万元，下降12.56%。海口市在全省“双控”目标责任评价考核中被评为超额完成等级。

全年，海口市推广新能源汽车数量5081辆，并组织新能源汽车地方补贴申报。市科工信局会同市财政局组织新能源汽车消费者申报2017年度地方财政补贴，2017年海口市共推广新能源汽车4270辆，第一批补贴车辆247辆，落实地方补贴资金435.91万元；已拨付2015年度新能源汽车省级补贴10435万元及2016年度新能源汽车市级补贴9565万元。组织评审固定资产投资节能项目6个，通过评审项目6个。市科工信局对海口市拟申请燃煤锅炉清洁能源替代改造补贴的13家单位进行现场核实；对20家省重点用能单位的2017年度能源利用状况报告进行初审，并将初审结果上报给省节能监察大队；8—12月，对14家“十三五”市重点用能单位开展《能源利用状况表》《在用电动机、配电变压器统计表》填报工作。（陈彬彬）

【工业安全生产】2018年，海口市政府组织各工业企业开展隐患排查工作，全年共排查一般隐患1842个，整改一般隐患1820个，整改率99%，

2018年海口市工业重大科技创新项目资金拨付情况表

单位：万元

| 项目编号 | 承担单位 | 项目名称 | 扶持经费 |
|---|---|---|---|
| 001 | 齐鲁制药（海南）有限公司 | 注射用紫杉醇（白蛋白结合型）的研制 | 100 |
| 002 | 海口市制药厂有限公司 | 氟非尼酮原料及制剂的临床研究 | 100 |
| 003 | 海南全星制药有限公司 | 药物大品种注射用丁二磺酸腺苷蛋氨酸产业化 | 75 |
| 004 | 海南金盘智能科技股份有限公司 | 树脂浇注干式抽水蓄能静止变频启动装置（SFC）变压器 | 100 |
| 合计 | | | 375 |

生产安全事故死亡人数1人。

## 运输设备制造业

**【运输设备制造业概况】**2018年，海口市运输设备制造业有规模以上企业18家，其中1家轿车整车生产企业、17家为轿车配套生产企业，累计完成工业总产值24.2亿元，下降47.2%；工业销售产值27.2亿元，下降41.5%；产销率112.2%；出口交货值14.4亿元，增长6.3%。汽车产量2.11万辆，下降46.7%。

**【一汽海马汽车有限公司】**2018年，有3个整车工厂、1个发动机工厂、1个技术中心，整车年产能15万辆，发动机年产能20万台，直属员工1896人，2个零部件工业园入驻22家配套企业。公司的“前副车架总成和汽车及前副车架总成与前保险杠安装方法”发明专利获得第二十届中国专利奖优秀奖。5月，福美来F5在北京、重庆和广州发布上市。全年汽车产量2.11万辆，下降46.7%。

**【汽车零部件配套企业】**2018年，海口市汽车配件重点企业有17家，主要为一汽海马汽车有限公司提供配件，部分企业也向岛外整车车企提供汽车配件，主要产品有发动机、车架、车门、座椅、空调、音响等。年内，17家规模以上企业完成工业总产值7.3亿元，下降32.4%，零配件供应商均出现不同程度的负增长。

## 食品及农副产品加工业

**【食品及农副产品加工业概况】**2018年，海口市食品及农副产品加工业总产值保持上年同期水平，同比小幅微跌0.8%。其中，烟草制品业保持较快增长，农副产品加工业小幅增长，食品制造业和饮料业有较大降幅。行业出口受中美贸易摩擦影响较小，出口交货值下降源于个别企业停产。行业43家规模以上企业全年完成工业总产值118.5亿元，下降0.8%；工业销售产值117.7亿元，增长0.5%；产销率99.3%；出口交货值7.5亿元，下降17.1%。

**【酒和饮料制造业】**2018年，海口市酒和饮料制造业有海南椰岛酒业发展有限公司等规模以上企业13家，主要产品有饮料酒、白酒、啤酒、奶茶、咖啡、汽水、功能饮料、矿泉水等。13家规模以上企业累计完成工业总产值11.5亿元，下降9.4%。其中，保持增长的有4家，下降的有8家，停产的有1家（海南红牛饮料有限公司）。其中，海南椰国食品有限公司董事长钟春燕的“聚乙二醇改性生物纤维素凝胶”发明专利获得第二十届中国专利奖银奖。

**【食品制造业】**2018年，海口市食品制造业有椰树集团海南椰汁饮料有限公司等规模以上企业11家，主要产品有椰汁、热带果汁、椰果、牛奶、酸奶、饼干、糖果、蛋糕、面包、月饼和食盐等。行业11家规模以上企业累计完成工业总产值36.3亿元，下降12.6%。其中，3家企业产值过亿元，保持增长的企业有4家，下跌的有7家。

**【农副产品加工业】**2018年，海口市农副产品加工业规模以上企业有17家，累计完成工业总产值40.2亿元，增长5%。其中，保持增长的有11家，下跌的有5家，停产的有1家（海南照丰水产有限公司）。农副产品加工业主要集中在水产加工业和饲料加工业。其中水产品加工业有海南蔚蓝海洋食品有限公司等7家规模以上企业，主要加工产品有罗非鱼、带鱼、马头鱼、金线鱼、马鲛鱼、鱿鱼、海鳗鱼片、马头鱼片、墨鱼片、凤尾虾、去头虾和寿司虾等。全年水产加工量4.1万吨，增长9.9%；出口交货值7亿元，增长9.4%。饲料加工业有海口双胞胎饲料有限公司等6家规模以上企业，主要生产加工鸡料、鱼料、虾料和猪料等，全年饲料加工量98.2万吨，增长16.1%。

**【烟草加工业】**2018年，海口市烟草加工业只有海南红塔卷烟有限责任公司1家规模以上企业，主要生产红塔烟、椰王烟和三沙烟等。全年完成工业总产值29.9亿元，增长9.6%；产量23.5万箱，下降2.1%。产值、产量一增一减主要是产品结构调整所致，年内附加值高的一类、二类烟产量占比分别为3.8%和10.2%，分别提高3.1和2.6个百分点；三类烟作为主导产品，产量占比61.4%，下降8.8个百分点；四类烟产量占比18.8%，提高13.5个百分点；五类烟近5个月连续停产，产量占比5.8%，下降10.3个百分点。

## 医药制造业

**【医药制造业概况】**2018年，海口市医药产业增速高开低走，但是仍然保持和去年增长持平。全市共有药品生产企业77家，有73家企业取得GMP（药品生产质量管理规范）证书；从业人数2.1万人；共有药品批准文号2666个。行业45家规模以上企业全年累计完成工业总产值229.07亿元，增长20.5%；销售产值216.7亿元，增长21.9%；产销率94.6%；出口交货值0.6亿元，下降16%。全市医药企业产值上亿元的有34家，增加5家。其中产值40亿元以上的1家；20～40亿元的1家；10～20亿元的5家，增加3家；1～10亿元的27家，增加2家。海口市制药厂有限公司入围2017年全国医药百强企业名单，名列第100名。医药大品种数量不断增多，有39个销售收入（不含税）

2018年海口市医药产业情况表

| | | | |
|---|---|---|---|
| 一 | 企业总数（家） | | 77 |
| | 其中 | 取得GMP（家） | 73 |
| | | 正常生产（家） | 56 |
| | | 规模以上（家） | 45 |
| | | 欧盟和美国FDA认证（家） | 5 |
| | | 主板上市企（家） | 4 |
| | | 新三板上市（家） | 2 |
| 二 | 全市共有药品批准文号（个） | | 2666 |
| | 其中 | 当年新获取的药品批准文号（个） | 32 |
| 三 | 当年全部完成总产值（亿元） | | 230.99 |
| | 其中 | 规模以上总产值（亿元） | 229.07 |
| 四 | 产值亿元以上的企业（家） | | 34 |
| | 其中 | 40亿元以上企业（家） | 1 |
| | | 10亿元以上企业（家） | 6 |
| 五 | 全市医药工业从业人员（万人） | | 2.1 |

亿元以上的单品种，增加14个，其中10亿元以上的单品种2个，5亿~10亿元的单品种7个，3亿~5亿元的单品种9个，1亿~3亿元的单品种21个。年内，医药企业积极探索国际化道路，齐鲁制药（海南）有限公司的奥沙利铂注射液出口欧洲、帕洛诺司琼注射液出口欧美，全年出口交货值翻番；海南普利制药股份有限公司的注射用更昔洛韦钠出口欧盟和英国、注射用泮托拉唑钠出口英国、左乙拉西坦注射液出口德国和美国、注射用阿奇霉素出口美国；海口市制药厂有限公司的注射用头孢西丁钠出口菲律宾；海南凯健制药有限公司的愈酚甲麻那敏颗粒出口缅甸。

【医药制造业科技创新】2018年，海口市制药企业新获得药品批准文号32个，均为化药6类。齐鲁制药（海南）有限公司的注射用紫杉醇（白蛋白结合型）的研制、海口市制药厂有限公司的氟非尼酮原料及制剂的临床研究、海南全星制药有限公司的药物大品种注射用丁二磺酸腺苷蛋氨酸产业化3个项目获得海口市重大科技创新项目资金275万元。齐鲁制药（海南）有限公司的“一种地西他滨冻干制剂及其制备方法”发明专利获第二十届中国专利奖优秀奖。年内，海南葫芦娃药业集团股份有限公司和海南灵康制药有限公司分别新建1个海南省院士工作站。至2018年，海口市共有40家制药企业126个品种（241个批准文号）启动一致性评价工作，其中46个批准文号完成药学研究工作；其中18个批准文号完成一致性评价研究，由原国家食药监总局药品审评中心正式受理；3个批准文号通过一致性评价。

## 机电电子及金属制品业

【机电电子及金属制品业概况】2018年，海口市机电电子及金属制品业共有12家规模以上企业，产品主要有镀锌板、涂漆板、废旧金属、工程机械、变压器、配电柜、电缆、光纤、光缆、电子通信设备、净水设备、拖拉机等。机电电子及金属制品业总体实现小幅增长。其中，电气机械和器材制造业、专用设备制造业、电子设备制造业实现正增长，金属制品业持续下降。出口虽然保持增长势头，但是美国加征的关税有一部分转嫁给出口企业，企业利润大幅下降。行业12家规模以上企业全年累计完成工业总产值67亿元，增长2.8%；销售产值71.4亿元，增长0.2%；产销率106.5%；出口交货值5.9亿元，增长14.9%。

【电气机械和器材制造业】2018年，海口电气机械和器材制造业有海南金盘智能科技股份有限公司、海南威特电气集团有限公司、海南美亚电缆厂有限公司、康宁（海南）光通信有限公司和海南英利新能源有限公司5家规模以上企业。5家规模以上企业共完成工业总产值52.8亿元，增长2.1%；变压器产量1289万千伏安，增长10.7%；光纤产量2850万千米，增长90%；太阳能光伏组件产量10.8万千瓦，下降54.8%。

【专用设备制造业】2018年，海口专用设备制造业有海南立昇净水科技实业有限公司、海南金鹿农机发展股份有限公司和海口高新区宏邦机械有限公司3家规模以上企业，完成工业总产值3.6亿元，增长5.9%。

【金属制品业】2018年，海口金属制品业有海南海宇锡板工业有限公司、海南椰树制罐工业有限公司和共享钢构有限责任公司3家规模以上企业，共完成工业总产值5.9亿元，下降31.4%；产品产量3.1万吨，下降55.1%。其中，海南海宇锡板工业有限公司处于停产状态。

【电子设备制造业】2018年，海口电子设备制造业有规模以上企业1家，即海南宝通实业公司，累计完成工业总产值4.8亿元，增长232.4%，企业逐步恢复正常生产经营。

【机电电子及金属制品业科技创新】2018年，海南金盘智能科技股份有限公司的树脂浇注干式抽水蓄能静止变频启动装置（SFC）变压器项目获得海口市重大科技创新项目资金100万元。海南师范大学获批海南省激光技术与光电功能材料重点实验室。海南立昇净水科技实业有限公司新建海南省院士工作站1个。海口欣佳达机电有限公司的“一种侧推式防叠压的装卸笼机系统”实用新型专利，获得中国第二十届中国专利奖银奖。

## 其他工业行业

【化工制品业】2018年，海口市化工制品业规模以上企业有海南云海民爆有限责任公司、海南京润珍珠生物技术股份有限公司，主要产品有乳化炸药、膨化硝酸铵炸药和化妆品。2家规模以上企业全年完成工业总产值2.83亿元，增长6.4%；销售产值2.56亿元，增长6.7%；产销率90.5%。

【印刷塑料及纸制品业】2018年，海口市印刷塑料及纸制品业共有规模以上企业12家，产品或业务包括发票、小额货币、书籍、二维码、塑料包装膜、塑料包装板材和塑料饮料瓶等，以及各类产品包装物的生产。12家规模以上企业全年完成工业总产值10亿元，增长0.1%；销售产值9.67亿元，增长1.9%；产销率96.7%。

【建材行业概况】2018年，海口市建材行业共有6家规模以上企业，产品以商品预拌混凝土和混凝土预制件、新型墙体材料为主，同时还包括建筑用节能玻璃等。因受房地产市场因素影响，6家规模以上企业全年完成工业总产值6.5亿元，增长41.3%；销售产值6.43亿元，增长37.4%；产销率98.9%。

【水电气供应业概况】2018年，海口市水电气供应业共有6家规模以上企业，产品以城市生产、生活用自来水、天然气和电力的供应为主。6家规模以上企业全年完成工业总产值58.21亿元，增长5.6%；销售产值58.07亿元，增长5.6%；产销率99.8%。其中3家供水龙头企业的自来水供应总和2.05亿吨，增长3.1%；管道燃气供应量1.39亿立方米，增长2.9%；售电量77.6亿千瓦时，增长5.5%。

## 工业园区

【工业园区概况】2018年，海口国家高新区、海口综合保税区和桂林洋开发区有规模以上工业企业81家，占全市151家规模以上工业企业数的53.64%；完成工业产值288.7亿元，增长3.2%，占全市规模以上工业总产值53.1%；完成销售产值276.9亿元，增长3.7%，占全市规模以上工业销售产值的51.6%；完成出口交货值25.1亿元，增长9.6%，占全市规模以上工业出口交货值85.7%。

【海口国家高新区工业】海口国家高新技术产业开发区管委会管辖的产业园范围包括：药谷工业园（港澳开发区和国科园）、狮子岭工业园、云龙产业园、海马第二汽车工业园、开发建设中的美安园区和国际创意港，主要产业有电子信息、汽车配件、生物制药、光伏组件制造、印刷包装、新材料等。2018年，园区内规模以上工业企业有64家，完成工业总产值225.58亿元，增长12.8%，工业销售产值214.95亿元，增长12.3%，工业产值和销售产值分别占全市规模以上工业的41.5%和40%。

【药谷工业园区】海口药谷工业园区包括药谷一期、二期和国科园及港澳开发区。2018年，园区共有51家工业企业，其中规模以上工业企业33家（一期8家、二期16家，港澳开发区9家）；规模以上工业高新技术企业22家。全年园区内规模以上工业企业总产值125.71亿元，增长22%。主要产业有制药、医疗器械、印刷包装、酒、化妆品生产等，是海口市医药生产企业聚集区，也是全省医药生产企业聚集区。其中规模以上制药企业22家，占全市规模以上制药企业的48.9%，完成工业总产值106.83亿元，增长25.9%，占全市医药产业比重46.2%。

【狮子岭工业园】海口狮子岭工业园重点发展新能源、新材料、节能环保、轻工包装业和食品饮料业。园区主要有海南英利光伏电池、现代包装工业园等项目，吸引投资超过百亿。2018年，园区共有14家工业企业，其中规模以上工业企业有10家，规模以上企业完成工业总产值29.82亿元，下降13.3%。

【云龙产业园】云龙产业园为综合科技产业园，依托空港优势，重点发展航空装备及应用技术的研发和制造、航空运输指向性的现代制造业、依托机场发展的现代物流业及航空服务业。2018年，园区有工业企业4家，正常生产的企业有海南共享钢构有限责任公司、海南红塔卷烟有限责任公司和海南立昇净水科技实业有限公司，完成工业总产值34.18亿元，增长11%。

【海马汽车工业园】海马汽车工业园分为一期园区和二期园区，其中一期园区由海口综合保税区管理，有11家规模以上企业；二期园区由海口国家高新区管理，有5家规模以上企业。2018年，园区内的15家规模以上零部件配套生产企业由于受一汽海马整车生产影响，完成工业总产值6.34亿元，下降33.3%。

【海口综合保税区工业】2018年，海口综合保税区（包括美国工业村）有工业企业33家，其中规模以上企业

2018年海口国家高新区规模以上工业企业生产与销售总量表

| 指 标 名 称 | 企业单位数（个） | 本年实际产值（万元） | 比上年增减（%） |
| --- | --- | --- | --- |
| 工业总产值总计（现行价格） | 64 | 2255809 | 12.8 |
| 在总计中：轻工业 | 48 | 1911170 | 19.2 |
| 重工业 | 16 | 344639 | -8.8 |
| 在总计中：国有企业 | 1 | 38980 | 13.1 |
| 集体企业 | 0 | 0 | 0.0 |
| 股份合作企业 | 0 | 0 | 0.0 |
| 股份制企业 | 49 | 1773527 | 9.8 |
| 外商及港澳台商投资企业 | 14 | 443303 | 26.6 |
| 其他经济类型企业 | 0 | 0 | 0.0 |
| 在总计中：国有控股企业 | 6 | 403046 | 14.8 |
| 在总计中：大中型工业企业 | 19 | 1587490 | 10.6 |
| 其中：国有企业 | 0 | 0 | 0.0 |
| 工业销售产值总计（现行价格） | 64 | 2149463 | 12.3 |
| 在总计中：出口交货值 | 8 | 7018 | -62.7 |

（市统计局统计报表提供）

22家，主要产业有汽车制造、医药制造和机电设备等。园区内规模以上企业完成工业总产值88.88亿元，下降10.1%，占全市规模以上工业总产值的16.4%。

**【桂林洋开发区工业】** 2018年，海口桂林洋经济开发区有工业企业17家，其中规模以上工业企业有10家，主要工业产业有食品和水产品加工、医药制造等产业。全年园区内规模以上企业完成工业总产值11.88亿元，增长0.6%，占全市规模以上工业总产值的2.2%。

## 其他开发区工业

**【永桂开发区工业】** 2018年，海口永桂开发区有3家工业企业，均为规模以上企业，分别是海南通用三洋药业公司、海南通用同盟药业公司、海南海力制药公司，完成工业总产值17.81亿元，增长64.5%。

**【金盘开发区工业】** 2018年，海口金盘工业区有工业企业11家，其中规模以上工业企业有海南金盘饮料有限公司、海口欣奇食品有限公司、海南莱仕普卫浴有限公司、海南广鑫印务股份有限公司4家，主要生产糕点、矿泉水、建材、印刷品和化工等产品。全年开发区规模以上企业完成工业总产值1.15亿元，下降27.2%。

**【江东开发区工业】** 2018年，海口江东开发区有工业企业8家，均为规模以上企业，主要产业有食品及农副产品加工、医药制药和新材料制造业，完成工业总产值11.22亿元，下降3.7%。

（潘冬春）

（编辑：吴坤涛）

# 农 业

## 农业综述

【农业概况】2018年，海口市农业局以实施乡村振兴战略为总抓手，以深化农业供给侧结构性改革为主线，以打造热带特色高效农业王牌为主攻方向，以促进农民增收为目标，着力推进质量兴农、绿色兴农、科技兴农、品牌兴农，有机地结合产业扶贫工作，为深入实施乡村振兴战略作出更大贡献。全年全市农林牧渔业完成总产值103.51亿元，比上年增长5.5%。其中，种植业产值49.76亿元，增长8.1%；牧业产值27.66亿元，增长1%。实现农业增加值67.27亿元，增长3.6%。粮食总产量12.05万吨，下降18.58%；蔬菜产量51.71万吨，增长0.47%。农村常住居民人均可支配收入1.49万元，增长8.2%。

【农业产业结构调整】2018年，海口市继续以“稳猪、促禽、增牛羊”为发展思路，结合“关、停、转”畜禽养殖场等工作，稳定畜牧业生产，保障肉蛋供应，新建20个牛羊养殖小区，不断提高畜牧业集约化、标准化水平，猪肉、禽肉基本自给，鸡蛋自给有余。加快调整优化农业产业结构。调减、调优甘蔗、老龄橡胶等低效作物533.33公顷，新增种植荔枝、莲雾、胡椒、槟榔、香蕉、菠萝、蔬菜等高效作物533.33公顷。着力突出“四个特色种植产业带”，即：集中打造形成以三江、云龙等镇为主的莲雾产业带；以大坡、三门坡等镇为主的胡椒产业带；以新坡、石山等镇为主的石斛产业带；以新坡、东山等镇为主的蔬菜产业镇；以甲子镇为主的牛大力产业带。调优传统作物，早造水稻推广博优7813、特优128等优质稻种植面积1.06万公顷；全市热带水果种植面积1.95万公顷，增长3.53%，总产量27.81万吨，增长19%，其中荔枝产量7.55万吨，增长39.5%。

【农村土地承包经营权确权登记】2018年，海口市共完成测量和测绘成果审核公示面积6.47万公顷，占应确权耕地面积的117%；签订承包合同面积5.81万公顷，占应确权耕地面积的105%；签订承包合同11.18万份，占应确权登记农户的98%；建立登记簿11.18万份，占应建立登记薄的98%；打印承包经营权证书11.04万本，占应打印证书的97%；发放承包经营权证书9.93万本，占应发放证书的88%。11月，4个区农村土地承包经营权确权登记颁证成果检查验收通过省级验收。

【农村土地流转】2018年，中共海口市委办公厅、海口市人民政府办公厅联合印发《关于完善农村土地所有权承包权经营权分置办法发展农业适度规模经营的实施意见的通知》，引导农村土地承包经营权有序流转工作。年内，全市各类流转耕地434宗，涉及面积346.03公顷。其中转包4宗，转包面积33.73公顷；出租430宗，出租面积312.3公顷。流转价格低的200元/亩·年，高的达到9000元/亩·年，流转年限最高不超过30年。土地流转趋势趋于集中化、规模化，初步形成技术服务、股份合作（含土地入股）、利润返还、保底收购等多种利益联结模式，新型农业经营主体与农户的利益联结机制得到进一步完善。

【琼山区农村集体产权制度改革国家级试点工作】2018年，海口市琼山区全面完成农村集体产权制度改革国家级试点工作。清查出资产11.68亿元，资源性资产4.75万公顷。全区完成16个村（组）的经营性资产股份合作制改革，成立4个股份经济合作联合社和12个股份经济合作社，占应开展经营性资产股份合作制改革村（组）的100%，没有经营性资产的1005个村（组），全部成立经济合作联合社或经济合作社。完成“三资”管理平台、三资管理信息发布门户网站、琼山农经公众号搭建工作。

【农业保险】涉及海口市农业保险工作的有水稻、橡胶、能繁母猪、育肥猪、甘蔗、香蕉、大棚瓜菜、蔬菜价格指数、羊、鸡、胡椒树、天然橡胶价格（收入）保险12个险种。2018年，农业保险收入4074万元，累计赔款支出1453万元（已决数据），赔付率35.67%，较及时地为受灾、受损农户、客户恢复生产提供保障。

【农产品质量安全监管】2018年，海

口市农业局以“质量兴农、绿色兴农、品牌强农”为指导，坚持“产出来”“管出来”两手抓、两手硬，强力推进农产品质量安全监管工作。新成立市农业综合执法大队、市农业检验检测预警防控中心、市动物疫病预防控制中心，人员力量基本配备到位，夯实监管基础。共安排农产品质量安全监管工作经费2327.2万元，为农产品质量安全监管提供有力保障。全年共抽检农产品样品28.6万个，合格率99.98%，实现全年重大农产品质量安全事件零发生。

**【农业科技创新与推广】**2018年，海口市农业局在全市内采集土样200个，化验分析3400项次；完成水稻肥料利用率及瓜菜“2+x”田间肥效、中微量元素单因子肥效等4个田间试验。完成甲子镇国家级耕地质量监测点标准化建设，开展国家级监测点水稻田间试验。专门成立由12名资深专家组成的畜牧、水果、瓜菜、植保4个专业专家组，负责技术培训、田间指导和有关咨询等工作。建设海口云龙办内“猪—沼—果”荔枝种植基地等3个科技试验示范基地，发放扬彩等5种农药叶面肥132千克、黄蓝板4000张、海岛素100千克、有机肥47.76吨。与省农科院植保所合作在新坡、东山、龙泉等镇开展生物降解地膜示范试验，示范试验面积10.67公顷，涉及香瓜、丝瓜、苦瓜、豆角、黄瓜等作物，通过跟踪观察其降解性能总体效果较好，可在冬春季瓜豆等作物上使用。

**【农业面源污染防治】**2018年，海口市农业局多管齐下，全面推进农业面源污染治理工作。开展生物降解地膜示范试验、推广。开展香瓜、丝瓜等生物降解地膜示范试验，免费给农民发放生物降解地膜160卷，开展示范试验面积10.67公顷，通过跟踪观察其降解性能总体效果较好，可在冬春季瓜豆等作物上使用。开展农业投入品田间废弃物回收利用宣传培训工作。举办农业生产废弃物回收利用知识培训班，培训示范户及农民近1000人次；组织技术人员深入龙泉镇五一洋、新坡镇龙丰洋、云龙镇北庄洋等冬季瓜菜种植主要田洋开展废弃物宣传和技术指导，发放农业废弃物回收“致全市农民朋友的一封信”等宣传料。开展化肥减量宣传培训。在龙塘镇、云龙镇等地举办龙塘饮用水源保护区测土配方施肥及肥料使用技术培训班，通过培训，大大提高农民的施肥技术水平，增强农民群众对饮用水源的保护意识。提升畜禽养殖废弃物资源化利用水平。通过“猪—沼—果—菜”等模式就近还田、有机肥厂转化利用的模式，实现农业循环的目标。同时开展以蚯蚓、水虻及微生物处理畜禽养殖废弃物课题研究，拓宽农民增效、增收的新途径。根据测算，全市畜禽养殖粪污排放量约244万吨，综合利用190万吨，资源化利用率78.06%。对10个生猪养殖场完善环保设施，建设1个有机肥厂。

**【田头预冷库建设】**截至2018年12月底，全市历年（2007—2018年）累计建设农产品冷藏保鲜库30家（其中，秀英区10家，龙华区1家，琼山区9家，美兰区10家），总库容量6.06万吨。

**【新型职业农民培育】**2018年，海口市计划培育新型职业农民650人，其中培育新型农业经营主体带头人350人、培训专业技能型和专业服务型农民300人；安排专项资金135万元，其中中央财政资金66万元、省级财政资金69万元。至10月，完成新型职业农民培育人数650人，完成任务计划100%，资金支出完成任务计划100%。

**【三产融合试点工作】**2018年，海口市实施农村一二三产业融合发展试点县（区）项目，投入资金1558万元，其中休闲农业1274万元、农产品初加工补助284万元。由琼山区政府负责实施，共补贴8个项目，其中休闲农业5个、农产品初加工3个。至年底，全部完成项目实施。通过项目实施，带动农户6265户，带动农民就业723人，带动企业投资4717.51万元。

**【2018年冬交会】**2018年12月12日，2018年中国（海南）国际热带农产品冬季交易会在海南国际会展中心开幕。有保加利亚、俄罗斯、蒙古等34个国家和地区及国内28个省市的2000多家企业、6000多名客商参加展会。展区占地面积8.5万平方米。展会包括海南热带农业发展30周年成就展区、热带农业品牌展区、“一带一路”国际馆、全国供销合作社展区、农垦展区、琼台农业合作展区、全国品牌农业展区、海南共享农庄展区、农业新产品新技术展区、市县农业产业及产业扶贫展区、林业展区、海洋渔业展区、农业装备展区、美食街及品牌宣传街等。其中，海口展馆内火山设计元素众多，展馆整体设计风格以海口火山荔枝为突出主题，展现海口火山风情、热带农业的形象特色。面积360平方米，共有48家农业企业、农民合作社，150种多农产品种参展。馆内专门设立扶贫展位，集中展示秀英、龙华、琼山、美兰4个区的贫困户农产品。除产品展出，还举行新品推介、美食试吃等一系列体验活动。此外，还设置精彩的线上预览内容，人们可以足不出户在家中通过网上浏览了解到冬交会内容。12日，2018年冬交会海口现代农业项目招商暨特色农产品扶贫产品推介会在海南国际会展中心举行。推介会上，来自北京、上海、广东等全国各地的优秀客商现场与海口签约现代农业产业项目。其中，海南世外桃源休闲农业有限公司与海南利德润房地产开发有限公司的椰乡世外桃源共享农庄项目，签约金额10亿元；海南新发地农业发展有限责任公司与黑龙江省北大荒商贸集团公司的大型生鲜连锁超市项目，签约金额2.8亿

2018年12月12—16日，2018年中国（海南）国际热带农产品冬季交易会在海南国际会展中心举办。图为海口展馆（杜惠珍 摄）

元。冬交会期间，主办方还在多地组织举办15项影响重大、内容丰富、形式多样的重点活动。其中，组委会主办的活动有海南农产品品牌大赛、国家战略与热带农业峰会、乡村振兴与美丽乡村博鳌国际峰会等8项，市县或企业举办的活动有陵水（光坡）圣女果采摘季暨乡村休闲游活动新闻发布会、东方市火龙果推介会、万宁市东山羊品牌发布会等7项。

12月16日，冬交会闭幕。超过50万人次进展馆参与盛会，签约订单总额772.37亿元，比上届增加106.08亿元，其中农产品网上交易暨专业采购量426.67亿元，增幅33.7%。现场签约投资项目32个、金额436.97亿元；意向投资额500亿元；达成金融授信金额8.37亿元，均创历年新高。在现场销售方面，线上交易额4.32亿元（比上届增加近2亿元）；36个展馆（区）、31个室内展馆（区）、5个室外展区现场订单额44.91亿元，现场销售额1.8亿元。海口市共邀请200多名省内外客商参加冬交会，签订农产品订单总额45.2亿元，增加7.77亿元，增长20.8%；现场签约投资项目12个，金额28.85亿元，增加16.31亿元，增长130%；意向投资额33亿元。海口馆线上交易额133.5万元；现场销售额142.2万元。

## 农业产业化

【农业产业化概况】2018年，海口市农业局以重点项目带动特色农业向标准化、规模化、产业化发展，全面推进海口现代农业产业园建设，促进海口农业绿色崛起。全市从事和涉及休闲农业产业的企业83家；新成立116家农民专业合作社，累计成立2384家合作社，带动农户7.05万户。海南恒达伟实业有限公司、海南富友种苗有限公司被认定为2018年度海南农业产业化重点龙头企业。

【观光休闲农业】至2018年底，海口市从事和涉及休闲农业产业的企业83家，其中，农家乐10家、休闲农园45家、休闲农庄22家、休闲乡村6家。有26家获评省级休闲农业示范点，6家通过国家休闲农庄星级评定，其中五星级2家、四星级4家；世外桃源被评为“全国最美休闲农庄”。全市休闲农业企业接待游客约160万人（含体验式游客），营业收入5.7亿元，利润总收入1700万元。带动周边农副产品销售收入4.2亿元，周边农民户均年增收1.35万元。

【共享农庄建设】2018年8月下旬，海口市农业局组织15家企业申报2018年海南“共享农庄”创建试点项目，其中五一世纪田园共享农庄、月茗庄共享农庄等12家被列入2018年海南“共享农庄”创建试点，获得省财政专项资金250万元支持，撬动社会资本22亿元投入共享农庄项目建设。全市“共享农庄”创建试点共有19家。

【农民专业合作社】2018年，海口市新成立农民专业合作社116家，合作社总数2384家，社员人数1.72万人，带动农户7.05万户。培育省、市级农业专业合作社示范社40家。扶持农民专业合作社项目资金48万元，用于培育4家农民专业合作社示范社或联合社，每家12万元。制定全市农民专业合作示范社规范化试点建设方案，创建2家农民专业合作示范社规范化建设试点。共培育省、市级农业专业合作社示范社40家。

【农业龙头企业】2018年，海口市农业局对海南罗牛山调味品有限公司、海南恒兆橡胶有限公司等30家龙头企业进行监测，有27家通过监测，3家被取消农业产业龙头企业资格。海南恒达伟实业有限公司、海南富友种苗有限公司被认定为2018年度海南农业产业化重点龙头企业。全市共有国家级和省级农业龙头企业38家。

【现代化农业产业园创建】2018年，海口市新增创建并获认定的省级现代农业产业园2家，全市获认定的省级现代农业示范基地共有14家，占全省总数的20.3%，位居全省首位。

【农产品品牌建设】2018年，海口市新增无公害农产品7个、复查换证绿色食品5个、新增地理标志农产品7个。全市获得“三品一标”（无公害农产品、绿色食品、有机食品、地理标志农产品）农产品共124个，其中无公害农产品95个、绿色食品19个、地理标志农产品10个（永兴荔枝、永兴黄皮、石山壅羊、石山黑豆、大坡胡椒、三门坡荔枝、石山红芝麻、永兴佛手瓜、云龙淮山、云龙莲雾获得国家工商总局地理标志证明商标，永兴荔枝、永兴黄皮、石山壅羊同时还获得农业部地理标志登记农产品）。

（洪章海）

**【丝路海口·田园综合体建设试点项目】** 2018年，海口市菜篮子产业集团配合相关职能部门开展田园综合体项目有关工作。8月，结合《丝路海口·田园综合体建设试点项目三年发展规划》，编制完成《丝路海口·田园综合体建设试点项目2018年度实施方案》。11月，编制完成《海南省海口市2018年度年处理4500吨农产品配送中心可行性研究报告》《海南省海口市2018年度年产1600吨蔬菜生产基地新建项目可行性研究报告》。组织拟订《丝路海口·田园综合体运营公司组建方案及章程》《丝路海口·田园综合体项目发展基金设立方案》等方案。对接社会资本方洽谈合作共建田园综合体，北京有方资本、永泰集团等社会资本方对项目发展均提出合作运营意向。结合“海南自贸区（港）百日大招商”活动，拟定《百日大招商活动之“丝路海口·田园综合体”项目招商方案》，通过省市政府平台开展项目招商引资。

（王艺霖）

## 农村扶贫

**【农村扶贫概况】** 2018年，海口市以问题为导向，抓住脱贫攻坚质量提升和扶贫干部队伍作风转变“两条主线”，扭住产业、就业“两个关键”，精心组织、周密安排，高位推进脱贫攻坚工作。全年减贫任务和精准识别、精准退出、“三保障”（住房保障、医疗保障、教育保障）、“双一工程”（有劳动能力、有脱贫意愿的贫困家庭，至少有一项增收项目，有劳动力、有就业意愿的贫困家庭至少有一人稳定就业）、战斗体系运作、问题整改、志智双扶等各项工作实现新突破，取得新进展，较好地完成全年各项工作任务，达到预期目标。至年底，全市贫困人口由2014年的4482户18994人减少到345户849人，22个贫困村全部达标出列，贫困发生率由3.15%降至0.12%，脱贫攻坚战取得阶段性战果。

**【贫困村饮水安全保障】** 2018年，海口市制定农村饮水水质检测、贫困村庄农村饮水工程水质检测工作方案和农村饮水安全脱贫攻坚行方案等政策措施，筹集资金924.94万元，对全市有脱贫攻坚任务的镇村和建档立卡贫困户的水源水及末梢水3541个水样进行水体抽样检测，并对水质检测结果不良的饮水点全部进行整改。经整改，年底，水质检测全部合格。投入1.6亿元加快建设农村安全饮水项目，共打井186口，铺设管道75139米，解决112个行政村、358个自然村、17.54万人的饮水安全问题。

**【多措并举发展扶贫产业】** 2018年，海口市多措并举发展扶贫产业增加贫困群众增收渠道，杜绝“一脱了之”“一股了之”“一分了之”的现象发生。（1）以“五带动全覆盖”模式促进带贫减贫和特色产业发展。海口市着力发展“公司+贫困户”“合作社+贫困户”“公司+合作社+贫困户”“抱团发展”和“村集体+合作社+贫困户”5种产业扶贫模式，建立36个特色产业示范基地，带动建档立卡贫困户2641户11257人参与产业组织化，组织化程度从上年的86.3%提高到100%，并通过土地流转、技术帮扶、股份合作、务工就业、订单服务等方式，与贫困户建立更加紧密的得益联结机制。（2）全面落实到户产业帮扶措施。帮扶全市有劳动能力的贫困户2235户9604人，发展黑山羊、牛、文昌鸡、咸水鸭、石斛、南药、花卉、莲雾、荔枝等特色农业产业，帮扶种植面积422.13公顷，养殖畜禽12859（头、只）、蜜蜂285箱、虾苗80万尾。（3）开展技术帮扶。组建市、区、镇三级“科技扶贫专家”服务团，成员共106名，聘请55名“田教授”通过角色转变实地现场指导。共举办各类农业技术精准扶贫培训班200余期7000多人次，举办新型职业农民培训班16期560人，技术指导到户率100%。（4）以消费扶贫促进扶贫产业做大、做强。引进阿里巴巴和蚂蚁金服，打造15个镇级电商平台，拓宽电商平台营销能力。至年底，线上销售额超1.45亿元，直接带动贫困户销售农产品超360万元。组织贫困户农产品在“海南爱心扶贫网”上销售，创新性举办爱心扶贫消费日、爱心扶贫集市、夜校集市，推出线上体验、线下消费的“消费扶贫体验馆”，开展“火山荔枝月”主题活动，推动扶贫农产品销售，增强贫困户发展产业的信心。（5）以光伏扶贫项目实施促村集体经济发展。编制《海口市2018年光伏扶贫实施方案》，在“十三五”整村推进村光伏扶贫项目全覆盖的基础上，实施“十二五”11个整村推进村村级屋顶光伏扶贫项目建设，投资水平按限额50万元/村，装机规模60千瓦标准，总规模约660千瓦，共550万元控制范围内。年底，秀英区东山镇马坡村委会、城西村委会、玉下村委会，永兴镇建群村委会；龙华区龙桥镇美定村委会，新坡镇仁里村委会、仁南村委会，龙泉镇永昌村委会；琼山区甲子镇琼星村委会，云龙镇云岭村委会，旧州镇雅秀村委会、旧州村委会、道美村委会、光明村委会，三门坡镇清泉村委会、谭文村委会，甲子镇民昌村委会、昌西村委会；美兰区灵山镇爱群村委会、大致坡镇昌福村委会、金堆村委会，三江镇茄芮村委会22个整村推进村的光伏扶贫项目全部完成，实现当年施工、当年建成、当年并网发电，可为每个整村推进村增加村集体收入约4万元。

【实施就业扶贫】2018年，海口市加大职业教育和就业技能培训，共组织贫困劳动力参加各类职业培训1167人次，到镇举办12场就业创业专项宣讲活动，并聘请创业导师、种植养殖技术专家对贫困劳动力进行就业创业指导。发展扶贫车间，在“新发地”“石斛基地”等特色产业基地挂牌设立“就业扶贫车间”，为农企和贫困户搭建就业供需服务平台，使贫困户不仅多了就近就业的渠道，还为贫困劳动力提供学习生产技能的课堂。多渠道筹集就业岗位。举办就业扶贫专场招聘会20场，进场招聘企业589家，提供就业岗位9983个，并通过进村入户和新媒体平台发布等多种形式将就业岗位信息送至贫困户家中，开展“一对一”现场职业指导和岗位推荐，全年新增开发17个公益性岗位安置零就业贫困家庭和劳务收入不稳定贫困家庭劳动力就业；新增转移就业305人，历年累计实现转移就业3183人。

【农村贫困户危房改造】海口市农村贫困户的危房改造主要针对四类重点人群，即建档立卡贫困户、低保户、特困户、困难残疾户。2018年，累计完成2512户四类人员房屋安全性评定工作，对所有建档立卡贫困户出具“危房改造对象认定表”或“房屋危险性等级签订书”。年内改造的1180户全部达到“五个直观”（有门有窗、有厨有厕、有水有电、内外批荡、屋顶防水）要求并按时入住新房，住建部门完成对危改户第三方危房等级鉴定予以确认的工作。严格按政策要求控制建设面积和补助标准，无面积超标和帮扶资金超标的情况，也未发现有大额举债建房的情况。此外，还对照国家和省的要求，落实好工匠培训、质量巡查等工作，对竣工的改造项目，在镇验收的基础上，由区住建部门进行100%复验，确保改造质量，并做好危房改造档案和信息录入工作。

【健康扶贫全力推进】“十三五”期间，海口市建档立卡贫困人口共有2685户11396人，全部由政府资助参加并购买新农合基本医疗保险、大病保险及健康商业补充保险。2016年以前脱贫户未参保的由政府补缴参保，做到2014年、2015年脱贫户参合参保率100%。2018年，海口市推进家庭医生签约服务模式，组建367支家庭医生团队，与建档立卡的贫困户、农村低保对象、特困人员11361户27539人，全部完成家庭医生团队签约服务。建档立卡的贫困户、农村低保对象、特困人员、困难残疾户等人的慢性病签约管理率100%；将11种大病和4种慢病保障范围扩大至25种和28种，对核查出农村贫困人口25种大病患者300户321人和28种慢病患者1147户1602人，全部实现大病专项救治和慢病规范化管理；大病救治率和慢病核查、慢病证办理率100%。设立新农合基本医疗保险、大病保险、健康商业补充保险、民政医疗救助、政府财政兜底五重医疗保障，基本医疗保险和大病保险、商业补充保险报销后，超出部分由民政医疗救助和政府财政兜底回补，建档立户慢性病门诊和住院实际报销补偿比分别为86.67%和93.56%。完善村卫生室建设，为全市253家村卫生室配备村医，并配置常用药，同时推进村卫生室网络信息化建设。市域内全面实现“先诊疗后付费”和“一站式结算”，贫困人口在市域内所有医疗机构住院实行零押金，贫困患者住院各项医疗保障政策实现一站式结算服务，个人只需付清自负部分，并由医疗机构打印一站式结算单告知贫困患者。

【教育扶贫政策落实到位】2018年，海口市面向建档立卡贫困学生、农村低保贫困学生、农村低保特困供养贫困学生的教育补助全部发放到位。春季学期，向核定的建档立卡贫困学生3172人发放扶贫资助资金445.42万元；向农村低保贫困学生4442人发放教育保障资助资金685.38万元。秋季学期，向已核定的建档立卡贫困学生2791人发放扶贫资助资金336.26万元；向秋季学期农村低保特困供养贫困学生3372人发放教育保障资助资金435.06万元。贫困家庭中的中职技校学生全部纳入识别帮扶对象，由教育部门统一落实教育补助金发放工作。“两免一补”作为普惠性政策全部落实到位。对疑似辍学的学生，逐一核实，一经查实，全力“劝返”，没有因贫失学学生，全市保持辍学率为“0”。此外，对25名因身体残疾原因不能上学的贫困家庭学生采取“送教上门”服务，保障残障适龄儿童权利。

【金融扶贫政策落实】2018年，海口市建立扶贫小额信贷风险补偿机制，解决金融机构“不敢贷”的问题，为扶贫小额信贷政策落地保驾护航。对接贫困户需求，多渠道为贫困户创业提供机会，解决贫困户“不愿贷”的问题，发挥扶贫小额信贷在脱贫攻坚中的撬动作用，为贫困户创业提供资金支持。把关强化监督监管，从源头上杜绝向不符合条件的贫困户放贷、户贷企用、以脱贫攻坚名义违法违规融资等问题。至年底，全市扶贫小额贷款户数累计1694户，贷款金额3757.92万元，覆盖率39.4%，超额完成省下达“年度扶贫小额信贷覆盖率超过35%，力争达到37%”的目标任务，未发现有逾期还贷和户贷企用等情况。此外，在省内率先建立叶菜价格指数保险，共有300余户贫困户通过参与农业保险受益。

【综合保障脱贫政策落实】2018年，海口市将完全丧失劳动能力或部分丧失劳动能力且无法依靠产业帮扶脱贫的建档立卡贫困人口443户1111人纳入社会救助兜底保障，其中纳入农村低保的有360户1027人。对未脱贫建档立卡贫困户中的重病、重残人员 24 户 51 人单独纳保。按照海南省临时救助实施办法，年内对符合条件的贫困人口给予临时救助 5051 户，累计发放金额 365.86 万元。市区财政为贫困人员全额代缴城乡居民基本养老保险费共 23510 人，其中低保代缴人员 8543 人、重残代缴人员 4029 人、建档立卡代缴人员 10938 人。对农村特困人员 3065 人按政策给予救助供养，按月发放救助金额，全年累计发放资金 2437.86 万元。全市农村困难残疾人 3606 人，年内累计发放补贴资金 383.2 万元；重度残疾人 13696 人，年内累计发放补贴资金 3615.67 万元。

**【老区建设】**2018 年，海口市投入老区建设资金 1656 万元，共建设老区项目 40 个，包括道路硬化、路灯工程、挡土墙修建等基础设施项目。涉及 4 个区、9 个镇、17 个村委会、41 个自然村，受益群众 16240 人。至年底，所有建设项目全部完成。

**【驻村帮扶】**2018 年，海口市优化调整和新选派 25 名第一书记，调整优化村党组织书记 8 名、村“两委”干部 18 名，调整新选派驻村工作队员 44 名。全市驻村工作队总数 22 个，驻村工作队队员总人数 66 人，实现 22 个贫困村驻村工作全覆盖。驻村第一书记和工作队参与到村庄管理和脱贫攻坚工作中，帮助贫困村做好村庄发展规划，推动贫困村的产业发展和基础设施建设。出台《中共海口市委关于激励干部干事创业担当有为的实施意见》，先后对表现优秀的 24 名驻村第一书记予以提拔重用，对周克乙、张萍等 6 名驻村第一书记进行宣传报道。落实驻村工作保障，将驻村第一书记工作经费从 1 万元 / 年提高到 2 万元 / 年，并对派出单位落实第一书记和驻村工作队员的工作经费、生活补贴、体检保险等作出明确规定。

**【结对帮扶贫困户】**2018 年，海口市按照“领导挂点、单位包村、干部包户”的工作思路，市四套班子主要领导分别挂点 4 个区，27 名市领导挂点各镇，236 家结对帮扶单位包村帮扶 814 个自然村，1257 名帮扶责任人包户帮扶 4433 户贫困户开展结对帮扶。指定“十三五”期间 11 个贫困村驻村第一书记派出单位为定点帮扶单位，落实定点帮扶。

2018 年 8 月 24 日，海口市城投公司扶贫帮扶责任人在包点村道美村委会开展迎接省脱贫攻坚大比武检查工作 （市城投公司 供）

**【脱贫攻坚作战体系启动】**2018 年 5 月 31 日，海口市脱贫攻坚作战体系启动仪式在琼山区云龙镇政府举行。全市建立“五级作战体系”，市、区成立打赢脱贫攻坚战指挥部，在镇、行政村和村组建立脱贫攻坚战斗大队、中队和小队，从帮扶责任人中选派能力强、有责任心的同志担任中队教导员和小队指导员，充实基层作战力量。成立市驻村工作队和帮扶责任人管理办公室，强化统一指挥协调和落实各项管理制度，细化帮扶责任人调整的条件和程序，在制度上保证帮

2018 年 5 月 31 日，海口脱贫攻坚作战体系启动仪式在琼山区云龙镇举行 （张俊其 摄）

扶责任人队伍的稳定；制定帮扶责任人和派出单位管理办法，落实单位包村、干部包户工作机制；明确各级作战人员的工作职责，压实脱贫攻坚责任；做足保障措施，派出单位用公用经费为帮扶责任人购买保险，帮扶责任人下乡开展帮扶工作期间按脱岗管理，不再安排其他工作，减轻帮扶责任人负担；制定下乡帮扶经费报账的有关管理规定，使帮扶责任人能够真正扑下身子履职尽责。

**【扶贫培训】** 2018年，海口市突出扶贫系统干部队伍、乡镇党政干部、致富带头人、驻村帮扶干部、村两委干部等培训，开展扶贫政策理论、扶贫业务知识、扶贫领域反腐倡廉教育等专题培训班14次，培训5036人次，实现扶贫干部业务培训全覆盖。全年共举办各类精准扶贫生产技术培训班200余期7000多人次，举办新型职业农民培训班16期560人，技术指导到户率100%。共组织贫困劳动力参加各类职业培训1167人次，到镇举办12场就业创业专项宣讲活动，并聘请创业导师、种植养殖技术专家对贫困劳动力进行就业创业指导。

**【财政专项扶贫资金分配与使用监管】** 2018年，海口市共筹措各级财政专项扶贫资金4539万元。至12月24日，完成全部支出，进度100%，提前完成省定95%的目标。坚持“直通车”和“一个水龙头出水”的做法，资金到位后按年度脱贫攻坚任务，全部下达各区，各区将资金直接分配到镇，由镇统筹使用。进一步健全财政专项资金使用管理相关制度，出台加快资金支付的相关文件，简化资金报账手续，对扶贫资金支出开通“绿色通道”，随到随审随报。市审计、财政等部门加大专项监督力度，对财政专项扶贫资金实行全过程监管，确保资金高效安全使用。

（陈金芳）

# 农业机械化

**【农业机械化作业】** 2018年，根据农机系统数据统计，海口市主要农作物水稻机耕面积3.76万公顷，水稻机收面积3.94万公顷，水稻机耕水平88.45%，机收水平90.49%；农机作业综合水平62.53%。

**【农机购置补贴】** 2018年，海口市农机购置补贴，中央补贴资金150万元，省补贴资金20万元。市农业局受理购机补贴申请农户58户，申请购置补贴机具74台，累计申请补贴资金121.35万元（其中中央补贴资金107万元，省补贴资金14.35万元），已结算资金52.7万元（其中中央资金38.36万元，省资金14.35万元）。

**【农机安全管理】** 2018年，海口市农业局核发拖拉机、联合收割机行驶证39本，拖拉机行驶证过户388本，换发驾驶证752本；核发拖拉机、联合收割机驾驶证138本，完成年度计划69%。拖拉机年检3770台，完成应参检拖拉机的68%。开展专项整治行动63天（次），其中与交警联合执法52次，纠正违章拖拉机1332（辆次）。开展下镇集中年检巡回服务工作47场，现场办理拖拉机年检2370台。全年开展宣传教育49场，参加机手4000多人。隐患排查拖拉机2375台，排查出一般事故隐患532台，全部整改。举办农机安全宣传现场会39场，3000多人次参加，累计发布安全生产短信近5万条，在重大节日、重点地段悬挂安全宣传横幅96条，发放宣传资料1.6万份。

**【农机专业合作社】** 2018年，海口市有8个农机合作社，分别是红旗镇农机作业专业合作社、海口琼南农业机械专业合作社、海口金宇农机服务专业合作社、海口益民农机作业服务合作社、海口云阁收割机服务专业合作社、海口云岭农机服务专业合作社、海口应民农机专业合作社、海口亦民农机作业服务专业合作社。合作社从业人数98人，有机具167台，全年完成机耕面积3927公顷，机收面积4065公顷。

**【农机质量监管】** 2018年，海口市有26个农机维修网点，均取得相应等级的《农业机械维修技术合格证》，从业人员104人，均办理相应的职业资格证书。开展“3·15”农资打假活动，检查13个农机经销商以及农机产品1263件。

# 种植业

**【种植业概况】** 2018年，海口市以促进农业增产、农民增收为目的，抓好种植业产业结构调整，加快发展热带果蔬产业，积极发展无公害生产，提高果蔬产品质量，取得显著成效。全年种植业产值49.76亿元，比上年增长8.1%。常年瓜菜基地保有面积3545公顷，其中瓜菜设施大棚391公顷。瓜菜种植面积2.65万公顷，产量51.71万吨，分别增长6.5%和0.47%。农作物种植面积6.59万公顷。水果种植面积1.71万公顷，产量24.59万吨。

**【粮食生产】** 2018年，海口市粮食作物播种面积2.58万公顷，总产量12.05万吨，分别下降23.21%和18.58%。其中早稻种植面积1.2万公顷，产量6.39万吨，分别下降7.69%和1.69%；晚稻种植面积0.99万公顷，产量4.22万吨，分别下降29.95%和27.37%；薯类种植面积3379公顷，产量1.27万吨，分别下降43.94%和45.49%；豆类种植面积503公顷，产量1598吨，分别增长15.1%和4.4%。

**【热带及经济作物生产】** 2018年，海口市热带作物、经济作物的种植面积1.89万公顷，其中新种面积471.4公顷，收获面积 0.85 万公顷。橡胶种植面积 1.09 万公顷，收获面积 3312 公顷，产量 3021 吨，增长 9.34%；槟榔种植面积 2991 公顷，收获面积 1355 公顷，产量 3370 吨，增长 13.16%；胡椒种植面积 3453 公顷，收获面积 2781 公顷，产量 5304 吨，增长 35.83%；椰子种植面积 1608 公顷，总产量 1021.22 万个，下降 21.48%。

【蔬菜生产】2018 年，海口市常年瓜菜基地保有面积 3545 公顷，其中瓜菜设施大棚 391 公顷。瓜菜种植面积 2.65 万公顷，产量 51.71 万吨，分别增长 6.5%和 0.47%。为提高种植叶菜积极性，继续实施扶持叶菜生产政策。继续开展叶菜价格指数保险工作，累计投保面积 5066.67 公顷，涉及农业企业与菜农户超过 5000 户次，共理赔 1100 万元。采取补贴 5 年地租方式集中流转土地，引入 16 家有农业企业、合作社创建叶菜生产基地，规模种植叶菜 246.67 公顷，有效地扩大叶菜生产，提高市场供给。继续落实 5—10 月淡季露地叶菜补贴政策，每亩每造补贴 200 元，全年补贴 4456.2 公顷，补贴资金 1336.86 万元。

【育种基地】2018 年，海口市累计建成 5 个集约化育苗中心，面积 1.67 公顷，共集中育苗 2000 万株，主要有苦瓜、丝瓜、南瓜、毛瓜、泡椒、线椒、尖椒等品种。

【水果种植】2018 年，海口市水果种植面积 1.71 万公顷，其中当年新种面积 2202 公顷，总产量 24.59 万吨。荔枝种植面积 5805 公顷，产量 5.42 万吨，分别下降 16.7%和增长 82.9%；香蕉种植面积 3338 公顷，产量 8.36 万吨，分别下降 3.787%和 9.13%；菠萝种植面积 2206 公顷，产量 5.05 万吨，分别下降 3.54%和 0.2%；龙眼种植面积 551 公顷，产量 2080 吨，分别下降 14.84%和增长 36.39%。

【十大品牌农产品生产】2018 年，海口十大农业品牌种植面积 6108.87 公顷。其中：美兰三角宁地瓜 142.33 公顷，海口莲雾 257.07 公顷，永兴荔枝 1000.8 公顷，永兴黄皮 964 公顷，云龙淮山 400 公顷，大坡胡椒 2600 公顷，石山黑豆 253.33 公顷，海口火山石斛 74.21 公顷，海口蜜柚 360 公顷，海口甲子牛大力 57.13 公顷。

2018 年 5 月 13 日，海口火山荔枝月启航活动在琼山区三门坡镇红明广场举行（于海涛 摄）

【打造海口火山荔枝品牌】2018 年 4 月 20 日至 6 月 20 日举办海口火山荔枝月活动，充分挖掘海口火山荔枝优势，打响“海口火山荔枝”品牌。线上，大润发优鲜和手机淘宝上架销售海口火山荔枝；线下，大润发 300 家门店及盒马鲜生的 34 家门店销售海口火山荔枝。新开辟哈尔滨、乌鲁木齐、呼和浩特等 10 个市场。荔枝月活动期间，共销售海口火山荔枝 7.55 万吨，同比增长 39.5%；销售金额 7.78 亿元，同比增长 64.8%；平均收购价格 10.3 元 / 公斤，同比增长 18.1%，在丰产增收上取得显著成效。

【菠萝滞销难题破解】2018 年，海口市种植菠萝面积 1670 公顷（农垦 640 公顷），其中香水菠萝种植面积 1129.33 公顷、巴厘菠萝种植面积

海口市秀英区石山镇施茶村火山石斛园。摄于 2018 年 4 月 14 日（张俊其 摄）

540.67公顷。截至5月16日，全市收获销售完毕1427.33公顷，占85.5%。其中琼山区收获销售完毕面积1200公顷、美兰区收获销售完毕面积227.33公顷。未收获242.67公顷，其中6月上市103.33公顷；次年上市40公顷；近期滞销99.34公顷，产量约3725吨（其中琼山区50.67公顷，产量1900吨；美兰区48.67公顷，产量1825吨）。菠萝滞销的主要原因：受天气影响，造成上市时间延迟约45天；与广东、广西、台湾的菠萝上市时间相撞；与省内的荔枝等热带水果上市期相遇；菠萝品种多为巴厘，不受市场青睐；一些销售商未履行订单。出现菠萝滞销后，海口市委、市政府高度重视，组织线上线下促销，发动爱心企业开展爱心售卖等活动。至6月2日，累计销售菠萝面积100.8公顷，产量3780吨，滞销菠萝全部销售完毕。

**【“两区”划定工作】** 2018年，海口市“两区”划定工作任务1.33万公顷，其中1万公顷水稻生产功能区、0.33万公顷天然橡胶生产保护区。至年底，完成水稻生产功能区、天然橡胶生产保护区的划定实地测绘工作，其中水稻生产功能区划定面积1.04公顷，天然橡胶生产保护区划定面积0.37万公顷。

**【农作物病虫害防治】** 2018年，海口市农业局通过进行现场指导，提供防控药物等手段，陆续在云龙镇、三门坡镇、三江镇、东山镇、新坡镇等水稻主要种植镇开展水稻病虫害统防统治工作，督促指导有关部门做好水稻病虫害监测与防控工作，防治面积1000公顷，发放防控药物1734.2千克。

**【农药管理】** 2018年，海口市农业局出动执法人员2458人次，检查农资经销单位2800家次、物流企业207家次、种植基地33家次，口头教育整改60多次，查处违法行为3起，其中1起案件线索移送公安机关，2件立案办结，共罚款1.21万元。查获违规农药约1.2万千克，其中禁用农药8300千克。

## 畜牧业

**【畜牧业概况】** 2018年，海口市农业局加快“三区”（禁养区、限养区、适养区）划定，以稳猪、促禽、增牛羊的发展思路，以提高畜禽养殖粪污资源化利用率为工作目标，加强畜禽养殖污染防治，改善生态环境，推动全市畜禽养殖与生态环境全面协调可持续发展。全年出栏生猪75.86万头、禽类1217.89万只、牛1.32万只、羊9.3万只；禽蛋产量0.96万吨、肉类总产量8.69万吨。牧业总产值27.66亿元，增长1%；增加值15.94亿元，增长1.3%。

**【畜禽养殖区域范围划定】** 2018年6月，海口市人民政府印发《关于划定海口市畜禽养殖区域范围的通告》，科学划定禁养区、限养区、适养区具体范围。其中畜禽养殖禁养区面积1041.44平方千米，占海口市陆地面积的45.5%，比2014年划定的禁养区面积增加339.94平方千米；限养区面积759.91平方千米，占海口市面积的33.2%；适养区面积487.74平方千米，占海口市面积的21.3%。根据《通告》，2018年关停禁养区内规模养殖场、专业户337家，2019年继续开展禁养区内规模养殖场、专业户关停工作。

**【畜禽养殖场粪污综合化利用率提高】** 2018年，为提高海口市畜禽养殖场粪污综合化利用水平，市农业局对限养区及适养区畜禽规模养殖场粪污处理设施进行改造升级。经省农业农村厅、省生态环境厅对海口市畜禽养殖废弃物资源化利用工作考核，海口市畜禽粪污综合利用率达到78.06%，畜禽规模养殖场粪污处理设施装备配套率达到76.03%，大型畜禽规模养殖场粪污处理设施装备配套率达到100%，被评定为优秀等级。

**【畜牧品种改良】** 2018年，海口市农业局选择具有种畜禽生产经营许可证、有一定养殖规模，具有相当技术实力及良种需求的2家种猪养殖企业发放优质杜洛克种公猪10头；整村推进的扶贫点发放优质海南黑山羊25只。实施单位做好品种改良推广和繁育管理工作，建立种畜改良配种及产仔记录档案，确保项目实施进度与实施效果。同时，大力推广先进实用的科学饲养技术和疫病防治技术，实行良种良法配套。全市拥有种猪场16个，种牛场1个，种羊场3个、种鸡场3个，种鹅场1个、种鸽场2个、种蜂场1个。

**【家禽养殖】** 海口市家禽养殖以文昌鸡、鸭、鹅等为主。家禽业是海口畜牧产业中发展速度快、规模比重大、产业化水平高的产业。2018年，肉鸡出栏5万只以上的规模场17个，年存栏万只以上的蛋鸡场18个。通过对畜禽规模养殖场粪污处理设施进行核查、粪污资源化利用情况监测，大型禽类规模养殖场粪污处理设施装备配套率达到100%，提高粪污资源化利用率。家禽产业持续向标准化、规模化、产业化、自动化养殖方向发展。

**【猪养殖】** 生猪产业是海口市畜牧业的基础产业。2018年，有出栏量500头以上规模养猪场175个，其中出栏万头以上的大型规模猪场9个。年内，全市出栏生猪75.86万头，期末存栏生猪32.09万头，其中能繁母猪存栏4.89万头。海南天兆科技有限公司大坡种猪培育场获省级畜禽标准化示范场称号。

**【食用牛养殖】** 海口市饲养的牛的品种主要是当地海南黄牛（雷琼黄牛）和海南水牛。近年来由于海口市城市化进程加快，草场减少，使得牛养殖规模扩大缓慢，现阶段仍以农户散养为主，规模养殖场相对较少且规模较小，难以形成规模效应，饲养周期长、饲养方式落后、管理粗放，养殖效益低，没有形成规模化，标准化生产。2018年，全市有出栏50头以上的规模牛场12个，年出栏肉牛1.32万头，期末存栏牛2.99万头。

【羊养殖】海口主要饲养本地海南黑山羊（东山羊）。但本地黑山羊缺口大，生产供不应求。为加快黑山羊产业发展，海口市建设黑山羊产业化生产体系，打造黑山羊知名品牌，增加羊肉市场供应，促进农民增收。2018年，全市出栏肉羊9.5万头，期末存栏羊6.2万头。

【特种动物饲养】海口市饲养的特种动物主要有鸽子、肉兔、鹌鹑、蜜蜂等。2018年，全市出栏肉鸽166.85万只，鸽肉产量576.85吨；饲养蜜蜂约1.62万群，蜂蜜产量166.75吨。年内，卓津蜂业中华蜜蜂养殖基地获省级畜禽标准化示范场称号。肉兔、鹌鹑农户饲养不多，饲养量少，产品主要依靠岛肉外供应。

## 无规定动物疫病区建设

【无规定动物疫病区建设概况】2018年，海口市突出“质量兴农”和“绿色发展”两大主题，紧密围绕“防风险、保安全、促发展”目标任务，继续推进《国家中长期动物疫病防治规划（2012—2020年）》《全国兽医卫生事业发展规划（2016—2020年）》贯彻落实，努力提高从养殖到屠宰全链条兽医卫生风险管理水平，促进乡村振兴战略和健康中国战略高效实施。以推进无疫区建设持续健康发展，保障屠宰环节肉品质量安全为根本目标，确保重大动物疫情零发生，保障人民食用动物产品质量安全。

【动物疫病防控】2018年，海口市农业局开展非洲猪瘟防控工作，共组织4次工作专题会议，研究部署海口市非洲猪瘟防控具体措施。启动非洲猪瘟疫情排查日报制度，印发《海口市非洲猪瘟防控工作实施方案》及《非洲猪瘟防控技术规范》《非洲猪瘟应急预案》《非洲猪瘟现场排查手册》等文件及技术规范，指导各级部门收集整理最新非洲猪瘟疫情动态及相关信息，全力以赴做好非洲猪瘟防范工作。年内，海口市无非洲猪瘟疫病发生，全市无重大动物疫情。

【兽医兽药管理】2018年，海口市农业局加大饲料兽药监管工作，确保畜产品安全。对全市规模生猪、牛、羊养殖企业及9个屠宰场进行“瘦肉精”抽检。抽检样品7500份，经检测全部合格。对12家饲料生产企业、30家自配料（饲养场）进行检查，未发现违规违法行为。协助农业农村部抽取饲料样品72份、肉蛋样品43份，配合省农业厅抽取畜产品样品40份、饲料样品30份，检测结果全部合格。加强兽药经营产品追溯体系建设，全市57家兽药GSP经营企业全部注册追溯体系并上传数据。在兽药经营环节，抽检兽药产品质量42批次；在兽药使用环节，对动物诊疗机构违规用药问题立案查处2宗，罚没款3.8万元；在畜产品质量环节，监督抽查11批次畜产品进行兽药残留检测。认定和发放《执业兽医师资格证书》和《执业助理兽医师资格证书》41份。

【屠宰监管】2018年，海口市共屠宰生猪80.49万头，牛1.26万头，鸡34.45万羽（只），屠宰环节无害处理病害猪及其产品折合2539头。全年，市农业局与屠宰企业共签订安全生产责任书9份，对屠宰企业消防、生产设施设备和关键环节检查开展次数95次，开展监督检查工作179人（次），屠宰企业配备51名安全生产管理人员，保证海口市生猪屠宰质量安全和猪肉产品的供应保障。

（洪章海）

## 林 业

【林业概况】2018年，海口市有林地面积8.99万公顷，森林面积8.68万公顷，活立木总蓄积量282万立方米，森林覆盖率38.39%；各类型湿地面积2.91万公顷，湿地率12.7%；全市花卉种植面积4800公顷，占全省50.86%。全年林业经济总产值58.12亿元，比上年增长0.3%。

【森林资源管理】2018年，海口市林业局落实《保护发展森林资源目标责任制》，开展山体生态修复以及湿地保护专项行动工作，成效明显。完成全市978个森林督查图斑的现状核查，并按时序推进295个违法违规图斑的查处整改。抓好各项资源调查工作，完成林地占补平衡地块、林地变更调查、全市1143个森林资源监测样地和江东新区森林及湿地资源本底等调查；开展建成区外古树名木资源普查；开展10957公顷重点生态区位商品林调查工作，查清年内海口市重点生态区位人工商品林共5760.25公顷。完成生态保护红线校核优化及市总体规划林地控制线局部调整工作，并形成中间成果报市规划委汇总。做好行政审批工作。共受理各类行政审批事项64201件，办率和办结率均为100%；主动对接涉及使用林地项目，保证建设项目按时开工建设，省林业局共批复海口市20个建设项目使用林地，面积共87.82公顷。严格执行森林采伐限额管理。对林木采伐进行全过程监督，全市（含各区）共办理采伐许可申请2157宗，面积1701.98公顷，蓄积量11.2万立方米。

【植树造林】2018年，海口市完成造林绿化合格面积1350.75公顷（未包括市绿委办上报的城镇绿化面积），占省里下达的考核指令性计划

（533.33 公顷）的 253.27%，占总任务（833.33 公顷）的 162.09%。按造林区域分：海防林基干林带（含补植补造）面积 12.87 公顷，通道绿化 132.72 公顷，河流水库绿化 139.62 公顷，村庄绿化面积 96.28 公顷，生态经济兼用林面积 969.25 公顷。按造林项目分：人工造林面积 599.93 公顷，更新造林面积 744.56 公顷，四旁植树面积 6.26 公顷。年内，市政府加大造林绿化资金的投入，继续对农户造林户实行补助，补助标准按照 600 元 / 亩（含设计、监理等费用）进行，市财政共投入造林绿化资金约 1500 万元（未含市政园林绿化建设投入资金）。

【林下经济】2018 年，海口市林业局充分利用丰富的动植物资源，大力发展“林蜂”“林药”和“林禽”模式的林下经济产业。林下套种新增石斛 13.5 公顷，新增“林药”面积 12 公顷。同时，因地制宜发展林下养鸡、养鸭、果子狸、滑鼠蛇、龟等驯养业。充分利用有限森林资源发展立体林业，演丰、灵山、三江、红旗、云龙、三门坡、咸来等镇及岭脚热作农场，依托橡胶林及果园种植散尾葵、巴西铁、龟背竹等鲜切叶 1500 公顷。

【林业产业示范基地】2018 年，海口市林业局开展现代农业产业园示范基地建设，辐射和带动海口市林业产业的发展。9 月，海南三角梅高新技术产业园获 2018 年省级现代农业产业园称号。全市共有 5 家企业获得省级现代农业产业园示范园称号。

【苗木基地】2018 年，海口市共有 143 个苗木基地，全年育苗面积 15 公顷，造林苗木 40 公顷、绿化苗木 133.33 公顷、花卉 26.67 公顷。其中，海南荣丰花卉产业园苗木种植面积 66.67 公顷 、睡莲种植面积 26.67 公顷、切枝切叶种植面积 26.67 公顷、小盆栽母树种植面积 20 公顷、具有年生产 100 万盆标准化小盆栽的生产能力。海南金棕榈园艺景观有限公司在云龙基地育有各类苗木 100 多万株，品种以唐棕、斐济棕、霸王榈、黄金熊等大规格苗木为主导，销售收入超过 1.4 亿元。海口文山沉香产业园种植 10 万株沉香树。海南香树沉香苗木基地种植白木香 33.33 公顷，包括沉香老树保护区 8 公顷、近 7 万株，有约 2000 株沉香老树林；新增 40 万株沉香育苗，利用通体结香技术结香 13.33 公顷。海南大湖桥园林股份有限公司红旗三角梅繁育基地育苗 26.67 公顷，主要产品有（三角梅 22 个品种）、金英花、香水合欢、琼崖海棠、变叶木等。

【花卉产业】2018 年，海口市花卉种植面积 4800 公顷，占全省花卉生产面积的 50.86%，花卉年产值 12 亿元，增长 9%。花卉企业上规模的有 300 多家，从事花卉农户 1500 多户，花卉从业人员约 3 万人，花农年人均收入过万元。开展花香海南大行动，市政府印发实施《海口市推进热带花卉产业发展实施方案》。全年省下达花卉种植任务 333.33 公顷，完成种植 356.47 公顷，占省下达任务的 107%，并通过省林业局验收。加强基础设施建设。海口兰花产业园正在建设组培中心，主打培育蝴蝶兰、文心兰等品种，育有优良品种 100 多个，500 多万株，产值 1 亿多元。推进红旗镇三角梅基地、云美路花卉基地建设。坚持产与销相结合的原则，培育花卉市场。全市有大小花卉市场 12 个，其中综合性花卉交易市场 2 个。在大力扶持下的海南花卉大世界累计投入 3.6 亿元进行总体开发建设，有国内外 156 家花卉企业进驻，并成功承办 8 届海南省迎春花市、国际盆景根雕赏石展及元宵换花活动等。开展以花卉产业精准扶贫取得明显成效。琼山区红旗镇三角梅高新技术产业园基地和东山镇海口文心兰种植基地作为产业扶贫基地，海南大湖桥园林股份有限公司采用“公司 + 镇政府 + 贫困户”的发展模式，将琼山区 7 个镇 1387 贫困户的扶贫资金 517 万元，实行“保底分红 + 超额利润分红”的合作方式，确保贫困户投入的资金每年 11%保底分红。基地与农户签订盆栽、地栽花卉培育合同，公司提供种苗、技术，农户培育达标后按合同约定单价回收。海口文心兰种植基地帮扶贫困户 63 户，以多种方式带动农民增收，促进农业增效。

【林业科技】2018 年，海南博大兰花科技有限公司申报的热带花卉（三角梅、文心兰）优质高效生产技术研究与示范项目，列入海南省重大科技项目。该项目主要针对文心兰产业化发展的瓶颈问题，拟以培育高品质文心兰产品及实现高效优质生产技术为主线，充分发挥种质资源优势，开展文心兰的种质资源收集和评价；结合现代分子育种技术开展文心兰优良品种选育，配套优质高效的生产技术，解决海南文心兰在产业发展中新品种选育问题；根据文心兰的生长发育规律及海南的气候特点，突破文心无毒种苗繁育、花期调控、采后保鲜等技术瓶颈。最终建立一套集成适合海南文心兰生产优质高效生产技术，为海南文心兰产业提供新品种和产业技术，改善海南文心兰产品品质，从而为提高文心兰产业水平和实现快速产业化提供技术支撑。项目建设完成后将推进文心兰产业发展，培育具有自主知识产权的新品种。

【森林防火】2018 年，海口市共发生森林火灾 1 起，火场过火面积 0.39 公顷，受害森林面积 0.39 公顷，火灾当日扑灭率 100%，森林火灾受害率 0.004‰。处置野外火情 53 起，火场过火面积 4.91 公顷，出动各类森林消防队员和应急队员 594 人次、森林消防车辆 270 辆次，未发生重特大森林火灾和人员伤亡事故。

【森林病虫害防治】2018 年，海口市林业局设立森林病虫害防治宣传咨询点 8 个及沿路镇村挂宣传横幅 120 条，印发病虫害防治检疫宣传册子 4000 册、宣传单 8000 多张，开展宣传工作。持续开展椰心叶甲防治工作，繁殖释放寄生蜂8047万头，喷药防治景观道路椰子树2.3万株次，椰心叶甲疫情得到有效的遏制；完成薇甘菊86.27公顷的第二轮防治；防控花卉苗圃林地等红火蚁疫情223.73公顷。开展森林植物产地检疫和调运检疫工作，办理花卉、苗木产地检疫128宗1504.4公顷，调运检疫2.87万车次，检疫检查外来调运森林植物6176车次，复检除害处理567车次，查扣假证18车次。

**【野生动物保护】**2018年3月“爱鸟周”和8月“野生动物宣传月”，海口市林业局分别开展走乡村进校园系列普及野生动物知识，普及如何保护野生动物和救助野生动物等知识。开展病危和受伤野生动物救护工作，共救护和收容野生动物251只，其中国家级保护动物126只，其他动物125只。打击破坏野生动物资源的违法犯罪行为。通过设立24小时举报热线和借助海口12345热线平台，24小时受理林业资源保护群众举报事务，紧急办件30分钟受理，及时救助野生动物和查处违法经营、沿街叫卖、食用野生动物等违法行为，没收或接收陆生野生动物377条（只）。

**【涉林违法案件执法】**2018年，海口市林业局组织开展木材经营加工单位清理整顿、打击非法砍伐沿海防护林违法行为、港口码头非法运输木材等专项行动，打击破坏森林资源的违法行为。全年立案查处破坏森林资源违法行政案件107宗，行政处罚434.87万元。侦破刑事案件51宗。

（岑明多）

## 渔 业

**【渔业概况】**2018年，海口市有渔业乡镇2个，渔业村51个，渔业户3991户，渔业人口13869人，渔业从业人员8603人；有登记在册海洋机动渔船1882艘，总吨1.21万吨，总功率3.9万千瓦。有国家一级渔港1个（海口渔港），二级渔港1个（东营渔港），三级渔港3个（曲口渔港、新海渔港、沙上渔港），另有等级以下群众性渔港和避风锚地36处。全年水产品总产量6.75万吨，减少9%，其中海水养殖产量1.9万吨、淡水养殖产量2.97万吨、海洋捕捞产量1.76万吨、淡水捕捞产量1171吨。渔业总产值12.03亿元，减少45.66%。

**【海洋捕捞】**2018年，海口市有海洋捕捞渔船1872艘，总吨1.09万吨，总功率3.21万千瓦（其中45千瓦以上渔船39艘，总吨4279吨，功率1.01万千瓦；44千瓦以下渔船1833艘，总吨6579吨，功率2.2万千瓦）；全年海洋捕捞产量1.76万吨，减少7.9%。海洋捕捞作业方式以流刺网、张网、钓具、围网为主，捕捞产量分别为8012吨、6903吨、619吨、456吨，分别占海洋捕捞总产量的45.9%、39.1%、3.5%、2.6%；兼顾拖网和其他渔具，捕捞产量分别为399吨、1260吨，二者约占海洋捕捞总产量的9.4%。海洋捕捞产品种40多种，其中鱼类26种，产量1.25万吨，约占捕捞总产量的70.8%，其中海鳗、鳓鱼、石斑鱼、鲷、白姑鱼、大黄鱼、小黄鱼、带鱼、梭鱼、鲳鱼、鲻鱼11个品种（产量在400吨以上的品种）产量1.02万吨，约占捕捞鱼类产量60%；甲壳类7种，产量2567吨，约占捕捞总产量的14.5%；头足类3种，产量1073吨，约占捕捞总产量的6.1%；贝类、藻类及其他种类产量1512吨，约占捕捞总产量的8.6%。此外，海洋捕捞产量中优质鱼产量60吨，约占海洋捕捞总产量的0.3%，优质鱼产量仅为上年度的10.3%。

**【海水养殖】**2018年，海口市海水养殖面积4407.64公顷，增加145.7%。海水养殖产量1.9万吨，减少11.3%。主要养殖方式有3种：高位池养殖3611.63公顷，产量8797吨；低位池养殖434.21公顷，产量9151吨；普通网箱养殖32521平方米，产量404吨。主要养殖品种有10种。其中鱼类3种，即石斑鱼、军曹鱼、美国红鱼，养殖面积17.7公顷，产量468吨，分别占海水养殖面积和产量的0.4%和2.5%；虾类2种，即南美白对虾、斑节对虾，养殖面积4102.43公顷，产量10786吨，分别占海水养殖面积和产量的93.1%和56.9%；蟹类1种，即青蟹，养殖面积19.51公顷，产量18吨，分别占海水养殖面积和产量的0.4%和0.1%；贝类3种，即牡蛎、螺、蚶，养殖面积171公顷，产量752吨，分别占海水养殖面积和产量的3.9%和4%；藻类1种，即江蓠，养殖面积97公顷，产量6926吨，分别占海水养殖面积和产量的2.2%和36.5%。

**【淡水养殖】**2018年，海口市淡水养殖面积3559.99公顷，减少4.6%；产量2.97万吨，减少3.8%。主要养殖品种有罗非鱼、四大家鱼（青鱼、草鱼、鲢鱼、鳙鱼）、鲤鱼、鲫鱼、泥鳅、鲶鱼、黄鳝、鳗鲡、龟、鳖、蛙、观赏鱼15种。其中罗非鱼养殖面积2849.69公顷，产量2.63万吨，分别占淡水养殖面积和产量的80%和88.4%。

**【水产苗种基地】**2018年，海口市登记在册水产苗种场有4家，分别是：海南良之海生态养殖研究有限公司，养殖面积1公顷，水体1000立方米，生产范围为石斑鱼、虾；海口秀英海湾鲍鱼育鱼苗场，面积2公顷，水体1.27万立方米，生产范围为鲍鱼、泥东风螺育苗；海南海康水产有限公司，面积12公顷，水体12万立方米，生产范围为罗非鱼育苗；海口市福齐秦水产养殖专业合作社，面积4公顷，水体3.9万立方米，生产范围为石斑鱼育苗。

【海口市养殖水域滩涂规划出台】2018年7月26日，海口市政府办公厅印发实施《海口市养殖水域滩涂规划（2016—2030年）》。《规划》以《海口市总体规划（空间类2015—2030年））》和《海口市海洋功能区划（2013—2020年）》为基本依据，将海口市养殖水域滩涂划分为3个基本功能区——禁止养殖区、限制养殖区、养殖区，以科技创新为支撑，以转变养殖水域滩涂发展方式、生态环境保护、优化水产养殖产业结构和惠及民生为宗旨，设定发展底线，稳定基本养殖面积，推进海口市水产增养殖业提质增效升级，实现绿色发展和高质量发展，保障渔民合法权益。

【渔业增殖放流】2018年7月20日和8月10日，海口市海洋和渔业局在西海岸南海明珠人工岛附近海域开展增殖放流活动，共投放紫红笛鲷苗35.72万尾、黄鳍鲷苗33.1万尾、黑鲷苗31.68万尾、尖吻鲈苗1.52万尾、斑节对虾苗319.57万尾。

【现代化海洋牧场建设】2018年，海口市正在建设和策划2个海洋牧场：东海岸海洋牧场示范基地，以人工鱼礁区为主的公益性海洋牧场，面积100公顷，由农业农村部油补专项资金支持，总投资2000万元，年内完成海洋勘察报告、可行性研究报告、海洋环境影响评价报告、人工渔礁设计方案，工程招标等前期工作，即将进入人工渔礁投放和水下监测网的建设；海口市西海岸现代化海洋牧场，建9月12日立项批复，为公益性和经营性结合海洋牧场，总面积670公顷，总投资6.76亿元；主要建设内容包括烈楼港渔人码头、休闲深水网箱、苗种繁育及实验基地、人工鱼礁、底播增养殖、牡蛎养殖、现代信息化平台等。

【水产品质量安全管理】2018年，海口市海洋和渔业局做好创建国家食品安全示范城市的水产品质量安全工作，成立以局长为组长的创建国家食品安全示范城市工作领导小组，制定《海口市海洋和渔业局创建国家食品安全示范城市工作方案》《海口市海洋和渔业局创建国家食品安全示范城市主要工作任务分解表》《海口市海洋和渔业局2018年创建国家食品安全示范城市水产品检验量工作实施方案》，并委托第三方检测机构完成1003份产地水产品抽检任务，合格率100%。抓好水产品质量安全培训和宣传工作。举办养殖技术与质量安全培训班4期，培训养殖从业人员130人，发放《南美白对虾生态健康养殖技术》《食品动物禁用的兽药及其他化合物清单》等学习资料。开展水产品质量抽检工作。配合农业部检测中心（舟山），共4次对海口市的农贸市场、超市、水产品批发市场进行的水产品质量安全例行监测，共抽取77个样品，合格率97.5%；配合农业部开展2018年双节专项水产品质量安全监督抽检工作，共抽检海南海康水产有限公司、海南新海洋水产有限公司4个罗非鱼样品，合格率100%；配合农业部和省海洋与渔业厅对海口市产地主要产品的检测4次，抽检样品9个，合格率100%；组织市水产技术推广站开展水产品质量安全快速检测工作，对罗非鱼、对虾等52个样品进行氯霉素、孔雀石绿、硝基呋喃方面的快速检测，合格率100%。加强水产品质量安全的监管执法检查。开展2018年元旦、春节、“两会”、博鳌亚洲论坛、建省30周年庆典、“五一”“中秋国庆”期间水产品质量安全专项整治工作，共出动执法人员35人次、车辆7车次，检查水产养殖场（户）111家。组织海口顺吉成水产养殖专业合作社申报无公害水产品产地认证与产品认证，海口多全种养专业合作社到期复查换证工作。

【支渔惠渔】2018年，海口市海洋和渔业局继续做好渔业油价补贴资金发放工作，共发放2015年、2016年渔业油价补助资金共发放3947.9万元，受益渔船4072艘，资金发放率100%。2017年度渔业油价补助发放工作正在稳步推进中，截至2018年12月31日，2017年度渔业油价补助资金发放1487万元，受益渔船1450艘，资金发放率84%。休渔渔民生产生活补助资金发放。为缓解海口市渔民因休渔时间延长带来的生活压力，市政府办公厅印发《2018年海口市休渔渔民生产生活补助发放实施方案》，首次为海口市2018年度休渔渔民发放休渔生活补贴，这在全省系首例。至2018年12月31日，完成桂林洋经济开发区、龙华区的休渔生活补助发放，共109艘休渔渔船、218人，共35.1万元；美兰区、秀英区的申报材料全部审核完毕。

【渔业资源保护】2018年，海口市海洋和渔业局加大渔业资源保护力度，开展南渡江禁渔、南海伏季休渔、水生野生动物保护与宣传等工作。制定《海口市2018年南渡江水域禁渔管理工作方案》《海口市2018年海洋伏季休渔管理工作实施方案》，组织召开海口市2018年南渡江禁渔、海洋伏季休渔工作动员部署会议，逐级签订禁渔、休渔目标管理责任书。5月1日12时，全市1878艘应休渔船全部进入指定区域停泊休渔，全市休渔形势总体向好。加大休渔宣传教育力度。在《海口日报》中刊登南渡江禁渔、南海伏季休渔公告4次，通过海南电视台直播海南栏目、海口电视台12345热线栏目向广大市民宣传休渔的重要意义，深入渔港渔村渔船，面对面向渔船宣传休渔法律法规，张贴写给渔民的一封信，向渔民发放宣传资料，通过“渔信通”平台向渔船发送短信1800余条，营造良好的休渔宣传氛围。加大伏季休渔执法检查力度。共出动海上执法行动39次，开展联合执法12次，派出执法艇45艘、执法车辆12辆，出动执法人员332人，检查渔船75艘，查处违反休渔规定的渔船16艘。做好水生野生动物保护宣传。深入渔港渔村、海鲜大世界等地组织开展科普宣传活动，悬挂水野宣传横幅，向市民、渔民、学生、游客等发放《中华人民共和国野生动物保护法》《海南省珊瑚礁和砗磲保护规定》等宣传册200余份；逐步规范完善水生野生动物经营、运输、捕捉等利用特许证的初审工作，共初审通过海口市水生野生动物驯养繁殖和经营利用审核意见43件。

【渔业技术推广和服务】2018年，海口市海洋和渔业局结合海洋督察、环保督察工作要求，在秀英区西秀镇举办第一期对虾生态健康养殖与质量安全培训班、在灵山镇举办第二期罗非鱼生态健养殖技术和质量安全培训班，为养殖户讲解对虾、罗非鱼生态健康养殖技术与科学用药知识，提高养殖户环保意识。组织技术人员开展实用技术咨询活动11次。安排专人负责水产养殖监测点的病害测报工作，发布7期《海口市水产养殖病害测报情况通报》，对罗非鱼和南美白对虾的病害情况进行分析，并及时反馈给有关部门和养殖户。此外，接受养殖户送样病害检测3次，在实验室开展白斑综合征、传染性皮下和造血器官坏死病、链球菌、虾肝包虫等检测，及时为养殖户提供水产病害检测诊断结果并指导病害防治。开展水产品质量安全快速检测工作。在琼山区、桂林洋经济开发区、美兰区三江镇抽取50个罗非鱼样品进行了氯霉素、孔雀石绿、呋喃妥因代谢物等7个项目进行快速检测，共检测项目300多批次，检测合格率100%。通过农业农村部水生动物防疫系统实验检测能力验证参加的传染性皮下和造血器官坏死病、白斑综合征、虾肝包虫病毒4项检测项目验证结果均为满意，具备一定的水生动物疫病检测能力。获得2019年国家及省级水生动物疫病监测计划相应疫病检测实验室备选资格。

【渔船渔政管理】2018年，海口市海洋和渔业局对全市现登记在册的1835艘小型渔船和37艘大中型渔船进行审验和年审，小型渔船遂船审验。共完成1801艘捕捞渔船的核查年审工作，其中海洋小型渔船1765艘、大中型渔船36艘，年审率96%。根据省海洋与渔业厅关于入库换证工作要求，市海洋和渔业监察支队清理渔船入库数据，行文上报渔船1878艘，完成入库换证通知书的发放及部分换证工作。结合渔船年审普查工作，为渔民按时办理船险和意外伤害险。至10月，累计渔船保险入保渔船30艘，渔民海上人身意外伤害险入保4186人，收缴保费534.32万元；接到报案8宗，处理案件8宗，累计赔付130.42万元。

【渔业安全生产监管】2018年，海口市海洋和渔业局共开展渔业安全生产大检查8次，开展海上、陆地执法70次，出动执法人员480人次；检查渔船440艘次，查处存在安全隐患渔船142艘次，其中，在渔港内停泊期间无人值班的121艘次、未穿救生衣出海21艘次，责令当场整改，整改率100%。聘请培训机构的资深讲师到渔村，组织举办渔业安全生产知识和渔业职务船员班，共举办2期大中型渔船船主（长）及村居会（社区）专干安全生产培训班。组织开展防灾减灾日”等主题宣传活动，根据《海口市渔业船舶水上安全突发事件应急预案》，对水上火灾、应急自救等项目对渔民和应急队伍人员开展演练，共培训渔民600人。做好渔业防风防汛工作。严格电台值班制度，安排电台、船队值班人员24小时值班，及时发布海上预警信息，实时监控海上作业渔船动态，定期检查执法船艇的适航性。共通过北斗、渔信通等向渔民发送包括气象预警在内的安全生产相关信息36.6万条。

（张德利）

（编辑：杜惠珍）

# 交通运输业

## 交通运输业综述

【交通运输业概况】2018年，海口市交通运输完成旅客运输量10113.54万人次，货物运输量11937.67万吨，分别比上年增长5.35%和23.34%；旅客周转量858亿人千米，货物周转量519亿吨千米，分别增长16.26%和12.82%。其中，公路运输旅客2548万人次，下降4.42%；旅客周转量27.15亿人千米，下降4.4%；公路运输货物运输4678万吨，增长54.75%；货物周转量42.97亿吨千米，增长54.3%。水路运输旅客930万人次，下降8.1%；旅客周转量3.23亿人千米，增长2.29%；水路运输货物运输6141万吨，增长2.24%。铁路运输旅客2990.2万人，增长9.76%；铁路旅客运输周转量58.3亿人千米，增长7.54%；铁路货物运输量1078.3万吨，增长11%；铁路货物运输周转量200645亿吨千米，增长12.57%。航空运输旅客3645.34万人，增长14%；航空旅客运输周转量769.42亿人千米，增长17.97%；航空货物运输量40.37万吨，增长14.91%；航空货物运输周转量14.01亿吨千米，增长13.6%。

【交通规划编制】2018年，为贯彻落实习近平总书记“4·13”系列重要讲话精神，配合江东新区重大格局调整，海口市交通规划编制以更高的站位审视和调整有关上位规划。在2017年5月完成《海口市城市轨道交通线网规划（2019—2025年）》审查的基础上，结合相关上位规划和江东新区规划进展同步修编海口市轨道交通线网规划和海口市综合交通体系（含枢纽）规划。同时结合各规划深度对《海口市轨道交通一期建设线路（1号线和2号线）工程可行性研究报告》和《海口市轨道交通近期建设规划》及相关配套专题作进一步研究。

【春运】2018年春运为2月1日至3月12日，共40天。海口市道路（班线客运）、水路、航空、铁路共发送旅客1222.17万人次，增长3.3%。（1）水路运输：海口辖区港口投入1802艘次船运营，同比减少0%；进出港旅客376.29万人次，同比增长3.3%，其中出港旅客202.27万人次、同比增长6.4%，进港旅客174.02万人次、同比减少0.2%。进出港车辆75.79万辆次、增长10.6%，出港车辆38.48万辆次、增长13%，进港车辆37.31万辆、增长8.2%。（2）航空运输：美兰机场共值飞航班21556架次，同比增长3.78%；进出港旅客340.62万人次，同比增长6.05%，其中进港旅客161.03万人次、同比增长0.09%，出港旅客179.58万人次、同比增长12.03%。（3）道路客运：海口地区道路春运班线、旅游客运量349.46万人次，同比下降7.65%。具体如下：班线客运总班次5.05万个，同比下降8.26%；总客运量94.36万人次，同比下降13.06%。其中，省际班次3354个，同比增长3.33%，省际客运量12.24万人次，同比下降10.44%。全省旅游车出团5.24万辆次，同比下降7.14%；调派车辆1.57万辆，同比下降16.55%；客运量161.8万人次，同比下降4.14%。市内区间乡镇旅客客运量93.3万人次，同比下降7.71%。铁路运输：海南铁路公司春运期间发送旅客410.9万人，同比增长4.6%，其中既有西环运送旅客6.66万人次，同比下降24%。海南环岛高铁东西环高铁共发送旅客404.23万人次，同比增长9%（其中环岛高铁东段发送旅客308.48万人次，同比增长8%，运行列车1251对；环岛高铁西段发送旅客95.75万人次，同比增长14%）。

## 交通监管

【汽车驾驶员培训管理】2018年，海口市共有驾校64家（一级驾校6家、二级驾校29家、三级29家），驾培机构备案教练员1419人，备案教练车2259辆。继续推行使用驾驶培训计时系统培训，强化科目阶段培训考核，严把学员结业审批关，打击驾培机构违法违规行为；实现全市机动车驾驶员培训机构教练车辆统一标识，全面放开驾驶员培训经营许可，取消前置审批和全省的规划限制，完成1

家新成立驾培机构的查验工作并发放经营许可证。全年培训驾驶员道路运输从业资格证14676人，其中普货运输3358人、旅客运输496人、危险品运输317人、押运员510人、出租车运输9995人。客、货从业资格驾驶人员继续教育培训人员9084人次，从业资格证到期换证8293人。

【机动车维修管理】2018年，海口市共有汽车维修企业794家，其中一类维修企业30家、二类维修企业129家、三类维修企业635家。截至7月底，市交通管理部门完成维修企业经营许可审批工作，共受理108家维修企业申请许可，其中新开业41家，延续换证67家。7月28日始，按照《国务院关于取消一批行政许可等事项的决定》要求，取消机动车维修经营许可，改为备案制。对全市一二类机动车维修企业2017年度的从业人员素质、安全生产、维修质量、服务质量、遵纪守法方面进行全面的质量信誉考核，其中40家维修企业获AAA评级、98家企业获AA级，依规降低质量信誉考核等级评至B级的企业14家。

【交通运输运营秩序整治】2018年，海口市交通管理部门共动执法人员6万多人次，查处非法运营、非法载客电动自行车、异地营运出租车等违法违规案件3197宗，共处理各类违章2654宗，收缴罚款678.67万元；重点布控、打击超限运输，对货运源头点开具6份行政处罚决定书，处理超限等违规车辆574辆次，其中联合交警、公路局查处超限超载车辆123辆（交警开单）；联合多部门查处违规运输煤气瓶、成品油、易爆危险品等车辆，其中危险品运输14辆，普通货车超越范围从事危险品运输17辆。开展网络预约出租车行业监管工作，集中约谈网约车平台2次，明确要求13家网约车平台公司清除无证车辆、完善平台管理漏洞和安全隐患，并严处重罚网约车违规营运行为；查处滴滴公司违法行为案件7起，对涉事驾驶员及平台公司均处以3万元的顶格处罚。全年清理不合规网约车车辆14861辆。

## 现代物流业

【现代物流运行基本情况】2018年，海口物流业发展较快，规模不断扩大。2018年货运总量11937.67万吨，增长18.5%。海口港口（含马村港）货运吞吐量累计10764.3万吨，增长6.3%，占全省58.8%；港口集装箱吞吐总量184.6万吨，增长12.8%，占全省76.8%。

【现代物流企业】2018年，海口市拥有交通、仓储和邮政、快递等企业法人单位1314家，第三方物流企业约占规模以上物流企业的10%。有国家A级以上物流企业23家，占全省70%以上，物流支柱企业规模加快扩大。海南快递物流企业省域总部、货代公司，以及海航全国总部和南航区域总部和基地基本集聚在海口。

【物流信息化建设】2018年，海口市加快建设完善海港、空港、铁路、公路等国际运输服务基础设施，完善货物集疏运体系，依托大数据、物联网、云计算等信息技术，推动运输服务贸易创新发展。加快“互联网＋物流”公共信息平台建设，充分利用大数据指引海口运输服务贸易企业自主创新、流程再造，建立数字服务贸易标准和体系，全面提升口岸信息化和运输服务便利化水平。自动化分拣设备、无人仓、机器人、大数据、云服务等科技手段越来越多地应用到物流行业。其中，海南南北通互联科技有限公司新研发“南北通综合智慧物流线上平台”，以仓储运输、物流业务为切入，以整合公路、铁路、航空、海运等多种运输方式的多式联运为基础，打造一个以大数据支撑、网络化共享、智能化协作的互联网、物联网深度融合的现代智慧供应链体系综合智慧物流线上平台。

【物流基础设施建设】2018年，海口市重点建设美兰临空物流园区和美安物流园区。至年底，全市有冷库约48个，库容规模约6.39万吨。罗牛山集团有限公司桂林洋冷链中心建成2万平方米冷库，投入运营后社会效益和经济效益较好；美兰临空产业园区按照建设自贸区（港）要求开展规划，至年底有顺丰、圆通、菜鸟、唯品会等企业签约拟进驻；新南北通物流中心建成仓储和临街商业铺面，园区内具有物流信息企业300余家，汽配汽修企业200余家、粮油企业200余家；建成金盛达建材商城、喜盈门建材家居生活广场等一批商贸物流商城。全市物流设施设备不断完善，加快补齐海口市物流设施设备短板，同时覆盖全省。海口美安综合物流园项目一期基础设施工程及场地平整全部完成，区内道路动工建设。

【物流配送末端建设】至2018年底，海口辖区内有邮政及快递企业41家，有邮政网点58家，快递网点324处，乡镇网点覆盖100%，有乡镇及村级网点86处，村邮站248家。全市城市邮政包裹按址投递到户率100%，乡镇5千克以下包裹按址投递到户率100%，行政村投递到村邮站率100%。全市248个村邮站运营正常，有47个村邮站开办拓展服务功能，占全市村邮站总数的18.95%，承接电子商务进农村示范县项目数249个，邮乐购站点累计建设180个。基本实现覆盖城乡的邮政、快递物流服务体系。

【扶持现代物流业发展】2018年，海口市大力扶持现代物流业发展。加快建设完善海港、空港、铁路、公路等国际运输服务基础设施，完善货物集疏运体系，全面提升口岸信息化和运输服务便利化水平，并结合海口市创建电子商务示范城市、开展供应链试点城市等试点建设，按照国家级多式联运示范园区建设要求，积极推进交通物流融合发展，促进铁水联运、公水联运。不断完善物流基础设施及配套服务，规划明确利用美兰空港、海口港、粤海铁路、公路设施，依托商贸发展的优势，大力发展面向岛内外市场的物流体系，重点推进美安物流枢纽（园区）和美兰临空产业生态城、快递分拨中心等大型物流基础设施建设，引导物流企业集聚化、集群化发展；支持美兰机场二期扩建工程建设，进一步建立和完善国际旅客和货物中转服务设施体系。在已征收的美安综合物流园、临空物流园、云龙产业园的266.67公顷用地中优先规划物流用地，重点保障物流产业的用地；开展对点招商工作，分别与深圳顺丰控股、万科物流、上海圆通等企业对接，支持顺丰将无人机、智能物流等最新技术在海口试点。在11月28日“海南自由贸易试验区建设项目（第一批）集中开工和签约活动”中，海口市交通运输和港航管理局和顺丰速运、圆通速递、菜鸟网络科技3家公司分别签订物流园区项目投资协议，海口市综合保税区与唯品会签订跨境电商物流仓储项目投资协议，有力地推动临空快递物流园区项目建设；主动对接普洛斯集团、丰树集团、海航集团等企业，做好现代物流项目储备，除签约项目外有8家物流企业报送项目需求及建设意向书。对接国内外沿海城市拓展航运业务，与中远海集团、厦门港务集团、泉州安通物流公司等多家航运物流企业签订战略合作协议，并不断优化通关环境，引导物流和船务公司与一带一路沿线东南亚国家互联互通，适时开通集装箱外贸航线，发展内外贸同船业务，先后开通海口至越南、印度尼西亚、泰国、柬埔寨和菲律宾等的5条外贸直航航线，发展与湛江港、虎门港、黄埔港、厦门港之间的内外贸同船业务，实现海口港外贸中转业务突破。制定扶持航运、航空和货物以及现代物流业发展的相关政策，扶持集装箱货运企业做大做强，鼓励企业淘汰落后产能，更新置换老旧车辆，促进集装箱货运企业健康有序发展。至年底，共有80多家企业申请，补贴金额4000多万元。结合行业发展新情况，对《海口市促进航运业稳定发展办法》进行修改，重点加强对水路货运周转量进行补贴和奖励，加大集装箱外贸航线和外贸出口重箱的扶持，加大对中转，尤其是外贸中转集装箱的补贴，落实省交通厅《关于做好2018年省现代物流业发展专项资金申报工作的通知》要求，推进重点物流项目建设，报送海南罗牛山食品集团有限公司、海南中铁保税冷链物流有限公司两家公司项目申请资金奖励补助共1572.92万元。

【海口成为国家物流枢纽布局承载城市】2018年12月21日，《国家物流枢纽布局和建设规划》（以下简称《规划》）印发执行，根据此《规划》，海口被列为国家物流枢纽布局承载城市。物流枢纽是集中实现货物集散、存储、分拨、转运等多种功能的物流设施群和物流活动组织中心。国家物流枢纽是物流体系的核心基础设施，是辐射区域更广、集聚效应更强、服务功能更优、运行效率更高的综合性物流枢纽，在全国物流网络中发挥关键节点、重要平台和骨干枢纽的作用。海口被列入商贸服务型国家物流枢纽承载城市，依托商贸集聚区、大型专业市场、大城市消费市场等，主要为国际国内和区域性商贸活动、城市大规模消费需求提供商品仓储、干支联运、分拨配送等物流服务，以及金融、结算、供应链管理等增值服务。

# 公路、桥梁建设管理

【公路、桥梁概况】2018年，海口市有公路5856.28千米，其中国道169.69千米、省道171.08千米、县道268.7千米、乡道521.31千米、村道4725.5千米。有公路桥梁217座，由琼山区管养81座、美兰区管养64座、秀英区管养41座、龙华区管养18座、地方公路管理站管养9座、第二地方公路管理站管养2座、市政管养2座。

【农村公路建设】至2018年，海口市境内有农村公路7746条共5515.51千米。其中，县道27条268.7千米，乡道83条521.31千米，村道7636条4725.5千米。完成2017年全市6212条4884.64千米农村公路路面硬化项目收尾工作，全市247个行政村（除北港不具备与外界公路连通条件）全通水泥路。实施海口市交通基础设施扶贫攻坚战农村公路建设工程海口项目，总投资14.33亿元，项目包括六大类工程。其中，第一类自然村通硬化路工程958.86千米，实现所有自然村村道土路硬化；第二类窄路面拓宽工程355千米，为城乡公交一体化及产业发展提供基础支撑；第三类县道改造工程（拓宽改造）2.63千米；第四类生命安全防护工程363千米，保障农村公路安全运行；第五类危桥改造工程49座1.18万平方米，保障桥梁的安全运行；第六类旅游资源路工程132千米，助推全域旅游，服务美丽乡村，拉动有效投资。至年底，完成投资12.52亿元。

【公路管理养护】2018年，海口市交通港航局下属地方公路管理站、第二地方公路管理站和4个区公路站对全市的农村公路进行管养工作，管养公路1428条，总长2438.12千米；完成常养县道124.21千米的养护工作。

【海口绕城公路美兰机场至演丰段开工建设】2018年10月28日开工建设。项目主线起于美兰区灵山镇，顺接海口绕城高速南渡江大桥东侧机场互通，以匝道形式向南转向，中间跨越县道云美线、省道灵文嘉线和东环高铁，终于美兰区演丰镇，接海文高速公路。路线长15.07千米。主线设计为双向六车道高速公路，设计速度100千米/小时，国道G223改建段为双向四车道一级公路，设计速度60千米/小时。总投资33.05亿元，建设工期30个月。

# 公路运输

【公路运输概况】2018年，海口市有东站、西站和港口站3个汽车客运站，道路旅客运输企业31家。有营运客车2226辆、营运货车30446辆，总吨位15.23万吨（单位企业运货车9259辆，总吨位9.64万吨；个体户运货车21187辆，总吨位5.6万吨）；有普通货运车25452辆，总吨位6.53万吨。有危险货物运输企业26家，车辆838（日均发送旅客9.2万人），总吨位8488吨。

【绿色通道管理】海口市秀英港和南港设置两个绿色通道管理工作站，全年每日24小时轮值，加强对进出岛绿色通道运输车辆的监管，并为过海绿色通道车辆核发《海南省鲜活农场品道路运输证》，凡领证车辆享受优先购票、优先上船、优先过海“三优惠”政策。市交通管理部门配合市菜篮子工程管理办做好应急运力调配和保障畅通工作。2018年，出岛绿色通道运输车辆共37.69万辆次，总吨位764.35万吨。

【农村客运】2018年，海口市农村客运经营企业5家（国有企业2家，民营企业2家，股份制企业1家），客运线路31条，经营车辆322辆。其中，乡镇公交客运车辆63辆，线路9条；农村客运班线车辆259辆，线路22条。农村客运通达全市22个镇，通达率100%；覆盖的建制村219个，尚未覆盖的建制村29个，通达率88.3%。全年农村客运量681.1万人次。

# 城市公共交通

【城市公共交通概况】2018年，海口市新开通公交线路26条，优化调整公交线路33条。全市公交线网规模137条，其中常规公交线路106条、公交快线11条、旅游公交线路7条、假日公交线路6条、夜间公交线路4条、公交专线3条。全市公交车总数2395辆，其中柴油车型305辆、LNG车型326辆、混合动力车型507辆、插电式混合动力车型312辆、纯电动车型945辆，清洁能源与新能源占比87.26%。年底，启动公交专用道建设前期工作，以海甸五西路至龙昆南路（海口东站）、海港路—海秀路至海府路（五公祠）、滨海大道万绿园至秀英港3条公交专用道作为公交专用车道先期示范段。

【公交候车亭建设】2018年，海口市新建候车亭54座、临时站牌138座，共有887座公交候车亭、740座临时站牌。年内，更换线路图5818张，安装护栏483.8米，候车亭顶棚贴膜1644平方米，安装候车亭玻璃14块。

【公交智能化建设】2018年8月，海口市智能公交系统项目（二期）正式纳入海口市“城市大脑”智能交通板块中建设。主要建设内容包括数据总览、客流分析、线路评价三大块，其中数据总览包括基础设施指标、乘车支付方式、平均运行速度、公交客运量；客流分析包括客流通道分析、跨区域客流分析、人群分布热力图、出行方式分析、人群出行OD分析；线路评价包括线路选择查询、公交站点信息展示、出发到达人数展示、线路运营效率展示、线路效率展示、线路客流匹配展示、站点覆盖率。由于更新的公交车已自带GPS终端设备，且市公交集团已租用GPS运营商的公交智能调度系统，这与“城市大脑”交通应用子项中的“公交企业运行监控与智能调度系统”建设内容一致。为避免重复性建设，海口市政府于11月将“公交企业运行监控与智能调度系统建设智能”变更为建设50座公交电子站牌，并开展前期工作。至年底，海口市智能公交系统项目（二期）建设完成60%。年内，海口市实现全市公交车辆具备电子支付功能，完成公交车电子抓拍项目，公交实时位置查询、公交车到站时间查询等部分信息化建设。

【公交场站建设】2018年，海口市共有24座公交场站，用地面积23.7公顷（含待建3个，1.51公顷），覆盖海口市4个辖区、高新区及高校区等。其中，年内建成长丰、桂林洋、省第五人民医院、长天路、苍东村、大洋村6个场站，用地面积7.22公顷。按照《海口市公共交通网络整合优化研究》，有停车位约870个，现有公交车2395辆，公交车辆的进场率仅为36%。按照《海口市城市公共交通场站专项规划（2018—2022）》，需要建设公交场站共46个，用地规模约53.9公顷。其中公交停保场10个，面积24.3公顷；公交首末站和枢纽站36个，面积29.6公顷。

【优化调整及新开公交线路】2018年，海口市公共交通网络整合优化工作共涉及158条公交线路，6条城郊公交线路因城乡公交尚未改革暂缓实施，实际实施151条（保留33条、调整63条、新增55条）。首批的97条优化线路于2016年12月28日正式实施。至2018年底，已实施137条公交线路，其中保留27条、新增45条、优化调整65条。

【公交资源整合】2018年，海口市继续推进公交企业改革重组工作。在2016年整合5家公交民营企业的基础上，2017年12月26日市政府第19次常务审议通过最后一家民营企业六龙公司收购整合方案。2018年2月完成六龙公司12线路和320辆公交线路的接收。11月，完成六龙公司玉成村公交场站的土地过户，圆满划上海口市公交资源整合最后一个句号，公交全面回归民生和社会公益，实现国企统一经营。

【出租车运营】2018年，海口市共有14家出租车企业，其中国有企业2家，股份制企业5家，民营企业7家。全市共有2956辆出租汽车，其中常规出租车2530辆、电召车200辆、纯电动车226辆，新能源、清洁能源化100%。

【巡游和网络预约出租汽车行业管理】2018年，海口市交通管理部门研究修订《海口市出租汽车客运管理条例》。完善《海口市网络预约出租汽车经营服务管理实施细则（修订）》《海口市网络预约出租汽车运力规模动态调整实施方案》《海口市租赁小客车运力规模动态调整实施方案》并报市政府审批，严格规范出租车、网约车和租赁车运营管理。共组织157期网约车驾驶员考试，19199人参加考试，发放网约车驾驶员证9603张。

【城际快线项目】利用环岛高铁富余运力在海口站至美兰站之间开行的市郊公交列车。运营长度约38.05千米，设置海口、长流、秀英、城西、海口东、美兰6个站点。2018年，海口市交通港航局完成《东环高铁线海口段公交化列车站点公交接驳方案》编制工作并在市政府专题会议讨论通过；按照既定计划，正逐步对线路上6个站点进行市政改造。

## 水上运输

【水上运输概况】2018年，海口港有秀英、新海、马村3处港区，有码头泊位（指生产性泊位，下同）46个，其中秀英港区泊位20个（万吨级泊位5个）；新海港区18个泊位（万吨级泊位）；马村港区泊位8个（万吨级泊位）。在海口市注册登记的航运企业共44家，其中：水路运输企业21家（普通货物运输企业11家，化学危险品运输企业4家，客运企业6家），水运辅助企业23家。船舶总吨位超万吨规模以上的水路运输企业共8家。水路运输企业共有123艘营运船舶，198万总吨、290.7万载重吨、45260标准箱、1317车位，26166客位，其中普通货船62艘、油船10艘、液化气体船2艘、客船49艘。

2018年，在海口市注册的水路运输企业共完成旅客运输930万人次，下降8.1%；旅客周转量3.23亿人千米，增长2.29%。完成水路运输货物运输6141万吨，增长2.25%；货物周转量442.37亿吨千米，增长10%。海口港区货物吞吐量1.08亿吨，增长6.4%。集装箱吞吐量184.6万标准箱，增长12.8%，其中进口集装箱吞吐量91.1万标准箱，增长11.5%；出口集装箱吞吐量93.5万标准箱，增长14.2%。旅客进出港人数1514.1万人次，增长1%。其中进港人数739.9万人次，下降0.6%；出港人数774.2万人次，增长2.6%。滚装汽车吞吐量329.2万辆，增长8.4%。其中，进港汽车吞吐量165.6万辆，增长6.9%；出港汽车吞吐量163.6万辆，增长9.9%。

【港口基础设施建设】2018年，海口港有3处港区：秀英港区、新海港区、马村港区。有码头泊位46个，其中深水泊位29个。年设计吞吐能力：件杂散货951万吨、集装箱185万标准箱、旅客2323万人次、滚装车辆410万辆。根据城市发展规划，秀英港区业务正在逐步向新海、马村港区搬迁，开展新海港三期泊位建设、马村通用码头、集装箱码头规划。年内，海口港新海港区汽车客货滚装码头二期工程、海口港马村港区三期散货码头工程完成航标效能、通航安全核查、职业卫生、消防、安全、档案等专项竣工验收工作；新海港区待泊锚地项目正在开展前期设计和可研工作，完成新海港航道至锚地区间约2平方千米临时通道的海域清理工作。新海港周边配套路网方面，天翔路建成投入使用，新海中路和长椰路市政工程鉴于新海片区规划正重新调整，暂停施工。

【海口新海滚装码头客运综合项目】包含海口新海滚装码头客运综合枢纽站工程和新海港综合交通枢纽（GTC）及配套设施建设工程两个子项目，总建筑面积20.98万平方米，估算总投资32.96亿元。其中：海口新海滚装码头客运综合枢纽站主体高45米，建筑总建筑面积9.2万平方米，地上三层（建筑面积8.3万平方米），地下一层（建筑面积0.9万平方米），项目总投资估算15.26亿元，年设计通过能力为旅客2200万人次，车辆发送量320万辆次，于2018年9月29日开工建设；新海港综合交通枢纽（GTC）及配套设施建设工程，建筑总面积11.78万平方米，主体建筑为地上4层（建筑面积4.7万平方米，主要为商业和办公），地下二层

（建筑面积 2.8 万平方米，主要为公交、停车场、商业、地铁预留），配套建设停车楼、高架路、道路堆场、室外景观及附属建筑等（建筑面积 4.28 万平方米）等，项目估算总投资 17.7 亿元。项目建议书初稿完成编制，工可报告编制和报规方案设计等专项工作正在开展。

【水运市场管理】2018 年，海口市交通港航局按照秀英港 14 号危险品泊位监管工作要求，加强对到港的各类运输船舶进行日常运政检查。无节假日每天到秀英港 14 号危险品泊位对现场装卸作业进行一审批一作业一监管，全年共开展监管 687 人次。指导督促港口企业开展危险源排查和安全隐患排查工作，排查一般危险源 3 处，分别是中石油柴油储罐、港口机械加油站（柴油）、14 号泊位危险品滚装泊位。

【贸易航线】至 2018 年底，海口港开通内贸班轮支干线近 30 条，覆盖华南、东北、华东、华北等地区的沿海主要港口及长江水系的主要港口，基本形成覆盖区域性航线网；外贸航线通过香港支线覆盖全球，通过胡志明、印尼巨港和泰国直达航线辐射东南亚。

（黄壮锋）

# 铁路运输

【铁路运输完成情况】2018 年，海南铁路有限公司完成发送旅客 2971.8 万人，增长 10.3%，其中环岛高铁发送 2833.2 万人、增长 11.2%，普客发送 138.6 万人、下降 4.8%；发送货物 1076 万吨，增长 10.7%；轮渡运送过海散客 256.3 万人次、下降 5.8%，轮渡汽车过海 69.7 万辆次、增长 3.1%。其中，环岛高铁海口地区发送旅客 1006 万人次；海口火车站发送普速旅客 95 万人次；海口南火车站发送货物 42.2 万吨；铁路轮渡南港运送散客 256.3 万人次、过海汽车 69.7 万辆次、货物列车 1876 趟次共 326.1 万吨、旅客列车 3836 趟次共 215.4 万人次。

【铁路运输主要行车设备】2018 年，海南铁路有限公司管内有普速铁路、高速铁路和琼州海峡铁路轮渡，铁路里程共 1334.6 千米。（1）普速铁路：广东省境内的湛江至海安铁路（湛海线）正线里程 119.5 千米、海南省境内海口至三亚市天涯镇铁路（海南西环货线）正线里程 358.5 千米；海南省境内昌江至八所（昌八支线）铁路正线里程 11.1 千米；海南省境内叉河至石碌（叉石支线）铁路正线里程 12.4 千米。正线里程共 501.5 千米。（2）高速铁路：海南环岛高铁东段正线里程 308.11 千米；海南环岛高铁西段正线里程 345 千米；东西段联络线正线里程 2.7 千米；三亚动车所走行线 A 段正线里程 3 千米、B 段正线里程 1.8 千米；天涯联络线正线里程 0.4 千米。正线里程共 661.01 千米。（3）铁路轮渡：由铁路北港（位于海安）、铁路南港（位于海口）及粤海铁 1 ~ 4 号 4 艘客滚船组成，海上航距约 12.5 海里（换算铁路营业里程 180 千米），负责琼州海峡火车过海运输和普通旅客（散客）、汽车过海运输。

南港铁路轮渡。摄于 2018 年　　（海南铁路有限公司 供）

【海南铁路公司管内运营】2018 年，海南铁路有限公司管内客运运营线路由海南环岛高铁、海南西环货线、湛海线（湛江至海安南）组成，货运运营线路由海南西环货线、湛海线（湛江至海安南）、叉石支线、昌八支线组成。共设车站 51 个，其中高铁车站（所）28 个，普铁车站（所）20 个，高普共线车站 3 个（海口、东方、崖州）。高铁车站（含高普共线车站）办理客运业务 24 个；普铁车站（含高普共线车站）办理货运业务 11 个，办理客货运业务 1 个。海南铁路每天开行跨海普速客车 5 对；高铁动车组日常图开行 34 对（基本图 41 对），其中东段 21 对（基本图 27 对）、西段 3 对、跨线 10 对（基本图 11 对）；货物列车 36 对（其中跨海 4 对）；粤海铁路轮渡日常开行航班 12~14 对（图定 14 对）。

【铁路运输安全基础管理】2018 年，海南铁路有限公司深入推进环岛高铁“强基达标、提质增效”工程；持续推进海南西环货线安全优质标准线建设，安全发展基础进一步夯实。健全保障体系，全面加强安全管理制度建设，修订完善安全管理体系、安全风险过程控制办法等一系列规章制度 386 个；全面强化源头治理，组织开展20项安全专项整治活动，解决安全关键性和顽固性问题3635个；完成9项防洪预抢工程、20项水害复旧工程建设，成功抵御了5个台风侵袭；强化关键盯控，突出高铁、旅客和轮渡安全，加强关键时段、关键设备、关键环节的风险防控，确保全年各重要时期的铁路安全稳定。至2018年12月31日，公司未发生工程质量安全事故、行船事故公司，连续实现安全生产481天，实现安全年。

【铁路运输服务】2018年，海南铁路有限公司创新“四优”服务体验新举措，确保旅客出行更加温馨美好。(1) 实施“创优”计划，创造舒心出行环境。定期开展客服设备、照明及空调设备全面检修，强化车站厕所通风、照明、除臭等整治工作，确保客服设备状态优良；开展重点旅客、商务候车、儿童娱乐、军人候车区和哺乳室“四区一室”服务建设，落实“重点旅客预约服务”等便民利民措施系统化、多样化、常态化工作，确保重点服务到位。(2) 实施“推优”计划，推进畅通出行配套服务。持续利用12306平台、广铁官网与微信，及时为旅客提供客运资讯动态、列车时刻、正晚点等信息，畅通信息资讯渠道。在重点车站重点时期增加实名制验证和安检通道，畅通进站候乘通道。铁路轮渡全面启动“扫码预约过海模式”，与地方港口联网，滚动发布轮渡航班运力和港口待渡车辆数量等对外信息，科学引导汽车过海。(3) 实施“提优”计划，提升出行良好体验。2018年11月22日海南环岛高铁试点推行电子客票，采取电子数据替代纸制客票，取消线下取票，旅客可持有效身份证件进出站，线下线上电子支付购票均可在线上办理改签业务，减少纸制车票，消化排队客流。至12月31日，共售出电子客票401.8万张，线上售出304.7万张，占比75.8%，同比增长率19.3%。其中仅有30%的旅客打印客票作为报销凭证，极大降低运行成本，报销凭证也逐步趋于电子化。(4) 实施“全优”计划，持续推进“U彩”服务品牌创建25项具体工作。在动车上向一等坐席旅客发送“伴手礼”，在海口、三亚、美兰、凤凰机场等客运站为“候鸟”群体设立移动更衣室，做好“铁路畅行”常旅客专用通道建设和特殊重点旅客购票、进站、候车、乘车、出站等“一条龙”专项服务工作。

（曾　勇）

## 民航运输

【机场运营】2018年，海口美兰国际机场各项生产运输指标连续刷新历史纪录，完成飞机起降架次（剔除训练架次）16.41万架次，旅客吞吐量2412.36万人，货邮行吞吐量32.47万吨，分别增长5.14%、6.81%和8.52%。其中国际及地区旅客吞吐量114.85万人次，增长28.89%；年度旅客吞吐量再次突破2000万人次，成为国内排名第17位，跻身2000万人次航空俱乐部的大型枢纽机场。实行全天候动态分配机位、机位碎片化时间利用、缩短机位排布时间间隔、利用机坪塔台优势协调尽早释放机位等举措，过站航班上桥率提升近5%，全年航班放行正常率83.04%，位列全国21家协调机场第13名。

【新航线的开通】2018年，海口美兰国际机场积极开展航线开发工作，实现始发航线303条。全年新增85条航线，其中新增国内航线70条、国际航线15条；通航城市157个，增加26个，东盟十国航线覆盖率100%。

【机场候机楼改造】2018年，海口美兰国际机场T1航站楼外立面改造工程总改造表面积10.35万平方米，主要包括：美化现有屋面塔帽玻璃幕墙，构造改造，表面积约5861平方米；美化塔帽金属板，新铺设三角梅纹理图案金属板，表面积约8325平方米；塔帽平屋面防水层处理，表面积约1350平方米；屋面美观改造，表面积约5.86万平方米；拆除现有雨篷，结合高架桥车道边，进行雨篷改造，表面积约7560平方米。至年底，完成旧雨棚拆除3~5号门部分，新建钢结构雨棚中岛及4~5号门部分。剩余1~2号门旧雨棚拆除，1~3号门以及连廊新建钢结构部分。

改造后的海口美兰机场候机楼大厅。摄于2018年　　（美兰机场　供）

## 2018 年海口美兰国际机场新增通航城市情况统计表

| 国内新航点（12 个） | 国内新航点航线 | 国际新航点（14 个） | 国际新航点航线 |
|---|---|---|---|
| 百色 | 海口 = 百色 = 桂林 | 车里雅宾斯克 | 海口 = 车里雅宾斯克 |
| 鄂尔多斯 | 海口 = 桂林 = 鄂尔多斯 | 喀山 | 海口 = 喀山 |
| 景德镇 | 海口 = 景德镇 = 天津 | 乌法 | 海口 = 乌法 |
| 荔波 | 海口 = 荔波 = 贵阳 | 哈巴罗夫斯克 | 海口 = 哈巴罗夫斯克 |
| 六盘水 | 海口 = 六盘水 = 西安 | 墨尔本 | 海口 = 墨尔本 |
| 陇南 | 海口 = 陇南 = 兰州 | 莫斯科州 | 海口 = 莫斯科州 |
| 吕梁 | 海口 = 吕梁 = 北京南苑<br>海口 = 吕梁 = 天津 | 萨马拉 | 海口 = 萨马拉 |
| 衢州 | 海口 = 衢州 = 济南 | 圣彼得堡 | 海口 = 圣彼得堡 |
| 襄阳 | 海口 = 襄阳 = 哈尔滨 | 新山 | 海口 = 新山 |
| 信阳 | 海口 = 信阳 = 哈尔滨 | 斯里巴加湾 | 海口 = 斯里巴加湾 |
| 延安 | 海口 = 延安 = 天津 | 泗水 | 海口 = 泗水 |
| 张家界 | 海口 = 张家界 = 济南 | 基辅 | 海口 = 基辅 |
| — | — | 悉尼 | 太原 = 海口 = 悉尼 |
| — | — | 芽庄 | 海口 = 芽庄 |

## 2018 年海口美兰国际机场新开航线情况统计表

| 区域 | 航线 | | | |
|---|---|---|---|---|
| 国内：70 条 | 海口 = 百色 = 桂林 | 海口 = 淮安 = 济南 | 海口 = 温州 = 沈阳 | 海口 = 汉中 = 哈尔滨 |
| | 海口 = 北海 = 贵阳 | 海口 = 惠州 | 海口 = 西安 = 呼和浩特 | 海口 = 合肥 = 大连 |
| | 海口 = 长沙 = 南通 | 海口 = 济宁 | 海口 = 西宁 | 海口 = 合肥 = 石家庄 |
| | 海口 = 长沙 = 沈阳 | 海口 = 汕头 = 贵阳 | 海口 = 厦门 = 哈尔滨 | 海口 = 衡阳 = 太原 |
| | 海口 = 长沙 = 银川 | 海口 = 景德镇 = 天津 | 海口 = 襄樊 = 哈尔滨 | 海口 = 呼和浩特 = 长春 |
| | 海口 = 常德 = 郑州 | 海口 = 荔波 = 贵阳 | 海口 = 忻州 = 沈阳 | 海口 = 呼和浩特 = 乌鲁木齐 |
| | 海口 = 常州 | 海口 = 柳州 = 郑州 | 海口 = 信阳 = 哈尔滨 | 海口 = 泉州 = 天津 |
| | 海口 = 常州 = 哈尔滨 | 海口 = 六盘水 = 西安 | 海口 = 延安 = 天津 | 海口 = 十堰 = 天津 |
| | 海口 = 达州 = 贵阳 | 海口 = 陇南 = 兰州 | 海口 = 盐城 = 哈尔滨 | 海口 = 石家庄 = 呼和浩特 |
| | 海口 = 潍坊 = 哈尔滨 | 海口 = 泸州 = 兰州 | 海口 = 宜昌 = 大连 | 海口 = 石家庄 = 营口 |
| | 海口 = 贵阳 = 呼和浩特 | 海口 = 吕梁 = 北京南苑 | 海口 = 银川 = 长春 | 海口 = 太原 = 长春 |
| | 海口 = 贵阳 = 乌鲁木齐 | 海口 = 吕梁 = 天津 | 海口 = 银川 = 乌鲁木齐 | 海口 = 温州 = 济南 |
| | 海口 = 桂林 = 鄂尔多斯 | 海口 = 洛阳 = 济南 | 海口 = 东营 = 天津 | 海口 = 珠海 = 济南 |
| | 海口 = 桂林 = 兰州 | 海口 = 南昌 = 石家庄 | 海口 = 湛江 = 长沙 | 海口 = 珠海 = 太原 |
| | 海口 = 桂林 = 南通 | 海口 = 南昌 = 太原 | 海口 = 湛江 = 济南 | 海口 = 遵义 = 石家庄 |
| | 海口 = 桂林 = 天津 | 海口 = 南昌 = 徐州 | 海口 = 湛江 = 西安 | 海口 = 遵义 = 天津 |
| | 海口 = 桂林 = 烟台 | 海口 = 宁波 = 长春 | 海口 = 张家界 = 济南 | |
| | 海口 = 桂林 = 银川 | 海口 = 衢州 = 济南 | 海口 = 郑州 = 银川 | |
| 国际：15 条 | 海口 = 车里雅宾斯克 | 海口 = 莫斯科州 | 海口 = 泗水 | 海口 = 墨尔本 |
| | 海口 = 喀山 | 海口 = 萨马拉 | 海口 = 基辅 | 海口 = 斯里巴加湾 |
| | 海口 = 乌法 | 海口 = 圣彼得堡 | 太原 = 海口 = 悉尼 | 海口 = 马尼拉 |
| | 海口 = 哈巴罗夫斯克 | 海口 = 新山 | 海口 = 芽庄 | |
| 合计 | 85 条 | | | |

备注：海口 = 马尼拉 2017 年为临时政务包机航线，2018 年为航司新开定期包机航线。根据市旅游委统计口径，海口 = 马尼拉为 2018 年国际新开航线，新开航点马尼拉则不统计在内

**【机场安全管理】** 2018年，海口美兰国际机场加强安全常态化管理，继续改善机场安全运行环境，以创新进取的姿态迎接新机遇和挑战。全年共检查旅客1242.62万人次，检查货邮815.05万件次。查获违禁物品3626件，其中查获故意隐匿火种并移交公安171起、隐匿或携带管制刀具586把；查获冒名顶替及假证20人、布控人员6人、携带毒品2人；查获催泪瓦斯71瓶、警棍警械36起、子弹37发，查获携带或托运机上救生衣12件，电击器143把；货运查获伪报品名以及夹带违禁物品14起。共开展内部航空安保测试139项，应急演练17项，应急培训30项，开展日常监察1548项，专项监察15次。

**【机场品牌建设】** 2018年，海口美兰国际机场共获得省部级（含）以上奖项64项，其中重量级国际奖项6项，国家级奖项12项，省市及行业内奖项46项。（1）真情服务。以深入贯彻落实民航局“真情服务”底线要求和“提升服务品质、固化五星成果、拓展国际品牌”为核心，不断通过大规模的硬件改造完善服务功能，通过智能化的技术应用以及文化元素的融入不断提升旅客感受。持续从细节方面提升服务品质。通过启用自助值机设备及大幅提高航班靠桥率，有效缩短旅客办理乘机时间和登机距离，提升旅客乘机感受；采取货仓行李装卸“立起来”的方式，减少行李表面摩擦，有效降低行李在运输过程中造成的破损，提升行李运输服务水平；通过推出节日特餐、暖心生日餐、儿童套餐、清真餐等特色餐食，开展“写春联、包饺子”“送粽子、送月饼”等节日特色活动，丰富旅客的候机时光。（2）星级机场建设。1月1日，海口美兰国际机场团队值机区域启动仪式举行，美兰机场成为国内首家实现综合体团队值机的机场。10月26日，获得国际机场协会颁发的“APEX资格认证”奖牌，成为国内首家通过“APEX卓越机场安保”资格认证的机场。相继获得SKYTRAX中国最佳区域机场奖、2018年全球机场服务质量卓越成就奖、2018中国好雇主优秀雇主、年度机场最佳智慧运营金奖等多个国内外重量级奖项。

（颜灵峰）

（编辑：王美芳）

# 邮电·信息



## 邮　政

【邮政网络建设】2018 年，海口市邮政管理局辖区投递邮路 431 条，投递邮路总长度约 12208 千米。其中，城市投递邮路 363 条，投递邮路长度约 7161 千米；农村投递邮路 68 条，投递邮路长度约 5047 千米。

【邮政业务】2018 年，海口市邮政行业业务收入（不包括邮政储蓄银行直接营业收入）累计完成 13.85 亿元，比上年增长 20.28%，占全省 49.1%，占全市生产总值的 0.09%；业务总量累计完成 11.32 亿元，增长 17.43%，占全省 57.71%。其中，邮政服务业务总量完成 3.54 亿元，增长 9.58%。

【快递业务】2018 年，海口市快递服务企业业务量完成 4981.17 万件，增长 18.13%，占全省 70.1%；快递业务收入完成 9.86 亿元，增长 25.96%，占全省 60.43%。其中，同城业务量完成 1868.56 万件，增长 19.98%；异地业务量完成 3107.26 万件，增长 18.13%；国际 / 港澳台业务量完成 5.36 万件，增长 16.57%。

【邮政普遍服务和特殊服务监管】2018 年，海口市邮政管理局对海口市邮政普遍服务营业场所、法定业务开办情况、信报箱设置、邮票发行监督等实施监督检查，共开展监督检查 161 人次，其中普遍服务营业场所合标检查 102 人次。印发检查通报 4 份，下发责令整改通知书 4 份，约谈邮政企业 1 次，处理信访案件 3 起，立案 1 起。全市邮政特邀监督员共检查 79 次，反馈监督报 79 份，走访用户 305 人次。无申请撤销邮政普遍服务营业场所和停止办理或限制办理邮政普遍服务营业场所。完成邮政营业场所备案 4 起，为南海大道邮政所暂停办理邮政普遍服务业务，为和平桥邮政所等 3 个营业网点办理营业时间信息变更。加强邮政普遍服务基础设施建设，指导邮政企业按时完成龙桥、白石溪、甲子和新坡等 6 个邮政代办所升级改造工作。加强邮票印制销售监督检查，组织社会监督员共同开展《戊戌年》特种邮票、《改革开放四十周年》纪念邮票专项检查。

【快递市场监管】2018 年，海口市有合法快递企业分支机构 314 家，备案末端网点 79 家。全年，市邮政管理局共检查企业 158 家次，检查人数 502 人次，责令改正 14 起，约谈 4 起，依法查处违反邮政法律法规行为 10 起（其中邮政行业安全监管类案件 5 起、快递业务经营许可类 3 起、快递服务质量监管类 2 起），共处罚金 6.6 万元。完成许可证申请协查 8 次，处理许可企业分支机构设立、变更、撤销申请 97 家次。做好 2018 年全国“两会”、博鳌亚洲论坛年会、上海合作组织成员国元首理事会第十八次会议、“双 11”“双 12”期间海口市寄递渠道安全服务保障工作。开展海口市邮政业再掀今冬明春禁毒工作新高潮、禁毒三年大会战、创建全国禁毒示范城市、汛期安全防范、

2018 年 10 月 12 日，海口市邮政管理局举行绿色包装暨安全管理标准化现场会
（市邮政管理局　供）

市邮政业仓储场所消防安全专项整治、寄递渠道涉枪涉爆隐患集中整治、“两打两控”、年中防风防汛、市邮政业防震减灾、防范台风“山竹”“百里嘉”等专项行动。推进快递业绿色包装应用推广，印发《海口市加快推进快递业绿色包装应用工作试点方案》《海口市加快推进快递业绿色包装应用工作实施方案》。6月22日，组织海南省加快推进快递业绿色包装应用启动仪式，向全社会发出倡议。10月12日召开加快推进快递业绿色包装应用工作现场会。推进《海口市快递业信用体系建设实施方案》，完成全市206家市场主体名录库录入及核对工作。

2018年5月18日，海南顺丰航空开通专机向全国寄递荔枝

（市邮政管理局 供）

**【村邮站运行管理】** 2018年，海口市248个村邮站运营正常，有47个村邮站开办拓展服务功能，占全市村邮站总数的18.95%，提供代收代缴、机票代售、网络代购、保险、助农服务等邮政便民服务。全年累计投送信件印刷品26万件，投送包裹汇款通知单1万件，投送报纸刊物330万份，代收代缴18万笔，代理服务总金额2322万元。

**【邮政民生实事落实】** 2018年，海口市实现乡镇政府所在地党报当日见报率和建制村直接通邮率100%。推进邮政普遍服务升级版工程，利用邮箱二维码、微信群等新方式开展日常检查。推动建立农村快递公共取送点10个，建成快递末端公共服务站点26个、末端智能信包箱安装小区数量604个、智能快件箱累计21744组。引导海南顺丰速运有限公司投入2架航空货机，向全国寄递荔枝2000余吨，将“海口火山荔枝”地理商标品牌推向全国，实现全货机常态化落地海口。全市邮政农村电商服务点数量316个，带动农产品快递包裹业务量460万件，农村电商交易额1.5亿元。继续开展邮政业服务质量提升行动和全市邮件快件“不着地、不抛件、不摆地摊”工作落实。在“双随机”检查中处理4起立案处罚，督促企业落实邮件快件收寄验视、实名收寄、过机安检“三项制度”。加快实名收寄信息系统推广应用，年底基本实现实名收寄信息化全覆盖。贯彻落实10部门关于协同推进快递业绿色包装工作的指导意见，引导辖区企业推广共享末端投递箱1000多个、环保袋1万件、中转箱500个、笼车300个等设备；引导企业加快协议客户电子运单应用，电子单使用率90%以上，有129台新能源车辆用于城市配送。

**【快递园区建设】** 2018年，海口市邮政管理局协调快递物流企业向市政府申请进驻海口临空产业园快递物流园区，推进海南快递集散中心（海口园区）建设，完成顺丰国际生鲜港、圆通区域管理总部及航空枢纽项目、海航货运3家快递许可企业签约海口临空产业园。

**【邮政公司业务】** 2018年，海口市邮政公司完成函件业务总数201.1万件，下降29.06%，其中国内函件完成199万件。汇票完成2.2万件，下降51.05%。包件完成187.6万件，增长142.47%。特快专递完成23.1万件，增长8.58%。订阅报纸累计完成3706.8万份，下降5.89%。邮储平均余额78.85亿元，下降2.93%。集邮业务完成288.3万枚，下降37.1%。累计开发便民服务站422家，其中，村邮站100家，邮掌柜安装242家。完成建设改造政府资金普服改造项目石山代办点改造工程、沿江二西路营业所等5个营业所改造工程、海秀中邮政支局等7个警医邮建设项目和南宝路等3个揽投网点场地改造工程，提升了邮政服务的能力。

（严宇霞）

## 通 信

**【电信通信】** 2018年，中国电信海口分公司业务收入完成12.7亿元，完成预算目标96%，较上年增长4.3%，其中新兴业务移动互联网、物联网等业务收入占比持续提升。有营业网点315家，增长1.6%。年内，中国企业文化创新发展（海南）领导小组授予中国电信海口分公司“创新先锋奖”。

基础设施及网络建设　2018年，中国电信海口分公司持续强化高速光纤建设、持续优化4G无线信号。在城区全光网的基础上，对海口江东新区等新建区域、新农村等地开展基础建设，新增光纤端口7.8万个，累计容量可满足128万用户使用。持续完善4G基站建设，对城区各小区、楼宇、拆迁地段的信号覆盖进行测试、优化，满足市民需求。

业务经营　2018年，中国电信海口分公司经营的业务有4G移动语音、4G移动互联网、固定电话、光纤宽带等业务，以及主机托管、系统集成、云和大数据、物联网等新型信息业务。尤其加大新型信息业务的投入发展，均取得明显突破，与市政府共同加大南海云项目的推进和拓展，与民生燃气等知名企业共同开展物联网业务合作。继续发挥自身优势，助力市政府，做好12345热线运营，树立12345热线优质品牌。全年，热线接通率98.2%，提升24.5%。2017—2018年，海口市12345热线连续两年荣获第三方测评的“先锋奖”“骏马奖”。

电信公司改革工作　自2017年3月全面启动“划小承包”（业务区分片后由员工中止劳动合同实施承包）改革工作后，2018年，中国电信海口分公司继续通过优化激励、加大支撑等举措，鼓励员工投入划小承包工作。全年有128名员工自愿中止劳动合同，参与划小承包，增幅100%；有21名中层管理人员自愿中止劳动合同，实施承包经营，企业发展活力得到有效激发。

履行社会责任　2016—2018年，中国电信海口分公司成立脱贫攻坚领导小组，投入扶贫资金17.98万元，对秀英区西秀镇18户贫困户（其中有3户移交区组织部）开展创业、就业、住房、教育、医保等帮扶。2016年，实现脱贫12户，2017年脱贫4户，2018年新增帮扶贫困户2户。2018年，响应政府有关信息基础设施水平巩固提升3年专项行动，投入建设资金660万元，完成农村光网建设覆盖自然村91个、农垦光网4个，满足农民需求。（黄丽颖）

【移动通信】2018年，中国移动通信集团海南有限公司海口分公司（以下简称“海口移动公司”）有遍布海口城乡的各类营业服务网点300余家，结合10086热线、网上营业厅、微信公众号等互联网新型服务渠道，搭建立体化的营业服务网络。

基础设施建设　按照2018年信息基础设施建设任务推进落实建设工作，完成情况具体为：行政村光网建设完成55个（目标25个），自然村光网建设完成217个（目标1014个），农垦光网建设完成3个（目标3个），光改提速用户4.23万户（目标3.34万户），小区千兆宽带建设完成6个（目标6个），城区新增4G覆盖建设完成352个（目标331个），城区热点移动网络覆盖完成162个（目标153个），自然村4G覆盖建设完成158个（目标158个），农垦4G覆盖建设完成59个（目标57个），高铁精品网完成13个（目标6个），其他公路完成1个（目标1个），乡镇重保基站第二路由光缆建设完成9个（目标9个），乡镇重保基站备用电源改造完成5个（目标5个），物联网基站完成1086个（目标1073个）。

网络建设　海口移动公司加强网络基础建设，推动行业发展。至年底，海口4G基站超8000个，实现海口主城区、乡镇镇区、高铁高速连续覆盖，重点商圈、交通干道、高校、景区等重要区域纵深覆盖，城区NB连续覆盖。在海口南沙路调度中心开通全省首个5G基站，为后续5G网络建设做良好开端。至年底，累计建成城市光网小区超4000个、光网行政村近130个，宽带接入端口数量超过100万个。

降低流量资费　海口移动公司推出大流量资费体系，推广“流量放心用”等大流量资费。7月1日起全面取消国内流量“漫游”费，即取消流量本地、全国差别，统一为全国流量。推出扶残资费，流量高至1GB。推出“地板价”套餐，低至8元/月。

业务经营　海口移动公司发展有线宽带，提升数字家庭发展能力；加快集团客户市场发展，继续强化政务、酒店、教育等重点行业的拓展的同时，推进专线、移动云、IDC等产品的规模发展，签约美兰社服通、海甸智慧社区、省邮政传输网等多个信息化项目；抓住万物万联的契机，拓展数字化服务市场，培育发展新动能。

信息化建设　2018年，海口移动公司为加快信息化发展，整合自身资源和优势，依托全国的信息化成果和经验，一方面发挥自身优势，全力协助政府参与扶贫工作。海南移动承建的海南省信息化扶贫平台稳定上线运营一年，在扶贫攻坚工作中发挥良好的作用。海口移动全年为海口市扶贫户免费办理扶贫套餐近3000户，同时协助海口市扶贫办录入全市贫困户信息超1000人次，针对海口市级、区镇级帮扶单位人员开展扶贫平台培训累计1300人次。另一方面加强与各级政府合作，参与政务云、智慧社区、社服通等项目的建设，助力各项目落地实施、提升信息化水平。其中，海口市政务畅通项目是采用云方式部署，为政府数据共享提供有力的平台；海口电子政务云项目是为海口市政府党政机关信息化系统提供云计算服务；海口市市民游客中心热力图项目一期“人流综合分析系统”由海口移动公司牵头进行整合展示，经人流综合分析平台汇总计算后展示分析图层，为市民游客了解电子政务增加新的窗口渠道。

移动通信保障　2018年，海口移动公司完成海南省“两会”、海口马拉松、海南国际旅游岛欢乐节、冼夫人文化节、海口五源河体育馆万人竹竿舞、火山荔枝月活动、海口“自贸港杯”国际足球赛、海口“跑向更好的自己”全民健跑活动、海口“唱响新时代”全民大合唱活动等25次大型会议活动通信保障，完成新建基站超100个，扩容基站近400个，开通应急车辆近30次。保障期间，累计投入保障人员近440人次，完成近850站次的巡检，各项活动会议期间保障工作效果良好。

（黄茜茜）

【联通通信】2018年，海口联通公司全面落实“互联网+”行动计划，在云计算、大数据、物联网等创新领域寻求突破，聚焦八大热点行业推进产业互联网发展，推进网络演进与重构，提升海口政企客户通信信息服务感知。在云计算领域不断加大资源投入和发展力度，云数据/IDC资源能力和平台建设不断完善，研发和创新合作等基础核心能力不断提升，业务实现规模倍增。全年实现业务收入7.36亿元，为全市77.6万手机用户、12.2万固话宽带用户提供高速、便捷的通信服务。

基础设施建设 2018年，海口联通公司新建移动网通信设施36个站点，开通36个，扩容183，完成开通160个站点；其他（17年遗留或搬迁站点及NPS站点）31个站点，完成开通14个站点。基站光缆建设共43段，总长37.6皮长千米，其中直埋光缆长度0.72皮长千米；管道光缆长度25.2皮长千米，架空吊挂光缆11.68皮长千米。固网通信设施主要由接入网机房、主干光缆、EPON设备、交接箱等节点组成，年内新建BTO 31个小区，共开通FTTH 8072个端口。

网络建设 2018年，海口联通公司继续推进4G精品网络建设，建设3G基站2350个、4G基站1893个，至年底形成覆盖全市的4G高速网络，完成高校、绕城高速、环岛高速、海秀快速路、环岛高铁、AAAA级以上景区、星级酒店、重点商业区等重点区域的网络优化、升级。持续开展光改及光纤网络建设工作，年内光纤网络接入2785个小区、社区，建成28.92万个百兆互联网宽带接入端口。

窗口服务 至2018年，海口联通公司建设自有营业厅13家，合作营业厅15家，专营店174家，代理点70家，便民点716家，形成覆盖全市范围的服务网点，同时通过10010客服热线、网上营业厅、手机营业厅、微信等互联网新型服务渠道，为用户搭建立体化的营业服务网络。

（梁　翩）

（编辑：蒋　伊）

# 信息化建设

【信息化建设概况】2018年，海口市贯彻落实《海南省信息基础设施水平巩固提升三年行动方案（2018—2020年）》，全力推进信息基础设施建设；结合自由贸易区（港）建设的要求和定位，对照《国家新型智慧城市评价指标》要求，推进《智慧海口三年行动计划（2018—2020）》落实，初步构建智慧城市顶层设计，积极应用互联网技术推动政府服务创新能力建设；深化与阿里巴巴集团、蚂蚁金服集团签署战略合作协议，针对改革重点、城市治理难点、民生热点等问题，推进建设海口市城市大脑2018年示范项目。

【信息基础设施建设】至2018年底，海口市固定宽带用户规模达到109万户，移动通信用户数量约372万户，城区光纤宽带网络基本实现全覆盖，4G信号覆盖率99%以上；全市行政村光纤宽带网络及4G信号覆盖率均100%；累计实现1870个自然村光纤宽带网络覆盖，覆盖率87.3%，4G覆盖99.9%；千兆宽带入户小区建成249个，新增光改提速用户7.6万户，新建城区热点移动网络355个，新建农村铁塔208个、物联网基站1492个。海口市固定宽带平均可用下载速率达30.07Mbit/s，在全国主要城市中名列第6位，高于全国平均值28.06Mbit/s，海口宽带速率从2015年底的全国第20名跃升到2018年第四季度的第6名，获“2017年度海南省信息化发展先进市县”称号。

【“智慧海口”建设】2018年，海口市继续推进“智慧海口”建设，主要构建以12345为受理渠道，以信息化技术手段为支撑，以“12345+网格化”治理为重点内容，以一线解决问题为目标的12345海口市民服务智慧联动平台（简称12345海口智慧平台），形成“一个统一协调指挥体系抓调度、一个大数据管理平台抓管理、一个快速反应机制抓处置、一张城市风险地图抓安全”的综合治理格局。依托12345海口智慧平台，海口市打造“椰城市民云”“椰城创新云”。至年底，“椰城市民云”注册人数突破80万，覆盖海口市80%的家庭，实现一个账号通享城市在线公共服务；“椰城创新云”移动端的出入口内置在“椰城市民云”APP中，于2月4日上线，可提供48项服务，PC端服务达到65项。年内，围绕改革重点、城市治理难点、民生热点等问题，建设海口市城市大脑2018年示范项目。“城市大脑”分为平台层和应用层两大部分，平台层主要提供云计算、大数据、人工智能技术，通过逻辑整合，支撑交通、政务、物联网、医疗、旅游、移动办公6个上层应用，并实现全局全量数据的即时分析，提高城市综合治理能力和公共服务水平。此外，依靠社会力量治理改变全市信息消费生态，打造现代服务业新高地。阿里巴巴集团、蚂蚁金服集团推动的移动支付、信用免押、新零售与交通出行、医疗、商业消费等各类民生领域场景的融合，正在加速改变海口市民的生活方式。年内，支付宝“椰城市民云”小程序上线29项政务便民服务；交警电子驾照、电子行驶证在支付宝上线；海口136条公交路线，2171辆公交车全部实现支付宝扫码乘车；90多家超市便利店实现扫脸支付，海口成为全国第一批商业化部署扫脸支付的城市。

【“椰城市民云”运行】“椰城市民云”作为一个新生的平台，实现一号通行、一库共享、一站服务、一体运营，市民只要通过这一个APP，用一个账号，就能通享几乎全部的城市在线公共服务。自2017年12月上线以来，因其实用性，“椰城市民云”APP备受海口市民青睐。2018年1月

27 日，中央新闻联播播放以“数据多跑腿、群众少跑腿”为设计理念的“椰城市民云”。4 月 13 日，该平台在省数据大厅接受习近平总书记的检阅。至 2018 年底，“椰城市民云”注册人数突破 80 万，占海口常住人口的 35%以上，整合汇聚 59 个单位，能够提供 271 项便民公共服务，具备可查询、可投诉、可缴费、可预约、可办事五大功能。

【“椰城创新云”上线】2018 年 2 月 4 日上线，是以科技创新为中心打造的一站式综合服务平台。其移动端的出入口内置在“椰城市民云”APP中。汇聚 103 个国家 1 亿条中英文知识产权数据、科技文献和 50 万套仪器共享设备，对接国内外 20 万高层次专家人才及各类科研机构、试验基地、创新空间等科技载体。通过优选第三方服务机构，面向科技工作者、企业管理者和科技爱好者，提供科技成果转化、知识产权、检测测试、专业培训等一站式科技创新服务。可提供 48 项服务，PC 端服务达到 65 项。

【5G 规模组网试点】2018 年 11 月 16 日，海南移动在海口开通海南首个 5G 基站，5G 基站峰值速率超过 10Gbit/s，单用户峰值速率达到 1.43Gbit/s，是 4G 网络的 10 倍以上，时延达到 10 毫秒以下，标志海南进入 5G 预商用时代。11 月 21 日，中国电信海南公司在海口市实现 5G 在海南的首次应用展示，主要演示 5G 网络的语音通话、无人机实时高清视频回传、用户下载演示等内容。

【电子政务】为贯彻落实 2018 年 4 月 13 日习近平总书记在海南省政务数据中心考察时提出的重要指示精神，海口市积极推动“城市大脑”项目，促进政务信息整合共享，推动数据融合和实现大数据在政府管理、政务等工作中应用，制订《海口市城市大脑项目信息资源整合共享工作方案》。至 2018 年底，海口市挂接的信息资源接口数量 457 个，位列全省各市县第一；海口市共享的信息资源目录数量 389 条，位列全省各市县排名第一；实现全市 56 个单位的互联互通，完成 48 家单位的政务信息资源目录编制工作，编目数据总量3.9 亿条；有 27 家单位的 36 个信息系统纳入省级政务信息资源编目范围，并与省级政务信息共享交换平台实现数据交互，获取省共享平台的数据 537 万条。

【电子农务】2018 年，海口市投入 200 万元专项资金建设农业科技 110 服务站和示范基地，建成 10 个示范基地；至年底，累计完成 51 个电子农务服务点和 58 个示范基地建设，每个示范基地平均带动 5 个贫困户。完成 11 个贫困村电商服务站 WiFi 网络覆盖，并将贫困村的基站纳入建设计划，利用物联网、滴水灌溉等技术，打造新型现代农业产业园，塑造“火山石斛”品牌。开展科技下乡工作，普惠全市 22 个镇，免费向参加农户发放科普、农业、林业、热作、水产、畜牧技术等宣传资料，印发农业科技 110 丛书 1 万份；组织专业培训 15 场，平均每场培训辐射农户 50 人。

（潘孝悦　符骏斌　杨明汪）

【海口政府门户网站】2018 年，海口市全面推进“互联网 + 政务服务”，引领政府网站创新发展，在 2018 年中国优秀政务平台推荐及综合影响力评估结果通报中，海口市人民政府门户网站获评 2018 年度“互联网 +”管理创新型服务平台；在中国软件评测中心举办的 2018 年中国政府网站绩效评估中，海口市政府门户网站排名大幅上升，从上年的第 18 名上升至 15 名；在海南省 2018 年政府网站评估中，海口市门户网站位列优秀层级，以 87.8 分排在第一。年内，根据海南省政府网站集约化要求对海口市政府门户网站进行改版，加强重点领域信息公开，推进决策、执行、管理、服务、结果公开，做好重大政策解读回应，扩大公众参与，增强公开内容实效性，有效提升市政府门户网站服务功能。按照海南省政府办公厅 2018 全省政务公开暨政府网站第三方评估的要求，进一步完善市政府门户网站栏目责任化工作，全年完成信息更新约 4.5 万条。政府网站浏览量 449 万人次，独立 IP12 万个。

（周发华）

【地理空间数据库建设】2018 年，海口市更新维护海口市的基础地理信息资源数据，包括覆盖海口市区约 189 平方千米范围 1 : 500 及 1 : 1000 地形图数据库；覆盖海口全境 2281 平方千米的 1 : 10000、1 : 50000 地形图数据库和政务电子地图；持续更新海口市卫星影像数据库，至年底，共完成 18 批次影像数据建库，并实现全市年度至少一次全覆盖更新；持续更新海口市地名地址数据库，有地名信息 8 万条，地址信息 6 万条；持续更新海口市城市部件数据库，有部件约 65 万个；运行维护海口市实景影像数据库，有 1132 千米的实景影像。为海口市社区服务信息化提供空间基础数据服务，更新维护网格数据库，至年底，网格数据覆盖 43 个镇街 6 个管理区 455 个村居共 4479 个网格；采集登记房屋楼栋 66793 栋，房屋 504911 间，140.66 万人。更新维护相关政府职能部门的专题数据库，政府职能部门在共享利用基础地理数据库上，已建立包括市政、城管、园林、环卫、违建、门牌、教育、三防、责任上图等 80 类专题数据库。

（王儒壮）

（编辑：吴坤涛）

# 商贸服务业

## 商贸服务业综述

【商贸服务业概况】2018年，海口市商品市场供应充足，货源丰富，社会消费品零售呈现平稳上涨的态势。全市社会消费品零售总额757.6亿元，比上年增长5.9%。年内，批发业销售额2386.07亿元，增长9.4%；零售业销售额909.78亿元，增长8.6%；住宿业营业额49.1亿元，增长8.6%；餐饮业营业额95.5亿元，增长14.5%。全年规模以上服务业营业额820.36亿元，增长16.9%。服务业增加值1170.56亿元，增长8.1%，对经济的贡献率83%。从行业看，其他服务业增加值增长20.5%，交通运输、仓储和邮政业增加值增长9.3%，批发和零售业增加值增长3.4%，住宿和餐饮业增加值增长6.6%，金融业增加值下降2.3%，房地产业增加值下降11.3%。

【商业网点建设】2018年，海口市以建设国际购物中心为目标，围绕建设现代化区域性商贸物流中心，结合“十三五”期间的棚户区改造，整合商业空间，优化商业业态结构，同时构建现代流通体系，打造滨海沿江旅游观光购物经济带，建设沟通岛内外交通的物流配送带，健全三级（城市中心——城区——社区）商业网络，发展乡镇农村商务市场体系，全面提升商业服务水平。商业网点逐渐形成金贸商圈、秀英商圈、府城商圈、海甸商圈、国兴商圈、长流组团、江东组团等，形成向城市周边及新城区发展趋势，集聚功能显现，辐射范围明显扩大。据不完全统计，全市拥有批发、零售贸易、住宿餐饮服务业网点3万多个，主要商业网点（3000平方米以上）272个，面积665.4万平方米（不包含商业街）。

【城乡市场信息服务体系建设】2018年，海口市重点流通企业监测系统、重要生活必需品监测系统、生产资料监测系统建设取得明显成效，对消费品市场的监测作用开始发挥。其中重点流通企业监测系统87家，报送率100%；重要生活必需品监测系统20家（批发市场13家，超市7家），常态报送频率为周报，报送率保持100%；重要生产资料检测系统6家（成品油2家，化肥2家，钢材1家），报送频率为周报，报送率保持100%。市商务局继续加强对基本生活必需品的价格监测和监管工作，及时把握市场价格动态，规范市场价格秩序，防止和打击趁机哄抬物价，扰乱市场秩序的行为，并且建立有效的价格应急处理机制。

【市场秩序监管】2018年，海口市商务局结合当前商务执法形势，突出对汽车销售、拍卖、单用途商业预付卡、成品油、商业特许经营、餐饮业经营管理、安全生产等重点领域的法律、法规和规章的宣传，不断提升社会公众对商务执法的知晓率。全年共出动1426人次、659车次，执法宣传659次。开展双随机执法检查，检查相关企业95家次，其中：抽查拍卖经营资格17家、典当行6家、外商投资企业7家、加工贸易企业7家、美容美发经营行为3家、商业特许经营行为7家、家电维修经营行为4家、家庭服务经营行为11家、洗染业经营行为7家、餐饮经营行为8家、旧货经营行为3家、旧电器经营行为3家、成品油企业11家、单用途商业预付卡发放和管理1家。开展单用途商业预付卡专项检查和年度绩效目标检查。检查发卡企业28家，下达责令整改通知书4份；完成年度绩效目标全年执法检查25家餐饮业最低消费、50家成品油经营企业、50家汽车销售企业、20家典当行、20家拍卖行、19家发放单用途商业预付卡企业、20家零售供应商、5家商业特许经营企业。依法处置12345市政府热线转办353件，提供咨询服务262人次，市民满意率96%以上。开展打击侵权假冒工作。牵头组织全市各成员单位，每季度开展督查1次，督查成员单位16个，组织报送“双打”信息72条，组织培训各相关成员单位人员80人。加强行业安全管理。强化日常安全监管，在重大节假日和重要活动期间，组织开展安全隐患排查整治和安全生产大检查，督促企业层层签订安全生产责任书，有效预防和遏制重特大事故发生。全市商贸流通企业没有发生等级安全生产和消防安全责任事故。全年共出动检查人员170人次，检查各类企业124

家次，发现各类隐患380处，整改率100%。投入经费10万多元，开展行业安全培训2次，培训人员180人次。

## 国内贸易

【城乡农贸市场升级改造】2018年，海口市完成甲子、大致坡、三江、演丰瑶城、云龙、美兰墟6家农贸市场升级改造，市场改造面积1.6万平方米，辐射人口15万人。自2016年全市启动“双创”农贸市场升级改造工作以来，纳入“双创”考核范围的42家农贸市场全部完成改造，改造面积17万平方米，新增面积约3万平方米，增加辐射35万人口，实现硬件标准与管理水平跨越式“蝶变”。

【肉类蔬菜流通追溯体系试点项目建设】2018年1月，海口市肉类蔬菜流通追溯体系试点项目建设顺利通过省商务厅组织的考核验收和专家评审。建设内容包括：城市管理平台1个、追溯网站1个、大型生猪定点屠宰厂1家、蔬菜批发市场1家、农贸市场9家、连锁超市5家、团体消费单位162家。5月中旬，委托第三方审计机构对肉菜追溯项目开展专项审计，7月31日完成，历时45天，并出具《海口市肉类蔬菜流通追溯体系建设项目专项审计报告》。7月，市商务局联合市财政局印发《海口市肉类蔬菜流通追溯资产管理办法（试行)》。9月，向商务部和省商务厅报备《海口市肉类蔬菜流通追溯体系建设项目专项审计报告》，并完成各节点资产移交。同时，加强项目软硬件资产管理，建立资产管理台帐，按照《肉菜流通追溯资产管理办法》（试行）妥善处置老化破损设备，按照商务部要求完成老旧设备淘汰工作任务。在各个节点清理出报废电子秤421台，查询机6台，以及存放在各农贸市场不能使用、损失的电子秤526台，电脑5台，查询机8台，IC卡读写器100台，IC卡200张。完成肉菜追溯项目专项审计和老旧设备淘汰工作。完成肉类蔬菜流通追溯体系信息查询升级。7月，与海南源圆科技有限公司签订《海口市肉类蔬菜流通追溯体系信息查询升级项目技术服务实施合同》，对海口市肉类蔬菜流通追溯体系信息查询进行升级。同时，增加微信查询功能和微信公众号宣传功能，增加适合消费者习惯的移动应用和电子结算模块，让交易和查询更方便、快捷，确保项目的实用性和可持续性。12月，肉类蔬菜流通追溯体系信息查询升级项目的系统开发、软件部署及应用测试工作全部完成。

【餐饮业】至2018年，海口有各类餐饮企业1.9万家，营业收入83.4亿元，增长14.5%，远超全国平均水平；餐饮业从业人员19万余人。餐饮市场规模快速增长，有多家国际品牌五星级酒店及日月广场、万达广场、吾悦广场、望海商场等数十个大型商场餐饮引进国内外品牌餐饮企业4000多家，极大地满足居民和旅客的消费需求。主城区内有：欢乐海岸美食广场、丁村万人海鲜广场、骑楼小吃街、泰龙城小吃街、星海湾水岸风情街、南海渔市、骑楼老街海南美食广场等特色美食街。与此同时，海口餐饮市场发展拉动海南农业、食品加工业的发展，与旅游业形成良好的协同效应。

【典当业】2018年2月27日，海口市商务局对海口市在全国典当行业监督管理信息系统上记录的52家典当企业进行年度审验。截至5月21日，共有48家典当企业按省厅的年审通知要求提交相关年度审验材料，年审结论评定为A类；3家公司未在规定时间递交年审材料；1家公司被评定为不合格。48家典当企业从业人员256人，减少34人。业务笔数17515笔，减少1010笔；上缴税金86.07万元，减少3.14万元；典当总金额4.65亿元，减少1.27亿元，降低24.18%；典当余额2.46亿元，增加611.05万元，增长2.54%。

【拍卖业】2018年3月，海口市商务局开始开展2017年度拍卖企业的年审工作。截至5月25日，全市提交年审资料的拍卖企业共有64家。经初审，64家拍卖企业年审结论均为合格。正常营业的64家拍卖企业有从业人员512人，其中拍卖师145人。全年拍卖成交场次约302场，拍卖成交额40.32亿元，佣金额1.02亿元，业务量均较上年下降。面临业务严重缩减，企业生存困难的处境，主要有：传统业务严重缩减或丢失。传统的拍卖业务主要来源四大资产管理公司资产处置拍卖、法院系统司法处置拍卖、国土系统国有土地招拍挂业务，但以上拍卖业务来源基本没有新的业务，其中资产公司的业务大幅缩减、司法拍卖被淘宝网抢占、土地招拍挂业务受政策影响大幅缩减。新兴业务未能发展起来。传统业务受各种因素影响已经减少，但文化艺术品拍卖、农产品拍卖、二手机动车拍卖等新兴业务没有很好地发展起来。

【家庭服务业】至2018年底，海口市在工商部门登记的家庭服务业（机构）共有521家，实际在经营的有88家，家政服务从业人员10万余人。家政服务员来源：下岗职工、农民工等。年龄结构上，90%以上的外出务工妇女在35～55岁之间。主要以提供保姆、家居保洁等简单劳动为主，月嫂、婴儿护理和病老人护理所占比例很小，大约占10%。市商务局落实鼓励家庭服务业发展政策措施，印发《关于征集2017年度海口市家庭服务业发展扶持奖励项目的通知》，经企业申报、第三方机构评审、项目公示等程序，确定8家企业符合2017年度海口市家庭服务业发展扶持奖励政策，扶持奖励资金共134.79万元，安置农村富余劳动力、城镇下岗失业人员等群体就业1000多人。

开展“百城万村”家政扶贫工作的家政企业3家，对接的国家级贫困县数量2个，培训600人，培训建档立卡人数149人，促进就业200余人。组织参与企业与贫困县建立长期、稳定的对接机制。通过深入贫困县举办招聘会、供需见面会和宣讲会等形式，打通就业渠道。组织家庭服务企业参与下乡就业扶贫专场招聘会，先后组织家庭服务企业奔赴琼中、澄迈、儋州、定安、琼海、白沙、乐东等市县开展20余次家庭服务行业农村劳动力转移专项就业扶贫招聘会，为500多名有意愿的劳动者提供了就业岗位和就业机会。开展技能培训，帮助参训学员提升劳动技能水平，培训570人，其中建档立卡贫困人员165人，总就业人数171人。加强与当地村委会、村镇干部和帮扶人的合作，通过借助脱贫致富电视夜校、各村广播室广播等平台，加强对贫困群众的教育引导和技能培训；通过电视、网络、报刊等媒体持续宣传报道，营造家政扶贫、脱贫的良好氛围。

## 电子商务

【电子商务概况】2018年，海口市以服务贸易推进供给侧改革和贸易转型升级，着重发展电子商务产业。11月21日，海口市人民政府办公厅印发《海口市促进电子商务发展若干规定》，以加速发展电子商务产业发展，提升海口市经济发展的创新动力，促进产业转型升级。电子商务产业进入快速发展的新阶段，生产规模持续扩大，产业基础逐步夯实，产业范围逐步扩展，平台建设富有特色，电子商务在旅游业、农业、商贸业等领域的应用不断拓展，逐渐形成与实体经济深入融合的发展态势，带动传统产业转型升级。电子商务综合发展指数为83.33，居海南第一位。

【电子商务产业园】2018年，海口市重点打造以电商总部企业入驻为主的滨海国际电子商务产业园。市商务局牵头提供一条龙扶持服务，在园区软硬件基础设施建设配套、纳入全省对外招商引资重点推介、入园企业手续协调办理等方面提供帮助指导。7月，海口滨海国际电子商务产业园获得海南省中小企业核心服务机构认定；10月，通过省级众创空间认定。年内，有614家企业在园区注册落地。全年园区企业总营业收入54.2亿元（不含房地产企业）；运营收入8200万元，增长9.3%；运营纳税1560万元，园区企业纳税总额3.38亿元，增长9.3%。园区企业拥有知识产权数量3010件（其中专利权1075件、商标权1757件、著作权178件）。围绕电子商务、金融、高新技术、创业创新等主题共组织开展系列活动53场，重点推出“百企游学·百企联访”“高企互通·高企联宣”中小企业融资公开课三大品牌活动，涵盖政策宣导、沙龙论坛、培训辅导、和君商学、顺丰专场电商扶贫等，参与企业超过300家，惠及2000人次。

【在线交易】2018年，海口网络交易额1355.91亿元，在海南占比69.64%，增长22.33%。电商零售方面，网络零售额264.56亿元，增长18.58%，在海南占比46.44%。从网络零售结构来看，实物型网络零售额222.88亿元，在网络零售额占比84.24%；服务型网络零售额41.69亿元，在网络零售额占比15.76%，提升1.48个百分点。实物型网络零售以食品保健、3C数码和玩乐收藏占据前三，其中食品保健行业支柱作用明显，全年实现网络零售额97.32亿元，在海南占比73.23%。服务型网络零售方面，海口在线餐饮、在线旅游、生活服务三大行业网络零售额分别为19.83亿元、9.58亿元、8.08亿元。其中，在线餐饮在服务型网络零售额占比47.57%，提升10.54个百分点。从品类结构分布来看，自助烤肉占据最大比重，为27.87%，其次为火锅和中餐；休闲娱乐在服务型网络零售额占比7.63%，小幅提升2.24个百分点。此外，冯小刚电影公社、海口火山群世界地质公园、海南热带野生动植物园等十大景区在线门票销售热度较高。全年农产品网络零售额43.16亿元，增长30.98%。水果仍然是主要网销农产品，其中菠萝蜜、椰子等独具本地特色的水果产品网销热度较高，本期内共实现网络零售额31.91亿元，占比73.93%，稳居农产品网络零售行业首位。而贫困地区农特产品通过各类电商渠道实现网络销售额1.45亿元，直接带动贫困户销售农产品超360万元。至年底，海口网商总数88037家，其中平台型网商数5家、服务型网商数5587家、应用型网商数82445家。

## 招商合作

【招商合作工作概况】2018年，海口市组织参加省内外各大型经贸活动11场，举办2场省外招商推介会和1场北部湾经济合作组织第十次成员大会暨北部湾城市合作组织第二次大会。借助省级招商平台，加强招商引资工作，签约项目金额365.31亿元。在经贸合作方面，不断深化与国内各省市区域合作，进一步加强与泛珠三角区域、丝绸之路经济带城市及北部湾经济合作组织的经济合作与交流，组织代表团参加2018第三届海南国际旅游贸易博览会、第26届广州博览会等11场经贸活动。做好驻海口的异地商会、商贸行业协会的联络和管理工作，全市异地驻海口市的商会有20家。

【招商引资】2018年，为贯彻落实习近平总书记4月13日在庆祝海南建省办经济特区30周年大会上的重要讲话精神，海口市招商工作坚持把招商引资和推进项目落地作为核心要务，突出专题招商，重点瞄准世界500强、全球行业领军企业和知名品牌企业，争取引进一批符合“多规合一”和生态环保要求的项目，实现从招商引资到招商选资，盲目招商到目标招商，粗放招商到精准招商的转变，切实扛起省会城市担当，逐步推进海口自贸区（港）建设。围绕省委、省政府提出的招商指示精神，重点策划书记、市长赴香港、上海敲门招商活动，组织举办博鳌亚洲论坛靶向对接、第二十届中国国际投资贸易洽谈会、2018年海南—台湾经贸合作交流活动、北部湾经济合作组织第十次成员大会暨北部湾城市合作组织第二次大会和自主招商活动等一系列经贸活动，共签约项目101个，总协议投资额365.31亿元。至12月底，注册落地项目87个。

**【经济交流合作】** 2018年，海口市商务局组织椰树集团海南椰汁饮料有限公司、海南鸿豪实业有限公司、海南新大食品有限公司、海南昌之茂食品有限公司、海口伊源美生物科技有限公司等几十家企业参加第三届世博会暨中国东西部合作与投资贸易洽谈会、第二十四届中国兰州投资贸易洽谈会、第26届广州博览会、第二十届中国国际投资贸易（厦门）洽谈会、第十四届中国昆明国际农业博览会、十一届中国绿色食品博览会等10多个各类经贸交流会、博览会，参展品种1000多种。为企业合作交流推广搭建良好平台，通过平台展示企业产品和形象，为参会参展客商开展贸易洽谈和投资合作创造更多商机。

**【行业协会商会】** 2018年，海口市继续加大培育发展新兴行业协会、商会的力度，打造新型行业协会的品牌。全市由市商务局为业务主管部门培育成立的商贸行业协会共有15家，异地驻市商会以市商务局为业务主管部门的商会共20家。

**【百日大招商活动】** 2018年5月8日，海口市人民政府办公厅印发《2018海口市推进自由贸易区（港）建设招商工作方案》，5月26日印发《海口市实施2018中国（海南）自贸区（港）百日大招商（项目）活动工作方案》，指导全市开展招商工作。5月20日，海南百日大招商（项目）活动正式启动。与以往招商方式不同，此次重点突出点对点招商、一对一谈判。活动开展以来，海口市各产业部门通过上门拜访、座谈、精准招商等方式接洽155家重点企业，其中世界500强企业7家、中国500强企业12家、服务机构企业4家。

年内，7家世界500强企业共注册12家公司：阿里巴巴集团在海口注册5家公司；6月25日苏宁集团在海口注册海南苏宁易购采购公司，6月29日注册苏宁体育文化传媒（海南）有限公司；6月26日，中国大唐集团在海口注册中国大唐集团国际贸易有限公司；8月1日，中国铁路投资有限公司在海口注册国铁融资租赁有限公司；9月27日，兖州煤业股份有限公司在海口注册兖矿（海南）智慧物流科技有限公司；10月30日，太平洋建设集团在海口注册太平洋海商建设集团有限公司；12月4日，厦门国贸控股集团有限公司在海口注册海南国贸有限公司。12家中国500强企业共注册9家公司：6月19日九州通医药集团股份有限公司在海口高新区注册九州通（海南）国际营销中心有限公司；6月20日，圆通速递有限公司在海口注册海南圆通速递有限公司；8月8日国家开发投资集团有限公司在综保区注册国投国际贸易（海南）有限公司；8月13日，中国机械工业集团在海口注册中进（海口）汽车贸易有限公司；9月，深圳华侨城集团在海口注册海口华侨城文化旅游发展有限公司；11月6日，渤海银行股份有限公司在海口注册渤海银行股份有限公司海口分行；11月9日，唯品会在海口注册海南唯品会供应链管理有限公司；11月28日，顺丰控股股份有限公司在海口注册海口丰泰产业园管理有限公司；12月18日，招商局集团在海口注册招商局海南开发投资有限公司。4家国内服务机构共注册7家公司：5月9日，美安康质量检测技术（上海）有限公司在海口注册美安康质量检测技术（海南）有限公司；5月16日普华永道会计师事务所在海口注册普华永道咨询服务（海南）有限公司，5月23日在海口注册普华永道中天会计师事务所（特殊普通合伙）海口分所；5月25日安永会计师事务所在海口注册安永华明会计师事务所（特殊普通合伙人）海南分所，5月29日在海口注册安永（中国）企业咨询有限公司海南分公司，7月2日在海口注册安永中恒工程造价咨询有限公司海南分公司；10月29日，毕马威在海口注册毕马威咨询（海南）有限公司。

**【海口–香港招商引资推介会】** 2018年9月19日在香港举办，以“聚焦魅力海南·对话创新海口”为主题，长江和记实业有限公司、霍英东集团、王新兴集团、恒生银行、四环药业等50多家海内外知名企业参加。活动现场，海口综合保税区与明发集团（中国）世界贸易中心开发有限公司、海口市卫计委与美利得国际投资有限公司、海口国家高新区与香港新融合商贸有限公司、海口市科技局与四环医药控股集团，以及海口市旅发委与香港航空、云顶香港等6个项目签约。

**【“聚焦魅力海南·对话创新海口”推介交流活动】** 2018年6月19日在普华永道上海创新中心举行。此次活动是海口市首次通过与国际专业咨询服务机构合作，推进委托招商的一次创新实践。此次招商推介活动举办跨国企业专场、民营企业专场、日本企业专场、高成长性技术创新企业专场4场推介交流会，美国商会、欧盟商会以及微软、强生、花旗集团、瑞穗银行、日立、携程、春秋航空、复星集团等100多家跨国公司、驻沪外国商会、龙头民营企业、高成长性技术创新企业参与推介交流活动。活动结束后，市商务部门邀请企业到海口考察

2018年6月19日，海口市在上海举行“聚焦魅力海南·对话创新海口”推介交流活动 （市商务局 供）

调研。年内，与宝龙集团等进行面对面洽谈。瑞穗银行在市商务部门牵线搭桥下与“小二租车”公司就项目合作进行深入洽谈，瑞穗银行（中国）有限公司相关负责人与海口就投资合作等事宜进行友好洽谈；携程集团与海口市政府就国际总部引进事宜深入洽谈；市科工信局对接高成长性技术创新企业，其中杭州迪英加科技有限公司计划在海口市落户人工智能数字病理分析公司；上海金丘信息科技股份有限公司计划在海口市打造“区块链＋实体经济”生态集群等，并于6月22日在海口市注册成立金丘（海南）数字商品网络科技有限责任公司。

【省部合作协议签字仪式暨海南省引进外资项目洽谈会】2018年9月6日下午，海南省政府与商务部联合在北京市北京饭店举办省部合作协议签字仪式暨海南省引进外资项目洽谈会。在海南省外资签约仪式上，海口签约6个项目，其中海口市政府分别与德勤、毕马威、安永3家专业服务机构签署投资合作协议；海口市政府、海口城市建设投资有限公司、哈罗国际管理服务有限公司签署三方协议，英国哈罗公学入驻海口，在江东新区设立海口哈罗公学；海口综保区与新西兰高培健康食品有限公司签约开展国际健康营养品研发检测、包装加工、进出口、保税仓储合作；海口高新区与德国勃林格殷格翰药业公司签约，双方将在整合及引入先进医疗技术服务、医疗资源、大数据资源等方面展开合作。

## 对外及对港澳台经济贸易

【对外及港澳台贸易概况】据海口海关统计，2018年海口市实现进出口总值50.88亿美元，增长63.65%，占全省进出口总额的39.92%。其中，出口10.13亿美元，增长23.84%，占全省的22.58%；进口40.75亿美元，增长77.87%，占全省的49.35%。美国为海口市最大外贸进出口国，对美进出口额26.81亿美元，增长60.3%，占同期进出口总额的52.69%。

【出口贸易】2018年，海口市一般贸易出口6.7亿美元，增长13.64%，占同期出口总值的66.14%；加工贸易出口2.62亿美元，增长27.64%，占同期出口总值的25.86%。民营企业为主要出口动力，出口6.19亿美元，增长12.07%，占同期出口61.11%；外商投资企业出口3.69亿美元，增长49.51%，占同期出口36.42%。出口商品以机电产品为主，出口5.14亿美元，增长60.81%，占同期出口53.88%；高新技术产品出口2.26亿美元，增长218.35%，占同期出口23.69%；汽车出口2.09亿美元、增长2.83%。

【进口贸易】2018年，海口市最大进口来源国家为美国，进口总值25.63亿美元，增长63.06%，占全市进口总值的62.9%。进口商品以机电产品、高新技术产品、飞机及其他航空器产品为主，进口额分别是35.21亿美元、增长98.81%，33.53亿美元、增长112.98%，29.78亿美元、增长147.13%。

【外资及港澳台资金利用】2018年，海口市实际利用外资及港澳台资金大幅增长。全年实际利用外资及港澳台资金2.54亿美元，增长778%。资金主要来源地：香港14053万美元，占总量的56%；英属维尔京群岛10092

2018年9月6日，海南省引进外资项目洽谈会在北京举行，会上，海口签约6个项目。图为签约仪式现场 （市商务局 供）

万美元，占 40%；其他国家和地区 1215 万美元，占 4%。资金按投资方式：外资及港澳台资独资企业 9 家，直接投资 1376 万美元，占总量的 5.4%；合资企业 4 家，直接投资 23968 万美元，占 94.5%；合作企业 2 家，直接投资 16 万美元，占 0.1%。资金全部投资第三产业，其中投资与资产管理 22948 万美元，占 90.5%；零售业 603 万美元，占 2.4%；医疗机构 596 万美元，占 2.3%；其他行业直接投资 1213 万美元，占 4.8%。

【新批设立外资及港澳台资企业】2018 年，海口市新批设立外资及港澳台资金企业 93 家，增长 102%，合同投资总额 30.84 亿美元，增长 403%。其中合同外资及港澳台资金 20.68 亿美元，增长 260%。投资行业导向第三产业。新设企业按投资方式分：外资及港澳台资金企业 56 家，新签协议合同投资额 12.46 亿美元，新签协议合同外资及港澳台资金额 4.68 亿美元；合资企业 35 家，新签协议合同投资额 18.35 亿美元，新签协议合同外资及港澳台资金额 15.98 亿美元。新签协议合同外资及港澳台资金主要来源地：中国香港地区、中国台湾地区以及美国、新加坡、德国、以色列、韩国、法国、奥地利、日本、英国、加纳、巴基斯坦、新西兰、哥伦比亚、澳大利亚、泰国、俄罗斯、挪威、印度、南非、波兰、孟加拉国、英属维京群岛。大部分投资来源于中国香港地区，占 63%。

【多举措扶持外贸企业发展】2018 年，海口市用好外贸发展专项资金，充分发挥资金效能。做好中小企业开拓国际市场项目资金的申报。海南金盘智能科技股份有限公司等 21 家公司申报 2018 年外经贸发展专项资金支持外贸中小企业开拓国际市场提升国际化经营能力方向项目 31 个（分二批），申报项目资金 154.94 万元。根据省商务厅、省财政厅《关于做好 2018 年外经贸发展专项资金国际贸易融资、外贸融资担保项目申报工作的通知》精神，市商务局初审通过海南誉盛贸易有限公司等 4 家公司申报的 2018 年国际贸易融资 4 个项目，拟支持项目资金 4.85 万元。处理海口市 2010—2013 年度海南省外经贸区域协调发展促进资金扶持项目未验收遗留项目，帮助企业解决问题，发展生产。经过项目单位组织实施，申请变更投资总额，市商务局牵头组织项目专家评估、调整投资额、委托会计师事务所审计、验收小组验收等程序，年内项目验收工作结束。按省商务厅要求，组织专家对海南椰岛（集团）股份有限公司等 12 家企业 13 个项目为 2010—2013 年度海南省外经贸区域协调发展促进资金扶持项目未验收遗留项目、2014 年海南省出口农产品质量安全示范区海南罗牛山农业科技有限公司项目大棚建设进行核实，拨付海南英利新能源有限公司等 13 个企业 14 个项目剩余资金 778 万元。

【海口港汽车平行进口试点工作】2018 年，按照《海南省人民政府办公厅关于印发海口港汽车平行进口试点实施方案的通知》和《海口市人民政府办公厅关于印发海口港汽车平行进口试点实施方案的通知》要求，海口市海口港汽车平行进口试点工作小组办公室组织实施试点对象的申报工作。10 月 28 日，通过组织召开专家评审、实地核查并经海口市海口港汽车平行进口试点工作小组同意，拟确定中进（海口）汽车贸易有限公司、海南飓胜汽车销售服务有限公司、海口综合保税区本顺中成汽车供应链管理有限公司、海口综合保税区金港华宇国际贸易有限公司 4 家企业为海口港汽车平行进口试点企业。

2018 年海口市贸易出口主要国家与销售地区

（数据来源海关）

| 国家或地区 | 美元值（万元） | 美元值同比（%） | 人民币（万元） | 人民币同比（%） |
|---|---|---|---|---|
| 中国香港地区 | 23118.42 | 102.24 | 155826.46 | 101.04 |
| 伊朗 | 22101.87 | 3.17 | 145356.98 | 0.55 |
| 美国 | 11731.25 | 17.05 | 77828.63 | 14.48 |
| 日本 | 5694.06 | –25.88 | 36850.71 | –29.53 |
| 德国 | 2686.20 | 31.24 | 17755.80 | 28.82 |

2018 年海口市贸易进口主要国家

（数据来源海关）

| 产终国 | 美元值（万元） | 美元值同比（%） | 人民币（万元） | 人民币同比（%） |
|---|---|---|---|---|
| 美国 | 256341.79 | 63.06 | 1727417.45 | 62.96 |
| 法国 | 95200.05 | 2109.29 | 643500.70 | 2096.47 |
| 泰国 | 7787.77 | 87.43 | 51243.27 | 83.46 |
| 意大利 | 7779.19 | 13.74 | 50778.68 | 9.72 |
| 韩国 | 4551.60 | –11.82 | 29529.95 | –16.01 |

（周琦　王晨晓　杨晓菲　蔡丽萍　廖文霏　王芳雪　陈珍娥　符业婉　符倩碧）

# 会展服务

【会展服务概况】2018年，海口市会展局合理布局全年展会活动，全力推动会展业从十二大重点产业中脱颖而出。全年共举办各类会展活动9033场。其中，规模以上会议和展览活动315场，增长17%。会展业综合收入122亿元，增长18%。全市展览总面积81.19万平方米，增长1.4%；1万平方米以上展览34个，面积78.67万平方米，场次增长21%。海口荣获“最具影响力会展目的地”以及“中国最具品牌会奖价值目的地”荣誉称号。

【会展经济运行】2018年，海口市会展产业发展呈加速态势，行业运行质量高。全年举办各类会展活动9033场，增长17%，其中上千人以上会议48场，国际性会议26场，上万平方米展览34场，分别增加2场、6场和6场；创造会展经济综合收入122亿元，增长18%。国际会议接踵而至，品牌会展影响突出。2018第三届全球物流技术大会、第七届中国小动物医师会、第九届中国国际会议产业周、2018第五届诺贝尔奖获得者医学峰会暨院士论坛以及国际狮子会第57届东南亚年会等大型国际会议陆续登陆海口，让海口会展业更快走入国际化。海南第二届国际高新技术产业及创新创业博览会、海南国际房车（汽车）露营休闲旅游博览会、第三届海南新能源汽车及电动车展览会等一批品牌展会影响力持续扩大。

【招会引展】2018年，海口市会展业在“走出去 引进来”的战略指导下，跨地域、跨行业推介并引入资源，进行跨界营销，联合会展业产业链条上众多企业，完成8场岛外促销活动。赴北京、上海、厦门、杭州等地与各行业企业代表、展会买家交流洽谈，探讨合作前景与方式，推动行业发展。3月30日，在“海口会展业北京推介会”上，国内首部会展微电影《约会椰城》首映，宣传推介海口会展业，广邀客商来海口设立机构，办会办展，参会参展。该影片荣膺“点赞中国·纪录影像40周年”微电影盛典一等奖。5月7日，在ICCA（国际大会及会议协会）中国区委员交流年会（上海）上，海口市会展局作为理事会成员推介海口会展业，为海口引进高端国际型会议提供良好的发展与交流平台。海口还成为UFI China Club 2018年度合作伙伴城市。市会展局与上海市会展行业协会签署合作协议，双方将在信息互通学习、会展人才培养以及宣传、营销推广等方面展开深度合作。

【商业展销】2018年，海口市共举办商业展销会近70场。其中：4月29日至5月1日，第二届海南国际孕婴童产业博览会暨2018海南妇女儿童公益服务博览会在海南国际会展中心举行，参展商约350家，展出面积1.4万平方米，共3.95万人次到场参观，现场成交金额8750万元；12月28—31日，2018中国推动建筑产业现代化技术交流大会暨首届海南装配式建筑与绿色生态建设博览会在海南国际会展中心顺利成功举办，展出面积1.58万平方米，国内20多个省市住建系统主管部门、商协会及近百家企业共1000多人参加论坛，共有2.16万人次到场参观，达成意向或合同成交额1.65亿元；10月19—21日，第三届海南新能源汽车及电动车展览会在海南国际会展中心举行，展示面积3.8万平方米，共有近百家知名企业参展，超过300多个新能源汽车及充电桩行业品牌现场展示，60多位国家部委和地方政府相关领导莅临展会参观指导，共接待专业观众和市民5.6万人次，120多家采购单位组团观摩展会，现场购车、订货、协议投资总金额超过15亿元，成果丰硕。

【公益展览】2018年，海口市共举办公益展览活动近80场。3月28日，中国金鸡百花电影节第三届国际微电影展映盛典在海口举行，来自27个国家的7300部作品共分三轮进行评选，最终评选出优秀作品173部、优秀组织单位15家。在海南省博物馆、海南省图书馆、国新书苑等场馆，组织策划公益展26场，主要有三大类：海口市庆祝海南建省办经济特区30周年系列文艺活动，主要有湖北省美术团庆祝海南建省办经济特区30周年美术作品展、“椰城绿韵”海口国画院第二回《椰城绿韵》中国画展在海口市博物馆开展、“我们的三十年——爱国主义教育专题图片展暨海南建省办经济特区30周年档案史料展”等；与外地省市博物院馆举办文艺作品展，主要有“神农架生灵赞”美术作品展、“海口·十堰书法作品交流展开展”、2018台湾中华艺风书画会海南画展等；文化艺术展，有李少君诗集分享会、“记住乡愁——刘克银绘画作品展”“扎西德勒——来自甘南拉卜楞的精美唐卡”展览、“琼音荟萃——新年民歌戏曲大联欢”“翰墨流芳——海口市博物馆现代名人楹联展”“墨彩琼州——符史雄书画作品展”“水墨国粹”绘画艺术展、“画里江南——海口画家江南行油画作品展”“美丽乡村”第二届海南画家画海南美术作品展、“坐看云起时——王家儒水彩作品展”“记录海南足迹、再创时代辉煌”。

【大型会议】2018年，海口市共举办规模以上会议281场，其中千人以上会议48场、国际性会议26场，会议和论坛的整体质量和影响力显著提高。其中，“国际狮子会第57届东南亚年会”国内外参会人数超过6000人，“2018年中国汽车流通行业年会暨博览会”“中国国际医疗健康产业高峰论坛”“2018中国地理信息产业大会”“2018深海能源大会”“兽医协会第七届小动物医师大会”等均是颇具影响力的1000人以上会议。

【会展业发展专项资金】2018年，海

口市充分发挥财政资金对产业的导向和杠杆作用，按照《海口市扶持会展业发展的若干规定》，对符合奖励扶持政策的规模性会展活动约 200 场，投入奖励资金 6092 万元。

【海南国际会展中心】2018 年，海南国际会展中心共举办活动 85 场，其中展览中心承接展览活动 23 场，赛事活动 2 场，展览总面积约为 52 万平方米；会议中心承接会议活动 60 场，其中会议活动 49 场，剧院演出 9 场、其他活动 2 场，接待人数约 7 万人。

【海南国际会展中心二期扩建项目开工】2018 年 11 月 28 日开工。项目位于秀英区滨海大道北侧，总用地面积 14.67 公顷，总投资 20.19 亿元，建筑面积约 19.86 万平方米，其中地上建筑 11.36 万平方米，地下建筑面积 8.5 万平方米，展馆面积 8.68 万平方米。建成后，一二期可以承办展览面积达 12 万平方米的国际大型展览会，会议功能更加完善，可以举办上万人的会议和多种形式的节庆、晚会、宴会等活动。

【2018 海南国际房车（汽车）露营休闲旅游博览会】2018 年 12 月 21—23 日在海口世纪公园和海口华彩·杰鹏游艇会举办。由海南省商务厅、海口市人民政府共同主办，是 2018（第十九届）海南岛欢乐节全域旅游欢乐月的重要活动。展会展出面积突破 8 万平方米，国内 30 多个自驾房车露营相关行业协会，31 个省区 3000 多名自驾车车友及国内 700 多家在建、已建的露营地营地主，96 个特色体育旅游小镇投资商，200 多名专业买家与采购商前来参观洽谈业务，有 11 万多人次进场参观，现场体验式的展示、互动。展会同期举办“中国房车露营产业融合发展论坛”“项目推介会”“首届中国房车露营产业行业媒体峰会”等配套活动。展会现场成交额突破 2 亿元，意向成交金额 40 亿元，各项成绩创历届新高。

【2018 海南世界休闲旅游博览会】2018 年 11 月 23—25 日在海南国际会展中心举办。由海南省旅游和文化广电体育厅、海南省商务厅、海口市人民政府联合主办，海口市会展局和北京瑞来森会展服务有限公司共同承办。展览面积约 3 万平方米，有境内外 1200 多家参展商企业参展，共有专业观众 2.6 万人次、公众 19 万人次的参观。特邀买家、专业观众与参展商洽谈 900 多场，达成成交意向金额 5.2 亿元。公众现场采购旅游产品、旅游商品 8680 万元。

【国际狮子会第 57 届东南亚年会】2018 年 11 月 16—18 日在海南国际会议展览中心举办，由中国狮子联会主办，海南智海王潮会议展览有限公司承办。本届年会是经国务院批准的非政府国际民间文化交流活动，也是国际狮子会成立百年来第一次在中国大陆举办，共有 18 个国家及地区的近 6000 名来宾参会。本届年会以“服务·共享·进步”为主题，通过会议和系列活动，深度参与国际组织建设，推进公益慈善组织发展，促进各地狮友友好交流，展现中国公益慈善社会组织积极服务社会的良好形象。年会内容包括狮子会全球服务行动研讨会、超越地平线·新声音论坛、全球行动小组研讨会、中国狮子联会服务成果展、美食和特色狮子会物品展等，通过一系列会议和活动，深度参与国际组织建设，推进公益慈善组织发展，促进全球各地狮子会会员友好交流。

【2018 深海能源大会】2018 年 11 月 8—9 日在海南国际会展中心举办。由海南省人民政府、中国工程院和中国海洋石油集团有限公司共同主办，海南省发展和改革委员会、海南省工业和信息化厅、海南省商务厅、海口市人民政府等承办。大会以“加强科技创新，开发深海能源”为主题，以“聚焦深海能源、促进国际合作，服务国家战略”为宗旨，助推海南海洋经济发展。大会重点是通过搭建深海能源领域交流学习的平台，推进海南自贸区自贸港建设。大会同期举办企业技术及装备展览。会上，海口市政府举办海口招商引资专题推介会，重点介绍海南省自贸区自贸港建设总体规划与发展目标、海口市软硬件基础设施建设、招商引资优惠政策和人才政策等内容，来自国家部委领导、“三油两船”高管、两院院士以及深海科技领域相关单位负责人等，共 300 余人参加推介会。大会是长期定址海口的品牌会展活动。

2018 年 12 月 21—23 日，2018 海南国际房车（汽车）露营休闲旅游博览会在海口世纪公园举办（市会展局 供）

2018 年 7 月 25—27 日，2018 中国地理信息产业大会在海南国际会展中心举办
（市会展局 供）

**【2018 中国地理信息产业大会】** 2018 年 7 月 25—27 日在海南国际会议展览中心举办。由自然资源部和海南省人民政府指导，中国地理信息产业协会主办。大会是以“新时代新机遇新发展”为主题的中国地理信息产业高端论坛。内容有：企业创新秀以及地理信息技术与服务创新、自然资源管理、时空大数据、创新应用、地理信息文化、军民融合等 20 个不同主题分论坛，产业各界专家围绕不同主题作 150 多场报告；发布 2018 中国地理信息产业百强企业榜单，表彰 2018 地理信息科技进步奖、地理信息产业优秀工程；会议期间举办地理信息产业成果展，超过 4500 平方米的展区、200 余展位，全面展示国内地理信息产业的最新成果，为政府、企事业单位、科研院所和高校等搭建交流平台。全国地理信息产业各界、各相关领域及港澳台地区的 3000 余人参加大会。

（周　伟）

## 粮油流通

**【粮油流通概况】** 2018 年，海口市粮油供给和总需求基本平衡。粮食供给和需求总量均较上年有所下降；食用植物油及油料供给和需求总量比上年略有增长。粮食产量继续下降，粮食供给主要依靠岛外调入（少量进口），粮食市场流通有序，省会粮食集散地优势继续凸显。海口市粮食、食用植物油及油料自给率分别约 8.6% 和 8.4%。

全市粮食年需求总量 237.9 万吨，比上年减少 31.6 万吨（本年度需求总量减少的主要原因是数据修正），下降 11.7%。消费总量 139.7 万吨，下降 26.4%。其中口粮 46.1 万吨，增长 2%；饲料用粮 92.2 万吨，减少 32.6%；工业用粮 1.06 万吨。粮食年供给总量 239.2 万吨，减少 55.4 万吨，减少 18.8%。其中：本地产量 12.1 万吨，省外购进 217.2 万吨，省内其他市县购进 5.5 万吨，进口 4.4 万吨。

全市社会食用植物油及油料需求总量为 9.5 万吨，增加 0.6 万吨，增加 6.8%。其中：口油 3.7 万吨，增加 12.1%；工业用油 2.3 万吨，增加 12.7%；销售 3.4 万吨，与上年基本持平。食用植物油及油料供给总量 9.4 万吨，减少 0.5 万吨，减少 5.1%。其中：本地产量 0.8 万吨，与上年持平；省外购进 8.6 万吨，与上年持平；省内市县外购进 0.1 万吨。

全市具有一定规模的粮油批发市场 5 个，分别为海口市椰海粮油交易市场、新南北通物流园、杰利粮油批发市场、鑫源粮食批发市场、东盛粮油饲料批发市场，驻有粮油经营单位约 150 家，其中规模以上企业 18 家，从业人员近 800 人，年交易量超 200 万吨，年营业收入超 22 亿元。粮油经营单位被认定为国家农业龙头企业 1 家、海南省农业龙头企业 5 家，获海南驰名商标 4 家、海南老字号 2 家，获得质量管理体系认证、食品安全管理体系认证其他认证和环境管理体系认证企业 6 家；累计获得专利 35 项，2017—2018 年科研投入 1716.52 万元。有涉网（互联网）销售企业 12 家。

粮油经营单位粮食仓储面积（非国家标准仓，下同）总计 47.02 万平方米，油料仓储容积 3843.02 平方米，粮油仓储能力共 70.51 万吨。

**【粮食流通监管】** 2018 年，海口市粮食局开展涉粮食企业“双随机”抽查 3 批次，抽查 22 个企业，对“双随机一公开”抽查事项进行全覆盖执法检查，营造守法诚信的粮食市场环境。开展储备粮监管检查 6 次，累计轮换储备粮 27676 吨；开展储备粮大型安全生产专项检查 10 余次。加强普法宣传工作，组织实施年度普法、学法计划，开展全社会粮食法律法规的宣传教育，加大对粮食经营者在经营活动中应履行法定义务的宣传。

**【粮食应急供应保障】** 2018 年，海口市粮食局进一步完善粮食应急供应网络，组织人员完善粮食应急销售网点数据的更新。完成对全市签订建立的 80 个粮食应急供应（代销）网点核实，重新签订 5 个应急加工网点合同。

**【粮食储备】** 2018 年，海口市粮食局落实市级储备粮 8.2 万吨、1000 吨植

2018 年 11 月 8 日，海口市粮食局开展市级储备油数量落实情况检查工作

（任耀宇 摄）

物食用油承储任务。改革粮油储备轮换方式，在坚持地方储备粮油所有权、动用权、监管权不变前提下，在上年通过与市场经营企业签订购买粮权协议方式探索成品粮储备新方式基础上，以向社会企业购买实物调拨使用权方式创新储备成品食用植物油。加强储备粮轮换管理。全年牵头组织召开 14 次市级储备粮管理专题会议，研究解决新增市级储备粮油承储计划、市级储备粮竞价交易起点价等问题，完成轮换销售市级储备大米 5855.9 吨、轮换采购稻谷 1615 吨。

【粮食基础设施建设】2018 年，海口市粮食局大力推进“危仓老库”维修改造项目，向市财政申请维修改造资金 271.6 万元，用于金牛岭低温仓改造工程、甲子储备库用电安全隐患改造工程、三江储备库粮情监控系统和电线维修及配电房维修改造项目。

【“放心粮油”工程建设】2018 年 11 月，海口市粮食局联合市食药监局、市工商局、市商务局、海口质监局、海南省粮油产品质量监督检验站、海口市粮油产品质量监测站 6 家单位对 2017 年获评“放心粮油”的 2 家配送中心和 1 家示范店开展联合实地检查，重点检查企业（店）加工和经营粮油产品质量指标和管理方面是否符合评审要求等 14 个方面。经检查，被检单位抽检产品全部合格。评审建设 2 家“放心粮油”配送中心（企业），获评企业 1 家是全省粮食全产业链发展龙头企业（省级农业龙头企业），1 家是海南省首批海南老字号企业。扶持“放心粮油”企业发展，开展“中国好粮油”“放心粮油”宣传，优质粮油产品试吃活动；组织“放心粮油”企业代表海口参加由国家粮食和物资储备局举办的中国首届粮食交易大会；组织放心粮油产品进机关、进学校，有部分放心粮油企业产品进入市政府机关食堂超市，优质粮油产品获得较高认可。至年底，海口市建设“放心粮油”企业（店）5 家，全市放心粮油工程建设取得新成效。

（张雅婷）

## 供销合作

【供销合作概况】2018 年，海口市供销社围绕乡村振兴战略和为农服务宗旨，持续深化供销合作社综合改革，建设为农服务平台，加快构建农业社会化服务体系；履行公益性和经营性服务职能，全面推进各项工作的深入开展。年内，全系统商品总销售 72734 万元，比上年减少 26%；利润额 170 万元，减少 24.8%；所有者权益 845 万元，增长 18.2%。协助海南省供销社、海口市政府举办 2018 年“冬交会”工作，配合带队到天津、石家庄、济南等地开展冬季瓜菜产销

2018 年 3 月 16 日，海口市粮食局为首批放心粮油店发放牌匾　（市粮食局 供）

市场考察，邀请30名全国各地农业经营企业参加冬交会，为海口农产品运销开拓市场。

【为农服务中心功能提升】2018年，海口市供销社立足供销合作社综合改革，推进为农服务中心项目建设和供销综合服务，加快构建农业社会化服务体系。5月，与农业龙头企业海南正业中农高科股份有限公司签订合作营运“谭文为农服务中心暨植物医院分院”协议，以供销社提供场地和服务保障，企业提供专业团队和经营服务的合作模式，建立农业高效为农服务中心，更好地为农提供产前、产中、产后服务。海南省植物总医院继续在五一田洋为农服务中心所属田间地头开展化肥农药减量，农业生态恢复，农产品品牌化市场化，继续组织专家为农户免费提供坐诊、巡诊、问诊等服务。在五一田洋、谭文为农服务中心基础上，以供销社托底建设，直属企业入驻经营、搭建平台的模式新建的大坡为农服务中心于12月1日开业，中心集农资经营、农机销售、农业科技服务、农产品运销和电商平台于一体，致力于为农民提供产前、产中、产后一体化综合性服务。12月8日，海口市供销社农业社会化服务中心开业，该中心作为市供销社创办现代农业共融共享社会化组织，高效服务运营终端的后台，旨在打造集“农业＋科技＋互联网＋物流＋金融”于一体的农业社会化综合服务平台，该平台支持各镇为农服务中心，进行数据信息共享和服务统筹，构建农业社会化服务体系。年内，通过为农服务中心，采取电话咨询和现场指导等高效、便民的沟通方式，为农民提供农业科技、农产品病虫害防治、蔬菜种植技术等方面咨询1372人次；共举办12期新型农民专业技能培训，参加培训农民1061人次。

【基层社改革】2018年，海口市供销社推进基层社分类改造，成立4个分类改革工作小组，由社领导及各处室负责人任正副组长推进基层社分类改造。通过成立片区中心社，将片区内分散的乡镇供销社联合集中起来，打破各基层社长期分散割据、各自为战的格局，集中人力物力推进各基层社危房改造，规范财务管理，增加各单位收入，逐步解决拖欠职工养老保险问题。12月底，挂牌成立海口市供销社美兰片区中心社，主要工作职责是指导所辖片区基层供销社党建、党风廉政、安全生产及人、财、物管理等工作。

2018年12月1日，海口供销社大坡为农服务中心开业　　（市供销社 供）

【社有资产经营管理】2018年，海口市供销社继续要求各基层社按照“一社一策”的政策盘活资产，恢复经营，夯实发展基础，重塑供销社社会形象。5月，东山供销社项目在前期筹备及逐步完善相关手续的前提下，启动项目拆迁及建设工作；年内，完成永兴供销社危房改造项目，新增营业面积1200平方米；新坡供销社的改造项目正在进行中。同时针对部分基层社房屋年久失修、严重影响经营安全和职工生命财产安全的情况，指导基层社经营网点升级改造。通过危房改造项目，逐步解决基层职工老有所居的“老大难”问题，促进市供销系统稳定。

【利用电商平台助销农产品】2018年3月，海口市供销社借助供销系统企业参股组建的禾畔农村电商平台，帮助三门坡镇当地果农销售滞销番石榴20多万斤；5月，海南出现菠萝大面积滞销，禾畔电商利用本地公众号进行助农销售菠萝10万斤；6月，与合作伙伴销售平台达成合作，推出限时爆款活动，短时间内共帮助东方市销售芒果30万斤。据不完全统计，年内销番石榴、菠萝、芒果等农产品50多万斤，解决部分农民的销售难题，助力扶贫攻坚。

【市供销社第三届“工会杯”农民（工）技能比赛】2018年11月19日至12月1日，海口市供销社联合市财贸工会在谭文、五一田洋、大坡举办三场农民工技能比赛。参赛对象为市供销社领办的专业合作社及周边村委会村民。以队为单位进行奖励，奖品为化肥等。谭文赛区的前三名为乐来队、谭文队、友爱队。五一田洋赛区的涵咏队、托村队和卜史队分别获得培训测试抢答比赛的第一、第二、第三名；永沃队、卜史队和涵咏队分别获得圣女果移栽比赛的一、第二、第三名。大坡赛区以农技培训为主。

（韦海晶）

# 烟草专卖

【烟草专卖概况】2018年，海口市烟草专卖局（公司）所辖片区（海口、文昌、澄迈、定安、临高）坚持稳中求进工作总基调，统筹推进增销量、提结构、做市场、育品牌、降库存、增税利各项工作。全年实现含税销售收入75.20亿元，增长4.52%；实现税利13.85亿元，增长7.83%。

【烟草市场管理】（1）打假破网。2018年，海口市烟草专卖局（公司）参与“海南无假货”品牌建设行动，加强与工商、公安、邮政等部门及毗邻市烟草专卖局的沟通协作，抓好日常监管和专项治理，打击物流寄递领域涉烟违法活动，以及互联网售烟、新型烟草制品流通等各类涉烟违法犯罪行为。全片区查处案值5万元以上假烟案件30宗，含1宗国标案、1宗省标案；查获“三烟”（假烟、走私烟、非法渠道经营的卷烟）798.47万支，涉案案值890万元；刑事拘留9人、逮捕3人、直诉6人、判刑4人。（2）市场监管。运用“APCD”工作法推动“双随机、一公开”抽查工作，全片区抽查零售户473户，完成随机抽查事项100%覆盖专卖市场监管执法事项的目标任务；加强12345（12313）热线电话管理，全年接听热线举报投诉1886件，实现“30分钟热线响应”以及签收、处理零逾期目标。打造“不见面”网上审批服务样板，优化审批流程、精简审批材料、降低准入门槛，全片区受理新办申请5544件，准予许可4764件，准予许可率7.22:1，比上年同期的3.99:1大幅提升。（3）内部监管。不断强化内部专卖管理全过程监督，开展依法严管卖烟大户和特殊业态零售户专项行动，对违法违规经营的零售户实施责令整改、取消资格、停止供应等强制措施，全片区市场异常信息预警处理率100%，有效维护卷烟经营环境和市场秩序。

2018年11月27日，海口市烟草专卖局（公司）组织开展烟草零售户自律互助小组活动 （刘 炜 摄）

2018年3月13日，海口市烟草专卖局（公司）召开烟草制品零售点合理布局规划听证会，零售户、消费者等相关代表参会 （高晨韵 摄）

【卷烟网络建设】（1）品牌培育。2018年，海口市烟草专卖局（公司）全力推动“三沙”等海南自有品牌的培育力度，制定《2018年度三沙品牌培育考核方案》，围绕“上柜率”等核心指标，明确三沙（金）、三沙（细支）和宝岛（三沙）3个规格的培育目标和培育措施，打好工商协同、宣传推广、品牌布局“组合拳”，不断提升自有品牌的市场接受度和认同感。同时，把扩销重点品牌和创新品类放在更加突出的位置，合理划分价位区间，深入挖掘品牌潜力，重点品牌销量占比达87.43%，细支烟、雪茄烟、爆珠烟等创新品类销量均有大幅增长，品牌培育成效显著。（2）网络建设。推进卷烟营销市场化取向改革，实现客户分档和货源投放与改革方向并轨；构建海口片区品牌化、商圈化、体验化、智能化的现代卷烟零售终端网络，全片区建设完成30户高级现代终端、2户高级雪茄终端和122户中级现代终端；开展卷烟零售户自律互助小组建设，充分发挥小

2018年9月19日，海口市烟草专卖局（公司）积极组织货源配送，备战中秋、国庆销售高峰 （高晨韵 摄）

组稳定价格、增加盈利、规范秩序、培育品牌等方面的积极作用，全片区建成小组949组，辐射55.7%的零售户，实现城网零售户全覆盖。（3）物流管理。启动“甩箱式”烟草物流配送系统建设，持续巩固琼北地区卷烟仓储分拣一体化建设成果，确保“海口+琼海+儋州”业务模式推进顺利。全年海口物流中心完成卷烟存储35万箱，卷烟配送19.95万箱，物流费用累计4652万元，物流纸箱回收率98.64%。

【卷烟销售】2018年，海口市烟草专卖局（公司）坚持“总量控制、稍紧平衡”调控方针，经济运行呈现稳中向好势头。卷烟销量稳步增长，实现卷烟销量19.95万箱，增长1.69%，占全省总销量的44.2%；卷烟结构持续优化，实现单箱含税批发销售收入3.77万元，增长2.8%；自有品牌培育见效，销售自有品牌1.13万箱，增长30.8%，其中“三沙”卷烟销售3540箱，增长244%；市场状态总体稳定，紧俏品牌价格坚挺，顺销品牌价格平稳，未出现价格倒挂现象。

【烟草企业基础管理】2018年，海口市烟草专卖局（公司）多方位、多举措夯实管理基础，着力保障企业高质量发展。精益管理成效显著，大力推进质量管理体系转版、精益课题和QC课题研究，在海南省烟草商业系统精益课题和QC课题评选中，四个选送课题分别获得1个一等奖、2个二等奖和1个三等奖的优异成绩。财务管理严格规范，抓好预算动态管理和重点费用管控，规范财务审批流程，严防财务支出风险，全片区三项费用率2.98%；启动人事财务系统一体化项目，有效节约人工成本；做好国有资产基础管理达标工作，确保国有资产保值增值。规范管理，全片区实施采购项目71项，其中，公开招标项目比例为91.5%，公开招标金额比例为98.4%，规范管理水平得到提升。信息保障不断提升，扎实开展网络安全技术防护、终端安全管理、安防实时监控等项目，做好网络安全重保工作，不断提供技术支持和信息保障。法治建设持续深化。稳步推进“七五”普法工作，组织开展“法律六进”法治烟草主题活动，不断提升干部职工法治观念；充分发挥法律服务作用，全片区完成案件审查776宗、合同审查194份、规范性文件审查2件，有效规避企业法律风险。安全局面保持稳定。严格落实安全生产责任制，扎实开展安全生产检查、隐患排查治理、教育培训和应急演练，全年实现生产安全“零”事故的目标。“三供一业”分离移交进展顺利。协调供电、供水、物业等相关部门合力推进“三供一业”分离移交工作，全片区完成全部供电、供水、物业分离移交协议签订，各项后续工作正有序进行。

（高晨韵）

（编辑：杜惠珍）

# 旅游业



## 旅游业综述

**【旅游业概况】**2018年，海口市旅发委以建设国际旅游消费中心为目标，以旅游供给侧结构性改革为抓手，坚持“点线面”结合，推动产业转型升级，丰富旅游产品，培育旅游经济发展的新动能，海口市全域旅游发展格局正在逐步形成。全市共有旅游行业企业1658家，旅行社（分社）328家（旅行社294家、分社34家），在册导游10155名；旅游饭店和社会旅馆1319家，总客房7.77万间，酒店与旅馆的年接待设计能力超3700万人；有国家A级旅游景区10家，椰乡级乡村旅游点10个。全年接待游客2670.85万人次，比上年增长10.02%。其中，接待国内外过夜游客2258.56万人次，增长11.06%。旅游总收入298.11亿元，增长12.08%。从在全省的占比情况来看，海口国内外过夜游客接待量和旅游总收入分别占全省的26.31%和26.65%。

**【旅游配套设施建设】**2018年，海口市旅游标准化建设办公室为实现厕所革命“数量充足、分布合理，管理有效、服务到位，环保卫生、如厕文明”新三年目标，推动新建改建旅游厕所共42座。召开旅游标准化暨旅游厕所工作推进会议，表彰旅游标准化示范单位40家及旅游厕所先进工作单位13家；为推进海口旅游厕所2018文明宣传大行动，在骑楼老街中山路举行“厕所文明漫画展巡展活动”展出厕所文明主题漫画作品88幅。为给市民游客提供优质的便民服务，长堤路东往西龙华路口、龙昆南北路世纪大桥前500米处、绕城高速往观澜湖大道等多个路段更换旅游交通标识牌8块，在红旗镇、新坡镇、龙泉镇及假日海滩景区建设旅游标识标牌49块。年内，海口市民游客中心运行，海口12345政府服务热线及后勤部门入驻；演丰游客到访中心、石山互联网农业小镇旅游服务中心建成使用。

**【旅游项目建设】**2018年，海口市推荐建设重点旅游项目海口市观澜湖旅游度假区，完成投资额2.61亿元。年内建成开业项目有：观澜湖旅游度假区海口狂野水世界、海免观澜湖奥特莱斯购物中心、桂林洋国家热带农业公园、海南热带野生动植物园熊猫馆、海南长影环球100奇幻乐园、海口水上飞机空中游览航线、华彩杰鹏游艇会、海口市国家帆船基地公共码头。

**【旅游服务标准化建设】**2018年，海口市旅游标准化建设办公室按照旅游标准化示范城市工作要求，参与编制《海口旅游美食英文译写规范》和《海口海上旅游服务规范》地方标准，编制地方标准8项；遴选确定第六批42家旅游标准化试点企业，经督导和终期评估验收，有12家企业获得“海口市旅游标准化示范单位”称号；培育标准化试点单位280多家，其中有120家企业通过评估验收被确定为“海口市旅游标准化示范单位”；严格旅游标识标牌建设标准，对全市100多家旅游标准化创建企业的旅游标识标牌建设进行督导，帮助相关企业新建、改造旅游标识牌9000多块。会同相关部门对城市主要街道旅游导向牌设置进行评审和指导，完善英文、日文、俄文等多语种旅游导向牌100多块；筹集资金98.86万元，支持琼山区红旗镇，龙华区新坡镇、龙泉镇及秀英区假日海滩景区建设49块旅游标识标牌；指导旅游厕所建设和管理工作，按照“政府统筹、部门推动、企业参与”的旅游厕所建设原则，全面推行国标《旅游厕所质量等级的划分与评定》（GB/T 18973—2016），建设42座。海口市旅发委被省旅游委授予“旅游标准化工作成绩显著市县旅游主管部门”称号。

**【国家全域旅游示范区创建】**2018年，海口市旅发委持续推进全域旅游建设，完善建设冯小刚电影公社、海南热带野生动植物园、海口火山口国家地质公园等一批重点旅游项目。加强旅游项目的招商引资推进力度，其中包括引进主题乐园、拓宽境外航线、优化品牌酒店等。加强乡村旅游建设和精准扶贫等工作，推进椰乡级乡村旅游点、特色小镇、精品民宿的建设。为拓宽全域旅游的发展空间，推进琼州海峡一体化合作，推动广西、广东等北部湾城市与海口签署《北部湾城市群旅游合作协议》。实施

“旅游+”多产业融合战略，推动旅游与会展、商业、体育、文化、互联网、花卉等产业融合，全年，海口举办各类会展活动9033场，举办3期足球夏令营及中国帆船联赛等体育赛事。通过“旅游+电商+农业”创新农副产品销售模式，演丰镇建设“演丰互联网+产业体验馆”。雷琼世界地质公园（海口园区）、海南热带野生动植物园及海口观澜湖度假区被入选为海南省首批省级中小学研学旅行实践教育基地。

**【海南热带野生动植物园熊猫馆落成】** 2018年11月25日对外开放。大熊猫馆分为室外运动场展区、室内展示区、科普宣教区、后勤保障服务区等四大功能区，总建筑面积1000多平方米。结合2018年（第十九届）海南国际旅游岛欢乐节，海南野生动植物园推出“海野动物狂欢季”，举行海野熊猫世界开馆仪式、海野熊猫兄弟征名活动、海野熊猫兄弟欢乐大使等系列活动。11月10日，出生于中国大熊猫保护研究中心雅安碧峰峡基地的雄性大熊猫“贡贡”和“舜舜”引进海南，入住熊猫馆。

## 旅游经营

**【旅游经营概况】** 2018年，海口市旅发委创新营销思路和宣传促销手段，深入开拓客源市场，努力提高海口旅游的知名度和影响力，巧用国内各类宣传平台，拓宽营销渠道，通过权威媒体覆盖合作、多点多阵地传播宣传，基本实现发酵性传播海口旅游美誉度的目标。筹划“海口城市餐厅”旅游促销活动，推陈出新制作旅游宣传品，增强旅游信息投放实用性。大力拓展境外促销，接轨国际市场，按照“航线开到那里旅游促销就做到那里”的工作思路，采取“请进来、走出去”的方式，突出海口资源特色，实施精准营销。全年接待游客2670.85万人次，增长11.02%。其中，接待国内外过夜游客2258.56万人次，增长11.06%。旅游总收入298.11亿元，增长12.08%。在由人民日报社指导、《国家人文历史》杂志社主办的“2018中国旅游创新目的地评选”活动中，被评为“中国最受欢迎亲子旅游目的地TOP20”。

**【国内旅游市场营销】** 2018年，海口市旅发委围绕建设国际旅游消费中心这个目标，进一步整合旅游资源产品，打造旅游形象。重点整合人力物力、主流媒体资源、目标市场，牵头组织、各区参与，以企业为主，集中开展大型宣传促销活动，形成全年、系列、不间断的宣传促销，促进旅游市场开发工作再上新台阶。加强节假日专题营销，在《海南日报》《海口日报》《南国都市报》等本地媒体，以“请到海口过大年—幸福欢乐共团圆”为题进行专版专题报道。春节期间，推出喜庆热烈、年味十足的4种玩法8条旅游精品线路，支持举办第十届假日海滩二月二龙抬头海鲜民俗文化旅游节；五一期间，推出“暮春初夏近郊游”“欢乐亲子游”“美丽田园自驾游”为主题的9条旅游精品线路；端午期间，联合今日头条举办#粽情端午#线上互动旅游营销活动；中秋、国庆节期间，推出滨海游、美食游、亲子游、购物游、红色游等主题旅游产品及“旅满中秋、游赞国庆”7大旅游产品线路，支持举办2018“火山口公园杯”海南省舞龙舞狮公开赛暨龙狮争霸赛活动和骑

2018年11月25日，海南热带野生动植物园熊猫馆对外开放　（市旅发委 供）

楼月遇市集活动。加强乡村旅游营销，5月组织为期3天的"游火山石斛园，骑行美丽施茶"活动，通过慢骑旅游、石斛园观览和古村生态徒步、摄影师自媒体大咖采风等多种形式，集中展示石山镇施茶村优越的乡村旅游资源及农业资源，打造海口市知名品牌村庄。创新营销思路，深入开拓客源市场，以新视角，联合罐头视频北京摄制团队实地拍摄制作6集不同特色的全新海口春节旅游营销特辑，并在知名门户网站、视频网站、短视频平台、社交网站、电商网站、楼宇广告进行播放，网络首轮点播量超过2861.1万人次；《很暖很鲜，海口过年》在北京10个中心城区，商业区、高端写字楼、银行、政府机关及事业单位、医疗系统、酒店等8大渠道，3400栋楼宇，共6500台终端滚动播出10次/天，持续播出一周，覆盖人群超过500万，广邀外地游客海口过大年。打造城市亮点，做足美食餐饮文章，于7月27日至9月30日与市商务局联合南海网主办"舌尖上的夜海口"为主题的海口特色夜市品牌评比活动，通过图文、视频、微博、微信、客户端、南海网手机椰直播、现场拍摄抖音等全媒体矩阵，对各大夜市、档口故事、小吃、以及线上投票、线下试吃等相关活动进行宣传推广。

**【境外旅游市场促销】**2018年，海口市旅发委大力拓展境外促销，接轨国际市场。全年分别赴印度尼西亚、菲律宾、马来西亚、泰国、俄罗斯、乌克兰举办6场旅游推介会，随团参加澳大利亚、日本的推介会。分别在澳门、澳大利亚投放旅游广告，邀请澳大利亚、泰国等8批次的旅行社、新闻媒体访问海口，考察旅游资源、产品线路。新开境外空中航线15条，稳定运行境外航线37条。邮轮方面，运营始发港邮轮50航次，接待游客2.24万人次登船旅游；接待访问港邮轮4航次，接待国际游客3071人次登岸旅游。截至12月31日，美兰机场完成旅客吞吐量2412.36万人次，增长6.81%，其中境外航线旅客吞吐量114.85万人次，增长28.89%。

**【"海口城市餐厅"在成都开张】**2018年8月23—26日，"海口城市餐厅"旅游促销活动在四川省成都市春熙路红星广场线下举办，将海口城市精华"浓缩"成餐厅集中展示，以美食为"媒"，通过"清凉一夏，爱上海口""舌尖上的海口味道""原味主张"等系列互动活动，吸引广大成都市民以及游客参与，围绕海口旅游资源背后的文化内涵以及海口周边旅游元素，进行大型的线上线下互动，引发关注和分享。活动期间，每日客流量高达10万余人次，4天累计客流63万人次。活动在7月25日至9月30日期间进行线上互动，#寻味海口#、#带着微博去海口#双话题总阅读量达8789.9万次阅读量（截止10月19日），其中海口城市餐厅3条总结视频总播放量412.5万，#寻味海口#、#带着微博去海口#双话题分别成为活动当天微博旅游最受关注的话题榜第一名和第二名。活动传播期间，新浪海南4场直播总观看量超过200万人次，同时最高在线观看量超8万人次，围绕传播主题制作的32条创意短视频播放量破千万，同步覆盖微博、今日头条、秒拍、抖音等多个社交平台；南海网开设的2个网络专题访问量38万人次；两端现场动态宣传引发访问量超过17万人次；两端原创"图文+视频"全媒体宣传稿件16篇，新闻稿件引发全国性媒体平台转发量16万条次。海口首次以"城市餐厅"旅游形象的营销推广形式走进西南市场进行旅游推介，打破传统，创新"走出去"旅游营销方式，增强旅游客源地游客对海口城市旅游的直观印象；同时，以这样的城市旅游主题展馆，借助美食为媒与当地市民游客强化互动与交流，让美食为海口旅游代言，升温海口旅游形象。该次营销活动获得第二届IAI国际旅游案例类/文旅结合典范类金奖。

**【海口与东北及长三角景区联盟签署协议】**2018年4月21日，由海口市旅游景区协会、东北旅游景区联盟、长三角旅游景区联盟共同发起主办的互为客源地暨旅游文创产品交流展示会议在海口举行，三方签署互为客源地战略合作框架协议；东北旅游景区联盟、长三角旅游景区联盟分别与海南文化产业集团签署互为客源地战略合作框架协议，三方开展深入的合作，促进共同客源的流动互换，实现

2018年8月23—26日，"海口城市餐厅"旅游促销活动在成都市春熙路红星广场举办
（市旅发委 供）

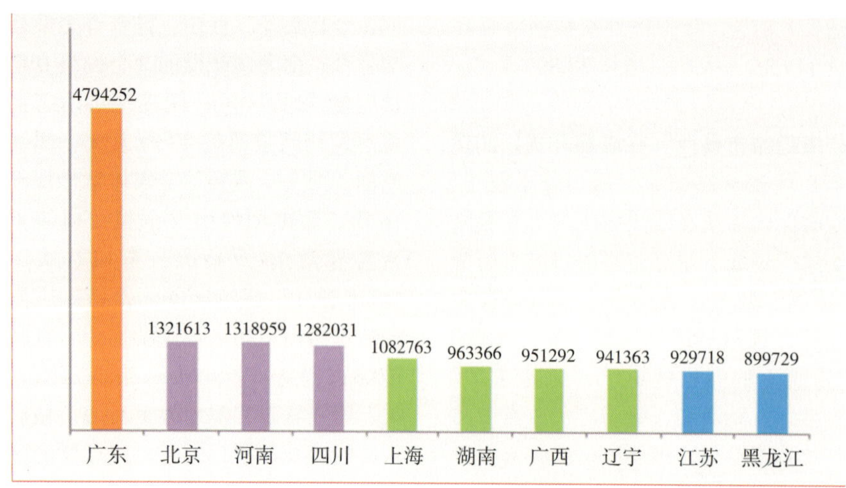


2018 年海口游客（省外）客源地前十名省份

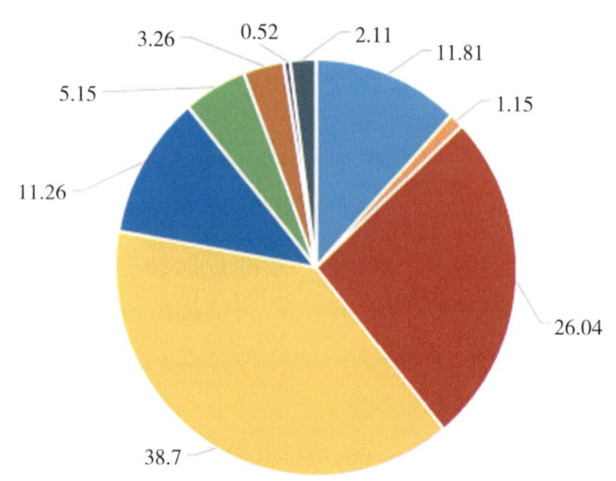


2018 年海口市入境客源市场分布图（%）

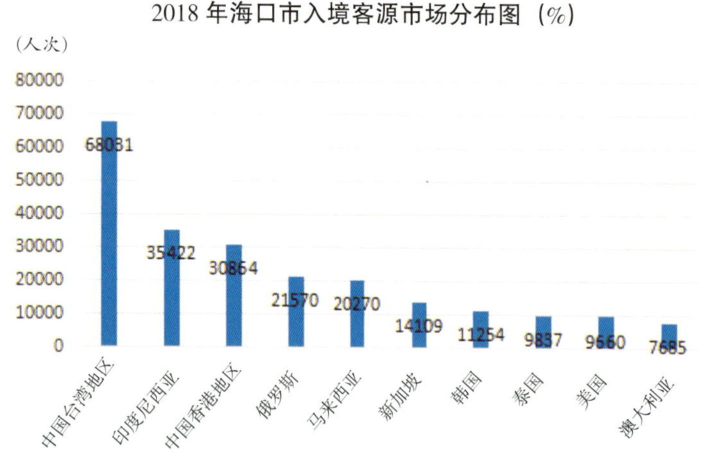


2018 年入境过夜游客排名前十的地区和国家

精准营销。

**【旅游客源市场】** 2018 年，海口旅游客源以国内市场自驾游和自由行游客持续为主体，会展商贸类客源占比有一定上升，西南、西北部地区客源市场上升明显，两广地区客源市场有所上升。国际市场以建设国际旅游消费中心为目标，拓展境外航线，实施精准营销，入境游客有较大增长。全年接待入境过夜游客 26.13 万人次，增长 43.62%。其中，外国游客 15.94 万人次，增长 63.09%；香港同胞 3.09 万人次，增长 14.26%；澳门同胞 0.3 万人次，增长 25.19%；台湾同胞 6.8 万人次，增长 24.18%。

**【旅游节庆活动】** 2018 年，海口市旅发委策划举办 2018（第十九届）海南国际旅游岛欢乐节海口主会场活动，先后参与举办 2018 第十三届海口万春会、第二届中国（海南）电影投资高峰论坛、第十届二月二龙抬头海洋民俗文化旅游节、第三届海口火山自行车文化节、庆祝海南建省办经济特区 30 周年万人竹竿舞等表演活动。赴徐闻参加“菠萝文化节”，举办海口“缤纷 summer”采摘月、五一乐游石山镇、“海口城市餐厅”（成都）旅游推介活动、2018 年海口首届最美餐馆宣传推荐活动、“舌尖上的夜海口”夜市品牌评选活动、2018 海口红色旅游宣传暨红色之旅体验推广活动、2018“火山口公园杯”龙狮争霸赛、“月遇骑楼”中秋市集活动、绿骑海口世外桃源站等共 11 场次营销活动。

**【海南国际旅游岛欢乐节】** 2018 年 11 月 24 日，2018 年（第十九届）海南国际旅游岛欢乐节在海南国际会展中心开幕。本届欢乐节期间，除省组委会牵头或与海口市政府联合主办的“欢乐海南”大型旅游推介会、欢乐节开幕式、欢乐节专场文艺演出、2018 第三届海南世界休闲旅游博览会、第四届海南国际旅游美食博览会、2018 世界旅游投资大会等活动外，海口市还策划“让海口欢乐之旅嗨个不停”的欢乐周系列活动。其中，以“凝心世界·欢乐海口”为主题的第 68 届世界小姐全球总决赛海口站系列活动，由 120 位世界小姐通过欢迎仪式、海口景点巡游、世界小姐总决赛单项赛——才艺赛等活动组成；2018 年海南草莓音乐节在海口开启全新“旅游 + 音乐”玩乐体验，这也是草莓音乐节首次空降海口，有近 4 万名音乐粉丝参与；11 月 23 日和 24 日两晚举办的专为本届欢乐节

2018年11月23日，第68届世界小姐全球总决赛海口站活动启动仪式在海口观澜湖新城举行，120位来自世界各地的佳丽选手惊艳亮相　（市旅发委 供）

彩蛋打造的无人机自动化编队、空中立体交通灯光秀表演；海南热带野生动植物园动物狂欢游园主题活动暨大熊猫文化馆的正式开馆，海野熊猫兄弟欢乐大使、欢乐迷你野生动物园、欢乐动物大咖秀活动陆续登场；为中国、东盟和其他相关国家的大学生创建文化教育交流和弘扬各国各民族传统文化的国际平台的中国东盟大学生文化周，有来自17个国家的高校30个代表团为椰城市民呈现出精彩的文艺汇演、大学生舞龙舞狮比赛、各参与国家及高校图片展览和大学生微电影比赛。12月31日，欢乐节在三亚闭幕。海口市政府荣获本届海南欢乐节最佳组织奖、2018年第三届海南世界休闲旅游博览会最佳组织奖，由海口市负责设计搭建的海口馆荣获2018年第三届海南世界休闲旅游博览会最佳展台设计奖，“欢乐海南，从海口开始”——2018年海南草莓音乐节、海野熊猫世界开馆仪式均荣获游客最喜爱活动奖。

【旅游区域合作】2018年，为深化区域旅游一体化发展，北部湾城市群15市县旅游委（局）共同签署《北部湾城市群旅游合作框架协议》，依托北部湾旅游推广联盟，整合资源，探索建立利益共享机制，促进区域旅游合作。海口市旅发委牵头组织农业、商贸、交通等部门跨过海峡助力徐闻举办“菠萝节”，在主会场设置海口市农旅推介展台，组织涉旅商家、农产品参展，继续完善、做优做精两地“一程多站”旅游产品。支持举办海口市景区协会、长三角旅游景区联盟、东北旅游景区联盟互为客源地暨旅游文创产品交流展示会，推动东北旅游景区联盟、长三角旅游景区联盟、海口市旅游景区协会签订互为客源地战略合作框架协议，东北旅游景区联盟、长三角旅游景区联盟分别与海南文化产业集团签署互为客源地战略合作框架协议。组织琼北各市县、湛江区域和旅游企业先后在广州深圳等地举办“2018海南琼北、湛江区域旅游资源系列推介会”和产品发布会活动，会上推出琼湛区域暑期亲子游产品、滨海度假游、乡村旅游等37条旅游线路。

【旅游宣传】2018年，海口市旅发委主要策划设计、更新《海口旅游口袋手册》《图语海口》，印制《走读海口》精品图册、推出《很暖很鲜，海口过年》旅游视频及海口旅游手绘视频、海口旅游宣传视频等3辑产品宣传片，系统性完整呈现海口旅游形象和产品线路，总投放量超过80万册（张）。市内固定公共产品投放点（店）100多个，有机场、码头、星级酒店、游客服务中心等，并配套国际、国内促销活动及市会展、商务、外办等招商推广、会晤等活动投放公共产品。据不完全统计，全年关于海口旅游宣传原创报道共4257篇（条），其中电视391篇（条）、报纸559篇（条）、网络1801篇（条）、新媒体1506篇（条）。其中，“海口旅游”微信平台作为海口旅游委的官方宣传口，关注粉丝数29万，发布微信链接下半年总阅读量超过112万，微信菜单栏移动微网点击量突破160万。微信号月均发稿25余篇，椰城市民云椰城旅游端口突破330万点击量。

## 旅游服务

【旅游服务概况】2018年，海口市旅发委努力提升旅游服务质量，严格贯彻执行不见面审批工作，在线办理《旅行社设立审批》《旅行社经营场所变更备案》《旅行社服务网点备案登记》《旅行社分社备案登记》等事项共129件次，审验旅行社出境旅游团队678个、14014人，基本实现企业足不出户就可以办理备案审批。深化旅游市场综合整治，不断优化旅游消费环境。推动海口旅游数据综合服务平台建设，加快推进海口市旅游产业融合，全面实现“旅游+互联网”信息化的创新发展，海口市城市大脑2018年示范项目旅游部分需求规格说明书完成，进入施工阶段。获得由腾讯主办的2018中国“互联网+”数字经济峰会旅游分论坛“优质旅游服务奖”。至年底，全市共有星级饭店38家（五星级6家、四星级14家，三星级15家，二星级3家），旅行社（分社）企业328家，其中经营出境旅游业务旅行社有38家，经营入境和国内旅游业务的旅行社254家，旅行社分社34家。

【旅游产品开发】2018年，海口观澜

湖旅游度假区海口狂野水世界、海免观澜湖奥特莱斯购物中心、桂林洋国家热带农业公园、华彩杰鹏游艇会、海口市国家帆船基地公共码头等项目完工开业，海南热带野生动植物园熊猫馆对外开放，海南长影环球100奇幻乐园试营业，海口水上飞机空中游览航线、首条白天海上旅游航线开通，市旅发委相应推出旅游购物、农业观光、看国宝熊猫及帆船、帆板、游船、游艇、水上观光等游玩娱乐项目活动。全年共发布旅游线路共42条，其中采摘线路8条、中秋线路7条、研学线路5条、新春线路10条以及端午、清明线路各6条。

**【首条白天海上游游航线开通】**2018年8月2日，首条白天海上旅游航线开通，由“海口王子1号”执行，总共设有88个客位，自海甸岛华彩杰鹏游艇会所出发，经海口湾、秀英港、西秀海滩再折返，每周六、周日15时发班，全程约90分钟。夏天平均每月接待游客约960人。至年底，共收入5.5万元。

**【乡村旅游】**2018年，海口市旅发委引导乡村旅游点建设，共有5家乡村旅游点获评椰级乡村旅游点。其中，连理枝渔家乐（山尾头村）乡村旅游点获评五椰级乡村旅游点，开心农场温泉度假村（儒黄村）获评四椰级乡村旅游点，烽火仁台（仁台村）乡村旅游点、石斛斌腾（斌腾村）乡村旅游点、施茶火山石斛园乡村旅游点获评三椰级乡村旅游点。至年底，全市共有10家椰级乡村旅游点。为实现“旅游业+乡村+产业扶贫”，海口市多次举办乡村旅游资源推介会。同时以“火山荔枝月活动”为契机，开展“荔枝采摘+乡村旅游”活动。多次举办爱心消费旅游产业扶贫骑行活动，打造“旅游爱心集市”。“海口冯塘户外野趣游”被省旅文厅纳入2018年10条海南乡村旅游的精品路线。

**【民宿经济】**2018年，海口市继续开发特色主题民宿示范点，打造精品乡村旅游线路，形成“民宿+”旅游新业态。1月，海南省旅游协会、海南省旅游发展研究会在火山口人民骑兵营发布了主题为“海南特色精品民宿给您最祥和的海南风味春节假期”的海南春节黄金周旅游消费指南，并成立海南优质民宿联盟。12月26日，海口民宿协会挂牌成立。海口民宿协会作为政府与民宿经营者沟通交流的平台，提供行业咨询、营销策划、人才培训等服务，解决行业发展过程中可能出现的各类外部环境问题和内部矛盾纠纷，指导各区级协会开展工作，宣传推介海口民宿资源，规范市场秩序。至年底，海口民宿共有31家，其中秀英区8家、龙华区8家、琼山区8家、美兰区7家。其中属“公司+农户”的8家、公司投资的14家、农户自发经营的2家、“公司+合作社”的3家、合作社+农户的2家，混合制模式的2家。

秀英区依托火山群世界地质公园及火山特色旅游资源，按照“点、线、面”的发展思路，结合乡村振兴、美丽乡村及文明生态村建设，采取多种方式引导和鼓励农户充分利用羊山地区丰富的资源优势，先后建成8家特色民宿。为推动民宿产业发展，7月11日出台《海口市秀英区扶持发展特色民宿产业实施方案》，安排专项资金鼓励扶持更多特色民宿落地发展。全年接待游客约9.97万人次，增长13.41%；营业收入约808.12万元，增长18.12%；解决当地农民就业约300人。逐步实现将“沉睡资源”转化为“绿色资本”，带动农民增收致富。

龙华区依托历史文化资源和湿地生态资源，在规划范围内建设具有标志性旅游吸引物的精品民宿。通过精品民宿的直接吸引作用，带动其他旅游配套的快速完善。先后建成羊山休闲农庄、月茗庄、印象海上花酒店、静澜酒店、艾尔温客栈，花时间客栈，还客1921精品酒店、骑楼客栈8家依托美丽乡村和景区景点打造的社会型民宿（客栈、家庭旅馆）和“农家乐”型民宿，全年共接待游客约5.1万人次，收入1019万元。

琼山区依托“三色三美”（绿色、红色、古色、美景、美（故）事、美食）的乡村旅游名片，在原有穿堂风民居、传统公期（婆期）、荔枝（水果）采摘体验、乡野骑行、植物科普、红色革命、户外拓展、江鲜美味、花香美食等乡村旅游资源上发展。全区正在运营的乡村民宿共有8家，直接从事民宿旅游综合体的人数300多人次，个别村庄如塔昌村、那佑村等民宿综合经营收入持续提升，带动村民发展民宿经济的积极性。全年共接待游客37万人次，收入约1800万元。

美兰区结合文明生态村建设，开发民宿等项目，打造集观赏红树林、享受滨海风光、品尝咸水鸭及曲口海鲜特色食品、体验古朴民情为一体的精品旅游圈。美兰区7家民宿均建于演丰镇内，占地面积10公顷，有房间85间、床位146个，提供就业岗位80余个。全年共接待游客约12.7万人次，收入约680万元。

桂林洋开发区利用桂林洋热带农业公园的现代农业和休闲观光旅游农业，委托九源（北京）国际建筑顾问有限公司为美丽乡村高山村设计民宿发展方案，年内，农业公园公司与5位高山村居民签订房屋租赁合同用于发展民宿。

**【旅游购物】**2018年12月1日，海南离岛免税政策进行第5次调整，调整后海南岛内外居民旅客每人每年可享受3万的免税额度，并且不限购物次数；从12月28日起，乘轮船离岛的旅客纳入政策实施范围。自此，海南离岛免税购物政策全方位覆盖海、陆、空三种离岛交通方式。年内，海口美兰国际机场免税店迎合消费需求，陆续引进众多畅销品牌产品，丰富店内商品结构，满足旅客多样化购物需求；开展世界名表节、香化节、世界杯互动等趣味营销活动，激发消费热情，打造优质离岛免税购物体验。参与 TFWA 新加坡亚太免税品博览会、北京国际旅游博览会等国内国际业内知名展会，向品牌商、国内外行业人士、参展观众推荐海南离岛免税购物优势及海口美兰机场免税店购物魅力，提升企业品牌知名度，增强海南旅游产业吸金力。全年美兰机场免税店累计消费人数 110.03 万人次，增长 6.12%。此外，伴随着日月广场、万达广场、远大购物中心等多家“航母式”购物广场落户海口，海口的商圈布局和购物消费更加多元化。除在海口美兰机场免税店、日月广场免税店享受免税的购物乐趣外，海口东门市场、南北水果批发市场、水产码头综合批发市场、骑楼老街等地方都是市民游客海淘特产的好去处。在这些地方，市民游客可以买到海口特色产品，如骑楼咖啡、热带水果、海鲜干货、椰雕、沉香、椰油等手工制品，以及火山特色农产品系列：火山石斛、石山黑豆、石山壅羊、火山荔枝等。

**【国内首家反向预订酒店平台总部落户海口】** 2018 年 8 月 5 日，国内首家反向预订酒店平台——旅宿网总部落户海口。当前，一些网络平台采用佣金代理模式，一些采用搜索比价模式，但酒店价格都由商家定价后销售；而反向预订平台则是反过来由客人自己出价，由酒店根据自己的房态、房价来抢单应价，俗称“滴滴打酒店”，价格是由客人说了算，从而让客人掌握主动权，打破固有的传统订房模式。落户海口的旅宿网将以海南为根据地，借助海南逐步探索、稳步推进中国特色自由贸易港的全球性机遇，将高新技术与酒店行业的实际需求相结合，通过模式创新、技术创新和管理创新，创建中国特色旅游电子商务品牌企业。

## 旅游管理

**【旅游管理概况】** 2018 年，海口市旅发委深化旅游市场综合整治，不断优化旅游消费环境，履行行业安全监管责任，多措并举推进文明旅游建设。发挥“1+3+N”综合执法优势，利用 12345、12301 指挥平台和市旅游综治办平台对旅游市场联合监管，规范旅游市场秩序。联合工商、旅游警察、城管等部门从打击强迫游客消费、旅游购物点违规经营、街头散发虚假旅游宣传单等方面，多方位深入整治旅游市场“不合理低价游”经营行为，推动旅行社协会制定《海南团队游旅游产品自律公约》，全面抵制“不合理低价游”旅游产品。

**【旅游饭店管理】** 2018 年，海口市旅发委通过建立海口旅馆业管理系统，实现全市旅馆基本信息等经营数据的采集和统计，为智慧旅游开发提供基础。市星评委开展旅游饭店星级评定工作，分别接收海南银洲宾馆申请评定三星级和海口天艺东环大酒店申请评定四星级饭店的报告材料，并展开评定工作。通过市旅游整治办平台开展春季、暑期等旅游市场综合整治专项行动，检查酒店宾馆 550 家次，加强酒店安全生产管理。制定《2018 年海口市旅游行业开展社会文明大行动工作实施方案》，大力开展旅游行业社会文明大行动和旅游市场综合检查督导，综合巡查宾馆酒店 865 家次，有力提升全市酒店行业服务的文明素养。

**【旅行社及导游管理】** 2018 年，海口市旅发委推动旅行社协会制定《海南团队游旅游产品自律公约》，旅行社签约承诺诚信经营，共同执行、互相监督，全面抵制“不合理低价游”旅游产品；依托全国旅游监管服务平台，建立海口市旅行社业务电子档案系统，高效便捷地开展行业监管工作，实现服务监管“一张网”。指导海口市导游协会完成第二届理事会换届选举，督促新一届协会领导班子创新思维，发挥协会桥梁和纽带作用，开展行业自律工作，确保导游队伍稳定，提升导游综合素质，树立良好窗口形象。

**【旅游市场监管】** 2018 年，海口市旅发委利用市旅游综治办平台对旅游市场的联合监管。开展春季、暑期等旅游市场综合整治专项行动，全年共出动执法人员 9109 人次、车辆 2098 辆次；检查旅行社 45 家次，酒店宾馆 550 家次，旅游景点、景区 132 家次，其他涉旅企业 122 家次；查处散发小广告 181 宗，暂扣传单 5718 张，检查印刷企业 52 家次。立案查处并执行完毕涉旅案件 5 宗，罚没款 3.5 万元，其中，涉案旅行社 2 家（次）、导游 2 人（次）、其他类 1 人（次）。开展不合理低价游专项整治，市旅游整治办调查并查处 4 家违法违规企业；开展假日市场整治，落实部门联动、分级负责，行业协会组织主体责任并重机制，多措并举，让市民游客假日出行更安全、更便利、更文明、更舒心。印发《海口市旅游市场“不合理低价游”专项整治行动方案》，推动旅行社协会制定《海南团队游旅游产品自律公约》，制定《海口市旅游行业诚信管理机制建设工作方案》，通过建立海口市旅游诚信平台，完善平台管理办法，评选出第二批“旅游诚信放心商家”23 家，并对失信黑名单企业实行公示和媒体曝光。

**【旅游安全管理】** 2018 年，海口市旅游行业出动检查人员 1020 人次，检查生产经营单位 367 家次，排查发现一般安全隐患 436 项，全部完成整改。加强社会化服务，提升安全监管质量，市旅发委委托有资质的安全公司对旅游行业企业进行专业监管，由负责安全生产工作的人员带两名安全专家，对各旅游企业进行隐患排查，从根本上解决以往的安全生产检查专业性不强等问题。强化安全宣传和培训，开展“安全生产月”活动，广泛开展安全宣传，组织旅游行业从业人员参加安全生产培训 1100 多人次，印发旅游安全手册 3000 余册，全面提升旅游行业安全意识。

**【旅游教育培训】** 2018年，海口市旅发委聚焦海南自由贸易试验区（港）建设，紧扣《2018年海口市人才工作要点》，扩大培训范围，强化与国际标准相关培训。全年共组织举办培训班35期，培训人员6359人次。其中：外语口语（英语和俄语）培训9期1246人次、旅游行业安全生产培训3期1100人次、旅游行业涉外礼仪培训3期1020人次、出入境政策法规与系统管理培训3期860人次、政策理论培训4期857人次、旅游企业标准化培训3期512人次、乡村旅游扶贫培训8期432人次、旅游投诉处理专题培训1期300人次、民宿技能培训1期32人次。根据海口市旅游行业工作特点和工作时间，充分利用新媒体，在旅游行业内建立和推广"100句常用英语口语"自学网页，营造全行业学习英语的氛围。

**2018年海口市四星级以上旅游饭店名录表**

| 序号 | 星牌编号 | 名称及地址 | 星级 | 电话 |
|---|---|---|---|---|
| 1 | 4650006 | 海南君华海逸酒店<br>（文华路18号） | 五星 | 68548888 |
| 2 | 4650012 | 海南新国宾馆<br>（滨海西路111号） | 五星 | 68715666 |
| 3 | 4650018 | 海口喜来登温泉度假酒店<br>（滨海西路199号） | 五星 | 68708888 |
| 4 | 4650019 | 海口天佑大酒店<br>（滨海西路239号） | 五星 | 31688855 |
| 5 | 4650075 | 海口明光大酒店<br>（南海大道9号） | 五星 | 32166666 |
| 6 | 4650030 | 海口观澜湖度假酒店<br>（观澜湖大道1号） | 五星 | 68683888 |
| 7 | 4640001 | 海南宝华海景大酒店<br>（滨海大道69号） | 四星 | 68536699 |
| 8 | 4640004 | 海口中银海航国商酒店<br>（大同路38号） | 四星 | 66561385 |
| 9 | 464005 | 海口黄金海景大酒店<br>（滨海大道67号） | 四星 | 68519988 |
| 10 | 4640006 | 海南金银岛大酒店<br>（南天路16号） | 四星 | 66763388 |
| 11 | 4640021 | 海南鑫源温泉大酒店<br>（海秀东路18－8号） | 四星 | 66735111 |
| 12 | 4640026 | 海南太阳城大酒店<br>（龙华路16号） | 四星 | 66206666 |
| 13 | 4640031 | 海南椰海大酒店<br>（玉沙路46号） | 四星 | 68598888 |
| 14 | 4640032 | 海南凯威大酒店<br>（港浮路20号） | 四星 | 68628288 |
| 15 | 4640043 | 海南和亿华天酒店<br>（龙昆北路9－1号） | 四星 | 66799988 |
| 16 | 4640055 | 海南万利隆商务酒店<br>（金龙路51号） | 四星 | 68569680 |
| 17 | 4640056 | 海南新奥斯罗克酒店<br>（海秀路12号） | 四星 | 66530666 |
| 18 | 4640060 | 海南赛仑吉地大酒店<br>（海秀大道52号） | 四星 | 66778888 |
| 19 | 4640061 | 海南鸿运大酒店<br>（海秀大道15号） | 四星 | 36665606 |
| 20 | 4640062 | 海口宝驹酒店<br>（南海大道55号） | 四星 | 36618999 |

（易建雄）

（编辑：姚　锐）

# 金融综述

【金融业概况】2018年，海口辖区有银行金融机构28家（政策性银行分行3家，国有银行分行5家，股份制商业银行分行9家，外资银行分行1家，邮政储蓄银行分行1家，城市商业银行1家，农村信用社1家，农村商业银行2家，村镇银行1家，农村资金互助社1家，法人财务公司2家，财务公司分公司1家），资产管理公司分公司4家，证券分公司26家，证券交易营业部40家，保险公司26家。年末，全市金融机构本外币各项存款余额4899.3亿元，比上年下降9.4%，增速较上年下降17.8个百分点，比年初减少520.96亿元，同比减少520.97亿元。其中住户存款余额1727.61亿元，比年初增加151.43亿元。全市金融机构本外币各项贷款余额5700.68亿元，增长1.8%，增速下降4.5个百分点；比年初增加102.17亿元，同比增加100.35亿元。其中中长期贷款余额1131.08亿元，增长30.23%；短期贷款余额134.02亿元，增长30.8%。全市金融业实现增加值164.45亿元，占全省比重54%，占全市GDP比重10.9%。

【涉农信贷产品】2018年，农业银行海南省分行围绕乡村振兴战略的实施，不断丰富特色服务“三农”的产品和模式，研究和创新特色区域性产品。针对农业产业化联合体新业态，创新农业产业化联合体政府增信贷款模式，并于12月29日发放首笔农业产业化联合体贷款，标志着海南省农业产业化联合体支持政策创新试点首笔业务正式落地；针对共享农庄等一二三产业融合发展，研究探索服务共享农庄建设金融服务模式；探索特色互联网服务“三农”模式，创新“胶农贷”和“惠农e贷”信用村模式。海口联合农商行推出“快鱼·兴农贷”创新贷款产品。邮储银行海口分行针对重点农业及农民生产需求，陆续创新荔枝和花卉小额信用贷产品。海南银行先后研发出“渔船贷”“烟草贷”“槟榔贷”“农保贷”等特色化产品。

【扶持金融企业发展】2018年，海口市加大对全市金融机构的扶持力度，对上市融资企业给予奖励，累计发放奖励资金1005.16万元。其中，新三板、四版挂牌奖励360万元，区域性总部、新增营业网点奖励630万元，金融法人机构高管退税等奖励15.16万元。

【农民小额贷款贴息工作】2018年，海口市累计发放农民小额贷款40430.89万元，完成省下达农民小额贷款33913万元年度任务的119.22%，共计发放5424户。其中，10万元～50万元农民小额贷款累计发放19477.06万元；10万元以下农民小额贷款累计发放20953.83万元。累计贴息3886户、466.08万元。

（陈永够）

# 中国人民银行海口中心支行

【金融监管】2018年，人民银行海口中支行加强对辖区金融领域的分析监测，重点关注金融机构风险的新问题、新特点，有效防控金融风险。开展对房地产市场、影子银行、地方债务、P2P网络金融、无证支付、银行不良资产等潜在金融风险摸排工作，全面摸清辖区金融风险真实底数，研究制定重大金融风险处置预案，配合地方政府化解个别企业集团的流动性风险。开展“两综合，两管理”工作，完成对辖区22家银行机构的综合评价，审核通过43家新设机构加入人民银行金融管理与服务体系。组织开展存款保险工作，完成辖区39家投保机构保费交纳基数的审定、适用费率备案及保费征收工作，强化对风险隐患突出、费率档次较高投保机构的风险提示与监管。打击外汇违法违规行为，组织开展外汇业务专项核查，加强对个人分拆购付汇违规行为的查处。进一步加强事中事后管理，以合规性、真实性审核为重点，加大核查力度，有效防范跨境资金流动风险。加大反洗钱执法检查力度，探索研究海南自由贸易区（港）“三反”监管机制，组织开展互联网金融风险专项整治、打击离岸公司和地下钱庄转移赃款、扫黑除恶、打击骗取出口退税和虚开增值税专用发票等专项行动，打击非法集资、乱办金融、假币犯罪、空头支票等严重扰乱市场行为。

【金融服务】2018年，人民银行海口中心支行落实国务院、总行“放管服”工作要求，完成ACS换版升级工作，开通大额支付系统延迟结算功能；指导辖区商业银行优化企业开户服务，提升辖区支付清算效率和账户服务便利化水平。推进移动支付便民示范工程建设，拓展移动支付在便民场景及公共事业缴费行业的推广运用，实现移动支付在交通、校园、医院、菜场、商圈等领域的应用。加强信息基础设施维护，开展IT基础设施风险整改，启动中心机房UPSB系统建设，落实机房7×24小时值班制度，有效保障辖区机房、网络、系统安全运行。科学统筹安排发行基金调拨及现金供应，加大对大额残损人民币清分与残损币销毁力度，承办“中国名片—人民币发行70周年纪念展”活动。创新开展贫困户信用再造工程，推动中小微企业信用信息和融资对接平台建设，海南自贸区（港）社会信用体系建设取得新突破。开展金融消费权益保护工作，妥善、高效处理金融消费者咨询投诉。推动成立海南省自由贸易试验区金融消保协会，金融消费权益保护事业迈入监管推动、公益联合发展的新阶段。与省教育厅、地方金融监管局联合发文，明确提出将“金融知识纳入国民教育体系”，有效带动各市县全面推广，至年末，85所中小学校、212个班级的11295名学生从中受益。

【信贷管理】2018年，中国人民银行海口中心支行充分发挥宏观信贷政策的结构性调控功能，引导辖区金融机构以服务海南高质量发展为中心，以促进供给侧结构性改革为主线，全面贯彻执行好宏观信贷政策各项要求和重点工作，不断增强服务实体经济的能力和水平。信贷规模保持合理增长。制定出台《2018年海南省信贷工作的指导意见》，综合运用多种货币政策工具，引导金融机构加大对全省重点领域、重大项目的信贷投放力度。加强房地产信贷调控。配合海南省政府出台政策措施，督促银行机构严格落实差别化住房信贷政策，坚决防范个人消费信贷资金违规流入住房市场；配合省政府出台《关于进一步稳定房地产市场的通知》，分市县提高海南本地户籍居民家庭二套房首付比例至50%～70%，非海南户籍居民家庭购买首付比例提高至70%，全省个人住房贷款增速连续12个月回落，有效抑制房地产市场价格上涨。加大对民营、小微企业的信贷支持力度。及时落实总行关于金融服务民营企业、小微企业的工作部署，综合运用普惠金融定向降准、支小再贷款、再贴现等多种货币政策工具，引导金融机构加大对小微企业金融支持力度。年内，4次定向降准累计释放资金约27亿元，累计办理小微企业票据贴现、专项再贴现14.6亿元，发放专项支小再贷款3亿元，惠及辖区165家民营及小微企业。做好金融精准扶贫工作。与省地方金融监管局等部门组成金融扶贫政策落地督导小组，通过发放扶贫再贷款、推广金融扶贫典型经验、加强金融扶贫督查、定期通报金融扶贫进度等多种方式，指导金融机构加大对贫困地区的金融支持力度。按可比口径计算，全省金融精准扶贫贷款余额为153.28亿元，同比增长13.4%，高出同期本外币贷款余额增速9.07个百分点。

【外汇收支】2018年，受个别企业经营状况变化的影响，海南省涉外收付款大幅波动，总额减少，逆差扩大，银行结售汇总额、逆差双增。（1）涉外收付款总额减少，逆差扩大，且大幅波动。全年，海南省涉外收付款总额203.32亿美元，下降29.1%。其中，涉外收入58.8亿美元，下降48.8%；对外付款144.52亿美元，下降15.9%；涉外收付款产生逆差85.73亿美元，增长50.6%，是涉外收付款逆差大幅增长的主要原因。（2）银行结售汇总额、逆差双增。2018年，海南省省结售汇总额98.99亿美元，增长4.5%。其中，结汇15.75亿美元，下降2.7%；售汇83.24亿美元，增长6%；结售汇逆差67.5亿美元，增长8.3%。

【银行业】2018年，海南省银行业金融机构网点有1621家，从业人员25593人，分别增长0.5%、0.4%，资产总额下降7.5%。银行业金融机构资产总额13556.02亿元，下降7.49%；负债总额13497.68亿元，下降5.45%。年末，全省本外币各项存款余额9610.5亿元，减少4.8%。全省金融机构本外币贷款余额8820.1亿元，增长4.3%。（1）非金融企业存款和非银行业金融机构存款增速同比下降。受房地产、个别大型企业资金外流等因素的影响，全省非金融企业存款余额2991.5亿元，下降19.4%。受同业负债监管趋严的影响，非银行业金融机构存款余额151.1亿元，下降27.8%。（2）活期存款占比较高。年末，全省住户和非金融企业活期存款余额3900.7亿元，减少3.4%；占住户和非金融企业存款余额的54.1%，高于其定期存款占比。（3）中长期贷款增速大幅放缓。年末，全省中长期贷款余额6893.7亿元，增长0.4%；短期贷款余额1417.3亿元，减少3.4%。（4）住户消费贷款增速放缓，经营贷款增速同比提升。年末，全省住户贷款余额2455亿元，增长26.5%。其中，住户消费贷款余额1924.3亿元，增长24.8%；住户经营贷款余额530.7亿元，增长32.9%。（5）地方法人机构经营稳健，金融改革稳步推进。年末，海南省地方法人银行业金融机构45家，资产和负债总额分别增长4.7%和3.8%，各项贷款和存款余额分别增长13.5%和10%，全年净利润增长9.6%。全省18家村镇银行资产负债、分支机构、从业人员等均比年初增加，各类业务稳步发展。

（夏　凡）

# 驻海口商业银行选介

【国家开发银行海南省分行】2018年，全省设立海口、三亚2家营业网点，员工人数188名（其中海口156名、三亚32名）。贷款余额1925亿元（其中海口地区贷款余额778亿元），当年发放贷款170亿元（其中对海口地区发放贷款89亿元），缴纳地方税收7.8亿元，市场份额占比连续15年保持全省第一。推动招商引资，推动中节能、保利以及该行子公司国开证券在海南设立分支机构。与省、市政府各层次对接近500次，签订合作协议14份，拟定合作项目82个，合作金额845亿元。全年投放贷款4.6亿元，用于南渡江引水、海口东坡湖等多个水体水环境综合治理项目；投放贷款18.76亿元，用于支持海口市地下综合管廊工程建设、全市电网建设等项目，其中，以优惠利率发放电力贷款13.76亿元，切实支持海南电网三年行动计划。打造“政、银、企+医疗、就业、产业”的扶贫新机制，捐赠300万元定向用于改善贫困地区医疗条件；主动策划16.67万公顷国家储备林项目，覆盖700名贫困人口；按照“应贷尽贷”的原则，发放助学贷款3.6亿元，帮助5万名贫困学生圆梦大学。配合政府完成政府债务置换195亿元（置换前后融资成本平均下降15%）。主动减免中间业务收入，全年新发放人民币贷款平均利率属省内同业最低水平。

【中国进出口银行海南省分行】截至2018年末，有营业网点1个，从业人员52名，年末贷款余额321.7亿元，新增12.02亿元，增长3.88%。全年人民币贷款发放189.01亿元，增加68.84亿元。人民币贷款余额210.03亿元，新增38.59亿元，增长22.51%。为海南省汽车整车出口贸易，石油石化、造纸、航空、核电等行业的进口贸易，提供多方位的金融支持，投向“一带一路”沿线国家项目30余个，支持的企业客户进出口贸易总值相当于全省贸易总值的八成。全年外贸产业贷款余额280.63亿元，占比87.23%；“一带一路+”贷款余额53.61亿元，占比16.66%。

【工商银行海南省分行】至2018年，海口地区共有网点54家、自助银行98家、智能银行54家、从业人员1001名。以“三个一”管理策略优化服务机制，以“三查三晒一追”强化常态化检查监测，以“服务改进十大行动”提升服务品质，2018年系统考核位居第四，海甸支行营业部获中国银行业“千佳”称号，工行海南分行被评为海南银行业年度服务创建工作“最佳组织单位”，服务工作创历史最佳水平。落实金融机构支持实体经济发展的政策要求，深入研究分析海南自贸区（港）建设相关需求，发挥大银行对省重点产业、重点领域、重点项目、重点企业的金融支持作用，全年海口地区公司贷款（含票据）余额466.87亿元，较年初增加11.69亿元，其中重点支持13个省市重点项目，促进实体经济发展。持续完善顶层设计，健全机构设置，落实“五专”经营机制（专门的综合服务、统计核算、风险管理、资源配置和考核评价等五项机制），发展普惠金融业务，全年小微企业贷款增长2.24亿元。创新推出“爱购海南”信用卡、中小微企业线上线下一体化开户、灵活就业人员社保缴费、工银E税务及职工职业年金托管项目三类“互联网+政务服务”、工银e缴税项目、跨省异地交通缴罚自动清分项目等多个产品，进一步满足区域客户多元化的金融服务需求。

【农业银行海南省分行】至2018年，海口地区共有营业网点63个，其中城区54个，郊区和乡镇9个，从业人员1537名。海口地区各项存款余额452.01亿元，各项贷款余额365.58亿元。上线第一款纯信用、全线上的小微企业网络融资产品“微捷贷”，客户通过网上银行、手机银行即可申请贷款，全线上操作，贷款实时审批，额度最高可达100万元，可随借随还，循环使用，打破长期无线上信用类小微企业产品的局面，满足小微企业“短小频急”的融资需求。全年新增微捷贷授信客户56户，累计发放86笔贷款3070.8万元。落实国家助小扶小和省委、省政府提出的“扶

2018年6月22日，为更好地服务支持海南自由贸易试验区和中国特色自由贸易港建设，农行海南省分行联合海南省国资委召开全面业务合作对接会，揭开双方全面合作新篇章

（市金融办 供）

持中小微企业、民营企业发展壮大”的战略部署，因地制宜创新“银税通”“政保贷”“工商物业置业贷”“智动贷”、微捷贷等特色金融信贷产品，全年累计信贷支持海口地区中小微企业136家，共9.77亿元。

【中国银行海南省分行】至2018年，海口地区有营业网点41家，包括4家海口城区管辖支行、1家分行营业部，在岗员工1325人。海口地区人民币贷款余额474.8亿元，人民币存款余额（含理财）635.7亿元。加大对重点项目和龙头企业的贷款支持力度，全年累计投放贷款265.94亿元，重点支持金牛岭公园等3个公园PPP改造项目、海南医学院第二附属医院，保利中央海岸、海口市博义盐灶片区城中村改造等重点项目，海口观澜湖旅游度假区等一批旅游购物项目，奇力制药、惠普森等制药企业，海口中电环保垃圾焚烧发电、立昇净水等科技型企业，港航控股等龙头企业。先后与海南富力、海南恩祥教育、海口神维环境、奇力制药等市内多家大中型民营企业签订战略合作协议或业务合作，涉及旅游地产、环境保护、教育制药等9大类行业。至年末，民营企业授信余额近200亿元，占全部公司贷款余额近50%，比2014年增长12%。累计为省内小微企业主和个体工商户投放贷款1413笔、金额超过17亿元。在持续深化与绿地、观澜湖、恒大、中海、华润等优质房地产开发商合作的同时，探索推进个贷业务转型，全年海口地区个贷余额284.4亿元，新增48.76亿元。同时，以中银E贷、爱家分期等特色业务，为海口市优质个人客户群、群鸟客户群提供创新金融服务，通过开展多项营销活动，促进境内外刷卡消费增长。

【交通银行海南省分行】2018年，在海口辖区有营业网点23家，员工582名。年末人民币各项存款余额426.81亿元，较年初增加26.29亿元，市场占比较年初上升0.69个百分点；

2018年12月24日，交通银行海南省分行与省工商联共同签署支持民营企业战略合作协议
（市金融办 供）

人民币各项贷款余额371.71亿元，较年初增加56.23亿元，市场占比较年初上升0.23个百分点。实现经营利润9.17亿元，经济利润4.33亿元，全口径存贷款利差率2.8%。省分行营业部和三亚分行营业部被评为2018年“千佳”示范网点。加大贷款支持力度和减费让利力度，全年小微贷款余额、客户数2项指标净增额和规模创历史新高。被海南银保监局评为“海南省银行业小微金融服务先进单位”、人行小微信贷政策效果评估“优秀”等，普惠创新方案被中央团工委及省团工委评为“金点子方案”。在与省贸促会全面合作基础上，与省工商联签订全面合作战略协议。履行国有大行社会责任，落实扶贫资金12万元。开展党建扶贫，落实党费扶贫项目3个，资金36万元。派出专职人员驻点扶贫，通过送温暖、送知识、联学联建、爱心消费扶贫等活动，推动扶贫工作的落实。

【海南银行】2018年，海口地区设有海南银行总行及总行营业部、滨海支行、五源河支行、海甸支行、红城湖支行5个营业网点，从业人员461名，一般性存款余额220亿元，贷款余额140亿元，全年营业净收入9.67亿元、净利润1.86亿元。围绕海南省“十二大”重点产业提供金融服务，打造由“金椰通”组成的43款公司业务系列产品，针对现代服务业、高效农业、高新技术、海洋产业等不同产业特点，为企业量身定制融资方案，提供特色金融服务，先后服务海南大学、海南日报报业集团、海南立昇集团、海口香格里拉酒店等优质企事业单位，全年支持十二大重点产业贷款余额76.87亿元，支持民营企业贷款余额111.64亿元。参与“百日大招商”活动，对接服务中国旅游集团、中船重工、中交集团、九州通、大唐贸易、厦门国贸、凤凰金融、辰泰科技、中国通用咨询、复兴旅文集团等多家总部企业，服务范围将逐步扩大。与省国资委、省旅游委、省工商局、省农科院、海口市4个区政府、海口统筹城乡发展（集团）有限公司、海口城建集团有限公司等海口地区政企单位开展战略合作、签订战略合作协议，逐步拓展服务省市国企平台及区级政府机构单位。与海口市工商局开展“工商便利通”业务，由银行网点免费为企业提供代办工商注册服务，海南银行金融服务窗口同步进驻海口各城区工商局，全年接待咨询720人，受理工商注册653件。结合中小微企业的经济特征及需求，根据地方经济特色及不同行业特点，服务中小微企业发展。全年共研发“渔船贷”“烟草贷”“槟榔贷”“农保贷”等28款特色小微信贷产品，涵盖信用、保证、抵质押等多种担保方式，降低中小微企业信贷门槛和贷款利率，不断提高中小微企业的申贷获得率。全年小微金融服务中心审查授信业务616户、658笔，发放贷款589户、833笔。

2018年4月22日，中国光大银行海口分行辖属海大桥西社区支行开业

（市金融办 供）

**【平安银行海口分行】**2018年，在海口片区有营业网点11家，其中海口城区支行7家，异地支行4家（分布三亚、儋州、琼海、文昌），员工361名。年末存款余额153.47亿元，贷款余额144.73亿元。采取“商行+投行”模式，重点支持临空产业园、港口及棚户区改造等重大基础设施项目建设。通过产业基金、经营性物业贷款、固定资产贷款等产品为高端酒店、旅游景区、旅游地产等客户提供多方位信贷支持。扩宽抵质押品支持医药企业创新。强化贸易融资服务，采取离岸代付、出口发票池融资、出口TT融资等多种方式，加大对外贸出口企业的服务，满足企业个性融资需求。为解决小微企业贷款融资需求，通过优化“新一贷小微贷”“宅易通经营贷”产品政策及推出创新产品“KYB”业务，不断提升小微企业金融服务能力。全年支持海口地区小微企业贷款共7000余户，普惠金融贷款整体风险可控。

**【中国光大银行海口分行】**2018年，下辖20家支行（其中海口地区12家）、13家社区支行（其中海口地区8家），有正式员工660名，贷款余额236.1亿元。针对小企业主和个体工商户等个人客户推出线上化的授信产品“新e贷”，小微企业主及个体工商户可以在该行官微线上直接申请小微贷款，实现线上接单，线上审批，累计接受线上申请2000余笔，成功实现投放2600余万元。先后与海南省国家税务局、海南省地方税务局、海口市国家税务局等多个税务机关签署《银税合作协议》，开展“银税互动”全面合作，为海南省优质诚信纳税小微企业提供信用贷款。全年累计发放税贷易业务3笔，贷款金额700万元，涉及客户2户，授信余额为200万元。累计为省十二大重点产业、基础设施建设、保证性安居工程等产业提供融资余额328亿元，支持海南省发展战略实施和重大工程建设。为100多家民营企业举办投融资专题宣讲活动，民营企业贷款余额119.59亿元。落实总行关于普惠金融业务的“五做”要求，加强实体经济金融服务，普惠金融贷款余额超22.5亿元，较年初新增5.4亿元。

**【南洋商业银行海口分行】**海南省唯一一家外资银行。至2018年，共有员工43名，存、贷款余额分别为11.12亿元、17.34亿元。实现经营收入10630万元，增加4065万元，增幅61.92%。其中净利息收入9370万元，增加3773万元，增幅67.41%；非利息收入1260万元，增加292万元，增幅30.17%。经营支出2423万元，增加383万元；盈利8146万元，增加3567万元，增幅77.92%。帮助成长型中小微企业协调融资、担保等问题，制定个性化金融服务方案，提供“商”“贸”“赢”等灵活的融资产品，为中小微企业提供专业便利的服务缓解中小微企业融资难的问题。

**【兴业银行海口分行】**2018年，共建成开业异地支行1家（陵水支行）、综合性支行1家（海口湾支行），形成以1家二级分行、5家同城综合支行和1家异地支行为主，3家社区支行为辅的服务网络，共有员工320名。全年单户授信1000万元（含）以下的小微企业贷款余额2.31亿元，较年初增加0.59亿元，年末任务完成率196%。加强产品和服务创新，推广小企业“连连贷”业务，切实缓解小微企业融资过程中普遍面临的贷款到期“先还后贷”的还款压力，降低融资成本。全年小企业“连连贷”业务落地2笔，金额1300万元，较年初增加1300万元。

**【中信银行海口分行】**2018年，有分支行营业网点13个、自助网点8个，员工300余名，全年存款总额127亿元，贷款余额52亿元。全力支持小微企业发展，专门成立普惠金融室，围绕“房、链、政”三大方向，创新推出票据贷、政采贷、保证贷等标准化产品，满足小微企业客户小额、高频、快速的融资需求。创新推出贷款产品积秒贷，为客户贷款提供便利；创新金融服务，完成异地交通缴纳罚没系统上线；推广薪金煲、大额存单、月月息、出国金融、房抵贷产品，满足海南地区人民多样化业务需求。

【民生银行海口分行】2018年，有综合型营业网点3家（海口分行营业部、三亚二级分行营业部及三亚解放路支行）、便利型网点16家（其中海口10家、三亚6家），从业人员173名。各项存款余额73.5亿元，各项贷款（含贴现）余额52.4亿元。与海南工商部门战略携手，合力打造从企业注册成立、申领营业执照、开立民生银行账户、结算服务、融资申请的全流程一站式服务平台，并顺利运行。健全对小微企业金融服务的专业能力，扩大经营网点的辐射覆盖范围，将个别社区支行网点迁至小微企业聚集的商圈范围内，功能也由原来的社区服务转变为小微商圈商户服务，强化民生银行坚持服务民营企业、小微企业的战略定位。

【海口联合农村商业银行】2018年，内设22个部门、外设8家机构，从业人员307名，资产总额128.25亿元；一般性存款余额74.59亿元，金融同业存放余额40.05亿元；各项贷款51.11亿元，其中公司类贷款余额31.73亿元、零售类贷款余额4.46亿元、互联网贷款余额11.9亿元、买断式转贴现余额3.01亿元。为提升贷款审批效率，小微条线探索发展“半信贷工厂”模式，制定相关业务准入规则、额度确定和利率定价规则，并给予一线“有条件的充分授权”。同时，提出贷款服务“三三制”，即老客户3小时办妥，新客户3天内给予明确答复，最快可隔天放款。为解决中小微客户资金周转困难问题，推出“快鱼·保证贷”“快鱼·信用贷”“快鱼·道义贷”“快鱼·快抵贷”“快鱼·兴农贷”“快鱼·快贷卡”等创新贷款产品，降低中小微客户融资成本，提高融资效率。

【海口市农村信用合作联社】2018年，有营业网点25个（其中，永秀信用社和长滨信用社为当年新设立），从业人员342名，存款余额178.96亿元，贷款余额127.09亿元。与各基层社继续发挥贷款营销小组的能动性，对于工资担保、住房抵押贷款原则上一个星期内放款；各社营销小组对于情况特殊的客户不直接拒绝，而是上报联社信贷营销小组讨论决定，尽可能地解决客户的难题。同时，继续实施信贷分工，督促各社重点营销500万元以下和50万元以下的贷款，推进信贷业务和贷款结构转型，将信贷资金更大比例地投放到小微领域。通过调研其他商业银行500万元以下小微企业和个人贷款准入条件和利率等情况，研究制定更加灵活有效的制度——《最高额循环贷款管理办法》。

（陈永够）

## 证券期货

【证券概况】2018年底，海口市有沪深证券交易所上市公司26家，挂牌交易的股票28只（其中A股26只，B股2只），总股本441.88亿股，总市值1795.68亿元。在26家上市公司中，主板上市20家，中小板3家，创业板3家。上市公司2018年年报显示，全市26家上市公司中，19家公司盈利，7家公司亏损；年末上市公司总资产4180.74亿元，净资产1475.84亿元；全年实现营业收入1287.22亿元，归属母公司股东的净利润-76.34亿元。

【证券市场融资】2018年，海口市企业在境内证券市场累计融资123.34亿元。其中：2家上市公司实现股权再融资，融资55.97亿元；6家挂牌公司实现股权再融资，融资3.27亿元（其中现金认购2.29亿元、资产认购0.98亿元）；2家公司发行公司债券，融资57.9亿元；1家上市公司发行可转换公司债券，融资3.20亿元；1家公司发行资产支持证券，融资3亿元。

【证券经营机构】2018年，海口市有金元证券股份有限公司和万和证券股份有限公司2家证券公司，证券公司分公司26家；证券营业部40家。年内，金元证券股份有限公司实现增资16.15亿元，注册资本由32.11亿元增至40.31亿元。金元证券股份有限公司获批新设证券分支机构3家、万和证券股份有限公司获批新设证券分支机构6家。

【期货经营机构】2018年，海口市共有金元期货股份有限公司、华融期货有限责任公司2家期货公司，期货公司分公司2家，期货营业部11家。

【证券期货服务机构】2018年，海口市具有证券投资咨询业务资格的机构3家，其中专营证券投资咨询机构1家，兼营证券投资咨询机构2家。具有证券期货从业资格的会计师事务所分所9家，具有证券期货从业资格的资产评估机构分公司6家。

【私募机构】2018年，海口市在中国证券基金业协会完成备案的私募基金管理人29家。其中证券投资基金7家，私募股权、创业投资基金21家，其他私募投资基金1家。29家私募基金管理人总计备案基金产品24只，管理基金规模11亿元。

【证券市场业务】2018年，海口市2家证券公司为投资者开立资金账户70.53万户、证券账户107.86万户，分别增长3.0%、3.7%；客户托管资产总额927亿元，下降14.42%。2家证券公司全年代理买卖证券总额14358.76亿元，下降35.10%；营业收入12.35亿元，增长19.6%；净利润1.81亿元，下降8.6%。全市证券公司分支机构为投资者开立资金账户111.36万户、证券账户173.58万户、基金账户37.46万户，分别增长

9.6%、11.9%、20.3%；客户托管资产总额783.78亿元，下降31.3%。全市证券公司分支机构全年代理买卖证券总额8919.52亿元，下降16.42%；营业收入3.6亿元，下降22.75%；净利润0.08亿元，下降89.74%。

【期货市场业务】2018年底，海口市2家期货公司客户权益总额8.14亿元。2家期货公司全年代理成交量2059.30万手，下降35.3%；代理交易额14094.16亿元，下降20.3%；营业收入3101.95万元，下降78.5%；净利润–4714.58万元，去年同期为2246.35万元。全市期货公司分支机构客户权益总额5.98亿元。期货公司分支机构全年代理成交量754.99万手，增长39.1%；代理交易额4281.35亿元，增长38.6%；营业收入1511.62万元，增长9%；净利润–662.46万元。

【服务证券期货实体经济发展】2018年，海南证监局积极推动资本市场服务海南全面深化改革开放，助力海南自贸区（港）建设。（1）推动资本市场支持海南重点产业发展。加强政策解读和宣传引导，鼓励符合海南产业发展要求的企业充分利用多层次资本市场开展直接融资。年内全市企业在资本市场直接融资123.34亿元。扎实开展摸底调研和专题培训，遴选有上市潜质的公司重点培育，协调相关部门解决企业改制上市遇到的困难和问题，推动旅游产业、现代服务业和高新技术产业等重点产业企业加快进入资本市场，利用资本市场发展壮大。推进旅游业优化重组，促进旅游产业规模化、品牌化、网络化经营，形成具有竞争力的上市旅游集团。引导上市公司抓住海南自由贸易试验区和中国特色自由贸易港建设的重大历史机遇，通过并购重组置入优质资源、实现产业升级，成为具有一定规模影响力、行业竞争力、区域带动力的骨干企业，全面提高上市公司质量。开展“了解公司，规范公司，服务公司”活动，坚持服务与监管并重，引导全国中小企业股份转让系统挂牌公司利用资本市场实现快速发展。探索开展知识产权证券化工作，12月21日，奇艺世纪知识产权供应链资产支持证券在上海证券交易所成功发行，募集资金4.7亿元，标志全国首单知识产权资产支持证券的成功落地，实现中国知识产权证券化的零突破。服务“百万人才进海南”行动计划落地，落实省委、省政府关于加强海南省房地产调控、有效防范房地产市场金融风险的决策部署，协同推进省人才租赁住房不动产投资信托基金（人才租赁住房REITs）的落地，12月，海南省首单人才租赁住房REITs获深圳证券交易所批准，项目规模8.7亿元。（2）推动海南证券期货市场开放创新。努力协调推进设立合资证券基金公司，年内邀请多家国际著名金融机构先后到海南考察，沟通设立合资证券基金公司事宜。稳步推进20号天然橡胶、咖啡等特色农产品期货品种设立和原油、天然橡胶期货保税交割库建设工作。20号天然橡胶期货获准立项，该期货品种将以“国际平台、人民币计价”为上市模式，采用净价交易、保税交割的方案，全面引入境外交易者参与。

【证券期货市场风险防控】2018年，海南证监局全面摸排风险，摸清风险底数，制定处置预案。日常监管保持高度警惕性和敏感性，加强对风险的综合分析和动态监控。加强与其他金融监管部门的工作协作和信息共享。积极协调，搭建平台，推动各方力量参与化解上市公司股票质押风险。配合证监会上市部组织召开化解风险现场服务会，为上市公司提供政策解答和服务。协同地方金融监管部门研究制定省内具体纾困措施。引导证券期货基金机构依法合规参与化解股票质押风险。组织召开纾困对接会，搭建政府、国资、中介机构和上市公司的交流平台。指导相关上市公司有效缓解股票质押平仓风险。提前研判，加强协作，压实发行人及受托管理人的主体责任，稳妥开展公司债券风险防控工作，2018年到期的公司债券均按期兑付，未发生违约事件。督导存在退市风险的上市公司及早谋划、规范运作，努力改善财务经营状况，切实防范退市风险。持续监控私募基金行业风险。协同省有关部门着力防控地方交易场所风险。精心组织非法证券投资咨询专项整治行动，开展非法集资专项排查工作。

【证券期货市场监督执法】2018年，海南证监局努力防范和化解资本市场风险，扎实开展监管执法，坚持日常监管与现场检查有效联动，不断改进和加强日常监管，以日常监管发现的问题和风险为重点开展现场检查，提升一线监管的有效性、针对性。对检查发现的问题及时督促整改，防止风险外溢，全年对市场主体采取行政监管措施20件。通过举办专题培训会议、开展“一对一”培训、约见高管人员谈话、编发监管通报等形式，强化对市场主体的合规教育，增强市场主体的规范经营意识。加强监管执法的内外部协作。与证监会系统相关单位联合开展现场检查，充分发挥各自优势，提升现场检查质效。与省内相关部门建立健全监管执法协作机制，增强监管合力，提升监管效率。在查处违法违规行为方面，通过加强稽查执法资源的统筹、优化案件的日常管理，注重稽查执法与日常监管协作联动，严厉查处违法违规行为，提高案件查办效率。全年完成案件审理3起，对2家公司、9名当事人做出行政处罚，罚没款154.34万元，全部执行到位。

【证券投资者合法权益保护】2018年，海南证监局与省高级人民法院签署建立证券期货纠纷诉讼与调解对接机制合作备忘录，联合省、市法院共同举办证券期货纠纷多元化解机制建设专题座谈会，推进证券期货纠纷多元化解机制建设。完善投服中心调解工作站建设，指导海南证券期货业协会改进证券期货纠纷调解工作，妥善处理投资者诉求事项。创新形式开展投资者教育。参与人行牵头的金融知识纳入国民教育体系工作，推动将证券期货知识纳入海口市中小学校课程。通过网络直播方式举办“投资者教育进校园”活动，扩大宣传覆盖面。组织拍摄自编自演投教专题宣传片，将典型案例编成形象生动、通俗易懂的身边故事，提升教育产品的吸引力，增强宣传效果。充分动员行业力量，通过办讲座、进社区、健康跑等方式多形式开展防非宣传。指导金元证券投资者教育基地不断丰富投教产品和投教方式，通过组织投资者实地参观和使用基地，举办座谈会、论坛、培训、竞赛、法律咨询服务等活动，充分发挥基地公益性、一站式的投教服务优势。举办上市公司业绩网上集体说明会，促进上市公司与中小投资者互动交流，加强投资者关系管理。通过日常监管和自律监管督促证券期货经营机构严格落实投资者适当性管理义务。

（熊　文）

# 保险业

【保险业经营】2018年，海口市保险市场共有海保人寿1家法人保险公司、24家保险公司省级分公司，其中财产险分公司12家，人身险分公司12家。保险公司职工2878人，保险营销员2.42万人。全年各保险公司累计实现原保险保费收入120.95亿元，比上年增长21.41%。其中，财产险公司原保费收入43.11亿元，增长39.61%；人身险公司原保费收入77.84亿元，增长13.24%。各保险公司累计提供风险保障7.29万亿元，增长31.78%。各保险公司累计赔款和给付支出38.77亿元，增长32.79%。其中，财产险公司赔款支出22.77亿元，增长55.3%；人身险公司赔付支出16.01亿元，增长10.13%。年末保险公司总资产246.48亿元，比年初增加37.92亿元。

【保险业乱象治理】2018年，海南银保监局开展人身险“治乱打非”、保护消费者合法权益的“精准打击行动”、农险、车险、中介机构等检查，全年印发现场检查通知书20份；作出行政处罚决定14份，处罚公司13家次，处罚人员20人次，罚款194.6万元，警告机构4家次，警告个人21人次，下发监管函19份，监管谈话6人次，通过集中整治，进一步增强保险机构合规经营意识，有效遏制市场乱象。

【保险业风险监管】2018年，海南银保监局严防联控，加强对重点公司、重点业务的监测和预警，全年辖内保险业运行平稳，守住不发生系统性风险的底线。（1）严密防范满期给付和退保风险。建立健全保险业风险预警指标体系，完善保险业风险预警指标体系，密切关注满期给付和中短存续期产品退保风险大的公司，重点盯防现金流动性风险隐患较大的公司。（2）妥善处置非寿险投资型存续业务。建立非寿险投资型业务定期报送制度，密切监测公司存续业务保费规模及未来各年满期给付金额，就安邦被接管后可能造成的集中挤兑风险进行提示与指导，妥善防范可能引发的风险。（3）严防各类案件风险。全面开展防范和打击非法集资，把非法集资风险列为现场检查的重点，督导保险公司持续开展风险排查。做好互联网保险风险专项整治工作，对重点风险进行排查，摸清底数。妥善处置“七天富”案件（北京七天富网络科技有限公司涉嫌非法吸收公众存款案）。深入推进保险业扫黑除恶专项斗争，对骗取保险赔款等保险欺诈行为进行排查，有效降低保险欺诈风险。

【保险业服务实体经济】2018年，海南银保监局引导辖内保险业回归本源，着力加强服务实体经济的质效。为高速公路网建设、文昌卫星发射、海南核电等大项目保驾护航，如强化南繁制种水稻项目保障，推动南繁制种水稻保险纳入中央财政补贴险种。提升支小支农服务水平。强化小微企业生产经营保障，进一步完善“政银保”机制，全年累计为2964万元的小微企业银行贷款提供风险保障；持续推动短期出口信用保险业务，累计为出口企业提供48.84亿元风险保障；承保261笔建筑工程履约保证保险，使相关企业按政策免交保证金5.86亿元，减少资金周转成本。创新保险支农惠农方式，持续推进农业保险“提标、扩面、增品”，完成省政府“力争天然橡胶与瓜菜价格指数保险全覆盖”重点工作，推动天然橡胶收入保险等地方特色优势农作物保险开发，新增10个县域农险产品，全年累计为64.98万户农户提供风险保障387.25亿元，支付赔款5.15亿元。加大民生保障和服务力度。规范大病保险经营，截至年底参保人员个人医疗费用负担平均降低11个百分点；提升校方责任险保障程度，2018年秋季学期为193.54万名学生提供风险保障283.31亿元，增加41.23%；正式启动环境污染强制责任保险试点；推广三类严重精神障碍患者监护人责任保险；进一步扩展医疗责任险的保障对象和保障范围，为2389家医疗机构提供公众责任和恶意拖欠医疗费用风险保障45.34亿元。

【保险业支持海南自贸区（港）建设】2018年，海南银保监局推动保险业积极参与海南自贸区（港）建设。（1）协调引进险资入琼支持发展。指导海保人寿保险股份有限公司在海口市开业，成为海南首家本土新设法人保险公司，全年新增保险资金投资16.96亿元，累计投资162.93亿元，主要投向医疗健康产业、旅游业、基础设施建设等领域，其中5个医养社区项目累计投入43.6亿元。鼓励保险公司不断推陈出新，启动关税保证保险服务，为海南自贸区（港）建设提前布局，确保货物进出便捷高效、关税收入真实到账；农险产品实现从保成本向保产量、保价格再到保收入的跨越，有效提高农户的抗风险能力，天然橡胶“保险+期货+扶贫”试点项目获得首届海南省优质服务大赛一等奖。

**【保险消费者保护】**2018年，海南银保监局依法处理保险消费投诉，共接收保险消费投诉343件，亿元保费投诉量下降9.53%，规定时间内办结率100%，帮助消费者维护经济利益1100余万元。夯实消费者权益保护的市场主体责任。对省内保险公司投诉处理工作进行投诉处理考评，强化公司投诉处理主体责任，督促公司规范投诉处理流程，提高投诉处理质量，将投诉处理工作纳入各级机构经营考核指标体系；对保险公司小额理赔数据真实性进行考核。强化社会监督，聘请10名来自高校学者、媒体记者、法律界人士等担任社会监督员，搭建保险业与公众交流沟通的平台，向其通报保险消费者保护工作情况，宣传保险监管的方式方法，听取社会监督员意见建议。加强消费者教育和风险提示。组织海南省保险行业协会、保险公司等举办保险消费者权益保护集中宣传活动；推动保险进社区、进学校、进农村等，组织保险机构到桂林洋大学城进行现场宣传，引导民众关注“保监微课堂”微信公众号，普及保险基础知识，提示保险消费误区；与媒体形成宣传合力，联系海口广播电视台等媒体对全省保险业系列宣传活动进行报道30余次；通过海南在线等网络媒体刊载海南保险业理赔典型案例。加强保险消费风险提示，全年共发布消费风险提示6篇，发布理赔典型案例14件。

**【中国平安人寿保险股份有限公司海南省分公司】**2018年，总保费收入30.4亿元，增长22.5%，累计总保费市场份额26.6%，为41.4万客户提供3495亿元的风险保障。全年赔付支出4.08亿元，理赔7770笔。创新健康管理服务，线上健康客户使用人数56.14万人；创新“智慧客服”模式，年内实现92%的保全业务在金管家APP上办理，业务量17.7万件，最快1分钟内在线完成；年度“闪赔”案件的平均结案时效13.7分钟，最快赔付时效为1.98分钟。

**【中国人民财产保险股份有限公司海南省分公司】**2018年，下辖海口、三亚2个地市级分公司，38个区县级支公司（含三沙支公司），68个三农营销服务部。全年保费收入突破20亿元，保费增速超市场5个百分点，市场份额同比提升1.33个百分点。全年累计提供保险保障约1万亿元，赔付支出17亿元以上，其中扶贫保险累计赔付1000余万元，定点扶贫村已由深度贫困村顺利脱贫出列。推动综治保险、政策性农房保险落地，新开发险种19个，首创天然橡胶价格（收入）保险并牵头推动全省覆盖，成功出具海南省首张关税保证保险保单。

**【中国平安财产保险股份有限公司海南省分公司】**2018年，下辖海口中心支公司等24个分支机构，员工632人。全年保费收入18.59亿元，市场份额28.5%，为近45万客户提供1.58万亿元的风险保障，车险保费收入13.59亿元。创新落地五指山市地方财政“保险+扶贫”橡胶收入保险，为3909户的橡胶收入提供3790万元的风险保障；执行悬赏保险、法律费用保险相继落地，为法院“基本解决执行难”助力。

**【中国人寿保险股份有限公司海南省分公司】**2018年，下辖22个分支公司，95个农村营销服务部，全省系统员工441人、销售人力5663人。总保费收入16.32亿元，市场份额14.15%，纳税金额4200万元，短险赔付件数44207件，赔付（含满期给付）支出6.05亿元。开展扶贫保险、大病保险等服务，扶贫保险承保45万人次，赔案27634件，赔款3635万元，同时为73万人次赔付1.4亿元大病保险赔款。首年期交占长险首年保费的比重同比提升45个百分点，续期保费占总保费的比重同比提升17个百分点，特定保障型业务占10年期及以上期交保费比重同比提升46个百分点。

**【中国太平洋财产保险股份有限公司海南省分公司】**2018年，有正式员工552人，下辖海口、三亚、洋浦3家中心支公司和琼海等25家分支机构。全年保费收入12.24亿元，其中车险业务实现保费收入6.81亿元、非车险业务实现保费收入2.77亿元、农险业务实现保费收入2.66亿元；赔付总支出约7.24亿元。开发芒果、胡椒、深海网箱、橡胶“保险+期货”等创新型保险产品。连续8年获得海南省“百强企业”的称号。

**【海保人寿保险股份有限公司】**2018年5月23日获得中国银行保险监督管理委员会的开业批复，5月30日正式开业，注册资本15亿元，注册地海口市，是第一家在海南省筹建开业的全国性保险法人机构。至年末，实现保费收入2.82亿元，其中原保险业务保费8169万元。共服务客户111.6万人，对接49个合作渠道，搭建39个出单平台，在售保险产品19款。

（王　质）

（编辑：王美芳）

## 财 政

【财政收入】2018年，海口市地方一般公共预算总收入（含4个区收入）436.9亿元，比上年增长14.2%，完成预算的150.3%。全市地方一般公共预算收入完成169.9亿元，同口径增长13.9%。海口市市本级地方一般公共预算总收入398.5亿元，增长13.4%（市本级不含4个区收入），完成预算的162.5%。其中：市本级地方一般公共预算收入完成99.8亿元（不含4个区及线下收入），同口径增长12%；省级补助收入119.2亿元（含跨市县横向调剂资金17.4亿元，中央综合财力补助19.3亿元）；省转贷一般置换债券收入116.5亿元；调入资金22.5亿元；区级上解收入37.1亿元；上年结余结转收入3.4亿元。市本级政府性基金总收入294.6亿元。其中：市本级地方政府性基金收入211.4亿元；省级补助收入5043万元；省转贷专项债券收入66.6亿元；上年结余结转16.1亿元。

【财政支出】2018年，海口市地方一般公共预算总支出436.9亿元，增长14.2%，完成预算的150.3%。其中：全市地方一般公共预算支出238.25亿元，增长19.7%，完成预算的100.2%。海口市市本级地方一般公共预算总支出398.5亿元，增长13.4%，完成预算的162.5%。其中：市本级地方一般公共预算支出139.8亿元，增长28.5%，完成预算的108%；补助区级支出72.1亿元；上解省支出35.2亿元；一般债还本支出122.3亿元；安排预算稳定调节基金23.1亿元；年终结余结转6亿元。市本级政府性基金总支出294.6亿元。其中：市本级地方政府性基金支出275.5亿元；补助区级支出11.5亿元；调出至一般公共预算5亿元；年终结余结转2.6亿元。

【预算管理】2018年，海口市本级部门预算编制遵循新《中华人民共和国预算法》构建“四位一体预算体系”的要求，真正实现预算管理的全覆盖，做到收入一个“笼子”、预算一个“盘子”、支出一个“口子”。积极争取上级资金支持，全年共获得上级财政资金302.8亿元；继续加大市本级对区级财政支持力度，全年共向区级财政下沉财力83.6亿元，进一步促进区域经济协调发展和基本公共服务均等化。强化预算管理，坚持财政支出有保有压。此外，累计盘活存量资金35亿元，集中财力用于保障市委、市政府重大战略决策部署、重点项目支出和各项民生事业。

【保障和改善民生支出】2018年，海口市民生支出累计完成171.9亿元，占地方一般公共预算支出的72.4%。（1）推动现代农业发展。农林水支出20.7亿元。主要包括：拨付水资源管理和保护经费1.6亿元及农田水利基础设施建设专项资金4500万元，确保水安全和水环境治理工作顺利推进；拨付6551万元，用于落实“菜篮子”保供稳价。（2）支持脱贫攻坚。全年共筹措各级财政专项扶贫资金4539万元，有力保障贫困户产业、就业、教育、医疗、危房改造等各项精准扶贫工作，并按资产收益分配和整村提升工程等相关政策，开展光伏扶贫、电商扶贫、基础设施扶贫、金融扶贫等各项工作。（3）促进教育均衡发展。教育支出36.5亿元。主要包括：拨付2.3亿元，完善城乡义务教育经费保障机制，提高义务教育办学质量及城乡覆盖，改善义务教育薄弱学校基本办学条件；拨付3亿元，扩大教育资源供给，开展“一校两园”计划，为北师大海口附校及培训基地、新建美丽沙学校、学校改扩建等项目做好资金保障，新增学位9970个；拨付8417万元，继续实施现代职业教育质量提升计划，对中职学校实现全面免学费补助。（4）完善社会保障体系。社会保障和就业支出27.3亿元。主要包括：发放就业社保补贴、公益性岗位补贴等各项就业补助4209万元，全市城镇新增就业3.36万人；拨付6200万元，为全市约4.1万名80岁以上高龄老年人发放补贴；拨付城乡居民养老保险市级补助资金3576万元，其中城乡居民养老保险基础养老金2823万元，参保缴费补贴753万元；拨付市级重度残疾人护理补贴1104万元，进一步兜牢困难群众的托底保障网。(5)提升卫生服务质量。医疗卫生和计划生育支出19.9亿元。主要包括：拨付城乡居民医疗保险市级配套资金7172万元；继续支持多方合作，引进国内外优质医疗资源，拨付上海六院海口医院（海口市骨科和糖尿病医院）运营补助资金8000万元、市人民医院与华山医院合作经费180万元；投入2969万元，保障基本公共卫生服务人均服务经费补助标准从50元提高至55元；拨付1087万元，保障计划生育奖励扶助政策全面落实；拨付实施国家基本药物补助资金855万元，加强基层公共卫生体系建设；拨付629万元，巩固取消药品加成成果。

【财政支持“三农”发展】2018年，海口市及时拨付各级涉农资金，发挥财政支农资金的使用效益。全年统筹拨付涉农资金3亿元，主要包括：拨付水资源管理和保护经费1.6亿元及农田水利基础设施建设专项资金4500万元，确保水安全和水环境治理工作顺利推进；拨付菜篮子保供稳价资金6551.1万元，保持蔬菜价格总水平基本稳定；拨付叶菜种植补贴和冬种瓜菜集中育苗补贴资金967.4万元，减轻农民生产成本负担；拨付552.49万元用于农产品质量安全监管。拨付水稻保险、能繁母猪保险、育肥猪保险等16个农业保险险种保险保费财政补贴资金1944万元。拨付农民小额贷款奖补资金128.44万元，拨付金融机构农民小额贷款贴息预拨资金618.12万元。拨付创业担保贷款贴息567.41万元，拨付金融机构奖励金27.95万元。

【城市建设资金保障】2018年，海口市拨付资金20.9亿元，用于加快坡博坡巷、下洋瓦灶等棚改项目建设；拨付2.1亿元，用于新琼片区、红城湖片区等棚改项目的周边路网等配套基础设施建设；拨付5690万元，用于住房租赁补贴、永和花园回购217套限价房转公租房室内装修工程项目，及永秀花园北二区廉租房项目；拨付6490万元，改造农村危房1180户。

【公务支出管理】2018年，海口市继续从严控制一般性支出，坚持有保有压，优先保障重点支出。全市“三公”经费支出5569万元，下降40.3%，压减资金用于脱贫攻坚、生态环保、民生、偿债等市委、市政府重点项目支出。

【国库监管】2018年，海口市财政资金监控系统触发预警阈值共12317笔，总金额782.06亿元，涉及预算部门（单位）298家；主动灭灯11985笔，金额合计775.85亿元，被动灭灯332笔，金额合计6.21亿元。其中：红灯预警1211笔，金额747.85亿元，涉及预算单位28家，红灯占预警总笔数的9.83%，减少230笔，下降15.96%；黄灯预警4338笔，金额4.15亿元；蓝灯预警6768笔，金额30.05亿元。

【国有资产收益管理】2018年，海口市本级行政事业单位经营性国有资产共113宗，涉及土地面积4.6万平方米、房产面积13.4万平方米，租金收入3725万元，增加470万元，增长14.44%。

【非税收入管理】2018年，海口市市本级非税收入完成228.93亿元，增长38.22%。其中政府性基金收入211.36亿元，增加62.85亿元，增长42.32%；专项收入11.48亿元，增加0.42亿元，增长3.8%；行政事业性收费收入2.71亿元，增加0.79亿元，增长41.15%；罚没收入0.85亿元，减少0.64亿元，下降42.95%；国有资源（资产）有偿使用收入1.59亿元，增加0.55亿元，增长52.88%；国有资本经营收入0.51亿元，增加0.15亿元，增长41.65%。

【会计管理】2018年，海口市财政局完成全市908家单位行政事业单位内部控制编报，完成会计人员技术资格报名与考试4403人次。培训全市农村财会人员1121人次，有序开展财务人员继续教育培训工作。办理建账登记合格证书单位93家和建账年检复核工作单位1461家。办理代理记账机构审批32家与换证工作6家。

【彩票管理】2018年，海口市有“两彩”投注站1100多个，年销售额15.78亿元。海口市彩票管理中心按照履行财政监管职责，开展彩票监督检查行动。按区域划分范围分段分组每天巡查彩票市场，共出动2278人次，检查“两彩”投注站2007次。配合公安机关开展打击非法彩票工作，每年开展2次彩票法规宣传活动。

【“政保贷”业务】2018年，海口市继续大力推广“政保贷”扶持政策，缓解小微企业融资难题。通过政府搭建三方合作“政保贷”平台，创新小微企业融资模式，降低企业融资门槛和融资成本，有效解决小微企业的融资难、融资贵问题。至2018年，金融机构实际累计发放贷款企业268家，发放额度共计14.94亿元。

【预算支出绩效考核】2018年，海口市纳入预算项目绩效目标编报管理的100万元以上的项目540个；部门整体支出绩效评价数量80家，覆盖全市所有一级预算部门（保密部门除外）；预算单位2017年项目支出绩效自评和2018年预算项目绩效跟踪监控也实现全覆盖，“花钱问效”的责

2018 年海口市政府采购分类明细表

| 产品品目 | 成交数量（笔） | 成交金额（元） | 节约资金（元） | 采购节约率（%） |
|---|---|---|---|---|
| 计算机 | 1366 | 32225152.3 | 2888800.94 | 8.23 |
| 计算机网络设备 | 74 | 1365854.04 | 211089.96 | 13.39 |
| 办公设备 | 1464 | 15617020.43 | 1598904.83 | 9.29 |
| 办公电器 | 117 | 1057333.97 | 110718.63 | 9.48 |
| 数码摄像 | 122 | 1156161.35 | 67692.37 | 5.35 |
| 空气调节 | 407 | 6524403 | 579505.24 | 8.16 |
| 存储设备 | 128 | 312343.6 | 28126.95 | 8.26 |
| 计算机通用软件 | 1 | 30000 | 5000 | 14.29 |
| 家具用具 | 11 | 42700 | 4277 | 9.1 |
| 办公用品 | 7 | 24628 | 1396 | 5.36 |
| 办公设备耗材 | 12 | 11662 | 1035.8 | 8.16 |
| 合计 | 3709 | 58367258.69 | 5496547.72 | 8.61 |

任契约机制正逐步形成。年内，完成 8 个重点民生、重点财政政策支出项目的绩效评价。

【政府采购】2018 年，海口市全面推动政府采购电商化改革。充分利用海南省政府采购网上商城的高效率、低成本和透明化 3 个优势，将集中采购目录中的协议供货产品推向政府采购网上商城购买，打造互联网＋政府采购的新业态，实现“市场可买、价格可比、便捷高效、公开透明”机制。全年，海口市政府采购网上商城交易 3709 笔，交易金额 5836.72 万元，节约资金 549.65 万元，节约率 8.61%。进一步优化简化政府采购流程，采购计划模块实现单位送审采购计划系统自动备案，提高采购效率。

【PPP 项目管理】2018 年，海口市不断加强项目库管理，优化项目库入库质量。组织开展 PPP 项目对标梳理和项目库自查整改工作。对项目规范运作要求、商务条件设定与现有规定不相符、入库后进展缓慢的开展清理退库；对部分未规范实施的项目，完善项目程序，限期督办整改，规避被退库风险。通过整改，主动申请退库的项目有 22 个，其中管理库 5 个、储备库 17 个，估算总投资 101.64 亿元。

（董笑然）

# 税 务

【税收概况】2018 年，国家税务总局海口市税务局共组织税收收入 435 亿元，增收 68 亿元，增长 18.6%；组织其他规费收入 149 亿元。其中十二大产业实现税收收入 297 亿元，增长 19.5%，增收 49 亿元。企业所得税在房地产业和建筑业带动下，收入 116 亿元，增长 25.6%，增收 24 亿元；国内增值税在房地产、医药制造业、烟草制品业等重点行业收入增长带动下收入 172 亿元，增长 11.3%，增收 17 亿元。年内，海甸办税服务厅被评为海南省“擦亮青年文明号 助力海南自贸区”主题活动首批青年文明号创建示范点。

【税务机构改革】2018 年 7 月 5 日，国家税务总局海口市税务局（以下简称海口市税务局）正式挂牌成立。海口市税务局有干部职工 1113 人，内设办公室、法制科、货物和劳务税

2018 年 7 月 5 日，国家税务总局海口市税务局挂牌成立

（市税务局 供）

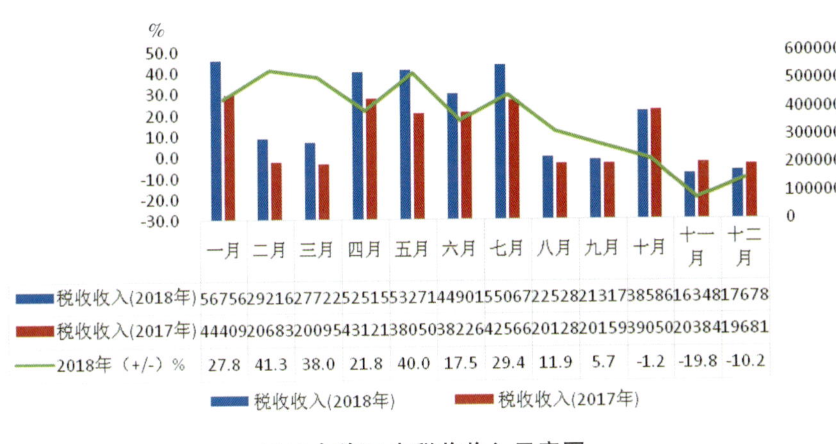


2018 年海口市税收收入示意图

科、进出口税收管理科、企业所得税科、个人所得税科、财产和行为税科、社会保险费和非税收入科、收入核算科、纳税服务科、征收管理科、国际税收管理科、税收经济分析科、税收风险管理局、财务管理科、人事教育科、考核考评科、机关党委、老干部科、系统党建工作科、纪检组 21 个内设机构，第一税务分局 1 个派出机构，纳税服务中心、信息中心、机关服务中心 3 个事业单位，下辖国家税务总局海口市秀英区税务局、国家税务总局海口市龙华区税务局、国家税务总局海口市美兰区税务局、国家税务总局海口市琼山区税务局、国家税务总局海口综合保税区税务局、国家税务总局海口国家高新技术产业开发区税务局、国家税务总局海口桂林洋经济开发区税务局 7 个区税务局，承担所辖区域内各项税收、社保费和非税收入征管等职责。机构改革期间，成立海口市税收征管体制改革专项组，制定改革事项任务台账和路线图、时间表，将改革任务细化分解为 8 大类 69 项具体工作；共调整组建职能部门 25 个；落实“三定”暂行规定工作，有序推进社保费和非税收入职责划转，初步实现“事合、人合、力合、心合”。

【办税服务厅整合】2018 年，税务机构改革后，海口市税务局整合办税服务厅资源，全市共设置办税服务厅 11 个，窗口 194 个。其中，10 个为综合办税服务厅，1 个为专业办税服务厅专门办理二手房交易业务，另在海口市政务中心和房产交易服务厅派驻窗口工作人员。（1）清理规范标识标牌，共清理办税服务厅内外部旧标识 2350 个，新制作外部标识 5 个、内部标识 200 个。（2）清查更换表证单书，统一配备系统权限、印章。为各办税服务厅印制 16 类新样式表单，对 11 个办税服务厅 300 多名工作人员系统权限进行清理，并配发新印制印章 528 枚。（3）统一办税流程，详细梳理出原国税、地税业务流程差异，逐项销号。（4）制定下发《办税服务厅服务规范指引》《办税服务厅导税工作制度》，基本统一各办税服务厅服务规范。对外发放预约办税指南、“最多跑一次”清单、风险告知书、网上税务局操作指南等宣传折页，统一设置办税服务厅公告栏、宣传资料架、电子显示屏、二维码等宣传设施。

【规范税收执法】2018 年，海口市税务局全面清理税收规范性文件，废止税收规范性文件 102 件，继续执行税收规范性文件 5 件，新发布税收规范性文件 1 件；修订完善表单 20 个，清理税收业务制度 146 项，明确、发布业务具体办理规则 42 项，按照一事不二罚的基本原则发文规范税务行政处罚，解决机构合并中有关处罚事项的疑难问题；依法办理复议诉讼案件，审理行政复议案件 9 起，参加行政诉讼案件 25 起。

【税种精细化管理】2018 年，海口市税务局以发票管理为重点，强化货物和劳务税管理，识别并设定风险纳税人 1721 户次，列入税收“灰名单”管理企业人员 428 人次，遏制虚开发票高发态势；以跨境股票和股权转让为重点，加强非居民企业税收管理，累计追缴税款 2.88 亿元；以汇算清缴为重点，强化企业所得税管理，做好基础数据审核和催报催缴工作，汇算清缴面 99.17%；以完善出口退税分类管理机制为重点，强化进出口税收管理，全年办理出口退税 7.1 亿元。

【税收核查监管】2018 年，海口市税务局运用“双随机 一公开”系统开展 4 期减免税随机核查；开展 2015—2017 年简易征收事后核查，查补税款 125 万元、滞纳金 14 万元；开展规范影视行业税收秩序专项工作，补缴税款 191 万元；开展防虚打骗，清缴欠税 20.6 亿元，其中清缴新欠 17.6 亿元、陈欠 3 亿元。持续推进黑名单和联合惩戒，首次将 49 名非正常状态大额欠税户的法定代表人列入纳税失信黑名单进行惩戒；建立由市政府主导的税收分析会议机制，加强跨部门税收合作，累计获取第三方涉税数据 32 万条，实现数据信息转化税收收入金额 4.6 亿元，其中通过法院强制执行成功追缴入库欠税共 3.7 亿元。

【优化纳税服务】2018 年，海口市税务局创新推出“套餐式”服务，可一次性办理新办单位纳税人 13 个涉税事项、新办个体工商户 5 个涉税事项；简化办税流程，针对 5 大类 141 项涉税事项实行“最多跑一次”和税收业务“同城通办、一厅通办”；推

2018年8月14日，国家税务总局海口市税务局为纳税人开民“勇当先锋，做好表率”志愿服务 （市税务局 供）

行网上办税、自助办税、预约办税新模式，从时间和空间上大大节省纳税人的办税时间；推进税收信用体系建设，为重点税源纳税人开辟“绿色通道”，累计接待纳税人194户次。开展多样化税法宣传，拍摄5部专题宣传片、印制42万份宣传折页，深入61家民营企业开展大走访，组织召开纳税人办税堵点难点座谈会7场，共搜集纳税人意见和建议319条；推进纳税人培训辅导，以纳税人学堂为基础，结合“斗鱼”等网上直播平台，全方位开展纳税人培训辅导。全年，实体纳税人学堂累计开展85期，培训人数1.76万人次；纳税人学堂网络教室累计开展15期，收看人数15331人次。

【税收优惠政策落实】2018年，海口市税务局全面落实高新技术企业、小微企业、研发费用加计扣除以及国务院出台的7项减税最新优惠政策，编制《企业所得税税收优惠操作指南和政策汇编》，依托纳税人学堂、“海口税务”微信公众号、“斗鱼”直播平台确保纳税人“应知尽知，应享尽享”。全年享受小型微利企业优惠户数8359户，减免企业所得税1.4亿元；创新型企业享受所得税优惠82户次，享受优惠税额3亿元，减免税款85.7亿元。

【个人所得税管理】2018年，海口市税务局全面做好个人所得税管理工作。助推自然人税收管理系统上线，编制自然人税收管理系统扣缴客户端软件宣传资料，通过线上自媒体平台、线下实体办税服务厅等多渠道开展宣传活动。8月1日，自然人税收管理系统正式上线，为纳税人提供更加便捷的税收服务。在个人所得税改革工作中，开通面向纳税人的个税集中办公电话，为纳税人详细解答各类专项问题；开展内外培训，对内组织师资培训10余场，对外针对财政统发单位和重点纳税人开展专项培训40余场，扫清新政盲区，帮助纳税人从“似懂非懂”到“真懂会用”，切实将改革各项优惠政策落到实处。

（程世伦）

（编辑：李　敏）

# 经济监督管理

## 宏观经济调控

【海口经济发展概况】2018年，海口市完成地区生产总值1510.51亿元，增长7.6%；固定资产投资完成1313亿元，下降6.2%；社会消费品零售总额757.5亿元，增长5.9%；地方一般公共预算收入169.9亿元，增长13.9%；城乡常住居民人均可支配收入31205元，增长8.7%。经济运行稳中有进，主要呈现3个特点：经济保持稳定增长，三次产业结构为4.2∶18.3∶77.5；新兴产业对经济发展贡献日益突出，总部经济企业发展迅速，阿里巴巴（海南）、中国旅游集团等22家企业被认定为海南省总部经济企业，文化、娱乐等营利性服务业成为经济发展新动能，对全市经济增长贡献率为46.5%；生态文明建设成效显著，成功摘取“国际湿地城市”金字招牌，环境空气质量在全国169个重点城市中排名第一。城镇生活垃圾无害化处理率100%，农村生活垃圾收集转运率95%。

海口市2018年国民经济和社会发展计划设定的33项46个指标中，约束性指标20个，预期性指标26个。约束性指标除2个尚未考核，其余18个约束性指标全部达到年初预期目标。23个预期性目标达到年初预期目标，固定资产投资、社会消费品零售总额、移动互联网用户数等3个预期性指标低于年初预期目标，主要受宏观经济下行压力加大、以减少经济对房地产的依赖、汽车零售下滑以及联通移动互联网用户数统计口径调整等影响。

2015—2018年海口市出台的产业政策一览表

| 序号 | 出台日期 | 数量（件） | 政策名称 | 备注 |
|---|---|---|---|---|
| 1 | 2015年7月 | 5 | 促进互联网产业发展的若干措施 | 2017年8月废止 |
| 2 | 2015年7月 | | 促进和服务金融业发展若干措施 | |
| 3 | 2015年10月 | | 促进互联网产业发展的若干措施实施细则 | 2017年8月废止 |
| 4 | 2015年12月 | | 促进电子商务发展扶持若干措施（试行） | |
| 5 | 2015年12月 | | 促进房地产业稳增长的实施意见 | |
| 6 | 2016年4月 | 9 | 贯彻落实省政府关于房地产市场调控的实施意见 | |
| 7 | 2016年4月 | | 加快工业发展若干规定 | |
| 8 | 2016年4月 | | 加快工业发展若干规定实施细则 | |
| 9 | 2016年4月 | | 扶持影视产业发展暂行规定 | |
| 10 | 2016年6月 | | 扶持影视产业发展暂行规定实施细则 | |
| 11 | 2016年6月 | | 促进航运业稳定发展办法 | |
| 12 | 2016年7月 | | 促进电子商务发展扶持若干措施（试行）的实施细则 | |
| 13 | 2016年7月 | | 加快促进服务贸易发展行动计划（2016—2017年） | |
| 14 | 2016年8月 | | 扶持会展业发展若干规定 | |

续表

| 序号 | 出台日期 | 数量（件） | 政策名称 | 备注 |
|---|---|---|---|---|
| 15 | 2017年1月 | 9 | 加快推进品牌农业建设的意见 | |
| 16 | 2017年1月 | | 海口市扶持会展业发展若干规定实施细则 | |
| 17 | 2017年1月 | | 海口市旅行社开发客源市场奖励办法 | |
| 18 | 2017年3月 | | 鼓励医药企业积极开展仿制药质量和疗效一致性评价工作的若干规定 | |
| 19 | 2017年4月 | | 海口市促进医疗健康产业发展若干规定 | |
| 20 | 2017年6月 | | 关于支持和引导社会办医的实施意见 | |
| 21 | 2017年7月 | | 海口市文化产业发展专项资金管理暂行办法 | 2018年8月修订 |
| 22 | 2017年8月 | | 海口市促进互联网产业发展若干规定及实施细则 | |
| 23 | 2017年9月 | | 鼓励家庭服务业发展的若干措施 | |
| 24 | 2018年6月 | 5 | 海口市支持总部经济发展若干政策 | |
| 25 | 2018年6月 | | 海口市鼓励邮轮产业发展财政补贴实施办法 | |
| 26 | 2018年8月 | | 海口市文化产业发展专项资金管理暂行办法 | |
| 27 | 2018年11月 | | 海口市促进电子商务发展若干规定 | |
| 28 | 2018年12月 | | 海口市促进人才发展若干措施 | |

**【政府投资项目计划编制】**海口市发改委围绕“一江两‘岸’、东西双港驱动、南北协调发展”及国际化滨江滨海花园城市的发展新格局，结合城市更新及重要节点项目建设等工作，于2017年8月开始谋划编制《海口市2018年投资项目计划》。2018年6月15日，市政府常务会审议原则通过《海口市2018年投资项目计划》。该计划包含基础设施建设、产业发展、百镇千村等共600个项目，年度计划投资218.88亿元（不含地方债资金），分为代建制项目计划、政府和社会资本合作（PPP）项目计划、棚改项目计划和政府投资前期项目。在218.88亿元的年度计划投资中：（1）上级资金9.99亿元，均落实。其中中央资金4.93亿元，涉及长流污水处理厂近期配套管网（一期），秀英炮台展览馆修缮，博义、盐灶、八灶片区棚户区改造基础设施等项目17个；省级资金5.06亿元，涉及海口市高级技工学校（一期工程）配套项目、海南省交通基础设施扶贫攻坚战农村公路建设工程海口项目。（2）市财政统筹61.52亿元（不含信息化专项项目投资）。其中代建制项目60.52亿元，前期项目估算费用1亿元，由市科工信局审批并实施的信息化专项项目5.84亿元。计划投资的资金根据项目推进情况适时调整。年内市财政局申请到地方债资金66.6亿元。（3）PPP资金123.55亿元。确定社会资本方项目110个，年度计划投资106.44亿元（其中开工项目61个，年度计划投资75.68亿元；未开工项目49个，年度计划投资30.76亿元）；未确定社会资本方项目10个，年度计划投资17.11亿元。（4）购买服务资金23.71亿元。（5）自筹资金0.13亿元。

2018 年海口市政府投资项目表

| 项目类别 | 项目名称 | 具体包括项目名称 | 数量（项） | 总计（项） | 年度计划投资（亿元） |
| --- | --- | --- | --- | --- | --- |
| 代建制项目 | 城市五化建设项目 | 城市净化建设 | 2 | 20 | 4.65 |
| | | 城市绿化建设 | 14 | | |
| | | 城市亮化建设 | 1 | | |
| | | 城市美化建设 | 3 | | |
| | 道路交通基础设施 | 对外连接路 | 5 | 52 | 8.36 |
| | | 城市干支连接线 | 36 | | |
| | | 交通组织优化 | 1 | | |
| | | 保障房（棚户区）配套道路 | 7 | | |
| | | 隧道、桥梁 | 3 | | |
| | 城乡环境基础设施 | 城镇污水收集处理 | 10 | 22 | 6.61 |
| | | 水环境整治 | 4 | | |
| | | 防洪防潮 | 4 | | |
| | | 生态修复和湿地建设 | 4 | | |
| | 科教文卫基础设施 | 文体基础设施提升 | 26 | 99 | 24.86 |
| | | 信息化 | 1 | | |
| | | 教育基础设施提升 | 17 | | |
| | | 医疗卫生基础设施提升 | 8 | | |
| | | 民生改善提升 | 23 | | |
| | | 政法、军民融合基础设施 | 18 | | |
| | | 政务服务设施提升 | 6 | | |
| | 产业提升 | 第一产业基础设施提升 | 13 | 26 | 5.85 |
| | | 第二产业基础设施提升 | 4 | | |
| | | 第三产业基础设施提升 | 9 | | |
| | 扶贫、脱贫 | 农村公路 | 5 | 6 | 6.19 |
| | | 农村供水保障 | 1 | | |
| | 其他 | 完工但未结清工程款类项目 | 3 | 9 | 6.88 |
| | | 其他建设项目 | 6 | | |
| | PPP 转代建制 | PPP 转代建制 | 7 | 7 | 5.35 |
| | 小计 | | | 241 | 68.75 |

续表

| 政府投资项目 | 项目名称 | 具体包括项目名称 | 项目数量（项） | 总计（项） | 年度计划投资（亿元） |
|---|---|---|---|---|---|
| 政府和社会资本合作（PPP）项目 | 城市五化建设 | 城市绿化建设 | 6 | 11 | 12.75 |
| | | 城市亮化建设 | 2 | | |
| | | 城市美化建设 | 3 | | |
| | 农林牧渔 | 村镇产业发展项目 | 2 | 2 | 0.85 |
| | 道路交通 | 秀英区道路桥梁建设项目 | 14 | 63 | 29.53 |
| | | 龙华区道路桥梁建设项目 | 17 | | |
| | | 琼山区道路桥梁建设项目 | 10 | | |
| | | 美兰区道路桥梁建设项目 | 19 | | |
| | | 跨区道路桥梁建设项目 | 3 | | |
| | 水务 | 供水及配套管网建设项目 | 1 | 22 | 54.71 |
| | | 污水处理及配套管网建设项目 | 12 | | |
| | | 河道整治项目 | 2 | | |
| | | 港口及配套道路和防洪（潮）项目 | 7 | | |
| | 环境保护 | 水环境综合治理 | 1 | 2 | 11.60 |
| | | 生态修复 | 1 | | |
| | 城市综合管廊项目 | 城市综合管廊项目 | 17 | 17 | 15.39 |
| | 社会事业 | 公、检、法、司 | 1 | 3 | 0.59 |
| | | 教育 | 2 | | |
| | 小计 | | | 120 | 125.42 |
| 棚改项目 | | | | 12 | 23.71 |
| 政府投资前期项目 | | | | 227 | 1 |
| 总计 | | | | 600 | 218.88 |

**【建设资金筹措】**2018年，海口市申请到重大水利工程、国有垦区危房改造、保障性安居工程、旅游基础设施和公共服务设施、国家文化和公共文化服务设施、电子政务专项、互联网+重大工程和人工智能创新发展、服务业发展引导资金、重大基础设施共10大投项的中央资金，中央资金项目共21个，总投资60.49亿元，累计申请到中央资金4.49亿元。

**【项目审批管理】**2018年，海口市发改委加强项目前期管理，做好项目立项、可研审查工作。严格项目投资规模审查。项目涉及面广且专业跨度较大，为确保项目前期工作质量，严格按照国家相关政策法规及行业技术规范，对项目的建设内容、规模、技术方案、投资等内容进行严格审查，全年共签署294个项目的代（理）建合同，委托可研评估144项。做好概预算审查和部门经费及其他费用的复（审）核工作，完成164项概预算、部门经费及其他费用的复（审）核工作，送审金额281.1亿元，审核金额210.58亿元，核减70.52亿元，核减率25.1%。

**【信用城市建设】**（1）信用联合奖惩。2018年6月，海口市发改委、市中级人民法院等37个单位联合印发《关于加快推进海口市失信被执行人信用监督、警告和惩戒机制建设的合作备忘录的通知》，同时利用信用海口门户网站，对全市失信被执行人进行滚动播放，加大惩戒。年内，海口市守信联合激励和失信联合惩戒措施已在市法院、市工商局、市食药监局、海口质监局、市地税局、市国税局、市人社局、市环保局、市市政市容委、市发改委、市住建局、海口警备区等部门实施。各行业在行政审批过程中，对当事人的信用信息特别是“双公示”“红黑名单”信息做到“逢报必查”“逢办必查”。选出2018年信用“红名单”109个、“黑名单”123个，在“信用海口”网站上进行发布并联合奖惩。（2）信用信息共享。海口市新的信用信息共享平台和门户网站正由阿里集团组织建设中。原有的平台和门户网站采集、公示并和国家、省平台与门户网站共享、交换的数据（截至2018年底）包括：归集“双公示”信息9.73万条，其中行政许可信息8.06万条，行政处罚信息1.67万条；归集失信被执行人（自然人）信息3065条、失信被执行人（法人或其他组织）信息1527条；归集企业工商登记信息55.06万条。（3）重点领域信用建设。2018年，海口市在全国省会副省级城市信用监测中每月排名在第25～30名之间，但不良信息比率连续几个月在全国排名前列。为此，市发改委加强与媒体沟通，以正面报道为主；开展诚信建设万里行活动，扎实开展信用体系建设示范城市创建，做好信用应用示范工作。（4）信用文化和制度建设。海口市结合创建全国文明城市、创建国家卫生城市的要求落实信用工作。开展创建“诚信经营”示范街（市场、店）活动、海口市第六届诚实守信道德模范评选活动，参与全省诚信企业评选活动等，举办“诚信点亮中国”暨青年诚信建设论坛活动。将诚信海口网和海口文明网、海口网相结合，专设文明动态、身边好人、文明大行动、志愿服务、榜样力量等栏目，大力宣传诚信文明的内容，报道诚实守信先进个人事迹，引导个人和企业信用理念逐步形成。以精神文明和信用文化建设相结合，夯实诚信制度保障工作，通过打造诚信海口示范街区，营造规范有序、诚信经营、公平交易的市场环境。其中，中山街道打造解放西诚信经营示范街，授予36家商企、店铺“诚信经营示范店”牌匾。（5）信用建设创新及亮点。推进城市“信易+”移动支付服务。引进阿里集团，和阿里集团合作建设城市大脑项目，在政务、交通、医疗、教育、商业等方面全面推进移动支付，提供各类“信易+”服务。至年底，公交支付宝扫码乘车上线并完成目标，全市1700多个公交站线路图完成更换；打通电子社保卡，在主要医院覆盖移动支付；19家高校引入移动支付和IoT扫脸支付设备，全市600家幼儿园、中小学教育缴费平台上线，至年底，已签约高校10所，开户中小学718所，基本完成公立中小学、幼儿园的覆盖。商业消费方面，连锁便利店引入IoT机具实现扫脸支付，主要景区引入IoT机具实现扫脸购票，至年底，IoT扫脸设备上线4家（易买、海供、环岛易购、广百家，94家门店），目标未签约1家，全市小微商户新增移动支付覆盖近7.03万户。农贸市场创新信用应用。7月，海口头铺农贸市场率先实施通过“信用+溯源+支付”的智慧农贸信用市场新模式。建设银行通过“互联网+大数据+农贸市场”模式，参与海口智慧农贸信用市场建设。借助物证码记录产品的可溯源，通过交易数据提供经营的信用记录，根据从业行为，建立信用评分标准，对摊主从业信用信息进行量化评估，信用评级在摊位前公示，提供可信数据分享，增进摊主的个人诚信，推动农贸市场的商务诚信，促进行业和市场经济可持续健康发展。

（唐句广）

# 口岸管理

**【口岸概况】**海口市有2个国家一类开放口岸：海口美兰国际机场口岸和海口港口岸（秀英港区）。2018年，海口口岸出入境旅客119.7万人次，增长30.9%。其中：海口美兰国际机场口岸出入境旅客114.8万人次，增长28.9%；海口港口岸出入境旅客4.8万人次，增长87%。出入境交通工具10086（架/艘次），增长8.1%，其中：海口美兰国际机场口岸出入境飞机9369架次，增长8.8%；海口港口岸出入境船舶717艘次，增长0.1%。出入境货物125.2万吨，下降8.5%，其中：海口美兰国际机场口岸国际及地区货邮量0.43万吨，增长33.3%；海口港口岸出入境货物124.8万吨，下降8.6%。

**【口岸开放】**2018年，海口美兰国际机场口岸新开国际航线15条：即海口⇌悉尼（1月开通）、泗水（4月开通）、莫斯科州（4月开通）、马尼拉（5月开通）、芽庄（7月开通）、基辅（9月开通）、圣彼得堡（10月开通）、新山（10月开通）、乌法（10月开通）、萨马拉（10月开通）、喀山（10月开通）、车里雅宾斯克（11月开通）、斯里巴加湾（11月开通）、哈巴罗夫斯克（11月开通）、墨尔本（12月开通）。海口港口岸（秀英港区）新开邮轮航线：“辉煌号”邮轮和“双子星号”分别以秀英港为始发港运营海口至越南、菲律宾邮轮航线，共运营95航次。海口港区汽车整车进口口岸业务：共入境陆地巡洋舰、戴纳肯、塞纳、普拉多等进口品牌汽车552辆，货值2213万美元。航空煤油保税业务：共为15家境外航空公司1985架次飞机加注航空保税油14466吨，累计节约航煤成本约940.3万元。水域开放：6月25日，交通运输部批复新埠岛沿海水域（东营海上景区）临时对外开放期限延长至2019年1月18日。

**【口岸查验】**落实海南省免除查验没有问题外贸企业吊装移位仓储费政策，2018年，海口市共免除4笔查验没有问题外贸企业吊装移位仓储费用总计29.26万元。压缩海港口岸进出口货物整体通关时间，海口港口岸进口货物整体通关时间41.51小时，出口货物整体通关时间3.12小时，与上年相比分别压缩67.3%和97.1%，实现压缩进出口货物整体通关时间三分之一的目标。继续做好降低集装箱进出口环节合规成本有关工作，全年海港口岸集装箱进出口环节总体平均费用分别约3400元和2720元，分别降低728元（105.5美元）和767元（约111.2美元），实现降低集装箱进出口环节合规成本100美元的目标。推广应用国际贸易“单一窗口”标准版。7月25日，组织海港口岸现场各查验单位，口岸运营企业，外贸企业，货物代理、船舶代理、理货公司、报关报检企业等开展跨境贸易便利化推进暨国际贸易“单一窗口”关检融合申报培训，共90余人参加培训。

**【重大活动通关与服务】**2018年3月22日至4月2日，第九届环海南岛国际大帆船赛举办。海口海港口岸单位保障参加海口赛段的2艘外籍帆船、12名外籍船员安全、便捷、顺畅通关。4月8—11日，海口空港口岸单位共保障参加博鳌亚洲论坛的832人次境外嘉宾，14架次公务机，116架次国际航班，47个礼遇代表团，6个警卫团队安全、便捷通关。

**【邮轮到访】**2018年1月1日至4月15日，“辉煌号”邮轮以秀英港为始发港运营海口至越南、菲律宾航线75航次，出入境旅客31596人次。2月25日至3月27日，“双子星号”邮轮以秀英港为始发港运营海口至越南、菲律宾航线20航次，出入境旅客10784人次。3月14日，“维京太阳号”邮轮到访秀英港，旅客人数779人（外国籍）。4月17日，“海洋之梦号”邮轮到访秀英港，旅客人数510人（外国籍）。10月5日，“维京猎户座号”邮轮到访秀英港，旅客人数866人（外国籍）。11月6日，“维京猎户座号”邮轮到访秀英港，旅客人数890人（外国籍）。

（顾少兴）

## 海关监管

**【海关工作概况】**2018年，海口海关税收净入库95.27亿元，增长27.8%，连续2年保持两位数增长，超额完成预定的79.41亿元税收目标。海南外贸进出口总值848.2亿元，增长20.7%；口岸进出口总值1150亿元，增长28%。海口海关（机关）和八所海关、三亚海关通过“全国文明单位”复核，八所海关获评“全国海关系统先进集体”。

**【海关税收】**2018年，海口海关强化综合治税，完善税收征管考核制度，全年税收净入库95.27亿元，增长27.8%。其中关税入库9.5亿元，下降3.3%；进口环节税入库85.8亿元，增长32.5%。完成5.33亿元专项税款催缴，税款入库及时性、风险排查处置率等6个指标优于全国平均水平，减免税抽样考核正确率连续3年保持100%。

**【海关通关监管】**2018年，海口海关共监管进出口货运量3218万吨，减少1.7%。其中进口货运量2719万吨，增长7.2%；出口货运量499万吨，减少32.5%。监管进出境运输工具2.3万艘（架）次，增长11.4%。监管进出境旅客210.9万人次，增长18.6%，其中飞机旅客204.2万人次，增长19.2%；邮轮旅客6.7万人次，增长3.6%。监管进出境邮递物品3.4万件，减少4.6%；邮政快件9.7万件，减少9.2%；非邮政快件从1月在海口美兰国际机场快件中心投入使用开始统计，共进口21.4万票。

**【海关缉私】**2018年，海口海关落实党中央、国务院及海关总署关于打击洋垃圾、成品油走私的决策部署，全力开展“国门利剑2018”“蓝天2018”“禁毒三年大会战”等专项联合行动，创新升级大要案侦办战术战法，打造缉私大数据池，推动海南省政府启动反走私立法，健全反走私综合治理体系。全年查发案件316宗，其中刑事立案68宗，案值11.5亿元、涉税2.24亿元，立案数和涉税增长61.9%和3.1%；行政立案248宗，案值2778.7万元，涉税384.5万元。对全岛成品油走私团伙进行全链条打击，共打掉走私成品油团伙10个，抓获涉案嫌疑人160余名，案值6.06亿元，查证涉案走私成品油9万吨；打掉走私钢铁废碎料团伙6个，查证走私出口钢铁废碎料18.09万吨；查办走私新型毒品入境系列案5宗，查获“巧克力”“糖”“邮票”等新型毒品约3.9千克，首次打掉一个境外人员向中国年轻留学生群体走私贩卖新型毒品的网络。

**【海关检验检测】**2018年，海口海关检验检测能力进一步加强，关区各技术机构认可检测项目3559项，其中技术中心新增扩大认可项目1419项，数量创历年新高。采购280台（套）仪器设备，研发非洲猪瘟疫检测项目，储备归类认定鉴定技术，加强固体废物检测能力建设，为执法把关提供技术支持。 推进国家热带虫媒传染病检测重点实验室建设，建立基于DNA条形码技术的濒危兰科物种快速检测鉴定方法，建成兰科种质资源引种基地。开发“海南外来有害生物数字标本馆”管理系统及扫描二维码访问数据库功能。

**【海关风险防控】**2018年，海口海关发挥风险防控先导作用，实行监控指挥中心与风险防控中心一体化运作，加大对禁限管制、侵权、伪瞒报风险的布控，加大非侵入式查验应用，建立“机检优先，人工补充”查验作业模式。加大知识产权海关保护力度，查获侵权案件3起，涉案侵权物品2000件。强化对虚假贸易管控，年内核查处置存在虚假贸易嫌疑进出口报关单20份、涉及金额12.5亿元。深化东西片区集约化稽查模式，推进关检融合“多查合一”，开展医药、

2018 年 11 月 15 日，海口海关面向进出口企业举办《海关专用缴款书》企业自行打印改革培训班（张振豪 摄）

椰果、煤炭等行业专项稽查，查发率 100%。

【进出口食品和商品质量监管】2018 年，海口海关完善“安全抽样检验 + 风险监测 + 专项检测”三位一体监督抽检体系，完成进口食品监督抽检 460 个样品和出口食品 99 个样品安全监督抽检任务，处置 5 批进口化妆品监测检出禁用物质铊等应急事件。加强企业监管和源头治理，检查出口食品生产备案企业 70 家，注销 3 家出口水产品养殖基地和 1 家供港澳蔬菜种植基地备案资质，保障出口产品安全。加强大宗资源性商品检验监管，检出不合格煤炭 86.13 万吨，杜绝劣质煤炭进口。完成 901.86 万吨原油和 8.12 万吨铁矿石等环保项目监测，妥善处理进口 8000 吨独居石辐射超标问题，开展安全质量风险监测 74 批次，完成进口汽车整车检验监管 527 辆；开展“口岸天平”行动，检出进出口大宗资源性商品短重 4639.54 吨，12 例进口天然气短重案例受海关总署全国通报表扬。

【口岸疫情疫病防控】2018 年，海口海关严格落实国务院、海关总署有关非洲猪瘟防控工作要求，强化洋浦进口肉类指定口岸监管，开展进口肉类指定存储冷库和辖区出口肉类备案养殖场风险隐患排查，严控非洲猪瘟疫区肉类产品入境，年内截获来自疫区的猪肉及其制品 351 批次、341.69 公斤并进行无害化处理，口岸未发现非洲猪瘟病例。全年截获禁止进境物 10135 批次、8756 千克，截获有害生物 1597 批次、165 种类、2201 种次。开展“绿蕾 4”专项行动，在旅客进境、邮寄渠道等截获禁止进境物 6242 批次、5453 千克，检出检疫性有害生物 10 批次、5 种类。加强口岸核心能力建设，成功上线“智慧卫生检疫系统”，关区 5 个口岸均高分通过海关总署口岸核心能力复核；强化对埃博拉出血热、中东呼吸综合征、霍乱等疫情严防严控，筑牢口岸检疫防线，全年海南口岸出入境人员检疫查验检出有传染病症状者 438 例、确诊 124 例。

【口岸提效降费】2018 年，海口海关出台压缩整体通关时间工作指导意见，创新开发移植统计数据智能化应用平台，实现通关时效及报关单各环节情况动态监控，12 月，海南口岸进口、出口整体通关时间分别比 2017 年平均时间压缩 59%、96.8%，超额完成年内压缩三分之一的目标。支持国际贸易“单一窗口”标准版应用推广，货物、运输工具、空运舱单申报率 100%。推进口岸执法领域“放管服”改革，推进布控查验“双随机、一公开”，每月随机布控查验占比均为 90%以上；推进海关、海事、边防等口岸查验单位跨部门一次性联合检查工作，降低企业制度性交易成本；继续实施“免除查验没有问题外贸企业吊装移位仓储费用”改革，惠及辖区外贸企业 308 家次、集装箱 1289 个；推广《海关专用缴款书》企业自行打印改革，全年企业自行下载、打印税单占同期关区打印税单的 95%以上，支持企业减负增效，推动海南加快构建国际化、法治化、便利化的营商环境。

【海关支持海南自贸区（港）建设】2018 年，海口海关成立关长任组长的支持海南自贸区（港）建设工作领导小组，组建5 个专项工作组，举全关之力支持海南自贸区（港）建设。强化调查研究，选派 12 名人员赴全国 11 个自贸区调研，多轮次参与全国人大、全国政协、国家发改委等来琼实地调研活动，编印《自贸区、自贸港知识手册》；配合海关总署开展中国特色自由贸易港海关监管制度前瞻性研究，向海关总署报送《中国特色自由贸易港海关监管框架方案（讨论稿）》。主动对接《中国（海南）自由贸易试验区总体方案》，对 11 个牵头事项、46 个协办事项进行分解细化。研究形成全球动植物种质资源引进中转基地设施建设和体制机制两项研究成果；启动关税保证保险改革试点，配合总署进一步规范简化博鳌乐城国际医疗旅游先行区临床急需医疗器械安全监管，推动医药公用型保税仓库投入运营，助力自贸区（港）先导性项目实施。年内，《总体方案》中涉及的海口海关主办事项基本完成。

【海关服务国家开放战略实施】2018 年，海口海关支持海南加强与“一带一路”沿线国家交流合作，推动三亚凤凰机场国际快件中心正式运营，推动平行进口车保税仓储优惠政策落地实施，推动跨境电商网购保税、航空保税维修等新兴业务做大做强，支持海口美兰机场开展国际航空中转旅客“通程航班”业务，全年保障全省空港口岸增开新航线21条、增长23.5%。助推海南建设国际旅游消费中心，保障离岛免税政策第五次调整顺利实施，提前研究乘轮船离岛旅客监管模式和开发信息监管系统，实现免税购物政策对离岛旅客的全覆盖，加强对免税进口食品化妆品安全和商品质量把关，对4批检出安全卫生不合格食品实施监督销毁，全年监管离岛免税店销售免税品97.4亿元，增长21.5%。支持海南邮轮游艇产业发展，在海口港邮轮码头实施电讯检疫及人员直通模式。支持海南特色产品扩大出口，优化食品农产品出口通关流程，支持红心火龙果、无核荔枝、无籽蜜柚、雪茄烟叶实现首次出口，海南新鲜热带特色水果实现出口欧美市场的历史性突破。

【海关业务科技协同发展】2018年，海口海关深挖大数据应用潜能，建成大数据交换平台，采集工商、税务、市场监管等超2000万条数据，实现业务动态、行政情况动态分析及大数据可视化展示。推进“互联网+”建设，上线“金关二期”特殊监管区域管理系统，推广使用UC系统，开发海口海关统一通信深化应用子系统，将原关级政务信息系统由28个整合为7个。构建业务与科技深度融合机制，开展HZ2011应用效能评估，开发“集装箱机检率统计”等8项功能。全面上线新一代海关税费电子支付系统。全面推广使用查验管理系统、集中审像系统、查验异常结果处置系统和运输工具水空子系统，在业务现场安装（更换）CT型X光机、门式行人辐射探测设备、车载式H986机检设备等各类信息化装备16台，“智慧监管”建设水平明显提升。

【关检融合机构改革】2018年4月20日，原海南出入境检验检疫系统统一以海关名义对外开展工作，口岸一线旅检、查验和窗口岗位实现统一上岗、统一着海关制服、统一佩戴关衔。旅检监管、通关作业申报查验放行“三个一”、运输工具登临检查、辐射探测、邮件监管、快件监管、报关报检企业资质注册以及对外“一个窗口”办理等7个业务领域完成优化整合，实现“一口对外、一次办理”，并完成业务单证及印章的统一替换。

【海关预裁定制度实施】2018年2月1日，《中华人民共和国海关预裁定管理暂行办法》正式施行，在海南注册的进出口企业可通过电子口岸“海关事务联系系统”（QP系统）或“互联网+海关”一体化平台向海口海关提交归类、价格、原产地预裁定申请。海口海关作出的预裁定决定在全国海关适用。预裁定制度的实施，简化企业通关流程，提高通关效率。

【“入/出境货物通关单”手续取消】2018年5月29日，海关总署下发公告，自6月1日起正式全面取消“入/出境货物通关单”（以下简称“通关单”），企业进出口报关过程中不再需要办理申领通关单。通关单原来由出入境检验检疫机构签发，主要涉及法定检验检疫进出口商品。过去，若企业进口一批货物，且货物商品在国家法定检验检疫目录中，企业需分别向海关和检验检疫机构申报进口，进口货物通过检验检疫查验后，签发通关单，海关凭通关单对企业进出口货物进行审单、征税、放行。关检融合后，进出口货物通关手续由海关统一办理，通关单已失去原有职能和意义。通关单取消后，企业可通过“互联网+海关”及“单一窗口”平台向海关一次申报；海关实行一次查验、一次放行。取消通关单是海关全面促进关检融合的实际举措，可简化企业申报、减少通关环节、加速货物放行，为守法企业提供通关便利、降低通关成本，有利于优化营商环境、促进贸易便利化。

【海关新一代税费电子支付系统运行】2018年7月4日，海航进出口有限公司通过海关新一代税费电子支付系统率先完成海南地区第一票税单支付，该票报关单货物为硫化橡胶制封圈，税款519.37元，从企业提交缴税申请到税款核注仅用时1分钟。新支付系统的推出，使企业通过“单一窗口”即可实现税款缴纳，税款实扣成功后，系统立即自动放行，为企业赢得时间红利，实现企业、海关、商业银行和国库的直联互通。

【海南省首票电子汇总征税保函办理】2018年7月13日，海口海关成功接收海南金海浆纸业有限公司电子汇总征税保函并办理电子担保备案手续，此单为海口海关办理的海南省首票电子汇总征税保函业务。电子汇总征税保函是通过海关、人民银行、商业银行之间系统直联互通，进行担保数据信息电子化传输，实现海关对担保备案、变更、撤销、担保额度扣减和返还、索偿等业务的电子化作业。电子汇总征税保函的推出，实现“数据多跑路、企业少跑腿”，优化税收服务，改善营商环境。

【海关进出口货物整合申报】2018年8月1日，海关进出口货物整合申报正式实施，原报关单、报检单合并为一张新报关单。原报关报检申报系统整合为一个申报系统，通过录入一张报关单、上传一套随附单证、采用一组参数代码，实现一次申报、一单通关。整合申报是出入境检验检疫管理职责和队伍划入海关后，海关机构改革在实现“改头换面”基础上“脱胎换骨”的第一步，是关检业务全面融合的历史性、标志性改革措施，也是海关优化营商环境、应对复杂外贸形势和服务外贸企业的一项重要举措。经过梳理整合，原报关、报检共229个申报项目精简为105个，统一国别（地区）、港口、币制等8个原报关、报检共有项的代码，其中7个采用国家标准代码或与国家标准建立对应关系。海关简化整合进口申报随附单

经济监督管理

2018 年海口关区综合业务统计表

| 指　标 | | 单位 | 累　计 | 同比 ±（%） |
|---|---|---|---|---|
| 货物监管 | 进出口货运量 | 万吨 | 3218 | –1.7 |
| | 进口 | 万吨 | 2718 | 7.2 |
| | 出口 | 万吨 | 499 | –32.5 |
| | 监管运输工具数 | 艘架次 | 22629 | 11.4 |
| | 进出境船舶 | 艘次 | 5429 | 2.6 |
| | 邮轮 | 艘次 | 136 | 58.1 |
| | 游艇 | 艘次 | 19 | 18.8 |
| | 进出境汽车 | 辆次 | 0 | — |
| | 进出境飞机 | 架次 | 17200 | 14.5 |
| 关税税收 | 实际入库税收 | 亿元 | 95.3 | 27.8 |
| | 实际入库关税 | 亿元 | 9.5 | –3.3 |
| | 实际入库代征税 | 亿元 | 85.7 | 32.5 |

证，将原报关、报检 74 项随附单据合并整合成 10 项，102 项监管证件合并简化成 64 项。

**【关税保证保险改革】**2018 年 11 月 1 日起，海口海关全面推广关税保证保险改革。11 月 6 日，成功受理海南省首票关税保证保险申请。关税保证保险改革是海关总署贯彻落实国务院精神进一步提效降费的政策措施，也是海口海关贯彻落实中国（海南）自由贸易试验区（港）总体方案的最新举措。

（林　慧）

（编辑：付红琼）

# 海事管理

**【海事管理概况】**2018 年，海口辖区进出港船舶 7.1 万艘次，货物吞吐量 9243.6 万吨，集装箱吞吐量 156.2 万标箱（因系统故障，10 月和 11 月数据严重失真，故不与上年数据作对比）。全年发生水上交通事故 10 起（小事故 7 起，一般等级事故 3 起），直接经济损失约 1909 万元，沉船 1 艘，无人员伤亡，辖区水上安全形势基本保持稳定。

**【琼州海峡客滚运输安全保障】**2018 年春运期间，海口海事局及时保障 355 万名旅客、73 万辆汽车安全过海，打赢“抗雾保运”攻坚战。年内，与北海海事局签署《北琼航线海事监管协调机制》，与湛江海事局建立互派审核员制度，进一步完善优化两岸三地海事监管协作机制，形成监管合力。稳步推进客滚船安检实训基地建设，打造安检员学习交流平台。开展客滚船员驾驶行为专项行动，组织客滚船事故险情后评估，编制《2018 年琼州海峡事故警示录》，整治“冒险航行”驾驶，提升从业人员安全意识。联合海洋、交通部门开展碍航渔网整治活动，净化客滚航线通航环境。全年客滚船进出港 5.1 万艘次，过海旅客 1522.2 万人次，过海车辆 331.5 万辆，分别增长 3.8%、6.8% 和 8.9%，客滚运输效能和安全性进一步提升。

**【水上综合治理】**2018 年，海口海事局深入开展平安交通百日行动、中小型船舶安全管理等专项工作，有效排查防控辖区船舶风险隐患。贯彻落实海南局内河船舶非法从事海上砂石运输治理工作现场推进会精神，实施重点水域常态化排查，深化联合巡查执法模式，理顺案件移送机制，探索构建疏堵结合、标本兼治的治理模式，挤压内河船非法参与海上砂石运输生存空间，逐步推动辖区海上砂石运输正规化、合法化。联合开展琼州海峡“保畅清障”行动 4 次，持续整治港湾水域锚泊秩序，保障辖区航行水域安全畅通。首次实施行政强制措施，与相关部门密切配合对金水门 5 艘违规餐饮船实施强制拖离，基本完成中央环保督查重点督办案件整改。开展船员任解职现场专项检查 592 艘次，规范船员任职履职行为。强化渡口渡船和水上旅游船艇定期巡查机制，协助地方政府撤销渡口 5 道，进一步优化辖区渡运环境。联合交通部门建立集装箱定期抽查制度，全年共查处危险品集装箱谎报瞒报案件 5 起，有效遏制非法装载危险货物行为。强化辖区船舶水污染和大气污染防治工作，加强到港船舶燃油质量检查，处罚超标排放污水船舶 3 艘次，推动生态文明建设。组织修订《非税收入票据管理规定》，推行集装箱水水联运货物报备核销制度，开展规费稽查 5 次，规费征管工作进一步规范。

**【海上应急处置】**2018 年，海口海事局制定《琼州海峡客货滚装运输突发事件应急预案》，举办客滚船海上应急救助综合演练，进一步理顺辖区海上应急救助协调机制，整体提升客滚船突发事件应急处置能力。争取地方财政年度搜救经费补助 115 万元，配置 60 套综合应急装备，招募 39 名搜救志愿者并开展应急救助技能培训，夯实辖区应急搜救基础。组织危险品船舶船一岸应急联合演练 4 次，举办溢油应急事故现场指挥人员培训班，筑牢危险品应急处置学习交流平台。市政府制定发布防治船舶及其有关作业活动污染海洋环境应急能力建设规划和应急预案，稳步提升辖区防污染应急处置水平。海口海事局成功组织

2018年9月28日，由海口海上搜救分中心主办，海口海事局等5家单位承办的琼州海峡客滚船海上应急救助综合演练举行　（海口海事局 供）

防御“贝碧嘉”等4个台风，实现台风期间零损失、零伤亡。全年共组织海上搜救行动18次，成功救助遇险人员54人次，救助成功率100%。

【海事助推琼州海峡港航一体化建设】2018年，海口海事局推进琼州海峡定线制、报告制运行情况评估和调整工作，同步研究现场监管和VTS监控重心调整工作，适应港口功能调整需求。服务航运企业，助推航运资源整合进程，助力辖区航运业可持续发展。加强水工项目安全监管与指导，保障国家海洋公园帆船帆板公共游艇码头、南方电网联网工程等项目顺利实施。加强水上飞机、跨海高铁等项目的海事监管研究，助推新兴产业培育发展。扎实服务船员市场，组织各类船员培训考试13期，签发各类船员证书共382本，助推船员市场健康发展。

【海事基础保障】2018年，海口海事局推进VTS维护外包和机房辅助设施改造项目实施，大幅缩短VTS故障修复时间，有效节省人力资源成本。与地方政府协调沟通，全力推进白沙门雷达站搬迁工作，完成白沙门等4处雷达天线单元结构改造，提高系统稳定性，VTS可用率99.7%。推进船员服务外包，抓好公务船艇运行管理制度完善与落实，强化设备维护保养和隐患排查整改力度，确保船舶适航率达95%以上。全年共开展海上巡航86次，累计巡航时间704小时，巡航里程8669海里。

【海事政务服务优化】2018年，海口海事局推广“互联网＋政务服务”和“线下线上相结合”的政务办理模式，行政审批办理期限平均缩短50%，海事政务服务更加便捷高效。提升政务公开水平，发布服务指南，网上实时公布政务办理结果，政务办理更加高效透明。开展送服务上门和延时服务，解决辖区企业实际困难。做好“单一窗口”的推广应用，推动辖区进出口岸“无纸化”申报。完善口岸单位联合登临检查机制，提高口岸通关效率。

（巩　翔）

# 统　计

【统计服务】2018年，海口市统计局完成《2018年统计月报》《横向对比资料》《海口领导干部手册》《2017年海口国民经济和社会发展统计公报》《2018年海口统计年鉴》等统计产品编印；完成第三次农业普查成果研发；实时监测经济发展新动向，科学分析和研判经济运行趋势，撰写统计分析报告23篇（其中海口统计15篇、综合进度分析8篇），及时准确把握经济发展变化，向市委、市政府和各级部门提供可靠统计支撑。

【统计执法】2018年，海口市统计局组织市、区统计执法人员参加国家、省局举办的统计法业务培训，全市有10人取得国家统计执法证，执法人员综合执法水平不断提高。开展“双随机一公开”执法检查工作，全年抽查单位72家，100%完成省、市“双随机”执法检查工作任务。至12月31日，共受理海口12345政府服务热线处理办件10件，其中投诉类7件，咨询类2件，建议类1件。

【统计调查】2018年，海口市统计局完成2017年非公有制领域、中央驻琼单位人才资源统计调查工作，开展2018年人口变动情况抽样调查、全面小康社会调查以及妇女儿童发展规划统计工作。与市爱国卫生运动委员会办公室以及市交通运输和港航管理局共同完成：2018年上半年海口市群众对卫生状况满意率调查、海口中心城区公交专用道项目民意调查、2018年海口市建成区黑臭水体整治效果公众评议调查、2018年公众对海口城市园林绿化满意率调查、海口市创建国家食品安全示范城市群众满意度调查等工作。

【第四次全国经济普查】2018年9月开始，海口市开展“地毯式”清查，各级经普办加班加点对单位和个体经营户的实际经营情况进行上门登记、录入、编写行业代码、校对修改错误信息，按照国家工作节点100%完成底册核查工作，总共清查单位69282家、个体经营户93355家，圆满完成清查任务。

【基本单位名录库管理】2018年，海

口市统计局与工商、税务等部门沟通，按季度、半年、年终节点获取2017—2018年新增、变更、注销调查单位名录，通过筛选比对来更新基本单位名录库。就新增单位组织召开4个区统计局调查业务培训，布置新增单位调查入库工作。完成基本单位名录库中季报、年报信息的审核、认定工作，修正各类信息6746条。根据《国民经济行业分类》（GB/T4754—2017）和海口市最新区划代码，对名录库进行新旧行业代码更替和新旧区划代码更换，共更新区划代码1194条，更新行业代码59611条。

（林 涛）

# 审计监管

【审计工作概况】2018年，海口市审计局共完成财政审计、领导干部经济责任审计、自然资源资产责任审计、政府投资审计、国有企业审计、政策落实跟踪审计、民生审计等计划项目和交办项目188项，审计发现问题415个，查出问题金额184.44亿元，较上年增加16.23亿元，增长9.64%，核减工程造价5.52亿元，核减率17.87%；提出审计建议271条，增长2.26%，移送案件线索1宗。

【财政审计】2018年，海口市审计局组织实施海口市本级政府预算执行情况及决算草案编制情况审计，揭示用于民生及“三大攻坚战”的支出增长比例小于总支出增长比例、非税收入未及时缴入国库、未及时足额缴交土地出让金等11项问题，涉及金额164.42亿元。采用“1+N”模式，组织开展4个单位预算执行审计和5个单位财务收支审计，紧扣预算编制及执行情况、重大项目实施及绩效情况、“三公”经费使用情况等进行审计监督，发现预算编制不科学、固定资产管理不规范、财政财务管理不规范等问题56个，涉及金额2.19亿元，督促相关部门强化预算刚性约束意识，加强财政资金管理，提升财政资金使用绩效。

【经济责任审计】2018年，海口市审计局以促进领导干部履职尽责为主线，坚持“审巡协同”“边巡边审”机制，配合巡视、巡察安排项目审计，抓好海口市经济责任审计工作“四项制度”的执行，及时更新审计对象数据库，完成经济责任审计5年轮审计划编制。组织实施10个单位11名领导干部经济责任审计，重点关注领导干部贯彻执行国家重大政策落实情况，遵守法律法规和财经纪律情况，重大决策部署的执行情况及效果，共发现问题52个，涉及金额21.96亿元，提出审计建议16条；执行问题线索移送机制，及时将审计中发现的党员干部落实市委、市政府任务履职不到位、行权不规范以及“不干事、不担事”等3个问题线索转交市纪委。

【政府投资审计】2018年，海口市审计局稳步推进重大项目跟踪审计，审计的项目、资金、行业覆盖面不断扩大，监督力度不断加强。推动政府投资审计工作转型，从单一工程造价审计向全面投资审计转变，从事后审计调整为全过程动态跟踪审计。组织实施跟踪审计项目53个，完成任务18个，涵盖水环境综合治理、海南首座大型体育场——五源河体育场、海南门户——新海港二期、椰城窗口——市民游客中心等涉及经济社会发展重要领域的项目。共出具跟踪审计报告46份、审计月报383份，跟踪审计整改建议函109期，发现问题204个，提出审计建议200条。加快存量结算审计项目的进度，累计完成竣工结算审计项目126个，送审金额30.89亿元，核减金额5.52亿元，核减率17.87%，提出审计处理意见132条。

【自然资源资产责任审计】2018年，海口市审计局对1个区政府、1个部门单位的主要负责人开展自然资源资产责任审计。共投入审力21人次，重点对遵守自然资源资产管理和生态环境保护相关法律法规情况、重大决策情况、目标完成情况、履行监督责任情况、组织相关资金征管用和项目建设运行情况等进行核查。查出水资源环境存在政策落实不到位、污泥管理不规范、有面源污染源、农村安全饮水监管不到位等突出问题11个，涉及资金（抽查）23.16万元，提出审计建议7条。

【专项审计调查】2018年，海口市审计局持续对海口市为民办实事事项开展专项审计调查，及时揭露民生专项资金不到位、项目推进缓慢等问题，通过督促整改推动惠民政策落地生根、发挥实效。在扶贫资金专项审计调查和健康扶贫审计中抽查项目39个，揭示扶贫政策落实、资金分配和管理使用、项目建设管理和效益等方面的问题11个，涉及资金581.52万元，保障资金安全规范使用，推动扶贫政策落实和建立监管长效机制。在开展保障性安居工程跟踪审计中抽查6个部门（单位）、11个安居工程项目，入户调查52户农村危房改造家庭，揭示了棚改贷款资金闲置导致加大利息负担、17个安置小区入住一年尚未办理不动产权证、棚改项目补偿安置不到位、部分干部职工通过违规房改获取棚改补偿安置造成国资流失等问题9个，涉及金额1480.63万元，移送案件线索1宗。在海口市农业综合开发项目资金审计中查出被审单位尚未建立农发项目库等三大方面的问题，提出整改建议3条。

【国有企业审计】2018年，海口市审计局对49家市属国有企业2014—2017年度“三公”经费开支情况进行审计，发现部分单位普遍存在公务接待审批手续不严、程序不规范等共性问题并对被审计单位提出整改建议。对3家市属国企及下属单位年度资产、负债、损益情况开展审计，重点关注企业贯彻落实重大决策部署情况、经营业绩情况、经营管理情况、重大风险隐患情况等。发现部分单位存在机构臃肿、职能重复、国有资产流失、投资效益不理想与收益潜在损失风险、财务管理不规范、投资亏损等问题38个，提出审计建议13条，并以审计要情报告市政府，督促落实整改。

**【审计服务政府决策】** 2018年，海口市审计局累计参加市政府议事会议476次，对927项议事事项提出意见建议，服务政府决策。完善审计整改工作机制，审计整改工作被列为市政府常务会议议题，市政府共召开14次会议进行研究部署，上级审计机关披露问题共有67个整改销号，纠正问题金额299.06亿元。通过微信公众号、网站发布各类审计工作信息114条。

（吴川醌）

# 工商行政管理

**【工商行政管理概况】** 2018年，海口市工商局贯彻落实商事登记制度改革各项工作部署，扎实推进工商注册便利化各项改革举措，不断加强服务理念，提升服务水平。全市共有企业14.58万户，其中非公企业12.8万户（私营企业12.6万户，台港澳侨资企业1384户），占87.8%。个体工商户17.76万户，增长36.15%。新登记注册市场主体6.18万户，增长19.51%。新增非公企业注册数量3.07万户，占全市企业新增总数 3.29万户的93.31%，其中私营企业增加3.05万户。全市企业注册资金2.52万亿元，其中非公企业注册资金1.23万亿元（私营企业注册资金1.15万亿元），占48.86%。 新增企业注册资金3736亿元，其中非公企业注册资金2674亿元，占71.57%。截至6月30日，共有22.7万户市场主体报送2017年度报告，年报率82.9%。其中企业10.5万户，年报率92.86%；个体工商户11.9万户，年报率75.79%；农民专业合作社1600余户，年报率76.65%。全年工商立案290宗，其中假冒伪劣案件84宗、欺诈案件12宗、其他案件194宗，结案223宗，吊销执照3家。罚没款1162.35万元，入库数807.05万元，案值总额184.36万元，信息公示183宗。

**2018年海口市新登记市场主体情况统计表**

| 项目类型 | | 2017年新登记数 | 2018年新登记数 | 同比增长 |
|---|---|---|---|---|
| 合计 | 户数（户） | 51454 | 61839 | 20.18% |
| | 注册资本（万元） | 24558184.63 | 37356597.6 | 52.11% |
| 内资 | 户数（户） | 1774 | 2245 | 26.55% |
| | 注册资本（万元） | 6397697.247 | 7877178.91 | 23.13% |
| 外资 | 户数（户） | 89 | 199 | 123.60% |
| | 注册资本（万元） | 106287 | 2553346.3 | 2302.31% |
| 私营 | 户数（户） | 20464 | 30512 | 49.10% |
| | 注册资本（万元） | 17874713.1 | 26736422.44 | 49.58% |
| 个体 | 户数（户） | 28918 | 28761 | -0.54% |
| | 注册资本（万元） | 145096.1903 | 156970.9388 | 8.18% |
| 农合 | 户数（户） | 209 | 122 | -41.63% |
| | 注册资本（万元） | 34391.1 | 32679.01 | -4.98% |

**【工商登记便利化】** 2018年，海口市工商局推进全程电子化网上自助登记注册的同时，进一步提升工商登记便利化。在全市各工商办事服务大厅增加46台电脑、17台打印复印一体机、12台执照打印机、10台扫描仪、14台身份证识别仪，并设置全程电子化自助登记专区。5月底，与中行、农行、工行、建行等各大银行召开“工商便利通”工作协调会，安排16名银行工商便利通工作人员到各窗口跟班学习。6月29日，由省市场监督管理局研发的企业登记全程电子化系统开通使用，初步实现企业无纸全程“不见面”电子化登记。与此同时，简化外资企业设立程序，商务备案与工商登记实行“单一窗口、单一表格”的“一口办理”，全年全市共登记注册199户外商投资企业。市工商局还与中国邮政速递股份有限公司海南分公司合作，推出以邮政寄递方式领取营业执照及法律文书业务。8月30日，市政务中心工商窗口正式开通邮政寄递营业执照业务，中国邮政在年底前进驻各区工商局办事服务中心。落实“双告知”工作，依托省市场监督管理局开发的企业信用信息公示系统部门协同监管平台，将企业登记注册信息推送至省、市、区相应职能部门，实现信息共享。全年共向30个后置审批部门去函9批次，共推送“双告知”企业数据95675条。

**【“多证合一”改革全面实施】** 2018年，海口市工商局继续按照“多证合一”工作部署，推进“多证合一、一照一码”登记制度改革。举办“多证合一”登记制度改革事项的相关改革工作培训班；6月29日，牵头召开海口市落实全国统一“多证合一”改革有关工作会议；在海口市工商局官网上放置全国统一“多证合一”登记制度改革的公告，在各工商办事大厅张贴40张公告宣传画，印制2万册“多证合一”政策解读资料进行宣传。在上年实施20证合一的基础上，新增11个整合的备案事项，6月29日起实现31证合一。全年，共办理“多证合一”设立61839笔，变更

- 粮油仓储企业备案
- 保安服务公司分公司备案
- 公章刻制备案
- 资产评估机构及其分支机构备案
- 劳务派遣单位设立分公司备案
- 社会保险登记证
- 房地产经纪机构及其分支机构备案
- 单位办理住房公积金缴存登记
- 工程造价咨询企业设立分支机构备案
- 物业服务企业及其分支机构备案
- 农作物种子生产经营分支机构备案
- 再生资源回收经营者备案
- 国际货运代理企业备案
- 外商投资企业商务备案受理
- 报关单位注册登记证书（进出口货物收发货人）
- 税务登记证
- 出入境检验检疫报检企业备案证书
- 机构代码证
- 设立出版物出租企业或者其他单位、个人从事出版物出租业务备案
- 统计证
- 旅行社服务网点备案登记证明
- 气象信息服务企业备案
- 营业执照
- 对外贸易经营者备案登记
- 非政府投资的工业、高技术、信息产业固定资产投资（省级备案）项目备案
- 无线电发射设备销售备案（核发无线电发射设备销售备案证）
- 旅行社分社备案
- 经营旅馆备案登记
- 艺术品经营单位备案
- 货运代理（代办）备案
- 道路旅客运输企业设立分公司的报备

36819笔，注销登记6313笔，证照发放70185笔。

【企业开办时间压缩】2018年8月22日，海口市政府印发《海口市人民政府办公厅关于进一步压缩企业开办时间的实施方案》，市工商局牵头协调市政务中心、税务、公安、人力资源和社会保障等部门开展“进一步压缩企业开办时间”改革，采取整合优化申请材料、业务流程及系统数据对接流程，各部门升级改造本部门的业务系统方式落实。11月30日，“海口市企业开办全程网上办”系统正式在海口市工商局官网上线使用，企业可以通过登陆该系统一次性提交申请材料，无需再依次到各部门提交申请，企业开办时间压缩至5天，完成国务院8.5天的工作要求同时还缩减3.5天。

【旅游市场整治】2018年，海口市工商局共出动执法人员2874人次、车辆752车次，检查旅游景点421个次、旅游购物点1058个次、海鲜大排档611家次、水果摊点2135家次、旅行社108家次、酒店宾馆321家次、其他旅游场所347家次。立案查处涉及旅游市场违法违规案件4宗，结案4宗，罚没款10万元，吊销营业执照3宗。受理“旅游服务”类的消费投诉176件，办结176件；举报1件，办结1件，挽回经济损失19.9万元。

【农贸市场监管及一次性塑料制品整治】2018年，海口市工商局行政约谈农贸市场开办者205家次，督促并组织农贸市场业主清运卫生死角垃圾274吨，规范商品摆放户数927家，清除小广告200多处。联合海口质监计量监管部门，联合开展计量器具专项检查，查处使用不合格计量器具案件8宗，罚款1.5万元，没收不合格计量器称具8件。开展“限塑”专项检查，出动人员626人次、车辆395车次，检查塑料制品生产销售企业31家、农贸市场65家、经营户2869户次，发放宣传资料6000多份，约谈业户531家，47家农贸市场已设立环保塑料袋直销点。立案9宗，结案9宗，罚没不合格塑料袋8107扎，罚没款3.03万元。

【建材市场监管】2018年，海口市工商局共出动执法人员550人次、车辆292车次，检查钢材等建材经营店247户次，约谈142家，责令整改21家，张贴投诉举报宣传贴1186张，立案1宗（铝合金），结案1宗，罚没款3.74万元，没收不合格建材1吨。

【二手车市场及电动自行车监管】2018年，海口市工商局共出动执法人员563人次、车辆253车次，检查车辆维修点195家次，检查二手车销售点155家次，走访汽车销售企业144家次，发放宣传资料2000多份，处理汽车类投诉504宗。配合交警部门开展小客车保有量调控工作，共出动34人次，检查187家（次）二手车市场，配合交警部门对存量二手车进行核查备案，共核查备案存量二手车5582辆。加强电动自行车监管。共出动执法人员1267人次、车辆144车次，检查电动自行车经营户和修理店（点）509户次，走访约谈业户30户次，立案查处涉及电动自行车违法违规案件53宗（其中涉及超标电动自行车案件28宗、未建立台帐案件22宗、未张贴提示语案件3宗），结案50宗，罚没款38.17万元，没收超标电动自行车69辆。受理消费者有关涉及电动自行车的投诉举报858件，其中举报22件、投诉836件，已办结833件，为消费者挽回经济损失16.9万元。

【成品油及散煤市场监管】2018年，海口市工商局开展非标油、走私油为主的成品油市场执法检查，共出动执法人员303人次、车辆76车次，检查成品油经营主体218家次，摩托车维修店、小卖店79家次，立案12宗，异地扣押柴油957千克、就地封存柴油约52吨，查封汽油4000升；结案5宗，罚没款1.37万元，没收92#汽油50升、0#柴油490升。

【农资市场监管及野生动物保护】2018年，海口市工商局共出动执法人员808人次、车辆381车次，检查各类农资经营业户2146家（次），检查集贸市场71家、专业市场9家，责令整改7家，立案查处违法违规经营农资案件8宗，结案8宗，罚没6.78万元，罚没物品743件。出动执法人员1160人次、车辆512车次，检查餐饮店1265家，工艺品店378家，配合政府部门联合执法83次。检查中未发现违法违规经营野生动物行为。

【殡葬市场监管】2018年，海口市工商局联合市民政局、市物价局、市城管委等单位，对海口市的丧葬用品市场进行检查。重点检查丧葬用品经营者的证照是否齐全，是否存在与登记内容不符的经营行为，对检查中发现的问题，能当场整改的，责令立即整改。共检查87户，责令整改12户。

【房地产市场监管】2018年，海口市工商局共出动人员517人次，检查楼盘88个次、房地产广告326条，约谈企业65家次，检查网站138个次，调解房产消费纠纷83次，查处房地产广告及误导消费违法案件20宗，罚没款241.2万元。

【动产抵押和格式合同监管】2018年，海口市工商局共办理动产抵押登记66宗，其中设立登记34宗、变更登记5宗、注销登记27宗。设立登记金额8.47亿元。指导181家企业使用合同示范文本，规范格式合同条款25条；立案查处霸王条款等合同案件6宗，结案6宗，罚没款5.1万元。

【商标广告管理】2018年，海口市商标申请件数16093件，注册件数10185件，累计有效注册量42574件。全年，市工商局立案查处商标侵权案件66宗，结案52宗，案值104.8万元，罚没款184.79万元。立案查处广告案件98宗，结案68宗，罚没款936.5万元。其中，查办假冒进口品牌商标侵权案件10宗，罚没款35.72万元，没收340件侵犯“香奈儿”“梵克雅宝”“杰尼亚”“阿玛尼”“欧为茄”“卡西欧”等注册商标专用权的手表、珠宝首饰和41件服装。5月，在“火山荔枝销售月”活动期间，指导商标申报主体市农技推广中心向国家商标局提交申请材料办理“火山荔枝”商标注册；5月29日，针对“火山荔枝”商标注册中存在的问题和困难，特别邀请国家知识产权局地理标志处负责人到海口现场指导，并为全市工商系统商标工作人员、各大商标代理机构以及部分注册商标企业进行培训。12月27日，海口“火山荔枝”进入商标初步审定公告阶段。开展违法互联网广告专项整治行动，采取转办分派办案等方式，加强对广告监管领域执法。先后办理“邦瑞特植物防脱育发露”虚假广告案、股交所（海南）互联网有限公司发布违法互联网金融广告案等一批有影响广告案件。针对传统媒体虚假违法广告有反弹态势，及时行政约谈海南电视台等7家传统媒体，要求其切实履行广告审查主体责任。同时推进互联网广告违法行为行政处罚信息100%公示。进一步加大公益广告刊播展示力度，动员全市主要街道临街铺面利用796块LED电子显示屏播放“新春大秀”“最美马拉松”“两会”“火山荔枝月”等公益广告。

【网络市场监管】2018年，海口市工商局以网络市场监管综合信息平台为依托，落实“以网管网”，加强网络市场主体监管。4月，对监管库内主体数据进行人工全面核查存活情况，共核查4749家，清除失效主体2816家。提醒网络主体申请安装营业执照电子链接标识，拨打宣传提示电话1404个。海口辖区有网络经营主体3573家，网站3906家，已发放营业执照电子链接标识1567个。全年受理消费者投诉（举报）18宗，办结18宗，发放《微商科普知识》3000多份，行政指导17次；立案20宗，办结13宗，移送案件线索2宗，罚没款305.62万元。加大网络市场专项整治活动，对乐购海南平台、大集商城平台等涉旅企业官网、网销平台、网店进行网络市场检查，检查各类企业主体106户（次）、网站402个（次），检查天猫、京东、淘宝等互联网平台相关电商630余家次；在元旦、春节、“6·18”“双11”等重大节假日活动重要时间节点前，重点对域内网站（网店）、企业微信公众号进行排查，共检查网络经营户268户次，其中自营网站69户次、网店137户次、平台36户次、微信公众号26户次，行政指导6次。

【市场诚信体系建设】2018年，海口市工商局加快建设市级协同监管平台，做好市政府部门涉企信息统一归集公示工作。8月1—3日，面向全市相关政府部门举办2期海口市市场主体事中事后协同监管平台应用与操作培训班。市级协同监管平台上线使用，归集相关政府部门的涉企数据到企业名下，通过国家企业信用信息公示系统（海南）对外公示。至12月底，市级协同监管平台共归集相关政府部门的行政许可信息4万余条，行政处罚信息6000余条。继续围绕“宽进严管”事中事后监管工作，多措并举推进市场主体年度报告工作，通过媒体发布公告，联合银行、税务、国资委、交通局等多部门协作，采用联通公司“一信通”平台等多种措施，累计发送短信44万余条；印制年报宣传海报4000份、宣传单10万份，广泛发动企业自主申报年度报告。全年，有8500余户企业被列入经营异常名录，2800余户企业由于受到信用约束，主动改正错误并申请移出经营异常名录。全面实施和推行企业网格化监管，按照属地管理原则，对上年成立的2万多户企业逐户进行认领并分配至属地工商所，实现对属地企业的有效监督管理。

**【流通商品质量检验检测】** 2018年，海口市工商局对社会关注度较高的重点商品电动自行车、成品油、钢筋开展商品质量抽检工作。共对33家经营者，82个批次商品进行抽检，合格62批次，不合格20批次，合格率75.61%。其中电动自行车类商品，共对12家经营者，抽检电动自行车20批次，不合格20批次，合格率为0，立案12宗，办结5宗，罚款10.3万元；成品油类商品，共对经营者10家的22批次成品油进行抽检，合格22批次，合格率100%；钢筋类商品，对经营者11家的40批次钢筋进行抽检，合格40批次，合格率100%。完成45个批次进口服装和2个批次进口化肥的质量抽检工作。

**【不正当竞争执法】** 2018年，海口市工商局加大新《反不正当竞争法》的执法力度，共查处不正当竞争案件11宗、传销案件2宗，罚没款132.6万元。开展打击欺行霸市维护农贸市场秩序专项整治行动，联合市物价局、市公安局及税务、区政府等相关部门加强对全市农贸市场、蔬菜批发市场进行为期1个月的专项检查，检查过程中未发现欺行霸市、不正当竞争、垄断经营等违法行为，未收到关于“菜霸”的举报。

**【市场安全生产及禁毒专项行动】** 2018年，海口市工商局加大元旦、春节、博鳌论坛期间、建省30周年等重要时段烟花爆竹、危险化学品、孔明灯专项整治工作，查处1宗销售无中文标识“小坦克”烟花行为，罚没款1.57万元。开展消防安全专项整治工作，组织开展仿冒变电设备、仓储场所和电动自行车消防安全专项整治行动，共检查仓储场所48家，核查变电设备126台，未发现仿冒行为；查处11户经营销售不合格消防产品商家，没收全部不合格产品，罚没款7.48万元。查办销售不合格电缆案件2宗，罚没款33.49万元。开展禁毒专项行动，共检查各类化工店50多家，其中检查易制毒化学品21家，19家证照齐全，2家无证但未发现超越经营范围经营危险化学品或经营易制毒化学品行为。组织开展春季禁毒流动课堂活动、全民禁毒宣传月活动，印制《珍爱生命 远离毒品 不要让毒品危害下一代》的禁毒宣传贴4000份，在全市网吧、酒吧、茶餐厅、KTV歌厅、商业会所、演艺厅等营业性娱乐场所张贴，广泛开展禁毒宣传。

**【打击传销专项行动】** 2018年，海口市工商局利用“3·15”消费者权益保护日、“5·15”新型经济犯罪宣传日等重点时段，开展多种形式的打击传销规范直销的宣传活动，共开展现场宣传咨询活动15次。2次通过电视栏目，对相关案件予以剖析报道，揭露传销违法行为，发布防范传销、打击传销警示。依法将“手挽手”“氢动力水”涉嫌传销线索移交公安部门深入调查，依法对“黑茶”传销立案查处，对2名当事人分别作出罚款2000元的行政处罚。加强关注涉嫌非法集资或传销企业，将通过登记注册住所无法联系的注册资本50亿元的海南铱力天工物联网信息产业发展有限公司依法列入经营异常名录。

**【校园周边环境综合整治】** 2018年，海口市工商局开展校园周边环境综合整治行动，共出动执法人员692人次，检查校园周边文具店和玩具店经营户1252户（次），巡查各类广告52件次，下达责令改正通知书3份。查扣各类“三无”玩具264个，下架不合格中性笔880支，罚款250元。开展打击销售考试作弊器材专项整治行动，检查电子通信器材销售经营户207户次，联合无线电监督管理局检查9家，登记保存无线电发射设备17部，发出责令改正通知书5份。

**【市场扫黑除恶】** 2018年，海口市工商局重点打击欺行霸市、强买强卖、垄断经营的违法行为及操纵、经营“黄赌毒”等违法犯罪活动的黑恶势力。选派3个菜价调研组，赴云南等地开展“菜霸”专项调查。联合相关部门加强对全市农贸市场、蔬菜批发市场进行为期1个月的专项检查；会同市文体、市公安部门一起检查娱乐场所，查处操纵、经营“黄赌毒”等违法犯罪活动的黑恶势力；开展砂、石、水泥、混凝土行业黑恶势力欺行霸市行为排查工作。从工商登记业务系统中导出经营范围中含有“砂”“石”“水泥”“混凝土”字段的经营单位21188家，及时推送给市扫黑办，由相关部门一起排查。

**【消费者权益保护】** 2018年，海口市工商局共受理投诉举报案件21302件，办结21293件，办结率99.96%，为消费者挽回经济损失2698.8万元。省12315话务平台（由海口市工商局负责）共接收消费者（全省）来电130732个，其中咨询97166次，投诉30114件，举报3449件，投诉和举报的法定时限受理率为100%。“3·15”消费者权益保护日，设立宣传咨询活动点13个，邀请食药监、商务、烟草、质检、物价、城管等职能部门及各类企业共同参与。举办专题培训1场，各类经营户共90余人参加培训。开展“尚德守法 食品安全让生活更美好”为活动主题的2018食品安全

2018年3月15日，海口市工商局在明珠广场开展“3·15”消费者权益保护日活动 （市工商局 供）

宣传周活动，共出动人员188人次，召开经营者座谈会1次，开展现场集中宣传10场次、食品安全“进万家”2次、食品安全进校园3次、食品安全进市场20次。5月10—11日，在海南政法职业学院承办一期消费维权工作业务培训班，全省工商系统近200名执法人员参加。6月15日，通过视频授课的形式举办一期消费维权知识培训班，参加培训320人。推动全国12315互联网平台在线消费纠纷解决（简称“ODR”功能），落实经营者消费维权主体责任，在全市范围内发展ODR企业，引导符合条件的企业申请成为ODR单位，增强企业落实消费维权主体责任，引导消费者网上咨询投诉举报、网上调解，为消费者提供便捷高效的服务。年内，共有33家企业申请成为ODR企业。9月24日，海口美兰机场免税店成功在线处理第一宗消费投诉。与此同时，加大查处侵害消费者权益行为执法力度，以“诉转案”为抓手，查处侵害消费者权益行为案件35宗，罚款75.01万元，办理“诉转案”41宗。

（刘　勇）

## 物价管理

**【物价管理概况】** 2018年，海口市居民消费价格上涨2.4%，涨幅较上年回落0.9个百分点，比全国平均水平（2.1%）高0.3个百分点，比全省平均水平（1.7%）高0.7个百分点，在全国36个大中城市排名第9，位次比上年（第1位）后移8位。居民消费的八大类商品及服务价格全面上涨。衣着领涨八大类，上涨5.8%，其余分类涨幅在3%以上的有交通和通信、医疗保健、居住，分别上涨3.8%、3.3%、3.2%，同时，教育文化和娱乐、其他用品和服务、生活用品及服务、食品烟酒分别上涨2.3%、2.3%、2.1%、0.9%。

**【收费项目清理规范】** 2018年，海口市落实国家有关规定，1月1日起统一停征排污费和海洋工程污水排污费；4月1日起，停征首次申领居民身份证工本费。落实省有关降低收费的规定，4月1日起，降低公众移动通信系统频率占用费标准和卫星通信系统频率占用费标准。3月19日起，对海口市各行政事业性收费单位开展2017年度收费统计工作，涉及行政事业性收费的共有11个系统75个收费单位，总金额32.83亿元。8月1日，公布实施《海口市车辆停放服务收费管理实施细则》；制定《海口市各类停车设施车辆停放服务收费标准》。规范本市公共租赁住房配租管理，对市政府统筹管理的16个项目公共租赁住房租金制定标准并执行。市发改委、区物价监督检查局联合市供电部门对海口市74家商业综合体进行清理规范转供电收费和电价管理工作进行专项督导。

**【公平竞争审查制度建立】** 2018年3月，海口市公平竞争审查工作领导小组制定下发《海口市2018年清理现行排除限制竞争政策措施的工作方案》，至6月10日，市政府组成部门及4个区、农场、开发区共39家单位共清理文件1831件，自查并废止8件规范性文件，并向社会公布。6月后，根据《国务院关于在市场体系建设中建立公平竞争审查制度的意见》规定，海口市公平竞争审查工作进入常态化管理，各单位出台的规范性文件按照“谁起草，谁审查”的原则，开展公平竞争审查工作。

**【农业水价综合改革】** 2018年1月，海口市发改委（物价局）制定出台《海口市农业水价综合改革实施工作绩效评价办法》。根据海南省水务厅、省物价局、省财政厅和省农业厅联合下发的《2018年度海南省推进农业水价综合改革实施计划的通知》要求，海口市结合各区实际情况，确定改革试点面积为366.67公顷，比省下达的333.33公顷增加33.34公顷。分别在4个区进行改革试点，其中，秀英区138.67公顷，在东山镇岭北水库灌区；龙华区54.67公顷，在龙泉镇美仁坡村委会定文村；琼山区133.33公顷，在三门坡镇铁炉水库灌区；美兰区40公顷，在三江镇茄芮村委会福宝村和大致坡镇美桐村委会、崇德村委会。聘请第三方成本监审机构做好海口市试点灌区农业水价的成本监审工作。加快推进试点灌区供水计量设施建设。上半年着手组织农业水价综合改革试点灌区计量设施和农田水利设施配套的建设，各区政府委托设计单位对试点灌区进行实地勘察，编制计量设施配套建设方案，估算总投资约2700万元。6月底和7

月中旬，两次组织对各区试点灌区农业水价综合改革实施方案进行评审，不断优化实施方案，8月6日出具各区实施方案的审查意见，各区正在办理实施方案概算审批手续。做好宣传引导，向群众广泛宣传国家有关农业水价改革工作的方针、政策、水利法律法规及改革方面的配套制度，为农业水价综合改革试点的顺利推进营造良好的社会氛围。进一步细化责任分工，明确工作责任及完成时间节点，并将农业水价综合改革工作纳入市委督查室重点督办内容之一。

**【价格审批】**2018年，海口市发改委出台《关于电动汽车充换电服务费有关问题的通知》，规定：电动汽车（不区分车型）充电服务费上限标准为0.65元/千瓦时（不包含电费）；电动汽车换电服务费包括充电的电费和充电服务费，按车辆行驶里程收取，上限标准为0.60元/千米（包括电费、电池租赁和充换电服务等费用）；电动汽车充电电费按《海南省物价局关于电动汽车用电实行扶持性电价政策有关问题的通知》，从5月14日起实施。公布海口市辖区内发班海口西站至江西抚州及海口至昌江霸王岭、临高加来、乐东、屯昌南坤、乐东保国、广东吴川、文昌美文、定安中瑞，以及海口省际总站至临高南宝、儋州洋浦、儋州兰洋等公路客运班线的上限票价。根据海南三峡能源有限公司向市发改委提出《关于申报演丰镇管道天然气供气价格收取标准的请示》，经省物价局请示国家，同意按照“同城同价”原则，在演丰镇召开管道燃气座谈会，并将海南省物价局批准的有关管道燃气的文件转发给三峡能源有限公司执行。

**【收费审批】**2018年，海口市发改委共办理教育收费审批26家，保障性住房物业服务收费审批2家，停车设施车辆停放服务收费审批2家，集贸市场摊位租赁收费标准审批1家。

**【农产品成本收益常规调查】**2018年，海口市完成生猪、瓜菜、糖蔗、蛋鸡等10个品种生产成本收益常规调查。其中：

生猪成本收益常规调查　2018年，生猪收益减少、养殖总成本增加。从3户大规模养猪场生猪成本收益常规调查数据显示：养猪场生猪每50千克主产品平均出售价格635.05元，比上年同期减少86.73元，减幅12.02%；每头猪主产品产值1475.86元，减少175.87元，减幅10.65%；每头猪产值合计1483.86元，减少174.22元，减幅为10.51%。海口市大规模养猪场养殖每头猪平均净利润为–57.45元，平均养殖每头猪净利润减少218.16元；养猪总成本每头1541.31元，增加43.94元，增幅2.93%。

瓜菜成本收益常规调查　调查露地西红柿、露地黄瓜、露地茄子、露地菜椒、露地大白菜5个品种，结果显示：与上年同期相比，5个品种亩均产量均为上升，总成本为三升两降，总产值、净利润为四升一降。露地西红柿产量3815千克（平均每亩，下同），增加118.33千克，增幅3.2%；总成本9145.9元，增加734.54元，增幅8.73%；总产值14765.25元，增加1621.08元，增幅12.33%；净利润5619.35元，增加886.54元，增幅18.73%。露地黄瓜产量2598.8千克，增加358.09千克，增幅15.98%；总成本6742.93元，减少541.39元，减幅7.43%；总产值6991.83元，增加622.32元，增幅9.77%；净利润248.89元，增加1163.7元。露地茄子产量2526.5千克，增加200.50千克，增幅8.62%；总成本5942.89元，减少274.62元，减幅4.42%；总产值5909.57元，增加898.39元，增幅17.93%；净利润–33.32元，减亏1173.01元。露地菜椒产量2117.25千克，增加357.68千克，增幅20.33%；总成本6292.65元，增加299.91元，增幅5%；总产值4947.11元，增加936元，增幅23.34%；净利润–1345.54元，减亏636.09元。露地大白菜产量1513.08公斤，增加236.81公斤，增幅18.55%；总成本4959.76元，增加73.51元，增幅1.5%；总产值2512.52元，减少483.5元，减幅16.14%；净利润–2447.24元，增亏557.01元。

**【专题专项预测调查与调研】**2018年，海口市完成农户种植意向、农户购买农资情况、农户存粮和售粮情况调查，早晚稻、甘蔗成本预测调查，上下半年大规模生猪生产成本收益调查等工作。（1）2017—2018年农户存售粮情况。海口市农户存粮售粮调查点（户）分布在秀英区、龙华区、琼山区，调查户共16户，户均人口数6人。粮食播种面积减少。2017年调查户户均粮食播种面积0.37公顷，比2016年减少0.11公顷，下降幅度27.09%。农户稻谷产量、存粮数量和户均出售余粮量均有所下降。2017年调查户户均稻谷总产量1676.47千克，比2016年同期减少17.9%；2017年4月1日至2018年3月31日期间户均出售稻谷736.75千克，同比减少16.81%，因2017年晚稻抽穗、扬花灌浆阶段受天气、特别是病虫害影响，致使稻谷结穗差、结实粒减少，造成晚稻失收，产量严重下降，导致农户出售的余粮量和存粮数量均减少；至2018年4月1日，调查户均存粮（稻谷）447.81千克，同比下降21.78%。（2）晚稻成本收益情况。2018年晚稻平均亩产量293.11千克，比上年（上年晚稻失收）增加134.55千克，增幅84.86%。产值和收益也随着增加，晚稻主产品产值平均每亩732.78元，增加336.39元，增幅84.86%；产值合计平均每亩739.12元，增加336.58元，增幅83.61%；净利润平均每亩平均亏损411.13元，减亏253.29元。总成本投入略有增加。种植晚稻总成本亩平均1150.25元，增加83.29元，增幅7.81%。

**【农贸市场明码标价专项整治】**2018年5月25日，海口市人民政府办公厅印发《关于印发农贸市场明码标价专项整治工作方案的通知》，要求5月30日至12月31日期间，对海口市主城区农贸市场开展明码标价专项整治。明码标价专项整治期间，对批发市场内2家一级批发商、2家二级批发商、25家明码标价不规范的农贸市场摊主进行处罚，加强市场价格监管。

**【橡胶价格监测点选点布点】**2018年，根据海南省开展天然橡胶价格（收入）保险（试点）工作的需要，海南省物价局制定《海南省天然橡胶收购价格监测发布制度》，海口市发改委在三门坡镇选取友爱村委会橡胶加工点、龙盘橡胶加工点作为海口橡胶收购价格监测点，同时在当地设立橡胶采报价员，以采报价员实地到监测点进行采价的方式为主。

**【价格认证服务】**2018年，海口市发改委（物价局）受理全市公安系统办理刑事案件委托涉案财物价格认定2374宗，各级法院、检察院、海关及烟草执法机关委托涉案财物价格认定89宗，税务部门委托的涉税房产价格认定项目22宗，全市纪检监察机关查办案件中涉及的涉案财物价格认定8宗。

**【价格举报投诉】**2018年，海口市发改委（物价局）受理办结各类价格举报投诉案件9525宗（包含各区投诉案件），增长45.5%，按时办结率100%，无逾期办件。价格举报热点主要有停车收费4372宗、物业管理收费2140宗、商品价格566宗、医药价格418宗、交通运输37宗、宾馆酒店（含餐饮收费）301宗、教育收费125宗、资源价格801宗、房地产91宗、邮政通信24宗、农产品129宗、社会服务213宗、网购10宗、旅游门票24宗、政府机关服务收费9宗，其他265宗。停车收费和物业管理收费价格举报投诉案件一直占据各类案件的前两位。

**【房地产价格备案】**2018年，海口市共完成商品房预售价格备案248件，其中普通住宅价格备案143件。主动到市发改委办理商品房（含普通住宅、商铺、办公、车位等）价格下调备案的有84件，有18个项目申请维持原价销售。

**【物价上涨挂钩联动机制】**2018年2月、3月，海南省居民消费价格指数（CPI）同比涨幅分别为3.9%、3.3%，达到《海南省人民政府关于进一步完善社会救助和保障标准与物价上涨挂钩联动机制的通知》文件要求的启动条件，海口市启动物价上涨挂钩的联动机制，补贴资金218.424万元。

（唐向广）

## 质量技术监督

**【质量技术监督概况】**2018年，海口质量技术监督局共出动执法人员702人次，检查单位511家次，检查设备1810台（套），查封隐患设备76台（套），违法使用特种设备立案29宗，处罚款110万元。全年接收海口市12345热线、投诉举报专线、来访来信以及省质量技术监督局转来等各类办件，处理举报、投诉、咨询和建议等办件4172宗（其中，电梯故障类1988宗、汽车三包责任争议类645件、计量纠纷和强检备案类587件、质量检验资讯类502件、行政许可咨询类140件、电动车目录等其他类办件189件）。

**【质量监管】**2018年，海口质量技术监督局制定《海口市贯彻落实质量发展纲要2018年行动计划》，指导全市质量工作。抓好政府质量考核准备工作，收集整理各相关部门年度质量工作考核量化指标，指导开展2017—2018年度制造业产品质量合格率统计调查工作，落实统计调查工作实施方案。指导企业申报工业生产许可证，配合省质监局完成生产许可证发证审查工作，按规定做好企业年度自查报告审查。开展对食品相关产品日常检查、重点节假日监督检查和产品质量监督抽查，及时公布检查结果。开展名牌培育工作，完成6家企业10个产品申报名牌产品材料初审工作，并按程序予以呈报。

**【标准化监督管理】**2018年，海口质量技术监督局督促企业开展工业企业产品标准自我声明公开工作，共有201家企业1243个产品标准在国家企业标准信息公共服务平台进行公开。对列入辅导对象的15家中小企业开展标准化工作调查，针对企业存在的薄弱环节举办辅导培训班，对标准化从业人员进行专业帮扶，督促各试点示范企业做好年终考核工作。加强电动自行车目录申报、编制工作，全年共有24个品牌，228个车型纳入监管目录。

**【特种设备安全监督管理】**2018年6月1日，《海口市电梯安全管理若干规定》施行。年内，海口质量技术监督局组织开展特种设备隐患排查治理、汛期特种设备安全专项整治、电梯安全攻坚战、油气输送管道隐患整治攻坚战、燃煤锅炉节能减排攻坚战、大型游乐设施专项整治、危化品综合整治等专项整治行动，在日常、重要节日和重要时段对人员密集场所开展隐患排查。联合中石化海口金盘供气站开展充装站气瓶泄露应急处置演练；联合海南民生管道燃气集团开展掺混撬出口球泄漏停气事故应急抢险演练；指导海口美兰盛华嘉年华游乐场开展大型游乐设施事故应急演练及现场安全应急培训；组织海口远大购物中心、海南新城吾悦广场、海南迎宾馆开展电梯故障应急演练。全年共办理特种设备使用登记证3419台、特种设备操作人员作业证2603个，办理省质量技术监督局委托9项行政审批事项117件。

**【打击假冒伪劣产品】**2018年，海口质量技术监督局围绕农资、电线电缆、食品相关产品、低压开关配电柜、玻璃产品等重点产品和重点领域，开展“质检利剑行动”“农资惠民行动”“电气火灾专项整治行动”“交通安全大整治行动”和“双打”等专项行动，共检查生产销售场所181家，立案46宗，查获假冒伪劣产（商）品标值42.2万元，罚款208万元，查处罚款和货值数额5万元以上案件5宗。加大监督抽查范围，对塑料管材、钢材、电线电缆、食品包材等产品开展监督抽查，共抽查296个样品，合格率93%。

**【老旧小区电梯改造】**2018年，海口质量技术监督局指导老旧电梯更新改造项目申报工作，共受理申报老旧电梯企业126家，惠及电梯295台。自2016年实施无维修基金老旧住宅电梯修理改造更新惠民政策以来，累计受理符合申报条件企业226家，惠及电梯495台；完成58家企业109台电梯的综合验收并支付政府补贴款约1100万元。

**【计量监督管理】**2018年，海口质量技术监督局开展春节期间计量专项监督检查，共检查海鲜排档、水果批发市场、加油站等16家，检查计量器具555台，完成涵盖30家企业80批次的14种定量包装产品抽样，抽样合格率95%；完成计量器具备案962家、17698台；组织开展“能效标识”专项监督检查和重点用能单位能源计量检查工作，抽查销售企业29家，涉及吸油烟机、热泵热水机（器）、家用电磁炉、复印机、打印机和传真机等产品82类589台。对14家重点用能企业计量器具配备、检定和管理情况进行现场抽查，经检查均符合有关要求。对资质认定获证检验检测机构加强事中事后监管，共计94家单位开展自查；对公益医疗卫生机构和所有民营性医疗卫生机构进行全面检查，共检查医疗机构30余家。

（俞书丽）

# 安全生产监管

**【安全生产工作概况】**2018年，海口市安全生产委员会办公室坚持“安全第一、预防为主、综合治理”的方针，不断推进安全生产领域改革发展和应急管理基础建设，突出抓好重要节日、重要活动、重要时期的安全生产工作，全面组织开展隐患排查治理，解决机构改革过渡时期应急管理安全生产方面存在的突出问题和薄弱环节，促进全市安全生产形势持续稳定。全年海口市发生生产经营性安全事故55起，死亡32人，受伤16人，直接经济损失 1021.6万元。与上年相比，事故起数、死亡人数、受伤人数、直接经济损失各减少4起、10人、1人、5.6万元，分别下降6.8%、23.8%、5.9%、0.5%，事故四项指标呈全面下降态势。在55起生产经营性安全事故中，工矿商贸行业事故15起，占事故总起数的27.3%，死亡14人，占死亡总人数的43.8%；生产经营性火灾事故23起，占事故总起数的41.8%，无人员死亡；生产经营性道路交通事故17起，占事故总起数的30.9%，死亡18人，占死亡总人数的56.2%。

**【安全生产督查检查】**2018年，海口市安全生产委员会办公室持续不间断对各区和各开发区及市住建局、市交通港航局、市水务局等30个属地及行业主管部门安全生产工作进行督查检查。对督查发现的问题，严格落实安全生产属地和行业监管责任，指导督促生产经营单位落实整改。针对元旦、春节、中秋、国庆等重要节日，博鳌亚洲论坛、海南建省30周年等重要活动和汛期台风期等重要时期，严格落实24小时领导值班值守制度，联合住建、消防、商务、质监、旅发委等部门组成检查组，持续对建筑工地、车站、码头、游乐场所等开展安全检查，力保特殊时期安全生产形势稳定。全年，海口市安全生产委员会办公室开展执法检查146次，派出安监人员核实和现场处理12345热线办件29件；开展“双随机一公开”抽查258人次，抽查企业129家，完成抽查事项100%，对全市机关单位、烟花爆竹、非煤矿山、危险化学品等行业企业形成全覆盖督导检查。对存在安全隐患企业下达责令整改指令书，督促企业落实安全生产主体责任消除隐患。对违法违规企业进行曝光和查处，作出行政处罚56次，处罚生产经营企业41家，处罚生产经营单位负责人15名，处罚金额401.8万元。

**【安全生产专项治理】**2018年，海口市安全生产委员会办公室组织各行业主管部门开展建筑施工、交通运输、工业企业、城镇燃气、特种设备、粉尘防爆、旅游景区、大型商场、人员密集场所等专项治理。全市共组织4020个检查组次，出动检查人员3.05万人次，检查生产经营单位1.85万家次。共排查发现隐患1.25万项，完成整改1.2万项，期限整改467项，整改率96.3%。共打击严重违法违规行为197起，暂扣或吊销许可证58家，停产停业整顿61家，取缔关闭69家，处罚321.4万元，拘留8人。

**【道路交通安全专项整治】**2018年，海口市强化乘客、货物装载源头管控，加大对货车非法改装、拼装行为的打击力度，坚持常态开展酒驾醉驾专项整治。查处酒后驾驶684起，醉酒驾驶369起。在国道和省道及乡镇主要道路设置“交通劝导站”，强化农村道路交通安全管理。采取“路口堵、路面查、源头控”的措施，7月起，联合公路、交通部门，打击车辆超载超限、非法改装等严重交通违法行为，至年底，查处超载货车1567辆，查处非法改装货车2332辆。深入开展重点路段隐患排查整治，强化电动自行车交通乱象治理，遴选出50条重点道路作为首批“路长制”工作示范路，每月组织“路长制”多警种联动实战演练，针对交通拥堵、治安复杂、交通事故高发、人员密集、信访多发、易积水、校园周边等七类复杂路段，组织开展“路长制”交通违法行为联合整治行动。全市道路交通事故与上年同期相比起数下降7.77%，死亡人数下降13.19%，受伤人数下降17.3%。

【打击假冒特种作业操作证专项治理行动】2018年，海口市安全生产委员会办公室制定并下发《开展打击假冒特种作业操作证专项治理行动实施方案》，督促全市1363家企业完成自查工作并建立特种作业人员信息登记表。全市共出动安监执法人员411人次，检查生产经营企业404家，查处使用假证企业2家，使用假冒特种作业操作证9本；默许特种作业人员无证上岗企业4家，无证上岗人员6名，责令整改企业9家。

【烟花爆竹和民爆生产安全工作】2018年，海口市落实改进民爆生产线挤爆间室门机安全联锁措施工作自查、排查和整改工作，开展督查检查和交叉执法检查及节假日烟花爆竹安全管理工作，共检查烟花爆竹企业76家次。召开烟花爆竹研讨会，督促检查烟花爆竹企业落实各项制度和企业主体责任，落实烟花爆竹零售网点许可“回头看”工作，取缔烟花爆竹零售网点114家，收回许可证5本，限期整改29家，销毁85箱，处罚3.02万元。举办烟花爆竹专项培训，培训并考核从业人员410多名。

【危险化学品综合治理和重大危险源管理】2018年，海口市安监局举办3期危险品企业安全培训，开展危险化学品安全风险评估诊断分级指南宣贯会议与培训，部署落实危险化学品安全风险评估工作。开展建立危化品存储点风险建档工作，推进危险化学品3年专项整治工作，加强高危行业监控，委托专家落实对储存危化的103家企业进行风险诊断评估排查，进行分级和复核“回头看”，并及时进行公示。全年开展危化行业应急救援演练2次，检查危化品企业123家，发现隐患456处，下达整改通知98份，处罚81.2万元。

2018年9月21日，海口市2018年危险化学品生产安全事故应急救援演练在中石化海甸溪加油站举行
（市安监局 供）

【全环节禁毒安全监管】2018年，海口市开展禁毒三项重点工作督查检查，市、区安监局共出动执法人员757人次，检查易制毒化学品经营企业180家次，督查检查43家非药品类易制毒化学品经营企业，查处隐患70项，督促整改隐患70项。经全面排查统计，全市涉及非药品类易制毒化学品经营企业43家，经营非药品类易制毒化学品种类14种，涉及许可经营醋酸酐企业14家，溴素、苯基-1-丙酮企业1家，全市无许可经营麻黄碱企业，没有发现违法违规案例。开展对α-苯乙酰基乙酰胺、苯乙腈和γ-丁内酯3种化学品调研，未发现售卖此类化学品。加强对易制毒、易制爆危化品监控，建立易制毒日常监管制度和流失追溯制度，成立易制毒行业协会，并发挥行业协会监管作用。

【安全生产标准化建设】2018年，海口市安全生产监督管理局推进安全生产标准化工作，评审组织单位提交26家企业安全生产标准化材料，23家企业经审核符合安全生产标准化公示条件，经公示后，完成制证工作。为转变政府职能，落实“放管服”工作，优化营商环境，适应海南自由贸易试验区（港）建设要求，修订完善《关于简化企业创建安全生产标准化工作的指导意见》，在门户网站公示企业安全生产标准化达标评审组织单位4家，安全生产标准化评审机构10家。

【应急管理和救援】2018年，海口市有各种应急救援工程机械车辆110辆。投入8563万元，采购消防车辆15辆、装备器材1万余件（套）。修订《海口市生产安全事故应急救援预案》，分别举办安全生产应急管理培训班和应急救援技能培训班。组织开展2018年海口市道路交通事故应急救援演练、海口市旅游车辆事故应急演练、危化品行业市级层面的应急演练、提升安全生产应急处置能力，确保企业安全运行。

【职业健康监管】2018年，海口市开展职业健康执法年活动，全市没有发生重大职业病危害事故。市、区（含开发区）两级安监部门筛查534家已申报企业，共甄别26家存在职业病危害严重的企业，完成统计分析报告和数据统计上报。开展职业病执法检查，共检查用人单位386家，下达执法文书324份，发现问题和隐患985项，全部进行整改；举办汽车制造行业尘毒危害专项治理现场观摩会，组织4个区、3个开发区职业卫生监管人员和85家存在尘毒危害企业的主要负责人，分4批参加现场观摩。利用“安全生产月”“职业病防治法宣传周”、职业卫生培训和执法检查等时机，进行职业卫生普法宣传，印发职业健康宣传资料1.2万份，出动宣传人员561人次，宣传受众1.5万人次；培训监管执法人员103人，培训企业负责人和职业卫生管理人员882人次，培训接触职业病危害劳动者1500人次。

【安全生产宣教】2018年，海口市安监局与海口日报社合作，在《海口日报》开辟安全生产宣传专栏，刊发安全生产知识和政策法规9期；与海口广播电视台合作，开辟安全生产专题节目，连续播放安全生产专题宣传片和滚动字幕6个月。利用公交车车体和公交车站台、出租车电子屏播放和宣传安全生产公益广告3个月。开展“安全生产月”和“安全生产琼州行”活动，在显要位置布置安全生产宣传教育展板350多块，宣传标语横幅210多条；组织全市安委会成员单位开展“6·16”安全生产月咨询日活动，设立安全生产宣传咨询台36个，200多人参与宣传活动，发放各类宣传资料8万余份，现场接受群众咨询1.5万人；与区安监部门联合开展安全生产宣传教育“七进”进农村专题文艺演出活动，到村镇开展文艺演出6场，8000多群众观看安全生产文艺演出。组织安全生产培训班10期，共1900多人参加教育培训；在上海交通大学和清华大学分别举办“基层安全生产监管人员综合能力提升培训班”，130人参加培训。

【双重预防遏制重特大事故工作】2018年，海口市开展双重预防遏制重特大事故工作。市安全生产监督管理局督促各区和市有关部门按照《海口市遏制重特大事故试点工作实施方案》，全面系统排查本辖区、本行业领域安全风险，建立安全风险数据库，绘制“红、橙、黄、蓝”4色安全风险空间分布图。督促相关企业建立全员参与、全岗位覆盖、全过程衔接的隐患排查治理闭环管理机制，实现企业隐患自查自改自报常态化。启动安全发展示范城市创建工作，强化风险防控与隐患排查治理，推进事故预防工作科学化、信息化、标准化，实现把风险控制在隐患形成之前、把隐患消灭在事故前面。

（刘文明　王乙嵋）

## 食品药品监管

【食品药品监管概况】2018年，海口市食品药品生产经营秩序得到进一步规范，食品药品安全形势持续稳中向好、稳中有进。年内，市食品药品监督管理局共出动监管人员4.5万人次，巡查6.95万家次食品药品生产经营企业；开展月饼、食用油、网络订餐、打击食品保健食品欺诈和虚假宣传、定制式义齿使用环节、婴儿保温箱类、中药饮片、精神药品等69项食品药品专项整治；开展食品药品安全示范创建，推行“不见面”审批、着力规范网络订餐行为，开展“零售药店电子处方服务系统”试点工作，探索“互联网+”食药新型监管模式；受理投诉举报6474宗，处理率100%，查办案件640宗，罚没款913万元。全市未出现食品药品安全事故。海口市政府2016年、2017在全省食品安全工作评议考核中考核等次为优秀，考核得分排名全省第一。市食品药品监督管理局获省、市表彰共12项。

【食品生产安全监管】2018年，海口市食品药品监督管理局组织开展大米、酒类、食用油、粽子、月饼以及重大节假日等14项食品生产食品安全专项整治及抽检工作。累计检查食品生产企业1305家次，完成食品生产环节国抽、省抽及专项监督抽检749批次。在全省率先启动试用食品生产许可电子化管理系统审批平台，全年完成网上受理申请食品生产许可183件。组织实施食品生产风险分级管理，完成全市食品小作坊备案登记365家。继续深化食品生产大环境供给侧改革，指导和支持规模以上食品生产企业28家完成推行质量管理体系认证，大型企业通过认证率80%。印制《食品生产日常监督检查操作手册》，加强日常监督管理检查、巡查，加大隐患排查和集中整治，实施“清单化”管理，全市食品生产环节生产加工秩序有序规范。

【食品流通安全监管】2018年，海口市食品药品监督管理局组织开展酒类产品，食品、保健食品欺诈和虚假宣传整治，自制饮品，农村地区集体聚餐，粮食，婴幼儿辅助食品，食用植物油，调味品等11项专项整治。开展非洲猪瘟防控工作，重点对猪肉产品生产企业、食用农产品集中交易市场、商超、餐饮服务单位等经营的猪肉产品开展排查；开展市场超市食品安全快检室建设工作，全市建成区92家农贸市场、大型超市均建成了快速检测室，并初步具备各类必检项目检测能力。全市14362家食品销售单位完成风险分级评定，完成率100%。圆满完成2018年博鳌亚洲论坛年会、2018年中国（海南）国际热带农产品冬季交易会的食品安全保障工作。5个食品快检组共巡回快检27620批次食品；抽检南北蔬菜水果批发市场进岛瓜菜16248批次、水果4936批次。不合格果蔬流向餐桌的概率大幅降低。全市食品流通环节无重大食品安全事故发生。

【餐饮服务食品安全监管】2018年，海口市食品药品监督管理局开展元旦春节、旅游餐饮、春秋季开学学校食堂、“五一”期间、中高考、网络订餐等12项餐饮环节专项整治。共检查各类餐饮单位3.77万家次，立案查处152件，罚款2.72元。打击餐饮服务单位违法违规行为，集中约谈三家网络订餐平台3次，线上排查出问题餐饮单位6646家，其中责令平台主动下线2113家，责令补充公示许可证2965家，商家原因自动下线1568家；线下排查餐饮单位9873家，责令整改177家，关停206家。全年餐饮服务环节无重大食品安全事故发生。

2018年11月29日，海口市金贸文华农贸市场、白龙农贸市场被海南省市场监督管理局授予“全省食品安全规范化建设示范农贸市场”称号　（市食药监局 供）

**【重大活动食品安全保障】** 2018年，海口市食品药品监督管理局完成海南省两会、博鳌亚洲论坛2018年会和海南建省办经济特区30周年系列活动、第九届环海南岛国际大帆船赛海口赛段等35项重大活动餐饮服务食品安全保障工作（其中国际性6项、国家重要接待5项、国家级11项、省级7项），保障用餐接近19.95万人次，食品原料现场快速检测13754份；派遣专业保障人员到三亚、琼海等地做好国家重要接待食品安全保障工作3项，保障期间未发生食品安全事故。

**【校园食品安全监管】** 2018年，海口市食品药品监督管理局共出动执法人员1.28万人次，开展联合行动50次，检查学校及周边食品经营单位1.47万家次，托管机构544家次，受理和处理投诉举报192件，下达监督意见书816份，责令停业整顿2家，立案查处7家。开展食品安全宣传咨询活动18次，培训食品行业从业人员1856人次、食品安全执法人员516人次。联合市教育局举办2018年春夏季学校（幼儿园）食品安全业务骨干培训班，全市市属中小学校、幼儿园的分管副校长（园长）、食品安全管理员、食堂负责人等约200人参加培训。开展“小手拉大手，食品安全知识进校园”“关注食品安全 共创平安校园”系列进校园活动，活动覆盖56所市属中小学校和幼儿园。

2018年4月17日，海口市食药监局在市滨海九小举行食品安全知识进校园活动启动仪式　（蒋欣欣 摄）

**【农村食品安全监管】** 2018年，海口市食品药品监督管理局联合各乡镇政府，召集各镇街食安委及其成员单位分管领导和联络人、村（居）委会主任、食品安全信息员、农村集体聚餐厨师等开展培训，举行会议或培训13次，对农村集体聚餐食品安全进行现场指导48次，共保障1.19万人次的用餐安全。发放《农村集体聚餐食品安全须知手册》《农村集体聚餐食品安全宣传画》《食品安全法》等宣传资料5000余份，促进海口市农村集体聚餐食品安全水平的提升。

**【食品安全示范创建】** 2018年，海口市完成省级食品安全示范学校食堂13家授牌和16家通过创建初核工作。全市共有3361家餐饮服务单位实施明厨亮灶工程，通过试点先行及逐步推进的方式为305家餐饮单位实施视频监控明厨亮灶工程，其中18家接入海南电视有线平台。率先建成全省第一家“放心肉菜示范超市”（海南旺佳旺商贸有限公司王府井店)，白龙农贸市场和金贸文华农贸市场获“全省食品安全规范化建设示范农贸市场”称号。市食品药品监督管理局参与指导海大南门小吃街、福地美食街、海垦花园夜市等15条夜市街（区）的规划建设及升级改造，并对夜市957家食品经营单位（含食品摊贩）分别实行许可及登记备案管理，其中已发放食品经营许可证364家，登记备案527家。

【保健食品及化妆品安全监管】2018年，海口市食品药品监督管理局共完成面膜类、宣称祛痘类、防晒类、染发类、烫发/脱毛类产品共50批次产品的抽样任务。对新备案的100余款化妆品开展现场检查，其中12款产品因相关技术资料不全等原因被责令整改，2家备案企业涉嫌超范围生产。开展食品、保健食品欺诈和虚假宣传专项整治工作，整治期间共检查食品生产企业1062家次，保健食品生产企业25家次，食品、保健食品经营企业1.11万家次，食品1852种，检查保健食品32种。全年共对辖区内的保健食品、化妆品生产企业开展飞行检查10家次，发现缺陷项12项，收到整改报告8份。

【药品生产监管】2018年，海口市食品药品监督管理局开展药品生产环节春节前专项整治、GMP专项、多组分生化制剂专项、中药饮片、药品安全隐患大排查大整治等药品生产专项整治工作，全年出动检查人员412人次，检查辖区内药品生产企业182家次，发现辖区内企业GMP执行过程中存在的缺陷项500余条，下达责令整改通知书6份。提前完成全年药品抽样工作，药品生产环节和医院制剂监督共抽样288批；完成企业关键设施设备变更备案23个和关键人员变更备案17个。推进仿制药一致性评价工作，齐鲁制药（海南）有限公司的吉非替尼片、海南普利制药的注射用阿奇霉素和海南先声药业有限公司的蒙脱石散3个品种通过一致性评价。

海口市食药监局开展婴儿保温箱质量安全隐患排查。摄于2018年6月24日（市食药监局 供）

【药品流通监管】2018年，海口市食品药品监督管理局结合非法渠道购进、血液制品等专项检查加强药品流通市场日常监督巡查，检查药品批发企业129家次、药品零售企业1105家。对全市二级、三级风险的药品批发企业和药品零售企业检查覆盖率均达到100%；对二类精神药品、终止妊娠药品等特殊管理药品经营企业开展专项检查及日常巡查，覆盖率100%；对二类精神药品经营企业进行两轮次全覆盖检查，辖区内未发现二类精神药品、终止妊娠药品等特殊管理药品流弊事件。海口市在全省率先将原有新开办药品零售企业审批许可全过程中的3次现场检查环节，合并为1次现场验收，将审批承诺时限由原来的45个工作日缩减至12个工作日，提速246%。在全省率先推广“含特殊药品复方制剂零售互联登记”，利用“互联网+智慧监管”，及时掌握零售企业含特殊药品复方制剂的销售行为。

【药品、医疗器械、化妆品不良反应与药物滥用监测】2018年，海口市食品药品监督管理局审核分析评价2087份药品不良反应、不良事件报告，审核分析评价879份医疗器械不良事件报告，审核分析评价278份化妆品不良反应报告。药物滥用监测报告表1444份。海口市完成药品、化妆品、医疗器械不良反应、不良事件和药物滥用监测报告表数量位居全省第一。开展进高校及200余家中小学、进医院、公众号推送、公交高铁视频播放等“两品一械”不良反应、不良事件和药物滥用监测宣传活动。参与《丹参川芎嗪注射液安全性评价》《微波治疗仪不良事件重点监测工作》两项国家级监测任务，独立撰写完成海口市疑似预防接种异常反应报告和严重病例调查报告等技术报告。

【特殊药品监管】2018年，海口市食品药品监督管理局共检查特殊药品生产需用企业和药品类易制毒经营单位43家次，检查覆盖率100%，对2家特药管理不规范的企业下达责令整改通知书，并联合省局对其中一家生产企业进行约谈。共组织3次集中监督销毁，销毁品种涉及药品生产需用的过期药品类易制毒化学品、麻醉药品、二类精神药品及含麻复方制剂等，货值约560万元。组织召开2018年海口市药品生产经营企业特药培训班，来自海口市药品生产经营企业的170余人参加培训。

【医疗器械监管】2018年，海口市食品药品监督管理局开展第三类医疗器械经营企业专项整治、打击违法违规经营使用医疗器械专项整治、无菌和植入性医疗器械监督检查、定制式义齿使用环节专项检查、医疗器械网络销售企业检查、进口医疗器械代理人监督检查、婴儿保温箱类医疗器械使用质量安全隐患排查、2018年春节期间医疗器械安全专项整治8项医疗器械专项检查。对医疗器械生产、经营企业及使用单位的日常监督检查232家次，其中针对无菌和植入性医疗器械经营企业检查174家次；共下达责令改正通知书115份、警告54份；依法注销20家企业《医疗器械经营许可证》并在其持有的第二类医疗器械经营备案信息中予以标注，向社会公告。

【打击食品药品违法违规行为】2018年，海口市食品药品监督管理局立案640宗，比上年增长70.67%；罚没款913万元，增长284%。行政处罚受理率100%，按时办结率95%。全年收到6474件投诉举报，受理率100%、按时办结率100%、按时回复率100%。对北京三快科技有限公司海口分公司（美团网）未履行第三方平台相关主体责任、未审查入网食品经营者的许可证的违法行为，罚没款8.77万元，是海口市首例网络订餐平台违法案件。配合市检察院完成海口市首例食品药品领域民事公益诉讼案件——海南南风海味公司销售不合格玫瑰盐案。

【海口湛江签署食品药品安全监管机制合作框架协议】2018年12月10日，海口市食品药品监督管理局与广东省湛江市食药监局在湛江市签署《海口 湛江共建食品药品安全监管机制合作框架协议》。根据协议，海口市食品药品监督管理局和湛江市食药监局将充分发挥双方优势和特点，共同合作建立信息共享互通、食用农产品联动、监督执法互助、人员互派交流和培训等机制，积极推动食品药品监管资源共享，形成合作互动、优势互补、互利共赢、共同发展的区域食品药品安全工作新格局，共同构建更加牢固的食品药品安全防线，提升两地食品药品安全水平。

（杨凌钦）

2018年12月10日，海口市食品药品监督管理局与广东省湛江市食品药品监督管理在湛江市签署《海口 湛江共建食品药品安全监管机制合作框架协议》

（陈思思 摄）

## 公共资源交易管理

【公共资源交易概况】2018年，海口市公共资源交易中心以“互联网+公共资源交易”的管理模式，实现信息公开、操作规范，交易全程电子化，最大限度做到廉洁高效、公开透明、利民便民。全年，中心交易平台共完成公共资源交易项目849个，交易金额386.05亿元，其中政府采购项目288个，交易金额约40.02亿元，节约资金约1.14亿元，节约率2.77%；工程建设项目交易完成564个，交易金额约346.03亿元，节约资金约9.28亿元，中标下浮率2.62%。

【交易信息系统优化】2018年，海口市公共资源交易中心根据交易项目的特点和新的交易规则，对交易系统进行升级改造，优化申报项目分类、程序性核查、组织开评标等10个功能点，提升用户体验，进一步开发交易系统的服务效能。

【公共资源交易大数据分析】2018年，海口市公共资源交易中心研发启用公共资源交易数据统计分析系统，运用“大数据”手段，实现交易项目分区域、分类型统计，强化公共资源交易数据统计分析、综合利用，为市委、市政府领导决策提供支撑，为行政监管部门实施监管提供支持，为单位组织交易活动提供信息数据参考。

【公共资源交易三平台系统验收】2018年，海口市公共资源交易中心全面开展系统项目等级测评和第三方软件测评服务工作，进一步完善“三平台”系统（工程交易系统、集中采购交易系统、分散采购交易系统）和中心门户网站功能，提升海口市电子化交易水平，全面实现交易不见面办理，全过程网上留痕，提高招投标效率，增强交易公开度和透明度。

【政府采购网上商城推广应用】2018

年，为提高政府采购效率和采购质量，海口市推行政府采购网上商城，经过与省级相关部门沟通协调，实现与省“政府采购网上商城”平台主动对接。5月10日起，政府采购网上商城在市直各预算单位全面推广应用，比原计划时间提前1个月完成。同期，市公共资源交易网开设“网上商城”专栏，各采购单位线上即可完成下单、收货、结算等全部采购流程，极大提高采购效率，有效解决以往协议供货价格虚高的问题，节约政府采购资金。

**【交易便民高效服务】** 2018年，海口市公共资源交易中心围绕“便民、高效”主线，采取各种便民高效举措，全面实现“三实”（干实事、讲实效、求实绩）目标。为重点项目开设全程“绿色通道”，在项目受理、资料审核、公告发布、场地安排等方面一律优先办理，相较规定时限缩短9个工作日，节约53%的时间。加强项目情况的了解掌握，针对部分业主单位对政策流程熟悉不够等问题，主动对接，做好政策解答、程序引导、业务指导等前期服务，帮助解决招标过程中的实际问题。按照国家、省、市最新相关要求，对各类交易流程和服务标准进行梳理简化，实现企业和交易项目进场清单管理，企业按照清单提交材料，交易平台必定受理，大幅度减少群众办事所需资料，做到交易项目进场“当天提交、24小时内办结、发布公告”，对于能通过数据传输受理的业务，不再收取纸质资料，极大提高办事效率。

（谭　斌）

（编辑：杜惠珍）

# 国有资产监管

**【国有资产监管概况】** 截至2018年底，海口市17家重点企业（骑楼公司并入海旅集团，场站并入公交集团，含不属于市国资委监管的高新发控及桂林洋农场）的资产总额为1825.35亿元，比期初下降0.1%；负债总额1290.33亿元，比期初下降1%；所有者权益总额535.02亿元，比期初增长2.2%；归属母公司的所有者权益总额502.07亿元，比期初增长0.1%。17家重点企业实现营业收入63.54亿元，比上年增长20.5%；成本费用总额68.95亿元，增长20.50%；利润总额-0.75亿元，减亏1.05亿元；实现净利润-2.75亿元，减亏0.53亿元；上缴税金7.92亿元，增长7.1%。市属重点企业利润总额亏损的主要原因是市公交集团、市菜篮子集团2家公益企业政策性亏损，剔除2家企业5.3亿元的亏损后，15家重点企业的利润总额为4.55亿元。

**【国资投资管理】** 2018年，海口市国资委从完善制度和严格投资核准两个方面发力，继续加强对市属国有企业的投资监督管理。适应新时期国有资产出资人以管资本为主推进职能转变的现实需要，7月14日印发实施《海口市国资委出资企业投资监督管理办法》，废止2012年1月1日实行的《海口市属重点国有企业投资监督管理暂行办法》。严格重大投资项目核准，共核准所出资企业11个重大投资项目，涉及金额约23亿元，其中股权投资5宗约1.1亿元，固定资产投资6宗约21.9亿元。

**【国企负责人业绩考核】** 2018年，海口市国资委对2017年度市属国有企业及企业负责人进行业绩考核。企业年度考核结果：海口市城市建设投资有限公司、海口保税区开发建设总公司、海口市担保投资有限公司、海南港航控股有限公司4家企业被评定为先进企业。其他企业评定为合格企业。个人年度考核结果：19人被评为优秀个人，其他企业领导班子成员评定为称职等次。

**【国有资产转让】** 2018年，海口市公开挂牌处置市属3家国有企业4宗国有资产和11家国有企业的148辆公务用车。4宗资产分别为117个集装箱、申海大厦住房、椰城二号船、海口中青旅国有股权，评估价772.1万元，成交价872.82万元；11家国有企业148辆公务用车评估价328.7万元，成交价582.95万元。上述资产评估价1100.8万元，成交价1455.77万元，增值32.25%。

**【国资国企改革】** 2018年，海口市国资委加快企业重组整合和改制步伐。按照“资产同质、经营同类、产业关联的企业，通过合并、划转、并购等多种方式，加快国有企业重组整合”的原则，制定《市属国有企业重组整合方案》。完成市公交集团整合场站公司及整合全市公交资源等工作，完成海旅集团整合市骑楼公司工作；制定方案整合海口市粮食企业组建海口市粮油集团。企业公司化改制取得突破。燃气集团改制按计划推进；完成保税区建总企业公司化改革，公司改制后更名为海口市环境发展有限公司；《海口市三江农场发展控股有限公司组建方案》《海口市桂林洋控股有限公司组建方案》经市委常委会和市政府常务会审议通过，三江农场、桂林洋2家企业公司化改造工作基本完成。启动混合所有制改革。推进公交集团下属维修业务板块和市城建集团下属监理公司的混合所有制改革，完成混改方案初稿；在集团公司层面试点混合所有制改革和综合改革试点工作，谋划以海口市金融控股有限公司为主体，拟开放担保对外合作通道，吸引社会资本组建金控集团；聘请咨询机构研究市属国有企业重组整合工作，编制完成《市属国有企业混合所有制改革实施意见》（送审稿）和《海口市属国有企业员工持股试点改革实施方案》（送审稿），并组织专家进行评审。推进市属国有企业职工家属区“三供一业”（企业的供水、供电、供热和物业管理）分离移交。市政府印发《关于印发〈海口市国有企业职工家属区“三供一业”分离移交维修改造标准指导意见〉的通知》，完成市属职工家属区“三供一业”分离移交工作的政策制定。年底，市财政局将“三供一业”分离移交维修改造补助资金拨付市国资委，由市国资委拨付各企业。深化国有企业负责人薪酬制度改革。市政府十六届第33次常务会议和市委全面深化改革领导小组（2018年）第5次会议审议通过《海口市深化国有企业负责人薪酬制度改革方案》，待省薪改领导小组办公室审核后印发实施。实行海口市国有企业公务用车制度改革。市委办公厅、市人民政府办公厅联合下发《海口市国有企业公务用车制度改革实施方案》以及《关于落实海口市国有企业公务用车制度改革实施方案的通知》，16家市直属国有企业根据上述文件制订各企业车改方案，拟保留228辆及拟公开挂牌处置148辆。拟招拍挂处置车辆于12月15日起分两批正式登陆海南省产交所公开挂牌转让，竞价共成交148辆，成交价582.95万元，增值77.35%，相关交割及税费缴交工作陆续完成。

**【《市属重点国有企业功能界定与分类实施方案》出台】**海口市国资委自2014年起就启动市属国有企业分类工作，并于当年7月完成分类意见的制定。之后，根据2015年8月中共中央、国务院印发的《关于深化国有企业改革的指导意见》和国务院国资委、财政部、发改委联合印发的《关于国有企业功能界定与分类的指导意见》，市国资委经多次修改完善，并在征求相关部门、各企业意见后形成《市属重点国有企业功能界定与分类实施方案》。经报请市政府同意，2018年12月4日，印发《关于市属企业功能界定与分类的实施方案》。

**【筹建海口轨道集团公司】**2018年，海口市国资委启动轨道交通集团组建方案的编制工作。方案的编制充分借鉴上海和厦门的先进经验及做法，多次征求并采纳政府各有关部门意见、建议，市政府先后召开8次专题会议进行研究并修改。十六届市政府第24次常务会议和十三届市委常委会（2018年）第35次（扩大）会议分别研究通过《海口轨道交通集团有限公司组建方案》。9月15日，市政府下发《关于成立海口轨道交通集团有限公司的通知》。

**【国企招商引资工作】**2018年，海口市国资委对接中铁、中旅、中粮等央企13家，与中国能建、中国通用等20家央企开展座谈42次，引导央企参与海口江东新区开发建设。年内，中旅、中电建等15家央企区域总部在海口落地，注册资本金238亿元，为海口增加营业收入33.62亿元、税收1308万元，在海口新增存款52.7亿元；国旅免税城、招商局集团海南区域总部项目给市政府交纳土地出让金15.5亿元。

**【以党建促进国企提质增效】**2018年4月19日，海口市国资委出台《海口市国资委全面从严治党助推国企提质增效三年提升行动计划实施方案》，以党建促进国企提质增效。推荐的党员教育先进典型专题片《一个人的守望》被中组部评为一等奖。通过全面从严治党，海口市属国企营业收入增长20.5%，比年度计划8%增长2.6倍。省国资委对海口市国资委提质增效、经济运行数据统计分析，给予肯定和通报表扬。

（陆勇荣）

## 国有企业选介

**【海南港航控股有限公司】**2018年10月底，为加快推进海南自由贸易区和中国特色自由贸易港建设，按照省政府的统一部署，划转海口市国资委持有的海南港航控股有限公司85.12%股权至海南省国资委，成为省属企业。按照母公司聚焦管理、资产业务经营下沉的战略管控集团架构，公司就各板块业务分别成立相应的经营主体。下属二级经营单位16家，其中主要经营单位有10家（含2家非法人分支机构、4家全资子公司，4家控股子公司）；对外投资参股海南银行、海口金控、诚港人力等9家单位。公司业务结构以港口和琼州海峡轮渡运输业务为主，同时多元化经营旅游、拖轮、物流、理货、船舶代理、物业管理、资产经营和信息系统开发运维等业务。管理下的公共码头生产性泊位48个，其中海口港秀英港区19个、新海港区18个、马村港区8个，洋浦港小铲滩作业区3个，下属企业共拥有港作船8艘、客滚船18艘、高速客船1艘。公司控股的上市公司海南海峡航运股份有限公司主要运营海口至海安、北海的轮渡航线以及西沙生态旅游航线。集装箱航线开通海口至南沙、厦门、上海、营口等和洋浦至钦州、广州等30多条内贸航线，以及海口至洋浦的公共驳船航线，并在海口至香港航线基础上，陆续开通海口至越南、印尼、泰国、菲律宾、柬埔寨和洋浦至新加坡等外贸航线，同时创新开展海口内外贸同船运输业务。

2018年，公司所辖港口货物吞吐量9758万吨，比上年增长8.4%，占全省港口的53%。其中，集装箱吞吐量214万TEU，增长16.9%，占全省港口的89%；轮渡旅客、车辆吞吐量分别为1043万人次和256万辆车次，分别增长5.2%和9.7%，分别占全省港口的69%和78%。（陈　斌）

**【海口市公共交通集团有限公司】**至2018年，公司共有公交车2305辆，公交线路137条，线路长度3286千米；公交年运营里程1.28亿千米，公交年客运量2.29亿人次。有出租车1481辆，出租年运营里程2.06亿千米。总资产约17.8亿元，负债15.1亿元，资产负债率84.8%。全年营业收入9.7亿元，其中公交收入8.33亿元（含财政补贴6.6亿元），营业成本9.95亿元，利润总额-0.21亿元。全年计划投资5.22亿元，实际完成投资2.68亿元。年内，公交板块发生有责交通事故545宗，事故率4.3宗/百万千米，经损率5.79万元/百万千米，伤人率0.86人/百万千米，同比均略有上升。出租板块发生有责交通事故476宗，事故率2.31宗/百万千米、上升10%，经损率和伤人率同比略有下降。

全市公交资源整合完成　完成最后一家民营公交企业——六龙公司的整合交接，2月接收六龙公司公交线路12条、公交车320辆，并实现平稳过渡。标志着海口市公交资源整合工作圆满完成，公交全面回归民生和社会公益，实现国企统一经营。

公交线网优化调整　加大公交线路开通和优化调整的力度，完成2018年市政府工作报告和为民办实事安排线路开通任务。全年新开通公交线路26条（其中常规线路7条、假日线路6条、公交快线11条、专线1条、夜线1条），优化调整公交线路36条，进一步提升江东、城南等区域公交线路覆盖率。开通大站快线11条，同一线路给市民提供快、慢两种出行选择，方便市民出行。开通定制假日线路4条，服务节假日期间桂林洋大学城学生和美兰机场市民、游客公交出行。

绿色公交加速推进　购买300辆新能源公交车投入运营，公交清洁新能源率88%。此外，加速淘汰燃油类公交车辆，每年滚动更新购车均为新能源车。加快绿色公交配套充电桩建设，在金盛达、长滨西等场站建成投入使用充电桩50台，与社会资本合作投资建成长丰、苍东村2个充电站，全力助推纯电动公交车的推广。

公交信息化建设　年内，基本建成智能公交调度系统；137条公交线路2000多辆公交车全部安装电子支付系统，支持银联卡闪付、微信、支付宝等电子支付手段，方便市民乘坐公交；加快公交电子站牌建设。在前期建成投放5套电子站牌的基础上，由市交通港航局牵头，将电子站牌建设纳入海口市城市大脑——交通项目，并完成新建站点的选点工作；推广实时公交查询服务。借助“椰城市民云”APP系统，上线全市所有公交线路车辆实时位置查询服务，提升市民乘车体验。同时，与“车来了”“高德地图”软件公司合作，共享实时公交数据，方便更多市民乘车。

节假日和重大活动期间的公交服务保障　元宵、清明、中秋、国庆等假日期间，加强运力调配和发班，全力保障。共出动现场保障人员1550人次，公交车3200辆车次，发班7010趟次，运送乘客28.5万人次。先后保障海南建省30周年万人竹竿舞、高考、建省30周年海口巨星演唱会、张学友演唱会、欢乐节、新年演唱会等大型活动公交保障。共出动现场保障人员1916人次，公交车1348辆车次，运送乘客16.8万人次。

公务用车改革　根据市国资委通知要求，公司2018年处置公务车辆31辆，委托海南产权交易所通过网络拍卖进行处置，最终统计共拍卖公车31辆（其中3辆评估报废），实际拍卖28辆公务用车，共拍卖资金148.07万元，保留公务用车51辆。

公交凡人善举不断涌现　2018年，公司一线发生好人好事2200余件，国家、省市级新闻媒体相关新闻报道1680篇次（日均4.6篇），电视台采访235人次。其中一线凡人善举被国家、省市新闻媒体报道点赞1118篇次。有13名公交司机凡人善举被央视报道点赞11次，超过历年央视报道总和，稳居国内公交企业被央视报道次数首位，刷新海口公交形象，提升海口城市温度，成为海口城市的新名片。　（林师武）

**【海口市城建集团有限公司】** 2018年，营业收入5.93亿元，完成国资委考核目标133%；利润总额1758万元，完成国资委考核目标127%；代建项目累计完成投资8.41亿元，完成国资委考核目标217%；市场化项目完成投资2.65亿元，完成率179%。年内，市城建集团获得2016—2017年度全国无偿献血促进奖特别奖，为全省唯一获此殊荣的单位，也是市城建集团成立11年来获得的第一个国家级荣誉。此外，下属企业海口市城市规划设计研究院获得全国优秀规划设计二等奖1项，海南省优秀规划设计一等奖1项等奖项；海口市市政工程设计研究院获得中国质量协会及海南省质量协会“质量信得过班组奖”，一项市政工程获2018年度省优秀工程勘察设计二等奖、两项获三等奖等奖项。

政府代建项目　总投资12亿元的海口市江东大道二期项目于12月28日实现功能性通车；统筹建设的海口市民游客中心项目于12月28日正式揭牌启用；五源河体育场作为海南建省办经济特区30周年献礼工程如期完工。海秀快速路（二期）、坡博坡巷棚改基础设施、精神病人福利机构、老人福利院、红城湖片区棚改基础设施、美兰机场（二期）周边路网等一批项目顺利开工建设。

自营项目　金都二期成功封顶，海秀棚户区改造及配套项目有序推进，桂林洋9.2公顷土地项目完成招商，共完成投资2.62亿元，超额完成市国资委考核目标；市民游客中心咖啡厅项目完成招商并正式营业，海糖小区顺利分房，建筑固废垃圾、猛犸充电桩、南渡江海口段河道整治工程等项目取得突破性进展。

公共抢险　完成“抗雾保运”应急任务。响应市委、市政府“抗雾保运”紧急任务部署，组织属下企业建工、路桥、桥管、监理、市政院、规划院的干部职工402人、50余台机械设备96小时连续施工作业，按时完成平整9.2万平方米，修建可容纳2000余车位的应急停车场和临时通道，有效缓解市区主要道路停车的压力；10家二级企业和集团总部的志愿者队伍轮班服务，向滞留旅客免费提供价值40万余元物资。为博鳌论坛年会和庆祝建省办特区30周年纪念活动“保驾护航”。集团领导班子践行“一线工作法”，持续对重点区域进行巡查，举全集团之力打赢“五桥三路一吹沙”（五桥：滨海立交桥、南大桥、海府立交桥、海秀快速路一期长彤路匝道桥、世纪大桥；三路：渡海路、世纪公园路、海秀快速路；一吹沙：喜来登酒店吹沙工程）应急突击保障战。完成公共抢险任务。9月，超强台风“山竹”侵袭期间，组织机械、人员进场进行疏浚施工作业，抢时间完成琼山大道积水点、海钢大酒店片区排水系统改造等积水点防台防汛疏浚应急施工。

国企改革　2018年初，成立全面深化改革领导小组，统筹集团全面深化改革工作的组织协调、整体推进和督促落实。下属二级企业“海口市市政工程设计研究院”完成第一周期虚拟股权激励机制落实，员工股权“虚转实”改革及资本运作方案初步完成；二级企业海口市城市规划设计研究院公司化改造启动，详细的改造方案基本完成；二级企业建工集团的混合所有制改革纳入议事日程；二级企业海口市工程监理公司混合所有制改革立项获市国资委批复同意。

探索党建、工建工作新模式　开展“党建进项目”及“工建进项目”活动。4月28日起，先后在江东大道（二期）项目、金都二期等20个在建项目成立临时党支部和联合工会组织，党员人数149人，联合工会会员约500人，充分发挥临时党支部的战斗堡垒作用和党员的先锋模范作用，有力推动项目建设。

扶贫工作　在帮扶的红旗镇道崇村等3个村委会28户贫困户2017年按计划全部实现脱贫后，于2018年7月，受领琼山区甲子镇琼星村委会山辽村整村脱贫任务，结对帮扶建档立卡的脱贫户16户，63人。通过多种形式开展帮扶工作，继续帮助脱贫户提高增收能力，巩固脱贫攻坚的成果，确保不出现“边脱贫、边返贫”的现象。（包俊斌）

**【海口市城市建设投资有限公司】** 国有独资公司，注册资金254亿元，资产总额890亿元，主要职能为融资、政府投资项目建设管理、地产开发、城市资产运营等。2018年，内设11个部室：办公室、财务部、工会、党委办公室、法律事务室、纪检监察室、审计部、投资部、安全质量管理部、公用事业部、棚改产业部；下辖9家子公司：海南德润科教投资有限公司、海口投源实业开发有限公司、海南寰城地产开发有限公司、海口辉邦项目管理有限公司、海口凯域资产管理有限公司、海口德悦实业开发有限公司、海口成邦项目管理咨询有限公司、海口火山口公园投资有限公司、徐闻德城置业有限公司。公司员工338人。

2018年，完成投资额46.2亿元，营业收入12.37亿元，实收资本269.09亿元，资产负债率降至69.25%，达到房地产行业平均值。实现利润总额约1.04亿元，完成年度预算指标的133%；较好完成市国资委下达的考核指标。承担市政基础设施项目66个，累计完成投资额约4.6亿元，完成年度预算的206%；代建科教文卫建设项目20个，累计完成投资额1.5亿元，完成年度预算的161%；全年各类房地产实现销售合同金额约19.5亿元。公司获得全国城投系统2017年度信息工作先进单位、海口市国资系统2017年度先进企业、市国资委2017年度负责人业绩考核A级等荣誉称号。公司负责的蓝城商务大厦项目获2018年度“绿岛杯”奖，北师大海口附校高中部项目获评2018年度“椰城杯”建设施工优质样板工程。

跨区域合作发展　推动徐闻滨海新城项目纳入广东省PPP项目库管理；稳步推进徐闻市场化房地产项目“海口城投·南岸春语”的开发建设。与广州城投、东方城投、金林集团等意向合作单位洽谈，寻找有价值的投资项目，实现“走出海口”，多元化业务布局。

项目建设　全年共推进建设项目92个，包含66个市政基础设施项目、20个科教文卫项目、3个文化复

2018年，海口市城投公司负责的蓝城商务大厦项目获得海南省建设工程“绿岛杯”奖

（市城投公司 供）

兴项目、3个矿产开发项目。其中前期项目52个，在建项目23个，完工项目17个。特别是白驹大道改造及东延长线、文明东越江通道、未来江东服务中心、海口哈罗学校等省、市重点项目建设中，海口哈罗学校20天完成9.67公顷项目用地征收工作、北师大海口附校二期（初中部）项目从方案预审到完成概算批复仅用时20天、文明东越江通道项目从立项到完成施工招标工作仅用时68天、白驹大道改造及东延长线从项目立项批复到施工招标仅用时70天，确保项目于12月28日集中开工。以“城投速度”高质量推进江东新区开发建设，较好完成市委、市政府交办的任务。

房地产经营　应对房地产行业市场变化，调整销售价格，缩短预售证办理时间，迅速完成上东城、椰风水韵等项目的价格备案及销售工作。与光大银行、铁塔公司签订金龙城市广场项目写字楼租赁合同；与城市海岸项目合作方协商一致，按合作比例完成剩余房产的分配工作。全年自主开发房地产在售项目11个，合作在售项目7个，各类房地产实现销售合同金额约19.5亿元；出租商铺、写字楼等面积2.87万平方米；管理小区、写字楼物业9个，管理面积约287万平方米。

业务拓展　收购椰岛集团综合楼，为公司带来具有长期稳定现金流的可经营性资产。组织开展东站国际商业广场电影院、酒店、招商代理及经营顾问公司招商比选工作，加快盘活闲置资产，促进商业铺面及资产保值增值。依托已储备的物业资源，承接东站站前国际广场、未来江东服务中心、椰岛大厦物业管理工作；完成港航家属区、椰风水韵前期物业服务签订框架协议签订，扩大现有物业规模，进一步提高现有资产的造血机制。

（沈韵雯）

**【海口市统筹城乡发展（集团）有限公司】**2018年，立足“投、融、建、管、运”五位一体城乡资源资产运营商的发展定位，推进统筹城乡演丰示范镇建设和产业招商，促进产城融合发展；深入推进乡村振兴战略，加大农业产业培育和孵化力度。全力推进中央环保督查和国家海洋督查整改项目，1月20日开始组织对海口湾灯塔酒店临时施工便道进行拆除，6月底完工，圆满完成拆除工作。全年共承担政府投资项目25个，总投资约27.35亿元；前期工作代理项目11个，总投资额约19.4亿元。2018年，公司及下属企业共有员工125人。公司内设：党委办公室、纪检审计室、行政办公室、财务部、风险控制部、投资管理部。下设6家子公司，分别为：海口美丽村庄投资有限公司、海口统发地产开发有限公司、海口统发苗木花卉有限公司、海口惠益工程项目管理有限公司、海口统发惠农投资管理有限公司、海口统发水务有限公司。

统筹城乡演丰示范镇建设　加快推进演丰示范镇一期项目竣工验收，完成演丰公共服务中心联合验收和演丰路网红林路段项目竣工初验工作；加快办理演丰示范镇安居工程项目不动产权证，保障演丰安置户合法权益。加大产业招商力度，演丰互联网产业小镇共吸引101家小微企业入驻。进一步完善演丰创新创业服务中心一站式服务平台建设，加大互联网、旅游、文化等产业的综合招商。

实施乡村振兴战略　推进火山石斛规模化种植，打造品牌金字招牌。全年投资约400万元用于完善石山镇施茶火山石斛园基础设施及园区景观绿化提升。园区临时用工累计超过2万人次，为当地农民提供大量就业岗位。4月13日，习近平总书记亲临施茶火山石斛园视察，对石斛产业扶贫模式给予高度评价，并作出重要指示：“乡村振兴要靠产业，产业发展要有特色，要走出一条人无我有，科学发展，符合自身实际的道路”，为乡村产业振兴发展指明了方向。施茶火山石斛园因地制宜探索出“企业+合作社+农户”的产业发展模式，带动美丽乡村建设，引起全国关注，吸引众多游客慕名而来，一跃而成为海口热门景点之一。扩大羊山地区石斛产业种植规模。新建的琼山区龙塘镇新民石斛园和龙华区遵谭永昌石斛园一期种植面积约20公顷，种植石斛种苗约84万株，投资约600万元，临时用工5万人次，有效带动山羊地区石斛产业发展。完善东山现代农业产业示范园项目建设。优化园区管理服务，加大招商引资力度，开垦荒地约33.33公顷，吸引4家特色农业项目进园，打造现代农业产业的互联网+科技+精准扶贫模式；联手永兴镇冯塘绿园共同策划打造现代农业旅游综合园区，为周边的东山、永兴、遵谭3镇提供超过4万人次的临时工机会及50个固定工作岗位，有效缓解附近村民的就业问题。大力发展循环农业产业项目，加快三门坡镇清泉村黑山羊产业精准扶贫养殖项目建设。引进黑山羊种羊662只，同时加大土地整合力度，启动牧草种植项目，“以草蓄养”打造黑山羊养殖配套产业项目，引导扶贫户参与到产业发展中并分享产业发展红利。加快盘活“空心村”、壮大“空壳村”。成立“空心村、空壳村”推进工作领导小组及4个工作小组，对接各区政府、镇政府及市政府相关职能部门，深入自然村、行政村实地考察，收集镇域总规、土规、村庄规划以及村庄现状等相关资料，为加快推进“两空村”工作奠定基础。

棚户区改造资金保障　全年累计拨付棚改资金3.75亿元，保障市棚改项目顺利实施；配合市政府做好棚改项目审计及整改相关工作，提前偿还金融机构资金共66.99亿元，降低政府债务风险。

整合存量土地资源　完成市土地储备整理中心下达的639宗（总面积约5933.33公顷）储备地巡查管护任务，确保国有资源保值增值；配合美兰区政府、演丰镇政府完成美兰临空产业园、安置区等项目近600公顷征地工作；根据市园林绿化苗圃基地建设项目需要，租赁美兰区三江镇约55.33公顷农用地和琼山区新民林场280公顷林地，加快项目建设进程。

（陈珊珊）

【海口国家高新区发展控股有限公司】2018年，完成固定资产投资约13亿元，公司资产总额89亿元，净资产61亿元。下辖海口佳和项目管理有限公司、海口美安置业开发有限公司和海口三角梅产业发展有限公司3家全资子公司。

美安科技新城（一期）基础设施及配套项目建设　累计完成投资约34亿元。路网方面，建设道路31条，有9条道路完成验收，16条道路进行甩项现状初步验收工作，道路实现功能性通车，相应的路灯、绿化及桥梁等工程均配套完成。水网方面，管网敷设完成94%，共77.3千米，有力保障美安入园企业的用水问题。雨污水建设，美安1#污水泵站建设完工，污水管网建成95%，约113千米，雨水管网敷设完成约95%，共147千米。电力方面，美造变电站建成并投入使用，开闭所建成3个并投入使用，电力管网敷设完成约96%，约53.7千米。

美安科技新城产业配套项目建设　全年完成投资约5亿元，累计完成投资20.47亿元，包含新总部经济区、南区福邻中心、产业加速器、营销中心、新海美邻中心和孵化器以及海鑫郦都和美安华府两个合作项目。其中新总部经济区东西两翼14栋楼已封顶，产业加速器一期5栋楼基本完工，通过人防、国安、水土保持、园林绿化及防雷等验收工作。南区福邻中心项目的邻里中心完成结构封顶，幕墙完成95%。海鑫郦都项目年内完成投资1.27亿元，累计投资6.27亿元；美安华府项目年内完成0.63亿元，累计投资约3.59亿元。

政府代建项目　新承接教育系统、公安系统、市政基础设施及文体系统等市政府前期代理、代建项目共45个，总投资约45亿元，包含龙岐学校、新海学校等13个教育系统前期代理及代建项目，总投资约19亿元；海口市强制隔离戒毒所扩建（二期）等7个公安系统代建项目，总投资约2亿元；港澳大道、锦绣路等23个市政基础设施前期代理项目，总投资约21.8亿元；中山纪念堂内部修缮等2个文体系统代建项目，总投资约0.11亿元。

人才公寓建设　人才公寓项目选址在云龙地块、药谷地块及向荣路地块。其中云龙产业园、向荣路人才公寓项目的开发策划方案经海口高新区党工委审批同意并上报市政府，同时完成区域市场调研及报告编制、概念性方案设计、项目环评等前期策划设计工作；云龙人才公寓项目正在申请立项，现场清表工作完成；药谷人才公寓正在组织开展立项、可研等前期手续。

（郑尼亚）

【海口旅游文化投资控股集团有限公司】海口市国资委直属的国有大型旅游企业集团。主导政府项目代建、景区建设运营、展会活动筹办、旅游中介服务、彩票销售代理等业务板块。2018年，有12家下属子公司，包括11家全资子公司（海口假日海滩开发管理有限公司、海口旅游景区物业服务有限公司、海南优拉彩票娱乐有限公司、海口市中国旅行社、海南旅投旅游咨询有限公司、海口国际会展中心经营管理有限公司、海口海旅文化体育发展有限公司、海口会展中心建设有限公司、海口戏院、海口德方旅游投资有限公司、海口骑楼老街投资开发有限公司）和1家参股子公司（海南印象文化旅游发展有限公司），集团本部设有党委办公室、纪检督察室、质量安全管理部、办公室、财务部、法律事务部、投资发展部、项目部、工程部、审计部10个部室。

城市更新项目　三角池片区（一期）整治项目：2018年3月20日完工，完成投资额约2.4亿元。项目建设内容包括建筑外立面美化亮化、景观改造工程和市政道路改造工程等，改造面域约10万平方米。参建单位紧密配合，30天内完成东湖路、博爱南路和三角池交叉口的道路改造工作；120天内完成57栋13个点位的建筑外立面改造、38栋楼宇建筑亮化施工、1万平方米的景观提升。作为城市更新首批示范项目，2018年建成后共接待中央部委领导、省市区各机关和国内外参观团体共150余批次、4000余人次。海口市“五化”工程立面改造（一期）项目：2018年3月2日开工，总投资约2.92亿元。改造范围为龙昆路路段及世纪公园路段，海秀路路段及新时代文明实践中心周边楼宇，改造面积约70万平方米，涉及楼宇174栋。

政府代建项目　骑楼老街中山路、博爱北路等街道整治维护工程：为骑楼老街城市名片项目，2018年4月20日开工，12月20日前完成，总投资约285万元。项目建设内容包括中山路、博爱北路的外立面木门窗油漆涂刷翻新、外立面灰塑图案修复，廊柱灰塑线条修复、外立面及廊道防水处理，花篮吊篮更换翻新，廊道格栅更换调整。海口市国家帆船基地公共码头项目：由原中石化5000吨油码头改扩建而成，是国家帆船帆板运动队训练港池和市民游客公共码头的共同体。港池水域面18.8万平方米，陆域使用面积4.65万平方米，主要建设项目有防波堤、海上平台、提升港池、干仓、维修车间和加油站等，2017年11月开工，2018年3月底项目一期完成功能性使用，12月9日完成海上主体工程量100%，至2018年底项目总工程量完成88%。建成后拥有610个泊位，是目前亚洲建设规模最大的帆船基地公共码头。12月13日通过水域部分交工验收，

12月16日举行开港仪式、举办2018年中帆协年度盛典系列活动。代建的海南自由贸易试验区建设项目（第二批）海口项目：负责代建海口市人民剧场及配套设施项目、美舍河文物+旅游工程一期和三角池片区（二期）城市更新项目，12月28日集中开工建设。其中海口人民剧场及配套项目，总建筑面积30454.4平方米，主要建设剧场及外立面、屋顶改造新；剧场室内改造翻新，局部区域功能改造和加固；改造配置现代化的演出设备，包括给排水、消防、空调、地下公共停车库等。美舍河文物+旅游工程一期（明昌塔）项目，主要建设明昌塔面积5126.5平方米、文昌阁面积312.63平方米、先师殿面积240.63平方米、东配殿和西配殿面积62.72平方米、敬事亭面积9平方米、山门面积38.4平方米、东坡轩面积112.8平方米等，并配套建设给排水、电气、室外配套等工程。三角池片区（二期）城市更新工程，建设内容包括西湖片区、大同路改造工程，新建商业建筑工程，可视范围建筑风貌协调及天际线改造工程以及广场路、公园路交通整治工程。

下属公司经营情况　假日海滩公司通过线上营销活动打开销售思路，以活动创品牌、促发展，主办、协办祭海大典、亲水季等一批规模化的重大文化体育赛事活动，逐步探索出最适合运营模式；旅游景区公司（白沙门公园）梳理资源，发挥场地优势，提升完善景区服务功能，提高管理水平和经营收入，全年承接各类文体活动72场；优拉彩票公司探索新的经营模式，将海甸体彩乐吧移交海南众彩娱乐科技有限公司经营，推出节日促销活动、会员积分制度，维护客户关系，挖掘潜在资源；文体公司盘活资产，实现智能车库、观海台地下通道开业运营，克服酒店运营初期资金短缺、证照不齐全等困难，不断提高服务品质；骑楼公司发挥文化资源优势，在节假日期间举办非遗展演街头演艺等大型活动百余场，多次受到央视、省市重点新闻媒体的报道，获得市民群众的一致好评，树立了企业知名度和美誉度；市中旅及时调整业务内容，合作开发海口滨海游等一批具有地域特色的旅游项目，成功协办2018中国帆船年度盛典系列活动；会展经营公司加强与相关政府部门合作，策划、组织开展“2018年第十七届冼夫人文化节”等活动，积极拓展会议、会展市场，成功为第二届世界电子竞技运动会（WESG）全球总决赛等赛事会议提供保障服务。

资产盘活　人民公园智能车库重新对外运营；海口戏院重建工作启动，正在进行方案设计等项目前期工作；会展一期项目将改造为海口外资总部办公区，正在进行项目改造方案设计；会展二期项目顺利完工，落实分配方案，完成商铺招商及产权式酒店运营方案；海旅文体中心项目4#楼启动装修；长怡路地下通道成功招商；帆船帆板基地主题酒店正式对外市场化运营。

（陈　通）

**【海口市燃气集团公司】**海口市国资委监管的重点全民所有制企业，主要业务由能源、交通、资产租赁三个板块组成。2018年，内设有办公室、党委办公室、财务部、人力资源部、审计部、投资发展部、经营管理部7个部门，拥有全资子公司6家、控股公司3家、参股公司6家，员工人数421人。资产总额3.54亿元，净资产3.18亿元。继续实行经营管理责任制，针对下属客运企业及驾校的经营亏损问题，集团在给予资金扶持的同时，帮助研究和制定内部改革、有序退出方案，分流部分富余人员，引进绩效激励机制，尝试混合所有制经济，尽快扭亏增盈，以实现良性发展；针对房产招租难的问题，简化审批程序，灵活应对市场，放权给房产租赁管理部门，出租率开始提升。针对海口新型城镇化过程中存在的管道燃气发展滞后问题，与海南民生燃气合资成立海南民生城乡燃气有限公司，推进海口镇墟瓶组供气项目的规划和建设，至年底，合资公司完成东山野生动物园供气项目的施工建设及验收，完成新坡镇和东山镇的燃气设计，并对文昌市油改气、煤改气项目展开全面调研工作。寻找新的业务增长点，与新时代驾校合作建设驾培考场项目获市政府、国资委审批通过。投身精准扶贫工作，共投入扶贫资金15.29万元。年内公司化改造方案获得市政府办公会议审议通过，将更名为“海口市能源集团有限公司”。

（钟生兵）

**【海口市国有资产经营有限公司】**2018年，公司资产总额65.57亿元，负债总额41.73亿元，所有者权益23.84亿元，资产负债率63.64%。下属全资子公司4家，分别为：海口市创新产业投资有限公司、海口市国运置业发展有限公司、海口市财金投资管理有限公司、海口市国运物流投资经营有限公司；重要参股企业6家，分别为：海南椰岛集团股份有限公司、海口美安（新海）物流园开发公司、海南产权交易所、海南省肿瘤医院、海南世锦文化股份有限公司、海南镀锡薄板工业有限公司；其他三级投资参股或市国资委授权管理的企业20家；受托管理130多家改制、关闭、破产国有企业；2018年，受市国资委委托管理市水产供销总公司和市粮食局下属7家粮油储备企业。公司有员工80人。

国资国企改革　2018年，公司开展升级版国有资本运营平台战略规划工作，编制完成《海口市国有资产经营有限公司发展战略规划研究报告》（征求意见稿）并上报市国资委；下属市财金公司针对市科工信局筛选的第一批入围6家小微企业开展尽调和可行性分析，完成《投资建议书》，其中“海南宝秀节水科技股份有限公司”作为第一批小微企业拟投项目，拟投金额500万元；全年完成海口市房地产评估管理所、海口市房产测绘所、海口市水利电力局物资供应公司、海口市水电建筑工程公司、海口市科技协作中心、海口市中国青年旅行社6家单位事转企、企业改制关闭等工作，安置职工64人，并将海口市中国青年旅行社评估后委托海南产权交易所挂牌转让。

国有资产运营管理　2018年，对受托管理的行政事业单位资产通过公开挂牌招租实现租金收入大幅增加，租金收入3898万元（含税），较上年增长19.1%，上缴税收1800万元，增长4.23%；企业自有资产经营性资产收入1044万元，增长21.67%。全年共完成6批次经营性资产招租挂牌工作，涉及承租户24人，招租房产面积22451平方米。招租前该部分资产年租金收入244万元，招租后年租金1736万元，增长611%，实现国有资产保值增值。全年共签订租赁合同53份，其中挂牌合同24份、转租合同28份、协议出租合同1份。对接市行政事业单位资产移交单位4家，新增移交资产11宗，房产面积9571平方米，土地面积123平方米；下属市创投公司开展短期委贷业务，年内为企业办理委托贷款5200万元，累计收回委贷6000万元，实现收益215万元。

资产盘活与处置　完成原驻广州办事处资产椰城宾馆、石溪仓库和椰润商城等大宗交道公开招租工作，优化海甸人防工程设计方案，与市菜篮子集团签订《农村土地经营使用权转包合同》。妥善解决市蓄电池厂历史遗留问题，对原蓄电池厂3套老旧闲置机器设备进行第三方评估并公开挂牌处置，于12月28日成交。

对外投资及债权管理　完成支持海南椰岛经营管理层扭亏措施，并按省、市国资委批复与受让方海南建桐投资管理有限公司协商终止股权转让合同后续工作，尽最大努力维护国有股东权益和上市公司经营稳定；承续2017年海宇锡板股权转让后续工作；完成参股单位金元证券股份有限公司2015年度至2018年一季度现金股利催收工作，共收回股利1979.45万元；继续加强投后监管，开展对海南福源灏酒业有限公司和海南博大兰花科技有限公司的股权投资到期事项处置工作，收回七水一村文昌鸡养殖基地项目租赁费50.78万元，与海口高新区发展控股有限公司、海南交控汇金公司共同完成英利项目的处置方案（即《关于英利债务重组的意见》），上报海口市政府，并着手准备通过法律途径维护公司对英利投资安全；梳理债权纠纷，通过仲裁、诉讼等方式解决汉能集团、椰湾集团和波恩公司借款纠纷。

配合政府完成的重点工作　配合省市战略布局，完成中海油周转办公楼（荣城铂郡）资产购置及装修工作；按照市公务用车处置领导小组统一安排，受市财政局委托，和海南产权交易所共同承担公车改革取消车辆处置工作，继2017年完成三批逾千台公务车辆的处置工作后，2018年初又完成一批共53辆公务用车的处置工作，并配合1053个竞买单位、个人办理车辆过户手续、报废销账等工作；协助市国土局完成未回购核销换地权益书持有主体、权益价值等证载信息的调查汇总工作，完成换地权益书回收核销方案编制并上报；按市国资委的部署，1月完成对市水产供销总公司的接管，在交接过程中完成平稳过渡、规范权限和审批管理、维护职工队伍稳定等工作，克服遗留问题带来的困难，逐步管理正常化；1月完成对市粮食局下属7家粮食储备企业的接管工作，并通过调查摸底完成粮食集团组建初步方案制订及上报市国资委，后续通过调研梳理，逐步理顺日常管理，拨付应急资金帮助困难粮企支付员工工资及缴纳社保，做好粮食储备、粮食安全和员工队伍的稳定等工作。

房地产开发项目　“天海居”项目于9月30日交付业主使用，项目累计投资9100万元（含土地），共取得房屋销售款1.62亿元，其中归属公司的销售款为4898万元；橡胶三厂文明东路职工生活区北侧保障性住房项目A座商住楼完成室内、外装修工程，项目累计投资4680万元（含土地），正组织施工单位进行室外配套工程及绿化工程方案变更设计、施工；“滨江名苑”项目完成外墙装饰并拆除外架，正在进行公共部分装修工程，项目累计投资5944万元（含土地），于12月取得商品房预售许可证并开盘销售，至12月31日，共认购49套，认购面积3918.72平方米，成交金额5657万元，累计收房屋销售款600余万元。（林怀宇）

**【海口市环境发展有限公司】**2018年12月27日挂牌运营，注册资本1亿元。由海口保税区开发建设总公司进行公司化改制而成，类型由“全民所有制”变更为“国有独资”。公司改制更名后，将进一步整合资源，谋划项目，努力实现转型发展，在做好现有的环卫产业基础上，不断延伸环境环保产业链，优化产业结构，形成以生态、环境、环保、园林、绿化等为基础的实体经济产业，同时继续加快转型升级步伐，在向环保产业链中高端升级的同时，进一步优化产业结构，加大战略性环境环保新兴产业培育，挖掘和培育新的利润增长点。内设党委办、行政办、工程部、物业部、财务部、审计部、项目部7个部门，有干部职工107人（其中含外派环卫PPP项目公司管理人员10人）。

2018年，公司主营业务总收入2208万元，利润总额2601万元，工业厂房租赁费、物业管理费、土地租赁费等收入比上年增长4.15%。年末，公司资产总额7.73亿元，净资产6.18亿元，资本增值22倍，连续8年保持盈利。

政府工程代建　龙湾片区召马、风圯2个土地复垦项目于11月2日进场施工，至年底分别完成提供施工工作面的80%和70%。三门坡镇白马村及红旗镇永荫村、龙源村等土地开发整理项目，均于8月前进场施工，至年底分别完成总工程量的50%、66%、70%。长流镇美楠村和琼华村旱改水项目竣工。全年落实代建项目到账的建设资金1907.54万元，根据工程进度拨付工程款2431.6万元。

市环卫一体化项目公司监管　继续加强对海口市京环城市环境服务有限公司、海口龙马环卫环境工程有限公司、海口玉禾田环境服务有限公司、海口市京兰城市环境服务有限公司4家环卫PPP项目公司的投资、履约及日常经营情况的监管，对各项目公司2017年度审计报告及相关财务资料等进行审核检查，及时协助开展新增业务的推进、协调经费拨付等工作。根据市政府相关专题会议纪要的要求，汇总4家环卫PPP项目公司在水域工作中存在的共性问题，并发函至市环卫局，跟进协调推进各区水域付费工作。与各项目公司沟通，做好会议相关资料的准备、审核、会签、备案等工作，确保4家环卫PPP项目公司顺利召开2018年董事会、股东会。协助环卫部门对环卫设施进行长效管理。根据市环卫局关于开展市环卫一体化固定设施资产清查的要求，自3月5日起，对各项目公司辖区内环卫固定设施情况进行统计汇总，将每季度更新数据上报市环卫局，以确保“椰城市民云”平台数据的准确性、及时性。

（詹琼琳）

【海口市金融控股有限公司】2018年，海口市金融控股有限公司及下属平台新增业务量20.21亿元，其中担保业务完成17.26亿元。累计业务规模189亿元。年末担保责任余额14.54亿元，资本金放大6.61倍。年度新增贷款为企业新增产值约60亿元，多创税收约1亿元，稳定和增加就业岗位约2万个；累计为受惠企业新增产值约570亿元，为地方创造税收约14亿元，稳定和增加就业岗位逾20万个。年内，实现合并收入6008万元，实现合并利润总额4126万元。共获得省中小企业发展专项资金、省担保代偿资金补贴537.46万元。下属子公司海口金控资本管理有限公司获市财政国有资本经营收益注资1585万元，公司资本实力得以增强。

渠道建设　公司银行渠道建设稳中有进，下属海口担保公司新增海口农商行为合作单位，合作银行总数21家，授信总额70亿元。邮储银行、交通银行、海南银行合作业务占比合计87.42%，比上年增长21%。

业务创新　商票贷、“农保贷”、一手房按揭贷款担保等业务成功落地。商票贷与恒大地产、融创、华润建立合作渠道关系，业务量逐渐上升；“农保贷”业务开通邮储银行、中国银行、海南银行合作渠道；与碧桂园建立起一手房按揭贷款担保合作新业务模式，合作渠道进一步拓宽。与海南银行琼海支行拓展槟榔业务，创新核心客户增信的反担保方案，槟榔业务新增户数及业务发放量均较上年有较大幅度增长。

风险防控　风险管理工作加大合规性整改力度。结合提质增效活动，对项目操作过程中的模板、表单、流程等予以规范；加大档案合规性整改，开展大规模档案合规性交叉检查工作；加强保前调研、严格保前审核、严防带病项目、按月落实保后回访计划、约谈风险项目实际控制人、发布风险提示等安排，将风控贯穿于业务全过程。公司担保代偿率低于行业平均代偿率。

改革重组　新设下属子公司海口金控资本管理有限公司经中国证券投资基金业协会批准获得私募基金管理人资格，成功发行智远（海口）一号股权基金，并在年内实现基金的募投管退；海口金控资本管理有限公司与相关意向投资者进行多轮次的接触和洽商，与第三方咨询公司开展合作，完成尽调访谈，为新年度混改推进奠定基础；推进薪酬改革，与诚港人力资源公司合作制定薪酬改革方案，旨在建立与企业功能性质相适应、与经营业绩相挂钩的市场化薪酬分配体系。

（马国新）

（编辑：文海川）

## 教育综述

【教育概况】2018年，海口市实施公办中小学校（幼儿园）“一校两园”3年建设计划，侨中美丽沙分校、人大附中、北大附小及8所幼儿园建成使用，新增学位9970个，长彤学校等4所学校开工，新建中小学游泳池21个，3万余名中小学生参加游泳培训。签订海口哈罗外籍人员子女学校、哈罗国际（中国）礼德学校项目合作协议，哈罗公学项目正式落户海口。全市共有各类中小学校及幼儿园1103所，在校生34.18万人，专业教师人数2.61万人。各中职学校参加全省职业院校技能大赛，获得奖项84个，其中一等奖18个。市五源河学校德育课程被选入2018年全国中小学德育工作典型经验名单。7所学校获评全国青少年校园足球特色学校；6所学校被授予“2017年海南省毒品预防教育示范学校”；3所学校被省教育厅授予“2018—2020年度海南省中小学美育示范学校”；6所学校被湿地国际中国办事处授予“湿地学校”称号。

**链接：“一校两园”计划** 2018年，海口市全面实施“一校两园”建设计划，从2018年起，全市每个区每年在主城区内至少新建1所公办中小学校及2所公办幼儿园，到2020年合计新建15所公办中小学校及30所公办幼儿园。

【教育经费投入】2018年，海口市教育投入36.5亿元。其中，投入2000万元新建21个中小学游泳池，投入1.96亿元用于全市学校基础设施建设，投入8439万元用于设备运行购置与维护等校园建设项目，投入2.3亿元全面免除义务教育学校学杂费、教科书费和作业本费，并落实国家各项学生资助政策。

【教育督导】2018年，海口市教育局开展学前教育督导评估，完成10所省、市示范或一级幼儿园过程性督导工作，指导市幼儿园自评申报、区教育局初评等工作；指导4个区编制各区三年实施方案，指导各幼儿园按照既定的时间节点开展自评工作并上传数据，指导各区督导部门严格依照督查内容和督查程序开展评估工作，完成近600多所幼儿园的评估工作；聘请北京“中基智库”专家开展督导系统使用培训工作，协调推进4个区幼儿园信息录入工作。重视义务教育均衡发展工作。4个区开展均衡发展工作进行检查指导，做好迎接国家义务教育均衡发展复查工作。经测算，2018年4个区校际间差异系数统计情况如下：秀英区，小学差异系数0.502，中学差异系数0.425；龙华区，小学差异系数0.49，中学差异系数0.44；琼山区，小学差异系数0.49，中学差异系数0.42；美兰区，小学差异系数0.48，中学差异系数0.43。均达到国家标准。完成对4个区80个样本校四年级、八年级学生科学、德育课程的国家教育质量监测工作。龙华区教育局和美兰区教育局被教育部基础教育质量监测中心授予“县级优秀组织单位”称号。

【国家各项学生资助政策落实】2018年，海口市落实学前贫困家庭幼儿教育资助金资助2568人次，发放192.6万元；“三免一补”落实工作，投入2.28亿元全面免除义务教育学校学杂费、教科书费和作业本费，补贴义务教育阶段贫困寄宿生生活费500.16万元、受助学生8072人次；普通高中国家助学金资助4528人次，发放442.85万元，免除1056人次建档立卡等家庭经济困难学生学费、课本费、作业本费和住宿费85.127万元；落实中等职业学校国家助学金资助学生4884人次，发放金额488.4万元，免学费项目资金完成划拨35917人次5536.47万元；涉农免住宿费教材费1735人次86.75万元；完成2018年贫困大学新生资助活动（爱心助学活动和计生奖励项目），爱心资助贫困家庭大学新生101人、资助金50.5万元，计划生育特困家庭子女大学新生奖励85人42.5万元；完成生源地信用助学贷款办理工作，共向3303名大学生发放助学贷款2094.17万元。完成教育精准扶贫攻坚战落实从学前教育至高等教育各阶段的特惠性资金发放，向建档立卡贫困家庭学生5978人次发放784.14万元，向农村低保、特困供养学生7885人次发放1130.93万元。

【义务教育阶段学校全面改薄】海口市“全面改薄”总体规划（2014—2018年）资金需求共3.46亿元，项目涉及4个区208所学校。2018年，海口市继续实施“全面改薄”（全面改善农村义务教育薄弱学校基本办学条件）工程。投入省级资金1940万元（省级资金915万元，市级资金1025万元）。至年底，土建类项目337个，完工335个，占比99.4%；投入设备类采购资金1.11亿元，全部采购项目均完成配送安装和验收支付工作。

【教育对口帮扶】2018年3月，海口市教育局组织28名海南特级教师（工作坊领衔专家）作为指导专家组成调研评估队伍，对24所中小学校、幼儿园开展为期4周的深度调研评估活动，深入了解海口市各项教师研训活动开展的实际效果，充分挖掘各校各幼儿园校（园）本研训和市级各类研训活动中存在的问题，谋划各级各类培训课程的需求调研和课程设计。进一步推进“优质基地学校、优质基地学科、优秀骨干教师队伍和优质品质教师研训课程”“优质一品”的工程建设，辐射帮扶24所农村中小学幼儿园基地校（园）建设。6—7月，实施“国培计划”——海南省乡村中小学教师送教下乡为期1个月的培训活动，借助海口市骨干教师工作坊团队的力量对24所中小学幼儿园基地校（园）开展送教下乡活动，受惠教师6363人。4月中旬，海南省中小学教师培训工作领导小组办公室对全省所有国培计划项目进行评估，海口市所承担的送教下乡项目在绩效业务考核中连续两年被评为优秀单位。4—10月，重点打造农村基地校建设，借助各级基地校的优质资源，着力研发“田园课程”和开展紧缺学科培训，借助普及性培训推动8所农村小学基地校建设，引领农村学校开设富有特色的“田园课程”，全面推进农村学校文化及教师队伍建设，努力推动海口市农村教育质量整体提升，促进义务教育的均衡发展。海口市被评为“海南省边远乡村教学点小学教师培训项目先进单位”。

【教师队伍建设】2018年，海口市面向全市公（民）办普通中小学、幼儿园、特殊教育机构、中等职业学校教师开展师德师风教育活动，引导教师牢固树立“为人师表，行为世范”的价值观，不断优化育人环境，提高教师师德修养和业务素养。市教育局联合市文明办在全市教师中开展评选2017—2018学年度“百名最美教师”活动，组织广大教师学习国内师德楷模及全市“最美教师”的先进事迹，宣传身边的师德先进典型。继续开展“万名教师访万家”活动，结合“十三五”脱贫攻坚战，密切家校联系。为加强乡村教师人才队伍建设，系统建立乡村教师实施体系，招录乡村小学定向免培生24名、乡镇幼儿园定向免培生3名。为补充并加强师资力量，面向全国招聘中小学、幼儿教师204名，面向全国引进中小学特级教师3名。开展2018—2022年度中小学省、市级骨干教师评选，全市有省级骨干教师97名，市级骨干教师1417名，省、市骨干教师队伍数量和质量不断提高。2018年中小学教师职称评审中，有235名教师分别获得中、初级教师资格，有218名教师获得高级教师资格。

【教育基础设施建设】2018年，海口市教育局全面实施“一校两园”建设，加快学前教育工程、重点项目以及为民办实事项目建设。美丽沙幼儿园、五源河公寓配套幼儿园、流水坡幼儿园、东山镇第二中心幼儿园、西秀镇第二中心幼儿园、永兴镇实验幼儿园、琼山铁桥幼儿园、龙华滨涯幼儿园8所新建公办幼儿园如期竣工，新增公办学前教育学位1590个；人大附中海口实验学校、海南侨中美丽沙分校2所公办中小学校竣工，新增公办义务教育学位3360个；北大附小海口学校、寰岛中学、枫叶集团美舍新校3所民办中小学校竣工，新增民办义务教育学位约5000个。新开工建设长彤学校、康安学校、龙岐小学、坡巷小学4所学校。加快棚改区配套教育设施建设。结合市棚户区改造项目进程，协助有关单位编制各改造片区配建学校设计任务书，办理配建学校的规划许可等前期手续。龙岐片区小学开工建设；下洋瓦灶片区海口实验中学扩建、面前坡片区九年一贯制学校、坡博片区九年一贯制学校、盐灶八灶九年一贯制学校、红城湖片区九年一贯制学校、琼山二中四小扩建、新海片区九年一贯制学校等

2018年9月10日，海口市召开庆祝2018年教师节暨“最美教师”表彰大会

（市教育局 供）

正在办理项目前期。

【学校安全管理】2018年，海口市开展第23个“全国中小学生安全教育日”“海南省第九个学校安全教育月”“做自己的首席安全官——平安校园行”“与法同行健康成长”等教育活动，开展防溺水等专题讲座683场、交通安全课105次、食品安全宣传咨询活动18次，发放宣传册5.85万份。组织防震减灾、消防等疏散演练1790多场，参与学生41万多人次。开展9期学校食品安全知识培训，培训2366人次；开展“禁毒教育宣传月”“无毒海南，健康生活”毒品预防教育活动，推进“无毒校园”创建和毒品预防教育627工程；开展“护苗2018”行动，组织中小学生学习“护苗·网络安全”系列学习课件，观看“文明上网”“拒绝毒品”“反对邪教”的教育视频，举办海口市“守护春蕾 助梦成长”未成年人保护系列讲座和“阳光心态，快乐成长”心理辅导讲座活动等。组织全市教育系统应急安全管理干部培训活动，220余人参加；举办2018年海口市游泳救生员和游泳社会体育指导培训班，70多名教师参加；举办教师应急救护教训班，2200多名教师通过培训提高应急救护知识技能。加强校园“三防”建设，配备保安，配齐配足钢叉、辣椒水、高压电筒、防刺背心、橡胶棒、头盔等物防设备，落实校园24小时值班巡防。学校视频监控摄像系统装配实现全覆盖。投入304.8万元为市中心幼儿园、英才实验学校实施消防改造工程。投入216万元为第九小学、海景学校等增添视频监控设备，打造智能化“平安校园”。实施学校食堂量化等级管理，量化评定873家，量化等级评定率98.97%。全市有194家学校食堂实施视频监控明厨亮灶工程，13家学校食堂获得“省级食品安全示范学校食堂”称号。对31所学校周边交通设施进行补充完善，新增道路交通标志牌46套、施划道路交通标线1450平方米、设置减速带126条，增设隔离护栏375米，维护道路交通标志牌12套。全市设置45个助学岗和86个巡逻组。加强校园风险防控，开展岁末年初安全生产隐患大排查大整治专项行动、海口市教育系统安全生产隐患百日大排查大整治活动、今冬明春火灾防控、校园电动自行车消防安全专项治理、学校食堂食品安全督查等，组织人员5360多人次，排查出安全隐患382项，及时落实整改。开展校园欺凌专项治理，组织开展“防范校园欺凌”主题班会，开展校园欺凌专项督导检查。加强校车安全管理。各中小学校向市交警支队备案校车169辆，有67辆取得校车标牌，585人具有校车驾驶资格证。开展校车隐患排查51次，督促整改安全隐患2起。加强防范溺水事故工作。印发致家长的一封信40万份，举办“珍爱生命 远离溺水”校园防溺水安全教育课堂，普及游泳安全知识。开展中小学生游泳培训，提高学生游泳技能。学校加强周边危险水域巡查，危险地段设置警示标识，严防意外发生。继续开展“平安校园”创建工作，海南华侨中学等60家中小学校、幼儿园获评“2018年度平安校园创建先进单位”。加强校园周边治安环境综合治理，开展“护校安园”活动，协调公安部门组织4808名警力开展网格化巡逻巡查和在上下学高峰勤务时段加强校园及周边守护巡控，排查整治校园周边治安乱点152处。深入推进校园周边扫黑除恶专项斗争，依法打击侵害师生违法犯罪行为，破获涉校刑事案件2起，查处治安案件5起，抓获犯罪嫌疑人8名。开展“2018打假风暴三大行动”，下架各类不合格文具、玩具一批，没收不合格“三无玩具”约308件，责令不符合条件的学生寄宿所停止营业4家次。学校有在用特种设备257台，其中电梯255台、压力容器2台。抽查24所学校64台电梯；抽检6家校服生产企业6个样品，立案责令整改3个样品生产不合格的企业。

【校车安全管理】2018年，海口市有校车标牌的校车67辆，具有校车驾驶证的驾驶员585人。市教育局通过加强安全检查，督促各学校抓紧申请办理校车标牌，完善校车安全管理台账，引导家长不雇用无资质的车辆和驾驶人运送学生。与交警、交通等部门开展校车安全专项整治，深入70多所学校开展校车安全隐患排查，检查校车97辆，审验校车驾驶人52位。出动警力434人次、警车350辆次，排查校车驾驶人107名，未发现驾驶人准驾资格不符、驾驶证件过期等情况；在校车运行线路检查过程中，发现18处接送学生车辆经过的急弯陡坡、临水临崖等危险路段，缺少防撞护栏、防撞墙和减速带提示警告标识标牌等安全设施，并及时进行修缮。对排查工作中发现不符合条件的校车，督促2辆违法未处理校车责任人及时消除违法行为，通知19辆逾期未年审的校车责任人及时进行年审。查处校车违法行为12起，查处校园周边其他交通违法行为1696起，查处三轮车接学生违法行为5起。

【教育信息化建设】2018年，海口市教育信息化基础设施建设取得较大的进步，全市中小学校（不含教学点）光纤网络接入率100%，校园网建设完成95%，班级多媒体配备完成100%。9月26日，市教育局信息化建设项目（一期）开工建设，总投资7267万元。主要建设内容包括：海口电子政务外网教育子网、校园网、班班通多媒体、海口市教育云平台、教育应用系统软件5个方面，覆盖全市319所中小学校（幼儿园）和教育机构。

2018 年海口市教师队伍基本情况表

单位：人

| 类别 | | 全市 | | | 市直属 | | | 秀英区 | | | 龙华区 | | | 琼山区 | | | 美兰区 | | |
|---|---|---|---|---|---|---|---|---|---|---|---|---|---|---|---|---|---|---|---|
| | | 专业教师人数 | 其他岗位人数 | 小计 | 专业教师人数 | 其他岗位人数 | 小计 | 专业教师人数 | 其他岗位人数 | 小计 | 专业教师人数 | 其他岗位人数 | 小计 | 专业教师人数 | 其他岗位人数 | 小计 | 专业教师人数 | 其他岗位人数 | 小计 |
| 公办学校 | 中学 | 6356 | 402 | 6758 | 3337 | 266 | 3603 | 598 | 17 | 615 | 783 | 31 | 814 | 794 | 50 | 844 | 844 | 38 | 882 |
| | 小学 | 7437 | 175 | 7612 | 644 | 21 | 665 | 1332 | 8 | 1340 | 1949 | 57 | 2006 | 1698 | 33 | 1731 | 1814 | 56 | 1870 |
| | 幼儿园 | 590 | 40 | 630 | 253 | 31 | 284 | 46 | 0 | 46 | 120 | 9 | 129 | 87 | 0 | 87 | 84 | 0 | 84 |
| | 职业教育 | 653 | 24 | 677 | 653 | 24 | 677 | 0 | 0 | 0 | 0 | 0 | 0 | 0 | 0 | 0 | 0 | 0 | 0 |
| | 特殊教育 | 128 | 22 | 150 | 128 | 22 | 150 | 0 | 0 | 0 | 0 | 0 | 0 | 0 | 0 | 0 | 0 | 0 | 0 |
| 公办合计 | | 15164 | 663 | 15827 | 5015 | 364 | 5379 | 1976 | 25 | 2001 | 2852 | 97 | 2949 | 2579 | 83 | 2662 | 2742 | 94 | 2836 |
| 民办学校 | 中小学 | 3432 | 1013 | 4445 | 1671 | 835 | 2506 | 256 | 153 | 409 | 590 | 0 | 590 | 465 | 0 | 465 | 450 | 25 | 475 |
| | 幼儿园 | 6808 | 2696 | 9504 | 104 | 51 | 155 | 1242 | 1166 | 2408 | 1997 | 0 | 1997 | 1711 | 0 | 1711 | 1754 | 1479 | 3233 |
| | 职业教育 | 694 | 75 | 769 | 694 | 75 | 769 | 0 | 0 | 0 | 0 | 0 | 0 | 0 | 0 | 0 | 0 | 0 | 0 |
| 民办合计 | | 10934 | 3784 | 14718 | 2469 | 961 | 3430 | 1498 | 1319 | 2817 | 2587 | 0 | 2587 | 2176 | 0 | 2176 | 2204 | 1504 | 3708 |
| 公办民办合计 | | 26098 | 4447 | 30545 | 7484 | 1325 | 8809 | 3474 | 1344 | 4818 | 5439 | 97 | 5536 | 4755 | 83 | 4838 | 4946 | 1598 | 6544 |

# 教学科研

【校本培训】2018年，海口市依托69所中小学、幼儿园区域化集群式基地培训组长学校，在深入挖掘本校优质研训资源基础上，融合其他兄弟学校的优势，探索适应海口市教师队伍专业全面发展的区域性集群式教师培训管理模式，构建全方位、全学科的培训课程体系。每月5日、15日将各基地校研发的通识课程和学科实践课程及时挂网，让教师们根据个人需要选修，有效地满足教师们的个性化需求和“工学”矛盾，参训人数约4.5万人次。5月，选拔59名海口市优质区域化集群式组长学校校长到江苏无锡，开展为期一周的集中研修学习活动，进一步强化海口市区域化集群式基地组长学校校级领导和中层领导班子的办学理念，提升对课程的领导力，引领教师成长，优化内部管理和调适外部环境。

【教育科研】2018年，海口市教育局做好全国教育科学“十三五”规划2018年度课题组织申报工作。组织评选海口市参加全省高考综合改革试点项目样本校工作。协助海南省教育科学规划领导小组办公室做好2018年课题结题工作，海口市共有41项课题申请结题。组织海口市教育科学规划2018年结题工作，共收到申请结题评审鉴定的课题14项，评出优秀等级课题 4项、合格等级课题 8项。开展2次教育科研课题研究系列讲座，共有376人参会。组织参加2018年海南省基础教育教学成果奖评选活动，海口市选送参评的10项全部获奖，其中特等奖1项、一等奖7项、二等奖2项。全省有27项基础教育教学成果奖被选送到教育部参评，其中海口市有8项，占全省29.6%。年内，海口市各学科参加全国和全省各类教育教学评比活动并获奖的有60多人次，其中有6人次获国家级一二等奖，58人次获省级一二等奖。

2018年海口市基础教育获省级以上教研成果表

单位：项

| 项目 | | 获奖等次 | | | | | |
|---|---|---|---|---|---|---|---|
| | | 国家级 | | | 省级 | | |
| | | 一等奖 | 二等奖 | 三等奖 | 一等奖 | 二等奖 | 三等奖 |
| 教师获奖情况 | 教学论文、案例、课件、录像课 | 6 | 3 | 1 | 29 | 33 | 8 |
| | 教学成果、课堂教学、基本功 | □11 | □14 | □ | □93 | □57 | □3 |
| | 指导教师奖 | | □ | | | □6 | |
| 学生获奖情况 | 作文大赛、科技创新大赛、学科联赛、学艺竞赛（书法、舞蹈摄影等） | 14 | 8 | 1 | 49 | 56 | |

【高考综合改革教研】2018年8月底，海口市教育局组织全市高中教师参加省教育厅举办的新修订普通高中课程方案和各学科课程标准学习和培训活动。9月中下旬，举办海口市2018年普通高中课程方案及各学科新课程标准专题培训活动。9月25—27日，分3个专项调研组深入部分高中学校了解高中选课走班实施情况，通过座谈、学校汇报、随堂听课、问卷调查、查阅资料以及集中反馈等方式全面调研和指导。总体上，海口市选课走班实施情况良好，师生对选课走班比较满意，选课套餐基本能满足学生需要，学校设施基本能满足需要，走班对学校管理影响不大，选科走班模式多样化，有彻底走班、大走班、中走班和小走班。但同时也出现：班主任作用弱化、学生班级概念淡化、教学管理秩序混乱、班级管理价值取向单一、教育监管人沟通渠道不畅、教学班课后辅导难以开展、学校课程规划与建设缺失、新高考改革方案和学科课程标准的精神实质领会与实施不到位、学校学科师资结构化矛盾突出、新高考背景下课堂教与学方式有待于转变等问题。

【教学改革】2018年5月16日，为提高校长和教师参与有效课堂教学改革的意识和信心，充分发挥校长的示范、引领、带动和辐射作用，落实《海口市课堂教学指导意见》，自上而下推动课堂教学改革，全面提高教学质量，市教育局在北师大海口附属学校举办全市校长课堂教学展示活动。各区教育局分管领导、中学校长、分管副校长、教研室主任、各区教研室主任和教研员300多人参加。年内，有10多个学科围绕《海口市课堂教学指导意见》中的“限时讲授、先学后教、问题导学、合作学习、积极展示、及时矫正”要求，开展课堂教学研究课、展示课和学科优质课评比活动。

【“一师一优课、一课一名师”活动开展】2018年3月1日，海口市教育局下发《关于开展2018年度“一师一优课、一课一名师”活动的通知》，对活动提出明确的要求，并将晒课、上传和推优录像课的任务分配到各区和直属中小学。9月上旬，组织学科专家老师对优课进行评比，共评出一等奖34节、二等奖45节、三等奖59节。并推荐42节优课参加全省的优课评比。

【教研活动】2018年，海口市教育系统各学科教研员立足学科抓教研，围绕着《海口市课堂教学指导意见》，以“提高课堂教学有效性”和“提升教师教学能力”为中心，根据学科特点，依托市级教研活动和校本教研，开展学科专题讲座、主题教研、技能培训、课堂教学观摩课、课堂教学评比、论文、案例评比、研究课和名师展示课，网络在线研讨、沙龙教研、学科教研论坛、集体备课、送教送研、同课异构、职业教育大讲堂等形式多样的活动，全市中小学28个学科共开展120多项教研活动，其中以专题形式开展的教研活动有60多项。通过以上多种教研形式，就教师研修课题、课改热点问题、教学难点问题进行研究讨论，取得良好的效果。

【蹲点帮扶教学】2018年4—6月，海口市教育研究培训院组织教研员深入美兰实验小学开展调研工作。通过走进蹲点学校课堂、与教师进行交流对话、与学校行政领导谈话等方式，了解学校当前的现状和存在的问题，掌握第一手帮扶资料。按照“从蹲点学校需求入手，因地制宜，注重实效”的原则，制定切实可行的帮扶方案，组建帮扶专家团队。在蹲点帮扶中做到“四定”：定时间，语文学科周三15~17时，数学学科周四9~11时，英语学科周四15~17时；定活动主题或内容；定地点，按照年级及学科的不同，指定相应的教室或会议室；定帮扶专家，根据帮扶专家特长，确定帮扶年级，责任落实到人。按照“专家指定授课内容——年级全体教师独立备课——教师抽课说课——专家点评提升——学校教师第二轮抽课上课——专家二次点评提升”的方式聚焦课堂，全员参与。全年，语文、数学、英语3科的帮扶专家深入美兰实验小学诊课数量50余节，研讨交流20余次，开展微型讲座10余次、大型专题讲座4次。

【教学视导】（1）开展对农村中小学教学视导。2018年，海口市教育研究培训院分别在上半年（5月2—5日）和下半年（10月24—26日），依托海南省区域教研支持项目，北片区项目组对海口市琼山区红旗中学、红旗中心小学、墨桥小学和美兰区桂林洋中学、桂林洋中心小和五一小学开展专项教学视导工作。2次教学视导小组专家成员来自省、市教研专家，澄迈县和定安县有关专家，海口市中小学优秀校长和骨干教师约90人，其中中学专家组42人、小学专家组40人。这是一次以调研、诊断、指导为基本属性，以调适、改进管理和提高教学效益为主要目的的教学教研大诊断。视导分中学组和小学组分头进入学校，依据视导方案对学校教学教研工作进行全面的查阅、调研、诊断、指导。通过听、查、看、访、导等方式，对学校教学常规管理、课堂教学改革和校本教研三大块内容，进行全面视导，并把视导情况分别向琼山区和美兰区中小学校长和各学科教师反馈，提出改进建议，同时组织相应的学科培训。（2）开展对新办学校教学教研视导。针对海南华侨中学观澜湖学校、北师大附中、五源河学校、海景学校、海南华侨中学美丽沙校、滨海九小分校、寰岛中学和北大附中、附小等新办学校进行全方位的教学教研调研视导活动。通过走进课堂、与学校领导和老师座谈、查阅学校的常规管理制度以及教师的教案、作业批改等方式，全面了解和规范新办学校在教学管理、校本教研和课堂教学等方面情况，并促使这些学校尽快融入全市正常的教研教学工作中。

## 基础教育

【基础教育概况】2018年，海口市有各类中小学校及幼儿园1103所（含教学点，职业学校、特教学校和民办学校），其中小学227所、初中77所（含九年制学校）、普通高中25所（含12年制学校）、中等职业学校27所（公办4所，占14.8%；民办23所，占85.2%）、特殊教育学校1所。全市中小学在校生人数34.18万人，其中小学生20.74万人，初中生7.92万人，普通高中学生3.55万人，中职生1.97万人。在园幼儿11.3万人。市教育局组织全市评审表彰省、市三好学生和优秀学生干部，评出820名市级三好学生，277名市级优秀学生干部，向省教育厅推荐119名省三好学生、38名省优秀学生干部人选。

【学前教育】2018年，海口市共有幼儿园746所，其中公办性质幼儿园50所（含10所行业办园、25所乡镇公办幼儿园），占比6.7%；经认定的普惠性民办幼儿园83所，占比11.1%；其他民办幼儿园613所，占比82.2%。在园幼儿总数11.3万人，其中公办幼儿园在园幼儿1.4万人，占比12.4%；普惠性民办幼儿园在园幼儿2万人，占比17.7%；其他民办幼儿园在园幼儿7.9万人，占比69.9%。认定11所民办幼儿园为2018—2021年度海口市普惠性民办幼儿园（第三批）。下达83所普惠性民办幼儿园奖补资金1639.95万元。全年共给43644名在园幼儿发放助学券共1745.76万元。

【义务阶段教育】2018年秋季，海南华侨中学美丽沙分校、滨海九小美丽沙学校、人大附中海口学校投入招生。全市小学招生38953人，初中一年级招生27745人。小学适龄儿童入学率100%，初中入学率100%，义务教育巩固率99.1%。年内，28627名小学六年级毕业生参加小学学业质量监测，报考率99.82%，考生人数增加881人。学业质量监测科目为语文、数学和英语3个学科，各科满分均为100分；继续保留学生问卷调查，用以了解学生家庭教育、作业负担、对学科教师的评价、对课堂教学的评价等情况。经统计，全市总合格率55.5%，总优秀率29.1%，总平均分206.7分，总低分率2.6%。有21829名考生参加中考，报考率98.05%，增加0.28%；优秀率（688.5分以上）15.81%，减少5.54%；及格率（486分以上）60.78%，减少1.48%；低分率（243分以下）10.74%，提高0.66%。700分以上高分段人数有2760人，占全省700分以上人数（5808人）的47.52%，特别

**2017—2018 年义务教育阶段非海口市户籍学生在校情况统计表**

单位：人

| 年度 | 在校生总人数 | 非本市户籍在校生占比 | 跨省在校生人数 | 跨省在校生占比 | 跨市在校生人数 | 跨市在校生占比 |
|---|---|---|---|---|---|---|
| 2017 | 268764 | 40.4% | 42007 | 15.6% | 66769 | 24.8% |
| 2018 | 281525 | 41.14% | 43692 | 15.52% | 72126 | 25.62% |

是 750 分以上高分段人数占全省的 44.92%，优势较明显。海口市中考成绩总平均分、总优秀率、总优良率、总合格率和综合评价指数均排全省第一。生物和地理学科在全省会考中，总平均分也名列全省第一。

【随迁子女义务教育】海口市已经形成以公办中小学为主接收外来务工随迁子女就学的格局。2018 年秋季，全市义务教育阶段中小学生总数为 281525 人（含公、民办学校）。其中跨省就读 43692 人，占 15.52%；省内跨地市就读 72126 人，占 25.62%；上述两类非本市户籍学生占全市义务教育阶段在校生的 41.14%。

【普通高中教育】2018 年，海口市批办北京师范大学海口附属学校（完全中学），秋季开始招收高中生。年内，全市高中一年级招生 12402 人。全市高考考生共有 10972 人。一本上线 4422 人，上线率 40.3%，提高 2.3%；一、二本（A 批）上线 7484 人，上线率 68.2%。高考成绩在 800 分以上有 84 人，减少 19 人；700 分以上有 1212 人，增加 121 人。

【特殊教育】2018 年，海口市各学校推行融合教育，通过随班就读、送教上门和特校就读等形式，为残疾儿童少年接受义务教育创造条件。海南（海口）特殊教育学校为海口市仅有的特殊教育学校。有义务教育阶段听障、视障、智障、脑瘫、自闭症等多类残疾学生 530 人、中等职业教育阶段学生 110 人，教职员工 191 人。学校抓好课堂教学改革，强化校本教研，有 16 名年轻教师与有教学经验的教师结成“师徒”对子，组织教师开展公开课、示范课、评估课共 102 节，撰写教学反思 912 篇。推进 3 个省级课题的研究和筹备 2 个省级课题的开题，组建聋教育李艳文数学工作室、李雅玲教育康复工作室、陈颖培智主题教学工作室、冼曼玲班主任工作室 4 个“学科骨干教师工作室”和市级骨干培养对象黄兴才特殊教育工作坊，有效提高教师教科研能力。继续开展“万名教师访万家”教师家访活动，加强家校联系，开展“送教上门”服务活动，为 2 位极重度、不能够到校上学的智障孩子上门辅导。启聪部学生参加海南省残疾人职业技能大赛，取得较好成绩，拓宽残疾学生就业之路。学校中职毕业生就业率 91%。

【民办教育】2018 年，海口市共有 73 所民办中小学校，其中小学 30 所、初中 30 所、普通高中 13 所。民办中小学在校生 5.58 万人，其中小学生 3.1 万人、初中生 1.24 万人、普通高中学生 1.24 万人。北大附中海口附属学校、北大附小海口附属学校、寰岛中学秋季开学招生。11 月 20 日，海口市人民政府、市城市建设投资有限公司与哈罗国际管理服务有限公司三方签订海口哈罗外籍人员子女学校、哈罗国际（中国）礼德学校项目合作协议，哈罗公学项目正式落户海口，12 月项目在江东新区开工建设。全市摸底排查培训机构数量总数 457 家，其中秀英区 81 家，龙华区 119 家，琼山区 123 家，美兰区 134 家。基本完成整治后，全市有证照齐全的培训机构 263 家，其中秀英区 20 家，龙华区 115 家，琼山区 73 家，美兰区 55 家。证照齐全率由原来的 40.92% 提高至 66.41%。取缔关停校外培训机构 61 家（其中秀英区 26 家，龙华区 4 家，琼山区 3 家，美兰区 28 家），整改完成后正引导申请办证中的培训机构数 133 家（其中秀英区 35 家，琼山区 47 家，美兰区 51 家），龙华区率先在全市完成整改办证工作，办证率 100%。

【体育艺术教育】2018 年，海口市有 8 所学校被遴选为全国青少年校园足球特色学校，有 9 所中小学被遴选为海南省青少年校园足球特色学校，全市共有国家级足球特色学校 38 所、省级足球特色学校 12 所。在海口市第一中学举办 2018—2019 年度海口市校园足球联赛，参赛学校 68 所，球队 123 支，参赛队员 2420 人；11 月 17 日在琼山华侨中学举行海口市小学生田径运动会，共 21 所学校 413 名运动员参加；10 月 13—21 日，海口市中学生篮球赛在海口市琼山华侨中学举行，23 所学校共 45 支球队参加比赛；5 月 20 日，海口市第十届小学、幼儿园国际象棋比赛在玉沙实验学校举行，共 69 所学校 863 名队员参加比赛。年内，举办中小学生艺术展演活动，共评出 261 个获奖作品，其中一等奖 61 个、二等奖 107 个、三等奖 93 个、优秀指导老师奖 233 个、优秀组织奖 3 个。琼山中学舞蹈《点赞新时代》入选 2019 年央视春晚演出活动。

【中小学招生】2018 年秋季，海南侨中美丽沙分校、滨海九小美丽沙分校、美丽沙幼儿园、人大附中海口学校投入招生。全市小学一年级计划招收 999 个班 43889 人，其中公办学校招收 784 个班 34841 人，民办学校招收 215 个班 9048 人；实际招生人数 38953 人（公办学校 33340 人，民办学校 5613 人）。其中，城区公办学校计划招收 400 个班 19920 人，网上登记人数 23183 人，实际招生人数 25965 人，超计划 6045 人。初中一年级计划招收 597 个班28483 人，其中公办学校招收433个班21408人，民办学校招收164个班7075人。其中，城区公办学校计划招收326个班16250人，网上登记人数15410人，实际招生人数为17578人，超计划1328人。高中一年级计划招收293个班14410人，其中公办学校招收161个班8050人、民办学校招收132个班6360人。中外合作学校计划招收4个班120人。实际招生人数12402人，其中公办学校7811人，民办学校4591人。

【政企合作建校缓解“入学难”】受城市发展、外来人口增多和家长对优质教育的追逐等多重因素影响，海口城区公办中小学校学位持续紧张。市教育局的调研情况显示，学位紧张问题较突出的是琼山片区的白驹学校和琼山华侨中学等学校。非海口户籍学生在海口全市义务教育阶段在校生中的占比，已由2012年的26.3%、2014年的33.3%，跃升至2018年的41.14%。海口不断通过新建学校、改扩建学校、公私联盟办学等方式缓解学位压力，但从2016年起每年全市依旧有超过5000个义务教育阶段的学位缺口。2018年，海口正式启动“一校两园”建设，进一步加大公办学位供给，从2018年开始每年新建5所公办中小学和10所幼儿园，缓解全市适龄儿童“入学难”问题。为了按时兑现“一校两园”的承诺，积极推进新学校落地，海口不断探索新建学校多元化投入建设模式。根据“积极鼓励，大力支持，正确引导，加强管理”的原则，按照“政府主导、社会参与”的“双轮驱动”方式，形成独资建校、合作建校和捐资建校等模式。恒大地产、佳元地产等房地产开发企业投入近4亿元，按“交钥匙工程”标准投资兴建学校。年内，恒大地产集团无偿移交海南华侨中学美丽沙分校并投入招生；佳元地产公司出资建设椰博小学。

## 职业教育与成人教育

【职业教育概况】2018年，海口市有中等职业学校27所，其中正常办学的中等职业学校22所（公办学校4所，民办学校18所），暂停办学5所。在校中职学生18774人，专业教师1347人。全市各类中职学校开设专业55个，其中省级示范专业5个、市级示范专业20个，有示范实训基地11个。有国家级重点中等职业学校3所，分别是海口旅游职业学校、海南省海口高级技师学院、海口市第一职业中学。各中职学校坚持“产教融合、校企合作”的办学模式，实行“定额招生、订单培养、定岗就业”，不断深化和完善产教融合、校企合作，办学效益显著。全市中职学校与省内外合作企业单位约470家，合作专业约50个，每年约有7000多名学生毕业，就业率连续多年达到95%，稳定率超过80%。

【示范性中职学校与专业建设】2018年，海口市有国家级重点中等职业学校3所，分别是海口旅游职业学校为“国家中等职业教育改革发展示范校”；海南省海口高级技师学院为“国家中等职业教育改革发展示范学校项目建设单位、国家级重点中等职业学校”；海口市第一职业中学为“国家级重点职业学校”。其中，海口旅游职业学校坚持集团化办学，坚持在集团模式下校企多元化合作发展。结合海南十二大重点产业，调整优化专业结构，发展面向海南旅游服务业的专业，提高学校办学活力和吸引力。根据市场需要，与海南长驰集团联办订单班，新开设休闲体育服务与管理专业（马术方向）。作为海南省第一批职业教育改革及招生试点项目的试点学校，由于省教育厅关于中高试点项目的调整，与海南师范大学联合开办高星级饭店运营与管理3+4试点班2018年停止招生（全省所有的3+4项目均停止）。继续与海南职业技术学院联合开办中餐烹饪3+2分段试点班（40人）；与海南经贸职业技术学院联合开办3+2会计试点班、3+2旅游外语试点班各一个专业，合计90人。第二届3+4中职、本科班和3+2中高职大专班成功转段。与合作院校共同制定新的一体化人才培养方案，制定中餐烹饪与膳食营养3+2人才培养方案，修订旅外3+2、会计3+2转段考核方案以及3+4考试大纲。

2018年2月7日，海南华侨中学、海口市滨海第九小学与恒大集团海南公司签署联合办校合作书，双方就联办海口市滨海第九小学美丽沙分校、海南华侨中学美丽沙分校九年制公办名校达成协议（市教育局 供）

【中职教育技能竞赛】2018年，海口市中职学校在参加海南省职业院校技能大赛（中职组）中再创佳绩。全市中职学校共获得奖项84个（个人项目70个，团体项目14个），其中一等奖18个（个人项目13个，团体项目5个），二等奖26个（个人项目23个，团体项目3个），三等奖40（个人项目34个，团体项目6个）。

【中职教学与研究】2018年，海口市推动中职学校牢牢把握服务发展，促进就业的办学方向，坚持校企合作、工学结合，强化教学、学习实训相融合的教育教学活动。完善中职、大专、本科一体化培养体系，继续推进学历证书和职业资格证书“双证书”制度。开展校企联合招生、联合培养的现代学徒制试点。实施重点特色专业建设工程，深化专业、课程、教材体系改革，推进中等职业教育培养目标、专业设置、教学过程等方面的有效衔接，形成对接紧密、特色鲜明、动态调整的职业教育课程体系。深化产教融合、校企合作，推进工学结合、知行合一，提高人才培养的针对性、实效性。健全质量评价体系，重点评价学习者的职业道德、技术技能水平和就业质量，完善学校、行业、企业、研究机构和社会组织共同参与的质量评价机制。组织“椰城职教大讲堂”专题研修。采取现场集中研修和网络研修相结合的混合式研修形式，全年组织10场专题研修，受训教师895人次。开展民办学校校本研训工作指导工作，重点帮扶市属薄弱民办中职校（立友职校、欧鼎职校等），根据上报的校本研训计划，每月对照学校计划，有计划地进行有各校校本教研和培训活动指导工作。组织全市教学观摩月活动，共有6所市属中职学校提供46堂开放课，吸引17所省、市中职学校的教师跨校观摩。开展职教省级课题研究，教研员主持的省级一般课题《“互联网+”背景下教师混合式研修与管理策略研究》，专项课题《基于〈中职教师专业标准〉教师研修微课程开发研究》继续深入展开实践研究，促进各课题实验学校的校本研训工作的开展。组织15所中职学校的58名市级骨干赴苏州工业园区观摩学习，提升市属职校骨干教师业务素养。

【中职生就业】2018年，海口市教育局采取加强政策宣传、提升就业创业意识、推进与高新区企业合作、着力搭建就业平台、推行顶岗实习制度等有效举措，全力做好中职学校毕业生就业创业工作。年内，全市19所中等职业学校共有6533人毕业（公办学校2713人，民办3820人），毕业率100%；就业人数6217人，就业率95.16%；直接就业人数5109人，占毕业生总数78.2%。

【成人教育】2018年，海口市继续开展全民终身学习活动。全市各中职学校全年举办各类职业技能培训50多种，年培训量近5.2万人次，农村劳动力转移培训和农村实用技术年培训量近1.6万人次，企业职工年培训10多万人次，服务社会能力显著增强。上半年，自学考试报名人数22541人，设21个考点，1441场次；下半年，自学考试报名人数34069人，设18个考点，2332考场。完成2017年成人高考工作，全市报名总人数9264人，设7个考点，317个考场。高职（专科）升本科及3+2考试报名总人数2461。同等学力人员申请硕士学位考试报名总人数750人。海南省教师资格证春季考试报名总人数8649人，设5个考点289个考场；秋季报名考试总人数15840人，31402科次，共设9个考点1074个考场。

2018年海口市公办中职学校师生情况统计表

单位：人

| 学校名称 | 教师 | 毕业生 | 招生 | 在校生 |
|---|---|---|---|---|
| 海口市第一职业中学 | 184 | 664 | 672 | 2020 |
| 海口旅游职业学校 | 203 | 1067 | 1435 | 3491 |
| 海口市高级技工学校 | 228 | 760 | 710 | 2356 |
| 海口市中医药学校 | 38 | 222 | 0 | 266 |
| 合计 | 653 | 2713 | 2817 | 8133 |

2018 年海口市民办中职学校师生情况统计表

单位：人

| 学校名称 | 教师 | 毕业生 | 招生 | 在校生 |
|---|---|---|---|---|
| 海南欧鼎商业艺术学校 | 147 | 760 | 520 | 2029 |
| 海南华南高级职业技术学校 | 75 | 399 | 0 | 395 |
| 海南荟艺舞蹈学校 | 25 | 11 | 23 | 160 |
| 海口经济学院附属艺术学校 | 33 | 2 | 510 | 865 |
| 海南同文外国语职业学校 | 45 | 166 | 176 | 634 |
| 海南南方民民族艺术学校 | 60 | 102 | 260 | 752 |
| 海南精英职业学校 | 14 | 86 | 0 | 12 |
| 海南科技经贸学校 | 56 | 43 | 0 | 119 |
| 海南文理中专技术学校 | 40 | 314 | 0 | 420 |
| 海南省歌舞团附属芭蕾舞蹈学校 | 55 | 0 | 46 | 169 |
| 海口立有美术职业技术学校 | 34 | 215 | 422 | 1038 |
| 海南华健幼师职业学校 | 50 | 336 | 502 | 1309 |
| 海南金盘中等职业技术学校 | 125 | 811 | 383 | 1168 |
| 海南服装工艺美术学校 | 63 | 249 | 318 | 908 |
| 海南城市工程技术学校 | 36 | 154 | 219 | 577 |
| 海南医药职业技术学校 | 23 | 171 | 256 | 319 |
| 海南省民航职业学校 | 20 | 0 | 312 | 529 |
| 海南亚鼎轩影视传媒艺术职业学校 | 25 | 0 | 480 | 146 |
| 合计 | 926 | 3819 | 4427 | 10641 |

（李之乔）

（编辑：杜惠珍）

# 科学技术

【科学技术概况】2018 年，海口市扎实推进创新驱动发展战略，大力扶持高新技术产业发展，优化企业创新发展环境，加快构建以企业为主体、市场为导向、产学研相结合的技术创新体系，增强企业创新能力，促进海口市经济和社会的协调发展。全年市财政科技支出约 2.4 亿元。新增高新技术企业 71 家、省级重点实验室 4 家、省级工程技术研究中心 1 家、省级院士工作站 10 家、省级科技企业孵化器 2 家、省级众创空间 11 家，备案市级众创空间 14 家。全市共有高新技术企业 274 家，较上年增长 34.3%；拥有市级及以上重点实验室 71 家（其中国家级 1 家、省级 35 家、市级 35 家）、市级及以上技术研发中心 67 家（其中国家级 4 家、省级 39 家、市级 24 家）、28 家省级院士工作站，创新创业载体总数 40 余家。

【科技计划与实施】2018 年，海口市科工信局加强科技项目管理，做好跟踪督促工作，全面了解和掌握项目的执行情况和实施绩效，促进项目按期完成和验收。指导企业整理报送验收材料，协调组织验收工作。全年共完成科技项目验收结题 40 余个，项目实施均呈现较好的发展势头。着力引导企业加大研发投入，推动科技成果转化，增强企业核心竞争能力。组织专家对 2017 年度立项的重大科技创新项目进行中期评估，并拨付 550 万元后续研究扶持经费，支持企业开展科技创新，促进区域内企业创新发展。

**2018年海口市对2017年度立项的重大科技创新经费拔付情况表**

| 序号 | 类别 | 项目名称 | 承担单位 | 2018年拨付经费（万元） |
|---|---|---|---|---|
| 1 | 生物制药组 | 注射用紫杉醇（白蛋白结合型）的研制 | 齐鲁制药（海南）有限公司 | 100 |
| 2 | | 氟非尼酮原料及制剂的临床研究 | 海口市制药厂有限公司 | 100 |
| 3 | | 药物大品种注射用丁二磺酸腺苷蛋氨酸产业化 | 海南全星制药有限公司 | 75 |
| 4 | 机械制造组 | 树脂浇注干式抽水蓄能静止变频启动装置（SFC）变压器 | 海南金盘智能科技股份有限公司 | 100 |
| 5 | 电子信息组 | 易建智慧建筑物联网云平台 | 海南易建科技股份有限公司 | 100 |
| 6 | | 基于人脸识别技术的实名制无人售取验票终端及系统研发项目 | 海口港信通科技有限公司 | 75 |
| 合计（万元） | | | | 550 |

**【企业创新能力建设】**2018年，海口市科工信局完成海口国家高新区阳光众创梦工厂等14家市级众创空间的备案工作，新增省级科技企业孵化器2家、省级众创空间11家。新增4家省级重点实验室、1家省级工程技术研究中心。依托海南天然橡胶产业集团股份有限公司等单位设立的10家省级院士工作站启动，为科技创新和人才引进搭建重要平台。至年底，全市有创新创业载体40余家，其中政府重点打造的有复兴城互联网创新创业园、海南数据谷、海口国家高新区孵化器3家，高校自主建设的有海南师范大学国家科技园1家，企业自主创办的有海南互联网＋众创中心等30余家，89家园区内企业获得海南省互联网天使投资基金或社会资本的投资，融资总额近23亿元。

**2018年海口市国家级企业技术（工程研究）中心及重点实验室情况一览表**

| 序号 | 申报单位 | 企业技术（工程研究）中心名称 |
|---|---|---|
| 1 | 先声药业有限公司 | 先声药业有限公司技术中心 |
| 2 | 海南全星药业有限公司 | 海南全星药业有限公司技术中心 |
| 3 | 海南赛诺实业有限公司 | 功能薄膜技术工程研究中心 |
| 4 | 中国热带农业科学院 | 国家重要热带作物工程技术研究中心 |
| 5 | 海南大学 | 南海海洋资源利用国家重点实验室 |

**2018年海口市科技企业孵化器情况一览表**

| 序号 | 孵化器名称 | 申报单位 | 级别 |
|---|---|---|---|
| 1 | 高新区孵化器 | 海口国家高新区孵化器运营管理有限公司 | 省级 |
| 2 | 复兴城互联网创新创业产业园 | 海南复兴城产业园投资管理有限公司 | 省级 |
| 3 | 海南数据谷 | 海南数据谷投资发展有限公司 | 省级 |
| 4 | 江东电子商务产业园 | 海口恒正实业有限公司 | 省级 |

### 2018年海口市规模以上高新技术工业企业名录表

| 序号 | 企业名称 | 序号 | 企业名称 |
|---|---|---|---|
| 1 | 海南慧谷药业有限公司 | 29 | 海口市制药厂有限公司 |
| 2 | 海南南国食品实业有限公司 | 30 | 海口全盛汽车配件有限公司 |
| 3 | 海南广胜新型建材有限公司 | 31 | 海南英利新能源有限公司 |
| 4 | 海南伊顺药业有限公司 | 32 | 海口奇力制药股份有限公司 |
| 5 | 海南赛立克药业有限公司 | 33 | 养生堂药业有限公司 |
| 6 | 海南普利制药股份有限公司 | 34 | 海南双成药业股份有限公司 |
| 7 | 海南天煌制药有限公司 | 35 | 海南益尔生物制药有限公司 |
| 8 | 海南宝通实业公司 | 36 | 海南锦瑞制药有限公司 |
| 9 | 海南新大食品有限公司 | 37 | 万特制药（海南）有限公司 |
| 10 | 海南葫芦娃药业集团股份有限公司 | 38 | 海南通用同盟药业有限公司 |
| 11 | 海南海神同洲制药有限公司 | 39 | 海南林恒制药股份有限公司 |
| 12 | 海南海灵化学制药有限公司 | 40 | 海南威特电气集团有限公司 |
| 13 | 海南全星制药有限公司 | 41 | 海南赛诺实业有限公司 |
| 14 | 海南合瑞制药股份有限公司 | 42 | 海南金盘智能科技股份有限公司 |
| 15 | 海南宇龙汽车部件有限公司 | 43 | 齐鲁制药（海南）有限公司 |
| 16 | 海南拍拍看信息网络技术有限公司 | 44 | 海南长安国际制药有限公司 |
| 17 | 海南三叶美好制药有限公司 | 45 | 共享钢构有限责任公司 |
| 18 | 海南爱科制药有限公司 | 46 | 海南海力制药有限公司 |
| 19 | 海南康芝药业股份有限公司 | 47 | 海南灵康制药有限公司 |
| 20 | 海南立昇净水科技实业有限公司 | 48 | 海南回元堂药业有限公司 |
| 21 | 海南倍特药业有限公司 | 49 | 海南通用三洋药业有限公司 |
| 22 | 双鹤药业（海南）有限责任公司 | 50 | 海南椰岛酒业发展有限公司 |
| 23 | 海南皇隆制药股份有限公司 | 51 | 海南九芝堂药业有限公司 |
| 24 | 海南新世通制药有限公司 | 52 | 海口高新区宏邦机械有限公司 |
| 25 | 海南中和药业股份有限公司 | 53 | 海南京润珍珠生物技术股份有限公司 |
| 26 | 先声药业有限公司 | 54 | 海南美亚电缆厂有限公司 |
| 27 | 海南椰国食品有限公司 | 55 | 海南钧达汽车饰件股份有限公司 |
| 28 | 海南碧凯药业有限公司 | 56 | 海南通用康力制药有限公司 |

2018年海口市省级及以上众创空间名表

| 序号 | 名　　称 | 申报单位 | 级别 |
|---|---|---|---|
| 1 | 海口车库咖啡 | 海口车库咖啡孵化器运营管理有限公司 | 省级、国家级 |
| 2 | 海口市青年电商创客空间 | 海南行一教育科技有限公司 | 省级 |
| 3 | 海口国家大学科技园众创空间 | 海南师范大学科技园管理有限公司 | 省级、国家级 |
| 4 | 海南互联网+众创空间（海口中心） | 海南日报责任有限公司 | 省级、国家级 |
| 5 | 海口市新华信息产业孵化园 | 海口市新华信息产业孵化园 | 省级、国家级 |
| 6 | 海南省科协科技成果转移孵化基地 | 海南星德瑞科技成果转化有限公司 | 省级 |
| 7 | 海口科技创新服务中心创业孵化基地 | 海口伯睿科技创新服务中心有限公司 | 省级 |
| 8 | 海创公社众创空间 | 海南壹联邦实业有限公司 | 省级 |
| 9 | 漫游谷众创空间 | 海南天成宏业互联网投资有限责任公司 | 省级 |
| 10 | 三人咖啡众创空间 | 海南众创投资服务有限公司 | 国家级 |
| 11 | 海口国家高新区阳光众创梦工厂 | 海南阳光智国网络科技有限责任公司 | 省级 |
| 12 | 海口滨海国际中小企业总部基地众创空间 | 海南莱茵河商业管理有限公司 | 省级 |
| 13 | 玉螺众创空间 | 海南玉螺企业管理有限公司 | 省级 |
| 14 | 海南智谷智慧产业园 | 海南海商智谷产业园运营管理有限公司 | 省级 |
| 15 | 仝君孵化器 | 海南仝君管理咨询有限公司 | 省级 |
| 16 | 智汇教育众创空间 | 海南智慧游数字技术有限公司 | 省级 |
| 17 | 树懒管家众创空间 | 海南树懒科技有限公司 | 省级 |

【高新技术企业】2018年，海口市科工信局结合省高新技术企业认定工作，加大高新技术培育力度，组织举办高企申报、科技型中小企业评价专场培训会30余场，广泛发动、指导相关企业申报高新技术企业和科技型中小企业。全年共有203家企业通过审核登记入国家科技型中小企业库。全市新增高新技术企业71家，总量为274家，占全省381家高新技术企业的72%；全市高新技术企业营业收入398.5亿元，占全省60.3%；工业总产值295.04亿元，占全省60.6%；56家规模以上高新技术工业企业实现工业总产值283.45亿元，占全市规模以上工业总产值的52%。

【科技示范点建设】2018年，海口市投入200万专项资金建设农业科技110服务站和示范基地，至年底，累计完成51个电子农务服务点和58个示范基地建设，每个示范基地平均带动5个贫困户。完成11个贫困村电商服务站WiFi网络覆盖。利用物联网、滴水灌溉等技术，打造新型现代农业产业园，塑造“火山石斛”品牌，石山镇“互联网+”现代农业新模式获得农业部的肯定并全国推广。4月13日，习近平总书记莅临石山镇施茶村考察乡村振兴战略实施情况。

【科技交流与合作】2018年，海口市科工信局开展与先进地区合作交流互动，学习借鉴其先进经验，组织科技工作管理人员、科技企业和科技园区负责人到北京、深圳、西安、重庆、满洲里等地参加高博会、科博会等展会活动，强化对接交流。分赴杭州、合肥、南京等地开展招商服务，对接阿里巴巴、科大讯飞、苏宁集团等25家企业。至年底，引进1家世界500强企业，即阿里巴巴&蚂蚁金服集团；与研祥高科技控股集团、科大讯飞公司签订合作协议；阿里巴巴集团、苏宁集团等14家行业龙头企业在海口注册落地子公司共24家。其中，阿里巴巴、蚂蚁金服、苏宁易购、科大讯飞、蔚来汽车等企业在海口市新注册的公司开始运营，促进与本地的产业合作与交流，为海口市经济发展注入强劲动力。

【科技扶持】2018年，海口市科工信局着力引导企业加大研发投入，推动科技成果转化，增强企业核心竞争能力。组织专家对2017年度立项的重大科技创新项目进行中期评估，拨付550万元后续研究扶持经费，支持企业开展科技创新，促进区域内企业创新发展。

【科技下乡】2018年，海口市科工信局对接省级专家服务团，组建区镇两级扶贫产业农业科技服务队，为贫困户产业可持续发展提供技术支撑。开展“三下乡”工作，普惠全市22个镇，免费向农户发放科普、农业、林业、热作、水产、畜牧技术等宣传资料，印发农业科技110丛书；组织专业培训15场，平均每场培训辐射农户50户。

【科技人才队伍建设】2018年，海口市共有中级资格科技人员39名，初级资格科技人员73名。市科工信局通过政策的引导，充分调动高校、企业人才的积极性，激发人才队伍的活力，加快建设开放的人才引进奖励管理使用流动机制，重奖在科技创新中做出突出贡献的科技人员。年内，评审通过柴常[illegible]等112名同志申报评审工业工程系列中、初级专业技术资格。落实企业992名专业技术人员补贴173.25万元、155名企业高管个人所得税奖励3666.44万元。兑现省、市互联网产业发展专项资金中个人所得税奖励、社保补贴、住房补贴等人才奖励2119.8万元。经认定，为8家企业申报的15名人才办理落户。

【科技奖励】2018年，海口市科学技术奖获奖项目共30项，其中自然科学奖10项（一等奖项目1项、二等奖2项、三等奖7项），技术发明奖3项（一等奖项目1项、二等奖1项、三等奖1项），科学技术进步奖16项（一等奖项目2项、二等奖8项、三等奖6项），国际科学技术合作奖1项。

2018年度海口市科学技术奖获奖项目情况表

| 序号 | 项目名称 | 主要完成单位 | 主要完成人 |
|---|---|---|---|
| 自然科学奖（10项） | | | |
| 一等奖1项 | | | |
| 1 | 儿童癫痫发病机制的多模态磁共振成像研究 | 海南医学院第一附属医院，电子科技大学，四川大学华西医院 | 李其富，罗程，杨天华，廖小平，陈志斌，李建福，王琰，王淑荣 |
| 二等奖2项 | | | |
| 2 | 超声协同造影剂微泡增强RA疾病和肿瘤显像及治疗的系列实验研究 | 海南省人民医院，重庆医科大学附属第二医院，江苏省人民医院 | 景香香，周洋，牛诚诚，郑元义，蒋玲，李奥 |
| 3 | 茉莉酸调控橡胶树冷胁迫应答及产排胶分子机理研究 | 海南大学 | 黄惜，袁红梅，翟金玲，夏志辉，曹玉鑫，唐潇 |
| 三等奖7项 | | | |
| 4 | 多孔炭材料的制备以及在储能中的应用 | 海南大学 | 陈永，李德，陈大明，杜杰，余凤 |
| 5 | 抗病激活蛋白Harpin的作用机理研究 | 海南大学，南京农业大学，江苏省植物保护植物检疫站，盐城市大丰区植保植检站 | 缪卫国，王金生，宋从凤，刘文波，龚伟荣 |
| 6 | 大气污染的气候效应及区域特征研究 | 海南省气象台 | 符传博，唐家翔，杨薇，程守长，吴春娃 |
| 7 | 算子代数上若干映射的研究 | 海南师范大学 | 余维燕 |
| 8 | 无理数的级数展开式的研究 | 海南医学院 | 魏传安，韦祎，王琴 |
| 9 | 几种海南热带特色药用植物化学和生物活性成分研究 | 海南医学院，中国医学科学院药用植物研究所 | 张小坡，许旭东，郭鹏，吴崇明，靳德军 |
| 10 | 荔枝采后果皮褐变的生理与分子机理研究 | 中国热带农业科学院环境与植物保护研究所，中国热带农业科学院热带生物技术研究所，海南大学 | 王家保，高兆银，李焕苓，刘菊华，王树军 |
| 技术发明奖（3项） | | | |
| 一等奖1项 | | | |
| 11 | 香蕉辐射诱变及定向育种新技术 | 中国热带农业科学院热带生物技术研究所，中国热带农业科学院海口实验站 | 金志强，张建斌，王甲水，王卓，胡伟，徐碧玉，刘菊华，王静毅 |

**续表**

| 序号 | 项目名称 | 主要完成单位 | 主要完成人 |
|---|---|---|---|
| 自然科学奖（10项） | | | |
| 二等奖1项 | | | |
| 序号 | 项目名称 | 主要完成单位 | 主要完成人 |
| 12 | 海南主要热带果汁（浆）加工技术和装备集成创新与发明 | 海南省农业科学院农产品加工设计研究所，海南达川食品有限公司，江苏楷益智能科技有限公司 | 吉建邦，康效宁，江水泉，单丹，郑定成，孙通 |
| 三等奖1项 | | | |
| 序号 | 项目名称 | 主要完成单位 | 主要完成人 |
| 13 | 科优527等5个高产抗病杂交稻新组合选育与应用 | 海南省农业科学院粮食作物研究所 | 符策强，陈健晓，林朝上，韩义胜，唐力琼 |
| 科学技术进步奖（16项） | | | |
| 一等奖2项 | | | |
| 序号 | 项目名称 | 主要完成单位 | 主要完成人 |
| 14 | 热带优稀水果加工关键技术研发与应用 | 中国热带农业科学院农产品加工研究所，广东省农业科学院蚕业与农产品加工研究所，海南农垦南金农场有限公司 | 李积华，徐玉娟，周伟，黄晓兵，韩志萍，李俊，吴继军，龚霄，刘洋洋，彭芍丹 |
| 15 | 氟基聚合物膜材料与装备及其在水处理中的应用 | 海南立昇净水科技实业有限公司，浙江大学 | 陈良刚，朱宝库，陈清，陈忧，吕鹏飞，徐娅，肖玲，王俊，白新征，王纳川 |
| 二等奖8项 | | | |
| 序号 | 项目名称 | 主要完成单位 | 主要完成人 |
| 16 | 用于重金属中毒血液净化治疗的磁性纳米吸附材料及磁分离技术研究 | 海口市人民医院，中南大学 | 白志明，郭学益，孙岩，王惟嘉，向杨，田庆华，刘振湘，张淑芳 |
| 17 | 重大自然灾害预报预警及信息共享关键技术研究与示范 | 海南省气象台，海南大学土木建筑工程学院，海南省气象信息中心 | 李勋，程洪涛，李光范，郭冬艳，郑虹晖，吴俞，郑艳，杨仁勇 |
| 18 | 肾上腺占位早期诊断研究及临床应用 | 中国人民解放军总医院海南分院，中国人民解放军总医院，海南医学院第二附属医院 | 窦京涛，谷伟军，吕朝晖，欧阳金枝，母义明，杨国庆，巴建明，杜锦 |
| 19 | 木薯、甘蔗废弃物综合利用关键技术及装备研究与应用 | 中国热带农业科学院环境与植物保护研究所，中国热带农业科学院农业机械研究所，广西壮族自治区农业科学院农业资源与环境研究所，云南省农业科学院甘蔗研究所，广西壮族自治区农业科学院农产品加工研究所 | 李勤奋，张劲，李光义，邹雨坤，侯宪文，张娥珍，苏天明，郭家文 |
| 20 | 超宽带实时精准定位系统及其行业应用 | 海南大学，深圳市润安科技发展有限公司，海南热带海洋学院，上海钛米机器人科技有限公司，武汉诺慧达科技发展有限公司，蜂巢创新工场（海南）科技发展有限公司 | 沈重，张鲲，王咸鹏，钟裕山，郑理强，潘晶，杨鞭，石春 |

续表

| 自然科学奖（10项） | | | |
|---|---|---|---|
| 二等奖8项 | | | |
| 序号 | 项目名称 | 主要完成单位 | 主要完成人 |
| 21 | 海南大宗切叶（枝）花卉高效栽培技术产业化示范推广 | 中国热带农业科学院热带作物品种资源研究所，海南大信园林股份有限公司 | 尹俊梅，王存，黄素荣，陈金花，杨光穗，余长龙，谌振，余潇 |
| 22 | 咖啡及制品标准体系的建立与应用 | 中国热带农业科学院农产品加工研究所，云南省热带作物学会，云南省农业科学院质量标准与检测技术研究所，德宏后谷咖啡有限公司，中国热带农业科学院农业机械研究所 | 杨春亮，陈民，陈成海，李维锐，刘宏程，山云辉，卢光，陈剑豪 |
| 23 | 测序和信息学技术在华南地区HCV分型、进化和防控上的应用研究 | 海南省人民医院，南方医科大学附属南方医院 | 吴涛，林锋，周元平，吕凌，李春华，肖芙蓉，莫少伟，吴彪 |
| 三等奖6项 | | | |
| 序号 | 项目名称 | 主要完成单位 | 主要完成人 |
| 24 | 近岸海域多源监测关键技术研究与规模化应用 | 海南省海洋监测预报中心，国家海洋技术中心，国家海洋环境监测中心，天津航天中为数据系统科技有限公司，北京国遥新天地信息技术有限公司 | 周涛，王衍，王同行，刘惠，张建丽，胡江伟 |
| 25 | 沉香资源的收集保存、物质基础及创新利用 | 中国热带农业科学院热带生物技术研究所，海南娜古芳沉香科技有限公司 | 戴好富，梅文莉，李薇，王佩，董文化，杨锦玲 |
| 26 | 海南乡土树种培育关键技术及应用 | 海南省林业科学研究所 | 杨众养，方发之，曾祥全，陈素灵，李大周，陈彧 |
| 27 | MicroRNA在肝癌发生发展中的作用研究 | 海南省人民医院，海口市人民医院 | 江雪梅，熊炬，黄晓曦，余湘南，张广聪 |
| 28 | 香蕉机械化耕作关键技术及装备的研究与应用 | 海南大学，中国热带农业科学院农业机械研究所，海南省农业机械研究所，山东大华机械有限公司，徐闻县曲界友好农具厂 | 李粤，李明，王文，张喜瑞，韦丽娇，董学虎 |
| 29 | 国兰、洋兰及百合种质创新与应用 | 海南柏盈兰花产业开发有限公司，株洲市农业科学研究所，湖南工业大学，云南农业大学，中国热带农业科学院热带生物技术研究所 | 郑思乡，李枝林，邢孔惠，张邦跃，莫春仁，刘菊华 |

国际科学技术合作奖（1项）

| 序号 | 获奖人 | 国籍 | 国内合作单位 |
|---|---|---|---|
| 30 | 彭明 | 美国 | 中国热带农业科学院 |

# 知识产权工作

【知识产权概况】2018年，海口市加强知识产权管理、运用、保护和服务，扩大知识产权的影响力，进一步牢固树立知识产权行政执法服务于社会主义市场经济、服务于营造良好的投资与技术创新环境、服务于提高社会各界知识产权法律意识的思想，加大专利执法力度，规范行政执法行为，为优化产业结构提供有力的知识产权支撑。全年全市专利申请总量为4260件，专利授权总量为2234件，每万人有效发明专利拥有量8.39件；椰国、欣佳达、齐鲁、海马等企业4个专利获得第二十届中国专利奖。海口市入围国家知识产权运营服务体系建设重点城市，获2亿元中央资金支持。探索研究制定专利投融资扶持政策，有7家企业通过专利质押融资获得贷款5.2亿元。筹备知识产权证券化相关工作，12月21日，北京奇艺世纪科技有限公司海南分公司在上交所成功发行国内首单知识产权资产支持证券，总规模4.7亿元。新增国家知识产权示范企业1家、优势企业8家、贯标认证企业66家。海南信兴电器有限公司获“第五批知识产权保护规范化培育市场”称号。年内，海口市知识产权局获得“2017年全国知识产权系统人才工作先进集体”。

【专利申请与授权】2018年，海口市专利申请总量4260件，增长33.4%，占全省66.0%；专利授权总量2234件，占全省的67.9%，其中发明327件、实用新型1483件、外观设计424件，同期专利授权总量增长54%，发明专利增长27.2%，实用新型增长62.8%，外观设计增长49.8%。PCT国际专利申请总量15件，占全省88.2%。年内，全市有效发明专利1932件，占全省的75%；每万人有效发明专利拥有量8.39件。

【技术合同认定登记】2018年，海口市科技管理部门受理技术合同316件，其中技术开发261件、技术转让13件、技术服务42件，新增技术登记企业80家，合同成交总金额6.3亿元，其中技术交易额5.99亿元，企业可减免税收0.19亿元。

2018年8月17日，国家知识产权保护规范化培育市场授牌仪式在海南新兴电器公司新华南店举行。海南信兴电器有限公司获第五批知识产权保护规范化培育市场称号 （麦德贤 摄）

【专利执法】2018年，海口市知识产权部门组织开展专利行政执法50多次，省、市、区三级联合执法2次，累计出动250多人次，随机巡查200多家单位，检查会展、商场、中小微商铺排查商品百万多件，查处专利违法案件39宗，其中假冒专利案件24宗，专利标注不规范15宗，结案率100%。处理专利侵权纠纷案5宗，其中3宗报国家知识产权局宣无终止，2宗撤案。同时，对群众投诉、举报的侵犯知识产权及涉及专利的诈骗行为，集中力量进行查处。

【专利消零】2018年，海口市开展“专利消零”工程。从全市没有专利申请的企业中，梳理确定一定数量的企业，深入企业进行“一对一”服务指导，提高企业知识产权意识，帮助企业将发明创造成果及时申请专利进行保护。全年共为67家“零专利”企业进行专利申请，申请量319件，有73件专利已获得授权。

【知识产权创造与运用】2018年，海口市支持知识产权优势企业、示范企业实施企业运营类专利导航示范项目，将专利战略分析和重点产品专利技术分析融入产品研发、市场开拓等环节，为企业科技成果转化、创新研究、高价值专利、质押融资等提供支撑。椰国、欣佳达、齐鲁、海马4家企业的4件专利获得第二十届中国专利奖。海口市第一中学在第70届IENA国际青少年发明大赛中金牌数打破中国代表团各省代表队历史记录，设计的垃圾金属分离车、家庭微型气象站、家庭便携式心电测量仪获得金奖；脑电波自主按摩器、学生桌支撑架获得银奖；温控保暖衣获得铜奖。

**2018年海口市获第二十届中国专利奖项目表**

| 序号 | 专 利 号 | 专 利 名 称 | 专利权人 | 获奖时间 | 奖别 |
|---|---|---|---|---|---|
| 1 | ZL201210151745.9 | 聚乙二醇改性生物纤维素凝胶 | 钟春燕 | 2018.12 | 专利银奖 |
| 2 | ZL201621201885.2 | 一种侧推式防叠压的装卸笼机系统 | 海口欣佳达机电有限公司 | 2018.12 | 专利银奖 |
| 3 | ZL201110232179.X | 一种地西他滨冻干制剂及其制备方法 | 齐鲁制药（海南）有限公司 | 2018.12 | 专利优秀奖 |
| 4 | ZL201310343006.4 | 前副车架总成和汽车及前副车架总成与前保险杠安装方法 | 一汽海马汽车有限公司 | 2018.12 | 专利优秀奖 |

**2018年1—12月海口市专利授权量统计表**

单位：件

| 月份 | 专利类型 | | | 合计 | 在三种专利申请中 | | | | | 合计 |
|---|---|---|---|---|---|---|---|---|---|---|
| | 发明 | 实用新型 | 外观设计 | | 个人 | 大专院校 | 科研单位 | 工矿企业 | 机关团体 | |
| 1 | 22 | 149 | 18 | 189 | 55 | 34 | 20 | 72 | 8 | 189 |
| 2 | 24 | 109 | 19 | 152 | 31 | 44 | 9 | 63 | 5 | 152 |
| 3 | 44 | 98 | 36 | 178 | 40 | 28 | 16 | 91 | 3 | 178 |
| 4 | 20 | 117 | 25 | 162 | 41 | 37 | 13 | 65 | 6 | 162 |
| 5 | 29 | 145 | 61 | 235 | 77 | 60 | 9 | 85 | 4 | 235 |
| 6 | 24 | 103 | 48 | 175 | 48 | 30 | 12 | 79 | 6 | 175 |
| 7 | 17 | 109 | 57 | 183 | 47 | 25 | 11 | 98 | 2 | 183 |
| 8 | 32 | 85 | 27 | 144 | 33 | 32 | 12 | 64 | 3 | 144 |
| 9 | 23 | 182 | 51 | 256 | 25 | 33 | 11 | 181 | 6 | 256 |
| 10 | 35 | 86 | 12 | 133 | 16 | 25 | 22 | 68 | 2 | 133 |
| 11 | 38 | 160 | 42 | 240 | 42 | 37 | 19 | 130 | 12 | 240 |
| 12 | 19 | 140 | 28 | 187 | 54 | 32 | 15 | 82 | 4 | 187 |
| 合计 | 327 | 1483 | 424 | 2234 | 509 | 417 | 169 | 1078 | 61 | 2234 |

（陈慧芳）

（编辑：吴坤涛）

## 文化综述

【文化工作概况】2018年，海口市文化体育工作部门按照“深耕、高瞻、集聚、广拓”的工作思路，夯实基础、突出特色、确保重点、优化结构，抓好文化事业建设、推动文化产业发展。全年共开展精品文艺演出27场次、广场文化惠民演出28场次，送文艺演出、琼剧下乡等活动170场次，完成52个行政村文化室建设任务。持续开展“书香海口·全民阅读”活动，共发放购书卷20万元，受惠读者1.2万人。农村公益电影放映全面完成，累计放映公益电影3246场，观影人数34.76万人次。全市文体产业从业单位2230余家，从业人员6.1万人，占全市从业人员总数的6.13%；文化产业总产值约为61.96亿元，比上年增长28.4%，占GDP比重为4.1%，占全省文化产业总产值比重为38.9%。

【基层公共文化基础设施建设】至2018年，海口市共建成4个区文化馆、图书馆，43个镇（街）综合文化站，164个社区综合文化服务中心，303个行政村文化室，实现区、街道、社区、农村文化设施全覆盖。年内，全市投入925.25万元完善村级文体中心配套设施建设，共配送书籍类5.76万册、书架192个、办公用品20件，为全市农村地区开展基本文体活动提供条件，丰富基层群众文体生活。市文体局对全市22个乡镇248个行政村的42888户农村电视用户进行管理和维护，确保全市农村有线电视用户、广播电视卫星直播星用户做到长期通。建立“广播电视渔船通”工程运行维护管理机制，会同设备供应商在海口市几个渔镇上建立产品售后服务网点，公布维护服务和投诉电话，加大监管力度，确保海口市54艘渔船的“广播电视渔船通”工程长期通，使广播电视惠民工程真正落到实处。

【公共文化服务】2018年，结合海口市现代公共文化服务体系建设的实际情况，制定出台《海口市推进基层公共文化服务体系建设的实施方案》《海口市乡镇综合文化站专项治理的工作方案》。建立海口市文体信息发布平台，率先在全省实现乡镇综合文化站公共数字化建设全覆盖；完成375个电子阅报屏；建成47家数字农家书屋，让农民更快捷地掌握国家政策、农产知识等信息；市文体局研究开发“全民健身”手机APP，基本实现15分钟体育健身生活圈的目标。

【扶持影视产业】2018年，海口市采取利用自然资源禀赋、大力开展政策扶持、打造拍摄基地等措施，影视、文化产业取得长足进步，形成集影视制作、影视服务、道具服装、人才培训的整体产业链。年内有《你行你上》《日月传奇》《套路》等6部影视片在海口拍摄。2016—2018年，海口市扶持影视产业发展累计拨付资金1406.85万元，其中贷款补贴50万元、注册扶持资金75万元、作品播映奖励资金178万元、作品拍摄奖励资金1103.85万元。

【文化下乡】2018年，海口市完成文化科技卫生“三下乡”中的文化惠民、“建省三十周年”文化专场、2018“情牵文化扶贫·弘扬非遗文化”特色展演、文化惠民进万家等36场群众性文化演出活动，以歌舞、戏曲、小品等不同的艺术表演形式呈现给广大群众，观众150万人次。

【影视动漫游戏产业发展】2018年，海口市以文化产业园为依托，不断整合影视动漫游戏行业资源，打造影视动漫游戏产业高地。海口文化产业园内入驻影视动漫企业114家。3月31日，第二届中国（海南）电影投资高峰论坛在海口举办，在论坛招商推介会上有2家影视企业签约落户海口。成功举办WESG（世界电子竞技运动会）2017全球总决赛、2018王者荣耀华南区总决赛等动漫游戏赛事，吸引国内外113支队伍参赛，3200多人到现场观摩，直播在线人数峰值2125万人，累计观看超过4亿人次。

【第十三届海口万春会】2018年2月13日至3月2日，以“欢乐幸福年，筑梦新时代”为主题的2018第十三届海口万春会在万绿园举办，同时在美舍河凤翔湿地公园设立分会场。本届万春会共开展文体活动41场（主会场31场，分会场10场），其中新春文艺演出16场、非遗民俗文化展演6场、游园活动12项和“为爱挑战”“一杯水的约定”等公益活动7场，活动现场还设置多组新春创意合影装置供市民游客拍照合影留念，设置许愿墙供市民游客写下新春祝福和愿望，游园活动共发放奖品1.1万份。文艺演出活动分新春大联欢、老年人夕阳红、少儿才艺、琼剧荟萃、本土音乐及市4个区专场等不同形式文艺演出。本届万春会借助互联网的优势，策划设计万春会创意h5动态页面，让广大市民群众提前了解万春会的精彩内容，通过图片与视频直播等方式，实现市民游客实时零距离观赏及参与万春会系列活动。花灯展共设9个灯展区，其中主会场万绿园灯展8个展区分别由秀英区、龙华区、琼山区、美兰区政府和国资委、高新区、保税区和桂林洋开发区8个单位承办，灯组围绕着“喜庆、团结、奋进、开放”的主题元素进行设计，共138个灯组；分会场围绕宣传十九大、海口生态、环保、国际化等内容进行设计，共10个灯组。据不完全统计，第十三届海口万春会参与人数约120万人次，较上年增长15万人次，增幅14.3%。3月2日（元宵节），参与人数首次突破70万人次，较上年同期约增加8万人，创下历史新高。

【海口仲夏文艺季】2018年7—10月，历时4个月的海口仲夏文艺季在海航日月广场、海大思源学堂等地举行，有国际青年实验艺术节、“魅力中华，传承经典”主题活动及精品鉴赏三大板块。其中国际青年实验艺术节活动、“魅力中华，传承经典”主题活动，在7月28日至8月28日的活动期间，邀请51位来自泰国、菲律宾、新加坡等“一带一路”沿线国家文化艺术工作者相聚海口，在1700平方米大型室内场馆中，共同举办为期1个月的16项文化艺术交流活动，惠及市民游客100万人次。精品鉴赏板块中，爆笑话剧《我的祖宗十八代》《燃烧的疯人院》于10月17日、18日分别在海大思源学堂、海南国际会展中心剧院上演。

【文艺队伍建设】2018年，海口市继续深化改革，在组织建设、职称评定、人才培训、水平提升、人才引进等多方面出台措施加强文艺队伍建设。据不完全统计，全市共有453支群众性文艺团队，主要包含广场舞、竹竿舞、八音队、麒麟舞队、公仔队、合唱队、琼剧业余队等群众喜好的演出团体。其中，秀英区211支（广场舞203支，八音队4支、麒麟舞队3支、公仔队1支），龙华区112支（广场舞85支、合唱队4支、八音队15支、公仔戏3支、琼剧4支、京剧1支），琼山区49支（广场舞41支、八音队8支），美兰区81支（广场舞30支、八音队15支、合唱队3支、公仔队18支、琼剧团15支）。市群众艺术馆、各区文化馆定期组织农村文艺队伍进行培训；4个区文化馆组织各类文艺活动共200场，观众31.7万人次；举办各类培训班1502场、培训9.02万人次；组织各类公益性讲座18场，受众1566人次。

【社区文化建设】2018年，海口市文化广电出版体育局深入各区、乡镇、社区中组织开展一系列群众性文化品牌和赛事活动，丰富群众文化生活，营造社区群文氛围。举办“欢乐海口、舞动椰城社区舞蹈大赛”“海口市蒲公英少儿音乐舞蹈美术比赛”“海口市社区文艺辅导员（舞蹈类）培训班”“海口市琼剧（业余）演唱比赛”“海口市老、中、青歌手演唱比赛”“欢乐海口，扬歌有约”歌曲大奖赛，“海南八音比赛”“周末群艺舞台”“多彩童年六月狂嗨节”系列活动、十一七天乐、省外特邀精品剧目展演等活动。4个区也开展相应的群众性文化活动。龙华区开展万民同乐大游园、文化春风遍龙华惠民演出；美兰区开展“迎新春”“文化惠民”“喜迎端午”；琼山区开展“欢乐府城镇街文艺演出”“三角公园”市民文艺会演，在“五一”“六一”“七一”“八一”、国庆、中秋等节日期间都开展市民群众性文化活动。据不完全统计，全年共开展群众性系列活动800场次，观众参与人数30万人次。9月29日，海口市社区舞蹈展演比赛在海口万绿园广场举行。4个区文旅局、文化馆选送的16支参赛队伍编排以曼展芳华为主题内容的舞蹈作品进行比赛展演，并齐跳广场舞《卡路里》和《绒花》，参与观众5000人次。

【冼夫人文化节】2018年3月22—28日，第十七届海口冼夫人文化节举办。主会场设在龙华区新坡镇冼夫人纪念馆及新坡镇墟，同时在城西镇、遵谭镇和中山街道设置3个分会场。本届冼夫人文化节活动在新坡镇冼夫人纪念馆举行，重现当年冼夫人沙场点兵场景的军装巡游、花车巡游等活动以及民间祭祀等民俗活动，还原民俗本味。4个点位在文化节期间举办民俗活动、文体活动23场次。

【海口文化产业园】至2018年底，共有127家知名文化企业和基金入驻，注册资本27亿元。园区产值9.9亿元，税收2.45亿元。年内，入驻企业上报的影视项目有65部，其中已播映8部，完成拍摄正在制作后期的有15部，正在拍摄的有3部，正在筹备开机的有16部，已申报待审批的有9部，正在修改剧本的有14部（项目总投资额近20亿元，参与拍摄的剧组人员6000人次）。其中，海南星拓传媒联合出品，由李易峰、江疏影主演的《在纽约》将在湖南卫视播映；2018年度大制作网剧、海南波罗密影视联合出品，由三大影帝明道、郑嘉颖、谢天华主演的《套路》在海南全面取景；赖水清导演监制的《面朝大海 春暖花开》院线大电影等优质影视作品全面筹备中；在申报待审批的9部影视作品中，有唐季礼导演监制、讴歌消防官兵正能量连续剧《青春逆行时》。

【海口五源河文体中心】2018年4月28日，庆祝海南建省办经济特区30周年万人竹竿舞表演在五源河文体中心体育场举行，五源河体育场正式交付使用，比原计划提前一年多。年内，在五源河文体中心体育场相继举办全省万人竹竿舞大赛、2018海南“自贸港杯”国际足球队赛、“以太视界 巨星海口演唱会”“2018张学友海口演唱会”（2场）、2018年中国足协中国之队国际足球赛、《万千星耀欢乐岛》跨年演出和2019海口跨年火山音乐节8场文体活动。年底，五源河文体中心二期项目建设完成项目指挥部成立、项目建议书制订、可研报告、选址意见批复等前期工作。二期项目包括体育馆、游泳跳水馆、网球馆建设，选址位于五源河文体中心片区C04地块（43.99公顷），占地约16.32公顷，建筑面积10.51万平方米，估算投资额17.52亿元。

## 文化市场管理

【文化市场管理概况】2018年，海口市文化广电出版体育局以日常监管为主线，以错时检查和专项整治为重点，以推动市场净化为核心，扎实开展文化市场执法监管，全年共出动执法队员3768人次，执法车辆856辆次，检查文化经营场所6459家次，受理文化市场举报93起，办理各类文化市场案件55宗，没收违法所得1125.2元，罚款11.22万元，执法覆盖率100%。市文化市场综合行政执法支队获得全省文化市场综合执法岗位练兵技能竞赛团体三等奖和全省文化市场综合执法岗位练兵技能竞赛执法二等奖。

【出版物市场监管】2018年，海口市文化市场综合行政执法支队以打击非法有害出版物和淫秽色情出版物为重点，对全市出版物集中经营场所和繁华街区、旅游景点、机场、车站周边等重点地区和部位进行重点监控，加大对非法游商和无证经营摊点的打击力度。对印刷企业集中地区、有图书印刷能力的企业和有违规记录的企业进行重点清查，开展“清源”“护苗”“固边”“净网”“秋风”“剑网”网络游戏整治、网络文学整治、宗教非法出版物整治等一系列扫黄打非集中行动和专项治理，重点在储存、运输、销售零卖等领域堵源截流，严管重罚。全年检查出版物市场167家次，立案查处6家，责令整改3家，收缴非法出版物2696本、非法音像制品1200余张；检查印刷厂163家次，责令整改8家，立案查处17家。

【网吧市场监管】2018年，海口市文化市场综合执法部门以打击网吧违规接纳未成年人及不按要求进行实名登记为重点，采取明察与暗访相结合、重点抽查与日常巡查相结合、重点时段和重点区域相结合、重点监管和跟踪监管相结合的方式，加大日常监管和专项整治力度，特别是对列入“黑名单”的文化经营单位、12345市政府服务热线举报内容、校园周边及居民住宅区等重点领域的执法检查力度，先后组织开展元旦春节期间、寒暑假期间网吧市场集中整治行动，中高考期间文化市场专项行动和博鳌年会期间网吧综合治理等专项行动。全年共检查网吧5305家次，责令整改271家次，立案查处5家，其中，海口金辉网咖被依法吊销《网络文化经营许可证》。

【游艺娱乐场所监管】2018年，海口市文化市场综合执法部门与公安、工商等部门建立联合查控机制，每月至少联合开展一次娱乐场所巡查，做到全市娱乐场所实现100%巡查覆盖。全年检查网吧、电子游艺与歌舞娱乐场所、酒吧共4226家次，对歌舞厅、电子游戏市场实行全日巡查监控和重点整治。同时，将禁毒宣传工作渗透到执法巡查中，播放禁毒宣传片，发送手机禁毒宣传短信，发放禁毒宣传资料。举办2次禁毒暨安全生产培训班、扫黑除恶工作会议，全市执法队员和365家经营业主参加培训，现场发放禁毒宣传海报、防艾知识读本、禁毒宣传折页、扫黑除恶宣传标语、致海口市民的一封信、禁毒倡议书等6种宣传资料共5300份。

【卫星电视地面接收设施监管】2018年，海口市文体局加强卫星电视广播地面接收设施管理，整治非法安装，私拉乱接卫星电视广播地面接收器，确保广播电视播出安全。年内开展大联合整治行动4次，出动人员253人次、执法车辆74辆次，共检查涉嫌安装和使用卫星地面接收设施违法行为的小区30个、星级宾馆酒店48家、宗教场所10处。对辖区内居民接收有线电视情况进行抽检，共检查广播电视卫星地面接收设施15家次，立案查处2家，收缴非法设备11套（件），打击私自安装卫星地面接收设施、非法接收卫星电视信号的行为。

【文化市场专项整治】2018年，海口市文体局加强对高危体育项目巡查执法，严格落实工作责任，规范游泳场馆经营行为。年内，共检查游泳场馆178家，受理12345市政府服务热线有关游泳场馆的举报25起，对无证经营的游泳池下达《责令整改通知书》22份，督促各泳池业主及时将手续证照办理齐全、安全制度制定完善、救生设施配备合格，推动全市游泳场馆制度化、规范化经营。在张学友海口演唱会期间，为遏制票务“黄牛”猖獗乱象，采取多项举措，重点打击虚假宣传、捂票囤票、加价销售、黄牛倒票等违规行为，做好线下门票销售现场监督工作，同时加大对网络销售平台的巡查力度，在定时对美团等票务交易平台的检查中，未发现涉嫌虚假宣传、捂票囤票、加价销售等违规线索。

（陈小锋）

# 文学艺术

【文学艺术工作概况】2018年，海口市文学艺术创作成果丰硕，各文艺家协会会员参加全省、全国乃至国际重大文艺赛事，取得较好成绩。全年出版文学书籍17部，创作和展出书画摄影作品2300余幅，创作音乐戏曲作品50余首，参加各类文艺演出4000余人次。在2018亚洲（新加坡）国际音乐节上，9人获金奖；在第六届亚洲微电影艺术节上，微电影《守望》《打工奇遇》分别获得金海棠奖“大国工匠单元微电影奖”和“好作品奖”；王丽莹小说《夏至之夜》获得第四届儿童文学金近奖。

【文学创作】2018年，海口市作家协会会员创作文学作品共258篇（首）。其中，王丽莹小说《夏至之夜》获得第四届儿童文学金近奖；黄葵长诗《黑暗是煤的光明》获第二届“芙蓉杯”全国文学大奖赛二等奖，《椰树茂盛的海南岛（组诗十首）》获2018“诗意歌海”文昌·清澜国际诗歌大奖赛现代诗歌一等奖；曾万紫《闯海人·弄潮儿》获“海南建省30周年”全国征文一等奖；乐冰在中国作家网主办的第三届龙凤山庄杯全国爱情诗大奖赛中获二等奖，诗集《南海，我的祖宗海》获第四届海南省出版物政府奖；陈波来获（江西）首届“杰博杯”全国诗歌大赛三等奖，获选为中国诗歌网（中国作协下属知名网站）“中国诗歌网实力诗人”。3月21日，市作家协会活动中心在海口“印象森林”咖啡馆揭牌成立。

【音乐】（1）创作成果。在2018亚洲（新加坡）国际音乐节上，裴英杰分别与孙思源、赵启腾合作的《槐花飘香》《爱恋》，蔡先民和海戈联手创作的《月妮娘》3件音乐原创作品均获得作词作曲金奖；在声乐类，海口音乐家协会副主席刘奎明、赵启腾分别获得成年职业组金奖，谢小楠获得少年组金奖，赵燕获得青年职业组银奖，许小娜获得青年职业组铜奖，李芳荣获国际艺术导师奖。蔡先民作曲的《为你而来》获海南建省办经济特区30周年全国征集音乐作品二等奖，并拍摄成音乐电视在全省播出。周毅作曲的《天地纸笔》《久久不见》获第三届海南省艺术节“群星奖”，作曲的《花花儿》《彩环飞舞》在央视播出。熊玉娇创作曲目《爱在海之南》《为你而歌》。文静创作歌曲《请到海口逛逛》《爱在神州半岛》《采芒果》入选《词刊》杂志；创作《扶贫，我们一直在路上》《玫瑰谷之约》《海南芒果 show》《心向黎母山》《昌江玉缘》入选《歌词作家》杂志。（2）培训与成效。2月，卢海曼带领8名学生参加第八届中国少年儿童艺术节全国声乐大赛获得1金4银3铜；7月，带领学生参加第七届偶像国际少儿才艺大赛，获得2个特等奖，4金1银。曹量指挥“海南大学国乐团”获全国第五届大学生艺术展演艺术表演类《战马奔腾》（器乐）三等奖，其在第五届香港国际音乐节2018音乐比赛中获全国音乐优秀指挥奖。吴廷雄指导学生弹奏扬琴，在中国民族管弦乐学会主办的全国青少年民乐观摩音乐会暨展演决赛中获得少年组一等奖2名，少儿组一等奖2名。李芳指导学生参加“情耀中华”全国青少年艺术展演海南赛区声乐比赛获金奖，参加第十三届中国青少年艺术节展演海南赛区声乐比赛获一等奖。陈晶晶在第四届海南方言歌曲创作演唱大赛中获得亚军，创作歌曲《家乡的桥》获铜奖，演唱歌曲《么百漏》获“最高网络点击率歌曲”奖。

【舞蹈】2018年2月，海南风情歌舞《美好新海南》在外交部海南全球推介会上演出；3月，舞蹈诗《黎族家园》进京参加全国舞台艺术优秀剧目展演，11月在韩国首尔举办的海南国际旅游岛推介会上演出。10月，由海口市群众艺术馆和市琼山中学舞蹈团创作的节目《黎族彩环舞》《请到天涯海角来》参加由文化部、国家旅游委主办的“全国广场舞北京展演”活动，被2019年央视春晚的舞蹈总导演选中，并邀请舞蹈队全体原班人马参与2019年春晚北京主会场的演出；11月，参加CCTV3品牌栏目《舞蹈世界》的录制并播出；12月，赴银川参加由国家民宗委指导，全国32家电视台联合转播的“2019年少数民族春晚”录制，这是海南广场舞至今为止所取得的最高荣誉。舞蹈节目《夜深沉》参加第15届东西南北中广场文艺会演，获得西部片区二等奖。创作的大型琼剧《红树林》在省歌舞剧院分别完成首演及公演，并获第三届海南省艺术节文华优秀剧目奖、文华表演奖及表演新人奖等奖项。

【戏曲】2018年，海口市戏剧家协会成员在第三届海南省艺术节中成绩突出，阮丹青参演的剧目《圆梦》获文华大奖；吴叙勇、汤成伟、黄耀参演的剧目《红树林》获文华优秀剧目奖；大型原创音乐剧《更路传奇》编剧张巨斌、杨元广、邓菡彬、乐冰获文华剧作奖；新编现代琼剧《椰乡儿女》编剧冯所庆荣获文华剧作奖；大型现代革命戏《母瑞红云》导演李明玉获文华导演奖；大型古装琼剧《汉文皇后》演员叶建宏获文华演出奖。11月，在第三届海南省曲艺大赛中，市曲艺家协会创作的小品《旧貌换新颜》获综合类表演二等奖，创作的河南坠子《游海南》获曲艺类表演三等奖，创作的快板书《我的第二故乡海南》获剧本创作三等奖。

【美术】2018年3月，由王锐、李其文主编的《美丽中国·诗意陵水：中国油画名家陵水写生作品集》由南方出版社出版，收录中国油画名家陵水写生创作的油画作品94幅。7月，由王锐主编的《厚积与蝶变——庆祝海南建省办经济特区三十周年海口市经典美术作品集》由南方出版社出版，该书荟萃海口市美术家1988—2018年建省以来国家级获奖作品、国家级入选作品、全国性展览获奖作品、全国性展览入选、省级展览获奖作品及旅琼画家作品，并收集一些重要评论家的评论文章。12月，林鸿平著的《林鸿平油画风景写生作品集》由南海出版公司出版。全年，市美协共组织各类展览9场次。

【书法】2018年4月19日，海口市秀英区书法家协会成立；10月13日，海口市美兰区书法家协会成立；10月20日，海口市龙华区书法家协会成立。冯伟的书法作品获全国首届册页书法作品展提名奖（最高奖）。梁健、冯伟、肖春生的书法作品获海南省第三届“群星奖”书法比赛群星奖；苏定策、云大岛、薛蕃蓁的作品获优秀奖。5月和10月，海口市书法家协会、十堰市书法家协会承办的庆祝海南建省30周年海口—十堰两市书法作品交流展分别在湖北十堰和海口举办。9月10日，举办琼山区书协和后安书协书法作品交流展。12月15日，举办“椰风情”海口市青年书法20人展。11月24日，琼山区书协和区教育局课外活动中心协同开展“海口市琼山区2018年中小学生书法现场比赛活动”。12月16日，美兰区书协举办首届书法作品展。

【摄影】2018年春节期间，海口市摄影家协会开展摄影文化进万家志愿服务活动5场次，参与活动摄影家50余人次，免费赠送画框年画500余幅，拍摄赠送全家福画框400余幅。3月5日，由市“双创”指挥部和市文联主办、市摄影家协会承办的“我的乡愁美舍河记忆”摄影作品展暨作品集发布会在骑楼老街举办。摄影展通过今昔对比，展示海口母亲河——美舍河的沧桑变迁。5月19—26日，由市文联、市住建局和省图书馆联合主办的海口市城市建设成就图片展在省图书馆展出，展览分56版共224张图片，内容分为沧海桑田看变迁、四通八达织路网、一桥飞架变通途、旧城改造惠民生、水清岸绿绘美景、海绵理念写新篇、绿色低碳更宜居、城市更新续华章8大板块。

【影视】2018年，海口市曲艺家协会与海南天池奇甸文华传媒有限公司携手合作，创作成果斐然。5月，微电影《风景还是这边独好》《手牵手》分别获得“中国梦扶贫攻坚影像盛典”的二等奖和三等奖；7月，微电影《飞起来的孔明灯》《金凤》《欢喜亲家》分别获得“第二届中国梦青年影像盛典”的一、二、三等奖；8月，微电影《爱的感恩》获得首届全国优秀电视公益节目推选活动公益专题好作品奖；11月，微电影《守望》《打工奇遇》分别获得第六届亚洲微电影艺术节金海棠奖“大国工匠单元微电影奖”和“好作品奖”。张品成主持拍摄的电影《旋风女队》获第十七届中国电影华表奖少儿电影奖。9月10日，启动由市文学艺术界联合会、海口广播电视台主办，市影视家协会、海广网承办的2018第二届海南省高校微视频大赛。大赛以“30年变迁”为主题，全岛征集近100部作品，其中16部进入复评，经展播投票，评选出海南大学王娜《万物有灵》和海南大学王京《竹隐大茂，指耕梦编》为最佳作品奖，海南大学刘辉《船票》为最佳剪辑奖、海南大学王娜《万物有灵》为最佳编剧奖、海南大学何树浩《紫贝拾遗》为最佳摄影奖、热带海洋学院黄浩彬《“医”路走来》为最佳导演奖。获奖作品在活动官方网站“海广网”和海南各高校官方网站展播。

（沈音钊）

## 电　影

【城市影院放映】2018年，海口市有电影院54家。其中，开业30家（屏幕总数207块、3.12万个观众座位），在建18家，规划6家，影院分布密度高居全国前列。全年实现票房收入3.2亿元，比上年增长8.91%；观影人次1030万人次，增长11.64%。

【农村电影放映】2018年，海口市农村公益电影放映专项资金78.9万元，至12月底累计放映农村公益电影3246场，放映范围覆盖全市248个行政村，超额完成全年放映场次任务。

【中小学生电影放映】2018年，海口市共完成445所学校的电影放映工作，共放映1709场次，观影学生94.7万人次。全市学生观影率79.1%。

【电影惠民】2018年，海口市实施“优秀电影进工地、真情慰问农民工”公益电影放映活动，放映专场电影600场、公益电影200场，电影票发放4万张。

（陈慧琳）

## 广播电视

【广播电视概况】2018年，海口广播电视台拥有综合、生活娱乐、城乡经济3个电视频道，综合广播FM101.8、旅游交通广播FM95.4、音乐广播FM91.6、生活广播FM104.4 4个广播频率，一个国家一类新闻资质网站海广网，两个资讯类手机客户端海广V豆、嗨皮V直播，以及各个品牌栏目的微信公众号。全年3套自办电视节目播出总时间约为2.17万小时，5个无线发射电视频道共完成无线信号发射总时间约为3.17万小时，广播全年度安全播出2.92万小时。从业人员603人。有专业技术职称员工311人，其中高级职称23人、中级职称98人；有省优专家1人，省拔尖人才1人，省其他类高层次人才12人，市重点专家2人。旗下有“海口新闻联播”“热带播报”“椰城纠风热线”“看法”“海南华侨”“公益海南”“海口大讲堂”“直播12345”“椰城侬家”“城市新动力”“海口新闻”等电视、广播品牌栏目。

年内，海口广播电视台连续第3年获得国家新闻出版广电总局2017

年度优秀公益广告三类传播机构称号。专题片《一个人的守望》在中共中央组织部第十四届全国党员教育电视片观摩交流活动中被评为一等奖作品和十佳摄影作品及第24届中国纪录片短片好作品奖。“椰城纠风”在2018媒体百强指数发布中获传媒中国年度品牌影响力城市电视栏目20佳。“热带播报”栏目获“2016—2017绿色中国年度人物”入围奖、“第八届母亲河奖”，此外，在“影响中国传媒”推介调查活动中获“2017年度城市合影响力节目”。海广V豆获中国电子商务协会、世界移动互联网大会组委会授予的移动互联网行业新锐奖，获得由央视新闻移动网颁发的2017年度移动融媒体优秀新闻奖—优秀合作账号。双创频道获“2018传媒中国融合创新十大品牌创新力城市电视频道”。党委书记、台长陈积流被中国电视艺术家协会评为第十届德艺双馨电视艺术工作者；电视问政部主任刘斌在2018媒体百强指数发布中荣获传媒中国年度电视栏目金牌主持人称号，2017年中央电视台中国电视新闻协作网“十佳优秀通联个人”称号；计划财务部潘世立获国家广播电影电视总局颁发的2017年度全国广播影视基层统计工作先进个人称号。

【广播电视节目】2018年，海口广播电视台紧密配合各级党委和政府发挥扬声器作用，将党的路线方针政策放大声音，布达民众，树立旗帜，凝聚民心。对十九大精神和习近平总书记治国理政系列重要讲话进行宣传，相继推出“在习近平新时代中国特色社会主义思想指引下——新时代新作为新篇章”“在习近平新时代中国特色社会主义思想指引下——新时代新气象新作为”等专栏46个，共播发相关新闻1700多条，4G直播连线300多小时，演播室访谈51期。为纪念改革开放40周年、海南建省办经济特区30周年，传达习近平同志在纪念大会上的讲话，推动海南自由贸易试验区和中国特色自由贸易港的建设，先后推出“三十而立·看海南”“连线自贸区”“自贸区与海口”“勇当先锋、做好表率党委（党组）书记访谈”等专栏，播出相关新闻980多条，并依托“海口大讲堂”栏目策划10期特别节目“对话自贸区”；广播新闻部推出“直播12345”特别策划——“连线自贸区”，是海南省媒体中第一个以“异地直播连线”的形式报道自贸区建设的大型策划。深入开展社会主义核心价值观宣传，先后策划推出“做文明市民　建文明城市”“践行社会主义核心价值观　共筑中国梦”等专栏，并配合推出一系列专题或系列报道。聚焦全市扶贫攻坚行动，先后推出“打赢扶贫攻坚战”“扶贫一线的精兵强将”“学习贯彻十九大精神——脱贫攻坚进行时”等多档专栏，共播发相关新闻1500多条次。围绕城市更新、湿地治理推出“城市更新　五化先行”“海口湿地全接触”“争创国际湿地城市”“湿地博物馆”等多个专栏，共播出新闻稿件4000多条、4G直播连线约3700余条（次）、演播室访谈30余次。与市委组织部合办的“我是共产党员”栏目，成为海口市“两学一做”教育实践活动的一个典型，年内播出44期。“椰城纠风”“直播12345”等问政栏目品牌，与“海口新闻联播”“热带播报”“海口新闻”“直播城市管家”等新闻栏目互相配合，建立起电视、电台、网络“三位一体”的全媒体监督机制。其中，“直播12345”共报道咨询、求助、投诉、建议等各类型诉求办件670件，节目帮忙跑腿督办办结580件，办结率86.6%。人文类节目，如“海口大讲堂”，与宁夏作协主席、著名作家郭文斌合作录制52集讲坛《郭文斌解读〈弟子规〉》；“海南华侨”共采访近50多位琼籍华侨华人及侨资企业，先后策划“百镇千村”侨乡行——走近兴隆印尼归侨和走进儋州华侨农场系列、南洋文化节人物专题系列、“一带一路”看海南华侨华人采访系列等专题节目，获第24届中国纪录片好栏目奖。

【《新闻早七点》开播】2018年3月26日开播。每天上午7时至8时直播，以“要闻回顾＋新鲜资讯＋新闻解读＋服务资讯”的形式，每日传递丰富资讯，结合新媒体的微信推送，为椰城早间资讯节目增添新气象。至12月底，共报道海口本地资讯超2000条、海南省内资讯1830余条、国内资讯1810余条，涉及时事、法治、地方、科普、体育、文化、健康等方面。

【应急广播】2017年12月29日，海口市人民政府授予海口旅游交通广播为“海口应急广播”。在2018年春节期间“抗雾保运”工作中，应急直播时长188小时，累计发布过海信息和路况信息2万条次。直播过程中，开通“交通954”微信互动平台，互动信息近90万条次，帮助听众解决车辆缺油、故障、购票、缺水、缺粮等问题4万人次，“交通954”微信公众平台实时更新600条次，日均阅读量10万＋，累计阅读量近100万人次，其他新闻节目跟进配合，为海口“抗雾保运”提供强大的舆论支持。

【海广网】2018年，海广网有新闻网站“海广网”、新闻客户端“海广V豆”、移动直播客户端“嗨皮V直播”“鸣蛙直播”、短视频矩阵“1视频”、微信公众号“海广网”“海南省电子竞技联赛”、微博“海广网”、今日头条号、新浪看点以及抖音等一系列产品。注册用户33万，嗨皮V直播和海广V豆的下载量6万多次，微信用户10万余人。微信公众号传播力4星，一个月的访问量50万次。嗨皮V直播成为央视新媒体海南指定直播伙伴，一起策划直播全岛事件10多件，总传播量超过5000万人次，其中“此时此刻”和“况且况且游海南”获得央视新闻客户端当月访问量最高数据，单场的访问量各平台突破2000万；而“海南三月三”被CGTV同步翻译成西班牙语、英语、法语等多国语音向全球直播。至年底，海广网累计发布消息58万条，直播观看人数250万人次，累计访问次数1520多万次，日活跃用户30万人次。

【最海口融媒体平台设立】2018年7月5日设立。“最海口融媒体平台”致力于融合互联网和广播电视资源，融合传统媒体内容生产优势和新媒体平台传播优势，以融合发展、社区发展、品牌发展为理念，打造“全媒体内容生产+全媒体传播矩阵+互联网生态社区+品牌化服务”的创意传播平台。由微信、微博、抖音、腾讯新闻、今日头条等10余个热门平台组成的“最海口融媒”新媒体传播矩阵，按照互联网思维，整合全台网资源，以用户需求为出发点，预判用户需求，并提供用户定制，根据不同传播平台的特性定位，对不同形式的内容产品进行N次生产加工和分发传播。年内成功执行多场社会影响和关注度较大的网络直播和线下活动，直播平台包括微博、新浪一直播、爱奇艺、海广网、嗨皮直播、微赞直播等，11月1日成功入驻央视新闻移动网，拥有直播和短视频上传权限。策划执行的“幸福海口·我‘加美’”2018年海口首届最美餐馆宣传推荐活动与爱奇艺合作开展奇秀直播，10月1—4日市民、网友实地探店直播推至首页资源位，4天的总观看量达到180万+。

【对外新闻推介】2018年，海口广播电视台持续加大对外宣传力度，结合重点宣传的关键时间节点，主动推介，全年向央视推送并播发各类正面宣传新闻稿件92条，元旦、除夕之夜，海口夜景在中央电视台“新闻联播”亮相；“抗雾保运”展现椰城温暖，全年在“新闻联播”播发重点稿件16条，在央视新闻频道、经济频道等发稿76条。特别策划的扶贫项目系列报道“蓝莲花”在央视国庆专题“赤橙黄绿青蓝紫”中播出；在全国城市台联制联播“中国城市报道”节目中播发23条新闻；参与中国城市台大型联制联播系列报道“中国城市四十年”，城市台40家电视台播出；8月起，与SMG上海广播电视台建立友好合作关系，联合全国20家自贸区电视台联制联播“自贸朋友圈”节目。

【大型广电播出活动】2018年，海口广播电视台各部门共组织各类文化或商业活动120多次。春节期间，在海口观澜湖影棚拍摄、录制完成《2018琼州海峡经济带—海口·湛江春节联欢晚会》，在海口广播电视台、湛江台、海口台官网“海广网”陆续播出，获得中国电视艺术家协会“2018春节晚会、春节特别节目评析”优秀节目奖。2月，组织节目参加全国32家直辖市、省会城市电视台共同打造的《中华民族一家亲·同心共筑中国梦》——2018中国少数民族迎春大联欢晚会，2018春节期间先后在海口广播电视台、银川台等32家直辖市、省会城市电视台播出。5月13日，海口火山荔枝月启航活动在琼山区三门坡镇红明广场举行，TMALL天猫×海口全球收获季海口火山荔枝开园招商正式启动，天猫商城联合阿里巴巴集团旗下的各个平台，打造推广海口火山荔枝。海口广播电视台与天猫商城、阿里巴巴、盒马生鲜、以及彼时来采访的各岛内外媒体沟通，洽谈合作和宣传，构筑合作平台，共同打响海南荔枝品牌，打造宣传态势。整个荔枝月活动期间海口荔枝销售金额达7.78亿元，同比增长64.8%。10月26日，由海口广播电视台与二更影视共同打造的原创视频城市站，“三十年·三十城”二更海南站十月遇见你暨更海南上线启动仪式举行，是海口广播电视台在媒体融合上的具体实践。年内，策划完成11场“法润椰城”普法活动，促进全市普法工作开展。

【安全播出与技术管理】2018年，海口广播电视台电视制作部利用电视转播车，完成“椰城纠风”栏目、“直播12345”栏目的户外直播共11场，大型活动直播“2018精功眼镜模特大赛”“第三届琼剧文化节闭幕式及颁奖仪式”2场，约780分钟。利用转播车和EFP系统录制的大型节目近60场次，约7200多分钟，承接4场不同类型的应急救援演练，在演练中成功将EFP系统的SONY2580摄像机与转播车级联使用，完成多点、远距离地传输信号。年内，3套自办电视节目播出总时间约为2.17万小时，5个无线发射电视频道共完成无线信号发射总时间约3.17万小时。101.8MHz、95.4MHz、91.6 MHz、104.4MHz频率日播80小时，全年度安全播出2.92万小时，均未出现重大安全播出事故和重大事件，实现各重要播出保障期“零事故”“零停播”的目标。年内，全台查处广告业务部门涉及违规违法的约22条次，责令停播的11条次。广播播控部完成原有天馈线的改造工作，新安装104.4频率的单独备机和天馈系统及总频率共享备机和天馈系统，保障各频率的发射安全。

【广电基础设施建设】2018年，海口广播电视台加大无线发射台站基础设施建设、设备购置和高清化改造工作力度，确保广播电视的安全播出。由海南省文旅厅争取国家财政投资资金160万元，海口市配套资金40万元，共200万元，对广播电视铁塔、发射机房设备、电子围栏、围墙、中央空调、发电机房地面等基础设施进行维护和建设。由省文旅厅争取国家财政资金101万元，购置3台电视发射机（其中2台用于转央视17及19数字频道播出、1台用于转央视13频道播出）、1台广播发射机，以及购置电视播出机房用的UPS电源，完善广播电视发射主备系统建设。进行广播电视高清化改造，年内完成项目的可研、概算、方案的研讨、设计、专家论证等程序，完成所有子项目的招标及合同签订工作，大部分子项目进场施工，部分项目已进行设备的安装和调试，工程监理公司已全程进驻，对项目进度、质量等进行监理。

（温志钧）

## 海口日报

**【海口日报社工作概况】** 2018年，海口日报社全面贯彻习近平新时代中国特色社会主义思想，贯彻落实市委、市政府扛起建设美好新海南的省会城市责任担当要求，以《海口日报》创刊30周年为新起点，立足推进报社党建、舆论宣传、媒体融合、经营转型出新成果，扩大影响力，全力以赴完成报社肩负的新形势下宣传思想工作使命和任务。

**【重大主题宣传报道】** 2018年，《海口日报》及海口网开辟“奋进新时代·迎接‘两会’特别报道”“奋斗在新时代·聚焦2018全国‘两会’”专栏，对全国“两会”和海南团的活动进行全程报道。4月，推出“涅槃——海南建省办经济特区30周年海口巡礼”系列专版30多个，报道海口30年来发生的翻天覆地的变化。重点做好习近平总书记在博鳌亚洲论坛2018年年会、在海南建省办经济特区30周年大会上发表的重要讲话、考察海南时的重要讲话，以及《中共中央国务院关于支持海南全面深化改革开放的指导意见》的报道与解读。组织策划“海南百日大招商（项目）活动”“百万人才进海南行动计划”、总部经济、江东新区建设及社会文明大行动、琼州海峡经济带建设等重大项目、重大工程推进情况的深度报道。配合市委、市政府的民生工作，挖掘素材，接地气、树典型，突出亮点和鲜明特色，精心策划主题。

**【舆论监督报道】** 2018年，《海口日报》强化意识形态阵地管理和舆论引导，确保舆论导向正确、引导有力。同时加强舆情监测系统、新媒体平台等实时监测，每日梳理舆情上报市委宣传部，共上报600期。报社党委把握正确舆论导向，坚持按照“实快办”的原则做好舆情处置。针对挑战政治原则、政治底线的错误思想观点以及谣言，举旗亮剑，通过纸媒、网媒及两微一端，及时有效发出声音，立场坚定、态度鲜明地开展斗争。全年共发布辟谣稿件63条，总阅读数20万，第一时间澄清事实、化解疑虑、稳定民心。针对热点事件引发的舆论波动，及时预警，加强引导，汇聚舆论正能量。

**【反映社情民意】** 2018年，《海口日报》围绕春节民俗、元宵节系列活动、菜篮子“一元菜”等题材，开设“新春走基层”“情暖回家路”“我们的节日”专栏，营造喜庆祥和、温暖人心的氛围。春运期间，受大雾影响，琼州海峡多次停航，叠加春节黄金周返程高峰，海口3个港口附近滞留上万辆汽车，网络上开始传播个别滞留车主狂鸣喇叭泄愤扰民、乱丢垃圾等视频，引发舆情。报社即时启动舆情处置预案，《海口日报》、海口网、海口发布，以及两微一端及时发布公安、交通、市政、环卫、志愿者、市民群众、爱心企业等各方全力保障服务春运的信息，并与相关部门做好对接，跟踪港口开航、停航等情况，有效缓解滞留游客的焦虑心情，避免舆情进一步发酵。海口网开设的#2018海口春运#微博话题，阅读量累计1193万；“掌上直播”24小时滚动报道，推送421条春运相关信息，阅读量45万。

**【专题报道】** 2018年，《海口日报》重点围绕海口城市更新“五化”先行，推进夜市改造，抓好湿地保护生态修复，建设美舍河凤翔湿地公园、五源河国家湿地公园、沙坡郊野湿地公园，创建“国际湿地城市”，创新城市生态治理典范，把生态文明打造成彰显城市形象的亮丽名片和惠及市民游客的民生工程取得的成效和先进经验进行重点报道。围绕精准扶贫工作做好专题报道，对海口建立起高效有力的脱贫攻坚作战体系、打通脱贫攻坚最后一公里、打赢脱贫攻坚战的进展进行跟踪报道。对海口市部署脱贫攻坚“大比武”迎检工作、脱贫攻坚问题整改工作、“大比武”观摩团观摩我市脱贫攻坚工作、帮扶典型、脱贫典型、产业扶贫、各区普及扶贫知识等进行报道。

**【栏目创新】** 2018年，《海口日报》、海口网、新媒体开辟“在习近平新时代中国特色社会主义指引下——新时代新气象新作为”“在习近平新时代中国特色社会主义指引下——新时代新作为新篇章”“勇当先锋、做好表率——加快海南自由贸易试验区建设”等专栏，全面展示市委、市政府加快对标推进海南自由贸易试验区和中国特色自由贸易港建设，推进国际化旅游城市建设，争创新时代中国特色社会主义生动范例取得的成绩。开设“城市更新”专版和“保护湿地保护生命线”“海口夜市便民服务”专栏，深入报道市委、市政府贯彻落实习近平生态文明思想，做好海口市在生态文明建设和城市精细化管理的具体实践。在《海口日报》要闻版、海口网、《海口日报》公众号、“两微一端”开设“海口·脱贫攻坚进行时”专版、专栏以及“抓党建促脱贫攻坚”专栏，第一时间对全市重要的脱贫攻坚进行报道和栏目推送，宣传海口脱贫攻坚显著进展和涌现出的自立自强、通过辛勤劳动脱贫致富的先进典型。7月，海口日报社受邀加入粤桂琼十一市报业联盟，参与《粤桂琼十一市报业联盟专版》的出版。结合《海口日报》创刊30周年，扩大在粤桂琼地区的宣传力度，在其他10家地市报刊登4期宣传专刊，增强《海口日报》在两广地区的影响力和传播力，提高其与粤桂琼党媒合作共赢的水平。

**【报社经营管理】** 2018年，海口日报社重新调整文化传媒公司、发行公司等经营部门的领导班子，为经营工作注入新生力量。围绕广告专题、物流配送、教育等方面，策划收益显著的经营项目，促进经营转型。文化传媒公司举办的创食安城市进社区等系列经营活动，创收80多万元。发行公司开发的海报优生活创收70万元。美团合作开展外卖配送项目年业务量48万份，年收入327万元。报刊亭及夹页收入37万元。教育事业部推进的夏令营、冬令营和《海口日报》小记者项目，创收80万元。文化传媒公司、发行公司、教育咨询公司、海口网按期完成年度经营目标任务，经营收入比上年增长18%。

【推进媒体融合】2018年，海口日报社媒体融合指挥中心“中央厨房”建设项目完成初步设计方案和概算。围绕媒体融合的制度建设、记者任务的考核等方面细化各项目标任务，鼓励记者对时效性强的新闻优先向新媒体供稿，在制度建设上为媒体融合创造条件。9月，与西安日报社等26家全国副省级城市和“一带一路”沿线城市党报发起成立“一带一路”城市党报联盟，共同打造“一带一路”沿线城市党报交流和形象展示平台，推动各城市间的人文交流。到《人民日报》等国内媒体学习媒体融合“中央厨房”建设的经验，为《海口日报》媒体融合“中央厨房”建设提供参考。

（陈文婷）

## 海口图书馆

【海口图书馆概况】2018年，海口图书馆馆藏纸质文献39.45万册，其中线装古籍5802册，海南地方文献7028册，各类参考工具书2.8万册，港台图书1.2万册；视听文献3010件；电子图书16.5万种，电子期刊8210多种，超星视频资料1000集，网上报告厅视频资料4000篇，数字资源总量31TB。海口图书馆内设办公室、报刊阅览部、图书流通部、文献编目部、社会服务部、网络资讯部、全国文化信息资源共享工程海口市级支中心。服务窗口与项目有：综合阅览厅、报刊阅览厅、报刊资料库、多功能影视厅、少儿图书阅览厅、特藏文献阅览、图书外借、电子阅览室、政府信息公开查询区、网上文献资料查询、复印、下载和传递等服务。8月13日，海口图书馆获得文化和旅游部第六次全国县级以上公共图书馆评估定级“三级图书馆”等级。

【服务读者】2018年2月1日起，海口图书馆按照《公共图书馆服务规范》标准调整开放时间，每天开放时间为9—19时（周四除外），延长开放时间后，每周开放时间为62.5小时，超出《公共图书馆服务规范》规定的标准。全年，进馆读者共28.32万人次。其中，报刊阅览16.64万人次，流通借阅6.86万人次，电子阅览室阅览1.58万人次，多功能影视厅接待读者0.36万人次，一楼综合阅览大厅阅报栏、电子阅报机、歌德电子书借阅机、博看期刊借阅机读者阅览及下载电子资源等2.89万人次。在多功能影视厅举办各种讲座、学术报告9场，共接待读者420人次；图书外借12.88万册次；读者查阅古籍及地方文献资料0.13万册次；网络资讯部帮助读者网络下载编辑信息资源0.13万人次；复印文献资料0.16万张；读者通过海口市图书馆网站下载数字资源及在线阅读电子图书、电子期刊、观看视频资料等3.8万册次；通过海口市图书馆微信“公众号”移动数字阅读平台阅读移动数字图书资源3.62万册次。

【拓展馆藏】2018年，海口图书馆购买纸质图书4794册（其中地方文献292册）；收到社会捐赠各类纸质图书356册。全年订购报纸78种、纸质杂志316种，其中儿童类报纸6种、儿童杂志60种；购买超星电子图书4万种、名师讲坛视频资源320集、爱迪科森少儿视频资源3000篇。

【数字图书馆建设与阅读】2018年，海口图书馆数字资源分为本地镜像和远程包库两大部分数据库，有镜像（存储）的数据库包括：书目数据库、超星电子图书数据库、维普电子期刊数据库、爱迪科森少儿资源和网上报告厅视频资源数据库、超星视频点播数据库，数字资源总量31TB，实现本馆注册的读者单点登录海口图书馆网站数字资源平台，即可免费阅读、下载数字资源。继续包库“博看微书刊”1万多种（epub格式）的数字资源，提供给使用智能手机或平板电脑的读者移动阅读，同时开通爱迪科森微少儿、微职业全能培训库、网上报告厅、中华诗词数据库的移动阅读数字服务，所有民众使用智能手机或平板电脑扫一下海口图书馆微信公众号的二维码，直接注册就可免费阅读移动数字图书馆的资源。

【图书馆活动】2018年2月9日，海口图书馆联合海南尚书馆在图书馆大楼前庭院开展“同筑中国梦 共度书香年”现场书写春联活动，8位书法家现场挥毫泼墨创作的500余副对联免费赠送。3月31日，由海口图书馆主办、海南省求是全民阅读俱乐部承办、海口市全民阅读推广协会协办，海南大学、海南医学院志愿者参与的《公共图书馆法》宣传仪式在海口新华书店司南阅读大厅启动。现场开展《公共图书馆法》有奖知识问答，并免费向市民赠送《公共图书馆法》与捐赠书籍，让民众了解《公共图书馆法》、进入图书馆、利用图书馆，使民众免费、均等地享受到改革开放的文化发展成果和公共文化服务。“4·23”世界读书日，与海口新华书店联合举办《读书分享会》，特邀市一中曾丽霞老师与同学们分享阅读的乐趣，老师从“世界读书日”的由来和宗旨谈起，并设置多个互动环节，让同学们参与其中，一起分享阅读带来的乐趣。图书馆还为参与互动的同学赠送一批图书。“六一”儿童节，举办“2018童音诵古韵 经典有新声”阅读推广活动，依托“乐于学少儿多媒体图书馆”栏目的古诗词资源，通过在线诵读的活动形式，培养孩子们的诵读习惯，感受古典诗词的音韵之美和精神力量，实现中华优秀传统文化的传承和弘扬。7月16日，与北京超星图书公司在图书馆五楼多功能厅举办数字阅读推广活动。8月12日，海南省第二届“超星杯”数字阅读“南国达人”比赛活动在海口图书馆启动，来自文化、教育界的专家学者及读书爱好者、全民阅读志愿者等出席启动仪式。10月20日，由海口市旅发委主办，海南求是全民阅读俱乐部承办，海口图书馆协办的“书香海口·文明旅游征文颁奖暨朗诵比赛活动”在图书馆五楼多功能厅举行，有30名选手参赛，活动还邀请2位书法和绘画家现场挥毫泼墨创作书法、绘画免费赠送给获奖选手、朗诵者以及现场读者。为做好盲人数字阅读推广工作，向盲人提供数字有声读物，海口图书馆采购800台盲人智能听书机用于服务特殊群体读者；12月26日，在海口新华书店司南阅读空间举行“阳光听书机借阅推广启动仪式”，市残联志愿者、市盲人协会、海南（海口）特殊教育学校的盲人学生等参加此次活动，为视障读者办理免费借阅听书机事宜，现场教授如何熟练使用听书机，当天为视障读者办理“阳光听书机”借阅73台。

（罗昌华）

## 群众艺术馆

**【群众艺术馆工作概况】**2018年，海口市群众艺术馆深化公益性文化事业单位改革，建立以理事会为主要形式的法人治理结构改革试点单位。12月14日，召开首届理事会成立大会暨第一次理事会工作会议。全年参与组织和承办各种文艺演出及赛事81场次，开办免费公益艺术培训班1121课次、艺术展览和公益性讲座10场次，开展各项非物质文化遗产保护活动68场次，服务群众约33万人次。年内，文艺创作及赛事收获颇丰。创编的广场舞《彩环飞舞》代表海南省赴北京参加全国广场舞展演活动，赢得全国观众的一致好评，多次在中央电视台CCTV进行艺术赏析专题展播回放；馆文艺团队——阳光合唱团参加第十四届中国（北京）国际合唱节暨国际合唱联盟合唱教育大会，被评为成人混声组A级合唱团，获得最高奖；选送的舞蹈《夜深沉》和小组唱《不忘初心》参加由海南省旅游和文化广电体育厅主办的庆祝改革开放40周年、海南建省办经济特区30周年暨第十五届东西南北中广场文艺会演活动分别获二等奖和三等奖；编排选送的作品《海口美》参加第三届海南省曲艺大赛活动获得曲艺类三等奖、创作类二等奖；选送的各门类优秀文艺作品参加第三届海南省艺术节“群星奖”评选，获得15个项目“群星奖”，分别是音乐类小组唱《久久不见》、舞蹈类群舞《心语飞翔》、戏剧类琼剧小品《拯救》、曲艺类口技《扶贫轶事》、合唱类“海口市海南红星合唱团”《春米谣》和《雨后彩虹》；美术类（3件）国画《黎家三月》、水彩画《修船季》、油画《织网》；书法类（3件）篆书《杜甫诗三首》、行草《书论》、条幅《丘濬诗三首》；摄影类（3件）《小乖乖都长大了》《美舍河公园》《骑楼时光》。“海口市少儿蒲公英音乐舞蹈朗诵美术比赛”获项目类“群星奖”。

**【群众文化活动】**2018年，海口市群众艺术馆参与组织、承办大型群众文化艺术活动81场次，主要活动有：1月29至31日、2月2日，举办2018年海口市文化科技卫生“三下乡”暨文艺进万家演出，分别前往大致坡镇、新坡镇、云龙镇和石山镇（墟）等地巡演，参与群众累计4000人次；4月16日，在海口群众艺术馆举办为期5天的“第十一期海口市社区文艺辅导员（舞蹈类）培训班”，4个区选派约130名群众舞蹈骨干参加培训，培训班特邀云南专业舞蹈老师教授彝族舞和傣族民族舞蹈；5月28日至6月1日，举办第八届海口市老、中、青年歌手比赛，共4场，参赛选手200名，观众5000人；6月中旬至7月中旬，在海口群众艺术馆举办2018年海口市第十七届少儿“蒲公英”音乐、舞蹈、朗诵比赛，有3520名4～16岁的少儿报名参赛；8月27至30日，举办2018海口市社区舞蹈“齐舞展演”培训班，由馆选派舞蹈专干分别到4个区的文化馆（站）统一教授广场舞《卡路里》和《绒花》，各区参加队员共800人次；9月29日，在海口万绿园广场举行2018年海口市社区舞蹈展演比赛，参演演员1000多人，在场观众5000人次；3—11月，在海口群众艺术馆举办6场摄影类、书法类和绘画类等作品展，观众累计4.2万人次。

**【群众艺术馆公共文化服务】**2018年，海口市群众艺术馆利用公共文化场馆设施资源优势，推出一系列免费开放文化惠民服务。长期对外免费开放“海口市非物质文化遗产保护成果展”和“海口民俗风情摄影展”；“周末群艺舞台”免费演出和“文化惠民”下乡演出全年演出共75场，其中：福星社相声演出22场、琼剧演出28场、骑楼老街海南“公仔戏”演出13场和海南“八音”器乐演出12场；免费开放春季、暑期、秋季的公益性艺术培训班，共开设51个班，涉及摄影、国画、声乐、书法、钢琴、舞蹈、交谊舞等各项艺术门类，培训学员累计4.19万人次；3月，书法培训基地在海口东山镇进行书法培训活动，培训课数共36节，培训学员共720人次。

**【非物质文化遗产传承保护】**2018年，海口市有国家级非物质文化遗产（以下简称“非遗”）保护项目7个，省级10个，市级2个。市群众艺术馆通过展览演出、项目申报、文化培训传承保护等多种渠道开展非遗保护和传承活动累计68场次。1月起，在海口中山路骑楼老街举行“我们的节日”主题民俗展演活动，海南公仔戏展演和海南“八音”器乐表演25场；在海口艺术馆二楼琼剧剧场每周五定期举办琼剧惠民演出，共演出28场。2月2日，在北京，外交部和海南省人民政府举办的外交部海南全球推介活动中，非遗传承人吴名驹现场展示精湛的椰雕技艺，也展示了许多椰雕获奖作品。3月，市群众艺术馆在海口中山路骑楼老街组织参与海口天后宫元宵“尾暝灯”祈福活动，活动包括祭奠仪式、巡游祈福活动等，参与活动群众2万多人次。3月22—28日，在海口新坡镇组织参与冼夫人纪念馆第十七届冼夫人文化节活动，活动包括装军巡游、文艺汇演、趣味体育竞技、特色农产品展销等，参与活动群众2万多人次。5月，第十四届中国（深圳）国际文化产业博览交易会在广东深圳开展。海口市省级非遗项目琼式月饼、土法制糖、海南黄花梨家具等多个项目参与展销。6月9日，在美兰区大致坡镇、海口骑楼老街和海南省歌剧院举行2018年“文化和自然遗产日”系列宣传展示活动，惠及群众上万人次。6月18日，在三江镇政府灯光球场举行“多彩非遗 美好生活”第二届海口市省级非物质文化遗产项目“海南虎舞”展演活动，来自三江镇的9支虎舞队，200多人同台展演传统的虎舞技艺。8月7—9日，在海口群众艺术馆举行“扬帆新海南 琼韵展新颜”2018第三届大致坡琼剧文化节暨第九届海口市琼剧唱段、折子戏大赛，海口市及部分市县的参赛人数100多名，经过初赛和复赛后晋入海口广播电视台参加决赛。11月，在海口群众艺术馆举行“亲子课堂——非遗项目海南椰雕传承体验”活动，参与人数500人次。11月30日，在海口群众艺术馆召开冼夫人学术研讨会，来自省内外的多名专家、学者及部分市县冼夫人学会代表70多人到会参与学术研讨。

（吴佩婷）

# 文博工作

**【文博工作概况】**2018年，海口市有序推进美舍河文物+旅游工程一期（明昌塔）项目，五公祠、海瑞墓、丘濬墓三大文化公园建设提升等23个文物保护提升项目，其中7个项目完工，9个项目开工建设，其余各项目均按工程进展的时间节点开展前期工作。年内，海口市文物局组织开展第八批国保、第四批省保及第四批市保的申报工作，推进省级以上文物保护单位的保护范围和建设控制地带范围划定及公布。海口市博物馆全年组织策划13个自办展、8个交流展。海口市文博系统全年接待游客173.6万人次，其中免费参观人数55.9万人次（含未成年人6.32万人次），接待单位、团队组织2928家，免费讲解2810场次。7月，市文物局被人力资源和社会保障部、国家文物局授予“全国文物系统先进集体”称号。

**【文物保护和管理】**2018年，海口市有序推进美舍河文物+旅游工程一期（明昌塔）项目，五公祠、海瑞墓、丘濬墓三大文化公园建设提升，府城鼓楼、邢氏祖祠、苟氏太夫人墓、镇琼炮台保护修缮及周边环境整治，秀英炮台展览馆修缮和陈列布展、“石室仙踪”石刻保护清洗、珠崖岭城址考古勘探、原琼海关大楼（琼海关旧址）及附属建筑外立面修缮等23个文物保护提升项目，其中丘濬文化公园景观提升、秀英炮台展览馆修缮、中共琼崖特委、海口市委旧址修缮、“石室仙踪”摩崖石刻保护性清洗和石质文物修复等7个项目年内完工，美舍河文物+旅游工程一期（明昌塔）、五公祠陈列展览及景区改造、五公祠文化公园围墙改造一期、海瑞墓陈列布展、海瑞文化公园综合提升等9个项目开工建设，其余各项目均按工程进展的时间节点开展前期工作。

**【明昌塔重修工作】**2018年1月16日，海口市文体局组织成立美舍河沿岸重要历史文脉发掘和修复工作专项工作组，邀请中规院、田园工作室等国内相关知名专家17人组成技术保障小组，开展相关工作并取得初步成果，美舍河文物+旅游工程一期（明昌塔）项目被列入海南省文物+旅游三年行动计划。2月12日，市政府印发《美舍河沿岸重要历史文脉发掘和修复工作方案》，进一步明确各单位责任。7月，市文物局收到琼山区文旅局《关于重建明昌塔的请示》，该文附件为近300名美舍河周边居民联名写的请求书，请求重建明昌塔，恢复历史遗迹，唤醒城市记忆。经市文物局报请，市文体局呈文请示市政府尽快启动美舍河文物+旅游工程一期（明昌塔）项目。8月21日，市文体局组织邀请国家文物局古建专家组专家、建筑规划学专家5人在北京召开《美舍河人文历史文脉复兴重点工程——明昌塔重建工程方案》专家论证会，并征求付清远、王立平2位专家的意见建议。10月19日，省文体厅组织专家对《明昌塔重建工程项目专家论证会情况报告》进行评审论证，并回复评审论证意见：支持重建明昌塔，明确明昌塔重建工程的方案选址合适可行，建议明昌塔重建工程在尊重原貌、传承历史记忆基础上，强化其结构安全性，尊重原有的7层高度，控制在33米左右，外形可略作调整。10月20日，明昌塔项目业主单位调整为琼山区政府，代建单位海旅集团公司保持不变，市文体局将明昌塔项目移交至琼山区政府。12月23日，美舍河文物+旅游工程一期（明昌塔）项目前期工作全部完成，顺利进场施工。项目总体规划用地2.68万平方米，总建筑面积6393.17平方米，总投资9920.7万元，拟建明昌塔建筑面积5377.35平方米。历史上被称为“琼州第一塔”的明昌塔，重建项目位于国兴大道与海府立交口东南侧，平面设计特点呈正八边形，主体结构采用钢筋混凝土结构。按明昌塔原貌重建层高7层，塔身高33米，总高度按规制不计塔刹；地下空间层高6米，其中首层5.4米，2~6层层高以0.3米递减，6层高3.9米，7层层高5.1米；其附属建筑文昌阁建筑面积312.63平方米，东西配殿建筑面积62.72平方米，先师殿建筑面积240.63平方米。

**链接：**明昌塔位于历史上的下窑村（又称下洋村，现称夏瑶村）境内。清代《琼山县志》中记载，“明昌塔，在城东北三里下窑村。明万历间，知府涂文奎、给事中许子伟募建”。涂文奎世后，经继任知府李多见、翁汝遇的协办，明昌塔最终于万历二十五年（1597年）年建成。“在郡城北三里许，下窑村前”。明昌塔因毗邻下洋村，因此民间俗称该塔为“下洋塔”。为旧日美舍河畔重要的人文景观，曾被誉为“琼州第一塔”。明代海南名贤王弘诲曾作《登明昌塔》一诗赞叹明昌塔：“春深乘兴此登台，奇甸风烟四望回。五指云山皆北向，七星芒曜自东来。天边渺渺龙楼迥，海上冥冥星阁开。千载明昌逢泰运，伫看南极会中台。”明昌塔附设建筑有敬事亭、文昌阁、关帝庙，与美舍河的石桥流水、与周围几十亩地的翠竹幽兰组成美丽的图画，是明代著名的自然人文景观。1944年，明昌塔因顶部过高有碍飞机起降和目标明显易导致日军侵占的海口机场被盟军空袭，被侵琼日军拆掉上部三层；1958年，群众又拆除了三层；“文化大革命”时期，明昌塔最后一层被拆除。

**【博物馆工作】**2018年，海口市文博系统接待游客173.6万人次。其中免费参观人数55.9万人次（含未成年人6.32万人次），接待单位、团队组织2928家，免费讲解2810场次。年内，市博物馆组织策划《馆藏文物精品展》《海南建省办经济特区三十周年图片资料展》《穿越时空》馆藏文物展、《珠崖寻踪》海口溯源——近现代史展、《翰墨流芳》海口市博物馆馆藏现代名人楹联展、《馆藏石雕文物展》《绿水青山就是金山银山》符史雄个人画展、《墨彩琼州》符史雄个人画展、《绿岛椰韵》——海南国画院作品展等13个自办展，并和黔东南州博物馆、保亭博物馆、上海嘉定博物馆、四川省邓小平故里管理处、陕西安康博物馆、江苏常州武进区博物馆、金上京历史博物馆等合作交流，举办《贵州黔东南州民族服饰精品展》《五彩霓裳·民族瑰宝——跨越三千年时空的记忆》海南黎族织锦服饰精品展、《中国科举文化展》《强国之路——邓小平与改革开放》《延寿长相思——馆藏秦汉瓦当展》《文房玉·闺阁金——明清江南地区时尚生活展》《水月镜花——金代铜镜专题展》、陈丕瑜先生收藏明信片展《明信片中的东盟十国》8个引进展。基本陈列展《穿越时空——馆藏文物展》，改变市博物馆至开馆以来没有基本陈列的局面，展出95件馆藏精品文物，文物年代从新石器时代跨越到清代，主要由陶瓷器组成，展现中国作为陶瓷大国的文化底蕴；自主创办的《民国政要海南石刻遗墨展》受邀到贵州黔东南博物馆、常州武进博物馆、保山博物馆展出。

（夏蓓丽）

## 史志编研

**【党史编修】**2018年，海口市委党史研究室组织业务骨干对《中国共产党海口历史（第二卷）》（1950—1978）进一步补充完善，并邀请党史专家对稿件进行修改审校，使稿件得到进一步充实，完成评议稿。启动《中国共产党海口历史（第三卷）》（1978—2012）编写工作，完成大纲的编写和审定工作，并报市委和省委党史研究室批准。

**【党史资料汇编】**2018年2月，海口市委党史研究室启动《海口党委工作纪事（2017）》编纂印刷工作，7月底完成所有撰写与征编工作，11月完成编纂印刷，全书80多万字；重新修订出版《海口英烈谱》，全书共收录英烈名录及其事迹3953人；印刷出版《中共海口历史大事记》（1921—1950））；提前完成2018年度留存党史资料征集工作，先后组织专人对9名离退休老干部进行口述采访，完成口述资料6篇；深入挖掘海口地下交通站的相关革命事迹，并撰写形成党史读本，完成《海口红色交通站》编写大纲，其中部分篇章已编写。

**【革命遗址保护利用】**2018年，海口市委党史研究室继续开展革命遗址立标工作，将演丰镇作为红色旅游规划试点，对演丰镇革命遗址进行认定挂牌。为丰富旅游内容、提升旅游品质，多次与镇政府座谈交流，深度讨论革命遗址保护开发与红色旅游工作，深入挖掘革命遗址史料；邀请退休老同志一起到各村进行实地调研，实地挖掘资料30余次，完善革命遗址资料23个，完成演丰镇10个革命遗址的认定挂牌工作，进一步提升革命遗址的知名度，增强全社会对革命遗址的重视保护程度。

**【党史育人作用发挥】**2018年，海口市委党史研究室每季度按时出刊《海口党史》内刊，每期印刷3800册。完成《潮起海口——海南建省办经济特区三十周年海口发展口述》，对各行各业相关人士进行口述采访，整理成可读性文章，每篇文章约8000~10000字，为海口各行各业各个领域30年发展留存史料。印刷发行《万众一心 点亮椰城》，全面记叙3年来海口市“创建全国文明城市、创建国家卫生城市”攻坚战的历史进程，凸显“海口速度”，展现“海口人”砥砺前行的时代担当。

（周琪雄）

**【志书编纂】**2018年，《海口市志（1997—2010）》完成复审，并修改形成送审稿，召开市志编纂委员会会议。《琼山市志（1991—2002）》完成60%的初稿。海口市地方志编纂委员会召开《美兰区志》送审稿专家审核评议会。《秀英区志》《龙华区志》《琼山区志》均完成复审，其中《龙华区志》《琼山区志》修改形成送审稿。《石山镇志》《长流镇志》《遵谭镇志》《云龙镇志》《演丰镇志》5部名镇志均完成初稿，其中《长流镇志》召开初稿评议会，并修改形成复审稿。甄选琼山区旧州镇包道村为名村志编纂试点工作对象，5月启动编纂。《海口公安志》召开复审评议会。

**【年鉴编纂】**2018年1月，海口市委办公厅、市政府办公厅启动《海口年鉴（2018）》编纂工作，9月，由南海出版公司出版。全书着重反映2017年海口市的基本情况，设34个类目，146.8万字。4个区2016年、2017年年鉴均出版，历史欠账问题全部消化解决，2018年年鉴编纂工作加快推进。年内，《海口年鉴（2017）》继2016年的《海口年鉴（2014）》、2017年的《海口年鉴（2016）》后连续3年获评全国地方志优秀成果一等奖，被中指组全国通报表扬，同时获得海南省第二届市县地方综合年鉴质量评比一等奖；《秀英年鉴（2016）》《琼山年鉴（2015）》分别获得海南省第二届市县地方综合年鉴质量评比二等奖、三等奖。因工作成绩突出，《海南日报》专访市地志办，以《〈海口年鉴〉缘何连续3年获评全国一等奖》为题刊发报道；市地志办及其年鉴科科长分别被评为全省史志工作先进集体和先进工作者。

**【地方志资料年报】**至2018年底，海口市基本完成2016年度、2017年度和2011年度资料年报征集工作，2018年度和2012年度的资料年报征集工作正在加快推进。

**【《辉煌海口30年》编纂出版】**2018年2月上旬，为纪念海南建省办经济特区30周年，海口市启动《辉煌海口30年》编纂工作。该书由海口市地方史志办公室编，4月内部出版。设经济繁荣、社会文明、生态宜居、人民幸福、党的建设与民主法治5大板块，同时设置卷首图、海口行政区划图和海口城区图和综述。编纂年限从1988年至2017年，图片下限延至2018年2月，文字篇幅20多万字。

**【地方志开发利用】**2018年，海口市地志办充分发挥地方志存史、育人、资政的作用，服务地方经济和社会发展。为海口申报农产品地理标志提供地方志记载依据，为市委政研室和其他人员开展研究工作提供地方志资料参考服务。《海口年鉴（2017）》出版后，及时赠送市级领导人手1本，赠送各承编单位3本、每个区120本、市属学校60本。以海口市政府门户网站为平台，把《海口年鉴（2017）》上传至“认识海口”栏目，为社会群众读鉴、用鉴提供方便。将《海口年鉴（2017）》赠送相关图书馆，并邮寄至各省市（县）兄弟单位交流，发挥年鉴存史、宣传等作用。

**【其他地方志工作】**2018年，海口市地志办组织撰写的《以新型智慧城市建设推动城市治理现代化——海口路径研究》《加强和创新社会治理 建设人民幸福家园》2篇论文在全省史志系统纪念改革开放40周年暨海南建省办经济特区30周年征文活动中，分别荣获三等奖、优秀奖，《依法治志新常态下的地方志工作》论文入选中指组在京举办的依法治国与依法治志论坛，并被结集出版。完成《中国地方志年鉴（2018）》《中国城市年鉴（2018）》《海南年鉴（2018）》海口篇稿件撰写任务。完成《市长2017年工作纪事》编辑印刷，《市长2018年工作纪事》编辑工作接近尾声。

（赵华锋）

# 档案管理

**【馆藏档案】**2018年，海口市档案馆馆藏包括：文书档案（含民国档案）、会计档案、审计档案、基建档案、规划专业档案、住房公积金贷款档案、清房档案、工人介绍信存根档案、知青档案等档案共13.8万卷、12.4万件。

**【档案征集】**2018年，海口市档案局征集到《日本之战史》《画报跃进之日本——支那新政府成立庆祝号》《支那战线写真第九十四报》《海南岛奇袭第一报》4本画报。主要拍摄有沈晓明省长检查海口市节日市场供应，刘平治副省长到海口市开展扶贫领域作风问题专项治理检查，丁晖市长的各类调研活动，海口市第十六届人民代表大会第四次会议照片等，共1075张。

**【档案接收】**2018年，海口市档案馆共接收文书档案5455件；会计档案54222卷；专业档案（规划选址档案、规划用地档案、个人公积金档案）11952卷。

**【档案馆新馆开工建设】**2018年11月15日，海口档案新馆项目开工建设。总用地面积6142.67平方米，总建筑面积1.46万平方米。分为地上6层、地下1层，其中地上1.23万平方米，地下2307.43平方米，项目概算总投资8566.07万元。

**【档案信息化建设】**2018年，海口市数字档案馆项目建设完成资金闭合，确定项目建设中标单位，投资概算455.37万元。年底正式启动项目建设。

**【档案保护利用】**2018年，海口市档案馆修裱民国档案25卷1833页。全年，共接待档案利用者871人次，调阅档案资料8089卷（件）次，提供利用档案资料3757卷（件）次，复印、打印、摘录档案资料 19023 页；配合市里有关部门工作，提供照片档案资料，为市委党史研究室、市地志办、《南国都市报》等单位提供照片资料。

**【档案编撰整理】** 2018 年，海口市档案局（馆）撰写海口大事记 161 篇 642 条 52 万字；做好《海口年鉴》海口市档案工作方面的供稿工作；印制《倪强市长 2017 年工作画册》；编制《海口市政府历年关于美舍河等水体治理文件汇编》，约 41 万字；整理并装订 2018 年的《海南日报》《海口晚报》《中国档案报》共 36 册。

**【档案信息资源开发】** 2018 年，海口市档案局（馆）共接收海口市政府办等单位的政府公开纸件信息 5665 件，机读信息 7438 条；做好《海口市人民政府公报》的编印工作，向社会公布市政府、市政府办公厅颁发的各种规章制度、决定、决议、通知及市里有关人事任免事项等。

**【档案指导监督】** 2018 年，海口市 108 个机关、企事业单位，101 个单位完成文书档案归档任务，归档率 94%。市档案局加强对扶贫部门、乡镇、村委会执行《海南省档案局 海南省扶贫工作办公室关于进一步落实〈海南省精准扶贫档案工作实施细则〉的通知》工作的指导，加强对精准扶贫文件材料的收集，做到应收尽收，应归尽归；按综合管理类、贫困村类、贫困户类、项目管理类、特殊载体类分类、以组卷方式进行归档，以“卷”为单位装订；2018 年（含 2018 年）以后新增贫困户类，其归档范围按照新的《贫困户文件材料归档范围和档案保管期限》执行。

**【档案行政执法】** 2018 年，海口市档案局落实“双随机一公开”抽查机制。根据市政府有关“双随机”动态管理工作要求，对本单位的“一单二库一细则”进行修改，制定新的执法检查事项清单，借助双随机抽查平台开展现场抽查执法检查工作，按时报送双随机工作进展情况。年内，分别对市民政局、市财政局、市人民检察等 9 家单位进行档案执法监督随机抽查，抽查结果基本符合档案管理要求。全年完成市场监管执法抽查事项比例为 100%，完成其他行政执法抽查事项比例为 100%。同时，根据《海口市法制局行政执法监督通知书》的要求，对“双随机一公开”抽查系统填示事项进行自查，对不规范事项进行整改。

**【档案业务培训】** 2018 年 4 月，海口市档案局组织 250 多名档案业务人员参加的“海口市新修订的《归档文件整理规则》培训班”，要求从 2018 年开始，文件材料统一严格按照国家档案局新颁布的《归档文件整理规则》和《海南省档案局关于执行〈归档文件整理规则〉中需要明确的几个问题的通知》进行整理归档；6 月，举办海口市社保系统“文书档案整理培训班”，共有 100 多名社保干部参加培训；派员参加国家档案局干部教育中心举办的“机关档案工作规定培训班”、省档案局举办的“新颁布（修订）的档案数字化标准解读培训班”“全省精准扶贫档案工作培训班”等业务培训班。

**【档案工作目标管理达标定级考评】** 2018 年，海口市城市建设投资有限公司档案室符合数字档案室建设试点条件要求，经报送省档案局，确定为数字档案室建设试点单位。

**【档案审批事项梳理】** 2018 年，海口市档案局根据《海口市制定首批权力清单负面清单和责任清单工作方案》要求，全面清理和规范行政权力，按时公布“权力清单责任清单”。根据《中共海口市委关于深入推进行政审批制度改革的决定》要求，权力清单由上年的 19 项变更为 18 项，删除行政许可“集体或个人向国家档案馆以外的任何单位或个人出卖其所有的档案的审批”，并及时向社会公布。

（麦春鸣）

（编辑：付红琼）

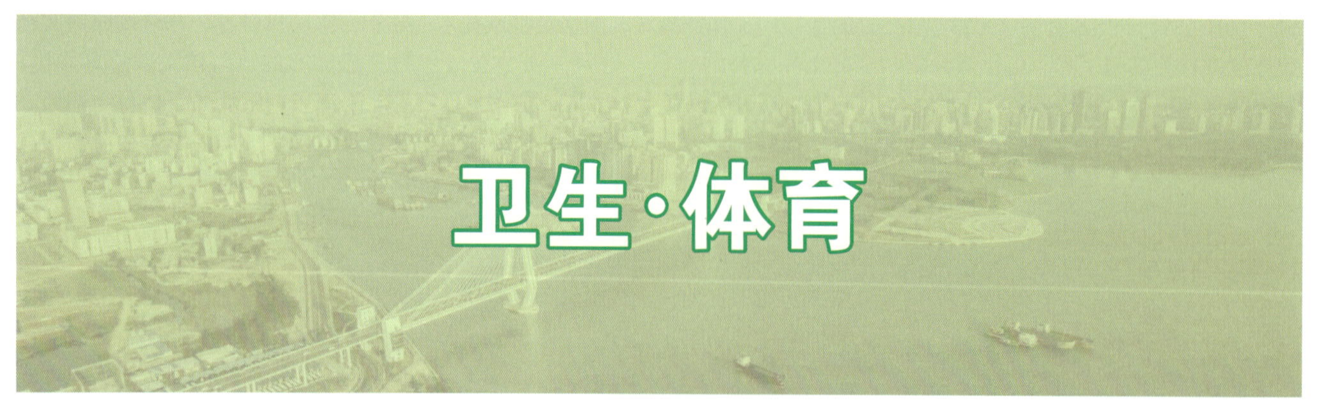


## 卫生综述

【卫生概况】2018年，海口市对标建设海南自由贸易区（港）要求，以建设“健康海口”为主要抓手，进一步深化医药卫生体制改革，加快推进健康产业发展，公共卫生和医疗服务能力持续增强，中医药传承创新扎实推进，健康扶贫工作成效明显。全市有卫生机构1009个（不含部队医院），卫生机构实有床位16926张，每万人拥有床位数73.59张；卫生技术人员35583人，平均每万人拥有医生133.67人。

【卫生计生系统机构改革】2018年1月15日，海口市卫生和计划生育委员会挂牌成立，撤销市卫生局、市人口和计划生育委员会，同时加挂市卫生应急办公室、市突发卫生应急事件指挥中心牌子。主要职责:负责协调推进全市医药卫生体制改革和医疗保障体制改革，统筹规划卫生和计划生育服务资源配置。内设1个副处级、12个正科级职能机构；有下属单位13个，分别是海口市人民医院、海口市中医医院、海口市妇幼保健院、海口市第三人民医院、海口市第四人民医院、海口市骨科与糖尿病医院、海口市卫生监督局、海口市疾病预防控制中心、海口市120急救中心、海口市中医药学校、海口市医疗保健局、海口市农村合作医疗管理办公室、海口市计划生育服务站。

【卫生事项行政审批】2018年，海口市推进“多规合一”下的简化审批改革，二级及以下医疗机构设置审批与执业登记“两证合一”，不再核发《设置医疗机构批准书》，仅在执业登记时发放《医疗机构执业许可证》；申请医疗机构执业登记的，不再提供验资证明；取消“职业健康检查机构资质审批”服务事项。放宽市场准入，鼓励社会办医，在符合规划总量和结构的前提下，全面取消对社会办医疗机构的类别、规模、数量、地点等限制，实行市场调节的审批管理方式，无论是哪种类别的医疗机构，只要符合医疗机构的基本标准，均同意其准入。全年全市共受理各类行政审批办件2737件，其中托幼机构卫生保健合格证审批18件、公共场所卫生许可192件、医疗机构执业许可证年审62件、生活饮用水供水单位卫生许可81件、母婴保健技术服务机构执业许可24件、麻醉药品和第一类精神药品印鉴卡审批17件、医疗机构执业登记3件、放射诊疗许可2件、医师执业许可996件、护士执业许可1144件、新农合定点医疗机构资质评审4件、医疗机构执业许可证变更27件、医疗机构执业设置审批3件、外国医师来华短期行医审批5件、医疗机构发布广告审查91件、职业健康检查机构资质审批3件、执业医师资格认定21件、病残儿医学鉴定6件，计划生育技术服务机构校验1件、计划生育技术服务人员校验2件、消毒产品生产企业卫生许可变更10件、消毒产品生产企业卫生许可首次发放5件、省卫计委新设置的医疗机构征求意见20件。组织各类医疗机构现场考核共66家，其中职业病诊断及健康检查机构资质现场评审3家、麻醉药品购用印鉴卡审批10家、医疗机构年审校验12家、医疗机构执业登记验收4家、医疗机构执业许可证变更4家、母婴保健技术服务执业许可9家、新农合定点医疗机构资质评审4家、省卫计委新设置的医疗机构征求意见20件。

【医疗机构诊疗量】2018年，海口市总门诊量1630.17万人次，总住院量47.73万人次，全市卫生机构实际床位16926张，病床使用率78.46%。门诊病人人次均诊疗费用241.2元，住院病人人均住院费用12829.8元。

【卫生项目建设】2018年，海口市属医院建设项目总投资约3.77亿元。其中，为民办实事项目3个：（1）5家医疗机构双回路电源建设。在市中医医院、市妇幼保健院、市120急救中心、市疾病预防控制中心、市第四人民医院（老院区）5家医疗机构就近的供电线路上，重新再引入一条新电缆接入现医疗机构原有或新建配电房的第二电源进线柜，建设第二电源，电缆引线总长度1.03万米，总投资额1603.57万元，年内项目基本完成，实现部分医疗机构供电。（2）提升海口市疾病预防控制中心公共卫生服务能力项目。主要进行公共区域装修、实验室维修及升级改造、新建鼠疫实验室及配套实验室、外挂送鼠

2018年海口市医疗卫生机构、床位、人员统计表

| 机构分类 | 医疗机构（个） | 编制床位数（张） | 实有床位数（张） | 在岗职工（人） | | | | | | | | | | | |
|---|---|---|---|---|---|---|---|---|---|---|---|---|---|---|---|
| | | | | 合计 | 卫生技术人员 | | | | | | | | 其他技术人员 | 管理人员 | 工勤技能人员 |
| | | | | | 小计 | 执业（助理）医师 | | 注册护士 | 药师（士） | 技师（士） | | 其他 | | | |
| | | | | | | | 执业医师 | | | | 检验师 | | | | |
| 总　计 | 1009 | 18032 | 16926 | 41519 | 35583 | 9030 | 8482 | 12970 | 1259 | 1383 | 972 | 1487 | 1378 | 1813 | 2745 |
| 一、医院 | 47 | 15300 | 14470 | 29316 | 24882 | 6027 | 5892 | 9645 | 913 | 960 | 627 | 818 | 1040 | 1321 | 2073 |
| 社区卫生服务中心（站） | 110 | 766 | 845 | 2773 | 2515 | 663 | 544 | 994 | 108 | 61 | 43 | 102 | 57 | 119 | 82 |
| 卫生院 | 26 | 668 | 607 | 1626 | 1408 | 374 | 264 | 426 | 112 | 61 | 42 | 129 | 38 | 31 | 149 |
| 村卫生室 | 233 | | 0 | 96 | 96 | 53 | 21 | 22 | | | | | | | |
| 门诊部 | 79 | 0 | 42 | 1378 | 1113 | 355 | 316 | 333 | 29 | 38 | 23 | 19 | 38 | 91 | 136 |
| 诊所、卫生所、医务室 | 484 | 0 | 0 | 1902 | 1857 | 692 | 618 | 527 | 5 | | | 15 | 21 | 9 | 15 |
| 疾病预防控制中心 | 6 | 0 | 0 | 980 | 805 | 238 | 219 | 60 | 6 | 111 | 105 | 66 | 32 | 73 | 70 |
| 专科疾病防治院（所、站） | 4 | 0 | 0 | 127 | 77 | 27 | 17 | 16 | 5 | 5 | 5 | 2 | 5 | 9 | 36 |
| 妇幼保健院（所、站） | 6 | 1298 | 958 | 2518 | 2238 | 515 | 509 | 750 | 77 | 102 | 83 | 202 | 112 | 83 | 85 |
| 急救中心（站） | 2 | 0 | 4 | 207 | 136 | 38 | 37 | 60 | 1 | | | | 4 | 30 | 37 |
| 采供血机构 | 1 | 0 | 0 | 318 | 241 | 23 | 20 | 121 | 1 | 30 | 30 | 16 | 23 | 14 | 40 |
| 卫生监督所（中心） | 6 | 0 | 0 | 139 | 111 | | | | | | | 111 | 4 | 17 | 7 |
| 计划生育技术服务机构 | 5 | 0 | 0 | 139 | 104 | 25 | 25 | 16 | 2 | 15 | 14 | 7 | 4 | 16 | 15 |

注：机构个数不含部队医院

## 2018年海口市医疗卫生机构门诊和住院病人人均医疗费用统计表

| 机构分类 | 住院病人人均住院费用（元） | 床位费 | 诊察费 | 检查费 | 化验费 | 治疗费 | 手术费 | 护理费 | 卫生材料费 | 药费 | 药事服务费 | 出院者平均每日住院医疗费（元） | 药费 |
|---|---|---|---|---|---|---|---|---|---|---|---|---|---|
| 乙 | 1 | 2 | 3 | 4 | 5 | 6 | 7 | 8 | 9 | 10 | 11 | 13 | 14 |
| 总　计 | 12829.8 | 477.9 | 200.8 | 1081.9 | 1556.5 | 1858.8 | 878.9 | 418.0 | 2472.9 | 3737.1 | 0.7 | 1446.1 | 421.2 |
| 一、医院 | 13931.2 | 507.6 | 222.9 | 1174.7 | 1664.4 | 2007.6 | 911.5 | 443.3 | 2732.2 | 4114.4 | 0.8 | 1489.2 | 439.8 |
| 综合医院 | 14729.5 | 445.0 | 230.4 | 1247.6 | 1831.8 | 2087.9 | 958.0 | 477.4 | 2947.5 | 4437.4 | 0.0 | 1580.4 | 476.1 |
| 中医医院 | 12456.4 | 380.4 | 207.0 | 879.3 | 1610.0 | 2510.8 | 554.6 | 399.9 | 2006.1 | 3674.9 | 0.0 | 1322.0 | 390.0 |
| 中西医结合医院 | 12753.5 | 253.5 | 16.1 | 209.7 | 271.9 | 101.4 | 5516.1 | 200.5 | 3407.8 | 1023.0 | 0.0 | 2717.2 | 218.0 |
| 民族医院 | 0 | 0 | 0 | 0 | 0 | 0 | 0 | 0 | 0 | 0 | 0 | 0 | 0 |
| 专科医院 | 11195.8 | 873.5 | 199.9 | 1028.9 | 941.1 | 1342.9 | 889.4 | 315.5 | 2190.1 | 2927.5 | 4.7 | 1178.2 | 308.1 |
| 护理院 | 0 | 0 | 0 | 0 | 0 | 0 | 0 | 0 | 0 | 0 | 0 | 0 | 0 |
| 二、基层医疗卫生机构 | 1953.9 | 67.8 | 10.3 | 168.3 | 152.6 | 182.9 | 20.6 | 43.7 | 68.4 | 1162.9 | 0.0 | 350.5 | 208.6 |
| 社区卫生服务中心（站） | 2851.5 | 71.9 | 21.0 | 287.4 | 217.7 | 289.7 | 2.5 | 40.4 | 81.2 | 1714.8 | 0.0 | 372.0 | 223.7 |
| 卫生院 | 2039.2 | 118.3 | 0.3 | 102.0 | 168.0 | 150.9 | 70.1 | 86.9 | 104.4 | 1182.6 | 0.0 | 306.9 | 178.0 |
| 门诊部 | 0 | 0 | 0 | 0 | 0 | 0 | 0 | 0 | 0 | 0 | 0 | 0 | 0 |
| 诊所、卫生所、医务室 | 0 | 0 | 0 | 0 | 0 | 0 | 0 | 0 | 0 | 0 | 0 | 0 | 0 |
| 三、专业公共卫生机构 | 5636.3 | 316.2 | 48.8 | 475.8 | 944.6 | 943.9 | 811.7 | 286.9 | 736.8 | 960.0 | 0.0 | 1059.7 | 180.5 |
| 专科疾病防治院（所、站） | 0 | 0 | 0 | 0 | 0 | 0 | 0 | 0 | 0 | 0 | 0 | 0 | 0 |
| 妇幼保健院（所、站） | 5636.3 | 316.2 | 48.8 | 475.8 | 944.6 | 943.9 | 811.7 | 286.9 | 736.8 | 960.0 | 0.0 | 1059.7 | 180.5 |
| 急救中心（站） | 0 | 0 | 0 | 0 | 0 | 0 | 0 | 0 | 0 | 0 | 0 | 0 | 0 |
| 四、其他机构 | 0 | 0 | 0 | 0 | 0 | 0 | 0 | 0 | 0 | 0 | 0 | 0 | 0 |
| 疗养院 | 0 | 0 | 0 | 0 | 0 | 0 | 0 | 0 | 0 | 0 | 0 | 0 | 0 |
| 临床检验中心 | 0 | 0 | 0 | 0 | 0 | 0 | 0 | 0 | 0 | 0 | 0 | 0 | 0 |

物流电梯、实验室仪器设备采购配套等，总投资额4401.24万元，年内项目完成设备采购、实验室主体装修等工作。（3）搭建海口市全民健康信息平台（海口城市大脑—医疗单元）。主要包括建设全民健康信息平台，市、区、镇分级诊疗平台，以及基于平台的应用和平台接口设计对接等，推进市属医院信息化能力提升，总投资额6800万元。年内项目基本完成统一数据交换平台、基础平台、分级诊疗、健康档案调阅平台、预约挂号、居民健康服务门户等9个应用子系统的安装部署配置。此外，推动市人民医院完成达·芬奇机器人购置配套工作并开展手术；建设海口市中医院能力提升项目、市人民医院特色专科门诊项目、海口市妇幼保健院购置1.5T& 磁共振系统等，推动海口市骨科与糖尿病医院建设改造项目（新建综合楼）动工等。

## 卫生应急

【卫生应急概况】2018年，海口市对标自贸区（港）建设要求，进一步深化院前急救体系改革与发展，加强应急能力建设，开展应急知识培训宣传和应急演练，做好卫生应急保障和突发公共事件处置，保障人民群众生命健康和城市运行安全。

【卫生应急管理体系建设】2018年，海口市不断完善卫生应急组织领导，制定《卫生计生系统应急工作制度》，建立重大节假日和防台等重要时期24小时专人值班和领导带班制度。依据工作实际，建立动态修订机制，修订8个方案预案。对标海南自贸区（港）建设要求，制定出台《关于深化海口市院前急救体系改革与发展的指导意见》和《关于进一步加强海口市院前急救体系建设的实施方案》，为加强全市院前急救体系建设提供遵循。

【卫生应急能力建设】2018年，海口市120急救中心完成指挥调度系统升级改造，实现分级调度、移动监护无线传输和院前急救医疗信息化；新建国兴急救站点，将省肿瘤医院纳入急救网络，院前急救网络体系不断完善。组织市人民医院、市妇幼保健院、市中医医院、市第三人民医院、市第四人民医院、市骨科与糖尿病医院6家医院119名医护人员完成美国心脏协会基础、高级生命支持课程培训；组织全市各级医疗卫生计生机构147人进行消防知识、演练培训；组织市疾控中心、市卫生监督局、市人民医院、市120急救中心、市爱卫办、美兰区卫生计生委、市疾控中心、市卫生监督所和大致坡卫生院等10个单位进行登革热疫情应急处置演练；组织市卫计委所属的5家医疗机构参加“海澄文”人民防空指挥协同暨重要经济目标防护演练、海口市较大道路交通安全事故应急演练、海口市危化品安全事故应急演练和海口市“9·18”防空警报试鸣应急演练和旅游交通事故应急演练，应急救援和处置能力得到提升。

【社会急救能力建设】2018年，海口市完成30台AED（自动体外除颤仪）投放和210台AED招标采购。大力普及宣传急救知识和技能，组织各类培训活动216场次，培训1.24万人，发放AED宣传海报1600张、宣传页4万份、宣传手册6000份，组织AED主题宣传活动2场，各类媒体报道32次。组建598人的急救志愿服务队伍，提升市民自救、互救能力和水平。

【突发公共卫生事件应急处置】2018年，海口市进一步提高卫生应急处置能力，及时有效应对各类突发公共事件，依托市人民医院、市妇幼保健院、市120急救中心、市中医医院、市第三人民医院、市第四人民医院、市卫生监督局、市疾控中心组建8支市级卫生应急队伍共746人，做好物资储备、医疗救治和卫生防疫等应急处置工作，完成防御“艾云尼”“山神”“贝碧嘉”“山竹”等台风的卫生应急工作。7月20日至8月23日，针对美兰区大致坡镇发生的本土登革热疫情，按照《海口市登革热疫情卫生应急预案》落实卫生应急响应工作内容，加强疫情调查监测、督导检查、报告和分析，及时、有效处置，较好地完成疫情防控。全年处置各类公共卫生突发事件23起。

【重大活动医疗保障】2018年，海口市完成马拉松、省市“两会”、博鳌亚洲论坛年会、“奔跑海南”“唱响新时代”、万人竹竿舞、海口国际足球邀请赛、中巴足球友谊赛、张学友演唱会及高考、中考、公务员考试、全国法律职业资格考试等96次重要活动的医疗卫生保障工作。春节抗雾保运工作期间（2月19—26日），全市卫计系统出动医疗队16支，医疗车辆244辆次，医疗应急队员1083人次，急救志愿者260人参与应急保障工作，共接诊滞留旅客5621人，转运医院治疗危急症11例，实现人员“零死亡”目标。

【院前急救】2018年，海口市对标自由贸易区（港）建设，出台《关于深化海口市院前急救体系改革与发展的指导意见》和《关于进一步加强海口市院前急救体系建设的实施方案》，推动院前急救体系建设能力提升与城市发展同步。完成市120急救中心指挥调度系统升级改造，实现分级调度、移动监护无线传输和院前急救医疗信息化。进一步完善院前急救网络体系，新建国兴急救站点，将省肿瘤医院纳入急救网络，增强急救力量。年内，海口市120急救中心受理电话12.12万通，派车数2.78万次，出车数2.31万辆次，接诊病人1.56万人次，现场救治率97.82%。其中，危重症患者1556人次，危重症抢救成功率86.92%；心肺复苏318次，心肺复苏成功18例，成功率6.27%。派出急救车44辆次、人员132人次处理突发事件17次。

# 医药卫生体制改革

【公立医院改革】2018年，海口市人民政府办公厅印发《关于成立海口市公立医院管理委员会的通知》，成立以市长为主任的海口市公立医院管理委员会，探索推进“管办分开”“政事分开”的管理模式。继续推进完善上海第六人民医院海口骨科与糖尿病医院的现代医院管理建设。全部落实市属公立医院章程制定工作，明确公立医院发展方向及功能定位，进一步回归公立医院公益性。出台《海口市公立医院薪酬制度及院长年薪制改革试点实施方案》，以市第三人民医院开展薪酬制度改革试点，院长年薪总量可达在编在岗职工平均工资的5倍；首次在省会城市公立医院实施副院长年薪制；在编在岗职工绩效工资总量在同级卫生事业单位绩效工资总量基础上提高3倍；同时，统筹推进管理体制、运行机制、价格调整、医保支付、人事管理等改革，建立现代医院管理制度。

【分级诊疗制度建设】2018年，《海口市推进紧密型医联体建设实施方案》出台，海口市先后试点建立6个不同类型医联体，促进“分级诊疗制度”组织实施。市人民医院牵头，由院属4个社区服务中心及美兰区演丰卫生院参与，组成以“人财物”一体化管理为主体的紧密型医联体；以市第三人民医院牵头，由琼山区云龙卫生院、旧州卫生院和文庄社区服务中心参与，组成以对口帮扶和远程诊疗为主体的医联体；以市中医院牵头，由秀英长流卫生院、东山卫生院参与，组成以传统中医特色适宜技术推广为主体的中医专科医联体；以海医第一附院牵头，由龙华区4家镇卫生院参与，组成以影像诊断和远程诊疗为主体的医联体；以海南金域医学检验中心牵头，琼山区7家镇卫生院参与，组成以医学检验资源共享的医学检验专科医联体，实现检验资源共享、结果互认；由上海六院海口骨科与糖尿病医院牵头，建立全省骨科与糖尿病专科医疗联合体。年内，市人民医院向基层社区卫生服务中心派驻医务人员55人，投入资金2074.85万元；市第三人民医院向琼山区东昌医院赠送5台设备，并培训医院技术人员；投入近190万元帮助琼山区云龙卫生院、旧州卫生院、东昌医院等建立互联网远程会诊中心，派驻21名医生到基层卫生院进行对口帮扶；市中医医院投入近234万元帮助秀英区长流卫生院、东山卫生院建立远程医疗系统，完成远程医疗影像云PACS的安装并投入使用，累计提供远程影像服务294人次，每月每个卫生院派驻9名专家或者科室骨干坐诊，并开展卫生院内的查房、会诊、培训工作，全年共诊治3400余人次，培训医院技术人员72次、246人次，开展巡回医疗和义诊18次。

【医疗联合体建设】2018年，海口市出台《关于进一步加强区域医疗联合体建设的指导意见》，以市人民医院为主体，承担美兰区区域内办医主体责任，整合所有辖区内基层医疗卫生机构，组建市人民医院医疗集团，在所属医疗卫生机构单位性质、人员编制、政府投入、职责任务、优惠政策、原有名称保持“六不变”的基础上，实行行政、人员、资金、业务、绩效、药械“六统一”管理，同时建立检验、影像、消毒供应、药品供应、公共卫生管理等业务中心，统一调配医技资源，实现区域资源共享。

【药品保障制度】2018年，海口市破除“以药补医”，切实降低患者药品费用，全市省、市两级公立医院及部队医院全部取消药品加成，实现取消药品加成政策全覆盖。全年市区属6家公立医院取消药品加成，减少的药品收入约1.1亿元，调整医疗服务价格增加收入6292.56万元，群众减少医药费用4693.02万元。

【实施国家基本药物制度】2018年，海口市26家卫生院、245个行政村卫生室和118家社区卫生服务机构实施国家基本药物制度，实现基层医疗机构全覆盖，镇卫生院基本药物使用率78.71%。市卫计委加强和规范基层医疗卫生机构实施国家基本药物制度专项补助资金的分配、使用和管理，督导检查各区贯彻落实国家基本药物制度工作情况。全年全市实际拨付基本药物制度补助资金2393万元，其中秀英区499万元，龙华区638万元，琼山区579万元，美兰区677万元。每年组织专业人员对基层医疗机构实施基本药物制度工作培训和考核；执行省级网上统一采购、统一配送基药制度，使基层医疗机构规范使用基本药物、零差价销售基本药物。

【实施医疗控费管理】2018年，海口市继续推进公立医院控制医疗费用工作，通过海南省医改监测信息管理系统对医疗费用相关数据实时动态监测，并定期通报。全年市区属6家公立医院医疗总费用增幅平均–0.99%（符合国家规定10%以内的目标要求），药占比（不含中药饮片）平均29.86%（符合控制在国家30%左右的目标要求），百元医疗收入消耗的卫生材料费平均15.18元（符合控制在国家20元以下的指标要求）。

# 医疗健康产业

【医疗健康产业发展规划编制】2018年，海口市卫计委组织编写《海口市医疗健康产业发展“十三五”规划》《“健康海口2030”行动计划》《海口市西海岸南片区医疗机构设置规划》《海口市江东新区医疗机构设置规划》，完善区域医疗机构规划布局，力求做到高标准要求、高水平规划，一张蓝图干到底。

【国内外优质医疗资源引进】2018年，海口市加快推进国内优质医疗资源落户海口，引进上海申康、华润健康集团、上海六院、上海第一妇婴医院、岳阳中西医结合医院等单位，开展合作共建海口骨科与糖尿病医院、岳阳中西医结合医院全面托管海口市中医医院、复旦大学附属华山医院与海口市人民医院合作、上海第一妇婴保健院与海口市妇幼保健院合作、华润健康集团与市三院、市四院合作共建分院等事宜，成效明显。年内，与上海六院合作建设的海口市骨科与糖尿病医院运营情况良好，有骨科机器人手术21台，超过上海总院，初步实现骨科、糖尿病“大病不出岛”目标。全年门急诊量16214人次，住院人数1205人次，手术量852人次，其中疑难手术82.94%。出现岛外患者慕名入岛看病手术治疗，门诊岛外占50.31%，住院岛外占34.4%，手术岛外占32.95%。11月28日，市骨科与糖尿病医院二期工程建设启动。

【中医药健康产业】2018年，中医药健康旅游与服务贸易示范基地建设项目管理办公室在海口市中医医院成立。上海中医药大学附属岳阳中西结合医院海口分院海口市中医医院制定具体的《中医药健康旅游与服务贸易示范基地建设项目实施方案》，建立中医药健康旅游服务师资队伍，配备中医药健康旅游设施设备，举办中医药健康旅游与服务贸易相关学术论坛，同时将中医药文化与中医药健康旅游产品应用和项目体验有机融合，开发中医药健康旅游产品，打造中医药健康旅游品牌。全年海口市共接待6批次168名前来体验中医药康养服务的俄罗斯客人。

【医疗项目招商引资】2018年，海口市卫计委制定《2018年推进自由贸易区（港）建设医疗健康产业招商工作方案》，1月、8月、11月，分管副市长分别带领医疗健康产业招商成员赴上海、北京、江苏等地进行招商引资，洽谈合作事宜。年内分别与华润健康集团、海南瑞祥华泰健康管理有限公司、（香港）美利得国际投资有限公司、台湾保吉生化学股份公司、长江润发医药股份有限公司、中山大学达安基因股份有限公司签订合作框架协议，对接企业达成意向项目19项。

【第二届上海六院骨科论坛在海口召开】2018年4月14—15日，中国医疗保健国际交流促进会骨科分会·第四届华夏创伤骨科论坛暨中国海口·第二届上海六院骨科论坛在海口召开。大会邀请国内100余位著名专家，分别围绕创伤、脊柱、运动医学、关节外科、显微骨科等相关领域的热点和焦点举办专题讲座，共1000余名骨科医生参会。邀请众多知名骨科专家，集中展示近年来脊柱外科、关节外科、创伤骨科、显微外科等领域临床实践和基础研究所取得的新技术、新成果和新进展，为全国骨科医生提供学术交流平台。

## 疾病防控

【疾病防控工作概况】2018年，海口市报告法定传染病20种23973例（按审核日期统计），比上年下降7.7%，其中无甲类传染病报告，及时报告率98.99%。全年累计监测霍乱、鼠疫、手足口病等各种重点传染病4943份、狂犬病暴露人群监测24180例、登革热布雷图指数调查17150户，超额完成各类监测任务。累计处置突发公共卫生事件7起、其余传染病暴发疫情11起，所有疫情均得到有效控制，未出现疫情蔓延，及时报告率和调查处理率均100%，预警信息及时处理率99.84%。

【免疫规划】2018年，海口市冷链运转正常，累计入册人数36863人，免疫规划疫苗接种848349针次，免疫规划疫苗基础免疫及加强免疫接种率均达到98%的目标要求。及时、规范处置疫苗针对传染病和疑似预防接种异常反应。全年无脊灰、白喉、百日咳、乙脑等病例发生，其他疫苗针对传染病发病率均控制在国家规定指标之内。此外，共报告393例AEFI病例，其中异常反应121例，1例为成人接种狂犬病疫苗后死亡病例，已按规范要求妥善处理。在全市范围内开展长春长生狂犬病疫苗使用情况排查、接种者咨询服务、跟踪观察和续种补种及百白破问题疫苗接种者咨询等工作。督导39家狂犬病疫苗预防接种单位，应跟踪观察1420人，已跟踪观察1329人，91人为无法联系，续种补种916人；提供百白破问题疫苗跟踪咨询总人数9人，需补种5人，完成补种5人。

【病媒生物监测】2018年，海口市每月监测鼠、蚊、蝇、蟑螂、蜱虫的种群密度和季节消长情况，同时开展常用杀虫剂抗药性监测，完成家蝇对溴氰菊酯、高效氯氰菊酯、氯菊酯、马拉硫磷、残杀威等5种常用杀虫剂的抗药性测定，指导海口市病媒生物防制科学用药。此外，开展海口市蚊虫种群及地理分布调查，为蚊媒传染病的防控提供科学依据。

【结核病防治】2018年，海口市接诊初诊疑似肺结核患者1108例，报告肺结核患者和疑似肺结核患者总体到位率66.69%。新发现并登记活动性肺结核患者883例，其中病原学阳性率25.82%，密切接触者筛查率115%，新病原学阳性患者耐药筛查率23.95%。上年同期新登记的945例活动性肺结核患者已完成治疗682例，成功治疗率72.17%。耐多药肺结核高危人群筛查率54.9%，肺结核病患者规范管理率79%，肺结核患者管理率100%。开展对学校结核病病人的处置和密切接触者筛查，全市共报告学校散发结核病人76例，全部按规范要求进行处置。

【职业病防治】2018年，海口市诊断职业病1例，完成30家企业职业病危害因素定期检测，对102家企业开展职业健康检查，完成2018年海口市重点职业病监测与职业健康风险评估报告的编写。完成24家医院放射防护及设备性能监测，开展放射工作人员外照射个人剂量监测3150人次，完成20个放射诊疗建设项目职业病危害放射防护评价及指导。

【性病、麻风病、精神病防治】2018年，海口市报告性病6329例，增长36%，上升原因主要与各医疗机构常规检测覆盖人群增多、病例报告督导核查工作加强有关。完成梅毒孕妇及梅毒孕妇所生新生儿治疗随访161人，治疗覆盖率及定期随访率100%。年内，新发麻风病人1例，康复病区有麻风愈后康复疗养员28人。全市在册登记严重精神障碍患者9296人，报告患病率4.14‰；在管患者8264人，管理率88.9%，规范管理病人7221人，规范管理率77.68%；随访面访人数7586人，面访率81.6%；服药人数6825人，服药率73.42.29%，各项目指标达到省和国家的要求。开展严重精神障碍患者门诊治疗免费服用基本药物项目工作，纳入免费服药项目治疗4408人，完成免费服药率102%。启动严重精神障碍患者社区康复点建设，计划2019年初投入使用。

【艾滋病防控】2018年，海口市发现HIV阳性275例、既往HIV感染者本年转化为AIDS病人28例，本年报告死亡43例。在传播途径方面仍以性传播为主，占新发病例的96%。年内，累计管理病例数1112例，随访感染者1016人，新参加抗病毒治疗257人，当年治疗人数999人，艾滋病抗病毒治疗覆盖率82.7%，高于全省平均水平。开展艾滋病监测、干预检测，共干预高危人群61635人次，检测10586人次，干预覆盖率达到国家要求；共检测监管场所羁押人群12054人，发现HIV抗体阳性6例。继续推进美沙酮门诊“多位一体”管理工作模式，市疾病预防控制中心美沙酮门诊获“全国优秀美沙酮门诊”称号。海口市累计入组治疗3273人，正在治疗736人，日平均服药人数482人，年维持率85.31%。

【狂犬病和手足口病防治】2018年，海口市狂犬病暴露人群监测24180例，未报告狂犬病病例。报告手足口病病例8177例，开展手足口病监测278份，重症病例6—7个月内随访率75%以上。全年报告手足口病暴发疫情2起，均发生在托幼机构，发病32人，均为轻症病例。

【寄生虫病、地方病防治】2018年，海口市完成碘缺乏病监测任务，共监测居民食用盐、人群尿碘等标本2400份。全市基层医疗单位完成疟疾“三热”病人监测4826例，完成全年工作目标104.91%。及时有效处置医疗机构报告的疟疾病例及疑似病例10例，其中确诊2例。

【登革热防控】2018年，海口市自6月开始每个月均有登革热病例报告，全年累计报告登革热病例21例。其中，报告本土病例7例（均为登革Ⅰ型），分别发生在美兰区大致坡镇（7月，6例）和琼山区凤翔街道（11月，1例）；输入性病例14例（包括登革Ⅰ型、Ⅱ型和Ⅲ型），输入性病例来自中国广东省和柬埔寨、菲律宾、越南、泰国、马来西亚、马尔代夫等东南亚国家。为做好全市登革热防控工作，海口市在大致坡镇和凤翔街道本土疫情期间，启动登革热防控工作零报告和日报告制度。组织各区疾控中心开展登革热媒介应急监测，各起疫情累计调查827个点位48007户，开展成蚊叮咬指数监测370个点位。组织爱卫部门和各区疾控中心开展登革热消杀灭蚊，清除蚊虫滋生地，并联合环卫、城管等部门加强疫点周边环境整治，累计消杀面积14197万平方米。强化登革热防控知识健康宣教，累计发放宣传资料34万份（张）。组织对各区疾控中心、镇卫生院、农场医院、社区卫生服务机构以及个人诊所等医疗机构医务人员开展登革热防治知识培训，累计培训人数3500人次。组织医疗机构开展发热病人监测和登革热疑似病例监测，尤其加强对大致坡镇和凤翔街道本土疫情期间发热病例的排查检测，累计排查发热病例16793例，共报告可疑发热病例139例（其中1例确诊为登革病毒核酸Ⅱ型阳性，为马来西亚输入性病例）。在全市各主要医疗机构推行使用登革病毒NS1抗原快速检测试剂，提高非典型病例的发现和报告能力。由于措施科学有效，大致坡镇登革热本土疫情自发现后在一周内即得到有效控制，疫情未出现蔓延；凤翔街道登革热本土疫情无后续病例报告；所有输入性疫情均得到有效控制，均未出现因输入登革热疫情防控不力导致的本土感染病例。

【慢性非传染性疾病防治】2018年，海口市老年人、高血压患者、糖尿病患者管理人数分别为76031人、85372人、36124人，全年任务完成率分别为59.47%、69.60%、62.17%。4个区按计划开展“国家级慢病综合防控示范区”创建和巩固工作，秀英区、龙华区启动“国家级”慢病综合防控示范区建设，美兰区示范区完成省级和国家级复核确认工作。

【死因监测】2018年，海口市报告死亡病例6452例（283.97/10万）、心脑血管病例13589例（598.09/10万）、肿瘤7813例（343.87/10万），哨点医院报告伤害病例9763例。

【公共卫生监测】2018年，海口市监测市辖公共场所224间次，合格率76.8%；对市管辖医院、乡镇卫生院等医疗机构开展消毒质量监测，监测56间次，合格率73.21%；医院污水监测53间次，合格率77.36%。完成城市与农村饮用水卫生监测任务，监测水样358份。其中，城市饮用水120份，合格率84.17%；农村安全饮水工程饮用水140份，合格率36.43%；乡镇集中式供水88份，合格率38.64%；大型市政供水出厂水饮用水放射性监测10份，合格率100%。此外，监测全市各类供水单位482家，监测水样891份，合格率87.7%。开展食品安全风险监测，监测各类食品520份，监测食源性疾病病例2108例，及时规范处置食源性疾病事件（食物中毒）18起，流行病学调查率100%。

【健康教育】2018年，海口市秀英区、美兰区高分通过国家健康促进区考评，龙华区、琼山区启动创建健康促进区工作。海口市全面开展世界防治结核病日、食品安全、流动人口健康关爱等大型健康科普咨询、宣传活动，共举办知识讲座22期、健康主题咨询活动23次。此外，针对全国大部分省市的流感疫情及9月海口市登革热疫情开展专项健康教育宣传活动，为海口市有效应对流感传播和控制登革热疫情扩散发挥作用。

## 卫生监督

【食品卫生监测】2018年，海口市卫计委制定印发《2018年海口市卫生计生部门食品安全风险监测方案》《2018年海口市卫生计生部门创建国家食品安全示范城市食品污染及有害因素监测工作方案》和《2018年海口市食品安全风险监测质量管理方案》，签订目标责任书，加强宣传教育，推进食品卫生监测工作。年内，市疾病控制中心按时保质完成国家和省级235份食品中化学污染物和有害因素监测与275份微生物及其致病因子的样品采样、样品交接、样品检测和数据录入上报工作，同时完成市卫生计生部门500份创建国家食品安全示范城市食品安全风险监测任务。共审核156家监测点上报的2108例病例，监测食源性疾病的发病情况，采集标本671份，其中阳性病原学标本149份，均及时送检复核。食品安全事故流行病学调查率100%，并严格按规范报告有关行政部门和省疾控中心。指导和开展接报的28起疑似食源性疾病事件流行病学调查和处置。其中，确定为食源性疾病事件18起；由诺如病毒感染引起2起；因属地管理原则，移交其他市县1起，剩余7起因不符合食源性疾病事件定义被排除。市疾病控制中心组织编写《海口市食源性疾病监测点工作手册》，进一步完善食源性疾病监测。市、区疾控中心及有关医疗机构提高全市食源性疾病监测工作质量，推动食源性疾病病例监测点医院主动监测工作。6月14日举办一期食品安全风险监测培训班，182人参训，培训内容涵盖监测方案，工作手册，疑似食源性异常病例/异常健康事件诊断、处置、报告知识，食源性疾病病例的诊断、处置、报告知识和数据报告系统等。

【公共场所卫生监督】2018年，海口市继续推行公共场所卫生监督量化分级管理制度，全市住宿、游泳、美容美发、沐浴等4类场所发证单位3712家，实施量化分级管理3573家，其中住宿场所869家、游泳场所116家、美容美发场所2385家、沐浴场所203家，4类公共场所量化分级管理完成率分别为100%、100%、95.1%、92.7%；被评定为A级单位148家，占评级单位4.18%，B级单位512家，占评级单位14.47%，C级单位2878家，占评级单位81.35%；35家单位因关键项目不符合被责令限期整改，对确定卫生信誉度等级的单位颁发公示牌向社会公示。全年，市卫生监督部门出动卫生监督执法人员6352人次、车辆2638辆次，监督检查各类公共场所3932间次，覆盖率96.8%；下达卫生监督意见书3922份，提出整改意见1.18万条，落实1.15万条。经营单位建档率100%，从业人员持健康证上岗率98.2%。全市共受理群众举报投诉案件191宗，全部按要求及时现场核实并将处理情况向投诉人或政府服务热线反馈，其中经核实对有违法行为的64家公共场所处以警告、罚款处罚，罚款10.78万元。开展“蓝盾行动 护卫健康”公共场所卫生专项监督。针对每年冬春季节大批岛外游客和“候鸟”人群的涌入，部分公共场所人群高度聚集带来的卫生安全风险，组织市、区两级卫生监督机构对旅游宾馆酒店、游泳场所等重点公共场所开展专项卫生整治行动。专项整治行动中，全市共出动卫生监督员2418人次、监督车辆580辆次，监督检查经营单位795家，下达卫生监督意见书722份，责令限期整改单位30家，整改后合格单位30家。其中，监督检查住宿场所716家，全部检查项目均合格单位687家，合格率96.0%；监督检查游泳场所79家，全部检查项目均合格单位74家，合格率93.7%。5月至8月底，组织开展针对使用集中空调通风系统公共场所、游泳场所的专项卫生执法监督专项行动。其间，市、区两级卫生监督机构共出动卫生监督员632人次、监督车辆133辆次，监督检查游泳场所186间次、使用集中空调通风系统公共场所128间次，监督覆盖率100%；提出卫生监督意见223份共568条，责令限期改正单位82家次。市、区疾控机构共完成集中空调通风系统卫生检测19家，合格11家，单位合格率57.89%；检测133项次，合格112项次，项次合格率84.21%。游泳场所水质检测132家，全部项目合格单位104家，单位合格率78.79%；监测1060项次，合格1016项次，项次合格率95.85%。

【传染病防治监督】2018年，海口市在中医医疗机构传染病防治和感染防控专项整治工作中，市、区两级卫生监督机构共出动卫生监督执法人员408人次、车辆206辆次，监督检查二级以上中医类别医院3家、一级中医类别医院5家、中医类别门诊部和诊所（含中医坐堂诊所和中医类卫生室）193家，下达卫生监督意见书83份，下达责令整改意见书33份。共出动卫生监督执法人员2241人次、车辆751辆次，开展医疗机构传染病防治专项监督执法检查，监督检查各级各类医疗机构809家次，立案查处各类违法案件22宗，罚款3.1万元，下达不良执业行为记分通知书22份。

**【职业卫生和放射卫生监督】** 2018年，海口市出动卫生监督执法人员385人次、车辆189辆次，监督检查放射诊疗机构、职业健康体检机构、职业病诊断机构、放射卫生技术服务机构等各类机构138家次，下达卫生监督意见书140份，提出整改意见214条。

**【学校卫生监督】** 2018年，在日常性的学校卫生监督中，海口市卫生监督部门出动执法人员1043人次、车辆214车次，监督检查各类学校307间次，下达卫生监督意见书288份，提出监督意见1883条，已落实1763条。在学校春、秋季开学之际，开展对辖区大中专业院校、中小学校及托幼机构的专项监督检查，共出动卫生监督执法人员1004人次、车辆284辆次，监督检查各类学校和幼儿园265间次，下达卫生监督意见书766条，责令整改46家。开展多期学校传染病防控工作卫生监督执法检查。针对传染病疫情和流行特点，检查学校传染病防控管理组织、应急预案建立健全情况，检查学校落实晨午检、因病缺课病因追踪登记、疫情报告、传染病患病学生隔离、痊愈返校检查、新生入学预防接种证查验补种、教学与生活环境通风消毒、生活饮用水卫生以及健康教育等相关工作情况，督促学校进一步落实针对流行性腮腺炎、流感、手足口病、肺结核、麻疹等传染病的各项防控措施。共监督检查各类学校82家次，提出监督意见401条，责令整改17家。

**【生活饮用水监督】** 2018年，海口市有供水单位1859家，新（换）发生活饮用水供水单位卫生许可证142家。市卫生监督部门共出动人员3995人次、车辆1079辆次，监督检查供水单位1762间次，下达卫生监督意见书1334份，提出监督意见5069条，进行行政处罚7宗，其中警告3宗，罚款4宗，罚款9000元。

**【消毒产品卫生监督】** 2018年，海口市强化监督、严格执法，进一步规范消毒产品生产经营行为。全市有消毒产品生产企业32家，消毒产品经营单位约450家。全年市卫生监督部门监督生产经营单位829间次，监督覆盖率100%；受理消毒产品生产经营卫生举报投诉13宗，对3家违法单位实施行政处罚，罚款6500元。

**【医疗机构监督】** 2018年，海口市、区卫生监督机构共出动卫生监督执法人员2946人次、车辆1516辆次，监督检查各级各类医疗机构1284家次，立案查处各类违法案件90宗，警告61家，罚款69家，罚款15.9万元，下达不良执业行为记分通知书94份。

**【打击非法行医】** 2018年，海口市、区卫生监督机构共出动卫生监督执法人员2152人次、车辆1044辆次，监督检查各级各类医疗机构1024家次，立案查处无证非法行医及非医师行医案件25宗，没收违法所得2.17万元，没收药品286件、器械123件，罚款17.3万元，停止非法行医活动场所25家次，移送公安机关2人。

**【打击“两非”】** 2018年，海口市、区卫生监督机构共出动卫生监督执法人员1764人次、车辆817辆次，暗访各类医疗机构31家次，省、市、区联合执法检查39次，与各市县开展跨区域联合执法行动7次。共监督检查各级各类医疗机构811家次，监督母婴保健服务机构、计划生育服务机构127家次。立案查处“两非”案件7宗，没收违法医疗器械29件，没收违法药品61片，没收违法所得2.36万元，罚款15万元。

**【重大活动卫生监督】** 2018年，海口市、区卫生监督机构先后承担省、市“两会”、春节“抗雾保运”、第九届环海南岛国际帆船赛、博鳌亚洲论坛年会、全市公务员录用笔试考点和建省30周年万人竹竿舞表演等9项重大活动公共卫生安全保障工作。累计出动监督人员1008人次、车辆178辆次，监督指导承办单位267家次，责成签订公共场所卫生安全责任承诺书186份，现场快速检测公共场所空气质量1198项次、泳池水质260份、水质现场156份1368项次。签订饮用水安全责任书17份，下达监督意见书19份，提出整改意见102条，追踪落实整改101条。

**【卫生法治宣传教育】** 2018年，海口市全面落实“谁执法、谁普法”责任制。结合“创建全国文明城市”活动，采取上街设点宣传、行政处罚普法等形式，开展卫生监督普法宣传。共印发9类卫生监督专业法律法规普法宣传资料9.2万册、宣传海报2.5万份，开展行政处罚前法律法规教育157次，受教育人数206人。组织开展饮用水卫生与食品卫生安全知识宣传活动，分别在海口人民公园和明珠广场开展饮用水卫生与食品卫生安全知识现场宣传咨询活动，向群众发放宣传法律法规、海报、折页及小册子，以及对群众关心的饮水卫生问题释疑解答，1600多人接受宣传和咨询，发放宣传资料3000多份。结合“12·4”法制宣传日、饮用水卫生宣传周、“3·15”消费者权益日等，多次组织人员在明珠广场、人民公园和社区居委会等地开展宣传活动。邀请省法制宣讲团成员为卫生计生系统举办宪法宣传教育讲座，组织机关人员进行法律法规知识考试。组织开展2018年非法医疗美容行为暨美容美发场所经营单位卫生管理培训班、公共场所经营人员培训班、卫生监督协管服务工作培训班、生活饮用水卫生管理工作培训班等7期，制作普法宣传栏4期。

# 妇幼保健

【妇幼保健工作概况】2018年，海口市始终坚持“以保健为中心，以保障生殖健康为目的，面向基层，面向群体”的妇幼卫生工作方针，以“一法两纲”为核心，紧紧围绕“两纲”“两规”相关妇幼卫生目标，为全市妇女儿童提供系列的保健服务，完成各项群体保健指标，降低孕产妇和5岁以下儿童死亡率。全年全市孕产妇住院分娩率99.99%，孕产妇产检率98.51%，孕产妇系统管理率86.1%，婴儿死亡率3.09‰，5岁以下儿童死亡率4.08‰，7岁以下儿童健康管理率92.78%，3岁以下儿童系统管理率82.22%，6个月内母乳喂养率91.53%，低出生体重儿百分比3.95%，5岁以下儿童低体重率3.42%，孕产妇中、重度贫血患病率0.59%，妇女病筛查率62.68%，完成免费婚前医学检查5495人，检查率18.51%，出生缺陷发生率127.67/万，孕产妇死亡率12.88/10万。开展国家免费孕前优生健康检查项目，任务数6200对，完成6640对。开展地中海贫血防控工作，任务数26200对，完成29899对。开展城乡妇女“两癌”检查项目，宫颈癌任务数7000人，已筛查7017人，筛查率100.24%，早诊比例100%；乳腺癌任务数3500人，已筛查3664人，筛查率104.69%，早诊比例100%。

【孕产妇及儿童保健】2018年，海口市早孕建册21698人，早孕建册率94.23%；产检22937人，产后访视20477人，产后访视率87.94%。新生儿活产23284人，孕产妇死亡3人，孕产妇死亡率12.88/10万；5岁以下儿童死亡95人，5岁以下儿童死亡率4.08‰。新生儿访视20653人，访视率88.70%。3岁以下儿童系统管理60255人，系统管理率82.22%；7岁以下儿童健康管理155751人，管理率92.78%。

【艾滋病、梅毒和乙肝母婴阻断】2018年，海口市孕产妇艾滋病、梅毒和乙肝检测率分别为99.98%、99.97%和99.98%，超过项目95%的要求。孕期HIV抗体检测率94.1%、梅毒检测率94.1%和乙肝检测率93.82%均超过项目80%的要求。发现艾滋病感染孕产妇7人，抗艾滋病病毒用药率100%，其所生婴儿抗艾滋病病毒用药率100%；乙肝感染孕产妇所生新生儿接受乙肝免疫球蛋白注射比例99.91%，超过项目95%以上的要求。

【新生儿相关疾病筛查】2018年，海口市机构活产数43363人，新生儿遗传代谢性疾病筛查数43160人，新生儿遗传代谢性疾病筛查率99.5%，新生儿听力筛查数43087人，新生儿听力筛查率99.3%，均达到纲要目标及工作方案要求。

【眼疾病、听力障碍筛查救助】2018年，海口市学生眼疾病筛查任务数15万人，完成初筛154316人，完成率102.88%；复筛54845人，复筛率84.72%，超额完成省下达目标任务。听力障碍救助任务数65人（其中人工耳蜗21人，助听器验配44人），完成听力障碍遴选159人，随访159人，随访率100%，转介患者144人；审核通过人工耳蜗植入救助23人，助听器验配救助48人，超额完成省目标任务。

# 医疗工作

【医政管理】2018年，海口市继续深入开展“进一步改善医疗服务行动计划”活动，强化医疗机构内部管理，优化医院服务流程和便民惠民服务措施。在市属各医院开展临床路径管理工作，优化医疗服务流程，规范医疗行为，全面提高医疗服务水平和质量，提升人民群众就医满意度。9月4日，在市人民医院设立“直通梅奥”国际会诊中心，可通过梅奥医疗集团专家团队的远程会诊、病理会诊、病例评估、健康体检计划等方式，让适宜患者不出岛就能体验国际一流的优质诊疗服务。同时，通过共享全球顶级医院的医疗资源，学习顶尖的医疗技术、运营模式和创新的管理体系，进一步提高市人民医院的医疗水平，更好地服务海南百姓。

**链接：**梅奥医疗集团是著名的非营利性医疗机构，2018年在美国最佳医院综合排行榜中蝉联第一，是世界最具影响力和代表世界最高医疗水平的医疗机构之一，被誉为医学检验与诊断的“最高法院”。

【医疗技术创新】2018年，海口市人民医院STANFORD A型主动脉夹层杂交手术治疗的微创化改进和海南地区人群低剂量CT早期肺癌筛查，以及对筛查结节诊疗工具的研发与临床推广2个项目获得中南大学临床研究与医疗技术成果奖二等奖。海口市骨科与糖尿病医院开展新技术新项目4项，分别是“Mako智能骨科手术系统”和“负重位全身一次性（微剂量/低剂量）成像诊断技术”（矢状位平衡定量分析技术、全脊柱定量分析技术、双髋膝定量分析技术），以及动态血糖检测技术（CGM）和胰岛素泵（CSII）技术（糖尿病治疗中的最新技术，合称双C技术）。年内，累计完成“Mako智能骨科手术系统”介入手术21例。DeepDR视网膜病变诊断系统投入临床使用。

【医疗机构药事管理】2018年，海口市建立和完善医院药事管理与药物治疗学委员会组织，提高临床合理用药水平，降低患者医疗费用。定期对院内临床用药情况进行监督、评价和公示。落实处方点评制度，对处方实施动态监测及超常预警，对不合理用药及时予以干预。贯彻落实卫生部抗菌药物临床应用相关规定，遵循《抗菌药物临床应用指导原则》，坚持抗菌药物分级使用。建立有效的药品不良反应事件处理程序，做好数据的收集和上报。加强对麻醉药品、精神药品、毒性药品和高危药品等特殊种类药物的规范使用和管理，建立健全上述药品的购置、安全保管和使用制度。

【医院感染管理】2018年，海口市按照《医院感染管理办法》和相关技术规范、行业标准，加强对感染科、口腔科、手术室、急科、产房、消毒供应室和检验科等感染管理重点部门的管理和监控。按照《医疗废物管理条例》等法规和规章，加强对医疗废物的分类、运送、暂存处理和规范化管理，有效预防和控制医院感染。

【引导扶持社会资本办医】2018年，海口市人民政府办公厅出台《关于进一步支持和引导社会办医的实施意见》，规定一系列支持和引导社会办医的政策措施。进一步放宽医疗机构准入条件，规定“在符合规划总量和结构的前提下，取消对社会办医疗机构的类别、规模、数量、地点等限制，实行市场调节的管理方式”。进一步支持和引导社会资本举办医疗机构，增加医疗服务供给，特别是高端医疗服务的供给，不断满足中高端人群特殊的医疗服务需求。年内，市卫计委共审核批准成立5家社会资本举办医院。

【继续医学教育及科研工作】2018年，海口市人民加强继续教育学分审核，将继续医学教育合格作为卫生专业技术人员年度考核、聘任、专业技术职务晋升和执业再注册的必备条件之一，不断提高医务人员的技术水平。年内申报获准的国家级继续医学教育项目11项，参加培训人数1524人次；省级继续医学教育项目6项，参加培训人数1060人次；举办市级继续医学教育培训30期，参加培训人数800人次。鼓励市属各医疗卫生单位申报科研项目。全市卫生系统获批科研立项24项，其中国家自然科学基金1项，省级科研立项23项；发表论文282篇，其中SCI论文9篇，中华级论文11篇，中文核心48篇，中国科技期刊30篇，统计源期刊35篇，普通期刊23篇，其他126篇。

【医学重点学科建设】2018年，海口市人民政府出台《海口市医学扶持学科提升实施方案》，确定12个学科为市医学扶持学科建设项目。委托省医学会对第一周期5个市级重点学科及10个特色专科进行终期考核评估，鼓励各医院积极申报国家级、省级重点学科建设和继续医学教育项目。

【医学教育培训与人才引进】2018年，海口市卫计委开展继续医学教育培训，举办培训班18期，培训人数2295人次。年内签约引进各种医学人才169人，其中高级人才23人。市属公立医院招聘编制内人员598名，空编率从26.18%下降到9.92%。

## 中医事业

【中医院建设】2018年5月10日，上海中医药大学附属岳阳中西医结合医院海口分院海口市中医医院揭牌成立。10月，经中国医师协会评审验收，认定海口市中医医院为国家级中医别类住院医师规范化培训基地。年内，市中医医院完成门诊7楼1000平方米中医国际诊疗中心、4楼400平方米胃肠镜、支气管镜的装修改造，门诊楼入口装修，门诊楼入口广场修缮，屋顶院标更换和总院已建成35181平方米楼房信息化改造以及双回路改造。推动新建国际中医中心建设项目，总建筑面积7.6万平方米，其中地上面积5.24万平方米，地下面积2.36万平方米。

【中医科研与人才培训】2018年，海口市中医医院科研工作获省自然科学基金项目3项、省卫生健康委医学研究项目4项。发表学术论文56篇，其中中文核心期刊20篇，中国科技期刊30篇。申报国家自然科学基金依托单位获批。全年共接收海南医学院医疗专业见习医学生1606人次，各医学院校实习学生327名。住院医师规范化培训学员110人，其中全科学员40人、助理全科学员3名。申报海南省老中医药专家学术经验继承项目指导老师，获批1名。承办海南省第六届基层卫生适宜技术“刃针加手法治疗腰腿痛”项目推广培训班、“海口市中药药事管理与服务技术骨干培训班”，培训辖区学员230人。承办“海口市2018年中医药适宜技术培训班”2期，培训基层医务人员663人。

【中医服务能力建设】2018年，海口市卫计委联合市人力资源和社会保障局、市财政局、市发展和改革委员会、市食品药品监督管理局印发《海口市基层中医药服务能力提升工程“十三五”行动计划实施方案》，提出“到2020年，所有社区卫生服务机构、镇卫生院和70%以上的村卫生室能够提供中医药服务”目标。全年全市有79.1%的镇卫生院能提供6类以上中医药服务，95.8%的社区服务中心能提供6类以上中医药服务，68%的村卫生室能提供4类以上中医药服务，79.1%的社区卫生服务站能提供4类以上中医药服务。市中医医院组织40人赴外院进修学习。上海中医药大学附属岳阳中西医结合医院累计派出11位专家长驻海口分院，同时派出短期医疗、护理、药事、绩效管理等方面50人次的专家到医院进行业务指导、带教、授课和会诊，促进医院医疗质量提升、人才培养。举办中医急救技能大赛、四大经典竞赛、小儿推拿竞赛、百首方剂知识竞赛和持续3个月的中医四大经典研读活动。海口市组织参加2018年度第一届“海南省中医青年医师急救技能竞赛”“2018年海南省中医药健康文化知识大赛”，均获得团体一等奖，参加第三届“瑞医杯”中华中医药学会青年医师急救技能竞赛，获得团体三等奖。

【中医药文化养生节】2018年12月20日，由海口市卫计委主办，上海中医药大学附属岳阳中西医结合医院海口分院（海口市中医医院）承办的海口市第二届中医药文化养生节开幕，共600人参加。养生节现场惠民活动内容丰富、形式多样，有中医经络检测、中医体质辨识及养生方案咨询等；健康中医体验免费服务有针灸、中医推拿、拔火罐、中医养生药茶品尝体验、中医养生操示范，此外还有中医康养保健天灸咨询、中药香囊和中医药科普资料发放、观看海口市中医医院中医文化建设图片展、上海岳阳医院膏方产品图展膏方历史渊源和养生保健知识等。活动当日共免费发放中药香囊1000个，中医药知识读本3500本，中药养生茶饮价值2148.8元，免费向45人发放颗粒中药135副，价值10095元，中医（推拿、拔罐、雷火灸）体验60人，膏方就诊13人。

## 基层卫生

【基层医疗机构建设】2018年，海口市有镇卫生院及分院26家，其中秀英区6家、龙华区5家、琼山区9家、美兰区6家。根据“一村一室”原则，应建村卫生室数245家，已建村卫生室245家，覆盖率100%。年内，开展标准化建设的基层医疗卫生机构共272家，其中秀英区79家、龙华区45家、琼山区94家、美兰区54家，省级配套资金2.7亿元，市区配套资金2.33亿元。至年底，全市基层医疗卫生机构基础建设项目和仪器设备招投标工作全面启动。美兰区演丰镇中心卫生院作为2018年基层医疗卫生机构样板单位，基本完成开设住院部、实现远程诊疗、购置仪器设备、改建中医服务区等工作目标。

【社区卫生服务】2018年，海口市社区卫生服务网络覆盖率100%。按照国务院关于发展城市社区卫生服务的指导意见，海口市立足现有卫生资源，通过建立健全社区卫生服务机构设置准入和退出管理机制，“巩固一批、调整一批、新建一批、淘汰一批”的方式优化城市社区卫生服务资源结构，建成社区卫生服务中心（站）115家（其中政府办10家，非政府办105家），打造社区“15分钟服务圈”，规范服务功能、提高服务质量和服务效率、提升服务工作内涵和水平，努力让广大居民享受到便捷、经济、有效的基本公共卫生服务和基本医疗服务。

【家庭医生签约服务】2018年，海口市141家基层医疗卫生机构（包括26家卫生院）中，90%的基层医疗卫生机构共组建383个家庭医生团队，从婴幼儿、孕产妇、老年人、高血压、糖尿病、重精、结核病、残疾人、计生特殊家庭等重点人群入手，全面开展家庭医生与居民签约服务，共签约63.85万人，签约人口覆盖率28.46%。为全市居民建立包括个人基本信息、健康体检、重点人群健康管理记录和其他医疗卫生服务记录等服务内容的健康档案188.8万人，规范化电子建档率83.18%，完成国家、省规定的指标。

【医疗下乡】2018年，海口市健康教育所、市人民医院、市第三人民医院、市中医医院联合到海口市大致坡、新坡镇、云龙镇、石山镇开展科技文化卫生三下乡服务百姓医疗义诊活动。共接诊528余人，测血压和测血糖120余次，发放各类健康教育宣传资料20种1000余份，指导和帮助调整各类慢性病群众用药60余人，免费发放药品价值约1200元。

【城乡医疗对口支援】2018年，海口市城乡医院对口支援工作下乡13批223人。市人民医院向基层社区卫生服务中心派驻医务人员55人，投入资金2074.85万元。市第三人民医院向东昌医院赠送5台设备，并培训技术人员；投入近190万元帮助云龙卫生院、旧州卫生院、东昌医院等建立互联网远程会诊中心，派驻21名医生到基层卫生院进行对口帮扶。市中医医院投入近234万元帮助长流卫生院、东山卫生院建立远程医疗系统，完成远程医疗影像云PACS的安装并投入使用，累计提供远程影像服务294人次，同时每月向每个卫生院派驻9名专家或者科室骨干坐诊，并开展查房、会诊、培训工作，年内共诊治3400余人次，培训72次246人次，开展巡回医疗和义诊18次。

【基层卫生队伍建设】2018年，海口市继续贯彻乡村医生支持计划（2016—2020年），全面提升村级医疗卫生服务水平。组织11名基层医疗卫生机构业务骨干（具有大专以上学历）赴江苏挂职锻炼暨培训学习3个月，为农村培养留得住、用得上、干得好的适宜卫生人才。至年底，全市有基层医疗卫生人员3626人，其中卫技人员3092人，全科医生人数296名，乡村医生和卫生员320人〔其中持有执业（助理）医师证39人，中级以上6人〕。

【新型农村合作医疗】2018年，海口市新农合参合人数601839人，应参合率99.87%。参合农民筹资标准670元/人，个人缴纳180元/人，各级财政补助490元/人。其中，中央财政补助282元/人，省级财政补助62.4元/人，市级财政补助65.52元/人，区级财政补助80.08元/人。全年有1472185人次享受新农合补偿，金额35816.86万元。其中，住院补偿50440人次，金额29324.4万元；门诊统筹补偿1382551人次，金额4552.3万元；正常分娩3003人次，金额161.21万元；慢性病门诊补偿36191人次，金额1778.95万元。推进新农合跨省异地就医结算，经规范转诊至省外联网医疗机构，可享受出院即时结报服务。全年全市到外省市异地住院就医患者出院结算129人次，总医药费用363.13万元，新农合报销173.03万元；外省市患者在海口市住院结算381人次，总医药费用717.62万元，新农合报销263.57万元。做好新农合、大病医疗保险和民政医疗救助“一站式”即时结算服务，简化医疗费用报销补偿和医疗救助程序。全年全市农村贫困患者实现“一站式”结算住院新农合基本医疗补偿4714人次，报销金额3322.19万元；大病保险补偿1045人次，报销补偿金额243.69万元；健康商业补充保险补偿698人次，报销补偿金额155.32万元；医疗兜底保障专项资金报销补偿3082人次，报销补偿金额381.29万元。进一步优化新农合征缴缴费方式，推广微信二维码扫描方式缴费，同时辅以手机银行缴费渠道、ATM、CRS缴费渠道、社保移动终端、POS缴费渠道、当地合管办新农合征缴处缴费等5种缴费渠道。

（何定培）

## 爱国卫生

【爱国卫生工作概况】2018年，海口市爱国卫生工作以贯彻海口市政府与海南省政府签订的《海南省2018年度卫生（健康）创建目标责任书》为重点，完成巩固国家卫生城市成果及创建国家卫生乡镇、创建省级卫生镇村、健康城市建设、病媒生物防制、农村改厕任务等工作，全面落实目标责任书，受到省爱卫会通报表彰。

【国家卫生城市成果巩固】2018年，海口市成立市社会文明大行动领导小组及指挥部，内设“巩卫”“巩文”两个小组，将巩固提升“双创”成果与六大专项整治暨社会文明大行动有机结合。印发《海口市巩固提升国家卫生城市成果工作方案》，明确巩卫工作的职责分工、工作措施、实施步骤，推进城市卫生常态化管理。制定《海口市病媒生物防制长效管理工作方案》和《海口市病媒生物防制专项整治实施方案》，加大力度开展病媒生物防制专项整治，委托第三方进行效果评估，建成区病媒生物防制达标成果持续巩固。组成6个督导组，深入社区、单位，督导检查全国文明城市、国家卫生城市各项指标巩固情况，对存在问题及时督导整改到位。年内，全国文明城市通过测评复查，国家卫生城市各项指标自查持续达到《国家卫生城市标准》。

【卫生村镇和卫生先进单位创建】2018年，海口市成功创建石山、遵谭、三门坡、大坡4个省级卫生镇，完成云龙、演丰、新坡3个镇创建国家卫生镇的申报。累计创建省级卫生镇11个，普及率61.12%；20个省卫生先进单位和35个省卫生村（行政村）通过考核验收，分别被省爱卫会命名为“海南省卫生先进单位”“海南省卫生村”“海南省卫生村”，普及率14.1%。

【农村改厕】2018年，海口市农村改厕任务7400户，是市政府为民办实事项目之一。市、区财政加大农村改厕扶持力度，改厕补贴标准为一般改厕农户1600元/户、建档立卡贫困户3200元/户、农村计生“两户”（独生子女户和纯二女户）3100元/户。资金发放由各镇具体实施，以自然村为单位张榜公布，实行社会监督。年内，建设无害化卫生户厕7591户，完成年度任务的102.58%。全市累计建设农村卫生户厕17.79万户，无害化卫生户厕普及率97.75%。

【城乡环境卫生整洁行动】2018年，海口市贯彻《海口市迎接全国城乡环境卫生整洁行动（2015—2020年）中期评估省级考评工作方案》，由市政府分管副市长带队，市卫计委、市水务局、市环保局、市市政市容委、市住建局、市爱卫办等职能部门领导、各区分管领导参加，以问题为导向，先后深入演丰镇演南村委会、龙桥镇挺丰村委会、龙泉镇仁新村委会、三门坡镇龙马村委会、红明居（原红明农场十九队）、大致坡镇、金宇街道办、滨海街道办、凤翔街道办等调研，并通报存在问题，提出整改要求。各区、各部门针对存在问题，组织开展整改，实行村清扫保洁、镇收集清运、市无害化处理的工作机制，实现全覆盖的村镇环境卫生管理。年内，海口市按时完成城乡环境卫生整洁行动（2015—2020年）中期评估自评工作，《海口市城乡环境卫生整洁行动调研报告》获全省二等奖，在省级城乡环境卫生整洁行动中期考评中名列前4名，受到省爱卫会表彰。

【病媒生物防制】2018年，海口市贯彻省防控登革热的工作部署，采取措施防控登革热疫情。开展病媒生物防制专项整治活动月工作，共投放鼠药1367.8千克，堵鼠洞43个，处理鼠迹97处，灭蚊消杀8.9平方千米，消杀下水道26.1千米。开展“清洁家园、灭蚊防病”爱国卫生运动，对镇（墟）和登革热疫情发生地进行灭蚊，确保蚊媒密度控制在国家C级标准以内，布雷图指数大幅下降。采取“双随机一公开”的方法加强对PCO公司的监督管理，并采购一批病媒生物防制药品和编发15万份防控登革热宣传资料。年内，演丰、云龙、东山、永兴、新坡、龙泉、旧州、大坡、三门坡、龙桥10个镇病媒生物密度控制达到国家标准C级水平以上，三江、大致坡、灵山3个镇（墟）病媒生物防制达标，通过省级复查考核。

【爱国卫生月活动】2018年4月4日至5月4日是第30个全国爱国卫生活动月。其间，海口市组织开展城乡环境综合整治，清理垃圾7万多吨；制作爱国卫生专栏、展板160块，印发宣传资料43.5万份，编发《海口市农村改厕指南和健康教育工作手册》7500本；现场活动156场次，现场咨询件2件、建议2条、举报件9宗，处理率100%，满意率100%；在人民公园举办2次“清洁家园、灭蚊防病”宣传活动，以区为单位设立咨询点，向市民传播卫生科普知识，免费发放家庭灭蚊药品。共出动病媒生物防制专业人员2760人次，街（镇）参加人数15万人次。

【健康城市健康乡村建设】2018年，海口市贯彻省爱卫办有关健康城市健康乡村建设工作部署，完成健康城市基线情况调查、健康学校基线情况调查、健康社区基线情况调查、健康乡镇基线情况调查、健康村基线情况调查、健康家庭基线情况调查、健康城市（社区、单位、村镇）创建工作问卷调查工作，制定《健康社区标准》《健康机关标准》《健康餐馆标准》《健康企业标准》。省卫计委联合龙华区政府以“三减三健、迈向健康”为主题，在海口人民公园举办“龙华区2018年全民健康生活方式行动启动仪式”。

【博鳌论坛年会爱国卫生保障】2018年，据不完全统计，海口累计投入人力13.55万人次、机械设备3.96万辆次开展博鳌论坛爱国卫生保障工作。共巡查辖区30多家农贸市场、7个车站码头、400多座公共厕所，每天清理垃圾和杂物2800吨，发动群众清理卫生死角186处、下水道13处、各类小积水7000余处。专项检查“两小门店”2300余次，整改厨房卫生42家次、食品储存库房36家次、陈旧“三防”设施6家次、食品进出货物台账记录19家次，启动搬家式清洗行动2次。及时督查整改博鳌亚洲论坛2018年年会海口接待酒店存在问题。

（何荣真）

（编辑：赵华锋）

# 体 育

【体育工作概况】2018年，海口市有各类体育场馆2274个，社会体育指导员5956人，全年举办群众体育活动37场，参与人数6万人。组织开展国际级大型体育赛事活动5项，举办其他竞技比赛活动2项。海口市运动员参加全国级比赛获得前八名奖项65个，其中金牌35枚、银牌25枚、铜牌31枚；参加省级比赛获得前八名奖项437个，其中金牌136枚、银牌80枚、铜牌87枚。全市体育产业总产值约3.18亿元，增长6%，占GDP比重为0.2%，占全省体育产业总产值比重23.7%。

【体育设施建设】2018年12月13日，海口市国家帆船基地公共码头水域部分交工验收，12月16日举行开港仪式、举办2018年中帆协年度盛典系列活动。继续建设中国足球（南方）训练基地，建成11个足球训练场。年内，海口市体彩公益金投入400万元，在万绿园、社区、小区、村镇等89个场所安置100套900件全民健身路径。

【海口市国家帆船基地公共码头开港】2018年12月16日开港，中国帆船帆板运动协会南方总部基地挂牌仪式及中国帆船联赛总决赛开幕式同时举行。海口市国家帆船基地公共码头由原中石化5000吨油码头改扩建而成，同时建设陆地配套服务设施，是国家帆船帆板运动队训练港池和市民游客公共码头的共同体。港池水域面18.8万平方米，陆域使用面积4.65万平方米，主要建设项目有防波堤、海上平台、提升港池、干仓、维修车间和加油站等，2017年11月开工，2018年3月底项目一期完成功能性使用，12月9日完成海上主体工程量100%，至2018年底项目总工程量完成88%。建成后拥有610个泊位，是目前亚洲建设规模最大的帆船基地公共码头。12月13日通过水域部分交工验收。

【群众体育】2018年，海口市文化广电出版体育局广泛开展各类全民健身活动。（1）自主体育品牌赛事活动。

海口市国家帆船基地公共码头。摄于2018年　　（海旅集团 供）

整合全市体育资源，举办海口市全民健身运动推广季，分上下半年两季进行，活动时间跨度6个月，共开展运动项目14种，243场次。助推体育+旅游融合发展，海口马拉松赛自2015年开跑以来，跑者数量逐年增加，2018年共有14个国家和地区的1.78万名选手参赛；海口市足球联赛（1996年创办，2000—2010年一度中断，从2011年开始恢复举办，每年一届），2018年设置甲级、超级两个级别赛分别举行，甲级联赛有16支球队参赛，超级联赛有12支球队参赛，共进行66场比赛；海口市篮球联赛，1998—2018年连续不间断举办21届，是海口唯一没有中断过的联赛，是海口传统品牌赛事，2018年有23支球队参赛。（2）水上运动活动快速开展。举办2018海口暑期亲水季、2018海南亲水季之海口皮划艇桨板体验夏令营暨欢乐海滩趣味嘉年华、2018海口亲水节亲水互动·全民沙滩徒步、2018海口水上有氧运动公益活动等多项水上运动活动。（3）广泛开展群众性体育活动。举办2018年春节“农民杯”九人排球赛、2018美丽海口春季阳光全民运动会、2018年海口市全民健身活动百人武术健身操展演、2018海口市“全民健身杯”混合团体羽毛球追逐赛、2018海口趣味潮流跑等29个群众性体育活动，激发群众健身热情。（4）组织参加省级体育比赛。组队参加海南省第五届运动会群众篮球赛、2018年海南省业余篮球公开赛、2018年海南省农民男子九人排球赛，均获得冠军。

【竞技体育】2018年，海口市举办2018年第九届环海南岛国际大帆船赛海口赛段、2018第十三届环海南岛国际公路自行车赛、2018第六届海口国际沙滩马拉松赛、“一带一路”杯第二届海口国际沙滩足球邀请赛、2018年第五届国际旅游岛帆板大奖赛、2018年全国沙滩排球巡回赛总决赛及年度颁奖盛典、2018全国青年U-21沙滩排球锦标赛（海口站）、2018中国平安中超联赛颁奖典礼和国家队比赛、2018中国帆船年度盛典系列活动等10项大型体育赛事活动。

【中国帆船年度盛典在海口举行】2018年12月13—21日，海口首次引进、举办的中国帆船年度盛典在海口国家帆船基地公共码头举行，2018中国帆船年度盛典共有8项活动，包括中帆协专项委员会、中帆协执委会和中帆协全国代表大会三项会议；中国家庭帆船总决赛和中国帆船联赛总决赛两场赛事；中国帆船年度奖项暨荣誉殿堂颁奖典礼、世界帆联高峰论坛，以及海口市国家帆船基地公共码头开港仪式暨中国帆船协会南方总部揭牌仪式三项活动。有来自世界帆船联合会、亚洲帆船联合会、国家体育总局，以及有关国家和地区帆船机构、城市的代表等近800人参加。15日，中国家庭帆船赛总决赛在海口国家帆船帆板基地公共码头举行，近60支队伍，约150人参赛。经过海口两天的决战，来自泰国的基萨达－王提姆家庭夺得Hobie Getaway组冠军，何俊宏和朱利民家庭分获二三名；同样来自泰国的提拉逢－瓦蒂布朗家庭夺得Hobie16组冠军，叶威和大车家庭分获二三名；兰信哲、魏琳轩、李轩家庭分别夺得HobieT2前三名。15日晚，中国帆船年度颁奖典礼暨中国帆船荣誉殿堂揭晓最佳男女运动员、优秀帆船赛事、最佳船队等7个奖项。来自国家队的男子帆板RS：X级毕焜、女子帆板RS：X级陈佩娜分获年度最佳男、女运动员，海南体育职业技术学院、国家帆船帆板海口体育训练基地、海口旅游文化投资控股集团有限公司获年度国家队贡献奖，环海南岛国际大帆船赛获得年度优秀赛事奖。而首位进入中国帆船荣誉殿堂的则为郭川，这是中帆协第一次设立荣誉殿堂。16日，海口市国家帆船基地公共码头开港。中国帆船帆板运动协会南方总部基地挂牌仪式及中国帆船联赛总决赛开幕式同时举行。2018中国帆船联赛总决赛设男、女RS：X，男、女子470级，女子激光雷迪尔级共5个级别，每个级别各邀请20条参赛船（板）。赛事总奖金54.6万元。参赛选手除现役国家队运动员外，还有2018年全国翻波板锦标赛男女子帆板场地赛前15名和2018年全国帆船锦标赛男、女子470级前17名，女子激光雷迪尔级前18名的选手参赛。20日，2018中国帆船联赛总决赛闭幕式暨颁奖仪式在海口市国家帆船基地公共码头举行。男子RS：X级冠军为高梦

2018年12月16日，海口市国家帆船基地公共码头开港。图为市民游客在码头观看帆船比赛

（张俊其 摄）

凡，李涛和叶兵分获亚季军；女子RS：X级冠军为卢云秀，史红梅和谭越分获亚季军；男子470级冠军为徐臧军/汪超，徐建勇/王洋和蓝浩/陈林伟分获亚季军；女子470级冠军为王晓丽/高海燕，魏梦喜/徐娅妮和符倩/谢金莲分获亚季军；女子激光雷迪尔级冠军为张东霜，樊正源和袁茹蓓分获亚季军。

**【第二届“一带一路”杯海口国际沙滩足球邀请赛】** 2018年4月6—8日在海口白沙门公园北门沙滩开赛，邀请中国、匈牙利、阿塞拜疆和捷克4个国家的沙滩足球队参赛。经过3天的角逐，最终阿塞拜疆队获得本次赛事的冠军。

**【中超联赛颁奖典礼在海口举行】** 2018年11月21日，2018中国平安中超联赛年度颁奖典礼在海口观澜湖举行。这是海口市第一次举办中国足球年度颁奖典礼。本次活动由中国足协主办，中超公司承办，海南省足协、海口市足协协办，海南省旅游和文化广电体育厅、海口市人民政府支持。本次颁奖礼齐聚包括容志行、徐根宝、朱广沪等在内的中国足球名宿和嘉宾，“捷克铁人”帕维尔·内德维德再次来到海口，以中超联赛形象大使的身份出席颁奖典礼。球员武磊获最佳球员和最佳射手奖，颜骏凌获最佳门将奖，李霄鹏获最佳教练奖，黄紫昌获评最佳新人，此外，最佳赛区、公平竞赛奖、最佳裁判员等奖项均公布并颁奖。

**【2018年中国足协中国之队国际足球赛海口开赛】** 2018年11月20日在海口五源河体育场举行，由中国国家男子足球队与巴勒斯坦国家男子足球队对阵。数万名球迷到场观赛。最终两队以1：1战平。该场比赛是海南建省办经济特区30周年以来首次举办的国家队赛事，也是国足出征亚洲杯前的最后一场正式热身赛。

**【体育队伍建设】** 2018年，海口市举办1期社会体育指导员培训班，新增二级、三级社会体育指导员分别为15人、14人。全市注册登记的各级社会体育指导员5956人，按照2017年海口市户籍人口约171.05万人计算，全市每千人口拥有社会体育指导员约3.48人。全市共有教练员29名（其中一级教练员11名，二级教练员7名），运动员305名（其中一级运动员20名）。

**【体育社会团体】** 2018年，海口市新成立海口市游泳协会、海口市花样跳绳协会、海口市射箭协会、海口市皮划艇协会、海口市水上运动协会、海口市排球协会6个市级体育协会，以及海口热跑马拉松俱乐部、海口市天涯足球球迷俱乐部、海口市小林羽毛球俱乐部3个市级体育俱乐部。全市有市级体育协会41个、体育俱乐部18个。

**【海口帆船帆板训练基地】** 2017年11月—2018年5月，共接待帆船帆板运动队360人，其中国家帆船帆板队154人（一队79人，二队75人），四川帆船帆板队90人，海南帆船帆板队92人，海口帆板队24人。2018年10—12月，接待帆船帆板运动队326人，其中国家帆船帆板队70人（帆板25人，帆船45人），四川帆船帆板队80人，上海帆船帆板队60人，海南帆船帆板队92人，海口帆板队24人（海南队与海口队为常驻队伍）。冬训期间，基地各部门各司其职，开展后勤保障工作，配置网络提速、洗衣机、康复理疗按摩床等设备，为运动队提供优质高效的服务。年内，海口帆板队（为基地成立的运动队，属于后备人才队伍）共参加6场帆船帆板比赛，其中，全国性比赛5场，获得2金6银14铜；省级比赛1场（海南省第五届运动会帆船帆板项目），获得9金9银3铜（注：实际取得3金3银1铜，由于第五届省运会帆船帆板项目前三名均按3倍奖牌数进行统计，因此统计为9金9银3铜）。

**【海口市体育运动学校】** 2018年，共有注册运动员792名、在训运动员286名、教练员18名（外聘2名）。学校运动员在参加全国和世界比赛中，获得金牌9枚、银牌1枚、铜牌4枚，5项第四名、6项第五名。8月在海南省第五届运动会中，派出296名运动员参加11个运动竞技项目比赛，获得金牌130枚、银牌79枚、铜牌80枚，为海口代表团包揽团体总分第一、金牌总数第一、奖牌总数第一做出贡献。

**【海口市体育工作队】** 2018年，有在训运动员43人，教练员6人。市体育工作队运动员在参加全国举重各个赛事中获得21个冠军、11个亚军、9个季军，第四名8次、第五名2次、第七名2次。

**2018年海口籍举重运动员比赛获奖情况表**

| 项目 | 姓名 | 性别 | 竞赛名称 | 举办时间 | 举办地点 | 赛项 | 成绩 |
|---|---|---|---|---|---|---|---|
| 举重 | 吴琼跃 | 男 | 2018年全国U17U18举重锦标赛56公斤 | 3月10日—13日 | 浙江海宁 | 抓举<br>挺举、总成绩 | 第4名<br>第3名 |
| 举重 | 吴琼跃 | 男 | 2018年全国男子青年举重锦标赛52公斤 | 4月28日—5月3日 | 江苏宿州 | 抓举、挺举<br>总成绩 | 第4名<br>第3名 |
| 举重 | 吴琼跃 | 男 | 2018年全国U18U17举重冠军赛56公斤 | 8月16日—19日 | 江苏无锡 | 抓举<br>挺举<br>总成绩 | 第2名<br>第1名<br>第2名 |
| 举重 | 吴琼跃 | 男 | 澳瑞特杯2018年全国U系列举重总决赛56公斤 | 11月20日—25日 | 海南五指山 | 抓举、挺举、总成绩 | 第2名 |
| 举重 | 梁 文 | 男 | 2018年全国U17U18举重锦标赛62公斤 | 3月10日—13日 | 浙江海宁 | 抓举、挺举、总成绩 | 第2名 |
| 举重 | 梁 文 | 男 | 2018年全国U18U17举重冠军赛62公斤 | 8月16日—19日 | 江苏无锡 | 抓举、挺举、总成绩 | 第1名 |
| 举重 | 梁 文 | 男 | 澳瑞特杯2018年全国U系列举重总决赛62公斤 | 11月20日—25日 | 海南五指山 | 抓举<br>挺举、总成绩 | 第1名<br>第2名 |
| 举重 | 胡鑫柱 | 男 | 2018年全国U17U18举重锦标赛94公斤 | 3月10日—13日 | 浙江海宁 | 抓举、挺举、总成绩 | 第1名 |
| 举重 | 胡鑫柱 | 男 | 2018年全国男子青年举重锦标赛94公斤 | 4月28日—5.3日 | 江苏宿州 | 抓举<br>挺举、总成绩 | 第7名<br>第3名 |
| 举重 | 胡鑫柱 | 男 | 2018年全国U18U17举重冠军赛105公斤 | 8月16日—19日 | 江苏无锡 | 抓举<br>挺举、总成绩 | 第2名<br>第1名 |
| 举重 | 胡鑫柱 | 男 | 澳瑞特杯2018年全国U系列举重总决赛105公斤 | 11月20日—25日 | 海南五指山 | 抓举、挺举、总成绩 | 第1名 |
| 举重 | 谷 峰 | 男 | 2018年全国男子举重锦标赛105公斤 | 4月19日—22日 | 湖北宜昌 | 抓举<br>挺举<br>总成绩 | 第5名<br>第7名<br>第5名 |
| 举重 | 谷 峰 | 男 | 2018年全国男子青年举重锦标赛105公斤 | 4月28日—5.3日 | 江苏宿州 | 抓举<br>挺举<br>总成绩 | 第1名<br>第3名<br>第2名 |
| 举重 | 蒙 成 | 男 | 2018年全国男子举重锦标赛56公斤 | 4月19日—22日 | 湖北宜昌 | 抓举<br>挺举、总成绩 | 第3名<br>第1名 |
| 举重 | 金锦超 | 男 | 2018年全国U18U17举重冠军赛85公斤 | 8月16日—19日 | 江苏无锡 | 抓举、挺举、总成绩 | 第4名 |
| 举重 | 金锦超 | 男 | 澳瑞特杯2018年全国U系列举重总决赛94公斤 | 11月20日—25日 | 海南五指山 | 抓举、挺举、总成绩 | 第1名 |
| 举重 | 蒋佳俊 | 男 | 澳瑞特杯2018年全国U系列举重总决赛56公斤 | 11月20日—25日 | 海南五指山 | 抓举、挺举、总成绩 | 第4名 |
| 举重 | 邢天仕 | 男 | 澳瑞特杯2018年全国U系列举重总决赛44公斤 | 11月20日—25日 | 海南五指山 | 抓举 | 第2名 |
| 举重 | 邓昌华 | 男 | 澳瑞特杯2018年全国U系列举重总决赛62公斤 | 11月20日—25日 | 海南五指山 | 抓举<br>挺举、总成绩 | 第3名<br>第4名 |
| 举重 | 钟志成 | 男 | 澳瑞特杯2018年全国U系列举重总决赛56公斤 | 11月20日—25日 | 海南五指山 | 抓举<br>挺举、总成绩 | 第1名<br>第2名 |
| 举重 | 陈尉熙 | 男 | 澳瑞特杯2018年全国U系列举重总决赛44公斤 | 11月20日—25日 | 海南五指山 | 挺举、总成绩 | 第3名 |

2018 年海口籍运动员参加高尔夫项目和沙滩排球项目比赛获奖情况表

| 项目 | 姓名 | 竞赛名称 | 成绩 |
|---|---|---|---|
| 高尔夫 | 刘恩骅 | 2018 中国业余巡回赛 | 男子个人冠军 |
| 高尔夫 | 刘恩骅 | 2018 全国 U15 选拔出征比利时邀请赛 | 男子个人冠军 |
| 高尔夫 | 吴祖旭 | 2018 全国青少年高尔夫球公开赛 | 男 C 组个人冠军 |
| 高尔夫 | 吴祖旭 | 2018 年华彬未来之星全国青少年高尔夫球精英赛 | 男子 C 组冠军 |
| 高尔夫 | 吴祖旭 | 2018 中国青少年高尔夫球精英赛 | 男子 C 组个人冠军 |
| 高尔夫 | 吴祖旭 | 2018“张连伟”杯国际青少年高尔夫球澳门公开赛 | 男子 C 组个人冠军 |
| 高尔夫 | 张隽源 | 2018 汇丰全国青少年高尔夫球冠军赛 | 女子 C 组个人冠军 |
| 高尔夫 | 张隽源 | 2018 第二十四届全国青少年高尔夫球锦标赛 | 女子 C 组个人亚军 |
| 沙滩排球 | 林书宁 | 全国 U-18 沙滩排球锦标赛（深圳大鹏站） | 男子第四名 |
| 沙滩排球 | 苏世达 | 全国 U-18 沙滩排球锦标赛（深圳大鹏站） | 男子第四名 |
| 沙滩排球 | 陈　义 | 全国 U-18 沙滩排球锦标赛（深圳大鹏站） | 男子第五名 |
| 沙滩排球 | 常俊凯 | 全国 U-18 沙滩排球锦标赛（深圳大鹏站） | 男子第五名 |
| 沙滩排球 | 吴海玲 | 全国 U-18 沙滩排球锦标赛（深圳大鹏站） | 女子第五名 |
| 沙滩排球 | 林彦妤 | 全国 U-18 沙滩排球锦标赛（深圳大鹏站） | 女子第五名 |
| 沙滩排球 | 陈　义 | 全国 U-18 沙滩排球锦标赛（天津东疆港站） | 男子第四名 |
| 沙滩排球 | 梁元师 | 全国 U-18 沙滩排球锦标赛（天津东疆港站） | 男子第四名 |
| 沙滩排球 | 常俊凯 | 全国 U-18 沙滩排球锦标赛（天津东疆港站） | 男子第五名 |
| 沙滩排球 | 邢孔权 | 全国 U-18 沙滩排球锦标赛（天津东疆港站） | 男子第五名 |
| 沙滩排球 | 林彦妤 | 全国 U-18 沙滩排球锦标赛（天津东疆港站） | 女子第五名 |
| 沙滩排球 | 符肖诺 | 全国 U-18 沙滩排球锦标赛（天津东疆港站） | 女子第五名 |
| 沙滩排球 | 吴海玲 | 全国 U-18 沙滩排球锦标赛（天津东疆港站） | 女子第五名 |
| 沙滩排球 | 冯佳慧 | 全国 U-18 沙滩排球锦标赛（天津东疆港站） | 女子第五名 |
| 沙滩排球 | 梁元师 | 全国 U-18 沙滩排球锦标赛（浙江长兴站） | 男子第四名 |
| 沙滩排球 | 陈义获 | 全国 U-18 沙滩排球锦标赛（浙江长兴站） | 男子第四名 |
| 沙滩排球 | 林彦妤 | 全国 U-18 沙滩排球锦标赛（浙江长兴站） | 女子第三名 |
| 沙滩排球 | 吴海玲 | 全国 U-18 沙滩排球锦标赛（浙江长兴站） | 女子第三名 |
| 沙滩排球 | 梁元师 | 全国 U-19 沙滩排球锦标赛（海口站） | 男子第五名 |
| 沙滩排球 | 陈义获 | 全国 U-19 沙滩排球锦标赛（海口站） | 男子第五名 |
| 沙滩排球 | 林彦妤 | 全国 U-19 沙滩排球锦标赛（海口站） | 女子第五名 |
| 沙滩排球 | 吴海玲 | 全国 U-19 沙滩排球锦标赛（海口站） | 女子第五名 |

（陈小锋）

（编辑：付红琼）

# 社会民生

## 公共就业服务与劳动关系管理

【公共就业服务与劳动关系管理概况】2018年，海口市落实稳就业要求，沉着应对产业结构调整、房地产调控等因素对就业带来的影响，就业局势总体稳定，就业主要指标情况良好。全市城镇新增就业33629人，完成年任务的101.9%；城镇登记失业人员再就业8292人，完成年计划的103.7%；农村富余劳动力转移就业7430人，完成年计划的106.1%；12月末城镇登记失业率1.34%，全年城镇登记失业率均控制在年度目标3%以内。全年共有1706名就业困难人员实现就业。组织开展职业培训2195人；组织13156人参加职业技能鉴定考核，7889人获取职业资格证书。开展全市性保障农民工工资支付专项检查、清理整顿人力资源市场秩序专项行动、用人单位遵守劳动用工和社会保险法律法规等专项执法活动，维护劳动者合法权益，构建和谐劳动关系。全年受理劳动保障举报投诉案件172件，期限内结案率100%；处理突发性事件12件，涉及劳动者325人；为1496名劳动者追回工资2008.6万元。全市人事劳动争议仲裁案件受理1385宗，结案1308宗，结案率94%。年内，海口市2018年度保障农民工工资支付工作考核位列全省第三名，被评为A级，予以全省通报表扬；龙华区劳动保障监察大队大队长程英歌获得人社部“2018年度全国人社系统服务标兵”称号。

【公共就业服务】2018年，海口市加强人力资源市场供需对接服务，依托海口市人力资源市场举办专场招聘会18场次，进场招聘企业508家，提供就业岗位8806个，入场求职5285人次，有595人签订初步就业双边意向书。举办“就业援助月”“春风行动”等活动，为就业困难人员、农民工、戒毒康复人员等重点群体提供岗位对接、就业指导、政策宣传、创业咨询、创业项目推介等一系列服务。2018年就业援助月活动期间，走访就业困难人员526名，登记认定的未就业困难人员195名，帮助就业困难人员实现就业128名。开展以“促进转移就业 助力脱贫攻坚”为主题的“春风行动”系列活动，组织专场招聘会3场次，招聘企业共163家，提供就业岗位3405个；入场求职者1439人次，其中贫困劳动力262人；322人签订初步就业双边意向书，其中贫困劳动力24人；实际实现就业40人，其中贫困劳动力1人。完成人社部试点开展的年度家庭服务业调查工作。

【高校毕业生就业】2018年，海口市人社部门全力服务高校毕业生就业。做实高校毕业生就业信息实名登记，组织1724家企业建立职位信息库，发布岗位3830个，精确匹配毕业生2828人次。开展高校毕业生“就业服务月”活动，年内共举办4场毕业生就业创业指导系列活动、2场专场招聘“进校园”活动、2场跨省巡回招聘活动，新增高校毕业生见习基地4家，累计设立高校毕业生就业见习基地154家，向1392名高校毕业生发放见习补贴173.9万元。

【就业困难人员援助】2018年，海口市就业部门采取开展“就业援助月”等活动及多项帮扶举措，对城镇登记失业人员、零就业家庭成员、残疾登记失业人员、长期未就业的高校毕业生和其他长期失业人员提供就业援助，发放就业困难人员社保补贴、公益性岗位补贴2630万元，3.7万人次受益，全年1706名就业困难人员实现就业，其中新增开发公益性岗位安置79名就业困难人员就业。

【农村富余劳动力转移就业】2018年，海口市就业部门采取开展“春风行动”等活动及多项帮扶举措，加大农村富余劳动力扶持力度。通过“下乡、到社区”等方式举办专场招聘会5场，提供适合农村富余劳动力转移就业的岗位近6000个。全年贫困劳动力新增转移就业305人，其中已脱贫户劳动力新增转移就业260人。全市贫困劳动力累计实现转移就业3190人，累计1886户有劳动能力且有就业意愿的贫困家庭至少有1人实现就业，其中有劳动能力且有转移就业意愿的未脱贫户100%实现至少有1人稳定就业。

【创业服务】2018 年，海口市人社部门推动大众创业，落实《海口市创业担保贷款实施办法》，将创业贷款申领人员范围扩大到具有本市户籍或居住证的人员，合伙创业的最高贷款额度提高到 60 万元。做好创业贷款审核发放和后续跟踪服务。全年发放创业担保贷款 4802 万元，帮扶 486 人自主创业，带动就业 1462 人。组织、聘请养殖业、种植业专家在龙泉镇、东山镇等 13 个乡镇和地点开展贷后跟踪和创业指导服务活动，上门了解创业者生产经营情况，帮助创业者解决遇到的困难和问题。依托“就业援助月”“春风行动”“高校毕业生就业服务”等活动，开展 10 余场次政策宣传并现场办理创业贷款业务。在龙泉镇开展“海口市创业一站式服务平台”试点，为广大创业者提供政策宣传、创业贷款、导师指导、成果推广和创业培训等一条龙的创业指导服务。开发建设“海口市创业一张图”信息系统并正式上线，为广大创业者提供创业政策宣传、创业贷款帮扶、创业资源推广、创业项目推介和创业服务机构等信息。成功举办 2018 年（第九届）海南省创业大赛海口市赛区选拔赛，以创业赛事活动鼓励更多市场主体和社会主体投身创新创业。

【职业技能培训与鉴定】2018 年，海口市将贫困家庭成员、随军家属、退役大学毕业生士兵、社区戒毒社区康复人员等群体纳入就业补助资金给予职业培训补贴的对象范围，分类组织就业技能培训、创业培训等职业培训，培训后以取得的相关证书为凭证申领职业培训补贴。进一步规范监管方式，在已有的“互联网＋培训监管”的工作方式基础上，市就业部门开发人脸识别监管系统并投入使用，确保培训资金安全运行。全年全市各级人社部门共组织职业培训 2195 人，其中组织就业技能培训 536 人、创业培训 1659 人。组织 13156 人参加职业技能鉴定考核，7889 人获得职业资格证书。

【和谐劳动关系构建】2018 年，海口市人社部门检查辖区企业单位 1755 家，行政处罚 20 家，处罚金额 12.7 万元，督促 203 家用人单位为 1152 名劳动者补缴社会保险费 82.91 万元、补办用工登记。全市企业劳动合同签订 42909 户，小企业和规模以上企业劳动合同签订率分别达 90% 和 95%；14184 家企业开展工资集体协商签订集体合同工作，覆盖职工人数 21.57 万人。为 1466 家市属单位 211842 名职工办理劳动用工备案手续。推行厂务公开民主管理制度的单位 6571 家，覆盖企业 19880 家。其中，已建工会规模以上国有及其控股企业、集体企业推行厂务公开率 98%，机关、公立学校、公立医院等事业单位全面实行政务公开、校务公开、院务公开和职代会；已建工会规模以上非公有制企业推行厂务公开率 91%，职代会建制率 94%。8 家企业被省表彰为第四批海南省模范劳动关系和谐企业。

【农民工合法权益保障】2018 年，海口市不断完善保障农民工工资支付制度建设。印发《海口市 2018 年治欠保支目标责任实施方案》《海口市治欠保支三年（2017—2019）工作计划》《海口市保障农民工工资支付工作领导小组 2018 年工作要点》《海口市保障农民工资支付工作考核办法》和《海口市治欠保支工作问责办法》，建立保障农民工工资支付工作考核和责任追究制度。制定《海口市治欠保支工作定期督查制度》，进一步加强责任落实的追究。严格执行保证金制度，全年全市 496 家企业缴存农民工工资保证金 5.06 亿元；62 家企业采取银行保函方式落实农民工工资保证金，保函金额 9131.83 万元。执行企业守法诚信管理制度。通过《海口日报》向社会公布三批重大劳动保障违法行为案件共 14 起，涉及 13 家企业和 1 名自然人，并及时向省人社厅推送重大违法案件。组织开展企业劳动保障守法诚信评价，共评定出 9 家 A 级企业、2 家 C 级企业，并在市人社局门户网站上公布。开展拖欠农民工工资“黑名单”认定推送，向省人社厅和市发改委推送 2 家拖欠农民工工资企业，均被列入劳动保障监察“黑名单”和诚信失信“黑名单”。运用平台大数据分析，做好讨薪事件研判预警。全年市、区两级劳动保障监察部门受理 12345 热线办件 12118 件。通过依托 12345 政府服务热线，劳动保障监察部门“现场办公”，实现劳资纠纷执法工作阵地前移，有助于快速解决劳动者尤其是农民工的诉求。完善刑事司法衔接机制。年内，公安部门受理市、区劳动保障监察部门移交的拒不支付劳动报酬罪案件 10 起，涉及欠薪金额 80 余万元，已追缴薪资 15 万余元，其余薪资待法院判决后进一步追缴。全年全市劳动保障监察举报投诉立案 172 件，结案 172 件，期限内结案率 100%，共为 1496 名劳动者追回工资 2008.6 万元。劳动保障监察举报投诉立案数、涉及人数、金额比上年分别下降 84%、89% 和 84%。

【人事劳动争议调解与仲裁】2018 年，海口市仲裁机构共受理案件 1385 件，审结案件 1308 件，市区仲裁院结案率 94%。调解裁决用人单位向劳动者支付经济补偿金和赔偿金、工资、补缴社保费、二倍工资、加班费等共 858 万元。

## 社会保险服务

【社会保险服务概况】2018 年，海口市不断完善覆盖城乡的社会保障体系，全面落实社保领域重点改革，进一步提高机关事业单位和企业退休人员基本养老金、城镇居民医保待遇等，依法开展社保经办工作，落实各项新制度、新政策，推进各项社保的扩面征缴、待遇支付、基金管理以及社会保障卡的发行和应用工作，深入实施被征地农民养老保险工作。全市城镇从业人员基本养老、医疗、工伤、生育、失业5项社会保险参保人数（不含省本级）分别为72.3万人、63.4万人、47.9万人、47.5万人、48.98万人。城镇居民医保参保45.38万人，完成率106%；城乡居民养老保险参保34.56万人，参保率96.84%。年内，海口市人民政府办公厅印发实施《海口市进一步深化基本医疗保险支付方式改革实施方案》，建立与基本医疗保险制度发展相适应、激励与约束并重的医疗保险支付制度。年内，海口市城镇从业人员基本养老保险待遇14年连调，月人均养老金增加133元；城镇居民基本医疗保险缴费的财政补助标准，由原来每人每年450元提高到490元；向全市10425名领取失业保险金人员发放价格临时补贴20.89万元。1月起，海口市城乡居民基本养老保险基础养老金标准提高至每人每月178元，享受调标人员100287人，基础养老金调标发放106.64万元。开展失业保险援企稳岗“护航行动”，向23家企业发放稳岗补贴152万元，惠及职工4470人。

【城镇从业人员养老保险】2018年，海口市城镇从业人员基本养老保险缴费人数（不含省本级）46.6万人，养老保险在职参保60.6万人，养老退休参保人数11.8万人，城镇从业人员养老保险基金收入496547.66万元，支出344602.31万元，滚动结余364059.38万元。企业单位退休人员符合基本养老保险待遇调整92273人，月调整增加基本养老金1120万元，月人均增加121元，调整后企业单位退休人员人均养老金2357元/月。

【城镇从业人员医疗保险】2018年，海口市城镇从业人员参保单位37461家，医疗保险参保人数63.4万人，缴费人数（不含省本级）47.2万人。城镇从业人员基本医疗保险基金收入211367.27万元，支出140572.67万元，滚存结余185158.23万元。

【城乡居民养老保险】2018年，海口市城乡居民养老保险参保人数33.4万人，参保缴费率96.84%。基本养老保险金支出24129.53万元，城乡居民养老保险基金总收入70381.97万元，总支出24370.57万元，累计结余123455.66万元。

【城镇居民医疗保险】2018年，海口市城镇居民医保参保人数45.38万人，完成率106%。全年有住院病人36378人、门诊特病46177人享受居民医疗保险待遇。城镇居民医疗保险基金收入28833.46万元，支出27134.35万元，滚存结余43974.77万元。

【失业保险】2018年，海口市继续实施失业保险基金支持企业稳定岗位政策，共受理74家企业的补贴申请，其中51家企业不符合申请条件，累计向符合申请条件的23家企业发放稳岗补贴152万元，惠及职工4470人。全年在册领取失业金10336人，新增办理失业人员申领失业保险待遇5544人，失业保险参保人数48.9万人；累计发放失业保险金66010人次、13990.94万元。全市失业保险基金收入17943.63万元，支出13990.93万元，滚存结余34432.22万元。

【生育保险】2018年，海口市城镇从业人员生育保险参保人数47.5万人；生育基金收入16715.37万元，支出17994.94万元，滚存结余1831.76万元。共有20765人次享受生育保险待遇，支出17314.94万元，其中生育医疗待遇6173.41万元，生育津贴支出11141.54万元。

【机关事业单位人员养老保险】2018年，海口市继续推进机关事业单位养老保险制度改革工作，召开全市机关事业单位养老保险待遇重算工作布置会，约1100人参加。审核录入机关事业单位基本养老保险信息管理系统的18303人，完成录入率100%；完成936家机关事业单位的轧差代支出结算工作。全年全市机关事业单位退休人员符合调整19135人，月调整增加基本养老金363万元，月人均增加190元，调整后机关事业单位退休人员人均养老金5719元/月。

【被征地农民社会养老保险】2018年，海口市累计落实76个被征地参保项目的缴费补贴，涉及征地面积1568.53公顷，涉及参保对象45744人，涉及到账金额57122.9万元。

【工伤保险与劳动能力鉴定】2018年，海口市建筑业按项目参加工伤保险新增331家，新增参保人数19557人。全市城镇从业人员工伤保险参保人数47.9万人；工伤保险基金收入10471.66万元，支出4468.32万元，滚存结余42213.5万元。市人社部门进行工伤认定772件，劳动能力鉴定170件。

【离退休人员管理】2018年，海口市通过媒体或制作宣传册等手段通知离退休人员进行养老金领取资格认证。全市离退休人员11.5万人，认证率99.37%。全年发放的离退休人员养老金金额33.875亿元，拨付1987名离退休人员丧葬费和抚恤金1.52亿元。

【社保基金监管】2018年，海口市初步建成以财政、人社部门行政监管为主，专项审计、专门监督、内部控制、法律监督以及人大监督、社会监督有机结合的社会保险基金监管体系，各职能部门配合，共同实施社会保险基金监督工作。根据海口市开展打击欺诈骗取医疗保障基金专项行动工作部署，市人社部门联合市卫计委、市公安局开展打击欺诈骗取医疗保障基金专项监督检查工作，构建多部门联动机制，实现源头防范，保障医保基金安全。全年全市各项社会保险基金收入109.1亿元，支出79.3亿元，当年结余29.8亿元，历年累计结余93.2亿元，社保基金整体运行安全平稳。

【社保卡发行】2018年，海口市扩大社保卡发卡范围，启动海口市户籍人员社保卡发放工作，实现险种全覆盖、地域全覆盖、人群全覆盖。全年新增制发社保卡18.76万张，完成2018发卡目标任务18.58万张的100.96%，累计制发卡131.39万张，激活社保卡99.18万张，整体激活率75.48%。建成80个覆盖城乡的社保卡服务网点，实现社保卡申请、挂失、换卡、激活等业务“一站式”办理。建立网点零星申领、参保单位批量申领、各级基层批量办理和网上自助申领等多种社保卡办理渠道。开通83项社保卡应用，基本实现社保卡在人社业务领域全面应用，各项社保待遇统一通过社保卡发放。全市102家医疗机构均完成系统改造工作，实现持卡办理住院登记、就医结算。

（莫祥壮）

## 人口与计生服务

【人口与计生服务概况】2018年，海口市计划生育工作继续坚持以人民为中心的服务理念，不断深化服务管理改革，加快转型发展，强化资源融合，计划生育工作持续健康发展，全面完成与省委、省政府签订的责任目标。截至9月30日（人口计生统计年度为每年10月1日至下一年度9月30日，下同），全市期末总人口230.26万人，出生3.22万人，人口出生率14.09‰，政策外多孩率2.92%，出生人口性别比113.22，三项指标均控制在省下达的范围内。

【计划生育政策与利益导向】2018年，海口市全面落实计划生育家庭奖励扶助政策。推进国家“三项制度”（农村计划生育家庭奖励扶助制度、计划生育家庭特别扶助制度、长效节育措施奖励制度）奖励扶助目标人群信息核查、资格确认、信息录入、数据汇总、资金需求测算和监督管理等工作。落实特别扶助制度受益对象505人（其中死亡家庭310人，伤残家庭195人），农村计划生育奖励扶助对象1510人。推进省、市（区）计划生育家庭奖励扶助政策。落实奖励农村二女户落实长效节育措施133人、计划生育特殊困难家庭日常护理补贴375人、计划生育特殊困难家庭特殊护理补贴（大病住院）67人；为全市未成年独生子女购买人身意外保险17364人；为85名独生子女应届大学生每人资助5000元；为511名计划生育特殊家庭成员办理免费乘坐公共汽车卡；为计划生育特殊家庭办理优先入住养老院；为123户农村独生子女家庭提供优惠改厕资金。

【全面两孩政策实施】2018年，海口市修订印发《关于“十三五”期间坚持和完善计划生育目标管理责任制考核制度的实施意见》《海口市计划生育工作目标管理考评排名实施方案》和《海口市计划生育工作问责细则》等，继续实施全面二孩政策，改革完善配套政策措施，构建鼓励按政策生育的制度体系和社会环境。市财政投入60万元专项经费，完成46个母婴设施建设场所的母婴室建设，占应配置52个（秀英辖区10个，龙华辖区26个，琼山辖区8个，美兰辖区8个）的88.46%，完成省考核目标。举办产科适宜技术和儿童保健适宜技术培训班，开展专项培训和演练，提高快速反应和急救处置能力，产科、儿科人员培训覆盖率100%。落实生育服务登记制度，坚持便民利民、优质高效原则，继续推行“互联网+计划生育服务”模式。全年共生育登记23595人（一孩登记11526人，二孩登记12069人），发证22750人，其中网上登记9486人，发证9089人，网上生育登记率40.2%，优于考核指标18.2个百分点，一二孩生育登记覆盖率91.2%，优于考核指标1.2个百分点。加强人口出生统计队伍业务培训，全员人口入库率100%，身份证录入准确率99.8%，住院分娩登记和录入及时率98.54%。实施新一轮增加学位新改扩建项目建设，启动“一校两园”建设计划，逐步使海口市义务教育学校布局更加合理、学位明显增加、公办学前教育资源占比显著提高。

【流动人口计生服务】2018年，海口市落实人口计生信息共享机制，加强流动人口计生信息交互和通报。定期开展流动人口均等化宣传服务进社区活动、新市民健康城市行主题活动等，引导流动人口主动接受基本公共卫生计生服务、基本医疗服务和家庭健康管理服务。加强清查辖区内企事业单位宿舍、住宅小区、出租屋、建筑工地等流动人口聚集地的重点人群，进行信息采集，全面摸清掌握流入（流出）信息变动情况；加强对FIS流动人口信息交换平台提交、接收、变更及反馈信息。截至9月30日，流动人口建档率96.51%，重点信息提交率96.08%，部门信息共享利用率99.54%，流动成年育龄妇女信息核验率96.61%，流动人口健康档案建档率60.52%，均优于省下达指标。按照省健康促进示范企业、学校和健康家庭创建标准开展流动人口健康教育促进示范建设活动。年内创建1个示范企业——海南英利新能源有限公司，1个示范学校——海南国际枫叶学校健康促进示范学校，2个示范家庭——赵定孝家庭、叶民家庭。开展流动人口关怀关爱走访慰问活动，免费为流动人口提供“三查”、避孕药具发放、孕前优生健康检查等服务，免费技术服务覆盖率96%以上。

【孕优检查和地中海贫血初筛】2018年，海口市重视孕优检查和地中海贫血初筛，利用卫生计生机构合并的资源融合，加大宣传力度，免费为辖区育龄群众提供再生育咨询指导和技术服务。印发《海口市人民政府办公厅关于加强地中海贫血防控工作的实施意见》《海口市人民政府办公厅关于印发2018年地中海贫血防控工作项目实施方案的通知》，举办地中海贫血防控工作培训班，督导地中海贫血防控工作项目实施情况。截至9月30日，省下达孕优任务数6200对，完成6640对，完成率107%；省下达地贫筛查任务数2.62万对，完成2.79万对，完成率106%。

【优生优育服务】2018年，海口市抓好优生优育知识培训，共举办各类优生优育培训班94场次。做好出生缺陷综合防治，继续开展妇女增补叶酸、预防神经管缺陷疾病工作，每个月随访新增服用人员。落实避孕节育技术服务，截至9月30日，全市育龄妇女36.8万人，落实避孕30.31万人，综合避孕率82.36%，优于省考核指标2.36个百分点，其中生育二孩及以上妇女落实长效避孕节育措1.24万人。加强药具发放管理服务，定期举办乡镇级和村级药管员业务培训，拓宽免费计生药具发放渠道和服务范围，开展计生药具服务进酒店入宾馆活动，提高药具发放服务质量和使用效果。

【妇幼健康技术服务】2018年，海口市全面开展国家基本公共卫生项目和婚检、产检和新生儿疾病筛查项目，不断提高出生人口素质。加强高危孕产妇专案管理，将其列为各医疗保健机构绩效考核内容。为育龄妇女开展生殖健康普查服务活动。截至9月30日，全市妇女常见病定期筛查率79.45%；宫颈癌筛查完成率100.24%，宫颈癌早诊比例100%；乳腺癌筛查完成率104.69%，乳腺癌早诊比例100%。做好新生儿遗传代谢病和听力筛查。截至9月30日，全市新生儿遗传代谢病筛查率99.4%，新生儿听力筛查率97.71%，达到纲要规划目标。采取积极有效的干预措施，降低孕产妇死亡率和婴儿死亡率。年内海口户籍孕产妇死亡3人，2016—2018年孕产妇死亡率平均值14.35/10万。年内婴儿死亡率2.65‰，2016—2018年婴儿死亡率平均值3.39‰。孕产妇艾滋病、梅毒和乙肝检测率分别为99.98%、99.96%和99.98%，达到省考核指标。年内提出病残儿医学鉴定申请的12名患儿全部通过鉴定。

【出生人口性别比综合治理】2018年，海口市重视出生人口性别比综合治理，修订印发《海口市禁止非医学需要的胎儿性别鉴定和选择性别的人工终止妊娠规定》，出台《海口市综合治理出生人口性别比偏高问题治理年活动的通知》，进一步健全协调联动机制，开展打击“两非”专项行动。截至9月30日，全市出动卫生监督执法人员1764人次，监督车辆817辆次，暗访31家次，省、市、区联合执法检查39次，监督检查各级各类医疗机构811家次，监督母婴保健服务机构、计划生育服务机构127家次。立案查处“两非”案件8宗、非法终止中期以上妊娠案件4宗、组织介绍开展胎儿性别鉴定案件4宗，没收违法医疗器械29件，没收违法药品61片，没收违法所得2.36万元，罚款15万元，与各市县开展跨区域联合执法行动7次，有效遏制和打击“两非”行为。

【人口计生村（居）民自治】2018年，海口市新增创建石山镇、龙桥镇、三门坡镇、大致坡镇4个镇级计生基层群众自治示范点，开展“流动人口健康服务年”活动，着重提升秀华社区流动人口计生协会、白龙农贸市场流动人口计生协会等4个创建示范点的示范带头作用，为流动人口送宣传、送服务。全市71%的村（居）达到计生村（居）民自治创建标准，27个村（居）被国家授予“全国人口计生基层群众自治工作示范村（居）”称号，有136个流动人口计生协会，流动人口工作覆盖率97%。

【计生家庭养老照护】2018年，海口市推广以居家养老为基础，社区养老为纽带，社会养老为发展方向的医养结合模式，全面实施医养结合，提高医疗服务水平。开展2018养老院服务质量建设专项行动联合督查，提升养老服务质量。继续打造医养结合服务结合体，提供日间照料、医疗康复、养老培训、技术指导等服务，探索医养紧密融合的居家和社区养老服务模式，为老年人提供多层次、多样式的养老医疗健康服务。全市有养老机构29家，其中公办22家、民办营利性3家、非营利性4家。4个区各打造一个居家和社区养老服务示范中心，主要为半失能和健康老年人提供短期托养及老年人就餐、娱乐、阅览、培训、活动等服务。

【人口计生志愿服务活动】2018年，海口市各区将人口计生职能与志愿服务有机融合，整合社会资源，深入基层开展各项志愿服务活动。龙华区举办“健康龙华行”志愿服务宣传活动，加强流动人口服务管理，促进公共服务均等化，提高流动人口健康素养。美兰区依托全省首家计划生育志愿服务站，组建美兰区计生志愿服务团队，开展“圆梦女孩”志愿服务行动48场，开展“护航春蕾·为童年撑起保护伞”女童自我保护公益宣讲进校园活动8场，开展关注流动儿童健康成长活动70余场，开展青春期健康教育讲座进校园暨“青春讲堂”系列活动讲座活动20场，为计生特殊家庭、圆梦女孩对象、留守儿童等服务对象开展专家义诊、心理咨询、学业辅导等志愿服务。

【人口计生宣传教育】2018年，海口市各区通过主题宣传活动、举办优生优育知识讲座、文艺晚会、入户随访等多种方式，加大计生员、育龄群众对人口计生基础知识和健康促进素养知识的培训与宣传，计划生育基础知识知晓率达92%以上，健康促进素养知识知晓率80%以上。利用“‘10·28’男性健康日”“‘12·1’世界艾滋病日”“‘3·8’妇女节”“‘5·29’会员活动日”“‘7·11’世界人口日”等时机，开展人口计生主题宣传活动24次，大力传播婚育新风。利用春节、端午节、中秋节等传统节日，开展多种形式宣传活动200余次。开展健康中国行主题宣传活动25次、上街咨询义诊、发放宣传品等特色宣传活动52次。加强媒体宣传，在《中国人口报》《海口日报》《南国都市报》等新闻媒体发表有关计划生育工作稿件200多篇。

（何定培）

## 城乡居民生活

**【居民生活概况】** 2018年，海口城乡居民收入继续保持平稳增长态势，全体居民人均可支配收入31205元，比上年名义增长8.7%，提高0.2个百分点，扣除价格因素实际增长6.2%。其中，城镇居民人均可支配收入36137元，名义增长8.5%，扣除价格因素实际增长6%；农村居民人均可支配收入14886元，名义增长8.2%，扣除价格因素实际增长5.7%。随着收入水平的提高，城乡居民的消费支出也同步增长，全体居民人均生活消费支出21395元，名义增长13%。其中，城镇居民人均生活消费支出24432元，名义增长12.8%；农村居民人均生活消费支出11343元，名义增长11.8%。

**【城镇常住居民收入】** 2018年，海口城镇居民人均可支配收入继续呈上涨趋势，高出全省平均水平2788元，位居全省第二位，名义增长8.5%，扣除价格因素影响，实际增长6%。与全国城镇居民人均可支配收入39251元相比，收入差距为3114元，较上年缩小38元。4大项收入均呈上涨态势，其中工资性收入、经营净收入、转移净收入及财产净收入分别为25961元、1713元、6198元、2265元，涨幅分别为8.5%、6.9%、6.9%、14.2%。工资性收入对可支配收入增长的贡献率71.8%，仍然是城镇居民增收的主动力。

**【农村常住居民收入】** 2018年，海口市农村居民收入增长8.2%，扣除价格因素影响，实际增长5.7%，总量名列全省第四，高出全省平均水平897元。在农村居民人均可支配收入的4项构成中，工资性收入8066元，占人均可支配收入54.2%，贡献率58.1%，依然是农民收入的主要来源；经营净收入4734元，对可支配收入的贡献率17.7%；财产净收入549元，增长23.6%，呈高速增长态势；转移净收入1537元，增长12.2%，占人均可支配收入10.3%，是农民收入的另一个亮点。

**【城镇常住居民支出】** 2018年，海口城镇居民人均生活消费支出24432元，增加2779元，名义增长12.8%，扣除价格因素影响实际增长10.2%，高于收入增速4.2个百分点。居住类、教育文化娱乐类、其他用品和服务类支出快速增长，分别增长26.7%、23.6%、21.6%，其次是医疗保健类（11.4%）、食品烟酒类（9.3%）、衣着类支出（8.3%）。受海南省小客车保有量调控及通信类价格下降影响，交通通信类支出下降4.1%。

**【农村常住居民支出】** 2018年，海口农村居民人均生活消费支出11343元，名义增长11.8%，扣除价格因素影响实际增长9.2%，高于收入增速3.5个百分点。居住类支出增长最快，增长29%；教育文化娱乐类、食品烟酒类支出增长速度居次，分别增长11.7%、11.3%；衣着类、生活用品及服务类、医疗保健类、其他用品和服务类的增速分别为6.7%、5.9%、5.6%和2%；受海南省小客车保有量调控管理的影响，交通通信类支出下降4.4%。

**【居住条件】** 2018年，海口市城镇常住居民居住条件继续改善，人均住宅建筑面积30.67平方米，人均增加0.51平方米，增长1.7%；农村常住居民人均住宅建筑面积33.2平方米，人均增加0.4平方米，增长1.2%。

## 2018 年海口全市及分城乡居民收入变化情况表

| 指标名称 | | 本年水平（元） | 上年水平(元) | 比上年±（元） | 增长率（%） |
|---|---|---|---|---|---|
| 全市居民 | 人均可支配收入 | 31205 | 28701 | 2504 | 8.7 |
| | （一）工资性收入 | 21808 | 20034 | 1774 | 8.9 |
| | （二）经营净收入 | 2414 | 2295 | 119 | 5.2 |
| | （三）财产净收入 | 1867 | 1620 | 247 | 15.2 |
| | （四）转移净收入 | 5116 | 4752 | 364 | 7.7 |
| | 人均生活消费支出 | 21395 | 18934 | 2461 | 13.0 |
| | （一）食品烟酒 | 7634 | 6952 | 682 | 9.8 |
| | （二）衣着 | 896 | 826 | 70 | 8.5 |
| | （三）居住 | 4905 | 3854 | 1051 | 27.3 |
| | （四）生活用品及服务 | 1006 | 978 | 28 | 2.9 |
| | （五）交通通信 | 2305 | 2396 | -91 | -3.8 |
| | （六）教育文化娱乐 | 2651 | 2167 | 484 | 22.3 |
| | （七）医疗保健 | 1443 | 1300 | 143 | 11.0 |
| | （八）其他用品和服务 | 555 | 461 | 94 | 20.4 |
| 城镇居民 | 人均可支配收入 | 36137 | 33320 | 2817 | 8.5 |
| | （一）工资性收入 | 25961 | 23937 | 2024 | 8.5 |
| | （二）经营净收入 | 1713 | 1602 | 111 | 6.9 |
| | （三）财产净收入 | 2265 | 1984 | 281 | 14.2 |
| | （四）转移净收入 | 6198 | 5797 | 401 | 6.9 |
| | 人均生活消费支出 | 24432 | 21653 | 2779 | 12.8 |
| | （一）食品烟酒 | 8522 | 7797 | 725 | 9.3 |
| | （二）衣着 | 1055 | 974 | 81 | 8.3 |
| | （三）居住 | 5672 | 4478 | 1194 | 26.7 |
| | （四）生活用品及服务 | 1138 | 1114 | 24 | 2.2 |
| | （五）交通通信 | 2679 | 2793 | -114 | -4.1 |
| | （六）教育文化娱乐 | 3041 | 2461 | 580 | 23.6 |
| | （七）医疗保健 | 1649 | 1480 | 169 | 11.4 |
| | （八）其他用品和服务 | 676 | 556 | 120 | 21.6 |
| 农村居民 | 人均可支配收入 | 14886 | 13763 | 1123 | 8.2 |
| | （一）工资性收入 | 8066 | 7414 | 652 | 8.8 |
| | （二）经营净收入 | 4734 | 4535 | 199 | 4.4 |
| | （三）财产净收入 | 549 | 444 | 105 | 23.6 |

续表

| 指标名称 | | 本年水平（元） | 上年水平(元) | 比上年±（元） | 增长率（%） |
|---|---|---|---|---|---|
| 农村居民 | （四）转移净收入 | 1537 | 1370 | 167 | 12.2 |
| | 人均生活消费支出 | 11343 | 10142 | 1201 | 11.8 |
| | （一）食品烟酒 | 4696 | 4219 | 477 | 11.3 |
| | （二）衣着 | 368 | 345 | 23 | 6.7 |
| | （三）居住 | 2369 | 1836 | 533 | 29.0 |
| | （四）生活用品及服务 | 570 | 538 | 32 | 5.9 |
| | （五）交通通信 | 1066 | 1115 | –49 | –4.4 |
| | （六）教育文化娱乐 | 1359 | 1217 | 142 | 11.7 |
| | （七）医疗保健 | 760 | 720 | 40 | 5.6 |
| | （八）其他用品和服务 | 155 | 152 | 3 | 2.0 |

（邵　渺）

# 市场物价

【市场物价概况】2018 年，海口市居民消费价格总水平（CPI）比上年上涨 2.4%，涨幅回落 0.9 个百分点，比全国平均水平高出 0.3 个百分点，比全省水平低 0.1 个百分点，涨幅在全国 36 个大中城市排名第九位。从构成来看，非食品价格涨幅高于食品价格，非食品价格指数上涨 3%，食品价格指数上涨 0.6%；服务项目价格高于消费品价格，服务项目价格指数上涨 3.1%，消费品价格指数上涨 2.1%；能源价格涨幅高于居住（扣除自有住房）价格，能源价格指数上涨 5.9%，居住价格指数上涨 3.2%。

【居民消费价格月同比指数】2018 年，海口市居民消费价格月同比指数呈前高后低走势。1—2 月，受春节错月影响，分别上涨 1.9%、3.9%，2 月为全年最高涨幅，而后逐月回落。3—5 月，随春节效应减弱，食品价格趋于稳定，5 月为全年最小涨幅，上涨 1.6%。6—8 月，受台风天气及成品油价格不断上调的影响，分别上涨 2.4%、1.9%、2.7%。9—12 月，随翘尾因素减弱，成品油价格下调，涨幅小幅回落。

【居民消费价格月环比指数】2018 年，海口市居民消费价格 1—9 月环比涨幅较为平稳。 1—2 月，受元旦、春节等节日因素影响，环比呈上涨态势，1 月上涨 0.3%，2 月上涨 1.9%，为全年最大涨幅。随着春节效应的减退，3 月环比由升转降，下降 1.3%，为全年最大降幅。4—5 月延续降势，环比小幅下降。6 月，受食品价格上涨影响，总指数环比上涨 0.4%。7 月持平。8 月由于台风“贝碧嘉”影响，食品、居住、交通和通信价格上涨，指数环比上涨 1.0%。9 月，食品及旅游价格回稳，环比涨幅较 8 月有所回落，上涨 0.2%。10—12 月，指数涨幅在 99.6 ~ 100.4 之间徘徊。

【八大类商品及服务价格】2018 年，海口市居民消费八大类商品和服务价格全面上涨。衣着领涨八大类，上涨 5.8%，其余涨幅 3%以上的有交通和通信、医疗保健、居住，分别上涨 3.8%、3.3%、3.2%，同时教育文化和娱乐、其他用品和服务、生活用品及服务、食品烟酒分别上涨 2.3%、2.3%、2.1%、0.9%。与全国对比来看，八大类消费价格同比指数除食品烟酒、医疗保健两项均低于全国平均水平 1 个百分点外，其他六类均高于全国平均水平。其中，衣着、交通和通信分别高于全国平均水平 4.6、2.1 个百分点。（1）交通和通信、居住是拉动 CPI 的主要因素，共同拉动总指数上涨约 1.15 个百分点。主要受 3

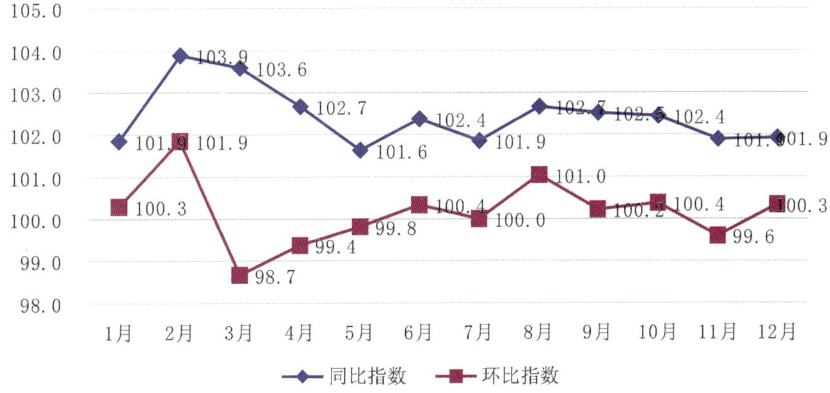

2018 年海口市居民消费价格分月指数

个因素影响：由于国际原油价格波动，国内成品油价格13次上调12次下调，导致交通工具用燃料上涨11.1%；春节期间琼州海峡因大雾天气停航，大批游客滞留海口，出岛机票供不应求，当月机票大幅上涨并持续维持高位，导致交通费价格上涨11.4%；受全岛限购、人才引进等政策的影响，租房需求增加，推动租赁房房租价格上涨8.3%。（2）食品价格由降转升，助推总指数上涨。食品价格上涨0.6%，14小类食品“10涨1平3跌”。菜价格由降转升，累计上涨3.4%。受春节错月影响，2月鲜菜价格上涨16.6%，3、6、8月受大雾、台风天气影响，鲜菜运输、生长受限，上市量减少，价格大幅上涨，分别上涨11.8%、5.9%、7.4%，其余月份鲜菜价格较为平稳。奶类价格涨幅扩大，累计上涨6.5%，较上年同期扩大6.1个百分点。受“全面二孩”政策的利好，奶粉需求回暖，价格呈增长态势。蛋类价格涨幅明显，累计上涨6.9%，各月同比指数全面上涨。6月，海口市行政辖区划分禁养区、限养区和适养区，并逐步关停不符合条件的养殖场和养殖户，蛋类供应减少。端午节期间，海口有包猪肉咸蛋粽子习俗，其他蛋类需求大幅增加，当月上涨23.8%，并维持高价运行。（3）工业品价格涨幅进一步增大，累计上涨3.4%，较上年同期扩大1.2个百分点。全年海口工业生产者价格继续保持小幅上涨态势，累计上涨0.5%，上游产品价格上涨传导至下游行业，部分工业品价格随之上涨。受原材料价格上涨影响，药品及医疗器具上涨6.9%，家用纺织品、鞋类、服装材料分别上涨9.9%、5.7%、4.2%。（4）服务价格持续上涨。2016年以来，受人工成本、服务需求增加影响，服务类价格连续36个月呈上涨态势。年初受供求关系影响，飞机票、洗浴价格大幅上涨，累计分别上涨38.4%、11.7%。9月，海口城镇居民医疗保险缴费标准由190元/年上调至220元/年，使得其他保险上涨18.8%。

**2018年海口与全省CPI主要商品类别价格指数对比表**

| 项目 | 海口 | 全省 |
|---|---|---|
| 居民消费价格 | 102.4 | 102.5 |
| 食品烟酒 | 100.9 | 101.2 |
| 衣着 | 105.8 | 104.1 |
| 居住 | 103.2 | 103.4 |
| 生活用品及服务 | 102.1 | 102.0 |
| 交通和通信 | 103.8 | 103.3 |
| 教育文化和娱乐 | 102.3 | 102.7 |
| 医疗保健 | 103.3 | 103.6 |
| 其他用品和服务 | 102.3 | 101.8 |

**【房地产价格走势平稳】** 2018年，海口房价受政策影响较明显，总体走势平稳。全年新建商品住宅环比价格指数在100.2～103.9之间波动，6月环比涨幅3.9%，为全年最高点。随着4月海南省政府出台的全域限购和8月中旬限价政策的推行，房地产市场趋于平稳，理性降温势头逐步显现。从环比来看，1—12月，海口新建商品住宅销售价格环比涨跌幅分别为0.4%、0.2%、2.1%、1.9%、2.1%、3.9%、2.3%、0.9%、0.3%、0.6%、0.3%和1.4%。其中，1—3月受全国房价上涨影响，市场快速升温，价格连续上涨；4月为遏制投机性购房，政府及时出台全域限购等房地产调控政策，价格涨幅逐步放缓；5—7月，延续自宣布海南全岛建设自由贸易实验区、自由贸易港之利好政策，价格继续较大幅度上涨；8—11月，受8月中旬限价政策调控，价格涨幅逐步放缓；12月随着冬季来临，“候鸟族”增多，以及人才引进政策的推行，购房需求有所增加，新建商品住宅销售价格环比上涨1.4%。从同比来看，1—12月，海口新建商品住宅销售价格涨跌幅分别为1.7%、5.2%、4.8%、7.2%、10.1%、13.1%、19%、21.4%、21.7%、22.4%、23%和22.1%。其中，1—3月涨幅收窄；4—7月快速上涨，同比涨幅不断扩大；受8月中旬限价政策调控，8—12月涨幅放缓，11月涨幅达到全年最高值，创下近年来同比涨幅新高。

**【工业生产者价格继续上涨】** 2018

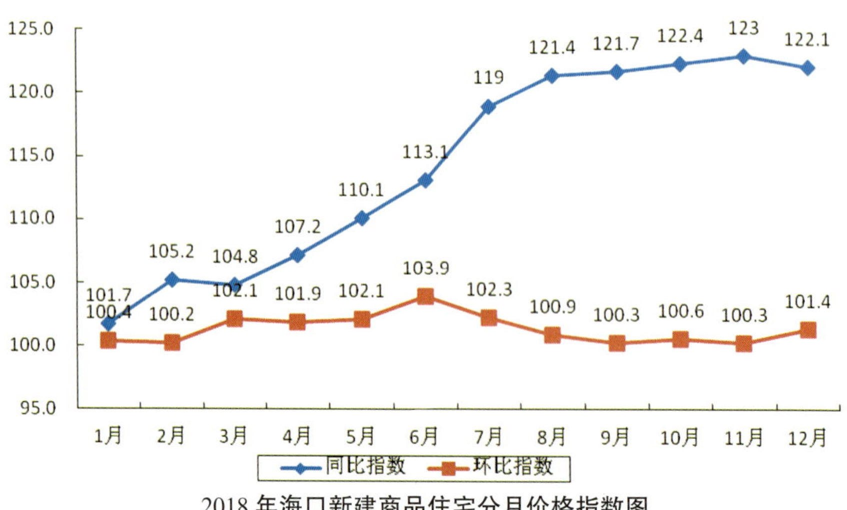

2018年海口新建商品住宅分月价格指数图

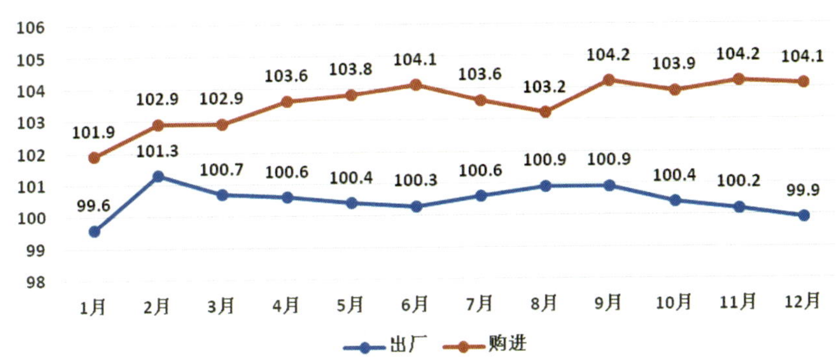


2018 年海口市工业生产者价格月同比走势图

年，受国内宏观经济继续稳中向好、全球经济复苏日渐显著，以及国际大宗商品价格温和上涨等因素影响，海口市工业生产者价格延续 2017 年的上涨态势，且涨幅有所扩大。全市工业生产者出厂价格指数（PPI）上涨 0.5%，涨幅扩大 0.1 个百分点；工业生产者购进价格指数（IPI）上涨 3.5%，涨幅扩大 0.7 个百分点。（1）出厂价格。按生产生活资料分，生产资料出厂价格下降，生活资料出厂价格上涨，呈两极分化态势。全年全市生产资料类产品价格下降 1.3%。其中，加工工业价格下降 1.6%，原材料工业价格持平。生活资料类产品价格上涨 1.7%，其中一般日用品类价格上涨 3.8%，食品类价格上涨 3.6%，耐用消费品类价格下降 6.7%。（2）购进价格。九大类原材料中有色金属材料及电线类涨幅最大，为 10.1%；其次黑色金属材料类、建筑材料及非金属类、木材及纸浆类、其他工业原材料及半成品类、农副产品类和燃料、动力类涨幅分别为 7.3%、6.6%、5.7%、3.7%、3.4% 和 0.2%。九大类原材料购进价格下降的有化工原料类、纺织原料类，降幅为 3.1%、0.1%。

（邵　渺）

# 民政工作

【民政工作概况】2018 年，海口市民政局以改善民生、服务社会为着力点和落脚点，推进全市民政事业发展。出台《海口市健全城市社区功能工作方案》，秀英区海秀街道东方洋社区入选全国“优秀社区工作法”百强社区。制定《开展“大社区”治理综合服务试点实施方案》，在美兰区白龙街道流水坡社区开展“大社区”综合服务中心建设试点。推进居家和社区养老服务改革试点，采取“政府补一点、慈善捐一点、企业让一点、个人出一点”的方式，在全省率先开展社区长者饭堂助餐服务试点，美兰区 6 个社区“长者饭堂”启动运营。协调海军舰海口舰“回家”，在海口市开展为期 3 天的双拥共建活动，活动反响热烈。年内，市老龄办在海南省第三届老年文艺汇演和首届老年人书画摄影大赛中获得优秀组织奖；市社会福利院被评为省“巾帼文明岗”单位和市“三八红旗集体”；市民政系统全力参与的“抗雾保运”和牵头开展的长者饭堂、海口舰“回家”等工作入选“2018 年度海口十大新闻”，市社会福利院特教老师王锦花、海口舰舰长樊继功入选“2018 年度海口十大新闻人物”。

【社会救助】2018 年，海口市有城乡低保对象 7527 户 16374 人，累计支出城乡低保金 7673.22 万元。其中，城市 2080 户 3536 人，累计支出城市低保金 1988.57 万元，累计救助城市低保对象 49515 人次；农村 5447 户 12838 人，累计支出农村低保金 5684.65 万元，累计救助农村低保对象 176892 人次。在全市民政系统开展农村低保中的腐败问题作风问题专项治理工作，重点对“漏保”“错保”“保人不保户”“人情保”“关系保”及违反规定行政性纳入低保、低保制度与扶贫开发政策衔接不紧密、村（居）低保经办人员近亲属违规享受低保等问题加强排查整改落实，对 86 名（秀英区 15 名，龙华区 38 名，琼山区 33 名）村（居）委会干部、低保经办人员近亲属享受低保按规定进行备案。落实各项特困人员供养政策。全市特困人员 3245 人，全年累计支出特困人员救助供养资金 2578.6 万元。全市累计救助临时救助对象 6960 人次，累计支出临时救助资金 542.81 万元。完善医疗救助“一站式”服务全覆盖，累计救助 11106 人次，累计支出医疗救助资金 1309.25 万元。为缓解物价上涨影响，保障困难群众基本生活，开展价格临时补贴工作。分别在 2 月补贴 25 元 / 人（其中，城乡低保对象 20456 人、发放资金 51.14 万元，特困对象 3583 人、发放资金 8.95 万元）、3 月补贴 15 元 / 人（其中，城乡低保对象 20411 人、发放资金 30.62 万元，特困对象 3578 人、发放资金 5.372 万元），累计发放价格临时补贴 55233 人次 110.92 万元，其中低保对象 40867 人次 81.76 万元，特困人员 7161 人次 14.32 元，优抚对象 8069 人次 16.14 万元。开展“两项制度衔接”（农村低保制度和扶贫开发政策衔接）工作，助力脱贫攻坚。全市符合社会保障兜底扶贫对象 521 户 1274 人，其中在册享受低保的建档立卡贫困户 414 户 1165 人，累计支出低保金 351.75 万元。开展“陪伴成长，守望未来”爱心夏令营活动，举办“爱心圆梦、助力成长”晚会，引导社会各界关心帮助农村留守儿童。完成 218 名农村留守儿童和 1799 名困境儿童的数据录入和动态更新，全年为困境儿童发放生活补贴 19389 人次 534.6 万元。按照“民政+公安、城管、卫生”的工作模式，突出重点时段、重点地段、重点人群，加大救助力度，市救助管理站全年共救助流浪乞讨人员和临时困境人员 1223 人次，流动救助、巡查及护送返乡等使用车辆599台次，行程6.3万千米。在年初“抗雾保运”工作中，市民政部门工作人员牺牲春节假期休息时间，连续奋战7天，坚持24小时值班，为6万余名滞留旅客提供救助服务保障工作。共组织出动人员3970人次，采购矿泉水、八宝粥、方便面、饼干、棉衣等救助物资69.5万元，运送物资20余万件，救助旅客23.47万人次。

**【灾害救助】** 2018年，海口市经受5个台风、一轮强降雨、一个热带低压、一轮强降温等灾害性气象以及春节琼州海峡连续多天的大雾天气。全市有820顶帐篷、12500床棉被、11255套运动服等应急储备物资，设置临时避难场所558个，全年转移安置受灾困难群众1966人，及时下拨3100床棉被、800件棉大衣、700套运动服等救灾物资，较好应对各种恶劣天气，未造成人员伤亡和重大财产损失。全年发放困难群众春节慰问经费592.91万元、冬春救助经费94万元。推广农房保险工作，14137户农户购买农房保险。开展“全国防灾减灾示范社区”创建，琼山区红旗镇苏寻三村社区、凤翔街道办事处桂林社区和秀英区永兴镇永秀村社区被评为“全国综合减灾示范社区”。

**【社会养老服务体系建设】** 2018年12月，海口市老年人福利院项目主体封顶，项目总投资6305.6万元，建筑面积1.75万平方米，为老服务床位400张。年内新增3家养老机构，全市共有34家养老服务机构〔含振东（米铺）老年公寓、凤翔敬老院、龙塘敬老院和省托老院〕、74家日间照料中心，各类养老床位7677张，每千人拥有养老床位31.6张。海口市以居家养老为基础，社区养老为纽带，社会养老为发展方向，深入开展医养结合工作，健全医疗卫生机构与养老机构合作机制，推进社区卫生服务站和医务人员与社区、居家养老深度融合，与老年人家庭和计划生育家庭老人建立签约服务关系，定期上门走访，为老年人提供连续性的健康管理服务和多层次、多样式的医疗健康服务，打造社区一刻钟养老服务圈。全市34家养老机构全部与附近医院签订合作协议。

**【敬老院建设与管理】** 2018年，海口市有22家敬老院，床位1817张，供养老人549人。市、区财政共投入敬老院运营管理经费866.75万元，其中市级投入110万元，用于敬老院的规范管理、服务质量提升和农村敬老院管理新模式探索工作。全年政府通过向社会购买服务方式，把14家农村敬老院委托给养老服务和管理资质好的养老机构或社会组织管理。

**【慈善事业】** 2018年，海口市慈善事业健康有序发展。9月2日，举行海口市“中华慈善日”启动仪式；9月5日举办“慈善我参与·共建文明城”的主题慈善晚会，全年共筹集慈善救助款1282.81万元。慈善救助为社会救助保障查缺补漏，通过助孤、助残、助老、助学、助医、扶贫济困等系列救助活动，使慈善救助活动惠及更多困难群体。全年慈善救助项目支出619.77万元。

**【福利事业】** 2018年，海口市社会福利院精神病人福利机构项目初步验收，项目建设总面积7992.24平方米、床位300张，总投资3531.46万元。完成“明天计划”手术8例，分别为孤儿实施脑瘫、粉碎性骨折、先天性心脏病、腹股沟斜疝、先天性肛门闭锁、先天性脑积液等手术。举办“爱心开放日”活动12次，社会各界爱心人士7000余人次参加。全年全市销售福利彩票10.2亿元。

**【基层政权和社区建设】** 2018年，海口市推动社会治理重心下移，把加强城乡社区治理体系建设作为社会建设的基础工作，坚持以满足需求、服务群众为出发点，以整合资源、共建共治共享为落脚点，不断加强城乡社区治理建设。坚持规划先行，印发《海口市城乡社区服务体系建设规划（2018—2022年）》，为构建设施完备、组织健全、主体多元、供给充分、群众满意的城乡社区服务体系明确标准要求。出台《海口市加强镇政府服务能力建设实施方案》，确保镇政府在服务能力提升的同时为农村社区治理工作提供更加坚强有力的领导，为实现乡村振兴战略打下坚实基础。贯彻《海口市人民政府关于进一步加强基层民政服务能力建设的意见》，在全市镇（街）设立民政服务站，采取政

2018年9月2日，举行海口市“中华慈善日”启动仪式。在仪式上，为200名单亲母亲发放资助款

（市民政局 供）

府购买服务的形式为镇（街）配备90名民政协管员岗位，在村（社区）配备193名民政专干，落实专项工作经费，夯实基层民政工作力量。探索社区治理新模式。海南省民政厅选定美兰区流水坡社区开展“大社区”综合服务中心建设试点，围绕打造“一门式办理”“一站式服务”的社区综合服务平台，努力打造百姓家门口的“服务中心”“慈善中心”“信仰中心”。推动秀英区“全国农村社区治理试验区”创建工作。围绕“创新农村社区服务机制，推进农村公共服务平台建设，发展农村社区公共服务”的实验主题，初步建成石山镇施茶村、海秀镇水头村等示范农村社区。不断健全城市社区功能。按照“一社区一品牌”“一社区一特色”的要求，稳妥推进社区功能提升试点。12月，秀英区东方洋社区“12345+网格化+居民志愿者”工作法入选民政部全国100个优秀社区工作法，是全省唯一。推进村（居）民主自治深入发展。贯彻《海口市村务公开和民主管理工作实施细则》，探索“互联网+监督”平台建设，初步实现全市村（居）党务、政务、财务、事务信息实时公开。举办居民委员会主任和村（居）务监督委员会主任培训班，将加强和完善城乡社区治理、村务公开和民主管理等内容纳入培训课程，全市210个社区居委会主任、458个村（居）务监督委员会主任、43个镇（街）分管领导等700余人参训。

【社区网格化管理】2018年，海口市社区网格员通过“社服通”移动终端，在全市范围内开展以标准地址和实有人口、实有房屋、实有单位（简称“一标三实”）为主要内容的基础信息集中采集工作，共采集、核实、更新人口基础信息1688897人、房屋992114间，核实3595名全市各社区居住登记满半年申领居住证的流动人员居住情况。社区网格员通过微联动APP直接上报12345热线办件2182件，网格内部联勤联动办件1306件，网格内部自治办件113079件；通过社服通上报办件472件，办结470件，办结率99.58%，累计总处置办件117039件。全市1603名社区网格员先后进行业务培训，全年共培训6258人次。邀请专家对全市185名社区网格员进行社会工作专业培训，35名社区网格员通过社会工作师执业资格考试，通过率19%。社区服务信息化系统项目建设竣工验收。运用人房系统、12345政府热线办件系统、微联动APP和社服通移动终端等系统的数据转化为绩效考评量化指标，实现对社区网格员考勤管理、学习培训、为民服务、任务下达、执行记录等自主考评、自动排名和按比例自动评定的绩效考评。为3.68万名居民群众提供5大类11项常态性门边服务。年内，社区网格员配合市领导、市直各单位走访52家省级部门、291名人大代表和282名政协委员，并与之建立联系。在“抗雾保运”工作中，全市有1500多名社区网格员参与，设立265个志愿服务站点，连续奋战8天，为25万人次提供送水、送餐、车辆引导、通航咨询、心理安抚等志愿服务活动2650多场次，服务群众61万人次。

【社会组织管理】2018年，海口市社会组织管理局在社会组织登记过程中，书面征求有关部门意见44件次，从严从紧把握社会组织直接登记申请。全年受理社会团体成立登记23家、变更27家、注销3家，民办非企业单位成立登记24家、变更64家、注销4家。年末，海口市本级社会组织有840家，其中社会团体331家，民办非企业单位509家。全年举办社会组织培训班4次，培训300余人次。加强社会组织事中事后监管，335家社会组织通过年度检查；采取“双随机一公开”的监管方式，对49家社会组织开展执法检查。组织34家社会组织、爱心企业单位参与“新春扶贫行 爱心暖椰城”2018新春大型扶贫慰问活动等一系列脱贫攻坚行动，出动志愿者1万余人次和捐助大量物资参与“抗雾保运”。

【双拥优抚安置】2018年，海口市开展春节、“八一”等重大节日双拥活动，为驻市师以上部队赠送春节慰问金190万元，“八一”慰问金205万元。下拨支持部队建设经费600万元，发放2017年度驻市军警部队军功奖经费75.4万元。迎接和协调海

2018年4月5日，在颜春岭公墓，海口市倡导文明祭扫，过绿色清明

（市民政局 供）

口舰“回家”开展双拥共建活动，进行先进事迹报告会，有市民群众3万余人登舰参观，各级领导干部和学校师生5000余人参加国防宣讲教育。市双拥办协同市慈善总会、椰树集团开展“慈善拥军情，爱心进军营”活动，捐资60万元资助200户困难士兵家庭。协调解决53名随军家属就业问题、305名军人孩子上学问题。检查督查全市拥军政策落实、爱国主义教育基地建设以及军民共建点建设等工作，迎接海南省第十届双拥模范城（区）考核。全年全市有重点优抚对象4293人，下拨优抚经费5739.52万元，其中优抚对象抚恤补助资金4032.09万元，优抚对象医疗补助资金317.19万元，优抚对象“三难”经费40万元，义务兵家庭优待金1343.76万元。完成优抚对象元旦春节两节慰问金的申报发放（500元/人）；各区完成春节市重点优抚对象物价补贴，其中伤残人员600元/人，其他重点优抚对象400元/人。全年接收军队退休干部72人、复员干部12人、退役士兵658人，其中安置符合政府安排工作条件退役士兵55人、自主就业603人。完成5.8万名退役军人和其他优抚对象的信息采集。组织395名退役士兵进行汽车驾驶专业技能培训，开展两场就业创业工作招聘会。落实烈士褒扬工作，组织协调2名烈士墓迁移至解放海南岛战役烈士陵园；推进解放海南岛战役烈士陵园基础设施建设，做好清明节期间文明祭扫和“9·30”烈士公祭日工作。

**【婚姻及收养登记】**2018年，海口市办理婚姻登记1.63万对，其中涉外结婚登记331对、涉外离婚登记56对，国内结婚登记1.6万对、国内离婚登记4484对。办理收养登记32件，其中收养登记28件、解除收养登记4件，登记合格率100%。

**【殡葬管理】**2018年清明节期间，海口市投入现场安保服务工作人员4315人次，接待集中祭扫群众17.47万人次，车辆3.6万台次，全过程“零差错、零事故、零投诉”，实现“文明祭扫，绿色殡葬，平安清明”的工作目标。7月，市委办公厅、市政府办公厅联合印发《海口市深化殡葬改革推动绿色殡葬实施办法》，推动殡葬事业进一步发展。通过推广火葬，逐步实现从土葬为主到生态节地安葬的转变，改善生态人居环境。通过发放节地生态葬补贴，吸引群众主动采取节地生态安葬，逐步得到社会各界的认同。将基本殡葬服务补贴扩大到全市户籍居民，实现惠民殡葬政策全覆盖，共发放惠民殡葬补贴89.75万元。实行凭火化证领取丧葬费和一次性抚恤金，全年火化遗体3054具，增长28.8%。开展殡葬改革宣传月活动，印发各类宣传小册子1.6万本，张挂横幅300余幅。开展殡葬领域突出问题专项整治行动，市政府与各区政府签订《殡葬改革目标责任书》，完成对全市67家殡仪服务机构备案，约谈2家公墓负责人，查处违规预售墓穴137个、超规定面积墓穴275个，殡葬服务市场进一步规范。

**【地名管理】**2018年，海口市民政部门完成34条新建道路的命名和路牌设置、城区760块路（街、巷）牌设置安装（修复）和10个镇墟1135块村牌的安装，不断完善地名标牌的导向功能作用，提高全市地名管理的标准化、规范化水平。贯彻《第二次全国地名普查质量评价体系》《第二次全国地名普查验收办法》的要求，做好全市第二次全国地名普查后续工作。开展十八大以来行政区划调整效果评估和清理不规范地名暨地名文化保护工作，加强对海口历史文化的研究，规范地名命名管理，弘扬优秀传统，延续海口历史文脉，控制不规范地名增量。新建成的34条道路中，以即将消失的城中村村名为路名的道路有6条，其余道路名称或以历史地名派生或以区域内文化、产业特色为核心命名。

## 老龄工作

**【老龄工作概况】**2018年，海口市老龄工作以扎实开展敬老孝老助老系列活动、社区居家养老服务工作、居家和社区养老服务改革试点、社区长者饭堂助餐服务试点、80岁以上高龄老人长寿补贴发放管理、组织开展第三届“敬老文明号”创建活动等工作为重要抓手，宣传贯彻老年法律法规政策，切实维护老年人合法权益，老龄事业有新的发展和进步。社区长者饭堂助餐服务试点工作受到老年人普遍欢迎，社会效应良好，入选“2018年度海口十大新闻”。

**【老龄人员状况】**2018年，海口市有60岁以上户籍老年人口27.71万人，占全市总人口15.6%。其中，80岁以上高龄老人4.07万人，100岁以上老人383人。每10万户籍人口中百岁老人21.6人，超过联合国规定的长寿之乡标准。其中，男性70人，占18.28%；女性313人，占81.72%，女性最高年龄是115岁，男性最高年龄是111岁。

**【老龄人优待政策】**2018年，海口市继续贯彻实施《中华人民共和国老年人权益保障法》和《海南省实施〈中华人民共和国老年人权益保障法〉若干规定》，落实老年人各项优待政策。共办理老年优待证21127张，老年公交优待IC卡4933张，自2016年4月启动以来累计办理8.54万张。做好社区居家养老服务，及时下拨各区政府购买居家养老服务全年经费1080万元，继续向农村地区推广居家养老服务，新增旧州镇服务站点，全市居家养老服务覆盖17个镇，占镇级单位总数77.3%。年内，海口市被国家民政部、财政部批准列为中央财政支持开展居家和社区养老服务第二批改革试点地区，各试点项目进展

2018年11月17日，海口市首批社区长者饭堂揭牌。图为市领导与用餐老人交谈

（市民政局 供）

顺利。在全省率先开展社区长者饭堂助餐服务试点工作，探索居家和社区养老服务新模式，重点保障特殊困难老年人的助餐需求，并面向全体老年人提供助餐服务，全年全市有7家长者饭堂助餐服务试点首批开展营业服务。做好节假日及灾害天气安全生产保障，全年为1780名城乡“三无”“五保”、空巢、高龄、孤寡、失独、留守等特殊困难老年人提供无偿上门服务40.76万小时，购买服务费1009万元。稳步推进“12349”居家养老信息中心升级改造，提升综合服务能力。做好老年人意外伤害保险推行工作，协助省民政厅为6563名符合条件的对象购买意外险。为1710名居家养老服务对象续保意外伤害（身故、残疾）险，每份30元/人/年，保额3万元/人/年，意外医疗保额为1万元/人/年，保险费总支出5.13万元。组织开展关爱老人志愿服务活动15场，涉及法律咨询、书画展、义诊等，共慰问空巢老人350多人。开展以“营造敬老爱老社会氛围、纪念改革开放40周年和海南建省办经济特区30周年”为主题的敬老月系列活动，共慰问特困、空巢等老年人460多人，慰问物资价值7万多元。元旦、春节、重阳节等重大节日广泛开展老年文化演出、走访慰问百岁、空巢老人和困难老年人活动，到乡镇敬老院开展送医送药送戏敬老慰问活动。

**【社区长者饭堂助餐服务试点】** 2018年重阳节以来，海口市首批7个社区长者饭堂助餐服务试点陆续开业，分别为海府路街道龙舌坡社区、白龙街道流水坡社区、白龙街道千家社区、蓝天街道龙岐社区、海甸街道新安社区、博爱街道南联社区、新埠街道新东社区，辖区内60岁（含60岁）以上的老年人可享用由专业餐饮企业配送的营养午餐。长者饭堂助餐服务试点以保障纯老、独居、孤寡、高龄、失独、失能等特殊困难老年人需求为重点，体现政府对困难老年弱势群体的兜底保障作用，同时为体现长者饭堂的普惠性，让更多的老年人吃得经济、实惠，构建全覆盖的助餐服务网络，全面提升老年人生活质量。运营中采取“政府补一点、企业让一点、个人出一点、慈善捐一点”的方式，让长者饭堂以“保本微利”的标准，逐步实现助餐服务的专业化、市场化、规模化发展。试点期间，长者饭堂为老年人提供标准为“两荤（含半荤）一素一饭（粥、面）一汤”的套餐，价格为16元/份，企业让利1元，实际价格15元/份。补贴对象为居住在试点社区及街道区域具有海口户籍的60岁（含60岁）以上老年人。其中，特困老人免费享用；60岁（含60岁）以上城市低保家庭老人、失独家庭老人、优抚对象和城市孤寡困难老人政府补贴10元，实际支付5元；其他60岁（含60岁）以上海口户籍老年人政府补贴3元，实际支付12元。行动不便和失能老人还可采取订餐、送餐服务。非海口市户籍的老年人不享受政府财政助餐补贴。

**【80岁以上老人长寿补贴】** 2018年，海口市继续实施高龄补贴政策，凡具有海口市户籍且年龄在80周岁以上所有老人均可享受高龄老人长寿补贴待遇。其中，80~89周岁老人，每人每月109元；90~99周岁老人，每人每月209元；100周岁以上老人，每人每月809元（含省级百岁长寿保健补助金每人每月500元）。全年全市共为40703名80岁以上高龄老年人发放长寿补贴5910.29万元。

（张　奕）

## 民族宗教事务

**【民族宗教事务概况】** 2018年，海口市有少数民族51个，少数民族常住人口4.1万人，占全市常住人口的2.3%。全市有佛教、道教、伊斯兰教、天主教、基督教五大宗教，宗教活动场所32处，其中佛教12处、道教2处、伊斯兰教1处、天主教1处、基督教16处；有基督教聚会点14个，其中“以会带点”4个，“委托管理”10个；宗教团体2个，即海口市天主教“两会”和海口市基督教“两会”；有宗教教职人员和管理人员270多人，宗教信徒约5万人。

**【城市民族团结进步创建】** 2018年4月，海口市开展民族团结进步创建宣传月活动，通过“三进入”悬挂横幅、张贴海报、发放宣传资料和文艺演出等方式，分别在美兰区黎乡人家餐馆和海口龙华马大胡子美食汇2家企业，海南南方民族艺术学校和海南技术职业学院2所学校，龙华区海垦街道金牛路社区、琼山区国兴街道米铺社区、琼山区府城街道文庄社区和美兰区海甸街道新安社区4个社区中广泛开展城市民族团结进步政策法规知识宣传活动，共发放《十九大学习资料汇编》《民族知识读本》《海南省实施民族区域自治法若干规定》《海南省散居少数民族权益保障规定》《民族成份学习资料汇编》《海口市城市民族团结进步宣传画册汇编》等宣传资料5000余份。8月2—6日，在海口骑楼小吃街举办城市民族团结进步创建活动进企业展示会，共有22家少数民族企业参展。通过展示会的平台，展示与展销企业产品，商家之间的洽谈与协作，拓宽部分企业的产品销售渠道，促进各民族企业发展。年内，市民宗局联合秀英、龙华、琼山、美兰4个区民宗局，分别在龙华区玉沙社区、琼山区文庄社区、美兰区新安社区等开展城市民族团结进步进社区活动，促进社区民族之间的交往交流交融与和睦。

**【少数民族特色活动】** 2018年4月16日，海口市在海南职业技术学院举办2018年海南黎族苗族传统节日“三月三”节庆海口分会场活动，通过文艺演出的方式，载歌载舞，宣传党的民族政策，展示海口市各民族的大团结。此外，根据省政府的安排，组队参加五指山市“三月三”主会场活动。7月20—26日，海口市代表团参加海南省第六届少数民族传统体育运动会，其中民族健身操1个大项目、板鞋竞速和高脚竞速2个小项目分别获得一等奖，女子珍珠球1个大项目、板鞋竞速和高脚竞速5个小项目分别获得三等奖，并获得体育道德风尚奖。11月13—17日，选送舞蹈类《黎家织女》、声乐类《快乐一家人》、原生态类《守望》《求雨拦路》4个节目参加海南省第五届少数民族文艺汇演和比赛，其中声乐类节目《快乐一家人》获得一等奖，原生态类节目《守望》获得二等奖，《求雨拦路》获得优秀奖，舞蹈类节目《黎家织女》获得三等奖，并获得优秀组织奖。

**【宗教事务管理】** 2018年，海口市民宗局联合相关部门举办宗教业务培训班7期，参训人员9200多人次，其中举办宗教活动场所财务培训班1期，消防安全培训班3期，联合市海洋和渔业局举办佛教放生与环境保护培训班1期，联合市文体局举办海口市民族宗教出版物管理培训班1期，联合市民政局举办全市社区网格员宗教业务培训班1期。组织宗教活动场所“四进”（国旗、宪法、社会主义核心价值观、传统文化进驻全市各宗教活动场所）工作。继续开展以“教风”为主题的和谐寺观教堂创建活动。成立海口市佛教协会筹备组、海口市道教协会筹备组和海口市伊斯兰教协会筹备组。

**【服务民族宗教界群众】** 2018年，海口市民宗局帮助解决信教群众工作生活中遇到的困难或矛盾纠纷，接待来访群众和信访事项30余件，处理仁心寺土地纠纷案件等6宗。共办理民族成份变更审批8份，办理海南省中招少数民族考生民族成份审核106份。

（周国民　吴　川）

（编辑：赵华锋）

# 保税区·开发区·农场

## 海口综合保税区

【海口综合保税区概况】2018年，海口综合保税区探索推出海口综保区首批海南自由贸易试验区建设10项任务清单，发展跨境电商、平行车进口、黄金珠宝、国际保税直营等产业，推动园区较快发展。全年完成营业总收入240.11亿元（不含华信相关企业），比上年增长19.56%；工业总产值106.2亿元，下降8.73%；进出口货值39.57亿元，增长36.75%；税收总额（不含关税）18.74亿元，增长6.42%；固定资产投资13.38亿元，下降11.7%。新增注册企业380家，增长187.97%，其中新增注册外资企业26家，约占全市76家的34.21%。有5家中央企业在区内注册成立8家企业。

2018年海口综合保税区主要经济指标完成情况表

单位：亿元

| 指标名称 | 本年累计完成 | 上年累计完成 | 累计同比（%） | 全市 | 占比（%） | 备注 |
|---|---|---|---|---|---|---|
| 营业总收入 | 240.11 | 693.45 | -65.37 | — | — | |
| | 189.71 | 158.68 | 19.56 | — | — | 不含华信相关企业 |
| 其中：产品销售收入 | 111.79 | 112.07 | -0.25 | 536.82 | 20.82 | |
| 工业总产值 | 106.20 | 116.36 | -8.73 | 605.53 | 17.54 | |
| 进出口总值 | 39.57 | 28.94 | 36.75 | 341.20 | 11.60 | |
| 其中：出口值 | 21.29 | 17.85 | 19.28 | 67.24 | 31.66 | |
| 进口值 | 18.28 | 11.09 | 64.85 | 273.93 | 6.67 | |
| 税收总额 | 20.76 | 21.51 | -3.49 | — | — | |
| 其中：财政收入 | 18.74 | 17.61 | 6.42 | 541.00 | 3.46 | |
| 关税（综保区海关） | 1.20 | 2.05 | -41.46 | — | — | |
| 关税（汽车口岸） | 0.82 | 1.85 | -55.68 | — | — | |
| 固定资产投资 | 13.38 | 15.15 | -11.70 | 1313.22 | 1.02 | |
| 从业人员（人） | 16948 | 18158 | -6.66 | 253035 | 6.70 | |
| 新增注册企业数（家） | 380 | 133 | 187.97 | — | — | |

**【综保区主要行业运行情况】** 2018年，海口综合保税区汽车及运输设备制造业实现工业产值22.97亿元，下降52.17%，拉低园区规模以上工业总产值增速5.8个百分点。其中，一汽海马汽车有限公司完成产值16.93亿元，下降51.72%；汽车产量2.11万辆，下降46.7%；出口16936辆，占总产量80.27%，出口交货值14.43亿元。机电信息产业年中发力增幅较大。全年完成工业总产值27.22亿元，增长16.61%。其中，金盘科技公司在6—7月间扭转产值下降态势，累计完成19.21亿元，增长7.9%；康宁光通信有限公司一期的技改项目投产，累计完成7.64亿元，增长56.3%，增幅最大。医药制造业保持较快增长势头。受“两票制”（药品生产企业到流通企业开一次发票，流通企业到医疗机构开一次发票）和招投标影响，企业生产普遍有较大的增长，累计完成工业总产值54.72亿元，增长24.42%。其中，海南中和药业股份有限公司通过韩国MFDS认证和乌兹别克斯坦认证，完成产值10.13亿元，增长25.7%。其他加工业稳步增长。累计完成工业产值12016.7万元，增长32.93%。其中，泓缘集团下的泓缘蛋业和泓缘食品增长均在2倍以上；天际食品公司增长率18.2%。贸易物流服务业保持较大增幅。位于保税区内的海航技术、旺佳旺、信兴汽车销售、一心堂等优质商贸服务业，营业总收入一直保持较快增长（剔除华信相关企业），全年完成营业总收入189.71亿元，增长19.56%。综保区整车口岸获批的汽车平行进口试点以及海口获批跨境电商综合试验区试点带来良好的机遇，6月新区跨境电商产业园投入使用，新增企业数额为上年的近2倍。

一汽海马汽车有限公司。摄于2018年　　（海口综保区 供）

2018年海口综合保税区主要行业主要经济指标表

| 单位名称 \ 指标 | 企业数（家） | 总产值（万元） | 销售产值（万元） | 营业收入（万元） | 利润（万元） | 税金（万元） | 人数（人） | 总资产（万元） | 增加值（万元） |
|---|---|---|---|---|---|---|---|---|---|
| 生物制药企业合计 | 24 | 547196.9 | 523545.8 | 524489.7 | 64414.7 | 66146.9 | 4389 | 771869.8 | 202706.9 |
| 汽车制造企业合计 | 15 | 229681.8 | 257626.5 | 294088.5 | -128627.6 | 7990.3 | 2921 | 522834.2 | -81703.6 |
| 机电信息产业合计 | 7 | 272221.3 | 257377.9 | 286611.5 | 10190 | 19951.3 | 1379 | 502573.9 | 83296.6 |
| 其他加工业合计 | 10 | 12016.7 | 11971.3 | 11926.7 | 906.1 | 940.9 | 287 | 19181 | 4252.8 |
| 综保区工业企业合计 | 2 | 827.7 | 724.9 | 808.3 | -733.5 | 34.6 | 52 | 7031.1 | -14.5 |
| 合计 | 58 | 1061944.4 | 1051246.4 | 1117924.7 | -53850.3 | 95064 | 9028 | 1823490 | 208538.2 |
| 原保区贸易物流服务业 | 18 | 0 | 0 | 443240.6 | 39129.1 | 15623.2 | 6116 | 849234.9 | 61932.0 |
| 综保区商贸企业合计 | 14 | 0 | 0 | 839945.5 | 9753.9 | 12376.6 | 1804.0 | 4786533.1 | 32935.6 |
| 总合计 | 90 | 1061944.4 | 1051246.4 | 2401110.8 | -4967.3 | 123063.8 | 16948 | 7459258 | 303405.8 |
| 其中高新企业合计 | 20 | 913062.3 | 900176.5 | 948787.8 | -50543.2 | 77123.2 | 6758 | 1338878.9 | 131056.4 |

## 2018年海口综合保税区工业企业产值增减一览表

| 序号 | 企业名称 | 工业总产值（万元） | | |
|---|---|---|---|---|
| | | 本年累计 | 上年累计 | 累计同比（%） |
| | 合计 | 1060824.4 | 1163607.4 | -8.8 |
| 一 | 汽车运输设备制造业 | 229681.8 | 480198.5 | -52.2 |
| 1 | 一汽海马汽车有限公司 | 169346.2 | 350759.5 | -51.7 |
| 2 | 海南钧达汽车饰件有限公司 | 26868 | 33861.8 | -20.7 |
| 3 | 海南宇傲汽车配件有限公司 | 901.9 | 2472.9 | -63.5 |
| 4 | 海南明芳机械有限公司 | 3336.3 | 8326.5 | -59.9 |
| 5 | 海南瑞利工业有限公司 | 1248.4 | 2687.0 | -53.5 |
| 6 | 海南联顺金属工业有限公司 | 1468.5 | 2975.9 | -50.7 |
| 7 | 浙江万向系统有限公司海南分公司 | 8482.4 | 14720.9 | -42.4 |
| 8 | 全兴工业（海南）有限公司 | 10522.2 | 14505.0 | -27.5 |
| 9 | 海南威昌汽车配件有限公司 | 1406.2 | 1600.8 | -12.2 |
| 10 | 海口全盛汽车配件有限公司 | 1187.3 | 4347.7 | -72.7 |
| 11 | 海南瑞应鑫汽车配件有限公司 | 2254.7 | 3183.8 | -29.2 |
| 12 | 广州宏原汽车配件有限公司海南分公司 | 2228.3 | 4619.2 | -51.8 |
| 13 | 海口保税区鑫欣塑胶有限公司 | 296.8 | 915.4 | -67.6 |
| 14 | 海南华夏消声器有限公司 | 134.6 | 137.6 | -2.2 |
| 二 | 医药制造业 | 546076.7 | 439793.6 | 24.2 |
| 15 | 海南养生堂药业有限公司 | 54740.4 | 44873.8 | 22.0 |
| 16 | 海南中和药业有限公司 | 101256.3 | 80523 | 25.7 |
| 17 | 海南林恒制药有限公司 | 8368.5 | 6638.9 | 26.1 |
| 18 | 海南亚洲制药股份有限公司 | 30205.1 | 30011.1 | 0.6 |
| 19 | 海南三叶美好制药有限公司 | 2607.3 | 5570.8 | -53.2 |
| 20 | 海南惠普森医药生物技术有限公司 | 10045.9 | 9017.6 | 11.4 |
| 21 | 海南卓泰制药有限公司 | 9622.2 | 3618.3 | 165.9 |
| 22 | 海口奇力制药股份有限公司 | 162063.8 | 128062.3 | 26.6 |
| 23 | 海南全星制药有限公司 | 16237.6 | 15830 | 2.6 |
| 24 | 海南新世通制药有限公司 | 9925.7 | 7181 | 38.2 |
| 25 | 海南锦瑞制药有限公司 | 18405.7 | 17884.5 | 2.9 |

续表

| 序号 | 企业名称 | 工业总产值（万元） | | |
|---|---|---|---|---|
| | | 本年累计 | 上年累计 | 累计同比（%） |
| 26 | 海南灵康制药有限公司 | 25919.1 | 30597.1 | -15.3 |
| 27 | 海南葫芦娃制药有限公司 | 81178 | 50955.9 | 59.3 |
| 28 | 海南绿岛制药有限公司 | 1147.9 | 1099.7 | 4.4 |
| 29 | 海南一洲药业有限公司 | | 105.3 | -100.0 |
| 30 | 海南中盛合美生物制药有限公司 | 1766.5 | 1350 | 30.9 |
| 31 | 海南紫杉园制药有限公司 | 1501.1 | 842.6 | 78.2 |
| 32 | 海南科晶生物技术有限公司 | 1744.7 | 1715 | 1.7 |
| 33 | 海南森祺制药有限公司 | 8361.6 | 3488.5 | 139.7 |
| 34 | 海南世宝康医疗科技有限公司 | 979.3 | 428.2 | 128.7 |
| 35 | 海南众康悦医疗器械有限公司 | 85.3 | 0 | 0.0 |
| 三 | 机电设备金属制品业 | 272221.3 | 233436.5 | 16.6 |
| 36 | 海南金盘电气有限公司 | 192135.9 | 178025.1 | 7.9 |
| 37 | 康宁（海南）光通信有限公司 | 73636.9 | 47106 | 56.3 |
| 38 | 海南科达雅游艇制造有限公司 | 866.8 | 614.6 | 41.0 |
| 39 | 海南太平洋智能技术有限公司 | 885.8 | 882 | 0.4 |
| 40 | 海口博亚天缘电气制造有限公司 | 242.5 | 338.7 | -28.4 |
| 41 | 海口恒特机电设备有限公司 | 14.3 | 781.6 | -98.2 |
| 42 | 海南泰新电气成套设备工程有限公司 | 4439.1 | 5688.5 | -22.0 |
| 四 | 其他加工业 | 12016.9 | 9039.6 | 32.9 |
| 43 | 拍拍看防伪科技有限公司 | 4111.5 | 3210 | 28.1 |
| 44 | 海南洁岛彩钢板有限公司 | 347.7 | 379 | -8.3 |
| 45 | 海南翔绎包装制品有限公司 | 820.7 | 738.3 | 11.2 |
| 46 | 海口保税区荣林印刷有限公司 | 63.1 | 6.5 | 870.8 |
| 47 | 海南极风高科技股份有限公司 | 197.6 | 73.9 | 167.4 |
| 48 | 海南天际食品有限公司 | 124 | 114.6 | 8.2 |
| 49 | 海南泓缘生物科技股份有限公司 | 2498.2 | 2604 | -4.1 |
| 50 | 海南泓缘食品有限公司 | 589.5 | 414.2 | 42.3 |
| 51 | 海南泓缘蛋业有限公司 | 3264.6 | 1378 | 136.9 |
| 五 | 综保区工业企业合计 | 827.7 | 1139.2 | -27.3 |
| 52 | 海南玛斯特新能源电动车科技有限公司 | 244.5 | 91.8 | 166.3 |
| 53 | 海南沙汀宁制药有限公司 | 583.2 | 1047.4 | -44.3 |

【综保区进出口货值稳步增长】2018年，海口综合保税区以跨境电商、外贸综合服务、整车进口口岸（平行试点）为代表的外贸新业态取得积极发展；以航空检测维修、离岸金融创新业务为切入点的新型服务贸易加快发展。完成进出口货值39.57亿元（含电子元件6.23亿元），增长36.75%，占全市比重11.6%。其中，进口18.28亿元，增长64.85%；出口21.29亿元，增长19.28%。

【综保区固定资产投资】2018年，海口综合保税区在建项目19个（第四季度新增入统6个），全部为社会投资项目。完成固定资产投资13.38亿元，下降11.7%，其中房地产项目完成投资2.72亿元，占20.24%，非房地产项目投资10.66亿元，占79.67%。

**2018年海口综合保税区固定资产投资项目统计表**

单位：万元

| 项目（单位）名称 | 项目名称 | 计划总投资 | 自开始建设累计完成投资 | 本月完成投资 | 本年完成投资 |
|---|---|---|---|---|---|
| 华夏易能（海南）新能源科技有限公司 | 华夏易能（海南）新能源科技有限公司150MW Solibro-CIGS薄膜太阳能电池生产线 | 103670 | 22100 | 0 | 14100 |
| 海南光彩天马实业有限公司 | 光彩国际（海南）海藻生物科技产业中心（一期） | 6900 | 0 | 0 | 0 |
| 海南中和药业股份有限公司 | 中和药业车间改造扩建项目 | 9000 | 4522 | 158 | 4522 |
| 海南大印保税物流有限公司 | 海南大印保税仓储工程 | 90000 | 77858 | 0 | 0 |
| 海南大印保税物流有限公司 | 大印国际交易中心 | 53529 | 1706 | 0 | 0 |
| 海南漂润生物科技有限公司 | 海南漂润生物科技有限公司化妆品研发生产平台建设项目 | 5000 | 690 | 28 | 690 |
| 海南丰源鸿业国际贸易有限公司 | 国际名材贸易、加工基地 | 6000 | 6286 | 200 | 4300 |
| 海口保税建设发展有限公司 | 海口综合保税区标准厂房（一期）项目 | 9433 | 9433 | 0 | 3497 |
| 海南芭芭乐实业有限公司 | 芭芭乐水果进出口加工基地 | 10150 | 6055 | 0 | 5000 |
| 海南恒远泰富实业有限公司 | 恒远泰富汽车小镇扩建项目 | 6000 | 6000 | 0 | 6000 |
| 康宁（海南）光通信有限公司 | 光纤预制棒车间技术改造扩建项目 | 66000 | 53900 | 1161 | 48766 |
| 海口综合保税区松之光进出口贸易有限公司 | 松之光进口商品全国集散分拨中心 | 10000 | 8457 | 596 | 2957 |
| 海南京华民恒通实业有限公司 | 京华民化妆品保健品产业基地项目 | 59980 | 36961 | 2100 | 13518 |
| 5000万以下 | | | | | |
| 海口保税建设发展有限公司 | 综合保税区（配套区）起步项目 | 3922 | | 819 | 1168 |
| 上海儿童营养中心有限公司海南分公司 | 生产厂技术改造项目 | 840 | | | 0 |
| 海南佳农食品有限公司 | 佳农海南配送中心项目 | 680 | | | 228 |
| 海南全星制药有限公司 | 海南全星制药有限公司GMP升级技术改造项目 | 4320 | | 144 | 1145 |
| 浙江万向系统有限公司海南分公司 | 一汽海马底盘悬架VF00开发项目 | 1000 | | | 604 |
| 海南金盘智能科技股份有限公司 | 金盘电气综合楼项目 | 4430 | | 23 | 147 |
| 新区合计 | | | | 3715 | 44540 |
| 老区合计 | | | | 528 | 62102 |
| 房地产 | | | | 2818 | 27168 |
| 合计 | | | | 7061 | 133810 |

保税区·开发区·农场

【综保区招商引资】2018年，海口综合保税区全面落实省、市招商工作部署，全力以赴抓好招商引资，做好建设海南自贸区（港）招商工作。全年新增注册企业380家，其中内资企业354家（大部分为4月13日之后注册），增长187.97%；外资企业26家（约占全市1/3）。共接待国内外客商团队1500余人次，引进购地用地项目4个，投资总额20.26亿元。贯彻落实省政府《关于促进总部经济发展的工作意见》要求，加大招商引资力度，大力发展总部经济。共6家央企落户并注册成立9家企业，其中，注册资本158亿元的中国旅游集团国内总部正式从北京迁入海口综保区，这是省内首家真正将总部落户在海南的企业。中免集团等其他5家央企在区内注册8家公司，分别是中免集团（海南）运营总部有限公司、国投国际贸易（海南）有限公司、国投融资租赁（海南）有限公司、国铁融资租赁有限公司、中进（海口）汽车贸易有限公司、中进汽贸（海南）汽车有限公司、海南苏美达供应链管理有限公司、海南邮政物流有限责任公司。唯品会、厦门国贸、印尼环球等国内外知名企业也在区内注册。11月28日，唯品会项目在海南自贸区建设项目（第一批）集中签约仪式上签约；高培项目、综保区配套区起步项目动工。12月28日，唯品会跨境电商亚洲物流中心项目奠基动工；金丝燕系列产品生产基地项目在海南自贸区建设项目（第二批）集中开工签约仪式上签约；市政府与中国铁路投资有限公司签署合作协议。推进交易中心及金融项目入区，实施优惠政策引企业入区。6月，浦发银行总行批复海口分行成立“浦发银行海南离岸业务创新中心”，该行在综保区内设立业务窗口并开展自由贸易账户FT业务，同时为区内企业提供离岸金融业务服务。支持国投融资、国铁融资等企业开展融资租赁业务。深入开展“百日大招商”活动，接待来自国内外客商团队1100余人次，新增注册企业318家（其中外资企业24家），落实项目14个（用地项目2个，投资总额18.5亿元，非用地项目12个）。

【推出综保区建设海南自贸区首批任务清单】2018年，海口综合保税区按照省委七届四次全会通过的《中共海南省委关于深入学习贯彻习近平总书记在庆祝海南建省办经济特区30周年大会上的重要讲话精神和〈中共中央国务院关于支持海南全面深化改革开放的指导意见〉的决定》中提出的“在海口综保区、洋浦保税港区等海关特殊监管区域实行更加开放的管理制度，不断拓展业务范围”“加快发展跨境电商、全球维修、邮轮贸易、保税展示交易等新业态”“稳妥有序开展离岸金融业务”的要求，探索推出海口综保区首批海南自贸区建设10项任务清单，包括创新发展跨境电商、保税燃油直供、橡胶保税现货、期货交易交割以及外向型总部经济等。

【综保区钻石珠宝产业】2018年，海口综合保税区依托海关总署赋予的“钻石通关一体化”政策，打造黄金钻石珠宝产业园，进口成品钻5890.5克拉（完税货值3625万元），保税转免税首饰入境3297件（入境申报货值596万元）。结合海南国际旅游岛实际，将在园区保税加工的国际品牌商品销往离岛免税店，形成钻石珠宝加工、展示、销售产业链，通过“保税转免税”模式进驻免税店以及电商销售等渠道，扩大销售，发挥产业集聚效应。

【保税仓储物流业】2018年，海口综合保税区利用海关特殊监管区的政策优势，发展橡胶、名贵木材、大宗商品交易等业务，区内大宗商品呈多元化发展。全年共进口橡胶1.32万吨，进口非洲安哥拉“鞘仔古夷苏木”818吨。推进与上海期货交易所合作事宜，按照进口橡胶交割仓的标准和要求，加快改造现有约1.3万平方米的保税仓库，申报上海期货交易所、进口橡胶保税交割仓。探索开展木

**2018年海口综合保税区推出建设自贸区首批10项任务清单**

10项内容的任务清单

1. 将尝试跨境电商运营新模式，实现市内O2O线下体验店跨境电商商品即买即提
2. 充分利用电商企业海外仓资源，通过跨境直购通关模式，在海口综保区通关配运
3. 发挥进口燃油保税仓储功能，为琼州海峡、北部湾航行的国际船舶提供跨关区、跨港口、“一船多供”等模式的供油服务
4. 在海口综保区打造物流配送、研发培训、维修检测中心，开展海外药品和进口医疗器械报关、仓储、展示、分销、运输、研发培训、维修等业务
5. 探索开展影视文化、文化艺术品展示交易拍卖、文化创意（含游戏游艺）等文化保税业务
6. 引进高附加值国际品牌入区保税加工转离岛免税店销售，做大保税加工业
7. 在海口综保区开展手机、笔记本电脑等电子产品的检测、测试和维护服务
8. 利用海口综保区已开展的橡胶保税仓储业务，搭建电子交易平台，推动海南橡胶交易所建设
9. 利用境外融资成本较低的优势，企业通过境外融资并在国内开展融资租赁业务
10. 吸引国内外知名物流企业、电商企业和外向型园区平台建设企业在海口综合保税区设立区域总部，并积极引进国际知名会计师事务所等涉外经贸服务机构在海口综合保税区设立分支机构

材、咖啡等大宗商品交易，并以期货交割仓为基础努力打造成大宗商品交易中心。

【发展跨境电商外贸新业态】2018年7月，中国（海口）跨境电子商务综合试验区获批，作为中国（海口）跨境电子商务综合试验区的主阵地，海口综合保税区跨境电商实现快速健康发展。在发展原有保税备货模式（B2B2C）的同时探索开展跨境直购模式（B2C），并于8月30日完成系统调试实现业务推单，标志着跨境直购模式试水成功。8月31日，完成首票跨境电商直购进口通关作业。9月，全面铺开跨境直购业务，至年底累计出区单量13053票。跨境电商产业园7万平方米仓库和7000平方米国际商务中心投入使用，唯品会、高培、坤牧等50多家电商企业入驻跨境电商产业园。在全国率先实现“跨境电商+新零售”模式，高培跨境电商体验店、香港新毅国际2家线下实体店开业。

【推进汽车平行进口试点】2018年，商务部等6部委批准在海口港开展汽车平行进口试点。11月15日，海口综合保税区4家企业被商务部核准开展汽车平行进口试点企业，海口港区汽车整车进口口岸在全国26个整车进口口岸中名列第11位。全年累计进口车辆30批次536辆，进口货值2130.66万美元，关税8572万元。

【文化保税产业启动】2018年，海口综合保税区借鉴上海、北京等地文化保税产业经验与做法，探索发展文化保税新产业、新业态。进行国际文化艺术品中心的规划设计，联合北京火凤凰公司成功举办主题为“再现毕加索”的国际艺术品保税展示交易会，20多件毕加索作品为国内首次展出，“草地上的午餐”等2件作品拍出6400万元。

【保税直营业务】海口保税直营中心是目前海南省规模最大的进口商品超市。作为国际旅游消费中心的重要组成部分，自2016年第一家门店开业，至2018年共发展4家门店（京华城店、万达广场店、生生百货店、新城吾悦广场店），为市民、游客提供来自全世界105个国家和地区的包括海鲜、食品、水果、酒类、日化、母婴用品等15000多种进口商品，助力国际旅游消费中心建设。

（唐顺德）

位于海口综合保税区内的跨境电商产业园。摄于2018年（海口综合保税区 供）

## 海口国家高新区

【海口国家高新区概况】2018年，海口国家高新区下辖“一城四园”，分别是：生态经济旅游示范区美安生态科技新城，39.86平方千米；医药产业聚集区药谷工业园，4.57平方千米；汽车配件园区海马工业园（二、三期），1.82平方千米；传统与新兴产业园区狮子岭工业园，5.82平方千米；产业承接园区云龙工业园，3.35平方千米。全年新增注册企业530家，新增注册资金95亿元，其中外资企业新增注册10家、新增注册资金5.2亿美元。有高新技术企业数78家，占全省28%；已投产高新技术企业产值占园区工业总产值67%，对工业增长的贡献率89%。聚集全市50%创新型企业、9家上市企业、27个工程技术中心和重点实验室、3家院士工作站、3家博士后工作站。

全年园区营业总收入完成336.6亿元，比上年增长10.1%；工业总产值252亿元，增长11.8%；固定资产投资完成68.4亿元，增长1.8%。一般公共预算收入完成38.44亿元，增长20%，增收6.27亿元，完成年度预算的109%；地方一般公共预算收入完成8.42亿元，增长27%，增收1.79亿元，完成年度预算的111%。在全国156个国家高新区中，综合排名第71位，较上年度提升7个名次。其中，“可持续发展能力”单项排名，从上年度第98位快速提升至第25位；“产业升级和结构优化能力”单项排名，从上年度第74位提升至第70位。国家生物医药产业园区综合竞争力排名第26位。成为国家首批“双创”升级版项目单位，获国家高端人才补贴5000万元。

【高新区招商引资】2018年，海口国家高新区加大招商力度，策划和参与招商活动21次，涉足北京、上海、广东、浙江、江苏、湖南、湖北、陕西等省及香港、台湾地区；举办5场

2018年6月2日，海口国家高新区2018百日招商第二场签约活动在北京举行，集中签约5家企业 （陈慧玲 摄）

高新区百日招商签约活动，参加海南省和商务部联合举办的引进外资项目洽谈活动、海口—香港招商引资推介会和签约活动等。出台《关于加强招商工作改善营商环境的若干意见》，组建招商服务专业队伍，下设9个专业小组。坚持"四个瞄向"（即瞄向世界500强、央企；前沿科技、新兴产业和品牌项目；发达地区产业转移，承接符合产业导向和"零污染"的高新技术项目；能够带来中下游产业链的龙头企业项目和涵养培育优质税源的项目）招商导向，启动"511+2"招商工程，锁定世界500强、行业龙头品牌企业、国内医药销售公司前50强、国内医疗器械公司前10强、国内10大会计师事务所、中国医药工业100强、全球药企排名前20强。全年签约项目33个，投资总额121.35亿元，包括医疗、高新技术、现代物流、新能源、现代服务业等行业龙头企业28家、大型央企1家、总部经济企业4家、外资企业12家；新增注册企业530家、增长76%，新增注册资金95亿元、增长116%，其中外资企业新增注册10家、新增注册资金5.2亿美元。新招商及新注册企业均符合习总书记"4·13"重要讲话为海南确立的产业导向，对应省十二大重点产业。

**【高新区重点项目建设】** 2018年，海口国家高新区内建设的省重点项目有4个，分别为美安综合物流园、齐鲁高端药品研制及产业化项目、维力医疗医用乳胶产品项目、中民筑友绿色建筑科技项目，完成投资5亿元，超额完成年度投资计划；市重点项目3个，分别为南菜北调物流市场、西城汇物流中心、金鹿工业园标准化工业厂房项目，完成投资2亿元，超额完成年度投资计划。

**【美安科技新城产业项目建设】** 2018年，美安科技新城有29个产业和配套项目全面动工，至年底有部分投入使用。完成投资170亿元，其中政府投资70亿元、社会投资100亿元。包括产业项目11个，主要以医药、医疗器械和新能源汽车为主，分别是：海南朗腾医疗设备有限公司、海南九州通医药有限公司、海南维力医疗科技开发有限公司、海南德法新能源有限公司、海南灵康制药有限公司、海南海玻工程玻璃有限公司、海南华研胶原科技股份有限公司、海南威特电气集团有限公司、海南雅葆天维实业股份有限公司、海控环保海口生物资源利用示范中心、康迪电动车（海南）有限公司，外资企业1家：海南雅葆天维实业股份有限公司。现代物流项目8个。公共基础设施项目10个，包括消防、供水、变电站、服务中心、南邻中心、新总部经济。由九州通公司建设的冷链物流项目和康迪公司建设的康迪电动汽车投产。

**【推动"极简审批"向纵深发展】** 2018年，海口国家高新区优化审批

海口国家高新区美安科技新城。摄于2018年2月27日 （海口国家高新区 供）

2018 年 5 月 16 日，由海口国家高新区主办的 2018 年首场靶向（技术工人）招聘会在海南省技师学院举行　（符贻萍　摄）

服务方式，持续推进“不见面审批”；完成审批事项标准化建设，进一步精简审批流程、环节及报审材料。深化法律支撑，配合省人大常委会法工委完善《海南经济特区极简审批条例（草案）》编制工作。优化项目环评审批流程，推进园区“一城四园”规划环评及“三线一单”编制工作。明确园区空间布局管控、严格污染物排放管控、强化资源开发利用管控，突出园区规划环评对入园建设项目的约束和指导作用，为入园建设项目环评文件审批的简化提供技术支持。启动“极简审批”管理服务平台虚拟技术应用开发工作，提供虚拟查询、咨询、答疑、申报等功能，全面解析审批服务事项及申报流程，解决投资者困惑。“极简审批”六项改革措施被国务院办公厅通报为优化营商环境的典型做法。“极简审批”改革写进《中国（海南）自由贸易试验区总体方案》。

【高新区人才工作】2018 年，海口国家高新区从业人员总数为 3.7 万人，有博士 170 人、研究生 580 人、本科生 8771 人、专科生 7067 人。其中，有大专及以上人员 16958 人，占 47.3%；“千人计划”10 名、“万人计划”7 名，省椰岛友谊奖 1 名、椰岛纪念奖 1 名，省市创业英才、拔尖人才、特聘专家、重点专家、高层次人才等 73 名，留学归国和外籍专家 170 多名。响应“百万人才进海南行动计划”号召和部署，组建人才工作机构，成立人力资源管理中心，具体承担园区人才引进和服务管理工作；打造高端人才引进载体，如投入 260 万元在美安科技新城美安产业加速器建设海外科学家工作站、搭建“候鸟人才站”、建成以政府为主导的海口国家高新区创业孵化中心（含滨江海岸众创空间）以及以市场为主导的海南聚能科技创新研究院两个互补型离岸创新创业基地，吸引海外高端人才和专业领军人物入园创业；启动“靶向招才”行动计划，先后在岛内外举办面向技术工人、中高端人才的 3 场靶向招聘会，助力企业招才引智；开展政校企合作，与海南省技师学院签订职业技术人才资源战略合作协议，并促成威特等 8 家龙头企业与省内多家技工院校合作，培育一流的技术工人；在美安科技新城投资 3.7 亿元建设 586 套人才公寓，加强人才环境硬件建设。

【高新区创新创业和产业孵化取得新成绩】2018 年 10 月，海口国家高新区成功申报国家支持打造“高端人才引领型”特色载体推动中小企业创新创业升级项目，成为 16 家“高端人才引领型”名单中海南省唯一获批单位，第一年扶持资金 2500 万元已拨付到位。6 月，通过国家双创示范基地中期评估，并相继获得“国家中小企业公共服务示范平台”和“国家小型微型企业创业创新示范基地”称号。至此，共获得 4 项国家级“双创”荣誉称号或奖励。11 月，授予齐鲁、先声、赛诺等 11 家企业“国家‘双创’示范基地创新创业平台”

2018 年 2 月 9 日，海口国家高新区组织召开 2017 年度科技进步与提质增效奖励大会，38 家次企业、13 人次受到表彰　（符贻萍　摄）

2018年7月6日，海口国家高新区生态环境保护大会召开。会上，发布实施《海口国家高新区环保辞典》（史珍萍 摄）

称号，鼓励园区企业积极参与实施国家“双创”项目。

【高新区激发企业科技创新动力】2018年，出台《海口国家高新区高新技术企业奖励暂行规定》，对符合相关条件的企业一次性奖励30万元，扶持企业技术创新；开展园区高新技术产业优势第三方评估和综合实力评估工作；召开2017年度科技进步和提质增效奖励大会，奖励40余家企业605万元。高新区科技创新服务平台上线试运行；25家企业被认定为国家科技型中小企业；22家企业入选省“专精特新”中小企业重点（后备）培育名单，约占全省总数的30%；园区拥有高新技术企业78家，约占全省20%、全市28%。配合开展海南省创新药物成果转移转化试点基地申报工作。园区拥有有效专利1463件，其中发明专利779件，申请量年增长超过20%。年内，新增国家知识产权示范企业1家，国家知识产权优势企业3家；海南九芝堂药业有限公司、齐鲁制药（海南）有限公司获得“首届海南省专利奖金奖”；海南葫芦娃药业集团股份有限公司获得“首届海南省专利奖优秀奖”。

【高新区编制入园企业项目享受优惠政策清单】2018年3月，海口国家高新区编制印发《海口国家高新区入驻园区企业与项目享受地方优惠政策汇编》，优惠政策结合省、市、区相关的21部政策，涵盖税收、设备资助、资金奖励、运输费补贴、医药产业扶持、科研扶持、人才扶持、融资扶持、知识产权及标准、快捷服务、土地11个方面，共37条。

【高新区打造“生态和环境”核心竞争力】2018年，海口国家高新区编制发布《海口国家高新区环保辞典》，绘制“一城四园”环保一张图和98家企业环保地图，“高新区环保大数据”上线。引进第三方“环保管家”，为园区提供环保政策解读、环保问题咨询、技术指导等服务。推动美安污水处理厂建设，推进狮子岭污水厂外排管迁改工作，建立药谷园区水资源档案，补齐环保短板。组织召开“生态环境保护宣传园区行”暨高新区环保信息发布会及生态环境保护大会；组织开展好第二次全国污染源普查工作，聘请第三方机构提供技术服务、清查基础资料库；与上海交大合作加强防治污染顶层设计，邀请上海交大教授及上海环境监测中心专家对6家重点企业制作环保提升方案；举办土壤防治专题培训。完成93.33公顷狮子岭民航俯视区沙漠化治理、生态修复和三角梅公园建设，高铁沿线第五立面喷漆改造3.57平方米，打造狮子岭火炬路段街心公园，园区主要道路完成“亮化”工程。

（徐明倩）

# 海口桂林洋经济开发区

【海口桂林洋经济开发区概况】2018年，海口桂林洋经济开发区内共有12个社区居委会、72个自然村。有在册单位410家，增加161家。其中企业373家，非企业37家。园区内聚集以农副产品和水产品加工、生物制药、仓储物流等产业集群。建成桂林洋国家热带农业公园、罗牛山产业园、开维生态城、椰风海韵、山海度假村等一批项目，江东新区起步区、哈罗学校等项目落户桂林洋。辖区有普通高等教育学校4所、中等职业学校6所、普通中学1所、完全小学1所、幼儿园8所，有教职工3868人、在校学生7.07万人，当年新招生2.37万人、毕业生1.91万人，学前教育招生559人。全年实现生产总值（GDP）21.72亿元，比上年增长7.6%。其中，第一产业增加值1.37亿元，下降23.7%；第二产业增加值7.28亿元，增长0.8%，其中工业增加值3.85亿元，下降4.9%；第三产业增加值13.07亿元，增长17%。产业结构为6：34：60。固定资产投资完成26.5亿元，下降20.6%。常住居民可支配收入28312元，增长8%。公共财政收入2.8亿元，增长20.3%。

# 2018 年海口桂林洋开发区主要经济指标完成情况表

| 项 目 | 计量单位 | 计划完成 | 计划增幅（%） | 实际完成 | 同期对比（%） | 完成占计划（%） | 备 注 |
|---|---|---|---|---|---|---|---|
| 一、开发区总产值（营业收入或非企业支出） | 万元 | 698127 | 7.8 | 696239 | 7.5 | 99.7 | |
| 其中：第一产业 | 万元 | 35875 | 2 | 26069 | –25.9 | 72.7 | |
| 第二产业 | 万元 | 308687 | 7.7 | 275634 | –3.8 | 89.3 | |
| 其中：工业 | 万元 | 186688 | 7.5 | 153861 | –11.4 | 82.4 | |
| 建筑业 | 万元 | 121999 | 8 | 121773 | 7.8 | 99.8 | |
| 第三产业 | 万元 | 353565 | 8.5 | 394536 | 21.1 | 111.6 | |
| 二、开发区国内生产总值 | 万元 | 216983 | 7.5 | 217185 | 7.6 | 100.1 | |
| 其中：第一产业 | 万元 | 18261 | 1.8 | 13682 | –23.7 | 74.9 | |
| 第二产业 | 万元 | 77574 | 7.5 | 72757 | 0.8 | 93.8 | |
| 其中：工业 | 万元 | 43345 | 7.2 | 38465 | –4.9 | 88.7 | |
| 建筑业 | 万元 | 34229 | 7.8 | 34292 | 8 | 100.2 | |
| 第三产业 | 万元 | 121148 | 8.4 | 130746 | 17 | 107.9 | |
| 三、居民人均可支配收入 | 元 | 28312 | 8 | 28312 | 8 | 100 | |
| 四、居民人均国内生产总值 | 元 | 84709 | 5.4 | 74778 | –7 | 88.3 | |
| 五、公共财政收入 | 万元 | 25171 | 8 | 28029 | 20.3 | 111.4 | |
| 六、居民人均公共财政收入 | 元 | 9827 | 5.9 | 9651 | 4 | 98.2 | |
| 七、公共财政支出 | 万元 | 37027 | 9.5 | 37628 | 11.3 | 101.6 | |
| 八、固定资产投资 | 万元 | 370000 | 10.8 | 265026 | –20.6 | 71.6 | |
| 九、居民人均固定资产投资 | 元 | 144447 | 8.6 | 91250 | –31.4 | 63.2 | |
| 十、居民家庭人口 | 人 | 25615 | 2 | 29044 | 15.7 | 113.4 | |
| 十一、总人口 | 人 | 95548 | 3 | 95140 | 2.6 | 99.6 | 含外来学生 |

【桂林洋开发区产业发展】2018年，海口桂林洋经济开发区主导产业主要集中在健康教育产业，全年生产总值（GDP）5.88亿元，占全区的45%。其次集中在农产品加工及制造业和制药业，上规模的农产品加工及制造业有8家，年产值7.69亿元，增加值1.92亿元，占全区GDP的9%。制药业有5家，年产值5.9亿元，增加值1.48亿元，占全区GDP的7%。全年出口创汇4.01亿元，下降31%。其中，海南蔚蓝海洋食品有限公司出口创汇1.94亿元，海南泉溢食品有限公司出口创汇1.19亿元，海南华绿食品公司出口创汇8829万元，普利制药厂出口创汇499万元。（1）第一产业。完成产值2.6亿元，下降25.9%，增加值1.37亿元，下降23.7%。其中，渔业产值1.18亿元（含海水捕捞和淡水捕捞），占45.38%，增加值5112万元，养殖面积274公顷，产量4484吨（含海水养殖和淡水养殖）；种植业产值9745万元，占37.48%，增加值5964万元，全年收获面积683.53公顷，粮食、瓜菜产量1.23万吨，花卉产量1352万支；畜牧业产值1810万元，占6.96%，增加值778万元，全年出栏畜禽7.8万只（头）；农林牧渔服务业、林业，产值2709万元，占10.42%，增加值2081万元。至年底，在区内从事第一产业的法人单位有8家，全年产值4953万元，占一产19.05%；其余皆为个体户所创造，占比近81%。（2）第二产业。完成产值27.56亿元，下降3.8%，增加值7.27亿元，增长0.8%。工业方面:工业企业（正常生产）有33家，产值15.38亿元，占56%，下降11.4%。主要是食品加工（制造）业产值占的比重较大，有16家食品加工（制造）业，加工（制造）食品5.56万吨，产值8.31亿元，下降19%，占工业产值54.03%，降幅较大原因主要是海南照丰食品公司全年停产没有产值。其次是制药企业，有6家制药企业，年生产药品2.1亿（件、瓶、盒），产值5.9亿元，产值与去年持平，占工业产值38.36%，其中产值最大的制药企业海南普利制药股份有限公司，产值3.4亿元。其他工业行业产值1.17亿元，占工业产值7.61%。33家工业企业当中，规模以上14家，产值13.77亿元，占工业89%，下降7.1%。建筑业方面:有注册的建筑业8家，加上外来建筑业单位的产值，全年完成产值12.2亿元，增长7.8%，占第二产业产值的44.27%。（3）第三产业。有第三产法人单位240多家，个体户1100多户。完成生产总值（GDP）13.07亿元，增长17%。其中，教育事业生产总值5.88亿元，占45%；房地产业生产总值2.87亿元，占22%；住宿餐饮和批发零售业生产总值2.35亿元，占18%；其余的第三产业产值占15%。个体户中，从事批零和住宿餐饮业行业约有830多户，占三产个体户的75%。

【桂林洋开发区固定资产投资】2018年，海口桂林洋经济开发区固定资产投资在建项目35个，完成投资26.5亿元，其中包含土地款4.4亿元，完成投资计划的80%。按因江东新区规划管控影响调整后全年目标任务21亿元算，完成126%，超出计划5.5亿元。其中，政府投资项目完成投资17.3亿元，增长13%；社会投资项目完成投资9.2亿元，下降43%。房地产项目完成投资2.5亿元，增长8.7%；非房地产项目完成投资24亿元，下降17%。

【桂林洋开发区招商引资】2018年，海口桂林洋经济开发区成立开发区自由贸易区（港）招商引资工作领导小组，制定招商工作方案。分别到济南、北京、重庆、广州、上海等地进行点对点的上门招商及服务重点工作，对接和储备一批园区项目，已洽谈对接并储备33个企业和项目。

【桂林洋开发区基础设施建设】至2018年底，海口桂林洋经济开发区（含外来企业）先后投入251亿元完成水、电、路、通信、通气、排污、垃圾处理站、综合办公楼、综合厂房、综合仓库、教学楼等基础设施及配套建设。年内，建成一座110千伏变电站及其配套工程和1万门程控电话；自来水与市供水管道联网，建有8千米自流用水渠道，升级改造污水处理系统工程。

【桂林洋开发区土地征收】（1）江东新区起步区项目，用地178.91公顷。海口博泰隆房地产开发公司已办理国有土地使用权证土地面积63.28公顷，由市国土局对接办理收回土地相关事宜；剩余的115.63公顷土地中，完成51.89公顷建设用地的征收补偿，尚需征收约63.74公顷。考虑到各种因素的影响，实际征收72.7公顷，大于协议收地面积。截至2018年12月28日，征收工作小组累计清点完成46.21公顷，清点比例63.55%，套价37.54公顷，占已清点比例81.24%。（2）白驹大道延长线项目。总长8.6千米，其中桂林洋段约2千米，涉及54.15公顷用地，考虑到各种因素的影响，本次收地面积大于协议收地面积。截至12月28日，征收工作小组累计清点完成53.61公顷，清点比例99%，并已全部套价。（3）哈罗学校项目，用地9.67公顷。实际完成交地时间仅用20天，创造桂林洋单个项目交地时间“桂林洋速度”。项目用地的土地征收工作全部完成。12月28日举行开工仪式。

【桂林洋国家热带农业公园】2018年，项目（一期）计划总投资额21.77亿元，累计完成投资额17.14亿元，其中在上年完成“三通一平”场地平整工程、北入口公共服务中心项目、西（次）入口游客服务中心、农业梦工厂及配套工程、美丽乡村高山村建设等10个项目的基础上，年内路网水系项目（一期）、西入口配套生态旅游服务设施项目、生态热带新果园项目、共享菜园项目、共享农庄（样板段）、生态乐园内装修6个子项目基本完工，剩余的起步区配套市政道路、兴洋大道改造项目正在推进中。2月8日，桂林洋国家热带农业公园开园。至年底，起步区配套市政道路整体进度完成45%，兴洋大道改造项目整体进度完成70%。

生态新果园项目　生态热带新果园以热带高效珍、异、特果树种植为主，兼顾休闲农业、科普示范功能，是农业公园体验区的重要组成部分。2017年11月动工建设，2018年12月建设完毕。项目区位于海口市江东组团片区的桂林洋开发区中部，西至兴洋大道，东距兴洋大道900米，北至农业梦工厂，南距高山村900米。总面积20.67公顷，投资总额1.38亿元。按照“三区一中心”进行布局，即“嘉年华区”（A区）、“采摘体验区”（B区）、“奇珍异果展示区”（C区）、“科普中心”。其中，A区有蛇皮果园、菲油果园、巴西樱桃园、佛手园、嘉宝果园、释迦果园；B区有尖蜜拉园、妈咪果园、牛油果园、巧克力布丁果园、龙贡果园、冰激凌果园；C区有神秘果园、山竹园、澳洲手指柠檬园、香水椰子园、榴莲园、金椰子园。园内共种植21个品种果树，8719株。

（林书东　周爱平　周玉菊　林芳和）

## 农　场

【海口市三江农场】2018年，营业收入342.31万元（土地租金），完成全年土地租金预算116.43%；利润总额13.28万元，资产增长率54.96%；化解历史债务438万元，资产负债率下降14.33%，比预算下降3.28%；所有者权益增加3.54%。

年内完成33.93公顷土地返租及年度26.67公顷退塘还湿工作，完成补偿款的兑现。农业用地规范化管理工作基本完成。至9月17日，完成3826.03公顷土地的外业测量及内业信息录入工作，占任务数的100%；全场636.04公顷经营田涉及的392份合同换签工作全部完成，占任务数的100%。公司化改革工作加速推进中，9月30日，市委、市政府办公厅印发《海口市三江农场发展控股有限公司组建方案》《关于免除海口市三江农场历史债务的请示》上报省农垦改革领导小组，力争化解农场历史债务，确保发控公司轻装上阵。年内，市政府把农场原7个PPP项目转为政府投资项目，项目总投资7528.59万元，项目全部动工建设；三江湾文化风景区二期建设工程完成；完成农场部棚户区改造区域的调整、调查和编制安置补偿方案项目等前期工作；作为三江国家湿地公园项目的前期代理，已与市政府投资项目管理中心签订委托工作代理合同。农场内老人日间照料中心项目竣工，11月移交三江镇政府投入使用；754.73公顷的基本农田建设工程项目，总投资2495.3万元，年底全部完工；三江农场坤山村防潮闸水毁修复工程和大尼山村水毁排沟修复工程项目总投资190万元，均竣工投入使用。

（陈　帆）

【红明农场】2018年，有总人口1.8万人，辖区土地总面积9973.33公顷，有2座大水库，职工自营土地3333.33公顷。11月，海南农垦红明荔枝产业集团有限公司挂牌成立。境内建成全省最大连片的2000公顷荔枝生产基地，666.67公顷香蕉、466.67公顷菠萝、266.67公顷槟榔、260公顷胡椒、100公顷花卉等一批热作产业集群。荔枝产业成为主导产业、优势产业和特色产业。2018年获评“中国优质妃子笑荔枝产业之乡”。年荔枝总产量6650万公斤，总产值2.2亿元。创建有荔海农庄33.33公顷荔枝核心示范园，打造“红明红”荔枝产业“升级版”，引领荔枝产业优化升级。同时，创建垦区首家“荔海共享农庄”，培育“农、文、旅”产业融合发展新业态。

（红明农场办公室）

【中税农场】2018年，总人口1658人。全场设一个党总支，八个党支部，即机关支部、二队支部、三队支部、胶厂支部、合拢支部、门板支部、岭脚支部、薛村支部；党员共104人。土地面积508.66公顷，其中国有土地375.33公顷，集体所有制土地133.33公顷。农场属自负盈亏国有企业，全场干部职工以种植产业为主，实行家庭农场承包责任制，职工自产自销；农场收取土地租金。主要种植作物有胡椒、槟榔、橡胶、荔枝、金桔、沉香、柠檬等作物；经济总产值880万元，人均收入5308元。

（中税农场办公室）

（编辑：杜惠珍）

## 秀英区

**【中共秀英区委】**

书　记　张　霁
副书记　王业天
　　　　王晓龙（3月止）
常　委　吴腾越
　　　　梁同坤
　　　　王　浩（7月止）
　　　　钟红霞（女）
　　　　胡余亨
　　　　毛卫平（7月止）
　　　　效志强（7月任）
　　　　丁　影（女，挂职，1月任）

**【秀英区人大常委会】**

主　任　刘小琴（女）
副主任　吉　军
　　　　符仍辉
　　　　崔海萍（女）
　　　　李传家

**【秀英区人民政府】**

区　长　王业天
副区长　吴腾越
　　　　杨树坤
　　　　黄奕军
　　　　陈安妮（女）
　　　　戴洪泽
　　　　李　铭
　　　　曾　武（挂职，7月止）
　　　　王录学（挂职）
　　　　张庆昌（挂职，8月任）

**【秀英区概况】**秀英区位于海口市西北部，东起丘海大道，西邻澄迈县，南与定安县接壤，北临琼州海峡，总面积495.18平方千米，是海口市管辖的4个县级区之一。2018年辖海秀、长流、西秀、石山、永兴、东山6个镇，秀英、海秀2个街道，70个建制村，24个社区，321个自然村，573个村民小组，常驻人口39.56万人，其中农村人口13.23万人，城镇人口26.33万人，城镇化率46%。

秀英区区位优势明显，区内拥有全国唯一的跨海铁路和全省最大的港口海口港，是海南连接岛外的门户，西线高速、中线高速、东环高铁、西环高铁起点都在秀英，是海口连接其他各市县的重要交通枢纽，随着海口“西扩”加快推进，市行政中心西移，秀英逐步向新的城市中心迈进。

秀英区自然条件得天独厚，北依延绵20多千米的黄金海岸线，南拥全市最高点马鞍岭等火山群，石山、永兴等羊山地区森林覆盖率高，生态保护完好。历史和文化底蕴浓厚，既有道教南宗五祖的南宋白玉蟾故里，明朝著名政治家、学者的丘濬葬于水头村的陵墓——丘濬墓，荣山冼太夫人庙等历史文化遗迹，也有永兴麒麟舞、石山八音等传统非物质文化。旅游资源丰富，全市4家4A景区有3家（海南热带野生动植物园、中国雷琼海口火山群世界地质公园、海口假日海滩旅游区）在辖区内，有东山湖、西海岸、美视、观澜湖等高尔夫球场，风光秀美的西海岸带状公园，万年火山、千年古村落、百年民居以及各具特色的生态文明村、休闲农庄。其中，石山镇有保存完好的古村落80多个，成为火山传统八音、道教南宗五祖白玉蟾历史、水缸文化、山歌文化、婚庆文化、乡贤文化等文化传承的重要载体。

**【秀英区经济发展】**2018年，秀英区生产总值完成226.29亿元，比上年增长8.1%；固定资产投资总额完成474.34亿元，增长14.44%；社会消费品零售总额完成277.78亿元，增长5.9%；地方一般公共预算收入完成14.05亿元，增长19.6%；城镇常住居民人均可支配收入完成33001元，增长8.5%；农村常住居民人均可支配收入完成15066元，增长8.2%。

农业　农业总产值完成27.92亿元，增长5.5%。完成2666.67公顷高标准农田改造和统历岭常年蔬菜基地基础设施建设。11家企业通过ISO9001农产品质量认证。继续实施农业品牌工程，“永兴荔枝”“永兴黄皮”知名度不断扩大，“永兴佛手瓜”获国家地理标志证明商标，“石山壅羊”入选首批国家地理标志农产品。优化农业产业结构，采取“公司+合作社+农户”的惠农扶贫合作模式，在石山镇施茶村野外种植石斛13.33公顷，输出初级农产品基础上加快推进产成品深加工。打造“农馨火山南药园”等示范基地，由公司出资金、技术、种苗进行生产，并运用手机远程点滴喷灌、温湿度控制、生长监控等现代科技技术，探索打造“互联网+科技种植+全域旅游”新模式。实施新型职业农民培育工程，培育新型农业经营主体带头人100人，培训专业技能型和专业服务型农民70人，为秀英区热带高效农业发展提供人才支撑。

工业　工业总产值完成293.6亿元，增长11.2%。稳步推进海口药谷、狮子岭等工业园区基础设施建设，完成美安生态科技新城海绵化改造，园区硬件设施日臻完善。低碳制造业不断壮大，光伏等新能源产业加快布局，支持海南英利新能源有限公司打造高效电池研发基地。医药产业持续发力，九州通医疗器械药品营销总部落户秀英，继续保持医药产业在全市的领先优势。

现代服务业　严格落实全省房地产调控政策，房地产备案项目减少27个。“点线面”结合推进全域旅游，海南热带野生动植物园熊猫馆、长影环球100开业运营。乡村休闲旅游持续升温，石山镇获评“海南省旅游小镇”，3家单位获评“海南省椰级乡村旅游点”，5家农庄获评“海南共享农庄创建试点”，美社有个房获评“海省民宿创建示范点”“海南十佳民宿”，形成“重点景区+特色产业小镇+美丽乡村”的全域旅游发展格局。全年接待旅游总人数522.6万人次，旅游总收入4.8亿元，分别增长39.4%、52.7%。文体产业发展提速，五源河文体中心体育场、中国足球（南方）训练基地落成启用，亚洲最大的国家帆船基地公共码头建成开港。火山自行车文化节、荔枝节等活动收效明显，永兴麒麟舞、石山山歌等非物质文化遗产得到广泛宣传推介。商贸业发展壮大，万达广场、远大购物中心等商圈效益日渐凸显，夜市街区加快建设。农村电商实现全覆盖，形成“1个中心+3个镇级服务站”农村电商格局。物流业持续发展，新海港货物吞吐量完成3623.3万吨，增长42.8%。海口新南北通货运综合物流园等项目扎实推进，城区物流市场功能配套不断完善。

招商合作　对外交流合作不断加强，673批省内外党政考察团调研石山互联网农业小镇。新海生态临港新城规划优化提升，新海港（二期）顺利竣工。推进“百日大招商（项目）活动”，与海南银行、上海中青旅签订战略合作协议，接洽中冶集团、新加坡华德集团等12家国内外知名企业，中国招商局集团、中国国旅（中免）等一批重点企业进驻秀英。

重点项目建设　全年服务保障各类建设项目363个。严格落实“六加六”“一线保姆式服务”项目推进机制，深入开展“重点项目服务季”“投资项目百日攻坚行动”等活动，确保“11·28”“12·28”两批共10个落户秀英区的海南自贸区建设项目按期开工，特别是第四季度固定资产投资完成214.6亿元，增长126.6%，全年完成总量占比为全市4个区中第一。有效推动五源河文体中心、省儿童医院、北大附中附小海口学校、五源河农贸市场等一批公共服务项目建成启用；G15沈海高速（海口段）、新海港客运枢纽、海秀快速路（二期）、海南国际会展中心（二期）、定海大桥连接线等一批重大基础设施项目加快建设；复兴城西海岸互联网总部基地、中旅免税城、招商局海南区域总部等一批产业提升和总部经济项目顺利落地。

优化营商环境　深化“放管服”改革，加快三级政务服务体系建设，市级下放的行政管理权项100%承接并正常运行，7个试点单位54项行政审批服务事项纳入“一窗受理”业务范围，全区“不见面审批”事项246项，占比91.4%。推进“多证合一”登记制度改革，探索实施企业登记全程电子化网上自助登记，全年新增市场主体5731家，增长19.4%。加强事中事后监管，扎实推进“双随机一公开”工作，累计抽查206次，68个事项百分百覆盖。

位于永兴电商扶贫中心的秀英区消费扶贫馆，采用无人超市模式自觉消费和支付　（秀英区政府办 供）

**【秀英区社会发展】** 2018年，秀英区民生支出19.4亿元，占地方一般公共预算支出的81.4%，8项支出进度位居全市4个区第一。

社会保障　落实就业创业扶持政策，助推“百万人才进海南”行动，城镇新增就业5074人，组织农村富余劳动力转移就业1922人，下岗失业再就业1140人，协助77名创业者贷款749万元。累计发放各类低保、救助金6774.92万元，实现应救尽救。办理被征地农民参加城乡居民养老保险项目51个。推进居家和社区养老服务改革，改造敬老院2所，提供无偿上门服务1万余小时。扎实开展老旧危楼整治工作，加大住房保障力度，发放公共租赁住房补贴346万元。

社会事业　继续巩固义务教育基本均衡发展成果，长流、海秀中心小学学业质量连续4年包揽全市农村学校前2名，打造石山中学等11所足球特色学校，长德学校获评为“湿地学校”。扎实推进“一校两园”建设，北大附中附小海口学校及3所公办幼儿园开学招生，新增学位3720个，新建学校游泳池4个。公立医药卫生体制改革全面推开，基层卫生院服务能力不断加强，位于区内的省人民医院门诊大楼、海口骨科和糖尿病医院建成开诊。逐步完善医联体建设，分级诊疗得到进一步推行，计划免疫等15项公共卫生服务项目通过国家、省级评估，基层医疗覆盖率95%以上，“两镇十五村”健康村镇试点工作取得初步成效，新农合参合率稳定在99%以上。公共文化服务体系不断完善，区图书馆、文化馆功能不断提升，完成100个点位文体设施配套和14间文化室建设。秀英区东方洋社区工作法入选全国“优秀社区工作法”，秀英区安监局被评为全国安全生产监管监察先进单位。

文明创建　打造3个省级文明社区，率先启用全省第一家诚信驿站书店。秀英区志愿者联合会获得全国“暖冬行动”优秀志愿服务团队称号，新海港学雷锋志愿服务站获评省学雷锋活动示范点。春节期间，连续7天24小时不间断“抗雾保运”，温暖73.4万旅客回家路，得到社会各界的高度评价。

**【秀英区城乡建设与管理】**2018年，秀英区投入1.3亿元建设10个“五网”基础设施，完成59条小街小巷改造等一批市政道路建设，改造投放公厕17座。推进海绵城市建设，加快白水塘路东段等7个城市积水点管网改造。新海片区棚改加快推进，向荣安置区主体封顶。信息产业发展环境不断优化，城市光网小区覆盖率超过99%，城区4G信号、重点公共场所WiFi和行政村光网、4G网络实现全覆盖。深入推进西环高铁沿线环境整治和海秀快速路两侧、民航俯视区景观提升，绿化修复194.87公顷，遮盖黄土裸露22万余平方米，清除重点商圈和重要路段广告招牌395宗。完成火山口大道等5个重要路段和点位景观提升。

环境整治修复　中央环保督察、国家海洋督察交办的156宗办件全部办结并扎实开展“回头看”整改，立案查处环境违法行为108宗。实现全国第二次污染源普查实现全覆盖。全年空气质量优良率99.4%，名列4个区第一。投入5亿元开展工业水库、秀英沟、五源河等水体治理，整体消除黑臭现象，其中五源河被列入全国城市水体治理光荣榜，永庄水库等城市集中式饮用水源地水质100%达标。建立2个绿色防控示范基地。修复矿坑72个，植树造林123.36公顷，完成率142.3%。五源河国家湿地公园生态修复成效显著，拥有水蕨、原鸡、蓝胸秧鸡、蜂虎、野生稻等国家及省级保护动植物，为海口市获评全球首批“国际湿地城市”创造有利条件。开展非法堆砂点清理行动，查扣非法采砂车船206辆。清理河砂7290立方米，平整河道3.98万平方米，生态修复3.26万平方米。拆除控制各类违法建筑1081宗44万平方米，稳步推进分类处置，认定“一户一宅”5070宗，核发乡村建设工程规划许可证795宗，“无违建村”创建有序推进。完成省市下发图斑核查录入3.3万宗，整改国土资源部下发2017年度土地疑似违法图斑964宗，整改到位率99.7%，排名全市第一。“大棚房”清理整治加快推进。加强城乡环境卫生综合整治，环卫一体化PPP实现全覆盖，农村生活垃圾无害化处理率超过95%。稳妥推进垃圾分类处理，海秀街道列入试点示范街道。

**【秀英区新农村建设】**2018年，秀英区百镇千村建设完成石山镇乡村振兴总体规划和14个美丽乡村专项规划编制，建成美丽乡村14个，施茶村获评“中国幸福村”。全区文明生态村总数315个，占自然村总数96%。投入4.3亿元建设农村公路、旅游资源路、农村安全饮水、农村生活污水治理等一批农村基础设施，完成西秀、永兴镇墟改造，长流、东山镇墟改造稳步推进。开展“厕所革命”，新建农村公厕5座，改厕2095户。改造农村危房280户。

建设石山特色小镇　以习近平总书记视察施茶村的重要讲话精神为指引，加快推进石山特色产业小镇、国家乡村振兴战略示范镇建设。升级打造火山石斛园等一批物联网农业产业园，投资7000万元启动火山游大小环线等12条旅游资源路，推出“乐玩石山”等一批旅游项目，2018年全镇游客量突破300万人次，节假日期间民宿入住率95%以上。9月23日，在石山镇举办首届中国农民丰收节，对互联网农业突出贡献奖农民代表、互联网农业创业创新杰出奖农民代表、先进农民创业人才代表予以表彰。

脱贫攻坚战　出台《秀英区打赢脱贫攻坚战三年行动计划》，建立脱贫攻坚三级战斗体系，成立173支攻坚队。完成农村人口拉网式排查，实现贫困家庭应纳尽纳“零漏评”、应退尽退“零错退”。开办秀英消费扶贫馆，永兴电商扶贫中心线上销售总额超1.51亿元，贫困户线上销售额超830万元。超额完成2018年计划减贫任务，全区累计脱贫退出450户2159人，4个建档立卡贫困村全部脱贫出列，贫困发生率由1.73%降至0.15%。

基层党建　2018年，秀英区共成立党组织224个，党员人数有9392人，其中农村党组织9个。着力抓好党建示范点创建，在石山镇施茶村党建示范基地的带动下，道育村石山壅羊公社，施茶胜嵘石斛基地等一批党建促脱贫示范基地相继建成投入使用并产生效益；充分整合辖区资源，探索建设党建载体，利用“党建+12345+网格化”模式，实现“网格下沉”，将服务群众工作前移，成立“劳动再就业服务中心”等，进一步丰富党建活动抓手。水头村被确定为海口市第一批新时代党员教育实践基地，并成功打造海口市首个镇级党建工作站——海秀镇党建工作站。

## 2018 年秀英区行政区划表

| 指标 | 单位 | 全区合计 | 区辖镇（街） | | | | | | | |
|---|---|---|---|---|---|---|---|---|---|---|
| | | | 长流镇 | 西秀镇 | 海秀镇 | 石山镇 | 永兴镇 | 东山镇 | 秀英街道办事处 | 海秀街道办事处 |
| 土地面积 | 平方千米 | 495.18 | 54.60 | 50.10 | 18.94 | 122.22 | 105.61 | 126.85 | 8.05 | 8.82 |
| 户籍人口 | 人 | 343749 | 48151 | 57436 | 17642 | 44311 | 35904 | 70551 | 26843 | 42911 |
| 人口密度 | 人 / 平方千米 | 694.19 | 881.89 | 1146.43 | 969.87 | 362.55 | 339.97 | 556.18 | 3334.53 | 4865.19 |
| 社区 | 个 | 24 | 4 | 2 | 2 | 1 | 1 | 2 | 5 | 7 |
| 建制村 | 个 | 70 | 12 | 10 | 6 | 11 | 8 | 21 | 2 | 0 |

## 2018 年秀英区所辖街道、镇、建制村（社区）情况表

| 区辖（街） | 社区 | 建制村 |
|---|---|---|
| 长流镇 | 长流墟、镇海、长彤、长信 | 长东、康安、会南、长丰、美德、博新、长南、堂善、长流、棠昌、长北、美李 |
| 西秀镇 | 南港、长滨 | 博养、长德、龙头、祥堂、荣山、新和、丰盈、拨南、新海、荣山寮 |
| 海秀镇 | 海榆东、海榆西 | 新村、水头、业里、儒益、周仁、永庄 |
| 石山镇 | 石山墟 | 和平、扬佳、道堂、北铺、岭西、施茶、安仁、福安、建新、美岭、道育 |
| 永兴镇 | 永兴社区 | 永秀、永德、美东、建中、雷虎、建群、罗经、博强 |
| 东山镇 | 镇南、镇北 | 东星、儒万、永华、东山、东溪、光明、溪头、马坡、东苍、玉下、雅德、建丰、文塘、紫罗、前进、环湖、东升、溪南、射钗、东城、城西 |
| 秀英街道办事处 | 秀华、秀海、秀中、秀新、高新 | 书场、向荣 |
| 海秀街道办事处 | 海口港、东方洋、长秀、金鼎、十一支队、爱华、天海 | |

## 2018 年秀英区国民经济与社会发展指标表

单位：亿元

| 指 标 名 称 | 全年累计 | 比上年增减（%） |
|---|---|---|
| 地区生产总值 | 226.29 | 8.10 |
| 农业总产值 | 27.92 | 5.50 |
| 工业总产值 | 293.57 | 11.20 |
| 社会消费品零售总额 | 277.78 | 5.90 |
| 固定资产投资总额（按 4 个区分） | 525.7 | 14.70 |
| 固定资产投资总额（按 7 个区分） | 474.34 | 14.40 |
| 城乡居民人均可支配收入（元） | 28829 | 8.70 |
| 城镇常住居民人均可支配收入（元） | 33001 | 8.50 |
| 农村常住居民人均可支配收入（元） | 15066 | 8.20 |

注：固定资产投资总额（按 4 个区分）包含秀英区辖区范围内高新区、综保区项目；固定资产投资总额（按 7 个区分）不含秀英区辖区范围内高新区、综保区项目

2018年秀英区社会事业主要指标表

| 指标名称 | 单位 | 2018年绝对值 | 比上年增长（%） |
|---|---|---|---|
| 一、教育事业投入 | 万元 | 57350 | 46 |
| 学校（不含民办） | 所 | 54 | –8.47 |
| 其中：完全中学 | 所 | 0 | |
| 九年一贯制 | 所 | 2 | |
| 普通中学 | 所 | 6 | |
| 小学 | 所 | 31 | –8.82 |
| 教学点 | 所 | 15 | –11.76 |
| 高中就读学生 | 人 | 0 | |
| 初中就读学生 | 人 | 6076 | 7.94 |
| 小学就读学生 | 人 | 25852 | 4.61 |
| 二、户籍总人口 | 人 | 343749 | 5.78 |
| 其中：城镇人口 | 人 | 158089 | 17.25 |
| 乡村人口 | 人 | 185660 | 2.36 |
| 三、文化事业财政投入 | 万元 | 1116 | –79 |
| 四、医疗卫生事业财政投入 | 万元 | 7293 | –102.17 |
| 五、卫生机构（不含诊所） | 家 | 23 | 83.69 |
| 六、卫生机构病床数 | 张 | 186 | –19.75 |
| 七、卫生技术人员 | 人 | 667 | 23.52 |
| 八、创建文明生态村（宣传部 文明办） | 个 | 316 | 2.27 |
| 九、社会就业新增岗位 | 人 | 5505 | –29.63 |
| 其中：再就业 | 人 | 1200 | –13.79 |
| 转移农村富余劳动力 | 人 | 1922 | 41.01 |

（杜翠华）

# 龙华区

**【中共龙华区委】**

书　记：凌　云　（女，3月任）

副书记：陈积卫（3月止）

常　委：邢为坚　蒋海涛（女）

　　　　吴　馨　李　明

　　　　梁双喜　舒　琳（女）

**【龙华区人大常委会】**

主　任：李会文

副主任：黄世城　刘芳芳（女）

　　　　郭登良　符锡安

**【龙华区人民政府】**

区　长：凌　云（女，3月止）

　　　　郭　刚（3月任）

副区长：陈正参　李美健　林　山

　　　　陆乙源　王才华　龙　健

**【龙华区概况】**龙华区位于海口市中部，是全市经济文化中心，被誉为“椰海明珠”。东接美兰区、琼山区，西与秀英区相邻，北临琼州海峡，南依定安县，面积303.25平方千米，是海口市管辖的4个县级区之一。2018年辖城西、龙桥、龙泉、新坡、遵谭5个镇和中山、大同、滨海、海垦、金宇、金贸6个街道，51个建制村，303个自然村，78个社区。常住人口66.2万人，其中农村人口8.21万人，城镇人口57.99万人；城镇化率87.6%。

矿藏及其他自然资源主要有玄武岩、河沙、沸石矿和膨润土矿等。金牛岭有沸石矿和膨润土矿，沸石矿探明储量3509.4万吨，居全国第十位；膨润土矿探明储量1376万吨，居全国第23位（该矿床禁止开采）。海秀中路以南贮藏有天然矿泉水，开发的矿泉水品牌有椰树、金盘、伊沙贝尔等。

龙华区位优势明显，交通便利，公路网络覆盖全区。东线高速公路纵贯5镇，绕城高速公路横挂其腰并联通东线、西线、海文三条高速公路，东环轻轨铁路穿梭城区。辖区有高铁东站、海口汽车南站、市公交汽车总站等车站，南大立交桥、滨海立交桥、世纪大桥等桥梁。海南东线高速公路经过境内长24千米。

龙华区历史文化底蕴深厚，旅游资源丰富。辖区内有国家历史文化名街海口骑楼街区、海口天后宫等名胜古迹；国家级重点文物保护单位有秀英炮台、中共琼崖一大会址、海瑞墓3处，省级文物保护单位有冯白驹将军雕像及纪念亭、冼夫人纪念馆、冯平同志纪念馆3处；爱国主义教育基地有中山纪念堂、中共琼崖一大会址、冯白驹将军雕像、解放海南岛战役烈士陵园4个。拥有万绿园、金牛岭公园、世纪公园、海口公园等公园，及观澜湖度假区、冯小刚电影公社、珠崖郡遗址和海瑞清官文化园等文化旅游景区。辖区有复兴城互联网创新创业园，是互联网产业聚集地。辖区集聚了多家银行总部、保险公司总部、证券、期货、担保等机构，是金融保险中心和企业总部的聚集地。形成国贸商圈、大同商圈、海秀东商圈、椰海商圈等商圈，拥有生生百货、宜欣广场、京华城、友谊阳光城、吾悦广场等一批大型购物广场，是商贸物流中心。形成以汽车制造、生物医药、食品饮料、机电制造等四大产业为支柱的工业经济体系，拥有海马集团汽车生产、研发设计和配件制造基地，椰树集团、亚太酿酒、力神咖啡等食品饮料企业，奇力制药、先声药业等医药企业和海宇锡板、金盘电气等金属制造企业，是汽车、食品饮料、医药等生产制造中心。

**【龙华区经济发展】**2018年，实现地区生产总值687.39亿元，比上年增长7.6%；社会消费品零售总额225.78亿元，下降6.87%；来自龙华的全口径财政收入169.2亿元，增长20%；地方一般公共预算收入30.74亿元，增长49.95%；完成固定资产投资226.83亿元，下降20.7%；城镇常住居民人均可支配收入37083元，增长8.37%，农村常住居民人均可支配收入14794元，增长8.2%。

农业　以“产业兴旺”为目标，大力发展现代农业，扶持发展兰花、石斛等特色产业，新发地蔬菜产业园年产值2200万元，带动农民增收550万元。加快推进农村集体资产清产核资工作，在22个村（居）试点开展农村集体产权制度改革。鼓励村级组织发展集体经济，新坡镇农丰村建设蔬菜基地、创立浓丰农品牌，仁里村成立股份有限公司，与旅行社合作，发展乡村生态游，带动当地农民创收20余万元。举办扶贫爱心集市、冼夫人文化节军坡集市等活动，拓宽农副产品销售渠道。全年实现农业总产值13.25亿元，增长4.7%。

工业　全区工业总产值213.91亿元，下降6.8%。其中规模以上工业产值199.03亿元，下降7.6%。医药行业迅猛增长，电气机械和器材制造业保持较快增长，电力行业持续增长。电气机械和器材制造业完成产值26.58亿元，占全区工业的12.4%，增长22.2%。电力供应业完成产值65.5亿元，占全区工业的30.6%，增长8.1%。

现代服务业　服务业综合改革试点工作扎实推进。金融保险业实现增加值118.86亿元，占全市72.3%。全省首家全国性保险法人机构海保人寿落户龙华。海口爱奇艺知识产权供应链资产支持证券成功发行，成为全国首例知识产权资产证券化项目。旅游品质不断提升，观澜湖狂野水世界开业运营，全国首家巴萨世界主题馆、首家美国职业篮球联赛（NBA）互动体验馆相继开馆。海垦花园夜市、金盘夜市、滨濂夜市提档升级，树立观光夜市新标杆。乡村旅游成为新热点，潭丰洋湿地游、珠崖郡访古游等旅游线路深受市民游客喜爱。全区主要景点年接待游客783.52万人次，收入7.13亿元。文化产业繁荣发展，北京三多堂、世纪影游等项目签约入驻海口文化产业园，注册企业127家，影视项目累计74个。互联网产业发展提速，成功引进蚂蚁金服、字节跳动等行业巨头。文化产业园、复兴城互联网创新创业园实现税收6.34

亿元。商贸物流业发展势头强劲，海垦商业广场开门迎客，国贸、大同、海垦、椰海等商圈优化升级。盒马鲜生等新零售业态加快布局。全区服务业增加值增长8.6%，对GDP的贡献率为89.6%。挖掘空间潜力，加快发展楼宇经济，推动平面发展向立体发展转变，滨海国际电子商务产业园依托滨海国际金融中心6.8万平方米楼宇，吸引国家电力投资集团、长江证券等614家企业注册落户，实现营业收入54.2亿元。

重点项目建设　全区15个省市重点项目完成投资87.2亿元，超额完成年度任务。市民游客中心揭牌启用，观澜湖华侨中学高中部等新建项目顺利开工。

改革创新　以“便利化”为侧重点，提升审批效率，办理时限缩短至法定时限的25%，材料精简14.8%。推进“双随机一公开”工作，实现双随机抽查事项覆盖率100%。打造海南首个政务服务24小时自助区。2018年，市场主体新增2.1万家，民营企业5.88万家，占全市45.28%。

**【龙华区社会发展】**2018年，全区民生支出23.38亿元，增长38.45%，占地方一般公共预算支出的87%，农村安全饮水提升工程、区禁毒教育基地等12项为民办实事全部兑现。

社会保障　城镇新增就业10048人，城镇登记失业人员再就业2610人，农村富余劳动力转移就业1555人。完成城乡居民基本医疗、养老保险参保任务。强化民生兜底，发放低保金1881.97万元，救助5.67万人次。

社会事业　全区城乡义务教育优质均衡发展，充实师资力量145名，增加义务教育学位3010个，中小学教学质量稳居全市前列，顺利通过省级义务教育均衡发展复检和中小学责任督学挂牌督导创新区评估认定。与海南医学院第一附属医院签订《深化医联体合作协议》，在4个乡镇卫生院合作打造特色学科，开通远程诊疗会诊系统。创建国家慢性病综合防控示范区和健康促进区。实施国家免费孕前优生健康检查1857对，获得国家卫健委颁发的全国宣传工作先进单位、“国家健康卫士杯”先进单位等荣誉称号。在全民健身和文化惠民上持续发力，完成区文化馆、图书馆建设，新建8个文体活动室和6个篮球场，三级公共文化服务网络进一步完善。原创少儿快板剧《阿莲》在海南省第三届艺术节评选中夺得6项群星大奖，举办冼夫人文化节、“多彩童年六月狂嗨节”“金色夕阳”中老年文化艺术节等文化活动84场次。

生态修复后的大同沟迎来全新蝶变，昔日的“臭水沟”水清了，变美了，人居环境大大提高。摄于2018年4月5日　（市园林局 供）

**【龙华区城乡建设与管理】**2018年，“绿化宝岛”造林46.67公顷。改造提升海马绿地等街心公园景观，改造绿地面积3.9万平方米。加大户外广告整治力度，累计拆除广告招牌833块、4.4万平方米。城乡环境卫生保障水平稳步提升，主次干道机械化作业率85.6%，主城区生活垃圾实现100%无害化处理。加快三叶西路等6条道路建设，启动众荣路、苍峄路等7个市政道路项目，城市路网不断完善。推进坡博坡巷、面前坡等5个棚改项目，实现投资34亿元，拆除房屋20.78万平方米，面前坡4.48公顷回迁安置地完成挂牌，棚户区（城中村）改造工作年度考核位列全市榜首。拆违1137宗、24.41万平方米，控违272宗、9.27万平方米，认定“一户一宅”5127宗，全面完成图斑销号任务。

生态建设　坚决落实中央环保督察和国家海洋督察问题整改，建立健全生态文明建设长效机制。开展生态环境六大专项整治，全年查处环境违法案件59宗。持续开展大气污染防治，完成48家“小散乱污”企业整治，加大烟花爆竹禁销禁燃管控力度，全年空气优良率98.65%。基本禁绝非法采砂行为，加快推进南渡江沿岸生态修复。严格落实河长制、湾长制，水体治理成效明显，电力沟、西崩潭、东西湖等水体水质主要指标达到地表水V类标准。东西湖生态修复两登《人民日报》，大同沟治理受到生态环境部点赞，昔日“龙须沟”变成“民心沟”。加快建设沙坡水库郊野湿地公园，推动潭丰洋土地整治生态化与湿地保护协同共生项目建设，助力海口市获评全球首批“国际湿地城市”。羊山湿地良好生态环境引来国家二级保护动物白鹈鹕“作客”。

**【龙华区新农村建设】**美丽乡村建设改造农村危房260户，完成农村改厕2072户，农村人居环境持续改善。正式启动农村生活污水治理一期工程，加快推进农村公路“六大工程”，农村基础设施短板不断补齐。新建12个文明生态村，全区共创建文明生态村269个，占全区自然村总数的89.07%，其中城西镇、龙桥镇、遵谭镇实现文明生态村创建全覆盖。完成11个美丽乡村建设规划方案编制。新坡镇获省级健康镇称号，遵谭镇获省级卫生镇称号，新坡镇文山村、新彩村被评为全省星级美丽乡村。

脱贫攻坚　组建三级战斗体系，压实各级责任，全年实现脱贫退出14户52人，贫困发生率从2016年的0.8%降至0.22%，超额完成年度脱贫攻坚目标任务。确保贫困家庭“零漏评”“零错退”。投入830万元，落实医疗、教育、危房改造等各项帮扶措施。积极探索贫困户入股企业和合作社发展模式，成立海南首个“三扶”农业合作社，帮助贫困户增加造血功能，打造产业脱贫全市标杆；把脱贫攻坚与乡村振兴深度融合，利用羊山地区特有资源，因地制宜大力发展石斛、鹧鸪茶等特色产业。

**2018年龙华区行政区划表**

| 指标名称 | 单位 | 全区合计 | 区辖镇（街） | | | | | | | | | | |
|---|---|---|---|---|---|---|---|---|---|---|---|---|---|
| | | | 城西镇 | 龙桥镇 | 新坡镇 | 龙泉镇 | 遵谭镇 | 海垦街道 | 金宇街道 | 金贸街道 | 大同街道 | 滨海街道 | 中山街道 |
| 土地面积 | 平方千米 | 303.25 | 39.22 | 50.06 | 53.60 | 75.76 | 58.20 | 7 | 3.97 | 8.50 | 2.35 | 3.40 | 1.19 |
| 户籍人口 | 万人 | 46.81 | 3.5 | 2.87 | 3.73 | 5.32 | 2.70 | 5.70 | 3.34 | 5.61 | 5.34 | 5.34 | 3.80 |
| 社区 | 个 | 78 | 13 | 0 | 0 | 1 | 0 | 14 | 10 | 9 | 10 | 10 | 11 |
| 建制村 | 个 | 51 | 6 | 8 | 13 | 17 | 7 | 0 | 0 | 0 | 0 | 0 | 0 |

**2018年龙华区所辖镇、街道、建制村（社区）情况表**

| 镇（街） | 社区 | 建制村 |
|---|---|---|
| 城西镇 | 山高东、山高西、丁村南、丁村北、头铺东、头铺西、仁里北、仁里南、府西、四季华庭、金盘、金沙金星 | 苍东、苍西、高坡、大样、沙坡、薛村 |
| 龙桥镇 | 无 | 龙桥、龙洪、挺丰、三角园、永东、玉符、玉荣、道贡 |
| 新坡镇 | 无 | 文山、文丰、新村、雄丰、农丰、群益、新彩、群丰、民丰、光荣、新坡、仁南、仁里 |
| 龙泉镇 | 东占 | 元平、永昌、市井、富伟、新联、扬亭、占符、国扬、美定、大叠、雅咏、仁新、美仁坡、椰子头、五一、新江、翰香 |
| 遵谭镇 | 无 | 新谭、东谭、遵谭、龙合、群力、咸东、咸谅 |
| 海垦街道 | 秀英村、滨濂南、滨濂北、滨涯、滨秀、金垦、金山金牛岭、垦中、华垦、海秀、疏港、顺发、西岭 | 无 |
| 金宇街道 | 银湖、昌茂、面前坡、坡博西、坡巷、坡博东、南沙金坡、海德、坡博南 | 无 |
| 金贸街道 | 金海、万绿园、世贸、国贸、珠江、龙华南、玉沙嘉华、电力 | 无 |
| 大同街道 | 大同里、友谊、彩虹、龙昆上、龙昆下、华海、侨中正义、义龙东、义龙西 | 无 |
| 滨海街道 | 滨海、盐灶一、盐灶二、盐灶三、八灶、滨海新村龙华中、滨港、泰华、玉河 | 无 |
| 中山街道 | 竹林、永兴、长堤、富兴、西湖、义兴、得胜沙西门外、人和坊、居仁坊、园内里 | 无 |

## 2018年龙华区国民经济发展指标表

| 指 标 名 称 | 单位 | 2018年 | 2017年 | 增长（%） |
|---|---|---|---|---|
| 一、地区生产总值 | 亿元 | 687.39 | 632.92 | 7.60 |
| 第一产业 | 亿元 | 9.07 | 8.85 | 4.60 |
| 第二产业 | 亿元 | 130.99 | 122.01 | 3.80 |
| 其中：工 业 | 亿元 | 70.73 | 66.10 | –0.20 |
| 建筑业 | 亿元 | 60.26 | 55.91 | 7.20 |
| 第三产业 | 亿元 | 547.33 | 502.06 | 8.60 |
| 二、农业总产值 | 亿元 | 13.25 | 13.27 | 4.70 |
| 三、工业总产值 | 亿元 | 213.91 | 210.41 | –6.80 |
| 其中：规模以上工业总产值 | 亿元 | 199.03 | 200.63 | –7.60 |
| 四、固定资产投资总额 | 亿元 | 254.14 | 325.34 | –21.10 |
| 五、社会消费品零售总额 | 亿元 | 225.78 | 242.43 | –6.87 |
| 六、地方一般公共预算收入 | 亿元 | 30.74 | 20.50 | 49.95 |
| 七、城镇常住居民人均可支配收入 | 元 | 37083 | 34220 | 8.37 |
| 八、农村常住居民人均可支配收入 | 元 | 14794 | 13672 | 8.20 |

## 2018年龙华区社会事业主要指标表

| 指 标 | 单位 | 2018年绝对值 | 比上年增长（%） |
|---|---|---|---|
| 一、教育事业财政投入 | 万元 | 60226 | 17.5 |
| 学校（不含民办） | 所 | 39 | 0 |
| 其中：普通中学 | 所 | 12 | 0 |
| 小学 | 所 | 27 | 0 |
| 初中就读学生 | 人 | 12165 | 5.5 |
| 小学就读学生 | 人 | 46981 | 5.1 |
| 二、户籍总人口 | 万人 | 49.2 | 3.6 |
| 三、文化事业财政投入 | 万元 | 2471 | –4.3 |
| 四、医疗卫生事业财政投入 | 万元 | 31721 | 5.2 |
| 五、卫生机构数（不含诊所） | 个 | 117 | 2.6 |
| 六、卫生技术人员 | 人 | 991 | 11.6 |
| 七、社会就业新增岗位 | 人 | 10048 | 8 |
| 其中：再就业 | 人 | 2610 | 8.5 |
| 转移农村富余劳力 | 人 | 1555 | –35 |

（符英诗）

# 琼山区

**【中共琼山区委】**

书　记　孙　芬（3月止）
　　　　陈昊旻（3月任）
副书记　王和娇（女，3月任）
　　　　覃　俊
常　委　陈　力（3月止）
　　　　徐应新（女，3月止）
　　　　陈嘉奋（11月止）
　　　　郑维利　段福生　仇志明

**【琼山区人大常委会】**

主　任　吴光亮
副主任　李　坚　王康福
　　　　方慧玲（女）　蒙　莽

**【琼山区人民政府】**

区　长　陈昊旻（3月止）
　　　　王和娇（3月任）
副区长　陈　力（3月止）
　　　　王明夫　周启轩　冯　柳
　　　　秦立双（女）　杨大炎
　　　　高晓斌（挂职）
　　　　郑　妮（女，挂职，1月任）
　　　　常英伟（挂职，11月任）
　　　　苏　龙（挂职，1月止）
　　　　王承毅（挂职，8月止）

**【琼山区概况】** 琼山区位于海口市南部，东部、北部与美兰区毗邻，南连文昌市和定安县，西与龙华区接壤。总面积928.69平方千米。森林覆盖率38.38%。2018年，辖龙塘镇、云龙镇、红旗镇、三门坡镇、大坡镇、甲子镇、旧州镇7个镇，国兴街道、府城街道、凤翔街道、滨江街道4个街道、37个社区和74个建制村，749个自然村，939个村民小组。其中云龙镇为海口市“计划单列镇”和“统筹城乡示范镇”；7个镇均被列入海南省100个特色产业小镇范畴；云龙镇、龙塘镇、红旗镇、三门坡镇、旧州镇列为海口市10个中心镇范畴。辖区内有省岭脚热带作物场、省长昌煤矿和区属新民林场、中税热作场。总人口51.79万人，其中城镇人口36.58万人；农村人口15.21万人，城镇化率70.64%。户籍总人口40.13万人，其中男性21.11万人；女性19.02万人。

琼山历史悠久，人杰地灵，素有“琼台福地”之美称，是“海口市国家历史文化名城”核心区。有丰富的旅游资源和自然资源。区内交通四通八达，十分便利，东线高速、绕城高速以及223国道等主要干线穿境而过，有海口汽车东站，毗邻海口汽车南站、高铁东站和美兰机场。主要旅游景点有：五公祠、琼台福地、琼台书院、李硕勋纪念亭、琼崖红军改编旧址、琼崖纵队抗日第一枪纪念园、海瑞故居、丘濬故居、冯白驹将军故居、陈得平将军故居等。龙塘镇珠崖岭古城遗址被国务院列为全国第七批重点文物保护单位。境内有中信·台达尔夫球场和依必朗高尔夫球场，以及被文化部列为文化产业重点项目的海南花卉大世界琼州文化风情街。以龙鳞村、田心村、本立村、加乐湖村、多谷屯村、泮边村、堆插村等为代表的美丽乡村旅游业十分繁荣。境内发现的矿产资源主要有煤、玻璃砂、硅藻土、建筑材料玄武岩石矿等十多种。海南最长的河流南渡江流经琼山区。国家级的美舍河凤翔湿地公园打造成生态新名片。珍贵林木有沉香、花梨木、山竹子等；地方主要特产有南渡江麻鱼（蔓鱼）、鲤鱼、红旗乳鸽、大坡牧榕鸡、三门坡荔枝、红明荔枝、云龙淮山、旧州富硒水芹、甲子绿头鸭、羊山雍羊等。

**【琼山区经济发展】** 2018年，全区完成地区生产总值171.11亿元，比上年增长8%；固定资产投资142.75亿元（含云龙产业园），增长9.7%；社会消费品零售总额65.61亿元，增长6.5%；来源地一般公共预算收入46.85亿元，增长12.02%；城乡居民人均可支配收入29576元，增长8.6%。城镇常住居民人均可支配收入完成34046元，增长8.4%；农村常住居民人均可支配收入完成14869元，增长8.3%。

**工业** 持续夯实云龙产业园基础设施建设，支持引导高新技术企业入驻，优化招商投资环境，紧盯新兴产业招商，支持发展低碳绿色工业。加大云龙产业园服务支持力，进一步完善园区建设，海南红塔、海南立昇净水等企业产能持续提升，珠峰科技（海口）装配式建筑产业基地项目开工，园区经济不断壮大。全区工业总产值完成49.29亿元，增长5.3%。

**农业** 采取调减低效产品，调优传统作物策略，大力发展荔枝、胡椒、蔬菜、花卉等农业主导产业，利用琼山富硒火山泥土壤天然优势，试点推广有机稻产业，打造333.33公顷琼山火山富硒有机稻谷种植基地。加快热带高效农业现代化步伐，重点支持建设大坡胡椒产业园区，打造集收购、仓储、加工物流于一体化的三门坡镇荔枝集散基地，做大做强荔枝产业。重点培育3家一二三产联动融合企业，打造一批具有市场竞争力、影响力的琼山农业区域品牌。培育多种新型经营主体，加大田园综合体融合发展力度，积极创建“共享农庄”，打造健康养生为一体的休闲观光农业景观带，有效促进农旅结合，实现农业共享。探索完善区级农业合作社联盟运行体制机制，搭建农村发展服务平台，探索乡村经济发展新模式。

**服务业** 探索总部经济发展，把大英山片区、凤翔商贸片区打造成为现代服务业聚集区。依托夜市经济，发展繁荣福地美食街和府城老街区等商业圈。着力做好旅游业提质升级，完善凤翔湿地公园购、娱、美食和停车场等旅游要素配套，挖掘那佑村火龙果主题民宿、红旗本立村党建主题民宿综合体项目潜力，丰富乡村旅游内涵。强化培育共享农庄、民宿经济等产业，继续加快30个“空心”农旅项目村招商引资，推动云龙太乙、红旗本立、大万、甲子多历等农旅项目示范建设，加快丝路海口·田园综合体试点建设。进一步加强旅游基础设施建设，建设香世界庄园游客服务站、甲子新民低空飞行基地游客到访中心，引进企业发展康养旅居项目，提升琼山旅游品位。

重点项目建设　加快全区135个重点项目建设。年内，优联国际医院、海口塔、云龙湖国际度假区等在建项目扎实推进，海口市强制隔离戒毒所（二期）、明昌塔、农村生活污水治理、镇域污水处理厂等一批项目新开工建设。围绕“十二”大重点产业，精心策划三十六曲溪湿地公园等9个招商项目，招商引资实现突破，成功对接24家企业，启动华侨城三十六曲溪美丽乡村项目、稳步推进海口融创天亿健康生态城等项目。

**【琼山区社会事业】**2018年，开展促进就业的“就业援助月”“春风行动”活动，全年城镇登记失业人员再就业1600人以上；农村富余劳动力转移就业2100人以上，年末城镇登记失业率控制在3%以内。全区城乡低保救助7.2万人次，发放救助金2247.54万元，特困人员救助1.69万人次，发放供养金1018万元。投入127.5万元，完成150户残疾人家庭无障碍改造。在国兴街道巴伦社区、府城街道鼓楼社区等试点推出“长者饭堂”，创新社区老人服务。居家养老工作覆盖至主城区及云龙镇、三门坡镇、旧州镇，完成对区福利院（光荣院）、红旗、大坡、凤翔和东昌居敬老院的基础设施改造。公共租赁住房稳步推进，发放住房困难家庭公共租赁住房货币补贴214.8万元，对1440户家庭实施配租保障。推进“12345+网格化+提升社区功能”工作，打造府城、高登、博桂、文坛4个示范社区。全年教育支出5.55亿元，增长15.4%。“一校两园”建设稳步推进，铁桥幼儿园改扩建完成，椰博小学建设启动，凤翔学校完成可研批复。启动府城中学、琼山十二小教学综合楼改扩建项目，主城区学校学位紧张问题得到有效缓解。琼山区第三小学被评为“国家防震减灾科普示范学校”。全年组织指导各镇农业科技110服务站举办科技培训18期，培训农民3500人次。完善7家卫生院医疗污水处理设施建设，三门坡镇龙马村、红旗镇红旗村获评省首批健康城市健康乡村示范镇、村。组织群众参加省、市级赛事活动18项次，开展区级体育赛事活动7项次。组织和举办各类节庆活动32场。其中“府城元宵换花节”活动，吸引40多万国内外游客和市民参与。新建行政村文化室17间。

**【琼山区城乡建设与管理】**2018年，开展城乡环境整治工作，出动人员5400人次、环卫作业车辆460辆次，清理垃圾量3680余吨。完成红城湖片区、夏瑶二期、滨江新城二期棚改工作，加快海口绕城公路美兰机场至演丰段公路项目、玉龙泉公园项目土地征收，推进海口塔、红城湖公园、南渡江带状公园建设。配合完成五公祠、邢氏祖祠改造，推动实施琼台福地、府城鼓楼、文庄路两侧传统街巷及沿街建筑改造提升。全年拆违777宗，总面积25.95万平方米；控违169宗，总面积3.06万平方米。

**【琼山区新农村建设】**乡村振兴　出台《海口市琼山区乡村振兴战略规划(2018—2020年)》《支持实施乡村振兴战略若干政策措施》及《琼山区乡村振兴战略示范区建设方案》，重点推进乡村振兴战略示范点建设。完善7个镇墟的基础设施建设。作为农村集体产权制度改革国家级试点，创新“4个6”（6个阶段、6次会议、6榜公示、6次上报）工作流程，依法依规，有序推进，圆满完成全区7镇1街的工作任务目标。全区清查出资产合12.28亿元，资源性资产5.47万公顷，成立各类经济合作社1007个，完成搭建三资管理平台、三资管理信息发布门户网站和琼山农经微信公众号。

美丽乡村建设　全年完成16个美丽乡村建设前期工作，新建自然村通硬化路主体工程544.5千米，完成窄路面拓宽85.5千米，危桥改造25座，农村交通基础设施得到进一步完善。完成2000户农村改厕任务，“厕所革命”成果不断巩固。建设63座小型水库防护墙，水库抗灾能力得到提升。实施农田水利建设项目23宗，增加高效节水灌溉面积316公顷。开展农村饮水提质增效工程，解决93个村庄3万多人的饮水难问题。红旗镇道崇村被评为海南省三星级美丽乡村，三门坡镇文岭村、友爱村、龙塘镇龙光村、甲子镇甲子村被评为海南省一星级美丽乡村。

脱贫攻坚　创新脱贫攻坚工作方式方法，推动村级党组织与帮扶单位、非公企业等单位党组织党建联建，签订《党建联建协议书》，凝聚各方力量，助力脱贫攻坚。首创“夜校集市”活动，其经验做法在全省推广，并专题拍摄制作一期夜校节目。举办“周末集市”常态化活动，推动消费扶贫走近市民。利用新时代文明实践中心平台，开展惠农政策、实用技术宣传培训，为贫困群众提供帮助。

2018 年琼山区行政区划表

| 镇、街道 | 土地面积（平方千米） | 社区（个） | 建制村（个） |
| --- | --- | --- | --- |
| 合 计 | 928.69 | 37 | 74 |
| 国兴街道 | 4.85 | 7 | 0 |
| 府城街道 | | 9 | 0 |
| 滨江街道 | 42.93 | 6 | 0 |
| 凤翔街道 | | 7 | 5 |
| 龙塘镇 | 39.01 | 1 | 10 |
| 云龙镇 | 96.01 | 1 | 7 |
| 红旗镇 | 124.30 | 1 | 11 |
| 三门坡镇 | 188.41 | 2 | 12 |
| 大坡镇 | 152.18 | 1 | 5 |
| 甲子镇 | 156.42 | 1 | 14 |
| 旧州镇 | 124.58 | 1 | 10 |

备注：府城、滨江、凤翔 3 个街道由原府城镇拆分而成。由市国土测绘部门提供的全市各镇、街的土地面积中，仍将此 3 个街道的土地面积合并统计

2018 年琼山区所辖镇、街道、建制村（社区）情况表

单位：个

| 街道、镇 | 居 | 社区 | 建制村 | 自然村 | 村民小组 | 居民小组 |
| --- | --- | --- | --- | --- | --- | --- |
| 合 计 | 2 | 37 | 74 | 749 | 939 | 371 |
| 国兴街道 | | 巴伦、攀丹、米铺、道客、文政、文坛、八一 | 无 | 无 | 无 | 19 |
| 府城街道 | | 府城、北官、忠介、文庄、云露、甘蔗园、龙昆南、北胜、鼓楼 | 无 | 无 | 无 | 87 |
| 滨江街道 | | 东门、城东、下坎、铁桥、博桂、北冲溪 | 无 | 无 | 无 | 39 |
| 凤翔街道 | | 大园、三峰、高登、桂林、凤翔、洗马桥、迈瀛 | 五岳、那央、儒逢、红星、石塔 | 26 | 32 | 72 |
| 龙塘镇 | | 龙塘 | 三桥、龙富、仁三、谭口、龙光、新民、龙新、文道、仁庄、三联 | 70 | 58 | 3 |
| 云龙镇 | | 南区 | 云龙、云阁、云裕、云岭、云蛟、儒林、长泰 | 79 | 99 | 2 |
| 红旗镇 | | 土桥 | 昌文、大山、龙榜、合群、道崇、龙源、龙发、墨桥、红旗、苏寻三、福坡 | 129 | 157 | 10 |
| 三门坡镇 | 红明居 | 庆丰、谭新 | 新德、文岭、美城、龙马、谭文、谷桥、乐来、清泉、友爱、文蛟、龙盘、晨光 | 124 | 185 | 88 |
| 大坡镇 | 东昌居 | 博坡 | 树德、福昌、中税、大坡、新瑞 | 76 | 92 | 40 |
| 甲子镇 | | 甲新 | 甲子、群星、新昌、民兴、红岭、昌西、青云、民昌、琼新、琼星、益新、益民、大同、仙民 | 149 | 208 | 8 |
| 旧州镇 | | 双拥 | 旧州、联丰、红卫、联星、池连、光明、岭南、道美、雅秀、文新 | 96 | 108 | 3 |

### 2018年琼山区国民经济和社会发展主要指标表

| 指标名称 | 单位 | 2018年 | 2017年 | 增长% |
| --- | --- | --- | --- | --- |
| 一、地区生产总值 | 万元 | 1711085 | 1416843 | 8.0 |
| 其中：第一产业 | 万元 | 225088 | 224900 | 4.9 |
| 第二产业 | 万元 | 388246 | 340138 | 7.0 |
| 其中：工 业 | 万元 | 262647 | 230659 | 6.5 |
| 建筑业 | 万元 | 125599 | 109479 | 8.0 |
| 第三产业 | 万元 | 1097750 | 851805 | 9.3 |
| 人均地区生产总值 | 元 | 33225 | 27866 | 6.6 |
| 二、农业总产值 | 万元 | 345767 | 343111 | 5.6 |
| 三、工业总产值 | 万元 | 492904 | 423417 | 5.3 |
| 其中：规模以上工业总产值 | 万元 | 381287 | 350039 | 5.5 |
| 规模以下工业总产值 | 万元 | 111617 | 73378 | 4.8 |
| 四、固定资产投资总额 | 万元 | 1427587 | 1315857 | 9.7 |
| 其中：房地产开发投资 | 万元 | 936911 | 692138 | 35.4 |
| 五、社会消费品零售总额 | 万元 | 656122 | 616077 | 6.5 |
| 六、公共财政预算收入 | 万元 | 468500 | 418250 | 12.02 |
| 公共财政预算支出 | 万元 | 245465 | 237972 | 3.1 |
| 七、城乡居民人均可支配收入 | 元 | 29576 | 27230 | 8.6 |
| 城镇常住居民人均可支配收入 | 元 | 34046 | 31405 | 8.4 |
| 农村常住居民人均可支配收入 | 元 | 14869 | 13731 | 8.3 |
| 九、年底户籍总人口 | 人 | 401282 | 390406 | 2.79 |
| 十、年底常住总人口 | 人 | 517900 | 511700 | 1.21 |
| 十一、旅游接待人数 | 万人次 | 372.85 | 360.87 | 3.3 |
| 十二、旅游总收入 | 万元 | 58467 | 51899 | 12.65 |

（李启燕）

# 美兰区

【中共美兰区委】
书 记 龙卫东（3月止）
冯 琳（3月任）
副书记 周 健（3月任）
常 委 符 曜 李新亮
陈 新（女） 朱贵权
郑 艳（女）
王业民（3月任）
何 浪（女，挂职，1月任）

【美兰区人大常委会】
主 任 李春明
副主任 刘慧义 王祥建
张秀颜（女） 林志刚

【美兰区人民政府】
区 长 裴克波（3月止）
周 健（3月任）
副区长 陈 新（女）
程守学 符朝阳
杨柳芳（女）
李晓峰（3月任）
李 庚（挂职）

**【美兰区概况】**美兰区位于海口市东北部，东接文昌市，南靠琼山区，西邻龙华区，北临琼州海峡，南渡江、美舍河、海甸溪横穿城区注入大海，是海南的政治、经济和文化中心城区。总面积562.62平方千米。2018年，下辖白龙、白沙、博爱、海甸、蓝天、海府路、人民路、新埠、和平南9个街道办事处和灵山、演丰、三江、大致坡4个镇，共57个社区、53个建制村，736个自然村，811个村民小组，桂林洋、罗牛山、三江3个农场和冲坡岭热带作物场（区管）位于辖区内。总人口71万人。

区位资源优势明显，有以海府大道和海秀大道为轴心的集旅游、购物、休闲、娱乐为一体的海口市旅游购物中央商贸区；以国兴大道为新轴线的大英山开发片区；海南大学、海南科技职业学院、中国（海南）改革发展研究院等多家教育和科研机构；有118千米黄金海岸线，有旅游开发价值高、热带海岛资源、生物资源和景观资源丰富的海甸岛、新埠岛、司马坡岛和北港岛，世界第三、亚洲第一的东寨港国家级红树林自然保护区和东寨港琼北地震遗址；有位于大致坡镇的中国戏剧家活动基地和国家文化事业示范基地；有中国十大空港之一的美兰国际机场；海文高速公路、东环铁路纵贯全境，辖区内交通网络四通八达，供水、供电、通信、医疗、旅游等设施较为完善，城市服务功能日臻完备，是海口重要的交通枢纽和信息、物流中心。区内种植的泰国黑金刚莲雾，是全国连片面积最大的莲雾种植基地，是农业部、海南省农业厅的重要热带水果示范基地。境内土特产品主要有演丰镇的咸水鸭、曲口海鲜，灵山镇的灵山粉等。

**【美兰区经济发展】**2018年，实现地区生产总值364亿元，增长7.7%；地方一般公共预算收入18.7亿元，同口径增长9.4%；社会消费品零售总额188.4亿元，增长5.8%；城镇常住居民人均可支配收入34191元，增长8.5%；农村常住居民人均可支配收入14887元，增长8.1%；城乡常住居民人均可支配收入29712元，增长8.8%；全面完成市下达的年度节能减排降碳目标任务。

工 业 辖区工业（含桂林洋经济开发区）总产值48.8亿元，下降0.6%。共有工业企业256家（包含桂林洋开发区49家），其中规模以上工业企业28家，年产值达亿元的工业企业有14家；规模以下工业企业230家。规模以上企业完成工业总产值36.4亿元，下降2.3%，占全部工业总产值的74.6%；规模以下企业工业总产值12.4亿元，增长4.8%，占全部工业总产值的25.4%。

农 业 完成农业总产值28.2亿元，增长4.8%。稳步推进热带高效农业发展，热带经济作物和水果种植面积9000公顷，美兰三角宁地瓜等5个农业品牌效应进一步扩大。全面推动观光休闲农业，以农业推进农家乐发展，年接待游客3万人次；以三江镇茄芮村委会联影合作社和裕昌龙106.67公顷莲雾基地创建观光休闲农业点，年接待游客6000人次。大力推广莲雾种植，打造“美兰莲雾”品牌，至年底，莲雾种植面积86.67公顷，总面积260公顷，年产莲雾1500吨，创年产新高。

商贸业 坚持以供给侧结构性改革为主线，全区第三产业产值占地区生产总值比重82.9%。临空产业园区加快发展，顺丰、圆通等一批物流龙头企业进驻，航空维修等项目选址落地，助力海口入列商贸服务型国家物流枢纽承载城市。总部经济不断壮大，融创文旅、长隆等5家总部经济企业落户美兰。互联网产业经济效益凸显，江东互联网创新创业产业园已注册企业737家，入驻237家，年总产值43.4亿元。

重点项目建设 全年实施省市重点项目53个，完成投资191亿元，超额完成重点项目年度投资计划。克服因规划调整导致项目暂缓暂停的阶段性影响，在年末固投奋战80天过程中，超常规协调推进项目审批前期手续办理，全方位保障在建项目施工不受干扰，第四季度连续3个月固定资产投资环比增长分别高达210%、51.4%、157%。铺前大桥等10个重点项目基本竣工，江东大道（二期）实现功能性通车，美兰机场（二期）扩建进展顺利。绕城高速（二期）、白驹大道延长线、文明东越江隧道等9个首批基础性、先导性、示范性重大工程动工，为江东新区开发建设奠定良好基础。

**【美兰区社会发展】**2018年，全区民生支出累计完成17.8亿元，占地方一般公共预算支出的82%。实施为民办实事事项11项。

社会保障　深入实施就业优先战略，城镇新增就业岗位10201人，实现下岗失业再就业人数2839人，实现农村劳动力转移就业人数1815人，城镇登记失业率控制在3%以内。推进被征地农民参加社会养老保险工作，落实缴费补贴项目8个、金额1002.9万元。发放城乡低保金24040人次、1232.02万元。

社会事业　投入资金6000万元用于78所中小学、公办幼儿园的电教设备采购等教育教学基础设施建设。落实公办中小学、幼儿园三年建设计划，英才小学滨江分校、龙岐小学和美兰中心幼儿园开工建设，美兰中心幼儿园第一分园建成投入使用。加强教研教改工作，引进信息化教育和同步课堂试点，整合社会资源加快“一校一品”工作，全区中考各项指标位居全市4个区之首，小考总平均分位列全市前茅，素质教育取得历史性突破。区文化馆、图书馆建成并投入使用。建成16家、配套14家乡村休闲活动场所。卫生计生工作扎实推进，45家卫生院及社区卫生服务机构与家庭签约开展医疗服务活动，实现建档立卡贫困人口和计划生育特殊家庭家庭医生签约服务全覆盖。市人民医院托管全区基层医疗机构的紧密型医联体改革试点工作顺利实施，依托远程会诊，推进分级诊疗，实现资源下沉。顺利通过国家慢性病综合防治和健康促进示范区复审，助力海口入选全省首批健康示范城市。

**【美兰区城乡建设与管理】**2018年，拆除违法建筑46.2万平方米，处置违法建筑278.6万平方米，完成土地征收370.03公顷。新琼片区等7个续建棚改项目完成征收1628户，大致坡、三江镇墟立面改造整体完工，新时代文明实践试点1个中心、4个所、57个站建设全面铺开，开展“江东新区移风易俗”等主题实践活动252场。在全市率先启动首批7家长者饭堂试点，建成流水坡“大社区”综合服务示范社区，社区更新微实事参与式预算改革获《华尔街日报》《参考消息》等国内外媒体肯定报道。践行新时代“枫桥经验”，完善社会稳定风险评估、民情台账、“三心合一”大调解、领导包案等机制，构建多元化调解体系，全年共调处民间纠纷667件，调处率100%，调处成功率96.7%。加快推进综治中心、雪亮工程、网格化服务“三项任务”建设，搭建“平安美兰视频共享平台”，农村覆盖率80.2%，城区覆盖率93%，实现全时段共享联网。

生态文明建设　实施“湾长制”“河长制”“湖长制”“林长制”，鸭尾溪实现从“臭水沟”到“美丽河”的蜕变，得到生态环境部的充分肯定和中央电视台“新闻联播”“焦点访谈”等权威栏目的推广报道，助力海口获批全球首批“国际湿地城市”称号。全力开展生态环境六大专项整治，落实中央环保督察156个案件和国家海洋督察5个案件的问题整改，新埠岛金水门海鲜餐饮企业占用河道和海府路金城加油加气站最后2个办件完成整改销号。深化水体水环境综合治理，87个河长制、湖长制水体水环境逐步改善。行政处罚环境违法行为85宗，依法取缔非法砂场89家。完成北港岛保护与开发利用示范项目建设。开展118千米海岸线200米I类生态红线范围内和南渡江内水产养殖池塘清退工作，先行建设塔市水产养殖尾水处理站。植树造林224.67公顷，补植沿海防护林基干林带36.67公顷。

**【美兰区新农村建设】**2018年，持续推进2个特色小镇、30个文明生态村创建，实施16个美丽乡村景观提升改造和基础设施建设，获评星级美丽乡村7个，演丰镇连理枝民宿被评为2018年度海南十佳民宿，三江镇和畅农庄入选2018年海南共享农庄创建试点。光纤和4G网络覆盖至全部行政村，完成农村公路“六大工程”自然村通硬化路188千米、生命安全防护工程51千米、危桥改造7座，完成安全饮水工程17宗、农村饮水提质增效工程174个，完成农田水利基础设施建设项目6宗，完成农村改厕1678户，首批26个自然村生活污水治理工程加快实施，美丽乡村基础设施进一步完善。全年投入3760万元实施精准脱贫，建立从区到自然村的三级战斗体系，在全省首创“田教授”模式，推广江源“民主评议法”，创建“扶贫云平台”“党建＋扶贫”等，实现贫困家庭应纳尽纳“零漏评”、应退尽退“零错评”，以及产业组织化全覆盖、零就业贫困家庭全清零、“三保障”政策全落实。全年共实现脱贫8户39人，4个脱贫出列整村推进贫困村得到进一步巩固提升，贫困发生率由2016年的1%降至0.1%，圆满完成年度减贫任务，并在全市“打赢脱贫攻坚战大比武”模拟测评中排名第一。

2018 年美兰区行政区划表

| 指标 | 单位 | 全区合计 | 区辖镇（街） | | | | | | | | | | | | |
|---|---|---|---|---|---|---|---|---|---|---|---|---|---|---|---|
| | | | 灵山镇 | 演丰镇 | 三江镇 | 大致坡镇 | 新埠街道办事处 | 白龙街道办事处 | 蓝天街道办事处 | 和平南街道办事处 | 海府路街道办事处 | 博爱街道办事处 | 白沙街道办事处 | 海甸街道办事处 | 人民路街道办事处 |
| 土地面积 | 平方千米 | 562.62 | 109.83 | 167.60 | 127.92 | 115.42 | 11.16 | 4.64 | 3.06 | 1.12 | 2.02 | 1.08 | 3.17 | 6.74 | 8.86 |
| 社区 | 个 | 57 | 2 | 1 | 2 | 3 | 4 | 6 | 4 | 5 | 6 | 7 | 4 | 6 | 7 |
| 建制村 | 个 | 53 | 22 | 13 | 8 | 10 | 0 | 0 | 0 | 0 | 0 | 0 | 0 | 0 | 0 |

2018 年美兰区所辖镇、街道办事处、建制村（社区）情况表

| 区辖镇（街） | 社区 | 建制村 |
|---|---|---|
| 灵山镇 | 晋美、仙云 | 晋文、群山、灵山、桥东、福玉、锦丰、红丰大林、林昌、大昌、美庄、新岛、新琼、新市新管、爱群、东头、东平、东营、仲恺、东湖东和 |
| 演丰镇 | 演丰 | 北港、边海、演海、演东、演南、演西、演中昌城、群庄、山尾、美兰、苏民、塔市 |
| 三江镇 | 三江、三江居 | 三江、眼镜塘、江源、上云、茄南、苏寻三道学、茄芮 |
| 大致坡镇 | 民乐、椰林、咸来 | 大东、金堆、栽群、咸来、永群、美桐、美良崇德、大榕、昌福 |
| 新埠街道办事处 | 新埠、三联、新东、土尾 | 无 |
| 白龙街道办事处 | 美舍、五贤、千家、流水坡、振兴、群上 | 无 |
| 蓝天街道办事处 | 龙岐、万华、下洋、塔光 | 无 |
| 和平南街道办事处 | 君尧、上坡、文明、光阳、琼苑 | 无 |
| 海府路街道办事处 | 东湖里、白坡里、龙舌坡、龙峰、南宝、大英 | 无 |
| 博爱街道办事处 | 三亚、振龙、龙文、新风里、南联、联桂坊、红坎坡 | 无 |
| 白沙街道办事处 | 岭下、锦山里、白沙坊、白龙 | 无 |
| 海甸街道办事处 | 海达、新安、金甸、白沙门、福安、沿江 | 无 |
| 人民路街道办事处 | 银甸、捕捞、邦墩、拦海、新利、万福、美丽沙 | 无 |

2018年美兰区国民经济发展指标表

| 指 标 名 称 | 单位 | 2018年 | 2017年 | 增长% |
| --- | --- | --- | --- | --- |
| 一、地区生产总值 | 亿元 | 364 | 341.2 | 7.7 |
| 第一产业 | 亿元 | 18.5 | 18.5 | 4.8 |
| 第二产业 | 亿元 | 43.6 | 40.4 | 4.3 |
| 第三产业 | 亿元 | 301.9 | 282.3 | 8.3 |
| 二、农业总产值 | 亿元 | 28.5 | 28.3 | 5.5 |
| 三、工业总产值 | 亿元 | 48.8 | 43.6 | -0.6 |
| 其中：规模以上工业总产值 | 亿元 | 36.4 | 35.4 | -2.3 |
| 规模以下工业总产值 | 亿元 | 12.4 | 8.2 | 4.8 |
| 四、固定资产投资总额 | 亿元 | 364.5 | 461.08 | -20.9 |
| 其中：房地产开发投资 | 亿元 | 111.8 | 144.6 | -22.7 |
| 五、社会消费品零售总额 | 亿元 | 188.4 | 179.7 | 5.8 |
| 六、地方一般公共预算收入 | 亿元 | 18.7 | 14.2 | 9.7 |
| 七、城镇居民人均可支配收入 | 元 | 34191 | 31503 | 8.5 |
| 八、农村常住居民人均可支配收入 | 元 | 14887 | 13767 | 8.1 |

2018年美兰区社会事业主要指标表

| 指 标 名 称 | 单 位 | 2018年绝对值 |
| --- | --- | --- |
| 一、教育事业财政投入 | 万元 | 74290 |
| 学校（不含民办） | 所 | 77 |
| 其中：完全中学 | 所 | 0 |
| 普通中学 | 所 | 11 |
| 小学 | 所 | 66 |
| 高中就读学生 | 人 | 0 |
| 初中就读学生 | 人 | 11676 |
| 小学就读学生 | 人 | 41769 |
| 二、户籍总户数 | 户 | 182165 |
| 三、户籍总人口 | 人 | 539351 |
| 四、文化事业财政投入 | 万元 | 108 |
| 五、医疗卫生事业财政投入 | 万元 | 18254.48 |

（赵志尊）

（编辑：王美芳）

## 新任市领导

**丁 晖** 1971年11月生，江苏南京人，在职研究生学历，管理学博士学位，主任编辑，1997年6月加入中国共产党，1992年5月参加工作。1989年9月至1992年5月在上海戏剧学院戏剧文学系电视编导专业学习；1992年5月至1997年8月在湖南电视台电视剧制作中心担任导演、编辑，新闻部焦点新闻专栏记者；1997年8—11月任湖南电视台文体中心文艺栏目组组长；1997年11月至2004年1月先后任湖南电视台新闻中心副主任、湖南经济电视台副台长、湖南电视台（总台）新闻中心主任〔其间：1998年9月至2000年6月在湖南大学国际商学院工商管理硕士专业学习，2002年8月至2004年1月在湖南省委宣传部新闻出版处（省新闻中心办公室）挂职锻炼任副处长〕；2004年1—6月任湖南省委宣传部新闻出版处（省新闻中心办公室）处长（主任）。2004年6月至2005年3月任潇湘电影集团党委书记、董事长；2005年3月至2007年11月任潇湘电影集团党委书记、董事长，湖南广播影视集团副总经理；2007年11月至2008年2月任海南广播电视台台长、党委副书记；2008年2月至2011年2月任海南广播电视总台党委书记、台长（其间：2003年9月至2008年12月在湖南大学工商管理学院管理科学与工程专业学习）；2011年2月至2012年1月任海南国际旅游岛先行试验区工委副书记、管理委员会主任，省委宣传部副部长（兼），琼海市委副书记（兼），省国际旅游岛开发建设有限公司董事长、党委书记；2012年1月至2015年9月任海南国际旅游岛先行试验区工委副书记、管理委员会主任，省委宣传部副部长（兼），省国际旅游岛开发建设有限公司董事长、党委书记；2015年9月至2018年2月任海南省文化广电出版体育厅厅长、党组书记，兼省版权局局长；2018年2月任中共海口市委副书记、市人民政府党组书记，提名为市人民政府市长候选人；2018年2月任海口市委副书记，市人民政府市长、党组书记。

**鲍 剑** 1962年5月生，山东肥城人，大学学历，文学学士学位、法学学士学位，1989年6月加入中国共产党，1983年8月参加工作。1979年9月至1983年7月在齐齐哈尔师范学院中文系汉语言文学专业学习；1983年8月至1991年7月任内蒙古兴安盟委党校哲学教研室教师(其间：1984年3月至1986年1月在内蒙古自治区委党校理论部大专班哲学专业进修学习，1989年9月至1991年6月在中国政法大学第二学士学位班法律专业学习)；1991年7月至1997年3月先后任海南省海口市检察院科员级助理检察员、副科级助理检察员；1997年3月至1998年10月任海口市检察院办公室副主任、副科级助理检察员；1998年10月至2003年2月历任海口市检察院办公室副主任、正科级助理检察员、正科级检察员；2003年2月至2005年8月任海口市检察院办公室主任、检察委员会委员；2005年8月至2006年9月任海口市检察院政治部主任、党组成员，检察委员会委员；2006年9月至2007年3月任海口市检察院副检察长、党组成员、检察委员会委员；2007年3月至2009年10月任海口市委政法委副书记（负责常务工作，正处级）；2009年10月至2011年9月任海口市秀英区委副书记，区人民政府区长；2011年9—10月任三亚市检察院副检察长、检察长候选人；2011年10月至2012年1月任三亚市检察院副检察长、检察长候选人、党组书记；2012年1月至2015年7月任三亚市检察院检察长、党组书记；2015年7月至2016年11月任三亚市委常委、秘书长；2016年11月至2018年2月任三亚市委常委、市人民政府副市长；2018年2月任中共海口市委副书记、市委政法委书记、市委群众工作部部长、市委党校校长。

**鞠 磊** 1963年10月生，山东荣成人，大学学历，工学学士学位，高级工程师，1999年8月加入中国共产党，1986年8月参加工作。1980年9月至1986年7月在清华大学土木与环境工程系环境工程专业学习；1986年8月至1988年6月任冶金工业部重庆钢铁设计研究院助理工程师；1988年6月至1997年7月在海口市秀英土地房地产开发公司工作(其间：1993年6月晋升为给排水工

人物

程师)；1997年7月至1998年2月任海口市长流新区开发建设总公司工程部部长；1998年2月至2000年7月任海口市长流新区管委会城管科副科长（其间：1999年11月晋升为给水排水高级工程师）；2000年7月至2001年7月任海口市长流新区管委会城管科科长、海口市长流新区开发建设总公司总工程师；2001年7月至2006年12月任海口国家高新技术产业开发区管委会副主任；2006年12月至2007年11月任海口国家高新技术产业开发区工委副书记、管委会副主任；2007年11月至2010年4月任海口市人民政府副秘书长、市政府办公厅党组成员；2010年4月至2011年4月先后任海口国家高新技术产业开发区工委书记、管委会副主任、主任；2011年4—10月任海口国家高新技术产业开发区工委书记；2011年10月至2018年9月任海口市人民政府副市长、党组成员；2018年9任中共海口市委常委，市人民政府副市长、党组成员，海口国家高新技术产业开发区工委书记。

**冯鸿浩** 1963年10月出生，海南万宁人，在职大学学历，工学学士学位，高级工程师，1993年12月加入中国共产党，1985年7月参加工作。1982年9月至1985年7月在广东省建筑工程专科学校学习；1985年7月至1989年1月任海口市建筑设计院技术员；1989年1月至2006年8月先后任海口市建筑工程质量监督站工程师、副站长、站长（正科级）（其间：1994年7月至1997年7月在哈尔滨建筑大学建筑工程专业本科班学习，2000年9月至2002年6月在南京大学行政管理专业研究生课程进修班学习）；2006年8月至2008年3月任海口市建设工程质量安全监督站站长（副处级）；2008年3月至2009年10月任海口市建设局副局长、党组成员；2009年10月至2013年7月先后任海口市住房和城乡建设局副局长、党组成员，局长、党组副书记；2013年7月至2016年7月任海口市市政市容管理委员会（市城市管理行政执法局）主任、党组副书记；2016年7—11月任海口市政协党组成员，提名为市政协副主席候选人，任市市政市容管理委员会（市城市管理行政执法局）主任、党组副书记；2016年11月至2018年2月任海口市政协副主席、党组成员，市市政市容管理委员会（市城市管理行政执法局）主任、党组副书记；2018年2—7月任海口市政协副主席、党组成员；2018年7—10月任海口市政协副主席、党组成员，海口市江东开发办公室主任；2018年10月任海口市人民政府副市长、党组成员，海口市江东开发办公室主任。

（林道文　张林杰）

## 先进人物

**周宏祖** 1991年8月出生，黑龙江双鸭山人，共青团员，中专学历，2009年9月参加工作，现为海南安骅汽车销售有限公司油漆技工。他工作勤勤恳恳、任劳任怨，以客户的利益为己任，认真地对待每件工作，高水平高质量地完成各项工作任务，获得客户的好评；在技艺上精益求精，虚心向前辈学习、勤学苦练，不断学习新的工艺水平，提升自己的技能水平，其精湛的技艺获得同行的认可，多次被评为安骅汽车公司年度先进工作者。2015年9月，参加海南省交通运输厅、省人力资源和社会保障厅、省总工会联合举办的2015年海南省汽车维修车身涂装（水性漆）技能竞赛暨第七届全国交通运输行业汽车维修车身涂装（水性漆）技能大赛海南省选拔赛，获第一名，作为海南交通运输系统的代表被推荐参加10月在北京由交通运输部、人力资源社会保障部、中国海员建设工会全国委员会联合举办的2015年中国技能大赛——第七届全国交通运输行业职业技能大赛，获全国大赛第19名，被交通运输部授予“全国交通技术能手”荣誉称号。2018年获全国五一劳动奖章。

（齐素琳）

**伍作才** 1983年8月出生，海南海口人，中共党员，2005年8月参加工作，现任海口市滨海第九小学少先队总辅导员兼第一党支部纪检委员。2008年9月，被学校任命为少先队总辅导员，在少先队员一日文明礼仪常规制度的制定与实施、大队规范化建设、基层中队组织建设、少先队品牌活动创立等方面，在全市做出极好的示范引领作用。他实施的少先队主题队会大赛、辅导员技能风采大赛、寒暑假实践活动、毕业典礼等少先队活动，成为广大少先队员、少先队辅导员最为期待的活动。2017年，全国上下全面铺开少先队改革，他带领辅导员们明确改革目标，理清改革举措，谋划落实细节，全力推进少先队各方面改革在学校生根发芽，他所在的学校成为省少先队改革成绩最为突出的学校之一，学校大队先后被授予“全国优秀大队集体”称号，一大批基层中队被授予“全国动感中队”“海口市优秀少先队集体”称号，成为市少先队工作的标杆。他先后获“优秀共产党员”“培育和践行社会主义核心价值观先进个人”等荣誉称号。2018年被评为全国优秀少先队辅导员。

（周　吉）

## 2018年度海口十大新闻人物

**夏　鹰** 现任海口市人民医院神经外科主任。作为神经外科学科带头人，开展一系列填补空白的高难手术，荣获第11届“中国医师奖”。

**费求明** 现任海口市龙华区委政法委员会常务副书记、区综治委副主任、区禁毒委副主任。从事政法工作16载，始终深耕基层一线。入选CCTV2018年度法治人物候选人。

**陈海东** 海口公交集团76路公交司机。工作中突发疾病，在生命的最后一刻，他忍着剧痛紧握方向盘，拼尽全力踩住刹车，拉紧手刹，公交车平稳停靠，乘客行人安全无忧，他却倒在驾驶台上。

**王锦花** 海口福利院特教老师。秉持“没有爱就没有真正的教育”的信念，18年来，把所有的爱都倾注给福利院特教部的孩子们，只为让“折翼天使”跟普通人一样过上有尊严的生活，让他们拥有希望，拥抱明天。

**尚 晓** 海南热带野生动植物园有限公司董事长。她带领团队当好政府脱贫攻坚的帮手，积极参与消费扶贫、就业扶贫活动；组织环保公益活动，提升社会各界的生态意识。她热心奔波，为海南引入两只国宝大熊猫，添彩全域旅游。

**张明祥** 国家湿地科学技术专家委员会委员、北京林业大学自然保护区学院副院长。2017年7月，担任海口市湿地保护专家委员会常务副主任，为全市湿地保护管理工作人员提供技术培训。他的足迹遍布海口各个湿地，对海口湿地动植物特性熟稔于心；为制定与实施海口湿地保护政策、制度和措施提供咨询论证服务。海口湿地保护修复的成果有他的贡献。

**樊继功** 现任海军海口舰舰长。2018年5月16日，海军“海口舰”回家探亲，“舰艇开放日”等双拥共建活动点燃椰城各界爱国爱军热情。作为舰长，他是“时代楷模”海口舰“仗剑深蓝”的亲历者，是军民融合发展的推动者。

**吴清河** 秀英区永兴镇建中村委会昌儒村脱贫户。62岁的他，不向贫困低头，在政府的帮扶下勤学电商技能，昔日握惯锄头的手拿起自拍杆，把自家产的火山荔枝王、土鸡蛋等优质农产品卖向全国，成功实现脱贫。

**闫路恺** 海口广播电视台首席主播。他在美舍河畔科普治水知识，在建省成就展上讲解沧桑巨变，在外交部蓝厅里推介魅力海南，在迪拜见证海口成为国际湿地城市。他真情讲述海口故事，传播海口声音。

**李丽雅** 秀英区湿地保护管理中心主任。她认真学习钻研湿地知识，从“门外汉”变成“准专家”；敢于与破坏湿地的行为进行斗争，呵护绿水青山。她走遍社区、学校，宣传湿地保护，努力让生态文明理念家喻户晓。默默无闻，踏实工作，海口湿地保护修复成果有她的汗水浇灌。

**2018年海口市新增百岁以上老人名录（89人）**

| 序号 | 姓名 | 性别 | 民族 | 出生年月 | 所属辖区 | 户籍登记机关（派出所） | 所在基层组织名称（村/居） |
|---|---|---|---|---|---|---|---|
| 1 | 吴宗标 | 男 | 汉 | 1917.09 | 美兰区 | 白沙派出所 | 白龙居委会 |
| 2 | 唐声环 | 男 | 汉 | 1917.07 | 美兰区 | 三江镇派出所 | 三江镇居委会 |
| 3 | 黄兰英 | 女 | 汉 | 1917.05 | 美兰区 | 海府派出所 | 大英居委会 |
| 4 | 沈妚旧 | 女 | 汉 | 1917.09 | 美兰区 | 新埠派出所 | 新东居委会 |
| 5 | 潘德和 | 男 | 汉 | 1917.08 | 美兰区 | 灵山镇派出所 | 晋文村委会 |
| 6 | 冯世琪 | 男 | 汉 | 1917.08 | 美兰区 | 灵山镇派所 | 林昌村委会 |
| 7 | 吴爱梅 | 女 | 汉 | 1917.10 | 美兰区 | 灵山镇派出所 | 大昌村委会 |
| 8 | 黎瑞连 | 女 | 汉 | 1917.10 | 美兰区 | 灵山镇派出所 | 大林村委会 |
| 9 | 郑德佩 | 男 | 汉 | 1917.09 | 美兰区 | 和平南派出所 | 君尧居委会 |
| 10 | 杨应朝 | 男 | 汉 | 1918.02 | 美兰区 | 和平南派出 | 光阳居委会 |
| 11 | 邱金梅 | 女 | 汉 | 1918.01 | 美兰区 | 大致坡派出 | 大榕村委会 |
| 12 | 林 香 | 女 | 汉 | 1918.10 | 美兰区 | 大致坡镇 | 美良村委会 |
| 13 | 孔玉兰 | 女 | 汉 | 1918.03 | 美兰区 | 海府派出所 | 龙峰居委会 |
| 14 | 李秀芝 | 女 | 汉 | 1918.12 | 美兰区 | 海府派出所 | 南宝居委会 |

续表

| 序号 | 姓名 | 性别 | 民族 | 出生年月 | 所属辖区 | 户籍登记机关（派出所） | 所在基层组织名称（村 / 居） |
|---|---|---|---|---|---|---|---|
| 15 | 陆妚旧 | 女 | 汉 | 1918.10 | 美兰区 | 海甸派出所 | 沿江居委会 |
| 16 | 张赵氏 | 女 | 汉 | 1918.10 | 美兰区 | 人民路派出所 | 捕捞居委会 |
| 17 | 劳志涵 | 女 | 汉 | 1917.02 | 龙华区 | 龙华分局 | 滨海街道滨港居委会 |
| 18 | 柯焕旧 | 女 | 汉 | 1917.04 | 龙华区 | 龙华分局 | 滨海街道龙华中居委会 |
| 19 | 吴春英 | 女 | 汉 | 1915.11 | 龙华区 | 龙华分局 | 新坡镇民丰村委会 |
| 20 | 郑正娇 | 女 | 汉 | 1918.02 | 龙华区 | 滨海派出所 | 滨海办八灶居委会 |
| 21 | 郑亚兰 | 女 | 汉 | 1918.02 | 龙华区 | 龙华分局 | 新坡镇文丰村委会 |
| 22 | 李妚纳 | 女 | 汉 | 1918.11 | 龙华区 | 龙华分局 | 金贸街道玉沙居委会 |
| 23 | 陈秀英 | 女 | 汉 | 1918.11 | 龙华区 | 龙华分局 | 滨海街道盐灶二居委会 |
| 24 | 李吴氏 | 女 | 汉 | 1918.12 | 龙华区 | 龙泉派出所 | 龙泉镇新江村委会 |
| 25 | 王桂梅 | 女 | 汉 | 1918.01 | 龙华区 | 龙华分局 | 龙泉镇美定村委会 |
| 26 | 王桂香 | 女 | 汉 | 1918.06 | 龙华区 | 龙华分局 | 龙泉镇东站村委会 |
| 27 | 李 氏 | 女 | 汉 | 1918.11 | 龙华区 | 龙华分局 | 龙泉镇富伟村委会 |
| 28 | 吴玉梅 | 女 | 汉 | 1918.05 | 龙华区 | 龙华分局 | 遵谭镇咸东村委会 |
| 29 | 王发伦 | 男 | 汉 | 1918.11 | 龙华区 | 遵谭派出所 | 遵谭镇咸东村委会 |
| 30 | 陈转玉 | 女 | 汉 | 1918.12 | 龙华区 | 龙华分局 | 海垦街道秀英居委会 |
| 31 | 陈引喜 | 女 | 汉 | 1918.11 | 龙华区 | 龙华分局 | 海垦街道滨濂北居委会 |
| 32 | 陈来桂 | 女 | 汉 | 1918.03 | 龙华区 | 龙华分局 | 金宇街道坡博东居委会 |
| 33 | 冯新平 | 女 | 汉 | 1918.05 | 龙华区 | 龙桥派出所 | 龙桥镇昌荣村委会 |
| 34 | 陈妚尾 | 女 | 汉 | 1918.01 | 龙华区 | 龙华分局 | 龙桥镇挺丰村委会 |
| 35 | 吴陈氏 | 女 | 汉 | 1918.10 | 龙华区 | 龙华分局 | 龙桥镇道贡村委会 |
| 36 | 曾桂铭 | 女 | 汉 | 1918.10 | 龙华区 | 龙华分局 | 龙桥镇玉符村委会 |
| 37 | 冼妚成 | 女 | 汉 | 1918.03 | 龙华区 | 龙华分局 | 中山街道竹林居委会 |
| 38 | 张妚旧 | 女 | 汉 | 1918.02 | 龙华区 | 龙华分局 | 中山街道竹林居委会 |
| 39 | 洪爱玉 | 女 | 汉 | 1917.10 | 琼山区 | 琼山分局文庄派出所 | 东门社区 |
| 40 | 杨子宜 | 男 | 汉 | 1918.08 | 琼山区 | 大坡派出所 | 中税村委会 |
| 41 | 周翠容 | 女 | 汉 | 1918.10 | 琼山区 | 大坡派出所 | 中税村委会 |
| 42 | 林书选 | 男 | 汉 | 1918.11 | 琼山区 | 大坡派出所 | 大坡村委会 |
| 43 | 符月华 | 女 | 汉 | 1918.04 | 琼山区 | 铁桥派出所 | 五岳村委会 |
| 44 | 周安贞 | 男 | 汉 | 1918.06 | 琼山区 | 铁桥派出所 | 那央新谭村 |

续表

| 序号 | 姓名 | 性别 | 民族 | 出生年月 | 所属辖区 | 户籍登记机关（派出所） | 所在基层组织名称（村/居） |
|---|---|---|---|---|---|---|---|
| 45 | 林文英 | 女 | 汉 | 1918.07 | 琼山区 | 忠介所 | 云露社区 |
| 46 | 林尤文 | 男 | 汉 | 1918.02 | 琼山区 | 滨江所 | 文庄社区 |
| 47 | 王桂香 | 女 | 汉 | 1918.10 | 琼山区 | 文庄所 | 文庄社区 |
| 48 | 曾妚娃 | 女 | 汉 | 1918.07 | 琼山区 | 文庄所 | 文庄社区 |
| 49 | 肖爱琼 | 女 | 汉 | 1918.04 | 琼山区 | 文庄所 | 文庄社区 |
| 50 | 何亚远 | 女 | 汉 | 1918.12 | 琼山区 | 红明 | 红明居20队 |
| 51 | 丁慧英 | 女 | 汉 | 1918.08 | 琼山区 | 红旗派出所 | 红旗镇墨桥村委会 |
| 52 | 符广德 | 男 | 汉 | 1918.10 | 琼山区 | 甲子派出所 | 新昌、六坡村 |
| 53 | 王茂花 | 女 | 汉 | 1918.09 | 琼山区 | 甲子派出所 | 甲子、土岭卜村 |
| 54 | 沈所花 | 女 | 汉 | 1918.02 | 琼山区 | 甲子派出所 | 昌西、长尾冲村 |
| 55 | 符琼玉 | 女 | 汉 | 1918.07 | 琼山区 | 旧州派出所 | 旧州镇光明村委会 |
| 56 | 杜生杨 | 男 | 汉 | 1918.05 | 琼山区 | 龙塘镇派出所 | 龙塘镇仁庄村委会 |
| 57 | 吴爱英 | 女 | 汉 | 1918.10 | 琼山区 | 龙塘镇派出所 | 龙塘镇仁庄村委会 |
| 58 | 王琼梅 | 女 | 汉 | 1918.06 | 琼山区 | 龙塘镇派出所 | 龙塘镇龙新村委会 |
| 59 | 王琼英 | 女 | 汉 | 1918.07 | 琼山区 | 龙塘镇派出所 | 龙塘镇潭口村委会 |
| 60 | 符冠香 | 女 | 汉 | 1918.11 | 琼山区 | 龙塘镇派出所 | 龙塘镇潭口村委会 |
| 61 | 袁宜序 | 男 | 汉 | 1918.02 | 琼山区 | 三门坡谭文派出所 | 乐来村委会 |
| 62 | 陈成美 | 女 | 汉 | 1918.03 | 琼山区 | 三门坡谭文派出所 | 乐来村委会 |
| 63 | 陈玉英 | 女 | 汉 | 1918.05 | 琼山区 | 三门坡谭文派出所 | 文蛟村委会 |
| 64 | 邓爱玉 | 女 | 汉 | 1918.10 | 琼山区 | 三门坡派出所 | 文岭村委会 |
| 65 | 云爱玉 | 女 | 汉 | 1917.11 | 秀英区 | 海秀路派出所 | 海秀街道天海社区居委会 |
| 66 | 吴妚玉 | 女 | 汉 | 1918.10 | 秀英区 | 西秀派出所 | 西秀镇荣山村委会 |
| 67 | 陈菊容 | 女 | 汉 | 1918.08 | 秀英区 | 西秀派出所 | 西秀镇荣山村委会 |
| 68 | 张妚二 | 女 | 汉 | 1918.07 | 秀英区 | 西秀派出所 | 西秀镇博养村委会 |
| 69 | 郑妚黑 | 女 | 汉 | 1918.07 | 秀英区 | 新海边防派出所 | 西秀镇荣山寮村委会 |
| 70 | 陈转姑 | 女 | 汉 | 1918.06 | 秀英区 | 新海边防 | 长流镇镇海居委会 |
| 71 | 黄玉纪 | 女 | 汉 | 1918.09 | 秀英区 | 长流派出所 | 长流镇棠昌村委会 |
| 72 | 陈玉梅 | 女 | 汉 | 1918.09 | 秀英区 | 石山派出所 | 石山镇福安村委会 |
| 73 | 王大勇 | 男 | 汉 | 1918.01 | 秀英区 | 石山派出所 | 石山镇建新村委会 |
| 74 | 李妚三 | 女 | 汉 | 1917.05 | 秀英区 | 石山派出所 | 石山镇和平村委会 |

人物

**续表**

| 序号 | 姓名 | 性别 | 民族 | 出生年月 | 所属辖区 | 户籍登记机关（派出所） | 所在基层组织名称（村/居） |
|---|---|---|---|---|---|---|---|
| 75 | 李转玉 | 女 | 汉 | 1917.04 | 秀英区 | 石山派出所 | 石山镇扬佳村委会 |
| 76 | 黄秀金 | 女 | 汉 | 1917.02 | 秀英区 | 石山派出所 | 石山镇美岭村委会 |
| 77 | 王金兰 | 女 | 汉 | 1917.12 | 秀英区 | 石山派出所 | 石山镇安仁村委会 |
| 78 | 王秀花 | 女 | 汉 | 1918.04 | 秀英区 | 秀英分局 | 永兴镇美东村委会 |
| 79 | 劳奷福 | 女 | 汉 | 1918.05 | 秀英区 | 秀英分局 | 永兴镇永兴墟社区居委会 |
| 80 | 王槐臣 | 男 | 汉 | 1918.05 | 秀英区 | 秀英分局 | 永兴镇永德村委会 |
| 81 | 冯尔义 | 男 | 汉 | 1918.07 | 秀英区 | 秀英分局 | 永兴镇罗经村委会 |
| 82 | 劳相铭 | 男 | 汉 | 1918.10 | 秀英区 | 秀英分局 | 永兴镇罗经村委会 |
| 83 | 洪光纶 | 男 | 汉 | 1918.03 | 秀英区 | 秀英分局 | 永兴镇博强村委会 |
| 84 | 陈琼兰 | 女 | 汉 | 1918.07 | 秀英区 | 秀英分局 | 永兴镇建中村委会 |
| 85 | 陈爱新 | 女 | 汉 | 1918.03 | 秀英区 | 秀英分局 | 东山镇儒万村委会 |
| 86 | 王兰凤 | 女 | 汉 | 1918.07 | 秀英区 | 秀英分局 | 东山镇东城村委会 |
| 87 | 陈月兰 | 女 | 汉 | 1918.07 | 秀英区 | 秀英分局 | 东山镇文塘村委会 |
| 88 | 陈金财 | 女 | 汉 | 1918.11 | 秀英区 | 秀英分局 | 东山镇紫罗村委会 |
| 89 | 郭桂珍 | 女 | 汉 | 1917.07 | 秀英区 | 秀英分局 | 秀英街道秀中社区居委会 |

（张　奕）

（编辑：杜惠珍）

## 文献资料

# 政府工作报告

## ——2019年2月21日在海口市第十六届人民代表大会第五次会议上

海口市代市长 丁晖

各位代表：

现在，我代表海口市人民政府向大会报告工作，请予审议，并请各位政协委员和列席人员提出意见。

### 一、2018年工作回顾

2018年是我市发展极不平凡的一年。4月13日，习近平总书记亲临海口视察指导，出席庆祝海南建省办经济特区30周年大会并发表重要讲话（以下简称“4·13”重要讲话），中央出台支持海南全面深化改革开放的指导意见（以下简称中央12号文件），支持海南全岛建设自由贸易试验区，逐步探索、稳步推进中国特色自由贸易港建设，赋予海南全面深化改革开放新的重大责任和历史使命，为海口高质量发展指明了方向，给全市上下以极大的鼓舞。

一年来，在省委、省政府和市委的坚强领导下，在市人大、市政协的监督支持下，我们深入学习贯彻习近平总书记“4·13”重要讲话和中央12号文件精神，以习近平新时代中国特色社会主义思想为指导，增强“四个意识”、坚定“四个自信”、践行“两个维护”，坚持稳中求进工作总基调，担当实干、攻坚克难，经济社会发展与生态治理有机结合、实现“双赢”，主要经济指标高于全省，较好地完成了市十六届人大四次会议确定的各项任务。全年实现地区生产总值1511亿元，同比增长7.6%；固定资产投资完成1313亿元，同比下降6.2%；地方一般公共预算收入169.9亿元，同口径增长13.9%；社会消费品零售总额757.6亿元，同比增长5.9%；城镇常住居民人均可支配收入36137元，同比增长8.5%；农村常住居民人均可支配收入14886元，同比增长8.2%。空气质量在全国169个城市中排名第一，全面完成省下达的节能减排降碳控制目标。

#### （一）自贸区建设取得良好开局

江东新区高起点规划建设。聚焦“三区一中心”集中展示区目标定位，坚持规划先行，全球超过60家一流设计团队踊跃参与江东新区概念规划征集，总体规划纲要、起步区城市设计、临空产业园规划等高质量完成，路网、水系管网、建筑风貌、智慧城市等配套规划协同推进。着力夯实基础工作，积极有效争取国家部委支持，以超常规力度完成土地、人口、海洋、地质等17项基础调查；严控项目建设，严管户口迁入，实现新增违建为“零”，拆除、处置存量违建299.6万平方米；把党支部建在一线，60天完成9600亩土地征收。着力完善基础设施，启动绕城高速（二期）、文明东越江隧道、白驹大道延长线等9个首批基础性、先导性、示范性重大工程，海口首家国际学校哈罗公学开工建设，江东大道实现功能性通车。着力培育基础产业，深化产业发展定位和规划研究，严格项目准入门槛，49家大型知名企业申请落户。

重要片区开发加紧推进。“一园两城两区”产业集聚主阵地初具雏形。临空产业园加快推进，构建“政府主导、企业主力”新机制，顺丰、菜鸟、圆通等快递巨头相继进驻，航空维修、航食加工等项目率先落地。新海生态临港新城规划优化提升，客运综合枢纽全面动工。美安科技新城与上海临港开展全方位合作，一批高新技术产业项目加快建设。西海岸南片区完成控规修编，复兴城互联网总部基地启动，未来产业园吸引36家知名移动互联网企业意向入园。海口湾片区首推建筑师负责制，对不符合规划风貌管控的建设项目一律暂停、优化，强力处置闲置建设用地。

重点项目成效明显。集中开展“重点项目服务季”，强化“六个一”责任制，设立市区两级指挥部，责任到区、党政同责，“一天当作三天用”推动项目建设。全年实施省市重点项目55个，完成投资270亿元，超年度计划9个百分点；四季度固定资产投资连续3个月环比增长40%以上。市民游客中心等一批民生项目建成使用；“海澄文”联通工程等一批基础设施项目加快推进。成功承办海南自由贸易试验区建设项目“11·28”“12·28”集中开工活动，海南国际会展中心（二期）、海口城际公交化铁路、海秀快速路（二期）等38个项目开工建设，总投资418亿元、占全省30%，扛起了项目建设的省会担当。

招商引才成果丰硕。深入开展百日大招商，赴北京、上海、香港等地点对点精准招商，创新开展第三方委托招商，外资招商、央企招商、优强企业招商取得历史性突破。引进世界500强企业4家、行业领军企业20家、知名品牌企业23家，世界四大会计师事务所全部进驻；新增外资企业93家、增长1倍，实际利用外资2.5亿美元、增长7.8倍；首批认定总部经济企业22家，占全省73%，中旅集团成为首家落户海南的央企一级总部。全面落实“百万人才进海南行动计划”，实施5项人才引进计划、7项人才培养工程，全年引进各类人才1.49万人，占全省50%左右。

营商环境不断优化。持续深化“放管服”改革，“极简审批”模式获国务院通报表扬并向全国推广。网上办事大厅加快建设，“12345+营商服务”模式向全省推广。国际贸易“单一窗口”上线运行，整体通关时间压缩近半。海口爱奇艺知识产权供应链资产支持证券成功发行，成为全国首例知识产权资产证券化项目。工商注册全城通办，“二十证合一”升级为“三十一证合一”。严格落实结构性减税政策，设立市级中小企业发展专项资金，成立服务民营经济工作专班。营商环境基础设施在全国36个大中城市中位列第二，入选中国最具投资潜力城市50强，全年新增市场主体6.18万户、注册资金3848亿元，分别增长20%、63.4%。

对外开放不断扩大。实施59国入境旅游免签，新开通海口至悉尼、莫斯科等国际航线15条，美兰机场境外旅客吞吐量113万人次、增长29%，创历史新高。海口至越南、菲律宾邮轮旅游航线开通，邮轮运营航次全省第一。获批国家跨境电子商务综合试验区和平行进口汽车试点，创新推出自贸区文化保税、融资租赁等“十项任务清单”。全年外贸进出口总额341.2亿元，同比增长62.3%，占全省40.2%。深化与“一带一路”国家交流合作，举办第十一届海口—东盟国家驻广州领事馆对话会，新增菲律宾公主港等3个国际友好交流城市。琼州海峡经济带建设加快推进，成功举办北部湾经济合作组织暨城市合作组织会议，与湛江全方位、多层次交流互动，交通港航、环境保护、菜篮子等领域合作不断深化。

（二）产业发展迈出重要步伐

“旅游+”产业融合发展。桂林洋国家热带农业公园、观澜湖狂野水世界、长影环球100等项目开业运营，水上飞机、游艇观光航线开通，15个夜市街区完成升级改造，成为海口旅游观光新名片。五源河文体中心体育场建成，中国足球（南方）训练基地迎来国家队首训，全球首家巴萨世界主题馆、全国首家美国职业篮球联赛（NBA）互动体验馆相继开馆，亚洲最大的国家帆船基地公共码头建成开港，中国帆船帆板运动协会南方总部基地挂牌；中国—巴勒斯坦足球友谊赛、中国帆船联赛总决赛、“万人竹竿舞”“火山音乐节”等文旅结合的赛事活动成功举办，旅游城市知名度加快提升。举办上规模会议和展览活动315场、增长17%，综合收入122亿元、增长18.4%，获评中国最具品牌会奖价值目的地和最具影响力会展目的地。离岛免税购物政策再升级，实现免税品销售22亿元。全年共接待过夜游客2258万人次，旅游总收入298亿元，分别增长11%、12%，实现旅游人数、效益“双提升”。

现代产业体系加快培育。金融业稳步发展，浦发银行海南离岸金融创新中心挂牌成立，国投融资等4家融资租赁公司开业运营，国铁融资完成首单动车组租赁业务。互联网产业实现相关营业收入235亿元，增长14.5%；全省首个5G基站开通，蚂蚁金服、字节跳动等行业巨头成功引进，复兴城互联网创新创业园税收同比增长20倍。入选国家物流枢纽布局承载城市，空中全货机航线开通，海口港完成货物吞吐量10765万吨、集装箱吞吐量185万标箱，分别增长6.4%、12.9%。电子商务实现交易额1356亿元，增长22.3%，占全省70%；线下移动支付覆盖率从年初的40%提升至90%以上，位居全国前列，盒马鲜生等新零售业态加快布局。医药制造稳步增长，新增销售过亿元单品40个，实现产值229亿元、增长16%。海洋经济创新发展，新增公共服务平台7个。打造创业创新聚集地30家，高新区获评国家小微企业创业创新示范基地。入围国家知识产权运营服务体系建设重点城市，全年新增高新技术企业72家，总数达270家、占全省75%。

（三）生态宜居品质持续提升

生态治理成效显著。坚决落实中央环保督察和国家海洋督察问题整改，全年查处环境违法案件433宗，污染防治攻坚战取得阶段性胜利。出台《生活垃圾分类管理办法》《湿地保护若干规定》，划定畜禽禁养和限养区域并关停养殖场349家；强力查处非法采砂运输车辆及装载设备1722辆，抓获犯罪嫌疑人95人，非法采砂行为得到有效遏制。全年拆除、处置违法建筑692万平方米，超额完成省下达任务。实施小客车保有量调控和配额指标管理，淘汰黄标车2677辆，推广新能源汽车12127辆。完成城市集中式饮用水源地环境整治，饮用水源地国控断面达标率、近岸海域水质达标率均达100%；河长制湖长制系统测评位列全省第一，建成区21个水体全部消除黑臭，美舍河、五源河荣登全国城市水体治理光荣榜，海口水环境治理在国务院第五次大督查中被列为典型经验通报表扬。特别是全市上下再接再厉，成功获评全球首批国际湿地城市，成为海口建设国际化滨江滨海花园城市的又一里程碑。

乡村振兴统筹推进。农业生产结构不断优化，新增荔枝、莲雾等高效作物8000亩，花卉种植突破7.2万亩，全年实现农业增加值64亿元，增长4.5%。建设特色产业小镇10个、全省星级美丽乡村41个，光纤和4G网络覆盖全部行政村，完成农村道路1286千米、危桥改造28座、安全饮水工程385宗、危房改造1180户、改厕7400户，首批117个自然村生活污水治理工程加快实施，全省推进百镇千村建设现场会在秀英施茶村召开。完成农村土地承包经营权确权登记颁证，农村集体产权制度改革琼山试点任务全面完成并在全市铺开。总规模1.8万亩的龙湾复垦项目全面启动。举办“火山荔枝月”活动，打响火山荔枝品牌，销量和收入分别增长39.5%、64.8%，实现丰产丰收。“冬交会”签订农产品订单45.2亿元、增长20.8%，创历年新高。

城市更新扎实推进。成立由院士、建筑大师组成的城市设计和建筑风貌专家委员会。城市更新首批示范项目全部竣工，仅用120天完成三角池片区综合整治，延续了“闯海人”的城市记忆。琼台福地和鼓楼保护修缮、万绿园景观功能提升工程加快推进；“琼州第一塔”明昌塔启动复建，红城湖公园全面动工。完成棚户区改造5863户，超额30%完成省下达任务。实施重要门户和主干道路“五化”提升，依法拆除广告牌匾6278块，立体绿化人行天桥11座，完成311栋楼体、33.8千米市政道路绿化带亮化，全国文明城市和国家卫生城市成果巩固提升，美丽海口8次入镜央视新闻联播，尽显椰城魅力。

（四）民生福祉得到明显增进

全年民生支出达171.9亿元，占全市一般公共预算支出的72.4%。

精准脱贫深入推进。建立从市到自然村的四级战斗体系，完成农村人口拉网式大排查，实现贫困家庭应纳尽纳“零漏评”、应退尽退“零错评”；投入4539万元实施精准帮扶，实现产业组织化全覆盖、零就业贫困家庭全清零、“三保障”政策全落实，圆满完成年度减贫任务，获得全省打赢脱贫攻坚战大比武第一名。

民生保障全力抓实。抓好就业保障，转移农村劳动力就业7430人，新增城镇就业3.36万人，城镇登记失业率1.34%。退休人员基本养老金、城乡居民基础养老金以及居民基本医保财政补助标准稳步提高。强化民生兜底，23923名低保、优抚和特困人员基本生活得到保障。新增公共租赁住房717套、实施租赁货币保障3600户；集中解决房产“办证难”历史问题67宗，办证23万平方米。严格执行房地产调控系列措施，有效遏制房价过快上涨。全面落实地方粮食储备，用心用情做好“菜篮子”保供稳价，密集开展市场巡查执法2100余人次，试点推行蔬菜直销模式，新增“菜篮子”公益性摊位56个，覆盖全市所有农贸市场，有效平抑市场菜价。

公共服务明显改善。实施公办中小学校（幼儿园）三年建设计划，侨中美丽沙分校、人大附中、北大附小及8所幼儿园建成使用，新增学位9970个，长彤学校等4所学校开工，创建湿地学校6所。新建中小学游泳池21个，3万余名中小学生参加游泳培训。美兰区、秀英区通过国家慢性病综合防控和健康促进示范区评审；市属公立医院全面取消药品加成，继续实施“先看病后付费”，累计受益人数达9万人；全面完成15万学生眼疾病和1.1万妇女“两癌”免费筛查；启动272家基层医疗机构标准化建设。新增公交线路26条，荣获全国智慧交通用户服务创新奖。创新居家养老服务模式，在6个社区启动“长者饭堂”助餐服务试点。举办全民健身和文化惠民活动503场，海口创作出品电影《旋风女队》荣获中国电影华表奖，《黎族家园》入选国家舞台艺术精品剧目，《海口年鉴（2017）》荣获全国地市级综合年鉴一等奖。勇夺全省第五届运动会和第七届残运会总分第一。

社会治理创新发展。“城市大脑”框架基本成型，大数据在社会治理、防灾救灾中的作用进一步加强。“12345+网格化”智慧平台构建城市综合治理新格局，荣获全国“先锋奖”“金数奖”和“金铃奖”；“椰城警民通”上线，在全国率先实现警务服务“移动办”。龙华区获评全国法治创建先进单位，秀英区东方洋获评全国优秀社区，琼山区、美兰区入选全国新时代文明实践中心建设试点。“美舍河变形计”荣获全国青年志愿服务项目大赛金奖。毒品治理跻身全国36个大中城市前三，全国禁毒重点整治示范创建暨宣传教育工作会议在海口召开；深入开展扫黑除恶，打掉涉黑涉恶犯罪团伙28个，包括“砂霸”团伙3个、“运霸”团伙1个，得到省委、省政府肯定。安全生产形势持续向好，事故起数和死亡人数分别下降6.8%、23.8%，全年没有发生导致人员伤亡的火灾事故。扎实推进国家食品安全示范城市创建，全市75%的餐饮店完成“明厨亮灶”。绿色殡葬改革成效明显。积极开展海口舰“回家”等双拥共建活动，成功举办首次“海澄文”人民防空协同演练。在春节“抗雾保运”中，全城动员，一级应急响应148小时，全程全方位提供保障服务，温暖了73.4万旅客的回家路，得到社会各界高度评价，充分展示了海口市民的文明素质、干部的良好作风和城市的文明程度。

（五）政府效能稳步提升

全市政府系统深入开展“勇当先锋、做好表率”专题活动，狠抓执行力建设，强化对重要任务事项全程跟踪问效，行政效能明显提升。严格落实全面从严治党要求，扎实抓好省委巡视反馈问题整改，稳步推进国资国企改革，强化对关键领域和关键环节审计，严肃查处了一批违纪违法案件，“四风”问题有效纠治，“三公”经费下降40.3%。主动接受市人大法律监督和工作监督、市政协民主监督及社会舆论监督，提请市人大常委会审议法规议案2件，制定、修改、废止政府规章2件，办理答复人大代表建议208件、政协提案410件，办结率100%。

此外，统计、气象、三防、地震、保密、档案、科协、社科联、工商联、民族宗教、外事侨务、海防口岸、对台事务等工作取得新进展，工会、青少年、妇女儿童、老龄、残疾人、慈善等事业取得新进步。

各位代表！过去一年，外部环境复杂严峻、经济下行压力持续加大、经历产业转型培育阵痛，取得这些成绩殊为不易！我们深刻体会到：这是党中央国务院、省委、省政府和市委坚强领导的结果，是市人大、市政协及各位代表、各位委员支持的结果，是全市227万人民群众攻坚克难、共同奋斗的结果。在这里，我谨代表市人民政府，向全市人民，向人大代表和政协委员，向各民主党派、工商联和社会各界人士，向驻市部队、武警官兵和公安司法干警，向关心支持海口发展的港澳台同胞、广大海外侨胞及国际友人，表示崇高的敬意和衷心的感谢！

在肯定成绩的同时也清醒地看到，我们的工作与自由贸易试验区和中国特色自由贸易港的建设要求、与人民群众日益增长的美好生活需要仍有差距。对外开放、改革创新的力度、深度和广度还不够，营商环境有待进一步改善；实体经济不强，基础设施建设滞后，人才资源相对匮乏，发展质量和效益有待进一步提升；居民收入不高，物价尤其是菜价问题依然突出，交通、教育、医疗等公共服务短板有待进一步补齐；激励干部担当的措施不多，一些公职人员“隐性不作为”的情况屡有发生，体制机制活力有待进一步释放。对这些问题，我们将采取有力措施加以解决。

## 二、2019年工作安排

2019年是新中国成立70周年，是决胜全面建成小康社会的关键之年，是省委、省政府确定的全面深化改革开放政策落实年，做好今年的工作，十分重要。根据市委部署，今年政府工作的总体要求是：以习近平新时代中国特色社会主义思想为指导，全面贯彻落实党的十九大和十九届二中、三中全会精神，统筹推进“五位一体”总体布局，协调推进“四个全面”战略布局，坚持稳中求进工作总基调，坚持新发展理念，坚持推进高质量发展，坚持供给侧结构性改革，坚持深化市场化改革、扩大高水平开放，以贯彻习近平总书记“4·13”重要讲话和中央12号文件精神为主线，以建设自由贸易试验区和中国特色自由贸易港为统领，紧紧围绕“三区一中心”战略定位，统筹推进稳增长、促改革、调结构、惠民生、防风险工作，提高人民群众获得感、幸福感、安全感，加快建设国际化滨江滨海花园城市，着力打造海南争创中国特色社会主义生动范例的引领区和示范区。

主要预期目标是：全市生产总值增长7.5%~8%，固定资产投资增长10%左右，社会消费品零售总额增长10%左右，地方一般公共预算收入增长9%左右，城乡常住居民人均可支配收入增长8.5%左右，居民消费价格涨幅控制在3.8%以内，城镇登记失业率控制在3%以内，全面完成省下达的节能减排降碳和安全生产控制目标。

围绕上述目标，我们将着力抓好以下6个方面、26项工作。

（一）站在更高起点谋划和推进改革开放，打造全面深化改革开放试验区的创新区

高举改革开放旗帜，实施更加积极主动开放战略，持续推进制度创新，大力实施“六大工程”，让海口成为新时代全面深化改革开放试验区的排头兵。

实施江东新区先导工程。落实“两年出形象、三年出功能、七年基本成形”要求，年度计划投资300亿元以上。坚持综合考虑、长远谋划，体现生态特色，全面完成江东新区控制性详细规划及地下空间、交通、市政管网、生态等专项规划。加快起步区建设，推进哈罗公学、音乐厅、美术馆等公共配套服务集中布局，启动地下空间综合开发；年内启动10家以上总部大楼建设，积极引进国内外企业总部和功能性机构落户，打造总部经济聚集区。加速推进临空产业园开发，全面推进整体拆迁安置和“五通一平”，完善园区管理体制，争取增设海关特殊监管区域，启动“一站式”飞机维修服务基地建设，大力培育综合物流、保税维修等国际化自贸产业体系，形成海口新的经济增长极。加快文明东越江隧道、白驹大道延长线等骨干路网和供水、污水处理等基础设施建设，率先推广人脸识别、无人驾驶等新技术运用，构建生态智慧交通体系。继续加强规划、土地、户籍等管控，确保新增违建为“零”。重点引导特色小镇和美丽乡村建设，探索开展“三块地”改革，创新社区治理模式，打造城乡融合发展示范。加强江东历史文脉保护和传

承，开展水系活化、海岸带保护、植绿复绿等生态修复工程，向世人展现“蓝绿交织、江海相映、林城相依、水城共融”的新形象。

实施重要片区提升工程。加强产业项目准入管控，建立科学评估论证机制。美安科技新城坚持产城融合方向，以深化与上海临港合作为突破口，重点在生物制药、低碳制造等领域引进一批高新技术企业，打造海口实体经济主战场。综保区重点开展投资贸易自由化便利化改革，探索实施保税、非保税、口岸货物同仓存储、分类监管，加快推进跨境电子商务综合试验区和国际文化艺术品保税交易中心建设，争取设立橡胶期货保税交割库，全力打造海口对外开放新高地。新海生态临港新城加快客运综合枢纽和免税城建设，争取设立海南国际航运交易所，着力打造琼州海峡经济带“桥头堡”和海南海上“新门户”。西海岸南片区全面启动路网建设、生态治理和景观提升，在中央核心带再造一个“万绿园”，围绕未来产业园和复兴城西海岸互联网总部基地两大核心，打造高科技企业第二总部、新兴社交媒体、虚拟现实与人工智能等融合发展的创新培育区。海口湾继续强化整体管控和景观提升，完善公共文化建筑和国际化高端休闲服务设施配套，建设吸引市民游客的最美城市客厅，打造成为承载市民服务功能、彰显城市活力的国际化卓越港湾。

实施招商引资龙头工程。坚决落实省委吸引外资十大举措，扎实开展“引进外资年”活动，全年引进和实际利用外资增长1倍以上。加强与国际咨询服务机构合作，推行外商投资企业商务备案与工商登记“一口办理”，力争全年引进世界500强、全球行业领军企业和知名品牌企业增长20%以上。围绕“三大领域”“十二个重点产业”，制定产业链招商指导目录，建立全员招商、小分队招商、“一把手”招商等工作模式，完善专业化市场化招商机制，在北京、上海、深圳等地开展驻点精准选商招商。在招商引资、签约项目落地和运营等方面严格落实项目责任制，盯牢“3·18”“5·18”“7·18”“9·18”“11·18”等五个重要节点，倒排时间计划，集中开工、签约一批重点项目，确保招商引资项目落地生效。

实施聚才引智工程。全面落实“百万人才进海南行动计划”，力争全年引进落户各类人才1.8万人、增长20%。构建更加开放的引才机制，推动国际人才管理改革试点，探索建立与国际接轨的全球人才招聘制度和吸引外国高技术人才的管理制度，力争引进国际一流人才100人。创新人才培养机制，全力支持海南大学等高校发展，积极引进国内外知名高校和研究机构。鼓励企业与省内外专业院校合作，联合培养重点产业急需的专业技术人才。完善正向激励机制，充分调动现有本地人才的积极性；加快实施人才安居工程，年内新增人才房6000套。完善人才“绿卡”机制，为人才提供落户、子女入学、就医社保等“一站式”服务。

实施营商环境优化工程。出台落实省政府优化营商环境四十条的具体实施细则，集中开展营商环境评估和优化提升行动，加快培育形成法治化、国际化、便利化的营商环境和公平统一高效的市场环境，力争年内新增市场主体6万家、注册资金4000亿元。深化“放管服”改革，积极稳妥推进政府机构改革，加快推行“证照分离”和“多证合一”改革，全面推行建设项目“极简审批”和联合验收，优化“互联网+政务服务”。推行国际贸易“单一窗口”再升级，口岸通关效率达到全国先进水平。加快投资者司法咨询服务平台建设，争取设立知识产权法庭、国际商事调解中心、涉外民商事法庭，保护所有投资者权益。积极创建国家社会信用体系建设示范城市，加快建设以信用监管为核心、与负面清单管理方式相适应的监管体系。全力支持民营企业发展，重点围绕融资难、要素保障难、政策落地难、转型升级难、办事难等瓶颈问题，集中开展纾难解困活动，让民营企业像享受新鲜空气一样享受一流营商环境。

实施基础设施改善工程。大力提升基础设施网络化智能化水平。加快“东西双港驱动”，美兰机场（二期）力争国庆前正式投入使用，推进美兰机场（三期）、马村港集装箱码头等项目前期工作；推动海口港与洋浦港组合发展，增加境内外海上航线，积极参与国际陆海贸易新通道建设，不断提高全球航运资源配置能力。全力推进G15沈海高速（海口段）、绕城高速（二期）和海秀快速路（二期）建设，完成轨道交通前期工作，确保海口城际公交化铁路投入运营。开展龙昆南路、灵桂大道、琼山大道等骨干路网拓展工程，打通4条以上断头路。实施5G规模组网试点，实现城乡光纤网络和高速移动通信网络全覆盖。率先开展智能电网、微电网等示范项目建设，力争全年全市户均停电时间低于10小时、中心城区低于1小时，达到省会城市中上游水平。完成南渡江引水工程建设，加快永庄水厂（三期）、江东水厂扩建及并网。统筹推进雨污分流改造工程建设，加快城市积水点改造，力争两年内解决城市内涝问题。

（二）加快培育发展现代化经济产业体系，打造国际旅游消费中心的体验区

坚决贯彻新发展理念，大力深化供给侧结构性改革，编制完善产业发展规划，加快培育发展以旅游业、现代服务业、高新技术产业“三大领域”为支撑的开放型生态型服务型产业体系，推动经济高质量发展。

推动旅游消费提质升级。全年接待游客人数和旅游总收入增长10%以上。拓展旅游消费空间，落实更加开放便利的入境免签、离岛免税购物、邮轮游艇等政策，开辟泛南海邮轮航线，实施琼港澳游艇自由行。抢抓海南体育旅游示范区建设机遇，出台体育产业发展政策，积极承接国际国内顶级赛事，做好帆船帆板等海上运动

休闲旅游项目开发。加大文创产业主体培育，大力发展影视创作、动漫游戏、数字创意、演艺等特色产业。完善影视产业扶持政策，培育和引进一批影视企业和工作室，积极引进外资演出经纪机构1至2家。提升旅游消费质量，大力引进国内外高端酒店和管理品牌，推进海口湾国际酒吧街、骑楼美食街等特色街区建设。完善“互联网+”消费生态体系，建设“智能店铺”“智慧商圈”。加快建立与国际通行规则相衔接的旅游管理体制，提升旅游设施和旅游要素国际化水平。力争引进一批旅游龙头企业，规划建设一流的国际旅行卫生保健中心，为出入境人员提供高质量服务，力争实现境外游客增长15%以上。

大力发展现代服务业。制定实施服务业重点领域高质量发展行动计划，建立符合国际惯例的财政扶持培育体系。加快金融业开放创新，引进国内外银行、证券、保险等金融机构，依托自由贸易账户体系创新业务，提高企业跨境存贷汇兑便利化水平。推动会展产业发展，加快海南国际会展中心（二期）场馆建设，大力引进和培育国际知名品牌会展，办好国际新能源车展、国际商品博览会等大型国际展览会。加快商贸服务型国家物流枢纽承载城市建设，为国际国内和区域性商贸活动提供商品仓储、干支联运、分拨配送以及金融、结算、供应链管理等服务，全年货物吞吐量增长7.3%以上。加快国家电子商务示范城市和共同配送试点城市建设，推动电子商务与快递物流协调发展，积极争取设立国际热带农产品交易中心、定价中心和价格指数发布中心。继续引进国内外优质医疗资源和交流合作办医，推动医疗服务业和康养服务业快速发展。大力引进国际化的规划、建筑、设计、仲裁、知识产权等专业服务机构，全方位提升服务保障能力，争取中国（海南）知识产权交易所落户。

加快发展高新技术产业。抢抓新时代产业革命和技术变革先机，深入实施创新驱动发展战略，着力发展互联网、生物医药和高端装备制造等高科技产业，延伸实体经济产业链条、打造高新技术产业集群。加快“互联网+”创新领军企业培育和引进，力争全年互联网相关营业收入增长17%以上。积极推动重大新药创制国家科技重大专项成果转移转化试点落地，加快生物医药和转化医学基地建设，积极申报医药上市许可持有人制度试点城市，启动长安制药、威高特医食品等9个项目建设，力争全市医药工业总产值增长10%以上。支持金盘科技、威特电气、海马汽车等龙头企业提升竞争力。围绕物联网、虚拟现实、人工智能等新兴产业，策划一批重大信息化应用示范工程，推动与实体经济深度融合。规划建设海甸岛物联网应用创新基地。整合利用现有园区和孵化器创业空间，打造区域科技创新中心，建设海南离岸创新创业示范区。全市研究与试验发展经费投入强度达到1.5%以上，新增高新技术企业30家以上。

（三）加快推进国际化滨江滨海花园城市建设，打造国家生态文明试验区的展示区

牢固树立社会主义生态文明观，实行最严格的生态环境保护制度，全面开展生态文明建设、乡村振兴、城市更新“三大行动”，为全国生态文明建设作出表率。

扎实开展生态文明建设行动。深入推动中央环保督察、国家海洋督察反馈意见整改，贯彻落实省委三十条生态环保措施。建立“多规合一”基础上的自然资源统一监管体系，严格执行党政领导干部自然资源资产离任审计、生态环境损害责任追究制度。健全环保信用评价等体制机制，建立环境污染“黑名单”制度。开展第三次国土调查和自然资源资产产权登记试点工作。坚决打好污染防治攻坚战。启动建设领先全国、覆盖全市的大气、水、土壤“三位一体”的环境监测监控系统。扎实推进生态环境六大专项整治，持续保持打违控违高压态势，确保完成年度“两违”整治任务。继续加大打击非法采砂力度，多措并举保障砂石供应。强化大气防治治理，确保空气质量优良率始终保持在98%以上。推进陆海统筹，持之以恒抓好龙昆沟等32个水体的常态化治理，近岸海域水质保持优良。深入开展城乡环境综合整治，推进生活垃圾分类，确保通过国家卫生城市年度复核验收。狠抓农业面源污染防治，大力实施化肥农药“减施工程”。开展以红树林保护为重点的湿地保护修复行动，争取五源河、美舍河国家湿地公园通过国家验收，加快三江红树林、潭丰洋等省级湿地公园建设。践行绿色生产生活方式。加快构建绿色产业体系，建立绿色产品政府采购制度。禁止一次性不可降解塑料袋、塑料餐具的生产、销售和使用，加快推动快递业绿色包装应用与回收。鼓励推广装配式建筑。大力倡导和推进绿色出行，实施公交优先战略，公交出行分担率提高3个百分点以上。

扎实开展乡村振兴战略行动。按照“产业兴旺、生态宜居、乡风文明、治理有效、生活富裕”总体要求，深化农业供给侧结构性改革，大力发展设施农业、特色农业和品牌农业。建立标准化示范基地1.2万亩，加快火山荔枝、火山石斛、大坡胡椒等地理标志证明商标申报。大力推进农产品加工和现代物流园区规划建设，深化供销合作社综合改革，搭建农业社会化服务体系。深入推进百镇千村工程，抓好农村人居环境整治，加快农村公路“六大工程”建设，实施农村生活污水治理全覆盖工程，推进农村供水管网、燃气管网建设。加强镇村风貌管控，全面完成村庄规划编制，推进农房逢建必报。注重传统村落保护和文化传承，打造一批体现热带风情的精品小镇，建设美丽乡村33个。加快田园综合体示范项目建设，支持斌腾石斛等创建共享农庄试点。开展全国农村社区治理试验区创建。培养造就一支懂农业、爱农村、爱农民的“三农”工作队伍。深化农

村集体产权制度改革，年内全面完成全市镇、村、组三级农村集体资产的清产核资和所有村集体经济组织成员身份确认工作，支持各区试点开展“三块地”改革。发展新型农业经营主体，促进农户与现代农业发展有机衔接，让农民合理分享全产业链增值收益。

扎实开展城市更新行动。做好城市总体规划修编。加强沿海沿江沿河沿湖沿路等“五沿”重点区域的建筑风貌管控，全力抓好龙昆路等6个综合提升项目建设。进一步强化广告牌管理，规范城市道路命名，提升标识导识的国际化水平。加快推进五源河文体中心（二期）、科技馆、博物馆、图书馆等公共基础设施建设。继续大力推广种植大叶油草、三角梅、椰子树等本地花草树木，鼓励新城区和新建筑立体绿化。加快推进金牛岭公园改造、海秀公园建设，新建5个城市小游园。深度做好骑楼老街和府城片区的修缮保护、文化发掘和业态调整，全面推进五公祠、丘濬、海瑞等历史文化公园建设提升以及“石室仙踪”石刻保护和遗存发掘，加快明昌塔、文峰塔文化公园建设。还海还岸还景于民，举全市之力实施海口湾畅通工程，让老百姓共享最好的空间资源，打造宜居宜业城市的全省示范。

（四）持续加强支撑保障能力建设，打造国家重大战略服务保障区的示范区

坚决履行好党中央赋予海南的重要使命，持续加强支撑保障能力建设，主动融入和更好服务海洋强国、“一带一路”建设、军民融合发展和区域协调发展等“四大战略”实施。

更好服务海洋强国战略。加快国家海洋经济创新发展示范城市建设，举办中国（海南）海洋产业博览会，强化海洋研究机构与重点实验室建设，大力发展海洋交通运输、海洋制药和海洋高端装备制造；积极引进南海资源开发企业设立区域总部和营运中心，开展航运保险、海损理算、船舶融资租赁等高端航运服务。加快推动现代化海洋牧场示范基地建设。

更好服务“一带一路”倡议。用好用足与“一带一路”沿线国家和地区包括第五航权在内的航权政策，吸引国内外航空公司开辟洲际航班，加密与中国香港、新加坡等地商务航班。加快与东盟沿海国家海上集装箱航线覆盖，开辟跨国多站式邮轮航线，推动泛南海旅游经济合作圈建设。加快建设21世纪海上丝绸之路重要战略支点，深化与“一带一路”沿线国家和地区在设立境外总部、旅游、海洋渔业、人文交流等领域的交流合作。加强与海外侨社联系，鼓励海外侨胞参与“一带一路”建设。

更好服务军民融合战略。坚持陆海统筹，围绕“智慧海洋”、南海资源开发和服务保障基地建设，完善渔港、避风锚地、应急救援等重要设施，提升海上维权和开发服务保障能力。加强军地在基础设施、科技、教育和医疗服务等领域的统筹发展，建立军地共商、科技共兴、设施共建、后勤共保的体制机制，全力创建全国双拥模范城“九连冠”。

更好服务区域协调发展战略。积极融入粤港澳大湾区，加强泛珠三角区域合作，推动北部湾城市群建设，促进港航、旅游协同发展。着力提升琼州海峡客滚运输服务水平，推进湛江至海口高铁（含轮渡）等项目前期工作，推进湛江、北海、桂林等地水上飞机线路开通，打造琼州海峡“半小时立体交通圈”。更好发挥省会中心城市的带头、引领、示范作用，立足全岛同城化目标，加快“海澄文”一体化进程，优先推动基础设施一体化，谋划轨道交通、城际铁路等项目规划建设；在产业发展差异化、生态环境协同化、公共服务同城化等方面实现突破。

（五）着力提高保障和改善民生水平，打造人民群众美好生活的幸福之城

牢固树立以人民为中心的发展思想，着力抓好“五大任务”，为海口全面建成小康社会收官打下决定性基础。

坚决打赢精准脱贫攻坚战。年内实现存量贫困人口345户849人全部脱贫，已脱贫人口稳固脱贫不返贫，22个已脱贫贫困村实现稳固，在全市消除绝对贫困。继续从源头抓好贫困户识别、帮扶和退出工作，努力在提高精准度、降低返贫率上走在全省前列。突出抓好产业帮扶和转移就业，继续推进脱贫攻坚项目库和消费扶贫活动，确保组织化产业帮扶全覆盖、贫困家庭至少1名劳动力稳定就业。加快完善综合保障体系，集中力量解决“三保障”、安全饮水等重点难点问题。坚持扶贫和扶智相结合，扎实开展道德扶贫、法制扶贫、文化扶贫，在全社会形成诚实守信、勤劳致富的正能量。

优先发展教育事业。持续推进“一校两园”建设，年内新建公办幼儿园10所、公办中小学校10所，新增学位2.52万个。全面实施基础教育提质工程，继续加大优质教育资源的引进，大力推进中小学教师“区管校聘”改革，试行学区化管理，探索集团化办学，推行委托管理、强校带弱校、学校联盟等办学形式，让家门口的好学校、好老师多起来。大力支持和发展好职业教育、特殊教育。充分发挥收入分配机制的激励和导向作用，在海南侨中、滨海九小等探索开展教师薪酬制度改革。年内完成公办高中学校和中考考点空调安装，力争三年内覆盖全市公办中小学。

大力提升医疗健康服务能力。继续全面深化公立医院综合改革，稳步推进区域紧密型医联体建设，强化提升家庭医生签约服务。深化与知名医学院校合作，打造2~3个精品学科，建成市人民医院国际医疗部。启动市第二人民医院和江东新区三级公立医院建设，规划建设市孕产妇危重症救治中心、新生儿危重症救治中心和人工辅助生殖中心。加快中医药事业发展，推动市中医院国际中医中心建设。全面完成基层医疗卫生机构标准化建设，在全省率先构建“15分钟城市健康服务圈、30分钟乡村健康服务圈”。支持社会力量提供多层次多

元化医疗健康服务，扩大有效供给。

织密扎牢民生保障网。着力把菜价稳定作为今年提高群众满意度的重要民生工作来抓，全面落实“菜十条”，多措并举保供稳价。落实就业优先政策，促进高校毕业生、农民工等群体就业创业，全年城镇新增就业3.3万人以上。全面实施全民参保计划，稳步提高城乡居民基础养老金标准。鼓励发展商业健康保险，完善多层次医疗保障体系。落实城乡低保制度，精准推进“两项制度”衔接，逐步提高社会救助标准，切实保障困难群众基本生活。加强养老服务设施规划建设，推进“长者饭堂”社区全覆盖。推进残疾人无障碍环境建设。做好退役军人安置、管理和保障工作。积极推进利用集体建设用地建租赁住房试点，加快完善面向本市居民和引进人才的住房保障和供应体系。加快江东新区等新建区域直饮水建设。全面保障粮食安全。坚持问需于民、问效于民，全力以赴办好省、市民生实事。

加强和创新社会治理。深入开展社会文明大行动，持续巩固提升全国文明城市创建成果，推进新时代文明实践中心向基层延伸和覆盖，打造百姓家门口的服务中心、慈善中心、信仰中心。实施文化惠民工程，落实全民健身战略，全面完善公共文化和体育服务设施。加快“智慧海口”建设，推动市民游客中心“城市形象展示中心、便民利民服务中心和城市综合管理中心”三大功能提升，巩固和强化“12345+网格化”和“椰城市民云”功能。推进全民普法，构建公共法律服务实体平台、热线平台、网络平台互联互通融合发展体系。推进社会组织孵化基地建设，建立政府购买服务机制。加强物业服务行业诚信管理。深入实施安全发展战略，启动国家安全发展示范城市创建。大力开展停车场管理行业整治，集中研究解决学校（幼儿园）周边停车不安全、不便捷问题。加强市场综合监管，创建国家食品安全示范城市。深入推动绿色殡葬改革，同步启动市、区公共墓地规划建设。全面推进海陆空立体化治安防控新体系建设，深化扫黑除恶专项斗争，严厉打击“菜霸”“砂霸”“运霸”，全面打赢禁毒三年大会战。

继续做好统计、人防、地震、气象、三防、档案、史志、科协、社科联、工商联、保密、老龄、慈善、对台、海防口岸、民族宗教等各项工作，充分发挥工会、共青团、妇联、残联等人民团体的桥梁纽带作用。

（六）不断提升现代化治理体系和治理能力，打造人民满意政府

全市政府系统坚持以党建为引领，“干”字当头、“实”字为要，咬定目标不放松，强化执行抓落实，凝心聚力打造人民满意政府。

着力打造学习型政府。让学习成为政府从业人员的一种生活方式，建立健全政府班子集体学习制度，定期举办领导干部集中学习专题讲座，鼓励在职干部参加继续教育，加快建设高素质专业化干部队伍。在规划、司法、金融、审计等专业性较强的政府机构设置高端特聘职位，实施聘期管理和协议工资。加强与国内发达地区的公务员学习交流，开展公务员国际交流合作，稳妥有序开展公务人员境外培训。

着力打造实干型政府。坚持说实话、谋实事、出实招、求实效，狠抓政府执行力建设。实行重点任务清单管理，明确责任，倒排工期，挂图作战，全程督办，让“马上就办”“钉钉子”“真抓实干”成为各级干部的行动自觉。强化斗争精神，积极防范化解政府债务、金融、房地产等各类风险。优化政府绩效考核，深化国资国企、财税金融体制改革，建立完善激励机制和容错纠错机制，营造干事创业的良好氛围。

着力打造法治型政府。健全依法决策机制，全面落实政府法律顾问制度，积极推进各级政府及其职能部门法律顾问全覆盖，每半年开展一次政府决策第三方评估。全面推行行政执法公示制度、执法全过程记录制度、重大执法决定法制审核制度。强化政策性文件的合法性与合理性审查，提高政策的连续性和可操作性。主动接受人大的法律监督、工作监督和政协的民主监督，广泛接受社会监督和舆论监督。

着力打造诚信型政府。坚持以诚信为本，言必行、行必果。加快政府守信践诺机制建设，探索建立政务和行政承诺考核制度，坚决防范和解决招商引资协议不落实、优惠政策不兑现、法院判决和行政复议不执行等问题。积极构建政府与法院、检察院等单位的失信惩戒联动机制和信息共享平台，加大对侵犯知识产权、制假售假、商业欺诈、逃债骗贷等不诚信行为的打击力度。大力推进政务公开，努力建设“最阳光政府”。

着力打造廉洁型政府。坚持把全面从严治党贯穿政府自身建设的全过程，持之以恒落实中央八项规定精神，深度抓好省委巡视反馈问题整改，驰而不息纠正“四风”。严格落实党风廉政建设责任，加强廉政风险防控，持续加大公共资金、国有资产、国有资源监管，规范公共资源交易和招投标管理，扎牢制度的笼子。加强重点项目和资金审计监督，坚决打击发生在群众身边的腐败和不正之风。

各位代表，让我们更加紧密地团结在以习近平同志为核心的党中央周围，在省委、省政府和市委的坚强领导下，发扬敢闯敢试、敢为人先、埋头苦干的特区精神，励精图治、奋发有为，以优异成绩向中华人民共和国成立70周年献礼！

# 2018年海口市国民经济和社会发展统计公报

海口市统计局 国家统计局海口调查队

2019年2月

2018年是贯彻落实党的十九大精神的开局之年，也是实施“十三五”规划承上启下的关键一年。在建设“中国（海南）自由贸易试验区和中国特色自由贸易港”形势背景下，全市人民在市委、市政府的坚强领导下，深入贯彻落实习总书记“4·13”重要讲话和中央12号文件精神，坚决落实省委、省政府的决策部署，大力发展旅游业、高新技术产业和现代服务业，稳步推进海南自由贸易区(港)建设， 坚持稳中求进的工作总基调，积极践行新发展理念，深入推进供给侧结构性改革，扩大有效投资、拓展消费需求，经济社会保持平稳健康发展的良好态势。

## 一、综合

### （一）地区生产总值

初步核算，2018年全市实现地区生产总值（GDP）1510.51亿元，按可比价格计算，比上年增长7.6%。其中，第一产业增加值63.96亿元，增长4.5%；第二产业增加值276亿元，增长6%；第三产业增加值1170.56亿元，增长8.1%。三次产业结构调整为4.2:18.3:77.5，其中第三产业占GDP比重比上年提高0.2个百分点；三次产业对经济增长的贡献率分别为2.7%、14.4%和83%。

### （二）人均地区生产总值

按常住人口计算，人均GDP为66042元，比上年增加4453元，增长6.2%。

### （三）财政

2018年，全市全口径一般公共预算收入451.1亿元，同口径比上年增长16.1%。其中，地方一般公共预算收入169.9亿元，增长13.9%。在地方税收收入中，国内增值税20.9亿元，增长10%；改增增值税39.4亿元，增长12%；企业所得税32.3亿元，增长26.5%；个人所得税9.7亿元，增长10.7%；土地增值税12.8亿元，增长54.1%。

2018年，全市地方一般公共预算支出237.4亿元，比上年增长19.6%。全年财政民生支出171.9亿元，占地方公共财政预算支出的72.4%。其中，教育支出36.5亿元，增长16.3%；文化体育与传媒支出16.4亿元，增长436.2%；医疗卫生与计划生育支出19.9亿元，增长6.5%；农林水事务支出20.7亿元，增长4.5%。

### （四）固定资产投资

2018年，全市完成固定资产投资比上年下降6.2%。分产业看，第一产业投资下降56%；第二产业投资增长72.2%；第三产业投资下降9%。三次产业投资构成为0.5:7.5:92，服务业投资比重比上年下降2.8个百分点。重点领域中，工业技术改造投资增长73.8%，水利、环境和公共设施管理业投资下降14.9%，邮政业、信息传输、计算机服务和软件业、金融业等现代服务业投资分别增长85.9%、-11.2%和-49.2%。分区看，秀英区完成固定资产投资增长14.9%；龙华区完成固定资产投资下降21.1%；琼山区完成固定资产投资增长9.7%；美兰区完成固定资产投资下降26.8%。

2018年，全市民间固定资产投资比上年下降6.7%，占全市固定资产投资比重为70.2%，民间投资的持续发展促进了全市投资发展环境的优化。全年固定资产投资施工项目1272个，比上年增加127个。其中，本年新开工项目334个，比上年增加25个。

### （五）深化改革成效明显

起步推动中国（海南）自由贸易试验区和中国特色自由贸易港建设。实行最严格的房地产调控措施，从全域限购、土地供应、价格备案等方面出台多项政策，防范炒房炒地等投机行为。推动“百万人才进海南”，进一步放宽人才落户准入，实施人才安居政策。设立海口江东新区，将其定位为中国（海南）自由贸易试验区的集中展示区。开展百日大招商活动，出台文件促进总部经济发展，已经渐显成效。成功引入阿里巴巴集团、蚂蚁金服集团，分别注册成立阿里巴巴(海南)、海南盒马网络科技、蚂蚁金服（海南）等公司；华亚能源、支付宝、中免集团、中海油、京东、普华永道等多家企业已入驻海南。切实提升旅游国际化水平，实施59国人员入境海南旅游免签证政策。

统筹推进江东新区规划建设。中国(海南)自由贸易区海口江东新区起步区城市设计方案国际征集评审会已于2019年1月10—11日在海口召开，评选出一个优秀方案、两个优良设计方案。中规院将充分吸收各家方案精华，以国际方案征集入围方案为基础，根据专家意见开展方案整合工

**2018 年海口市分产业（行业）固定资产投资及其增长速度表**

| 产业（行业）名称 | 比上年增长（%） |
|---|---|
| 固定资产投资 | -6.2 |
| 第一产业 | -56 |
| 第二产业 | 72.2 |
| 制造业 | -5.1 |
| 电力、燃气及水的生产和供应业 | 36.5 |
| 建筑业 | 24.9 |
| 第三产业 | -9 |
| 交通运输、仓储和邮政业 | -13.1 |
| 信息传输、计算机服务和软件业 | -11.2 |
| 批发和零售业 | -11.4 |
| 住宿和餐饮业 | -3.9 |
| 金融业 | -49.2 |
| 房地产业 | 0.9 |
| 租赁和商务服务业 | -37.1 |
| 科学研究技术服务和地质勘查业 | -7.4 |
| 水利环境和公共设施管理业 | -14.9 |
| 教育 | -11 |
| 卫生、社会保障和社会福利业 | -29.4 |
| 文化、体育和娱乐业 | -32.9 |
| 公共管理和社会组织 | -85 |

作，同步推进起步区城市设计及控制性详细规划。文明东越江隧道委托上海市隧道工程轨道交通设计研究院开展设计工作，已于 2018 年 12 月 28 日开工建设。

供给侧结构性改革扎实推进。作为适应经济发展新常态的必然举措，供给侧结构性改革在推进海口产业结构调整，矫正要素配置扭曲，扩大有效供给，提高效率方面发挥了重要作用。全年服务业增加值占 GDP 比重为 77.5%，同比提高 0.2 个百分点。房地产开发投资占固定资产投资比重同比提高 3.3 个百分点，民间投资占固定资产投资比重同比下降 0.4 个百分点，房地产去库存稳步推进，商品房去库存周期为 32.91 个月。从去杠杆的情况来看，全市规模以上工业企业资产负债率为 45.4%，比上年下降 4.4 个百分点。企业成本下降，全市规模以上工业企业每百元的主营成本为 63.43 元，比上年下降 6.54 元。补短板投入增长较快，持续加大公共财政投入，补齐城市功能、城市管理、生态环境、民生事业短板，不断扩大优质服务供给。2018 年全市财政民生支出 171.9 亿元，占全市财政支出的 72.4%。

坚持“以人民为中心”的发展理念，贯穿“改革、服务”两条主线，突出“放管服”工作重点，忠实践行“便民、高效、廉洁”的服务宗旨，并充分发挥 12345 政府服务热线的作用，提高了政府行政效能，12345 海口智慧平台荣获海口市“巾帼文明岗”称号。2018 年海口市政府服务中心共受理办件 136445 件，办结 150098 件，提前办结率 78.9%，群众满意度 99.5%。热线全年通过多种渠道受理办件总量 1913595 件，办结率 99.6%，办件满意率 90.8%，日均接话量 5243 个；前台接通率 96.5%，前台直接办结率 63.9%。海口市公共资源交易平台共完成公共资源交易项目 849 个，交易金额 386.05 亿元，其中政府采购项目 288 个，交易金额约为 40.02 亿元，节约资金约 1.14 亿元，节约率 2.8%；工程建设项目交易完成 564 个，交易金额约 346.03 亿元，节约资金约 9.28 亿元，中标下浮率 2.6%。

深化“放管服”改革，商事制度改革深入推进，市场主体增长再创新高。加快推进“多证合一”、原省工商局优化营商环境 14 项措施等改革措施及全程电子化、压缩企业开办时间、工商便利通、邮政寄递方式领取营业执照等服务措施落地，极大地刺激了投资创业热情。2018 年，全年新登记各类市场主体 6.18 万户，比上年增长 20.1%；其中，新登记企业 3.29 万户，增长 46.3%；新登记个体工商户 2.87 万户，下降 0.5%。蚂蚁金服（海南）数字技术有限公司、支付宝（中国）网络技术有限公司海南分公司等数家大型企业相继落户海口，登记名称含有“海南自贸区”企业 535 家，注册资本（金）935750.78 万元，涉及商务服务业、信息技术服务业、批发业、零售业等领域。

进一步深化医药卫生体制改革，不断深化医药卫生体制改革，巩固取消药品加成成果。2018 年，市区属 6 家公立医院取消药品加成减少的药品收入 10985.58 万元，调整医疗服务价格增加收入 6292.56 万元，群众减少医药费用（让利百姓）4693.02 万元。全市 22 家卫生服务机构继续实施“先看病后付费”诊疗服务模式。全年累计受益人数达 9.78 万人，垫付住院费用 5.56 亿元。

（六）物价和房价

物价总体水平在可控范围内。2018年，全市居民消费价格总指数（CPI）为102.4，价格水平同比上涨2.4%。分类别看，食品烟酒价格上涨0.9%，衣着价格上涨5.8%，居住价格上涨3.2%，生活用品及服务价格上涨2.1%，交通和通信价格上涨3.8%，教育文化和娱乐价格上涨2.3%，医疗保健价格上涨3.3%，其他用品和服务价格上涨2.3%。

2018年，海口房价总体走势平稳，新建商品住宅环比价格指数在100.2—103.9之间波动，6月环比涨幅3.9%，为全年最高点，随着4月份海南省政府出台的全域限购和8月份中旬限价政策的推行，房地产市场趋于平稳，理性降温势头逐步显现。

## 二、人民生活和民生事业

（一）居民收入

城乡居民生活水平不断提高。2018年，全市常住居民人均可支配收入31205元，比上年名义增长8.7%，扣除价格因素，实际增长6.2%。其中，城镇常住居民人均可支配收入36137元，比上年名义增长8.5%，增速比上年提高0.2个百分点，扣除价格因素，实际增长6%；农村常住居民人均可支配收入14886元，比上年名义增长8.2%，增速比上年降低0.4个百分点，扣除价格因素，实际增长5.7%。

（二）就业

就业创业政策进一步完善，就业形势持续保持稳定。2018年，全市城镇新增就业人员33629人，完成年任务的101.9%。其中，城镇登记失业人员再就业8292人，转移农村富余劳动力就业7430人。城镇登记失业率1.34%。全年全市创业小额贷款担保中心共发放创业担保贷款4802万元，帮扶486人自主创业，带动1462人实现就业。

（三）安居工程建设

以统筹住房和城乡建设发展为主线，关注民生，多措并举，住房保障工作有序进行，推进房地产业供给侧结构性改革。

2018年海口市居民消费价格指数（CPI）

| 指标名称 | 价格指数（上年=100） |
|---|---|
| 居民消费价格指数 | 102.4 |
| 一、食品烟酒 | 100.9 |
| 1. 粮食 | 101.1 |
| 2. 鲜菜 | 103.5 |
| 3. 畜肉 | 98.8 |
| 4. 水产品 | 99.6 |
| 5. 蛋 | 106.9 |
| 6. 鲜瓜果 | 96 |
| 二、衣着 | 105.8 |
| 三、居住 | 103.2 |
| 四、生活用品及服务 | 102.1 |
| 五、交通和通信 | 103.8 |
| 六、教育文化和娱乐 | 102.3 |
| 七、医疗保健 | 103.3 |
| 八、其他用品和服务 | 102.3 |

加强垦区棚户区改造。组织制定实施《海口市2018年垦区职工危房改造工作实施方案》。2018年，省下达我市垦区棚户区改造任务115套，已开工建设115套，100%完成省下达计划建设任务。

加强农村危房改造工作力度。2018年全市农村危房改造已开工1180户，开工率100%；报建1124户，报建率100%；竣工户数1180户，竣工率100%；入住户数1180户，入住率100%。

（四）扶贫

2018年，我市以高度的政治觉悟，把脱贫攻坚作为重大政治责任和第一民生工程来抓紧抓实。坚决落实脱贫攻坚党政同责要求，成立由市委书记和市长任“双组长”的扶贫开发领导小组，成立由市委专职副书记为指挥长的打赢脱贫攻坚战指挥部，下设10个专项工作组，推行“一把手”带头研究重大问题、带头协调难点事项、带头狠抓任务落实、带头开展检查督办的“四带头”机制。按照“领导挂点、单位包村、干部包户”的机制，市四套班子主要领导分别挂点四个区，27名市领导挂点各镇，236家结对帮扶单位包村帮扶814个自然村，1257名帮扶责任人包户帮扶4420户18838人贫困户，把脱贫攻坚帮扶工作分解到具体的领导、具体的单位、具体的个人身上。在此基础上，压实“区包乡镇、乡镇包村”的工作机制，全市各区三套班子领导挂点19个镇185个行政村，以有脱贫攻坚任务的乡镇、行政村、自然村为单位，划定脱贫攻坚作战区域，设立基层三级战斗队，全市成立19个大队、185个中队以及若干个小分队，将镇村挂点领导、第一书记、驻村工作队员、村两委干部、帮扶责任人、村民小组组长等1998名扶贫干部全部编入战斗序列，以此形成分工明确、责任清晰、各方力量有效整合、攻坚压力传导到位的工作格局。开展就业创业宣讲系列活动和劳动技能培训，共举办扶贫专场招聘会20场次，进场招聘企业589家，提供就业岗位9983个，组织1167名贫困劳动力参加各类就业技能培训，新增实现转移就业305人，实现全市零就业贫困家庭全部清零，完成省下达年度目标任务。大力挖掘农业非物质文化遗产，加快打造农业全产业链，加快农业“接二连三”融合发展的步伐。积极引进阿里巴巴和蚂蚁金服，打造15个镇级电商平台，扩宽电商平台营销能力，多渠道增加贫困户收入。支持永兴电商扶贫中心和11个整村推进贫困村电商平台运行，发挥电商扶贫示范作用。

对全市146106户596094人农村常住人口开展大排查，进一步摸清了底数。全市排查新增纳入对象37户160人，识别返贫人口5户21人，清退贫困人口169户665人，现存量贫困人口345户849人，已全部录入线上系统。此外，双向纳入“三保障”未解决的低保对象、特困人员257户493人也全部按程序纳入建档立卡。

（五）教育

教育事业蓬勃发展。全年新建或改扩建中小学校和幼儿园10所，美丽沙幼儿园、五源河公寓配套幼儿园、流水坡幼儿园、东山镇第二中心幼儿园、西秀镇第二中心幼儿园、永兴镇实验幼儿园竣工，美丽沙学校、人大附中海口实验学校已建成招生，新增公办学位4950个；民办学校北大附小、寰岛中学、枫叶集团美舍新校均已完工并招生，可提供学位5020个。2018年，全市共有普通高校12所，普通高等教育本专科招生3.81万人，在校生12.91万人，毕业生3.43万人；研究生教育招生0.25万人，在校生0.68万人，毕业生0.15万人。全市中等职业教育在校生1.98万人。九年义务教育巩固率99.5%，高中阶段教育毛入学率91.2%，基本普及高中阶段教育。特殊教育招生133人，在校生640人。全市共有幼儿园746所，比上年增加19所；在园幼儿11.3万人，比上年增加1.1万人。学前三年教育毛入园率86%。

教育优质均衡成果不断巩固。2018年，全市高考700分以上人数1212人，同比增加9.2%，A批上线率68.2%，创历年新高；中考处于全省领先水平。全市各校参加全省职业院校技能大赛，获得奖项84个，其中一等奖18个。中职应届毕业生在上海、深圳、海口、三亚、琼海等地的300多个企业顺利就业，全市共有毕业生5839人，毕业率100%，就业人数5727人，就业率98.1%。

教育扎实推进精准扶贫。2018年，春季学期向建档立卡贫困学生3176人发放特惠性资助资金446.66万元，向农村低保特困供养贫困学生4458人发放特惠性资助资金689.26万元；秋季学期向建档立卡学生2802人发放特惠性资助资金337.48万元，向农村低保和特困供养学生3427人发放特惠性资助资金441.67万元。经核准认定的三类贫困学生资助金发放已完成100%。

（六）医疗卫生

截止2018年11月，全市共有卫生机构1028个。其中，医院47个，妇幼保健院（所、站）6个，专科疾病防治院（所、站）2个，乡镇卫生院26个，社区卫生服务中心（站）118个，诊所、卫生所、医务室490个，村卫生室254个。卫生技术人员1.85万人。其中，执业医师和执业助理医师1.22万人，注册护士0.91万人，每万人口执业（助理）医师数53人，每万人口护士数40人。医院拥有床位1.03万张；乡镇卫生院拥有床位0.05万张。全市现有卫生人员2.31万人，其中卫生技术人员1.85万人，占79.9%。

（七）社会保障、救助和福利

社会保障体系不断完善。2018年末，全市基本养老、医疗、失业、工伤、生育保险参保人数分别达到72.3万人、63.4万人、48.98万人、47.9万人、47.5万人，养老、医疗、失业、工伤、生育分别比上年增长14.4%、19.6%、6%、18.1%、18.7%；居民医疗参保人数比上年同期增长11.9%。年末领取失业保险金职工人数5766人。截止2018年12月31日，我市城市最低生活保障对象0.21万人，全年累计发放城市最低生活保障资金1988.57万元；农村最低生活保障对象1.28万人，全年累计发放农村最低生活保障资金5684.65万元。

（八）安全生产

2018年，全市发生各类生产经

**2018年海口市主要农产品产量及增长速度**

| 产品名称 | 单位 | 产量 | 比上年增长（%） |
|---|---|---|---|
| 粮食 | 万吨 | 12.1 | 9.9 |
| 早稻 | 万吨 | 5.8 | 2 |
| 晚稻 | 万吨 | 4.9 | 20 |
| 油料 | 万吨 | 0.9 | 1.6 |
| 花生 | 万吨 | 0.8 | 1.2 |
| 糖蔗 | 万吨 | 0.4 | -7.9 |
| 水果 | 万吨 | 25.6 | 9.5 |
| 蔬菜 | 万吨 | 49.2 | 0.1 |
| 橡胶 | 万吨 | 0.3 | 10.5 |
| 胡椒 | 万吨 | 0.6 | 48.8 |

营性安全事故55起，死亡32人，受伤16人，直接经济损失1021.6万元。与2017年相比，事故起数、死亡人数、受伤人数、直接经济损失各减少4起、10人、1人、5.6万元，分别下降6.8%、23.8%、5.9%、0.5%。事故四项指标呈全面下降态势。

## 三、国民经济各行业

### （一）农林牧渔业

农林牧渔业稳定发展。全年农林牧渔业完成总产值104.5亿元，比上年增长5.5%。其中，农业51.9亿元，林业6.18亿元，渔业12亿元，牧业27亿元，分别增长8.1%、6.9%、2.4%和1%；农林牧渔服务业7.3亿元，增长10.8%。全市粮食总产量12.1万吨，增长9.9%；蔬菜产量49.2万吨，增长0.1%；水果产量25.6万吨，增长9.5%；肉类产量9.3万吨，增长6.3%；水产品产量6.5万吨，增长1.3%。有效灌溉面积增加0.7万亩，旱涝保收面积增加1.8万亩。

### （二）工业和建筑业

工业生产平稳增长。年末规模以上工业企业151户，全年完成规模以上工业总产值543.5亿元，比上年增长2.4%。在规模以上工业中，轻工业产值比上年增长11.3%，重工业产值下降8.2%，轻重工业产值之比为66.1∶33.9。全年规模以上工业增加值增长8%，对经济增长的贡献率为9.9%。

规模以上工业22个行业大类中有11个行业产值增长。其中，医药、烟草、机电三大主导行业实现产值312亿元，占全市规模以上总产值57.4%，比上年增长13%。其中，医药行业实现产值229.1亿元，增长15.9%；烟草行业实现产值29.9亿元，增长4.4%；机电行业实现产值53亿元，增长7.2%。工业企业产值超十亿元的有15家，产值超亿元的有77家。产值超亿元企业共完成工业产值512.6亿元，占规模以上工业总产值的94.3%。

全年规模以上工业企业主营业务收入551.2亿元，比上年增长6.3%；实现利润总额34.1亿元，增长9.8%；工业产销率98.8%，提高0.7个百分点。

建筑业平稳发展。全年全市建筑业实现增加值123.62亿元，比上年增长3.7%。全市资质以上建筑业企业完成建筑业总产值246.42亿元，增长2.6%。其中，建筑工程产值201.62亿元，增长1.6%；安装工程产值30.92亿元，增长6%。当年建筑企业新签合同价款305.06亿元。建筑业期末从业人员5.12万人。

### （三）旅游业和房地产业

深化旅游+，积极培育旅游新业态。以供给侧结构性改革为抓手，加快推进旅游吸引物建设。观澜湖旅游度假区狂野水世界项目、桂林洋国家热带农业公园一期建成试营业，长影海南环球100等一批重点旅游项目建设有序推进。以发展民宿旅游为突破口，盘活特色乡村资源要素，形成“旅游+”新业态。海口市美社有个房民宿、连理枝民宿被列入2018年度海南省民宿创建示范点。由海南港航控股有限公司与幸福通用航空有限公司共同打造的海口水上飞机项目正式开通试运营，空中俯瞰海口观光线的推出成为海口旅游新亮点。2018年，全市共接待游客2670.85万人次，比上年增长10%。其中，接待入境游客26.13万人次，增长43.6%；人均逗留天数1.46天，延长0.02天。实现旅游总收入298.11亿元，增长12.1%。其中，入境旅游收入8193.4万美元，增长38%。全市A级旅游景区10家，其中4A级及以上旅游景区4家；星级宾馆酒店39家，其中五星级宾馆酒店4家。

房地产开发投资增势稳定。全市房地产开发投资609.42亿元，比上年增长1%。其中，住宅投资419.31亿元，增长1.6%。商品房销售面积393.32万平方米，下降28.4%。其中，住宅销售面积331.44万平方米，下降32%。商品房销售额520.49亿元，下降21%。其中，住宅销售额419.09亿元，下降26.5%。年末商品房待售面积169.76万平方米，下降8.1%，比上年末减少14.98万平方米。

2018年海口市旅游接待情况

| 指标名称 | 单位 | 绝对数 |
|---|---|---|
| 接待海外旅游人数 | 人次 | 261296 |
| 外国人 | 人次 | 159394 |
| 港澳同胞 | 人次 | 33871 |
| 台湾同胞 | 人次 | 68031 |
| 接待海外旅游人天数 | 人天 | 410724 |
| 外国人 | 人天 | 252992 |
| 港澳同胞 | 人天 | 53094 |
| 台湾同胞 | 人天 | 104638 |
| 旅游外汇收入 | 万美元 | 8193.4 |
| 国内旅游 | | |
| 接待国内游客 | 万人次 | 2644.72 |
| 旅游收入 | 亿元 | 292.69 |
| 旅游总收入 | 亿元 | 298.11 |

（四）交通运输和邮电业

互联互通一体化建设继续推进。加快水上飞机运营建设，推动琼州海峡港航一体化发展。已选定海口西秀海滩外水域作为水上飞机的水上起降跑道，秀英港海南司南环岛游艇俱乐部码头作为水上飞机停靠泊位，相关配套基础设施建设已完成，2018年5月9日起正式运营旅游航线，由幸福运通航两架飞机执行，全年累计飞行76架次，累计载客239人次。

2018年，全市共完成旅客运输量10114万人。公路旅客运输量占全市旅客运输量25.2%；水路旅客运输量占全市旅客运输量9.2%；铁路旅客运输量占全市旅客运输量29.6%；航空旅客运输量占全市旅客运输量36%。全市共完成货物运输量11938万吨。公路货物运输量占全市货物运输量39.2%；水路货物运输量占全市货物运输量51.4%；铁路货物运输量占全市货物运输量9%；航空货物运输量占全市货物运输量0.4%。

年末全市民用汽车拥有量80万辆，比上年增长8.1%。其中，私人汽车70.6万辆，增长7.1%。全年新注册汽车8.3万辆，报废5303辆。

邮电通信业快速增长。全年全市完成邮电业务总量252亿元。其中，电信业务总量241亿元，增长112.6%；邮政业务总量11亿元，增长17.4%。年末固定电话用户57万户，下降1.7%；移动电话用户375万户，下降3.1%。互联网宽带用户98万户。

（五）国内贸易和会展业

市场消费稳定增长。2018年，全市社会消费品零售总额757.55亿元，比上年增长5.9%。其中，餐饮收入额105.73亿元，增长13.1%；商品零售额651.82亿元，增长4.8%。城镇消费品零售额688.29亿元，增长6.3%；乡村消费品零售额69.26亿元，增长1.5%。

主要商品销势有增有降。在限额以上单位商品零售中，粮油、食品类零售额14.8亿元，增长12.8%；烟酒类零售额11.5亿元，增长26.3%；化妆品类零售额15.6亿元，增长12.2%；中西药品类零售额5.6亿元，增长16.5%；家具类零售额0.5亿元，增长30.1%；金银珠宝类零售额5.5亿元，增长7.8%；石油及制品类零售额112.83亿元，增长11.1%。汽车类零售额100.78亿元，下降21.8%；体育、娱乐用品类零售额1.4亿元，下降7.5%；家用电器和音响器材类零售额13.1亿元，下降7.2%。

2018年，海口举办各类会展活动9033场。其中，规模以上（会议200人以上，展览5000平方米以上）会展活动315场，同比增长17%左右；会展业综合收入实现122亿元，同比增长18%以上。会议方面，千人会议48场；国际会议26场，同比增长30%。全市展览总面积81.19万平方米，同比增长1.4%；1万平方米以上展览34个，面积78.67万平方米，场次同比增长21% 。此外，完成8场岛外促销活动，含国（境）外3场（韩国、香港和澳门）。

（六）银行、证券期货和保险业

信贷投向不断优化。2018年末，全市金融机构本外币各项存款余额4899.31亿元，比上年末下降9.6%。其中，住户存款余额1727.62亿元，增长9.6%；非金融企业存款余额1907.52亿元，下降25.5%。本外币各项贷款余额5700.68亿元，增长1.8%。其中，住户贷款余额1265.1亿元，增长30.3%；非金融企业及机关团体贷款余额4169.22亿元，下降4.7%。

全年证券公司总交易金额6930.45亿元，比上年下降5.4%。其中，股票交易额3968.28亿元，下降16.4%；债券交易额2399.01亿元，增长1.5%；基金交易额563.17亿元，增长157.3%。年末证券账户开户73.25万户，下降20.2%。全年期货市场成交额3416.47亿元，下降0.03%。

保险业持续发展。全年保险公司原保险保费收入164.55亿元，比上年增长22.9%。其中，寿险保费收入44.12亿元，增长16.2%；健康险保费收入8.6亿元，增长7.5%；人身意外伤害险保费收入1.53亿元，增长9.2%；财产险保费收入110.3亿元，增长27.4%。原保险赔付支出32.5亿元，增长14.9%。

## 四、对外经济

（一）对外贸易

据海口海关统计，2018年海口市进出口总额341.17亿元，比上年增长62.3%。其中，出口67.24亿元，增长21.2%；进口273.93亿元，增长77%。一般贸易进出口158.09亿元，增长19.3%，占进出口总额46.3%。对美国进出口180.52亿元，增长60%，美国成为海口市第一大贸易伙伴国；香港地区为海口市最大出口市场，对香港出口15.58亿元，占出口份额的23.2%。

（二）对外开放

2018年，全市认真贯彻落实《中共中央国务院关于支持海南全面深化改革开放的指导意见》，紧紧围绕市委、市政府中心工作，招商工作重点瞄准世界500强、全球行业领军企业和知名品牌企业开展点对点招商，重点争取引进一批符合“多规合一”和生态环保要求的项目，实现粗放招商到精准招商的转变，切实扛起省会城市担当。全市积极承接海南百日大招商活动成果，对接中国大唐集团、阿里巴巴、苏宁集团以及中旅集团、国机工业集团、普华永道等45家企业。市领导多次对全市招商工作做出重要部署和指示，提出“以上统下、全市一盘棋”“高效有序开展对外招商”的思路，改变了以大型推介会为主的招商方式。百日大招商活动期间，市领导牵头进行的项目洽谈83次，各部门开展点对点招商354

次。在习总书记“4·13”重要讲话、中央12号文件的政策导向以及省市百日大招商项目活动的推动下，一批知名企业陆续进驻海口，有效推进做大做优做强海口、建设国际化滨江滨海花园城市。2018年，全市通过海南省北京引进外资活动、海口（香港）招商引资活动、第十届北部湾成员大会、“11·28”“12·28”全省集中签约活动以及各产业部门开展的招商活动，采用上门拜访、座谈、精准招商等方式共接洽137家重点企业，已落实（签约和注册）招商项目119个，签约项目101个，注册87家公司。据不完全统计，已有阿里巴巴、大唐、大平洋建设、普华永道、安永、哈罗公学、凤凰金融、科大讯飞、映客、九州通、中国铁投、中国华能、新西兰高培、华亚控股、美安康、海南熹思文化、重庆川维精威、国家开发投资集团、北京群航供应链、中国旅游集团、中进（海口）汽车贸易、海保人寿股份有限公司、四川铁投、中免、厦门国贸、蔚来汽车、上海瑞戈医院投资公司等28个项目开业或开工，营业收入约103.4亿元。

## 五、科学技术、文化和体育

### （一）科技

2018年1—11月，全市各项专利指标持续领跑全省。专利授权量2047件，同比增长64%，占全省的68%；有效发明专利1899件，占全省的72.6%；截止2018年11月，每万人有效发明专利拥有量达8.36件（按2017年227.21万常住人口计算）全市拥有市级及以上重点实验室72家（其中国家级1家、省级36家、市级35家）、市级及以上技术研发中心67家（其中国家级4家、省级39家、市级24家）、18家省级院士工作站。全市科技创新创业团队1家、拔尖人才2人、1人申报2018年“省优”专家、1人申报市委联系服务重点专家。

### （二）文化

公共文化服务繁荣发展。2018年，全市文体信息发布平台二期建设项目已经验收使用，五源河体育场已经竣工并投入使用，全市电子阅报屏项目300台室内机已经安装完毕，完成率100%，47家数字农家书屋已经验收。全年全市共有艺术表演团体30个，艺术表演场馆10个，博物馆4个，公共图书馆5个，群众艺术馆、文化馆5个，文化站43个。年末广播人口综合覆盖率100%，电视人口综合覆盖率100%，公共图书馆藏书量55万册。

文艺创作持续发展。舞蹈诗《黎族家园》成功获评国家“十三五期间”国家舞台艺术精品剧目之后受邀到清华大学演出，《美好新海南》节目在外交部推介海南新闻发布会上的精彩演出点亮全场，油画作品《海南农家》参加“江山如画”中国油画写生作品展。2018年，全市精品文艺演出剧目已成功演出27场次，极大地丰富了市民游客的文化生活，推进了我市人文城市建设。

### （三）体育

体育事业持续较快发展。组织举办了2018海口市“迎春杯”足球赛暨甲级联赛、2018海口马拉松赛、2018美丽海口春季阳光全民运动会、“新燕泰·国际旅游岛杯”全国业余围棋公开赛、庆祝海南建省办经济特区30周年中美国际篮球慈善赛等17项群众体育活动。举办2018海南（海口）竹竿舞大赛、“奔跑海南”建省办经济特区30周年环岛全民健跑活动海口站比赛等系列庆祝海南建省办特区30周年活动。继续打造“爱海口·动起来”全民健身品牌，全年共开展两季“爱海口·动起来”2018全民健身运动推广季活动，共举办篮球、足球、航模、骑行、轮滑、武术等154个项目活动，共计开展活动2243场次，112万余人次参与，掀起全民健身高潮。积极组织我市运动健儿参加国家级各类赛事，获得了21个第一名，18个第二名，21个第三名的好成绩、2018全国沙滩排球青年锦标赛U19系列、圆满完成海南省第五届运动会各项竞技类比赛，本届运动会海口市代表团共有375人参加13个竞技类项目，共获得3036分，位列18个参赛市体育代表团第一名，举办2018世界无车日环岛赛公益骑行赛，来自省内各大高校、骑行俱乐部、政府机关以及企业的1000多位骑行爱好者参赛。

## 六、节能减排、城乡建设和生态环境

### （一）节能减排

突出抓好水体治理、水系规划、全面推行河湖长制、整治河道非法采砂、持续夯实农田水利基本建设、城市供排水、农村安全饮水、“三防”等各项工作并取得明显成效。编制江东新区水安全保障规划，实施海口市美兰区中小河流治理重点县综合整治工程南洋河、演丰河、罗雅河项目，畅通河湖水系。2018年，我市建成区共19条21处黑臭水体已基本消除黑臭，取得阶段性成果。启动14个城镇污水处理厂和丁村、长堤路和滨江西污水处理厂及改扩建桂林洋污水处理厂。

大力淘汰黄标车，全年共计淘汰黄标车2677辆，发放淘汰补贴2450万元。开展117个自然村农村污水治理工作，城市集中式饮用水水源地保护专项行动已整治完成100%。建设完成儒房、后黎村、演州河3个国家地表水自动站，检查危险废物产生、经营单位126家次。现有城镇污水处理设施9个，新增一体化污水处理站17座，新增污水处理能力共11.51万吨/天；年末城镇污水处理厂日处理能力达59.07万立方米；城镇生活污水集中处理率达到96.9%，比上年提高1.9个百分点。

### （二）城乡建设

搭建“多规合一”综合信息平

台，截至2018年12月31日，农村公路六大工程自然村通硬化路主体工程累计完成929.8千米，完成率97%；窄路面拓宽主体工程274.42千米，完成率77%；县道改造主体工程2.63千米，完成率100%；生命安全防护主体工程268.32千米，完成率74%；危桥改造主体工程35座，完成率74%；旅游资源路主体工程60.42千米，完成率46%。

持续推进公交线网优化。2018年，全市新开通26条公交线路，优化调整39条公交线路。公交线网规模已达到137条，其中常规公交线路106条、公交快线11条、旅游公交线路7条、假日公交线路6条、夜间公交线路4条、公交专线3条。大力推广应用新能源汽车，全市新能源车辆规模已达到2395辆，新能源与清洁能源占比87.3%。

全市共有自来水厂9座，综合生产能力53万吨/日，地下补压井生产能力12.75吨/日，全市总供水能力合计65.75万吨/日。全年供水总量2.36亿吨，其中生活用水1.29亿吨。管道天然气供气总量1.35亿立方米，其中民用用气4915万立方米，全市天然气用气普及率91%。全社会用电量77.48亿千瓦时，增长5.2%。其中居民用电13.66亿千瓦时，增长7.3%；工业用电13.67亿千瓦时，下降7%。

（三）生态环境

牢固树立“绿水青山就是金山银山”“山水林田湖草是一个生命共同体”“望得见山，看得见水，记得住乡愁”的理念，遵循创新、协调、绿色、开放、共享五大发展理念。全市共完成植树造林面积2.08万亩（未包含城市绿化面积），占考核性指标（8000亩）的259.4%，占总任务（12500亩）的166%。其中成片造林2.07万亩，四旁植树93.9亩。2018年，全市建成区内新增绿地面积108.94公顷，建成区绿化覆盖率41%，绿地率36.5%。

（四）环境保护

环境空气质量继续保持一流。2018年，根据生态环境部通报全国空气质量状况，海口市空气质量继续保持一流水平，位列全国169个重点城市排名之首。一级优天数为280天，二级良天数为77天，PM2.5比上年下降10%，PM10比上年下降5.4%，空气优良率98.6%。四类噪声功能区昼间等效声级均达到相应指标要求。我市城区地表水体水质有所提升。南渡江龙塘段、永庄水库等城市集中式饮用水源地水质达标率100%；国控的水质测断面水质达标率100%。省级近岸海域考核点位优良比例达到100%。

新增一体化污水处理站17座，新增污水处理能力共11.51万吨/天。集中转运生活垃圾共计110.99万吨，垃圾焚烧量81.02万吨，填埋垃圾量29.97万吨，发电量3.4亿千瓦，飞灰处理量2万吨，渗滤液处理量41.88万吨。

七、人口

人口低速增长。年末全市常住人口230.23万人。其中，城镇人口181.05万人，城镇化率78.6%，比上年末提高0.4个百分点。全年出生人口2.94万人，出生率12.8‰；死亡人口1.13万人，死亡率4.9‰；人口自然增长率7.9‰。0~14岁人口占常住人口的比重为16.8%，比上年末下降0.01个百分点；15~64岁人口比重为76%，与上年持平；65岁及以上人口比重为7.2%，比上年末提高0.01个百分点。 从区域年末常住人口分布看，秀英区39.56万人、龙华区67.76万人、琼山区51.79万人、美兰区71.12万人。

**注释：**

1. 本公报部分数据为初步统计数，部分数据为预计数，最终核实数以中国统计出版社出版的《海口统计年鉴（2019）》公布的数据为准；

2. 地区生产总值和各产业增加值绝对数按现行价格计算，增长速度按可比价格计算。根据《国民经济行业分》（GB/T4754—2011）对三次产业进行划分；

3. 本公报中部分指标合计数与分项数有出入主要是四舍五入的原因，均未作机械调整。

资料来源：

本公报中财政数据来自市财政局，政务办件数据来自市政府服务中心，新增市场主体数据来自市工商局，江东新区规划建设数据来自市江东新区办公室，金融机构存贷款数据来自人行海口中心支行，价格、居民收入数据来自海口调查队，货物、旅客运输及周转量数据来自市交通港航局、粤海铁公司、南航海南公司、海航公司，港口吞吐量数据来自港航控股公司，邮电通信数据来自市邮政管理局、移动海南公司、电信海南公司、联通海南公司，重点项目数据来自市房屋征收局，星级宾馆酒店等旅游数据来自市旅游委，对外经济数据来自市商务局，进出口数据来自海口海关，安居工程数据来自市住建局，城乡垃圾处理数据来自市环卫局，城市造林和绿化覆盖率数据来自市林业局和园林局，教育数据来自市教育局，医疗卫生数据来自市卫计委，社会救助数据来自市民政局，社会保险、就业数据来自市人社局，扶贫数据来自市委农办，科技数据来自市科工信局，文化体育数据来自市文体局，环境保护数据来自市生态环保局，城镇污水处理数据来自市水务局，安全生产数据来自市安监局，其他数据均来自市统计局。

# 关于海口市2018年国民经济和社会发展计划执行情况与2019年国民经济和社会发展计划草案的报告

——2019年2月21日在海口市第十六届人民代表大会第五次会议上

海口市发展和改革委员会

各位代表：

受市人民政府委托，现将海口市2018年国民经济和社会发展计划执行情况与2019年国民经济和社会发展计划草案提请大会审议，并请市政协委员和其他列席人员提出意见。

## 一、2018年计划执行情况

2018年以来，全市上下深入学习贯彻习近平总书记“4·13”重要讲话和中央12号文件精神，以习近平新时代中国特色社会主义思想为指导，坚持稳中求进工作总基调，坚持新发展理念，落实高质量发展要求，深入推进改革开放，以供给侧结构性改革为主线，加快经济转型升级步伐，着力优化提升营商环境，着力打好三大攻坚战，经济社会实现持续健康发展。

### （一）主要指标完成情况

地区生产总值1511亿元，同比增长7.6%。固定资产投资完成1313亿元，同比下降6.2%。社会消费品零售总额757.6亿元，同比增长5.9%。地方一般公共预算收入169.9亿元，同比增长13.9%。城乡常住居民人均可支配收入31205元，同比增长8.7%。其中，城镇常住居民人均可支配收入36137元，同比增长8.5%；农村常住居民人均可支配收入14886元，同比增长8.2%。居民消费价格同比上涨2.4%，城镇新增就业人数33629人，12月末城镇登记失业率1.34%。

海口市2018年国民经济和社会发展计划设定的33项46个指标中，约束性指标20个，预期性指标26个。约束性指标除2个尚未考核，其余18个约束性指标全部达到年初预期目标。23个预期性目标达到年初预期目标，固定资产投资、社会消费品零售总额、移动互联网用户数等3个预期性指标低于年初预期目标，主要受宏观经济下行压力加大、以壮士断腕的决心减少经济对房地产的依赖、汽车零售下滑以及联通移动互联网用户数统计口径调整等影响。

总体看，全市经济运行稳中有进，主要呈现三个特点：一是经济保持稳定增长。2018年来，经济下行压力加大，全市上下齐心协力，主动服务，保持全市经济平稳运行，三次产业结构为4.2∶18.3∶77.5。二是新兴产业对经济发展贡献日益突出。总部经济企业发展迅速，阿里巴巴（海南）、中国旅游集团等22家企业被认定为海南省总部经济企业。文化、娱乐等营利性服务业成为经济发展新动能，对全市经济增长贡献率达到46.5%。三是生态文明建设成效显著。成功摘取“国际湿地城市”金字招牌，环境空气质量在全国169个重点城市中排名第一。城镇生活垃圾无害化处理率100%，农村生活垃圾收集转运率95%。

### （二）改革开放不断深入，推动经济持续向好发展

一是自由贸易试验区和中国特色自由贸易港政策加快落地。启动建设江东新区，总体规划纲要有序推进，白驹大道东延线等9个首批基础性、先导性、示范性示范项目加快建设。探索在海关特殊监管区域和报税监管场所设立大宗商品期货报税交割库。成功获批中国（海口）跨境电子商务综合试验区。自由贸易（FT）账户体系建设稳步推进。二是重点领域改革稳步推进。进一步推进“放管服”改革，持续开展“减证便民”行动，继续推进“五网”建设项目极简审批改革。进一步优化12345热线服务，在第三方评估机构发布的全国335条12345热线监测结果中，位列全国城市（不含直辖市）服务质量第一名，荣获“金数奖”“先锋奖”。全面完成“不见面审批”改革，上线事项达到1526个。完成全市86.7万亩农村土地承包经营权确权登记颁证工作。农场改革稳步推进，三江农场企业公司化改制等工作进展顺利。完成琼山区农村集体产权制度改革国家级试点工作，秀英、龙华、美兰区试点工作全面铺开。探索实施市场主体“证照分离”改革，加快营造公平透明的营商环境。完善现代医院管理机制，推进公立医院薪酬制度试点改革。混合所有制改革步伐加快，市公交集团下属公司维修工作开展混合所有制试点。龙华区国家服务业综合改革试点工作顺利推进，总体实现国家服务业综合改革试点中期目标。成立服务民营经济工作办公室，加大服务民营企业力度。海口被纳入中国宏观经济研究院国情调研基地，研究落实国家重大发展战略，为海口经济发展提供智力支撑。三是对外开放不断加大。加强与“一带一路”沿线国家和地区在医疗健康、旅游、服务贸易、文化教育等领域的交流与合作，“一带一路”沿线结好城市已达19个，分布在16个国家。成功举办北部湾经济合作组织暨城市合作组织会议。琼州

海峡港航一体化积极推进，新海港客运综合枢纽等项目加快推进。“海澄文”一体化发展提速，铺前大桥合龙贯通，海口绕城高速二期、江东大道二期等重要基础设施加快建设。“百日大招商”取得实效，全年累计签约或注册落地企业119家。落实59国人员入境旅游免签，新开澳大利亚悉尼、俄罗斯圣彼得堡、菲律宾马尼拉等境外航线15条，以海口为始发港开通越南、菲律宾邮轮旅游航线，运行50航次。外贸进出口总值341.2亿元，同比增长62.3%；实际利用外资2.5亿美元，同比增长778%。新增外资企业93家，同比增长102%。

（三）投资结构持续调整，消费基础性作用增强

一是持续推进有效投资。面对房地产开发投资持续调整、大企业项目投资放缓等严峻形势，市政府积极应对，加大关键领域和薄弱环节投资建设，海南自由贸易试验区建设项目“11·28”“12·28”集中开工活动的主会场均设在海口，海南国际会展中心（二期）、海口城际公交化铁路等38个项目开工建设，总投资418亿元、占全省的30%。全力推动城市更新、“五网”基础设施、民生事业和生产性项目投资。城市更新项目扎实推进，完成三角池片区综合整治，琼台福地和鼓楼保护修缮、万绿园景观功能提升有序推进，实施重要门户和主干道路“五化”提升，立体绿化人行天桥11座，完成311栋楼体、33.8千米市政道路绿化带亮化，城市品质不断提升。完成基础设施投资389亿元，占全市投资比重30%，美兰国际机场二期扩建工程、海口市南渡江引水工程、文明东越江通道等项目加快推进。民生项目建设稳步推进，海口市民游客中心、省儿童医院（一期）、人大附中海口实验学校（小学部）等项目建成使用，棚户区改造5863套、超额完成130.3%。重大项目发展态势良好，长影环球100、海秀快速路二期等项目有序推进，省重点项目完成投资173亿元，完成率114%，位居全省第一。第二产业投资同比增长72.2%，康宁光纤预制棒车间技术改造扩建、立昇膜分离设备研发制造及应用产业化基地、华夏易能光伏电池生产线改造等项目加快推进。二是消费规模进一步扩大。市场主体快速增长，新增市场主体6.18万户、增长20%，主要集中在商务服务业、信息技术服务业、批发业、零售业等领域。消费更加注重提高生活品质，家具、烟酒、中西药品、化妆品等消费分别增长30.1%、26.3%、16.5%、12.2%。电子商务快速增长，全年实现网络交易额1355.9亿元，同比增长22.3%。

（四）产业转型升级步伐加快，新兴产业势头发展良好

一是农业稳步推进。第一产业完成增加值64亿元，增长4.5%。贯彻落实乡村振兴战略，稳步推进10个特色产业小镇和41个星级美丽乡村建设。农业产业转型升级加快，调减调优甘蔗、老龄橡胶等低效作物8000亩，新增荔枝、莲雾等特色农产品8000亩，新成立农民专业合作社116个。城乡融合加快发展，全市休闲农庄接待游客150万人次，营业收入5.5亿元，带动周边农副产品销售收入4.2亿元，周边农民户均年增收1.35万元。海口火山荔枝、石山黑豆等品牌农业发展加快，其中海口火山荔枝销量和金额分别增长39.5%、64.8%。二是工业加快转型。医药制造业高速增长，累计完成规模以上工业总产值229.1亿元，同比增长16%。企业自主创新能力提升，高新技术企业总数达到270家，市级及以上重点实验室达到72家。全市专利申请量、专利授权量分别增长33.4%、54%，占全省比重分别为66%、67.9%，每万人专利发明拥有量达到8.5件。服务企业力度加大，全年工业扶持资金2.3亿元，支持鼓励企业在研发、人才、出口等方面加大投入。通过“一企一策”政策支持，促进龙头企业加快发展，支持金盘科技股改重组做大海口总部，扶持海灵等优势产业扩能增产、提质增效。三是服务业发展水平持续提升。旅游业持续发展，2018年接待过夜游客和旅游总收入分别增长11.1%、12.1%，观澜湖狂野水世界、长影环球100奇幻乐园等相继运营。互联网产业快速增长，互联网相关营业收入实现235亿元，同比增长14.5%。全市固定宽带和移动通信用户累计470万户，新增光改提速用户7.6万户，城区光纤宽带网络基本实现全覆盖，行政村光纤宽带网络及4G信号覆盖率均达到100%，宽带速率达到26.3Mbit/s（兆比特每秒），排名全国主要城市第七名。电网改造成效明显，全年全市户均停电时间由2017年的14.9小时降到8.1小时；主城区户均停电时间由2017年的8.5小时降到3小时。文化体育产业加快发展，五源河文体中心建成运营，全市影视票房和观影人数分别增长9.8%、16.8%，明星演唱会票房收入首次超亿元。会展业保持较快增长，全年举办上规模会议和展览活动共315场，会展业综合收入122亿元，分别增长17%和18.4%。现代物流业持续发展，海口成功获批国家物流枢纽布局承载城市，加快临空产业园、云龙产业园的规划布局。金融业稳步发展，浦发银行海南离岸金融创新中心成立，渤海银行海口分行试运营，国投融资等4家融资租赁公司开业经营，江苏常熟村镇银行落户，凤凰金融、安邦不动产基金等相继签约。

（五）聚焦重点领域，三大攻坚战稳步推进

一是稳步做好防范化解重大风险。加大金融风险防范化解力度，加强金融风险防控宣传，查处6起非法集资案件。制定政府性债务化解和政府隐性债务化解等规划方案，积极化解存量债务，进一步降低政府隐性债务规模。加强PPP项目规范管理。二是全力打好精准脱贫攻坚战。针对全市近60万农村常住人口开展精准识别、精准退出大排查。结合乡村振兴战略，强化产业就业扶贫。创新扶贫机制，全面落实“三保障”扶贫政策。加大脱贫攻坚力度，全市贫困人口由2014年的4482户18994人减少

到2018年的345户849人，22个贫困村全部达标出列，贫困发生率由3.15%降至0.12%，荣获全省打赢脱贫攻坚战大比武特等奖。三是继续打好污染防治攻坚战。坚决落实中央环保督察和国家海洋督察问题整改，全年查处环境违法案件433宗。大气污染防治加快推进，2018年环境空气质量优良率98.6%。水污染防治有序推进，启动117个自然村生活污水治理设施建设，城市集中式饮用水水源地保护完成整治100%，完成全市入海排污口排查工作，建成儒房、后黎村、演州河3个国家地表水自动站，完成污染源普查清查、入户调查阶段工作。土壤污染防治扎实推进，重点排查整治涉镉等重金属行业企业和涉及危险废物产生、经营单位。完成全市农产品点位调查531家。

（六）民生事业进一步发展，群众幸福感不断提升

一是社会福利事业有序发展，启动海口市社会福利院整体升级改造工程。养老服务快速发展，投入居家养老服务经费1080万元，推进社区长者饭堂助餐服务试点工作，着力提升养老服务质量水平。二是社会救助体系建设扎实有效。进一步推进城乡低保工作，全市有低保对象7527户16374人，累计发放城乡低保金7673.2万元。积极开展临时救助，未成年人得到有效保护。三是教育事业稳步发展，全年教育投入36.5亿元。美丽沙学校、寰岛中学等学校完工招生，新增学前教育和义务教育学位9970个。中小学生游泳教育加快普及，新建中小学游泳池21个，参加游泳培训学生通过游泳达标测试比例高达70.5%。四是医疗卫生事业持续发展，全年医疗卫生投入19.9亿元。大力引进上海等国内优质医疗资源，全市医疗卫生服务能力快速提升，公立医院全面取消药品加成、先诊疗后付费、以及公共卫生服务逐步均等化、优生优育和便民利民“智慧医疗”服务深入实施，百姓就医获得感不断增强。五是保价稳供工作有序推进。加大市场价格监管力度，加强价格预测预警。进一步完善“菜篮子”市场建设、质量安全、应急保障体系，新增“平价菜”直营摊位56个，覆盖所有农贸市场，有效平抑市场菜价。六是就业形势持续稳定，城镇新增就业人数33629人，城镇登记失业率1.34%。七是城乡居民养老保险稳步推进。城乡居民养老保险参保率达98.81%，建档立卡贫困人员全部参加保险。八是全市安全生产形势持续稳定，事故四项指标呈全面下降态势，全市未发生较大及以上事故，其中事故起数、死亡人数、受伤人数、直接经济损失各减少4起、10人、1人、5.6万元。

在宏观经济下行压力加大的形势下，全市经济保持7.6%增长，成绩来之不易，但同时也要看到，传统领域在调整中持续低迷，新兴产业有待进一步增强，部分企业经营长期积累的风险隐患有所暴露，民营企业发展面临的困难和问题较多，与海南自由贸易试验区和中国特色自由贸易港相适应的体制机制尚未建立健全，城乡融合发展步伐有待加快，基本公共服务均等化水平相对较低等等。这些问题需要我们在以后工作中加以重视并解决。

二、2019年预期目标和建议

2019年是中华人民共和国成立70周年，是全面建成小康社会的关键一年，也是全岛自由贸易试验区和中国特色自由贸易港各项政策和制度的全面落实之年。从国际看，世界正处于大发展大变革大调整时期，世界经济复苏依然存在不确定性，美国经济增速预计放缓，欧元区、英国和日本经济复苏势头有所放缓，新兴经济体金融风险进一步加剧，经济结构性问题尚未有效解决，宏观政策分化、国际竞争性减税、逆全球化和贸易保护主义等引发的不稳定不确定性增加。从国内看，我国经济正处在转变发展方式、优化经济结构、转换增长动力的攻关期，发展不平衡不充分问题依然突出。经济运行稳中有变，下行压力仍然存在，部分企业经营困难较多，长期积累的风险隐患有所暴露。但也要看到我国经济体量大、市场大、韧性强等基本态势没有变，国家坚持市场化方向、坚持改革开放的基本政策取向没有变，做好稳就业、稳金融、稳外贸、稳外资、稳投资、稳预期的工作意愿没有变，可以预期，2019年我国宏观经济政策的前瞻性、灵活性将进一步提高，协调性、有效性将进一步增强，改革的深度广度将会进一步拓展，对外开放的步伐只会加快不会放缓，支撑经济迈向高质量发展的有利条件不断积累增多。从全省看，随着我省自由贸易试验区和中国特色自由贸易港建设持续推进，全面深化改革开放的政策和制度体系将进一步完善，投资、消费、外贸有效需求将持续扩大，重点领域改革和全面扩大开放将不断释放红利、激发潜力，“百日大招商”、总部经济、优化营商环境、人才引进等举措将有力促进市场主体提质扩容，提升科技创新能力，经济持续健康发展的基础不断夯实。但也要看到，以壮士断腕的决心减少经济对房地产业的依赖，着力调整优化产业结构和投资结构，实现动能转换是一个长期的过程，不断提高的生态环境保护标准对转变发展方式提出了更高要求。

根据中央、省相关工作部署要求，结合我市面临的挑战和机遇，建议2019年全市经济社会发展主要预期目标如下：

全市生产总值增长7.5%~8%，固定资产投资增长10%左右，社会消费品零售总额增长10%左右，地方一般公共预算收入增长9%左右，城乡常住居民人均可支配收入增长8.5%左右，居民消费价格涨幅控制在3.8%以内，城镇登记失业率控制在3%以内，全面完成省下达的节能减排降碳和安全生产控制目标。

为完成上述目标，建议2019年抓好以下方面工作：

（一）加快对外开放步伐，高标准打造江东新区

按照落实习近平总书记“4·13”重要讲话、中央12号文件、中国（海南）自由贸易试验区总体方案的

任务分解清单，以制度创新为核心，加快完成江东新区总体规划纲要、产业发展等规划，启动起步区、临空产业园等重点区域建设。一是探索实行高水平的贸易和投资自由化便利化政策。综保区的进出货物试行“一线放开、二线高效管住”的进出境管理制度，稳步推进具有海南特色的新版国际贸易“单一窗口”。探索在海口海关特殊监管区域设立大宗商品期货报税交割库、争取2019年开展20号胶交割业务。加快海口跨境电商综合试验区建设，开展“跨境电商+实体新零售”模式，支持跨境电商企业建设覆盖重点国别、重点市场的海外仓。二是进一步加快资金和人员进出便利。对外资全面实行准入前国民待遇加负面清单管理制度，缩短外资准入的负面清单目录，加快现代农业、高新技术产业、现代服务业对外开放，保护外商投资合法权益。在有效监管的前提下高起点推进金融开放。强化对系统性金融风险的识别和防范，做好自由贸易账户的运用，确保全市外向型企业100%开户，进一步释放自由贸易账户创新活力和服务外向型经济的能力，推动重大项目建设和服务外向型企业落地。探索建立人员出入境自由便利制度，提高境外人才入境、居留和就业创业的便利性。三是深度融入“一带一路”建设和区域合作。积极落实海南参与“一带一路”行动计划，深化与“一带一路”沿线国家在基础设施互联互通、国际旅游、经贸、科技、人文等方面的交流合作。加强中欧区域经济合作，深化与欧盟城市的交流，深入对接城镇发展、智慧城市、文化旅游、体育赛事、医疗养老等领域项目，争取项目取得实质性进展。推进泛珠三角区域合作，积极融入粤港澳大湾区、北部湾城市群建设，不断拓宽与台湾合作领域的深度和广度，加强琼州海峡经济带建设。加快“海澄文”一体化综合经济圈建设，推动产业发展优势互补、基础设施互联互通、公共服务深度共享、生态环保联防联控。

（二）全面深化改革，不断优化发展环境

一是继续深入“放管服”改革，加快推进综合行政审批，探索实施“全城通办”。推动12345提质增效，进一步提升政府服务效能。二是重点推动自贸区（港）体制机制改革。布局建设若干国家级重大科研基础设施，探索开展重大新药创制国家科技重大专项成果转移转化试点。创新“候鸟型”人才引进和使用机制，力争全省率先开展国际人才管理改革试点。强化知识产权保护，探索建设知识产权融资体系，推动海南省（海口市）知识产权综合服务平台顺利运营。探索建立知识产权交易中心，建立并完善知识产权证券交易体系。三是进一步推动其他领域改革。继续推进市区党政机构改革和事业单位分类改革。落实新一轮市、区财政体制改革。深化公立医院综合改革。加快混合所有制、公司法人治理结构等重点领域和关键环节的改革，推动改革试点和混改工作落地。优化民营企业发展环境，推动民营企业信贷业务提速，保护民营企业合法权益，进一步发挥服务民营经济工作办公室作用，建立健全民营企业服务机制。完善信用监管体系，推进信用信息共享开放。

（三）持续扩大有效投资，加快投资结构调整步伐

一是加强项目谋划。围绕自贸区（港）建设、惠民生补短板、“海澄文”一体化等三大方面，以江东新区、新海港片区、西海岸南片区、海口湾片区为重点区域，加快谋划南渡江越江通道、江东CBD基础设施等一批引领性的重大项目。加大项目前期资金投入，提前介入重大基础设施、城市家当等项目谋划。深入研究国家、省支持重点领域和产业的发展改革有关政策，做好社会资本投资的相关引导，释放社会投资活力。二是进一步压实责任，把目标落实到各区各部门，继续强化“六个一”责任模式，加大督查考核力度和结果运用，确保项目工作落实到位，达到预期目标。三是加快项目建设。做好“3·18”“5·18”“7·18”“9·18”“11·18”等项目集中开工活动。加快实施江东新区先导工程、重点片区提升工程、招商引资龙头工程、人才筑巢引凤工程、营商环境优化工程、基础设施改善工程等“六大工程”，重点推进城市更新、基础设施、城乡公共服务、十二个重点产业、民生事业等项目建设。城市更新方面，重点推进江东新区市政绿化、骑楼老街修缮保护、海瑞文化公园等项目建设。“五网”基础设施方面，重点推进美兰国际机场二期扩建工程、海甸岛出岛通道等基础设施项目建设。城市公共服务方面，加快推进五源河文体中心（二期）—体育馆、海南科技馆、市图书馆等项目建设。重点产业方面，推进临空产业园、未来产业园等项目建设。生态文明方面，推进农村生活污水治理、乡村垃圾处理体系、五源河国家湿地公园（二期）等项目建设。民生事业方面，推进江东国际教育(哈罗公学)、上海市第六人民医院海口骨科和糖尿病医院二期改造等项目建设。

（四）不断激发消费市场活力，促进经济持续健康发展

一是进一步放宽服务消费领域市场准入，加快对接海南建设国际旅游消费中心政策落地，争取重大文化影视旅游品牌活动及顶级体育赛事落户海口，积极引进外资演出经纪机构1~2家，探索外商投资入股影视公司和国际影视器材交易博览会等文体类国际性展会等。二是进一步促进实物消费结构升级，支持专业化、机构化住房租赁企业发展，多渠道解决群众住房问题。促进汽车消费优化升级，落实好汽车“摇号”政策，支持新能源汽车消费，加快充电基础设施规划建设。扩大和升级信息消费，培育形成一批拥有较强实力的数字创新企业。推动传统商贸创新发展，推进具有国际影响力的大型消费商圈建设。进一步增强离岛免税政策对消费促进作用，加快推进中免海旅等项目建设。三是加快推进重点领域产品和服务标准建设，尽快建立高标准消费产品和服务标准，建立健全消费领域信

用体系，健全消费守信激励和失信惩戒机制，加强重要产品质量追溯体系建设，以12345服务热线等为抓手进一步推进消费者维权机制改革。

（五）增强产业发展新动力，构建现代产业体系

一是推动现代服务业融合发展。推进医养结合，大力发展生物制药、医疗器械等产业，形成独具特色的“健康海口”品牌。提升旅游业发展质量，推进全域旅游发展，推动旅游城市向城市旅游转变，推出一批精品旅游项目，力争2019年接待游客总人数和旅游总收入分别增长10%以上。积极引进国内外航空运输企业设立区域总部， 2019年争取新开国际航线7条。开辟跨国多站式邮轮航线，推动邮轮旅游发展。大力发展文化体育产业，加快音乐厅等城市家具建设。推动会展业发展，加快海南国际会展中心（二期）建设，办好国际商品博览会等大型国际展览会。积极发展物流产业，加快物流园区建设，开展供应链创新试点，有效集聚跨境电商、冷链物流等新型业态，打造联通国际国内的全球性商贸物流节点。加快金融业发展，支持建设绿色金融集聚区，探索建设以天然橡胶为主的国际热带农产品交易中心、拍卖中心、定价中心和价格指数发布中心。推进互联网产业发展，加快5G规模组网试点和IPv6（互联网通信协定第6版）规模部署行动，提高信息基础设施网络化、智能化水平，争取2019年互联网相关营业收入增长17%以上。二是推动制造业高质量发展。重点培育新能源汽车、生物医药、新材料、电子信息等高新技术产业。加大医药产业政策扶持力度，进一步支持医药企业新药创制和仿制药研发，力争2019年医药工业总产值增长10%以上。引导全社会加大科研投入，争取研究与试验发展经费（R&D）投入强度达到1.5%以上。实施高新技术企业“培育工程”“引入工程”，加强高新技术产品项目认定工作，力争2019年我市新增科技创新平台3家以上，高新技术企业总数达到300家以上。三是深入推进农业供给侧结构性改革。开展乡村振兴战略行动，积极推进农业现代化进程，推进热带特色农产品产业化和规模化。加强农业品牌创建，创建农业绿色发展试点市，抓好农村集体产权制度改革工作。四是优化重点产业园区功能。统筹推进高新区、综保区、观澜湖旅游度假区等重点园区建设，探索园区建设和运营新模式。稳步推进跨境电商综合试验区和整车口岸平行试点工作。对标国际营商规则，深入探索推进“极简审批”。

（六）坚决打好三大攻坚战，筑牢高质量发展底线

一是积极防范化解重大风险。坚持结构性去杠杆的方向和思路，进一步增加金融机构主体来提升金融体系全面服务实体经济的能力。进一步降低政府债务率，规范PPP项目管理，充分发挥财政对金融风险的调节作用，严格控制地方债务。二是打好精准脱贫攻坚战。推进开发式扶贫，抓好产业就业扶贫。扎实推进保障性扶贫，做实“三保障”工作。全面抓好中央、省巡察反馈问题整改，保质保量完成各项脱贫攻坚工作，确保2019年345户849人农村贫困人口脱贫。三是打好污染防治攻坚战。继续推进中央环保督察整改落实，确保中央环保督察反馈问题整改落实到位。大力实施大气污染防治专项治理，确保2019年环境空气质量优良天数98%以上，城市细颗料物（PM2.5）浓度保持不增加，森林覆盖率38%以上。实施水环境综合整治，开展乡镇级及以下饮用水源地保护区划与整治工作，加快推进农业生活污水治理，开展入海排污口整治。加快实施土壤环境综合治理，加强土壤污染综合防治。全面推进林区生态修复和湿地保护，加强湿地保护与修复。

（七）持续改善民生，增进人民福祉

一是加快发展教育事业。扎实推进“一校两园”（市教育局和四个区分别建设一所公办中小学和2所公办幼儿园）工程，加快棚改配建学校和第二轮学校改扩建工程，继续鼓励和支持社会力量以多种形式办学，争取新建公办幼儿园、公办中小学校各10所，新增学位2.52万个。积极引进国际学校以及国内外优质教育资源。二是不断提升医疗卫生保障水平。重新规划海口主城区社区卫生服务体系和医疗规划设置，提升基层服务能力，全面完成基层医疗卫生机构标准化建设。推进分级诊疗，整合区域医疗资源，完善区域医联体建设，加快补齐区域医联体发展短板。引进国内外优质医疗资源，持续推进健康产业快速发展。三是进一步增强社会保障体系。城镇居民养老保险参保率95%以上，积极推进新业态新经济从业人员工伤保险试点。积极引导社会资本参与养老服务，继续抓好居家和社区养老服务改革试点工作，推进居家养老服务继续向农村地区延伸，扩大社区长者饭堂助餐服务试点范围。筑牢社会救助兜底保障底线，做到动态管理、应保尽保。四是持续稳定扩大就业。坚持实施就业优先战略和更加积极的就业政策，加强职业技能培训，提高就业补助资金使用效益，力争全年城镇新增就业33000人以上，城镇登记失业率控制在3%以下。五是继续做好物价稳定工作。保持农产品价格稳定，进一步加强价格预测预警，加大市场价格监管和巡查力度，抓好“菜篮子”保供稳价，增强基本蔬菜品种价格区间调控。六是继续做好社会文明大行动（巩文、巩卫）工作。重点抓好生态环境六大专项整治，提高城市精细化管理，优化发展环境，提升城市形象。七是继续稳定安全生产形势，为海南自由贸易试验区和中国特色自由贸易港建设创造更加安全良好的营商环境。

同志们！今年全市经济社会发展的目标任务已经明确，我们将在市委的坚强领导和人大、政协的监督支持下，敢闯敢试，勇于创新，为海南自由贸易试验区和中国特色自由贸易港建设扛起省会城市担当，全力推动全市经济社会持续健康发展，以优异成绩庆祝中华人民共和国成立70周年！

## 2019年海口市国民经济和社会发展计划表（草案）

| 类别 | 指标名称 | | 单位 | 2018年实施情况 | | | | | 2019年 | | 属性 | 牵头单位 |
|---|---|---|---|---|---|---|---|---|---|---|---|---|
| | | | | 预期目标 | | 实际完成 | | 目标实现情况 | 预期目标 | | | |
| | | | | 绝对额 | 增速 | 绝对额 | 增速 | | 绝对额 | 增速 | | |
| 经济发展 | （1）全市生产总值 | | 亿元 | 1510 | 7.2%左右 | 1511 | 7.6% | 完成 | 7.5–8% | | 预期性 | 市发展改革委 |
| | （2）人均地区生产总值 | | 元 | 6%左右 | | 65277 | 6% | 完成 | 6%左右 | | 预期性 | 市发展改革委 |
| | （3）地方一般公共预算收入 | | 亿元 | 164 | 10%左右 | 169.9 | 13.9% | 完成 | 9% | | 预期性 | 市财政局 |
| | （4）固定资产投资 | | 亿元 | 1540 | 10%左右 | 1313 | –6.2% | 未完成 | 10% | | 预期性 | 市发展改革委 |
| | （5）社会消费品零售总额 | | 亿元 | 798 | 10%左右 | 757.6 | 5.9% | 未完成 | 10% | | 预期性 | 市商务局 |
| | （6）城镇化水平 | 常住人口城镇化率 | % | 79% | | 79% | | 完成 | 79%左右 | | 预期性 | 市公安局 |
| | | 户籍人口城镇化率 | % | 58.8% | | 61.1% | | 完成 | 62% | | 约束性 | 市公安局 |
| | （7）服务业增加值占地区生产总值比重 | | % | 77.3% | | 77.5% | | 完成 | 77% | | 预期性 | 市商务局 |
| | （8）接待游客总人数 | | 万人次 | 2670 | 10% | 2670.9 | 10% | 完成 | 10%以上 | | 预期性 | 市旅发委 |
| | （9）旅游总收入 | | 亿元 | 298 | 12%左右 | 298.1 | 12.1% | 完成 | 10%以上 | | 预期性 | 市旅发委 |
| 创新发展 | （10）研究与试验发展经费投入强度 | | % | 1.5% | | 1.5% | | 完成 | 1.5%以上 | | 预期性 | 市科工信局 |
| | （11）每万人发明专利拥有量 | | 件 | 7 | | 8.5 | | 完成 | 8 | | 预期性 | 市科工信局（市知识产权局） |
| | （12）互联网普及率 | 固定互联网宽带接入用户数 | 万户 | 89 | | 100 | | 完成 | 110 | | 预期性 | 市科工信局 |
| | | 移动互联网用户数 | 万户 | 395 | | 371.7 | | 未完成 | 380 | | 预期性 | 市科工信局 |
| 民生福祉 | （13）城乡常住居民人均可支配收入 | | 元 | 30997 | 8%左右 | 31205 | 8.7% | 完成 | 8.5% | | 预期性 | 市人社局、市农业局 |
| | 其中：城镇常住居民人均可支配收入 | | 元 | 35986 | 8%左右 | 36137 | 8.5% | 完成 | 8.5% | | 预期性 | 市人社局 |
| | 农村常住居民人均可支配收入 | | 元 | 14864 | 8%以上 | 14886 | 8.2% | 完成 | 8.5% | | 预期性 | 市农业局 |
| | （14）城镇新增就业人数 | | 万人 | 3.3 | | 3.36 | | 完成 | 3.3以上 | | 预期性 | 市人社局 |
| | （15）农村贫困人口脱贫 | | 人 | 150 | | 160 | | 完成 | 345户849人 | | 约束性 | 市扶贫办 |
| | （16）劳动年龄人口平均受教育年限 | | 年 | 11.6 | | 11.6 | | 完成 | 11.8 | | 约束性 | 市教育局 |
| | （17）城乡居民基本养老保险参保率 | | % | 95%以上 | | 98.81% | | 完成 | 95% | | 约束性 | 市人社局 |

续表

| 类别 | 指标名称 | | 单位 | 2018年实施情况 | | | | | 2019年 | | 属性 | 牵头单位 |
|---|---|---|---|---|---|---|---|---|---|---|---|---|
| | | | | 预期目标 | | 实际完成 | | 目标实现情况 | 预期目标 | | | |
| | | | | 绝对额 | 增速 | 绝对额 | 增速 | | 绝对额 | 增速 | | |
| 民生福祉 | (18) 城镇棚户区住房改造 | | 套（户） | 4500 | | 5863 | | 完成 | 800 | | 约束性 | 市房屋征收局（市重点委） |
| | (19) 人均预期寿命 | | 岁 | 78.5 | | 78.67 | | 完成 | 78.84 | | 预期性 | 市卫计委 |
| | (20) 生产安全事故控制指标 | 事故起数 | 起 | 控制 77 起以内 | | 53 | | 完成 | 控制在省下达指标以内 | | 预期性 | 市安监局 |
| | | 死亡人数 | 人 | 控制 43 人以内 | | 30 | | 完成 | | | 预期性 | 市安监局 |
| | | 受伤人数 | 人 | 控制 40 人以内 | | 13 | | 完成 | | | 预期性 | 市安监局 |
| | | 直接经济损失 | 万元 | 控制在 1800 万元以内 | | 1020.7 | | 完成 | | | 预期性 | 市安监局 |
| 生态文明 | (21) 新增建设用地规模 | | 万亩 | 0.242 | | 0.3128 | | 完成 | 0.3 | | 预期性 | 市国土局 |
| | (22) 单位地区生产总值用水量下降 | | % | 14.3% | | 14.5% | | 完成 | 19% | | 约束性 | 市水务局 |
| | (23) 单位地区生产总值能耗降低 | | | 2% | | 2018 年数据省尚未考核 | | – | 完成省下达目标 | | 约束性 | 市科工信局 |
| | (24) 非化石能源占一次能源消费比重 | | | 完成省下达目标 | | 6.6% | | 完成 | 8% | | 约束性 | 市能源办 |
| | (25) 单位地区生产总值二氧化碳排放量降低 | | | 2.97% | | 2018 年数据省尚未考核 | | – | 完成省下达目标 | | 约束性 | 市发展改革委 |
| | (26) 耕地保有量 | | 万亩 | 102.05 | | 102.11 | | 完成 | 102.05 | | 约束性 | 市国土局 |
| | (27) 森林增长 | 森林覆盖率 | % | 38.38% | | 38.39% | | 完成 | 38%以上 | | 约束性 | 市林业局 |
| | | 森林蓄积量 | 万立方米 | 280 | | 282 | | 完成 | 280 以上 | | 约束性 | 市林业局 |
| 生态文明 | (28) 空气质量 | 城市细颗料物（PM2.5）浓度下降 | % | 保持不增加 | | 10% | | 完成 | 保持不增加 | | 约束性 | 市环保局 |
| | | 空气质量优良天数比例 | % | 98% | | 98.6% | | 完成 | 98%以上 | | 约束性 | 市环保局 |
| | (29) 地表水质量 | 达到或好于Ⅲ类水体比例 | % | 100% | | 100% | | 完成 | 100% | | 约束性 | 市环保局 |
| | | 劣 V 类水体比例 | | 0 | | 国控、省控地表水断面水质优良率为 100%，劣 V 类水体比例为 0 | | | 0 | | 约束性 | 市环保局、市水务局 |
| | (30) 主要污染物排放总量减少 | 化学需氧量排放量 | 吨 | 以省核定和下达为准 | | 省里未下达年度总量减排指标，目前减排工作主要为老旧车淘汰治理工作 | | | 完成省下达目标 | | 约束性 | 市环保局 |
| | | 氨氮排放量 | | 以省核定和下达为准 | | | | | | | 约束性 | 市环保局 |
| | | 二氧化硫排放量 | | 以省核定和下达为准 | | | | | | | 约束性 | 市环保局 |
| | | 氮氧化物排放量 | | 以省核定和下达为准 | | | | | | | 约束性 | 市环保局 |
| 生态文明 | (31) 城市生活垃圾无害化处理率 | | % | 100% | | 100% | | 完成 | 100% | | 预期性 | 市环卫局 |
| | (32) 城镇污水集中处理率 | | % | 95.2% | | 95.2% | | 完成 | 95.3% | | 预期性 | 市水务局 |
| | (33) 农村生活垃圾收集转运率 | | % | 95% | | 95% | | 完成 | 95% | | 预期性 | 市环卫局 |

注：1. 全市生产总值的绝对值未考虑价格因素
2. 接待游客总人数绝对值按统计口径调整
3. 地表水质量指国控、省控地表水断面质量
4. “–”表示无该项数据

# 2018年海口市环境状况公报

海口市生态环境局
2019年6月5日

## 综　述

2018年，海口市生态环境保护工作紧紧围绕市委、市政府的中心工作，牢固树立“绿水青山就是金山银山”的发展理念，以改善环境质量为核心，切实改进作风，认真履行职责，生态环境保护工作取得较好成效。全市环境空气质量稳中有升，在全国169个城市中排名第一；城市集中式饮用水源地水质、国控断面水质总体良好，为建设国家生态文明试验区、自贸区（港）提供坚实的环境支撑。

## 一、环境空气质量

### （一）城市环境空气质量

2018年，全市环境空气质量保持优良水平。有效监测天数为363天，其中，环境空气质量指数（AQI）一级优天数为275天，二级良天数为79天，超二级天数为9天，环境空气质量优良率（AQI≤100的天数）为97.5%。全市二氧化硫（$SO_2$）、二氧化氮（$NO_2$）、可吸入颗粒物（PM10）和细颗粒物（PM2.5）平均浓度分别为5μg/m³、14μg/m³、35μg/m³和18μg/m³。一氧化碳（CO）24小时平均第95百分位数是0.8mg/ m³，臭氧（$O_3$）日最大8小时平均第90百分位数是116μg/m³。在生态环境部公布的实施新空气质量标准的京津冀、长三角、汾渭平原、成渝地区、长江中游、珠三角等重点区域及省会城市和计划单列市等169个城市中，海口市空气质量名列第一。

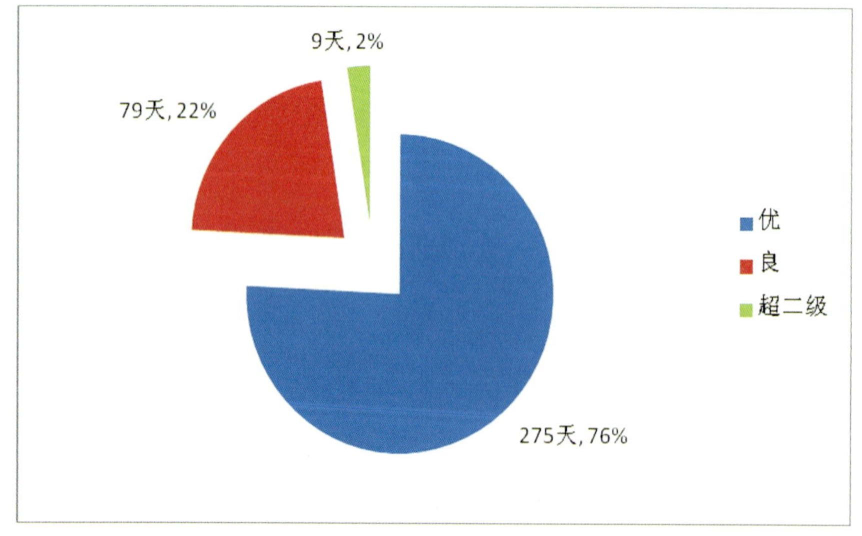


2018年海口市空气质量级别分布示意图

### （二）降水环境质量

2018年，海口市全年共采集降雨样品257个，全年降水pH范围在3.90～7.85之间，降水pH年均值为5.37，酸雨率为35.8%。与2017年比较，2018年酸性降水出现频率下降了4.2个百分点，降水pH年均值较2017年上升了0.34。

### （三）降尘

2018年，海口市降尘年均值为2.9吨/（平方千米·月），清洁对照点年均值为1.9吨/（平方千米·月），各月均未出现超标情况。全市降尘年均值小于推荐的评价标准〔国家推荐降尘评价标准为：清洁对照点监测值加上3吨/（平方千米·月）即4.9吨/（平方千米·月）〕，与2017年相比较，降尘年均值下降了0.5，降尘量有所减少。

### （四）主要旅游景区空气负离子浓度

2018年，雷琼海口火山群世界地质公园空气质量优良，空气负离子年均浓度为1477个/立方厘米，符合世界卫生组织规定的清新空气1000~1500个/立方厘米的标准，对人体健康有利。

## 二、水环境质量

2018年海口市水环境质量状况总体良好。城市集中式生活饮用水水源地和国控断面水质达标率均为100%，省控断面水质达标率为87.5%，近岸海域水质达标率为100%，典型乡镇和农村集中式饮用水源地水质和去年持平，城镇内河（湖）通过整治水质大幅度提高。

### （一）集中式生活饮用水水源地

1. 城市集中式生活饮用水水源地

城市集中式生活饮用水水源地分为地表水集中式生活饮用水水源地和地下水集中式生活饮用水水源地，监测点位分别为龙塘水厂、永庄水库和秀英水厂。2018年，龙塘水厂、永庄水库109项地表水源水质指标和秀英水厂39项地下水源水质指标分别达到《地表水环境质量标准》（GB 3838—2002）Ⅲ类标准和《地下水质量标准》（GB/T 14848—93）Ⅲ类标准，达标率为100%，符合国家饮用水水源地水质标准。

2. 典型乡镇和农村集中式饮用水水源地

海口市典型乡镇和农村集中式饮

用水水源地监测点位共19个，其中，地表水型水源地点位5个，地下水型水源地点位14个。2018年，5个地表水型水源地点位水质均达标；14个地下水型水源地中，三江镇和云龙镇2个水源地水质达标，其余12个水源地水质除总大肠菌群外，均达到《地下水质量标准》（GB/T 14848—93）Ⅲ类标准。与2017年相比，水质达标率持平，其中凤潭水库、岭北水库、新坡镇、东昌农场白石溪河、云龙镇、三江镇等6个饮用水源地水质优于2017年。

（二）地表水

1. 国控断面

地表水国控断面共有5个，分别为儒房渡口、后黎村、农垦橡胶所一队、龙塘和演州河。2018年，5个国控断面水质均达到相应的控制目标。其中，儒房渡口、后黎村和农垦橡胶所一队等3个监测断面水质均达到《地表水环境质量标准》（GB3838—2002）Ⅱ类标准；龙塘和演州河水质均达到《地表水环境质量标准》（GB3838—2002）Ⅲ类标准。与2017年相比，5个断面水质持平。

2. 省控断面

海口市共有8个省控断面，分别为儒房渡口、后黎村、农垦橡胶所一队、龙塘、演州河、群益村、巡崖村和福美村，其中儒房渡口、后黎村、农垦橡胶所一队、龙塘和演州河等5个断面既是国控断面又是省控断面，这5个断面的水质已在国控断面部分阐述。其他3个地表水省控断面中，除福美村外均达到相应的控制目标。其中，群益村和巡崖村水质均达到地表水Ⅲ类的控制目标；福美村水质为地表水Ⅲ类，超过地表水Ⅱ类的控制目标。与2017年相比，3个省控断面水质持平。

3. 城镇内河（湖）

全市有30个内河（湖）断面纳入考核，其中省政府要求治理的内河（湖）断面18个，市双创要求治理的内河（湖）断面12个，监测频次为1次/月。2018年底监测结果表明，纳入省考核的30个内河（湖）断面23个达标、4个超标、3个无水，达标率76.7%，与2017年底相比水质有所提高。其中省政府要求治理的18个内河（湖）水质达标率为100%，与2017年底相比水质显著提高，达标水体比2017年12月多5个，达到考核要求。

4. 国家认定的黑臭水体

我市被国家认定的黑臭水体有19个（21处），分别为秀英沟、工业水库、白沙河、鸭尾溪、海甸沟、龙珠湾、龙昆沟、电力沟、大同沟、东西湖、红城湖、美舍河、河口溪、板桥溪、道客沟、东崩潭、滨濂沟、山内溪和响水河，其中美舍河分为A、B、C三段，监测频次为1次/月。2018年12月份，19个水体黑臭全部消除，黑臭消除水体比2017年12月份增加11个，黑臭水体治理效果显著。

（三）近岸海域

2018年，全市14个近岸海域监测点位水质均达到《海水水质标准》（GB3097—1997）规定的相应环境功能区标准或年度水质管理目标，水质达标率100%，与2017年相比，水质达标率有所提升，其中桂林洋、假日海滩、东寨港红树林、荣山寮、南港、海口倾废区等6个点位水质达海水一类，优于2017年。

## 三、声环境质量

2018年海口市功能区昼间平均等效声级基本符合《声环境质量标准》，区域环境昼间噪声总体水平为三级（一般），道路交通昼间强度等级为二级（较好）。

（一）城市功能区声环境

全市1、2、3类声环境功能区昼间平均等效声级符合《声环境质量标准》（GB3096—2008）；4类声环境功能区除第二季度高于国家标准值外，其余季度均符合国家标准。与2017年相比，4类声环境功能区昼间平均等效声级基本保持稳定。

（二）区域环境噪声

全市区域环境噪声昼间平均等效声级为56.1分贝，总体水平为三级（一般），比2017年上升0.1分贝，低于60.0分贝的国家三级标准。

（三）城市道路交通噪声

全市交通噪声昼间平均等效声级为69.1分贝，强度等级为二级（较好），比2017年下降0.1分贝，低于70.0分贝的国家二级标准。

## 四、辐射环境质量

2018年海口市辐射环境质量总体良好，保持正常环境本底水平。各个监测点的γ辐射空气吸收剂量率保持在本底水平；气溶胶中天然放射性核素铍-7、铅-210和钋-210活度浓度和人工放射性核素锶-90、铯-137活度浓度处于本底水平，其余γ放射性核素未检出；饮用水源地水中放射性核素活度浓度、地下水中放射性核素活度浓度、土壤中天然放射性核素铀-238、钍-232、镭-226、钾-40和人工放射性核素铯-137及电磁辐射监测点的射频电场、工频电场和磁感应强度等监测结果与历年相比无明显变化。

# 2018年海口市海洋环境状况公报

海口市生态环境局

2019年8月

## 1 概述

2018年，海洋环境监测机构对我市所辖海域开展了海洋环 境质量、陆源入海排污口及邻近海域、海洋功能区等海洋环境监 测，及时有效完成海洋灾害、损害监测等任务，共布设监测站位121个，获取监测数据5096个。

2018年，海口市近岸海域海水水质保持优良，优良水质（第一、二类海水水质）海域面积比例春季为98.31%，夏季为97.92%。五源河入海口附近海域的水质状况良好；龙昆沟入海排污口的邻 近海域环境质量依然较差，秀英工业排污口、白沙门污水处理厂 深海排污口的邻近海域环境状况总体一般；东寨港海水增养殖区 水质状况一般；海口假日海滩海水浴场适宜和较适宜游泳天数的比例为64.9%，影响游泳适宜度主要原因是水质不佳；全年未监 测到赤潮。

## 2 近岸海域环境质量状况

### 2.1 海水

2018年春季、夏季，对海口市近岸海域开展了海水质量监 测，监测要素包括水温、溶解氧、pH、盐度、化学需氧量、营 养盐、悬浮物、石油类、铜、锌、铅、镉、总铬、汞、砷和叶绿素-a等。

2018年春季，一类海水1海域占海口近岸海域面积的96.91%，二类海水海域占1.40%，三类海水海域占0.42%，四类海水海域占0.81%，劣四类海水海域占0.46%。夏季，一类海水海域占海口近岸海域面积的68.14%，二类海水海域占29.78%，三类海水海域占0.96%，四类海水海域占0.59%，劣四类海水海域占0.54%。优良水质（第一、二类海水水质）海域面积比例春季为98.31%，夏季为97.92%，水质状况与上年基本持平。

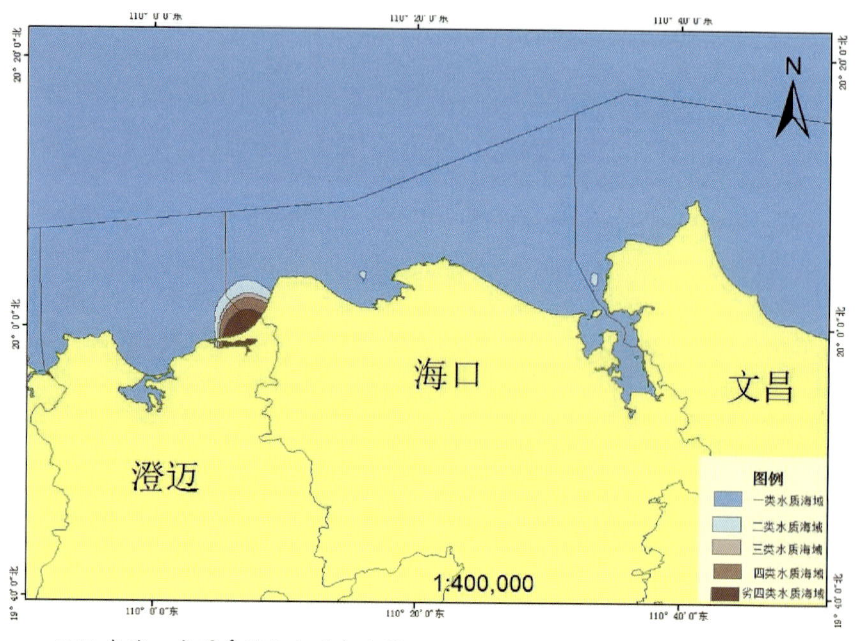


2018年海口市夏季海水水质分布图

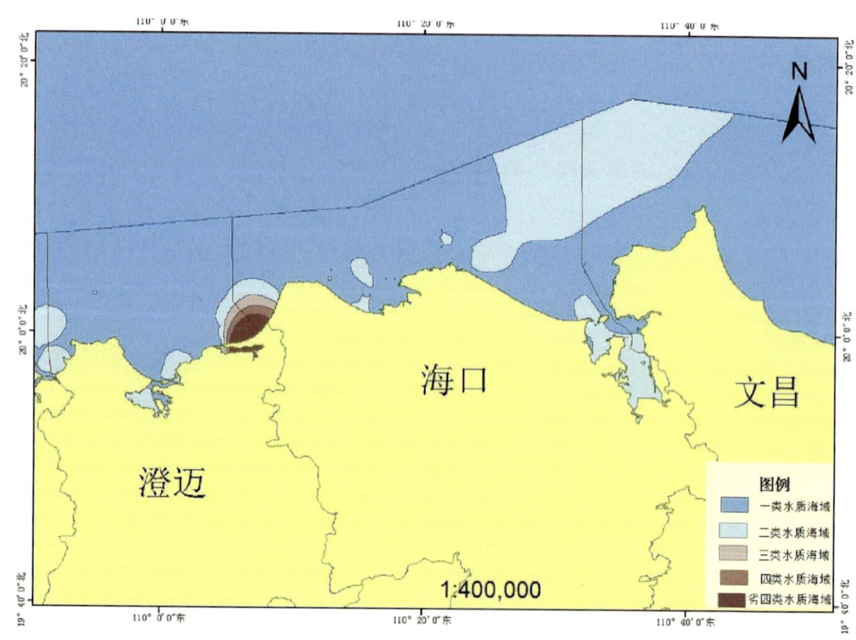


2018年海口市春季海水水质分布图

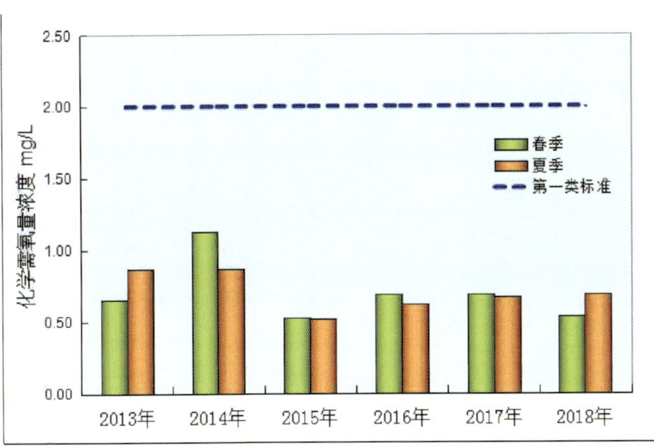


2013—2018 年海口市近岸海域海水化学需氧量浓度变化状况

2013—2018 年海口市近岸海域海水无机氮浓度变化状况

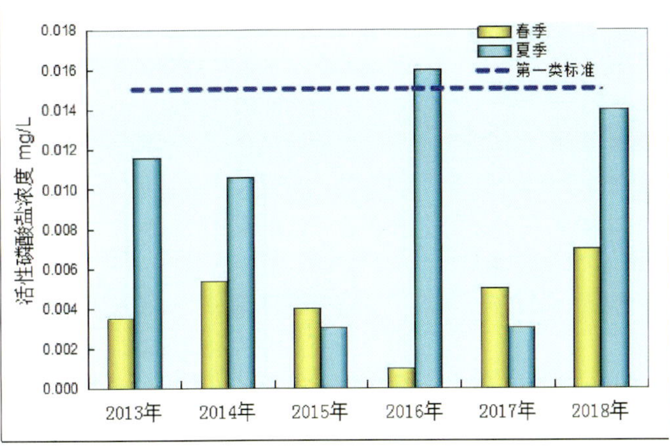


2013—2018 年海口市近岸海域海水活性磷酸盐浓度变化状况

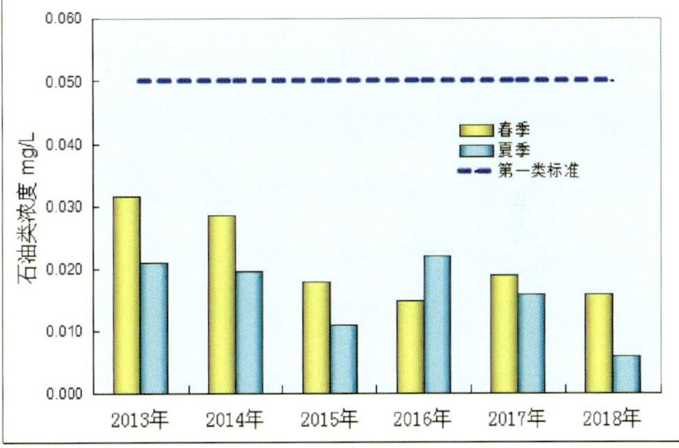


2013—2018 年海口市近岸海域海水石油类浓度变化状况

化学需氧量：2013—2018 年监测海域海水化学需氧量平均含量变化不大，均符合第一类海水水质标准。

无机氮：2013—2018 年监测海域无机氮平均含量总体出现下降的趋势，近 5 年无机氮含量均符合第一类海水水质标准。

活性磷酸盐：2013—2018 年监测海域活性磷酸盐平均含量季节变化较大，但均符合第二类海水水质标准。

石油类：2013—2018 年监测海域石油类平均含量均符合第一类海水水质标准。

### 3 主要海洋功能区环境状况

#### 3.1 海水增养殖区

2018 年，对海口东寨港海水增养殖区开展了水质、沉积物质量和生物质量综合监测。

水质状况实施监测的海口东寨港海水增养殖区水质状况一般，影响水质的主要指标是化学需氧量、活性磷酸盐与粪大肠菌群等。监测时段内，个别站位化学需氧量、粪大肠菌群、活性磷酸盐含量超过第二类海水水质标准。

沉积物质量状况　海口东寨港海水增养殖区沉积物质量绝大部分的监测指标符合第一类海洋沉积物质量标准。

生物质量状况　海口东寨港海水增养殖区部分生物体内的石油烃、铅、粪大肠菌群测值超过第一类海洋生物质量标准。

贝毒状况　海口东寨港海水增养殖区的贝类中未检出麻痹性贝毒（PSP）和腹泻性性贝毒（DSP）。

#### 3.2 海水浴场

2018 年，在游泳季节对海口市假日海滩海水浴场开展每日环境状况监测，并及时发布浴场水质状况、游泳健康指数、游泳适宜度和最佳游泳时段等信息，有力地促进了海口市滨海旅游业的发展。

2018 年监测时段，水质状况为优良和差的天数比例分别为 71.7%和 28.3%，游泳健康指数为 69.2，健康指数为优、良和差 的天数比例分别为 30.9%、42.4%和 26.7%。适宜和较适宜游泳 天数的比例为 64.9%，不适宜游泳天数的比例为 35.1%。水

**海口假日海滩海水浴场综合环境等级**

| 浴场名称 | 健康指数 | 适宜、较适宜 游泳时间（%） | 不适宜游泳的主要因素 |
|---|---|---|---|
| 海口假日海滩 | 69.2 | 64.9 | 水质不佳 |

海口假日海滩海水浴场

质不佳是影响海水浴场游泳适宜度的主要原因。

3.3 工程用海区

2018 年，对美丽沙项目、美源贵族游艇码头、金沙湾项目、新埠岛北岸、如意岛项目、南海明珠项目、千禧酒店项目、新海滚装码头项目等 8 个涉海工程的邻近海域开展海洋环境监测。监测要素包括水温、pH、盐度、溶解氧、化学需氧量、无机氮、活性磷酸盐、悬浮物、叶绿素 -a。

3.3.1 美丽沙项目

监测结果显示，监测的大多数要素符合第二类海水水质标准，局部海域水质不能满足第二类海水水质标准，超标因子为化学需氧量，不能满足所在海洋功能区的水环境保护要求。

3.3.2 美源贵族游艇码头

监测结果显示，各项监测要素均符合或优于第二类海水水质标准，满足旅游休闲娱乐区的水环境保护要求。

3.3.3 金沙湾项目

监测结果显示，各项监测要素均符合第一类海水水质标准，满足旅游休闲娱乐区的水环境保护要求。

3.3.4 新埠岛北岸

监测结果显示，各项监测要素均符合第二类海水水质标准，满足旅游休闲娱乐区的水环境保护要求。

3.3.5 如意岛项目

监测结果显示，各项监测要素均符合第一类海水水质标准，满足旅游休闲娱乐区的水环境保护要求。

3.3.6 南海明珠项目

监测结果显示，各项监测要素均符合或优于第二类海水水质标准，满足旅游休闲娱乐区的水环境保护要求。

3.3.7 千禧酒店项目

监测结果显示，各项监测要素均符合或优于第二类海水水质标准，满足旅游休闲娱乐区的水环境保护要求。

3.3.8 新海滚装码头项目

监测结果显示，各项监测要素均符合第一类海水水质标准，满足港口航运区的水环境保护要求。

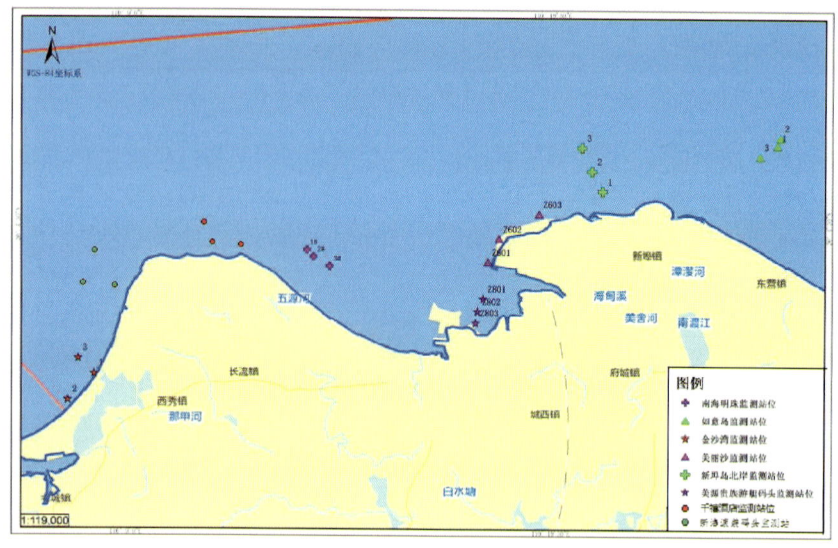


海口市部分工程用海项目监测站位图

## 4 陆源污染入海状况

4.1 入海排污口排污状况

2018 年 3—11 月，对 4 个陆源入海排污口进行了 6 次监测，监测结果显示，演丰西河入海口、秀英工业排污口等 2 个排污口各有 1 次监测超标排污，主要超标因子是悬浮物。

2018 年海口市主要陆源入海排污口排污状况统计表

| 排污口名称 | 类型 | 所在地 | 评价标准 | 年超标排放次数 | 主要超标要素 |
|---|---|---|---|---|---|
| 龙昆沟排污口★ | 市政 | 海口市 | 二级 | 0 | —— |
| 演丰西河入海口 | 市政 | 海口市 | 一级 | 1 | 悬浮物 |
| 秀英工业排污口 | 工业 | 海口市 | 二级 | 1 | 悬浮物 |
| 美舍河入海口 | 市政 | 海口市 | 二级 | 0 | —— |

注：“—”表示无；“★”为重点排污口；排污口状况评价选用《污水排放综合标准》（GB8978—1996）

4.2 五源河入海口环境质量状况

2018 年，对海口市五源河入海口附近海域开展了水质监测。结果表明，五源河入海口附近海域水质状况良好，所有监测要素 均优于或符合第二类海水水质标准，满足所在海洋功能区的水质 要求。

4.3 入海排污口邻近海域环境质量状况

2018 年，对海口市龙昆沟入海排污口、海口市秀英工业排污口、白沙门污水处理厂深海排污口的邻近海域开展了监测。5 月、8 月和 10 月实施了水质监测，8 月实施了海洋沉积物监测。结果表明 3 个入海排污口的邻近海域均受到不同程度的污染。

海口市龙昆沟入海排污口邻近海域 监测结果表明，2018 年该海域水质状况总体较差。5 月，28.6% 的监测站位水质劣于 第四类海水水质标准；8 月，57.1% 的监测站位水质劣于第四类 海水水质标准，主要超标因子为生化需氧量、活性磷酸盐和石油 类。

海口市秀英工业排污口邻近海域监测结果表明，2018 年监测结果表明，该海域水质状况一般。5 月，8 月、10 月监测海 域海水为第二类或四类海水水质，主要超标因子为粪大肠菌群。

白沙门污水处理厂深海排污口邻近海域 监测结果表明，该 海域水质状况总体一般。5 月，监测海域海水优于或为三类海水水质，主要超标因子为无机氮；8 月，监测海域海水优于或为第二类海水水质。10 月监测海域海水为第二类海水水质。

## 5 海洋环境灾害和风险

### 5.1 海浪

2018 年，海口海域出现波高（有效波高，下同）大于 2 米的日数共 63 天，波高大于 3 米的日数 12 天。其中 3 米以上大浪由较强冷空气、1804 号台风“艾云尼”（热带风暴级）、1816 号台风“贝碧嘉”（强热带风暴级）、1823 号台风“百里嘉”（强热带风暴级）引发。2018 年度因台风产生浪高大于 3 米的日数为 5 天，因冷空气产生的 3 米以上大浪日数为 7 天。

**海口海域各月出现各级别浪高日数统计表**

| 月份 | 1 | 2 | 3 | 4 | 5 | 6 | 7 | 8 | 9 | 10 | 11 | 12 | 合计 |
|---|---|---|---|---|---|---|---|---|---|---|---|---|---|
| >2m（天） | 13 | 9 | 3 | 1 | — | 2 | 3 | 6 | 3 | 6 | 5 | 12 | 63 |
| >3m（天） | 1 | 1 | 1 | — | — | 1 | — | 1 | 3 | — | — | 4 | 12 |

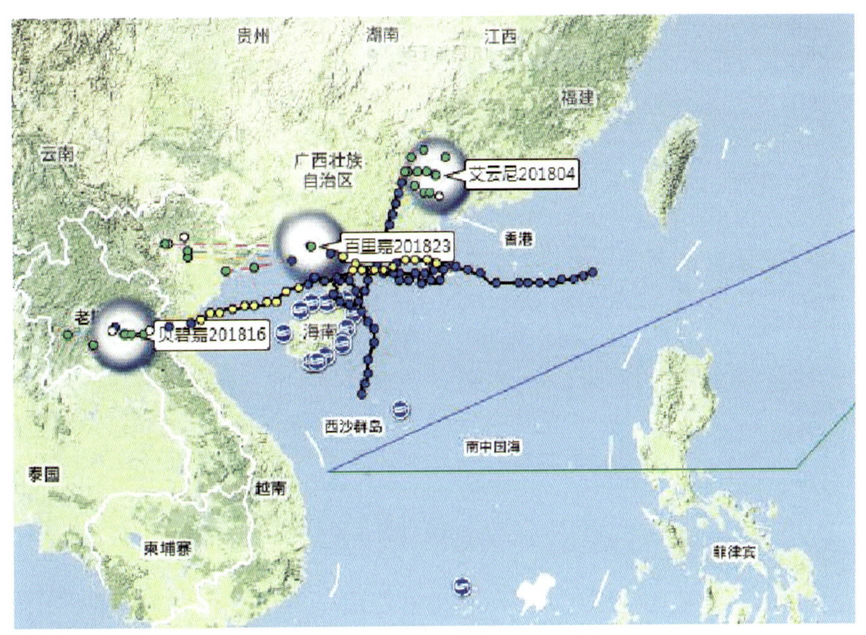


2018 年影响海口的台风路径图

### 5.2 风暴潮

2018 年，海口市沿岸出现一次较明显的风暴潮过程，主要

由 1804 号台风“艾云尼”（热带风暴级）引发。“艾云尼”先后在湛江、海口、阳江 3 次登陆，据验潮站资料显示，“艾云尼”影响期间，海口秀英验潮站最大增水为 38 厘米，最高潮位出现在 06 月 05 日 22 时 57 分，为 133 厘米，未超过当地蓝色警戒潮位，未造成风暴潮灾害损失。

### 5.3 赤潮

2018 年，海口市近岸海域未监测到赤潮事件发生。

## 6 海洋环境保护与管理

### 6.1 加强监管力度保护海洋环境

2018 年，海口市海洋和渔业局加强海洋管控力度，强化监督执法管理和海域使用动态监管，严厉打击各类破坏海洋生态环境的违法行为，有效保护了我市管辖海域生态环境安全，确保海洋资源合理开发利用。全年开展海洋执法巡查检查 95 次，完成海岛巡查 3 批次。立案 8 宗，共收缴罚款 69.0673 万元，结案率达 100%，所办案卷没有出现行政复议、变更处罚决定和行政诉讼情况，完成收缴 2017 年一宗立案案件罚款 817.425 万元。同时，对海南中弘明昊投资有限公司等十家如意岛三期工程建设 项目案下达《行政处罚决定书》，行政处罚金共 52305.5475 万元。

### 6.2 开展公益活动提升海洋意识

海口市海洋和渔业局利用“5.12”防灾减灾日、“‘6·8’世界海洋日”等时机，以“现场活动 + 媒体宣传”等多种形式，加大海洋宣传力度，增强市民海洋环境保护意识。结合“‘6·8’世界海洋日”，组织了海洋知识进渔村、海洋知识进学校、海洋知识进 社区等系列活动。支队执法人员深入基层，向相关用海单位及当事人宣传海洋法律法规及国家政策，宣传讲解保护海洋的重要性，进一步提高公民保护海洋、依法用海的意识。

### 6.3 开展海洋“亮剑”专项行动

2018 年，我市严格执行南海伏

季休渔制度，加大伏季休渔 执法检查力度。扎实做好“中国渔政亮剑2018”系列渔政专项执法行动，一是违规渔具网具清理整治行动，查处使用违规渔具渔船2艘，移交海警2艘。查处没收违规渔具 898 张、定置网25张、八卦网、四角网各1张。二是南渡江禁渔期执法行动，检查渔船116艘，查处没收违规渔具898张、定置网25张、

八卦网、四角网各1张。三是海洋伏季休渔执法行动，共查处违反休渔规定的渔船35艘，收缴罚款金额20.54万元。四是 海洋伏季休渔执法行动，清理取缔涉渔“三无”船舶，配合美兰区政府打捞“三无”渔船16 艘。

6.4 海口率先推行“湾长制”试点工作

2017年10月10日，海口正式获批成为全国首批“湾长制”试点地区。11月21日，印发《海南省海口市“湾长制”试点工作方案（2017—2019)》，由市委书记和市长任双总湾长，建立市、区、镇（街道）三级湾长体系，明确各成员单位职责；成立湾长制工作领导小组，并设立市、区两级湾长制领导小组办公室。 2018年，通过制定《海口市湾长制规定》《海口市海岸带保护与利用规划》《海口市“湾长制”试点工作督查考核细则》等16项制度，实施西海岸海湾整治与生态修复项目、海口海湾生态环境本底调查、海洋生态环境在线监测系统等26个工程项目，有效改善海洋环境质量，提升海洋生态服务功能，美化海岸景观， 强化海洋防灾减灾能力，引导建立适度有序的海湾空间布局体系和绿色循环低碳的海洋产业布局体系。

**说明：**

依据《海水水质标准》（GB3097—1997)，按照海域的不同使用功能和保护目标，海水水质分为四类： 第一类：适用于海洋渔业水域，海上自然保护区和珍稀濒危海洋生物保护区。 第二类：适用于水产养殖区，海水浴场，人体直接接触海水的海上运动或娱乐区，以及与人类食用直接有关的工业用水区。 第三类：适用于一般工业用水区，滨海风景旅游区。第四类：适用于海洋港口水域，海洋开发作业区。

# 法规规章

## 2018 年海口市地方性法规规章与规范性文件目录

| 序号 | 地方性法规名称及公布日期 |
| --- | --- |
| 1 | 《海口市电梯安全管理若干规定》<br>（海口市人民代表大会常务委员会第 21 号公告发布 2018 年 4 月 16 日） |
| 2 | 《海口市生活垃圾分类管理办法》<br>（海口市人民代表大会常务委员会第 22 号公告发布 2018 年 8 月 10 日） |
| 3 | 《海口市湿地保护若干规定》<br>（海口市人民代表大会常务委员会第 23 号公告发布 2018 年 10 月 10 日） |
| 4 | 《海口市龙塘饮用水水源保护规定》<br>（海口市人民代表大会常务委员会第 26 号公告发布 2018 年 12 月 10 日） |
| 5 | 《海口市城市环境卫生管理办法》<br>（海口市人民代表大会常务委员会第 27 号公告发布 2018 年 12 月 10 日） |
| 6 | 《海口市城市供水排水节约用水管理条例》<br>（海口市人民代表大会常务委员会第 27 号公告发布 2018 年 12 月 10 日） |
| 7 | 《海口市历史文化名城保护条例》<br>（海口市人民代表大会常务委员会第 27 号公告发布 2018 年 12 月 10 日） |
| 序号 | 政府规章名称及公布日期 |
| 1 | 《海口市人民政府关于废止〈海口市扶持高新技术产业发展若干规定〉的决定》<br>（海口市人民政府令第 107 号发布 2018 年 8 月 7 日） |
| 2 | 《海口市预拌混凝土管理办法》<br>（海口市人民政府令第 108 号发布 2018 年 11 月 7 日） |
| 序号 | 市政府规范性文件名称及公布日期 |
| 1 | 海口市创业担保贷款实施办法<br>（海府办〔2018〕18 号 2018 年 1 月 25 日） |
| 2 | 海口市人民政府关于加强 2018 年春节元宵节期间烟花爆竹安全管理工作的通告<br>（海府〔2018〕10 号 2018 年 1 月 26 日） |
| 3 | 海口市城镇园林绿化条例实施细则（试行）<br>（海府办〔2018〕20 号 2018 年 1 月 30 日） |
| 4 | 海口市人民政府关于废止一批市政府文件的决定<br>（海府〔2018〕6 号 2018 年 2 月 12 日） |
| 5 | 海口市人民政府关于 2018 年清明节期间群众祭扫管理工作的通告<br>（海府〔2018〕26 号 2018 年 3 月 28 日） |
| 6 | 海口市 2018 年度公共租赁住房经济适用住房及限价商品住房保障标准<br>（海府〔2018〕27 号 2018 年 4 月 8 日） |
| 7 | 海口市农村公路管理办法<br>（海府〔2018〕30 号 2018 年 4 月 10 日） |

续表

| 序号 | 市政府规范性文件名称及公布日期 |
| --- | --- |
| 8 | 海口市人民政府关于强化建设工程安全生产管理的若干意见<br>（海府〔2018〕33号 2018年4月13日） |
| 9 | 海口市公共租赁住房租金标准<br>（海府〔2018〕43号 2018年4月29日） |
| 10 | 海口市人民政府关于调整高污染燃料禁燃区的通告<br>（海府〔2018〕49号 2018年5月15日） |
| 11 | 海口市人民政府关于加强东海岸片区范围内项目建设管控的通知<br>（海府〔2018〕56号 2018年5月21日） |
| 12 | 海口市鼓励邮轮产业发展财政补贴实施办法<br>（海府办〔2018〕124号 2018年5月30日） |
| 13 | 海口市人民政府关于2018年高考和基础会考期间环境噪声管理的通告<br>（海府〔2018〕57号 2018年6月1日） |
| 14 | 海口市支持总部经济发展若干政策<br>（海府〔2018〕58号 2018年6月1日） |
| 15 | 海口市人民政府关于划定海口市畜禽养殖区域范围的通告<br>（海府〔2018〕61号 2018年6月8日） |
| 16 | 海口市扶持残疾人自主创业就业暂行办法<br>（海府办〔2018〕155号 2018年6月14日） |
| 17 | 海口市城市建筑垃圾管理暂行办法<br>（海府办〔2018〕156号 2018年6月19日） |
| 18 | 海口市中小企业发展专项资金管理办法<br>（海府〔2018〕81号 2018年8月1日） |
| 19 | 海口市流动人口适龄儿童免疫规划管理办法（2018年9月修订）<br>（海府办〔2018〕222号 2018年9月11日） |
| 20 | 海口市人民政府关于做好重要区域规划和重大公共基础设施项目设计改革工作的通知<br>（海府〔2018〕100号 2018年9月26日） |
| 21 | 海口市禁止非医学需要的胎儿性别鉴定和选择性别人工终止妊娠规定（2018年10月修订）<br>（海府〔2018〕108号 2018年10月10日） |
| 22 | 海口市城市设计与建筑风貌专家委员会管理办法<br>（海府〔2018〕130号 2018年11月8日） |
| 23 | 海口市人民政府办公厅关于印发《海口市牌匾标识设置导则》的通知<br>（海府办〔2018〕253号 2018年11月13日） |
| 24 | 海口市人民政府关于产权式酒店销售比例限制的通知<br>（海府〔2018〕136号 2018年11月20日） |
| 25 | 海口市促进电子商务发展若干规定<br>（海府办〔2018〕259号 2018年11月21日） |
| 26 | 海口市禁养区畜禽规模养殖场及养殖专业户实施关停若干措施<br>（海府〔2018〕140号 2018年12月5日） |
| 27 | 海口市人民政府关于全面治理拖欠农民工工资问题的实施意见<br>（海府〔2018〕142号 2018年12月12日） |

（娄朝祥）

# 海口市湿地保护若干规定

（2018年8月24日海口市第十六届人民代表大会常务委员会第十七次会议通过，2018年9月30日海南省第六届人民代表大会常务委员会第六次会议批准）

**第一条**　为了加强湿地保护，维护和改善湿地生态功能和生物多样性，促进湿地资源的可持续利用，推进生态文明建设，根据《中华人民共和国环境保护法》《海南省湿地保护条例》等有关法律、法规，结合本市实际，制定本规定。

**第二条**　本市行政区域内湿地的保护和相关管理活动，适用本规定。

**第三条**　本规定所称湿地指常年或者季节性积水地带、水域和低潮时水深不超过六米的海域，包括滨海湿地、库塘湿地、河流湿地、湖泊湿地、沼泽湿地、重点保护野生动物栖息地、重点保护野生植物原生地等自然湿地和人工湿地。

**第四条**　湿地保护应当尊重自然、顺应自然、保护自然，维护湿地生态系统的完整性和稳定性。

**第五条**　市、区人民政府应当建立湿地保护协调机制，依法设立湿地保护管理机构，加强对湿地保护工作的统一领导、统筹协调和监督管理。

镇人民政府、街道办事处应当协助做好本辖区内的湿地保护管理工作。

**第六条**　林业行政管理部门是湿地保护管理的行政主管部门，负责组织、协调、指导和监督本行政区域内湿地保护管理工作。

海洋和渔业行政管理部门负责监督管理海洋自然保护区、水产种质资源保护区、海洋特别保护区等滨海湿地，保护海洋生态环境。

水行政管理部门负责河流、湖泊、水库等区域湿地的水土保持、水资源保护与管理工作。

生态环境保护行政管理部门负责开展汇入湿地水体的水环境功能区的水质监测、质量评估等湿地环境保护监督管理工作。

农业行政管理部门负责湿地内农业生产的管理工作，减少因农业生产造成的湿地生态环境污染。

发展和改革、财政、国土资源、规划、住房和城乡建设、交通运输、旅游等行政管理部门按照各自职责，依法做好湿地保护的相关工作。

**第七条**　市人民政府应当组织设立湿地保护专家委员会，在编制湿地保护规划、确定湿地名录、划定湿地保护范围、制定湿地保护方案、监测评估湿地资源以及在湿地保护范围内开展建设和利用等活动时，咨询湿地保护专家委员会的意见。

**第八条**　任何单位和个人都有保护湿地的义务，对破坏、侵占湿地的行为有权劝阻、制止和举报。

鼓励、支持公民、法人和其他组织以志愿服务、捐赠等形式参与湿地保护，开展有关湿地保护的科学研究、宣传教育及国内外交流与合作。

**第九条**　市规划行政管理部门应当会同林业、海洋和渔业、水、生态环境保护、国土资源、住房和城乡建设、农业、旅游等行政管理部门组织编制本市湿地保护规划，经市人民政府批准后公布实施，报市人大常委会备案，并依法向省规划行政管理部门、省有关湿地管理部门备案。

湿地保护规划确需变更的，应当按照原编制和批准程序办理，并报市人大常委会备案；确需重大变更的，市人民政府应当向市人大常委会报告，经市人大常委会审议同意后方可组织实施。

**第十条**　市、区人民政府及有关行政管理部门应当严格执行湿地保护规划，不得违反规划批准建设项目或者其他开发建设活动。

**第十一条**　市林业、海洋和渔业等行政管理部门应当在列入湿地名录的湿地周边显著位置设立保护界标，标明湿地名称、类型、区界、保护级别、管护目标、管护责任单位、监督电话等内容。

任何单位和个人不得擅自涂改、掩埋、移动、损毁或者破坏湿地保护界标。

**第十二条**　自然景观优美、生物种群丰富、人文景观集中，具有科普宣传教育意义的一般湿地，可以建立市级湿地公园。

禁止单位和个人擅自命名、挂牌市级湿地公园。

**第十三条**　市林业、海洋和渔业等行政管理部门、湿地保护管理机构或者湿地管护责任单位应当组织对市级湿地公园的环境容量、景区最大承载量等进行评估，科学划定游览路线，合理控制游览人数。

**第十四条**　未建立市级湿地公园的一般湿地，可以建立湿地保护小区。

湿地保护小区的建立，由市林业行政管理部门会同有关部门提出方案，报市人民政府批准后实施。

未经原审批机关批准，不得擅自变更湿地保护小区的性质、范围和界限。

**第十五条**　市人民政府及有关行政管理部门应当按照湿地保护规划，对自然退化和遭到破坏的湿地进行科学评估，制定恢复或者建设方案并组织实施。

恢复或者建设湿地，应当种植适宜本地环境生长的湿地植物，根据本地野生动物活动特点和规律，营造有利于野生动物繁殖、栖息的环境。

**第十六条**　鼓励、支持农村集体经济组织或者农民依法在集体土地上恢复或者建设湿地，改善农村生态环境。

**第十七条**　市人民政府应当加强对红树林湿地和热带火山熔岩湿地等稀有和独特湿地资源的保护，开展保护科学研究和技术推广，建设体现本市生态环境显著特点的湿地生态系统和景观。

**第十八条**　湿地利用应当根据湿地资源的不同功能定位和自然特性，采取科普教育、生态旅游、生态农业等方式进行。

湿地利用应当符合湿地保护规划，与湿地资源的承载能力和环境容量相适应，科学、节约、可持续利用湿地资源，不得破坏野生动植物的生存环境、改变湿地生态功能、超出资源的再生能力或者给野生动植物物种造成永久性损害。

饮用水源地保护区内湿地的利用，不得影响饮用水源地功能的发挥。

**第十九条** 禁止在湿地内从事炸鱼、毒鱼、电鱼、电蚯蚓等破坏湿地及其生态功能的行为。

**第二十条** 水行政管理部门在制定年度水量分配方案和调度计划时，应当兼顾湿地生态用水需求，在保障生活用水、满足防洪需要的前提下，合理调配水资源，维持、补充湿地的基本生态用水。

**第二十一条** 农业、海洋和渔业等行政管理部门应当鼓励、引导湿地及其周边区域的农业、渔业生产者发展生态农业，指导其科学、合理施用化肥和饲料，使用高效、低毒、低残留的农药，科学处置农用薄膜、农药包装物、捕捞渔具等农业废弃物，防止湿地生态环境污染和生态功能退化。

**第二十二条** 市人民政府应当根据国家和本省的有关规定建立湿地生态效益补偿制度，增加湿地生态效益补偿资金投入，对因湿地保护而合法权益受到损害的相关权利人，依法给予补偿。

湿地生态效益补偿的具体标准由市人民政府另行制定。

**第二十三条** 市人民政府应当建立湿地保护考核评价标准和奖惩制度，将湿地保护成效指标纳入本市生态文明建设目标评价考核体系，将湿地保护和管理情况纳入领导干部自然资源资产离任审计范畴。

**第二十四条** 湿地名录中确定的湿地管护责任单位应当接受本级林业、海洋和渔业等行政管理部门的指导、监督，组织开展湿地保护和恢复工作，会同湿地所在地的镇人民政府、街道办事处进行日常巡查，制止、报告并协助有关部门调查处理破坏、侵占湿地的行为。

鼓励湿地及其周边区域的村（居）民参与日常巡查和其他湿地保护管理活动。

**第二十五条** 有关行政管理部门违反湿地保护规划批准建设项目或者其他开发建设活动的，对直接负责的主管人员和其他直接责任人员依法给予处分；构成犯罪的，依法追究刑事责任。

**第二十六条** 擅自命名、挂牌市级湿地公园的，由林业行政管理部门责令限期改正，处五千元以上二万元以下的罚款。

**第二十七条** 在湿地内炸鱼、毒鱼、电鱼的，由渔业行政管理部门或者其所属的渔政监督管理机构没收渔获物和违法所得，处五万元以下的罚款；情节严重的，没收渔具，吊销捕捞许可证；情节特别严重的，可以没收渔船；构成犯罪的，依法追究刑事责任。

在湿地内电蚯蚓的，由综合行政执法部门没收捕获物和违法所得，处二千元以上二万元以下的罚款。

**第二十八条** 对湿地保护，本规定未作规定的，依照《中华人民共和国环境保护法》《海南省湿地保护条例》和其他法律、法规的规定执行。

违反本规定的行为，本规定未设定处罚但其他法律、法规已作出处罚规定的，依照有关法律、法规的规定处罚。

**第二十九条** 本规定具体应用问题由市人民政府负责解释。

**第三十条** 本规定自2018年11月1日起施行。

# 海口市支持总部经济发展若干政策

（海口市人民政府2018年6月1日印发）

## 第一章 总则

**第一条** 为贯彻落实《中共中央国务院关于支持海南全面深化改革开放的指导意见》（中发〔2018〕12号）和《海南省人民政府办公厅关于促进总部经济发展的工作意见》琼府办（〔2018〕37号），加快引导海口自由贸易区（港）总部经济向高端化、集约化和规模化发展，外部引进与内部培育并重，真正发挥企业总部集聚效应，带动产业转型升级，增强海口城市综合竞争力，特制定若干政策。

**第二条** 本政策所称总部包括新落户总部和现有总部。

新落户总部是指2018年1月1日（含）以后在我市设立或迁入本市的跨国公司地区总部、综合型（区域型）总部、高成长型总部、国际组织（机构）地区总部。

现有总部是指2018年1月1日以前在本市范围内设立且存续至今的跨国公司地区总部、综合型（区域型）总部、高成长型总部。

**第三条** 本政策适用于在本市范围内设立，工商注册和税务登记地在本市并取得海南省促进总部经济发展联席会议依据《海南省总部企业认定管理办法》颁发认定证书的总部。自《海南省总部企业认定管理办法》出台后，海南省内总部企业重新变更注册地在海口市的，不纳入本政策扶持对象，不享受相关扶持政策。

## 第二章 政策支持条款

**第四条** 开办奖励：

（一）对新落户的跨国公司地区总部，给予一次性300万元奖励。

（二）对新落户的从事旅游业、现代服务业等第三产业的综合型（区域型）总部，承诺自注册成立之日起1年内形成地方财力贡献不低于2000

万元，给予一次性 500 万元奖励。

（三）对新落户的从事高新技术产业等第二产业的综合型（区域型）总部，承诺自注册成立之日起 1 年内形成地方财力贡献不低于 3000 万元，给予一次性 1000 万元奖励。

（四）对新落户的从事热带特色高效农业等第一产业的综合型（区域型）总部，承诺自注册成立之日起 1 年内形成地方财力贡献不低于 1000 万元，给予一次性 300 万元奖励。

（五）对新落户的高成长型总部，承诺自注册成立之日起 1 年内形成地方财力贡献不低于 800 万元，给予一次性 200 万元奖励。

（六）对新落户的国际组织（机构）地区总部，给予一次性 200 万元奖励；在本市新设立分支机构的，给予一次性 100 万元奖励。

第五条 在海口市无自有产权办公用房的，经初次认定的总部企业租用办公用房的，自认定当年起，根据租赁合同金额给予对新落户的总部企业分别按以下情形给予一次性年租金补贴，在 5 年内，按照年租金金额的前三年 50%、后两年 30%给予补贴，5 年内累计补贴金额最高不超过 300 万元。

在海口市无自有产权办公用房的，经初次认定的总部企业购买自用办公用房的，给予购房价 5%的补贴，累计补贴金额最高不超过 1000 万元。在取得房屋产权证后分 2 年支付，每年支付 50%。

享受租用及购买自用办公用房补贴政策的总部须承诺办公用房投入使用后 10 年内不改变房屋用途、不转让或转租，如因特殊原因必须改变房屋用途、转让或转租，总部企业已领取的办公补贴资金应予退还。

第六条 经认定的现有总部，按其年地方财力贡献市级留成部分环比增长额的 50%予以奖励，奖励期限 5 年。

新落户总部，自认定当年起，按其年地方财力贡献市级留成部分（不含个人所得税），前三年给予 60%资金支持，后两年给予 40%资金支持。

第七条 跨国公司地区总部、综合型（区域型）总部、高成长型总部的高层管理人员、专业技术骨干和国际组织（机构）地区总部经认定的高级管理人员，年工资薪金所得达到 50 万以上的，按其缴纳的工资薪金所得地方财力贡献市级留成部分前三年 50%、后两年 30%给予奖励。符合条件的人才可在任职满 1 年后享受此项奖励（领取奖励时，必须仍为该总部的在职员工）。

总部高管人员，是指由投资方委派，在总部担任董事长、副董事长、总经理、副总经理、总监及相当于上述级别的高级管理人员。专业技术骨干是指经具有国家级专业认证在生产和服务领域岗位一线，掌握专门知识和技术的人员。国际组织（机构）地区总部经认定的高级管理人员，需由国际组织（机构）全球总部委派。

总部企业高管人员享受海口市相关人才服务政策，包括落户、医疗、子女教育、人事档案管理、职称评定、社会保障等。

第八条 对形成总部经济集聚的园区运营管理机构，根据园区内企业形成的地方财力贡献市级留成部分予以一定比例奖励。

第九条 对经认定的总部企业首次被评为世界企业 500 强的，给予一次性 2000 万元奖励；对评为中国企业 500 强的，给予一次性 500 万元奖励；对评为中国民营企业 500 强的，给予一次性 200 万元奖励。

第十条 重点引进并对我市产业发展具有重大带动作用的龙头企业和知名机构，可以申请为总部经济企业，并按照“一企一策”方式给予重点支持。

第十一条 在市政府服务中心设立总部企业绿色服务窗口，经认定的总部企业需要办理行政审批手续的，凭认定文件可享受全程代办和优先服务。

## 第三章 组织实施

第十二条 建立海口市促进总部经济发展联席会议（以下简称“联席会议”）制度，统筹全市总部经济发展工作。联席会议第一召集人为常务副市长，召集人为分管副市长，成员由海口市相关部门、各区政府、经济开发区负责人组成，负责研究解决工作推进中的重大问题和事项。联席会议办公室（以下简称“联席办”）设在市商务局，承担联席会议日常工作。

第十三条 增设海口市总部经济发展促进机构，负责拟定总部经济发展战略、规划，统筹推动总部经济发展；为符合条件的总部企业代办扶持政策兑现等“一站式”绿色服务。建立海口市总部企业常态化联系制度，实行重点服务和信息互联互通。

第十四条 规定涉及的扶持政策，与本市出台的其他优惠政策类同的，企业可按就高原则申请享受，但不重复享受。

第十五条 企业在申请奖励补贴资金过程中，如未达到其承诺对地方财力贡献的，应全额返还已获得的奖励补贴资金。

总部企业[国际组织（机构）地区总部除外]每年享受本政策的奖补金额，不超过总部企业当年在海口产生的对海南省级和海口地方财力贡献总额，超过部分可结转到后续年度予以拨付。

第十六条 申请企业应书面承诺自享受海口总部扶持资金之日起，10 年内工商注册地和税务登记地将在本市存续，并配合相关职能部门履行好社会责任。

第十七条 企业在申报、执行受支持项目过程中有弄虚作假、不按规定专款专用的，拒绝配合产业资金绩效评价和监督检查的，将视情取消或收回扶持资金，5 年内不得获取产业资金扶持，并录入诚信黑名单，及时向市相关部门及相关区予以通报。

## 第四章 附则

第十八条 总部企业应于每财务年度结束后第一个月内向联席办提交上一年度财务审计报告。

第十九条 政策执行期如遇中央、省政策调整，按就高、就新的原则给予扶持。

第二十条 本政策中所称“以上”“不超过”“不低于”均含本数。本政策具体应用问题由海口市商务局负责解释。

第二十一条 本政策有效期五年，自公布之日起 30 日后施行。

# 组织机构及负责人名录

## 中共海口市委员会

书　记　张　琦
副书记　倪　强（2月止）
　　　　丁　晖（2月任）
　　　　鲍　剑（2月任）
常　委　郑柏安
　　　　顾　刚（10月止）
　　　　鞠　磊（9月任）
　　　　王艳萍（女）
　　　　林海宁　李向明（2月止）
　　　　王忠云　冯汉芬（女）
　　　　易　鹏（2月任）
秘书长　林海宁
副秘书长　吴　畏（1月任）
　　　　刘川海　刘　旭（1月任）
　　　　罗　浪

## 海口市人民代表大会常务委员会

主　任　杜立文
副主任　方中里　揭晓强　叶　霞
　　　　郑国建　许焕中（10月止）
　　　　盛　林
秘书长　王小峰
副秘书长　欧阳卉然（2月任）
　　　　陈　洪　陈业胜

## 海口市人民政府

市　长　丁　晖（2月任）
　　　　倪　强（2月止）
副市长　鞠　磊
　　　　顾　刚（10月止）
　　　　任清华（女，土家族）
　　　　文　斌　冯鸿浩（10月任）
　　　　孙世文（10月止）　龙卫东
　　　　孙　芬　邓海华（挂职）
秘书长　邓立松
副秘书长　吴大海
　　　　王和娇（女，4月止）
　　　　柳战良（9月止）
　　　　吴秋云（女，9月止）
　　　　温海鸿（9月止）
　　　　黄　燕（女，4月任）
　　　　陈　力（兼职，4月任）
　　　　李　革　杜欣能
　　　　朱　军（挂职）
　　　　王红江（挂职）

## 政协海口市委员会

主　席　王云霞（女）
副主席　王传荣（女）　刘辉平
　　　　冯鸿浩（10月止）
　　　　符　军　厉　春
　　　　李顺华　冯玉英　（女）
秘书长　韩云秋（女）
副秘书长　戴国镇　詹尊南
　　　　卢　萍（女）　罗宗标

## 中共海口市纪律检察委员会 海口市监察委员会

书　记　冯汉芬（女，2月任）
副书记　杨卫国（2月任）
　　　　曾照宇（2月任）
　　　　林耀平（2月任）
　　　　王海坚（12月任）
常　委　王　克　左　娟（女）
　　　　林道诗（2月任）
　　　　杨　柏（2月任）
　　　　冯　军（女，2月任）
委　员　柯　伟（2月任）
　　　　张此明（2月任）

## 法院、检察院

**海口市中级人民法院**
院　长　陈文平
**海口市人民检察院**
检察长　李思阳

## 市委部门

**市委办公厅**
主　任　林海宁
**市委组织部**
部　长　王艳萍
常务副部长　陈全能
**市委宣传部**
部　长　王忠云
常务副部长　林榕明
**市委统一战线工作部**
部　长　郑柏安
常务副部长　谭忠庭
**市委政法委员会**
书　记　鲍　剑
常务副书记　肖惠珠
**市委直属机关工作委员会**
书　记　林海宁
常务副书记　陈　超
**市机构编制委员会办公室**
主　任　庄儒勇
**市委台湾工作办公室**
主　任　张东鹏
**市委群工部（市信访局）**
部　长　王和娇（3月止）
　　　　陈　力（3月任）
**市委党校**
校　长　鲍　剑

常务副校长　王天意
**市委党史研究室**
主　任　符　中
**市委政策研究室**
主　任　刘　旭
**市委农村工作领导小组办公室（市扶贫开发领导小组办公室）**
常务副主任　吴　优
**市委老干部局**
局　长　王　海
**市社会管理综合治理委员会办公室**
主　任　郑维权

## 市人大常委会各工作委员会（部门）

**办公厅**
主　任　王小峰
**财经工委**
主　任　郑　峰
**法制工委**
主　任　严音莉（女）
**城建工委**
主　任　吴　琼
**教科文卫工委**
主　任　朱宗英（女）
**华侨外事民宗工委**
主　任　黎永伟
**内务司法工委**
主　任　（缺）
**农村工委**
主　任　林　养
**选举任免联络室**
主　任　王振华
**市依法治市办**
专职副主任　肖成武

## 市政府部门

**市政府办公厅**
主　任　邓立松
**市发展和改革委员会**
主　任　黄　舸
**市科学技术工业信息化局**
局　长　刘立武
**市财政局**
局　长　伍振湘
**市人力资源和社会保障局**
局　长　朱韶雄
**市教育局**
局　长　厉　春
**市文化广电出版体育局**
局　长　富天放
**市卫生和计划生育委员会**
主　任　曾昭长
**市公安局**
局　长　易　鹏
**市司法局**
局　长　林　明（7月任）
**市民政局**
局　长　淡利锋
**市农业局**
局　长　李世高
**市林业局**
局　长　冯　勇
**市海洋和渔业管理局**
局　长　陈　芳
**市水务局**
局　长　蔡能浩（2月任）
**市国土资源管理局**
局　长　韩艺师
**市生态环境保护局**
局　长　佟吉强
**市规划局**
局　长　龙舒华
**市住房和城乡建设局**
局　长　王旭明
**市城市管理委员会**
主　任　冯鸿浩（3月止）
　　　　刘名松（3月任）
**市市政管理局**
局　长　陈积卫
**市环境卫生管理局**
局　长　刘　建
**市园林管理局**
局　长　刘名松（3月止）
　　　　裴克波（3月任）
**市民防局**
局　长　张伟斌
**市交通运输港航局**
局　长　刘　东
**市商务局**
局　长　董孟清
**市旅游发展委员会**
主　任　廖小平
**市外事侨务办公室**
主　任　吴家宏
**市法制局**
局　长　陈建军
**市审计局**
局　长　冯　明
**市统计局**
局　长　王善来
**市安全生产监督管理局**
局　长　佟吉强（2月止）
　　　　王晓龙（3月任）
**市政府国有资产监督管理委员会**
主　任　陈朝芳
**市政府服务中心**
常务副主任　吴秋云
**市政府研究室**
主　任　柳战良
**市供销合作社**
主　任　温　文
**市粮食局**
局　长　张　鸥
**市会展局**
局　长　蔡　俏
**市房屋征收局（市重点委）**
局　长　冯本彦
**海口国家高新技术产业开发区**
主　任　林一民
**海口综合保税区**
主　任　刘辉平
**海口桂林洋经济开发区**
主　任　夏琛舸
**市民族宗教事务局**
局　长　杜欣能
**市地方史志办公室**
主　任　欧少珍
**市档案局（馆）**
局（馆）长　张小敏
**市物价局**
局　长　吴健林

市文物局
局　长　王大新
市爱国卫生运动委员会办公室
主　任　周文雄（3月止）
市海防和口岸管理办公室
主　任　邓立松
专职副主任　饶平如
海南东寨港国家级自然保护区管理局
局　长　辜绳福

## 政协海口市委员会工作部门

办公厅
主　任　韩云秋（女，兼）
提案法制委员会
主　任　黄新春
经济委员会
主　任　李永胜
教文卫委员会
主　任　陈文说
港澳台侨委员会
主　任　钱云岗
督查研究室
主　任　李　明

## 民主党派、工商联

民革海口市委员会
主　委　林 青
民盟海口市委员会
主　委　厉　春
民建海口市委员会
主　委　叶　霞
民进海口市委员会
主　委　刘心红
农工党海口市委员会
主　委　张玉霞
致公党海口市委员会
主　委　林尤干
九三学社海口市委员会
主　委　王俊刚
台盟海口市委员会
主　委　周朝东
市工商业联合会（总商会）
主　席　叶　茂

## 群众团体

市总工会
主　席　盛　林
共青团海口市委员会
书　记　王丹靖
市妇联
主　席　徐应新
市科协
书　记　徐　伟
市文联
党组书记　潘善武
市侨联
主　席　陈文培
市社科联
党组书记　董光海
市残联
理事长　蔡志森
市台联
专职副会长　吴　柳
市红十字会
专职副会长　罗　平

## 驻市部属、省属与双管单位

国家税务总局海口市税务局
局　长　王辉若
市工商行政管理局
局　长　潘永强
市邮政管理局
局　长　殷　雨
海口质量技术监督局
局　长　王　阶（9月止）
市烟草专卖局（公司）
局长（经理）　李　云
市气象局
局　长　蔡亲波
国家统计局海口调查队
队　长　林志岩
市食品药品监督管理局
局　长　符 勇
海口海关
关　长　马元林（8月任）
海口海事局
局　长　周荣忠
中国人民银行海口中心支行
行　长　曹协和
海南证监局
局　长　周四波

## 企　业

海南港航控股有限公司
董事长　林　健
海口市公共交通集团有限公司
总经理　王燕雄
海口市城建集团有限公司
董事长　符明全（2月任）
海口市城市建设投资有限公司
董事长　梅雷鸣
海口市统筹城乡发展（集团）有限公司
董事长　谢辉文
海口国家高新区发展控股有限公司
董事长　龙翔春
市三江农场
党委书记、副场长　陈　辉
海口市菜篮子产业集团有限责任公司
董事长　王　敏
海口旅游文化投资控股集团有限公司
董事长　杨晓峰
海口市燃气集团公司
董事长　祁　勇
海口市国有资产经营有限公司
董事长　徐海波
海口市环境发展有限公司
董事长　章　黔
海口市金融控股有限公司
董事长　王治平
海南电网公司海口供电局
局　长　陈 东

**海南铁路有限公司**

董事长　陈向前

**海口美兰机场**

董事长　王　贞

**中国电信海口分公司**

总经理　韩　军

**中国移动通信集团海南有限公司海口分公司**

总经理　文日东

**中国联合网络通信有限公司海口市分公司**

总经理　梁　炎

## 新闻和文化系统

**海口广播电视台**

台　长　陈积流

**海口日报社**

社　长　张树广

**海口图书馆**

馆　长　罗昌华

**海口市群众艺术馆**

馆　长　吴圣彪

**市电影公司**

总经理　谢　华（代）

## 驻市军警部队

**海口警备区**

司令员　何献中

政　委　曾利华

**武警海南总队海口支队**

支队长　张迎伟

政　委　刘祖文

**省海警总队海警第一支队**

支队长　彭建文

政　委　郭　超

**海口市消防救援支队（原市公安消防支队，12 月迎旗授衔换装）**

支队长　汤　坚

政　委　徐宗勇

**海口公安边防支队（原武警海口边防支队，12 月退出现役改制为人民警察）**

支队长　侯槎平

政　委　云倩偌

# 统计资料

## 海口市国民经济主要指标

| 指　标 | 单　位 | 2014年 | 2015年 | 2016年 | 2017年 | 2018年 |
|---|---|---|---|---|---|---|
| 一、人口 | | | | | | |
| 年末常住人口 | 万人 | 220.07 | 222.30 | 224.36 | 227.21 | 230.23 |
| 年末户籍人口 | 万人 | 165.31 | 164.80 | 167.03 | 171.05 | 177.61 |
| 二、年底社会从业人员 | 万人 | 161.22 | 168.43 | 165.05 | 175.16 | 185.15 |
| #职工人数 | 万人 | 50.02 | 49.16 | 49.53 | 49.94 | 48.26 |
| 三、地区生产总值（含农垦） | 亿元 | 1091.70 | 1161.96 | 1257.67 | 1390.58 | 1510.51 |
| 四、工业总产值（当年价） | 亿元 | 532.59 | 537.67 | 540.29 | 542.49 | 605.53 |
| 五、农业总产值（当年价） | 亿元 | 92.99 | 93.20 | 103.83 | 101.04 | 103.51 |
| 六、运输邮电 | | | | | | |
| 社会货物周转量 | 亿吨公里 | 963.54 | 708.73 | 669.68 | 460.17 | 519.42 |
| 社会旅客周转量 | 亿人公里 | 466.56 | 513.75 | 641.84 | 737.99 | 858.09 |
| 港口货物吞吐量 | 万吨 | 7581.00 | 8209.90 | 8866.93 | 10112.78 | 10764.9 |
| 邮电计费业务总量 | 亿元 | 66.31 | 70.57 | 121.31 | 123.06 | 224.44 |
| 七、固定资产投资总额 | 亿元 | 821.53 | 1012.05 | 1271.73 | 1415.50 | |
| 基本建设 | 亿元 | 522.56 | 555.65 | 720.63 | 812.25 | |
| 房地产开发 | 亿元 | 298.97 | 456.39 | 551.09 | 603.25 | 609.42 |
| 八、国内商业 | | | | | | |
| 社会消费品零售总额 | 亿元 | 558.47 | 595.53 | 653.89 | 715.50 | 757.56 |
| 九、外经外贸 | | | | | | |
| 1. 新签协议合同 | 宗 | 33 | 35 | 51 | 46 | 93 |
| #外商协议合同 | 宗 | 33 | 35 | 51 | 46 | 93 |

续表

| 指　　标 | 单位 | 2014 年 | 2015 年 | 2016 年 | 2017 年 | 2018 年 |
|---|---|---|---|---|---|---|
| 协议合同总投资 | 亿美元 | 1.83 | 12.70 | 10.47 | 6.13 | 30.84 |
| #外商合同投资 | 亿美元 | 0.95 | 3.16 | 3.93 | 5.74 | 20.68 |
| 实际利用外资 | 亿美元 | 3.30 | 2.91 | 0.36 | 0.29 | 2.54 |
| #外商直接投资 | 亿美元 | 3.30 | 2.91 | 0.36 | 0.29 | 2.54 |
| 2. 外贸进出口总值 | 亿美元 | 34.00 | 43.40 | 39.20 | 31.10 | 50.88 |
| 进口总值 | 亿美元 | 21.70 | 33.77 | 31.30 | 22.90 | 40.75 |
| 出口总值 | 亿美元 | 12.30 | 9.63 | 7.90 | 8.20 | 10.13 |
| 十、旅游 | | | | | | |
| 接待国内外过夜旅游人数 | 万人次 | 1130.68 | 1225.20 | 1329.19 | 2033.56 | 2258.56 |
| #入境旅游者 | 万人次 | 13.69 | 12.20 | 13.65 | 18.19 | 26.13 |
| 旅游总收入 | 亿元 | 142.02 | 160.06 | 181.24 | 265.99 | 298.11 |
| 旅游外汇收入 | 万美元 | 3753.61 | 4084.27 | 4503.55 | 5938.29 | 8193.4 |
| 十一、财政 | | | | | | |
| 财政收入 | 亿元 | 268.08 | 290.63 | 330.94 | 385.19 | 450.42 |
| 其中:上划中央、省收入 | 亿元 | 167.96 | 179.12 | 215.44 | 259.82 | 280.54 |
| 地方财政收入 | 亿元 | 100.12 | 111.50 | 115.51 | 125.36 | 169.88 |
| 地方财政支出 | 亿元 | 150.92 | 170.93 | 200.30 | 198.32 | 238.25 |
| 十二、金融（含外币） | | | | | | |
| 金融机构年末存款余额 | 亿元 | 3213.55 | 3962.82 | 4851.25 | 5318.03 | 4842.53 |
| #城乡居民年末储蓄存款余额 | 亿元 | 1189.85 | 1262.06 | 1445.49 | 1555.56 | 1706.46 |
| 金融机构年末贷款余额 | 亿元 | 3649.27 | 3656.03 | 4178.05 | 4538.22 | 4858.2 |
| 十三、职工工资 | | | | | | |

续表

| 指　标 | 单位 | 2014年 | 2015年 | 2016年 | 2017年 | 2018年 |
|---|---|---|---|---|---|---|
| #国有单位 | 亿元 | 97.26 | 112.62 | 120.29 | 133.37 | 145.57 |
| 在岗职工平均工资 | 元 | 50608 | 57455 | 62030 | 68037 | 77632 |
| #国有单位 | 元 | 64926 | 74332 | 81334 | 86713 | 100770 |
| 十四、人民生活 | | | | | | |
| 城镇居民人均可支配收入 | 元 | 26530 | 28535 | 30775 | 33320 | 36137 |
| 城镇居民人均消费支出 | 元 | 20097 | 21809 | 23780 | 26110 | 24432 |
| 农村居民人均可支配收入 | 元 | 10630 | 11635 | 12679 | 13763 | 14886 |
| 农民人均生活消费支出 | 元 | 7629 | 8428 | 9262 | 10142 | 11343 |
| 十五、物价指数（以上年为100） | | | | | | |
| 商品零售价格指数 | % | 101.2 | 100.20 | 100.90 | 101.70 | 102.37 |
| 居民消费价格指数 | % | 102.2 | 101.20 | 103.00 | 103.30 | 102.44 |
| 十六、教育卫生文化 | | | | | | |
| 普通高等学校在校学生数 | 人 | 180565 | 150559 | 147969 | 146597 | 151485 |
| 中等职业学校在校学生数 | 人 | 82198 | 76547 | 74350 | 76158 | 74867 |
| 普通中学学校在校学生数 | 万人 | 11.85 | 10.24 | 11.66 | 12.14 | 12.79 |
| 小学在校学生数 | 万人 | 17.36 | 17.94 | 18.80 | 19.59 | 20.76 |
| 图书出版量 | 亿册 | | 0.98 | 0.62 | 0.49 | |
| 杂志出版量 | 亿册 | | 0.24 | 0.0006 | | |
| 报纸出版量 | 亿印份 | | 3.49 | 0.68 | | |
| 卫生机构病床数 | 张 | 12772 | 15373 | 15767 | 16062 | 16926 |
| 卫生技术人员数 | 人 | 20432 | 26055 | 30060 | 34061 | 35583 |
| #执业医师（助理医师） | 人 | 6883 | 8341 | 10517 | 12417 | 9030 |

注：1. 农业总产值从2011年起含农垦数
2. 邮电计费业务总量从2010年起按2010年不变价计算
3. 地方财政收入和地方财政支出从2007年起不含基金口径
4. 从2012年开始财政收入改为全口径公共财政预算收入

# 海口市国民经济主要指标占全省比重

（2018 年）

| 指 标 | 单位 | 全 省 | 海口市 | 海口市占全省比重（%） |
|---|---|---|---|---|
| 一、年末常住人口 | 万人 | 934.32 | 230.23 | 24.6 |
| 年末户籍人口 | 万人 | 925.10 | 177.61 | 19.2 |
| # 城镇人口 | 万人 | 364.01 | 104.52 | 28.7 |
| 二、从业人员 | 万人 | 600.50 | 185.15 | 30.8 |
| 三、国内生产总值（当年价） | 亿元 | 4832.05 | 1510.51 | 31.3 |
| 第一产业 | 亿元 | 1000.11 | 63.21 | 6.3 |
| 第二产业 | 亿元 | 1095.79 | 276.00 | 25.2 |
| 第三产业 | 亿元 | 2736.15 | 1171.31 | 42.8 |
| 四、工农业总产值（当年价） | | | | |
| 工业总产值 | 亿元 | 2489.75 | 605.53 | 24.3 |
| 农业总产值 | 亿元 | 1535.73 | 103.51 | 6.7 |
| 五、运输邮电 | | | | |
| 社会旅客周转量 | 亿人公里 | 956.10 | 858.09 | 89.7 |
| 港口货物吞吐量 | 万吨 | 18282.00 | 10764.90 | 58.9 |
| 邮电计费业务总量 | 亿元 | 590.83 | 224.44 | 38.0 |
| 固定电话数 | 万户 | 161.10 | 57.10 | 35.4 |
| 六、房地产开发投资额 | 亿元 | 1715.04 | 609.42 | 35.5 |
| 七、社会消费品零售总额 | 亿元 | 1717.08 | 757.56 | 44.1 |
| 八、外贸口岸进出口总值 | 亿元 | 848.18 | 341.17 | 40.2 |
| 进口总值 | 亿元 | 550.42 | 273.93 | 49.8 |
| 出口总值 | 亿元 | 297.76 | 67.24 | 22.6 |
| 九、实际利用外资 | 亿美元 | 8.19 | 2.54 | 31.0 |

续表

| 指　标 | 单位 | 全　省 | 海口市 | 海口市占全省比重（%） |
|---|---|---|---|---|
| 十、接待国内外过夜旅游人数 | 万人次 | 6329.66 | 2258.56 | 35.7 |
| #入境旅游者 | 万人次 | 126.36 | 26.13 | 20.7 |
| 十一、地方财政收支 | | | | |
| 地方一般预算收入 | 亿元 | 752.67 | 169.88 | 22.6 |
| 地方一般预算支出 | 亿元 | 1691.30 | 238.25 | 14.1 |
| 十二、人民生活 | | | | |
| 职工工资总额 | 亿元 | 743.19 | 379.52 | 51.1 |
| 职工平均工资 | 元 | 77672 | 77632 | 99.9 |
| 城镇居民人均可支配收入 | 元 | 33349 | 36137 | 108.4 |
| 农民人均纯收入 | 元 | 13989 | 14886 | 106.4 |
| 城乡居民储蓄存款余额 | 亿元 | 4188.82 | 1706.46 | 40.7 |
| 十三、物价 | | | | |
| 零售物价指数 | % | 102.5 | 102.37 | 99.9 |
| 居民消费价格指数 | % | 102.5 | 102.44 | 99.9 |
| 十四、教育卫生 | | | | |
| 在校生 | | | | |
| 普通高等学校 | 万人 | 18.92 | 15.15 | 80.1 |
| 中等职业学校（含中师\技工学校） | 万人 | 13.46 | 7.49 | 55.6 |
| 普通中学 | 万人 | 50.29 | 12.79 | 25.4 |
| 小学在校学生 | 万人 | 83.19 | 20.76 | 25.0 |
| 卫生机构数 | 个 | 5325 | 1009.00 | 18.9 |
| #医院 | 个 | 517 | 47.00 | 9.1 |
| 卫生技术人员数 | 人 | 63663 | 35583.00 | 55.9 |
| #执业医师 | 人 | 22278 | 9030.00 | 40.5 |
| 病床位 | 张 | 44712 | 16926.00 | 37.9 |

# 35 个大中城市主要经济指标

（2018 年）

| 城市名称 | 生产总值（亿元） | 规模以上工业增加值（亿元） | 社会消费品零售总额（亿元） | 进出口总额（亿美元） |
|---|---|---|---|---|
| 北京 | 30320.00 | | 11747.68 | 27182.50 |
| 成都 | 15342.77 | | 6801.80 | 4983.20 |
| 大连 | 7668.48 | | 3880.05 | 4701.41 |
| 福州 | 7856.81 | | 4666.46 | 2452.75 |
| 广州 | 22859.35 | 4451.11 | 9256.19 | 9810.15 |
| 贵阳 | 3798.45 | | 1299.47 | |
| 哈尔滨 | 6300.50 | | 4125.10 | 209.70 |
| 海口 | 1510.51 | 135.01 | 757.56 | 341.17 |
| 杭州 | 13509.00 | 3405.00 | 5715.00 | 5245.30 |
| 合肥 | 7822.90 | | 2976.74 | 2030.61 |
| 呼和浩特 | 2903.50 | | 1603.20 | |
| 济南 | 7856.60 | | 4404.50 | 825.00 |
| 昆明 | 5206.90 | | 2787.41 | |
| 兰州 | 2732.94 | 614.98 | 1352.10 | 133.18 |
| 南昌 | 5274.67 | | 2131.63 | 787.55 |
| 南京 | 12820.40 | 3091.83 | 5832.46 | 4317.20 |
| 南宁 | | | | 738.79 |
| 宁波 | 10745.50 | 3730.80 | 4154.90 | 8576.30 |
| 青岛 | 12001.50 | | 4842.50 | 5321.20 |
| 厦门 | 4791.41 | 1611.35 | 1542.42 | 6002.05 |
| 上海 | 32679.87 | | 12668.69 | 34009.93 |
| 深圳 | 24221.98 | 9109.54 | 6168.87 | 29983.74 |
| 沈阳 | 6292.40 | | 4051.20 | 984.30 |
| 石家庄 | 6082.60 | | 2934.10 | 915.50 |
| 太原 | 3884.48 | | 1811.90 | 1086.29 |
| 天津 | 18809.64 | | 5533.04 | 8077.01 |
| 乌鲁木齐 | 3060.14 | 678.72 | 1383.00 | 513.50 |
| 武汉 | 14847.29 | | 6843.90 | 2146.00 |
| 西安 | 8349.86 | | 4658.72 | 3303.87 |
| 西宁 | 1286.41 | | 564.38 | 31.28 |
| 银川 | 1901.48 | | 552.73 | 168.83 |
| 长春 | 7175.70 | | 3003.60 | 1054.60 |
| 长沙 | 11003.41 | | 4765.04 | 1283.34 |
| 郑州 | 10143.32 | | 4268.09 | 4105.00 |
| 重庆 | 20363.19 | | | 5222.62 |

注:各大中城市主要经济指标为快报数

续表

| 城市名称 | 外商直接投资（亿美元） | 固定资产投资额（亿元） | # 房地产开发投资（亿元） | 城市居民人均可支配收入（元） | 农村居民人均可支配收入（元） |
|---|---|---|---|---|---|
| 北京 | 173.11 | | | 67990.00 | |
| 成都 | 76.30 | | | 42128.00 | 22135.00 |
| 大连 | 26.78 | | | 43550.00 | 18103.00 |
| 福州 | | | | 44457.48 | 19418.91 |
| 广州 | 66.11 | | | 59982.00 | 26020.00 |
| 贵阳 | 15.89 | | | 35115.00 | 15648.00 |
| 哈尔滨 | 36.50 | | | 37828.00 | 16934.00 |
| 海口 | 2.54 | | 609.42 | 36137.00 | 14886.00 |
| 杭州 | 68.30 | | | 61172.00 | 33193.00 |
| 合肥 | 32.30 | | 1527.17 | 41484.00 | 20389.00 |
| 呼和浩特 | | | | 46565.00 | 17190.00 |
| 济南 | | | 1369.30 | 50146.00 | 17924.00 |
| 昆明 | 8.50 | | | 42988.00 | 14895.00 |
| 兰州 | | | 586.62 | 35014.00 | 12368.00 |
| 南昌 | 34.89 | | | 40844.00 | 17866.00 |
| 南京 | 38.53 | 4718.05 | 2354.17 | 59308.00 | 25263.00 |
| 南宁 | | | 1106.36 | 35276.00 | 13654.00 |
| 宁波 | 43.20 | | | 60134.00 | 33633.00 |
| 青岛 | 86.90 | | 1485.20 | 50817.00 | 20820.00 |
| 厦门 | | | | 54401.00 | 22410.00 |
| 上海 | 173.00 | | | 68034.00 | 30375.00 |
| 深圳 | 82.03 | | | 57543.00 | |
| 沈阳 | 14.30 | | | 44054.00 | 16530.00 |
| 石家庄 | 14.50 | | | 35563.00 | 14518.00 |
| 太原 | 0.09 | 1217.82 | 531.76 | 33672.00 | 16860.00 |
| 天津 | 48.51 | | | 42976.25 | 23065.23 |
| 乌鲁木齐 | | | 623.59 | 40101.00 | 19623.00 |
| 武汉 | 109.27 | | | 47359.00 | 22652.00 |
| 西安 | 63.54 | | | 38729.00 | 13286.00 |
| 西宁 | | | 292.25 | 32500.00 | 11504.00 |
| 银川 | | | 295.25 | 35586.00 | 14160.00 |
| 长春 | 3.30 | | | 35332.00 | 14237.00 |
| 长沙 | 57.80 | | 1500.76 | 50792.00 | 29714.00 |
| 郑州 | 42.11 | | | 39042.00 | 21652.00 |
| 重庆 | 32.50 | | 4248.76 | 34889.00 | 13781.00 |

续表

| 城市名称 | 地方财政一般预算收入（亿元） | 金融机构存款余额（亿元）人民币 | 金融机构贷款余额（亿元）人民币 | 居民消费价格总指数（%） |
|---|---|---|---|---|
| 北京 | 5785.90 | | | 102.5 |
| 成都 | 1424.20 | 36656.00 | 31423.00 | 101.4 |
| 大连 | 703.98 | 13485.06 | 11345.96 | 103.0 |
| 福州 | 680.38 | 13827.40 | 14917.40 | 101.5 |
| 广州 | 1632.30 | 52647.47 | 39764.44 | 102.4 |
| 贵阳 | 903.26 | 11357.44 | 12412.75 | 101.7 |
| 哈尔滨 | 384.40 | 11504.00 | 10921.20 | 102.5 |
| 海口 | 169.88 | 4842.53 | 4858.20 | 102.4 |
| 杭州 | 1825.10 | | | 102.3 |
| 合肥 | 712.49 | | | 102.0 |
| 呼和浩特 | 204.70 | 5770.80 | 7956.25 | 102.1 |
| 济南 | 752.80 | 16571.90 | 14700.10 | 102.6 |
| 昆明 | 595.63 | 13583.62 | 16224.73 | 101.7 |
| 兰州 | 253.32 | 8716.44 | 11010.54 | 101.7 |
| 南昌 | 461.75 | 10605.78 | 11950.32 | 102.3 |
| 南京 | 1470.02 | 33740.63 | 28402.34 | 102.4 |
| 南宁 | 358.96 | 10093.13 | 12052.13 | 102.5 |
| 宁波 | 1379.70 | | | 102.2 |
| 青岛 | 1231.90 | 15532.00 | 15194.00 | 102.1 |
| 厦门 | 754.53 | 10446.80 | 9759.61 | 101.8 |
| 上海 | 7108.15 | 112626.23 | 67567.94 | 101.6 |
| 深圳 | 3538.41 | 68697.64 | 48282.38 | 102.8 |
| 沈阳 | 720.60 | 17553.60 | 14726.80 | 103.0 |
| 石家庄 | 519.70 | 13225.16 | 10171.75 | 102.3 |
| 太原 | 373.23 | 12019.50 | 12491.74 | 101.8 |
| 天津 | 2106.19 | 29910.53 | 32539.43 | 102.0 |
| 乌鲁木齐 | 458.28 | 8427.91 | 6982.00 | 102.2 |
| 武汉 | 1528.70 | 25720.46 | 26839.44 | 101.9 |
| 西安 | 684.71 | 20948.18 | 19729.82 | 101.9 |
| 西宁 | 92.94 | 3786.52 | 5416.90 | 102.7 |
| 银川 | 181.17 | 3704.56 | 4797.87 | 102.2 |
| 长春 | 478.00 | 11475.70 | 11463.10 | 102.0 |
| 长沙 | 879.71 | | | 102.0 |
| 郑州 | 1152.05 | 21767.20 | 21202.24 | 102.4 |
| 重庆 | 2265.50 | 35651.57 | 31425.87 | 102.0 |

# 海口市人民物质文化生活状况

| 指　　标 | 单　位 | 2014年 | 2015年 | 2016年 | 2017年 | 2018年 |
|---|---|---|---|---|---|---|
| 收　　入 | | | | | | |
| 城市居民人均可支配收入 | 元 | 26530 | 28535 | 30775 | 33320 | 36137 |
| 农村居民人可支配纯收入 | 元 | 10630 | 11635 | 12679 | 13763 | 14886 |
| 职工平均工资 | 元 | 50608 | 57455 | 62030 | 68037 | 77632 |
| 消　　费 | | | | | | |
| 城市居民人均消费支出 | 元 | 20097 | 21809 | 23780 | 26110 | 24432 |
| #食品支出 | 元 | 6865 | 7609 | 8396 | 9167 | 8522 |
| *恩格尔系数 | % | 34.2 | 34.9 | 35.3 | 35.1 | 34.9 |
| 农民人均生活费支出 | 元 | 7629 | 8428 | 9262 | 10142 | 11343 |
| 储　　蓄 | | | | | | |
| 城乡居民储蓄存款年末余额 | 亿元 | 1189.85 | 1262.06 | 1445.49 | 1555.56 | 1706.46 |
| 人均储蓄余额 | 元 | 54067 | 56773 | 64427 | 68463 | 74120 |
| 住　　房 | | | | | | |
| 城市人均住房面积 | 平方米 | 29.99 | 30.10 | 30.12 | 30.16 | 30.67 |
| 农村人均住房面积 | 平方米 | 32.00 | 32.20 | 32.60 | 32.80 | 33.2 |
| 邮　　电 | | | | | | |
| 每百人拥有固定电话机 | 部 | 18.99 | 11.30 | 11.27 | 11.94 | |
| 城建设施水平 | | | | | | |
| 家庭用燃气普及率 | % | 48 | 62 | 72 | 83 | 91 |
| 人均日生活用水量 | 升 | 185.01 | 217.07 | 210.59 | 210 | 215 |
| 人均拥有道路面积 | 平方米 | 18.69 | 15.72 | 17.1 | | |
| 人均公共绿地面积 | 平方米 | 12.50 | 12.80 | 12.10 | 12.30 | 12.5 |
| 文化教育卫生 | | | | | | |
| 城市每百户拥有彩色电视机 | 台 | | | | | |
| 农村每百户拥有彩色电视机 | 台 | 113 | 104.4 | 107.2 | 107.6 | 104.5 |
| 学龄儿童入学率 | % | 100 | 100 | 100 | 100 | 100 |
| 每万人拥有在校大学生 | 人 | 820.49 | 677.28 | 659.51 | 645.20 | 657.97 |
| 每万人拥有在校中专生 | 人 | 371.94 | 439.32 | 427.45 | 431.46 | 410.19 |
| 每万人拥有在校中学生 | 人 | 536.26 | 460.44 | 519.5 | 534.42 | 555.51 |
| 每万人拥有在校小学生 | 人 | 785.40 | 807.20 | 837.77 | 862.35 | 901.68 |
| 每万人拥有中（西）医师 | 人 | 31.28 | 37.52 | 46.87 | 36.87 | 39.22 |
| 每万人拥有医院床位 | 张 | 58.04 | 69.15 | 70.28 | 70.69 | 73.52 |

# 海口市从业人员年末人数

单位：人

| 指　　标 | 2014年 | 2015年 | 2016年 | 2017年 | 2018年 |
|---|---|---|---|---|---|
| 一、就业人员 | 1612228 | 1684317 | 1650537 | 1751574 | 1851477 |
| 1. 城镇国有单位 | 152477 | 153296 | 151453 | 158588 | 146918 |
| 2. 城镇集体单位 | 8776 | 7079 | 7061 | 5877 | 5919 |
| 3. 城镇其他经济类型单位 | 351512 | 331245 | 355644 | 357087 | 353262 |
| 4. 城镇私营单位 | 550471 | 611794 | 549852 | 582442 | 680273 |
| 5. 城镇个体 | 192016 | 194245 | 214371 | 267351 | 281501 |
| 6. 乡村 | 356976 | 373335 | 372156 | 380229 | 383604 |
| 二、按三次产业分 | | | | | |
| 第一产业 | 307738 | 301355 | 289067 | 285562 | 277391 |
| 第二产业 | 274800 | 283841 | 273673 | 275274 | 279952 |
| 第三产业 | 1029690 | 1099121 | 1087797 | 1190738 | 1294134 |

# 海口市各区按行业分组城镇非私营单位在岗职工工资总额和平均工资

（2018年）

| 指 标 | 全 市 | 秀英区 | 龙华区 | 琼山区 | 美兰区 |
|---|---|---|---|---|---|
| 一、工资总额（万元） | 3795246 | 717873 | 1526429 | 387761 | 1163183 |
| 1. 农、林、牧、渔业 | 143252 | 705 | 135747 | 2226 | 4573 |
| 2. 采矿业 | 1625 | | 1625 | | |
| 3. 制造业 | 268231 | 112657 | 90860 | 20317 | 44396 |
| 4. 电力、热力、燃气及水生产和供应业 | 99670 | 1471 | 20267 | 3302 | 74630 |
| 5. 建筑业 | 153463 | 15565 | 77449 | 10413 | 50037 |
| 6. 批发和零售业 | 234661 | 66777 | 93750 | 16793 | 57341 |
| 7. 交通运输、仓储和邮政业 | 468554 | 181964 | 41989 | 4319 | 240281 |
| 8. 住宿和餐饮业 | 88235 | 12525 | 25481 | 27266 | 22963 |
| 9. 信息传输、软件和信息技术服务业 | 165777 | 9687 | 147637 | 2109 | 6345 |
| 10. 金融业 | 345833 | 5974 | 268605 | | 71254 |
| 11. 房地产业 | 286868 | 46667 | 133438 | 31573 | 75191 |
| 12. 租赁和商务服务业 | 92872 | 7594 | 38128 | 8836 | 38314 |
| 13. 科学研究、技术服务业 | 121158 | 7637 | 55376 | 17596 | 40548 |
| 14. 水利、环境和公共设施管理业 | 69085 | 17665 | 30616 | 7638 | 13167 |
| 15. 居民服务、修理和其他服务业 | 9589 | 1839 | 5005 | 348 | 2398 |
| 16. 教育 | 399213 | 57743 | 84823 | 99971 | 156675 |
| 17. 卫生和社会工作 | 293421 | 79532 | 92554 | 58909 | 62426 |
| 18. 文化、体育和娱乐业 | 65998 | 6369 | 42082 | 8004 | 9543 |
| 19. 公共管理、社会保障和社会组织 | 487741 | 85502 | 140997 | 68141 | 193101 |
| 二、平均工资（元） | 77632 | 75287 | 73477 | 75999 | 86316 |
| 1. 农、林、牧、渔业 | 49389 | 41017 | 49462 | 52739 | 47345 |
| 2. 采矿业 | 198146 | | 198146 | | |
| 3. 制造业 | 64207 | 63287 | 58162 | 80912 | 75995 |
| 4. 电力、热力、燃气及水生产和供应业 | 97966 | 62046 | 94441 | 72742 | 101717 |
| 5. 建筑业 | 43441 | 40355 | 42837 | 31814 | 49458 |
| 6. 批发和零售业 | 62485 | 70537 | 55176 | 86204 | 62674 |
| 7. 交通运输、仓储和邮政业 | 90934 | 90868 | 62783 | 38705 | 101393 |
| 8. 住宿和餐饮业 | 51940 | 46787 | 39771 | 98899 | 44614 |
| 9. 信息传输、软件和信息技术服务业 | 103962 | 64493 | 110161 | 56992 | 94415 |
| 10. 金融业 | 148077 | 366521 | 147334 | | 143629 |
| 11. 房地产业 | 56511 | 56246 | 57156 | 49941 | 58752 |
| 12. 租赁和商务服务业 | 67201 | 63813 | 71454 | 59145 | 66059 |
| 13. 科学研究、技术服务业 | 92685 | 77065 | 91773 | 90328 | 98923 |
| 14. 水利、环境和公共设施管理业 | 42724 | 45658 | 39327 | 38018 | 52520 |
| 15. 居民服务、修理和其他服务业 | 41744 | 47878 | 41846 | 32811 | 39241 |
| 16. 教育 | 88492 | 86119 | 80477 | 85504 | 96856 |
| 17. 卫生和社会工作 | 96327 | 99216 | 98524 | 94406 | 91655 |
| 18. 文化、体育和娱乐业 | 85446 | 74671 | 96719 | 66590 | 72402 |
| 19. 公共管理、社会保障和社会组织 | 102211 | 93485 | 96139 | 95195 | 115291 |

# 海口市农村基本情况

| 指　　标 | 单位 | 2014 年 | 2015 年 | 2016 年 | 2017 年 | 2018 年 |
|---|---|---|---|---|---|---|
| 农村乡镇 | 个 | 22 | 22 | 22 | 22 | 22 |
| 村民委员会 | 个 | 249 | 249 | 245 | 248 | 248 |
| 自然村 | 个 | 2204 | 2203 | 2204 | 2195 | 2129 |
| 村民小组 | 个 | 2750 | 2757 | 2751 | 2740 | 2666 |
| 乡村户数 | 户 | 182320 | 182006 | 192760 | 194728 | 190026 |
| # 农业户 | 户 | 150922 | 156419 | 161919 | 157151 | 156836 |
| 乡村人口 | 人 | 745953 | 772972 | 791293 | 793458 | 780600 |
| # 农业人口 | 人 | 628839 | 661276 | 644738 | 587864 | 615951 |
| 乡村实有劳动力合计 | 人 | 401150 | 413096 | 417543 | 422899 | 429309 |
| 按性别分 | | | | | | |
| 男劳动力 | 人 | 207926 | 214644 | 218207 | 218492 | 222578 |
| 女劳动力 | 人 | 193224 | 198452 | 199336 | 204407 | 206731 |
| 按行业分 | | | | | | |
| 农林牧渔业劳动力 | 人 | 211203 | 215504 | 216081 | 220937 | 222698 |
| 工业劳动力 | 人 | 28079 | 33677 | 35026 | 34046 | 29014 |
| 建筑业劳动力 | 人 | 30050 | 31281 | 33058 | 33392 | 33284 |
| 交通运输和邮电劳动力 | 人 | 13367 | 12838 | 12893 | 14370 | 13570 |
| 商业、饮食业劳动力 | 人 | 35703 | 38303 | 39045 | 39432 | 43464 |
| 其他劳动力 | 人 | 35881 | 38442 | 32576 | 34245 | 37259 |

注：2011 年及以后为含农垦数

# 海口市耕地面积

单位：公顷

| 指　　标 | 2014 年 | 2015 年 | 2016 年 | 2017 年 | 2018 年 |
|---|---|---|---|---|---|
| 年末耕地面积 | 49465 | 48293 | 47880 | 48071.5 | 48855 |
| 水　田 | 19126 | 18763 | 19096 | 18535.3 | 19056 |
| 旱　田 | 7277 | 6750 | 6890 | 7295 | 7603 |
| 旱　地 | 23062 | 22780 | 21894 | 22241 | 22196 |
| 年内增加的耕地面积 | 260 | 25 | 2 | 186.6 | 546 |
| 年内减少的耕地面积 | 273 | 210 | 453 | 140.08 | 809 |
| # 国家基地占用 | 175 | 67 | 453 | 68.45 | 679 |

注：2011 年及以后为含农垦数

# 海口市农林牧渔业总产值

单位：万元

| 年　份 | 总　计 | 农　业 | 林　业 | 牧　业 | 渔　业 | 农林牧渔业服务业 |
|---|---|---|---|---|---|---|
| 2013 | 920755 | 373518 | 60751 | 356614 | 85272 | 44600 |
| 2014 | 929870 | 402154 | 56547 | 326956 | 93438 | 50775 |
| 2015 | 932000 | 413488 | 53082 | 307759 | 102007 | 55664 |
| 2016 | 1038285 | 479570 | 54843 | 328752 | 113274 | 61846 |
| 2017 | 1010370 | 480740 | 56568 | 290066 | 118594 | 64402 |
| 2018 | 1035085 | 497620 | 63102 | 276586 | 124948 | 72829 |

注：以上 2008—2010 年 3 年数据为农业普查后的衔接数，2011 年及以后为含农垦数

# 1987—2018年海口市工业总产值

（当年价）

单位：万元

| 年　份 | 全部工业总产值 | 规模以上工业总产值 | 按轻重工业分 | | 按经济类型分 | | |
|---|---|---|---|---|---|---|---|
| | | | 轻工业 | 重工业 | 国　有 | 集　体 | 其　他 |
| 1987 | 70628 | 67288 | 50723 | 16565 | 53649 | 6072 | 7567 |
| 1988 | 118564 | 113707 | 84397 | 29310 | 92805 | 7592 | 13310 |
| 1989 | 158628 | 151336 | 110926 | 40410 | 121652 | 9180 | 20504 |
| 1990 | 183395 | 175114 | 135336 | 39778 | 143589 | 7623 | 23902 |
| 1991 | 263108 | 252043 | 190510 | 61533 | 191401 | 7492 | 53150 |
| 1992 | 388559 | 370073 | 266878 | 103195 | 276995 | 14553 | 78525 |
| 1993 | 651132 | 605696 | 387317 | 218195 | 399615 | 23281 | 182800 |
| 1994 | 717883 | 659041 | 418252 | 240789 | 423461 | 39121 | 196459 |
| 1995 | 722824 | 658792 | 413959 | 244833 | 364900 | 25408 | 268484 |
| 1996 | 779856 | 708144 | 536267 | 171877 | 352119 | 34714 | 321311 |
| 1997 | 861286 | 787494 | 549287 | 238207 | 349950 | 16845 | 420699 |
| 1998 | 912015 | 809772 | 609334 | 200438 | 211435 | 5457 | 592880 |
| 1999 | 989953 | 849426 | 640091 | 209335 | 180187 | 2248 | 666991 |
| 2000 | 1158723 | 1013036 | 753786 | 259250 | 194402 | 2399 | 816235 |
| 2001 | 1349173 | 1156037 | 797056 | 358981 | 301339 | 2884 | 851814 |
| 2002 | 1613956 | 1408352 | 855959 | 552393 | 495190 | 13752 | 899410 |
| 2003 | 2205678 | 2025643 | 950340 | 1075303 | 877054 | 9676 | 1138913 |
| 2004 | 2477049 | 2315777 | 977637 | 1338140 | 198652 | 713 | 2116412 |
| 2005 | 2672253 | 2507203 | 1057951 | 1449252 | 276708 | | 2230495 |
| 2006 | 3024526 | 2838869 | 1109139 | 1729730 | 239964 | 872 | 2598033 |
| 2007 | 3454073 | 3243297 | 1193013 | 2050284 | 229426 | 1320 | 3012551 |
| 2008 | 3335502 | 3103115 | 1418053 | 1685062 | 223478 | 994 | 2878643 |
| 2009 | 3335629 | 3092224 | 1395508 | 1696716 | 245686 | 1281 | 2845257 |
| 2010 | 4437366 | 4179653 | 1874447 | 2305206 | 306330 | | 3873323 |

附录

续表

| 年份 | 全部工业总产值 | 规模以上工业总产值 | 按轻重工业分 | | 按经济类型分 | | |
|---|---|---|---|---|---|---|---|
| | | | 轻工业 | 重工业 | 国有 | 集体 | 其他 |
| 2011 | 5236348 | 4885602 | 2109187 | 2776415 | 351959 | – | 4533643 |
| 2012 | 5502193 | 5160173 | 2210430 | 2949743 | 409338 | – | 4750835 |
| 2013 | 5371319 | 4995513 | 2371037 | 2624476 | 352716 | – | 4642797 |
| 2014 | 5325945 | 4929392 | 2536045 | 2393347 | 407329 | – | 4522063 |
| 2015 | 5376670 | 5014319 | 2751914 | 2262405 | 513802 | – | 4500517 |
| 2016 | 5402932 | 5035554 | 2860177 | 2175377 | 514923 | – | 4520631 |
| 2017 | 5424858 | 5017200 | 3226091 | 1791109 | 506720 | – | 4510480 |
| 2018 | 6055311 | 5660492 | 3621027 | 2039465 | 642451 | | 5018041 |

注：规模以上工业产值指标，为主营业务收入2000万元及以上的法人工业企业

# 海口市主要工业产品产量

| 指标 | 计量单位 | 2018年 | 2017年 | 2016年 | 2015年 | 2014年 | 2013年 |
|---|---|---|---|---|---|---|---|
| 配混合饲料 | 吨 | 982416 | 884296 | 920144 | 844359 | 886450 | 1024942 |
| 水产加工品 | 吨 | 40796 | 37138 | 38383 | 33492 | 32661 | 37039 |
| 罐头 | 吨 | 177274 | 225966 | 192787 | 242641 | 246113 | 265189 |
| 饮料酒 | 吨 | 46228 | 56876 | 69171 | 72817 | 84071 | 94718 |
| 啤酒 | 千升 | 34500 | 38218 | 53589 | 61873 | 71371 | 76807 |
| 软饮料 | 吨 | 485063 | 545660 | 521793 | 521502 | 445354 | 495292 |
| 卷烟 | 箱 | 235000 | 240000 | 239000 | 245000 | 245000 | 230000 |
| 家具 | 件 | 480 | 1190 | 620 | 1474 | – | – |
| 纸制品 | 吨 | 1391 | 1533 | 1451 | 1457 | 1591 | 1938 |

续表

| 指　　标 | 计量单位 | 2018 年 | 2017 年 | 2016 年 | 2015 年 | 2014 年 | 2013 年 |
|---|---|---|---|---|---|---|---|
| 炸　药 | 吨 | 15000 | 16285 | 16715 | 15000 | 15000 | 14741 |
| 化妆品 | 千元 | 193561 | 169149 | 184109 | 184050 | 144912 | 168444 |
| 中成药 | 吨 | 1368 | 1459 | 1202 | 1143 | 939 | 960 |
| 其他中成药 | 吨 | 208 | 0 | 296 | 400 | 295 | 358 |
| 塑料制品总计 | 吨 | 9902 | 10855 | 9440 | 17484 | 18735 | 24550 |
| # 塑料薄膜 | 吨 | 9902 | 10855 | 9440 | 17484 | 18735 | 16285 |
| 小型拖拉机 | 台 | 682 | 952 | 2221 | 1201 | 1252 | 1850 |
| 汽　车 | 辆 | 21100 | 39585 | 67160 | 69766 | 90039 | 108478 |
| #轿　车 | 辆 | 3859 | 9857 | 43753 | 50665 | 61405 | 54373 |
| 变压器 | 万千伏安 | 1289 | 1167 | 1163 | 1110 | 944 | 895 |
| 高压开关板 | 面 | 9319 | 4042 | 10337 | 7439 | 10392 | 2471 |
| 低压开关板 | 面 | 12629 | 6159 | 8507 | 7169 | 5645 | 4363 |
| 电力电缆 | 公里 | 131890 | 65655 | 160082 | 161559 | 134206 | 85550 |
| 售电量 | 万千瓦时 | 776200 | 735400 | 703400 | 646000 | 605774 | 560773 |
| 自来水 | 万立方米 | 20503 | 19896 | 18963 | 18062 | 17313 | 16198 |

注：自来水指标为销售量

# 海口市固定资产投资基本情况

| 指　标 | 2018年 |
|---|---|
| 一、投资占比（%） | 100 |
| 1. 按投资种类分 | |
| 房地产开发 | 46.4 |
| 其他 | 53.6 |
| 2. 按构成分 | |
| 建筑安装工程 | 57.6 |
| 设备、工器具购置 | 13 |
| 其他费用 | 29.3 |
| 二、房屋建筑面积（平方米） | |
| 房屋施工面积 | 35366885 |
| #住宅 | 21642677 |
| 房屋竣工面积 | 3306444 |
| #住宅 | 1971926 |
| 三、商品房销售及空置 | |
| 商品房销售额（万元） | 5204892 |
| 商品房销售面积（平方米） | 3933248 |
| 商品房空置面积（平方米） | 1697619 |
| 四、新增固定资产（万元） | 1831740 |
| 房地产开发 | 1429178 |
| 其他 | 402562 |

# 海口市房地产开发投资情况

单位：万元

| 指　　标 | 2014 年 | 2015 年 | 2016 年 | 2017 年 | 2018 年 |
|---|---|---|---|---|---|
| 一、投资总额 | 2989725 | 4563949 | 5510947 | 6032485 | 6094170 |
| 按构成分 | | | | | |
| 建筑工程 | 2048494 | 2859806 | 3732976 | 3844342 | 3705764 |
| 安装工程 | 252373 | 148825 | 378261 | 460782 | 376245 |
| 设备、工器具购置 | 15461 | 30683 | 30859 | 53253 | 37532 |
| 其他费用 | 673397 | 1524635 | 1368851 | 1674108 | 1974629 |
| 按用途分 | | | | | |
| 住　宅 | 2063974 | 2761388 | 3422209 | 4125878 | 4193096 |
| 办公楼 | 71739 | 152639 | 434123 | 259550 | 220388 |
| 商业营业用房 | 327843 | 483996 | 816046 | 814490 | 676810 |
| 其　他 | 526169 | 1165926 | 838569 | 832567 | 1003876 |
| 二、本年资金来源合计 | 5820938 | 8298873 | 8356142 | 10130607 | 9963833 |
| 上年末结余资金 | 848195 | 1469499 | 1222344 | 1838408 | 1946144 |
| 本年资金来源小计 | 4972743 | 6829374 | 7133798 | 8292199 | 8017689 |
| 国家预算内资金 | | | | | |
| 国内贷款 | 1020319 | 874138 | 1273674 | 1438554 | 949103 |
| 债　券 | | | | | |
| 利用外资 | | 7900 | 0 | | |
| # 外商直接投资 | | 7900 | | | |
| 自筹资金 | 1607339 | 1756948 | 3367626 | 2218066 | 2856800 |
| # 自有资金 | 578155 | 720945 | 1232827 | | |
| 其他资金来源 | 2345085 | 4190388 | 2492498 | 4635579 | 4211786 |
| # 集　资 | | | | | |
| 定金及预收款 | 947222 | 1674747 | 1622209 | 2954221 | 3107598 |
| 三、本年各项应付款合计 | 699198 | 2512918 | 2067530 | 1925775 | 2763131 |
| # 工程款 | 699198 | 702917 | 889672 | 902908 | 1002017 |
| 设备、器材款 | | | | | |
| 四、本年新增固定资产 | 1938251 | 1364381 | 1398538 | 2846315 | 1429178 |

# 海口市按经济类型分的建筑施工企业生产情况

（2018年）

| 指　　标 | 单位 | 合计 | 国有企业 | 集体企业 | 联营企业 | 国有独资 | 有限责任 | 股份公司 | 私营企业 | 与港澳台商合资经营 |
|---|---|---|---|---|---|---|---|---|---|---|
| 建筑业总产值 | 万元 | 2636612 | 162497 | 89074 | 834 | 235 | 1608742 | 246073 | 504855 | 6302 |
| 在外省完成产值 | 万元 | 230498 | 8913 | | | | 137320 | 20407 | 63858 | |
| #建筑工程产值 | 万元 | 2174645 | 141908 | 81749 | | 235 | 1280273 | 255575 | 413042 | 1863 |
| 安装工程产值 | 万元 | 321541 | 14322 | | | | 284441 | | 18339 | 4439 |
| 其他产值 | 万元 | 140426 | 6267 | 7325 | 834 | | 44028 | 8498 | 73474 | |
| 竣工产值 | 万元 | 1611129 | 130527 | 87223 | | | 832123 | 240231 | 319194 | 1831 |
| 施工面积 | 平方米 | 17556721 | 851444 | 514552 | | | 10657526 | 3578907 | 1954292 | |
| #新开工面积 | 平方米 | 4877859 | 247978 | 441041 | | | 2600051 | 648300 | 940489 | |
| 竣工面积 | 平方米 | 4175499 | 397145 | 242137 | | | 1946228 | 743183 | 846806 | |
| 年末自有机械设备净值 | 万元 | 20571 | 43 | | | | 15468 | 2894 | 1869 | 297 |
| 年末自有机械设备总台数 | 台 | 4398 | 3 | | | | 3084 | 1112 | 160 | 39 |
| 年末自有机械设备总功率 | 千瓦 | 155276 | 100 | | | | 66408 | 78865 | 9033 | 870 |
| 计算劳动生产率的平均人数 | 人 | 50806 | 4652 | 2153 | 28 | 22 | 30393 | 8223 | 5262 | 73 |

# 海口市旅客、货物运输量

| 指 标 | 2014 年 | 2015 年 | 2016 年 | 2017 年 | 2018 年 |
|---|---|---|---|---|---|
| 一、旅客运输量（万人） | 6897.8 | 7079.0 | 8998.9 | 9600.0 | 10113.5 |
| 公 路 | 2100.3 | 2170.0 | 2827.0 | 2666.0 | 2548.0 |
| 水 运 | 1006.8 | 929.0 | 945.0 | 1012.0 | 930.0 |
| 民用航空 | 2208.7 | 2310.2 | 2890.1 | 3197.6 | 3645.3 |
| 铁 路 | 1582.0 | 1669.8 | 2336.8 | 2724.4 | 2990.2 |
| 二、旅客周转量（万人公里） | 4665585.0 | 5137533.6 | 6418394.1 | 7379905.7 | 8580934.2 |
| 公 路 | 302406.5 | 314147.0 | 301225.0 | 284013.0 | 271493.0 |
| 水 运 | 29738.0 | 29518.0 | 29338.0 | 31539.0 | 32261.0 |
| 民用航空 | 4004945.5 | 4438872.9 | 5637183.1 | 6522228.3 | 7694227.2 |
| 铁 路 | 328495.0 | 354995.7 | 450648.0 | 542125.4 | 582953.0 |
| 三、货物运输量（万吨） | 12346.0 | 11307.8 | 10462.7 | 10035.9 | 11937.7 |
| 公 路 | 3447.8 | 3558.0 | 2659.0 | 3023.0 | 4678.0 |
| 水 运 | 8001.0 | 6928.8 | 6971.0 | 6006.0 | 6141.0 |
| 民用航空 | 27.4 | 29.9 | 33.2 | 35.1 | 40.4 |
| 铁 路 | 869.8 | 791.1 | 799.5 | 971.8 | 1078.3 |
| 四、货物周转量（万吨公里） | 9635366.2 | 7087300.8 | 6696771.5 | 4601701.8 | 5194222.0 |
| 公 路 | 163792.5 | 168927.0 | 245037.0 | 278486.0 | 429692.0 |
| 水 运 | 9246483.0 | 6684155.0 | 6200570.0 | 4021674.0 | 4423739.0 |
| 民用航空 | 71485.2 | 82186.6 | 98509.2 | 123300.9 | 140146.0 |
| 铁 路 | 153605.5 | 152032.2 | 152655.3 | 178240.9 | 200645.0 |

# 海口市港口旅客、货物吞吐量

| 指　　标 | 2014年 | 2015年 | 2016年 | 2017年 | 2018年 |
|---|---|---|---|---|---|
| 一、旅客吞吐量（万人） | 1087.60 | 1318.00 | 1353.46 | 1499.01 | 1514.34 |
| 海口港 | 742.10 | 794.20 | 892.10 | 991.50 | 1043.30 |
| 粤海南港 | 345.50 | 523.80 | 461.36 | 507.51 | 471.04 |
| （一）进港量 | 537.10 | 658.80 | 678.94 | 744.87 | 739.78 |
| 海口港 | 361.30 | 391.10 | 444.80 | 484.40 | 496.10 |
| 粤海南港 | 175.80 | 267.70 | 234.14 | 260.47 | 243.68 |
| （二）离　港 | 550.50 | 659.20 | 674.52 | 754.14 | 774.56 |
| 海口港 | 380.80 | 403.10 | 447.30 | 507.10 | 547.20 |
| 粤海南港 | 169.70 | 256.10 | 227.22 | 247.04 | 227.36 |
| 二、货物吞吐量（万吨） | 7581.00 | 8209.90 | 8866.93 | 10112.78 | 10764.90 |
| 海口港 | 5939.50 | 6157.30 | 6979.70 | 8125.60 | 8858.60 |
| 粤海南港 | 1641.50 | 2052.60 | 1887.23 | 1987.18 | 1906.30 |
| 三、集装箱吞吐量（万TEU） | 134.67 | 127.50 | 140.18 | 163.60 | 184.67 |

# 海口市邮政电信业务情况

| 指　　标 | 单 位 | 2014 年 | 2015 年 | 2016 年 | 2017 年 | 2018 年 |
|---|---|---|---|---|---|---|
| 邮电局、所 | 处 | 58 | 58 | 58 | 58 | 58 |
| 邮路长度（单程） | 公里 | 87538 | 90921.8 | 85339 | 80713.65 | 81099 |
| #航空邮路（单程） | 公里 | 80385 | 80385 | | 67189 | 73565 |
| 农村投递路线总长度 | 公里 | 4432 | 4617 | 4760 | 5179 | 4828.5 |
| 邮电计费业务总量 | 万元 | 663064 | 705669 | 1213132 | 1230568 | 2244353 |
| 函　件 | 万件 | | | 325.63 | 285.42 | 202.55 |
| 包　裹 | 万件 | | | 5.15 | 6.93 | 6.22 |
| 快　递 | 万件 | | | 3434.23 | 4192.34 | 4981.17 |
| 快递业务收入 | 万元 | | | 62850.45 | 78271.57 | 98588.08 |
| 市内电话用户 | 户 | 569100 | 529500 | 468800 | 518100 | 521712 |
| #住户电话 | 户 | 309300 | 251100 | 252900 | 271400 | 208000 |
| 公用电话 | 户 | 58600 | 48719 | | | |
| 移动短信业务量 | 亿条 | 43 | 15.65 | 14.78 | 11.39 | 36.70 |
| 移动电话用户 | 户 | 4253000 | 3219586 | 3344982 | 3871351 | 3747119 |
| 其中：3G 移动电话用户 | 户 | 2095500 | 961100 | 349400 | 259194 | 253855 |
| 互联网宽带接入用户 | 户 | 549500 | 556900 | 626900 | 854444 | 975000 |

注：邮电计费业务量从 2017 年起按 2015 年不变价计算

# 海口市居民消费价格指数

（以上年价格为 100）　　单位：（%）

| 类别及名称 | 2018 年 |
| --- | --- |
| 居民消费价格指数 | 102.4 |
| 食品烟酒类 | 100.9 |
| #食　品 | 100.6 |
| #粮　食 | 101.1 |
| 食用油 | 100.9 |
| 菜 | 103.4 |
| #鲜　菜 | 103.5 |
| 畜肉类 | 98.8 |
| 禽肉类 | 101.7 |
| 水产品 | 99.6 |
| 蛋　类 | 106.9 |
| 烟　酒 | 100.6 |
| 衣着类 | 105.8 |
| #服　装 | 106.0 |
| 服装材料 | 104.2 |
| 鞋　类 | 105.7 |
| 居住类 | 103.2 |
| 生活用品及服务类 | 102.1 |
| 交通和通信类 | 103.8 |
| 教育文化和娱乐类 | 102.3 |
| 医疗保健类 | 103.3 |
| 其他用品和服务类 | 102.3 |

# 海口市商品零售价格指数

（以上年价格为 100）　　单位：（%）

| 类 别 及 名 称 | 2018 年 |
|---|---|
| 商品零售价格指数 | 102.4 |
| 食品类 | 101.0 |
| #粮　　食 | 101.0 |
| 食 用 油 | 100.8 |
| 菜 | 103.4 |
| #鲜　　菜 | 103.5 |
| 畜肉类 | 98.7 |
| 禽肉类 | 101.7 |
| 水产品 | 99.6 |
| 蛋　类 | 106.9 |
| 饮料、烟酒类 | 100.6 |
| 服装、鞋帽类 | 105.6 |
| 纺织品类 | 110.7 |
| 家用电器及音像器材类 | 100.7 |
| 文化办公用品类 | 99.5 |
| 日用品类 | 99.5 |
| 体育娱乐用品类 | 105.3 |
| 交通、通信用品类 | 100.3 |
| 家具类 | 101.5 |
| 化妆品类 | 101.6 |
| 金银饰品类 | 96.2 |
| 中西药品及医疗保健用品类 | 106.7 |
| 书报杂志及电子出版物类 | 100.5 |
| 燃料类 | 109.8 |
| 建筑材料及五金电料类 | 100.6 |

# 海口市文化艺术、体育、广播电视事业情况

| 指　　标 | 单位 | 1987年 | 2012年 | 2013年 | 2014年 | 2015年 | 2016年 | 2017年 | 2018年 |
|---|---|---|---|---|---|---|---|---|---|
| 电影放映单位 | 个 | 39 | 8 | 11 | 11 | 11 | 26 | 30 | 30 |
| #电影院（场） | 个 | 9 | 7 | 9 | 11 | 11 | 26 | 30 | 30 |
| 电影放映场次 | 场 | 16885 | 57803 | 72830 | 100838 | 104646 | 153949 | 430481 | |
| 电影观众 | 万人次 | 890.81 | 260.87 | 428 | 433.3 | 587.8 | 614 | 923.1 | 1030 |
| 艺术表演团体 | 个 | 4 | 35 | | | 30 | | 37 | 37 |
| 文化事业机构数 | 个 | | | | | | | | |
| 文化馆 | 个 | 2 | 3 | 3 | 3 | 3 | 4 | 4 | 5 |
| 全国体育比赛获奖牌 | 枚 | 5 | 41 | | 38 | 49 | 149 | 91 | 91 |
| 金　牌 | 枚 | 1 | 13 | | 11 | 5 | 31 | 16 | 35 |
| 银　牌 | 枚 | 3 | 16 | | 15 | 8 | 20 | 14 | 25 |
| 铜　牌 | 枚 | 1 | 12 | | 12 | 10 | 13 | 24 | 31 |
| 公共图书馆 | 个 | 2 | 2 | 2 | 2 | 2 | 3 | 4 | 5 |
| 公共图书馆总藏量 | 千册 | | 460 | 573 | 510 | 2045 | 484 | 490 | 3045 |
| 图书出版印数 | 亿册 | | 0.78 | | | 0.98 | 0.62 | 0.49 | |
| 杂志出版印数 | 亿册 | | | | | 0.24 | 0.0006 | | |
| 报纸出版印数 | 亿印张 | 0.97 | | | | 3.49 | 0.68 | | |
| 博物(纪念)馆 | 个 | 4 | 1 | | 1 | 1 | 3 | 6 | 8 |
| 广播电台 | 座 | 2 | 1 | 1 | 1 | 1 | 1 | 1 | 1 |
| 电视台 | 座 | 1 | 1 | | 1 | 1 | 1 | 1 | 1 |

## 说　明

一、本索引采用内容分析法编制，按索引款目首字的汉语拼音字母（同音字按声调）顺序排列，同音同调按第二字母的音序排列，依次类推。

二、索引款目后的数字表示内容所在的页码，数字后的a、b、c分别表示该页码的左、中、右栏。

三、分目作款目用黑体字表明，其余款目用宋体字表明。

四、同一主题的内容在文中多处出现的，在其款目后用不同的页码标明。

五、要闻·大事、特辑、附录未做索引。

### A



### B



### C

## D

## E



## F



## G

## H

## K



## L

## R



## S

## T

## W

## X

## Y

## Z